Personalabrechnung mit SAP®

SAP PRESS

SAP PRESS ist eine gemeinschaftliche Initiative von SAP SE und der Rheinwerk Verlag GmbH. Unser Ziel ist es, Ihnen als Anwendern qualifiziertes SAP-Wissen zur Verfügung zu stellen. SAP PRESS vereint das Know-how der SAP und die verlegerische Kompetenz von Rheinwerk. Die Bücher bieten Ihnen Expertenwissen zu technischen wie auch zu betriebswirtschaftlichen SAP-Themen.

Damit Sie nach weiteren Titeln Ihres Interessengebiets nicht lange suchen müssen, haben wir eine kleine Auswahl zusammengestellt.

SAP SuccessFactors Employee Central. Prozesse, Best Practices, Implementierung
von Nikolaus Krasser, Melanie Rehkopf
578 Seiten, 2023, gebunden
ISBN 978-3-8362-9159-0
www.sap-press.de/5585

Zeitwirtschaft mit SAP
von Andreas Niebling, Ulrich Bertel, Jérôme Unger
732 Seiten, 2., aktualisierte und erweiterte Auflage 2023, gebunden
ISBN 978-3-8362-9114-9
www.sap-press.de/5569

SAP-Personalwirtschaft. Das Praxishandbuch
von Christian Gärtner, Christian Lübke, Cathleen Müller, Markus Renner, Thomas Stöbe
714 Seiten, 6., aktualisierte und erweiterte Auflage 2022, gebunden
ISBN 978-3-8362-8735-7
www.sap-press.de/5430

Recruiting von SAP-Fach- und Führungskräften. Erfolgsstrategien für die digitale Zukunft
von Sarah Niesel
450 Seiten, 2025, gebunden
ISBN 978-3-367-10874-9
www.sap-press.de/6119

Angelika Beck, Richard Haßmann, Manuela Ittner,
Markus Renner

Personalabrechnung mit SAP®

Rheinwerk
Publishing

Liebe Leserin, lieber Leser,

SAP-Landschaften sind komplex, und wir alle wissen, wie schnell sich Technologien und Anforderungen in der IT-Welt ändern. Genau da setzt SAP PRESS an: mit Büchern, die nicht nur Theorie vermitteln, sondern konkret im Alltag helfen.

In diesem Buch finden Sie direkt umsetzbare Ratschläge, praktische Beispiele und Lösungen für drängende Herausforderungen. Unsere Autor*innen sind Profis, die wissen, wo der Schuh drückt – und wie man Probleme effizient löst. Mit ihrer Erfahrung an Ihrer Seite können Sie Ihre SAP-Projekte gezielter angehen, fundiertere Entscheidungen treffen und die vielen Facetten von SAP besser meistern.

Ob Sie gerade erst beginnen oder schon lange im SAP-Umfeld tätig sind: Wir sind davon überzeugt, dass dieses Buch Ihnen hilfreiche Anleitungen und Tipps an die Hand gibt, um Ihre täglichen Aufgaben und Projekte erfolgreich zu meistern.

Wir freuen uns stets über Lob, aber auch über kritische Anmerkungen, die uns helfen, unsere Bücher zu verbessern. Zögern Sie also nicht, sich bei mir zu melden; Ihr Feedback ist jederzeit willkommen.

Wir wünschen Ihnen viele Aha-Momente und eine erfolgreiche Umsetzung mit diesem Buch!

Ihre Eva Tripp
Lektorat SAP PRESS

eva.tripp@rheinwerk-verlag.de
www.rheinwerk-verlag.de
Rheinwerk Verlag • Rheinwerkallee 4 • 53227 Bonn

Auf einen Blick

Wir hoffen, dass Sie Freude an diesem Buch haben und sich Ihre Erwartungen erfüllen. Falls Sie Anregungen, Wünsche und Kommentare haben, lassen Sie es uns wissen: **service@rheinwerk-verlag.de**.

Informationen zu unserem Verlag und Kontaktmöglichkeiten finden Sie auf unserer Verlagswebsite **www.rheinwerk-verlag.de**. Dort können Sie sich auch umfassend über unser aktuelles Programm informieren und unsere Bücher und E-Books bestellen.

Autor*innen Angelika Beck, Richard Haßmann, Manuela Ittner, Markus Renner
Lektorat Eva Tripp
Copy-Editing Alexandra Müller, Olfen
Typografie & Layout Vera Brauner
Satz Typographie & Computer, Krefeld
Herstellung Arkin Keskin
Covergestaltung Silke Braun
Coverbild iStock: 1219812154 © MicroStockHub
Druck Beltz Grafische Betriebe, Bad Langensalza

FSC www.fsc.org MIX Papier | Fördert gute Waldnutzung FSC® C089473

Dieses Buch wurde mit mineralölfreien Farben auf FSC-zertifiziertem Papier aus nachhaltiger Waldwirtschaft gedruckt. Hergestellt in Deutschland.

Bibliografische Information der Deutschen Nationalbibliothek:
Die Deutsche Nationalbibliothek verzeichnet diese Publikation in der Deutschen Nationalbibliografie; detaillierte bibliografische Daten sind im Internet über *http://dnb.dnb.de* abrufbar.

ISBN 978-3-367-10796-4

2., aktualisierte und erweiterte Auflage 2026

Rheinwerk Verlag GmbH • Rheinwerkallee 4 • 53227 Bonn
service@rheinwerk-verlag.de

Inhalt

2 Infotypen der Personalabrechnung 69

TEIL IV Spezielle Themen der deutschen Personalabrechnung

Anhang 803

Einleitung

Die deutsche Entgeltabrechnung ist eine der kompliziertesten und umfangreichsten weltweit. Das allein ist ein Grund, diesem Teilthema der Personalwirtschaft ein ganzes Buch zu widmen. Um einerseits alle gesetzlichen Vorgaben erfüllen zu können und andererseits kundenspezifischen Anforderungen genügend Raum zu lassen, ist eine gewisse Programmkomplexität unabdingbar. Dennoch sollte ein Entgeltabrechnungssystem möglichst flexibel und komfortabel zu bedienen sein.

Die Entgeltabrechnung in SAP ERP HCM bietet sehr große Flexibilität, die Sie in diesem Buch kennenlernen werden. Schon mit dem Standard-Customizing können Sie einen großen Teil Ihrer Anforderungen umsetzen. Dank des Konzepts der Schemen und Regeln können Sie in die meisten Abläufe der Entgeltabrechnung eingreifen, und auch die Realisierung komplexer Regelungen aus Tarifverträgen und Betriebsvereinbarungen stellt Sie vor keine größeren Probleme. Sollten Sie dennoch an Grenzen stoßen, kommen die Vorteile einer offenen Software zum Tragen. In zahlreichen User Exits und mit der Möglichkeit, eigene Operationen und Funktionen für das Abrechnungsschema zu entwickeln, können Sie in die Standardverarbeitung eingreifen und eigene Erweiterungen einfügen, ohne das Coding von SAP zu modifizieren.

Die Anforderungen an die Fachabteilung sind in den letzten Jahren zunehmend gestiegen, da zahlreiche Verfahren für den elektronischen Austausch von Daten mit Behörden eingeführt worden sind. Die elektronische Arbeitsunfähigkeitsbescheinigung ist eines dieser Verfahren, das neu ist und in diesem Buch erläutert wird. Wir wollen Sie mit dem Buch dabei unterstützen, diese Verfahren effektiv zu nutzen. Des Weiteren stellen wir das sogenannte Notification Tool vor, dieses hilft Ihnen bei der Verwaltung der elektronischen Meldungen (themenübergreifend), damit Sie schnell einen Überblick erhalten.

Ziel dieses Buches

Unser Ziel ist, Ihnen nicht nur einen Überblick über den Gesamtablauf der Entgeltabrechnung mit SAP inklusive der betriebsinternen und -externen Datenkommunikation zu verschaffen, sondern Ihnen auch das einfache wie das tiefere Know-how des Customizing zu vermitteln. Außerdem werden wir in einem eigenen Teil auf Sonderthemen der deutschen Entgeltabrechnung eingehen. Abgerundet wird das Werk durch reichlich Tipps und Anregungen aus der Praxis inklusive der Warnung vor Stolperfallen – unterstützt und verdeutlicht durch zahlreiche Screenshots.

Zielgruppen des Buches

Dieses Buch wendet sich an folgende Zielgruppen:

- *Mitglieder der Fachabteilungen, Key-User und Customizing-Verantwortliche*, die sich in dieses komplexe Thema einarbeiten wollen, erhalten einen Überblick über den Ablauf, die Prozesse und die Funktionalität mit vielen praktischen Hinweisen. Außerdem können sich Mitarbeiter, die über die reine Anwendung hinaus mehr Wissen benötigen, diese Kenntnisse schrittweise aneignen.
- *Projektleitung und Projektteam* erhalten einen Überblick über die Abläufe und die Möglichkeiten der Umsetzung von individuellen Anforderungen in SAP ERP HCM.
- *Programmiererinnen und Programmierer*, die kundenspezifische Anforderungen umsetzen müssen, werden in diesem Buch sowohl die dafür notwendigen Voraussetzungen als auch die Werkzeuge kennenlernen, die SAP ERP HCM von den anderen SAP-Komponenten unterscheidet.
- *Management* in Personal-, IT- und Organisationsabteilungen kann sich einen Überblick über den Umfang und die Prozesse der Entgeltabrechnung mit SAP verschaffen.
- *Studierende und andere Interessierte*, die sich in das Thema »Personalabrechnung« mit SAP ERP HCM einarbeiten wollen, erhalten einen Einblick in die Praxis der Personalabrechnung.
- Außerdem hilft dieses Buch all denjenigen, die bisher mit anderen Softwarepaketen arbeiten und die Leistungsfähigkeit der SAP-Software im Bereich der Personalabrechnung kennenlernen wollen.

[»]

Kostenfreier HR-Newsletter

Das AdManus-Netzwerk bietet einen kostenfreien Newsletter mit dem Schwerpunkt HCM an. Registrieren Sie sich unter *http://www.admanus.de/newsletter*, und profitieren Sie von den Tipps der Experten.

Neuerungen in der 6. Auflage

Diese 6. Auflage berücksichtigt den aktuellen Stand der Personalabrechnung. Sie berücksichtigt gesetzliche Änderungen und SAP-Neuerungen der letzten Jahre. Dazu gehören die SV-Stammdatendatei, das DaBPV-Meldeverfahren (Abruf von Kindern für den PV-Beitragsabschlag) und Urlaub nach EuGH-Recht. Außerdem gehen wir auf die Zukunft der SAP-Personalabrechnung mit SAP S/4HANA ein und erklären SAP SuccessFactors Employee Central Payroll, das durch die zunehmende Verbreitung von SAP SuccessFactors an Bedeutung gewinnt. Das Buch ist in sechs Teile gegliedert, in denen wir Ihnen die Anwendung und das Customizing der Entgeltabrechnung mit SAP ERP HCM erläutern.

Teil I – Grundlagen

In **Teil I**, »Grundlagen«, beschreiben wir den Ablauf und die Steuerung einer Entgeltabrechnung sowie die Pflege der Personalstammdaten für die Personalabrechnung. **Kapitel 1** erklärt die grundlegenden Steuerelemente der Personalabrechnung in SAP ERP HCM. Außerdem erläutern wir, wie die Personalabrechnung gestartet und gesteuert werden kann. In **Kapitel 2** stellen wir Ihnen die Infotypen der Personalabrechnung vor. Im ersten Schritt lernen Sie die zwingend erforderlichen Infotypen kennen, und im Anschluss daran beschreiben wir zusätzliche Infotypen, die je nach Thema erforderlich sein können.

Teil II – Überblick über das Abrechnungsschema D000

Teil II, »Vom Brutto zum Netto: Ein Überblick über das Abrechnungsschema D000«, gibt einen Einblick in den Ablauf der Abrechnung, der durch das Abrechnungsschema bestimmt wird. Dabei geht **Kapitel 3** auf die Ermittlung des Bruttobetrags ein. **Kapitel 4** beschreibt die Nettoberechnung und **Kapitel 5** die Abschlussberechnungen bis zur Abstellung des Entgeltergebnisses. Dies ist einerseits hilfreich, um im Protokoll der Abrechnung bestimmte Berechnungen, wie z. B. die Berechnung der Sozialversicherung, finden und nachvollziehen zu können. Zudem ist ein Überblick notwendig, um die richtigen Stellen für das Einfügen eigener Verarbeitungen ermitteln zu können.

Teil III – Folgeaktivitäten

In **Teil III**, »Folgeaktivitäten«, beschreiben wir die Tätigkeiten, die Sie nach der Berechnung des Entgelts durchführen müssen: die Überweisung, Behördenkommunikation, Statistiken und Auswertungen. In **Kapitel 6** bis **Kapitel 12** behandeln wir Themen wie Steuern und Sozialversicherung. Um die Navigation zu erleichtern, werden die Kapitel analog zum SAP-ERP-HCM-Menübaum des Abrechnungsmenüs Deutschland (Transaktion PC01) gegliedert.

Teil IV – Spezielle Themen der deutschen Personalabrechnung

In **Teil IV**, »Spezielle Themen der deutschen Personalabrechnung«, behandeln wir in **Kapitel 13** bis **Kapitel 22** Themen, die nicht notwendiger Bestandteil einer Entgeltabrechnung sind – im Gegensatz zu den meisten der in Teil I bis Teil III behandelten Themen –, jedoch unserer Erfahrung nach aktuell in der Mehrzahl der Unternehmen zum Einsatz kommen. Dazu gehören das Reporting, Vermögensbildung, Altersversorgung, Pfändungen, Altersteilzeit, Mutterschaftsgeld und Beschäftigungsverbot, Krankengeld, Kurzarbeitergeld, Darlehen, Lohnarten u.v.m.

Teil V – Customizing-Werkzeuge

Teil V, »Customizing-Werkzeuge«, bietet eine Einführung in die allgemeinen Tools, die beim firmenindividuellen Customizing der Personalabrechnung intensiv zum Einsatz kommen. **Kapitel 23** behandelt die Lohnarten. Zu den Customizing-Werkzeugen gehören der Editor, mit dem das Abrechnungsschema angepasst werden kann (**Kapitel 24**) sowie der Editor für Merkmale und die Editoren zum Anpassen von Formularen (**Kapitel 25**).

Außerdem widmen wir **Kapitel 26** der laufenden Wartung der Personalabrechnung beim Einspielen von Support Packages. Auch die Grundlagen von Rollen und Berechtigungen in der Personalabrechnung lernen Sie kennen (**Kapitel 27**).

Einen kleinen Ausblick auf die Zukunft der Personalabrechnung unter SAP S/4HANA und SAP SuccessFactors erhalten Sie in **Teil VI**, »Ausblick«, in **Kapitel 28** bzw. **Kapitel 29**.

Anhang

Im **Anhang** finden Sie eine Auflistung der wichtigsten Funktionen, Operationen und Merkmale und, nicht zu vergessen, natürlich auch etwas über uns, die Autoren.

Arbeiten mit dem Buch

Die einzelnen Teile und Kapitel unseres Buchs können Sie durchaus in beliebiger Reihenfolge durcharbeiten. An vielen Stellen finden Sie Verweise auf andere Abschnitte, die das Thema weitergehend erläutern oder Zusammenhänge deutlich machen.

Für das Verständnis von Kapitel 4 und Kapitel 5 dieses Buchs sind fachliche Vorkenntnisse der jeweiligen Themen nötig. Genauso wird ein Durcharbeiten von Kapitel 3, »Bruttofindung«, unseres Buchs *vor* der Beschäftigung mit Teil III u. U. das Verständnis erleichtern.

Begriffsdefinitionen

Um Ihnen das Textverständnis zu erleichtern, möchten wir zu Beginn einige wichtige Begriffe definieren:

- **Die Zukunft der SAP-Personalabrechnung**
  Im Oktober 2022 hat SAP eine neue Version von HCM vorgestellt. Diese Version ist eine Migration existierender Funktionen auf eine neue Plattform SAP S/4HANA. Außerdem bietet SAP die Personalabrechnung im Paket mit SuccessFactors unter dem Begriff *SAP SuccessFactors Employee Central Payroll* an. Wir erklären Ihnen, welche Alternativen Sie in Zukunft haben, um die SAP-Personalabrechnung zu nutzen, und was das für Sie bedeutet.
- **Abrechnung**
  Diese Bezeichnung verwenden wir synonym zu den Begriffen *Personalabrechnung* oder *Entgeltabrechnung*. Wir bezeichnen damit die Ermittlung der Bruttobezüge und die Nettoberechnung bis zum Auszahlungsbetrag.
- **Folgeaktivitäten**
  Unter Folgeaktivitäten verstehen wir Prozesse, die sich auf die Abrechnungsdaten einer Abrechnungsperiode beziehen, z. B. die Kommunikation mit Behörden (Sozialversicherung, Steuer, DEÜV, Statistiken) oder mit internen Stellen wie beispielsweise der Finanzbuchhaltung und dem Controlling.

- **Report**
  Ein Report ist ein Programm zur Datenauswertung und -bereitstellung, das i. d. R. das Ergebnis als Liste ausgibt. Synonym wird auch der Begriff *Auswertung* gebraucht, vereinzelt auch ABAP, wobei Letzteres die Programmiersprache ist, in der die meisten Reports geschrieben sind (*A*dvanced *B*usiness *A*pplication *P*rogramming). Ein Report kann mit dem Reportnamen und/oder mit einer Transaktion aufgerufen werden.
- **Transaktion**
  Eine Transaktion wird zur Ausführung eines in sich abgeschlossenen Prozesses oder Teilprozesses in SAP verwendet. Hinter Transaktionen stehen Programme zur Pflege von Daten oder Auswertungen. Transaktionen verbergen sich hinter den ausführbaren Menüpunkten im SAP-Easy-Access-Menü oder können direkt über das dafür vorgesehene Feld links oben im SAP GUI aufgerufen werden.

Infokästen

In den Informationskästen sind Inhalte zu finden, die wissenswert und hilfreich sind, aber etwas außerhalb der eigentlichen Erläuterung stehen. Damit Sie die Informationen in den Kästen sofort einordnen können, haben wir die Kästen mit Symbolen gekennzeichnet:

Achtung
Mit diesem Symbol warnen wir Sie vor häufig gemachten Fehlern oder Problemen, die auftreten können.

Tipp/Hinweis
Dieses Symbol steht für Tipps, die Ihnen die Arbeit erleichtern werden, und für Hinweise auf weiterführende Informationen zu dem besprochenen Thema.

Beispiel
Hier finden Sie Beispiele, die das besprochene Thema erläutern und vertiefen. Sie stammen häufig aus unserer Beratungspraxis.

Wir freuen uns, Ihnen eine vollständig überarbeitete und aktualisierte Version dieses Buchs anbieten zu können, und wünschen Ihnen viel Freude beim Lesen!

Angelika Beck, **Richard Haßmann**, **Manuela Ittner** und **Markus Renner**

TEIL I

Grundlagen

Kapitel 1
Ablauf und Steuerung der Personalabrechnung in SAP ERP HCM

Die Personalabrechnung ist ein komplexer Prozess, in dem ein ordnungsgemäßer Ablauf sichergestellt werden muss. In diesem Kapitel lernen Sie den Abrechnungsprozess und die Steuerungsmechanismen hinsichtlich der Personalabrechnung in SAP ERP HCM kennen.

Anforderungen an den Prozess der Personalabrechnung

Die Personalabrechnung besteht aus sich monatlich wiederholenden Aktivitäten, die in jedem Unternehmen durchgeführt werden. Die einzelnen Aktivitäten ergeben sich aus den Anforderungen, die an eine Personalabrechnung gestellt werden: Die Mitarbeitenden erwarten die verlässliche Überweisung ihrer Entlohnung und einen Entgeltnachweis, der die Berechnung nachvollziehbar macht. Aus der Entgeltzahlung ergeben sich wiederum gesetzliche Anforderungen in den Bereichen Steuer und Sozialversicherung, zu deren Ausführung der Arbeitgeber verpflichtet ist.

Steuerung in SAP ERP HCM

Nachdem wir den Prozess der Personalabrechnung betrachtet haben, gehen wir in den weiteren Abschnitten dieses Kapitels auf die Steuerung der Personalabrechnung in SAP ERP HCM (Human Capital Management) ein. Dazu gehört z. B. die Zusammenfassung von Mitarbeitenden, die zum gleichen Zeitpunkt abgerechnet werden, in Abrechnungskreisen. Der Personalverwaltungssatz übernimmt dabei die Steuerung der Abrechnung. Zum Abschluss des Kapitels lernen Sie den Prozessmanager kennen, mit dessen Hilfe die Steuerung der Abrechnung automatisiert werden kann. Der Einsatz dieses Werkzeugs ist optional, kann Ihnen aber die Arbeit erleichtern.

1.1 Prozess der Personalabrechnung

Mitarbeiterdaten aus den Infotypen

Abbildung 1.1 gibt einen Überblick über den Prozess der Personalabrechnung. Die Daten der Mitarbeitenden, die in den Infotypen der Personaladministration bereitgestellt werden, werden von der Abrechnung verarbeitet und im Abrechnungsergebnis gespeichert. Die Folgeaktivitäten werten diese Daten aus und stellen Auswertungen, Datenträger und Dateien zur elektronischen Übertragung zur Verfügung.

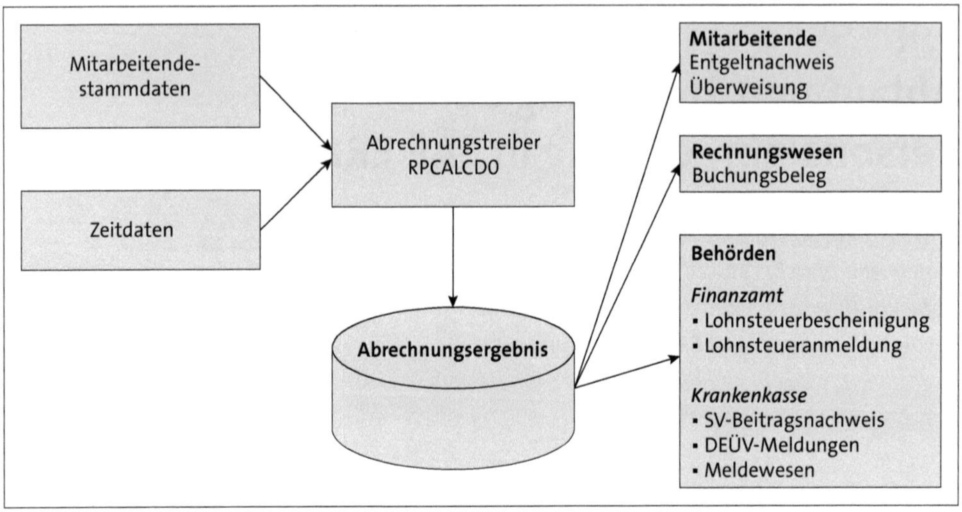

Abbildung 1.1 Prozess der Personalabrechnung

Die Personalabrechnung ermittelt das Entgelt der Mitarbeitenden und berechnet die sich daraus ergebenden gesetzlichen Abzüge. Das Entgelt der Mitarbeitenden besteht im einfachsten Fall aus einem monatlich fixen Bezug, der den Basisbezügen in den Stammdaten der einzelnen Mitarbeitenden zu entnehmen ist. Weitere Bezüge können sich aus den Stammdaten oder den Zeitdaten ermitteln lassen. Einen Überblick über die verfügbaren Infotypen erhalten Sie in Kapitel 2, »Infotypen der Personalabrechnung«.

Abrechnungstreiber

Der Abrechnungstreiber führt die eigentliche Abrechnung durch. Er ermittelt die Bruttobezüge und aus diesen die gesetzlichen Abzüge, die zu den Auszahlungsbeträgen führen, die schließlich auf die Bankkonten der Mitarbeitenden überwiesen werden. Das Ergebnis der Berechnungen wird im Abrechnungsergebnis gespeichert. Der Abrechnungstreiber ist kein fix programmiertes starres Programm, sondern er interpretiert vielmehr ein Abrechnungsschema, in dem der eigentliche Ablauf der Berechnungen festgelegt ist. Das Abrechnungsschema legt also den Ablauf der Berechnungen fest und nicht der Abrechnungstreiber. Anhand von Anpassungen am Abrechnungsschema kann somit der Ablauf der Berechnungen verändert oder ergänzt werden. Die einzelnen Schritte dieses Ablaufs beschreiben wir in Teil II dieses Buches, »Vom Brutto zum Netto, ein Überblick über das Abrechnungsschema D000«.

Folgeaktivitäten

Basierend auf dem erstellten Abrechnungsergebnis gibt es zahlreiche sogenannte *Folgeaktivitäten*. Diese werden im Anschluss an eine erfolgreich durchgeführte Abrechnung ausgeführt und bedienen verschiedene Empfänger. Dazu gehören Mitarbeitende, die einen Nachweis für die Berechnung ihres Entgelts erhalten und außerdem den Verdienst auf ihr Konto überwiesen haben möchten. Das Rechnungswesen muss mit Informationen aus dem Abrechnungslauf versorgt werden, um Buchungen in der Finanzbuchhaltung und im Controlling durchführen zu können. Außerdem gibt es Anforderungen der Behörden, vor allem des Finanzamts und der Krankenkassen, die unternehmens- und mitarbeiterbezogene Meldungen über die ermittelten Steuern und Beiträge benötigen.

Weitere Anforderungen werden im Verlauf dieses Buches erläutert. An dieser Stelle beschränken wir uns jedoch auf die Aktivitäten, die in jedem Fall monatlich durchgeführt werden müssen.

1.2 Abrechnungstreiber RPCALCD0

Der Abrechnungstreiber in SAP ERP HCM ist kein statisches Programm, das fest programmierte Schritte abarbeitet, sondern er interpretiert ein Abrechnungsschema, das die einzelnen Abrechnungsschritte vorgibt. Das Programm liest also das Abrechnungsschema und arbeitet die hier vorgegebenen Schritte der Reihe nach ab. Dies ermöglicht eine flexible Anpassung an kundenindividuelle Bedürfnisse.

Die im Abrechnungsschema vorgegebenen Schritte müssen einem logischen Aufbau folgen, der eine sinnvolle Abrechnung ermöglicht. Zum Beispiel müssen zuerst die Daten eingelesen werden, bevor sie in der Abrechnung weiterverarbeitet werden können, oder es muss zunächst der Bruttobetrag fertig berechnet worden sein, bevor der Nettobetrag ermittelt werden kann. Daher ist es wichtig, den Aufbau des Abrechnungsschemas zu kennen, bevor man Anpassungen daran vornimmt.

Aufbau des Abrechnungsschemas

Der Aufbau des Abrechnungsschemas enthält die folgenden Schritte:

1. Initialisierung
2. Einlesen der Grunddaten
3. Bruttoermittlung
4. Aliquotierung
5. Nettoberechnung
6. Verarbeitung von Rückrechnungen
7. Abstellen des Ergebnisses

Weitere Details zum Abrechnungsschema erhalten Sie in Teil II dieses Buches, »Vom Brutto zum Netto, ein Überblick über das Abrechnungsschema D000«.

Der Abrechnungstreiber für die deutsche Personalabrechnung ist der Report RPCALCD0 (Abrechnungsprogramm Deutschland), der das dazugehörige Standardabrechnungsschema D000 verwendet. Die Anforderungen an die Personalabrechnung sind stark von den Gesetzen des jeweiligen Landes abhängig, weshalb in SAP ERP HCM für jedes Land ein eigener Abrechnungstreiber mit einem eigenen Abrechnungsschema existiert. Das »D« im Namen des Reports und im Namen des Abrechnungsschemas steht dabei für die deutsche Länderversion, auf die wir uns im Rahmen dieses Buches konzentrieren.

1.3 Personalabrechnungskreis

Einem Personalabrechnungskreis (kurz: Abrechnungskreis) gehören alle Mitarbeitenden eines Unternehmens an, die zum gleichen Zeitpunkt abgerechnet werden. Die Zusammenfassung der Mitarbeitenden erfolgt hier unabhängig von allen anderen organisatorischen Zuordnungen. Im einfachsten Fall kann nur ein Abrechnungskreis für alle Mitarbeitenden verwendet werden. Unterschiedliche Abrechnungskreise müssen angelegt werden, wenn sich der Abrechnungszeitpunkt für verschiedene Personen unterscheidet, wenn also z. B. alle Angestellten zum Monatsende und alle gewerblichen Mitarbeitenden in der Mitte eines Monats abgerechnet werden. Auch können organisatorische Gründe für das Anlegen mehrerer Abrechnungskreise sprechen, etwa wenn die Abrechnung an verschiedenen Unternehmensstandorten dezentral durchgeführt werden soll.

Die Verknüpfung der einzelnen Mitarbeitenden mit einem Abrechnungskreis erfolgt im Infotyp 0001 (Organisatorische Zuordnung), siehe Abbildung 1.2. Die Zuordnung der Mitarbeitenden zu einem Abrechnungskreis nehmen Sie im Feld **AbrKreis** vor.

[»]

Pflege des Feldes »AbrKreis« (Abrechnungskreis)

Das Feld **AbrKreis** kann im Standard manuell gepflegt und durch das Merkmal ABKRS mit einem Vorschlagswert belegt werden. Wenn Sie die Pflege dieses Feldes verhindern möchten, sollten Sie es über das Customizing sperren, d. h. in der Infotyp-Steuerung auf **nur Anzeige** umstellen. So können Sie eine falsche Zuordnung verhindern.

Abrechnungsverwaltungssatz

Durch die Zuordnung einer im Unternehmen beschäftigten Person zu einem Abrechnungskreis wird diese Person den Steuerungsfunktionen des Abrechnungskreises mit dem *Abrechnungsverwaltungssatz* (siehe den gleichnamigen Abschnitt 1.8.1) unterworfen.

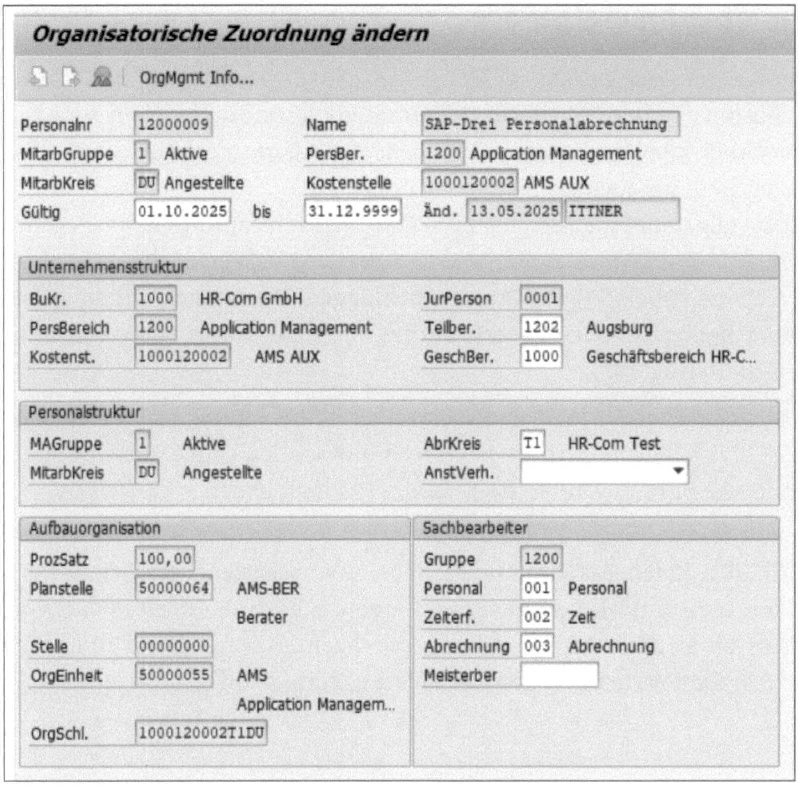

Abbildung 1.2 Infotyp 0001 (Organisatorische Zuordnung)

Der Abrechnungskreis steuert für alle Mitarbeitenden, die ihm zugeordnet sind, die folgenden Funktionen:

Steuerungsfunktionen des Abrechnungskreises

- Festlegung des frühestmöglichen Änderungsdatums im Personalstamm
- Rückrechnungssteuerung bei Änderungen im Personalstamm (mehr zum Thema »Rückrechnung« erfahren Sie in Abschnitt 2.3, »Rückrechnungsanstoß«)
- Festlegung der abzurechnenden Abrechnungsperiode für die Echtabrechnung
- Festlegung der tiefsten rückrechenbaren Abrechnungsperiode
- Sperrung des Personalstamms
- Selektionskriterium für Auswertungen

[!]

Mitarbeiterwechsel in einen anderen Abrechnungskreis

Der Wechsel von Mitarbeitenden in einen anderen Abrechnungskreis ist nur zum Ende einer Abrechnungsperiode möglich (mehr darüber erfahren Sie im folgenden Abschnitt).

1.4 Abrechnungsperiode

Eine Abrechnungsperiode ist der Zeitraum, für den eine Abrechnung regelmäßig mit einem konkreten Beginn- und Enddatum durchgeführt wird. Die Abrechnungsperioden werden in Tabelle V_T549Q (Abrechnungsperioden) gespeichert, die auch die Festlegung des Zahltags enthält. Zur Bearbeitung der Tabelle steht Ihnen der Report RPUCTP00 (Abrechnungsperioden generieren) im Einführungsleitfaden (IMG) über den Pfad **Personalabrechnung • Abrechnung Deutschland • Grundeinstellungen • Abrechnungsorganisation • Abrechnungsperioden generieren** mit einer ausführlichen Dokumentation zur Verfügung.

In der deutschen Personalabrechnung ist die Abrechnung auf monatlicher Basis üblich. Das heißt, dass die Abrechnungsperiode am ersten Tag eines Monats beginnt und am letzten Tag eines Monats endet.

Kalender für Kumulation

Für die Berechnung von Kumulationen muss außerdem über den Report RPUCTP10 (Kalender für Kumulationen und Abzüge generieren) der Kalender für die Kumulationen generiert werden. Hier wird festgelegt, dass von Januar bis Dezember Kumulationen durchgeführt werden und zu Beginn des Folgejahres ein neuer Zeitraum für die Kumulation beginnt.

1.5 Abrechnungsmenü

Wenn Sie im SAP-Easy-Access-Menü den Ordner **Abrechnung** aufklappen, wird Ihnen eine Reihe von Transaktionen angezeigt, mit deren Hilfe Sie eine Abrechnung durchführen können (siehe Abbildung 1.3). Über diese Transaktionen werden Standardreports aufgerufen, deren Selektionsbilder Sie bearbeiten müssen.

Durch die Eingabe von Transaktion PC01 wird im SAP-Menü das Bereichsmenü **Personalabrechnung Deutschland** angezeigt (siehe Abbildung 1.4).

[»]

Literaturhinweis

Ausführliche Informationen zu den Standardreports in SAP ERP HCM finden Sie in Kapitel 3 des Buches »HR-Reporting mit SAP« (SAP PRESS 2013).

Die Abrechnung lässt sich grundsätzlich in zwei Arten einteilen:

1. **Test- oder Simulationsabrechnung** (kurz: Simulation)
   Die Simulation erfolgt als vollständige Abrechnung, inklusive eventueller Rückrechnungen. Die Abrechnungsdaten entstehen hier allerdings nur temporär, d. h., dass keine Daten in der Datenbank gespeichert wer-

den und es keine Abhängigkeit von Abrechnungszeiträumen gibt. Darüber hinaus können keine Folgeaktivitäten durchgeführt werden, da kein physisches Abrechnungsergebnis existiert.

2. **Produktiv- oder Echtabrechnung** (kurz: Echtabrechnung)
   Die Echtabrechnung können Sie in einem Produktivsystem nur im Kontext des Abrechnungsverwaltungssatzes (mehr darüber erfahren Sie im gleichnamigen Abschnitt 1.8.1) durchführen, wodurch Sie auf eine Abrechnungsperiode festgelegt sind. Die entsprechenden Daten werden in der Datenbank gespeichert und stehen damit für die Folgeaktivitäten und für nachfolgende Auswertungen (siehe Teil III dieses Buches, »Folgeaktivitäten«) zur Verfügung.

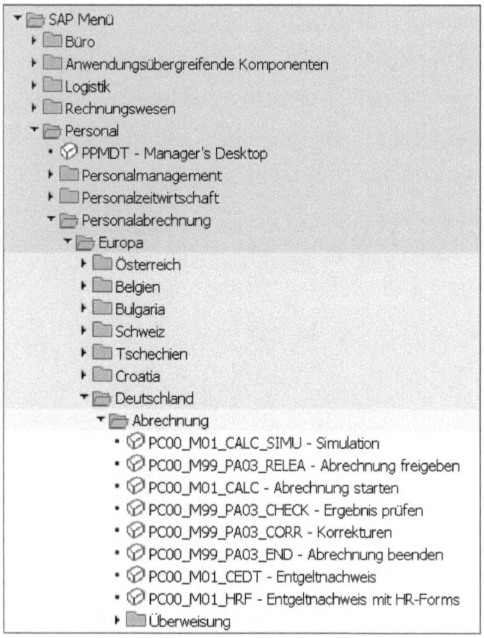

Abbildung 1.3 Abrechnung aufrufen

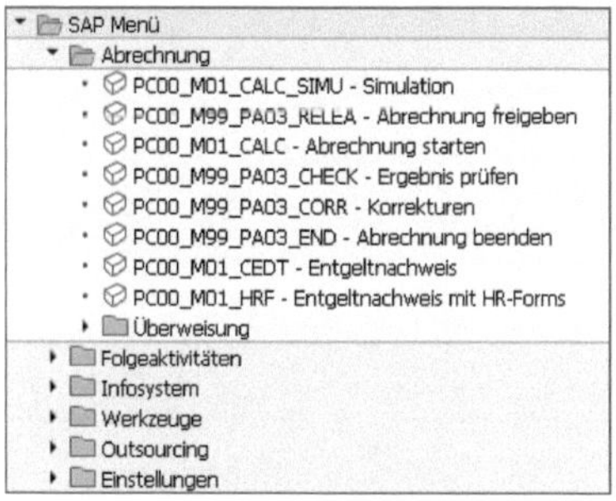

Abbildung 1.4 Abrechnung für Deutschland über Transaktion PC01

1.6 Simulation

Personalnummern und Abrechnungskreise

Die Simulation ist für einzelne Personalnummern oder für ganze Abrechnungskreise möglich. Ob vor der Durchführung der Echtabrechnung zu Kontrollzwecken Simulationen für einzelne oder mehrere Personalnummern oder für ganze Abrechnungskreise durchgeführt werden sollen, hängt ganz von Ihren Prozessen ab und davon, wie viel Zeit für die Echtabrechnung, inklusive der Folgeaktivitäten, zur Verfügung steht. Bedenken Sie dabei, dass die Simulation eine vollständige Abrechnung darstellt und dementsprechend genauso viel Zeit benötigt wie eine Echtabrechnung.

Mithilfe der Abrechnungstransaktionen rufen Sie Reports auf. Die Selektionsbilder bestehen aus *Datengruppen* mit z. T. vorbelegten Eingabefeldern, die Sie pflegen müssen oder können.

Report RPCALCDO – Selektionen

Nach der Auswahl von Transaktion PC00_M01_CALC_SIMU (Simulation) erscheint das Selektionsbild des Reports RPCALCDO (Abrechnungsprogramm Deutschland), siehe Abbildung 1.5. Im Folgenden gehen wir auf die Eingaben ein, die in diesem Selektionsbild möglich sind.

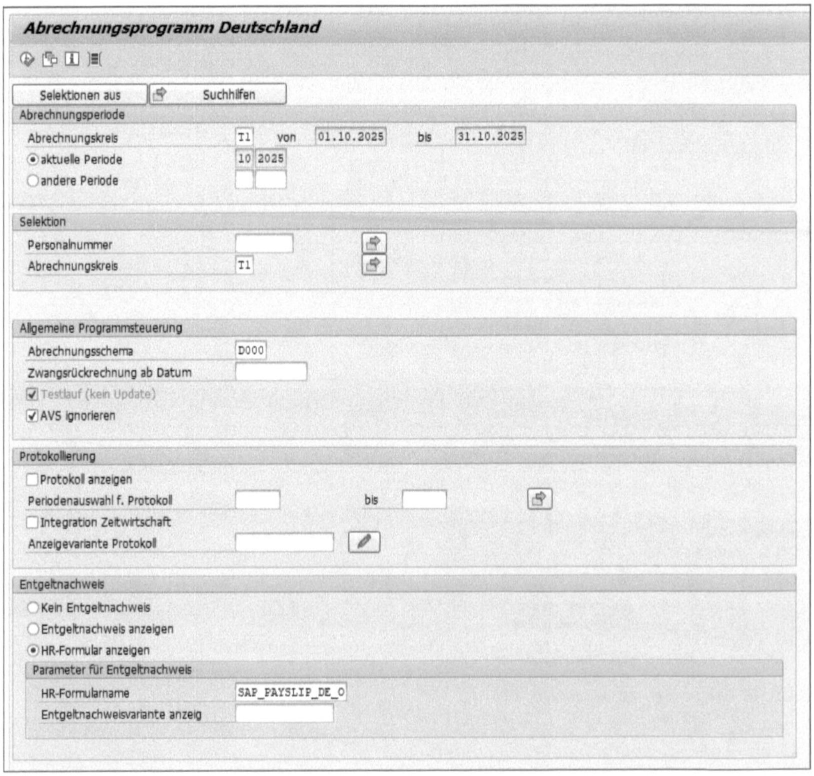

Abbildung 1.5 Selektionsbild von Transaktion PC00_M01_CALC_SIMU (Simulation)

1.6.1 Datengruppe »Abrechnungsperiode«

Das Mussfeld **Abrechnungskreis** dient an dieser Stelle der Bestimmung des Abrechnungszeitraums. Beim Start des Abrechnungsprogramms ist bereits der Radiobutton **aktuelle Periode** vorbelegt, und die Datumsfelder werden nach Drücken der [↵]-Taste gemäß der Abrechnungsperiode aus dem Abrechnungsverwaltungssatz (mehr darüber erfahren Sie im gleichnamigen Abschnitt 1.8.1) automatisch neben dem Feld **Abrechnungskreis** eingeblendet und können nicht geändert werden.

Möchten Sie eine andere Periode als die aktuelle Abrechnungsperiode aus dem Abrechnungsverwaltungssatz simulieren, müssen Sie den Radiobutton **andere Periode** auswählen und die entsprechende Periode erfassen. Durch Drücken der [↵]-Taste werden die Datumsfelder, deren Inhalte sich nur über das Feld **andere Periode** verändern lassen, neben dem Feld **Abrechnungskreis** eingeblendet.

1.6.2 Datengruppe »Selektion«

Wenn Sie die Abrechnung für einzelne Mitarbeitende simulieren möchten, verwenden Sie das Feld **Personalnummer**. Möchten Sie eine Abrechnung für mehrere Personalnummern vornehmen, erhalten Sie über den Button [⇨] (**Mehrfachselektion**) rechts neben dem Feld ein Dialogfenster, in dem weitere Selektionsmöglichkeiten angeboten werden. Sollen die Abrechnungen für alle Mitarbeitenden aus einem oder mehreren Abrechnungskreisen simuliert werden, erfolgt kein Eintrag.

An dieser Stelle stellt der Abrechnungskreis die Verbindung zur ausgewählten oder zu den ausgewählten Personalnummern dar. Möchten Sie eine Simulation für mehrere Personalnummern, die unterschiedlichen Abrechnungskreisen angehören, vornehmen, müssen Sie diese Abrechnungskreise über den Button [⇨] (**Mehrfachselektion**) neben dem Feld erfassen, da die Personalnummern sonst nicht selektiert werden können.

1.6.3 Datengruppe »Allgemeine Programmsteuerung«

Über das Feld **Abrechnungsschema** erfassen Sie das in Ihrem Unternehmen gültige Abrechnungsschema (zur Thematik »Abrechnungsschema« erfahren Sie Näheres in Teil II dieses Buches, »Vom Brutto zum Netto, ein Überblick über das Abrechnungsschema D000«), oder es wird ein Abrechnungsschema vorgeschlagen (D000 ist das Standardabrechnungsschema für die deutsche Personalabrechnung).

Das Feld **Zwangsrückrechnung ab Datum** benutzen Sie, wenn Sie für die selektierten Personalnummern, unabhängig von deren Steuerung im Personalstamm, eine Rückrechnung durchführen möchten.

Das Kennzeichen **Testlauf (kein Update)** ist durch den Aufruf von Transaktion PC00_M01_CALC_SIMU (Simulation) voreingestellt und kann nicht geändert werden.

1.6.4 Datengruppe »Protokollierung«

Über die Markierung des Kennzeichens **Protokoll anzeigen** erhalten Sie ein ausführliches Protokoll für die Abrechnung, in dem die einzelnen Abrechnungsschritte nachvollzogen werden können.

Setzen Sie ein Häkchen in das Feld **Integration Zeitwirtschaft**, erzeugen Sie ein ausführliches Protokoll für die Verarbeitung der Zeitdaten (siehe Abschnitt 3.7, »Integration der Zeitwirtschaft«).

Über das Feld **Anzeigevariante Protokoll** besteht die Möglichkeit, eine Protokollvariante anzulegen, die nicht das komplette Protokoll, sondern nur einen Ausschnitt aus diesem darstellt, wenn die Option **Protokoll anzeigen** ausgewählt wurde. Teile davon können bereits expandiert dargestellt werden.

1.6.5 Datengruppe »Parameter für Entgeltnachweis«

Sie können das Selektionsbild eines Reports mit voreingestellten Daten als sogenannte *Variante* abspeichern. Um nach einer Simulation einen Entgeltnachweis in Listenform zu erhalten, müssen Sie zuvor eine Variante des Entgeltnachweises angelegt haben, die Sie nach der Auswahl des entsprechenden Radiobuttons in das Feld **Entgeltnachweisvariante anzeigen** (Entgeltnachweisvariante anzeigen) eintragen. Nähere Informationen zum Entgeltnachweis finden Sie im gleichnamigen Abschnitt 6.1.

Sollen in Ihrem Unternehmen Entgeltformulare verwendet werden, die mit dem *HR-Formular-Workplace* (HR Forms) erstellt wurden, klicken Sie auf den Radiobutton **HR-Formularname** und wählen ein Formular aus der Wertehilfe aus.

Möchten Sie kein Formular erstellen, lassen Sie entweder die Felder **Entgeltnachweis anzeigen** oder **HR-Formularname** leer oder wählen den Radiobutton **Kein Entgeltnachweis**.

Merkmal PBCH0 steuert die Selektionsmöglichkeiten für Formulare

Über das Merkmal PBCH0 kann gesteuert werden, ob das Formular mit HR Forms oder der Tabellensteuerung verwendet wird und ob eines der beiden Felder für die Selektion ausgeblendet werden soll.

(Kurz-)Protokoll

Nach der Ausführung des Reports RPCALCD0 (Abrechnungsprogramm Deutschland) über den Button (**Ausführen**) wird entweder, je nach Voreinstellung, ein Entgeltformular oder ein sogenanntes *Kurzprotokoll* angeboten, das im Gegensatz zum sehr umfangreichen *Abrechnungsprotokoll* steht, das angezeigt wird, wenn Sie zuvor das Kennzeichen **Protokoll anzeigen** markiert haben. Das Kurzprotokoll enthält die Anzahl der selektierten, der erfolgreich abgerechneten und/oder der abgelehnten Personalnummern, die Anzahl der abgerechneten Perioden sowie die Anzahl eventuell angezeigter Nachrichten und/oder Fehlermeldungen (siehe Abbildung 1.6).

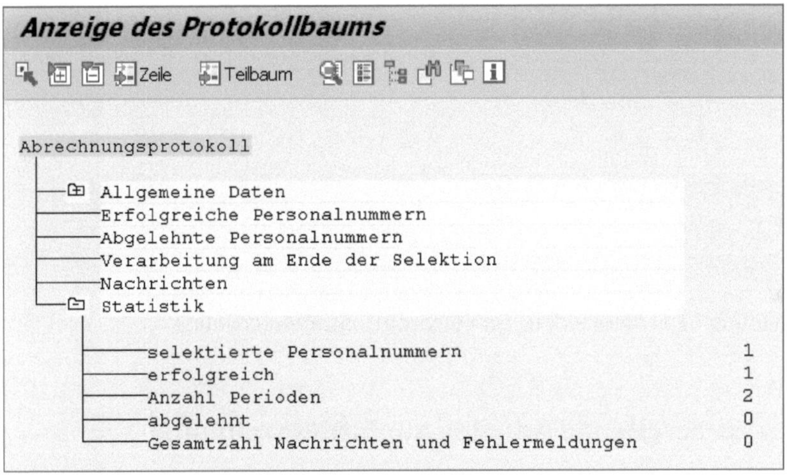

Abbildung 1.6 Kurzprotokoll der Abrechnung

Kurzprotokoll – Nullprotokoll

Das Kurzprotokoll kann als sogenanntes *Nullprotokoll* angezeigt werden, d. h., dass alle Werte auf null stehen, wofür es nur drei Gründe geben kann:

- Die zu simulierende Personalnummer existiert nicht.
- Die zu simulierende Personalnummer existiert nicht im Simulationszeitraum.
- Die zu simulierende Personalnummer gehört nicht dem selektierten Abrechnungskreis unter dem Feld **Personalnummer** an.

Falls Sie einen Entgeltnachweis ausgewählt haben, können Sie das Kurzprotokoll auch über den entsprechenden Button **Protokoll** separat aufrufen. Tritt bei einer Personalnummer ein Fehler auf, der zum Abbruch der Abrechnung führt, wird dies im Kurzprotokoll, unabhängig von Ihren Einstellungen im Selektionsbild des Reports RPCALCD0 (Abrechnungsprogramm Deutschland), automatisch gemeldet (siehe Abbildung 1.7).

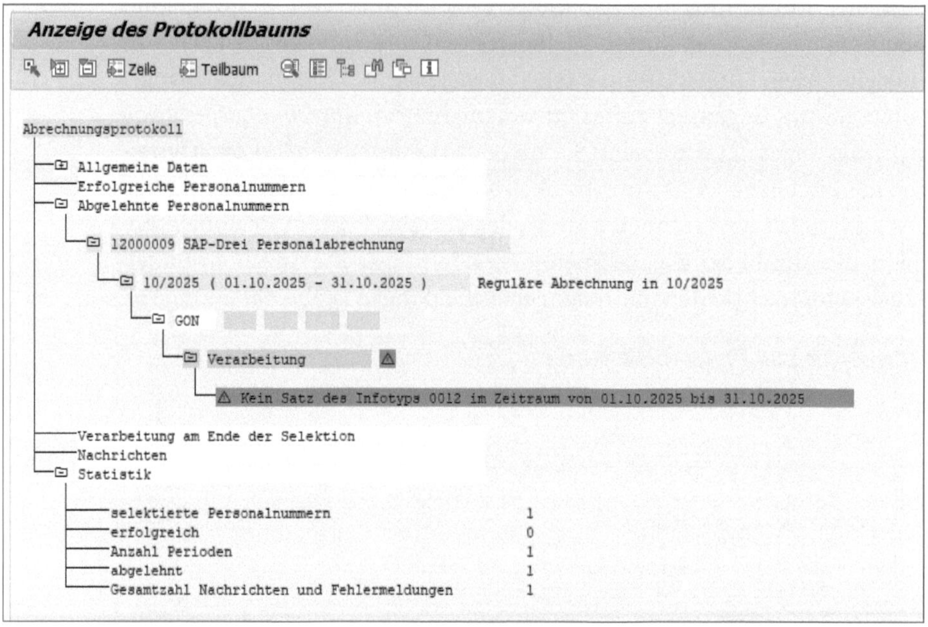

Abbildung 1.7 Fehlermeldung im Kurzprotokoll der Abrechnung

1.7 Vorbereitende Arbeiten zur Echtabrechnung

Aktualisierung mit Einspieldateien

Damit eine ordnungsgemäße Durchführung der Abrechnung gewährleistet werden kann, müssen folgende Daten im System regelmäßig aktualisiert werden:

- Beitragssätze
- Annahmestellen der Krankenkassen
- Berufsgenossenschaftsdaten
- berufsständische Versorgungswerke
- Finanzamts- und Gemeindedaten
- Institutionskennzeichen
- Bankleitzahlen der deutschen Banken

Die Aktualisierung kann mit Reports durchgeführt werden, wie wir es im Folgenden genauer beschreiben.

[+]

Pflege der Krankenkassen

Die Pflege der Krankenkassen und deren Aktualisierungen sollten immer auf dem Entwicklungssystem durchgeführt und transportiert werden, damit bei Tests immer der aktuelle Stand auf allen Systemen gewährleistet ist.

1.7.1 SV-Stammdatendatei

Einspielen der SV-Stammdatendatei

Die *Informationstechnische Servicestelle der Gesetzlichen Krankenversicherung GmbH* (ITSG) stellt mehrmals monatlich auf ihrer Homepage die zentrale Stammdatendatei bereit. Diese enthält folgende Informationen:

- Beitragssätze der Krankenkassen (Tabelle V_T5D1J)
- Betriebsnummern der Krankenkassen (Tabelle V_T5D4T)
- Berufsgenossenschaften (Tabelle T5D32_UV_S), jedoch deren zugehörige Gefahrtarifstellen
- berufsständische Versorgungswerke (Tabelle V_T5D31)
- Abrechnungskonstanten (Tabelle V_T511K)

Diese Stammdaten müssen regelmäßig heruntergeladen werden. Die Verwendung der SV-Stammdatendatei ist verpflichtend. Es wird im Abrechnungsprogramm geprüft, ob die Einspielung aktuell ist. Liegt die Einspielung länger als sechs Wochen zurück, wird eine Fehlermeldung ausgegeben.

Mit dem Report RP_PAYDE_SVSD_IMPORT (SV-Stammdatendatei einlesen) kann das System nach dem Herunterladen der Datei aktualisiert werden. Die Einspielung sollte immer zuerst im Testlauf erfolgen und besteht aus folgenden Schritten:

1. Die Aktualisierung der Daten mit der SV-Stammdatendatei mit dem Report RP_PAYDE_SVSD_IMPORT (SV-Stammdatendatei einlesen) sollte im Entwicklungssystem durchgeführt werden. Durch einen Transport werden die Daten in die Folgesysteme übertragen.
2. Der Abgleich der Beitragssätze mit dem Report RPUSVCD0 (Abgleich der Krankenkassenbeitragssätze) muss in jedem System (Entwicklungs-, Qualitätssicherungs- und Produktivsystem) erfolgen.
3. Der Abgleich der Berufsgenossenschaften mit dem Report RPUBGED0 (Abgleich der Berufsgenossenschaften) muss ebenfalls in jedem System erfolgen.

Falls bei der Einspielung der Hinweis auf eine Fusion auftritt, kommt die in Abbildung 1.8 dargestellte Meldung, und es muss die Nachfolgeverwaltung durchgeführt werden.

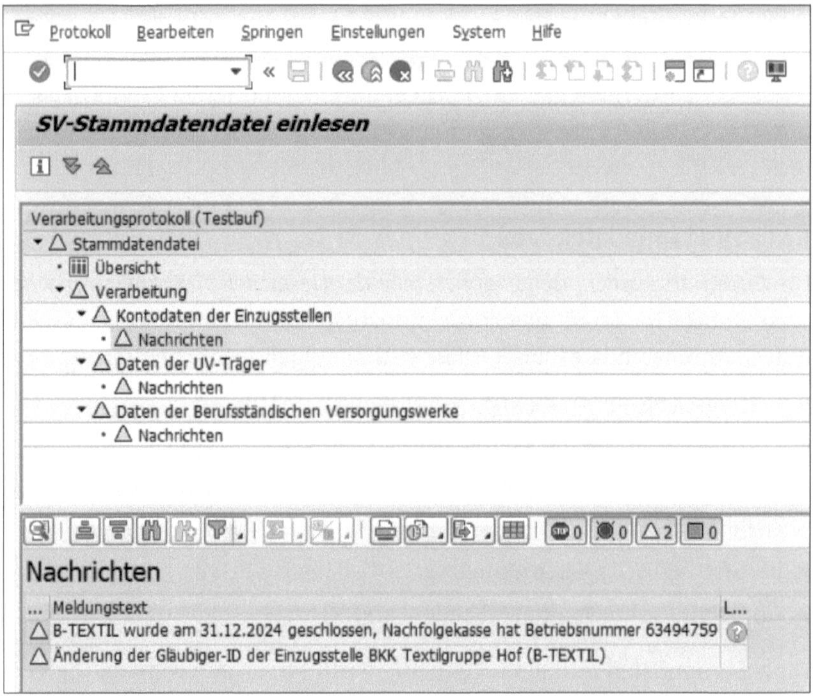

Abbildung 1.8 Report RP_PAYDE_SVSD_IMPORT (Hinweismeldung bei Fusion) – Beispiel

Alte Krankenkasse sperren

In Tabelle V_5D11_C (Grundeinstellungen der Krankenkasse ändern) müssen Sie die alte Krankenkasse abgrenzen und auf den Typ **5 Gesperrte Krankenkasse** setzen (siehe Abbildung 1.9).

In Tabelle V_T5D17 (Nachfolgeverwaltung von gesperrten Krankenkassen ändern) müssen die gesperrte Krankenkasse und die Nachfolgekasse hinterlegt werden (siehe Abbildung 1.10).

Nachfolgekrankenkasse pflegen

Um bei den Mitarbeitenden die Nachfolgekrankenkasse im Infotyp 0013 (Sozialversicherung) einzutragen, muss der Report RPISVKD0 (Batch-Input für Nachfolgekassen) im Infotyp 0013 (Sozialversicherung) ausgeführt werden (siehe Abbildung 1.11). Dieser Report erstellt eine Batch-Input-Mappe; diese muss nach deren Erstellung noch abgespielt werden.

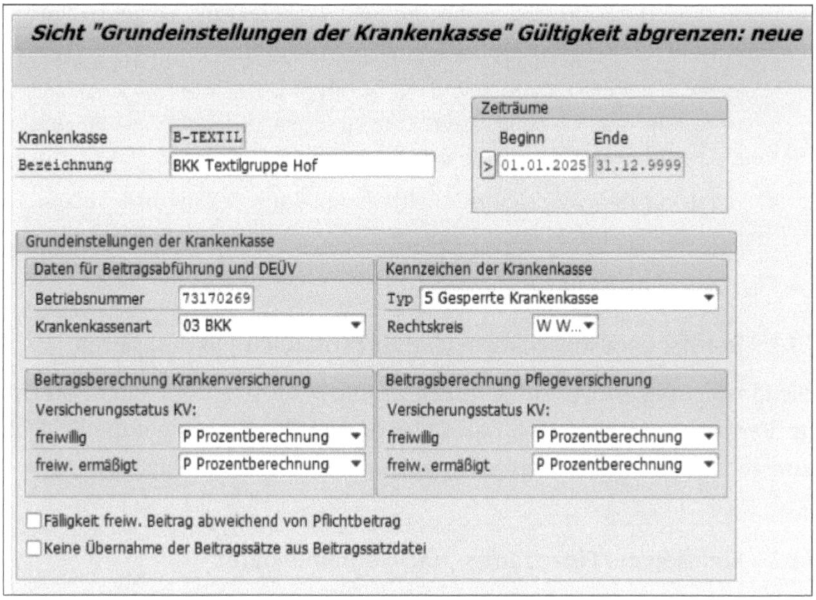

Abbildung 1.9 Gesperrte Krankenkasse abgrenzen

Abbildung 1.10 Nachfolgekrankenkasse pflegen

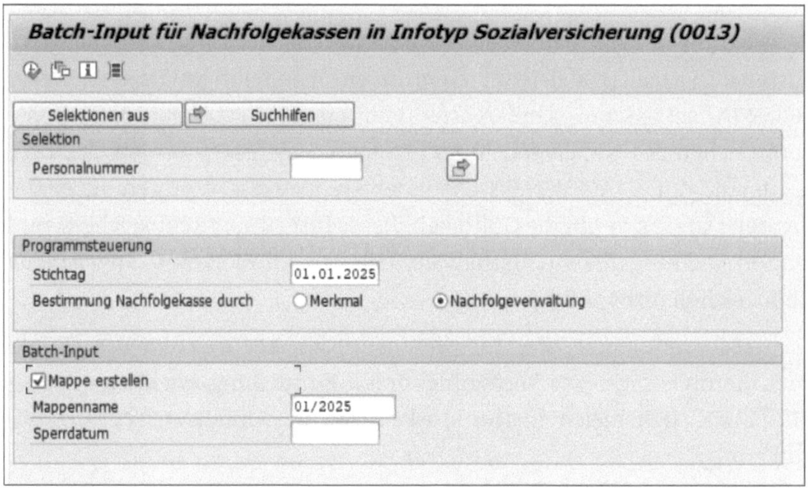

Abbildung 1.11 Nachfolgekrankenkasse in den Stammdaten hinterlegen

[»]

Abgleich der Beitragssätze/Nachfolgeverwaltung

Der Abgleich der Beitragssätze und der Berufsgenossenschaften sowie die Durchführung der Nachfolgeverwaltung müssen in jedem System und Mandanten durchgeführt werden.

SAP plant, für den Abgleich der Beitragssätze und der Berufsgenossenschaften einen gemeinsamen Report auszuliefern (Stand: Juli 2025).

1.7.2 Berufsgenossenschaften (Gefahrtarifstellen) aktualisieren

Die Einspielung erfolgt mit dem Report RPUBGDD0 (Einlesen der Dateien für Berufsgenossenschaften und Gefahrtarife). Die Datei stellt die ITSG in unregelmäßigen Abständen auf ihrer Internetseite zur Verfügung.

1.7.3 Einlesen der Finanzamts- und Gemeindedaten

Die XML-Datei mit GemFA-Daten finden Sie auf der Seite des Bundeszentralamts für Steuern (BZSt). Mithilfe des Reports RPUSTGD1 (Aktualisierung Finanzamts- und Gemeindedaten) können diese Daten eingelesen werden. Es erfolgt eine Aktualisierung der folgenden Tabellen: T5D2A (Finanzämter), T5D2B (Gemeindeschlüssel) und P01T_AGS (Zuordnung Postleitzahl zu AGS). Die Einspielung kann neuerdings im Entwicklungssystem erfolgen, jedoch muss das Kennzeichen **Änderungen auf einen Transportauftrag schreiben** gesetzt werden.

1.7.4 Institutionskennzeichen

Bei Meldungen der Arbeitgeber an die Sozialversicherungsträger im Datenaustausch Entgeltersatzleistungen muss unter anderem im Datenbaustein DBUN (Arbeits-/Schul-/Kindergartenunfall) im Feld **IKUV** das Institutionskennzeichen des Unfallversicherungsträgers angegeben werden. Die DAV (Datenannahme- und Verteilstellen) der Krankenkassen prüfen die eingehenden Datensätze auf die Gültigkeit dieses Institutionskennzeichens und lehnen Meldungen als fehlerhaft ab, falls das im Meldesatz angegebene Kennzeichen nicht gültig ist.

Die ITSG stellt eine Datei für die Institutionskennzeichen der Unfallversicherungsträger zur Verfügung, deren Einspielung mit dem qReport RPUEEDD0 (Einspielen Institutionskennzeichen Unfallversicherungsträger) erfolgt.

1.7.5 Bankleitzahlen Deutschland

Die Bereitstellung der aktuellen Bankleitzahlen findet viermal pro Jahr (Januar, März, Juni und September) statt. Die Einspielung erfolgt mit dem Report RFBVALL_0 (Länderspezifische Bankenverzeichnisübernahme). Folgende Punkte müssen beachtet werden:

- Dateistruktur – DE 005 Deutsche Bundesbank: ab Juni 2006; Format DE 5
- Codepage 1400

Die Einspielung muss in jedem System/Mandanten erfolgen.

1.8 Echtabrechnung

In einem Produktivsystem ist der Start einer Echtabrechnung ohne den entsprechenden Status des Abrechnungsverwaltungssatzes nicht möglich. Überdies haben die Steuerungsfunktionen des Abrechnungsverwaltungssatzes Auswirkungen auf den Personalstamm. Deswegen gehen wir im Folgenden zunächst auf diese wichtigen Zusammenhänge ein.

1.8.1 Abrechnungsverwaltungssatz

Steuerungsfunktionen des Abrechnungskreises

Mittels des Abrechnungsverwaltungssatzes werden die Steuerungsfunktionen eines Abrechnungskreises ausgeübt. Für jeden Abrechnungskreis muss ein Abrechnungsverwaltungssatz angelegt werden; ohne Abrechnungsverwaltungssatz ist weder das Anlegen einer abrechnungsfähigen Personalnummer noch eine Abrechnung möglich.

Die Transaktion zum Aufruf des Abrechnungsverwaltungssatzes (PA03 – Personalverwaltungssatz pflegen) finden Sie im SAP-Easy-Access-Menü im Ordner **Werkzeuge** (siehe Abbildung 1.12).

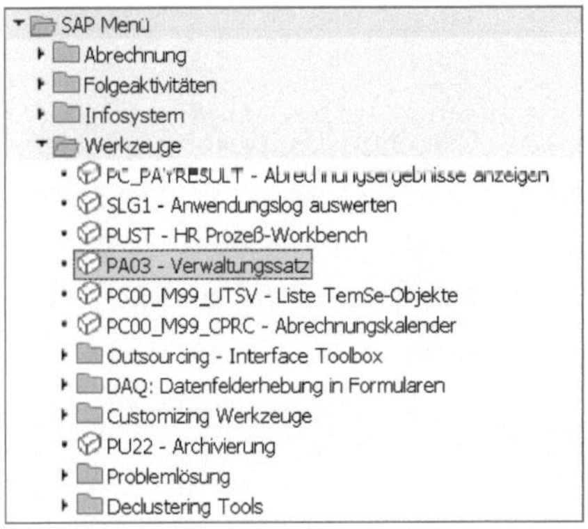

Abbildung 1.12 Abrechnungsverwaltungssatz aufrufen

Informationen und Steuerungsfunktionen im Abrechnungsverwaltungssatz

Informationen

Im Abrechnungsverwaltungssatz erhalten Sie eine Reihe von Informationen, die Sie beim Ablauf der Echtabrechnung unterstützen können:

- gesperrte Personalnummern
- Personen mit Korrekturkennzeichen
- alle Mitarbeitenden, die zu diesem Abrechnungskreis gehören
- Status der Abrechnung
- tiefste rückrechenbare Periode

Im Folgenden erläutern wir die Bedeutung der einzelnen Felder und die Auswirkungen der Buttons des Abrechnungsverwaltungssatzes (siehe Abbildung 1.13).

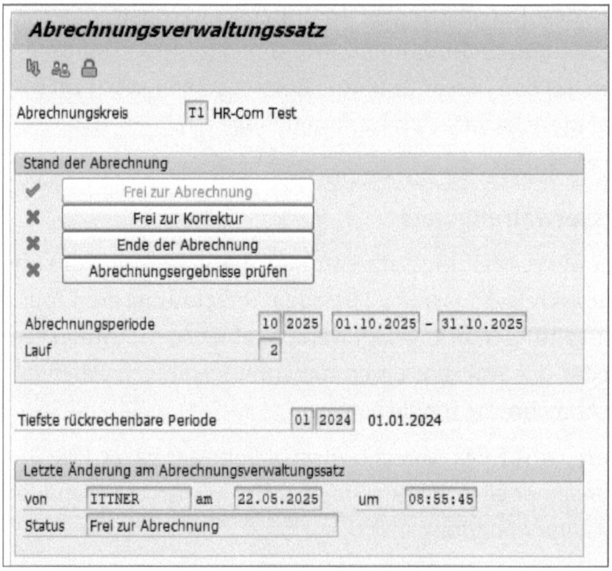

Abbildung 1.13 Abrechnungsverwaltungssatz

Zuordnung über den Abrechnungskreis

Durch das Anlegen und Bearbeiten des Abrechnungsverwaltungssatzes über den Abrechnungskreis wird die entsprechende Zuordnung vorgenommen, die im Feld **Abrechnungskreis** sichtbar ist. Damit gelten alle Steuerungsfunktionen eines Abrechnungsverwaltungssatzes für alle Personalnummern des betreffenden Abrechnungskreises.

Datengruppe »Stand der Abrechnung«

Am grünen Häkchen neben dem entsprechenden Button erkennen Sie den aktuellen Status des Abrechnungskreises.

Ist der Wert im Feld **Lauf** größer 0, zeigen die Daten der Felder zur **Abrechnungsperiode** die aktuell abzurechnende Periode an. Ist der Wert des Feldes **Lauf** gleich 0, handelt es sich in den Feldern der **Abrechnungsperiode** immer um die zuletzt abgerechnete Periode. Das Feld **Lauf** zeigt die Anzahl der durchgeführten Abrechnungsläufe an.

Über die Felder zu **Tiefste rückrechenbare Periode** (MMJJJJ) legen Sie fest, bis zu welchem Datum Rückrechnungen in der Abrechnung durchgeführt werden können und wie weit Veränderungen im Personalstamm der Personalnummern eines Abrechnungskreises in der Vergangenheit möglich sein sollen.

Datengruppe »Letzte Änderung am Abrechnungsverwaltungssatz«

Hier wird angezeigt, wer den Abrechnungsverwaltungssatz wann auf den sichtbaren Status geändert hat. Über den Menüpfad **Springen • Protokoll Verwaltungssatz** erhalten Sie eine Historie der Veränderungen.

> **Felder bearbeiten**
>
> Das Feld **Abrechnungsperiode** kann nur beim Anlegen des Abrechnungsverwaltungssatzes direkt bearbeitet werden. Die Option **Tiefste rückrechenbare Periode** kann sowohl beim Anlegen als auch beim Setzen des Status **Ende der Abrechnung** geändert werden.

Fehlerhafte Personalnummern

Über den Button (**Fehlerhafte Personalnummern**) wird eine Liste aller Personalnummern angezeigt, die in einem vorangegangenen Echtabrechnungslauf aufgrund eines Fehlers abgebrochen oder die im Status **Frei zur Korrektur** (siehe Abschnitt 1.8.5, »Korrekturen«) korrigiert wurden.

Basis für die Erstellung der Liste ist das Feld **Korrektur der Abrechnung** im Infotyp 0003 (Abrechnungsstatus, siehe Abschnitt 1.8.3, »Abrechnung starten«); in der Statusleiste erscheint eine Meldung zur Anzahl der Treffer. Nach der Durchführung einer erneuten Echtabrechnung werden die erfolgreich abgerechneten Personalnummern aus der Liste gelöscht.

Liste der Personalnummern

Über den Button (**Liste Personalnummern**) erhalten Sie eine Aufstellung aller diesem Abrechnungskreis zugeordneten Personalnummern. Die Basis bildet dabei das Eintrittsdatum der im Unternehmen beschäftigten Person und die angezeigte Abrechnungsperiode. In der Statusleiste erscheint eine Meldung zur Anzahl der Treffer.

Gesperrte Personalnummern

Der Button (**Gesperrte Personalnummern**) erstellt eine Liste aller Personalnummern, die im Status **Frei zur Abrechnung** (siehe Abschnitt 1.8.2, »Abrechnung freigeben«) im Personalstamm mit Transaktion PA30 (Personalstammdaten pflegen) bearbeitet und infolgedessen in der Echtabrechnung mit einer Fehlermeldung abgebrochen werden (siehe Abbildung 1.14).

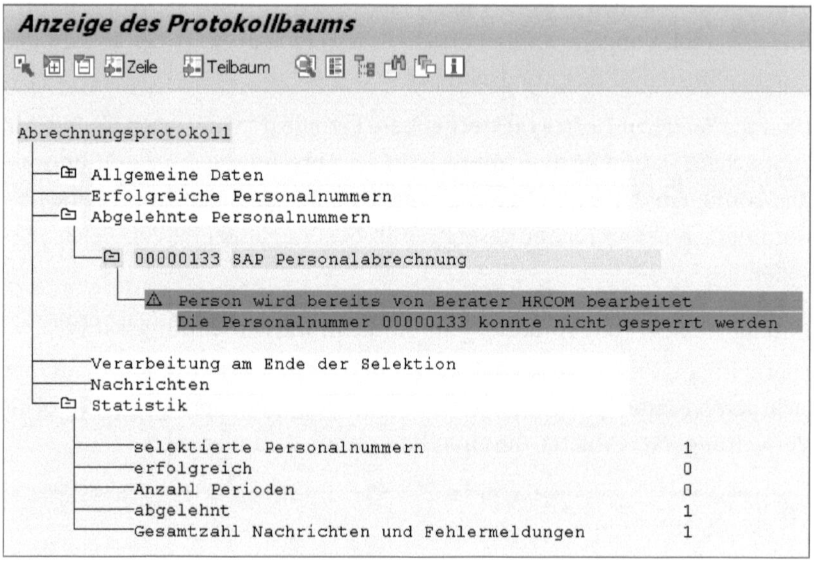

Abbildung 1.14 Fehlermeldung im Kurzprotokoll

[»]

Sperreinträge verwalten

Über Transaktion SM12 (Sperreinträge selektieren) können Sie sich sowohl die gesperrten Personalnummern anzeigen lassen als auch eine Sperre entfernen. Ein Sperreintrag sollte allerdings nur gelöscht werden, wenn sichergestellt werden kann, dass die Person, die aktuell die Daten bearbeitet, keine Daten speichert, da dies zu Inkonsistenzen führen kann.

Prüfung des Abrechnungsverwaltungssatzes in der Abrechnung

In einem Produktivsystem können Sie die Echtabrechnung nicht ohne die Steuerungsfunktionen über die Status **Frei zur Abrechnung** und **Ende der Abrechnung** des Abrechnungsverwaltungssatzes durchführen; die entsprechende Prüfung findet im Unterschema DINO des Abrechnungsschemas D000 statt. Es ist allerdings möglich, diese Prüfung in einem Testsystem zu deaktivieren. Dazu rufen Sie das Abrechnungsschema im SAP-Easy-Access-Menü über den Menüpfad **Personalabrechnung • Europa • Deutschland • Werkzeuge • Customizing Werkzeuge • Schema** auf, oder Sie verwenden Transaktion PE01 (Pflege von Personalrechenschemen).

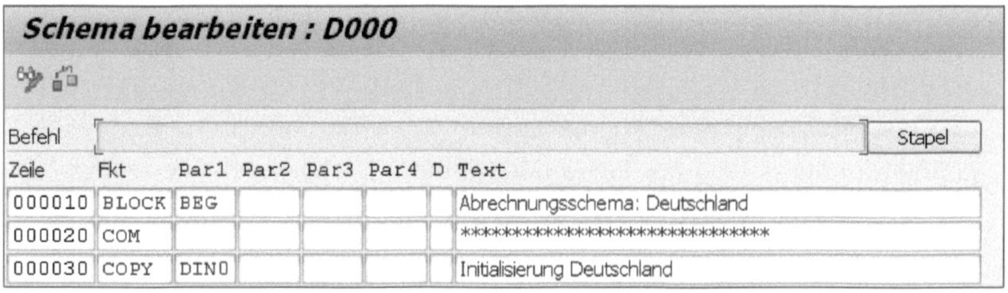

Schema bearbeiten : D000

Befehl | Stapel

Zeile	Fkt	Par1	Par2	Par3	Par4	D	Text
000010	BLOCK	BEG					Abrechnungsschema: Deutschland
000020	COM						******************************
000030	COPY	DIN0					Initialisierung Deutschland

Abbildung 1.15 Ausschnitt aus dem Abrechnungsschema D000

Steuerungsfunktionen ausschalten

Nach einem Doppelklick auf das Unterschema **DIN0** (in Zeile **000030** in Abbildung 1.15) können Sie durch Setzen von »*« (in der Spalte **D** der Zeile **000070** in Abbildung 1.16) die Prüfung des Abrechnungsverwaltungssatzes für die Echtabrechnung ausschalten.

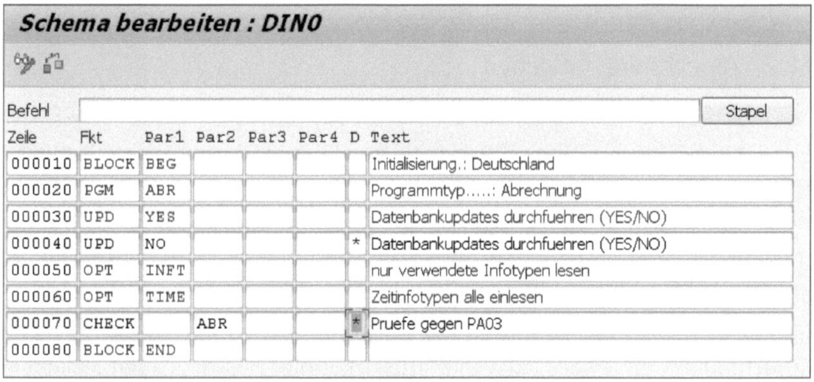

Schema bearbeiten : DIN0

Befehl | Stapel

Zeile	Fkt	Par1	Par2	Par3	Par4	D	Text
000010	BLOCK	BEG					Initialisierung.: Deutschland
000020	PGM	ABR					Programmtyp.....: Abrechnung
000030	UPD	YES					Datenbankupdates durchfuehren (YES/NO)
000040	UPD	NO				*	Datenbankupdates durchfuehren (YES/NO)
000050	OPT	INFT					nur verwendete Infotypen lesen
000060	OPT	TIME					Zeitinfotypen alle einlesen
000070	CHECK		ABR			*	Pruefe gegen PA03
000080	BLOCK	END					

Abbildung 1.16 Unterschema DIN0 (geändert)

Die Thematik »Bearbeitung von Schemen« wird in Kapitel 3, »Bruttofindung«, vertieft.

[«]

Prüfung des Abrechnungsverwaltungssatzes

Wir empfehlen das Deaktivieren der Prüfung des Abrechnungsverwaltungssatzes in einem Testsystem, wenn zeitgleich mehrere Benutzer für Personalnummern des gleichen Abrechnungskreises Echtabrechnungen durchführen möchten, da andernfalls die Sperrfunktionen des Abrechnungsverwaltungssatzes zu erheblichen Behinderungen führen können.

[!]

Prüfung des Abrechnungsverwaltungssatzes ausschalten

Beachten Sie, dass das Ausschalten der Prüfung nur für die Durchführung der Echtabrechnung gilt. Möchten Sie z. B. Rückrechnungen für eine Personalnummer testen, müssen Sie sicherstellen, dass der entsprechende Abrechnungsverwaltungssatz die richtige Abrechnungsperiode und den richtigen Status aufweist, da das System sonst eine Abrechnungsvergangenheit für die zu testende Personalnummer nicht erkennen kann.

[»]

Prüfung des Abrechnungsverwaltungssatzes unter SAP Human Capital Management for SAP S/4HANA

In SAP Human Capital Management for SAP S/4HANA gibt es die Möglichkeit, die Business Function H4S4_1 zu aktivieren. Damit erhalten Sie im Selektionsbild des Reports RPCALCD0 das Kennzeichen **AVS ignorieren** (siehe Abbildung 1.5).

1.8.2 Abrechnung freigeben

Abrechnungskreis zur Abrechnung freigeben

Möchten Sie die Echtabrechnung für die Personalnummern eines Abrechnungskreises durchführen, müssen Sie den entsprechenden Abrechnungskreis im Abrechnungsverwaltungssatz zur Abrechnung freigeben. Dazu verwenden Sie entweder Transaktion PC00_M99_PA03_RELEA (Abrechnung freigeben) im SAP-Easy-Access-Menü (siehe Abbildung 1.3), oder Sie wählen die direkte Bearbeitung des Abrechnungsverwaltungssatzes mit Transaktion PA03 (Personalverwaltungssatz pflegen) und hier den Button **Frei zur Abrechnung**. Den jeweils aktiven Status erkennen Sie am grünen Häkchen neben dem jeweiligen Button (siehe Abbildung 1.13).

[»]

Mehrere Abrechnungskreise freigeben

Wenn Sie mehrere Abrechnungskreise freigeben möchten, empfehlen wir die Freigabe über den Abrechnungsverwaltungssatz, da die Freigabe über das SAP-Easy-Access-Menü nur einmal pro Anmeldung im Mandanten möglich ist.

Steuerungsfunktionen des Status »Frei zur Abrechnung«

Mit der Aktivierung des Status **Frei zur Abrechnung** lösen Sie die folgenden Steuerungsfunktionen aus:

- Prüfen, ob eine Echtabrechnung für den entsprechenden Abrechnungskreis möglich ist
- Setzen der **Abrechnungsperiode** auf +1 zum vorangegangenen Eintrag
- Setzen der Information des Feldes **Lauf** auf +1 zum vorangegangenen Eintrag

- Aktualisieren der Informationen in der Datengruppe **Letzte Änderung am Abrechnungsverwaltungssatz** (siehe Abbildung 1.13)
- Prüfen, ob Personalnummern dieses Abrechnungskreises durch Transaktion PA30 (Personalstammdaten pflegen) gesperrt sind; es erscheint eine entsprechende Meldung in der Statuszeile.
- Sperrung aller Personalnummern dieses Abrechnungskreises für die Pflege in der freigegebenen Abrechnungsperiode und in der Abrechnungsvergangenheit; eine Pflege in der Abrechnungszukunft ist uneingeschränkt möglich.

1.8.3 Abrechnung starten

Transaktion zur Echtabrechnung

Möchten Sie eine Echtabrechnung durchführen, ist dies ausschließlich über Transaktion PC00_M01_CALC (Abrechnung starten) möglich, unabhängig davon, ob Sie die Echtabrechnung in einem Produktivsystem mit der Prüfung durch den Abrechnungsverwaltungssatz oder in einem Testsystem eventuell ohne Prüfung durch den Abrechnungsverwaltungssatz vornehmen (siehe Abschnitt 1.8.1, »Abrechnungsverwaltungssatz«). Das Selektionsbild von Transaktion PC00_M01_CALC (Abrechnung starten) unterscheidet sich vom Selektionsbild von Transaktion PC00_M01_CALC_SIMU (Simulation) nur durch die Eingabebereitschaft des Feldes **Testlauf (kein Update)**, siehe Abbildung 1.5.

Auswirkungen von Transaktion PC00_M01_CALC (Abrechnung starten)

Wenn Sie die Abrechnung über Transaktion PC00_M01_CALC (Abrechnung starten) durchführen, werden die folgenden Aktionen ausgeführt:

1. Erzeugen der Daten in den entsprechenden Clustern der Datenbank
2. Aktualisierung des Infotyps 0003 (Abrechnungsstatus)

Infotyp 0003 (Abrechnungsstatus)

Der Infotyp 0003 (Abrechnungsstatus), der bei der Durchführung der Standardmaßnahme »Einstellung« vom System im Hintergrund angelegt wird, besitzt keine Historie und wird bei jeder Echtabrechnung sowie bei Änderungen im Personalstamm aktualisiert. Die volle Pflege erreichen Sie über den Menüpfad **Hilfsmittel • Abrechnungsstatus ändern** in Transaktion PA30 (Personalstammdaten pflegen) oder über den Menüpfad **Personal • Personalabrechnung • Europa • Deutschland • Werkzeuge • Problemlösung • Abr-Status pflegen**. Diese Aufrufe repräsentieren wiederum eine eigene Transaktion PU03 (Abrechnungsstatus ändern), die Sie zusätzlich zu Transaktion

PA30 (Personalstammdaten pflegen) in Ihrer Berechtigungsrolle benötigen, um sie auch ausführen zu können.

Wenn Sie den Infotyp 0003 (Abrechnungsstatus) in Transaktion PA30 (Personalstammdaten pflegen) auf die gleiche Weise wie die anderen Infotypen aufrufen, sind die Felder **abgerechnet bis** und **Früh.Änd.Stamm.** nicht eingabebereit.

Informationen und Steuerungsfunktionen des Infotyps 0003

Im Folgenden zeigen wir, wie Sie den Infotyp 0003 (Abrechnungsstatus) bearbeiten können, und wir erklären Ihnen die Auswirkungen Ihrer Eingaben (siehe Abbildung 1.17).

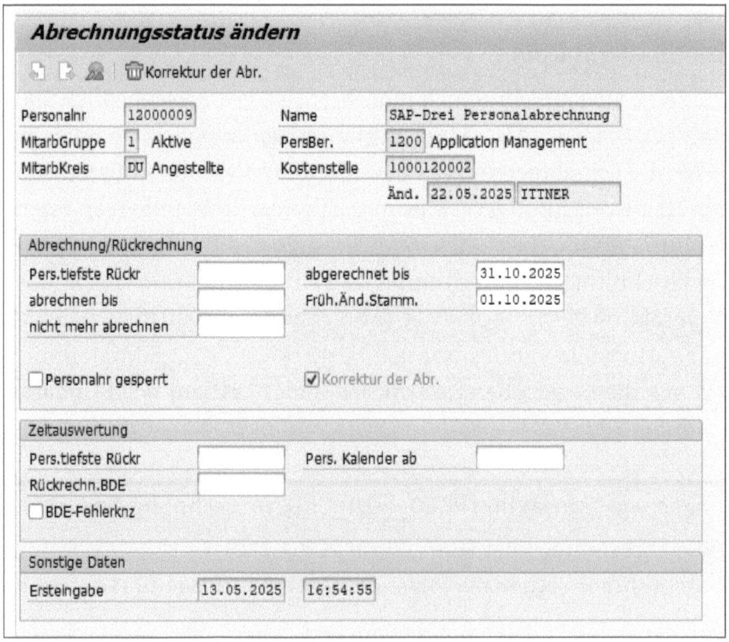

Abbildung 1.17 Infotyp 0003 (Abrechnungsstatus)

Datengruppe »Abrechnung/Rückrechnung«

Pflege- und Abrechnungszeiträume steuern

Über die Felder **Pers.tiefste Rückr** (persönliche tiefste Rückrechnung), **abrechnen bis** und **nicht mehr abrechnen** steuern Sie zulässige Pflege- und Abrechnungszeiträume für einzelne Personalnummern – sowohl für die Vergangenheit als auch für die Zukunft. Im Feld **Pers.tiefste Rückr** (persönliche tiefste Rückrechnung) können Sie kein Datum erfassen, das vor dem Datum der tiefsten rückrechenbaren Periode des Abrechnungsverwaltungssatzes liegt (mehr darüber erfahren Sie im gleichnamigen Abschnitt 1.8.1).

Im Feld **abgerechnet bis** wird das Periodenendedatum der letzten Echtabrechnung für die betreffende Person angezeigt. Die Durchführung einer Echtabrechnung *vor* diesem Datum ist nicht möglich, und auch einen Abrechnungskreiswechsel können Sie nur *nach* diesem Datum durchführen. Bei jeder Echtabrechnung wird dieses Feld aktualisiert.

Gültigkeit der Änderungen

Im Feld **Früh.Änd.Stamm.** (früheste Änderung der Stammdaten) wird bei einer Änderung abrechnungsrelevanter Daten eines Infotyps das Datum gesetzt, ab dem die Änderungen gültig sein sollen. Anhand dieses Datums erkennt der Abrechnungstreiber, ob, und wenn ja, ab wann eine Abrechnung erneut durchgeführt werden muss, um eine erfolgte Stammdatenänderung zu berücksichtigen. Je nach Stand des Abrechnungsverwaltungssatzes wird entweder eine Rückrechnung oder eine Wiederholung der Abrechnung automatisch angestoßen.

Personalnummern ausschließen

Durch die Anwahl des Kennzeichens **Personalnr gesperrt** wird die betreffende Personalnummer in der Echtabrechnung nicht selektiert, und im Kurzprotokoll erscheint ein entsprechender Hinweis (siehe Abschnitt 1.6, »Simulation«).

Das Kennzeichen **Korrektur der Abr.** (Korrektur der Abrechnung) wird automatisch markiert, wenn eine Personalnummer in der Echtabrechnung abgelehnt oder wenn in der Korrekturphase (siehe Abschnitt 1.8.5, »Korrekturen«) eine abrechnungsrelevante Veränderung der Stammdaten vorgenommen wurde. Dieses Feld bildet die Grundlage für die Liste der fehlerhaften Personalnummern im Abrechnungsverwaltungssatz (mehr darüber erfahren Sie im gleichnamigen Abschnitt 1.8.1) und für den Korrekturlauf der Abrechnung (siehe ebenfalls Abschnitt 1.8.5). Das Kennzeichen **Korrektur der Abr.** wird mit jeder Echtabrechnung gelöscht oder kann über den Button **Korrektur der Abr.** (siehe Abbildung 1.17) oder über den Menüpfad **Zusätze • Korrekturlauf setzen** direkt bearbeitet werden.

Datengruppe »Zeitauswertung«

Über das Feld **Pers.tiefste Rückr** können Sie das tiefste Rückrechnungsdatum für die Zeitauswertung und analog zum gleichnamigen Feld in der Datengruppe **Abrechnung/Rückrechnung** den Pflegezeitraum abrechnungsrelevanter Daten im Personalstamm steuern.

Das Feld **Rückrechn.BDE** (Rückrechnung BDE, Betriebsdatenerfassung) wird für die Rückrechnungserkennung in der Zeitwirtschaft verwendet. Hier wird das Datum hinterlegt, zu dem die nächste Zeitauswertung rückrechnen soll. Nach der erfolgten Zeitauswertung setzt das System das Datum auf den ersten, noch nicht in der Zeitauswertung abgerechneten Tag.

In das Feld **Pers. Kalender ab** (persönlicher Kalender ab) setzt das System den frühesten An- bzw. Abwesenheitstag in einer Abrechnungsperiode. Dieses Feld wird aktuell nur in der Abrechnung für Österreich verwendet.

Datengruppe »Sonstige Daten«

In der Datengruppe **Sonstige Daten** wird der Erstellungszeitpunkt der Personalnummer dokumentiert.

1.8.4 Ergebnis prüfen

Sie können den Status **Abrechnungsergebnisse prüfen** im Abrechnungsverwaltungssatz (siehe Abbildung 1.13) durch die direkte Auswahl des entsprechenden Buttons oder durch Aufruf von Transaktion PC00_M99_PA03_CHECK (Ergebnis prüfen) im SAP-Easy-Access-Menü (siehe Abbildung 1.3) aktiv setzen. Dieser Status ist optional, d. h., dass er für den korrekten Ablauf einer Echtabrechnung nicht notwendig ist.

Im Folgenden erklären wir Ihnen die Steuerungsfunktionen des Status **Abrechnungsergebnisse prüfen** und beschreiben den Aufruf sowie den Inhalt der Abrechnungsergebnisse.

Steuerungsfunktionen des Status »Abrechnungsergebnisse prüfen«

Abrechnung beendet, nicht abgeschlossen

Den Status **Abrechnungsergebnisse prüfen** können Sie verwenden, wenn der Echtabrechnungslauf durchgeführt wurde und Sie die Bearbeitung der entsprechenden Personalnummern vor einer eventuellen Korrekturphase zu Prüfungszwecken verhindern möchten. Die Personalnummern dieses Abrechnungskreises sind für die Pflege des Personalstamms in der angezeigten Abrechnungsperiode und in der Abrechnungsvergangenheit gesperrt; eine Pflege in der Abrechnungszukunft ist jedoch uneingeschränkt möglich. Für die Personalnummern des jeweiligen Abrechnungskreises ist dabei auch eine Echtabrechnung nicht möglich.

Abrechnungsergebnisse anzeigen

Über Transaktion PC_PAYRESULT (Abrechnungsergebnisse anzeigen), die Sie über den Menüpfad **Personal • Personalabrechnung • Europa • Deutschland • Werkzeuge • Abrechnungsergebnisse anzeigen** erreichen, können Sie sich unabhängig vom Status des Abrechnungsverwaltungssatzes die durch eine Echtabrechnung in den Clustern gespeicherten Daten in Tabellenform anzeigen lassen.

Den Bereich **Ausgewählte Personalnummern** füllen Sie durch die direkte Eingabe oder durch die Auswahl der Personalnummer mit der Matchcode-Suche und die anschließende Bestätigung mit der [↵]-Taste.

Abrechnungsergebnisse

Der Bereich **Abrechnungsergebnisse** wird durch die Auswahl der entsprechenden Personalnummer im Bereich **Ausgewählte Personalnummern** gefüllt und bietet einen Überblick über die vorhandenen Abrechnungsperioden (siehe Abbildung 1.18).

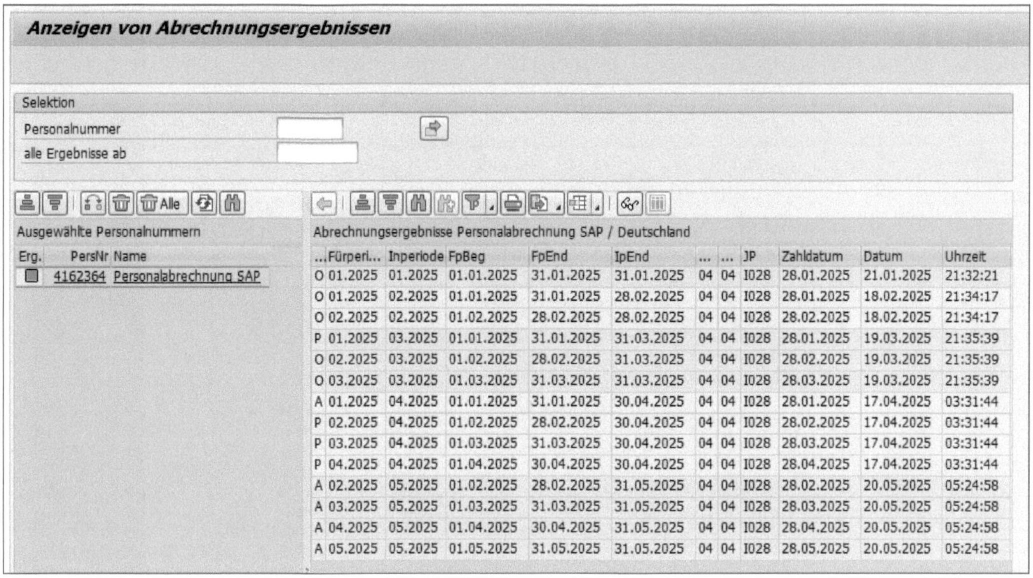

...	Fürperi...	Inperiode	FpBeg	FpEnd	IpEnd	...	...	JP	Zahldatum	Datum	Uhrzeit
O	01.2025	01.2025	01.01.2025	31.01.2025	31.01.2025	04	04	I028	28.01.2025	21.01.2025	21:32:21
O	01.2025	02.2025	01.01.2025	31.01.2025	28.02.2025	04	04	I028	28.01.2025	18.02.2025	21:34:17
O	02.2025	02.2025	01.02.2025	28.02.2025	28.02.2025	04	04	I028	28.02.2025	18.02.2025	21:34:17
P	01.2025	03.2025	01.01.2025	31.01.2025	31.03.2025	04	04	I028	28.01.2025	19.03.2025	21:35:39
O	02.2025	03.2025	01.02.2025	28.02.2025	31.03.2025	04	04	I028	28.02.2025	19.03.2025	21:35:39
O	03.2025	03.2025	01.03.2025	31.03.2025	31.03.2025	04	04	I028	28.03.2025	19.03.2025	21:35:39
A	01.2025	04.2025	01.01.2025	31.01.2025	30.04.2025	04	04	I028	28.01.2025	17.04.2025	03:31:44
P	02.2025	04.2025	01.02.2025	28.02.2025	30.04.2025	04	04	I028	28.02.2025	17.04.2025	03:31:44
P	03.2025	04.2025	01.03.2025	31.03.2025	30.04.2025	04	04	I028	28.03.2025	17.04.2025	03:31:44
P	04.2025	04.2025	01.04.2025	30.04.2025	30.04.2025	04	04	I028	28.04.2025	17.04.2025	03:31:44
A	02.2025	05.2025	01.02.2025	28.02.2025	31.05.2025	04	04	I028	28.02.2025	20.05.2025	05:24:58
A	03.2025	05.2025	01.03.2025	31.03.2025	31.05.2025	04	04	I028	28.03.2025	20.05.2025	05:24:58
A	04.2025	05.2025	01.04.2025	30.04.2025	31.05.2025	04	04	I028	28.04.2025	20.05.2025	05:24:58
A	05.2025	05.2025	01.05.2025	31.05.2025	31.05.2025	04	04	I028	28.05.2025	20.05.2025	05:24:58

Abbildung 1.18 Anzeige von Abrechnungsergebnissen

Informationen in den Abrechnungsergebnissen

Aktualitätskennzeichen

Die erste Spalte enthält das Aktualitätskennzeichen, das drei Ausprägungen annehmen kann:

- **A** (actual) = aktueller Satz
- **P** (previous) = Vorgänger eines A-Satzes; erste Rückrechnung einer Abrechnungsperiode
- **O** (old) = Vorgänger eines P-Satzes; zweite und jede weitere Rückrechnung einer Abrechnungsperiode

Bearbeitungsmöglichkeiten

Durch die aufsteigende Sortierung der Spalte **Fürperiode** können Sie die Abrechnungsperioden mit allen Ausprägungen gruppieren.

Durch Doppelklick oder die Markierung einer Abrechnungsperiode (Einfachklick) und einen Klick auf den Button (**Anzeigen**) werden alle in dieser Abrechnungsperiode entstandenen Daten in Tabellenform aufgelistet (siehe Abbildung 1.19). Wenn Sie eine Tabelle per Doppelklick auswählen, wird Ihnen deren Inhalt angezeigt (siehe Abschnitt 5.3, »Abrechnungsergebnis aufbauen«).

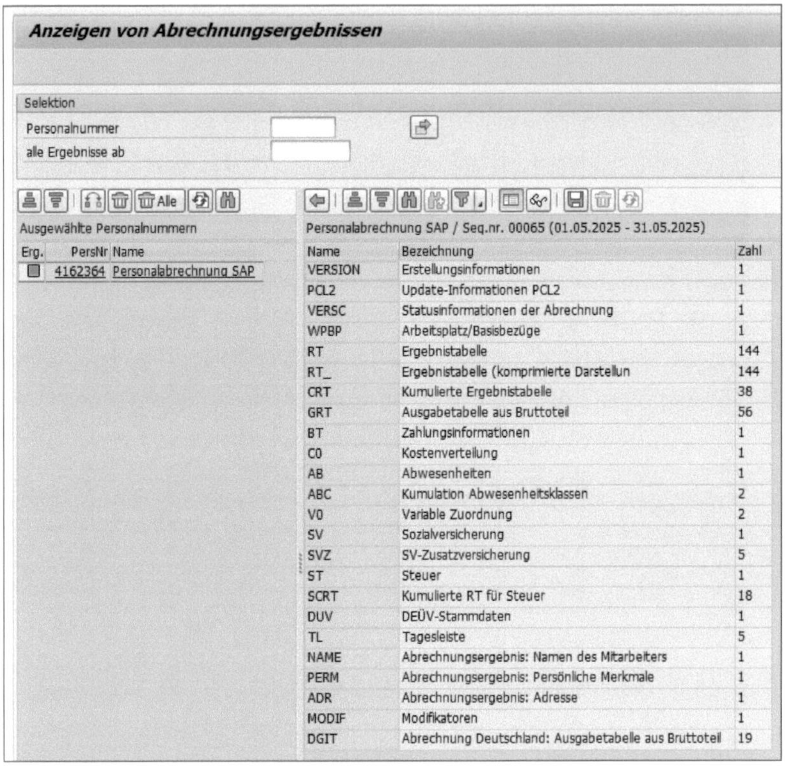

Abbildung 1.19 Abrechnungsergebnisse einer Abrechnungsperiode

Abrechnungsergebnisse und Folgeaktivitäten

Alle Programme der Folgeaktivitäten (siehe Teil III dieses Buches, »Folgeaktivitäten«) greifen auf die Daten der Abrechnungsergebnisse zu. Die Kontrollfunktion, die Sie über Transaktion PC_PAYRESULT (Abrechnungsergebnisse anzeigen) erreichen, stellt bei Bedarf die Existenz der Daten sicher. Selbstverständlich können Sie auch durch die Anzeige des Entgeltnachweises oder des Lohnkontos die Abrechnung von Mitarbeitenden prüfen. Bedenken Sie jedoch dabei, dass die Ergebnisse dieser Reports mit Formularen dargestellt werden, die entweder grundsätzlich nicht alle Daten anzeigen oder deren Daten fehlerhaft oder unvollständig sein können.

Daten vor der Entgeltabrechnung prüfen

Möchten Sie Daten *vor* der Durchführung der Echtabrechnung überprüfen, können Sie jederzeit eine Abrechnung simulieren und verwenden dazu das Abrechnungsprotokoll (siehe Abschnitt 1.6, »Simulation«, und Abschnitt 3.1.2, »Abrechnungsprotokoll«).

1.8.5 Korrekturen

Status »Frei zur Korrektur«

Wenn Sie fehlerhafte Abrechnungen während der Echtabrechnung korrigieren möchten, müssen Sie die Sperre der Personalstammdaten durch den Status **Frei zur Abrechnung** bzw. den Status **Abrechnungsergebnisse prüfen** des Abrechnungsverwaltungssatzes mithilfe des Status **Frei zur Korrektur** wieder aufheben. Diesen Status können Sie entweder durch den Aufruf von Transaktion PC00_M99_PA03_CORR (Korrekturen) im SAP-Easy-Access-Menü (siehe Abbildung 1.3) oder durch die direkte Auswahl des Buttons **Frei zur Korrektur** im Abrechnungsverwaltungssatz (siehe Abbildung 1.13) aktiv setzen. Dieser Status ist optional, d. h., dass er für den korrekten Ablauf einer Echtabrechnung nicht notwendig ist.

Im Folgenden erklären wir die Steuerungsfunktionen des Status **Frei zur Korrektur** und erläutern die weiteren Schritte, die erforderlich sind, wenn Sie diesen Status einsetzen möchten.

Nach der Durchführung der Abrechnung kann die Stammdatenpflege wieder für Korrekturen freigegeben werden, ohne dass die Abrechnung beendet wird. Im Folgenden finden Sie eine Auflistung der Steuerungsfunktionen:

- Im Status **Frei zur Korrektur** ist eine Echtabrechnung für die Personalnummern des jeweiligen Abrechnungskreises nicht möglich.
- Aufheben der Sperre aller Personalnummern dieses Abrechnungskreises für die Pflege in der angezeigten Abrechnungsperiode und in der Abrechnungsvergangenheit
- Aktualisieren der Informationen in der Datengruppe **Letzte Änderung am Abrechnungsverwaltungssatz** (siehe Abbildung 1.13).

Im Rahmen von Änderungen im Personalstamm wird bei der jeweiligen Personalnummer im Infotyp 0003 (Abrechnungsstatus) das Kennzeichen **Korrektur der Abr.** (Korrektur der Abrechnung) markiert (siehe Abbildung 1.17). Eine Liste dieser Personalnummern erhalten Sie über den Button **Fehlerhafte Personalnummern** des Abrechnungsverwaltungssatzes (schauen Sie sich dazu auch den gleichnamigen Abschnitt 1.8.1 an).

Erneute Abrechnung

Nachdem Sie die fehlerhaften Personalnummern korrigiert haben, müssen diese erneut abgerechnet werden. Dazu wiederholen Sie analog zum ersten Abrechnungslauf die folgenden Schritte:

1. Setzen des Status **Frei zur Abrechnung** im Abrechnungsverwaltungssatz (siehe Abschnitt 1.8.2, »Abrechnung freigeben«)
2. Aufrufen von Transaktion PC00_M01_CALC (Abrechnung starten) (siehe Abschnitt 1.8.3, »Abrechnung starten«)

Matchcode W

Zur ausschließlichen Echtabrechnung der korrigierten Personalnummern eines Abrechnungskreises steht Ihnen im Selektionsbild der Abrechnung unter dem Button **Suchhilfen** die Auswahl **Korrekturlauf Abrechnung** zur Verfügung, die die abzurechnenden Personalnummern anhand des Feldes **Korrektur der Abrechnung** des Infotyps 0003 (Abrechnungsstatus) selektiert. Diese Suchhilfe wird aufgrund ihrer Kurzbezeichnung oft auch als *Matchcode W* bezeichnet (siehe Abbildung 1.20).

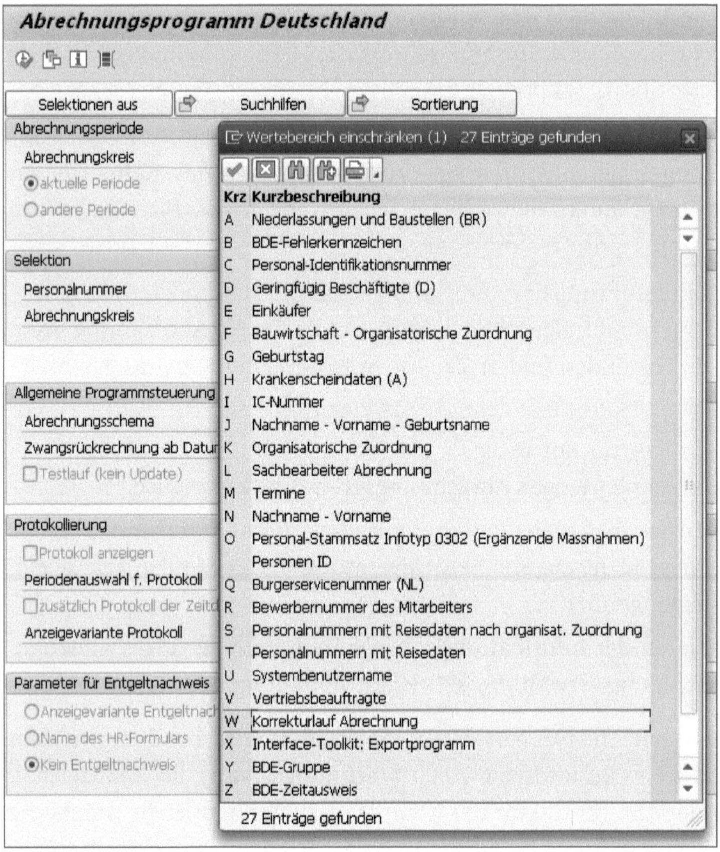

Abbildung 1.20 Suchhilfe »Korrekturlauf Abrechnung« (Matchcode W)

Zyklus wiederholen

Diesen Zyklus müssen Sie grundsätzlich so oft wiederholen, bis alle Personalnummern eines Abrechnungskreises ohne Ablehnung abgerechnet werden konnten.

1.8.6 Abrechnung beenden

Wenn Sie alle Korrekturen durchgeführt haben und im Abrechnungsverwaltungssatz keine Personalnummern mehr in der Liste der fehlerhaften

Personalnummern (siehe Abschnitt 1.8.1) vorhanden sind, müssen Sie durch den Aufruf von Transaktion PC00_M99_PA03_END (Abrechnung beenden) im SAP-Easy-Access-Menü (siehe Abbildung 1.3) oder durch einen direkten Klick auf den Button **Ende der Abrechnung** im Abrechnungsverwaltungssatz (siehe Abbildung 1.13) diesen Status aktiv setzen und damit die Abrechnungsperiode schließen.

[!]

Status »Ende der Abrechnung«

Der zwingend erforderliche Status **Ende der Abrechnung** kann ausschließlich nach dem Status **Frei zur Abrechnung** gesetzt werden.

Folgende Steuerungsfunktionen werden durch den Status **Ende der Abrechnung** ausgelöst:

- Für die Personalnummern des jeweiligen Abrechnungskreises ist eine Echtabrechnung für diese Periode nicht möglich.
- Aufheben der Sperre für alle Personalnummern dieses Abrechnungskreises für die Pflege in der angezeigten Abrechnungsperiode und der Abrechnungsvergangenheit
- Setzen des Feldes **Lauf** im Abrechnungsverwaltungssatz auf 0 (siehe Abbildung 1.13)
- Schließen der angezeigten Abrechnungsperiode. Auf diese Weise wird die angezeigte Abrechnungsperiode zur Abrechnungsvergangenheit, und bei einer Änderung der Stammdaten in einem Zeitraum dieser Abrechnungsperiode wird eine Rückrechnung in der Abrechnung ausgelöst.
- Voraussetzung für die Erstellung eines Produktivbelegs mit Transaktion PC00_M99_CIPE (Buchungslauf erzeugen), siehe Abschnitt 6.3, »Buchung ins Rechnungswesen«
- Aktualisieren der Informationen in der Datengruppe **Letzte Änderung am Abrechnungsverwaltungssatz**

[«]

Folgeaktivitäten simulieren

Bevor die Abrechnung beendet wird, sollten bestimmte Folgeaktivitäten simuliert werden. Fehler in diesen Folgeaktivitäten können bewirken, dass im Abrechnungsergebnis Lohnarten korrigiert werden müssen, was nach Abschluss der Abrechnung nicht mehr möglich ist. Solche Folgeaktivitäten sind die Buchung ins Rechnungswesen, der Zahllauf und die Erstellung von DEÜV-Meldungen (DEÜV = Datenerfassungs- und -übermittlungsverordnung), siehe Teil III dieses Buches, »Folgeaktivitäten«.

1.9 Payroll Control Center (PCC)

Der Abrechnungsprozess wird in den meisten Unternehmen, die mit SAP arbeiten, anhand von Arbeitsleitfäden in Form von Word- oder Excel-Dokumenten durchgeführt und dokumentiert. Das Payroll Control Center wurde für die Steuerung der Abrechnung mit einer modernen Oberfläche entwickelt, die auch in SAP SuccessFactors integriert werden kann und deshalb in den vergangenen Jahren permanent weiterentwickelt wurde. Das PCC unterstützt insbesondere die grundlegenden Abläufe und die Vorbereitung der Personalabrechnung.

1.9.1 Allgemeines

Das PCC ist eine webbasierte Anwendung, mit der die Mitarbeitenden in der Lage sind, den vollständigen Abrechnungsprozess im SAP-System abzubilden, Testabrechnungsergebnisse auf der Grundlage von transparenten Tabellen zu erstellen, Leistungskennzahlen ermitteln zu lassen sowie kundeneigene Prüfungen auszuführen und daraus resultierende Fehler an die zuständigen Personen zur Bearbeitung zu übergeben.

Geschichte des PCC

Seit der Erstauslieferung mit HR Renewal 2.0 (Feature Pack 1) wurde das PCC dauerhaft erweitert und verbessert. In den Versionen Feature Pack 1 und Feature Pack 2 war die Nutzung noch mit sehr vielen Klicks verbunden. In diesen Versionen war auch keine wirkliche Automatisierung vorgesehen, d. h., man hatte zwar eine moderne Oberfläche, musste jeden Schritt aber doch noch einzeln anstoßen. Wir beziehen uns daher im Folgenden nur auf die Feature Packs 3 und 4, ab denen aktuelle und benutzerfreundlichere Oberflächen und Funktionen realisiert wurden. Nennenswerte Verbesserungen sind unter anderem eine vollständige Automatisierungsmöglichkeit und ein Fehlermanagement.

Interessant in diesem Zusammenhang ist, dass der Einsatz des PCC nicht nur im Umfeld von SAP-On-Premise-Systemen erfolgt, sondern auch für die *Payroll in der Cloud* genutzt wird. Die Payroll in der Cloud ist dabei nichts anderes als ein aktuelles SAP-ERP-HCM-System, das von SAP für die Kunden in einem SAP-Rechenzentrum betrieben wird. Kunden haben in einem solchen Fall die Cloud-Software für SAP ERP HCM, SAP SuccessFactors, im Einsatz und können über identische Oberflächen dann die Funktionen einer SAP-Personalabrechnung nutzen. Einen ersten Eindruck von der Oberfläche vermittelt Abbildung 1.21.

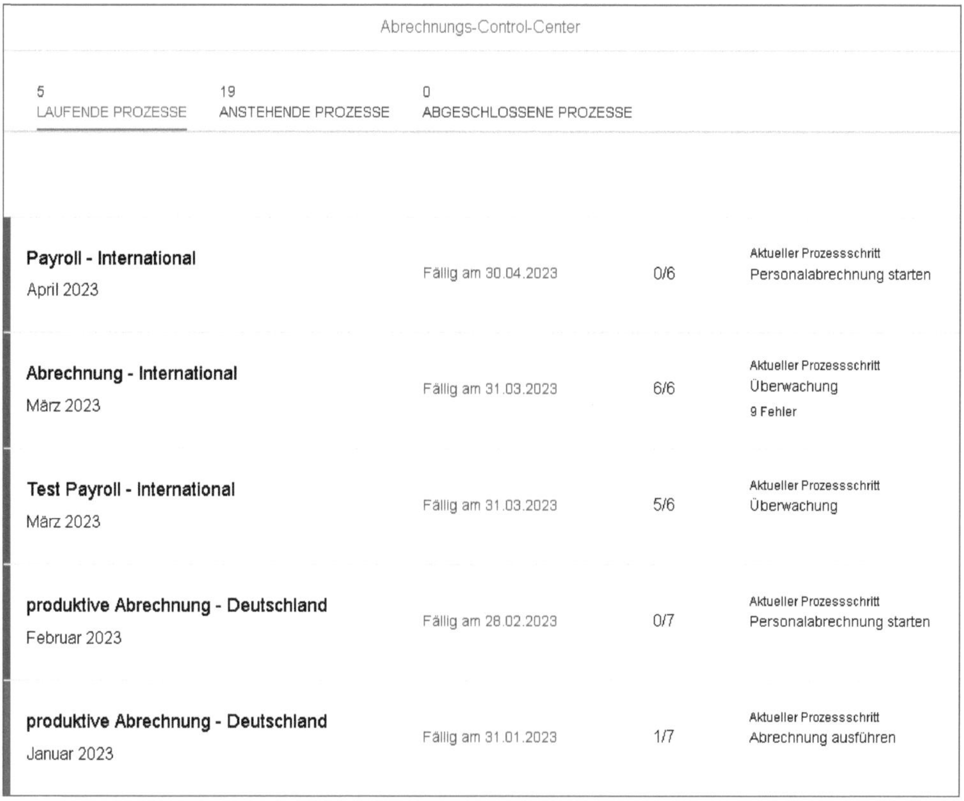

Abbildung 1.21 Einstieg in das PCC

1.9.2 Voraussetzungen für den Einsatz

Um das PCC nutzen zu können, müssen folgende Voraussetzungen erfüllt sein:

- die Komponenten SAP_HR und EA-HR mit Release-Stand 608 und möglichst aktuellem SP-Stand, mindestens aber SP12
- die notwendigen Softwarekomponenten für das bereits erwähnte HR Renewal 2.0 mit ebenfalls entsprechend aktuellem SP-Stand
- SAP NetWeaver 7.40 mit mindestens SP05
- die Komponente SAP_UI mit mindestens SP11 (diese Komponente ist im SAP Solution Manager aber als Importvoraussetzung für das o. g. SAP_HR SP12 definiert, sodass dieses immer vorhanden sein muss)
- Das SAP-ERP-HCM-System muss so weit konfiguriert sein (insbesondere muss SAP Gateway konfiguriert und aktiv sein), dass SAPUI5-Services konsumiert werden können, da die Oberflächen des PCC mit SAPUI5 realisiert wurden.

- Die folgenden Business Functions müssen aktiv sein:
  - HCM_LOC_CI_50
  - HCM_LOC_CI_62
  - HCM_LOC_CI_63
  - HCM_LOC_CI_68
  - HCM_LOC_CI_72
  - HCM_LOC_CI_76
  - HCM_LOC_CI_79 (Feature Pack 3)
  - HCM_LOC_CI_81 (Feature Pack 4)
  - HCM_LOC_CI_88
  - HCM_LOC_CI_89
  - HCM_LOC_CI_92
  - HCM_LOC_CI_95
  - HCM_LOC_CI_97
  - HCM_LOC_CI_100
  - HCM_LOC_CI_101
  - HCM_LOC_CI_103
  - HCM_LOC_CI_107

Declustering

Die Abrechnungsergebnisse müssen *declustered* sein. Durch die Aktivierung des Declustering werden die Abrechnungsergebnisse nicht mehr nur in den bisher genutzten Cluster-Tabellen abgelegt, sondern auch in transparenten Datenbanktabellen gespeichert. Damit wird es möglich, simulierte Abrechnungsergebnisse auszuwerten. Kundeneigene Programme müssen für die Auswertung von Daten aus der Abrechnung nicht mehr über die Funktionsbausteine für die Abrechnungscluster verfügen, sondern können bequem über transparente Tabellen und SQL-Statements auf die (Test-)Ergebnisse zugreifen. Diese Funktion wird im PCC nur zu Reporting-Zwecken genutzt.

[»]

Kein Zugriff auf Testabrechnungen im SAP-Standard

Die Möglichkeit, auf Testabrechnungsergebnisse zuzugreifen und diese auszuwerten, wurde im SAP-Standard noch nicht implementiert. Sofern Sie Testabrechnungsergebnisse nutzen möchten, muss dies von kundeneigenen Programmen übernommen werden.

1.10 Fazit

Die Steuerung der Personalabrechnung in SAP ERP HCM bietet verschiedene Alternativen, die je nach Unternehmensgröße zum Einsatz kommen. Kleinere Unternehmen steuern die Personalabrechnung durch manuelles Ausführen der Transaktionen im SAP-Easy-Access-Menü. Bei größeren Unternehmen liegt die Steuerung der Abrechnung häufig im Bereich der IT-Abteilung, die die Programme in einen Jobablauf einbindet. Mit SAP ERP HCM lassen sich beide Alternativen umsetzen.

Das neue PCC ermöglicht den Mitarbeitenden im Umfeld der Personalabrechnung nun die Nutzung einer innovativen, bequemen und benutzerfreundlichen Anwendung zur Vorbereitung, Durchführung und Nachbereitung der Personalabrechnung. Die Anwendung wird auch den Kunden bereitgestellt, die die Personalabrechnung mit SAP SuccessFactors in der Cloud nutzen.

Kapitel 2
Infotypen der Personalabrechnung

Ein Großteil der Informationen zur Ermittlung des Entgelts und der Abzüge von Mitarbeitenden ist in den Infotypen der Personaladministration enthalten. In diesem Kapitel geben wir Ihnen einen Überblick darüber, welche Infotypen für die erfolgreiche Durchführung einer Abrechnung zwingend erforderlich sind und welche weiteren Infotypen zusätzlich relevante Informationen enthalten können.

Die personenbezogenen Daten der Personaladministration, die auch für die Personalabrechnung verwendet werden, sind in sogenannten *Infotypen* gespeichert. Ein Infotyp besteht in SAP ERP HCM aus einer Bildschirmmaske, die mit Programmlogik hinterlegt ist. Solche Programmlogik umfasst z. B. Prüfungen der Dateneingabe oder die Ermittlung von Vorschlagswerten. In jedem Infotyp sind inhaltlich zusammengehörige Daten wie Daten zur Person oder Daten zur organisatorischen Zuordnung gespeichert.

Erforderliche Infotypen

Zunächst geben wir Ihnen einen Überblick über die Infotypen, die für eine erfolgreiche Personalabrechnung zwingend benötigt werden. Dabei gehen wir nur auf die für die Personalabrechnung relevanten Informationen ein, die in diesen Infotypen enthalten sind.

Im Anschluss daran beschreiben wir weitere Infotypen, die nicht für jede Person vorhanden sein müssen, sondern die nur bei Bedarf gepflegt werden. Auch hier werden nur Infotypen vorgestellt, die für die Personalabrechnung relevant sind.

Nummernkreise für Infotypen

Jeder Infotyp wird durch einen eindeutigen vierstelligen numerischen Schlüssel identifiziert. Die beschriebenen Infotypen sind sortiert nach diesem Schlüssel dargestellt. Für die Personalabrechnung sind die folgenden Bereiche interessant:

- **0000–0999**
  Infotypen der Personaladministration und Personalabrechnung
- **2000–2999**
  Infotypen der Zeitwirtschaft
- **9000–9999**
  kundeneigene Infotypen

Im Bereich der kundeneigenen Infotypen können individuelle Infotypen entwickelt werden, die in die Personalabrechnung einfließen. Darauf gehen wir in Abschnitt 2.5, »Kundeneigene Infotypen«, ein.

2.1 Erforderliche Infotypen des Personalstamms

Ohne die in diesem Abschnitt beschriebenen Infotypen ist eine Personalabrechnung nicht möglich. Wir beschreiben die Infotypen in der Reihenfolge der eindeutigen vierstelligen Nummer, die jedem Infotyp als Schlüssel zugeordnet ist.

[!]

Lückenlose Historie der Infotypen

Es ist wichtig, dass die notwendigen Infotypen lückenlos vorhanden sind. Durch eine falsche Bearbeitung eines Infotyps können Lücken in der Historie entstehen, die zu einem Abbruch des Abrechnungsvorgangs führen. Sollte eine solche Lücke in der Abrechnungsvergangenheit auftreten, führt dies zum Abbruch der aktuellen Abrechnung, wenn dadurch eine Rückrechnung für diesen Zeitraum angestoßen wird.

Wenn eine beschäftigte Person das Unternehmen verlässt, ist es ebenfalls wichtig, dass die erforderlichen Infotypen nicht abgegrenzt werden. Der Status **ausgetreten** im Infotyp 0000 (Maßnahmen) sorgt grundsätzlich für eine Kürzung der Basislohnarten. Lohnarten in den Infotypen 0014 (Wiederkehrende Be- und Abzüge) und 0015 (Ergänzende Zahlungen) müssen gegebenenfalls angepasst werden. Auch in der Abrechnung werden diese Personen nicht mehr selektiert, außer man greift über den Infotyp 0003 (Abrechnungsstatus) mit **abrechnen bis** ein.

2.1.1 Infotyp 0000 (Maßnahmen)

Der Infotyp 0000 (Maßnahmen) enthält drei Statusfelder (siehe Abbildung 2.1), die ausschließlich mit der Durchführung einer Maßnahme gepflegt werden können. Diese Status werden im Customizing beim Anlegen der jeweiligen Maßnahme in Tabelle T529A (Personalmaßnahmenarten) festgelegt und können im Rahmen der Pflege dieses Infotyps nicht geändert werden.

Status der Beschäftigung

Der wichtigste Status, der immer genutzt werden muss, ist der Status **Beschäftigung**. Dieser Status kann die folgenden Werte annehmen:

- 0 – ausgetreten
- 2 – Rentner
- 3 – aktiv

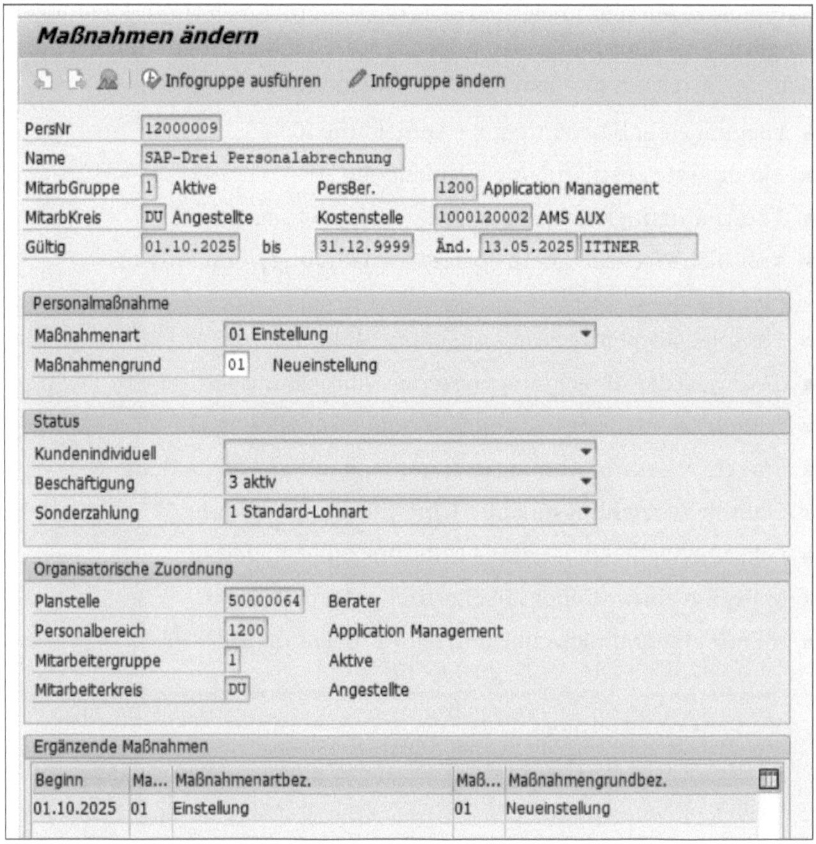

Abbildung 2.1 Infotyp 0000 (Maßnahmen)

Maßnahmen

Es gibt Maßnahmen, die den Status der Mitarbeitenden beeinflussen, wie der Eintritt und der Austritt in das Unternehmen, und Maßnahmen, die den Status nicht verändern, wie z. B. eine Versetzung oder Gehaltserhöhung.

Die Informationen des Infotyps 0000 (Maßnahmen) werden beim Einlesen der Grunddaten (siehe Abschnitt 3.3, »Grunddaten einlesen«) in die interne Tabelle WPBP (Arbeitsplatz/Basisbezüge) geschrieben und können damit in der Abrechnung verwendet werden. Ein wichtiges Kennzeichen, das in der internen Tabelle WPBP (Arbeitsplatz/Basisbezüge) aus diesem Infotyp generiert wird, ist das Kennzeichen, ob eine beschäftigte Person **aktiv** ist.

Im Gegensatz zum Status der Beschäftigung sind die anderen Statusfelder von untergeordneter Bedeutung. Der kundenindividuelle Status wird im Standard nicht verwendet, sondern kann bei Bedarf für eigene Zwecke eingesetzt werden. Der Status für die Sonderzahlungsautomatik steuert den Anspruch von Mitarbeitenden auf Sonderzahlungen und wird in der Regel nur im öffentlichen Dienst benötigt.

Maßnahmengrund

Mithilfe von Maßnahmengründen ist die Steuerung von DEÜV-Meldungen möglich. Die Zuordnung der folgenden, DEÜV-Meldungen auslösenden Kennzeichen kann im View V_530_B vorgenommen werden:

- 1 Beginn einer Beschäftigung – Anmeldung 10
- 2 Ende einer Beschäftigung – Abmeldung 30
- 3 Beschäftigungsende wegen Todes – Abmeldung 49
- 4 obsolet: Wechsel innerhalb des Beschäftigungsverhältnisses – Ab-/Anmeldung 33/13
- 5 obsolet: Firmenwechsel – Ab-/Anmeldung 30/10
- 6 Wechsel des Abrechnungssystems – Abmeldung 36
- 7 Sonderanmeldung (sonstige Gründe) – Anmeldung 13
- 8 Wechsel des Abrechnungssystems (endgültig) – Abmeldung 36
- C obsolet: Erziehungsurlaub – Unterbrechungsmeldung 52
- I obsolet: Wehr-/Zivildienst – Unterbrechungsmeldung 53
- M Beginn eines Minijobs in Elternzeit – Anmeldung 11
- N Ende eines Minijobs in Elternzeit – Abmeldung 31

[»]

Obsolete Kennzeichen

Die Möglichkeiten, über einen Maßnahmengrund DEÜV-Meldungen zu beeinflussen, wurden von SAP eingeschränkt. Die Kennzeichen **4**, **5**, **C** und **I** werden seitdem nicht mehr verarbeitet. Weitere Informationen dazu finden Sie in SAP-Hinweis 1689106.

2.1.2 Infotyp 0001 (Organisatorische Zuordnung)

Der Infotyp 0001 (Organisatorische Zuordnung) enthält zentrale Informationen über die Mitarbeitenden, von denen die meisten steuernden Einfluss auf die Personalabrechnung haben (siehe Abbildung 2.2).

Abrechnungskreis

Mit der Pflege des Abrechnungskreises werden die Mitarbeitenden dem Steuerelement der Personalabrechnung zugeordnet (siehe Kapitel 1, »Ablauf und Steuerung der Personalabrechnung in SAP ERP HCM«). Der Abrechnungskreis lässt sich nur für Zeiträume in der Zukunft und zum Monatswechsel ändern, in denen noch kein Abrechnungsergebnis vorliegt. Sobald jedoch eine Abrechnung durchgeführt wurde, kann der Abrechnungskreis für diesen Zeitraum nicht mehr geändert werden. Ein Abrechnungskreis kann als abrechnungsrelevant gekennzeichnet werden, und nur Mitarbeitende, die einem solchen Abrechnungskreis zugeordnet sind, werden von der Personalabrechnung selektiert.

Modifikatoren

Sowohl der Personalbereich in Kombination mit dem Personalteilbereich als auch der Mitarbeiterkreis in Kombination mit der Mitarbeitergruppe haben zentrale steuernde Wirkung in der Personalabrechnung. Denn hier sind Tabellen hinterlegt, die eine Gruppierung zulassen, über die eine grundlegende Differenzierung im Customizing möglich ist. In Gruppierungen werden Personalteilbereiche, für die dieselben Regelungen gelten, oder Mitarbeiterkreise, bei denen eine gleiche Steuerung erfolgen soll, zusammengefasst.

Gruppierungen auf Basis des Personalteilbereichs

Folgende Gruppierungen werden auf Basis des Personalteilbereichs (Tabelle V_001P_ALL) vorgenommen:

- Ländergruppierung – Zuordnung zur Länderversion
- Vorschlagswerte für Tarifart und Tarifgebiet
- Gruppierung für Abwesenheiten
- Zuordnung zur juristischen Person
- Zulässigkeit von Primärlohnarten (siehe Kapitel 23, »Lohnarten«)
- Modifikator für Statistiken

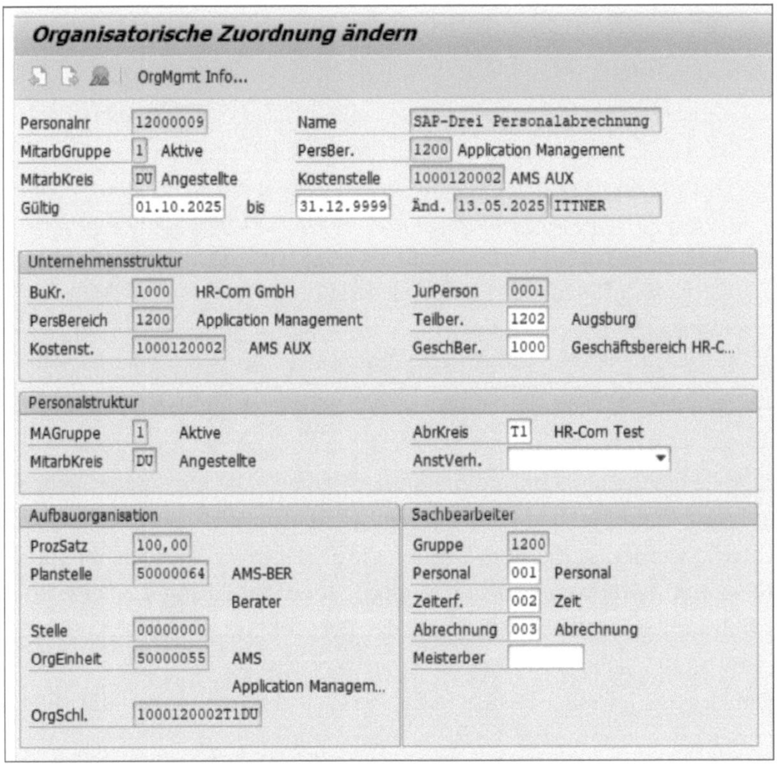

Abbildung 2.2 Infotyp 0001 (Organisatorische Zuordnung)

Gruppierungen auf Basis des Mitarbeiterkreises

Die folgenden Gruppierungen entstehen auf Basis des Mitarbeiterkreises (Tabelle V_503_ALL):

- Gruppierung für Personalrechenregel (siehe Abschnitt 25.3, »Formulare«)
- Zulässigkeit von Primärlohnarten (siehe Kapitel 23, »Lohnarten«)
- Gruppierung von Tarifregelungen (siehe Abschnitt 2.1.6, »Infotyp 0008 (Basisbezüge)«)
- Teilnahme am Leistungslohn

Juristische Person

Anhand des Eintrags im Feld **JurPerson** (juristische Person) erkennt die Personalabrechnung, ob bei einer Versetzung ein Firmenwechsel vorliegt oder ob es sich nur um eine Versetzung innerhalb der Firma handelt. Gibt es einen Firmenwechsel, wird alles Notwendige dafür veranlasst, wie z. B. das Auslösen von DEÜV-Meldungen, die Abmeldung in der alten Firma und die Anmeldung in der neuen Firma. Der Inhalt dieses Feldes kann im Customizing frei gepflegt und sollte so gewählt werden, dass alle Personalteilbereiche, zwischen denen gewechselt werden kann, ohne dass eine Ab- und Anmeldung erfolgen muss, die gleiche juristische Person erhalten.

[!]

Juristische Person

Die juristische Person kann im laufenden Betrieb nicht mehr geändert werden, da diese an zentraler Stelle im Abrechnungsergebnis gespeichert wird. Denn würde man den entsprechenden Eintrag in Tabelle T001P (Personalbereich/-teilbereich) ändern, würde sich bei der nächsten Änderung eines Infotyp-0001-Satzes auch die juristische Person ändern und die Personalabrechnung beim darauffolgenden Abrechnungslauf eine Ab- und Anmeldung erzeugen.

Eine Änderung der juristischen Person ist also nur möglich, wenn auf der Datenbankebene die kompletten historischen Daten verändert werden.

Für Personalabrechnung zuständige Personen

Die für die Personalabrechnung zuständige Person – Datengruppe **»Sachbearbeiter« Abrechnung** – kann auf dem Entgeltnachweis als Ansprechperson angedruckt werden. Außerdem können die Felder im Bereich **Sachbearbeiter** (**Personal/Zeiterfassung/Abrechnung**), siehe Abbildung 2.2. berechtigungsrelevant gesetzt werden, wenn der Berechtigungshauptschalter für die Prüfung auf Sachbearbeiterebene markiert wird. So kann z. B. gesteuert werden, dass die jeweilige Person in der Personalabrechnung nur die Mitarbeitenden pflegen kann, für die sie auch zuständig ist.

2.1.3 Infotyp 0002 (Daten zur Person)

Mitarbeitende identifizieren

Der Infotyp 0002 (Daten zur Person), siehe Abbildung 2.3, enthält die Daten, die die Mitarbeitenden identifizieren; der Gültigkeitsbeginn des Datensatzes entspricht immer dem Geburtsdatum einer Person. Bei Änderungen, z. B. bei Heirat, muss der Datensatz kopiert werden. Diese Daten sind für alle Auswertungen und Folgeaktivitäten mit personenbezogenem Inhalt relevant, weshalb diese Daten von der Personalabrechnung in den Abrechnungsergebnissen gespeichert werden. Das Einlesen der Daten erfolgt im Abrechnungsschema mithilfe der Funktion P0002. Diese Funktion stellt die Daten im Teilschema DGD0 (Grunddaten Deutschland) in die internen Tabellen NAME (Name der Person) und PERM (Persönliche Merkmale), die am Ende der Abrechnung im Cluster RD gespeichert werden. Der Cluster RD ist also der Speicherplatz in der Datenbank des SAP-Systems, in dem die Abrechnungsergebnisse der deutschen Personalabrechnung gespeichert werden.

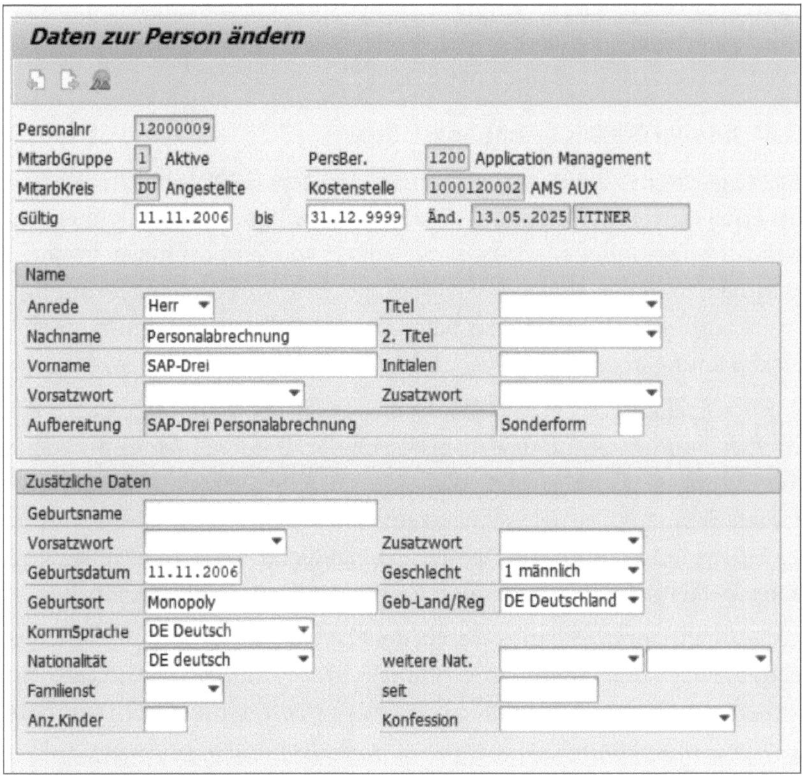

Abbildung 2.3 Infotyp 0002 (Daten zur Person)

DEÜV

Besondere Bedeutung haben diese abgespeicherten Daten für das Erzeugen von DEÜV-Meldungen. Im Customizing können Sie die Prüfung eines

DEÜV-konformen Inhalts bei der Eingabe pro Personalteilbereich aktivieren (Tabelle V_5DOP_D). Diese Prüfung sollte für alle Personalteilbereiche aktiv sein, in denen eine deutsche Personalabrechnung durchgeführt wird. Auf diese Weise wird verhindert, dass Meldungen versandt werden, die unzulässige Namensaufbereitungen enthalten und die daher von der Annahmestelle abgelehnt und nachträglich korrigiert werden müssen.

Geburtsort

Eine besondere Bedeutung hat der Geburtsort, dessen Angabe bei DEÜV-Anmeldungen zwingend erforderlich ist, wenn keine Sozialversicherungsnummer vorliegt. So kann die Anmeldung als einzige Meldung ohne die Angabe einer Sozialversicherungsnummer durchgeführt werden, auf deren Grundlage dann eine neue Sozialversicherungsnummer vergeben wird. Der Geburtsort dient hier der eindeutigen Identifizierung einer Person.

Familienstand/ Konfession

Die Informationen zu Familienstand und Konfession haben für die Berechnung der Steuer keine Relevanz; die für die Personalabrechnung relevanten Daten werden im Infotyp 0012 (Steuerdaten D), siehe Abschnitt 2.1.8, »Infotyp 0012 (Steuerdaten D)«, gepflegt. Insofern steht es dem Kunden frei, hier Daten zu pflegen oder diese Felder gegebenenfalls auszublenden.

2.1.4 Infotyp 0003 (Abrechnungsstatus)

Rückrechnung

Die Pflege des in Abbildung 2.4 gezeigten Infotyps 0003 (Abrechnungsstatus) erfolgt im Hintergrund automatisch und wird nur in Ausnahmefällen manuell vorgenommen. Durch die Pflege von abrechnungsrelevanten Stammdaten in der Abrechnungsvergangenheit wird das Rückrechnungsdatum automatisch gesetzt, das beim Abrechnungslauf wiederum für eine Rückrechnung in den angegebenen Monaten sorgt.

Wurde versehentlich eine Rückrechnung ausgelöst, kann diese durch das Löschen des Rückrechnungsdatums verhindert werden, solange noch kein Abrechnungslauf erfolgt ist. Dieses Datum sollte allerdings nur gelöscht werden, wenn man sicher ist, dass keine Rückrechnung erforderlich ist. In der Infotyp-Pflege ist dieses Datum nicht änderbar, sondern es muss dazu Transaktion PU03 (Abrechnungsstatus pflegen) ausgeführt werden.

Korrektur

Das Korrekturkennzeichen **Korrektur der Abr.** wird bei solchen Personen gesetzt, die nach dem ersten Abrechnungslauf im Rahmen der Freigabe zur Korrektur noch geändert werden müssen. Das Korrekturkennzeichen kann nur über Transaktion PU03 (Abrechnungsstatus pflegen) gelöscht werden.

So können die selektierten Personalnummern über die Suchhilfe W eingeschränkt werden, die dieses Feld auswertet, und es werden nur Personen abgerechnet, bei denen auch Korrekturen vorgenommen wurden.

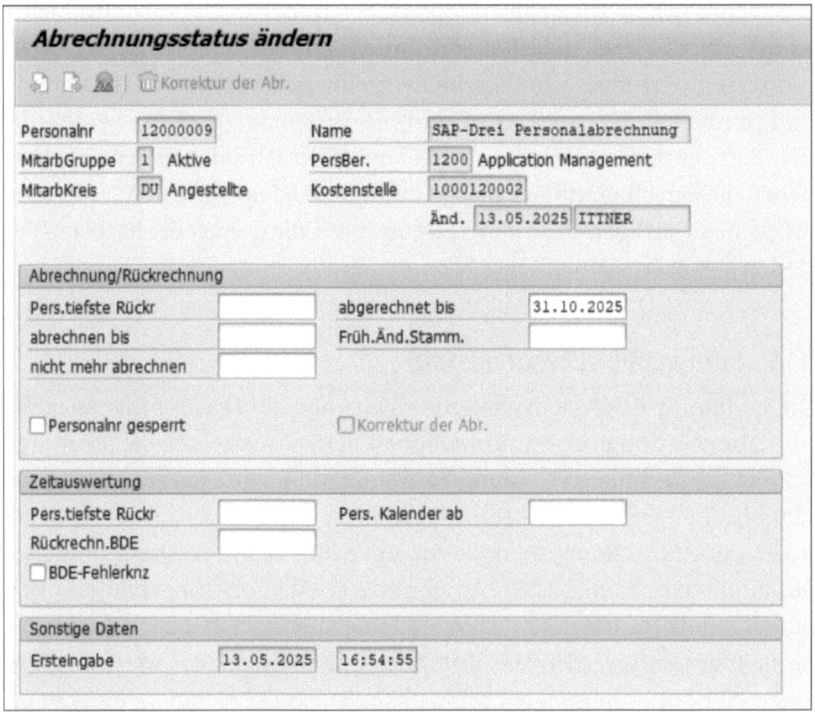

Abbildung 2.4 Infotyp 0003 (Abrechnungsstatus)

Zur Selektion der entsprechenden Mitarbeitenden muss im Abrechnungsprogramm zunächst die Suchhilfe W ausgewählt werden, sodass nur mit Korrekturkennzeichen versehene Personen ausgewählt und abgerechnet werden können. In großen Firmen beschleunigt diese Vorgehensweise den Korrekturlauf; in kleineren Firmen ist die Zeitersparnis allerdings im Vergleich zur Abrechnung aller Personen unerheblich, weshalb hier auch zumeist die zweite Möglichkeit gewählt wird.

Persönlich tiefste Rückrechnungsperiode

Die persönlich tiefste Rückrechnungsperiode verhindert eine Rückrechnung und Stammdatenpflege von abrechnungsrelevanten Daten vor dem festgelegten Datum. So kann sowohl mithilfe dieses Datums als auch mithilfe des im Verwaltungssatz angegebenen Datums (siehe Abschnitt 1.8.1, »Abrechnungsverwaltungssatz«) entweder individuell oder pauschal für alle Mitarbeitenden eine Rückrechnung verhindert werden. So setzen viele Firmen das Datum der persönlich tiefsten Rückrechnung regelmäßig hoch, um unkontrollierte Rückrechnungen zu vermeiden.

Das Datum **abrechnen bis** löst eine Abrechnung auch nach dem Austritt einer beschäftigten Person aus. Normalerweise werden aber nicht aktive Mitarbeitende nicht mehr abgerechnet.

Personalnummern sperren

Das Kennzeichen **Personalnr gesperrt** (Sperren von Personalnummern) kann im Notfall verwendet werden, um zu verhindern, dass eine Personalnummer abgerechnet wird. Solche Personalnummern werden im Abrechnungsprotokoll angezeigt. Wird nun die Sperre aufgehoben, werden im Rahmen der nächsten Personalabrechnung alle Perioden abgerechnet, in denen die Personalnummer gesperrt war. Es handelt sich also nur um eine Möglichkeit zur Sperre von Personalnummern, die in einer der nächsten Perioden korrigiert werden sollen.

2.1.5 Infotyp 0007 (Sollarbeitszeit)

Schichtplan für die Abrechnungsperiode

Die im Infotyp 0007 (Sollarbeitszeit), siehe Abbildung 2.5, enthaltenen Informationen sind primär Informationen der Zeitwirtschaft, die allerdings auch in der Personalabrechnung Verwendung finden. Die Personalabrechnung baut intern in Tabelle PSP (Persönlicher Arbeitszeitplan) den Schichtplan für die Abrechnungsperiode auf, um damit Teilmonatsberechnungen durchführen zu können (siehe Abschnitt 3.14, »Aliquotierung«). So kann das Entgelt infolge unbezahlter Abwesenheiten oder des Ein- oder Austritts innerhalb des entsprechenden Abrechnungsmonats gekürzt werden. Ohne einen vollständig angelegten Schichtplan ist eine Abrechnung nicht möglich.

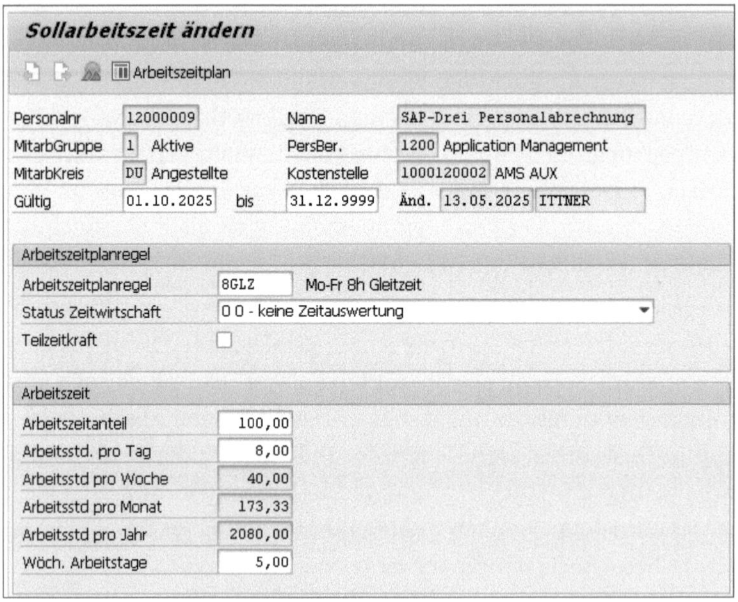

Abbildung 2.5 Infotyp 0007 (Sollarbeitszeit)

2.1.6 Infotyp 0008 (Basisbezüge)

Der Infotyp 0008 (Basisbezüge), siehe Abbildung 2.6, enthält die grundlegenden regelmäßigen Entgeltbestandteile der Mitarbeitenden. Das Entgelt kann hier in bis zu 40 Lohnarten gepflegt werden. Im Customizing einer Lohnart kann in den Lohnarteneigenschaften in Tabelle T511 (Lohnarten) gesteuert werden, ob die betreffende Lohnart in die angezeigte Summe einfließen soll.

Arbeitszeit

Die Arbeitsstunden pro Periode und der Beschäftigungsgrad können, je nachdem, welche Customizing-Einstellungen vorgenommen worden sind, unterschiedliche Auswirkungen haben. Die Arbeitsstunden pro Periode werden für gewöhnlich dafür verwendet, einen Stundensatz zur Bewertung von Mehrarbeit oder Zeitzuschlägen zu berechnen. Außerdem kann dieser Stundensatz als Grundlage für die Berechnung von Kürzungen in der Aliquotierung dienen, falls die Formel zur Aliquotierung mit durchschnittlichen Stunden rechnet. Der Beschäftigungsgrad kann zur Reduzierung des indirekt bewerteten Entgelts herangezogen werden.

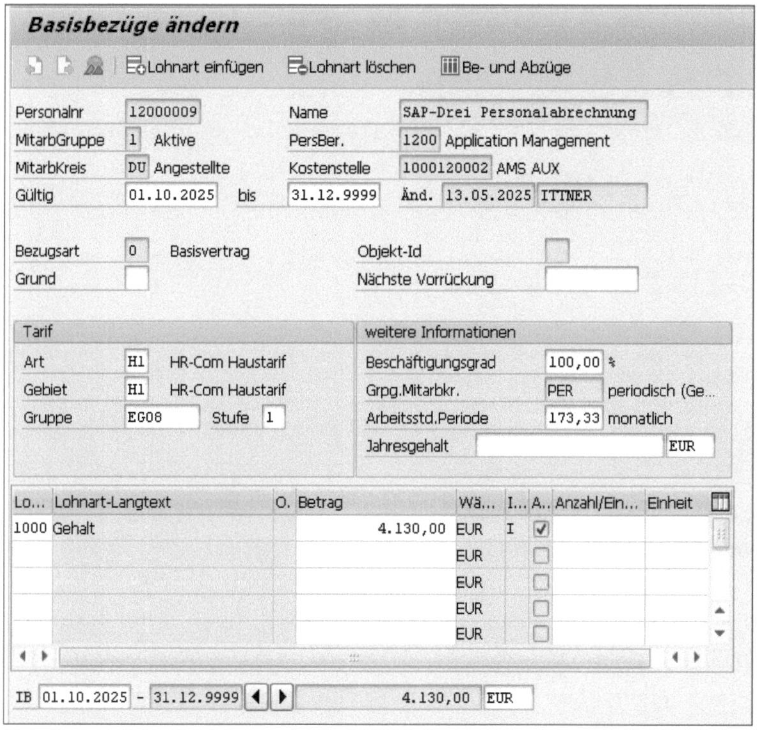

Abbildung 2.6 Infotyp 0008 (Basisbezüge)

Tarif

Die Datengruppe **Tarif** enthält grundlegende Informationen zum für eine im Unternehmen beschäftigte Person gültigen Tarif. Auch wenn jemand nicht nach Tarif bezahlt wird, müssen die Felder dieser Datengruppe gefüllt sein. Für solche außertariflichen Fälle müssen Pseudoeinträge angelegt werden. Für tariflich bezahlte Beschäftigte wird über eine indirekte Bewertung der Betrag aus der Tariftabelle (siehe Abbildung 2.7) direkt in das Betragsfeld der entsprechenden Lohnart übernommen. Als Kennzeichen, dass eine Lohnart indirekt bewertet wird, wird ein »I« in der Spalte hinter **Betrag** und **Währung** angezeigt. Ist das Überschreiben der Lohnart im Customizing zugelassen (siehe Kapitel 23, »Lohnarten«), kann der berechnete Betrag überschrieben werden. Damit wird das Kennzeichen **I** gelöscht und der manuell vorgegebene Betrag im Infotyp gespeichert. Auf diese Weise wird der Entgeltbetrag bei einer Anpassung der Tariftabelle nicht mehr automatisch angepasst. Allerdings kann die indirekte Bewertung in den Lohnarteneigenschaften in Tabelle V_T511 (Lohnarten) als nicht überschreibbar definiert werden. So bleibt der Betrag grau hinterlegt und kann nicht manuell geändert werden.

Die Vorschlagswerte für Tarifart und Tarifgebiet stammen aus Tabelle V_001P_ALL (Personalbereich/-teilbereich: Gesamtview), die pro Personalteilbereich Vorschlagswerte enthält (siehe Abbildung 2.7).

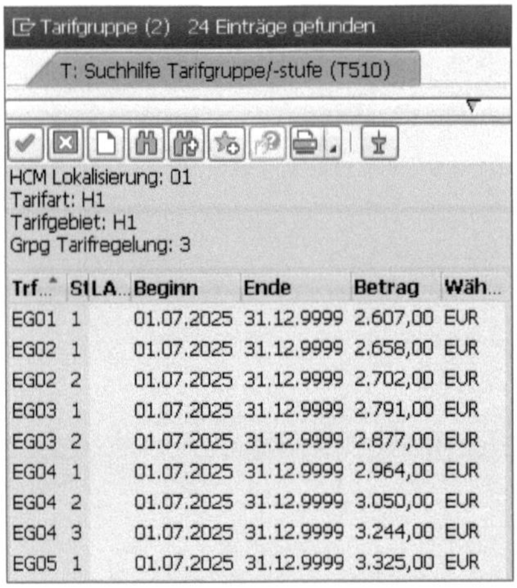

Trf...	St	LA...	Beginn	Ende	Betrag	Wäh...
EG01	1		01.07.2025	31.12.9999	2.607,00	EUR
EG02	1		01.07.2025	31.12.9999	2.658,00	EUR
EG02	2		01.07.2025	31.12.9999	2.702,00	EUR
EG03	1		01.07.2025	31.12.9999	2.791,00	EUR
EG03	2		01.07.2025	31.12.9999	2.877,00	EUR
EG04	1		01.07.2025	31.12.9999	2.964,00	EUR
EG04	2		01.07.2025	31.12.9999	3.050,00	EUR
EG04	3		01.07.2025	31.12.9999	3.244,00	EUR
EG05	1		01.07.2025	31.12.9999	3.325,00	EUR

Abbildung 2.7 Suchhilfe Tariftabelle (Auszug)

Über das Merkmal »Tarif« kann dieser Wert noch differenzierter gesteuert werden, z. B., wenn pro Mitarbeiterkreis unterschiedliche Werte vorgeschlagen werden sollen; diese Vorschlagswerte können manuell überschrieben werden.

Tabellen für das Customizing der Tarifeinstellung

Für das Customizing der Tarifeinstellung gibt es mehrere Tabellen, von denen im Folgenden die wichtigsten aufgelistet sind:

- **V_T510A (Tarifart)**
  Diese Tabelle dient der Festlegung der Tarifarten.
- **V_T510G (Tarifgebiete)**
  Diese Tabelle dient der Festlegung der Tarifgebiete, wie z. B. Bundesländer, in denen unterschiedliche Tarifbedingungen gelten.
- **V_T510 (Tarifgruppen/-stufen)**
  Diese Tabelle dient der Festlegung der Tarifgruppen/-stufen mit dem Betrag für das Tarifgrundentgelt.
- **V_T510I (Tarifliche Arbeitszeit pro Woche sowie die wöchentlichen Arbeitstage)**
  Die tarifliche Arbeitszeit kann im Abrechnungsschema in Operationen abgefragt oder für die Kürzung des Tarifgrundentgelts bei Mitarbeitenden in Teilzeit im Rahmen der indirekten Bewertung verwendet werden.
- **V_T510_PSRCL (Tarifliche Umstufung)**
  Hier werden die Regeln für das Vorrücken in eine Folgetarifgruppe/-stufe festgelegt. Das Vorrücken wird mit dem Report RPIPSR00 (Tarifliche Umstufung) durchgeführt, der sich im SAP-Easy-Access-Menü im Bereich **Vergütungsmanagement** befindet.
- **V_T510D (Tariferhöhung)**
  Hier können Regeln für eine Tariferhöhung hinterlegt und Anpassungsregeln für Lohnarten definiert werden. Folgende Varianten der Tariferhöhung sind möglich:
  - Lohnart um einen festen Betrag erhöhen
  - Lohnart um einen Differenzbetrag erhöhen
  - Gesamtbasisbezug um einen absoluten Betrag erhöhen
  - Lohnart um den Betrag der Erhöhung für andere Lohnarten verringern (Anrechnung von Lohnbestandteilen)
  - neue Lohnarten einfügen
  - vorhandene Lohnarten zeitlich abgrenzen
  - Lohnarten durch andere Lohnarten ersetzen
  - Lohnart nach einer anderen Tarifgruppe bewerten

  Die Tariferhöhung wird mithilfe der Reports RPITRF00 (Erweiterte Tariferhöhung) oder RPITRF01 (indirekte und direkte Lohnarten) durchgeführt.

Tarifliche Umstufung

Häufig findet nach einer bestimmten Zeit der Zugehörigkeit zu einer bestimmten Tarifgruppe/-stufe ein automatisches Vorrücken in die Folgetarifgruppe/-stufe statt (siehe Abbildung 2.8). Die Ermittlung des Umstufungszeitraums wird normalerweise an der Historie des Infotyps 0008

(Basisbezüge) abgelesen. Ist dies nicht möglich, weil z. B. SAP ERP HCM gerade erst neu eingeführt wurde, kann der Umstufungszeitraum durch die Vorgabe des Datums für das nächste Vorrücken im Feld **Nächste Vorrückung** (siehe Abbildung 2.6) manuell vorgegeben werden.

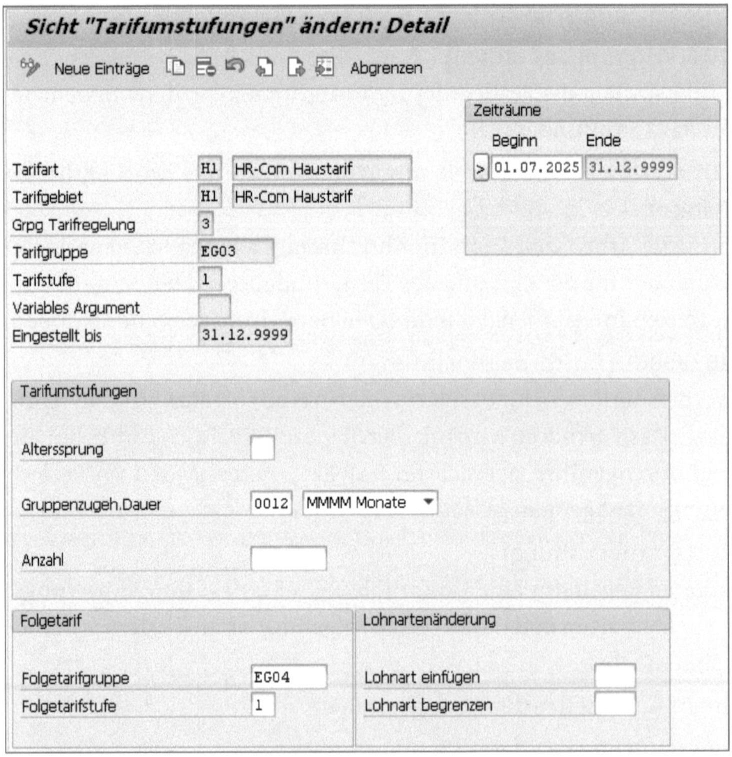

Abbildung 2.8 Tarifumstufungen (V_T510_PSRCL)

Vorschlagslohnarten

Abhängig von den organisatorischen Kriterien können Vorschlagslohnarten vorgegeben werden. Dazu werden in Tabelle V_T539A (Sollbezahlungsvorgabe) Lohnarten definiert, und der Schlüssel der Tabelle wird mit dem Merkmal LGMST angesteuert. So können für verschiedene Mitarbeiterkreise unterschiedliche Lohnarten vorgeschlagen werden.

Über das Merkmal DFINF kann außerdem gesteuert werden, ob beim Kopieren des Infotyps 0008 (Basisbezüge) die Vorschlagswerte neu ermittelt werden oder ob die vorhandenen Werte in der Kopie erhalten bleiben sollen.

Simulation der Abrechnung

Der Infotyp 0008 (Basisbezüge) enthält einen Button, über den eine Simulation der Personalabrechnung durchgeführt werden kann. Dieser Button wird im Infotyp rechts unten eingeblendet, wenn im Merkmal PM004 eine Variante des Abrechnungstreibers gepflegt wird.

Customizing

Das Customizing zum Infotyp 0008 (Basisbezüge) und zu den Tarifeinstellungen erreichen Sie über den Menüpfad **Personalmanagement • Personaladministration • Abrechnungsdaten • Basisbezüge**.

[!]

Infotyp 0008 (Basisbezüge)

Verlässt eine beschäftigte Person das Unternehmen, darf der Infotyp 0008 (Basisbezüge) nicht abgegrenzt werden, da die Abrechnung bei einer gegebenenfalls notwendigen Rückrechnung auch einen Monat, nachdem die Person das Unternehmen verlassen hat, noch Informationen aus diesem Infotyp benötigt. Es kommt etwa zu Abbrüchen in der Abrechnung, wenn das Feld **Arbeitsstd.Periode** (Arbeitsstunden pro Periode) nicht gefüllt ist oder fehlt, weil der Infotyp 0008 (Basisbezüge) nicht vorhanden ist.

Dass die Basisbezüge noch zur Auszahlung kommen, nachdem eine beschäftigte Person das Unternehmen verlassen hat, verhindert die Aliquotierung (siehe Abschnitt 3.14, »Aliquotierung«). Denn hier werden die Bezüge bei unbezahlten oder inaktiven Zeiträumen reduziert.

Das Einlesen des Infotyps in die Personalabrechnung erfolgt über den Menüpfad **Einlesen Grunddaten DGD0** mithilfe der Funktion WPBP, die die Werte des Infotyps in die interne Tabelle WPBP (Arbeitsplatz/Basisbezüge) stellt und außerdem die Lohnarten in Tabelle IT (Eingabetabelle) übernimmt.

2.1.7 Infotyp 0009 (Bankverbindung)

Die Überweisungsinformationen zu den einzelnen Mitarbeitenden für die Überweisung der Bezüge sind im Infotyp 0009 (Bankverbindung), siehe Abbildung 2.9, gespeichert. Es können hier inländische und ausländische Bankverbindungen verwendet werden.

Zahlwege

Folgende Zahlwege können Sie auswählen:

- **L – Auslandsüberweisung**
  Dieser Zahlweg wird für alle Auslandsüberweisungen verwendet. Die Zahlungen werden in den Folgeaktivitäten der Personalabrechnung getrennt behandelt.
- **S – Scheckdruck**
  Der Scheckdruck kommt in der Praxis selten vor.
- **SEPA-Überweisung**
  Für die SEPA-Überweisungen gibt es von SAP keine Standardvorgabe für einen Zahlweg. Daher muss das Kürzel für diesen Zahlweg individuell vergeben werden.

Abbildung 2.9 Infotyp 0009 (Bankverbindung)

[!]

IBAN angeben

Die Möglichkeit, die IBAN in der Bankverbindung mit anzugeben, muss in Tabelle T77S0 (Systemtabelle) mithilfe des Kennzeichens **ADMIN IBAN** aktiviert werden. Hier sollte die Ausprägung **S** gewählt werden. Damit wird die IBAN in der Datenbanktabelle des Infotyps gespeichert. Die alte Variante **X** sollte nicht mehr verwendet werden, da diese nicht für SEPA-Überweisungen geeignet ist. Bei dieser Einstellung werden die Daten nicht in der Datenbanktabelle des entsprechenden Infotyps, sondern in Tabelle TIBAN (IBAN) gespeichert (siehe SAP-Hinweis 1266571).

Ist der Infotyp 0009 (Bankverbindung) nicht vorhanden, wird der auszuzahlende Betrag als Guthaben in die Folgeperiode übertragen.

Ist im Infotyp 0009 (Bankverbindung) kein Zahlweg (Barauszahlung) angegeben, wird der auszuzahlende Betrag nicht in die Folgeperiode übertragen und muss anderweitig ausgezahlt werden (z. B. über die manuelle Überweisung).

2.1.8 Infotyp 0012 (Steuerdaten D)

Im Infotyp 0012 (Steuerdaten D), siehe Abbildung 2.10, werden die steuerlichen Merkmale der Mitarbeitenden hinterlegt. Dieser Infotyp regelt die Versteuerung der Bezüge. Mit der Einführung des ELStAM-Verfahrens holt sich der Arbeitgeber die Daten direkt vom Finanzamt. Die Daten werden elektronisch angeliefert und direkt in den Infotyp 0012 (Steuerdaten D) eingespielt. Eine manuelle Pflege in der Datengruppe **Steuerkarte / ELStAM** ist nicht mehr erforderlich und sollte nur in Ausnahmefällen erfolgen. Klicken Sie auf den Button **ELStAM ändern**, damit die Felder eingabebereit werden.

Steuerdaten anlegen

Für diesen Infotyp sollte jährlich ein neuer Satz angelegt werden, was mit dem Report RPISTJDO (Steuerdaten zum Jahreswechsel abgrenzen) erledigt werden kann. Dieser Report kopiert die Steuerdaten zu Beginn des Folgejahres, löscht die Freibeträge und setzt den Bescheinigungszeitraum auf 01. Seit der Einführung des ELStAM-Verfahrens ist dies nicht mehr zwingend notwendig, da die Verwaltung der Freibeträge durch das Finanzamt erfolgt und über Änderungslisten automatisch eingespielt wird. Eine Kopie des Infotyps ist jedoch für die Übersicht hilfreich, da auf diese Weise weiterhin jedes Jahr mit dem Bescheinigungszeitraum 01 beginnt. Wir empfehlen deshalb, die Kopie im Oktober anzulegen, bevor das Finanzamt die Freibeträge für das Folgejahr löscht.

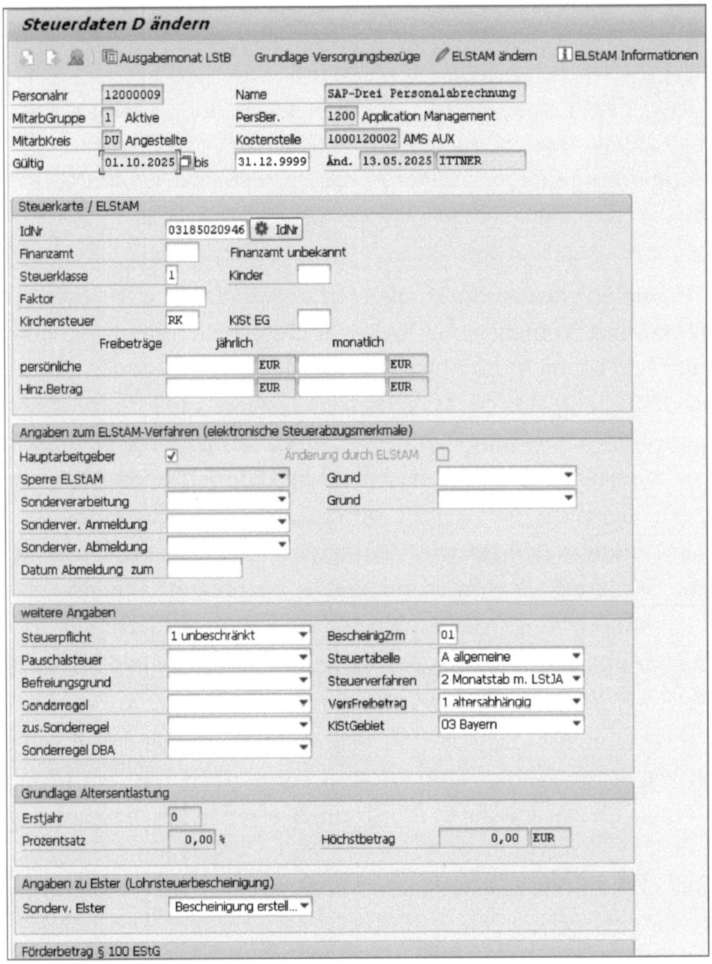

Abbildung 2.10 Infotyp 0012 (Steuerdaten D)

Die Infotyp-Felder in Abbildung 2.11 dienen der Steuerung des ELStAM-Verfahrens.

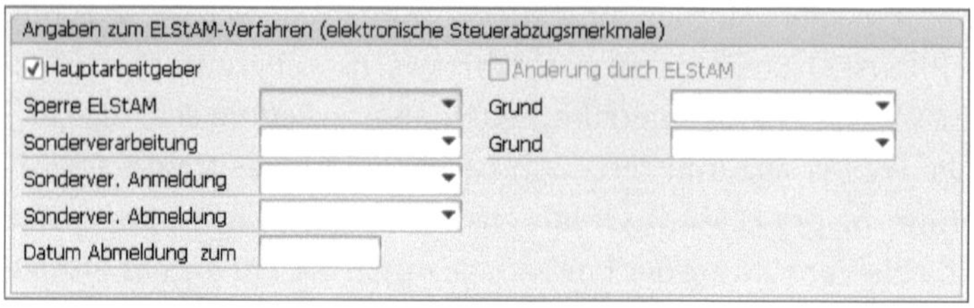

Abbildung 2.11 Angaben zum ELStAM-Verfahren

Sollten die Angaben zum ELStAM-Verfahren im Infotyp 0012 nicht angezeigt werden, müssen die Daten für den betreffenden Personalbereich/Personalteilbereich in Tabelle V_T596M (Teilapplikation LSTC) gepflegt werden.

SAP-Hinweis 2230104 (Löschen Freibeträge)

Mit SAP-Hinweis 2230104 besteht die Möglichkeit, bei den Ausnahmen, die nicht am ELStAM-Verfahren teilnehmen, die Freibeträge zu löschen und sie bei den anderen Mitarbeitenden zu belassen, wenn der Infotyp 0012 (Steuerdaten D) zu Beginn eines Jahres kopiert wird.

Über das Feld **Sonderverarbeitung** können Mitarbeitende, die z. B. wegen eines Auslandswohnsitzes nicht am ELStAM-Verfahren teilnehmen, markiert werden. In das Feld **Grund** muss eingegeben werden, warum eine im Unternehmen beschäftigte Person nicht an diesem Verfahren teilnimmt. Über das Feld **Sonderver. Anmeldung** (Sonderverfahren Anmeldung) oder **Sonderver. Abmeldung** (Sonderverfahren Abmeldung) können solche Meldungen erzwungen oder verhindert werden. Mittels der Ausprägung **Sonderverarbeitung Anmeldung erzwingen** wird mit dem Beginndatum des Satzes die entsprechende Meldung erzwungen; mittels der Ausprägung **Sonderverarbeitung Abmeldung erzwingen** wird mit dem Endedatum des Satzes die entsprechende Meldung erzwungen. Über das Feld **Datum Abmeldung zum** kann das sonst verwendete Datum übersteuert werden.

Bescheinigungszeitraum

Wechselt eine Person innerhalb des gleichen Abrechnungssystems in eine andere rechtlich selbstständige Einheit, ist es erforderlich, dass ein neuer Satz des Infotyps 0012 (Steuerdaten D) mit einem eigenen Bescheinigungszeitraum angelegt wird. Auf diese Weise werden im Abrechnungsergebnis von Tabelle SCRT (Kumulierte RT für Steuer) den jeweiligen Bescheinigungszeiträumen die entsprechenden Steuerbeträge zugeordnet. Das Anlegen des neuen Infotyp-Satzes sollte automatisch über eine dynamische Maßnahme, die in Tabelle V_T588Z definiert ist, erfolgen. Wenn eine solche dynamische Maßnahme nicht vorhanden ist, muss diese durch einen Abgleich mit dem Mandanten 000 angelegt werden. Auch bei einem Wiedereintritt einer beschäftigten Person in das Unternehmen muss ein Satz mit einem neuen Bescheinigungszeitraum angelegt werden.

[!]

Wechsel der juristischen Person

Es ist wichtig, zu prüfen, ob bei einem Wechsel der juristischen Person gleichzeitig die Anpassung des Steuerzeitraums erfolgt ist, da andernfalls keine korrekte Lohnsteuerbescheinigung erstellt werden kann. Im Rahmen einer nachträglichen Anpassung müssen auch vergangene Perioden zurückgerechnet werden, da auch Tabelle SCRT (Kumulierte RT für Steuer) im Abrechnungsergebnis korrigiert werden muss.

Zur Korrektur von Bescheinigungszeiträumen kann der Report RPITXAD0 (Korrektur Bescheinigungszeitraum) verwendet werden.

Ausgabemonat der Lohnsteuerbescheinigung

Der Ausgabemonat der Lohnsteuerbescheinigung steuert den Zeitpunkt, zu dem die Lohnsteuerbescheinigung an das Finanzamt übermittelt wird. Erfolgen nach diesem Monat, der im Merkmal DSTLB festgelegt wird, Rückrechnungen in das alte Jahr, werden die Differenzen, die sich bei der Steuerberechnung ergeben, erst in der Bescheinigung des Folgejahres berücksichtigt. Eine Änderung des Ausgabemonats ist nur noch bis einschließlich Februar des Folgejahres möglich.

Der Ausgabemonat kann pro Personalnummer übersteuert werden, indem dieser über den Button **Ausgabemonat LStB** aus Abbildung 2.10 im Fenster **Ausgabemonat Lohnsteuerbescheinigung** gepflegt wird (siehe Abbildung 2.12).

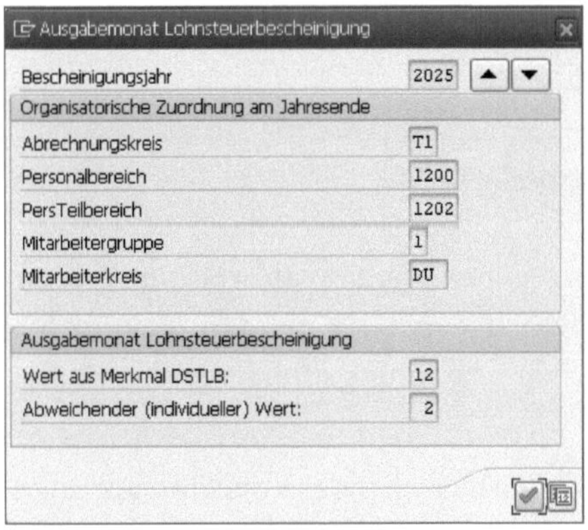

Abbildung 2.12 Pop-up-Fenster »Ausgabemonat Lohnsteuerbescheinigung«

Damit kann erzwungen werden, dass die Bescheinigung zu einem späteren Zeitpunkt (maximal Februar) übertragen wird und alle bis dahin durchgeführten Rückrechnungen noch darin enthalten sind. Dies ist vor allem dann erforderlich, wenn Mitarbeitende das Unternehmen verlassen.

ELStAM-Informationen

Mit dem Button **ELStAM Informationen** in Abbildung 2.10 können Sie sich Zusatzinformationen zum ELStAM-Verfahren anzeigen lassen.

Weitere Informationen dazu finden Sie in Abschnitt 4.1, »Steuerberechnung«, und Abschnitt 7.1, »Elektronischer Datenaustausch mit der Finanzverwaltung (Lohnsteueranmeldung und -bescheinigung)«.

Grundlage Versorgungsbezüge

Über den Button **Grundlage Versorgungsbezüge** in Abbildung 2.10 können Sie auf die zweite Seite des Infotyps verzweigen (siehe Abbildung 2.13). Dort müssen bei Versorgungsbezugsempfängern die für die Auszahlung relevanten Daten hinterlegt werden.

Abbildung 2.13 Grundlage Versorgungsbezüge

In dem Feld **Beginndatum** muss angegeben werden, ab welchem Datum steuerlich begünstigte Versorgungsbezüge gezahlt werden. Bei Versorgungsbezügen, die vor 2005 steuerlich begünstigt sind, kann das Datum 01.01.2005 eingetragen werden.

In dem Feld **Maßgebendes Jahr** muss ein abweichendes Kohortenjahr angegeben werden, wenn der Versorgungsbeginn und das maßgebende Erstjahr voneinander abweichen.

In dem Feld **Zuordnung Bezüge** muss die Lohnartengruppe eingetragen werden, in der die entsprechenden Versorgungslohnarten zugeordnet sind.

In Tabelle V_T596G (Teilapplikation VBEZ) müssen die Lohnartengruppen definiert werden. In Tabelle V_T596J (Berechnungsvorschrift für Summenlohnarten, Kundentabelle) können die kundeneigenen Versorgungslohnarten den jeweiligen Lohnartengruppen zugeordnet werden.

Der Infotyp 0012 (Steuerdaten D) wird über die Funktion P0012 im Teilschema DGD0 (Grunddaten Deutschland) in die interne Tabelle ST (Steuer) eingelesen. Fehlt dieser Infotyp, bricht die Abrechnung während der Ausführung der Funktion GON, die eine Vollständigkeitsprüfung durchführt, ab.

2.1.9 Infotyp 0013 (Sozialversicherung)

Der Infotyp 0013 (Sozialversicherung), siehe Abbildung 2.14, enthält die relevanten Daten für die Beitragsberechnung und die Abführung der Beiträge zur gesetzlichen Sozialversicherung (SV).

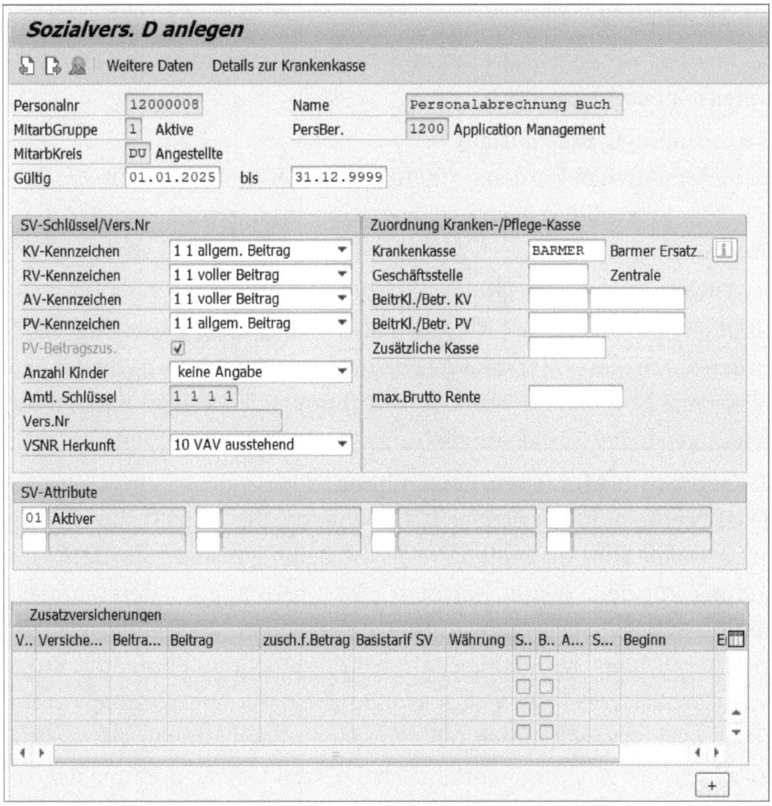

Abbildung 2.14 Infotyp 0013 (Sozialversicherung)

SV-Schlüssel Die Sozialversicherungsschlüssel steuern die Beitragsberechnung in den verschiedenen Sparten der Sozialversicherung. Die Pflege der Kennzeichen steuert die Berechnung der SV-Beiträge. Die Eingabe in diesen Feldern wird durch die Eingabe zusätzlicher SV-Attribute ergänzt.

Primärattribute Die SV-Attribute müssen nach Primärattributen und Sekundärattributen unterschieden werden. Allen Beschäftigten wird eines der im Folgenden aufgeführten Primärattribute zugeordnet:

- **01 – Aktiver**
  Mit diesem Attribut werden die meisten aktiven Mitarbeitenden, die nicht in eine der folgenden Kategorien fallen, gekennzeichnet.
- **02 – Rentner**
  Dieses Attribut kennzeichnet Personen, die bereits im Ruhestand sind.
- **03 – Vorruhestand**
  Mit diesem Attribut werden Mitarbeitende gekennzeichnet, die Vorruhestandsgeld beziehen. Diese Mitarbeitenden sind in der Kranken-, Pflege- und Rentenversicherung versicherungspflichtig und in der Arbeitslosenversicherung versicherungsfrei.
- **04 – Altersteilzeit**
  Das Attribut »Altersteilzeit« kennzeichnet Mitarbeitende, die sich in Altersteilzeit befinden.
- **05 – Geringfügig Beschäftigte**
  Mit diesem Attribut werden geringfügig Beschäftigte und kurzfristig Entlohnte versehen, die in allen Sozialversicherungszweigen versicherungsfrei sind.
- **06 – Unständig Beschäftigte**
  Mitarbeitende, die nach § 179 Abs. 2 SGB V unständig beschäftigt sind, werden durch dieses Merkmal gekennzeichnet. Für diese Mitarbeitenden bietet der SAP-Standard keine SV-Berechnung an. Deshalb müssen die Meldungen in der Sozialversicherung manuell erstellt werden.
- **07 – Behinderte Menschen/Rehabilitanden**
  Dieses Merkmal kennzeichnet Mitarbeitende, die gemäß Abrechnung Sozialversicherung für Behinderte (SVBG) behindert sind oder die in Verbindung mit dem Sekundärattribut 29 an berufsfördernden Maßnahmen zur Rehabilitation oder an Maßnahmen zur Berufsfindung oder zur Arbeitserprobung teilnehmen. Als beitragspflichtige Einnahme muss das tatsächlich erzielte Entgelt zugrunde gelegt werden. Allerdings ist für die an solchen Maßnahmen teilnehmenden Beschäftigten gleichzeitig ein Mindestentgelt vorgeschrieben, bei dessen Unterschreitung der Arbeitgeber die vollen SV-Beiträge zu leisten hat. Dieses Mindestentgelt be-

läuft sich in der Krankenversicherung (KV) und Pflegeversicherung (PV), bei AV-Pflicht in der Arbeitslosenversicherung (AV) und für Rehabilitanden in der RV (Rentenversicherung) auf einen Betrag in Höhe von 20 % der monatlichen Bezugsgröße und für behinderte Menschen in der RV auf einen Betrag in Höhe von 80 % der monatlichen Bezugsgröße – ein Betrag, der aus dem Durchschnittsentgelt aller Versicherten in der Rentenversicherung aus dem Vorjahr festgelegt wird.

- **08 – Freiwilliges soziales Jahr**
  Dieses Attribut kennzeichnet Mitarbeitende, die ein freiwilliges soziales Jahr oder ein freiwilliges ökologisches Jahr ableisten.

Sekundärattribute

In Sonderfällen müssen zusätzlich zu den Primärattributen folgende Sekundärattribute gepflegt werden:

- **20 – Private KV**
  Mit diesem Sekundärattribut werden Mitarbeitende, die Mitglied in der privaten Krankenversicherung sind, gekennzeichnet. Steht dieses Merkmal in Verbindung mit dem SV-Attribut 02 (Rentner), bedeutet dies, dass die betreffende Person nicht am Zahlstellenverfahren teilnimmt. Das Attribut 20 (private KV) muss sowohl bei Versorgungsempfängern, die in einer privaten Krankenkasse versichert sind, als auch für im Ausland lebende Mitarbeitende, die keine Beiträge an eine deutsche gesetzliche Krankenkasse zahlen, verwendet werden.
- **21 – Knappschaft**
  Durch dieses Attribut werden Mitarbeitende, die durch die Bundesknappschaft versichert sind, gekennzeichnet.
- **22 – Mehrfachbezug**
  Das Attribut 22 (Mehrfachbezug) kennzeichnet Beschäftigte, die in mehreren Beschäftigungsverhältnissen stehen. Das Entgelt des anderen Arbeitgebers kann im Infotyp 0014 (Wiederkehrende Be-/Abzüge) vorgegeben werden. Als Musterlohnarten können folgende Lohnarten in kundeneigene Lohnarten kopiert werden:
  - MU51: Gehalt ander. AG (KV-BBG)
  - MU52: Gehalt ander. AG (RV-BBG)
  - MU53: Gehalt ander. AG (AV-BBG)
  - MU54: Gehalt ander. AG (PV-BBG)
  - MU55: Gehalt ander. AG (IU-BBG)
  - MU61: EZ anderer AG (KV-BBG)
  - MU62: EZ anderer AG (RV-BBG)
  - MU63: EZ anderer AG (AV-BBG)

  - MU64: EZ anderer AG (PV-BBG)
  - MU65: EZ anderer AG (IU-BBG)

  Grundsätzlich müssen diese Lohnarten nicht vorgegeben werden, da die Krankenkassen bei einem Mehrfachbezug beide Arbeitgeber zur Abgabe von GKV-Monatsmeldungen auffordern. Überschreitet die betreffende Person mit beiden Arbeitsverhältnissen die Beitragsbemessungsgrenzen, erhält der Arbeitgeber über die DEÜV-Eingangsmeldungen die Summe der jeweiligen Entgelte, die im Infotyp 0700 (Elektronischer Datenaustausch) ersichtlich sind.

  Das Kennzeichen 22 wird auch bei ehemaligen Mitarbeitenden in Rente verwendet, die von mehreren Arbeitgebern Rentenbezüge erhalten und bei denen die Summe der Rentenbezüge die Geringfügigkeitsgrenze für ehemalige Beschäftigte in Rente übersteigt. Bei der Wahl dieses Attributs muss zusätzlich das Feld **max.Brutto Rente** gefüllt werden (siehe Abbildung 2.14), was seit 2012 im Zahlstellenverfahren automatisch durch eine Rückmeldung der Krankenkasse erfolgt.

- **23 – SV-Umlage U1**
  Dieses Kennzeichen löst seit 2006 nur noch die Berechnung der Umlage U1 in der Personalabrechnung aus. Die Berechnung der Umlage muss zuvor im Customizing zur Sozialversicherung eingerichtet werden. Zur Berechnung der Umlage 1 muss dann zusätzlich das Attribut 23 für die betreffenden Person angelegt werden.
- **24 – Geringverdiener**
  Seit der Neuregelung 1999 darf dieses Kennzeichen nur noch für Mitarbeitende verwendet werden, bei denen trotz geringfügiger Beschäftigung eine Versicherungspflicht eintritt. Dies ist bei Mitarbeitenden in der Berufsausbildung der Fall.
- **25 – Befreit und unterhalb der Jahresentgeltgrenze**
  Dieses Kennzeichen wird für Beschäftigte verwendet, die in einem oder mehreren Monaten unter der Beitragsbemessungsgrenze der Krankenversicherung liegen, in der Jahresbetrachtung jedoch darüber. Für die Kranken- und Pflegeversicherung wird in solchen Fällen eine Permanenzberechnung durchgeführt.
- **26 – PV-befreit und unterhalb der Jahresentgeltgrenze**
  Dieses Kennzeichen funktioniert analog zum Kennzeichen 25, berücksichtigt jedoch nur die Pflegeversicherung. Eine Permanenzberechnung wird also nur für die Pflegeversicherung vorgenommen.

- **27 – Kennzeichen Mehrfachbezieher**
  Dieses Kennzeichen ist für ehemalige Mitarbeitende in Rente gedacht, die auch von anderen Unternehmen Rente beziehen und dabei die Geringfügigkeitsgrenze nicht überschreiten. Als Beitragsbemessungsgrenze wird in der Abrechnung die Geringfügigkeitsgrenze für ehemalige Beschäftigte in Rente herangezogen. Die Meldung erfolgt seit 2012 im Zahlstellenverfahren automatisch durch eine Rückmeldung der Krankenkasse.
- **28 – Nicht relevant für Prüfung der Jahresentgeltgrenze/Anpassung maximales KV-Brutto (bei ehemaligen Beschäftigten in Rente)**
  Dieses Kennzeichen muss bei Aktiven (Primärattribut = 01) gesetzt werden, die endgültig von der KV-Pflicht befreit sind. Dadurch werden die betreffenden Personen nicht mehr im Report RPLSVED2 (Prüfung der Jahresentgeltgrenze KV) ausgewertet.
  Bei ehemaligen Mitarbeitenden in Rente hat das Attribut 28 eine andere Bedeutung: Hier wird die betreffende Person nicht mehr im Report RPISVRDO (Batch-Input) für die Änderung des maximalen KV-Brutto berücksichtigt; der Report RPISVRDO (Batch-Input) passt für die jeweiligen Personen das Feld **max.Brutto Rente** (siehe Abbildung 2.14) an.
- **29 – RV 20 % Bezugsgröße**
  Dieses Kennzeichen kann nur in Verbindung mit dem Primärattribut 07 gesetzt werden. Dadurch werden für Teilnehmende an einer berufsfördernden Maßnahme zur Rehabilitation sowie an einer Maßnahme zur Berufsfindung oder zur Arbeitserprobung 20 % der monatlichen Bezugsgröße als Grundlage zur RV-Berechnung herangezogen.
- **30 – Midijob**
  Dieses Kennzeichen wird bei Mitarbeitenden eingetragen, die aufgrund ihres niedrigen Entgelts in die Gleitzone/den Übergangsbereich fallen.
- **31 – Kein PV-Zuschlag**
  Seit 2005 gibt es einen Beitragszuschlag in der gesetzlichen Pflegeversicherung, den das System normalerweise automatisch ermittelt. Wenn aber nun aufgrund der vorhandenen Daten ein Zuschlag zu zahlen wäre, obwohl die beschäftigte Person in Wirklichkeit keinen Zuschlag zahlen muss (weil aus den Stammdaten der Person nicht ersichtlich ist, dass sie Kinder hat), kann dies mit diesem Kennzeichen übersteuert werden. Die automatische Ermittlung finden Sie anhand des Kennzeichens **PV-Beitragszus.** (PV-Beitragszuschlag) im Infotyp 0013 (Sozialversicherung), siehe Abbildung 2.14.

- **32 – PV-Zuschlag**
  Dieses Kennzeichen bewirkt das Gegenteil von Kennzeichen 31: Die im Unternehmen beschäftigte Person muss einen Beitragszuschlag zahlen, obwohl das System automatisch ermittelt hat, dass kein Zuschlag zu zahlen ist.
- **33 – Keine Umlage 2**
  Seit 2006 wird für alle Mitarbeitenden die Umlage U2 berechnet. Dieses Kennzeichen muss gesetzt werden, wenn die Umlage U2 nicht berechnet werden soll. So werden z. B. Einrichtungen für Behinderte, Blindenwerkstätten, Berufsbildungswerke oder Einrichtungen zur Jugendhilfe nicht in das U2-Verfahren einbezogen.
- **34 – Behinderte Menschen in Integrationsprojekten**
  Mit diesem Attribut werden schwerbehinderte Menschen, die gemäß § 132 Abs. 1 SGB IX beschäftigt sind, versehen. Die Beiträge zur Sozialversicherung werden hier hälftig von der beschäftigten Person und dem Träger des Integrationsprojekts getragen.
- **35 – Prüffall**
  Dieses Attribut kann gesetzt werden, um ein automatisches Einspielen von Meldungen im Zahlstellenverfahren zu verhindern. Der Report RPCZIVD0 (Meldungen der Krankenkasse verarbeiten) wird über den Zeitraum einer Abrechnungsperiode gestartet. Wenn zum Enddatum dieser Abrechnungsperiode ein Infotyp-Satz vorliegt, in dem dieses SV-Attribut eingetragen ist, werden alle Meldungen, die in diesem Lauf verarbeitet werden, auf den Status **zu prüfen** gesetzt. Dabei spielt es keine Rolle, welchen Zeitraum diese Meldungen betreffen.
- **36 – Abweichender Rechtskreis**
  Wird eine Beschäftigung in den alten Bundesländern und eine weitere Beschäftigung in den neuen Bundesländern ausgeübt und übersteigt die Summe der Entgelte die Beitragsbemessungsgrenze in der Rentenversicherung West, muss eine Aufteilung der Arbeitsentgelte vorgenommen werden.

Die zusätzlichen Daten (siehe Abbildung 2.15) enthalten Befreiungsgründe für Mitarbeitende, die in einer oder mehreren Sparten beitragsfrei sind. Außerdem können eine abweichende Beitragsaufteilung und das Kennzeichen **Selbstzahler** aktiviert werden. Darüber hinaus können hier bei bestimmten Personen noch im Feld **Sonderregel** SV-Sonderregeln hinterlegt werden, z. B. IG-Umlage (bei Mitarbeitenden, die ausschließlich in der gesetzlichen Unfallversicherung versicherungspflichtig sind, muss trotzdem eine Insolvenzgeldumlage gezahlt werden).

Infotyp 0013 (Sozialversicherung) wird über die Funktion P0013 im Teilschema DGD0 (Grunddaten Deutschland) in die interne Tabelle SV (Sozialversicherung) eingelesen.

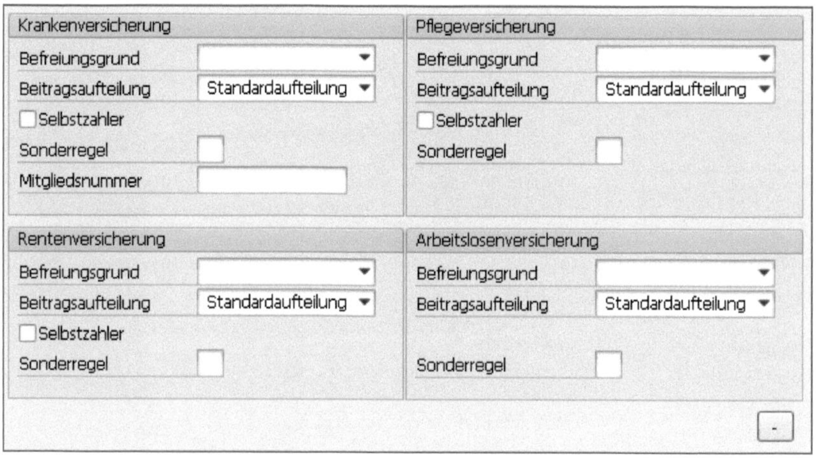

Abbildung 2.15 Weitere Daten zur Sozialversicherung

2.2 Weitere Infotypen der Personalabrechnung

Die folgenden Infotypen können bei Bedarf die Informationen ergänzen, die in die Personalabrechnung einfließen.

2.2.1 Infotyp 0004 (Behinderung)

Der Infotyp 0004 (Behinderung), siehe Abbildung 2.16, speichert alle relevanten Daten für die Schwerbehindertenmeldung (siehe Abschnitt 9.4, »Schwerbehindertenverzeichnis und -anzeige«). Bei einem Grad der Schwerbehinderung ab 50 besteht grundsätzlich Anspruch auf zusätzliche Urlaubstage.

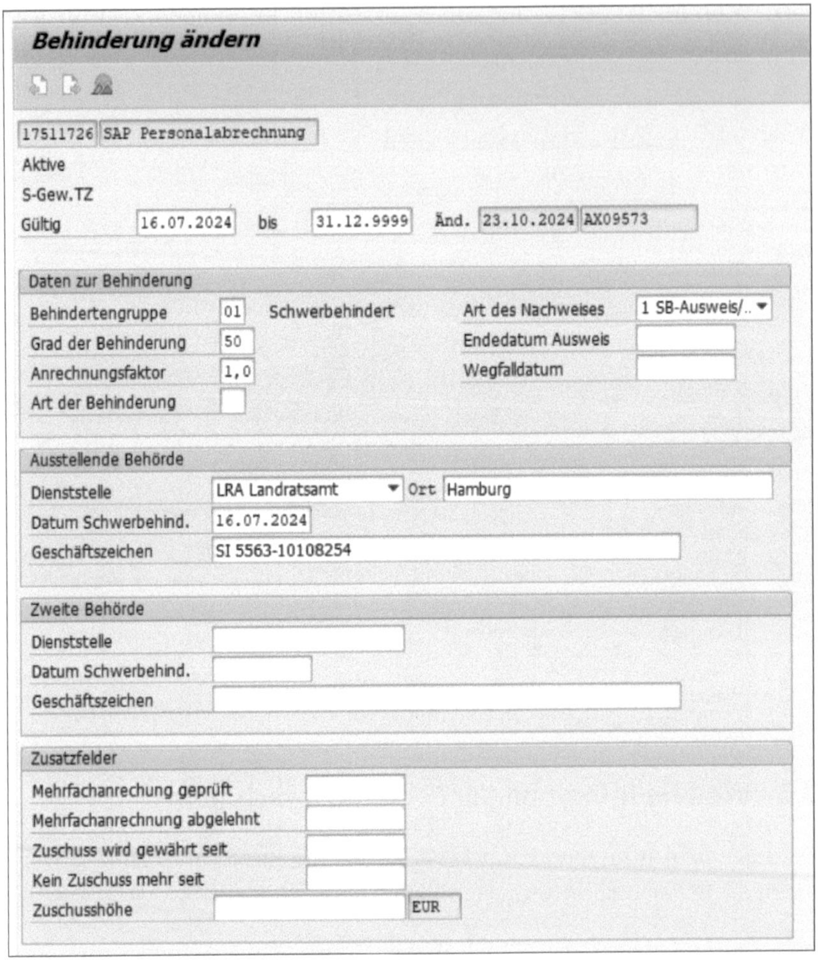

Abbildung 2.16 Infotyp 0004 (Behinderung)

2.2.2 Infotyp 0006 (Anschrift)

Der Infotyp 0006 (Anschrift), siehe Abbildung 2.17, enthält Informationen, die für verschiedene Folgeaktivitäten der Personalabrechnung relevant sind. Dies betrifft den Entgeltnachweis, die Lohnsteuerbescheinigung, die DEÜV und weitere Aktivitäten. In der DEÜV werden Änderungen der Anschrift mit der nächsten abzugebenden Meldung übermittelt.

Deshalb ist hier eine korrekte Abgrenzung der Historie wichtig, und die Anschrift darf auf keinen Fall einfach geändert werden, sondern es muss der betreffende Satz kopiert und ein neuer Satz mit dem Umzugsdatum als Begindatum angelegt werden.

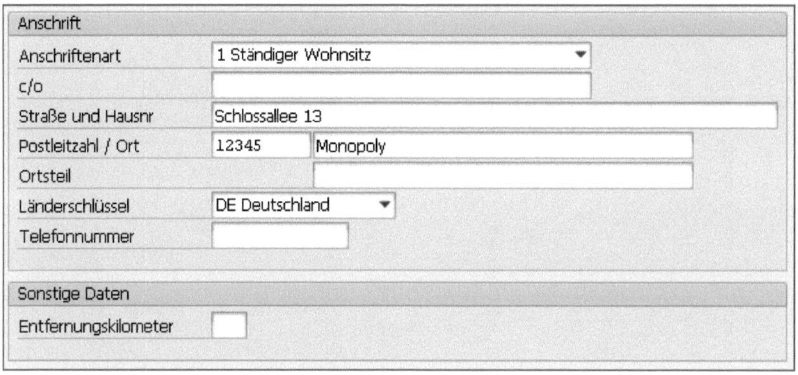

Abbildung 2.17 Infotyp 0006 (Anschrift)

Entfernungskilometer

Das Feld **Entfernungskilometer** wird zur Berechnung der Versteuerung von Mitarbeitenden mit Firmen-Pkw verwendet. In der Praxis kommt es immer wieder vor, dass bei einem Umzug zwar die Anschrift geändert, jedoch vergessen wird, die Entfernungskilometer anzupassen, was zu einer falschen Steuerberechnung führt.

Der Infotyp 0006 (Anschrift) wird beim Einlesen der Grunddaten im Teilschema DGD0 in die interne Tabelle ADR (Abrechnungsergebnis: Adresse) eingelesen, die auch im Abrechnungsergebnis gespeichert wird.

2.2.3 Infotyp 0010 (Vermögensbildung)

Die Vermögensbildung wird im gleichnamigen Kapitel 13 ausführlich behandelt. Dort finden Sie auch die Beschreibung des Infotyps 0010 (Vermögensbildung).

2.2.4 Infotyp 0011 (Externe Überweisungen)

Der Infotyp 0011 (Externe Überweisungen), siehe Abbildung 2.18, kann verwendet werden, wenn Lohnarten in die Personalabrechnung einfließen, die eine Überweisung auslösen sollen. In den meisten Fällen handelt es sich dabei um Nettoabzüge, die an Dritte zu leisten sind.

Diese Überweisungen werden in den Folgeaktivitäten (siehe Abschnitt 6.2, »Überweisung«) der Personalabrechnung mitverarbeitet. Es kann ein Empfängerschlüssel verwendet werden, wenn Empfänger häufig genutzt werden, oder es können alternativ individuelle Daten eingegeben werden, wenn der Empfängerschlüssel leer bleibt.

Eine Überweisung kann regelmäßig oder in vorgegebenen Abständen ausgeführt werden.

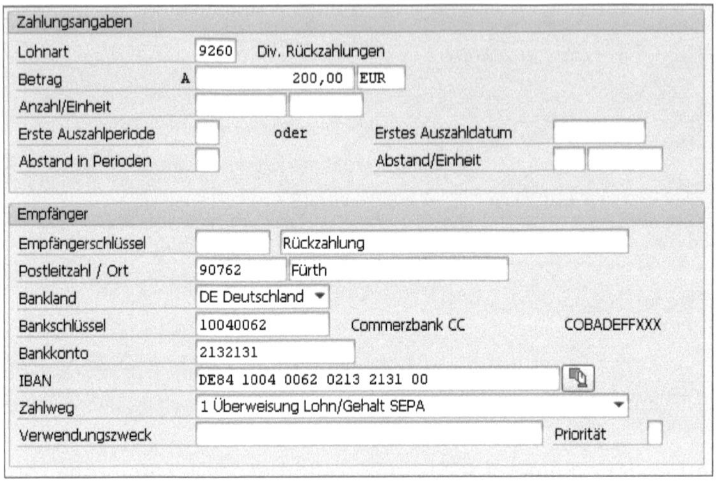

Abbildung 2.18 Infotyp 0011 (Externe Überweisungen)

2.2.5 Infotyp 0014 (Wiederkehrende Be-/Abzüge)

Der Infotyp 0014 (Wiederkehrende Be-/Abzüge), siehe Abbildung 2.19, wird für die Eingabe von Zahlungen oder Abzügen verwendet, die regelmäßig ausgeführt werden. Die Ausführung kann in jeder Periode stattfinden oder in Abständen erfolgen, wenn die erste Zahlungsperiode und ein Abstand eingegeben worden sind. Die verwendete Lohnart bestimmt die Art der Zahlung oder des Abzugs. Je nach Einstellung der Lohnart muss das Feld **Betrag** oder das Feld **Anzahl/Einheit** gepflegt werden (siehe Abbildung 2.19).

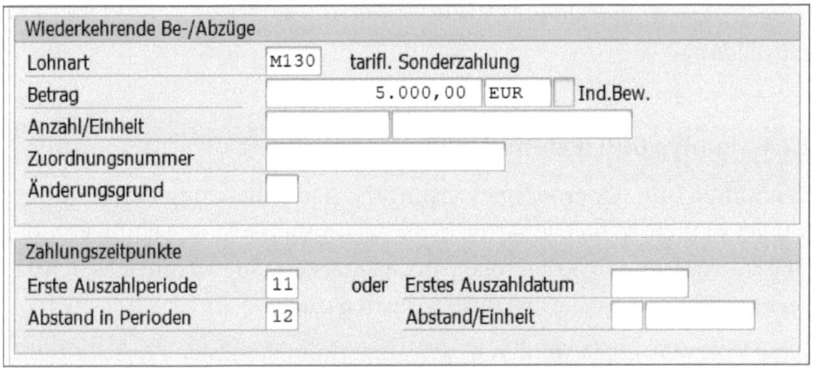

Abbildung 2.19 Infotyp 0014 (Wiederkehrende Be-/Abzüge)

2.2.6 Infotyp 0015 (Ergänzende Zahlung)

Der Infotyp 0015 (Ergänzende Zahlung), siehe Abbildung 2.20, kann analog dem Infotyp 0014 (Wiederkehrende Be-/Abzüge) verwendet werden, nur dass hier die Zahlung oder der Abzug lediglich einmalig in dem Monat des Entstehungsdatums ausgeführt wird. Die Lohnart wird in der Abrechnung dem Teilmonat zugeordnet, in dem das Entstehungsdatum liegt. Wechselt eine beschäftigte Person mitten im Monat von einer Kostenstelle zu einer anderen, kann anhand des Datums gesteuert werden, ob die Zahlung der Kostenstelle, die in der ersten Monatshälfte Gültigkeit hat, oder der Kostenstelle, die in der zweiten Monatshälfte Gültigkeit hat, zugeordnet werden soll.

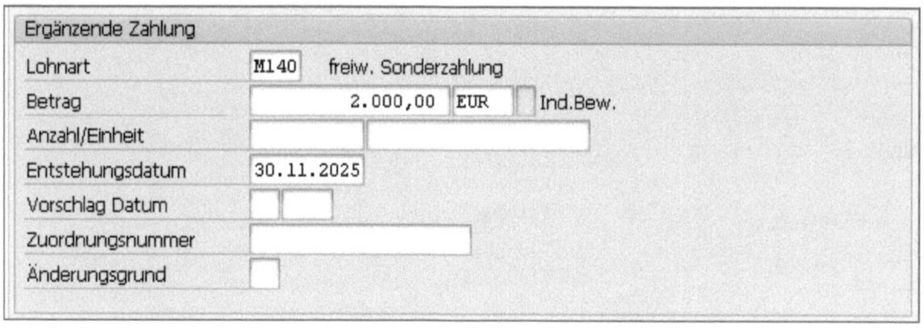
Ergänzende Zahlung

Lohnart	M140 freiw. Sonderzahlung
Betrag	2.000,00 EUR Ind.Bew.
Anzahl/Einheit	
Entstehungsdatum	30.11.2025
Vorschlag Datum	
Zuordnungsnummer	
Änderungsgrund	

Abbildung 2.20 Infotyp 0015 (Ergänzende Zahlung)

Kostenverteilung

Die Lohnart, die in diesem Infotyp oder auch im Infotyp 0014 (Wiederkehrende Be-/Abzüge) gespeichert werden kann, kann mit einer Kostenzuordnung versehen und auf ein Kontierungsobjekt gebucht werden, das von der Stammkostenstelle aus dem Infotyp 0001 (Organisatorische Zuordnung) abweicht.

2.2.7 Infotyp 0016 (Vertragsbestandteile)

Der Infotyp 0016 (Vertragsbestandteile), siehe Abbildung 2.21, enthält die vertraglichen Regelungen zu einer im Unternehmen beschäftigten Person. Diese Daten werden nicht unmittelbar in die Abrechnung eingelesen, sondern sie wirken sich indirekt auf die Bezahlung aus.

So ist die Dauer der Entgeltfortzahlung und der Zahlung von Krankengeld abhängig vom Anlegen der Abwesenheit (Infotyp 2001, Abwesenheiten) **Krankheit**, die in der Abrechnung verarbeitet wird (siehe Abschnitt 3.7, »Integration der Zeitwirtschaft«) und zur Zahlung von Krankengeld oder zur Kürzung des Entgelts nach dem Ende der Lohnfortzahlung führen kann.

Außerdem werden die Kündigungsfristen im Bescheinigungswesen für die Erstellung der Arbeitsbescheinigung verwendet.

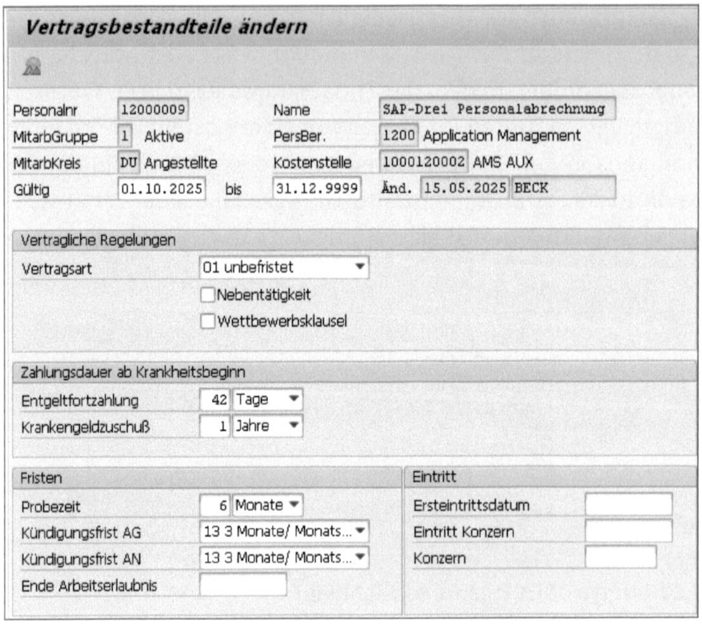

Abbildung 2.21 Infotyp 0016 (Vertragsbestandteile)

2.2.8 Infotyp 0020 (DEÜV)

Der Infotyp 0020 (DEÜV), siehe Abbildung 2.22, enthält die grundlegenden Daten, die per DEÜV-Meldung an die Rentenversicherung übertragen werden (siehe Abschnitt 8.2, »DEÜV«). Seit dem 01.11.2011 wird hier ein neunstelliger Tätigkeitsschlüssel gespeichert. Dieser Schlüssel besteht aus den folgenden Elementen:

- **Ausgeübte Tätigkeit**
  Dieser Teil des Schlüssels beinhaltet die ausgeübte Tätigkeit nach der Klassifizierung der Berufe der Bundesagentur für Arbeit (KldB 2010). Der dreistellige Zusatzschlüssel dient lediglich als Entscheidungshilfe für die Auswahl des fünfstelligen Schlüssels, wird jedoch nicht gemeldet und muss daher auch nicht gepflegt werden.
- **Schulbildung**
  Dieser Teil des Schlüssels beinhaltet die höchste allgemeinbildende Schulausbildung einer im Unternehmen beschäftigten Person.
- **Berufsausbildung**
  Dieser Teil des Schlüssels beinhaltet den höchsten beruflichen Ausbildungsabschluss einer beschäftigten Person.

- **Arbeitnehmerüberlassung**
  Das Kennzeichen **AN-Überlassung** legt fest, ob eine für das Unternehmen tätige Person anderen Firmen überlassen wird.
- **Vertragsform**
  Das Kennzeichen **Vertragsform** enthält eine Kombination der Merkmale **Vollzeit/Teilzeit** und **befristet/unbefristet**.

Seit 2012 enthält der Infotyp 0020 (DEÜV) zusätzlich Felder zur Steuerung der GKV-Monatsmeldungen. Im Rahmen des DEÜV-Meldeverfahrens wurde die GKV-Monatsmeldung mit dem Abgabegrund 58 geschaffen. Hier geht es um die Meldung von Gesamtentgelten innerhalb der Gleitzone und bei Überschreitung der Bemessungsgrenze. Diese Meldung muss seit 2012 im Rahmen der Mehrfachbeschäftigung monatlich erstellt werden.

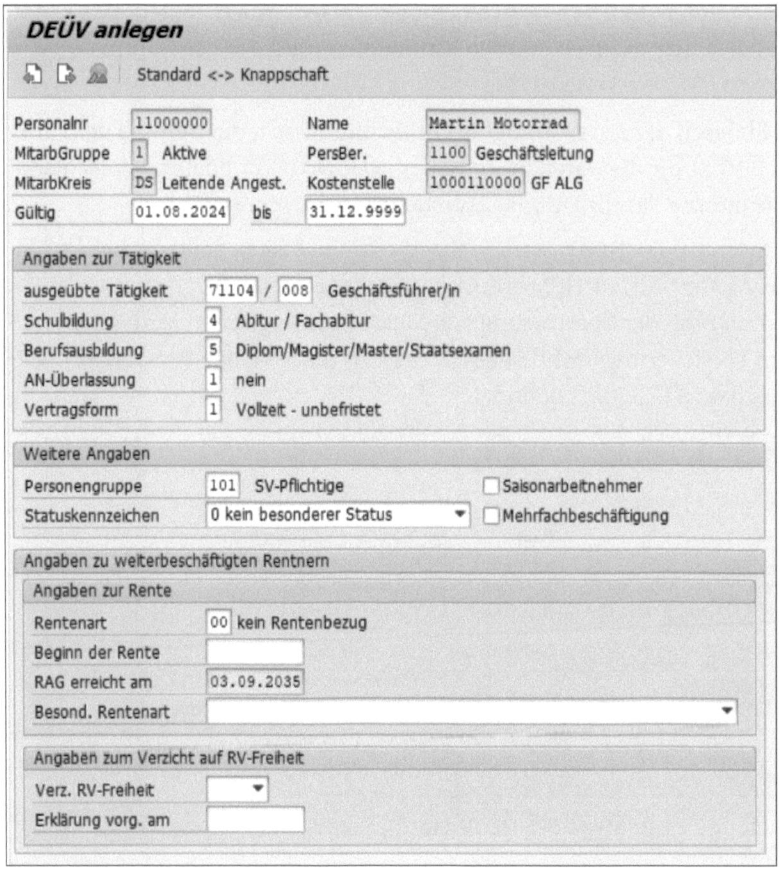

Abbildung 2.22 Infotyp 0020 (DEÜV)

Die Datengruppe **Angaben zu weiterbeschäftigten Rentnern** enthält folgende Felder:

- **Rentenart**
  Dieses Feld dient zur Dokumentation des Rentenstatus. Es wird nicht in DEÜV-Meldungen gespeichert, sondern zur Prüfung der Angaben zum Personengruppenschlüssel sowie zu den weiterbeschäftigten Personen im Ruhestand verwendet.
- **RAG erreicht am**
  Dies ist ein reines Anzeigefeld, das anhand des Geburtsdatums automatisch ermittelt wird.
- **Besond. Rentenart**
  In diesem Feld müssen eventuell vorliegende ausländische Altersrenten besonders gekennzeichnet werden.

Haben Mitarbeitende, die eigentlich schon in Rente sind, aber weiter für das Unternehmen arbeiten, auf die Rentenversicherungsfreiheit verzichtet, muss dies hier markiert werden. Optional können Sie das Datum der Verzichtserklärung erfassen.

Das Einlesen der Daten erfolgt im Abrechnungsschema mithilfe der Funktion P0020, die die Daten im Teilschema DGD0 (Grunddaten Deutschland) in die interne Tabelle DUV (DEÜV-Stammdaten) schreibt.

DEÜV-Start

Der Infotyp 0341 (DEÜV-Start), siehe Abbildung 2.23, ist einmalig bei der Einführung von SAP ERP HCM erforderlich. Dieser Infotyp legt fest, zu welchem Zeitpunkt mit der Übertragung von Meldungen begonnen wird und in welchem versicherungsrechtlichen Status sich die jeweilige Person zum Zeitpunkt des DEÜV-Starts befindet.

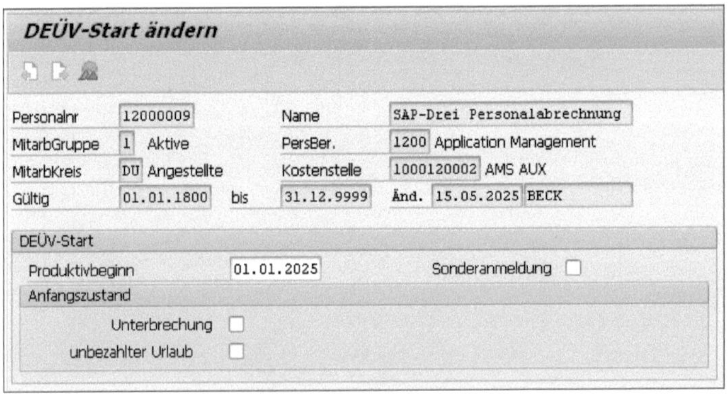

Abbildung 2.23 Infotyp 0341 (DEÜV-Start)

Die Zeiträume vor dem DEÜV-Start werden nicht berücksichtigt und müssen bereits gemeldet worden sein. Die Sonderanmeldung bewirkt eine Meldung mit dem Grund 13 (Anmeldung nach dem Wechsel des Abrechnungssystems). Dem muss allerdings im bisherigen Abrechnungssystem eine

Abmeldung mit dem Grund 33 (Wechsel des Abrechnungssystems) vorausgegangen sein. Bei der Einführung von SAP ERP HCM empfiehlt es sich daher, die Abmeldung mit dem Grund 33 und die Anmeldung in SAP ERP HCM mit dem Grund 13 vorzunehmen. Das Anlegen des Infotyps 0341 (DEÜV-Start) für alle Mitarbeitenden ist mit dem Report RPUDPBD0 (DEÜV-Beginndatum anlegen) möglich.

Auch der Infotyp 0341 (DEÜV-Start) wird in der Funktion P0020 eingelesen; für den DEÜV-Start nimmt die interne Tabelle DUVST die Daten auf.

2.2.9 Infotyp 0026 (Direktversicherung)

Der Infotyp 0026 (Direktversicherung) war vor der Einführung des Altersvermögensgesetzes für die Pflege von Direktversicherungen zuständig. Da mit dem Altersvermögensgesetz (AVmG) zahlreiche neue Anlageformen zur Direktversicherung hinzukamen, wurde der Infotyp 0026 (Direktversicherung) vom Infotyp 0699 (Altersvermögensgesetz) abgelöst (siehe Kapitel 14, »Altersversorgung«).

2.2.10 Infotyp 0027 (Kostenverteilung)

Personalkosten auf mehrere Kontierungsobjekte verteilen

Über den Infotyp 0027 (Kostenverteilung), siehe Abbildung 2.24, können die Personalkosten pro Person auf mehrere Kontierungsobjekte verteilt werden. Werden die Personalkosten nicht zu 100 % verteilt, verbleibt der Rest auf der Stammkostenstelle, die im Infotyp 0001 (Organisatorische Zuordnung) gepflegt ist.

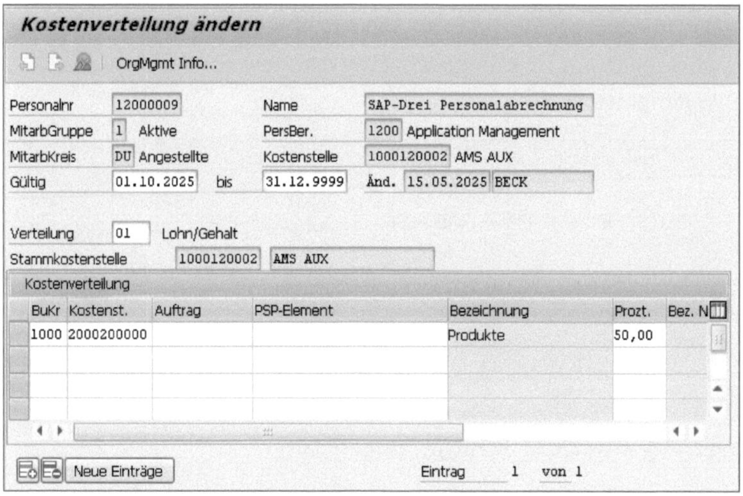

Abbildung 2.24 Infotyp 0027 (Kostenverteilung)

Bei der Kostenverteilung werden alle Kosten berücksichtigt, die in das Controlling (CO) gebucht werden. Denn in diesem Infotyp kann nicht festgelegt werden, dass nur bestimmte Kosten verteilt werden.

2.2.11 Infotyp 0029 (Berufsgenossenschaft)

Der Infotyp 0029 (Berufsgenossenschaft), siehe Abbildung 2.25, nimmt die Informationen zur Berufsgenossenschaft und zur Gefahrenklasse der beschäftigten Person auf.

Wenn die Teilapplikation BG02 (Gefahrtarifstelle für die Berufsgenossenschaft) im Customizing eingerichtet ist, wird der Infotyp 0029 (Berufsgenossenschaft) nicht bei der betreffenden Person benötigt.

Die Informationen zur Berufsgenossenschaft sind für die DEÜV-UV-Jahresmeldung (Report RPCUVVDO_OUT) und den elektronischen Lohnnachweis (Report RPCUVBDO_OUT) relevant. Im Customizing werden die Einstellungen im Menüpunkt **Sozialversicherung** bei der gesetzlichen Sozialversicherung vorgenommen. Hier werden zum einen die Berufsgenossenschaften mit den Entgeltgrenzen und zum anderen die Gefahrenklassen angelegt. Diese werden den offiziellen Daten der UV-Träger zugeordnet, die über eine Datei regelmäßig in das System eingespielt werden müssen. Diese Datei wird vom IT-Dienstleister der Sozialversicherungsträger ITSG (Informationstechnische Servicestelle der Gesetzlichen Krankenversicherung GmbH) zur Verfügung gestellt und kann auf dessen Homepage *www.itsg.de* bezogen werden.

Meldung an die Berufsgenossenschaft

Bis 2008 war die Meldung an die Berufsgenossenschaft auch Basis für die Zahlung des Insolvenzgeldes, was ab 2009 in den Bereich der Sozialversicherung übergegangen ist und gleichzeitig mit dem SV-Beitragsnachweis und DEÜV gemeldet wird.

Abbildung 2.25 Infotyp 0029 (Berufsgenossenschaft)

Das Feld **Abw. UV** kann in Ausnahmefällen verwendet werden, wenn für einzelne Mitarbeitende ein anderer UV-Träger gepflegt werden muss, als es für die restlichen Mitarbeitenden der Fall ist. Für gewöhnlich bleibt dieses Feld jedoch leer. Das Feld **Besonderheit** muss für Mitarbeitende gepflegt werden, die nicht BG-pflichtig sind. Der Infotyp 0029 (Berufsgenossenschaft) wird dagegen für alle Beschäftigten angelegt.

2.2.12 Infotyp 0033 (Statistik)

Der Infotyp 0033 (Statistik), siehe Abbildung 2.26, wird für Personen gepflegt, die in Statistiken gesondert behandelt werden müssen und somit Ausnahmen bilden. Zu diesem Infotyp existieren mehrere Subtypen: gesetzliche Statistiken, Branchenstatistiken und ein Kundenarbeitsbereich.

Der Infotyp 0033 (Statistik) beeinflusst die Abrechnung nicht direkt, sondern steuert die Folgeaktivitäten. Zu den Statistiken gehören:

- Schwerbehindertenverzeichnis und -anzeige – RPLEHAD3
- Verdiensterhebung für Industrie und Handel – RPLEHBD0
- Lohnnachweis für die Berufsgenossenschaft – RPLSVDD0 – obsolet
- Erhebung über die Arbeitskosten 2020 – RPCEHFD0
- Entgeltstatistik für den Arbeitgeberverband Chemie – RPLEHDD0
- Entgeltstatistik für den Arbeitgeberverband Metall – RPLEHED0

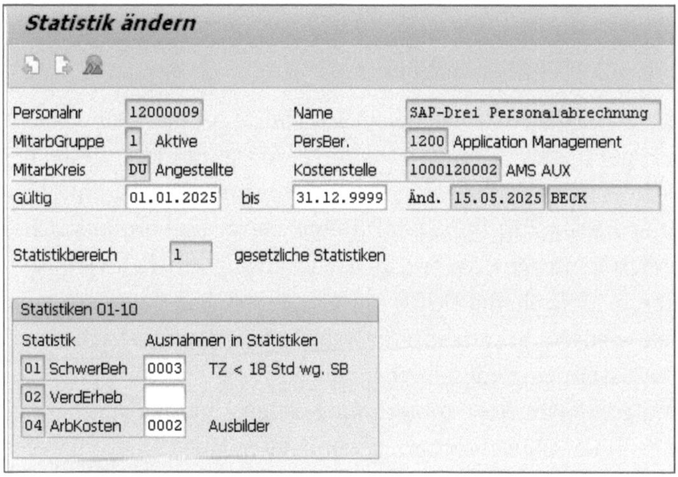

Abbildung 2.26 Infotyp 0033 (Statistik)

2.2.13 Infotyp 0041 (Datumsangaben)

Im Infotyp 0041 (Datumsangaben) können mehrere Datumsangaben mit jeweils unterschiedlichem Bezug hinterlegt werden. So kann z. B. ein von den organisatorischen Daten abweichendes Eintrittsdatum hinterlegt werden. Solche Angaben können für verschiedene Auswertungen oder zur Fristenberechnung in der Abrechnung eingesetzt werden.

Die Funktion DATES liest im Abrechnungsschema den Infotyp 0041 (Datumsangaben) ein und stellt die vorhandenen Datumsangaben für die Berechnungen von Fristen zur Verfügung. Im Rahmen der Fristenberechnung wird der Zeitraum zwischen zwei Daten ermittelt. Ein Beispiel für eine Fristenberechnung ist die Operation NUM=F01M, mit deren Hilfe der Zeitraum zwischen der Datumsart 01 und dem Ende der aktuellen Abrechnungsperiode in Monaten in das Anzahlfeld abgestellt wird.

2.2.14 Infotyp 0045 (Darlehen)

Die Infotypen zur Abwicklung von Mitarbeiterdarlehen werden in Kapitel 22, »Darlehen«, beschrieben.

2.2.15 Infotyp 0049 (Kurzarbeit)

Der Infotyp 0049 (Kurzarbeit) wird mithilfe der Funktion P0049 im Teilschema DGD0 (Grunddaten Deutschland) in die interne Tabelle KUG eingelesen. Nähere Erläuterungen dazu finden Sie in Kapitel 21, »Kurzarbeitergeld«.

2.2.16 Infotyp 0052 (Verdienstsicherung)

Der Infotyp 0052 (Verdienstsicherung) entspricht im Aufbau dem Infotyp 0008 (Basisbezüge). In diesem Infotyp werden Bezüge hinterlegt, die der beschäftigten Person garantiert werden. In der Abrechnung wird eine Vergleichsrechnung durchgeführt und der Differenzbetrag als Verdienstsicherung ausgezahlt. Der Infotyp 0052 (Verdienstsicherung) wird beim Einlesen der Grunddaten im Teilschema DGD0 mit eingelesen. Die Daten aus dem Infotyp werden wiederum in die interne Tabelle VD (Verdienstsicherung) eingelesen. Im Customizing können über den Menüpfad **Personalmanagement • Personaladministration • Abrechnungsdaten • Verdienstsicherung** verschiedene Verdienstsicherungsarten mit unterschiedlichen Berechnungsarten eingerichtet werden.

2.2.17 Infotyp 0057 (Mitgliedschaften)

Im Infotyp 0057 (Mitgliedschaften) werden Beiträge z. B. zu Gewerkschaften gepflegt, die gleichzeitig mit dem Abzug vom Nettobetrag an den jeweiligen Empfänger überwiesen werden sollen. Dieser Infotyp wird in Deutschland selten verwendet, da Gewerkschaftsbeiträge meist nicht in der Abrechnung verwaltet werden und für die meisten anderen Mitgliedschaften keine Einzelüberweisung erfolgt, sondern eine Sammelüberweisung im Rechnungswesen durchgeführt wird.

Die Verarbeitung des Infotyps 0057 (Mitgliedschaften) erfolgt im Unterschema DGWO (Gewerkschaftsbeitrag). Dieses Teilschema ist im Standardschema D000 nicht enthalten, sondern muss bei Bedarf eingefügt werden.

2.2.18 Infotyp 0079 (SV-Zusatzversicherung)

Der Infotyp 0079 (SV-Zusatzversicherung), siehe Abbildung 2.27, nimmt die Daten für die Zusatzversicherung in den Sparten **1 – Krankenversicherung**, **2 – Rentenversicherung** und **4 – Pflegeversicherung** auf. Diese werden in der Personalabrechnung zusammen mit den Daten aus dem Infotyp 0013 (Sozialversicherung) verarbeitet. Jede Versicherungsart verfügt über einen eigenen Subtyp.

In den meisten Fällen werden die Beiträge zu einer SV-Zusatzversicherung von den Mitarbeitenden selbst abgeführt, und es muss das Kennzeichen **Selbstzahler** gesetzt werden. In solchen Fällen reicht es aus, eine Pseudokasse anzulegen, bei der keine weiteren Daten zur Abführung der Beiträge hinterlegt sind. Nur wenn die Beiträge vom Arbeitgeber getragen werden, müssen die Daten des jeweiligen Instituts komplett gepflegt werden.

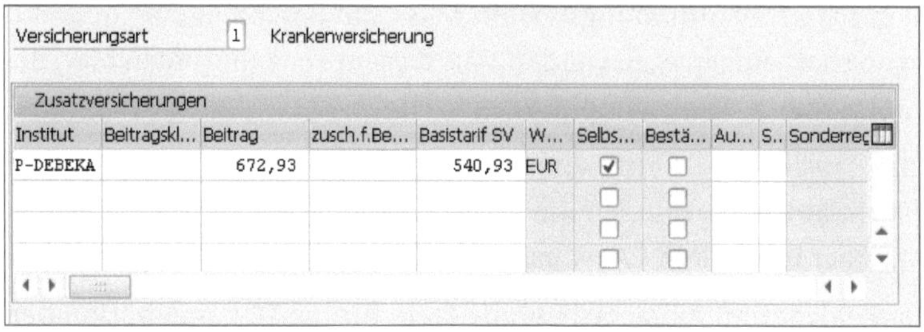

Abbildung 2.27 Infotyp 0079 (SV-Zusatzversicherung)

Der Infotyp 0079 (SV-Zusatzversicherung) wird über die Funktion P0079 im Teilschema DGD0 (Grunddaten Deutschland) in die interne Tabelle SVZ (SV-Zusatzversicherung) eingelesen.

SAP-Hinweis 3307566 – ELStAM – Einzug der Daten zur privaten Kranken- und Pflegeversicherung ins Verfahren)

Der SAP-Hinweis 3307566 enthält die Erweiterungen für die Übernahme der PKV-Daten im Rahmen von ELStAM. Ab der Monatsliste November

2025 (Auslieferung Anfang Dezember 2025) werden folgende Beiträge übermittelt:

- monatlicher Beitrag für einen Zuschuss zur privaten Krankenversicherung (**KVZuschuss**) – Feld **Beitrag**
- monatlicher Beitrag für Vorsorgebetrag zur privaten Krankenversicherung (**KVVorsorge**) – Feld **Basistarif SV**
- monatlicher Beitrag für einen Zuschuss zur privaten Pflegeversicherung (**PVZuschuss**) – Feld **Beitrag**
- monatlicher Beitrag für Vorsorgebetrag zur privaten Pflegeversicherung (**PVVorsorge**) – Feld **Basistarif SV**

2.2.19 Infotyp 0080 (Mutterschutz/Elternzeit)

Der Infotyp 0080 (Mutterschutz/Elternzeit) wird angelegt, wenn eine Information über die Schwangerschaft der Mitarbeiterin oder die Elternzeit (Partner/Großeltern) vorliegt (siehe Abbildung 2.28).

Falls die Mitarbeiterin ein (teilweises) Beschäftigungsverbot erhält, muss dies bei maschineller Berechnung ebenfalls im Infotyp 0080 (Mutterschutz/Elternzeit) gepflegt werden.

In der Datengruppe **Angaben zur Mutterschaft** wird unter **Anzeige Schwangerschaft** der Tag der Bekanntmachung in der Personalabteilung eingetragen. Der geschätzte Entbindungstermin muss laut Bescheinigung über die Schwangerschaft eingetragen werden. Aus diesem Termin werden die Vorschlagswerte für die Abwesenheiten ermittelt.

Wenn das tatsächliche Entbindungsdatum vom mutmaßlichen Entbindungsdatum abweicht, müssen die Abwesenheiten neu bewertet werden. Dies kann über **Bearbeiten • Abw. neu berechnen** erledigt werden.

Das Feld **Meldedatum Aufsichtsbehörde** kann für die Dokumentation der Meldung an die Aufsichtsbehörde verwendet werden.

Die Pflege der Geburtsart ist notwendig, da je nach Art unterschiedliche Fristen für den Mutterschutz gelten können.

In der Datengruppe **Bemessungszeitraum Beschäftigungsverbot** können die vorgeschlagenen Grundlagenmonate für die Ermittlung des Ausgleichsbetrags für das Beschäftigungsverbot beeinflusst werden.

Über die Erfassung in der Datengruppe **Zeiträume** werden die relevanten Abwesenheiten hinterlegt. Diese werden zusätzlich im Infotyp 2001 (Abwesenheiten) gespeichert.

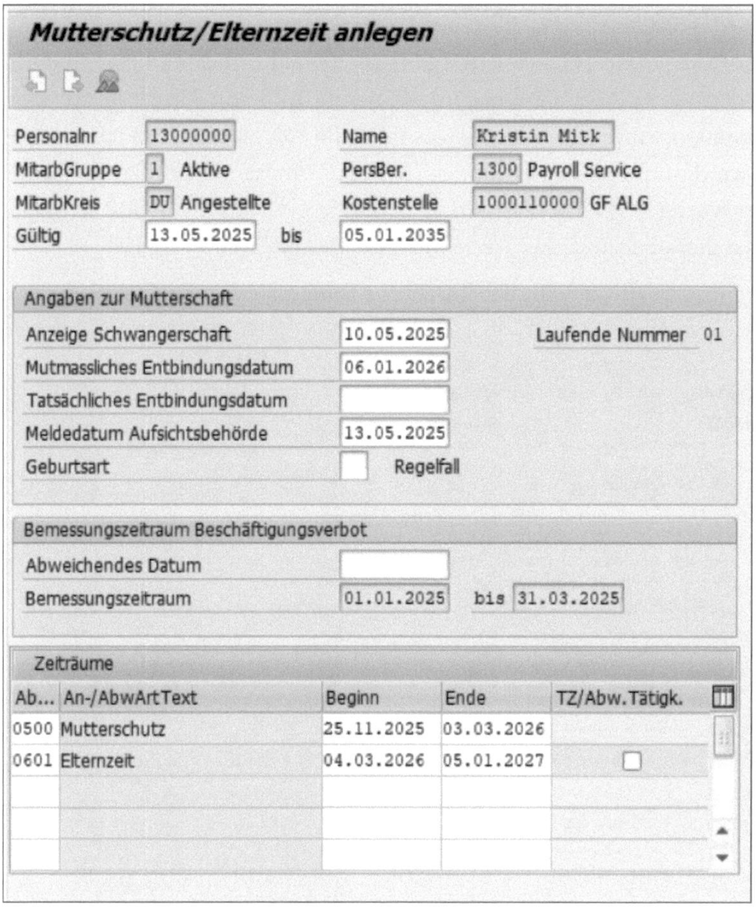

Abbildung 2.28 Infotyp 0080 (Mutterschutz/Elternzeit)

2.2.20 Infotyp 0093 (Vorarbeitgeberdaten D)

Arbeitgeberwechsel

Der Infotyp 0093 (Vorarbeitgeberdaten D) kommt zum Einsatz, wenn eine im Unternehmen beschäftigte Person innerhalb des laufenden Kalenderjahres in das Unternehmen eintritt und vorher bei einem anderen Arbeitgeber beschäftigt war. Der Infotyp enthält Lohnarten, die wie das Abrechnungsergebnis des Vormonats verarbeitet werden und eine Basis bilden, um die Steuer bei Einmalzahlungen richtig berechnen zu können. Auch kann ein Lohnsteuerjahresausgleich mit der Eingabe der Vorarbeitgeber berechnet werden.

Da durch die Veränderungen mit der Einführung von ELSTER keine Vorarbeitgeberdaten mehr abgegeben werden müssen, verliert dieser Infotyp an Bedeutung.

2.2.21 Infotyp 0123 (Störfall-SV-Luft)

Der Infotyp 0123 (Störfall-SV-Luft) dient der Verwaltung der Störfall-SV-Luft (siehe Abbildung 2.29) bei Wertguthaben aufgrund von Altersteilzeit oder Zeitguthaben. Mittels dieses Infotyps kann die aufgelaufene SV-Luft vorgegeben werden, der Betrag, um den die Beitragsbemessungsgrenze nicht ausgenutzt wurde. Wird das Wertguthaben von Beginn an in SAP ERP HCM geführt, ist dies aber normalerweise nicht notwendig.

Weitere Informationen zu diesem Thema finden Sie ihn Kapitel 17, »Wertguthabenführung«.

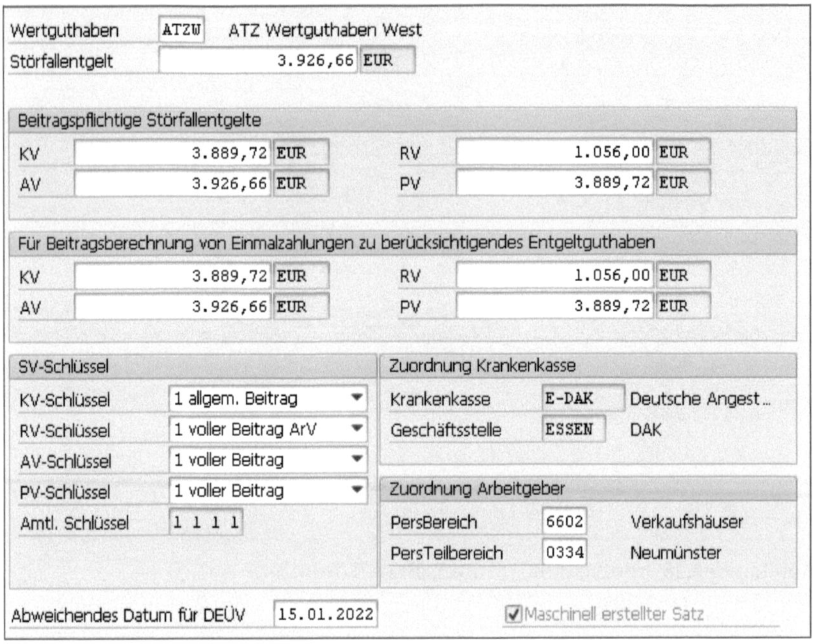

Abbildung 2.29 Infotyp 0123 (Störfall-SV-Luft)

2.2.22 Infotyp 0124 (Störfall)

Der Infotyp 0124 (Störfall), siehe Abbildung 2.30, dient der Verwaltung von Störfällen. Das Guthaben daraus wird mit einer Lohnart im Infotyp 0015 (Ergänzende Zahlung) ausgezahlt. Dieser Infotyp enthält die dazugehörige SV-Luft zur Berechnung der für das ausgezahlte Guthaben fälligen SV-Beiträge.

Weitere Informationen zum Thema »Störfall« finden Sie in Kapitel 17, »Wertguthabenführung«.

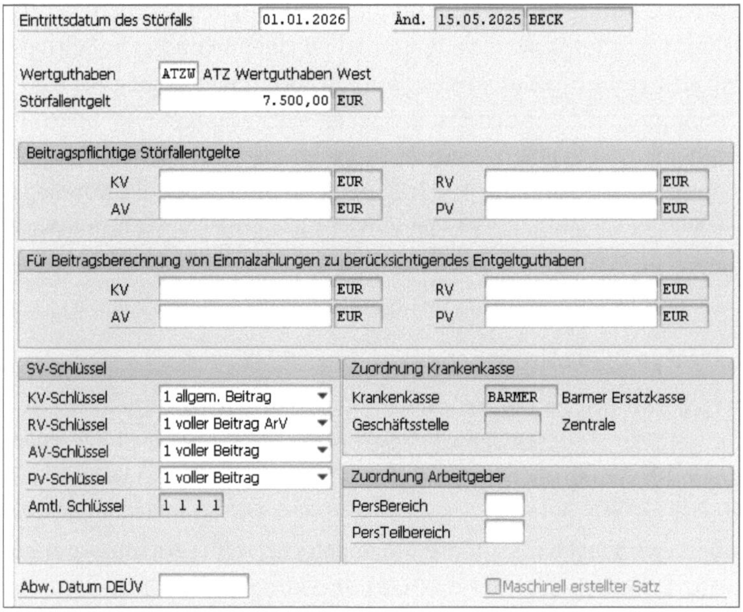

Abbildung 2.30 Infotyp 0124 (Störfall)

2.2.23 Infotyp 0126 (Zusatzversorgung)

Versicherungsdaten der berufsständischen Versorgung

Der Infotyp 0126 (Zusatzversorgung), siehe Abbildung 2.31, enthält die Versicherungsdaten von Mitarbeitenden, die bei einem berufsständischen Versorgungswerk versichert sind. Vor 2009 musste nur für Firmenzahlende der Subtyp 2001 gepflegt werden, für Selbstzahlende war hingegen keine Meldung erforderlich.

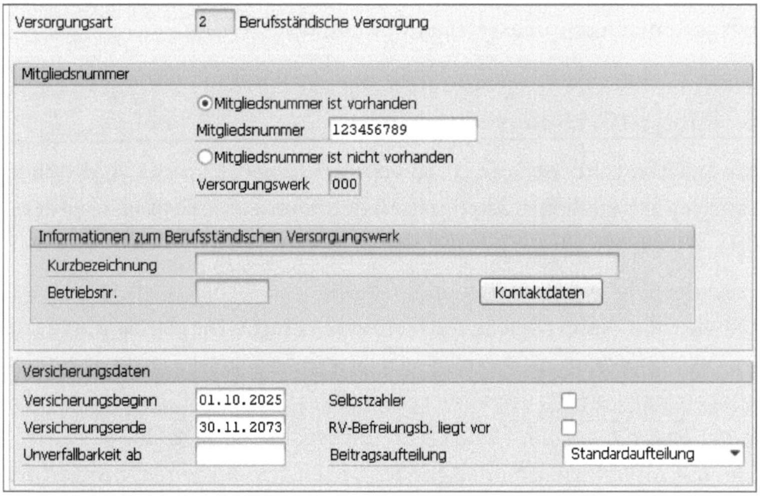

Abbildung 2.31 Infotyp 0126 (Zusatzversorgung)

Seit Januar 2009 muss für alle Beschäftigten, die Mitglied in einem berufsständischen Versorgungswerk sind, monatlich eine Meldung zur Beitragserhebung erfolgen, und es müssen außerdem Meldungen analog zur DEÜV an die Annahmestelle der berufsständischen Versorgungswerke übermittelt werden. Im Infotyp 0126 (Zusatzversorgung) wurde der Subtyp 2 für die berufsständische Versorgung neu hinzugefügt. Hier wird die Mitgliedsnummer der jeweiligen Person beim berufsständischen Versorgungswerk eingetragen.

2.2.24 Infotyp 0128 (Mitteilungen)

Mitteilung auf dem Entgeltnachweis

Im Infotyp 0128 (Mitteilungen) können individuelle oder allgemeine Mitteilungen, die auf dem Entgeltnachweis angedruckt werden, verwaltet werden. In der Formularsteuerung (siehe Abschnitt 25.3, »Formulare«) werden solche Mitteilungen auf den Formularen positioniert. Im Rahmen allgemeiner Mitteilungen wird erst ein Standardtext angelegt, der diesem Infotyp zugeordnet wird. Die Pflege des Infotyps 0128 (Mitteilungen) für alle oder nur für ausgewählte Mitarbeitende kann über die Schnellerfassung in der Personaladministration angelegt werden.

2.2.25 Infotyp 0416 (Zeitkontingentabgeltungen)

Der Infotyp 0416 (Zeitkontingentabgeltungen) dient der Abgeltung von Zeitguthaben, was zumeist die Abgeltung eines Urlaubsanspruchs betrifft. Im Customizing wird dazu eine Lohnart zur Auszahlung festgelegt. Beim Einlesen dieses Infotyps in die Personalabrechnung über die Funktion P0416 kann eine Regel hinterlegt werden, mit deren Hilfe eine Bewertung des abgegoltenen Anspruchs vorgenommen werden kann.

2.2.26 Infotyp 0521 (Altersteilzeit D)

Der Infotyp 0521 (Altersteilzeit D), siehe Abbildung 2.32, wird für Mitarbeitende verwendet, die sich in Altersteilzeit befinden (siehe Kapitel 16, »Altersteilzeit«).

Hier wird der Wiederbesetzer gepflegt, der einer beschäftigten Person auf deren Stelle folgt, wenn diese in die Freiphase kommt. Dies berechtigt dazu, dass die an die betroffene Person gezahlten Aufstockungsbeträge von der Bundesagentur für Arbeit erstattet werden. Dies ist nur bei Altersteilzeitverträgen der Fall, die vor dem 01.01.2010 abgeschlossen wurden. Außerdem wird hier das Altersteilzeitmodell gepflegt, nach dem die Berechnungen der Aufstockungsbeträge durchgeführt worden sind.

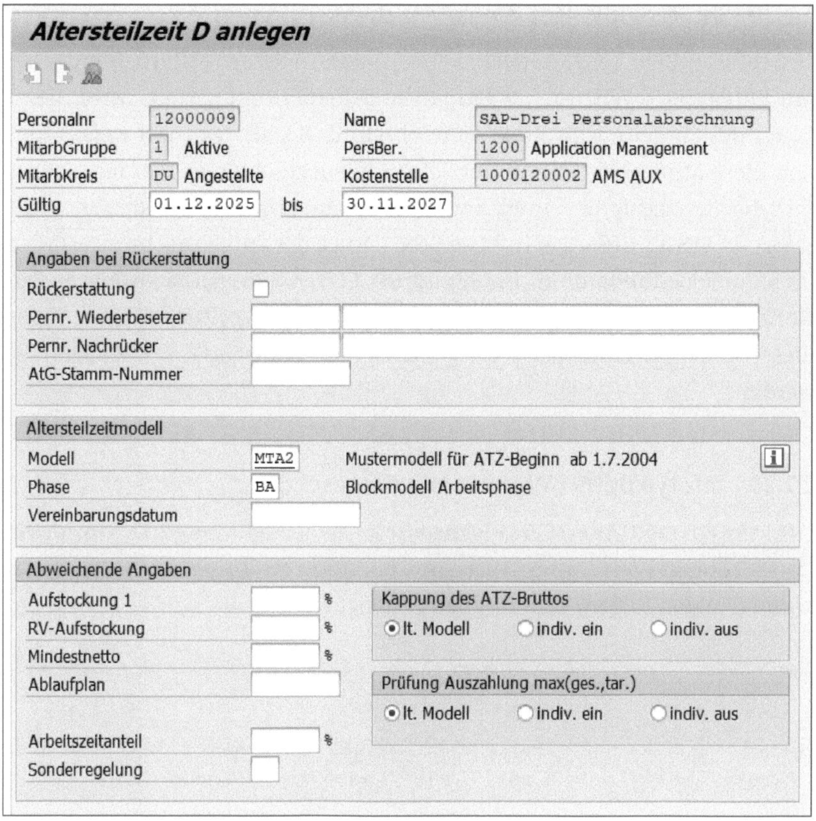

Abbildung 2.32 Infotyp 0521 (Altersteilzeit D)

2.2.27 Infotyp 0597 (Teilzeit während Elternzeit)

Der Infotyp 0597 (Teilzeit während Elternzeit) enthält Informationen über die Zeiträume, in denen eine beschäftigte Person während der Elternzeit in Teilzeit arbeitet. Dieser Infotyp kann nicht direkt, sondern nur indirekt über den Infotyp 0080 (Mutterschutz/Erziehungsurlaub) gepflegt werden.

2.2.28 Infotypen 0650, 0651, 0652 und 0653 (Bescheinigungswesen)

Die Infotypen des Bescheinigungswesens werden in Abschnitt 11.3, »Bescheinigungswesen«, beschrieben. Sie nehmen Informationen auf, die auf Bescheinigungen (z. B. Verdienstausfall zur Haushaltshilfe) gedruckt werden.

EEL-Verfahren

Mit der Einführung der elektronischen Übertragung von Meldungen zu Entgeltersatzleistungen (EEL) sind die Infotypen für das Bescheinigungswesen Pflicht, um diese Meldungen erstellen zu können.

2.2.29 Infotyp 0655 (ESS-Gehaltsnachweis)

Entgeltnachweis vom Druck ausgeschlossen

Der Infotyp 0655 (ESS-Gehaltsnachweis) kennzeichnet Mitarbeitende, deren Entgeltnachweis nur im Employee Self-Service angezeigt wird. Beim Druck des Entgeltnachweises (siehe Abschnitt 6.1, »Entgeltnachweis«) können diese Mitarbeitenden in der Selektion ausgeschlossen werden, sodass nur die Beschäftigten einen Entgeltnachweis erhalten, die diesen nicht selbst im ESS abrufen. Der Infotyp 0655 (Druck des Entgeltnachweises) wird im aktuellen Standard nur im Report RPCEDTD0 (Entgeltnachweis) ausgewertet. Bei den neuen, mit HR Forms erstellten Entgeltnachweisen muss dieser Infotyp im BAdI `HRFORM_HRF02` in der Methode `CHECK_PERNR` abgefragt werden.

2.2.30 Infotyp 0699 (Altersvermögensgesetz)

Der Infotyp 0699 (Altersvermögensgesetz), siehe Abbildung 2.33, nimmt die Daten zu Altersversorgungsverträgen auf. Die verschiedenen Anlagearten können in den folgenden Subtypen gepflegt werden.

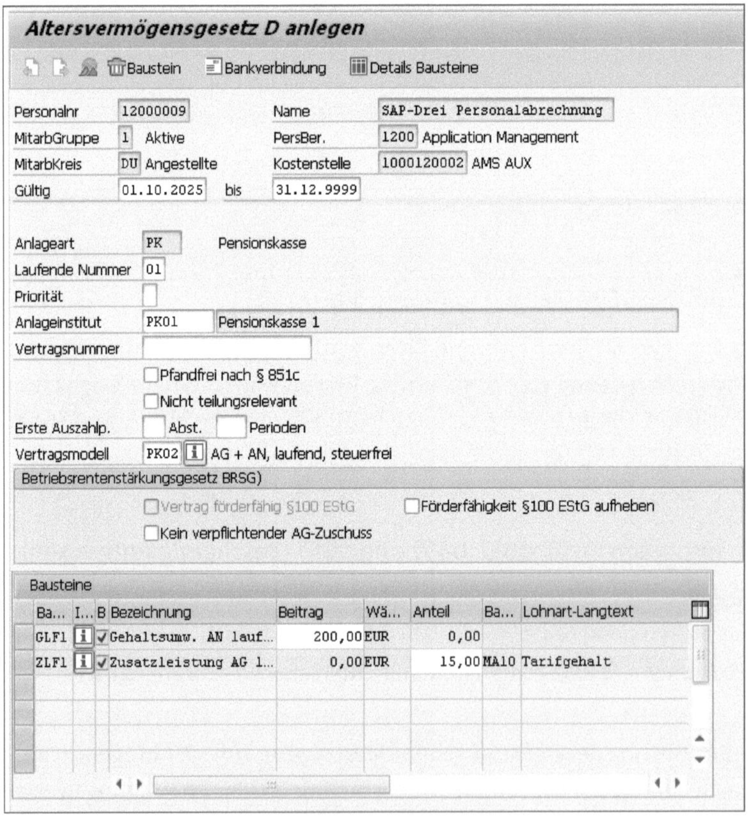

Abbildung 2.33 Infotyp 0699 (Altersvermögensgesetz)

- Subtyp PK: Pensionskasse
- Subtyp PF: Pensionsfonds
- Subtyp DV: Direktversicherung
- Subtyp UK: Unterstützungskasse
- Subtyp DZ: Direktzusage
- Subtyp BVV: Bankenversorgung

Über den Button **Details Bausteine** können Informationen zum aktuell gewählten Baustein angezeigt werden, und über den Button **Bankverbindung** kann in die Pflege der Bankverbindung gesprungen werden. Weitere Informationen zu diesem Thema erhalten Sie in Kapitel 14, »Altersversorgung«.

2.2.31 Infotyp 0700 (Elektronischer Datenaustausch)

Im Infotyp 0700 (Elektronischer Datenaustausch) werden Daten für den elektronischen Datenaustausch gespeichert. Aktuell sind folgende Subtypen verfügbar:

- BDEL – Basisdaten Elektronischer Datenaustausch
- DBAB – ELENA: Abweich. Beschäftigort (obsolet)
- DBAU – AAG: Arbeitsunfähigkeit
- DBBG – DEÜV: Überschreitung BBG
- DBBT – AAG: Beschäftigungsverbot
- DBGZ – DEÜV: Beitragsberechnung Gleitzone
- DBHE – EEL: Höhe der Entgeltersatzleistung
- DBKE – ELENA: Kündigung/Entlassung (obsolet)
- DBKZ – ZMV: Rückmeldung der Krankenkasse
- DBMM – DEÜV: GKV-Monatsmeldung
- DBPV – DaBPV: Daten zu den PV-Kindern
- DBZU – AAG: Mutterschaft
- DSAB – BEA: Arbeitsbescheinigung
- DSEU – BEA: Arbeitsbescheinigung EU
- DSNE – BEA: Nebeneinkommen
- DXA1 – A1: Antrag Entsendebescheinigung
- DXAR – rvBEA: Anforderung gesonderte Meldung
- DXAV – A1: Antrag Ausnahmevereinbarung
- DXBB – A1-Verfahren: Antrag Entsendung ö.D.

- DXFK – A1-Verfahren: Antrag Flug- und Kabinenp.
- DXGG – A1-Verfahren: Antrag Grenzgänger
- DXMM – A1-Verfahren: gewöhnl. Beschäftigte

Der Infotyp 0700 (Elektronischer Datenaustausch) muss bei der Erstattung von Arbeitgeberaufwendungen manuell gepflegt werden, wenn keine automatische Berechnung in der Abrechnung erfolgt. Bei automatischer Berechnung ist die Pflege dieses Infotyps nicht erforderlich. Weitere Informationen zum Thema finden Sie in Abschnitt 8.5, »Maschinelles Meldeverfahren nach dem Aufwendungsausgleichsgesetz (AAG)«.

2.2.32 Infotyp 2001 (Abwesenheiten)

Der Infotyp 2001 (Abwesenheiten), siehe Abbildung 2.34, hat direkten Einfluss auf die Abrechnung. Es gibt zwei Tabellen, die diesen Einfluss steuern.

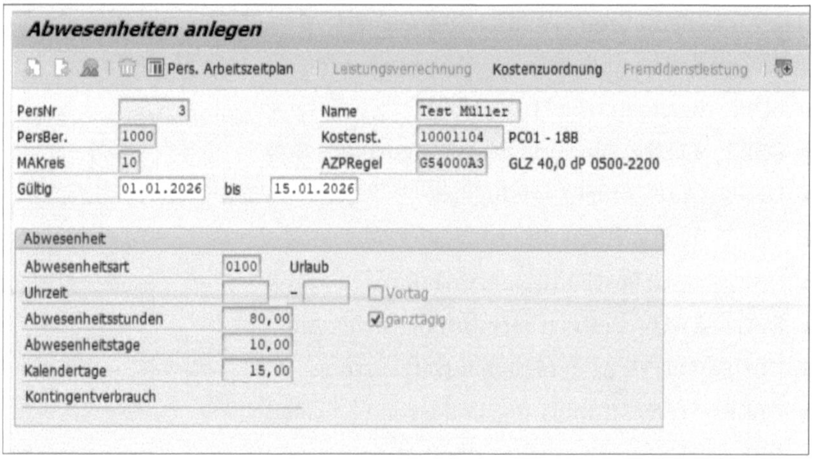

Abbildung 2.34 Infotyp 2001 (Abwesenheiten)

Bezahlung

Grundsätzlich muss in der Abrechnung gesteuert werden, ob eine Abwesenheit bezahlt wird oder ob sie unbezahlt bleiben soll. Außerdem können Abwesenheiten die Ausbezahlung von zusätzlichen Lohnarten auslösen, wie z. B. von Urlaubsgeld, das bei der Inanspruchnahme von Urlaub gezahlt wird. Die Bewertung der Abwesenheiten erfolgt in Tabelle V_T554C (Bewertung von Abwesenheiten).

Gesetzliche Einordnung

Verschiedene Abwesenheitszeiten haben auch gesetzliche Auswirkungen, wie z. B. das Auslösen von DEÜV-Meldungen, die Kürzung von SV-Tagen oder das Erzeugen einer steuerlichen Unterbrechung. Die gesetzlichen Auswirkungen einer Abwesenheit werden in Tabelle V_T5D0A (Attribute von Abwesenheiten) gesteuert. Weitere Informationen zur Verarbeitung des Infotyps 2001 (Abwesenheiten) finden Sie in Abschnitt 3.7, »Integration der Zeitwirtschaft«.

Im Gegensatz zu den Abwesenheiten haben Anwesenheiten aus dem Infotyp 2002 (Anwesenheiten) keinen direkten Einfluss auf die Personalabrechnung; diese Informationen müssen erst in der Zeitauswertung verarbeitet werden, um gegebenenfalls Einfluss auf die Abrechnung nehmen zu können.

2.2.33 Infotyp 2003 (Vertretungen)

Vertretungen, siehe Abbildung 2.35, können Auswirkungen auf die Personalabrechnung haben. Ob Vertretungstypen in der Personalabrechnung verarbeitet werden, steuern die Parameter, die in der Funktion P2003 im Teilschema DPWS gesetzt werden. Hier muss genau definiert werden, ob eine Vertretung in die Teilmonatsfaktoren zur Berechnung der Aliquotierung einfließen soll oder nicht. Eine besondere Bedeutung hat die Vertretung im Zusammenhang mit der Kurzarbeit, siehe Kapitel 21, »Kurzarbeitergeld«, und bei der Berechnung des Nachteilsausgleichs.

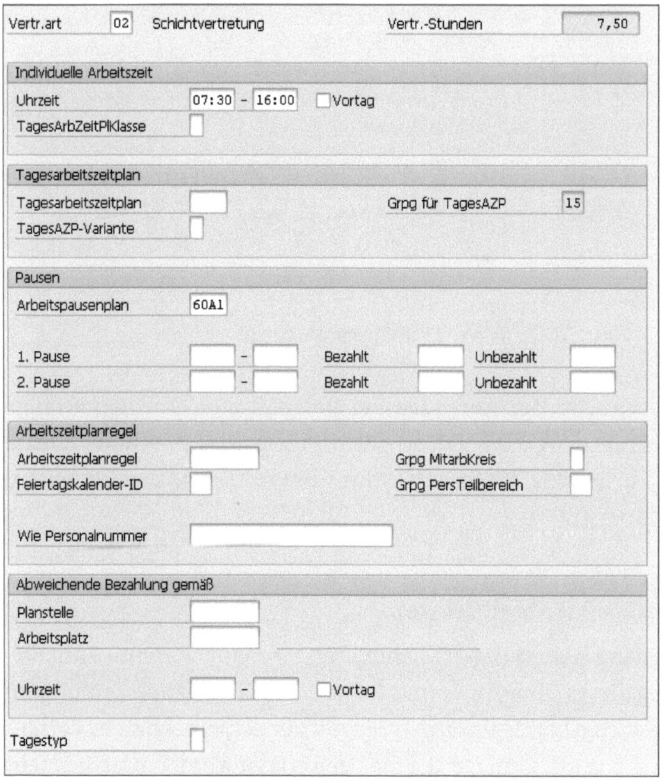

Abbildung 2.35 Infotyp 2003 (Vertretungen)

Nachteilsausgleich

Es können spezielle Vertretungen angelegt werden, die im Customizing als für den Nachteilsausgleich relevant gekennzeichnet werden. Die Abrechnung berechnet diese Vertretungen im Unterschema XCOM, das Teil des Schemas DTGZ (Zeitdaten) im Bruttoteil DT00 ist. Der Nachteilsausgleich wird berechnet, indem die Zeitzuschläge ohne Vertretungsaufwand mit den Zeitzuschlägen mit Vertretungsaufwand verglichen werden. Die Zeitzuschläge, die aufgrund der Vertretung nicht bezahlt wurden, werden als Nachteilsausgleich erstattet.

2.2.34 Infotyp 2006 (Abwesenheitskontingente)

Im Infotyp 2006 (Abwesenheitskontingente) können Abwesenheitsansprüche, z. B. Urlaub, verwaltet werden.

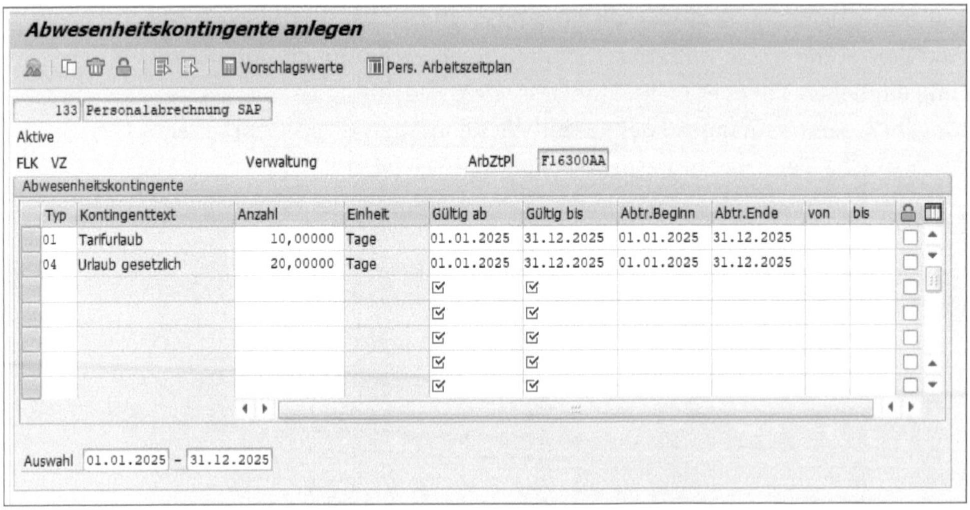

Abbildung 2.36 Infotyp 2006 (Abwesenheitskontingente)

In diesem Infotyp wird der Anspruch der Beschäftigten für die jeweilige Freistellungsart hinterlegt. Das erfasste Kontingent wird durch die Eintragung der entsprechenden Abwesenheit im Infotyp 2001 (Abwesenheiten) automatisch reduziert.

2.2.35 Infotyp 2010 (Entgeltbelege)

Einmal gezahlte Entgelte

Entgeltbelege, siehe Abbildung 2.37, enthalten einmalig gezahlte Entgelte. Zur Abgrenzung dieses Infotyps vom Infotyp 0015 (Ergänzende Zahlungen) sollten hier Lohnarten gepflegt werden, die mit der Zeitwirtschaft in Verbindung stehen, z. B. Nachtzuschläge, die manuell erfasst werden und die nicht direkt aus der Zeitwirtschaft kommen. In Tabelle T599Y (Umsetzung ext.

Lohnarten) kann ein Teil des Zuschlags steuerfrei berechnet werden. Tabelle T599Y (Umsetzung ext. Lohnarten) enthält den Prozentsatz der Steuerfreiheit. Im Gegensatz zur automatischen Berechnung der Steuerfreiheit nach § 3b EStG wird bei der Eingabe in diesem Infotyp immer ein fester steuerfreier Prozentsatz angenommen.

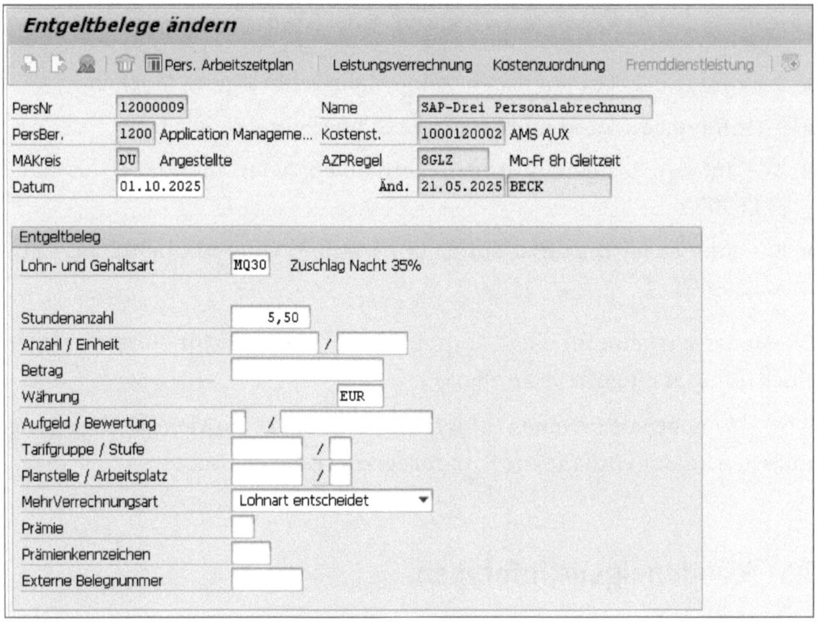

Abbildung 2.37 Infotyp 2010 (Entgeltbelege)

2.3 Rückrechnungsanstoß

Ob ein Infotyp eine Rückrechnung auslöst, wird in Tabelle V_T582A (Infotyp-Eigenschaften) im Bereich **Rückrechnungsanstoß** gesteuert. Die relevanten Felder dieser Tabelle sind in Abbildung 2.38 dargestellt.

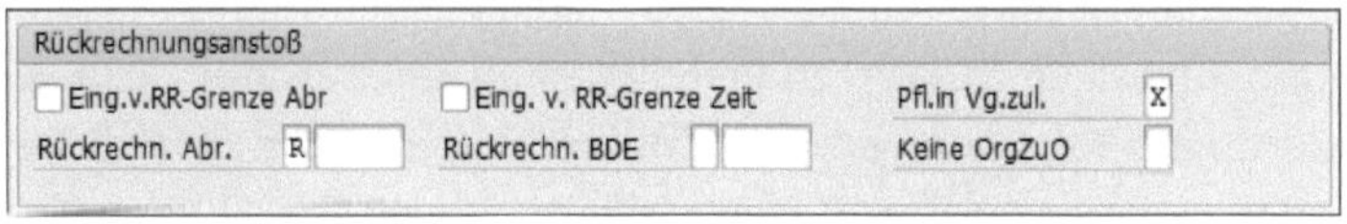

Abbildung 2.38 Tabelle V_T582A (Infotyp-Eigenschaften)

Alle Informationen, die Auswirkungen auf die Berechnung des Entgelts haben, sollten so gekennzeichnet werden, dass durchgängig Rückrechnungen ausgelöst werden, wenn diese Informationen verändert werden.

2.4 Zeitbindung

Lücken in der Historie

Die Zeitbindung legt fest, ob ein Infotyp Lücken in der Historie aufweisen darf oder ob mehrere Sätze zeitgleich existieren dürfen. Dafür gibt es verschiedene Zeitbindungsklassen:

- 1 – Infotyp muss lückenlos vorhanden sein, keine Mehrfachbelegung möglich.
- 2 – Infotyp darf Lücken haben, keine Mehrfachbelegung möglich.
- 3 – Infotyp darf Lücken haben, Mehrfachbelegung möglich.
- A – Infotyp ist genau einmal vorhanden, vom 01.01.1800 bis zum 31.12.9999.
- B – Infotyp ist maximal einmal vorhanden, vom 01.01.1800 bis zum 31.12.9999.

Die Steuerung kann für einen kompletten Infotyp oder für einzelne Felder eines Infotyps eingestellt werden.

Wird ein neuer Satz für einen Infotyp angelegt, der keine Mehrfachbelegung zulässt, wird der vorhandene Satz abgegrenzt oder gelöscht.

2.5 Kundeneigene Infotypen

Eine einfache Möglichkeit, um Informationen in der Personalabrechnung zu ergänzen, ist die Entwicklung kundenindividueller Infotypen. Über Transaktion PM01 (Infotypen erweitern) können eigene Infotypen erstellt werden. Im ersten Schritt wird eine Struktur angelegt, in der die Felder definiert werden, die in dem neuen Infotyp enthalten sein sollen. Für das Anlegen eigener Infotypen sind die Nummern ab 9000 aufwärts für Kundenentwicklungen reserviert. Nachdem nun die Struktur des Infotyps angelegt worden ist, können die weiteren Bestandteile, ein Modulpool und die Pflege-Dynpros, generiert werden. Diese Aktivitäten reichen bereits aus, um einen funktionstüchtigen Infotyp zu erstellen. Nun müssen nur noch, je nach Anforderungen, Anpassungen am Layout im Layouteditor, zusätzliche Prüfungen oder das Erzeugen von Vorschlagswerten in der Checkklasse programmiert werden.

In Abbildung 2.39 ist Transaktion PM01 (Infotypen erweitern) zum Anlegen eines Infotyps dargestellt. Auf der ersten Registerkarte **Infotyp**, die der Anlage neuer Infotypen dient, muss die Nummer des neu anzulegenden Infotyps angegeben und der Button zum Generieren der Objekte angeklickt werden.

Infotyp anlegen

Im Anschluss daran erscheint das Fenster, in dem die Felder definiert werden müssen, die im Infotyp angezeigt werden sollen (siehe Abbildung 2.40). In diesem Beispiel wird ein Feld zur Eingabe eines Betrags angelegt. Bei Beträgen muss stets ein Währungsfeld mitdefiniert werden.

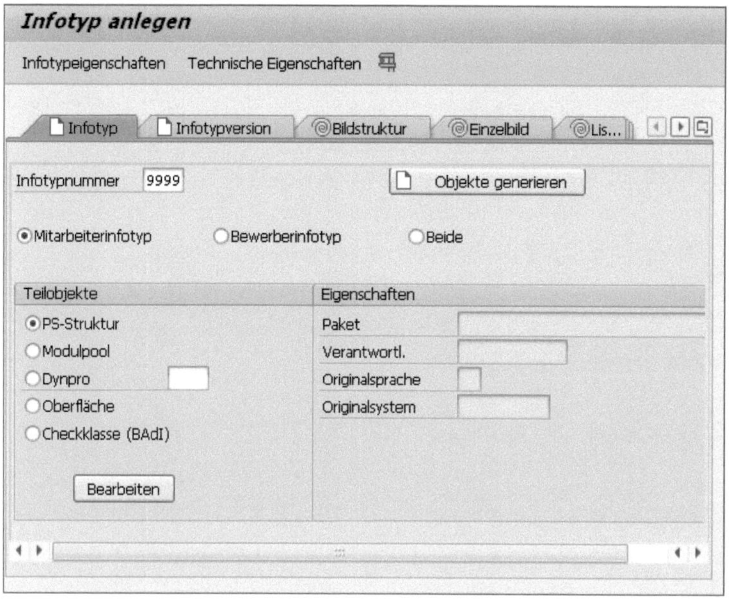

Abbildung 2.39 Infotyp anlegen (Transaktion PM01, Infotypen erweitern)

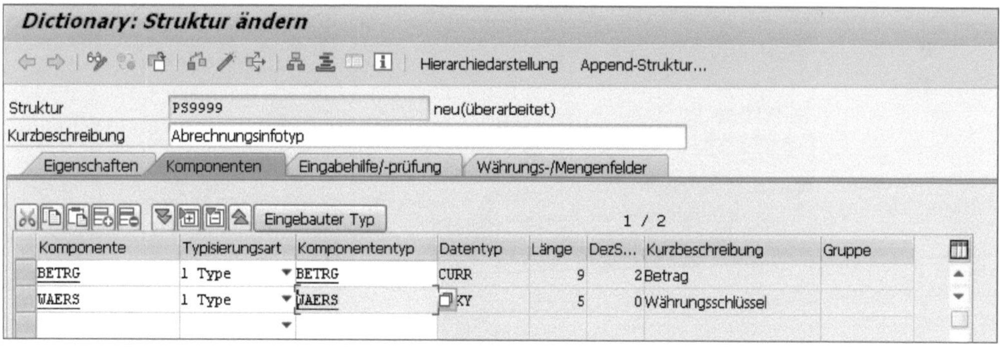

Abbildung 2.40 Struktur des Infotyps definieren

Dem Betragsfeld muss das Währungsfeld als Referenz zugeordnet werden (siehe Abbildung 2.41), was auf der Registerkarte **Währungs-/Mengenfelder** erledigt werden kann.

Struktur speichern und aktivieren

Wenn die Struktur gespeichert und aktiviert ist, werden die anderen Objekte des Infotyps automatisch generiert. Damit ist der Infotyp bereits fast fertig. In Tabelle V_T582A (Infotyp-Eigenschaften) muss noch ein Eintrag für den neuen Infotyp angelegt werden (siehe Abbildung 2.42). Auch wird hier der Name des Infotyps festgelegt. Tabelle V_T582A (Infotyp-Eigenschaften) ist über den Button **Infotypeigenschaften** in Transaktion PM01 (Infotypen erweitern) erreichbar (siehe Abbildung 2.39).

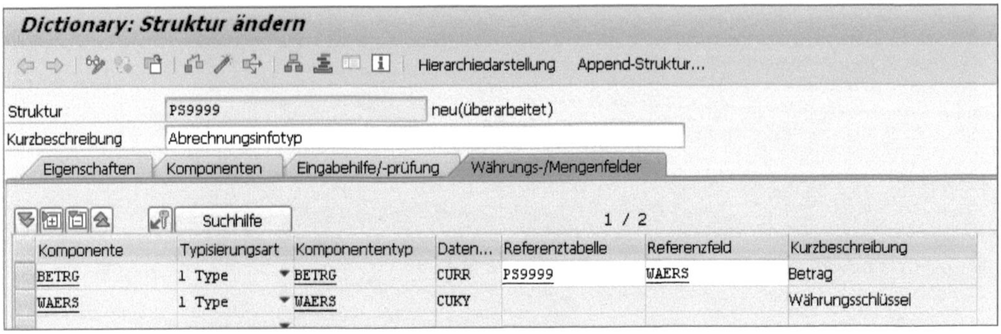

Abbildung 2.41 Referenzfeld zuordnen

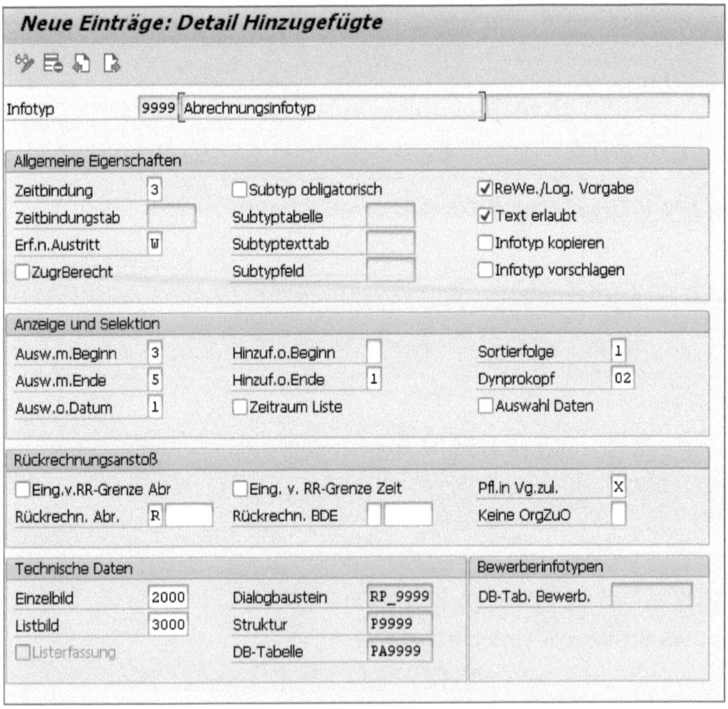

Abbildung 2.42 Infotyp-Eigenschaften

Damit kann der Infotyp genutzt werden. Der Rest ist nur noch Schönheit und bietet zusätzliche Funktionen. In Abbildung 2.43 sehen Sie das generierte Dynpro, das noch manuell mit dem Screen Painter bearbeitet und schöner gestaltet werden kann.

Pflege der Gruppen

Ein wichtiger Punkt bei der Erstellung von Infotypen ist die Pflege der Gruppen, die das Anzeigeverhalten der Felder im jeweiligen Infotyp steuern (siehe Abbildung 2.44). Wichtig ist hier der Wert »006« in der Gruppe 1, der das Eingabeverhalten eines Feldes sicherstellt, wie es bei den meisten Eingabefeldern der Fall ist.

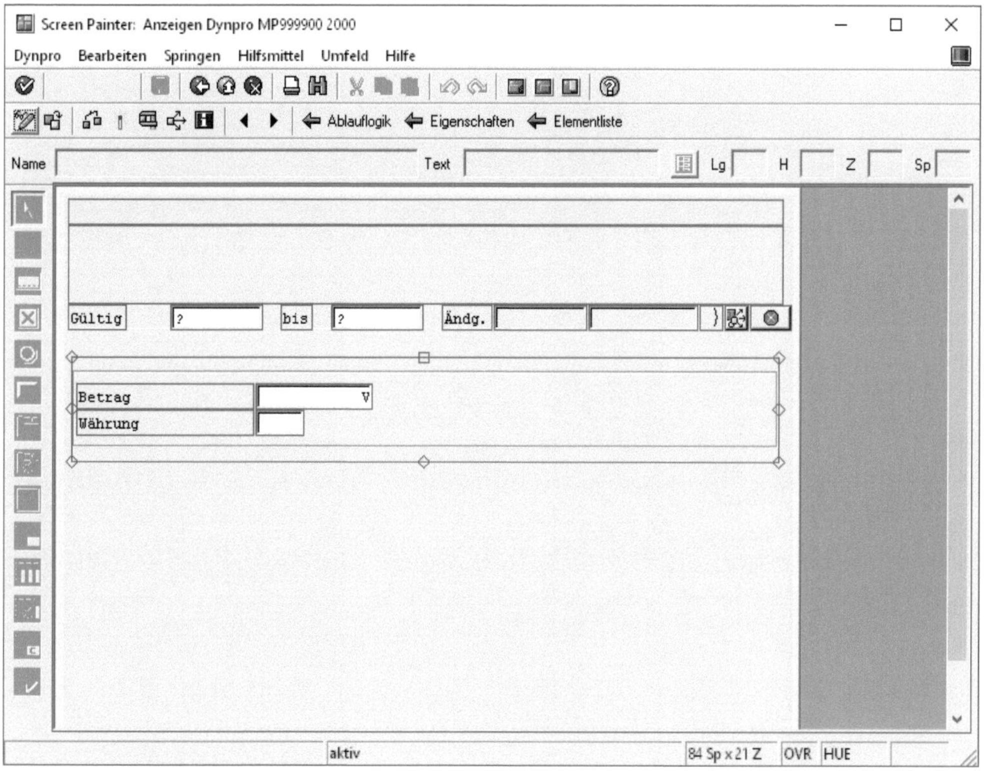

Abbildung 2.43 Screen Painter

Infotypen verwenden

Um den Infotyp in selbst entwickelten Funktionen oder Operationen der Personalabrechnung zu nutzen, muss er im Include für die Datendefinitionen des Kunden PCFDCZDEO mit folgendem Statement deklariert werden: `Infotypes: 9xxx`. Im Include `PCBURZDEO` steht der Infotyp bereits in der internen Tabelle P9xxx zur Verfügung und kann mit `PROVIDE * FROM P9xxx BETWEEN APER-BEGDA AND APER-ENDDA` verarbeitet werden.

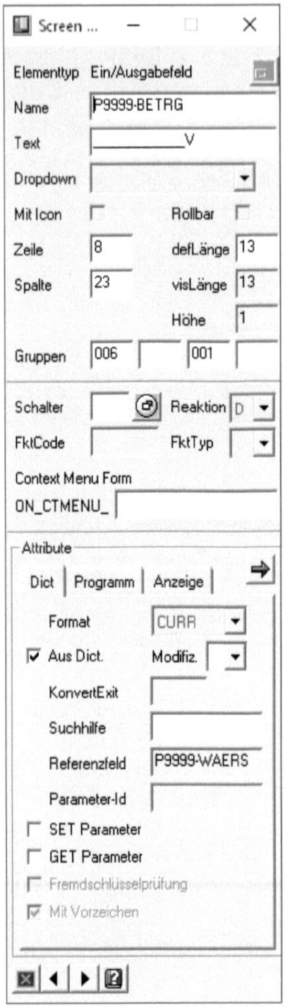

Abbildung 2.44 Attribute des Ausgabefeldes

2.6 Fazit

SAP bietet mit den ausgelieferten Infotypen eine umfangreiche Funktion an, die flexibel durch eigene Entwicklungen ergänzt werden kann. Auf diese Weise können individuelle Regelungen und Prozesse effektiv abgebildet werden. Eine solche Abbildung von festgelegten Regelungen in eigenen Infotypen hat sich in Projekten immer bewährt, da diese Infotypen beim Einspielen von Support Packages und Updates ohne Aufwand erhalten bleiben und zur Auswertung auch einfach in die Ad-hoc Query eingebunden werden können. Außerdem gibt es keinen laufenden Wartungsaufwand.

TEIL II

Vom Brutto zum Netto: Ein Überblick über das Abrechnungsschema D000

Kapitel 3
Bruttofindung

In diesem Kapitel lernen Sie den Ablauf der Bruttofindung kennen. In diesem Schritt der Personalabrechnung werden die Bruttolohnarten eingelesen oder generiert. Die Bruttofindung ist der Abrechnungsteil, für den in der Regel die meisten kundenindividuellen Anpassungen benötigt werden.

Die *Bruttofindung* ist der Teil der Personalabrechnung, in dem die Bruttobezüge der Mitarbeitenden ermittelt werden. Im einfachsten Fall bedeutet dies, dass die Bezüge einer beschäftigten Person aus den Infotypen gelesen und zur Weiterverarbeitung bereitgestellt werden. Allerdings können hier auch komplexe Berechnungen erforderlich sein, wie z. B. die Ermittlung von leistungsabhängigen Lohnbestandteilen. In diesem Abrechnungsteil sind die meisten kundenindividuellen Anpassungen erforderlich, da die hier vorgenommenen Berechnungen von Unternehmen zu Unternehmen sehr unterschiedlich sein können. Um die Anpassungen richtig platzieren und bei der Fehlersuche die richtigen Stellen identifizieren zu können, ist es notwendig, mit diesem Teil der Abrechnung sehr gut vertraut zu sein.

3.1 Grundlagen

In diesem Kapitel erhalten Sie einen Überblick über das Abrechnungsschema. Im Folgenden befassen wir uns zunächst mit grundlegenden Dingen, wie z. B. dem Ablauf der Personalabrechnung und dem Umgang mit dem Abrechnungsprotokoll.

3.1.1 Ablauf der Personalabrechnung

Aufeinander aufbauende Teilschemen

Der Ablauf der Berechnungen in der Personalabrechnung ergibt sich aus einer logischen Abfolge von Teilschemen, die aufeinander aufbauen. Viele dieser Berechnungen benötigen Informationen, die erst gebildet werden müssen, bevor weitere Berechnungen erfolgen können. So muss die Bruttoberechnung abgeschlossen sein, bevor die Nettoberechnung durchgeführt werden kann. Es ergibt keinen Sinn, diese Berechnungsteile zu vertauschen, denn nur in dieser Reihenfolge kann die Abrechnung ein vernünftiges Ergebnis liefern.

Teilbereiche des Abrechnungsablaufs

Der grobe Ablauf der Personalabrechnung enthält die folgenden Teilbereiche, die meist in eigenen Unterschemen realisiert sind:

1. Initialisierung
2. Einlesen der Grunddaten
3. Fiktivläufe
4. Einlesen des letzten Abrechnungsergebnisses
5. Bruttoberechnung
   - Zeitdaten einlesen
   - Leistungslohndaten einlesen
   - weitere Be- und Abzüge einlesen
6. Aliquotierung
7. Nettoteil
   - Berechnung der Sozialversicherung
   - Steuerberechnung
8. Nettozusammenfassung
9. Pfändung
10. Überweisung

Das Abrechnungsschema folgt also einem logischen Aufbau, der auch beim Einfügen kundenindividueller Verarbeitungen berücksichtigt werden muss. Nur Lohnarten, die bereits gebildet sind, können weiterverarbeitet und zur Berechnung anderer Entgeltbestandteile verwendet werden.

3.1.2 Abrechnungsprotokoll

Protokoll der Verarbeitungsschritte

Wird die Personalabrechnung mit Protokoll simuliert – einen Ausschnitt dazu sehen Sie in Abbildung 3.1 –, wird jeder einzelne Verarbeitungsschritt protokolliert. Jeder Schritt des Abrechnungsschemas wird also mit dem Zustand vor der Verarbeitung (**Eingabe**), mit der durchgeführten Verarbeitung (**Verarbeitung**) und mit den relevanten Ergebnistabellen (**Ausgabe**) im Protokoll dargestellt.

In Abbildung 3.1 ist der Verarbeitungsschritt **Einlesen weiterer Be-/Abzuege** im Abrechnungsprotokoll zu sehen. Durch jeweils einen Doppelklick auf die Zeilen **Eingabe** und **Ausgabe** können Sie sich die Lohnartenwerte vor und nach dem jeweiligen Verarbeitungsschritt anzeigen lassen, und nach einem

Doppelklick auf die Zeile **Verarbeitung** können Sie die durchgeführten Operationen sehen.

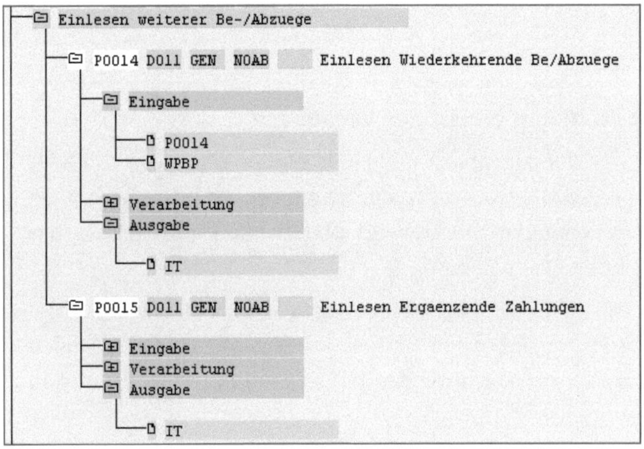

Abbildung 3.1 Weitere Daten im Abrechnungsprotokoll einlesen

[«]

Beschreibung der berechneten Ergebnisse im Protokoll

An manchen Stellen des Protokolls, wie z. B. bei der Berechnung der Steuer oder der Sozialversicherungsbeiträge, verbirgt sich eine detaillierte Beschreibung der berechneten Ergebnisse hinter dem Protokollpunkt **Verarbeitung**. Damit ist das Protokoll auch für Personen interessant, die das System nutzen, weil hier Berechnungen protokolliert sind, die häufig anders nicht nachvollzogen werden können.

Schemeneditor

In Abbildung 3.2 sind die zuvor beschriebenen Schritte im Schemeneditor dargestellt.

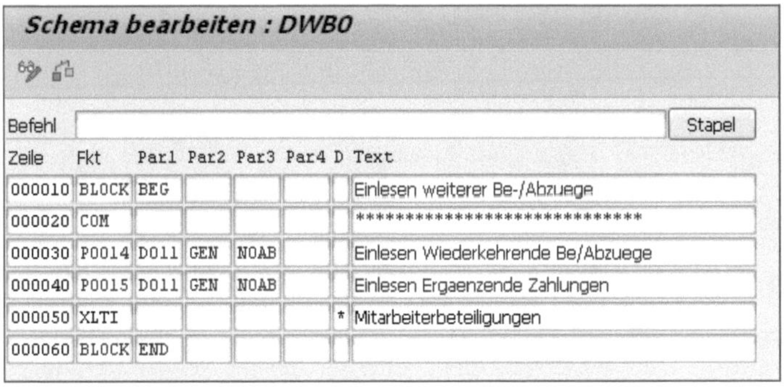

Abbildung 3.2 Weitere Daten im Schemeneditor einlesen

Interpretation des Abrechnungsschemas

Die Personalabrechnung ist kein starres Programm, sondern sie interpretiert vielmehr den im Abrechnungsschema festgelegten Ablauf von Funktionen und Operationen (siehe Kapitel 24, »Customizing des Abrechnungsschemas«).

> **Protokoll nicht für mehrere Personen verwenden**
>
> Die Simulation der Personalabrechnung mit Darstellung des Protokolls sollte nicht für mehrere Personen verwendet werden, da in solchen Fällen sehr große Datenmengen im Speicher gehalten werden müssten, worunter die Performance leiden würde.
>
> Es ist allerdings möglich, Protokollvarianten anzulegen, in denen die Protokollierung teilweise ausgeschaltet wird und nur an bestimmten Stellen aktiv bleibt, wodurch die Performance bei der Simulation mit Protokoll deutlich verbessert wird.

3.2 Initialisierung

Funktionen PGM und UPD

Die Initialisierung enthält einige Funktionen, die den Ablauf der Personalabrechnung grundlegend beeinflussen. Sie ist im Teilschema DINO angesiedelt (siehe Abbildung 3.3) und legt über die erste Funktion PGM mit dem Parameter 1 ABR fest, dass es sich um ein Abrechnungsschema handelt, das für die interne Steuerung im Abrechnungstreiber relevant ist.

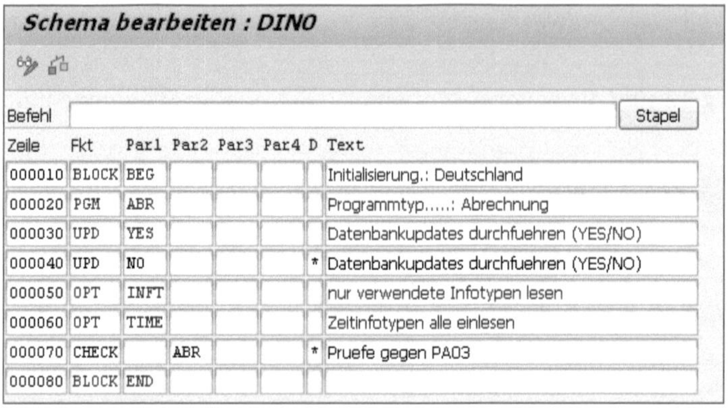

Zeile	Fkt	Par1	Par2	Par3	Par4	D	Text
000010	BLOCK	BEG					Initialisierung.: Deutschland
000020	PGM	ABR					Programmtyp.....: Abrechnung
000030	UPD	YES					Datenbankupdates durchfuehren (YES/NO)
000040	UPD	NO				*	Datenbankupdates durchfuehren (YES/NO)
000050	OPT	INFT					nur verwendete Infotypen lesen
000060	OPT	TIME					Zeitinfotypen alle einlesen
000070	CHECK		ABR			*	Pruefe gegen PA03
000080	BLOCK	END					

Abbildung 3.3 Initialisierung

Über die Funktion UPD wird festgelegt, ob mit diesem Schema Updates möglich sein sollen, also das Speichern des Abrechnungsergebnisses in der Datenbank. Mit der Verwendung des Parameters NO könnte das Schema DINO z. B. für Simulationen verwendet werden.

Die Funktion OPT optimiert die Performance beim Einlesen von Infotypen. Es werden nur die Infotypen im Programm bereitgestellt, die in den Abrechnungsfunktionen (Transaktion PE04, Funktionen und Operationen anlegen) als verwendete Infotypen angegeben wurden.

Verwaltungssatz

Die Funktion CHECK mit dem Parameter ABR aktiviert die Prüfung des Verwaltungssatzes. Dies ist im Produktivsystem Pflicht, kann aber im Testsystem ausgeschaltet werden. So ist es möglich, im Testsystem eine produktive Abrechnung vorzunehmen, ohne dass der Verwaltungssatz für die Abrechnung freigegeben werden muss. Dies erleichtert das Testen, nicht zuletzt auch deshalb, weil jede beliebige Periode produktiv abgerechnet werden kann. Beachten Sie, dass es dabei zu Differenzen (z. B. bei Rückrechnungen) aufgrund des anders lautenden Verwaltungssatzes kommen kann. So kann eine Person aus dem Testteam Daten pflegen, während eine andere produktive Abrechnungen für ihre Testfälle vornimmt.

In diesem Teilschema ist im Standard die Prüfung des Verwaltungssatzes deaktiviert, die für das Produktivsystem zunächst aktiviert werden muss.

3.3 Grunddaten einlesen

Informationen aus den Infotypen

Das Einlesen der Grunddaten stellt die Informationen der wichtigsten Infotypen für die Personalabrechnung bereit. In Abbildung 3.4 ist das auf die wichtigsten Funktionen reduzierte Schema DGD0 dargestellt.

Es werden u. a. die folgenden Infotypen eingelesen (siehe Kapitel 2, »Infotypen der Personalabrechnung«):

- 0002 (Daten zur Person)
- 0006 (Anschrift)
- 0012 (Steuerdaten)
- 0013 (Sozialversicherung)
- 0079 (Sozialversicherung Zusatzversicherung)
- 0020 (DEÜV-Daten)
- 0029 (Berufsgenossenschaft)

Tabelle WPBP

Die Funktion WPBP liest die Infotypen 0000 (Maßnahmen), 0001 (Organisatorische Zuordnung), 0007 (Sollarbeitszeit), 0008 (Basisbezüge) und 0027 (Kostenverteilung) ein. Mit diesen Informationen wird die interne Tabelle WPBP (Arbeitsplatz/Basisbezüge) gefüllt (siehe Abbildung 3.5). Alle Lohnarten im Bruttoteil der Personalabrechnung erhalten ein Kennzeichen, das auf einen Eintrag in dieser Tabelle verweist. In der Regel erhält Tabelle WPBP (Arbeitsplatz/Basisbezüge) einen Eintrag pro Abrechnungsperiode. Im Rahmen von Änderungen in den Infotypen, die während einer Abrechnungsperiode vorgenommen werden, entstehen mehrere Einträge in dieser Tabelle, und die Abrechnung rechnet im Bruttoteil mit mehreren

Teilperioden. Solche Änderungen können z. B. ein Kostenstellenwechsel oder eine Änderung der Arbeitszeit sein.

Schema bearbeiten : DGD0

Befehl [ ] Stapel

Zeile	Fkt	Par1	Par2	Par3	Par4	D	Text
000010	BLOCK	BEG					Grunddaten Deutschland
000020	COM						**********************
000030	P0002						Einlesen Name
000040	P0006						Einlesen Adresse
000050	IF		VADM				Applikation VADM aktiv ?
000060	IF		VADM	VE			Prüfung auf einen P0322 Satz
000070	DOVAD	VBEZ					Modul Versorgungsbezug
000080	DOVAI						weitere Informationen VADM
000090	ELSE						falls kein Versorgungsempfänger
000100	WPBP						
000110	ENDIF						
000120	ELSE						
000130	DOV14	DOV3	GEN		VE		Manuelle Vorgabe Versorgungsbezug
000140	P0322						Einlesen Versorgungsinformationen
000150	IF		DOVE				Versorgungsempfänger PSG
000160	COPY	DOVE					Einlesen Versorgungsempfänger PSG
000170	ELSE						
000180	WPBP						Einlesen Arbeitsplatz/Basisbezuege
000190	ENDIF						
000200	ENDIF						VADM
000210	P0201	*	NOBP	2			Einlesen Rentenbasisbezüge
000220	P0012						Einlesen Steuerdaten
000230	P0013						Einlesen Sozialversicherung
000240	P0079						Einlesen Sozialversicherung Zusatz
000250	P0020						Einlesen Duevodaten
000260	P0593						Einlesen Rehabilitationsmaßnahmen

Abbildung 3.4 Grunddaten einlesen (Auszug Schema DGD0)

```
Tabelle WPBP - Arbeitsplatz/Basisbezüge

Nr  Beginn     Ende        Maßnahme  Maßnahmentext                        MaßnGr.  Kunden.  Besch.  SZahl.  Aktiv  BuKr.  PersBer.
Teilber.  Kostenst.  MAGruppe  MAKreis  GrpRechReg  Planstelle  GeschBer.  OrgSchl.        AnstVerh.  OrgEinheit  Stelle
StatZeit  AZPRegel  ArbTL  KSoll  ASoll  SSoll  KDivi  ADivi  SDivi  ArStd  BsGrd  TrfArt  TrfGebiet  TrfGruppe
TrfStufe  KostVer  DynTAZPl  Arbst.  Arbstage  Finanzst.        Fonds      FktBereich       Grant              Segment
Budgetperiode

01  01.05.2025  31.05.2025  A6       Ergänzung Vertrag/Gehaltsabr.                  3       1       X      6001   6B01
1001      8010111001  1        87       3          51093795            02                        50403767    60000093
0         F16300AA  100,00   31,00   22,00  165,00   31,00   22,00  165,00  163,00  100,00  01     05        99000
00        X                     7,50      5,00
```

Abbildung 3.5 Interne Tabelle WPBP (Arbeitsplatz/Basisbezüge)

Mehrere Einträge in Tabelle WPBP

Solange Tabelle WPBP (Arbeitsplatz/Basisbezüge) nur einen Eintrag enthält, verläuft die Berechnung der Bruttolohnarten problemlos, sind aber mehrere Einträge enthalten, werden die Bezüge auf mehrere Teilzeiträume aufgeteilt. Auch werden die Basisbezugslohnarten mehrfach gebildet und im Bereich »Aliquotierung« (siehe den gleichnamigen Abschnitt 3.14) anteilig reduziert. In der Summe ergeben sich zwar 100 %, der Betrag wird aber prozentual auf die Teilmonate von Tabelle WPBP (Arbeitsplatz/Basisbezüge) aufgeteilt. Auf diese Weise kann ein Wechsel von der Ausbildungsvergütung zum Gehalt dargestellt werden, auch wenn diese Veränderung innerhalb eines Abrechnungsmonats und nicht zu Beginn der entsprechenden Abrechnungsperiode vorgenommen wird. Diese Vorgehensweise birgt natürlich immer die Gefahr von Rundungsdifferenzen, weshalb solche Splits auf ein Minimum reduziert werden sollten.

Prüfungen auf Vollständigkeit

Am Ende des Teilschemas DGDO wird die Vollständigkeit der Daten anhand der Funktion GON geprüft. Sollten die Infotypen 0007 (Sollarbeitszeit), 0012 (Steuerdaten) oder 0013 (Sozialversicherung) fehlen, erfolgt ein Abrechnungsabbruch.

Allerdings ist diese Prüfungsart in der Praxis nicht ausreichend und sollte daher durch eigene Prüfungen ergänzt werden, wie z. B. der Prüfung, ob eine Kostenstelle gepflegt ist. Dazu müssen kundenindividuelle Funktionen programmiert werden, was mit geringem Arbeitsaufwand möglich ist (siehe Abschnitt 24.3, »Modifikationskonzept«).

3.4 Fiktivläufe

Hohe Komplexität durch Fiktivläufe

Aufgrund der hohen Regelungsdichte in Deutschland finden Fiktivläufe in den deutschen Abrechnungsschemen besonders häufig Verwendung. Fiktivläufe tragen sehr zur hohen Komplexität der Personalabrechnung bei, da für die Einrichtung von Fiktivläufen und deren Analyse (bei leider immer wieder auftretenden Fehlern) ein grundsätzliches Verständnis der Funktionsweise der Personalabrechnung Voraussetzung ist.

3.4.1 Grundlagen

Fiktivläufe werden immer dann benötigt, wenn für eine korrekte Abwicklung der Personalabrechnung die Kenntnis von in der Ist-Abrechnung nicht oder nur ungenau ermittelbaren Beträgen (in Form von technischen Lohnarten) erforderlich ist.

Ein sehr gutes Beispiel dafür ist die Altersteilzeit in Deutschland. Um die korrekten Aufstockungsbeträge zu ermitteln, wird eine Reihe von Grundlagenbeträgen (Vollzeitbruttobetrag, Vollzeitnettobetrag etc.) im Rahmen von Fiktivläufen ermittelt. Sicher wären einige Beträge auch aus der tatsächlichen Abrechnung oder auf Umwegen zu ermitteln – die Flexibilität einer Personalabrechnung mit SAP ERP HCM, die es ermöglicht, nahezu jeden Sonderfall abzubilden, erfordert aber gerade vor diesem Hintergrund ein schlüssiges Konzept. Insofern ist es nachvollziehbar, dass in Anbetracht einer in höchstem Maße flexiblen wie auch genauen Abrechnung ein Verzicht auf Fiktivläufe nicht realisierbar ist.

Fiktivläufe können nach verschiedenen Kriterien differenziert werden. Um dies zu verdeutlichen, soll im Folgenden nach dem Anwendungsbereich (also z. B. Altersteilzeit, Zuschuss zum Mutterschaftsgeld oder auch nach § 23c SGB IV) sowie nach der Art der Auslösung des Fiktivlaufs unterschieden werden. Anhand von Tabelle 3.1 nehmen wir zunächst eine Systematisierung vor.

Auslöser/Anwendungsbereich	Fiktivlaufsteuerung	Funktion/ Rechenregel
Altersteilzeit	X	
Zuschuss zum Mutterschaftsgeld		X
Zuschuss zum Krankengeld	X	
§ 23c SGB IV	X	
BVV (Versicherungsverein des Bankgewerbes a. G.)		X
Pfändung	X	
AAG (U1 und U2)	X	
Kind krank	X	
KuG	X	
IfsG (Infektionsschutzgesetz)	X	
Betriebsrentenstärkungsgesetz (beim Modell Spitzabrechnung)	X	

Tabelle 3.1 Systematisierung der Fiktivlaufsteuerung

Wie aus Tabelle 3.1 zu ersehen ist, weist der Fiktivlauf zur Berechnung des Nettoentgelts, das für die Berechnung des Krankengeldzuschusses genutzt wird, die Besonderheit auf, dass er über beide Alternativen der Auslösung aufgerufen werden kann. Ursache dafür sind die Regelungen des TVÖD (Tarifvertrag für den öffentlichen Dienst), die eine gesonderte Variante der Nettourlaubslohnermittlung erforderlich machen (das Nettoentgelt zur Berechnung des Zuschusses zum Krankengeld wird auch als *Nettourlaubslohn* bezeichnet). Dies bedeutet also nicht, dass derselbe Fiktivlauf über zwei Auslösealternativen verfügt, sondern dass es verschiedene Varianten der Nettourlaubslohnermittlung gibt, die unterschiedliche Auslöser haben.

Beispiel für einen Fiktivlauf

Die grundsätzliche Funktionsweise eines Fiktivlaufs soll anhand eines Beispielfalls erläutert werden, dem die folgenden Voraussetzungen zugrunde liegen:

- Eine im Unternehmen beschäftigte Person ist arbeitsunfähig, und die Entgeltfortzahlung endet zufällig genau zum Ultimo des letzten Monats.
- Die betroffene Person hat Anspruch auf einen Zuschuss zum Krankengeld der Krankenkasse.
- Das Nettogehalt beträgt monatlich 3.000 EUR.
- Die beschäftigte Person erhält bis zum oben genannten Zeitpunkt monatlich 2.100 EUR Krankengeld von der Krankenkasse.

Im SAP-System wird das kalendertägliche Krankengeld von 70 EUR im Infotyp 0014 (Wiederkehrende Be-/Abzüge) erfasst. Anhand von Abbildung 3.6 wird der grundsätzliche Ablauf der Personalabrechnung deutlich.

Im vorgestellten Beispielfall ermittelt der Fiktivlauf nun das laufende Nettoentgelt von 3.000 EUR. Im weiteren Verlauf der Abrechnung (genauer: bei der Verarbeitung des Infotyps 0014 (Wiederkehrende Be-/Abzüge) bzw. 0015 (Ergänzende Zahlung) im Bruttoteil) erfolgt nun die Ermittlung des eigentlichen Zuschusses zum Krankengeld der Krankenkasse. Dazu wird vom ermittelten laufenden Nettoentgelt (auch Nettourlaubslohn genannt) der Betrag des Krankengeldes (ob hier das Brutto- oder Nettokrankengeld verwendet wird, ist zumeist in kollektivrechtlichen Verträgen wie Tarifverträgen oder Betriebsvereinbarungen festgelegt) subtrahiert. Die Differenz in Höhe von 900 EUR (3.000 EUR minus 2.100 EUR) stellt den auszuzahlenden Krankengeldzuschuss dar, den der Arbeitgeber gewährt.

Fiktivläufe im Abrechnungsprotokoll

Abbildung 3.7 zeigt ein Abrechnungsprotokoll mit zwei Fiktivläufen innerhalb eines Abrechnungsfalls für eine Person in Altersteilzeit. Alle Knoten oberhalb der Fiktivläufe gehören zur *Ist-Abrechnung*; unterhalb der Fiktivläufe wird die Ist-Abrechnung fortgesetzt.

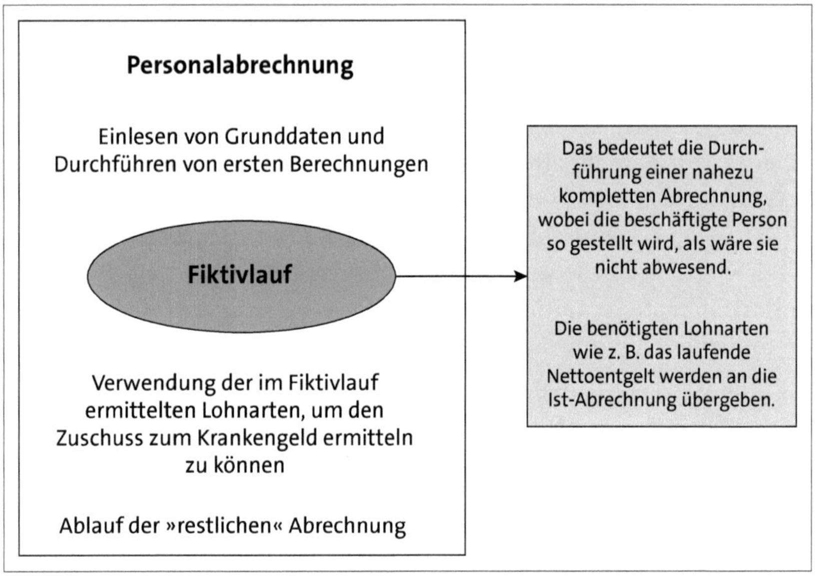

Abbildung 3.6 Zusammenspiel von Personalabrechnung und Fiktivlauf

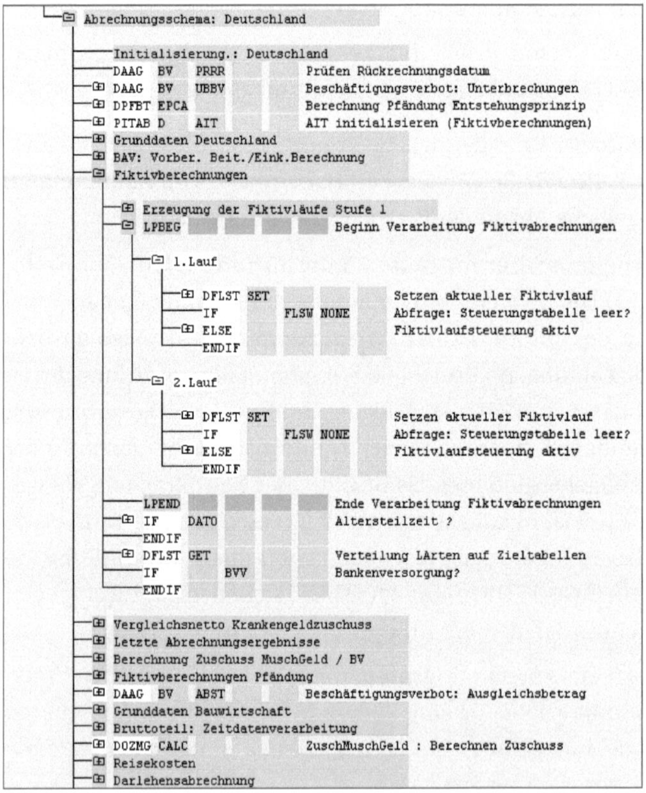

Abbildung 3.7 Fiktivläufe im Abrechnungsprotokoll

3

3.4.2 Fiktivläufe konfigurieren

Im Rahmen der Konfiguration von Fiktivläufen muss zwischen dem Auslöser zur Aktivierung der Fiktivläufe und der Konfiguration des Fiktivlaufs selbst unterschieden werden.

Fiktivläufe auslösen

Fiktivlaufsteuerung

Das Auslösen von Fiktivläufen kann entweder über die Fiktivlaufsteuerung oder direkt in einer Abrechnungsfunktion erfolgen. Die Fiktivlaufsteuerung ist eine Gruppierung, in der zumeist mehrere konkrete Fiktivläufe zusammengefasst sind. Die Fiktivlaufsteuerung selbst erhält Zuweisungen über andere Wege, z. B. im Falle der Altersteilzeit über das Altersteilzeitmodell (siehe Kapitel 16, »Altersteilzeit«) oder im Falle des § 23c SGB IV über die Fiktivlaufsteuerungstabelle V_T5D4FL, die wiederum über das Kennzeichen **Art der Sozialleistung** den Bewertungsklassen, Bearbeitungsregeln und damit den Abwesenheiten zugeordnet ist. Die Personalabrechnung erkennt anhand der Fiktivlaufsteuerung, welche Fiktivläufe durchgeführt werden sollen. Die Fiktivläufe, die über die Fiktivlaufsteuerung ausgelöst werden, weisen eine hohe Flexibilität auf. Deshalb empfehlen wir die Nutzung der Fiktivlaufsteuerung als Auslöser auch für kundenspezifische Fiktivläufe. Das Customizing zum Auslösen von Fiktivläufen über die Fiktivlaufsteuerung finden Sie im Menüpfad unter **Personalabrechnung • Abrechnung Deutschland • Altersteilzeit • Fiktivabrechnungen mit Fiktivlaufsteuerung**.

Relevante Tabellen

Relevant sind dabei die folgenden Tabellen:

- V_T5DOF – Fiktivlaufsteuerungen
- V_T5DOG – Fiktivläufe
- V_T5DOH – Zuordnung der Fiktivläufe zur Fiktivlaufsteuerung

Die Definition der Fiktivlaufsteuerung erfolgt in Tabelle V_T5DOF (Fiktivlaufsteuerungen), etwa ATZ2 für die gesetzliche Fiktivlaufsteuerung für die Altersteilzeit nach dem 01.07.2004 oder SVMU für den vollen Monat Mutterschaftsgeld im Rahmen des § 23c SGB IV.

Die einzelnen Fiktivläufe werden in Tabelle V_T5DOG (Fiktivläufe) definiert, etwa die Fiktivläufe ATZA (Fiktivbrutto Vollzeit) und ATZC (fiktives Teilzeitnetto für die Altersteilzeit) oder SVMU (Vollmonat Mutterschaftsgeld) und SVNT (Vergleichsnetto für den § 23c SGB IV).

In Tabelle V_T5DOH erfolgt schließlich die Zuweisung der Fiktivläufe zu den Fiktivlaufsteuerungen.

Funktion DFLST

Die zentrale Funktion zur Konfiguration von Fiktivläufen ist die Funktion DFLST, die über verschiedene Parameterausprägungen für den ersten Parameter verfügt, die wir im Folgenden kurz erläutern:

- SET
  Über diesen Parameter wird der nächste Fiktivlauf anhand der abrechnungsinternen Fiktivlaufsteuerungstabelle gesetzt.
- ADD
  Der im Parameter 2 angegebene Fiktivlauf wird mittels dieses Parameters in die Fiktivlaufsteuerungstabelle eingefügt.
- PUT
  Dieser Parameter sorgt für die Übergabe der Lohnarten aus Tabelle RT (Ergebnistabelle) oder IT (Eingabetabelle) des Fiktivlaufs an Tabelle FIT. Tabelle FIT (Fiktivlaufsteuerung: Sicherungstabelle) bleibt beim anschließenden Refresh (also beim vollständigen Löschen aller anderen internen Abrechnungstabellen) unberührt.
- GET
  Mittels dieses Parameters werden die Lohnarten aus den Fiktivläufen in die Zieltabellen (RT und/oder IT) verteilt, um in der Ist-Abrechnung die benötigten Werte aus den Fiktivläufen zur Verfügung zu stellen.
- SAVE
  Über diesen Parameter kann die Bezeichnung des aktuellen Fiktivlaufs gesichert werden.
- REST
  Dieser Parameter steht für die Restaurierung (Wiederherstellung) der mit SAVE gesicherten Bezeichnung des Fiktivlaufs.
- FLTS
  Über diesen Parameter werden die Fiktivlauftabellen komplett gesichert und für einen rekursiven Aufruf initialisiert; damit sind Schachtelungen von Fiktivläufen möglich, die allerdings derzeit auf eine Tiefe von zwei Ebenen begrenzt sind.
- FLTR
  Über diesen Parameter werden die Fiktivlauftabellen, die mithilfe des Parameters FLTS gesichert wurden, restauriert. So ist es nach der Verarbeitung eines geschachtelten Fiktivlaufs möglich, die übergeordneten Fiktivläufe weiter in der vorgesehenen Reihenfolge zu durchlaufen.

Steuerungsmöglichkeiten über Tabelle T5DOI

Die Verteilung von Lohnarten mithilfe der Funktion DFLST mit dem Parameter 1 = GET basiert auf Tabelle V_T5DOI (Fiktivlaufsteuerung – Lohnartenzuweisung), in der festgelegt wird, welche Lohnart des Fiktivlaufs in welche Lohnart des Ist-Abrechnungslaufs überführt werden soll. Dabei muss neben der Herkunfts- und Ziellohnart auch die Herkunfts- und Zieltabelle angegeben werden. Auch verfügt Tabelle V_T5DOI (Fiktivlaufsteuerung – Lohnartenzuweisung) über die folgenden weiteren Steuerungsmöglichkeiten:

- Über einen Vorzeichenwechsel kann jeder Wert nach Belieben negativ oder positiv übernommen werden.
- Die Gruppierung des Mitarbeiterkreises – es besteht die Möglichkeit, die aktuelle Gruppierung zu übernehmen, oder es kann die Gruppierung umgesetzt werden, und zwar wahlweise auf »*« oder laut Tabelle WPBP.
- Es gibt eine Reihe von Löschkennzeichen von Splits, die eine Lohnart enthalten können (z. B. WPBP-Split, SV-Split, Steuer-Split, Kostenzuordnungs-Split etc.).

In Abbildung 3.8 werden die zahlreichen Steuerungsmöglichkeiten von Tabelle V_T5DOI (Fiktivlaufsteuerung – Lohnartenzuweisung) verdeutlicht.

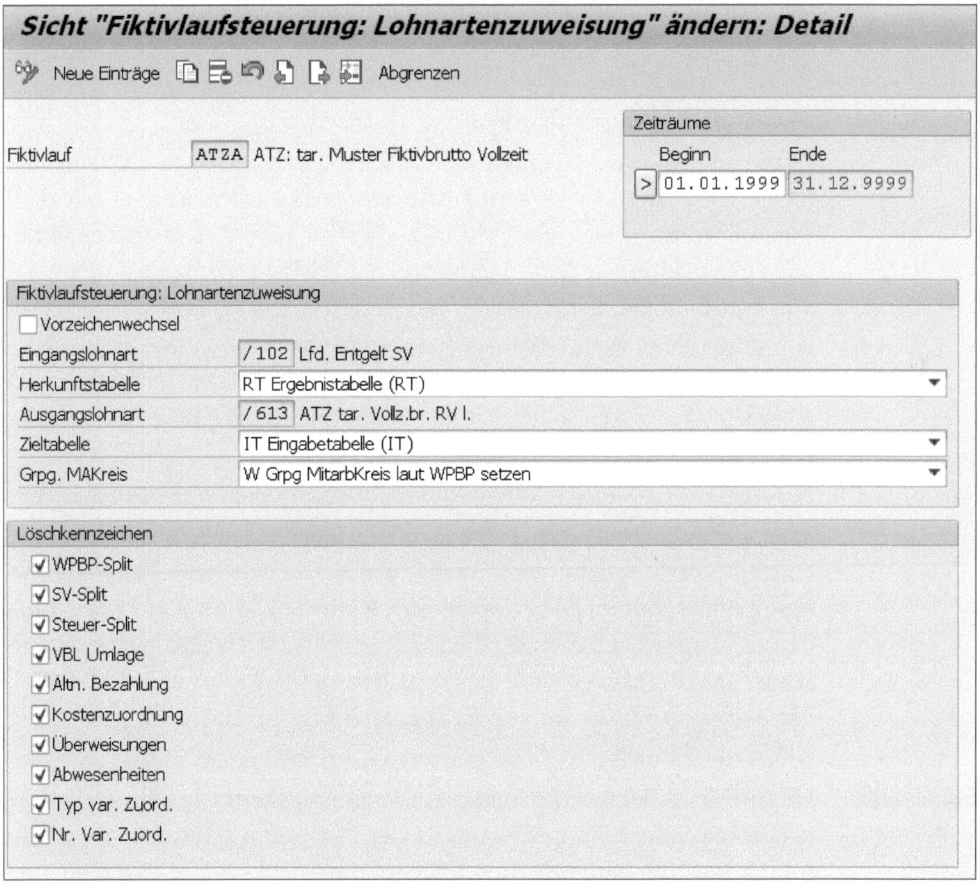

Abbildung 3.8 Lohnartenverteilung im Rahmen der Fiktivlaufsteuerung

Nutzung von Funktionen bzw. Rechenregeln

Die zweite Alternative zur Auslösung von Fiktivläufen, die im Abrechnungsschema Verwendung findet, ist die Nutzung von Funktionen (siehe Kapitel 24, »Customizing des Abrechnungsschemas«) bzw. von Rechenregeln. Zum Beispiel lösen Sie Fiktivläufe aus, um das Nettoentgelt zu ermitteln. Dieses benötigen Sie für den Zuschuss zum Mutterschaftsgeld. Die Auslösung erfolgt über die Funktion IF mit dem Parameter DOZM.

Innerhalb der Funktion IF wird geprüft, ob es für eine bestimmte Personalnummer die Abwesenheit »Mutterschutz« im Infotyp 2001 (Abwesenheiten) gibt und ob die automatische Zuschussberechnung für den Zuschuss zum Mutterschaftsgeld aktiviert ist. Die Besonderheit bei der Berechnung des Zuschusses zum Mutterschaftsgeld besteht darin, dass die Fiktivläufe für die Vergangenheit, und zwar für die letzten drei Monate vor Beginn der Mutterschutzfrist, durchgeführt werden müssen. Dies bedeutet, dass für diese letzten drei Monate eine Abrechnung für die betreffenden Mitarbeiterinnen ausgelöst wird und die relevanten Ergebnislohnarten in die aktuelle Abrechnung übergeben werden.

Fiktivlaufschemen konfigurieren

Fiktivläufe sind nichts anderes als speziell zusammengestellte Personalrechenschemen. Folglich können sie wie jedes andere Schema mit dem Schemeneditor (siehe Abschnitt 24.1, »Aufbau eines Personalrechenschemas«) bearbeitet werden. Innerhalb von Fiktivlaufschemen werden allerdings auch oft Standardschemen verwendet, sodass bei Eingriffen in Form von selbst definierten Personalrechenregeln entsprechende Vorsicht geboten ist. Denn solche Änderungen, die sich ursprünglich nur im Rahmen des Fiktivlaufs auswirken sollen, können sehr schnell auch Einfluss auf Abrechnungsfälle ohne Fiktivlauf ausüben.

Universalschema DA07

Es existieren verschiedene Fiktivlaufschemen, von denen das Schema DA07 das sogenannte *Universalschema* für Fiktivläufe der deutschen Abrechnung darstellt. Dieses Schema wird für Fälle genutzt, in denen die Fiktivlaufsteuerung angewandt wird. Für alle weiteren Fiktivläufe, wie z. B. zur Ermittlung des Nettoentgelts für den Zuschuss zum Mutterschaftsgeld oder für den Zuschuss zum Krankengeld mit den Varianten 1 und 2 sowie für die Ermittlung der Beiträge zum Bankenversorgungsverein (BVV), existieren gesonderte Fiktivlaufschemen.

Eingriffe in die Fiktivlaufschemen

Eingriffe in die Fiktivlaufschemen sind immer dann notwendig, wenn kundeneigene Verarbeitungen während der Fiktivläufe erforderlich sind. So führt z. B. die Weitergewährung von vermögenswirksamen Leistungen (VL) während des Mutterschutzes dazu, dass die VL nicht in die Bemessungsgrundlage zur Berechnung des Nettoentgelts einfließen dürfen. Die entsprechende Lohnart muss daher gefiltert, also an einer definierten Stelle eliminiert werden. Ein solcher Eingriff kann über eine Personalrechenregel im Fiktivlaufschema realisiert werden. Dabei muss allerdings sichergestellt sein, dass die Filterung nur im Fiktivlauf für die Berechnung des Nettoentgelts zur Ermittlung des Zuschusses zum Mutterschaftsgeld greift und die Ist-Abrechnung davon unberührt bleibt.

Sofern es sich um Fiktivläufe der Altersteilzeit nach den Regelungen des § 23c SGB IV oder um die dritte Variante der Nettourlaubslohnermittlung handelt, können fiktivlaufspezifische Anpassungen immer innerhalb einer IF-ENDIF-Schleife gekapselt werden. Dabei wird die Funktion IF um den Parameter 2 (FLSW) und den Parameter 3 (Fiktivlauf, z. B. IF FLSW ATZA) ergänzt. Der Parameter 2 enthält immer die in Tabelle V_T5DOG (Fiktivläufe) definierte ID für den entsprechenden Fiktivlauf.

Alle in dieser IF-ENDIF-Schleife aufgeführten Funktionen werden nur dann ausgeführt, wenn der entsprechend abgefragte Fiktivlauf gerade durchlaufen wird. Abbildung 3.9 zeigt die IF-ENDIF-Schleife einer Sonderverarbeitung des Fiktivlaufs ATZA (Ermittlung des ATZ-Vollzeitbruttos).

Die Personalrechenschemen der Fiktivläufe, die nicht über die Fiktivlaufsteuerung abgewickelt werden, verfügen zumeist über eigene untergeordnete Personalrechenschemen, um Sonderverarbeitungen abbilden zu können. So hat etwa der Fiktivlauf zur Ermittlung der Grundlagen für die Berechnung des Krankengeldzuschusses ein eigenes untergeordnetes Personalrechenschema für den Bruttoteil.

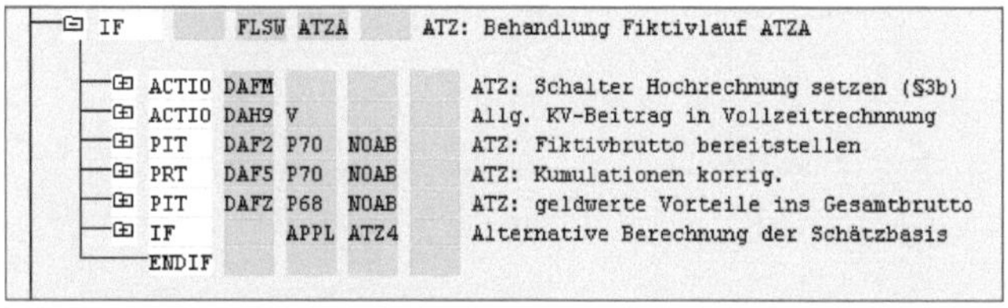

Abbildung 3.9 IF-ENDIF-Schleife mit Parameter 3 = Fiktivlauf-ID

Auch in solchen untergeordneten Schemen sind Anpassungen – so wie in jedem anderen Schema – möglich. Allerdings ist hier die Gefahr unerwünschter Nebenwirkungen tendenziell geringer, da eine gesonderte Abfrage, um welchen Fiktivlauf es sich handelt, obsolet ist.

3.5 Das letzte Abrechnungsergebnis einlesen

Im Schema DLA0, siehe Abbildung 3.10, werden das Abrechnungsergebnis der letzten Periode und die relevanten Lohnarten in die interne Tabelle LRT

(Letzte Ergebnistabelle) eingelesen. Hier bleiben die Lohnarten erst einmal stehen, um später in anderen Schemen weiterverarbeitet zu werden.

Relevante Lohnarten steuern

Welche Lohnarten relevant sind, wird über die Verarbeitungsklasse 06 aus Tabelle T512W (Lohnartenbewertung) gesteuert (siehe Kapitel 23, »Lohnarten«). Folgende Ausprägungen sind möglich:

- 0 – Die Lohnart wird nicht übernommen.
- 1 – Die Lohnart wird immer übernommen.
- 2 – Die Lohnart wird innerhalb eines Jahres übernommen.

Funktion PLRT

Sollen eigene Verarbeitungsschritte zum Einlesen von Lohnarten aus dem Vormonat erstellt werden, muss die Funktion PLRT verwendet werden, die Tabelle PLRT verarbeitet und die in einer Rechenregel definierte Operationen abarbeitet. In dieser Rechenregel legen Sie für die gewünschten Lohnarten Verarbeitungsschritte an.

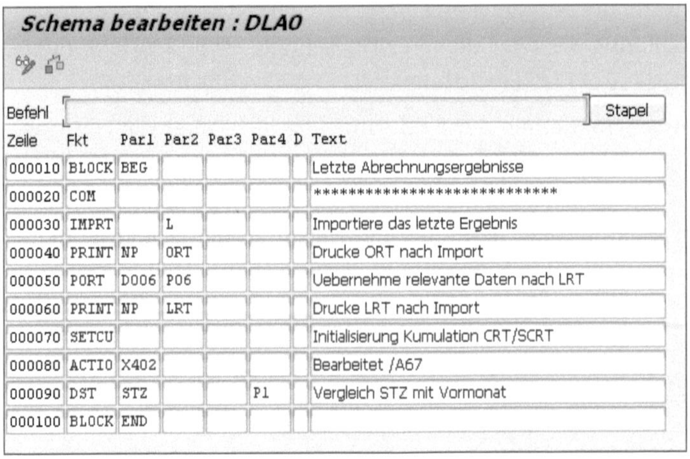

Schema bearbeiten : DLAO

Befehl [ ] Stapel

Zeile	Fkt	Par1	Par2	Par3	Par4	D	Text
000010	BLOCK	BEG					Letzte Abrechnungsergebnisse
000020	COM						******************************
000030	IMPRT		L				Importiere das letzte Ergebnis
000040	PRINT	NP	ORT				Drucke ORT nach Import
000050	PORT	D006	P06				Uebernehme relevante Daten nach LRT
000060	PRINT	NP	LRT				Drucke LRT nach Import
000070	SETCU						Initialisierung Kumulation CRT/SCRT
000080	ACTIO	X402					Bearbeitet /A67
000090	DST	STZ			P1		Vergleich STZ mit Vormonat
000100	BLOCK	END					

Abbildung 3.10 Letztes Abrechnungsergebnis einlesen – Schema DLAO

3.6 Integration der Reiseabrechnung

Im Schema DREI, siehe Abbildung 3.11, werden die Daten der Reiseabrechnung eingelesen. Diese Integration kann aus mehreren Gründen aktiviert werden, wenn eine der folgenden Funktionen gewünscht ist:

- Auszahlung der Erstattungsbeträge über die Personalabrechnung
- Versteuerung von individuell zu versteuernden Erstattungen, die über den gesetzlichen Freibeträgen liegen
- Andruck auf der Lohnsteuerbescheinigung und Übertragung per ELSTER von steuerfrei bezahlten Erstattungsbeträgen

Die Reiseabrechnung kann auch ohne die Integration verwendet werden.

Funktion ASREI

Die Funktion ASREI übernimmt die Lohnarten aus den Reiseabrechnungsergebnissen, die im Cluster TE der Datenbank PCL1 gespeichert sind und über den Report RPCLSTTE (Details einer Reise) angezeigt werden können. Die entsprechenden Lohnarten werden in Tabelle T706B (Reisespesenarten) festgelegt.

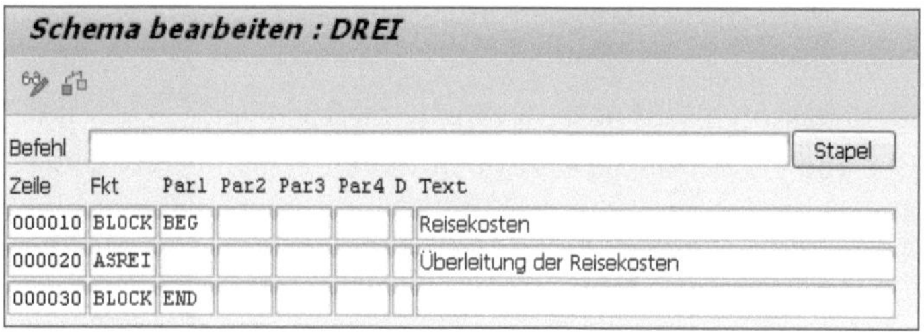

Abbildung 3.11 Reisedaten einlesen

Alle Lohnarten, die nicht in die Abrechnung übernommen werden sollen, müssen durch eine Regel ausgeschlossen werden. Wenn Sie keine Integration der Reiseabrechnung in die Personalabrechnung benötigen, sollte das komplette Teilschema mit dem Eintrag von »*« im Schema D000 deaktiviert werden.

3.7 Integration der Zeitwirtschaft

Ohne Zeitwirtschaftsdaten ist eine Personalabrechnung nicht möglich. Bestimmte Informationen sind also als Basis für die Abrechnung zwingend erforderlich, selbst wenn Sie die SAP-Zeitwirtschaft nicht einsetzen sollten. Im Folgenden geben wir Ihnen einen Überblick über die Daten, die in der Personalabrechnung verwendet werden.

3.7.1 Schichtplan verarbeiten

Arbeitszeitplan

Unbedingt notwendig ist der Infotyp 0007 (Sollarbeitszeit), der den Schichtplan von Mitarbeitenden enthält. Denn ohne diesen Infotyp bricht die Abrechnung beim Ablauf der Funktion GON im Schema DGD0 (Einlesen der Grunddaten) ab. Für alle Mitarbeitenden muss es folglich einen Arbeitszeitplan geben. Dieser Arbeitszeitplan wird in die Personalabrechnung für den Zeitraum der Abrechnungsperiode eingelesen. Zusätzlich werden noch der letzte Tag der Vorperiode und der erste Tag der Folgeperiode eingelesen. Der Schichtplan wird über die Funktion GENPS in Tabelle PSP aufgebaut (siehe Abbildung 3.12).

Der Schichtplan wird zur Bewertung von Teilmonaten herangezogen. Dies ist notwendig, wenn eine Person innerhalb des Abrechnungsmonats neu beginnt, das Unternehmen verlässt oder wenn sich die Arbeitsplatzdaten oder Basisbezüge ändern. Die Personalabrechnung bildet mehrere Teilzeiträume mit Einträgen in Tabelle WPBP (Arbeitsplatz/Basisbezüge). Zur Berechnung der Aliquotierung werden die Daten des Schichtplans verwendet.

Teilmonatsfaktoren

Daraus abgeleitet werden wiederum die Teilmonatsfaktoren (siehe Abbildung 3.13).

Sollwerte gemäß Schichtplan

In den Teilmonatsfaktoren sind die Sollwerte gemäß Schichtplan, der individuelle Divisor und der pauschale Divisor enthalten. Die Sollwerte gemäß Schichtplan sind:

- KSOLL – Kalendertage
- ASOLL – Arbeitstage gemäß Schichtplan
- SSOLL – Arbeitsstunden gemäß Schichtplan

Tabelle PSP

Datum	Grpg TAZP	TagesAZP	Tagestyp	Feiertagkl	Variante	TAZPKlasse	PeriodAZP	Stunden	Act	Nat01	Nat02	Pausenplan
30.04.2025	15	542B	0	0		1	V542	5,42	X			
01.05.2025	15	542B	1	1		1	V542	5,42	X			
02.05.2025	15	542B	0	0		1	V542	5,42	X			
03.05.2025	15	542B	0	0		1	V542	5,42	X			
04.05.2025	15	FREI	0	0		0	V542	0,00	X			
05.05.2025	15	542B	0	0		1	V542	5,42	X			
06.05.2025	15	542B	0	0		1	V542	5,42	X			
07.05.2025	15	542B	0	0		1	V542	5,42	X			
08.05.2025	15	542B	0	0		1	V542	5,42	X			
09.05.2025	15	542B	0	0		1	V542	5,42	X			
10.05.2025	15	542B	0	0		1	V542	5,42	X			
11.05.2025	15	FREI	0	0		0	V542	0,00	X			
12.05.2025	15	542B	0	0		1	V542	5,42	X			
13.05.2025	15	542B	0	0		1	V542	5,42	X			
14.05.2025	15	542B	0	0		1	V542	5,42	X			
15.05.2025	15	542B	0	0		1	V542	5,42	X			
16.05.2025	15	542B	0	0		1	V542	5,42	X			
17.05.2025	15	542B	0	0		1	V542	5,42	X			
18.05.2025	15	FREI	0	0		0	V542	0,00	X			
19.05.2025	15	542B	0	0		1	V542	5,42	X			
20.05.2025	15	542B	0	0		1	V542	5,42	X			
21.05.2025	15	542B	0	0		1	V542	5,42	X			
22.05.2025	15	542B	0	0		1	V542	5,42	X			
23.05.2025	15	542B	0	0		1	V542	5,42	X			
24.05.2025	15	542B	0	0		1	V542	5,42	X			
25.05.2025	15	FREI	0	0		0	V542	0,00	X			
26.05.2025	15	542B	0	0		1	V542	5,42	X			
27.05.2025	15	542B	0	0		1	V542	5,42	X			
28.05.2025	15	542B	0	0		1	V542	5,42	X			
29.05.2025	15	542B	1	1		1	V542	5,42	X			
30.05.2025	15	542B	0	0		1	V542	5,42	X			
31.05.2025	15	542B	0	0		1	V542	5,42	X			
01.06.2025	15	FREI	0	0		0	V542	0,00	X			

Abbildung 3.12 Tabelle PSP

Tabelle PARTT

Typ PPar	Nr	Gültig von	Gültig bis	KSOLL	ASOLL	SSOLL	KDIVI	ADIVI	SDIVI	KDIVP	ADIVP	SDIVP
T	01	01.05.2025	31.05.2025	31,00	27,00	146,34	31,00	27,00	146,34	30,00	22,00	117,79
G	00	01.05.2025	31.05.2025	31,00	27,00	146,34	31,00	27,00	146,34	30,00	22,00	117,79

Abbildung 3.13 Teilmonatsfaktoren

Sind mehrere Teilmonate in Tabelle WPBP (Arbeitsplatz/Basisbezüge) vorhanden, verweist die Nummer der Teilmonatseinträge (T) auf den entsprechenden Eintrag in Tabelle WPBP (Arbeitsplatz/Basisbezüge), und die Sollwerte reduzieren sich entsprechend. Der Wert für den Gesamtmonat (G) enthält immer die vollständige Periode.

Individueller Divisor

Der individuelle Divisor enthält im Unterschied zum Sollwert immer einen vollen Monat, auch bei Teilmonatswerten. So kann mit der Division ASOLL/ADIVI ein Prozentsatz für einen Teilmonat auf der Basis von Arbeitstagen berechnet werden:

- KDIVI – Kalendertage (individueller Divisor gemäß Schichtplan)
- ADIVI – Arbeitstage (individueller Divisor gemäß Schichtplan)
- SDIVI – Arbeitsstunden (individueller Divisor gemäß Schichtplan)

Pauschaler Divisor

Der pauschale Divisor basiert nicht auf dem Schichtplan, sondern enthält Durchschnittswerte. SDIVP beinhaltet die durchschnittlichen Arbeitsstunden aus dem Infotyp 0008 (Basisbezüge); ADIVP und KDIVP enthalten die durchschnittlichen Arbeits- und Kalendertage, die in Tabelle T510H (Abrechnungskonstanten, bezogen auf Zeiteinheit) festgelegt werden:

- KDIVP – Kalendertage (pauschaler Divisor)
- ADIVP – Arbeitstage (pauschaler Divisor)
- SDIVP – Arbeitsstunden (pauschaler Divisor)

Über die Operation NUM=GSSOLL kann man z. B. das Anzahlfeld mit den Stunden gemäß dem Schichtplan des Gesamtmonats füllen. Wechselt der Schichtplan innerhalb eines Monats, werden beide Pläne anteilig einbezogen. NUM=TASOLL trägt die Arbeitstage gemäß dem Schichtplan des Teilmonats in das Anzahlfeld ein.

Bestimmte Vertretungen aus dem Infotyp 2003 (Vertretungen) werden bei der Bildung der Teilmonatsfaktoren berücksichtigt. Über die Parameter aus der Funktion P2003 kann gesteuert werden, welche Vertretungen hier einbezogen werden sollen. Im Standard wird im Schema DPWS die normale Schichtvertretung (02) mitverarbeitet; die Kurzarbeitsvertretung (03) ist jedoch ausgeschlossen und darf nicht in die Bildung der Teilmonatsfaktoren einfließen. Passen Sie die Einstellungen an, wenn Sie andere Vertretungen verwenden.

3.7.2 Abwesenheiten verarbeiten

Funktion PAB

Die Verarbeitung von Abwesenheiten erfolgt mithilfe zweier Funktionen: Die Funktion PAB liest die Abwesenheiten ein und bildet die Einträge dazu in der internen Tabelle PARX (Abwesenheiten) ab, siehe Abbildung 3.14. Die Personalabrechnung kennt keine einzelnen Abwesenheiten, sondern arbeitet mit kumulierten Zählklassen, die in der Bewertungsregel definiert werden. Für Abwesenheiten, die in der Personalabrechnung separat verarbeitet werden sollen, werden somit eigene Bewertungsregeln benötigt.

Tabelle PARX

PP	Typ des Periodenparam.	AP	Typ	Text zum Typ	Zlkl.	Text zur Zählklasse	KalTage	AbwTage	AbwStdn
T	Teilperiode	01	H	Feiertag ohne Abw.	1	Feiertagsklasse 1 - Feiertag	2,00	2,00	10,84
T	Teilperiode	01	H	Feiertag ohne Abw.	**	*Summe*	2,00	2,00	10,84
T	Teilperiode	01	P	bezahlt	20	bezahlte Abwesenheit	25,00	22,00	119,24
T	Teilperiode	01	P	bezahlt	**	*Summe*	25,00	22,00	119,24
T	Teilperiode	01	X	Feiertag	1	Feiertagsklasse 1 - Feiertag	1,00	1,00	5,42
T	Teilperiode	01	X	Feiertag	**	*Summe*	1,00	1,00	5,42
G	Gesamtperiode	**	H	Feiertag ohne Abw.	1	Feiertagsklasse 1 - Feiertag	2,00	2,00	10,84
G	Gesamtperiode	**	H	Feiertag ohne Abw.	**	*Summe*	2,00	2,00	10,84
G	Gesamtperiode	**	P	bezahlt	20	bezahlte Abwesenheit	25,00	22,00	119,24
G	Gesamtperiode	**	P	bezahlt	**	*Summe*	25,00	22,00	119,24
G	Gesamtperiode	**	X	Feiertag	1	Feiertagsklasse 1 - Feiertag	1,00	1,00	5,42
G	Gesamtperiode	**	X	Feiertag	**	*Summe*	1,00	1,00	5,42

Abbildung 3.14 Aufgeklappte Tabelle PARX (Abwesenheiten)

Abwesenheiten werden in Tabelle T554S (An- und Abwesenheitsarten) definiert. Die eigentliche Bewertung, die für die Personalabrechnung relevant ist, wird hier nicht direkt eingetragen, sondern mithilfe einer Bewertungsregel zugeordnet.

Einstellungen der Bewertungsregel

Diese Bewertungsregel wird in Tabelle T554C (Bewertung von Abwesenheiten) definiert und enthält die folgenden Einstellungen:

- **Zählklasse**
  Abwesenheiten werden in der Personalabrechnung zu Zählklassen zusammengefasst. In Abbildung 3.14 ist die Zählklasse in der Spalte **Zlkl.** zu finden.
- **Bezahlung**
  Es wird festgelegt, ob eine Abwesenheit bezahlt oder unbezahlt sein soll. In Tabelle PARX (Abwesenheiten) erhalten die Zählkassen von unbezahlten Abwesenheiten den Typ **U** (unpaid) und die Zählkassen von bezahlten Abwesenheiten den Typ **P** (paid).
- **Bildung von Lohnarten**
  Für den Zeitraum einer Abwesenheit kann eine Lohnart erzeugt werden, die entweder die Anzahl der Abwesenheitstage oder die Anzahl der Abwesenheitsstunden enthält. So kann z. B. ein Urlaubsausgleich oder Urlaubsgeld für die Tage der Inanspruchnahme des Urlaubs erzeugt werden.
- **Hätte-Prinzip**
  Das Hätte-Prinzip dient der Generierung von Zeitlohnarten für Abwesenheitszeiten, die für den jeweiligen Abwesenheitszeitraum erst aktiviert

werden müssen. Andernfalls könnte in Abwesenheitszeiten keine Zeitlohnartengenerierung erfolgen.

- **Sonderverarbeitung**
  In der Sonderverarbeitung kann eine Regel eingetragen werden, die nur im Rahmen von Abwesenheiten ausgeführt wird. Auch können mithilfe einer entsprechenden Regel Lohnarten zur Berechnung des Entgelts bei Abwesenheiten gebildet werden. Auf diese Weise ist eine differenzierte Berechnung möglich.

Funktion DAB

Eine Spezialität der deutschen Abrechnung stellt die Funktion DAB – die zweite Funktion – dar: Diese Funktion verarbeitet die Eigenschaften einer Abwesenheit, die für das deutsche Recht in den Bereichen Steuer, Sozialversicherung und auch in anderen Bereichen erforderlich sind. Diese Eigenschaften sind in Tabelle T5DOA (Attribute von Abwesenheiten) enthalten. Der Report RPDABWDO (Dokumentation und Konsistenzprüfung von Abwesenheiten), siehe Abbildung 3.15, zeigt die vollständigen Informationen aus allen relevanten Tabellen an, die zur Steuerung einer Abwesenheit im Verlauf der Abrechnung notwendig sind.

Dokumentation und Konsistenzprüfung von Abwesenheiten (D)

```
Dokumentation und Konsistenzprüfung von Abwesenheiten (D)
-----------------------------------------------------------------------------------
0500 Mutterschutz                    Gültig : 01.01.2025 31.12.9999  (T554S)
-----------------------------------------------------------------------------------

 Bearbeitungsklasse... 10            Gültig : 01.01.2025 31.12.9999  (T5D0S)

 Bewertungsregel...... 05                                            (T554S)

 Nationale Kennzeichen               Gültig : 01.01.2025 31.12.9999  (T5D0A)
   Bearbeitungsklasse... 10 Mutterschutz
   Bewertungsregel...... 05 Mutterschutz

   DEÜV-Kennzeichen............. C
   KUG-Liste-Kennzeichen........ 0
   KUG-Verarbeitungkennzeichen.. S
   Steuerliche Unterbrechung....
   Kürzung SV-Tage.............. 00
   SV-Split.....................
   Keine Zuschuss-/Mindest.tage.
   Art der Sozialleistung ...... B
   Passive Berlinzulage.........
   Abw.kennz. Zusatzversorgung.. F
   ZV-Abwesenh.-Versicherungsart 21
   Bau Abwesenheitskennzeichen..

 Bewertung der Abwesenheit           Gültig : 01.01.2025 31.12.9999  (T554C)
   Bewertungsregel...... 05 Mutterschutz

   Zählklasse                        bezahlt  Prozentsatz Tagesregel
   06 Mutterschutz/Wehrübung                  100,00

Dokumentation und Konsistenzprüfung von Abwesenheiten (D)
-----------------------------------------------------------------------------------
0500 Mutterschutz                    Gültig : 01.01.2025 31.12.9999  (T554S)
-----------------------------------------------------------------------------------
```

Abbildung 3.15 Dokumentation und Konsistenzprüfung von Abwesenheiten

[»]

Abwesenheit

Durch gesetzliche Änderungen, die die verschiedenen Eigenschaften einer Abwesenheit betreffen, kam es in den letzten Jahren immer wieder zu Änderungen der Tabelleneinträge. Dies macht einen Abgleich der Eigenschaften mit dem Auslieferungsmandanten 000 notwendig. Daher sollte bei der Einführung von SAP ERP HCM darauf geachtet werden, im Bereich **Abwesenheiten** möglichst nahe an den Standardeinstellungen zu bleiben.

Die Sollarbeitszeit im Infotyp 0007 und die Abwesenheiten im Infotyp 2001 werden in der Abrechnung verarbeitet, sobald diese in den Infotypen gepflegt sind. Allerdings ist dazu der Einsatz der SAP-Zeitwirtschaft nicht notwendig. Denn ein Sollarbeitszeitplan und bestimmte gesetzlich relevante Abwesenheiten oder auch unbezahlte Abwesenheiten, die das Entgelt kürzen, müssen in jedem Fall gepflegt werden, auch wenn die SAP-Zeitwirtschaft nicht im Einsatz sein sollte. Anwesenheiten aus dem Infotyp 2002 finden in der Personalabrechnung keine Berücksichtigung.

3.7.3 Zeitauswertungsergebnisse einlesen

Zeitlohnarten

Für das Einlesen von Zeitwirtschaftsergebnissen ist eine erfolgreiche Zeitauswertung Voraussetzung, und für die Übergabe von Informationen aus der Zeitabrechnung in die Personalabrechnung müssen in der Zeitwirtschaft Zeitlohnarten gebildet werden. Die Abrechnung liest Tabelle ZL (Zeitlohnarten) mit den darin enthaltenen Zeitlohnarten ein und verarbeitet diese weiter (siehe Abbildung 3.16).

Tabelle ZL

Datum	Begzeit	Endezeit	ALP	Zeiger C1	Zeiger AB	Lohnart	Lohnartentext	Info	Anzahl	Zeiger ANWES
01.04.2025	054500	060000	00	0000	00	1125	Nachtzuschlag 25%	S	0,25	0000
01.04.2025			00	0000	00	1782	Fahrgeld	S	1,00	0000
01.04.2025			00	0000	00	0200	Gearbeitete Stunden	S	8,00	0000
02.04.2025	054500	060000	00	0000	00	1125	Nachtzuschlag 25%	S	0,25	0000
02.04.2025			00	0000	00	1782	Fahrgeld	S	1,00	0000
02.04.2025			00	0000	00	0200	Gearbeitete Stunden	S	8,00	0000
03.04.2025	054500	060000	00	0000	00	1125	Nachtzuschlag 25%	S	0,25	0000
03.04.2025			00	0000	00	1782	Fahrgeld	S	1,00	0000
03.04.2025			00	0000	00	0200	Gearbeitete Stunden	S	8,00	0000

Abbildung 3.16 Tabelle ZL (Zeitlohnarten)

Die Lohnarten aus Tabelle ZL (Zeitlohnarten) enthalten Datum und Uhrzeit der Entstehung, was für die Berechnung der Steuerfreiheit notwendig ist. Im Bruttoteil der Personalabrechnung im Schema DT00 wird über die Funktion ZLIT aus Tabelle ZL (Zeitlohnarten) die Zeitlohnarten eingelesen und mithilfe der Regel D090 verarbeitet. Die Lohnarten werden komprimiert an

Tabelle IT (Eingabetabelle) übergeben, und außerdem wird Tabelle XIT (Sonntags-/Feiertags-/Nachtzuschläge) für die Steuerberechnung mit Datum und Uhrzeit der Entstehung gefüllt. Zur Durchführung einer korrekten Steuerberechnung enthält Tabelle XIT (Sonntags-/Feiertags-/Nachtzuschläge) Datum und Uhrzeit.

Für die Steuerberechnung gemäß § 3b EStG ist es nicht notwendig, unterschiedliche Lohnarten für steuerpflichtige und steuerfreie Anteile in der Zeitwirtschaft zu bilden, denn die Abrechnung ermittelt den steuerfreien Betrag abhängig von der Arbeitszeit. Für die Ermittlung der Steuerfreiheit werden Prozentsätze abhängig von Tag und Uhrzeit ermittelt, und der Anteil wird steuerfrei gestellt.

3.7.4 Fiktivhochrechnung

Fiktive Zeitauswertung

Für den Zeitraum einer Abrechnungsperiode, in dem noch keine Zeitauswertung gelaufen ist – z. B. wenn am 20. eines Monats die Personalabrechnung ausgeführt wird und für den 21. bis zum Monatsende noch keine Daten vorliegen –, führt die Personalabrechnung eine fiktive Zeitauswertung durch. Dazu ruft die Funktion DAYPR TC00 die Zeitwirtschaft mit dem Schema TC00 auf. Dieses Schema wird für alle Tage der Abrechnungsperiode ausgeführt, für die noch keine »echten« Daten vorhanden sind. So können etwa anhand des Schichtplans Nachtschichtzuschläge für den Rest des Monats geschätzt werden. Es wird also eine Zeitabrechnung vorgenommen, in der die Zeiten des Schichtplans als Basis herangezogen werden.

In diesem Zusammenhang ist es wichtig, das Customizing des Schemas TC00 dem Customizing der Zeitabrechnung anzupassen. Denn häufig ist eine Schätzung nicht erwünscht, sodass sichergestellt werden muss, dass aus diesem Schema keine generierten Lohnarten in die Abrechnung übergeben werden.

3.7.5 Praktische Probleme bei der Integration

Die Bezahlung von Zeitzuschlägen für noch nicht abgeschlossene Perioden ist für die beschäftigte Person schwer nachvollziehbar. Denn erst im Folgemonat des Abrechnungsmonats wird durch eine Rückrechnung der Vormonat richtiggestellt. Korrekturen für den geschätzten Zeitraum des Vormonats werden bezahlt, und außerdem wird für den aktuellen Monat wieder teilweise eine Schätzung durchgeführt. Dies gestaltet einen Vergleich des Abrechnungsnachweises mit dem Zeitnachweis schwierig. Deshalb wird häufig komplett darauf verzichtet, im aktuellen Monat Zeitzuschläge zu bezahlen, und erst mit der Rückrechnung werden die Zuschläge des Vormonats zur Auszahlung gebracht. Dies kann z. B. erreicht werden, indem mithilfe einer Regel die Zuschläge im aktuellen Monat gelöscht werden. Erst bei der Rückrechnung im darauffolgenden Monat werden die Zuschläge übergeben und ausbezahlt.

3.8 Urlaub nach EuGH

Die Rechtsprechung des Europäischen Gerichtshofs (EuGH) und des Bundesarbeitsgerichts (BAG) stellt klar: Eine Änderung der Arbeitszeit darf sich nicht negativ auf den Urlaubsanspruch oder dessen Bewertung auswirken. Dies gilt sowohl bei einer Erhöhung als auch bei einer Reduzierung der Arbeitszeit.

Ein Wechsel von Vollzeit zu Teilzeit kann Auswirkungen auf den Urlaubsanspruch haben. Der entscheidende Faktor ist dabei die Verteilung der Arbeitszeit.

- **Gleiche Anzahl an Arbeitstagen pro Woche**
  Bei einer Reduzierung der täglichen Arbeitsstunden ohne Änderung der wöchentlichen Arbeitstage (z. B. weiterhin fünf Tage pro Woche) bleibt die Anzahl der Urlaubstage unverändert. Es wird lediglich das Urlaubsentgelt entsprechend der reduzierten Arbeitszeit angepasst.
- **Reduzierung der wöchentlichen Arbeitstage**
  Reduziert sich die Zahl der Arbeitstage pro Woche, wird der Urlaubsanspruch neu berechnet. Dies geschieht z. B. bei einer Änderung von fünf auf zwei Arbeitstage. Die Anpassung erfolgt proportional zur neuen wöchentlichen Arbeitsverteilung. Dadurch wird der Gleichbehandlungsgrundsatz gewahrt.

Das Bundesurlaubsgesetz (BUrlG) enthält keine spezifischen Regelungen zur Urlaubsberechnung bei schwankenden oder unregelmäßigen Arbeitszeiten. In diesen Fällen wird der Urlaubsanspruch anhand der durchschnittlichen Arbeitstage pro Woche ermittelt. Dafür wird ein repräsentativer Zeitraum betrachtet. Dieses Vorgehen gewährleistet eine faire und angemessene Berechnung des Urlaubsanspruchs.

Wenn eine beschäftigte Person ihren Beschäftigungsumfang, wie im Beispiel aufgeführt, reduziert und einen Urlaubstag nimmt, der aus einer Zeit mit einem höheren Beschäftigungsumfang stammt, behält dieser Urlaubstag seine ursprüngliche Wertigkeit. Der Differenzbetrag zwischen der Wertigkeit des Tages zur Zeit des Urlaubs und zur Zeit der Entstehung des

Urlaubsanspruchs wird in einer Ausweislohnart abgestellt und kommt zur Auszahlung.

Um die zu bewertenden Urlaubstage eindeutig einem Kontingent zuordnen zu können, ist es erforderlich, bei einer Änderung des Beschäftigungsumfangs das Urlaubskontingent zeitlich abzugrenzen (Infotyp 2006). Aus betriebswirtschaftlicher Sicht ist die Abgrenzung bei einer Änderung der Anzahl der Arbeitstage pro Woche ohnehin zwingend, weil sich dann auch die Höhe des Kontingents ändert.

Eine Abgrenzung ist aus technischen Gründen auch dann erforderlich, wenn sich der Beschäftigungsgrad ändert. Dies gilt selbst dann, wenn die Anzahl der wöchentlichen Arbeitstage unverändert bleibt.

Die Umsetzung im Customizing finden Sie im Einführungsleitfaden (IMG) unter dem Pfad **Personalabrechnung • Abrechnung Deutschland • Abwesenheiten • Urlaubsbewertung: Erhöhungen nach Kontingentwechsel** (siehe Abbildung 3.17).

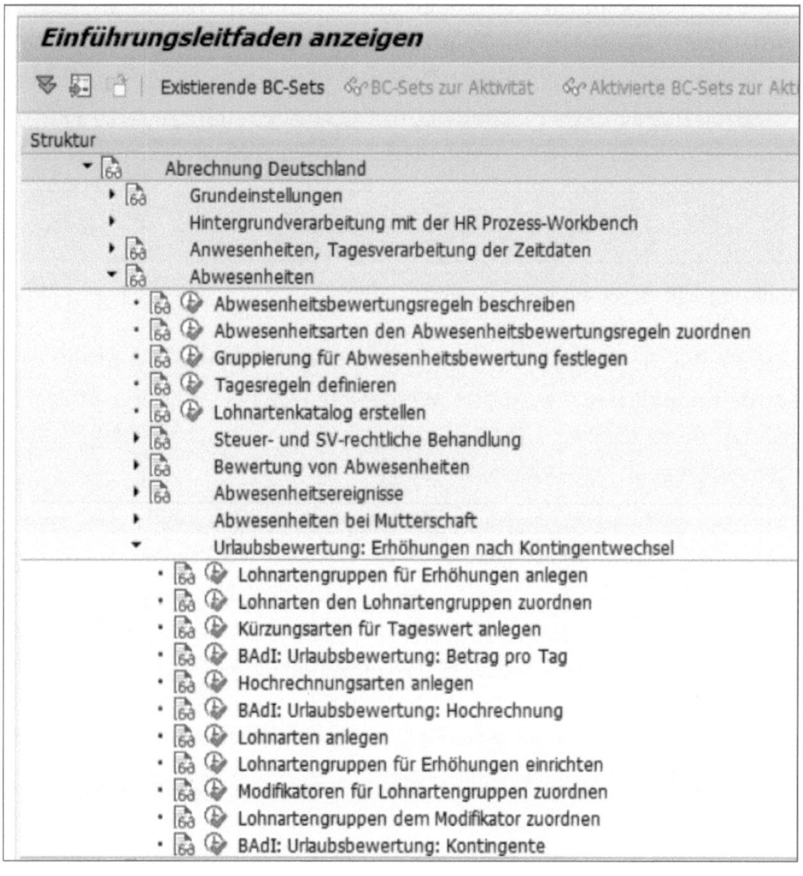

Abbildung 3.17 Customizing-Leitfaden für den Urlaub nach EuGH

3.9 Bewertungsgrundlagen bilden

Bewertungsgrundlagen dienen der Bewertung von Lohnarten, bei denen nur das Anzahlfeld gefüllt ist und daher noch eine Bewertung mit einem Betrag erfolgen muss, z. B. die Bewertung mit einem Stundensatz im Rahmen von Nachtzuschlägen. Die Zeitzuschläge werden also mit einer Anzahl von Stunden aus der Zeitwirtschaft übergeben, und die Abrechnung muss eine Bewertung durchführen.

Lohnarten /0xx

Für die Bildung von Bewertungsgrundlagen sind in SAP ERP HCM die Lohnarten /0xx reserviert. Diese Lohnarten werden in den Regeln D010 und D013 im Bruttoteil DT00 der Personalabrechnung gebildet. In der Regel D010 werden zunächst alle relevanten Lohnarten in die Bewertungsgrundlagen addiert, und in einem zweiten Schritt erfolgt die Division, um vom gesammelten Betrag zur Bewertungsgrundlage zu kommen, die einen Stunden- oder Tagessatz enthalten kann (siehe Abbildung 3.18). Im Standard wird die Lohnart /001 mit einem Stundensatz befüllt, der durch die durchschnittlichen monatlichen Stunden aus dem Infotyp 0008 (Basisbezüge) dividiert wird. Außerdem wird ein Tagessatz in der Lohnart /003 gebildet, der ebenso durch die monatlichen Durchschnittsstunden dividiert und anschließend mit den Arbeitsstunden pro Tag aus dem Infotyp 0007 (Sollarbeitszeit) multipliziert wird, um schließlich einen Tageswert zu erhalten.

000030	PIT	D010	P01				Bewertungsgrundlagen bilden (Addition)
000040	PIT	D013	P01				Bewertungsgrundlagen bilden (Division)

Abbildung 3.18 Bewertungsgrundlagen bilden

Verarbeitungsklasse 01

Welche Lohnarten in die Bewertungsgrundlagen einfließen, wird mit der Verarbeitungsklasse 01 gesteuert. Werden weitere Bewertungsgrundlagen benötigt, muss die Regel D010 und gegebenenfalls auch die Regel D013 durch eine eigene Regel ersetzt werden.

[!]

Bewertungsgrundlagen bilden

Zum Zeitpunkt der Bildung der Bewertungsgrundlagen sind nur die Lohnarten aus den Basisbezügen in Tabelle IT (Eingabetabelle) vorhanden. Die Lohnarten aus dem Infotyp 0014 (Wiederkehrende Be-/Abzüge) werden erst später eingelesen. Es kann daher keine Lohnart aus dem Infotyp 0014 in eine Bewertungsgrundlage einfließen, außer wenn Änderungen am Abrechnungsschema durchgeführt werden.

In Abbildung 3.19 ist die Bewertung der Lohnart **Zuschlag Nacht** mit der Bewertungsgrundlage dargestellt: Dazu werden die beiden letzten Stellen der relevanten Bewertungsgrundlage eingetragen, d. h., 01 löst eine Bewertung mit der Lohnart /001 aus. Darüber hinaus werden die Ausgabelohnart und ein Prozentsatz eingetragen. Auch können mehrere Lohnarten ausgegeben werden, was z. B. im Rahmen von Mehrarbeit denkbar wäre, um einen Grundlohn von 100 % und einen Zuschlag von 25 % in zwei Lohnarten zu bilden.

Weitere Möglichkeiten, um eine Lohnart zu bewerten, finden Sie im nächsten Abschnitt.

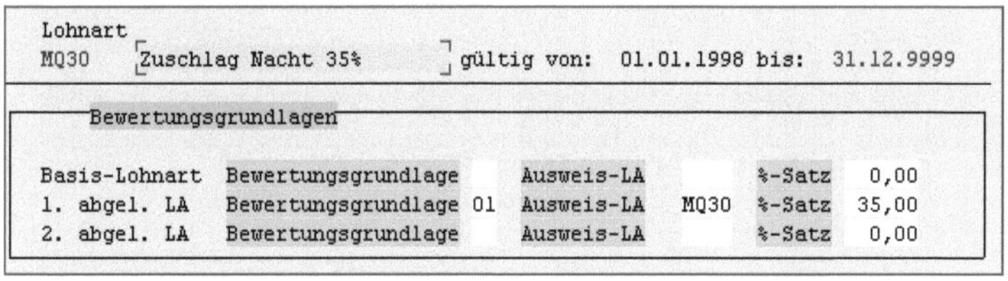

Abbildung 3.19 Lohnart mit Bewertungsgrundlage bewerten

3.10 Lohnarten bewerten

Regel X015

Die Bewertung von Lohnarten, die noch keine Beträge enthalten, erfolgt über die Regel X015 (siehe Abbildung 3.20). Die Regel X015 prüft, ob in der entsprechenden Lohnart bereits ein Betrag (**AMT**) enthalten ist; in diesem Fall wird die Lohnart lediglich mit **ADDWT *** abgestellt, und die Verarbeitung ist beendet. Als Nächstes wird geprüft, ob eine Anzahl vorhanden ist. Ist dies nicht der Fall, ist auch hier die Verarbeitung beendet, und die Lohnart wird abgestellt.

Im nächsten Schritt wird geprüft, ob das Feld **Betrag pro Einheit** (**RTE**) einen Wert enthält (siehe Abbildung 3.20). Ist dies der Fall, wird der Betrag pro Einheit mit der vorhandenen Anzahl multipliziert und ins Feld **Betrag** geschrieben. Die Lohnart ist nun bewertet und wird abgestellt.

Lohnart bewerten: zwei Möglichkeiten

Ist lediglich das Feld **Anzahl** gefüllt, bleiben jetzt noch zwei Alternativen, um eine Lohnart zu bewerten: entweder anhand einer Bewertungsgrundlage oder anhand eines berechneten Durchschnittswerts (siehe Abschnitt 3.11, »Durchschnitte«). Für die erste Alternative prüft zunächst die Operation VALBS?, ob überhaupt eine Bewertungsgrundlage in der Lohnart gepflegt ist; für das variable Argument gibt sie ein »X« zurück. Die Operationen VALBS0 bis VALBS2 lesen die zwei möglichen Bewertungsgrundlagen von Tabelle T512W (Lohnartenbewertung), bewerten damit die Lohnart und bilden gegebenenfalls abgeleitete Lohnarten, falls dazu Einträge vorhanden sind.

Abbildung 3.20 Lohnarten bewerten

Das Customizing der Lohnartenbewertung befindet sich im Bereich **Personalabrechnung Deutschland** unter dem Punkt **Zeitlohnartenbewertung** (siehe Abbildung 3.21).

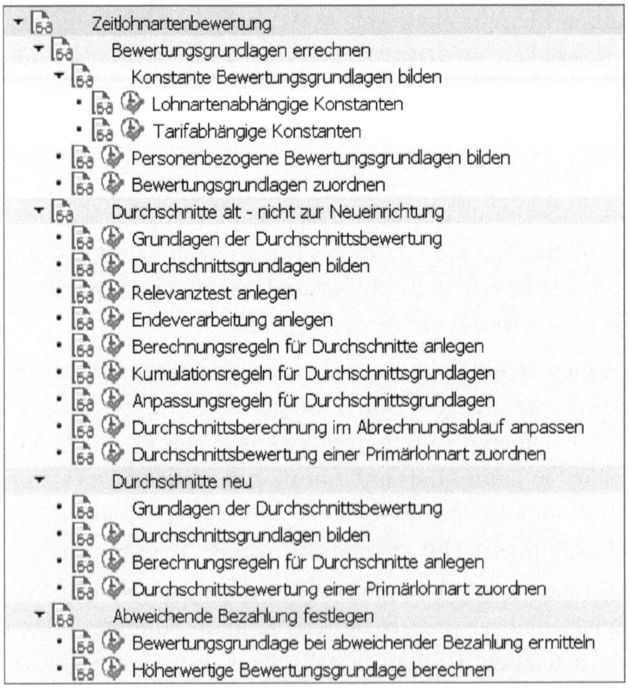

Abbildung 3.21 Customizing der Lohnartenbewertung

Neben der Bewertung einer Lohnart mit einer Bewertungsgrundlage können Lohnarten auch mithilfe einer lohnartenabhängigen oder einer tarifabhängigen Konstanten bewertet werden (siehe Abschnitt 23.1, »Verwendung von Lohnarten«).

3.11 Durchschnitte

Durchschnitte dienen der Bewertung von Lohnarten mit Werten, die auf Basis mehrerer Monate berechnet werden. Sie können z. B. verwendet werden, um Ausgleichszahlungen für Zeitzuschläge bei Urlaub oder Krankheit zu berechnen. Im Rahmen dieser Bewertungsart werden die bezahlten Zuschläge einer relevanten Anzahl von Monaten durch die in diesen Monaten gearbeiteten Stunden dividiert.

Für die Berechnung von Durchschnitten wurde eine neue Funktion entwickelt, die für Neueinrichtungen der Durchschnittsbewertung verwendet werden sollte. Falls die Durchschnittsbewertung schon mit der bisherigen Lösung eingesetzt wurde, muss diese nicht geändert werden. Daher beschreiben wir im Folgenden beide Möglichkeiten dazu.

3.11.1 Bisherige Durchschnittsbewertung

Operation MEANV

Die Durchschnittsbewertung wird über die Operation MEANV in der Regel X016 aufgerufen (siehe Abbildung 3.22). Die Nummer der anzuwendenden Berechnungsart wird dabei mitgegeben.

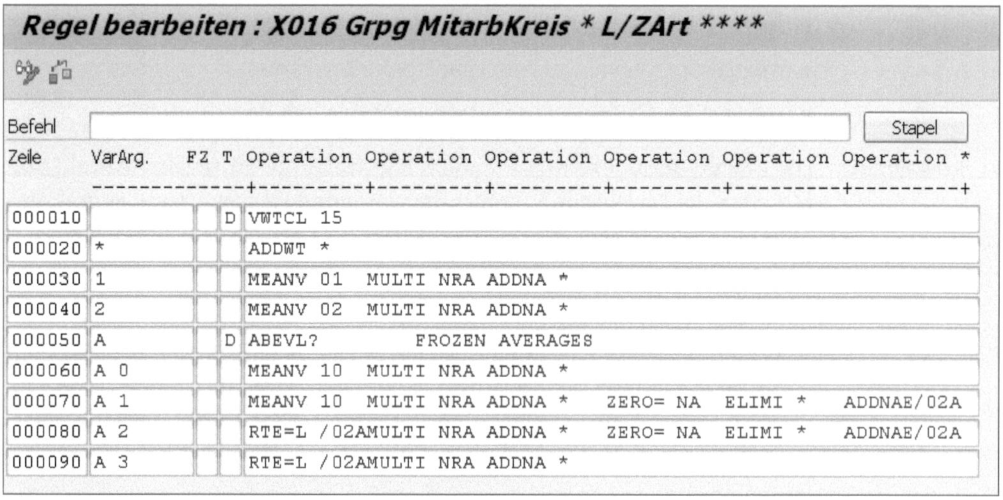

Abbildung 3.22 Durchschnittsbewertung aufrufen

Das Customizing der Durchschnittsbewertung finden Sie im Knoten **Zeitlohnartenbewertung** im Bereich **Personalabrechnung Deutschland** (siehe Abbildung 3.23). Die erste Aktivität enthält die Definition der Berechnungsregel, deren zweistelliger Schlüssel als Parameter in der Operation MEANV mitgegeben wird.

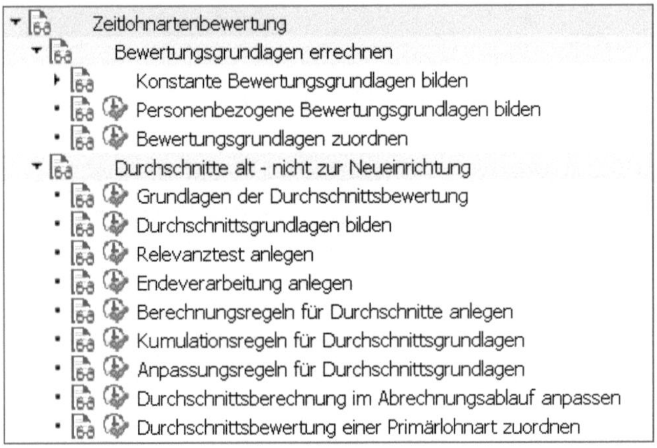

Abbildung 3.23 Customizing der Durchschnittsbewertung

Berechnungsregel

In der Berechnungsregel (siehe Abbildung 3.24) muss Folgendes definiert werden:

- Relevanztest (Spalte **RelevTest**)
- Kumulationsregel (Spalte **Kumulation**)
- Endeverarbeitung (Spalte **Endverarb.**)
- Anzahl der maximalen Perioden (Spalte **AnzPerMax**)
- Anzahl der relevanten Perioden (Spalte **AnzPerRel**)
- **Lohnart** zur Übersteuerung der automatischen Berechnung

Relevanztest

Die Anzahl der relevanten Perioden legt fest, anhand welcher Anzahl von Monaten der Durchschnitt berechnet werden muss. Dabei kann es vorkommen, dass nicht alle Perioden für die Berechnung relevant sind – z. B. können Monate, in denen die Anzahl der Arbeitstage krankheitsbedingt zu niedrig war, aus der Berechnung ausgeschlossen werden. Im Relevanztest werden diese Monate als nicht relevant gekennzeichnet (siehe Abbildung 3.25). Dafür kann mit der Anzahl an maximalen Perioden festgelegt werden, dass im Fall von nicht relevanten Perioden weiter in der Vergangenheit nach Perioden gesucht werden soll, die stattdessen in die Berechnung einbezogen werden können.

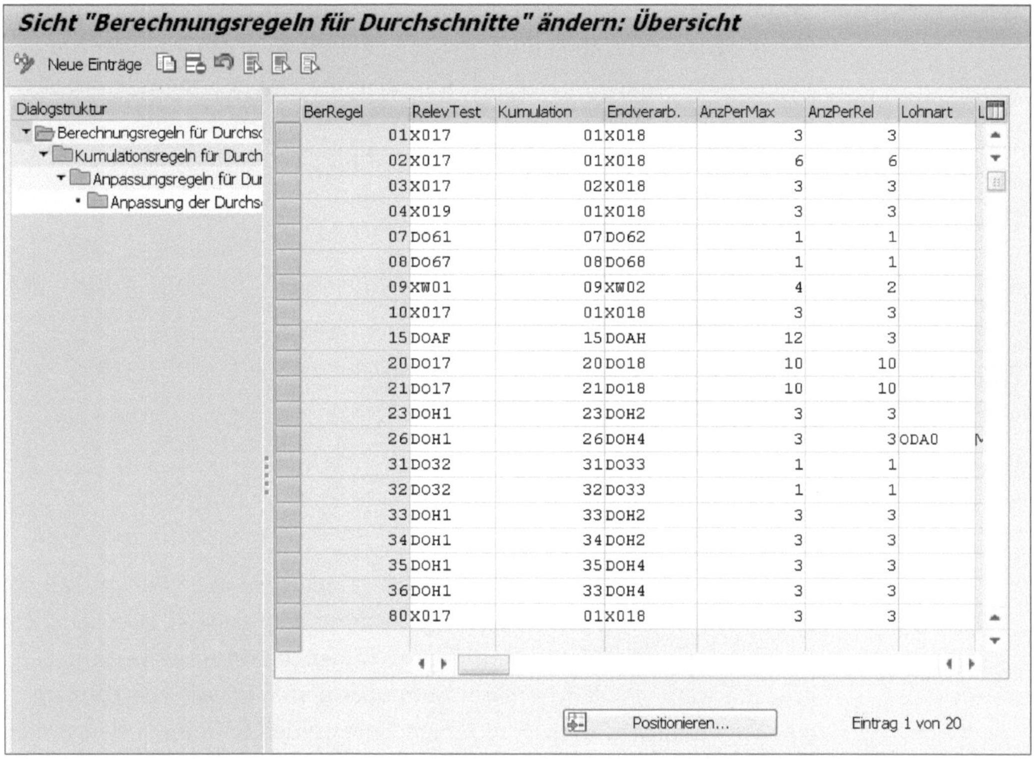

BerRegel	RelevTest	Kumulation	Endverarb.	AnzPerMax	AnzPerRel	Lohnart	L
01	X017	01	X018	3	3		
02	X017	01	X018	6	6		
03	X017	02	X018	3	3		
04	X019	01	X018	3	3		
07	DO61	07	DO62	1	1		
08	DO67	08	DO68	1	1		
09	XW01	09	XW02	4	2		
10	X017	01	X018	3	3		
15	DOAF	15	DOAH	12	3		
20	DO17	20	DO18	10	10		
21	DO17	21	DO18	10	10		
23	DOH1	23	DOH2	3	3		
26	DOH1	26	DOH4	3	3	ODA0	M
31	DO32	31	DO33	1	1		
32	DO32	32	DO33	1	1		
33	DOH1	33	DOH2	3	3		
34	DOH1	34	DOH2	3	3		
35	DOH1	35	DOH4	3	3		
36	DOH1	33	DOH4	3	3		
80	X017	01	X018	3	3		

Abbildung 3.24 Berechnungsregeln

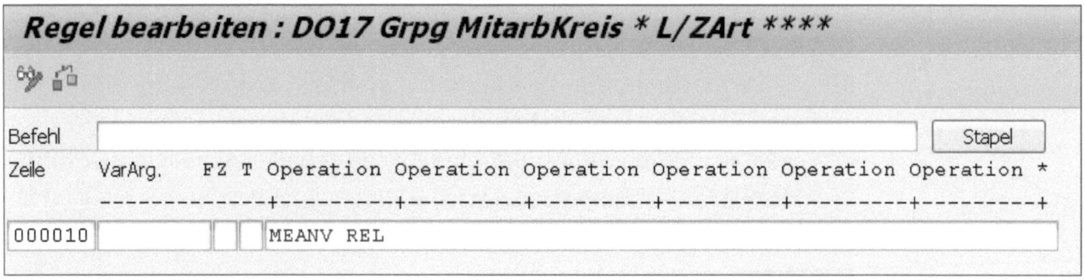

Abbildung 3.25 Relevanztest

Bei drei relevanten und zwölf maximalen Perioden wird so lange in der Vergangenheit nach möglichen Perioden gesucht, bis die Anzahl von drei relevanten Perioden erreicht ist; maximal werden jedoch zwölf Perioden geprüft. Ob eine Periode relevant ist, hängt vom Ergebnis des Relevanztests ab, in dem z. B. Perioden, die zu wenige Arbeitstage enthalten, als nicht relevant gekennzeichnet werden können.

Kumulationsregel Die Kumulationsregel legt fest, welche Lohnarten in die Felder **Anzahl** (**Kum NUM**), **Betrag pro Einheit** (**Kum RTE**) und **Betrag** (**Kum AMT**) addiert werden sollen (siehe Abbildung 3.26). Die Kumulationen (siehe Kapitel 23, »Lohnarten«) werden monatlich in der Abrechnung gebildet. Wenn eine Lohnart abgestellt und kumuliert wird (siehe Abschnitt 3.15, »Abstellung«), wird sie gleichzeitig in alle in Tabelle T512W (Lohnartenbewertung) markierten Kumulationen addiert.

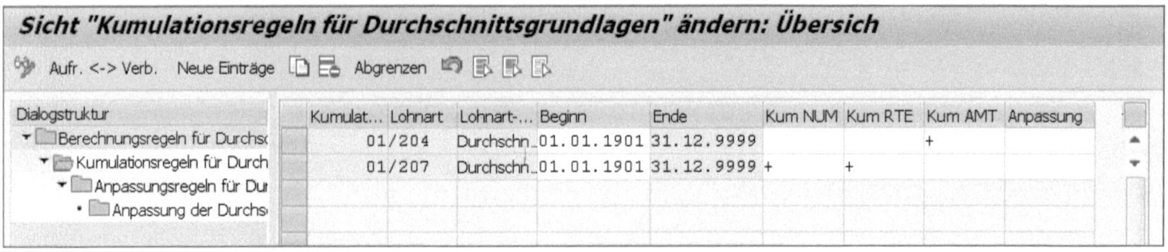

Abbildung 3.26 Kumulationsregeln

Außerdem kann eine Anpassungsregel definiert werden, die den Durchschnitt im Falle von Lohnerhöhungen automatisch anpasst. Hier kann ein fixer Prozentsatz definiert werden, der zu einem bestimmten Zeitpunkt angewandt werden soll. Alternativ kann über den Vergleich von Lohnarten eine Erhöhung des Durchschnitts berechnet werden. So können Sie z. B. den Stundensatz des aktuellen Monats mit dem Stundensatz des Vormonats vergleichen und den Durchschnittssatz im Falle einer Lohnerhöhung im gleichen Verhältnis erhöhen.

Der Relevanztest besteht aus einer Regel, die über die Operation MEANV REL die Perioden als relevante Perioden markiert. In Abbildung 3.25 ist ein einfacher Relevanztest zu sehen, der jede Periode als relevant markiert. Hier gibt es keine Entscheidungsoperationen, von denen es abhängig ist, ob eine Periode relevant ist oder nicht. Das Markieren einer Periode als relevant ist entscheidend dafür, ob die betreffende Periode in die Durchschnittsbewertung einbezogen wird oder nicht.

Nachdem im Rahmen der Durchschnittsbewertung die Werte der Lohnarten der Vorperioden, die in der Kumulationsregel festgelegt wurden, in die Felder **Anzahl**, **Betrag pro Einheit** und **Betrag** addiert worden sind, kann der eigentliche Durchschnitt in der Endeverarbeitung berechnet und übergeben werden (siehe Abbildung 3.27). Mittels der Operation NUM=M wird das Anzahlfeld aus dem Durchschnitt an die aktuelle Lohnart übergeben. In diesem Beispiel wird der Betrag durch die Anzahl der gearbeiteten Stunden dividiert und in das Feld **Betrag pro Einheit** der Lohnart übergeben.

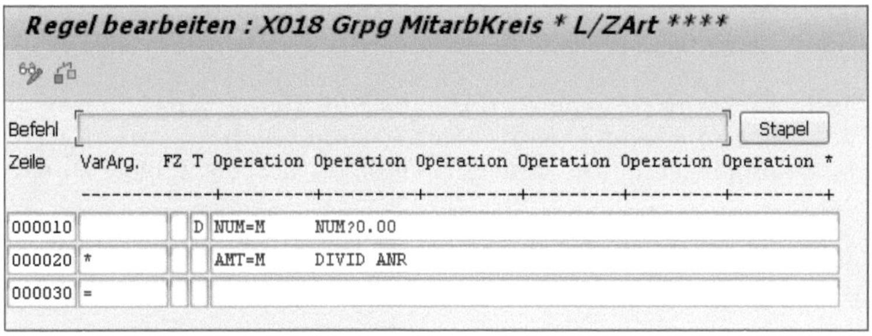

Abbildung 3.27 Endeverarbeitung

3.11.2 Neue Durchschnittsbewertung

Funktion AVERA

Das Customizing der neuen Durchschnittsbewertung finden Sie im Abschnitt **Zeitlohnartenbewertung** im Bereich **Abrechnung Deutschland** (siehe Abbildung 3.28).

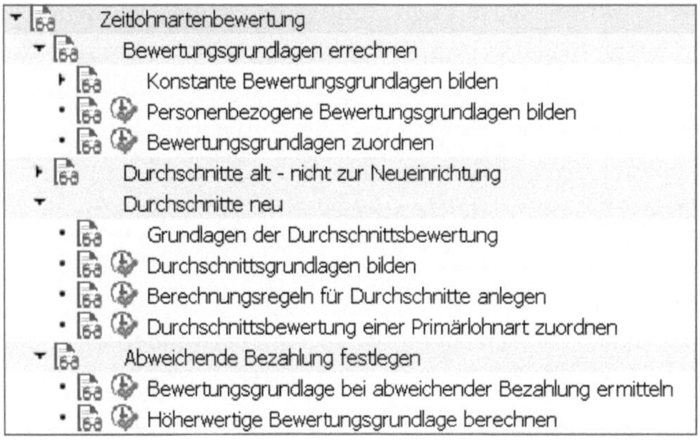

Abbildung 3.28 Customizing der neuen Durchschnittsbewertung

Die entsprechende Berechnung wird über die Funktion AVERA aufgerufen, die in das Abrechnungsschema eingefügt werden muss, am besten vor der Regel X015 mit der bisherigen Durchschnittsbewertung.

Tabellen für das Customizing

Das Customizing erfolgt vollständig in den folgenden Tabellen:

- V_T51AV_A – Berechnungsregeln für Durchschnitte
- V_T51AV_B – Kumulationsregeln für Durchschnittsgrundlagen
- V_T51AV_C – Anpassungsregeln für Durchschnittsgrundlagen
- V_T51AV_E – Endeverarbeitungsregeln für Durchschnitte
- V_T51AV_P – Zuordnung von Lohnarten zu Durchschnittsbewertungsregeln
- V_T51AV_R – Relevanzregel für Durchschnittsbewertung

- V_T51AV_ROC – für die Durchschnittsbewertung nicht relevante OC-Gründe
- V_T51AV_W – Vergleichsregeln für Durchschnittsbewertung

Viele Einstellungen sind mit den Einstellungen der bisherigen Durchschnittsbewertung vergleichbar. Die aufgeführten Tabellen enthalten zusätzliche Parameter, die bisher in den Regeln zum Relevanztest und zur Kumulation definiert werden mussten. Außerdem wird die Durchschnittsbewertung der zu bewertenden Lohnart direkt zugeordnet, sodass die Anpassung von Regeln, die bisher erforderlich war, wenn viele Berechnungsvarianten abgebildet werden mussten, entfällt.

3.12 Leistungslohn

Lohnscheintypen

Im Leistungslohn können Lohnscheine erfasst werden, die in der Lohnabrechnung verarbeitet werden. Bei der Berechnung des Entgelts werden hier die tatsächlich gearbeiteten Zeiten und die vollbrachte Leistung berücksichtigt. Es können mitarbeiterbezogene und gruppenbezogene Ergebnisse errechnet werden. So ist die Berechnung von Einzelakkorden oder Einzelprämien, von gruppenbezogenen Gruppenakkorden oder von Gruppenprämien möglich. Für die Erfassung des Leistungslohns gibt es verschiedene Lohnscheintypen:

- **01 – Prämienlohnschein**
  Der Prämienlohnschein (siehe Abbildung 3.29) wird verwendet, wenn die Leistung bezogen auf die beschäftigte Person erbracht wird, wie z. B. im Einzelakkord. Der Lohnschein enthält die gearbeitete Zeit und die produzierte Menge, aus der ein Ergebnis berechnet wird. Die gearbeitete Zeit kann mit dem erreichten Ergebnis multipliziert werden und so in die Entgeltabrechnung einfließen.
- **02 – Mengenlohnschein**
  Der Mengenlohnschein enthält produzierte Mengen einer Gruppe; zusammen mit dem Personenlohnschein (03) wird das Ergebnis einer Gruppe berechnet. Das Gruppenergebnis bezieht immer alle Mengenlohnscheine und Personenlohnscheine eines Monats ein und berechnet daraus ein Gesamtergebnis.
- **03 – Personenlohnschein**
  Der Personenlohnschein beinhaltet die in einer Gruppe gearbeiteten Zeiten.

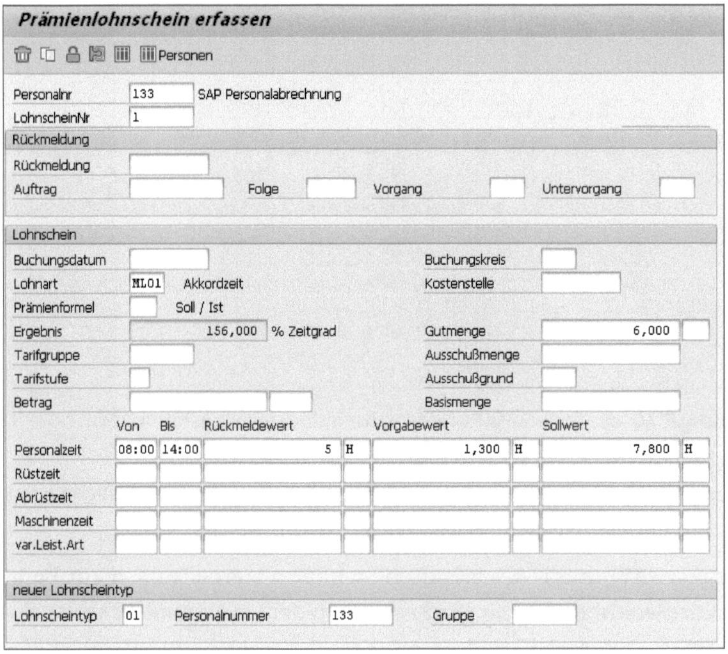

Abbildung 3.29 Lohnschein

- **04 – Zeitlohnschein**
  Der Zeitlohnschein verzeichnet die gearbeiteten Zeiten, die kein Ergebnis enthalten. Dies sind meist unproduktive Zeiten, also Zeiten, in denen z. B. die Produktion steht oder aus einem anderen Grund kein Ergebnis ermittelt werden kann. Meist werden diese Zeiten als Gemeinkosten verrechnet.
- **05 – Vorarbeiterlohnschein**
  Der Vorarbeiterlohnschein kann für Mitglieder einer Gruppe verwendet werden, die nicht produktiv am Ergebnis dieser Gruppe beteiligt sind, aber am Gruppenergebnis teilhaben, was bei Personen mit Vorarbeiterfunktion der Fall sein kann.

Speicherung der Leistungslohnarten

Die Daten des Leistungslohns werden in zwei Clustern in der Datenbank PCL1 gespeichert. Der Cluster L1 enthält alle personenbezogenen Lohnscheine mit den gearbeiteten Zeiten einer beschäftigten Person; der Inhalt dieses Clusters kann der Person zugeordnet werden. Der Cluster G1 umfasst hingegen die Daten der Gruppen. Für die Abrechnung sind die Daten des Clusters L1 relevant, die auch den Lohnscheintyp 03 (Personenlohnschein) enthalten, der bereits mit dem ermittelten Gruppenergebnis in die Abrechnung eingelesen wird.

Die Funktion IF mit dem Parameter XW4 (siehe Abbildung 3.30) bestimmt, ob ein Mitarbeiterkreis als für den Leistungslohn relevant markiert ist.

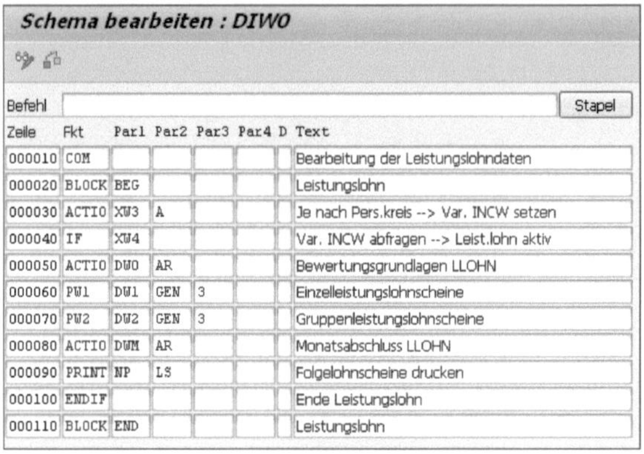

Schema bearbeiten : DIWO

Befehl [ ] Stapel

Zeile	Fkt	Par1	Par2	Par3	Par4	D	Text
000010	COM						Bearbeitung der Leistungslohndaten
000020	BLOCK	BEG					Leistungslohn
000030	ACTIO	XW3	A				Je nach Pers.kreis --> Var. INCW setzen
000040	IF	XW4					Var. INCW abfragen --> Leist.lohn aktiv
000050	ACTIO	DWO	AR				Bewertungsgrundlagen LLOHN
000060	PW1	DW1	GEN	3			Einzelleistungslohnscheine
000070	PW2	DW2	GEN	3			Gruppenleistungslohnscheine
000080	ACTIO	DWM	AR				Monatsabschluss LLOHN
000090	PRINT	NP	LS				Folgelohnscheine drucken
000100	ENDIF						Ende Leistungslohn
000110	BLOCK	END					Leistungslohn

Abbildung 3.30 Schema DIWO – Bearbeitung der Leistungslohndaten

Nur die diesem Kreis zugehörigen Mitarbeitenden durchlaufen die Funktionen zum Einlesen und Berechnen des Leistungslohns.

Die Regeln DW1 und DW2 enthalten Standardverarbeitungen zur Berechnung eines leistungsabhängigen Entgelts. In der Praxis sind diese Regeln jedoch nicht ausreichend, sondern müssen durch eigene Regeln ersetzt werden, da die Berechnungsformeln vielfältig sind.

3.13 Weitere Be-/Abzüge verarbeiten

Unterschema DWBO

Im Unterschema DWBO (Einlesen weiterer Be-/Abzüge), siehe Abbildung 3.31, werden die Daten der Infotypen 0014 (Wiederkehrende Be-/Abzüge) und 0015 (Ergänzende Zahlung) verarbeitet. Beide Infotypen können Lohnarten enthalten, die in der Abrechnung unterschiedlichen Sonderbearbeitungen unterworfen sein können.

Der Unterschied zwischen diesen Infotypen ist lediglich, dass ein Satz des Infotyps 0015 (Ergänzende Zahlung) immer mit einem *Stichtag* versehen ist und somit genau einmal bezahlt oder abgezogen werden kann. Der Infotyp 0014 (Wiederkehrende Be-/Abzüge) enthält einen *Zeitraum*; die Eingabe kann damit über mehrere Monate hinweg in der Abrechnung verarbeitet werden.

Die Regel D011 (siehe Abbildung 3.32) verarbeitet beide Infotypen auf identische Art und Weise.

Sonderverarbeitungen

Über die Verarbeitungsklasse 47 werden Sonderverarbeitungen angestoßen, von denen in SAP ERP HCM bereits viele enthalten sind. Ist keine Sonderverarbeitung markiert, wird die Lohnart unverändert in Tabelle IT (Eingabetabelle) gestellt, was bei allen Lohnarten sinnvoll ist, die bereits bei ihrer Eingabe mit einem Betrag im Infotyp versehen werden.

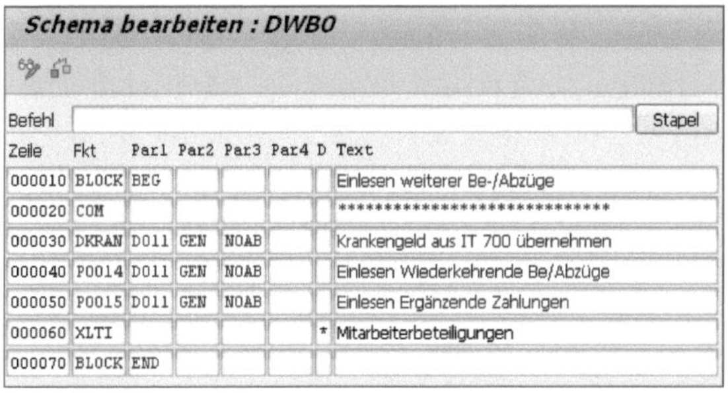

Schema bearbeiten : DWBO

Befehl [Stapel]

Zeile	Fkt	Par1	Par2	Par3	Par4	D	Text
000010	BLOCK	BEG					Einlesen weiterer Be-/Abzüge
000020	COM						*****************************
000030	DKRAN	D011	GEN	NOAB			Krankengeld aus IT 700 übernehmen
000040	P0014	D011	GEN	NOAB			Einlesen Wiederkehrende Be/Abzüge
000050	P0015	D011	GEN	NOAB			Einlesen Ergänzende Zahlungen
000060	XLTI					*	Mitarbeiterbeteiligungen
000070	BLOCK	END					

Abbildung 3.31 Schema DWBO – Einlesen weiterer Be-/Abzüge

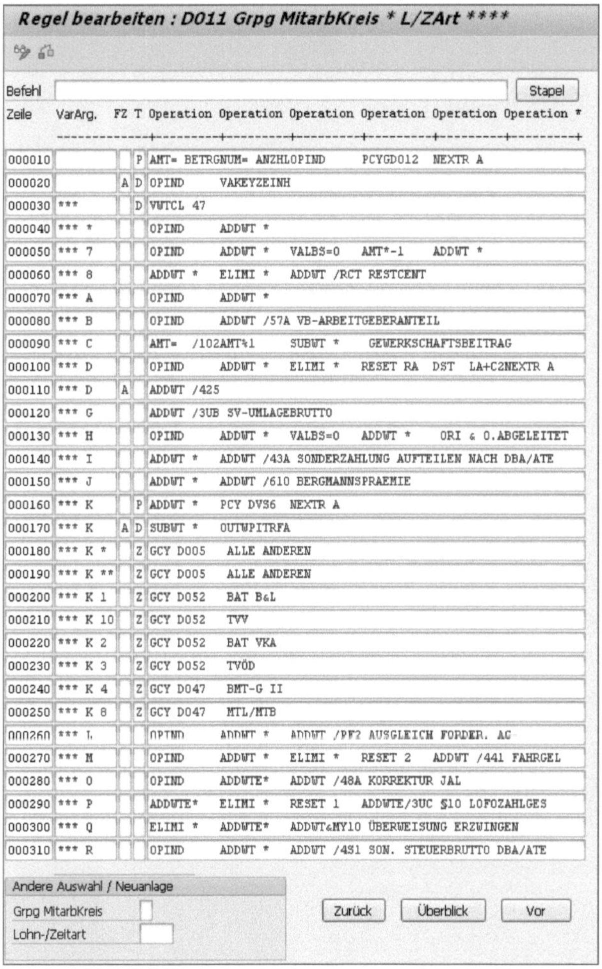

Regel bearbeiten : D011 Grpg MitarbKreis * L/ZArt **

Befehl [Stapel]

Zeile	VarArg.	FZ	T	Operation Operation Operation Operation Operation Operation *
000010			P	AMT= BETRGNUM= ANZHLOPIND PCYGD012 NEXTR A
000020		A	D	OPIND VAKEYZEINH
000030	***		D	VWTCL 47
000040	*** *			OPIND ADDWT *
000050	*** 7			OPIND ADDWT * VALBS=0 AMT*-1 ADDWT *
000060	*** 8			ADDWT * ELIMI * ADDWT /RCT RESTCENT
000070	*** A			OPIND ADDWT *
000080	*** B			OPIND ADDWT /57A VB-ARBEITGEBERANTEIL
000090	*** C			AMT= /102AMT%1 SUBWT * GEWERKSCHAFTSBEITRAG
000100	*** D			OPIND ADDWT * ELIMI * RESET RA DST LA+C2NEXTR A
000110	*** D	A		ADDWT /425
000120	*** G			ADDWT /3UB SV-UMLAGEBRUTTO
000130	*** H			OPIND ADDWT * VALBS=0 ADDWT * ORI & 0.ABGELEITET
000140	*** I			ADDWT * ADDWT /43A SONDERZAHLUNG AUFTEILEN NACH DBA/ATE
000150	*** J			ADDWT * ADDWT /610 BERGMANNSPRAEMIE
000160	*** K		P	ADDWT * PCY DVS6 NEXTR A
000170	*** K	A	D	SUBWT * OUTWPITRFA
000180	*** K *		Z	GCY D005 ALLE ANDEREN
000190	*** K **		Z	GCY D005 ALLE ANDEREN
000200	*** K 1		Z	GCY D052 BAT B&L
000210	*** K 10		Z	GCY D052 TVV
000220	*** K 2		Z	GCY D052 BAT VKA
000230	*** K 3		Z	GCY D052 TVÖD
000240	*** K 4		Z	GCY D047 BMT-G II
000250	*** K 8		Z	GCY D047 MTL/MTB
000260	*** L			OPIND ADDWT * ADDWT /PF2 AUSGLEICH FORDER. AC
000270	*** M			OPIND ADDWT * ELIMI * RESET 2 ADDWT /441 FAHRGEL
000280	*** O			OPIND ADDWTE* ADDWT /48A KORREKTUR JAL
000290	*** P			ADDWTE* ELIMI * RESET 1 ADDWTE/3UC $10 LOFOZAHLGES
000300	*** Q			ELIMI * ADDWTE* ADDWT&MY10 ÜBERWEISUNG ERZWINGEN
000310	*** R			OPIND ADDWT * ADDWT /4S1 SON. STEUERBRUTTO DBA/ATE

Andere Auswahl / Neuanlage
Grpg MitarbKreis
Lohn-/Zeitart

Zurück | Überblick | Vor

Abbildung 3.32 Regel D011 – Verarbeitung weiterer Be-/Abzüge

3.14 Aliquotierung

Teilentgeltberechnung für anteilige Monate

Unter *Aliquotierung* versteht man in SAP ERP HCM die Teilentgeltberechnung für anteilige Monate. Diese ist immer notwendig, wenn eine Person kein volles Monatsentgelt erhält, z. B. wenn der Firmenein- oder -austritt innerhalb eines Monats erfolgt. Außerdem wird die Bruttoberechnung in mehrere Teilmonate aufgeteilt, wenn sich Veränderungen innerhalb eines Abrechnungsmonats ergeben. Typische Änderungen sind:

- Änderung der Basisbezüge
- Wechsel der organisatorischen Zuordnung
- Änderung des Arbeitszeitplans
- Änderung der Kostenverteilung im Infotyp 0027 (Kostenverteilung)

Für die Berechnung der Bezüge werden sogenannte *Teilmonatsfaktoren* gebildet. Diese werden in den Lohnarten /801 bis /816 bereitgestellt (siehe Abbildung 3.33).

3	/801	Teilmonats-01	80.952,38
3	/802	Teilmonats-01	76.190,48
3	/803	Teilmonats-01	100000,00
3	/804	Teilmonats-01	80.952,38
3	/805	Teilmonats-01	100000,00

Abbildung 3.33 Teilmonatsfaktoren (Auszug)

Zur Erhöhung der Rechengenauigkeit werden die ermittelten Prozentsätze mit 100.000 multipliziert. Über die Verarbeitungsklasse 10 wird gesteuert, mit welchem Teilmonatsfaktor eine Lohnart multipliziert werden soll. So wird etwa eine Lohnart, die die Ausprägung 1 in der Verarbeitungsklasse 10 enthält, mit der Lohnart /801 multipliziert. Wie in Abbildung 3.33 dargestellt, bleiben 80,95 % der Lohnart nach der Aliquotierung übrig.

Daten des Schichtplans

Für die Berechnung der bereitgestellten Teilmonatsfaktoren werden Daten des Schichtplans verwendet, siehe Abschnitt 3.7.1, »Schichtplan verarbeiten«. In Abbildung 3.34 ist die Berechnung eines Teilmonatsfaktors dargestellt.

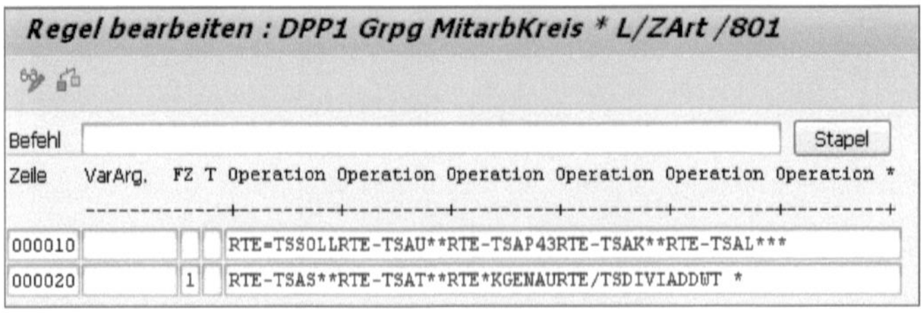

Abbildung 3.34 Teilmonatsfaktoren berechnen

Die Operation RTE=TSSOLL entnimmt dem Schichtplan die Sollstunden (SSOLL) des Teilmonats (T) und zieht davon die unbezahlten Stunden (SAU**) mittels der Operation RTE-TSAU** ab. Die beiden letzten Stellen enthalten die Zählklasse der Abwesenheit, die in der Bewertungsregel in Tabelle T554C (Bewertung von Abwesenheiten) festgelegt wird. Es kann entweder »**« verwendet werden, wodurch alle Abwesenheiten abgezogen werden, oder explizit eine Zählklasse. RTE-TSAU** zieht somit alle unbezahlten Abwesenheiten ab. Soll eine Abwesenheit in der Abrechnung speziell verarbeitet werden, muss eine gesonderte Zählklasse definiert werden, die nur in der Bewertungsregel dieser Abwesenheit enthalten ist.

3.15 Abstellung

Lohnarten, die in der Abrechnung bereits vollständig berechnet sind, werden an bestimmten Stellen im Verlauf der Personalabrechnung in Kumulationslohnarten addiert und anschließend in Tabelle RT (Ergebnistabelle) abgestellt. Diese Lohnarten sind damit von der gewöhnlichen Verarbeitung in den Tabellen IT/OT (Eingabetabelle/Ausgabetabelle) in der Funktion PIT ausgeschlossen. Tabelle RT (Ergebnistabelle) enthält alle fertig berechneten Lohnarten und wird am Ende der Personalabrechnung in der Datenbank gespeichert, während die Tabellen IT (Eingabetabelle) und OT (Ausgabetabelle) verloren gehen. Deshalb müssen am Ende der Personalabrechnung alle Lohnarten in Tabelle RT (Ergebnistabelle) enthalten sein.

Zeitpunkte

Im Verlauf der Abrechnung gibt es die folgenden Zeitpunkte für die Abstellung von Lohnarten:

- Abstellung von Zeitlohnarten im Schema DT00 (Verarbeitungsklasse 03)
- Abstellung von Bruttolohnarten im Schema DAL0 (Verarbeitungsklasse 20)

Wie in der Regel D020 (siehe Abbildung 3.35) zu sehen ist, wird – z. B. wenn die Ausprägung der Verarbeitungsklasse 03 den Wert »3« annimmt – die Operation ADDWTE* durchgeführt, die die aktuelle Lohnart in Tabelle RT (Ergebnistabelle) abstellt; danach werden die Split-Kennzeichen K (Kostenstelle), T (alternative Bezahlung) und X (variable Zuordnung) gelöscht. Anschließend wird die Operation ADDCU zur Kumulation dieser Lohnart in allen markierten Kumulationen und Durchschnittsgrundlagen durchgeführt. Im nächsten Schritt wird die Bearbeitung in Rechenregeln D02A fortgeführt.

Im Anschluss an diese Verarbeitung stehen nur noch die Kumulationslohnarten /1xx mit den summierten Beträgen und die Durchschnittsgrundlagen /2xx mit den summierten Beträgen für die weitere Verarbeitung zur Verfügung.

Der Nettoteil der Abrechnung arbeitet nur noch mit SAP-Lohnarten, und die Kundenlohnarten sind bereits abgestellt.

Regel bearbeiten : D020 Grpg MitarbKreis * L/ZArt ****

Befehl | Stapel

Zeile	VarArg.	FZ	T	Operation Operation Operation Operation Operation Operation *
000010			D	VWTCL 03
000020	*			ADDWT *
000030	0			ADDWT *
000040	1		Z	ADDWTE* ELIMI KTX ADDCU GCYGD02A
000050	2			ELIMI * RESET AR ADDWTE*
000060	3		Z	ADDWTE* ELIMI KTX ADDCU GCYGD02A
000070	4			ELIMI * RESET AR ADDWTE*
000080	5		P	ADDWTE* ELIMI KTX ADDCU PCYGD02A NEXTR
000090	5	1		ELIMI * RESET AR ZERO= RA ADDWTE/852DKUSW X *
000100	5	2	D	FILLF A DKUG ZR?
000110	5 N			DKUG WZ Y ADDWT&SWMS
000120	5 Y			ADDWT&KUMS
000130	6		Z	ELIMI * RESET R ADDWTE* ADDCU GCYGD02A
000140	7			ELIMI * RESET AR ADDNAE*
000150	8			

Abbildung 3.35 Abstellung

3.16 Fazit

Die Bruttofindung ist der Teil der Personalabrechnung, der der intensivsten Anpassung an betriebliche und tarifliche Anforderungen bedarf. Von der Bildung der Bewertungsgrundlagen über die Definition von Durchschnittsbewertungen bis hin zur Aliquotierung müssen alle Berechnungen an die definierten Anforderungen angepasst werden.

Kapitel 4
Nettoberechnung

Die wesentlichen Teile der Nettoberechnung im Rahmen der Personalabrechnung sind die Ermittlung der Lohnsteuer und der Sozialversicherungsbeiträge. In diesem Kapitel lernen Sie den Ablauf der Nettoberechnung und mögliche Customizing-Einstellungen dazu kennen.

Nachdem im Verlauf der Bruttoberechnung die Bezüge der Mitarbeitenden ermittelt und im Rahmen der Aliquotierung die relevanten Kürzungstatbestände berücksichtigt worden sind, erfolgt im Nettoteil der Personalabrechnung die Ermittlung der relevanten gesetzlichen Abzugsbeträge.

4.1 Steuerberechnung

Kenntnis der fachlichen Grundlagen

Das deutsche Steuersystem mit seinen zahlreichen Ausnahme- und Sonderregeln gilt als eines der komplexesten Steuersysteme der Welt. Das Verständnis der fachlichen Regelungen des Steuerrechts ist zwingende Voraussetzung, um das SAP-ERP-HCM-System im Bereich der Steuerberechnung korrekt konfigurieren und analysieren zu können.

Die Ermittlung der relevanten Steuern für einen Personalabrechnungsfall besteht aus vielen verschiedenen Einzelschritten, da die Personalabrechnung in SAP ERP HCM nahezu alle denkbaren Ausnahmefälle des deutschen Steuerrechts berücksichtigt (sofern diese auch entsprechend konfiguriert sind).

Den grundsätzlichen Ablauf der Steuerberechnung im Rahmen der Personalabrechnung veranschaulicht Abbildung 4.1 anhand des Abrechnungsprotokolls.

Infotyp 0012 als Grundlage

Grundlage für alle Verarbeitungsschritte im Steuerbereich sind die der beschäftigten Person über den Infotyp 0012 (Steuerdaten D) zugeordneten steuerlichen Merkmale (wie z. B. die Steuerklasse, die Religionszugehörigkeit und die damit verbundene Kirchensteuerpflicht oder Kirchensteuerbefreiung, persönliche Frei- oder Hinzurechnungsbeträge und auch Sonderregelungen wie das Doppelbesteuerungsabkommen) sowie die relevanten steuerlichen Kumulationslohnarten (z. B. /106, /111, /113).

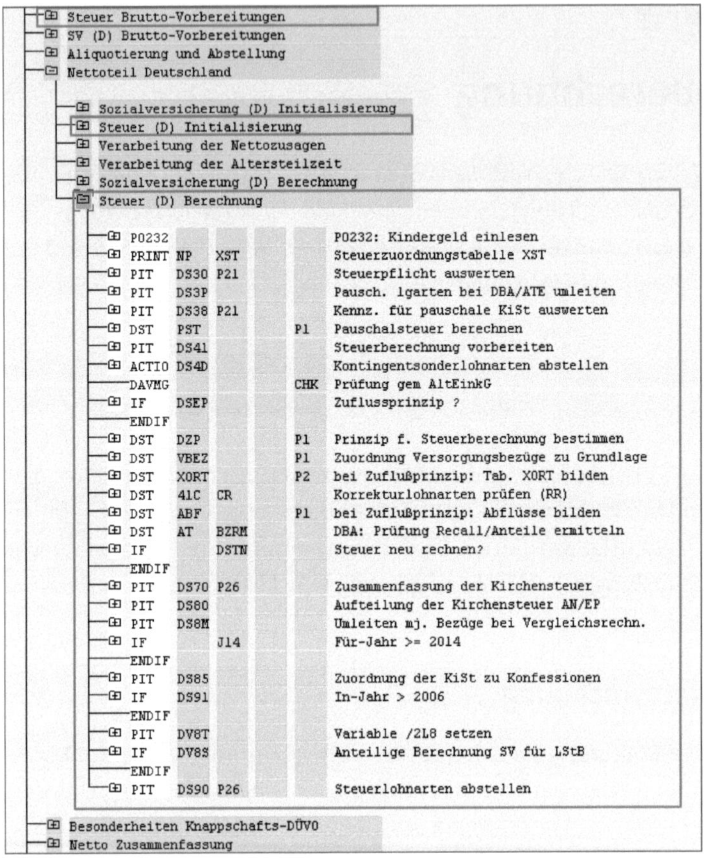

Abbildung 4.1 Bearbeitungsschritte der Steuerberechnung im Abrechnungsprotokoll

Das Thema »Steuern« wird zum besseren Verständnis zunächst anhand des Abrechnungsprotokolls und der sequenziell durchgeführten Bearbeitungsschritte innerhalb der Personalabrechnung in SAP ERP HCM dargestellt. Im Anschluss daran erläutern wir die wesentlichen Customizing-Möglichkeiten.

4.1.1 Untergeordnete Personalrechenschemen für die Steuerberechnung

Schemen DSTO, DSTI und DSTB

Speziell für die Steuerberechnung werden die drei folgenden untergeordneten Personalrechenschemen im Standard von SAP ERP HCM verwendet:

- DSTO – Steuer (D) – Bruttovorbereitungen
- DSTI – Steuer (D) – Initialisierung
- DSTB – Steuer (D) – Berechnung

Schema DSTO (Steuer (D) – Bruttovorbereitung)

Das Schema DSTO enthält vorwiegend Bearbeitungsschritte, die vor der eigentlichen Steuerberechnung vorgenommen werden müssen und u. a. grundlegend für andere Berechnungen im Rahmen der Nettoabrechnung sind. So ist z. B. die Ermittlung der SV- und steuerrechtlichen Kontingente nach dem Altersvermögensgesetz (AVmG) bereits für die SV-Berechnung, die vor der Steuerberechnung abläuft, zwingende Voraussetzung.

Schema DSTO – Bearbeitungsschritte

Im Einzelnen finden im Schema DSTO die folgenden Verarbeitungen statt:

1. Bereitstellung der SV- und steuerrechtlich relevanten Kontingente für die Gewährung von steuerfreien, pauschalsteuerpflichtigen sowie SV-freien Beiträgen nach dem Altersvermögensgesetz (siehe Kapitel 14, »Altersversorgung«)
2. Durchführung der Beitragsberechnungen für den Bankenversorgungsverein (BVV)
3. Ermittlung des geldwerten Vorteils im Rahmen der Gewährung von Dienstwagen (sowohl die individuelle als auch die pauschale Versteuerung)
4. Ermittlung der steuerrechtlich relevanten Beträge für Sachbezüge (wie z. B. freie Kost und Logis)
5. Aufteilung von Bruttobeträgen in steuerfreie, pauschalsteuerpflichtige und individualsteuerpflichtige Beträge (nicht im Sinne des AVmG, sondern z. B. die Anwendung der Freigrenze nach § 8 Abs. 2 EStG)
6. Übernahme des geldwerten Vorteils für einen Dienstwagen in das KuG-Sollentgelt (KuG = Kurzarbeitergeld)
7. Beitragsermittlung für Verträge nach dem AVmG (sowohl Wandlungen als auch Zusatzleistungen des Arbeitgebers)
8. Ermittlung der beanspruchten SV- und steuerrechtlichen Kontingente sowie Abtragung derselben
9. Durchführung von Sonderverarbeitungen für die korrekte Behandlung von Entgeltumwandlungen aus dem Arbeitgeberanteil hin zu den vermögenswirksamen Leistungen (VL)
10. Ermittlung der Prämie sowie Berechnung der Pauschalsteuer und Generierung eines Überweisungsbetrags für die Direktversicherungen aus dem Infotyp 0026 (Direktversicherung) – die Verwendung dieses Infotyps wird nicht mehr empfohlen, da die Anforderungen mit dem Infotyp 0699 (Altersvermögensgesetz) komplett abgedeckt sind.
11. Bildung der sogenannten *Schätzbasis* (Lohnart /462) für den Jahresarbeitslohn. Die Schätzbasis wird über die Kennzeichnung in der Verarbeitungsklasse 14 gebildet. Sie wird im Rahmen der Steuerberechnung be-

nötigt, um insbesondere bei Einmalzahlungen korrekte Steuerbeträge ermitteln zu können. Der ermittelte Wert wird für die noch in der Zukunft liegenden Abrechnungsperioden als zu versteuerndes Entgelt angenommen.

12. Übernahme von relevanten Dialoglohnarten oder Lohnarten aus der integrierten Reisekostenabrechnung in die technischen Lohnarten /442 (Steuerfreier Verpflegungszuschuss bei Auswärtstätigkeit) und/oder /443 (Steuerfreie AG-Leistung bei doppelter Haushaltsführung). Diese werden im Rahmen der Folgeverarbeitung der Personalabrechnung auf der Lohnsteuerbescheinigung angedruckt und ermöglichen den Finanzämtern den Abgleich zwischen vom Arbeitgeber gezahlten und von den Beschäftigten abgesetzten Beträgen.

[»]

Buchung der Umsatzsteuer (Sachbezug/Pkw)

Die Standardfunktionen des SAP-Systems unterstützen weder die Ermittlung noch die Buchung der Umsatzsteuer für Sachbezüge bei Dienstfahrzeugen oder Diensträdern (z. B. JobRad). Für diese Prozesse ist eine individuelle Anpassung an die Bedürfnisse Ihres Unternehmens erforderlich. Sie können diese kundenspezifische Lösung gemeinsam mit Ihrem SAP-Beraterteam entwickeln und implementieren.

Schema DSTI (Steuer (D) – Initialisierung)

Schema DSTI – Bearbeitungsschritte

Auch im Schema DSTI erfolgt eine Reihe von Bearbeitungsschritten, deren Ergebnis für die durchzuführende Steuerberechnung, aber auch für andere Berechnungen (z. B. die Nettohochrechnung) unbedingte Voraussetzung ist:

1. Ermittlung der Steuertage des Abrechnungsmonats
2. Einlesen und Bearbeiten von Vorarbeitgeberdaten, Infotyp 0093 (bei unterjährigen Eintritten). Dieser Punkt ist seit der Einführung von ELStAM hinfällig, da diese Daten grundsätzlich nicht mehr vorliegen (keine Steuerbescheinigung des Vorarbeitgebers).
3. Bestimmung des Steuerprinzips (also ob im laufenden Monat nach dem Entstehungs- oder nach dem Zuflussprinzip abgerechnet werden soll)
4. Spezielle Auswertungen auf der Grundlage der Steuerpflicht (Auswertung der ermittelten Werte und Vergleich mit den Werten aus Tabelle V_T5D2D, Besteuerungsmerkmale D)
5. Prüfung, ob der Lohnsteuerjahresausgleich durchgeführt werden darf, und, wenn notwendig, die Sperrung desselben

6. Erstellung der Steuerzuordnungstabelle XST, die die Grundlage für die Steuerberechnung bildet und sich aus einer Reihe von Besteuerungsmerkmalen zusammensetzt

Nachdem das Schema DSTI durchlaufen worden ist, stehen die wesentlichen Grundlagen für die Steuerberechnung, aber auch für die Hochrechnung von Nettozusagen zur Verfügung.

Schema DSTB (Steuer (D) – Berechnung)

Schema DSTB – Bearbeitungsschritte

Im Schema DSTB erfolgen nun die eigentliche Ermittlung der anfallenden Arbeitnehmersteuern (inklusive einer eventuellen Kirchensteuer und des Solidaritätszuschlags) sowie eine Reihe weiterer Berechnungen und Verarbeitungsschritte:

1. Einlesen des Kindergeldes (sofern es vom Arbeitgeber ausgezahlt wird)
2. Umleiten von pauschalsteuerpflichtigen Lohnarten, die auf der Grundlage von Doppelbesteuerungsabkommen sowie von Auslandstätigkeitserlassen entstanden sind, in die technischen Lohnarten /163 bzw. /143
3. Durchführung von Auswertungen für die pauschale Kirchensteuerberechnung
4. Durchführung der Pauschalsteuerberechnung für nahezu alle Arten der Pauschalsteuer
5. Zuordnung von gezahlten Versorgungsbezügen zu einer sogenannten *Versorgungsgrundlage*, um die im Rahmen des Alterseinkünftegesetzes (AltEinkG) festgelegten Berechnungen nach Kohorten durchführen zu können
6. Prüfung, ob die Ermittlung und Abtragung der SV- und steuerrechtlichen Kontingente in zulässiger Weise erfolgt sind
7. Berechnung der Beiträge zur Arbeitskammer (werden nur in den Bundesländern Bremen und Saarland erhoben)
8. Berechnung der Lohn- und gegebenenfalls Kirchensteuer sowie des Solidaritätszuschlags (es erfolgt hier regelmäßig eine getrennte Steuerberechnung für laufendes und einmaliges Entgelt)
9. Sonderberechnungen und Umleitungen im Zusammenhang mit der Kirchensteuer
10. Abstellung der Steuerlohnarten, d. h. die Entscheidung, ob die Steuerlohnarten in die Ergebnistabelle RT abgestellt werden oder ob eine Übernahme in die Eingabetabelle IT für weitere Verarbeitungsschritte erfolgen soll

4.1.2 Customizing

Customizing-Einstellungen im Einführungsleitfaden

Um Ihnen eine effiziente und einfache Einarbeitung in die Thematik zu ermöglichen, erläutern wir im Folgenden die Customizing-Einstellungen für den Bereich »Steuern« im Einführungsleitfaden (IMG). Alle im weiteren Verlauf dieses Abschnitts genannten Customizing-Punkte sind grundsätzlich unter **Personalabrechnung • Abrechnung Deutschland • Steuer** zu finden. Weitere Punkte im Einführungsleitfaden, die nicht unter diesem Pfad zu finden sind, werden gesondert genannt.

Steuerlich relevante betriebliche Merkmale

Personalteilbereich

Der erste Schritt im Einführungsleitfaden ist die Zuordnung der steuerlich relevanten betrieblichen Merkmale. Diese werden zwar nicht für die Personalabrechnung selbst, wohl aber für die Abgabe der Lohnsteueranmeldung und der Lohnsteuerbescheinigung zwingend benötigt. Den entsprechenden Customizing-Punkt finden Sie im IMG unter **Umfeld • steuerlich relevante betriebliche Merkmale**. Dabei werden die folgenden Informationen einem Personalteilbereich zugeordnet (siehe Abbildung 4.2):

- Bundesland
- Kirchensteuergebiet
- Finanzamtsnummer
- Steuernummer (sowohl allgemein als auch speziell für das ELSTER-Verfahren)

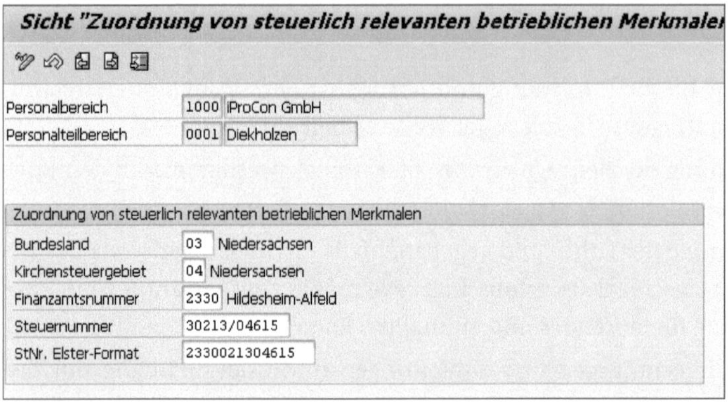

Abbildung 4.2 Steuerlich relevante betriebliche Merkmale zuordnen

Hier wird deutlich, dass der kleinste betriebliche Bereich, der steuerlich gesondert behandelt werden kann, der Personalteilbereich ist.

Pauschale Kirchensteuer

Zwei Möglichkeiten der Erhebung

Im Anschluss daran müssen Sie entscheiden, welches Verfahren bei der Erhebung von Kirchensteuer, die auf der Grundlage der pauschalen Lohnsteuer ermittelt wird, angewandt werden soll. Dazu gibt es zwei Anwendungsalternativen:

1. Erhebung der pauschalen Kirchensteuer, ungeachtet der individuellen Kirchensteuerpflicht, von allen steuerpflichtigen Mitarbeitenden
2. Erhebung der pauschalen Kirchensteuer nur von den kirchensteuerpflichtigen Mitarbeitenden

Die Standardauslieferung von SAP folgt der letztgenannten Alternative.

Vorschlagswerte für Steuerverfahren festlegen

Merkmal DST12

Bei den Vorschlagswerten für Steuerverfahren handelt es sich um das Merkmal DST12 (siehe Abschnitt 25.1, »Merkmale in der Personalabrechnung«), mit dessen Hilfe die Vorschlagswerte für den Infotyp 0012 (Steuerdaten D) erzeugt werden können. Konkret können folgende Felder mithilfe dieses Merkmals vorbelegt werden:

- Steuerverfahren
- Sonderregel
- anzuwendende Steuertabelle

Steuerverfahren anzeigen

Bei diesem IMG-Punkt geht es um die Eingabemöglichkeiten im Feld **Steuerverfahren** im Infotyp 0012 (Steuerdaten D). Die entsprechenden Daten müssten im System bereits vorhanden sein. Sollte dies nicht der Fall sein, empfiehlt sich ein Abgleich mit dem Auslieferungsmandanten 000 von SAP.

Steuerverfahrensmodelle

Für Deutschland sind hier die derzeit verwendeten und zulässigen Steuerverfahrensmodelle hinterlegt, die z. B. die folgenden Festlegungen treffen:

- ob ein Lohnsteuerjahresausgleich durchgeführt werden soll
- ob ein permanenter Ausgleich durchgeführt werden soll
- wie der Jahresarbeitslohn berechnet werden soll
- welche Steuertabelle anzuwenden ist (allgemeine oder besondere)

Verfahren prüfen

Der Abrechnungstreiber prüft zur Laufzeit, ob das eingegebene Verfahren im konkreten Fall überhaupt zulässig ist, und stellt dieses bei Bedarf selbstständig um, etwa wenn kein Lohnsteuerjahresausgleich zulässig ist, obwohl die Anwendung des Lohnsteuerjahresausgleichs im Infotyp 0012 (Steuerdaten D) vorgegeben wurde.

[!]

Keine eigenen Einträge verwenden

Vom Eintragen und Verwenden eigener Einträge wird ausdrücklich abgeraten, da zumindest in Deutschland die anzuwendenden Steuerverfahren gesetzlich vorgeschrieben sind und von SAP ERP HCM vollständig unterstützt werden. Denkbar sind eigene Einträge, wenn das fragliche Steuerverfahren im Standard von SAP ERP HCM nicht unterstützt wird, wie z. B. die geltenden Regelungen verschiedener Institutionen der Europäischen Gemeinschaft. Wurden nun eigene Einträge in der Tabelle der Steuerverfahrensmodelle (T5D2D) vorgenommen, muss auch die Umsetzung des Steuerverfahrens im Abrechnungsschema über eine kundeneigene Funktion erfolgen (siehe Abschnitt 24.8, »Entwicklung eigener Funktionen und Operationen«).

Sonderregeln anzeigen

Das für die Steuerverfahren Gesagte gilt in ähnlichem Maße für die Sonderregeln: Die in Deutschland verwendbaren und unterstützten Sonderregeln werden durch die Gesetzgebung festgelegt, und nur diese werden von SAP ERP HCM im Standard unterstützt. Insofern gibt es zwar eine Customizing-Tabelle zu den Sonderregeln, dort Änderungen vorzunehmen, würde aber – ebenso wie bei den Steuerverfahren – einen Eingriff in die Nettoabrechnung mit sich bringen. Zumeist handelt es sich bei Sonderregeln um regional geltende Besonderheiten des Steuerrechts, wie z. B. die Ermittlung und Abführung von Arbeitskammerbeiträgen für die Bundesländer Bremen und Saarland oder um die Berücksichtigung der Grenzgängereigenschaft für die Schweiz oder für Belgien. Aber auch die Abwälzung einer vom Arbeitgeber grundsätzlich zu tragenden Pauschalsteuer (z. B. im Falle der geringfügig entlohnten Beschäftigung nach § 8 SGB IV) auf die beschäftigte Person wird über eine Sonderregel abgebildet.

Lohnarten für Pauschalsteuerbruttobeträge überprüfen

Die §§ 40 und 40b des Einkommensteuergesetzes (EStG) enthalten spezielle Ausnahmeregelungen; d. h., dass ausgewählte Bezüge von Mitarbeitenden, die die im Gesetz genannten Voraussetzungen erfüllen, anstelle des individuellen Steuersatzes mit einem pauschalen Steuersatz besteuert werden.

Teilaktivitäten

Der Einführungsleitfaden besteht hier aus zwei Teilaktivitäten:

1. Zuerst wird geprüft, ob die erforderlichen Lohnarten in der passenden Lohnartengruppe enthalten sind – Lohnartengruppen stellen eine Gruppierung für eine bessere Auswahl und Sicht im Customizing dar; die Ausführung dieser ersten Prüfung ist aber nicht unbedingt erforderlich.
2. In einem zweiten Schritt erfolgen die Prüfung und gegebenenfalls auch die notwendige Zuordnung der Lohnarten zur passenden Kumulation. In einer solchen Kumulation werden alle Beträge, die pauschalsteuermäßig gleichbehandelt werden sollen, im Verlauf der Abrechnung gesammelt. Über diesen speziellen View wird nun Tabelle T512W (Lohnartenbewertung), die einen Großteil der Lohnartensteuerung für den Abrechnungstreiber enthält, gepflegt (siehe Kapitel 23, »Lohnarten«).

Es handelt sich dabei um folgende Aktivitäten:

- Ermittlung und Erhebung des variablen Pauschalsteuersatzes nach § 40 Abs. 1 Nr. 1 EStG. Speziell für die Ermittlung des variablen Steuersatzes gibt es den Report RPCSTVD0 (Berechnung des variablen Pauschalsteuersatzes nach § 40 Abs. 1 Nr.1 EStG). Dieser Report ermittelt anhand der durchschnittlichen Jahresarbeitslöhne pro Steuerklassengruppe und pro Steuertabelle sowie anhand des sonstigen Bezugs die zutreffende Steuer und bildet einen Durchschnittswert. Der so ermittelte Pauschalsteuersatz muss in Tabelle T511K (Abrechnungskonstanten) mit der Konstanten P401X hinterlegt werden. Der Abrechnungstreiber wendet nun im Rahmen der Pauschalsteuerberechnung den auf diese Weise hinterlegten Steuersatz für alle Lohnarten an, die in der Kumulation 40 gekennzeichnet sind.
- Erhebung einer Pauschalsteuer in Höhe von 25 % für Essenszuschüsse, Betriebsveranstaltungen, Erholungsbeihilfen, doppelte Verpflegungspauschalen sowie für unentgeltlich oder verbilligt überlassene PCs, inklusive Internetzugang, nach § 40 Abs. 2 EStG
- Erhebung einer Pauschalsteuer in Höhe von 15 % für Jobtickets etc. nach § 40 Abs. 2 S. 2 EStG
- Erhebung einer Pauschalsteuer in Höhe von 20 % für Zukunftssicherungsleistungen, wie etwa eine Gruppenunfallversicherung. Nicht erfasst sind hier die Lohnarten für individuelle Direktversicherungsverträge, die nach § 40b EStG besteuert werden.

Die Lohnarten sind abhängig vom Träger der Pauschalsteuer in den Kumulationen 41–43 (die Pauschalsteuer wird hier vom Arbeitgeber getragen) bzw. 61–63 (die Pauschalsteuer wird hier von den Beschäftigten getragen) zu kennzeichnen. Die Pauschalsteuer nach § 40 Abs. 1 S. 1 EStG kann nur vom Arbeitgeber getragen werden.

Lohnarten für Sachzuwendungen nach §37b EStG

Seit dem 01.01.2007 kann man auf Sachzuwendungen an Beschäftigte und Nichtbeschäftigte den § 37b Einkommensteuergesetz anwenden und bis zu einem Höchstbetrag von 10.000,00 EUR eine Pauschalversteuerung in Höhe von 30 % vornehmen.

Dazu muss die Musterlohnart M942 (Sachzuwendungen) an Beschäftigte auf die gewünschte Kundenlohnart kopiert werden. Trägt die beschäftigte Person die Pauschalsteuer, muss die Ausweislohnart auf /4AJ geändert werden. Bei der Ausweislohnart /4AI, die im Standard zugeordnet ist, trägt der Arbeitgeber die Pauschalsteuer.

[»]

Besonderheit in der Sozialversicherung

Für nach § 37b pauschal versteuerte Sachzuwendungen besteht im Rahmen der dafür ermittelten geldwerten Vorteile Sozialversicherungspflicht.

Lohnarten für Versorgungsbezüge überprüfen

Versorgungsbezüge sind Betriebsrenten, die Unternehmen an ehemalige Mitarbeitende auszahlen. Ähnlich wie Lohnarten, für die die relevanten Pauschalsteuerbruttobeträge gekennzeichnet werden müssen, muss dies auch für Versorgungsbezüge erfolgen. Relevant sind dafür die Kumulationen 17–24. Folgende Versorgungsbezugsarten müssen unterschieden werden:

- laufende, einmalige, hälftige sowie mehrjährige Versorgungsbezüge
- Versorgungsbezüge, für die ein Versorgungsfreibetrag immer oder altersabhängig gewährt werden muss

Lohnart als Versorgungsbezug kennzeichnen

Die Kennzeichnung einer Lohnart als Versorgungsbezug, für den immer ein Versorgungsfreibetrag gewährt werden muss, kommt dann infrage, wenn die entsprechende Lohnart nur bei solchen Mitarbeitenden eingepflegt wird, die auch die Voraussetzungen für die Inanspruchnahme des Versorgungsfreibetrags (vollendetes 63. Lebensjahr oder schwerbehindert und vollendetes 60. Lebensjahr) erfüllen. Dies ist z. B. bei Lohnarten der Fall, die nur für Beschäftigte erfasst werden, die eine Altersrente beziehen. Sofern hier Unsicherheiten bestehen, empfiehlt sich die Kennzeichnung als potenzieller Versorgungsbezug. Der Abrechnungstreiber ermittelt dann zur Laufzeit anhand der Stammdaten (Infotyp 0012 (Steuerdaten D), Feld **VersFreibetrag** sowie **Lebensalter**), ob ein Versorgungsfreibetrag tatsächlich gewährt wird.

Seit dem Inkrafttreten des Alterseinkünftegesetzes ist es erforderlich, Lohnarten, die Versorgungsbezüge darstellen, einer sogenannten *Versorgungsgrundlage* zuzuordnen. Hinter der Versorgungsgrundlage verbirgt sich die Summenlohnart VBEZ (Zuordnung Versorgungsbezüge) von Tabelle T596A (Teilapplikation), der wiederum über Tabelle T596J (Berechnungsvorschrift für Summenlohnarten, Kundentabelle) Kundenlohnarten zugeordnet werden können. Erforderlich ist diese Zuordnung, weil die Gewährung des Versorgungsfreibetrags und des Zuschlags zum Versorgungsfreibetrag seit dem Inkrafttreten des Alterseinkünftegesetzes von der erstmaligen Zahlung des Versorgungsbezugs abhängig ist. Je später die Zahlung beginnt, desto niedriger ist der Versorgungsfreibetrag.

Da ehemalige Mitarbeitende durchaus mehrere Renten beziehen können, ist eine eindeutige Zuordnung der Lohnarten zu einer Summenlohnart (Versorgungsgrundlage) erforderlich. Nur so kann die vollautomatische Ermittlung des Versorgungsfreibetrags korrekt erfolgen.

[zB]

Mehrere Renten werden bezogen

Eine ehemals im Unternehmen beschäftigte Person kann z. B. eine Rente aus eigener früherer Tätigkeit und zusätzlich eine Hinterbliebenenrente erhalten oder auch zwei verschiedene Renten von zwei Arbeitgebern, die im gleichen System geführt werden und zu unterschiedlichen Zeitpunkten beginnen.

Versorgungsgrundlage zuordnen

Die Zuordnung, welche Versorgungsgrundlage für die einzelnen Mitarbeitenden gilt, erfolgt im Infotyp 0012 (Steuerdaten D). Dort verzweigen Sie über den Button **Grundlage Versorgungsbezüge** in einen weiteren Teildialog, in dem die Zuordnung schließlich durchgeführt wird (siehe Abbildung 4.3).

Für die Durchführung einer fehlerfreien Personalabrechnung ist es zwingend erforderlich, die genannten Zuordnungen (sowohl im Customizing als auch im Bereich der Datenpflege) vorzunehmen, da es sonst zum einen zu Abrechnungsabbrüchen und zum anderen zu falsch erstellten Lohnsteuerbescheinigungen für versorgungsberechtigte Personen kommen kann.

[!]

Merkmal DTXVB nicht verändern

Von einer Veränderung des Merkmals DTXVB raten wir allerdings grundsätzlich ab, weil es sich dabei um die Überführung der (in den Infotypen erfassten) Grundlagenlohnarten in technische Abrechnungslohnarten handelt und das Merkmal im Standard bereits alle relevanten Fälle abdeckt.

Insbesondere nach der produktiven Durchführung einer ersten Personalabrechnung sollte dieses Merkmal nicht mehr verändert werden, da falsch ausgestellte Lohnsteuerbescheinigungen die Folge sein können.

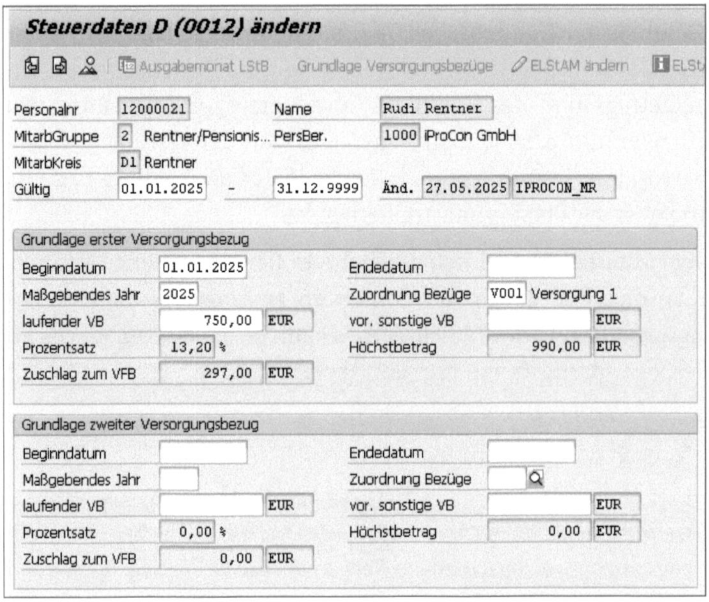

Abbildung 4.3 Versorgungsgrundlage im Infotyp 0012 (Steuerdaten D) zuordnen

Das Merkmal DTXVB (Steuer (D) – Versorgungsgrundlagen) wird im Einführungsleitfaden über den Pfad **Verarbeitung • steuerliche Überprüfung der Lohnarten für Versorgungsbezüge • Versorgungsbezüge zu Grundlagen zuordnen** ebenfalls zur Pflege angeboten.

Versorgungsbezug verarbeiten

Die Verarbeitung der Versorgungsbezüge erfolgt im Schema »Personalabrechnung« über die Funktion DST und den Parameter 1 = VBEZ. Über den Parameter 4, der im Standard den Wert »P1« enthält, kann die Protokollausgabe auf einen höheren Detaillierungsgrad eingestellt werden. Die Werte für den Parameter 4 reichen von »P1« bis »P4«.

Lohnarten in steuerfreie/-pflichtige Anteile aufteilen

Das deutsche Steuerrecht enthält Ausnahmeregelungen, die bei bestimmten Entgeltbestandteilen (wie z. B. der Erholungsbeihilfe nach § 40 Abs. 2 S. 1 Nr. 3 EStG) eine Steuerfreiheit oder Pauschalbesteuerung bis zu einer bestimmten Höhe vorsehen. Um zu vermeiden, dass Auszahlungsbeträge, die die Grenzbeträge übersteigen, mit zwei verschiedenen Lohnarten eingegeben werden müssen, besteht die Möglichkeit, Lohnarten so zu steuern, dass nur ein definierter Anteil steuerfrei bzw. pauschalsteuerpflichtig bleibt und die darüber hinausgehenden Anteile dem individuell steuerpflichtigen Entgelt der beschäftigten Person zugerechnet werden.

Aufteilung in zwei Schritten

Die Aufteilung von Lohnarten erfolgt über eine Konfiguration in zwei Schritten: Im ersten Schritt wird festgelegt, dass eine Lohnart grundsätzlich aufgeteilt werden muss. Dies geschieht über Tabelle T512W (Lohnartenbewertung) in der Verarbeitungsklasse 8. Für alle Lohnarten, die in dieser Verarbeitungsklasse mit 1 gekennzeichnet sind, wird in Tabelle V_T512C (Aufzuteilende Lohnarten) ein passender Eintrag gesucht (dieser sollte auch vorhanden sein, da es sonst zu einem Abbruch während des Verlaufs der Personalabrechnung kommt).

Tabelle V_T512C (Aufzuteilende Lohnarten) enthält nun die konkrete Lohnartenaufteilung. Aus Abbildung 4.4 wird ersichtlich, dass die Aufteilung über verschiedene Wege erfolgen kann, d. h., Sie können Folgendes vorgeben:

- eine Lohnart
- eine Konstante aus Tabelle T511K (Abrechnungskonstanten)
- ein fester Wert, der den Freibetrag enthält

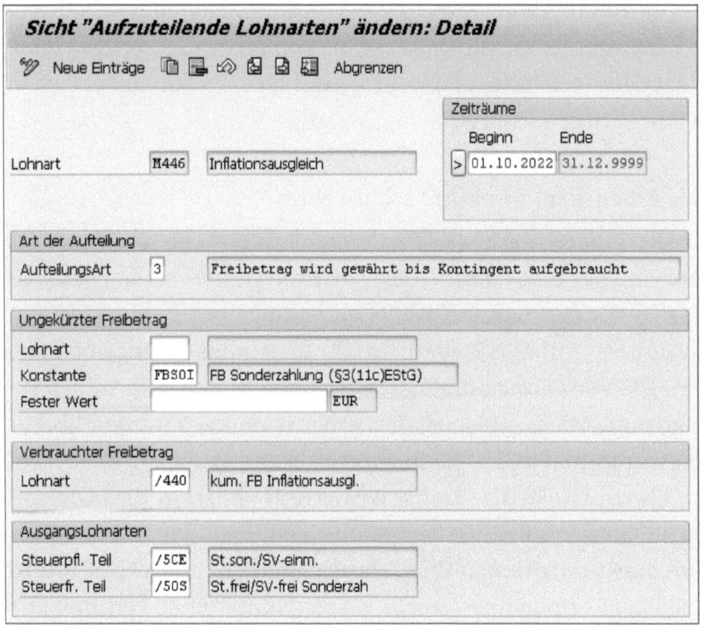

Abbildung 4.4 Tabelle T512C (Aufzuteilende Lohnarten) – Steuerungsmöglichkeiten für die Aufteilung von Lohnarten in steuerfreie bzw. steuerpflichtige Anteile

Darüber hinaus können Sie Lohnarten angeben, in die die steuerfreien bzw. pauschalsteuerpflichtigen und individuell steuerpflichtigen Lohnarten einfließen sollen. Ebenso kann der bisher im Kalenderjahr in Anspruch genommene Betrag zur weiteren Verwendung in eine Lohnart abgestellt werden. Nun müssen Sie noch entscheiden, um welche Art der Aufteilung (z. B. steuerliche Freigrenze, Freibetrag etc.) es gehen soll.

Formel zur Schätzung des Jahresarbeitslohns festlegen

In diesem Bereich des Einführungsleitfadens können die oben genannten Steuerverfahren über eine weitere Customizing-Tabelle (V_T5D2G, Steuerverfahren D) detailliert konfiguriert werden. Die Standardeinstellungen enthalten die in Deutschland zulässigen Werte, sodass eine regelmäßige Pflege dieser Aktivität weder sinnvoll noch erforderlich ist. Daher verzichten wir an dieser Stelle auf eine ausführliche Beschreibung.

Lohnarten als Schätzbasis für Jahresarbeitslohn schlüsseln

Hier erfolgt über die Pflege von Tabelle T512W (Lohnartenbewertung), Verarbeitungsklasse 14, die Entscheidung, ob eine Lohnart in die Ermittlung der sogenannten *Schätzbasis* einfließen soll. Die Schätzbasis ist die technische Lohnart /462, die für die Steuerberechnung von entscheidender Bedeutung ist, insbesondere wenn es um die Besteuerung von sonstigen Bezügen geht. Denn sie bildet den steuerlichen Jahresarbeitslohn ab, der für die restlichen Monate des Jahres zu erwarten ist.

Lohnarten als Arbeitskammerbrutto schlüsseln

Arbeitskammern gibt es nur in den Bundesländern Bremen und Saarland. Eine *Arbeitskammer* ist eine halbstaatliche Institution, die von den Beschäftigten im dazugehörigen Bundesland Pflichtbeiträge erheben darf, die in der Regel zusammen mit den Steuern an das zuständige Finanzamt abgeführt werden. Die Verteilung an die Arbeitskammern übernimmt das zuständige Finanzamt. Die Beiträge zu den Arbeitskammern werden bis zur Beitragsbemessungsgrenze der Rentenversicherung erhoben. In diesem Customizing-Schritt erfolgt die Klassifizierung der Lohnarten, die in den relevanten Bruttobetrag zur Beitragsberechnung einfließen sollen. Es handelt sich dabei um die Kumulationen 52 (AK-Brutto Bremen) und 53 (AK-Brutto Saarland). Die Pflege erfolgt über Tabelle T512W (Lohnartenbewertung).

Auslandsregelungen

Unter dem Begriff *Auslandsregelungen* werden die beiden folgenden steuerlichen Regelungen zusammengefasst:

- **Doppelbesteuerungsabkommen – DBA**
  Durch das Doppelbesteuerungsabkommen wird eine Doppelbesteuerung eines identischen Bezugs in mehreren Staaten verhindert; es existieren allerdings nicht mit allen Staaten solche Abkommen.
- **Auslandstätigkeitserlass – ATE**
  Der Auslandstätigkeitserlass gilt für Personen, die in Ländern tätig sind, mit denen kein Doppelbesteuerungsabkommen existiert.

Beide Formen der Besteuerung verfolgen das Ziel, Steuern vom inländisch verdienten steuerlichen Entgelt zu erheben; das im Ausland verdiente Einkommen soll möglichst steuerfrei gestellt werden. Es ist zu beachten, dass die Berechnungen des Systems aus steuerlicher Sicht immer nur vorläufigen Charakter haben. Eine verbindliche Steuerfeststellung wird regelmäßig im Rahmen der – bei teilweise im Ausland tätigen Mitarbeitenden – obligatorischen Einkommensteuererklärung vom zuständigen Wohnstättenfinanzamt durchgeführt.

Untermonatige Auslandsaufenthalte

Für das laufende Entgelt, das aus untermonatigen Aufenthalten im Ausland resultiert, bietet SAP ERP HCM die Möglichkeit, die Ermittlung der abzuführenden Steuern über eine anteilige Aufteilung anhand der sich aus den Daten des Infotyps 0012 (Steuerdaten D) ergebenden Kalender- oder Arbeitstage im Abrechnungsmonat durchzuführen. Der Standard unterstützt die Ermittlung der anteiligen Steuern anhand der Kalendertage. Soll diese anteilige Steuerberechnung nach den Arbeitstagen des Abrechnungsmonats erfolgen, muss für den relevanten Zeitraum die Teilapplikation STDB über Tabelle V_T596C (Gültigkeitsintervalle gesetzlicher Teilapplikationen) aktiviert werden.

Sonstige Bezüge

Bei den sonstigen Bezügen müssen Sie entscheiden, wie diese – abhängig von den steuerfachlichen Grundlagen – behandelt werden. Folgende Möglichkeiten bestehen und können konfiguriert werden:

- **Generelle Steuerfreiheit (Kumulation 26/27)**
  Müssen die sonstigen Bezüge generell im Rahmen eines DBA oder ATE steuerfrei gestellt werden, bietet sich die Kennzeichnung der relevanten Lohnarten in den Kumulationen 26 (für das DBA) bzw. 27 (für den ATE) an. Dabei müssen Sie jedoch beachten, dass nicht geprüft wird, ob im Infotyp 0012 (Steuerdaten D) ein DBA bzw. ein ATE erfasst wurde. Insofern eignet sich diese Kennzeichnung von Lohnarten immer dann, wenn es sich um sonstige Bezüge handelt, die nur an Expatriates ausgeschüttet werden.
- **Steuerfreiheit über den Infotyp 0012 (Steuerdaten D)**
  Sonstige Bezüge, die nur dann steuerfrei sein sollen, wenn ein DBA oder ATE im Infotyp 0012 (Steuerdaten D) erfasst ist, müssen – wie alle ande-

ren relevanten Lohnarten – in der Kumulation 11 für sonstiges Steuerbrutto oder 13 für ein mehrjähriges Steuerbrutto gekennzeichnet werden. Diese Lohnarten dürfen dann nicht in der Kumulation 26 bzw. 27 geschlüsselt werden.

- **Automatische Ermittlung bei den sonstigen Bezügen**
  Sind sonstige Bezüge unabhängig von einem DBA oder ATE immer steuerpflichtig, müssen die relevanten Lohnarten in der Verarbeitungsklasse 47 von Tabelle T512W (Lohnartenbewertung) mit der Ausprägung **R** (sonstiges Steuerbrutto bei DBA/ATE) oder **S** (mehrjähriges Steuerbrutto bei DBA/ATE) geschlüsselt werden. Es ist in diesen Fällen nicht erforderlich, die Lohnarten in einer Kumulation der Steuer (egal, ob 11, 13, 26 oder 27) zu kennzeichnen. Denn das System ermittelt dann das Steuerbrutto selbst und füllt auch die relevanten technischen Lohnarten.
- **Anteilige Steuerfreiheit nach Kalender- oder Arbeitstagen**
  Sollen die Lohnarten anteilig anhand der Kalender- oder Arbeitstage im Verhältnis zu den gesamten Kalender- oder Arbeitstagen besteuert werden, müssen die relevanten Lohnarten in der Verarbeitungsklasse 47 von Tabelle T512W (Lohnartenbewertung) mit der Ausprägung **W** gekennzeichnet werden; eine Kennzeichnung in den Kumulationen 26 oder 27 darf nicht erfolgen. Darüber hinaus ist die Angabe einer Bewertungsgrundlage in Tabelle T512W (Lohnartenbewertung) erforderlich (siehe Abbildung 4.5).

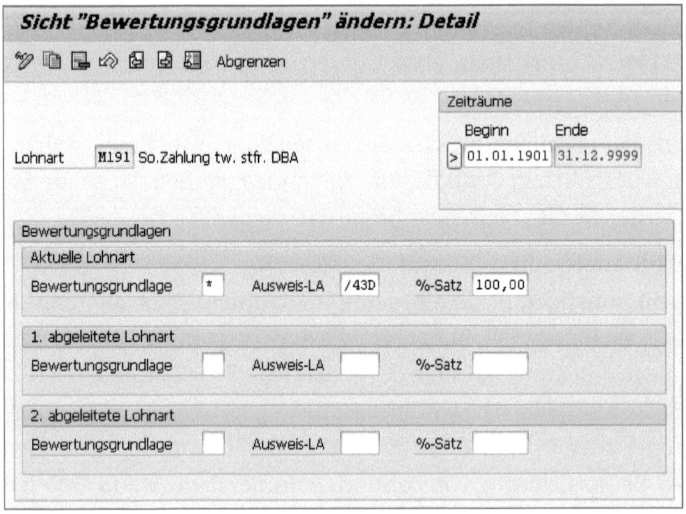

Abbildung 4.5 Sonstige Bezüge im Falle von DBA/ATE für eine anteilige Besteuerung kennzeichnen

Über die ausgewählte Ausweislohnart wird festgelegt, ob die anteiligen Kalender- oder Arbeitstage relevant sein sollen und ob bei der Ermittlung auf das laufende Jahr oder das Vorjahr zurückgegriffen werden soll.

Dazu stehen vier technische Lohnarten (/43A, /43D, /43V, /43W) zur Verfügung. Wir empfehlen Ihnen, die Dokumentation zu den Lohnarten in Tabelle T512W (Lohnartenbewertung) vor einer Zuordnung zu lesen.

Aufgrund der BMF-Schreiben vom 12.11.2014 und 14.03.2017 zur »Ermittlung des steuerfreien und steuerpflichtigen Arbeitslohns nach den Doppelbesteuerungsabkommen sowie nach dem Auslandstätigkeitserlass im Lohnsteuerabzugsverfahren und Änderungen des Auslandstätigkeitserlasses« sind seit dem 01.01.2019 folgende Punkte zu beachten:

- Es muss zwischen Arbeitslohn, der direkt (z. B. Zahlungen für Inlands-/ Auslandstätigkeit) und Arbeitslohn, der nicht direkt zugeordnet werden kann (Zusatzvergütungen, die auf den gesamten Zeitraum entfallen, z. B. Weihnachts- oder Urlaubsgeld) unterschieden werden.
- Der verbleibende, nicht zuzuordnende Arbeitslohn muss auf die tatsächlichen Arbeitstage im In- und Ausland aufgeteilt werden.

Dies hat zwei Folgen für die Abrechnung. Erstens kann der laufende Lohnsteuerabzug wie bisher erfolgen. Zweitens muss am Ende eines Kalenderjahres oder am Ende des Beschäftigungsverhältnisses eine komplette Betrachtung des bis dahin abgelaufenen Jahres vorgenommen werden, da nun die tatsächlichen In- und Auslandstage bekannt sind. Aufgrund dieser Arbeitstage im In- und Ausland muss die Aufteilung erfolgen und gegebenenfalls korrigiert werden.

[«]

SAP-Hinweis 2699917

Die Aufteilung des Arbeitslohns nach den Doppelbesteuerungsabkommen pro Bescheinigungszeitraum (Jahresbetrachtung) wurde zum Jahreswechsel 2018/2019 mit SAP-Hinweis 2699917 ausgeliefert.

Sonntags-/Feiertags-/Nachtzuschläge

Sonntags-, Feiertags- oder Nachtarbeit

Eine weitere steuerliche Besonderheit in Deutschland ist die teilweise Steuerfreistellung von Zuschlägen, die an Sonn- und Feiertagen oder im Rahmen von Nachtarbeit erarbeitet wurden. Wie so oft hat sich die Gesetzgebung hier nicht mit einer einfachen und grundsätzlichen Lösung zufriedengegeben, sondern nur durch eine komplexe Ermittlungslogik können die steuerfreien Anteile der Zuschläge ermittelt werden. Dabei werden abhängig von einem in einem ersten Schritt ermittelten Grundlohn die gezahlten Zuschläge so lange steuerfrei gestellt, bis sie bestimmte Grenzen überschreiten.

Notwendige Aktivitäten

Im System müssen, um eine korrekte Berechnung sicherzustellen, die folgenden Aktivitäten durchgeführt werden:

- Die relevanten Bestandteile des Grundlohns müssen Sie in der Verarbeitungsklasse 39 von Tabelle T512W (Lohnartenbewertung) kennzeichnen. Dies sind z. B. das Grundgehalt oder regelmäßig gewährte Zulagen wie Leistungszulagen, aber auch geldwerte Vorteile, z. B. für einen Dienstwagen.
- Sofern eigene Feiertagsklassen verwendet werden (wovon grundsätzlich abgeraten wird), muss für diese festgelegt werden, unter welchen Voraussetzungen welche Zuschläge gewährt werden sollen. Dies erfolgt über die Aktivität **Verarbeitung • So/Na/Fe-Zuschläge • Steuerfreiheit bei eigenen Feiertagsklassen pflegen**.
- Sofern keine Positivzeitwirtschaft im Einsatz ist oder der Infotyp 2010 (Entgeltbelege) für die Aufgabe der Zuschläge verwendet wird, müssen den Dialoglohnarten die systemintern verwendeten Lohnarten sowie die jeweiligen Zuschlagssätze zugewiesen werden. Dies erfolgt über die Aktivität **Verarbeitung • So/Na/Fe-Zuschläge • Steuerfreiheit bei Entgeltbelegen festlegen**.
- Wenn die steuerfreien Anteile der Zuschlagslohnarten gesondert ausgewiesen werden sollen, kann dies über die Aktivität **Verarbeitung • So/Na/Fe-Zuschläge • steuerfreie Anteile der Zuschlagslohnarten ausweisen** erfolgen. Dabei muss in Tabelle V_T5D2S (Abgeleitete Steuerlohnarten) unter der Ableitungsart P3B der Lohnart, die aus der Positivzeitwirtschaft übergeleitet wird, bzw. der Lohnart, die im Infotyp 2010 (Entgeltbelege) aufgegeben wird, eine entsprechende Ausweislohnart zugewiesen werden. Diese kann dann für den Ausweis auf dem Entgeltnachweis verwendet werden.
- Werden neben den Verarbeitungstypen für die Zuschlagslohnarten im Standard (A, M, S und X) kundeneigene Verarbeitungstypen verwendet, müssen Sie sicherstellen, dass die relevanten Zuschlagslohnarten auch in die Berechnungen nach § 3b EStG einfließen. Dies kann über den Pfad **Verarbeitung • So/Na/Fe-Zuschläge • Zuschlagslohnarten mit eigenem Verarbeitungstyp bearbeiten** erfolgen. Es handelt sich dabei um die Personalrechenregel D090, die natürlich auch über Transaktion PE02 (Pflege von Personalrechenregeln) gepflegt werden kann. Die relevanten Lohnarten des kundeneigenen Verarbeitungstyps werden über den Befehl `ADXIT 012` in Tabelle XIT (Sonntags-/Feiertags-/Nachtzuschläge) auf-

genommen. Tabelle XIT enthält alle Zuschlagslohnarten, die im Rahmen der Berechnung nach § 3b EStG verarbeitet werden.

Berechnungen nach § 3b EStG im Schema DALO durchführen

Die Ermittlung der steuerfreien Anteile von Sonntags-, Feiertags- und Nachtarbeitszuschlägen erfolgt im Schema DALO (Aliquotierung und Abstellung). Zunächst wird aus den Lohnarten anhand der Verarbeitungsklasse 39 der sogenannte *Grundlohn* gebildet. Erst kurz vor Abschluss des Schemas DALO erfolgt die eigentliche Berechnung der steuerfreien Anteile. Dazu wird auf der Basis des Grundlohns und der in den Stammdaten im Infotyp 0007 (Sollarbeitszeit) hinterlegten regelmäßigen Arbeitszeit ein Stundenlohn ermittelt, der für den abschließenden Vergleich, ob die Zuschläge den anteiligen Wert des Grundlohns übersteigen, verwendet wird. Abbildung 4.6 zeigt das betriebswirtschaftliche Abrechnungsprotokoll der Berechnungen nach § 3b EStG.

```
Verarbeitung

BERECHNUNG DER STEUERFREIEN ANTEILE VON SO/NA/FE-ZUSCHLÄGEN GEMÄSS §3B ESTG: BAP

                        Bestimmung des Grundlohns i.S. §3b EStG

Für den Zeitraum vom 01.05.2025 bis 31.05.2025:

Basisgrundlohn      (VKla 39 Auspr. 1 und 4) :         4.000,00      (AMT /250)
Grundlohnzusätze    (VKla 39 Auspr. 3)       :                       (AMT /251)
____________________________________________________________________
Grundlohn (Monatsbasis)                      :         4.000,00      (AMT /252)
/ regelm. Arbeitszeit                        :           163,13      (NUM /252)
= Grundlohn i.S. §3b                         :            24,52      (RTE /252)

                   Einzelbetrachtung der Zuschlagslohnarten

Zuschläge für Arbeit am 06.05.2025 von 21:00 bis 21:36 :

(1)  Für 0,61  Stunden wird bezahlt:     5,2399 ( Zuschlagslohnart: MQ30 )
(2)  Kernnachtarbeit ?                     nein
(3)  Steuerfreier Prozentsatz gem. §3b:    25
(4)  Maximal steuerfrei pro Stunde:      6,1300 (  25 % von  24,52 (Grundlohn) )
(5)  Maximal steuerfrei im Zeitraum:     3,7393
(6)  Tatsächlich steuerfrei:             3,7393 (Minimum aus Zeile (1) und (5) )
(7)  Tatsächlich steuerpflichtig:        1,5006

Zuschläge für Arbeit am 12.05.2025 von 21:00 bis 22:15 :

(1)  Für 1,26  Stunden wird bezahlt:    10,8234 ( Zuschlagslohnart: MQ30 )
(2)  Kernnachtarbeit ?                     nein
(3)  Steuerfreier Prozentsatz gem. §3b:    25
(4)  Maximal steuerfrei pro Stunde:      6,1300 (  25 % von  24,52 (Grundlohn) )
(5)  Maximal steuerfrei im Zeitraum:     7,7238
(6)  Tatsächlich steuerfrei:             7,7238 (Minimum aus Zeile (1) und (5) )
(7)  Tatsächlich steuerpflichtig:        3,0996

                      Berechnung der Steuerfreiheit:

Zuschläge insgesamt:   (Summe Zeilen (1) )                16,06      (AMT /254)
Davon Steuerfrei:      (Summe Zeilen (6) )                11,46      (AMT /256)
Rest Steuerpflichtig:  (Summe Zeilen (7) )                 4,60
```

Abbildung 4.6 Detailliertes Abrechnungsprotokoll mit Berechnungen nach § 3b EStG

4.1.3 Auswertungen im Steuerbereich

Die beiden wesentlichen Auswertungen zur Steuerberechnung sind die Lohnsteuerbescheinigung und die Lohnsteueranmeldung. Die Lohnsteuerbescheinigung belegt den Mitarbeitenden und dem Finanzamt regelmäßig, welche steuerlich relevanten Entgelte an die Mitarbeitenden geflossen sind und welche Steuern dafür abgeführt wurden.

Die Lohnsteueranmeldung weist hingegen dem Finanzamt nach, welche Steuern das Unternehmen an das Finanzamt abführen muss (siehe Abschnitt 7.1, »Elektronischer Datenaustausch mit der Finanzverwaltung (Lohnsteueranmeldung und -bescheinigung)«).

Beide Auswertungen werden inzwischen über ein elektronisches Verfahren an das Finanzamt übertragen und speziell in Abschnitt 11.2, »B2A-Manager«, erläutert.

4.2 Nettozusagen

Wenn Arbeitgeber ihren Mitarbeitenden Entgeltbestandteile netto zusagen, entstehen ihnen weitere Aufwendungen für die darauf entfallenden Steuern und Sozialversicherungsbeiträge. Die gesetzlichen Grundlagen der Steuerverwaltung und der Sozialversicherung erfordern die Ermittlung dieser Beträge durch ein komplexes Iterationsverfahren.

Vor- und Nachteile von Nettozusagen

Nettozusagen haben für die Mitarbeitenden den erheblichen Vorteil gegenüber Bruttozahlungen, dass sie genau wissen, welcher Betrag ihnen zufließt. Die Höhe der gesetzlichen Abzüge für Steuern und Sozialversicherungsbeiträge ist für die Mitarbeitenden nicht von Interesse, da der Arbeitgeber alle weiteren entstehenden Kosten trägt. Für den Arbeitgeber können auf breiter Front gemachte Nettozusagen erhebliche Risiken bergen, da die Höhe des Gesamtaufwands ganz maßgeblich von der steuerlichen Situation der jeweiligen Person abhängt. So kann die Steuerklasse V dazu führen, dass der Gesamtaufwand des Arbeitgebers deutlich mehr als das Doppelte der Nettozusage selbst beträgt. Einen weiteren Vorteil kann die betroffene Person erlangen, wenn sie im Rahmen der Einkommensteuererklärung einen Teil der vom Arbeitgeber gezahlten Steuern wieder zurückerhält. Aus betriebswirtschaftlicher Sicht kann von Nettozusagen daher nur abgeraten werden. Gleichwohl werden in der Praxis Nettozahlungen immer wieder zugesagt, und so ist es auch erforderlich, dass ein Personalabrechnungssystem in der Lage ist, die oben beschriebene Iterationsrechnung zur Ermittlung des korrekten Bruttobetrags vorzunehmen.

Algorithmusbeispiel

Den Algorithmus zur Berechnung des Bruttobetrags erläutern wir anhand eines Beispiels, für das die folgenden Rahmenbedingungen gelten sollen:

- Grundgehalt: 3.000,00 EUR
- laufende Nettozusagen: 100,00 EUR

Im ersten Schritt werden nun für das Grundgehalt von 3.000,00 EUR Steuern und Sozialversicherungsbeiträge berechnet; zusammengerechnet betragen diese Abzüge 979,10 EUR. Anschließend werden die Steuern und Sozialversicherungsbeiträge für den erhöhten Betrag von 3.100,00 EUR (Grundgehalt + Nettozusage) ermittelt. Die Abzüge betragen nun aufgrund des höheren Bruttoentgelts 1.024,75 EUR. Der Differenzbetrag zwischen den alten und neuen Abzugsbeträgen (also 1.024,75 EUR – 979,10 EUR = 45,65 EUR) wird zum Bruttoentgelt von bisher 3.100,00 EUR hinzuaddiert. Der neue Bruttobetrag lautet nun 3.145,65 EUR.

Und nun werden darauf erneut die Steuern und die Sozialversicherungsbeiträge berechnet, mit dem Ergebnis von 1.045,69 EUR. Und wiederum wird der Differenzbetrag von 20,94 EUR (1.045,69 EUR – 1.024,75 EUR) zum Bruttobetrag in Höhe von 3.145,65 EUR hinzuaddiert. Von diesen 3.166,59 EUR werden nun wieder die Steuern und Sozialversicherungsbeiträge berechnet – und wieder wird die Differenz zum alten Abzugsbetrag zum Bruttobetrag hinzuaddiert. Dieses iterative Verfahren wird so lange durchgeführt, bis sich kein Differenzwert für die Abzüge zwischen altem und neuem Bruttobetrag mehr ergibt.

Wie Sie an diesem Beispiel leicht erkennen können, sinkt der Erhöhungsbetrag mit jedem Iterationsschritt (zwischendurch kann es kleine Abweichungen nach oben geben, wenn sich die Steuerprogression bemerkbar macht), und so wird zumeist nach einer vertretbaren Anzahl von Wiederholungen der Zustand erreicht, dass keine Differenzen mehr zwischen den alten und neuen Abzügen entstehen. Im obigen Beispielfall kommt es insgesamt zu elf Iterationsschritten.

Im Abrechnungsprotokoll findet sich die Verarbeitung der Nettozusagen im Nettoteil der Personalabrechnung. Das Detailprotokoll zeigt die Anzahl der Iterationsschritte sowie die Abzüge des jeweiligen Schritts an, sodass bereits bei diesem Detaillierungsgrad zumindest ein rudimentäres Nachvollziehen der Verarbeitung möglich ist (siehe Abbildung 4.7).

Das Protokoll kann, um die einzelnen Schritte nachvollziehbarer zu gestalten, detailliert erweitert werden. Die detaillierte Ansicht enthält neben dem Bruttoerhöhungsbetrag sowie der Summe der Abzüge die genaue Darstellung, wie hoch die einzelnen Abzugslohnarten (wie z. B. /401, laufende

Lohnsteuer, oder /360, RV-AN-Anteil) sind. Damit kann das Ergebnis der Nettohochrechnung detailliert überprüft werden (siehe Abbildung 4.8).

Hochrechnung von Nettozusagen: Lohnart /115 Lfd. Nettozusage 100,00

Brutto-Netto-Iteration (Ergebnistabelle)

Schritt	Brutto Erhöhung	Abzüge	Differenz der Abzüge
0	0,00	979,10	
1	100,00	1.024,75	45,65
2	145,65	1.045,69	20,94
3	166,59	1.055,34	9,65
4	176,24	1.059,81	4,47
5	180,71	1.061,89	2,08
6	182,79	1.062,85	0,96
7	183,75	1.063,31	0,46
8	184,21	1.063,50	0,19
9	184,40	1.063,53	0,03
10	184,43	1.063,54	0,01
11	184,44	1.063,54	0,00

Abbildung 4.7 Protokoll mit den Iterationsschritten, der Bruttoerhöhung und den Abzügen

Interne Tabelle DN (Abzüge)

Lohnart	Step=1	Step>1	Betrag vor Hochrechnung	Betrag nach Iterationsschritt
/401 LSt lfd	X	X	346,50	346,50
/521 KiSt lfd	X	X	31,18	31,18
/40B SolZ lfd	X	X	0,00	0,00
/350 KV-AN-An	X	X	219,25	219,25
/360 RV-AN-An	X	X	279,31	279,31
/370 AV-AN-An	X	X	39,04	39,04
/3BG BVV-AN	X	X	0,00	0,00
/3CG PVW-AN	X	X	0,00	0,00
/3Q0 PV-AN-An	X	X	45,80	45,80
/536 Arb.Brem	X	X	0,00	0,00
/537 Ang.Brem	X	X	0,00	0,00
/538 Arb.Saar	X	X	0,00	0,00
/28I ZV-RegAN	X	X	0,00	0,00
/28J ZV-SonAN	X	X	0,00	0,00
/364 AN-AnRV	X	X	0,00	0,00
/64C SVANFikt	X	X	0,00	0,00
/3MA KV-ZBNLf	X	X	18,02	18,02
/64X SVAGstpL	X	X	0,00	0,00

Brutto Erhöhung	Summe Abzüge
0,00	979,10

Abbildung 4.8 Detailprotokoll von Tabelle DN (Abzüge)

Probleme bei der Abrechnung von Nettozusagen

Beim Auftreten von Fehlern oder Problemen im Zusammenhang mit der Abrechnung von Nettozusagen empfiehlt sich die Lektüre von SAP-Hinweis 682966 (F&A: Nettozusagen). Dieser enthält Antworten auf eine Reihe immer wiederkehrender Fragestellungen.

4.2.1 Abrechnungsschema

Im *Abrechnungsschema* findet sich der Bereich der Nettozusagen im Schema Nettoabrechnung (DNET, Nettoteil Deutschland, siehe Abbildung 4.9).

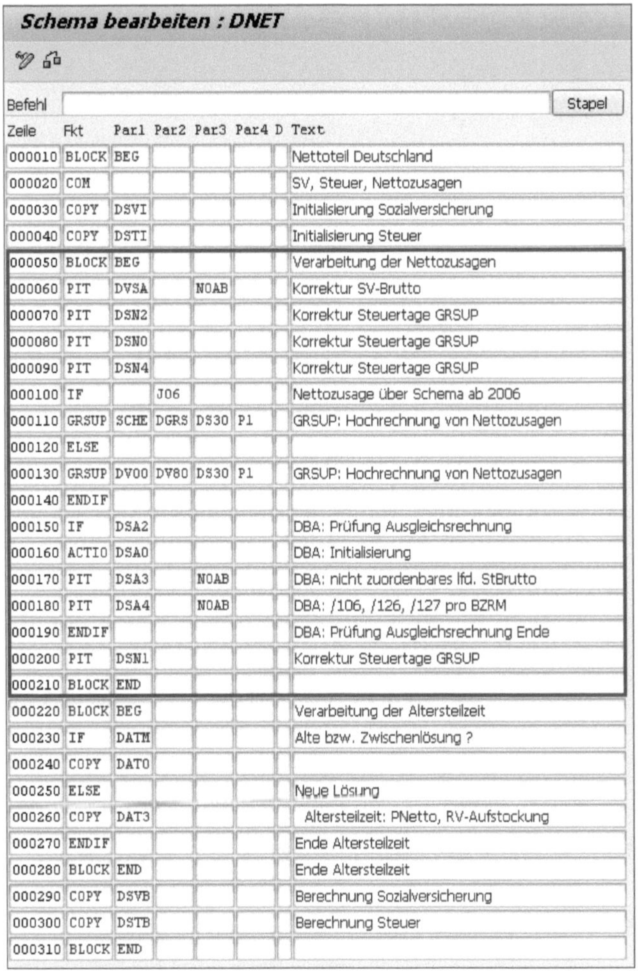
Schema bearbeiten : DNET

Befehl | Stapel

Zeile	Fkt	Par1	Par2	Par3	Par4	D	Text
000010	BLOCK	BEG					Nettoteil Deutschland
000020	COM						SV, Steuer, Nettozusagen
000030	COPY	DSVI					Initialisierung Sozialversicherung
000040	COPY	DSTI					Initialisierung Steuer
000050	BLOCK	BEG					Verarbeitung der Nettozusagen
000060	PIT	DVSA		NOAB			Korrektur SV-Brutto
000070	PIT	DSN2					Korrektur Steuertage GRSUP
000080	PIT	DSN0					Korrektur Steuertage GRSUP
000090	PIT	DSN4					Korrektur Steuertage GRSUP
000100	IF		J06				Nettozusage über Schema ab 2006
000110	GRSUP	SCHE	DGRS	DS30	P1		GRSUP: Hochrechnung von Nettozusagen
000120	ELSE						
000130	GRSUP	DV00	DV80	DS30	P1		GRSUP: Hochrechnung von Nettozusagen
000140	ENDIF						
000150	IF	DSA2					DBA: Prüfung Ausgleichsrechnung
000160	ACTIO	DSA0					DBA: Initialisierung
000170	PIT	DSA3		NOAB			DBA: nicht zuordenbares lfd. StBrutto
000180	PIT	DSA4		NOAB			DBA: /106, /126, /127 pro BZRM
000190	ENDIF						DBA: Prüfung Ausgleichsrechnung Ende
000200	PIT	DSN1					Korrektur Steuertage GRSUP
000210	BLOCK	END					
000220	BLOCK	BEG					Verarbeitung der Altersteilzeit
000230	IF	DATM					Alte bzw. Zwischenlösung ?
000240	COPY	DATO					
000250	ELSE						Neue Lösung
000260	COPY	DAT3					Altersteilzeit: PNetto, RV-Aufstockung
000270	ENDIF						Ende Altersteilzeit
000280	BLOCK	END					Ende Altersteilzeit
000290	COPY	DSVB					Berechnung Sozialversicherung
000300	COPY	DSTB					Berechnung Steuer
000310	BLOCK	END					

Abbildung 4.9 Nettozusagen im Schema DNET verarbeiten

Aus Abbildung 4.9 ist erkennbar, dass seit 2006 ein eigenes Schema für die Nettohochrechnung verwendet wird. Dieses Schema DGRS (Nettohochrechnung Deutschland) enthält die wesentlichen Funktionen zur Berechnung von Aufstockungsbeträgen zur Altersteilzeit, von Sozialversicherungsbeiträgen sowie der Steuern. Vor 2006 erfolgte die Nettohochrechnung über die Personalrechenregel DV80. Die alte Berechnungsweise für Abrechnungszeiträume vor 2006 wird in diesem Buch jedoch nicht behandelt.

4.2.2 Customizing

Musterlohnarten

Für das Anlegen von Nettozusagen werden mit SAP ERP HCM Musterlohnarten ausgeliefert. Es stehen zehn verschiedene Musterlohnarten zur Verfügung, die je nach Anforderung verwendet werden können:

- MX00 – Laufende Nettozusagen
- MX10 – Einmalige Nettozusagen
- MX11 – Entschädig Sonst Nettozus
- MX20 – Mehrjährige Nettozusage
- MX30 – Abfindung Nettozusage
- MX40 – Laufende Nettozusage, geldwerter Vorteil
- MX41 – Lfd.Nettoz Stpfl. DBA/ATE
- MX50 – Einmalige Nettozusage, geldwerter Vorteil
- MX51 – Nettozusage, geldwerter Vorteil Sachbezug
- MX60 – Mehrjährige Nettozusage, geldwerter Vorteil

Allgemeine und besondere Nettozusagen

Diese Musterlohnarten können über den Lohnartenkopierer, Transaktion PU30 (Lohnarten pflegen) bzw. OH11 (Lohnarten kopieren), in den Kundennamensraum kopiert werden. Im System wird zwischen sogenannten *allgemeinen* und *besonderen Nettozusagen* unterschieden. Als allgemeine Nettozusagen gelten nur die originär laufenden und einmaligen Nettozusagen. Diese beiden Arten der Nettozusagen haben gemeinsam, dass sie eine Kennzeichnung in der Kumulation 15 (für laufende Nettozusagen) oder in der Kumulation 16 (für einmalige Nettozusagen) von Tabelle T512W (Lohnartenbewertung) aufweisen. Alle weiteren, oben aufgeführten Nettozusagen gelten als besondere Nettozusagen. Diese können sich durch drei Umstände ergeben:

- Mehrjährigkeit (Fünftelungsregelung bei der Steuerberechnung)
- Abfindungen
- Einschränkung der vollständigen Übernahme der Steuern und SV-Beiträge durch den Arbeitgeber

Die wesentliche Steuerung des Verhaltens der Nettozusagenlohnart in der Personalabrechnung findet über Tabelle V_T541N (Nettozusagen) statt. Diese Tabelle kann im Einführungsleitfaden über **Personalabrechnung • Abrechnung Deutschland • Nettozusagen • Art der Nettozusage festlegen** gepflegt werden (siehe Abbildung 4.10).

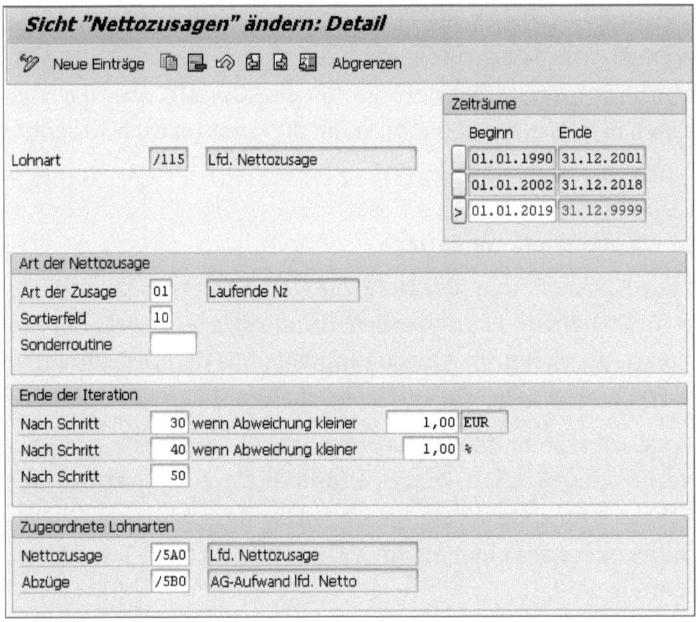

Abbildung 4.10 Nettozusagen über Tabelle T541N (Nettozusagen) steuern

Datengruppe »Art der Nettozusage«

Im Feld **Art der Zusage** wird gesteuert, um welche Art der besonderen Nettozusage es sich handelt. Die vorhandenen Werte kommen aus Tabelle V_T541A (Arten von Nettozusagen), in der definiert wird, welche Abzüge der Arbeitgeber übernimmt.

Das Feld **Sortierfeld** bestimmt, in welcher Reihenfolge Nettozusagen hochgerechnet werden, wenn gleichzeitig mehrere Nettozusagen vorhanden sind.

Im Feld **Sonderroutine** kann ein Kürzel für eine spezielle Verarbeitungsroutine hinterlegt werden. Dieses Feld wird derzeit für die deutsche Personalabrechnung nicht verwendet. Soll dieses Feld genutzt werden, müssen sowohl die Routine selbst als auch der Aufruf der Routine gesondert im Umfeld der Personalabrechnung programmiert werden.

Datengruppe »Ende der Iteration«

Die Iterationsverarbeitung wird in obigem Beispiel nach 30 Schritten beendet, da die Abweichung nach 30 Schritten kleiner als 1,00 EUR ist. Die wenigsten Nettozusagen verursachen allerdings so viele Iterationsschritte; in der Regel endet die Iteration viel früher, weil sich die Beträge an der zweiten Nachkommastelle nicht mehr verändern.

Die Iteration endet nach 40 Schritten, wenn die Abweichung nach der Ausführung von 30 Schritten immer noch größer als 1,00 EUR, aber nach 40 Schritten kleiner als 1 % ist. In jedem Fall endet die Iteration nach 50 Schritten.

Datengruppe »Zugeordnete Lohnarten«

Im Rahmen der Hochrechnung der Nettozusagen entstehen die zusätzlichen Beträge für Steuern und Sozialversicherungsbeiträge. Im Feld **Abzüge** steht die Lohnart, die später im Abrechnungsergebnis den Gesamtbetrag für diese zusätzlichen Steuern und Sozialversicherungsbeiträge enthält.

Die Nettozusage selbst steht im Feld **Nettozusage**, allerdings hier regelmäßig in einer technischen Lohnart. Dies ist erforderlich, weil die Nettozusage als solche auch noch für andere Verarbeitungen benötigt wird und die Dialoglohnart früher oder später im Verlauf der Abrechnung in die Ergebnistabelle (RT) abgestellt wird.

Träger der Abzüge festlegen

Die Konfiguration der Nettozusagen ermöglicht es letztlich auch noch, die vom Arbeitgeber zu tragenden Anteile der Nettozusage genau zu definieren. Dies erledigen Sie im Einführungsleitfaden über **Personalabrechnung • Abrechnung Deutschland • Nettozusagen • Zu übernehmende Abzüge festlegen**. Dabei kann genau unterschieden werden, von wem welche anfallenden Abzüge (= technische Lohnart, die im Verlauf der Nettohochrechnung und Abzugsberechnung entsteht) übernommen werden und ob die Abzüge nur für den Nettobetrag oder auch für die entstehenden Abzüge getragen werden. Zum Beispiel kann sich der Arbeitgeber vorbehalten, die Steuern und Sozialversicherungsbeiträge nur für den Nettobetrag zu übernehmen, die Steuern und Sozialversicherungsbeiträge, die auf die entstehenden Abzugsbeträge entfallen, jedoch von der beschäftigten Person selbst tragen zu lassen.

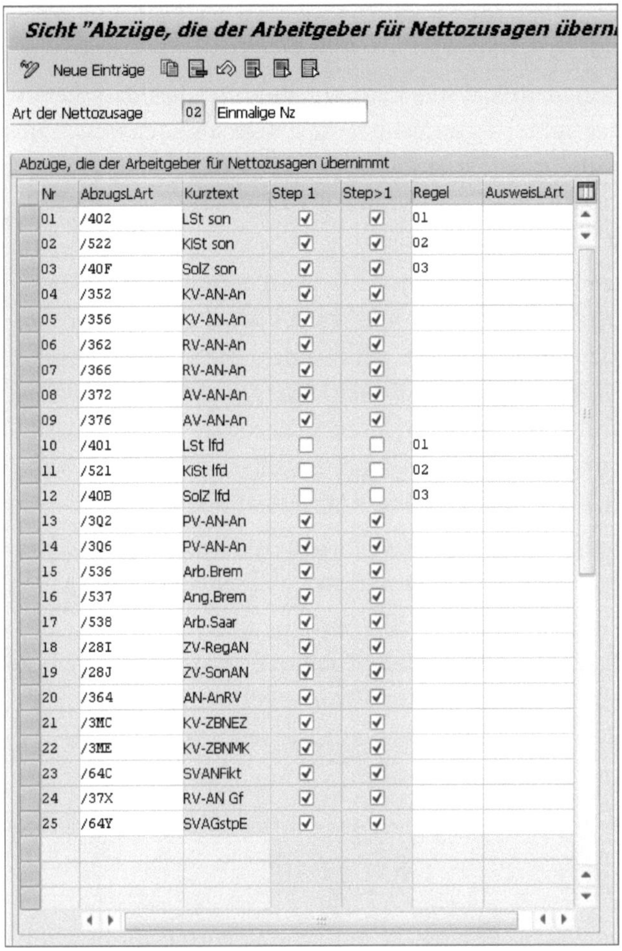

Sicht "Abzüge, die der Arbeitgeber für Nettozusagen übern

Neue Einträge

Art der Nettozusage 02 Einmalige Nz

Abzüge, die der Arbeitgeber für Nettozusagen übernimmt

Nr	AbzugsLArt	Kurztext	Step 1	Step>1	Regel	AusweisLArt
01	/402	LSt son	☑	☑	01	
02	/522	KiSt son	☑	☑	02	
03	/40F	SolZ son	☑	☑	03	
04	/352	KV-AN-An	☑	☑		
05	/356	KV-AN-An	☑	☑		
06	/362	RV-AN-An	☑	☑		
07	/366	RV-AN-An	☑	☑		
08	/372	AV-AN-An	☑	☑		
09	/376	AV-AN-An	☑	☑		
10	/401	LSt lfd	☐	☐	01	
11	/521	KiSt lfd	☐	☐	02	
12	/40B	SolZ lfd	☐	☐	03	
13	/3Q2	PV-AN-An	☑	☑		
14	/3Q6	PV-AN-An	☑	☑		
15	/536	Arb.Brem	☑	☑		
16	/537	Ang.Brem	☑	☑		
17	/538	Arb.Saar	☑	☑		
18	/28I	ZV-RegAN	☑	☑		
19	/28J	ZV-SonAN	☑	☑		
20	/364	AN-AnRV	☑	☑		
21	/3MC	KV-ZBNEZ	☑	☑		
22	/3ME	KV-ZBNMK	☑	☑		
23	/64C	SVANFikt	☑	☑		
24	/37X	RV-AN Gf	☑	☑		
25	/64Y	SVAGstpE	☑	☑		

Abbildung 4.11 Zu übernehmende Abzüge in Tabelle V_T541A festlegen

Einstellungen im Pflege-View

Abbildung 4.11 zeigt den Pflege-View, der entsprechend bearbeitet werden kann. Dieser ist wie folgt zu lesen:

- In der Spalte **AbzugsLArt** stehen die Lohnarten, die im Rahmen der Nettohochrechnung als Abzug ermittelt wurden. In der Regel handelt es sich dabei um die Lohnarten der Steuer und der Sozialversicherung und um Lohnarten aus dem öffentlichen Dienst bzw. der Zusatzversorgung des öffentlichen Dienstes. Für die private Wirtschaft handelt es sich auch um Lohnarten der im SAP-Standard abgebildeten zusätzlichen betrieblichen Altersversorgung, wie z. B. des Bankenversorgungsvereins. Sofern im Rahmen der Nettohochrechnung bereits in das Schema GRSUP eingegriffen wurde, um z. B. die Beiträge einer kundeneigenen betrieblichen

Altersversorgung zu berechnen, können hier folglich auch kundeneigene Lohnarten Eingang finden.

- Wird das Kennzeichen im Feld **Step 1** aktiviert, bedeutet dies, dass die entstehenden Abzüge auf die eigentliche Nettozusage, also den ausgezahlten Betrag, vom Arbeitgeber übernommen werden. Im ersten Schritt der Nettohochrechnung werden immer nur die Abzugsbeträge ermittelt, die auf die originäre Nettozusage entfallen.
- Wird das Kennzeichen im Feld **Step>1** markiert, bedeutet dies, dass die Abzüge auf die Abzüge ebenfalls vonseiten des Arbeitgebers übernommen werden. Dazu muss erwähnt werden, dass die vom Arbeitgeber übernommenen Steuern und Sozialversicherungsbeiträge und gegebenenfalls auch darüber hinaus übernommene Abzugsbeträge einen geldwerten Vorteil darstellen und darauf folglich wieder Steuern, Sozialversicherungsbeiträge und eventuell weitere Abzugsbeträge entstehen.
- Im Feld **Regel** können Sonderregeln für einzelne Abzugsbeträge eingetragen werden. Diese Sonderregeln müssen dann in einer kundeneigenen Funktion oder Operation umgesetzt werden.
- Im Feld **AusweisLArt** kann eine weitere Lohnart erfasst werden. In diese Lohnart wird dann der Abzug auf den Abzug abgestellt. Ist hier kein Eintrag vorgenommen worden, wird der entsprechende Abzug in die vorhandenen Abzugslohnarten abgestellt.

[!]

Entfall der ermäßigten Besteuerung für mehrjährige Bezüge ab 2025

Das Wachstumschancengesetz vom 27. März 2024 sieht vor, dass die ermäßigte Besteuerung für mehrjährige Bezüge (Fünftelregelung), Abfindungen, Jubiläumszahlungen und ähnliche Zahlungen ab 2025 im Lohnsteuerverfahren entfällt. Diese Bezüge werden ab diesem Zeitpunkt ausschließlich als sonstige Bezüge versteuert. Entsprechend werden im Programmablaufplan ab 2025 die Routinen für die Günstigerprüfung und die ermäßigte Besteuerung nicht mehr benötigt.

Ab 2025 verlagert sich die Prüfung für eine mögliche ermäßigte Besteuerung bestimmter Bezüge. Das Finanzamt übernimmt diese Aufgabe im Rahmen der Einkommensteuererklärung der Arbeitnehmenden. Für diese Prüfung benötigt die Behörde weiterhin detaillierte Informationen. Daher müssen Sie auf der Lohnsteuerbescheinigung (LStB) auch künftig die Höhe der Bezüge ausweisen, die potenziell für eine ermäßigte Besteuerung in Frage kommen. Dies ermöglicht dem Finanzamt eine genaue Beurteilung im Einzelfall.

Die Lohnsteuerbescheinigung behält daher die bewährte Struktur für diese Bezüge bei: In Zeile 9 werden weiterhin die mehrjährigen Versorgungsbezüge ausgewiesen, in Zeile 10 der Arbeitslohn für mehrere Kalenderjahre sowie Entschädigungen. Eine wichtige Änderung betrifft die bisher in Zeile 19 erfassten und als sonstige Bezüge versteuerten Zahlungen – diese werden ab 2025 in die Zeile 10 überführt.

Mehr Informationen dazu finden Sie in SAP-Hinweis 3518322 (LStB: Auslieferung der Anpassungen für 2025).

4.3 Sozialversicherung

Sozialversicherung

Die deutsche Sozialversicherung stellt an ein Personalabrechnungssystem ähnlich hohe Hürden wie das deutsche Steuerrecht. Denn es gibt auch hier eine Vielzahl von Ausnahmen und Sonderregelungen, die abgebildet werden müssen. Darüber hinaus sorgt die Gesetzgebung aufgrund der hohen Kostendynamik im Bereich der sozialen Sicherungssysteme in mehr oder minder regelmäßigen Abständen für neue Herausforderungen. Im folgenden Abschnitt beschreiben wir grob die fachlichen Grundlagen sowie die Konfigurationsmöglichkeiten des Systems.

Beitragsbemessungsgrundlagen

Die Berechnung der Sozialversicherungsbeiträge erfolgt auf Basis der sogenannten *Beitragsbemessungsgrundlagen* unter der Berücksichtigung der relevanten Beitragsbemessungsgrenzen. Bemessungsgrundlage ist grundsätzlich das sogenannte *Arbeitsentgelt* der Mitarbeitenden, wobei zwischen laufendem und einmaligem Arbeitsentgelt unterschieden wird. Diese Unterscheidung ist – ähnlich der steuerlich relevanten Unterscheidung zwischen laufenden und sonstigen Bezügen – von hoher Bedeutung, da die Beitragsberechnung hier deutliche Unterschiede kennt. So werden laufende Bezüge stets nur bis zur für den entsprechenden Zweig der Sozialversicherung geltenden Beitragsbemessungsgrenze der Verbeitragung unterworfen. Für ein einmaliges Arbeitsentgelt spielt der Begriff *SV-Lüfte* – oder fachlich korrekter: der anteiligen Beitragsbemessungsgrenze – eine entscheidende Rolle. Dabei werden alle Beträge, die durch die Verbeitragung von laufendem Arbeitsentgelt nicht in Anspruch genommen wurden, »aufbewahrt«, um im Falle der Zahlung eines Einmalbezugs diesen möglichst vollständig mit Beiträgen zu belegen. SAP ERP HCM subsumiert unter dem Begriff *Sozialversicherung* auch die Ermittlung der Beiträge zur Berufsgenossenschaft.

Ermittlung der Sozialversicherungsbeiträge

Die Ermittlung der Sozialversicherungsbeiträge erfolgt in einer Vielzahl von Einzelschritten, die innerhalb des Standardpersonalabrechnungsschemas D000 hauptsächlich in den drei Schemen

- DSVA (Sozialversicherung (D) Brutto-Vorbereitungen)
- DSVI (Sozialversicherung (D) Initialisierung)
- DSVB (Sozialversicherung (D) Berechnung)

vorgenommen werden. Diese drei Schemen gibt es analog für die Abrechnung im öffentlichen Dienst.

Schema DSVA

Das Schema DSVA (Sozialversicherung (D) Brutto-Vorbereitungen) ist nur relevant, wenn die abgerechnete Person der betrieblichen Altersversorgung beim Bankenversorgungsverein (BVV) oder dem Versorgungswerk der Presse (PVW) zugeordnet ist. In diesem Schema wird die Bemessungsgrundlage inklusive der Sonderzahlungsanteile berechnet.

Schema DSVI

Im Schema DSVI (Sozialversicherung (D) Initialisierung) erfolgt eine Reihe von Schritten, die zur eigentlichen Berechnung der Sozialversicherungsbeiträge erforderlich sind. Dazu zählen z. B.:

- Übernahme der SV-Lüfte aus dem Vormonat
- Ermittlung der SV-Tage für den Abrechnungszeitraum
- Einlesen der Störfälle
- Bereitstellen des Ost-/West-Kennzeichens, das für die Bestimmung der relevanten Beitragsbemessungsgrenze in der Rentenversicherung maßgebend ist

Schema DSVB

Im Schema DSVB (Sozialversicherung (D) Berechnung) findet die Berechnung der Beiträge für die verschiedenen Zweige der Sozialversicherung statt. Auch erfolgt hier die Berechnung der Beiträge zum Bankenversorgungsverein und zum Versorgungswerk der Presse. Darüber hinaus findet eine Reihe von Entscheidungsprüfungen sowie die spezielle SV-Berechnung für die Steuer statt. Bei den SV-Berechnungen für die Steuer handelt sich um den Spezialfall, dass aufgrund des § 3 Nr. 3 EStG i. V. m. des seit 01.01.2005 geltenden Alterseinkünftegesetzes das SV-Brutto höher als das Steuerbrutto ist – die Finanzverwaltung akzeptiert die SV-Beiträge aber nur in der Höhe, in der sie auf das Steuerbrutto entfallen.

Letztlich werden die SV-Lohnarten abgestellt und die relevanten Tabellen für das Abrechnungsprotokoll angedruckt.

4.3.1 Voraussetzung in den Stammdaten

Damit die SV-Berechnung korrekt erfolgen kann, muss der Infotyp 0013 (Sozialvers. D ändern) entsprechend gepflegt werden (siehe Abbildung 4.12).

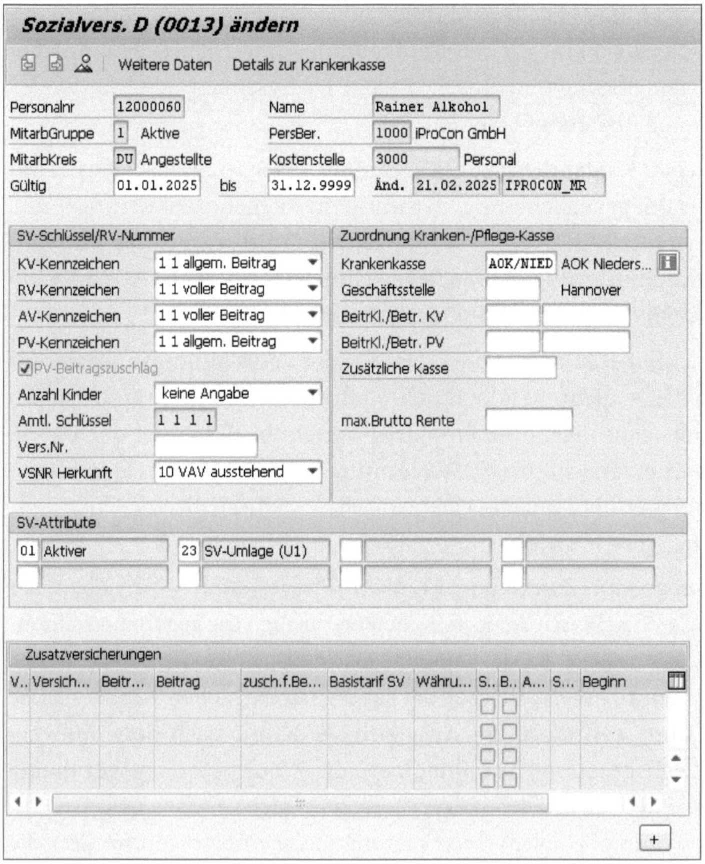

Abbildung 4.12 Infotyp 0013 (Sozialvers. D ändern) als Grundlage für die SV-Berechnung

SV-Schlüssel/ RV-Nummer

In der Datengruppe **SV-Schlüssel/RV-Nummer** ist neben den Schlüsseln zu den verschiedenen Zweigen der Sozialversicherung und der RV-Nummer auch die Information zu finden, ob der Zuschlag für Kinderlose zur Pflegeversicherung entrichtet werden muss. Das entsprechende Kennzeichen wird dynamisch zur Laufzeit im System anhand des Funktionsbausteins HR_CHECK_PV_ZUSCHLAG gesetzt und steht nicht in der Datenbanktabelle PA0013 (Infotyp Sozialvers. D).

Die Bedingungen, die zur Zuschlagsbefreiung führen, werden in diesem Funktionsbaustein abgeprüft. Interessant ist dabei insbesondere der Infotyp 0012 (Steuerdaten D), der mit berücksichtigt wird. Allerdings bedeutet die Nichteintragung eines Kindes in den ELStAM-Daten nicht zwingend, dass die betreffende Person kein Kind hat. Die relevanten Informationen könnten auch anderweitig, z. B. im Infotyp 0021 (Familie/Bezugsperson), abgelegt sein. Damit auch dies in der Personalabrechnung berücksichtigt werden kann, können solche Prüfungen in das BAdI (Business Add-In) mit der Definition HRPAYDE_PV_ZUSCHLAG aufgenommen werden. Dies kann über das Setzen der Sekundärattribute 31 (kein PV-Zuschlag) oder 32 (PV-Zuschlag) manuell übersteuert werden.

Das Feld **Anzahl Kinder** dient zur Berechnung des Beitragsabschlags in der gesetzlichen Pflegeversicherung, der mit dem Pflegeunterstützungs- und Entlastungsgesetz (PUEG) zum 01.07.2023 eingeführt wurde. Das Feld wird allerdings mit Einführung des Meldeverfahrens DaBPV zum 01.07.2025 obsolet und durch den Subtyp DBPV des Infotyps 0700 ersetzt.

Seit dem 1. Januar 2025 erfolgt die Erfassung der Versicherungsnummer für neue Beschäftigte nicht mehr manuell. Stattdessen wird diese automatisch über das Versicherungsnummernabfrageverfahren (VAV) bei der Datenstelle der Rentenversicherung (DSRV) ermittelt. Das Feld **VSNR Herkunft** dokumentiert dabei, über welches elektronische Verfahren die Versicherungsnummer übermittelt wurde.

Kassen

In der Datengruppe **Zuordnung Kranken-/Pflege-Kasse** wird neben der Kranken- und Pflegekasse der jeweiligen Person auch die gegebenenfalls erforderliche zusätzliche Kasse gepflegt. Erforderlich ist die Pflege dieses Feldes für Mitarbeitende, die bei der landwirtschaftlichen Krankenkasse versichert sind, weil diese am Ausgleichsverfahren nach dem Aufwendungsausgleichsgesetz nicht teilnehmen, die Pflicht zur Umlagezahlung (U1/U2) sowie der Anspruch auf Erstattung aber nicht einfach ausgeschlossen werden können. Folglich muss hier die Kasse eingetragen werden, die die Durchführung des Ausgleichsverfahrens übernimmt. Außerdem kann in diesem Feld die Bundesknappschaft eingetragen werden, wenn dies erforderlich sein sollte.

VBmax

Im Feld **max.Brutto Rente** wird für Personen, die Versorgungsbezüge erhalten, der sogenannte *maximal beitragspflichtige Versorgungsbezug* (VBmax) durch eine Zahlstellenmeldung der Krankenkasse eingetragen. Seit dem 01.01.2017 wird der VBmax nur dann gemeldet, wenn die Beitragsbemessungsgrenze durch die Summe aus gesetzlicher Rente und den Versorgungsbezügen überschritten wird. Ansonsten wird kein VBmax gemeldet. Das Feld **max.Brutto Rente** bleibt leer, wenn der volle Versorgungsbezug beitragspflichtig ist.

Der VBmax ergibt sich, indem von der Beitragsbemessungsgrenze der gesetzlichen Krankenversicherung die gesetzliche Rente sowie gegebenenfalls weitere abzuziehende Zusatzrenten abgezogen werden, für die die Beitragsabführung anderweitig sichergestellt ist. Das System verwendet diesen Betrag anstelle der Beitragsbemessungsgrenze, um den Maximalbeitrag zur Kranken- und Pflegeversicherung zu berechnen.

Bei KV-Kennzeichen 8 (Pauschaler Beitrag) wird zusätzlich das Feld **Art der KV** eingeblendet. Diese Information ist für verschiedene Meldeverfahren der Sozialversicherung erforderlich. Sie lässt sich nicht aus der im Infotyp 0013 (Sozialvers. D) hinterlegten Krankenkasse ableiten, da diese in diesem Fall lediglich als Einzugsstelle für den Gesamtsozialversicherungsbeitrag fungiert.

Primär- und Sekundärattribute

In der Datengruppe **SV-Attribute** wird eine Vielzahl von Sonderfällen abgebildet. Dabei wird zwischen Primär- und Sekundärattributen unterschieden (Primärattribute haben eine ID mit einer Zahl, die unter 20 liegt, und Sekundärattribute haben eine ID mit einer Zahl, die mindestens 20 beträgt oder darüber liegt):

- *Primärattribute* beschreiben in diesem Zusammenhang den Status der beschäftigten Person in der gesetzlichen Sozialversicherung. So gibt es z. B. Primärattribute für die Kennzeichnung der aktiven Beschäftigten, der ehemaligen Mitarbeitenden in Rente, der Mitarbeitenden in Altersteilzeit oder der geringfügig Beschäftigten. Es kann nur ein Primärattribut hinterlegt werden.
- *Sekundärattribute* werden genutzt, um die betreffende Person für weitere SV-rechtliche Besonderheiten zu kennzeichnen. Hier werden z. B. die privat Versicherten, die in einer Knappschaftsversicherung versicherten Beschäftigten oder Mitarbeitende mit einer weiteren Beschäftigung (Mehrfachbeschäftigte) genauso gekennzeichnet wie alle Personen mit einem Verdienst innerhalb der Gleitzone oder Mitarbeitende, für die keine Umlage 2 abgeführt werden muss. Es können mehrere Sekundärattribute gleichzeitig zutreffen.

Im Bereich **SV-Ausweis** muss angegeben werden, welche Verpflichtung hinsichtlich der Vorlage des SV-Ausweises und der Mitführungspflicht des SV-Ausweises gilt.

Seit dem 1. Januar 2023 müssen Beschäftigte ihren Sozialversicherungsausweis mit der Versicherungsnummer nicht mehr vorlegen. Daher werden für Infotyp-Sätze mit Beginn nach dem 31. Dezember 2022 die Felder **Vorlage** und **Mitführungspflicht** sowie der zugehörige Gruppenrahmen **SV-Ausweis** nicht mehr angezeigt.

Die Datengruppe **Zusatzversicherungen** ist eine Integration des Infotyps 0079 (SV-Zusatzvers. D) in den Infotyp 0013 (Sozialvers. D). Der Infotyp 0079 (SV-Zusatzvers. D) wird immer dann gefüllt, wenn die beschäftigte Person privat kranken- und oder pflegeversichert ist oder wenn ein sonstiger Tatbestand für eine SV-Zusatz- oder Ersatzversicherung vorliegt. Der Infotyp 0079 (SV-Zusatzvers. D) wird im Rahmen der Datenpflege automatisch über eine dynamische Maßnahme aufgerufen, wenn ein entsprechender Tatbestand im Infotyp 0013 (Sozialvers. D) vorliegt. Die Abbildung der Berufsständischen Versorgung für RV-Befreite erfolgt über den Infotyp 0126 (Zusatzversorgung D), Subtyp 2 (Berufsständische Versorgung, siehe »Zusatzversorgung für RV-befreite Mitarbeitende«).

4.3.2 Customizing

Um Ihnen die Einarbeitung in das Thema »Customizing« möglichst effizient und einfach zu machen, gehen wir im Folgenden auf die Customizing-Einstellungen für den Bereich **SV-Berechnung** im Einführungsleitfaden (IMG) ein. Alle im weiteren Verlauf des Abschnitts genannten Customizing-Punkte sind unter **Personalabrechnung • Abrechnung Deutschland • Sozialversicherung** zu finden. Weitere Punkte im Einführungsleitfaden, die nicht unter diesem Pfad zu finden sind, werden gesondert genannt.

[»]

Hinweis zu den folgenden Informationen

Wir weisen an dieser Stelle darauf hin, dass sich die folgenden Ausführungen nicht auf die branchenspezifischen Zusatzversorgungen (Bankenversorgungsverein und Presseversorgung) beziehen.

Wichtigkeit der Stammdaten

Wesentliche Voraussetzung für ein korrektes Berechnungsergebnis ist, dass die erforderlichen Stammdaten im Customizing hinterlegt wurden. Deshalb befasst sich der erste größere Customizing-Block auch mit den Stammdaten.

Krankenkassen einrichten

Unter **Stammdaten • gesetzliche Sozialversicherung • Krankenkassen einrichten** müssen als Erstes die Krankenkassenstammsätze angelegt und die Beitragssätze abgeglichen werden. Abbildung 4.13 zeigt den Pflege-View für die Stammdaten.

[»]

Maschinelle Unterstützung

Die Kontodaten der Krankenkassen werden zwar inzwischen auch über die Beitragssätze hinaus über das maschinelle Verfahren ins System eingespielt, es gibt jedoch immer noch keine Möglichkeit, die kompletten Stammdaten aller Kassen in einem Zug zu übernehmen. Trotzdem stellt die maschinelle Übernahme von Beitragssätzen und Kontodaten eine wesentliche Erleichterung dar, auf die nicht verzichtet werden sollte.

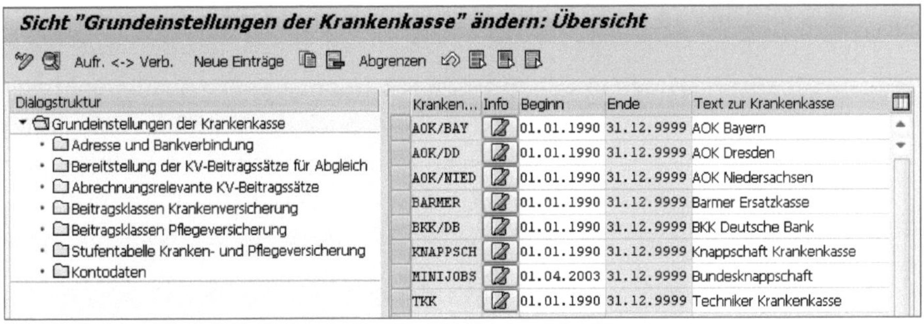

Abbildung 4.13 View zur Pflege der Stammdaten der gesetzlichen Krankenkassen

Viele Felder in den Grundeinstellungen können intuitiv gepflegt werden, sodass wir an dieser Stelle nur die speziellen Konfigurationsmöglichkeiten erwähnen.

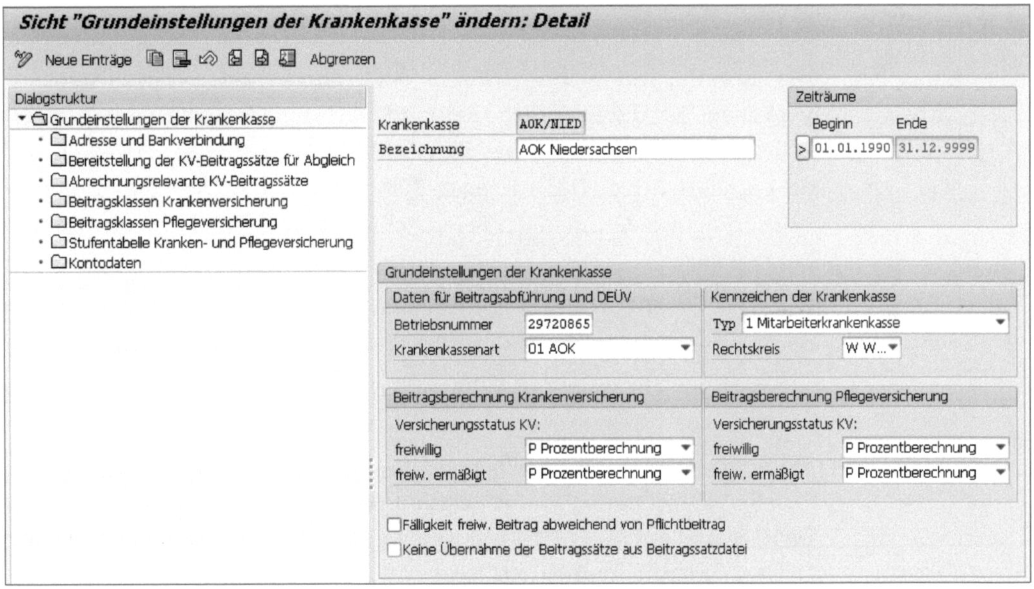

Abbildung 4.14 Grundeinstellungen für die gesetzlichen Krankenkassen

Grundeinstellungen

Im View der Grundeinstellungen (siehe Abbildung 4.14) sind die folgenden Felder von besonderer Bedeutung:

- Das Feld **Betriebsnummer** beinhaltet das zentrale Zuordnungsmerkmal für den Krankenkassenstamm. Ist diese Nummer falsch erfasst, scheitert auch der maschinelle Beitragssatzabgleich mit der von der ITSG zur Verfügung gestellten Beitragssatzdatei.

- Das Feld **Typ** (für Krankenkassentyp) gibt Auskunft darüber, ob ein Stamm auch für die Zuordnung zur beschäftigten Person im Infotyp 0013 zur Verfügung steht oder ob es sich um eine Datenannahmestelle bzw. um eine gesperrte Krankenkasse handelt (zur Nachfolgeverwaltung im Rahmen von Krankenkassenfusionen erfahren Sie mehr unter der gleichnamigen Überschrift am Ende von Abschnitt 4.3.2, »Customizing«).
- Die Beitragsberechnungsart für die freiwillige Krankenversicherung gibt an, ob eine Berechnung nach Beitragsklassen oder nach Prozentwerten (und zwar abhängig vom individuellen Bemessungsentgelt oder von der Beitragsbemessungsgrenze) erfolgen soll.
- Über die Checkbox **Fälligkeit freiw. Beitrag abweichend von Pflichtbeitrag** kann erreicht werden, dass die Beiträge für die freiwilligen Mitglieder später mit gesondertem Beitragsnachweis nachgewiesen werden. Dies kann bei einer hohen Anzahl an freiwillig versicherten Mitarbeitenden zu Liquiditätsvorteilen führen, da diese Beiträge erst zu einem späteren Zeitpunkt nachgewiesen und überwiesen werden.

Die Pflege der Stufentabelle wird nur noch selten (z. B. für Vorruheständler) verwendet. Für die eigentliche Beitragsberechnung wird die Beitragssatztabelle T5D1I (Krankenkassenbeiträge für Pflichtversicherte) verwendet, auf die grundsätzlich nur lesend zugegriffen werden kann. Die Pflege dieser Tabelle erfolgt wiederum in der Bereitstellungstabelle T5D1J (Krankenkassenbeitragssätze).

Beitragsklassen, die über den Infotyp 0013 (Sozialvers. D) zugeordnet werden können, werden für Anwartschaftsversicherungen und die Beitragsermittlung der landwirtschaftlichen Krankenkasse genutzt.

Befreiungsgründe einrichten

Tabelle T5D12 (Gründe für die Befreiung der Versicherungspflicht) muss in Deutschland nur selten gepflegt werden. Denn sie wird nur im Rahmen der DEÜV-Erstellung ausgewertet und enthält derzeit lediglich Standardeinträge für die Befreiungen in der Arbeitslosenversicherung. Weitere Auswertungen der Tabelle erfolgen im Rahmen der Personalabrechnung und der Folgeaktivitäten nicht.

Umlage 1 einrichten

Die Umlage 1 umfasst die Erstattung von Arbeitgeberaufwendungen für den Krankheitsfall. Sie gilt nur für Betriebe mit bis zu 30 Beschäftigten. Im Rahmen der Umlage 1 bietet das System derzeit die Möglichkeit, bis zu sechs verschiedene Beitragssätze zu hinterlegen. Voraussetzung für die Umlage 1 ist allerdings, dass der beschäftigten Person im Infotyp 0013 (Sozialvers. D) das SV-Sekundärattribut 23 (SV-Umlage U1) zugeordnet ist. In Tabelle T5D49 (Zuordnung SV-Umlagesätze U1) wird festgelegt, für welchen Personalbereich und Personalteilbereich welcher Beitragssatz für welche Krankenkasse gültig sein soll; dabei ist der 1. Beitragssatz am höchsten und der sechste Beitragssatz am niedrigsten. Da nicht jede Krankenkasse sechs Beitragssätze zur Verfügung stellt, sucht das System im Rahmen der Personalabrechnung generisch, d. h., wenn z. B. der sechste Satz zugeordnet ist, aber nur vier Sätze in der Beitragssatztabelle T5D1I (Krankenkassenbeiträge für Pflichtversicherte) enthalten sind, wird der vierte Satz gewählt.

[«]

Vereinfachung der Pflege der U1-Sätze

Wer für alle Krankenkassen denselben Erstattungssatz auswählen will, muss nicht für jede Krankenkasse im View V_T5D49 einen Datensatz erfassen. Es ist ein Datensatz ohne Krankenkasse (Feld **Krankenk.** bleibt leer) ausreichend, zusätzlich pflegt man dann nur noch die Ausnahmen.

Erstattung der Arbeitgeberaufwendungen

Die Erstattung der Arbeitgeberaufwendungen wird in Abschnitt 8.5, »Maschinelles Meldeverfahren nach dem Aufwendungsausgleichsgesetz (AAG)«, ausführlich erläutert.

Berufsgenossenschaften

Die Berufsgenossenschaften sind in Deutschland für die gesetzliche Unfallversicherung zuständig und darüber hinaus für den Beitragseinzug für das von der Bundesagentur für Arbeit auszuzahlende Insolvenzausfallgeld. Die Zuordnung der zuständigen Berufsgenossenschaft zur jeweiligen Person erfolgt über den Infotyp 0029 (Berufsgenossenschaft), in dem neben der Berufsgenossenschaft selbst noch die Gefahrentarifstelle zugeordnet wird. Die Gefahrentarifstelle ist direkt der Gefahrenklasse im Customizing zugeordnet. Mit dem Jahreswechsel 2008/2009 wurden aufgrund des Unfallversicherungsmodernisierungsgesetzes sowohl das Verfahren der Ermittlung des unfallversicherungsrelevanten Entgelts (BG-Brutto) als auch die Meldung der Entgelte umgestellt. Die Meldung der unfallversicherungsrelevanten Daten, wie insbesondere das BG-Brutto, die Arbeitsstunden oder die Gefahrentarifstelle, erfolgt seit 2009 über den Datenbaustein DBUV in den DEÜV-Meldungen mit Abgabegrund 92 (UV-Jahresmeldungen). Zusätzlich muss seit 2016 der elektronische Lohnnachweis monatlich abgegeben werden (siehe Abschnitt 8.3, »UV-elektronischer Lohnnachweis«).

BG-Brutto in der Personalabrechnung ermitteln

Das BG-Brutto wird seit 2009 nicht mehr über die Kumulation 60 gebildet. Vielmehr befinden sich im Schema DBG1 (erreichbar über das Schema **DNET • DSVB**, siehe Abbildung 4.15) die Rechenregeln, beginnend mit DBG, die die Lohnarten für die Berechnung bereitstellen. Die eigentliche Berechnung des BG-Brutto erfolgt über die Funktion DBG mithilfe des Parameters 1 = CALC. Dort erfolgen wiederum eine Aufteilung nach gegebenenfalls mehreren Gefahrentarifstellen und die Kürzung des BG-Brutto (z. B. aufgrund der Höchstjahresarbeitsverdienstgrenze).

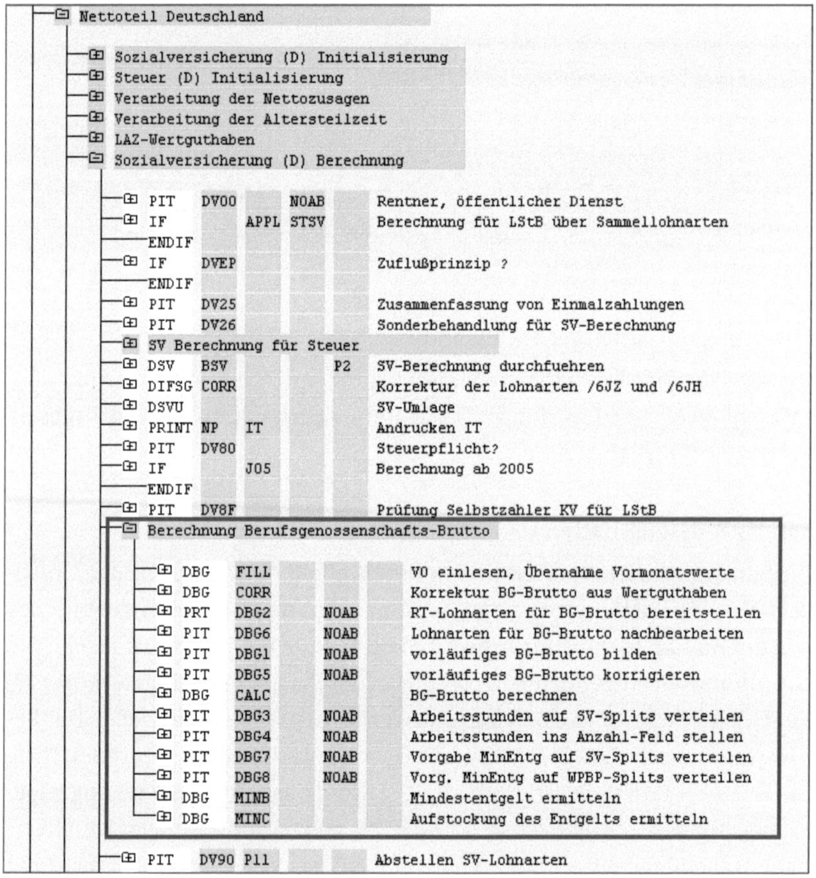

Abbildung 4.15 Unterschema DBG1 im Abrechnungsprotokoll

Stammdaten der Unfallversicherung

Zum Jahreswechsel 2024/2025 wurde die *SV-Stammdatendatei* eingeführt. Sie enthält unter anderem Informationen zu den Stammdaten der Unfallversicherungsträger. Die Daten der Gefahrtarifstellen sind jedoch nicht in dieser Datei enthalten. Daher bleibt das Programm **Einlesen der Dateien für**

Berufsgenossenschaften und Gefahrtarife (Report RPUBGDD0) weiterhin für das Einspielen der GT-Datei erforderlich.

Verzeichnisse

Die SV-Stammdatendatei enthält das Gesamtverzeichnis der gültigen Betriebsnummern der Unfallversicherungsträger mit Angaben zur formalen Prüfung der Mitgliedsnummern.

Die Datei der Gefahrtarifstellen (GT-Datei) enthält das Gesamtverzeichnis der gültigen Gefahrentarifstellen aller Unfallversicherungsträger.

Die relevanten Dateien können ebenfalls bei der ITSG bezogen werden.

Verwendung der Stammdaten im System

Die über die weiter vorn genannten Reports hochgeladenen Stammdaten werden in den Tabellen T5D32_UV (Berufsgenossenschaften) sowie T5D32_GT (Berufsgenossenschaften Gefahrtarife) abgelegt und anschließend an den folgenden Stellen im System verwendet:

- bei der Stammdatenpflege der Berufsgenossenschaften in den Tabellen T5D3A (Berufsgenossenschaften) und T5D3B (Berufsgenossenschaften – Gefahrtarifstellen)
- beim Füllen der Wertehilfe für die Betriebsnummer des UV-Trägers (Sicht V_T5D3A_B) und für die DEÜV-Gefahrentarifstelle (Sicht V_T5D3B)
- bei der Prüfung der Betriebsnummer des UV-Trägers (Sicht V_T5D3A_B) und der DEÜV-Gefahrentarifstelle (Sicht V_T5D3B) auf Zulässigkeit
- im Rahmen der Pflege der Mitgliedsnummer des Unternehmens (Sicht V_T596M für die Teilapplikation BG01)
- im Rahmen der formalen Prüfung der Mitgliedsnummer gemäß den Vorgaben aus der UV-Stammdatendatei T5D32_UV (geprüft werden die minimale bzw. die maximale Länge der Mitgliedsnummer und die Verwendung zulässiger Zeichen)

Weiteres relevantes Customizing

Betriebsnummer

Neben den bereits genannten Stammdaten muss der Berufsgenossenschaft auch die zugeordnete Betriebsnummer zugewiesen werden. Dies ist erforderlich, da alle Meldungen über das DEÜV-Meldeverfahren laufen und die sendenden oder empfangenden Stellen generell über die zugeordneten Betriebsnummern identifiziert werden.

Gefahrentarifstellennummer

Speziell für die DEÜV-Meldung wurde eine Gefahrentarifstellennummer geschaffen. Diese wird im Feld `BBNR-GTS-nn` des Datenbausteins DBUV gemeldet.

Arbeitsstunden

Die Arbeitsstunden werden ebenfalls über die DEÜV-Meldung übermittelt. Da es in Unternehmen immer wieder vorkommt, dass die von SAP vorgesehene Standardverarbeitung für eine korrekte Ermittlung der Arbeitsstunden nicht ausreicht – standardmäßig wird der Wert des Feldes SSOLL aus der Abrechnungstabelle WPBP (Arbeitsplatz/Basisbezüge) verwendet –, hat SAP eine Übersteuerungsmöglichkeit über Tabelle T596A (Teilapplikation BGNW) mithilfe der Summenlohnart BST2 geschaffen. Dieser Summenlohnart müssen in Tabelle T596J (Berechnungsvorschrift für Summenlohnarten, Kundentabelle) entsprechende Lohnarten aus Tabelle RT (Ergebnistabelle) zugewiesen werden.

Teilapplikation BGHV

Sofern der Sonderfall eintritt, dass im Laufe eines Jahres unterschiedliche UV-Träger für Mitarbeitende zuständig sind oder Mitarbeitende aufgrund eines Wechsels des Mitgliedsschlüssels anderen UV-Trägern zugewiesen werden müssen, kann über die Aktivierung der Teilapplikation BGHV zum 01.01. eines Jahres eine entsprechende Aufteilung realisiert werden. Die Teilapplikation BGHV sollte nie unterjährig aktiviert werden, da es sonst zu Fehlern bei der Ermittlung der Höchstjahresarbeitsverdienstgrenze kommen kann.

[»]

Wechsel im Mitgliedsschlüssel

Beim *Mitgliedsschlüssel* handelt es sich um die Kombination von UV-Träger und Mitgliedsnummer des Unternehmens beim UV-Träger. Im Customizing kann man den Mitgliedsschlüssel frei vergeben, muss aber diese beiden Merkmale zuweisen. Wechsel des Mitgliedsschlüssels kommen z. B. bei Konzernwechseln vor.

Die über die Aktivierung der Teilapplikation hinausgehenden Aktivitäten können im Einführungsleitfaden unter **Stammdaten • gesetzliche Sozialversicherung • Berufsgenossenschaften** unter dem Menüpunkt **Verwendung des UV-Mitgliedsschlüssels aktivieren** vorgenommen werden.

Seit 2023 muss zusätzlich die UV-Unternehmensnummer gepflegt werden. Sie ersetzt ab dem Meldejahr 2023 die bisherigen UV-Mitgliedsnummern. Die Abbildung der Unternehmensnummer erfolgt über die neue Teilapplikation **Daten zur juristischen Person** (JUPR), siehe auch SAP-Hinweis 3170635 (Auslieferung der UV-Unternehmensnummer).

Relevante Entgelte einrichten

Im Viewcluster V_T5D3A werden die Parameter für die folgenden Verarbeitungen gepflegt (siehe Abbildung 4.16):

- der Höchstbetrag, bis zu dem Beiträge erhoben werden können (ist obsolet, die Höchstjahresarbeitsverdienstgrenze der Berufsgenossenschaft wird bereits seit 2011 aus der UV-Stammdatendatei (Tabelle T5D32_UV) gelesen)

- Ist die Spalte **Kürzungsparameter** markiert, wird der Höchstbetrag bei unterjährigen Eintritten anteilig heruntergerechnet.
- Über das Feld **RGEL1** (Stichtag für die Zählung der Mitarbeitenden) – entspricht der ersten Spalte **SR** –, das vom Report RPLBGNDO (Lohnnachweis für Berufsgenossenschaften) ausgewertet wird, erfolgt die Festlegung, an welchem Stichtag die Mitarbeiterzahl wie gewertet werden soll; dabei gibt die [F4]-Hilfe Auskunft über die verschiedenen Möglichkeiten der Zählung.
- Das Feld **RGEL2** (zu zählender Personenkreis) – entspricht der zweiten Spalte **SR** – legt fest, ob außer der Gesamtzahl der Mitarbeitenden noch weitere differenzierte Mitarbeiterzahlen zu melden sind; auch hier liefert die [F4]-Hilfe Angaben über die Zählung.

Die weiteren Felder **Hebesatz**, **Ausgleichssatz**, **Prozentsatz arbeitsmedizinischer Dienst** sowie **Konkursausfallsatz** dienen als Multiplikatoren für die Bildung von Rückstellungen. Die entsprechenden Prozentsätze werden regelmäßig von der zuständigen Berufsgenossenschaft bekannt gegeben (siehe Abbildung 4.16).

Gefahrenklassen

Zusätzlich zu den genannten Feldern müssen noch die Gefahrenklassen im weiteren Teil-View zugeordnet werden. Auch die Gefahrenklasse bildet einen Multiplikator, der dem Bemessungsbrutto der BG zugeordnet wird. Gefahrentarife können nochmals unterteilt werden (z. B. Tarif A = 60 % und Tarif B = 40 %). Den abzuführenden Beitrag ermittelt die Berufsgenossenschaft auf der Grundlage des vom Arbeitgeber monatlich übermittelten elektronischen Lohnnachweises (Report RPCUVBDO_OUT) selbst und teilt diesen dem Arbeitgeber mit.

BG	Berufsgenossen...	Beginn	Ende	Höchstbet...	W..	Kür	SR	SR	Hebe...	Ausgl...
01	Bergbau BG	01.01.2009	31.12.9999	61.355,03	EUR	☐	1	0	0,200	0,200
06	Maschinenbau un...	01.01.2009	31.12.9999	61.355,03	EUR	☐	0	0	0,150	0,150
08	Süddeutsche Me...	01.01.2009	31.12.9999	61.355,03	EUR	☐	1	0		
11	BG der chem. In...	01.01.2009	31.12.9999	73.623,03	EUR	☐	0	1		
24	Bau-BG Frankfurt	01.01.2012	31.12.9999	61.355,03	EUR	☐	1	0	0,100	0,100
25	Südwestl. Bau-BG	01.01.2012	31.12.9999	61.355,03	EUR	☐	1	0		
31	Verwaltungs-BG	01.01.2009	31.12.9999	73.623,03	EUR	☐	1	0		

Abbildung 4.16 Relevante Parameter für die Berufsgenossenschaften pflegen

Über das Merkmal DBGVW kann abhängig von verschiedenen organisatorischen Parametern ein Vorschlagswert für den Infotyp 0029 (Berufsgenossenschaft) erzeugt werden. Dieser erscheint bei der Neuanlage des Infotyps.

Ist die Teilapplikation BG02 eingerichtet, muss der Infotyp 0029 (Berufsgenossenschaft) nicht für die Mitarbeitenden gepflegt werden.

Zusatzversorgung einrichten

Neben den gesetzlichen Krankenkassen und der Berufsgenossenschaft unterstützt das System auch die Abwicklung einer zusätzlichen oder einer Ersatzaltersversorgung bzw. die Abwicklung der privaten Krankenversicherung. Diese darf hier allerdings nicht mit den regionalen Zusatzversorgungskassen bzw. der Versorgungsanstalt des Bundes und der Länder verwechselt werden.

Zusatzversorgungsinstitute einrichten

Zum Einrichten der Zusatzversorgungsinstitute steht ein Viewcluster (V_T5D1H) zur Verfügung (siehe Abbildung 4.17). Im ersten View wird festgelegt, für welche Sparte der SV (Kranken-, Renten-, Pflegeversicherung oder zusätzliche Altersversorgung) das jeweilige Institut angelegt werden soll. Gleichzeitig werden die weiteren Stammdaten wie Adresse und Bankverbindung hinterlegt. In der zweiten Stufe des Customizings können gegebenenfalls benötigte Beitragsklassen angelegt werden (siehe Abbildung 4.18).

Sp	Versicherungssparte	Institut	Bezeichnung	Beginn	Ende
1	Krankenversicherung	COLONIA		01.01.1990	31.12.9999
1	Krankenversicherung	DEBEKA	Dtsch. Beamtenkasse	01.01.1990	31.12.9999
1	Krankenversicherung	DKV		01.01.1990	31.12.9999
1	Krankenversicherung	DKV-1		01.01.1990	31.12.9999
1	Krankenversicherung	PRIVAT	Hilfs-KK fuer UTAB	01.01.1990	31.12.9999
1	Krankenversicherung	VICTORIA		01.01.1990	31.12.9999
2	Rentenversicherung	ALLIANZ	Allianz-Lebensvers.	01.01.1990	31.12.9999
2	Rentenversicherung	BEFRLV	Hilfs-KK fuer UTAB	01.01.1990	31.12.9999
2	Rentenversicherung	TKK	Techniker-Krankenks.	01.01.1990	31.12.9999
2	Rentenversicherung	ZUVERS1	Zusatzkasse 1	01.01.1990	31.12.9999
2	Rentenversicherung	ZUVERS2	Zusatzkasse 2	01.01.1990	31.12.9999
4	Pflegeversicherung	COLONIA		01.01.1990	31.12.9999
4	Pflegeversicherung	DEBEKA	Dtsch. Beamtenkasse	01.01.1990	31.12.9999
4	Pflegeversicherung	DKV		01.01.1990	31.12.9999
4	Pflegeversicherung	DKV-1		01.01.1990	31.12.9999
4	Pflegeversicherung	PRIVAT	Hilfs-KK fuer UTAB	01.01.1990	31.12.9999
4	Pflegeversicherung	VICTORIA		01.01.1990	31.12.9999
7	BVV-Versorgung	BVV	BVV-Versorgung	01.01.1990	31.12.9999
8	Presseversorgung	PVW	Presseversorgung	01.01.1990	31.12.9999
0	Zusatzvers. öff. Dienst	VBL	VBL Karlsruhe	01.01.1980	31.12.9999
0	Zusatzvers. öff. Dienst	ZVE	ZVE Mustereintrag	01.01.1980	31.12.9999

Abbildung 4.17 Pflege-View für die Zusatzversorgung – Schritt 1

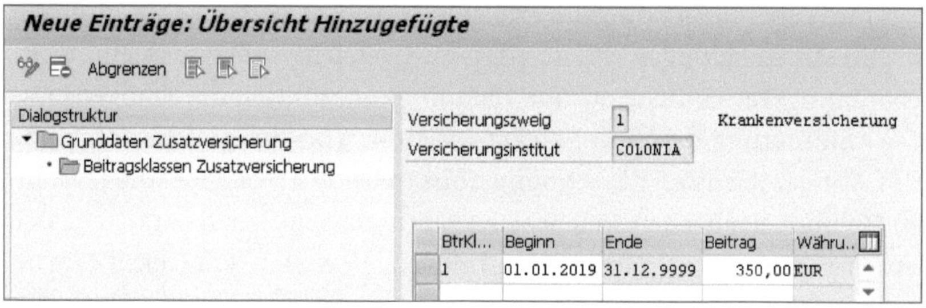

Abbildung 4.18 Beitragsklassen für die SV-Zusatzversicherung anlegen – Schritt 2

Auslieferung der Daten zur privaten Kranken- und Pflegeversicherung über das ELStAM-Verfahren

Nach den Ergänzungen in § 39 Absatz 4 Nr. 4 EStG gehören die monatlichen Beiträge für private Kranken- und Pflegeversicherungen zu den Lohnsteuerabzugsmerkmalen und sind somit Teil des ELStAM-Verfahrens. Die Clearingstelle stellt ab der Monatsliste November 2025 neben den Basis-ELStAM auch die Daten der privaten Kranken- und Pflegeversicherungen (PKV-Daten) für Ihre am ELStAM-Verfahren angemeldeten Beschäftigten bereit. Diese Liste können Sie Anfang Dezember 2025 abrufen. Weitere Informationen finden Sie in SAP-Hinweis 3307566 (ELStAM: Einzug der Daten zur privaten Kranken- und Pflegeversicherung ins Verfahren).

Mehrfachbeschäftigung

Ist eine beschäftigte Person zusätzlich bei einem anderen Unternehmen tätig, lässt sich im Vorfeld die Beitragsberechnung durch die Vorgabe der folgenden Musterlohnarten beeinflussen:

- MU51: Gehalt ander. AG (KV-BBG)
- MU52: Gehalt ander. AG (RV-BBG)
- MU53: Gehalt ander. AG (AV-BBG)
- MU54: Gehalt ander. AG (PV-BBG)
- MU55: Gehalt ander. AG (IU-BBG)
- MU61: EZ anderer AG (KV-BBG)
- MU62: EZ anderer AG (RV-BBG)
- MU63: EZ anderer AG (AV-BBG)
- MU64: EZ anderer AG (PV-BBG)
- MU65: EZ anderer AG (IU-BBG)

Anforderung durch die Krankenkasse

Dies muss aber nicht zwingend erfolgen, da die Krankenkasse aufgrund der DEÜV-Jahresmeldungen erkennt, dass eine versicherte Person mehrere Beschäftigungsverhältnisse ausübt. Daraufhin übermittelt die Krankenkasse eine Anforderung zur Abgabe einer GKV-Monatsmeldung (siehe Abbildung 4.19). Mit der nächsten Abrechnung müssen beide Arbeitgeber die relevanten Meldungen abgeben. Im nächsten Schritt übermittelt die Krankenkasse dem Arbeitgeber die Prüfergebnisse mit den relevanten Beträgen, die im Infotyp 0700 (Elektronischer Datenaustausch) hinterlegt werden (siehe Abbildung 4.20).

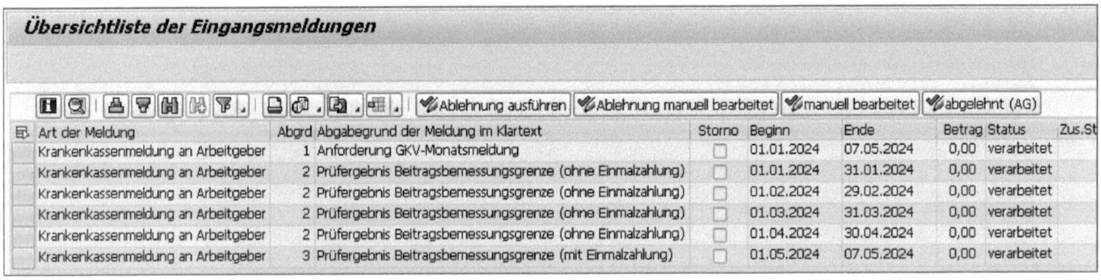

Übersichtliste der Eingangsmeldungen

Art der Meldung	Abgrd	Abgabegrund der Meldung im Klartext	Storno	Beginn	Ende	Betrag	Status	Zus.St
Krankenkassenmeldung an Arbeitgeber	1	Anforderung GKV-Monatsmeldung	☐	01.01.2024	07.05.2024	0,00	verarbeitet	
Krankenkassenmeldung an Arbeitgeber	2	Prüfergebnis Beitragsbemessungsgrenze (ohne Einmalzahlung)	☐	01.01.2024	31.01.2024	0,00	verarbeitet	
Krankenkassenmeldung an Arbeitgeber	2	Prüfergebnis Beitragsbemessungsgrenze (ohne Einmalzahlung)	☐	01.02.2024	29.02.2024	0,00	verarbeitet	
Krankenkassenmeldung an Arbeitgeber	2	Prüfergebnis Beitragsbemessungsgrenze (ohne Einmalzahlung)	☐	01.03.2024	31.03.2024	0,00	verarbeitet	
Krankenkassenmeldung an Arbeitgeber	2	Prüfergebnis Beitragsbemessungsgrenze (ohne Einmalzahlung)	☐	01.04.2024	30.04.2024	0,00	verarbeitet	
Krankenkassenmeldung an Arbeitgeber	3	Prüfergebnis Beitragsbemessungsgrenze (mit Einmalzahlung)	☐	01.05.2024	07.05.2024	0,00	verarbeitet	

Abbildung 4.19 Übersichtsliste der DEÜV-Eingangsmeldungen bezüglich Mehrfachbeschäftigung

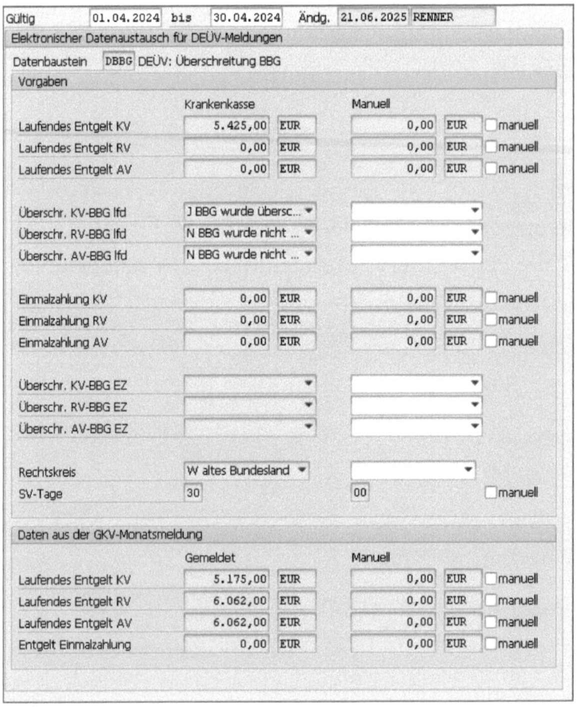

Abbildung 4.20 Infotyp 0700 (Elektronischer Datenaustausch) – Meldungsart DBBG

Lohnarten für SV-Besonderheiten schlüsseln

Die Kennzeichnung von Lohnarten in der Kumulation 05 (Einm. Zahlung SV, Korrp) ist grundsätzlich nur für Korrekturlohnarten zulässig, da die Sozialversicherung nur das Zufluss-, nicht aber das Entstehungsprinzip kennt und dieses daher auch nicht verwendet werden sollte.

Berechnungsart für KV-AG-Zuschuss festlegen

Die Anpassung der hier ausgelieferten Einstellungen ist – wenn überhaupt – nur sehr selten notwendig. Die Vorgehensweise zur Ermittlung des Arbeitgeberzuschusses zur gesetzlichen Krankenversicherung wird in hohem Maße durch die Gesetzgebung vorgeschrieben. Die gesetzlich vorgeschriebenen Berechnungsmöglichkeiten werden daher im Mandanten 000 regelmäßig mit ausgeliefert.

Ausgehend vom KV-Modifikator, der in der Personalrechenregel DV60 gesetzt wird, kann die Berechnungsregel zur Ermittlung des KV-Arbeitgeberzuschusses beeinflusst werden. Dabei ist zu unterscheiden, ob es sich um den zu versteuernden oder um den steuerfreien Arbeitgeberzuschuss handelt. Abbildung 4.21 zeigt das Customizing zur Festlegung des Arbeitgeberzuschusses. Die Dokumentation zu den Feldwerten liefert wertvolle Hilfen, falls eine Konfiguration erforderlich ist.

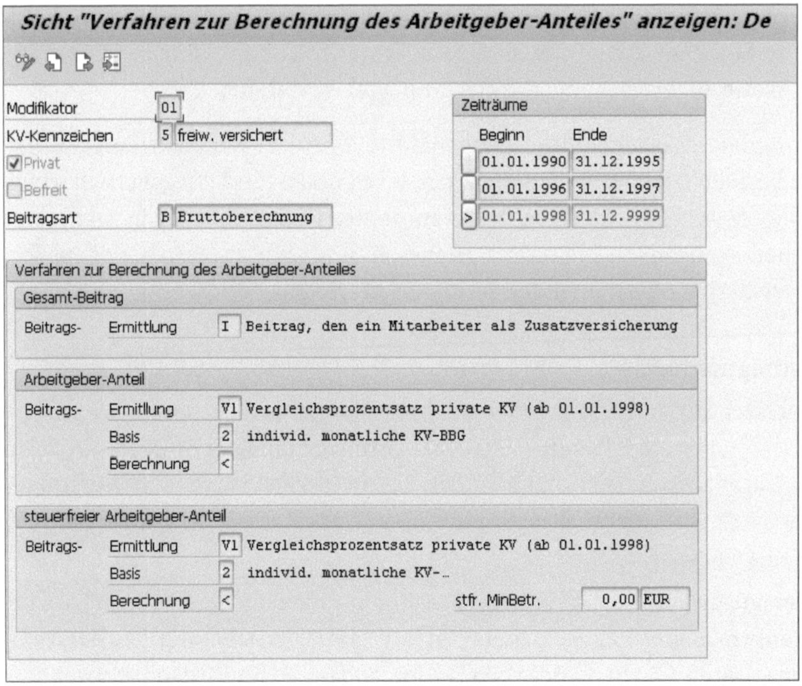

Abbildung 4.21 Arbeitgeberzuschuss beeinflussen

Permanenzberechnung in der Sozialversicherung

Permanenz

Der Begriff *Permanenz* bezeichnet in der Sozialversicherung den Sonderfall in verschiedenen Sparten, dass eine versicherte Person von der gesetzlichen Versicherungspflicht befreit ist, obwohl sie mit ihrem monatlichen Einkommen unterhalb der maßgeblichen monatlichen Beitragsbemessungsgrenze liegt.

Über die Bemessungsgrenze rutscht die betreffende Person aufgrund regelmäßiger Einmalzahlungen. Permanenz bedeutet in diesem Zusammenhang, dass für die Monate ohne Einmalzahlung das SV-pflichtige Bruttoentgelt zur Bestimmung des Arbeitgeberzuschusses verwendet wird und in den Monaten mit Einmalzahlungen ein sogenannter *Permanenzausgleich* gezahlt wird.

Es bestehen dabei die folgenden Möglichkeiten:

- Berechnung des Betrags, den eine sozialversicherungspflichtige Person als Zuschuss erhalten würde (das ist die ungünstigste Variante für die betreffende Person).
- Zahlung eines Permanenzausgleichs in dem Monat, in dem die Einmalzahlung geleistet wird.
- Zahlung eines Permanenzausgleichs in dem Monat, in dem die Einmalzahlung geleistet wird, sowie in den Folgemonaten. Dabei wird der Permanenzbetrag in speziellen Lohnarten abgestellt und abgetragen. Es ist zu beachten, dass unterjährige Änderungen, insbesondere bei dieser Variante, nicht über eine Rückrechnung reversibel sind.

Im Standard ist generell die letztgenannte Form der Permanenzberechnung eingestellt. Darüber hinaus kann bei der Kranken- und Pflegeversicherung eine getrennte Berechnungsweise, zum einen für die freiwillig in der gesetzlichen Krankenversicherung versicherten und zum anderen für die privat versicherten Mitarbeitenden, konfiguriert werden.

Beitragsnachweis

Der Nachweis über die gezahlten Beiträge zur Sozialversicherung ist je nach Release über ein SAPscript- oder PDF-Formular umgesetzt. Der Aufruf des Beitragsnachweises erfolgt über den Report RPCBNVD0_OUT (SV-Beitragsnachweis für Pflichtbeiträge) oder über Transaktion PC00_M01_RPCBNVD0_O (Beitragsnachweise).

Eine Pflege von Tabelle V_5D1L_B (Daten für die Beitragsabführung an die Krankenkassen) – Pflegeaktivität im IMG: **Sozialversicherung • Auswertungen • Daten für die Beitragsabführung ändern** – ist nur dann notwendig, wenn entweder die Kontonummer der Krankenkasse von der Betriebsnummer abweicht (das dürfte vor dem Hintergrund des elektronischen Meldeverfahrens die absolute Ausnahme sein) oder wenn die Beiträge an eine andere Kasse als die Mitarbeiterkasse abgeführt werden sollen.

Mit Beginn des Jahres 2006 hat die Gesetzgebung in Deutschland die sogenannte *vorgezogene Beitragsfälligkeit* eingeführt. Damit wurde der Fälligkeitstag für die Sozialversicherungsbeiträge vom 15. Kalendertag des Folgemonats auf den drittletzten Bankarbeitstag des laufenden Monats vorverlegt. Für den Beitragsnachweis ergab sich daraus die Konsequenz, dass aufgrund der unterschiedlichen Berechnungsmodalitäten und Zeiträume der Entgelte bei den zahlreichen SAP-Kunden mehrere Möglichkeiten zur Ermittlung der voraussichtlichen Beitragsschuld eingeführt wurden.

Bestimmung der Beitragsschuld

So kann die voraussichtliche Beitragsschuld über die folgenden Verfahren bestimmt werden:

- **Echtabrechnung**
  Immer, wenn die Fälligkeit der Arbeitsentgelte bereits vor dem Fälligkeitstag der SV-Beiträge liegt, können die Echtbeiträge nachgewiesen werden, da die Entgelte bereits ermittelt und ausgezahlt sind und Änderungen in der Höhe der Sozialversicherungsbeiträge für diesen Monat nicht mehr erfolgen können.
- **Qualifizierter Abschlag**
  Dieses Verfahren kann angewandt werden, wenn der Arbeitgeber eine echte Abschlagsabrechnung durchgeführt hat. Dabei wird nicht vorausgesetzt, dass die Entgelte auch tatsächlich als Abschlag ausgezahlt werden.
- **Abrechnungssimulation**
  Im Rahmen dieses Verfahrens wird die Entgeltabrechnung simuliert, und die Ergebnisse für die Beitragsabführung werden aus dieser Abrechnungssimulation übernommen.
- **Vormonatsgrundlage**
  Im Rahmen dieser Berechnungsart dienen die Echtbeiträge des Vormonats als Grundlage für die Ermittlung der voraussichtlichen Beitragsschuld. Über Faktoren in Tabelle T5D47 (Korrektur der Beiträge auf Grundlage des Vormonats) können die Beiträge je Personalteilbereich und für Beiträge aus laufendem und einmaligem Entgelt angepasst werden (IMG: **Sozialversicherung • Auswertungen • Verfahren Grundlage Vormonatsbeiträge: Korrekturfaktoren pflegen**). Dieses Verfahren ist insbesondere für Unternehmen mit variablen Bezügen und einem Abrechnungstermin im Folgemonat die beste und effizienteste Methode, um den vorläufigen Beitragsnachweis zu erstellen.

Für jeden Abrechnungskreis der Personalabrechnung muss entschieden und in Tabelle T5D10, Verfahren für voraussichtliche Beitragsschuld, (IMG: **Sozialversicherung • Auswertungen • Abrechnungskreisen Verfahren für Beitragsnachweis zuordnen**) hinterlegt werden, welches Verfahren zur Bestimmung der vorläufigen Beitragsschuld angewandt werden soll.

Im Standard werden für die Darstellung des Beitragsnachweises die Formulare HR_DE_SV_SVNN_EN (Einzelnachweisliste) und HR_DE_SV_SVNW_SN (Sammelnachweisliste) genutzt. Diese beiden Formulartypen können grundsätzlich im Standard verwendet werden, da sie die gesetzlich notwendigen Angaben enthalten und darüber hinaus Anpassungen nur in dem Rahmen möglich sind, wie sie die Gesetzgebung zulässt. Dies bedeutet, dass Ergänzungen grundsätzlich möglich sind, nicht aber das Entfernen vorgeschriebener Angaben. Änderungen können für die PDF-Formulare über Transaktion SFP (Form Builder) oder Transaktion SE71 (SAPscript-Formulare) oder im IMG über den Menüpfad **Sozialversicherung • Auswertungen • Formulare für den gesetzlichen Beitragsnachweis** gepflegt werden.

Su...	Summenlohnartentext	Lo...	Lohnart-Langtext	Gültig ab	Gültig bis
A1EP	AV-Brutto, Einmalzahlung	/322	AV-Bem.Brut. Einm Zahl.	01.01.1800	31.12.9999
A1EP	AV-Brutto, Einmalzahlung	/3GI	AV Bem.Brut. EZ Midi	01.04.2003	31.12.9999
A1EP	AV-Brutto, Einmalzahlung	/3KY	AV-EZ-Minderung SVBG	01.01.1800	31.12.9999
A1FP	AV-Brutto, KUG-Feiertag	/31I	Kug AV-Bem.Br.Ftag(lfd..	01.01.1800	31.12.9999
A1FP	AV-Brutto, KUG-Feiertag	/31J	WAG AV-Bem.Br.Ftag(lf..	01.01.1800	31.12.9999
A1LP	AV-Brutto, laufend	/312	AV-Bem.Brut. lfd. Entg.	01.01.1800	31.12.9999
A1LP	AV-Brutto, laufend	/3G7	AV Bem.Brut. lfd. Midi	01.04.2003	31.12.9999
A1LP	AV-Brutto, laufend	/3X2	AV-Bem.Brutto IfSG Qu..	01.01.2020	31.12.9999
A1LP	AV-Brutto, laufend	/3X6	AV-Bem.Brutto IfSG Kind	01.01.2020	31.12.9999
A1MP	AV-Brutto, Märzklausel	/332	AV-Bem.Brut. EZ Vorjahr	01.01.1800	31.12.9999
A1MP	AV-Brutto, Märzklausel	/3GT	AV Bem.Brut. EZ VJ Midi	01.04.2003	31.12.9999
A1MP	AV-Brutto, Märzklausel	/3JY	AV-EZ-Minderung SVBG...	01.01.1800	31.12.9999
A1MP	AV-Brutto, Märzklausel	/3WY	AV-EZ-Korr SVBG VJ	01.01.1800	31.12.9999
A2FP	AV-Beitrag, KUG-Feiertag	/37A	Kug AV-AG-Anteil Ftag	01.01.1800	31.12.9999
A2FP	AV-Beitrag, KUG-Feiertag	/37B	WAG AV-AG-Anteil Ftag	01.01.1800	31.12.9999
A3EP	AV-AG-Anteil, Einmalzahlung	/373	AV-AG-Anteil,Einmalzahl.	01.01.1800	31.12.9999
A3LP	AV-AG-Anteil, laufend	/371	AV-AG-Anteil,lfd.Entgelt	01.01.1800	31.12.9999
A3MP	AV-AG-Anteil, Märzklausel	/377	AV-AG-Anteil,Vorjahr	01.01.1800	31.12.9999
A4EP	AV-AN-Anteil, Einmalzahlung	/372	AV-AN-Anteil,Einmalzahl.	01.01.1800	31.12.9999
A4LP	AV-AN-Anteil, laufend	/370	AV-AN-Anteil,lfd.Entgelt	01.01.1800	31.12.9999
A4MP	AV-AN-Anteil, Märzklausel	/376	AV-AN-Anteil,Vorjahr	01.01.1800	31.12.9999
ASTE	AV-Tage, Einmalzahlung	/342	Diff.ant.JBG AV lfd.Jahr	01.01.1800	31.12.9999
ASTL	AV-Tage, laufendes Entgelt	/3A3	SV-Tage AV	01.01.1800	31.12.9999

Abbildung 4.22 Summenlohnarten des Beitragsnachweises in Tabelle V_T596I (Berechnungsvorschrift für Summenlohnarten)

Analog können auch die speziellen Formulare für die Bundesknappschaft sowie für eine gegebenenfalls vorhandene Zusatzversorgung eingerichtet werden. (Die Pflege von Formularen ist allerdings nicht Gegenstand dieses Buches.)

Die im Beitragsnachweis aufgeführten Beträge resultieren aus den über Tabelle T596I (Teilapplikation SVNN aus Tabelle T596A, Teilapplikation) vorgegebenen Summenlohnarten. Dies bedeutet, dass über Tabelle T596I (Teilapplikation SVNN) einsehbar ist, welche Lohnarten aus dem Abrechnungsergebnis in den Beitragsnachweis einfließen (siehe Abbildung 4.22). Kundenanpassungen können über Tabelle T596J (Berechnungsvorschrift für Summenlohnarten, Kundentabelle) vorgenommen werden. Auch hier sollten Sie darauf achten, dass Anpassungen nur im gesetzlich zulässigen Rahmen erfolgen.

Mitteilungen an die Krankenkassen über Versorgungsbezüge (Zahlstellenverfahren)

Zahlstellen

Sofern die Voraussetzungen dazu erfüllt sind, sind Arbeitgeber, die Versorgungsbezüge auszahlen, als sogenannte *Zahlstellen* zur Abgabe von bestimmten Meldungen an die Krankenkassen verpflichtet. Die Meldungserstellung erfolgt über den Report RPCZOVDO (Versorgungs-/Kapitalleistungsmeldungen erstellen). Dieser Report erkennt zu erstellende Meldungen anhand der Abrechnungsergebnisse und erstellt neben Meldungen zu Beginn und Ende von Versorgungsbezügen auch Meldungen bei Veränderungen der Beitragshöhe, bei Kassen- bzw. Zahlstellenwechsel sowie infolge von Kapitalisierung der Versorgungsbezüge.

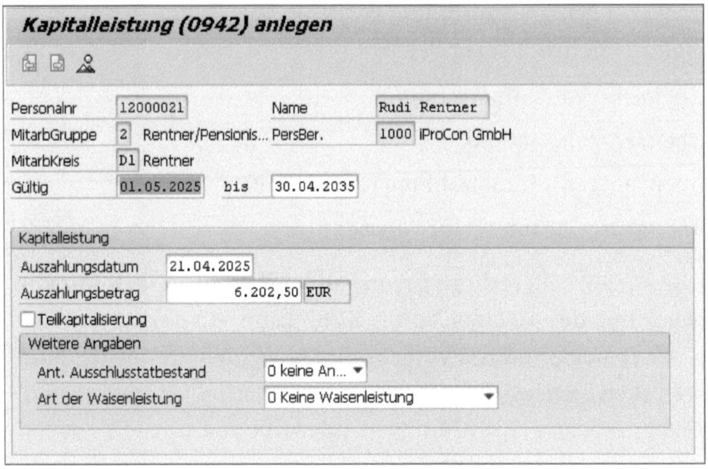

Abbildung 4.23 Infotyp 0942 (Kapitalleistung)

Sofern Versorgungsbezüge kapitalisiert ausgezahlt werden, muss für eine korrekte Zahlstellenmeldung und Beitragsberechnung der Infotyp 0942 (Kapitalleistung) gepflegt werden (siehe Abbildung 4.23). Auszahlung und Abrechnung erfolgen über eine dafür angelegte Lohnart, die im Infotyp 0015 (Ergänzende Zahlung) hinterlegt wird.

Jahresarbeitsentgeltgrenze für die gesetzliche Krankenversicherung prüfen

1+1-Regelung

Die 1+1-Regelung besagt, dass Versicherungsfreiheit dann eintritt, wenn die beschäftigte Person nicht nur die Jahresarbeitsentgeltgrenze (JAEG) des laufenden Jahres, sondern auch die des Folgejahres durch Erhöhungen des Entgelts überschreitet. Fiktive Entgelte (z. B. für Zeiten während des Bezugs von Elternzeit) werden ebenfalls nicht mehr angesetzt. Um die Prüfung zur Überschreitung der Jahresarbeitsentgeltgrenze zu unterstützen, wird der Report RPLSVEDO bereitgestellt.

Dieser Report gibt – abhängig von der Eingabe im Feld **Toleranz in %** – eine Liste mit den Mitarbeitenden aus, die potenziell die JAEG überschreiten. Diese Liste muss vom Arbeitgeber mitarbeitergenau geprüft werden, um eine abschließende Entscheidung über eine gegebenenfalls eintretende Versicherungsfreiheit treffen zu können. Der Report RPLSVEDO (Überprüfung der Jahresarbeitsentgeltgrenze KV) berücksichtigt bereits im Standard die gezahlten SV-pflichtigen Entgelte der Vorjahre. Im Auswertungsjahr werden neben den Lohnarten des Infotyps 0008 (Basisbezüge) auch die Lohnarten der Infotypen 0014 (Wiederkehrende Be-/Abzüge) und 0015 (Ergänzende Zahlung) untersucht.

Summenlohnarten

Um eine möglichst genaue Zuordnung vornehmen zu können, stehen die folgenden Summenlohnarten zur Verfügung:

- JAEE – Arbeitsentgelt, Einmalzahlung
- JAEL – Arbeitsentgelt, laufend
- JAFE – Arbeitsentgelt, Einmalzahlung für Folgejahr
- JAFL – Arbeitsentgelt, laufend für Folgejahr

Über Tabelle T596J (Berechnungsvorschrift für Summenlohnarten, Kundentabelle) mit der Teilapplikation KVJG kann eine entsprechende Zuordnung der Dialoglohnarten vorgenommen werden. Damit die Summenlohnarten auch berücksichtigt werden, ist es erforderlich, die Teilapplikation KVJG über Tabelle T596C (Gültigkeitsintervalle gesetzlicher Teilapplikationen) zeitabhängig zu aktivieren.

Zusatzversorgung für RV-befreite Mitarbeitende

Wenn Sie im Infotyp 0013 (Sozialvers. D) bei einer beschäftigten Person das RV-Kennzeichen **befreit** hinterlegen, wird über eine dynamische Maßnahme der Infotyp 0126 (Zusatzversorgung D) zur Pflege aufgerufen (siehe Abbildung 4.24). Hier müssen die Angaben zur berufsständischen Versorgung gepflegt werden.

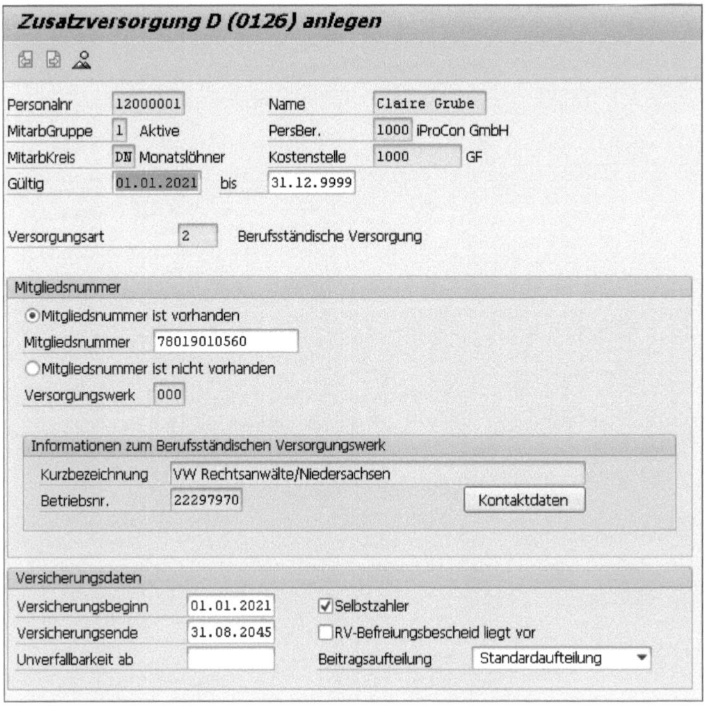

Abbildung 4.24 Infotyp 0126 (Zusatzversorgung D)

4.4 Fazit

Die Berechnung von Steuer und Sozialversicherung gemäß den gesetzlichen Vorgaben ist im SAP-Standard abgedeckt. Außer an den Einstellungen, die der Kunde vornehmen kann und die in diesem Kapitel beschrieben sind, sollten keine Änderungen an der Konfiguration vorgenommen werden, da sonst die korrekte Funktionsweise gefährdet wäre. Mit der entsprechenden Sachkenntnis können die möglichen Customizing-Einstellungen zügig vorgenommen werden.

Kapitel 5
Abschluss der Abrechnung

Am Ende des Abrechnungsablaufs stehen die Verarbeitung von Rückrechnungen und die Endeverarbeitung mit der Abstellung des Abrechnungsergebnisses, die Gegenstand dieses Kapitels sind.

Den Abschluss der Abrechnung bilden die Verarbeitung von Rückrechnungen und die Endeverarbeitung mit der Abstellung des Abrechnungsergebnisses. Zu diesem Zeitpunkt sind bereits alle Berechnungen abgeschlossen. Es ist lediglich notwendig, Rückrechnungsdifferenzen aus den Vormonaten zu übernehmen und das endgültige Ergebnis abzustellen.

5.1 Rückrechnung

Aufrollen bereits abgerechneter Perioden

In SAP ERP HCM können bereits abgerechnete Perioden anhand einer *Rückrechnung* neu aufgerollt werden. Eine solche Rückrechnung kann beliebig weit in die Vergangenheit erfolgen. Dies ist abhängig davon, wie weit historische Abrechnungsergebnisse zur Verfügung stehen. Im Rahmen der Rückrechnung werden die relevanten Vorperioden komplett neu abgerechnet, und der berechnete Nettobetrag wird mit dem neu ermittelten Nettobetrag verglichen.

5.1.1 Rückrechnung in der Personalabrechnung verarbeiten

Aktualitätskennzeichen

Das ursprünglich ermittelte Abrechnungsergebnis wird nicht gelöscht, sondern mit einem Aktualitätskennzeichen versehen. Wie aus der Übersicht über die Abrechnungsergebnisse in Abbildung 5.1 hervorgeht, tragen die Abrechnungsergebnisse in der ersten Spalte unterschiedliche Kennzeichen:

- **A** (actual) = aktuelles Abrechnungsergebnis
- **P** (previous) = vorangegangenes Abrechnungsergebnis
- **O** (old) = alle älteren Abrechnungsergebnisse

Abrechnungsergebnisse Wittig Test / Deutschland

Al	Fürperio...	Inperiode	FpBeg	FpEnd	IpEnd	A...	A...	JP	Zahldatum	Datum
A	03.2024	03.2024	01.03.2024	31.03.2024	31.03.2024	12	12	1200	27.03.2024	30.12.2024
A	04.2024	04.2024	01.04.2024	30.04.2024	30.04.2024	12	12	1200	26.04.2024	30.12.2024
A	05.2024	05.2024	01.05.2024	31.05.2024	31.05.2024	12	12	1200	27.05.2024	30.12.2024
A	06.2024	06.2024	01.06.2024	30.06.2024	30.06.2024	12	12	1200	26.06.2024	30.12.2024
A	07.2024	07.2024	01.07.2024	31.07.2024	31.07.2024	12	12	1200	27.07.2024	30.12.2024
A	08.2024	08.2024	01.08.2024	31.08.2024	31.08.2024	12	12	1200	27.08.2024	30.12.2024
A	09.2024	09.2024	01.09.2024	30.09.2024	30.09.2024	12	12	1200	26.09.2024	30.12.2024
A	10.2024	10.2024	01.10.2024	31.10.2024	31.10.2024	12	12	1200	27.10.2024	30.12.2024
A	11.2024	11.2024	01.11.2024	30.11.2024	30.11.2024	12	12	1200	26.11.2024	30.12.2024
A	12.2024	12.2024	01.12.2024	31.12.2024	31.12.2024	12	12	1200	27.12.2024	30.12.2024
O	01.2025	01.2025	01.01.2025	31.01.2025	31.01.2025	12	12	1200	27.01.2025	13.01.2025
P	01.2025	02.2025	01.01.2025	31.01.2025	28.02.2025	12	12	1200	27.01.2025	02.04.2025
P	02.2025	02.2025	01.02.2025	28.02.2025	28.02.2025	12	12	1200	24.02.2025	02.04.2025
P	03.2025	03.2025	01.03.2025	31.03.2025	31.03.2025	12	12	1200	27.03.2025	04.04.2025
P	04.2025	04.2025	01.04.2025	30.04.2025	30.04.2025	12	12	1200	26.04.2025	04.04.2025
A	01.2025	05.2025	01.01.2025	31.01.2025	31.05.2025	12	12	1200	27.01.2025	08.05.2025
A	02.2025	05.2025	01.02.2025	28.02.2025	31.05.2025	12	12	1200	24.02.2025	08.05.2025
A	03.2025	05.2025	01.03.2025	31.03.2025	31.05.2025	12	12	1200	27.03.2025	08.05.2025
A	04.2025	05.2025	01.04.2025	30.04.2025	31.05.2025	12	12	1200	26.04.2025	08.05.2025
A	05.2025	05.2025	01.05.2025	31.05.2025	31.05.2025	12	12	1200	27.05.2025	08.05.2025

Abbildung 5.1 Übersicht über die Abrechnungsergebnisse

Das mit dem Kennzeichen **A** versehene Abrechnungsergebnis ist das aktuelle Abrechnungsergebnis der Abrechnungsperiode; folglich existiert immer ein Abrechnungsergebnis mit diesem Kennzeichen. Alle anderen Abrechnungsergebnisse sind anhand von Rückrechnungen aktualisiert worden. Das Abrechnungsergebnis mit dem Kennzeichen **P** war das vorangegangene Ergebnis; alle älteren Abrechnungsergebnisse erhalten das Kennzeichen **O**. Außerdem wird für jedes Ergebnis in der Spalte **Inperiode** eine In-Periode und in der Spalte **Fürperiode** eine Für-Periode eingetragen. Die *In-Periode* ist die Periode, in der das jeweilige Abrechnungsergebnis ermittelt wurde, und mit *Für-Periode* ist die Periode gemeint, für die dieses Abrechnungsergebnis ermittelt wurde. Die Originalabrechnung für einen Monat enthält eine mit der Für-Periode identische In-Periode. Alle Ergebnisse, bei denen diese Perioden unterschiedlich sind, wurden durch Rückrechnungen erstellt.

Im Rahmen von Rückrechnungen werden nie Überweisungsdaten verändert, sondern es werden immer nur Differenzen der Nettobeträge ermittelt, die in den aktuellen Abrechnungsmonat übertragen werden und erst dort nachträglich zur Auszahlung kommen.

Rückrechnungsdifferenzen

Im Rahmen einer Rückrechnung wird eine erneute komplette Abrechnung bis zum Netto, das in der Lohnart /550 (Gesetzliches Netto) enthalten ist, durchgeführt. Die daraus abgeleitete Auszahlung bleibt identisch erhalten, und der durch die Rückrechnung entstandene Betrag, der positiv oder negativ sein kann, wird in die Lohnart /551 (Aufrolldifferenz) abgestellt, die in die aktuelle Abrechnungsperiode übertragen wird und dort wiederum die Lohnart /552 (Nachverrechnung aus Vorperiode) erzeugt.

Dies kann dazu führen, dass Ergebnisse schwer nachvollziehbar werden, besonders wenn mehrere Rückrechnungen für eine Periode durchgeführt wurden, die jeweils zu einer eigenen Rückrechnungsdifferenz geführt haben. Hier hilft die Lohnart /553 (Aufrolldifferenz zur letzten Abrechnung), die nur die Differenz vom aktuellen zum letzten Ergebnis enthält, während /551 (Aufrolldifferenz) die komplette Rückrechnungsdifferenz im Vergleich zur ursprünglichen Abrechnung umfasst, unabhängig davon, wie viele Rückrechnungen seitdem durchgeführt worden sind.

Buchung der Aufrolldifferenz

Die Lohnarten /551 (Aufrolldifferenz) und /552 (Nachverrechnung aus den Vorperioden) müssen einem Sachkonto in der Finanzbuchhaltung zugeordnet werden, da jede Periode in sich einen ausgeglichenen Saldo ergeben muss. Es wird also ein Konto benötigt, über das die einzelnen Perioden miteinander verrechnet werden können. Zu beachten ist, dass sich die Summen der Aufrolldifferenzen (/551) und Nachverrechnungen (/552) immer aufheben und somit null ergeben müssen, sodass normalerweise keine Buchung entsteht und der Saldo auf diesem Konto immer null ist. Ein Ausnahmefall davon ist, dass bei einem Buchungskreiswechsel einer beschäftigten Person nicht die Buchungskreisverrechnung genutzt wird. In solchen Fällen wird im Rahmen einer Rückrechnung die Aufrolldifferenz im alten Buchungskreis gebucht und die Nachverrechnung im neuen Buchungskreis. Daher empfiehlt sich die Verwendung eines eigenen Verrechnungskontos in der Finanzbuchhaltung.

[«]

Neues Hauptbuch

In Verbindung mit der neuen Hauptbuchhaltung ist eine Besonderheit zu beachten: Wenn die aufwandsgerechte Verteilung von Verbindlichkeiten aktiviert ist, kann eine Rückrechnung erst gebucht werden, wenn in Tabelle T52CODIST_RETRO (Rückrechnungsspezifische Lohnarten für Kostenverteilung) auch Einträge gepflegt sind.

5.1.2 Unterschema DRRO (Rückrechnung)

Das Schema DRRO (siehe Abbildung 5.2) übernimmt in der Originalabrechnung die Rückrechnungsdifferenzen aus den Vorperioden; in den Rückrechnungsperioden werden die Differenzen bereitgestellt. Die Übergabe erfolgt in der internen Tabelle DT (Differenztabelle). Die Regel D041 am

Anfang des Schemas übernimmt die aus den Vormonaten bereitgestellten Beträge der Lohnart /551 (Aufrolldifferenz) und addiert diese in die Lohnart /552 (Nachverrechnung aus den Vorperioden). Die Abfrage `IF 0` bedingt, dass diese Regel nur in der Originalperiode ausgeführt wird. Ist die entsprechende Periode keine Originalperiode, sondern eine Rückrechnungsperiode, wird mithilfe der Regel D043 die Differenz des Nettobetrags im Vergleich zur Originalperiode in Tabelle DT (Differenztabelle) abgestellt und an die Originalperiode weitergegeben.

Schema bearbeiten : DRR0

Befehl [ ] Stapel

Zeile	Fkt	Par1	Par2	Par3	Par4	D	Text
000010	BLOCK	BEG					Rückrechnun
000020	IF		0				Originalabrechung ?
000030	PDT	D041	GEN	NOAB			Beistellen der empfangenen Differenzen
000040	ELSE						Jetzt Rückrechnung
000050	PIT	D04K					Kindergeld auszahlen
000060	ACTIO	X048					setze BTEX zurück
000070	LPBEG		RC				Schleife über alte Ergebnisse
000080	IMPRT		0				Importiert letzte Abrechnung
000090	PRINT	NP	ORT				Drucken ORT
000100	ACTIO	X048				*	setze BTEX zurück
000110	PORT	D042	GEN	NOAB			Diffbildung und Übernahme der nicht
000120	COM						revidierbaren Lohnarten
000130	PIT	D047					neuen Auszahlungsbtr. bilden
000140	PIT	D043				*	neuer Betrag nach DT
000150	ACTIO	X401					ggfls /A67 bilden
000160	BTFIL						Übernahme der BT aus letztes Abrech.
000170	XLIDI	PUTP				*	Buchung-Verteil. der Verbindlichk.
000180	LPEND						Ende Schleife
000190	ACTIO	X400					Mindestauszahlung beachten
000200	IF		LPRC				Wurde die Schleife durchlaufen?
000210	PIT	D043					neuer Betrag nach DT
000220	ELSE						nein
000230	PIT	D047					neuen Auszahlungsbtr. bilden
000240	PIT	D043					neuen Betrag nach DT stellen
000250	ENDIF						zu: Wurde die Schleife durchlaufen?
000260	ENDIF						Ende Rückrechnung
000270	BLOCK	END					

Abbildung 5.2 Rückrechnung – Schema DRR0

5.1.3 Rückrechnungsgrenzen

Drei relevante Datumsarten

Die Rückrechnungsgrenze legt fest, wie weit Rückrechnungen in die Vergangenheit hinein durchgeführt werden können. In diesem Zusammenhang sind drei Datumsarten relevant:

- tiefste rückrechenbare Periode gemäß Verwaltungssatz, siehe Abschnitt 1.8.1, »Abrechnungsverwaltungssatz«
- persönlich tiefste Rückrechnung laut Infotyp 0003, siehe Abschnitt 2.1.4, »Infotyp 0003 (Abrechnungsstatus)«
- Einstellungsdatum der jeweiligen Person

5

Das Datum, das am weitesten in der Zukunft liegt, wird als tiefstmögliches Rückrechnungsdatum verwendet. Die Pflege von abrechnungsrelevanten Stammdaten vor diesem Datum ist nicht möglich.

Außerdem müssen für Rückrechnungen immer die Originalabrechnungsergebnisse zur Verfügung stehen. Werden die Abrechnungsergebnisse in ein Archivierungssystem ausgelagert, ist für diese Zeiträume keine Rückrechnung mehr möglich.

5.2 Endeverarbeitung

Die *Endeverarbeitung*, deren Ablauf in Abbildung 5.3 dargestellt ist, ist der Punkt der Abrechnung, der zur Überprüfung einer simulierten Abrechnung häufig zuerst aufgesucht wird. Denn hier findet man Tabelle RT (Ergebnistabelle) so, wie sie im Abrechnungsergebnis gespeichert wird, und kann alle Lohnarten einsehen, die während des Abrechnungslaufs gebildet wurden.

Schema bearbeiten : DEND

Befehl | Stapel

Zeile	Fkt	Par1	Par2	Par3	Par4	D	Text
000010	BLOCK	BEG					Endeverarbeitung Deutschland
000020	DDIFF						Ergebnisse mit früheren Perioden vergl.
000030	IF		BAU				Bauwirtschaft ?
000040	PRINT	NP	ZVBA				ZVBAU Sozialkassenzuordng Bauwirtschaft
000050	PRINT	NP	ZTBA				ZTBAU Tagesnachweis Bauwirtschaft
000060	ENDIF						
000070	PRINT	NP	IT				Rest-Kontrolle (IT)
000080	PIT	X070	GEN	NOAB			Abbruch, falls IT nicht leer
000090	SORT	RT					Ergebnistabelle sortieren
000100	PRINT	NP	BTZ				Ueberweisungs-Zuordnung (BT)
000110	ADDCU		P30				Kumulation CRT/SCRT
000120	COPY	XLID				*	Kostenverteilung für Verbindlichkeiten
000130	PRINT	NP	RT				Ergebnistabelle (RT)
000140	PRINT	NP	CRT				Tabelle der kumulierten Werte (CRT)
000150	PRINT		SCRT				Tabelle der kumulierten Werte (SCRT)
000160	EXPRT		RD				Export Lohnkonto (DB: PCL2 / CL: RD)
000170	BLOCK	END					

Abbildung 5.3 Endeverarbeitung – Schema DEND

Diese Lohnarten liefern eine detaillierte Darstellung der Ergebnisse, die aus dem Entgeltnachweis nicht ersichtlich sind, da hier nur der für die beschäftigte Person relevante und nachvollziehbare Teil der Lohnarten angezeigt wird. Um Tabelle RT (Ergebnistabelle) einzusehen, klicken Sie im Abrechnungsprotokoll doppelt auf die Zeile **PRINT RT**.

Prüfung von Tabelle IT

Tabelle IT (Eingabetabelle) wird anhand der Regel X070 überprüft. Hier darf keine Lohnart enthalten sein, da Tabelle IT (Eingabetabelle) am Ende der Abrechnung verloren geht und lediglich Tabelle RT (Ergebnistabelle) mit dem Ergebnis der Abrechnung gespeichert wird.

Kumulation

Für die Kumulation von Lohnarten, die zumeist auf Jahresbasis erfolgt, ist die Funktion ADDCU verantwortlich, die die Verarbeitungsklasse 30 von Tabelle T512W (Lohnartenbewertung) auswertet. Diese bildet wiederum Jahressummen von Lohnarten, die in den Tabellen CRT (Kumulierte Ergebnistabelle) und SCRT (Kumulierte RT für Steuer) gebildet und im Abrechnungsergebnis gespeichert werden. Tabelle SCRT (siehe Abbildung 5.4) umfasst alle für die Steuer relevanten, kumulierten Lohnarten und enthält die zusätzlichen Spalten **Stpflicht** (Steuerpflicht) und **BeschZrm** (Bescheinigungszeitraum), die für die Erstellung einer korrekten Steuerbescheinigung notwendig sind.

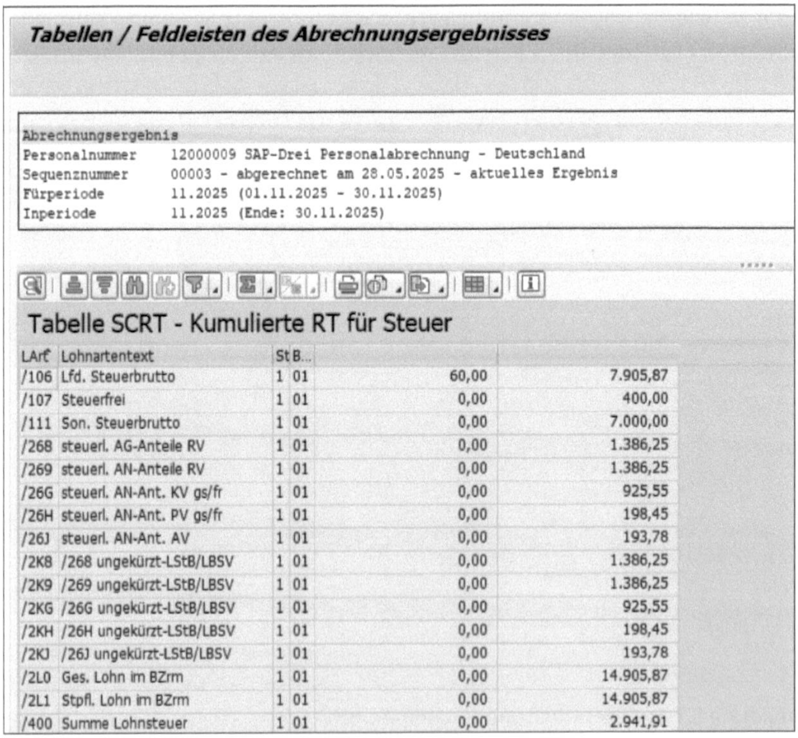

Tabellen / Feldleisten des Abrechnungsergebnisses

Abrechnungsergebnis
Personalnummer 12000009 SAP-Drei Personalabrechnung - Deutschland
Sequenznummer 00003 - abgerechnet am 28.05.2025 - aktuelles Ergebnis
Fürperiode 11.2025 (01.11.2025 - 30.11.2025)
Inperiode 11.2025 (Ende: 30.11.2025)

Tabelle SCRT - Kumulierte RT für Steuer

LArt	Lohnartentext	St	B...		
/106	Lfd. Steuerbrutto	1	01	60,00	7.905,87
/107	Steuerfrei	1	01	0,00	400,00
/111	Son. Steuerbrutto	1	01	0,00	7.000,00
/268	steuerl. AG-Anteile RV	1	01	0,00	1.386,25
/269	steuerl. AN-Anteile RV	1	01	0,00	1.386,25
/26G	steuerl. AN-Ant. KV gs/fr	1	01	0,00	925,55
/26H	steuerl. AN-Ant. PV gs/fr	1	01	0,00	198,45
/26J	steuerl. AN-Ant. AV	1	01	0,00	193,78
/2K8	/268 ungekürzt-LStB/LBSV	1	01	0,00	1.386,25
/2K9	/269 ungekürzt-LStB/LBSV	1	01	0,00	1.386,25
/2KG	/26G ungekürzt-LStB/LBSV	1	01	0,00	925,55
/2KH	/26H ungekürzt-LStB/LBSV	1	01	0,00	198,45
/2KJ	/26J ungekürzt-LStB/LBSV	1	01	0,00	193,78
/2L0	Ges. Lohn im BZrm	1	01	0,00	14.905,87
/2L1	Stpfl. Lohn im BZrm	1	01	0,00	14.905,87
/400	Summe Lohnsteuer	1	01	0,00	2.941,91

Abbildung 5.4 Tabelle SCRT (Kumulierte RT für Steuer)

Die Steuerbescheinigung liest Tabelle SCRT (Kumulierte RT für Steuer) lediglich für die Ermittlung der auf der Bescheinigung angegebenen Werte. Dies muss beachtet werden, wenn eigene Lohnarten auf der Lohnsteuerbescheinigung erscheinen sollen.

Werte der Verarbeitungsklasse 30

Die Ausprägung der Verarbeitungsklasse 30 kann die folgenden Werte enthalten:

- 0 – Die Lohnart wird nicht kumuliert.
- 1 – Betrag und Anzahl werden im laufenden Jahr in Tabelle CRT (Kumulierte Ergebnistabelle) kumuliert.
- 2 – Der Betrag wird im laufenden Jahr in Tabelle CRT (Kumulierte Ergebnistabelle) kumuliert.
- 3 – Die Anzahl wird im laufenden Jahr in Tabelle CRT (Kumulierte Ergebnistabelle) kumuliert.
- 4 – Kumulation für die Steuer in Tabelle SCRT (Kumulierte RT für Steuer)

Wird die Ausprägung der Lohnarten für die Vergangenheit geändert, ist eine Rückrechnung notwendig, um die Kumulationen anzupassen. Ein Hilfsmittel kann hier der Report RPUCRT00 (Wiederaufbau der Kumulationstabellen – länderübergreifende Version) sein, der die entsprechenden Tabellen anpasst, ohne dass eine Rückrechnung durchgeführt werden müsste. Beachten Sie dazu die Dokumentation des Reports.

Abstellung

Der letzte Schritt der Personalabrechnung ist die Abstellung der relevanten Tabellen im Cluster RD in der Datenbank PCL2. Die Abstellung erfolgt nur, wenn die Abrechnung nicht als Simulation gestartet wurde.

5.3 Abrechnungsergebnis aufbauen

Datenbank PCL2

Das Ergebnis der Personalabrechnung wird im Cluster RD in der Datenbank PCL2 gespeichert. PCL2 ist keine transparente Tabelle, in der strukturiert Daten abgelegt werden, sondern ein Daten-Cluster, in dem die Daten unstrukturiert gespeichert und erst beim Lesen wieder in eine Struktur eingefügt werden, die dann im Programm weiterverarbeitet werden kann. Der Vorteil eines Daten-Clusters ist das geringere Speichervolumen im Vergleich zu einer transparenten Tabelle.

Die Struktur der deutschen Personalabrechnung ist in der Struktur PAYDE_RESULT (siehe Abbildung 5.5) abgebildet, die einen internationalen Teil enthält, der in allen Länderversionen gleich ist, sowie einen nationalen Teil, der die deutschen Besonderheiten umfasst.

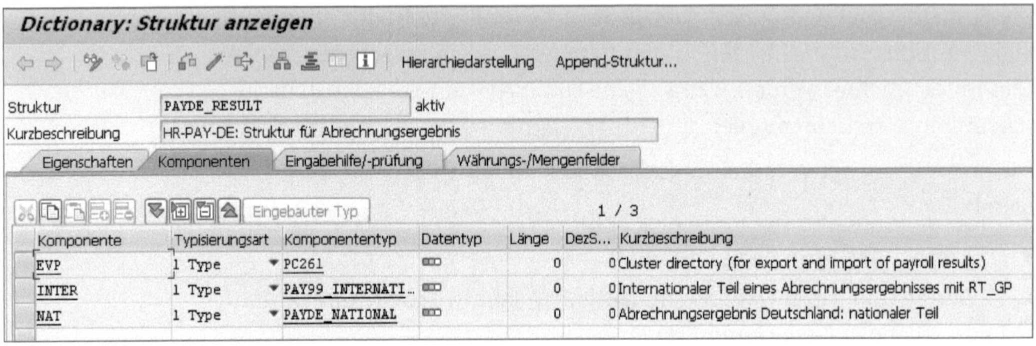

Abbildung 5.5 Struktur des Abrechnungsergebnisses

Wichtige Tabellen des internationalen Teils

Die wichtigsten Tabellen des internationalen Teils der Struktur (Struktur PAY99_INTERNATIONAL, siehe Abbildung 5.6) sind folgende:

- VERSION – Erstellungsinformationen
- VERSC – Statusinformationen der Abrechnung
- WPBP – Arbeitsplatz/Basisbezüge
- ABC – Kumulation Abwesenheitsklassen
- RT – Ergebnistabelle
- CRT – Kumulierte Ergebnistabelle
- BT – Zahlungsinformationen
- C0 – Kostenverteilung
- C1 – Kostenzuordnung aus verschiedenen Infotypen
- V0 – Variable Zuordnung
- LS – Folgelohnscheine
- AB – Abwesenheiten
- AVERAGE – Eingefrorene Durchschnitte
- MODIF – Modifikatoren

Wichtige Tabellen des nationalen Teils

Der Teil des Abrechnungsergebnisses (siehe Abbildung 5.7) mit den deutschen Besonderheiten (Struktur PAYDE_NATIONAL) enthält u. a. die folgenden Tabellen:

- NAME – Name der beschäftigten Person
- PERM – Persönliche Merkmale
- ADR – Adresse
- XIT – Erweiterte IT
- SV – Sozialversicherung
- SVZ – SV-Zusatzversicherung

- DUV – DEÜV-Stammdaten
- TL – Tagesleiste
- ST – Steuer
- STU – ST-Unterbrechung bis einschließlich Abrechnungsmonat
- SCRT – Kumulierte RT für Steuer
- KUG – Kurzarbeitergeld
- ZT – Kurzarbeitergeld, Zeitdaten
- ATZ – Altersteilzeit
- STZ – Steuer (D), Zusatzdaten
- STZM – Versorgungsgrundlage, maschinell ermittelt

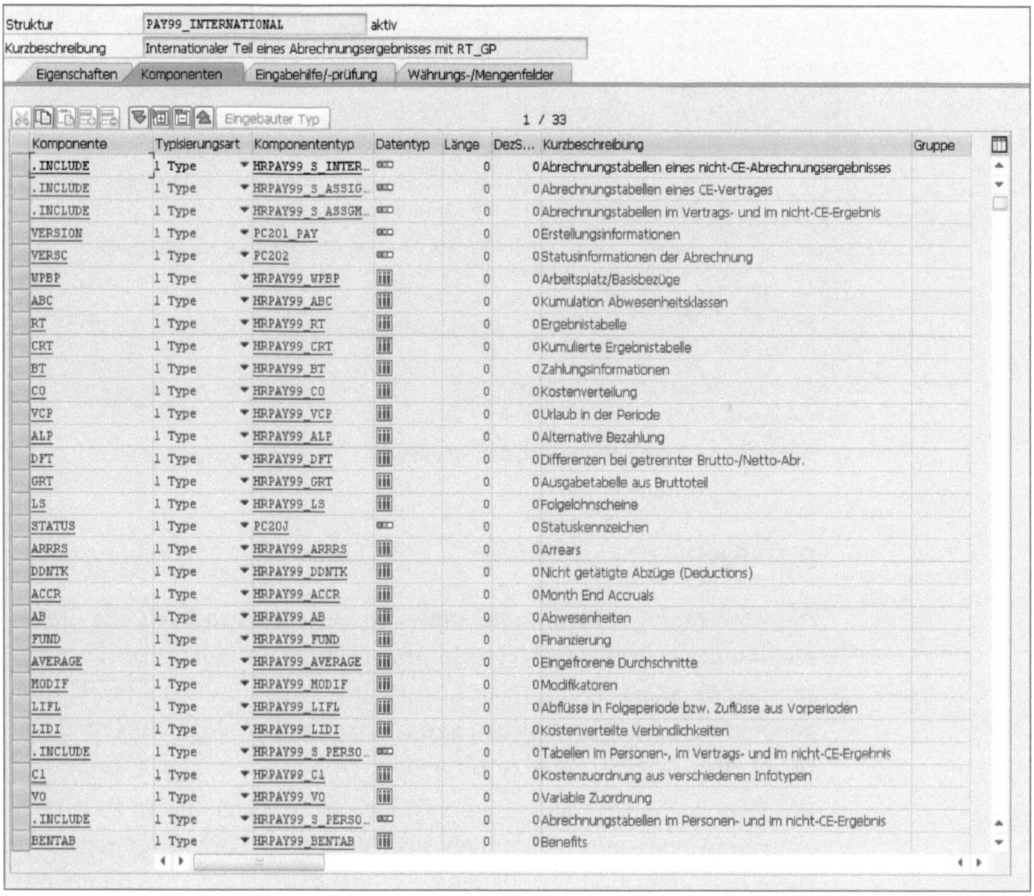

Komponente	Typisierungsart	Komponententyp	Datentyp	Länge	DezS...	Kurzbeschreibung	Gruppe
.INCLUDE	Type	HRPAY99_S_INTER...		0	0	Abrechnungstabellen eines nicht-CE-Abrechnungsergebnisses	
.INCLUDE	Type	HRPAY99_S_ASSIG...		0	0	Abrechnungstabellen eines CE-Vertrages	
.INCLUDE	Type	HRPAY99_S_ASSGM...		0	0	Abrechnungstabellen im Vertrags- und im nicht-CE-Ergebnis	
VERSION	Type	PC201_PAY		0	0	Erstellungsinformationen	
VERSC	Type	PC202		0	0	Statusinformationen der Abrechnung	
WPBP	Type	HRPAY99_WPBP		0	0	Arbeitsplatz/Basisbezüge	
ABC	Type	HRPAY99_ABC		0	0	Kumulation Abwesenheitsklassen	
RT	Type	HRPAY99_RT		0	0	Ergebnistabelle	
CRT	Type	HRPAY99_CRT		0	0	Kumulierte Ergebnistabelle	
BT	Type	HRPAY99_BT		0	0	Zahlungsinformationen	
CO	Type	HRPAY99_CO		0	0	Kostenverteilung	
VCP	Type	HRPAY99_VCP		0	0	Urlaub in der Periode	
ALP	Type	HRPAY99_ALP		0	0	Alternative Bezahlung	
DFT	Type	HRPAY99_DFT		0	0	Differenzen bei getrennter Brutto-/Netto-Abr.	
GRT	Type	HRPAY99_GRT		0	0	Ausgabetabelle aus Bruttoteil	
LS	Type	HRPAY99_LS		0	0	Folgelohnscheine	
STATUS	Type	PC20J		0	0	Statuskennzeichen	
ARRRS	Type	HRPAY99_ARRRS		0	0	Arrears	
DDNTK	Type	HRPAY99_DDNTK		0	0	Nicht getätigte Abzüge (Deductions)	
ACCR	Type	HRPAY99_ACCR		0	0	Month End Accruals	
AB	Type	HRPAY99_AB		0	0	Abwesenheiten	
FUND	Type	HRPAY99_FUND		0	0	Finanzierung	
AVERAGE	Type	HRPAY99_AVERAGE		0	0	Eingefrorene Durchschnitte	
MODIF	Type	HRPAY99_MODIF		0	0	Modifikatoren	
LIFL	Type	HRPAY99_LIFL		0	0	Abflüsse in Folgeperiode bzw. Zuflüsse aus Vorperioden	
LIDI	Type	HRPAY99_LIDI		0	0	Kostenverteilte Verbindlichkeiten	
.INCLUDE	Type	HRPAY99_S_PERSO...		0	0	Tabellen im Personen-, im Vertrags- und im nicht-CE-Ergebnis	
C1	Type	HRPAY99_C1		0	0	Kostenzuordnung aus verschiedenen Infotypen	
V0	Type	HRPAY99_V0		0	0	Variable Zuordnung	
.INCLUDE	Type	HRPAY99_S_PERSO...		0	0	Abrechnungstabellen im Personen- und im nicht-CE-Ergebnis	
BENTAB	Type	HRPAY99_BENTAB		0	0	Benefits	

Abbildung 5.6 Internationaler Teil der Struktur

Struktur: PAYDE_NATIONAL aktiv
Kurzbeschreibung: Abrechnungsergebnis Deutschland: nationaler Teil
Eigenschaften | Komponenten | Eingabehilfe/-prüfung | Währungs-/Mengenfelder
Eingebauter Typ 1 / 35

Komponente	Typisierungsart	Komponententyp	Datentyp	Länge	DezS...	Kurzbeschreibung
NAME	1 Type	PC20Y		0	0	Abrechnungsergebnis: Namen des Mitarbeiters
PERM	1 Type	PC20Z		0	0	Abrechnungsergebnis: Persönliche Merkmale
ADR	1 Type	PC204		0	0	Abrechnungsergebnis: Adresse
XIT	1 Type	HRPAYDE_XIT		0	0	Erweiterte IT
VBL	1 Type	HRPAYDE_VBL		0	0	Zusatzversorgung ÖD
SV	1 Type	HRPAYDE_SV		0	0	Sozialversicherung
SVZ	1 Type	HRPAYDE_SVZ		0	0	SV-Zusatzversicherung
DUV	1 Type	HRPAYDE_DUV		0	0	DEÜV-Stammdaten
TL	1 Type	HRPAYDE_TL		0	0	Tagesleiste
ST	1 Type	HRPAYDE_ST		0	0	Steuer
STU	1 Type	HRPAYDE_STU		0	0	ST-Unterbrechung bis einschl. Abr.monat
SCRT	1 Type	HRPAYDE_SCRT		0	0	Kumulierte RT für Steuer
KUG	1 Type	HRPAYDE_KUG		0	0	Kurzarbeitergeld
ZT	1 Type	HRPAYDE_ZT		0	0	Kurzarbeitergeld Zeitdaten
SP	1 Type	HRPAYDE_SP		0	0	Sonderzahlungen
STAUS	1 Type	HRPAYDE_STAUS		0	0	Pfändung - Ausgleichszahlung
APFGR	1 Type	HRPAYDE_APFGR		0	0	Pfändung - Pfändungsgrundlagen
ANVWL	1 Type	HRPAYDE_ANVWL		0	0	Pfändung - VL Arbeitnehmer
APFBT	1 Type	HRPAYDE_APFBT		0	0	Pfändung - Pfändbarer Betrag
GUTHA	1 Type	HRPAYDE_GUTHA		0	0	Pfändung - Guthaben
STLGA	1 Type	HRPAYDE_STLGA		0	0	Pfändung - Sonderbedingungen Lohnarten
DOWP	1 Type	HRPAYDE_DOWP		0	0	Arbeitsplatz/Basisbezüge Zusatz DA/UDA
DOCO	1 Type	HRPAYDE_DOCO		0	0	Kostenverteilung Zusatz DA/UDA
ZVBAU	1 Type	HRPAYDE_ZVBAU		0	0	Sozialkassenzuordnung Bauwirtschaft
ZTBAU	1 Type	HRPAYDE_ZTBAU		0	0	Zeitnachweis Bauwirtschaft
ANVERS	1 Type	HRPAYDE_ANVERS		0	0	Versorgungsbezug ÖD
VERSORGUNG	1 Type	PC27N		0	0	Abrechnungsergebnis: Versorgungsbezug ÖD
ATZ	1 Type	HRPAYDE_ATZ		0	0	Altersteilzeit
STZ	1 Type	PC28G		0	0	Abrechnungsergebnis: Steuer (D) Zusatzdaten
STZM	1 Type	HRPAYDE_STZM		0	0	Versorgungsgrundlage, maschinell ermittelt
FLAUF_SUMLG	1 Type	HRPAYDE_FLAUF_S...		0	0	Fiktivlaufergebnisse

Abbildung 5.7 Nationaler Teil der Struktur

5.4 Fazit

Das Abrechnungsschema bietet eine sehr flexible Möglichkeit, um die Berechnungen in der Personalabrechnung an eigene Anforderungen anzupassen. Das Verständnis des Ablaufs ist wichtig, um im Protokoll Berechnungen nachvollziehen und prüfen sowie auch eigene Anforderungen an der richtigen Stelle einbringen zu können.

Das Protokoll enthält außerdem ausführliche Beschreibungen zu Berechnungen (wie Steuerberechnungen oder Berechnungen zur Altersteilzeit). Diese zu kennen, hilft sowohl den Anwendenden, die die Abrechnung prüfen müssen, als auch der Systembetreuung, die die Abrechnung wartet und anpasst.

Es ist also nicht nur nützlich, sondern dringend erforderlich, die Stellen der wichtigsten Berechnungen zu kennen.

TEIL III

Folgeaktivitäten

Kapitel 6

Allgemeine monatliche Folgeaktivitäten

Unter dem Begriff »Folgeaktivitäten« werden alle Abläufe verstanden, die nach Abschluss einer Echtabrechnung durchgeführt werden. In diesem Kapitel beschreiben wir nicht nur diese Abläufe, die monatlich im Anschluss an die Personalabrechnung durchgeführt werden müssen, sondern wir erklären auch besondere Situationen und erläutern die wichtigsten Punkte im Customizing.

Der Begriff *Folgeaktivitäten* wird nicht einheitlich verwendet und enthält auch im SAP-Easy-Access-Menü unter diesem Punkt nicht alle Abläufe, die nach einer Personalabrechnung durchgeführt werden müssen oder können. So finden Sie z. B. die Transaktion für den Entgeltnachweis und die Transaktionen für die Überweisung im Ordner **Abrechnung** und nicht im Ordner **Folgeaktivitäten** (siehe Abbildung 6.1). Alle Transaktionen rufen Standardreports auf und können nach deren Regeln bearbeitet werden.

Als Folgeaktivitäten bezeichnen wir in diesem Buch alle Maßnahmen, die nach einer erfolgreich abgeschlossenen Personalabrechnung anstehen. In diesem und den folgenden beiden Kapiteln werden alle Aktivitäten behandelt, die monatlich ausgeführt werden. Dazu gehören folgende Aufgaben:

- Erstellung des Entgeltnachweises für die beschäftigte Person
- Überweisung der Bezüge, der Beiträge zur Vermögensbildung und anderer Entgelte
- Buchung der Kosten und Zahlungen ins Rechnungswesen
- Lohnsteueranmeldung (LSTA) und Lohnsteuerbescheinigung (LSTB) mittels elektronischer Übertragung an das Finanzamt
- Aktivitäten im Bereich der Sozialversicherung, zu denen der SV-Beitragsnachweis in Form von elektronischer Übermittlung, die Beitragsabführung und die Erstellung von DEÜV-Meldungen gehören

Diese monatlich auszuführenden Aktivitäten gehören zum Pflichtprogramm im Rahmen der Folgeaktivitäten nach einer Personalabrechnung (siehe Abbildung 6.1).

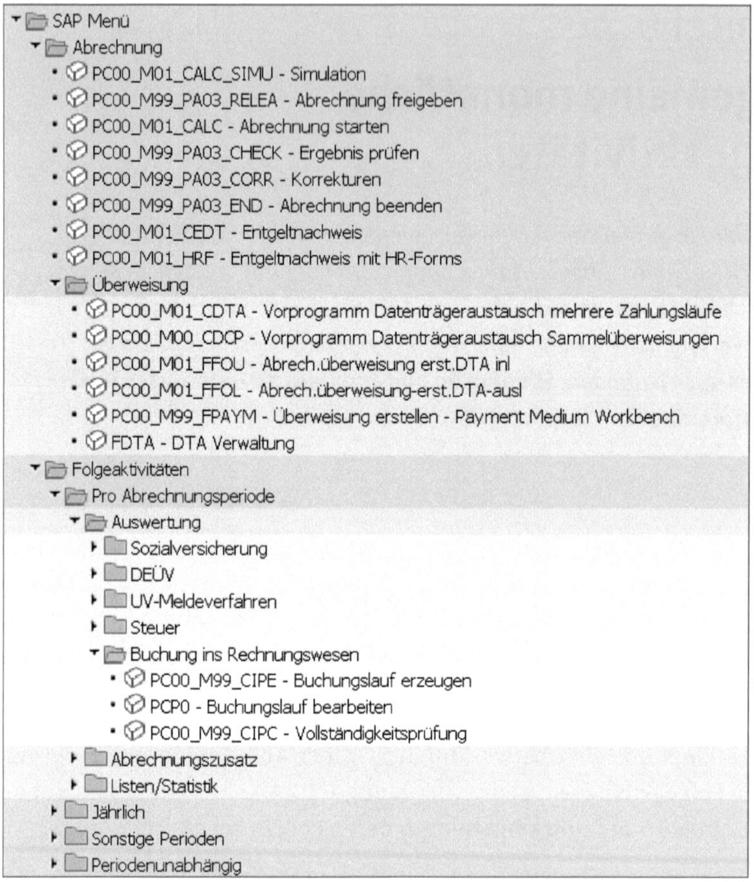

Abbildung 6.1 Folgeaktivitäten aufrufen

In diesem Kapitel gehen wir zunächst auf alle allgemeinen Folgeaktivitäten der Personalabrechnung ein, d. h. Entgeltnachweise, Überweisungen und Buchungen ins Rechnungswesen. Die Folgeaktivitäten im Bereich Steuern werden im gleichnamigen Kapitel 7 und die Folgeaktivitäten im Bereich Sozialversicherung im gleichnamigen Kapitel 8 behandelt.

6.1 Entgeltnachweis

Der Entgeltnachweis dokumentiert die für die beschäftigte Person relevanten Daten aus der Personalabrechnung. Hier werden Daten aus dem Personalstamm, Bruttobestandteile, Jahressummen (Kumulationen), die durch die Nettoberechnung ermittelten Steuern und Beiträge zur Sozialversicherung, eventuell persönliche Abzüge und als Ergebnis der Auszahlungsbetrag sowie die Überweisungsbeträge und -empfänger dargestellt.

Der Entgeltnachweis kann in SAP ERP mithilfe dreier unterschiedlicher Formulartechniken erstellt und verwendet werden:

Drei Formulartechniken

- tabellengesteuertes Formular
- SAP-Smart-Forms-Formular
- PDF-Formular

Je nachdem, welche Technologie verwendet wird, müssen die Erstellung und das Ausführen des Formulars mit unterschiedlichen Transaktionen durchgeführt werden, worauf wir im Text noch gesondert hinweisen.

[«]

Enterprise Extensions

Beachten Sie, dass sich die Transaktionen zur Erstellung und Ausführung der Formulare für SAP Smart Forms und PDF in den Enterprise Extensions befinden. Diese müssen erst im Customizing aktiviert werden, bevor die Transaktionen im Menü sichtbar werden.

Für die Wartung der Formulare müssen die Support Packages für die HR Extensions eingespielt werden.

Die Formularerstellung in SAP Smart Forms ist seit Release SAP R/3 4.7 Enterprise möglich; PDF-Formulare können erst ab SAP ERP 6.0 verwendet werden.

6.1.1 Entgeltnachweis für tabellengesteuerte Formulare ausführen

Transaktion PC00_M01_HRF (Entgeltnachweis) im SAP-Easy-Access-Menü ruft den Report RPCEDTD0 (Entgeltnachweis) auf, über den tabellengesteuerte Entgeltnachweise ausgeführt werden können.

Hinter diesem Aufruf verbirgt sich eine alte, noch häufig eingesetzte Form, die die Daten als einfache Liste ausgibt und nur wenig gestalterischen Spielraum zulässt, aber im Customizing einfach zu handhaben ist. Sie erreichen diese Formularsteuerung im Einführungsleitfaden über den Menüpfad **Personalabrechnung • Abrechnung Deutschland • Formularwesen • Entgeltnachweis • Entgeltnachweis einrichten** (siehe Abschnitt 25.3.1, »Tabellenbasierte Formulare«).

Nach dem Aufruf von Transaktion PC00_M01_HRF (Entgeltnachweis) erhalten Sie ein Selektionsbild, dessen Eingabemöglichkeiten und Steuerungen wir im Folgenden beschreiben (siehe Abbildung 6.2).

Entgeltnachweis – Steuerungsmöglichkeiten

Die Steuerungsmöglichkeiten, die Ihnen über die Felder des Selektionsbildes aus Abbildung 6.2 zur Verfügung stehen, stellen wir Ihnen in den folgenden Abschnitten kurz vor.

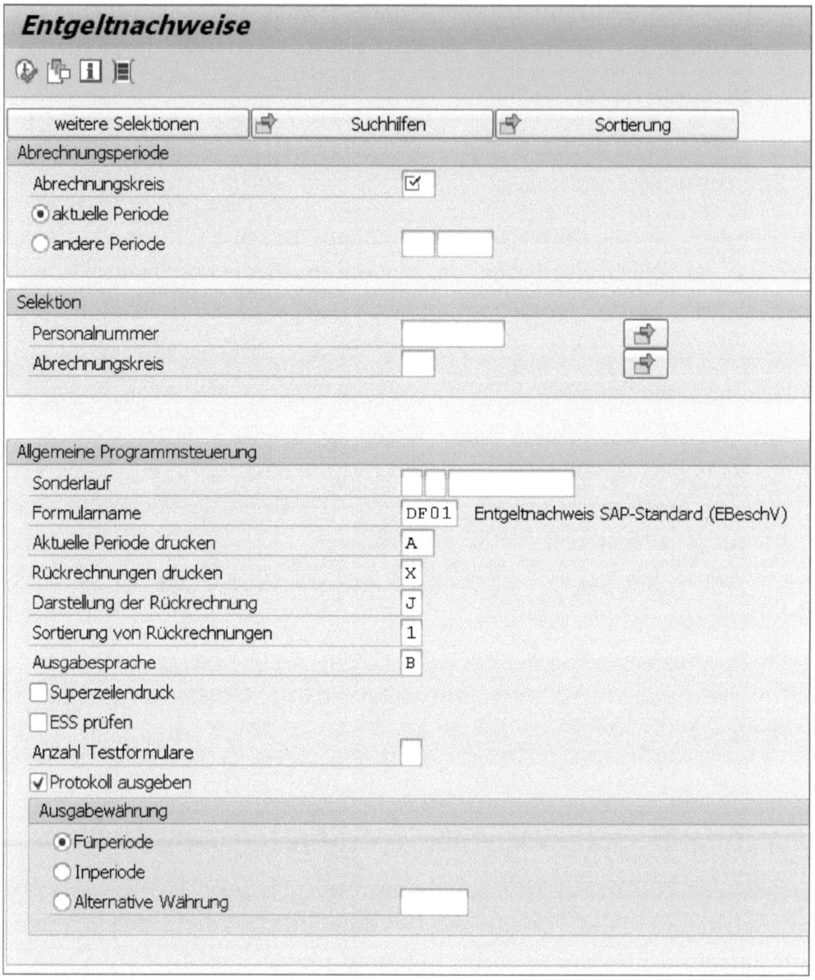

Abbildung 6.2 Selektionsbild »Entgeltnachweise«

Datengruppe »Abrechnungsperiode«

Der **Abrechnungskreis** dient an dieser Stelle der Bestimmung des Auswahlzeitraums über die Auswahl des Radiobuttons **aktuelle Periode** und ist ein Mussfeld.

Der Radiobutton **aktuelle Periode** ist voreingestellt. Dadurch werden die Datumsfelder nach Drücken der [↵]-Taste gemäß der Abrechnungsperiode aus dem Abrechnungsverwaltungssatz (siehe Abschnitt 1.8.1, »Abrechnungsverwaltungssatz«) automatisch neben dem Feld **Abrechnungskreis** eingeblendet und können nicht geändert werden.

Möchten Sie den Entgeltnachweis für eine andere Periode als für die Abrechnungsperiode aus dem Abrechnungsverwaltungssatz erstellen, müssen Sie den Radiobutton **andere Periode** auswählen und die entsprechende Periode erfassen. Die Datumsfelder werden nach Drücken der [↵]-Taste neben dem Feld **Abrechnungskreis** eingeblendet; deren Inhalt können Sie nur über die Felder zur Option **andere Periode** verändern.

Datengruppe »Selektion«

Das Feld **Personalnummer** verwenden Sie, wenn Sie den Entgeltnachweis für eine Person im Unternehmen erstellen möchten. Möchten Sie hingegen den Entgeltnachweis für mehrere Personalnummern erstellen, erhalten Sie über den Button (**Mehrfachselektion**) neben dem Feld **Personalnummer** ein Dialogfenster, in dem weitere Selektionsmöglichkeiten angeboten werden. Sollen die Entgeltnachweise für alle Mitarbeitenden aus einem oder mehreren Abrechnungskreisen erstellt werden, erfolgt kein Eintrag.

Der **Abrechnungskreis** stellt an dieser Stelle die Verbindung zu der oder den ausgewählten Personalnummer(n) dar. Möchten Sie Entgeltnachweise für mehrere Personalnummern erstellen, die unterschiedlichen Abrechnungskreisen angehören, verwenden Sie auch hier den Button (**Mehrfachselektion**) neben dem Feld **Abrechnungskreis**.

Datengruppe »Allgemeine Programmsteuerung«

Die Felder hinter **Sonderlauf** sind nur für Off-Cycle-Abrechnungen relevant, die in der deutschen Länderversion in der Regel nicht eingesetzt werden.

Im Feld **Formularname** erfassen Sie die alphanumerische Kennung des in Ihrem Unternehmen verwendeten Formulars. Dies ist in der Regel eine kopierte und im Customizing angepasste Version des in Abbildung 6.2 vorgeschlagenen Standardformulars DF01.

Über die Parameter des Feldes **Aktuelle Periode drucken** steuern Sie, ob, und wenn ja, unter welchen Bedingungen ein Formular der aktuellen Abrechnung für den in der Datengruppe **Abrechnungsperiode** festgelegten Zeitraum erstellt werden soll. Möglich sind nur alphabetische Werte, die die folgenden Ausprägungen annehmen können:

- A
  Es wird immer ein Formular für die Abrechnungsperiode erstellt.
- D
  Es wird nur dann ein Formular für eine Abrechnungsperiode erstellt, wenn schon eine Rückrechnung gedruckt worden ist oder sich gegenüber der letzten Abrechnungsperiode eine Veränderung für eine Lohnart ergeben hat, die in Tabelle V_T512E (Formularbezogene Steuerung

der Lohnarten) aufgeführt und im Feld DIFAR entsprechend gekennzeichnet ist.

- AF
  Es wird nur dann ein Formular für eine Abrechnungsperiode erstellt, wenn dessen Ausgabe in einem Formularfenster erfolgt.
- DF
  Entspricht **D**, jedoch nur, wenn eine Ausgabe in ein Formularfenster erfolgt.
- AZ
  Entspricht **A**, jedoch nur, wenn eine kundeneigene Bedingung erfüllt ist. Dazu muss eine Routine CHECK_PRINT_MOD mit der entsprechenden Bedingung in das Include RPCEDSZ9 aufgenommen werden.
- DZ
  Entspricht **D**, jedoch nur, wenn eine kundeneigene Bedingung erfüllt ist. Dazu wird die Routine CHECK_PRINT_MOD mit der entsprechenden Bedingung in das Include RPCEDSZ9 aufgenommen.

Rückrechnungen drucken

Über die Parameter des Feldes **Rückrechnungen drucken** steuern Sie, ob, und wenn ja, unter welchen Bedingungen ein Formular für die Rückrechnungen erstellt wird. Möglich sind nur alphabetische Werte, die die folgenden Ausprägungen annehmen können:

- X
  Rückrechnungen werden immer gedruckt.
- L
  Rückrechnungen werden nur dann gedruckt, wenn bei einer der in Tabelle V_T512E (Formularbezogene Steuerung der Lohnarten) im Feld DIFAR markierten Lohnarten eine Differenz zur vorletzten Abrechnung auftritt.
- » « (blank)
  Rückrechnungen werden nie gedruckt.

Darstellung der Rückrechnung

Durch die Einstellungen des Feldes **Darstellung der Rückrechnung** legen Sie fest, wo die Werte der Rückrechnung dargestellt werden sollen. Möglich sind nur alphabetische Werte, die die folgenden Ausprägungen annehmen können:

- A
  Über diese Einstellung drucken Sie Rückrechnungsdifferenzen auf das gleiche Formular wie die Werte der Abrechnungsperiode.
- D
  Über diesen Parameter entscheiden Sie, die Rückrechnungsdifferenzen pro Periode auf einem eigenen Formular auszugeben.

- J

  Über diese Einstellung werden Rückrechnungen komplett für jede Periode auf ein eigenes Formular gedruckt.
- S

  Über die Eingabe dieses Parameters werden Rückrechnungsdifferenzen nach Lohnarten summiert und auf das Formular der entsprechenden Abrechnungsperiode gedruckt.

Empfehlung: Parameter D

Wir empfehlen die Darstellung über den Parameter **D**. Denn nur über diesen Parameter können Rückrechnungsdifferenzen sofort zugeordnet werden, da bei der Darstellung über die Parameter **A** und **S** standardmäßig kein zeitlicher Bezug (Entstehungsperiode) ausgegeben wird. Über den Parameter **J** wird für die Rückrechnungsperiode ein vollständiges Formular erstellt; die Rückrechnungsdifferenzen sind aber erst durch einen Vergleich mit der Originalperiode möglich.

Sortierung von Rückrechnungen

Über die Parameter des Feldes **Sortierung von Rückrechnungen** steuern Sie die Sortierung von Lohnarten in der Darstellung von Rückrechnungen. Möglich sind alphanumerische Werte, die die folgenden Ausprägungen annehmen können:

- 1

  Über den Parameter **1** drucken Sie eine Lohnart aus der Rückrechnung zusammen mit der dazugehörigen Lohnart aus der aktuellen Periode auf das Abrechnungsformular. Im Anschluss daran folgt die nächste Lohnart. Die Sortierung erfolgt (in dieser Reihenfolge) nach Fenster, Gruppe, Untergruppe, Rückrechnungsdatum, Zeilenart, Spaltenart und Lohnart.
- 2

  Über den Parameter **2** geben Sie zuerst alle Lohnarten pro Rückrechnungsperiode aus und danach die Lohnarten der aktuellen Periode. Die Sortierung erfolgt nach Fenster, Rückrechnungsdatum, Gruppe, Untergruppe, Zeilenart, Spaltenart und Lohnart.
- 3

  Über den Parameter **3** sortieren Sie nach Gruppen. Innerhalb einer Gruppe werden zuerst alle Lohnarten pro Rückrechnungsperiode gedruckt und danach die Lohnarten der aktuellen Periode. Die Sortierung erfolgt nach Fenster, Gruppe, Rückrechnungsdatum, Untergruppe, Zeilenart, Spaltenart und Lohnart.

- Z
  Dies ist in der Regel der Parameter für kundeneigene Sortierungen.

Ausgabesprache

Über die Parameter des Feldes **Ausgabesprache** haben Sie die Möglichkeit, ein Formular in unterschiedlichen Sprachen zu erstellen. Möglich sind nur alphabetische Werte, die die folgenden Ausprägungen annehmen können:

- A
  Die Ausgabe erfolgt in der Sprache der Person, deren Abrechnung gerade bearbeitet wird.
- B
  Die Ausgabe erfolgt in der Sprache der zuständigen Person, die das Programm gestartet hat (Anmeldesprache).
- W
  Die Ausgabe erfolgt in der Sprache des Personalbereichs; dazu muss das Merkmal SPRSL gepflegt sein (über Merkmale erfahren Sie mehr in Abschnitt 25.1, »Merkmale in der Personalabrechnung«).

Superzeilen

Superzeilen sind Zeilen, in denen die Werte mehrerer Lohnarten angezeigt werden. Wenn Sie das Feld **Superzeilendruck** nicht markieren, werden alle Superzeilen angezeigt. Markieren Sie hingegen das Feld, wird eine Superzeile nur dann angezeigt, wenn sie eine Lohnart enthält, die in der Formularsteuerung über die Spaltenart **1** gesteuert wird.

Employee Self-Service

Möchten Sie für Mitarbeitende, die ihren Entgeltnachweis selbst im ESS abrufen, kein Formular ausgeben, können Sie das für die betroffenen Personen in der Personaladministration im Infotyp 0655 (ESS-Gehaltsnachweis) kennzeichnen. Durch Setzen dieses Kennzeichens steuern Sie also, dass Entgeltnachweise für Mitarbeitende, die diese über den ESS erhalten, nicht ausgedruckt werden. Wenn Sie das Kennzeichen **ESS prüfen** nicht setzen, erhalten alle Mitarbeitenden ein Formular, unabhängig von einer eventuellen Steuerung im Infotyp 0655.

Testformulare

Über eine Eingabe im Feld **Anzahl Testformulare** können Sie bis zu neun Testformulare vor dem Erstellen des ersten Abrechnungsformulars erzeugen. Durch das Setzen des Kennzeichens **Protokoll ausgeben** erhalten Sie zusätzlich zu dem oder den Formular(en) ein Protokoll, das die folgenden Daten beinhaltet:

- selektierte Personalnummern
- gedruckte Personalnummern
- aufbereitete Formulare
- aufbereitete Seiten

Wenn Sie darüber hinaus das Häkchen bei **ESS prüfen** gesetzt haben und die entsprechenden Voraussetzungen im Infotyp 0655 (ESS-Gehaltsnachweis) vorliegen, werden im Protokoll zusätzlich ungedruckte ESS-Personalnummern aufgeführt.

Datengruppe »Ausgabewährung«

In der Datengruppe **Ausgabewährung** bestimmen Sie, in welcher Währung die Formularausgabe erfolgen soll.

Wenn Sie die Voreinstellung des Radiobuttons **Fürperiode** übernehmen, bleibt die jeweilige Währung der Periode erhalten; es findet also keine Umrechnung statt.

[«]

Ausnahme bei Rückrechnungsdarstellung S und A

Bei Einsatz der Parameterwerte **S** bzw. **A** für die Darstellung der Rückrechnung erfolgt immer eine Umrechnung in die In-Perioden-Währung.

Wählen Sie den Radiobutton **Inperiode**, erfolgt die Ausgabe aller Werte in der Währung der In-Periode. Für Perioden, die eine abweichende Währung haben, findet eine Umrechnung aus der Für-Perioden-Währung in die In-Perioden-Währung statt.

Durch Auswahl des Radiobuttons **Alternative Währung** können Sie alle Werte in der Währung ausgeben, die Sie im Währungsfeld über die Wertehilfe ([F4]-Hilfe) auswählen. Für Perioden mit einer davon abweichenden Währung wird eine Umrechnung vorgenommen.

[«]

Verbindung des Entgeltnachweises zu den Selektionsbildern der Transaktionen »Simulation« und »Abrechnung starten«

Die Einstellungen eines Sektionsbildes können Sie als Variante speichern. Nach der Ausführung von Transaktion PC00_M01_CALC_SIMU (Simulation) oder von Transaktion PC00_M01_CALC (Abrechnung starten) erhalten Sie nur dann ein Formular, wenn Sie in den Selektionsbildern dieser Transaktionen in der Datengruppe **Parameter für Entgeltnachweis** im Feld **Anzeigevariante Entgeltnachweis** eine Variante des soeben beschriebenen Selektionsbildes des Entgeltnachweises erfassen. Das heißt: Bevor Sie eine Variante des Entgeltnachweises im Selektionsbild der Abrechnung im Feld **Anzeigevariante Entgeltnachweis** erfassen können, müssen Sie diese Variante des Selektionsbildes des Entgeltnachweises angelegt haben. Das entsprechende Formular wird dann mit den Einstellungen erstellt, die Sie hier erfasst haben (siehe Abschnitt 1.6, »Simulation«).

Als Ergebnis der Einstellungen aus Abbildung 6.3 wird ein Formular erstellt und nur dann ein separates Formular für eine Rückrechnung ausgegeben, wenn sich der Wert einer Lohnart in der Rückrechnungsperiode verändert hat. Allerdings ist dafür die Kennzeichnung dieser Lohnart in Tabelle V_T512E (Formularbezogene Steuerung der Lohnarten), z. B. die Lohnart /560 (Auszahlungsbetrag), notwendige Voraussetzung. Zusätzlich wird im Formular für eine Rückrechnungsperiode nur eine eventuelle Differenz pro Lohnart zur Vorperiode angezeigt.

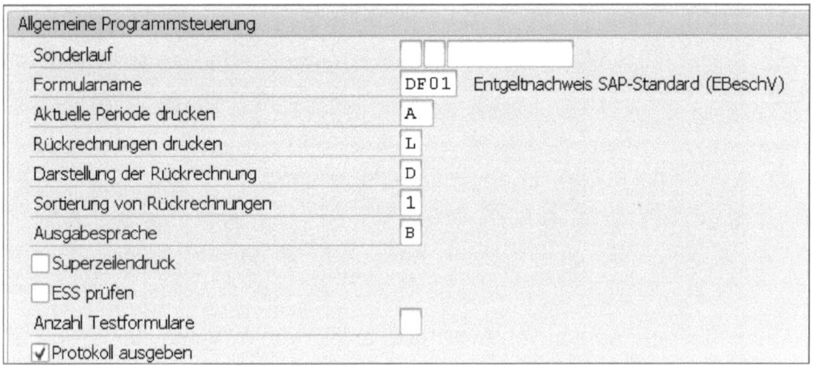

Abbildung 6.3 Beispielhafte Darstellung der Formularsteuerung

In Abbildung 6.4 ist ein Ausschnitt des Entgeltnachweises mit dem SAP-Musterformular DF01 dargestellt.

[!]

Informationen im Formular des Entgeltnachweises

Beachten Sie jedoch, dass im Formular des Entgeltnachweises nur die Informationen angezeigt werden, die in der Formularsteuerung eingerichtet sind. Deshalb sollten Sie sich zu Kontrollzwecken nicht ausschließlich darauf stützen, sondern unter Umständen zusätzlich die Abrechnungsergebnisse zur Prüfung heranziehen. Beachten Sie außerdem, dass der Entgeltnachweis im Direktaufruf über Transaktion PC00_M01_CEDT (Entgeltnachweis) ausschließlich die Daten der Abrechnungsergebnisse nach einer Echtabrechnung anzeigt, die Informationen des Formulars nach einer Simulation jedoch die aktuellen Daten des Personalstamms widerspiegeln. Dies führt zu unterschiedlichen Inhalten eines Formulars für die gleiche Abrechnungsperiode, wenn nach einer Echtabrechnung der Personalstamm verändert wurde und sich eine erneute Echtabrechnung in der Korrekturphase befindet (siehe Abschnitt 1.8.5, »Korrekturen«, und Abschnitt 5.1, »Rückrechnung«) bzw. eine Rückrechnung in einer Folgeperiode noch nicht durchgeführt wurde.

```
Entgeltabrechnung für November 2025          Datum 28.05.2025  Seite  2
HR-Com GmbH Application Management           Währung EUR
_______________________________________________________________________
Rückfragen an: Abrechnung
                                          Personalnr.....       12000009
 Application Management                   Geburtsdatum...     11.11.2006
 HR-Com AMS                               Ein/Aus 01.10.2025/
 Frankenstraße 148                        Kostenstelle...     AMS AUX
 90461 Nürnberg                           Abteilung......     Applicatio

 Herrn                                      Urlaubskonto
 SAP-Drei Personalabrechnung                 von   - bis   Anspr. Rest
 Schlossallee 13                            ______________________________
 12345 Monopoly                             10.2025-03.2026 6,00  6,00

_______________________________________________________________________
ENTGELTBESTANDTEILE   Kenn Tg/Std Betrag/E.        Monat   Jahressummen
_______________________________________________________________________

Gehalt                 LSG                       4.130,00
tarifl. Sonderzahlung ELSG                       5.000,00
freiw. Sonderzahlung  ELSG                       2.000,00
AVmG Kürzung lfd. SV-  LS          200,00-
_______________________________________________________________________
BRUTTOENTGELTE

Gesamtbrutto (EBeschV)                          11.130,00      15.305,87
Steuer-Brutto, EZ                7.000,00                       7.000,00
Steuer-Brutto, lfd.              3.930,00                       7.905,87
SV-Brutto KV, EZ                 3.119,13                       3.119,13
SV-Brutto KV, lfd.               3.930,00                       7.905,87
SV-Brutto RV, EZ                 7.000,00                       7.000,00
SV-Brutto RV, lfd.               3.930,00                       7.905,87
SV-Brutto AV, EZ                 7.000,00                       7.000,00
SV-Brutto AV, lfd.               3.930,00                       7.905,87
SV-Brutto PV, EZ                 3.119,13                       3.119,13
SV-Brutto PV, lfd.               3.930,00                       7.905,87

_______________________________________________________________________
GESETZLICHE ABZÜGE

Lohnsteuer, EZ.                                  1.854,00       1.854,00
Lohnsteuer, lfd.                                   538,16       1.087,91
Kirchensteuer, EZ.                                 148,32         148,32
Kirchensteuer, lfd.                                 43,05          87,03
Krankenversicherung, EZ                            261,85         261,85
Krankenversicherung, lfd.                          329,92         663,70
Rentenversicherung, EZ                             651,00         651,00
Rentenversicherung, lfd.                           365,49         735,25
Arbeitslosenvers., EZ                               91,00          91,00
Arbeitslosenvers., lfd.                             51,09         102,78
```

Abbildung 6.4 Entgeltnachweis mit dem SAP-Musterformular DF01

6.1.2 Entgeltnachweis als SAP-Smart-Forms- oder als PDF-Formular

Alternativ zum tabellengesteuerten Entgeltnachweis kann der Entgeltnachweis als SAP-Smart-Forms-Formular oder als PDF-Formular (siehe Abbildung 6.5) erstellt werden. Transaktion PC00_M01_HRF zum Ausführen des Entgeltnachweises ist für beide Formate identisch und im Menü unter dem Punkt **Entgeltnachweis in HR-Forms** zu finden.

Entgeltabrechnung

Datum: 28.05.2025
Seite: 1/3

Im November 2025

Bei Rückfragen wenden Sie sich bitte an
Abrechnung / Tel. 01234 56789

Herrn
SAP-Drei Personalabrechnung
Schlossallee 13
12345 Monopoly

Persönliche / Organisatorische Daten

Personalnr.:	12000009	Geburtsdatum:	11.11.2006
Kostenstelle:	1000120002	Eintritt:	01.10.2025
Tarifgr./-stufe:	EG08/1	Austritt:	
Steuerklasse:	1	Kinderfreibetr.:	0,0
Faktor:	0,000	Jahresfreibetr.:	0,00
Konfession AN/EG:	EV/	Monatsfreibetr.:	0,00
Steuertage:	30,00	Jahreshinzbetr.:	0,00
Basistarif Priv. SV:	0,00	Monatshinzbetr.:	0,00
SteuerID:	06004981725	KV-Prozentsatz:	8,395 %
RV-Nr.:	60111106P002	RV-Prozentsatz:	9,30 %
Krankenkasse:	BARMER	AV-Prozentsatz:	1,30 %
DEÜV-Schlüssel:	1111	PV-Prozentsatz:	1,8000 %
SV-Tage:	30,00	PV-Zu./-Ki./Midi/Mfb.:	///

Für den Zeitraum 01.11. bis 30.11.2025:

Lohnart	Kennz.	Für	Anzahl	Betrag/E.	Zusatz	Betrag	Jahreswert
Basisbezüge							
Gehalt	LSG					**4.130,00**	
tarifl. Sonderzahlung	ELSG					**5.000,00**	
freiw. Sonderzahlung	ELSG					**2.000,00**	
AVmG Kürzung lfd. SV-frei	LS				200,00 -		
Bruttoentgelt							
Gesamtbrutto (EBeschV)						**11.130,00**	15.305,87
Steuerbrutto, EZ					7.000,00		7.000,00
Steuerbrutto, lfd.					3.930,00		7.905,87
KV-Brutto, EZ					3.119,13		3.119,13
KV-Brutto, lfd.					3.930,00		7.905,87
RV-Brutto, EZ					7.000,00		7.000,00
RV-Brutto, lfd.					3.930,00		7.905,87
AV-Brutto, EZ					7.000,00		7.000,00
AV-Brutto, lfd.					3.930,00		7.905,87
PV-Brutto, EZ					3.119,13		3.119,13
PV-Brutto, lfd.					3.930,00		7.905,87
Gesetzliche Abzüge							
Lohnsteuer, EZ						**1.854,00**	1.854,00
Lohnsteuer, lfd.						**538,16**	1.087,91
Kirchensteuer, EZ						**148,32**	148,32
Kirchensteuer, lfd.						**43,05**	87,03
Krankenversicherung, EZ						**261,85**	261,85
Krankenversicherung, lfd.						**329,92**	663,70
Rentenversicherung, EZ						**651,00**	651,00
Rentenversicherung, lfd.						**365,49**	735,25
Arbeitslosenvers., EZ						**91,00**	91,00
Arbeitslosenvers., lfd.						**51,09**	102,78
Pflegeversicherung, EZ						**56,14**	56,14

Abbildung 6.5 Entgeltnachweis in der PDF-Technologie

[»]

Aktuelle Formulare in HR Forms

Das PDF-Formular SAP_PAYSLIP_DE_O ist das aktuelle Formular, das von SAP gewartet wird. Werden andere Vorlagen für den Entgeltnachweis genutzt, müssen diese vom Kunden gewartet werden. Dazu gibt es keine SAP-Hinweise mehr, aus denen die Aktualisierungen entnommen werden können.

Bei der Ausführung dieser Transaktion (siehe Abbildung 6.6) können das Formular und die Periode ausgewählt werden; außerdem können die Mitarbeitenden selektiert werden, für die ein Entgeltnachweis erstellt werden soll. Die Transaktion zum Ausführen des Entgeltnachweises ruft das eigentliche Druckprogramm auf. Dieses ist unmittelbar mit dem Formular verbunden und wird beim Erstellen desselben generiert.

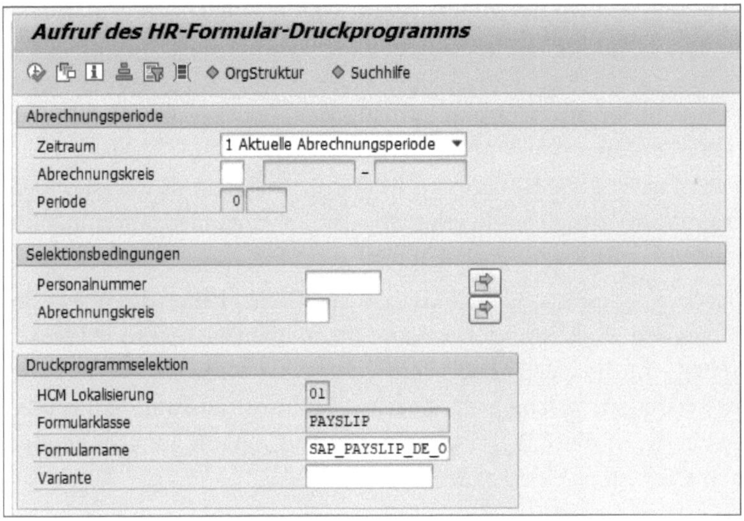

Abbildung 6.6 HR-Formular-Druckprogramm aufrufen

Die Darstellung der Rückrechnungen, die im Rahmen des tabellengesteuerten Formulars im Report flexibel eingestellt werden kann, wird bei der Verwendung von HR Forms direkt im Formular festgelegt, weshalb es hier keine große Anzahl von Parametern im Selektionsbild gibt.

[«]

Rückrechnungen

Die Darstellung von Rückrechnungen im aktuellen Formular ist in dem von SAP ausgelieferten Muster nicht möglich, sondern erfordert einen aufwendigen Umbau dieses Formulars.

6.1.3 Entgeltnachweis im Employee Self-Service (EES)

ESS-Portal

Alternativ zum Druck kann den Mitarbeitenden der Entgeltnachweis im ESS-Portal bereitgestellt werden. Dazu steht ein iView zur Verfügung, der in die Portalrolle der jeweiligen Person eingebunden und über den das Formular angezeigt werden kann – egal, mit welcher Technik es erstellt wurde: Die Umstellung von Formularen auf die PDF-Technik ist nicht notwendig; der beschäftigten Person wird auf diese Weise automatisch ihr aktueller Entgeltnachweis angezeigt.

Außerdem lassen sich aus einer Übersicht aller Entgeltnachweise aus der Vergangenheit auch ältere Entgeltnachweise anzeigen. Der aktuelle Entgeltnachweis steht im Standard drei Tage nach dem Zahldatum aus Tabelle RGDIR (Directory für Abrechnungsergebnisse) des Abrechnungsergebnisses automatisch zur Verfügung.

Gedruckte Version anfordern

Die beschäftigte Person hat in dem iView die Möglichkeit, eine gedruckte Version ihres Entgeltnachweises anzufordern. Dieser Button schreibt die Druckanforderung jedoch nur in Tabelle T52OCG (Off-Cycle, Vormerkungen für Batch; Abrechnung, Folgeprogr.); für den Druck muss der Report RPUOCF00 (Zentraler Druck Abrechnungsformular aus ESS-Szenario) eingeplant werden. Ist diese Funktion nicht gewünscht, kann sie über das BAdI (Business Add-In) ausgeblendet werden, das im folgenden Abschnitt beschrieben wird.

Durch das BAdI `XSS_REM_INTERFACE` können die Möglichkeiten des iViews beeinflusst werden. So kann der **Drucken**-Button über die Methode `DEFINE_PRINTBUTTON_STATUS` ausgeblendet werden, und die Methode `PROVIDE_FILTERED_RGDIR` steuert, welche Entgeltnachweise in der Auswahl angeboten werden sollen. Auf diese Weise können Sie die zur Verfügung stehenden Versionen z. B. zeitlich einschränken.

6.2 Überweisung

Auszahlungsbeträge überweisen

Der Ordner **Überweisung** (siehe Abbildung 6.1) enthält alle Schritte, anhand derer Sie die in der Abrechnung ermittelten Auszahlungsbeträge auf die Konten der Mitarbeitenden und weiterer Empfangsberechtigter überweisen können. Es werden hier alle Zahlungen verarbeitet, die mitarbeiterbezogen aus der Personalabrechnung erzeugt werden, sowie alle Beträge, die im Abrechnungsergebnis in Tabelle BT (Bank Transfer = Zahlungsinformationen) gespeichert sind (siehe Abbildung 6.7).

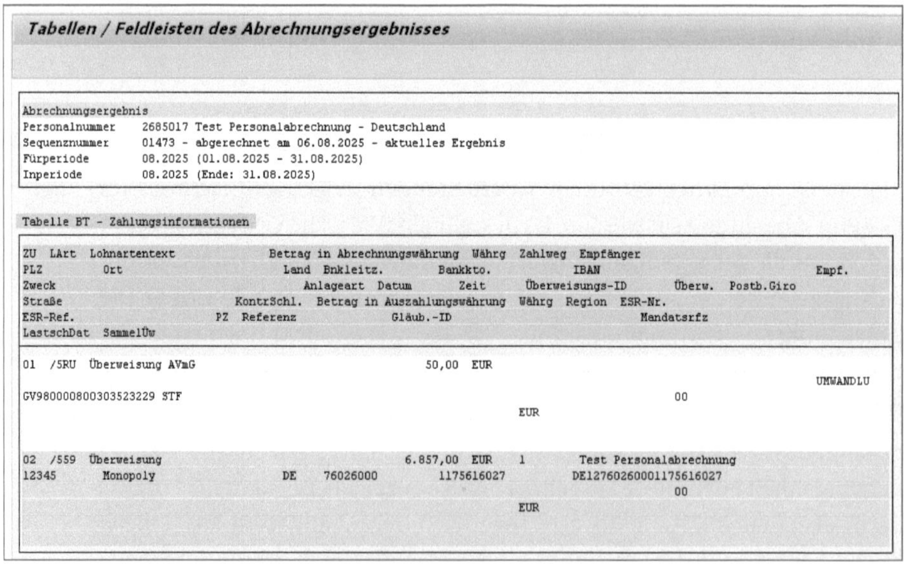
```
Tabellen / Feldleisten des Abrechnungsergebnisses

Abrechnungsergebnis
Personalnummer    2685017 Test Personalabrechnung - Deutschland
Sequenznummer     01473 - abgerechnet am 06.08.2025 - aktuelles Ergebnis
Fürperiode        08.2025 (01.08.2025 - 31.08.2025)
Inperiode         08.2025 (Ende: 31.08.2025)

Tabelle BT - Zahlungsinformationen

ZU  LArt  Lohnartentext              Betrag in Abrechnungswährung  Währg  Zahlweg  Empfänger
PLZ        Ort                        Land  Bnkleitz.        Bankkto.          IBAN                    Empf.
Zweck                                   Anlageart  Datum      Zeit     Überweisungs-ID      Überw.  Postb.Giro
Straße                          KontrSchl.  Betrag in Auszahlungswährung  Währg  Region  ESR-Nr.
ESR-Ref.                     PZ  Referenz             Gläub.-ID                  Mandatsrfz
LastschDat  SammelÜw

01  /5RU  Überweisung AVmG                            50,00  EUR
                                                                                                  UMWANDLU
GV980000800303523229 STF                                                          00
                                                                EUR

02  /559  Überweisung                              6.857,00  EUR    1        Test Personalabrechnung
12345      Monopoly               DE    76026000       1175616027        DE12760260001175616027
                                                                                  00
                                                                EUR
```

Abbildung 6.7 Zahlungsinformationen

Im folgenden Abschnitt gehen wir auf die einzelnen Überweisungsschritte ein und geben Ihnen Hinweise zu deren Bearbeitung.

6.2.1 Option »Vorprogramm Datenträgeraustausch (DTA) mehrere Zahlläufe«

Der Datenträgeraustausch (DTA) repräsentiert das national gültige Format eines Datenträgers zur Kommunikation mit den Banken.

Über Transaktion PC00_M01_CDTA (Vorprogramm Datenträgeraustausch mehrere Zahlungsläufe), im Folgenden kurz *Vorprogramm DTA* genannt, werten Sie die Ergebnisse der Personalabrechnung aus, um einen Datenbestand, die sogenannten *Regulierungsdaten*, zu erzeugen. Dies ist der erste Schritt im Prozess der Lohn- und Gehaltszahlung. Sie können das Vorprogramm DTA auch dann verwenden, wenn Sie innerhalb einer Abrechnungsperiode mehrere Teilzahlungen zu verschiedenen Terminen (qualifizierter Abschlag) vornehmen möchten. Darüber hinaus können Sie mithilfe des Vorprogramms Zahlungen mit unterschiedlichen Zahlwegen in einem Zahllauf auswerten. Die Zahlungsträgerprogramme, die die vom Vorprogramm DTA erzeugten Daten weiterverarbeiten, selektieren die entsprechenden Datensätze anhand des jeweiligen Zahlwegs.

Das Vorprogramm DTA verarbeitet sowohl Informationen aus den Stammdaten als auch Informationen aus dem Abrechnungsergebnis einer im Unternehmen beschäftigten Person. Die von Ihnen zuvor erzeugten Regulierungsdaten werden von länderspezifischen Zahlungsträgerprogrammen des Finanzwesens verarbeitet, die Sie anschließend starten müssen, um die entsprechenden Zahlungsträger (z. B. DTA-Dateien für die Bank oder Schecks) zu erzeugen.

Customizing-Voraussetzungen

Um das Programm ausführen zu können, müssen folgende Voraussetzungen im Customizing erfüllt sein:

- **Einrichtung der Zahlwege**
  Die Zahlwege werden im Customizing des Personalmanagements unter **Personaladministration • Persönliche Daten • Bankverbindung • Zahlweg festlegen** eingerichtet.
- **Einrichtung der Hausbanken und der Hausbankkonten**
  Die Hausbanken und die Hausbankkonten werden im Customizing der Personalabrechnung unter **Datenträgeraustausch • Vorprogramme zum Datenträgeraustausch • Hausbanken einrichten** eingerichtet.

- **Festlegung der Absenderbank(en) und des zahlenden Buchungskreises durch die Bearbeitung des Merkmals DTAKT**
  Die Absenderbanken und der zahlende Buchungskreis werden im Customizing der Personalabrechnung unter **Datenträgeraustausch • Vorprogramme zum Datenträgeraustausch • Absenderbanken festlegen** festgelegt. Informationen zu Merkmalen erhalten Sie in Abschnitt 25.1, »Merkmale in der Personalabrechnung«.
- **Zuordnung der Textschlüssel für den Zahlungsverkehr zu Überweisungslohnarten**
  Die Zuordnung der Textschlüssel finden Sie im Customizing der Personalabrechnung unter **Datenträgeraustausch • Vorprogramme zum Datenträgeraustausch • Textschlüssel Zahlungsverkehr prüfen**.

Selektionsbild

Wenn Sie Transaktion PC00_M01_CDTA (Vorprogramm Datenträgeraustausch mehrere Zahlungsläufe) im SAP-Easy-Access-Menü aufrufen (siehe Abbildung 6.1), erhalten Sie das in Abbildung 6.8 gezeigte Selektionsbild, das wir Ihnen im Folgenden erläutern.

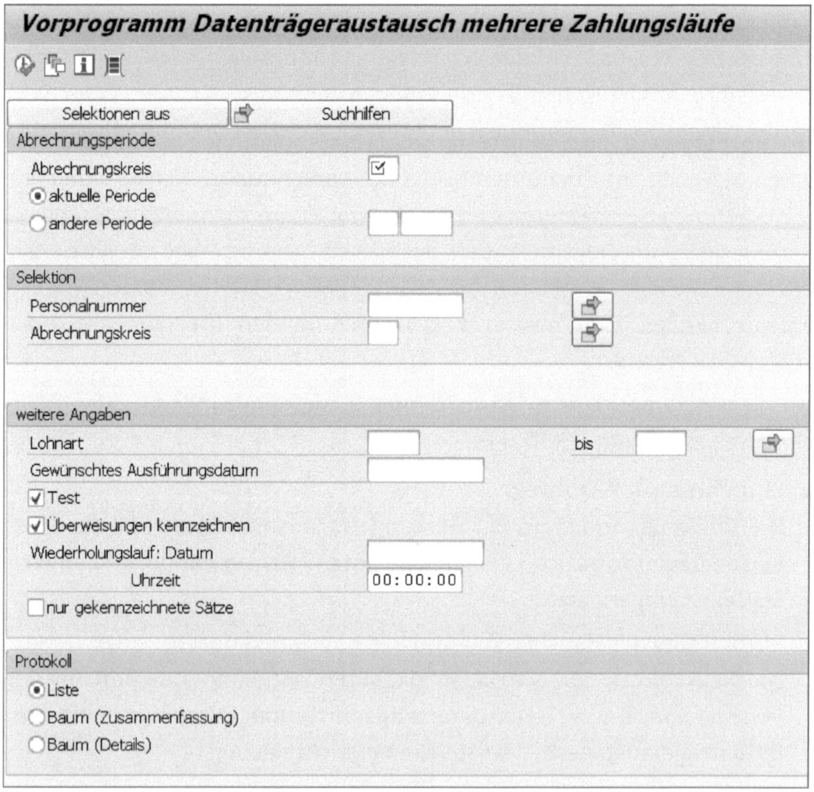

Abbildung 6.8 Selektionsbild »Vorprogramm Datenträgeraustausch mehrere Zahlungsläufe«

Datengruppe »Abrechnungsperiode«

Der **Abrechnungskreis** dient an dieser Stelle der Bestimmung des Auswahlzeitraums über die Auswahl des Radiobuttons **aktuelle Periode** und ist ein Mussfeld.

Der Radiobutton **aktuelle Periode** ist voreingestellt; die Datumsfelder werden aufgrund dieser Einstellung nach Drücken der ↵-Taste gemäß der Abrechnungsperiode aus dem Abrechnungsverwaltungssatz (siehe Abschnitt 1.8.1, »Abrechnungsverwaltungssatz«) automatisch neben dem Feld **Abrechnungskreis** eingeblendet und können nicht geändert werden.

Möchten Sie das Vorprogramm DTA für eine andere Periode als die Abrechnungsperiode aus dem Abrechnungsverwaltungssatz starten, müssen Sie den Radiobutton **andere Periode** auswählen und die entsprechende Periode erfassen. Die Datumsfelder werden nach einem Druck auf die ↵-Taste neben dem Feld **Abrechnungskreis** eingeblendet. Deren Inhalt können Sie nur über die Felder zur Option **andere Periode** verändern.

Datengruppe »Selektion«

Das Feld **Personalnummer** verwenden Sie, wenn Sie das Vorprogramm DTA für eine im Unternehmen beschäftigte Person erstellen möchten. Soll das Vorprogramm DTA für mehrere Personalnummern gestartet werden, erhalten Sie über den Button (**Mehrfachselektion**) neben dem Feld **Personalnummer** ein Dialogfenster, in dem weitere Selektionsmöglichkeiten angeboten werden. Soll das Vorprogramm DTA für alle Mitarbeitenden aus einem oder mehreren Abrechnungskreisen gestartet werden, erfolgt kein Eintrag.

Der Abrechnungskreis stellt an dieser Stelle die Verbindung zu der oder den ausgewählten Personalnummer(n) dar. Möchten Sie das Vorprogramm DTA für mehrere Personalnummern starten, die unterschiedlichen Abrechnungskreisen angehören, verwenden Sie auch hier den Button (**Mehrfachselektion**) neben dem Feld **Abrechnungskreis**.

Datengruppe »weitere Angaben«

Mithilfe der Eingabefelder hinter **Lohnart** können Sie einen Zahllauf auf bestimmte Lohnarten einschränken, um z. B., unabhängig von einer Abrechnung, Zahlungen zu erzeugen, die auf Lohnarten im Infotyp 0011 (Externe Überweisungen) basieren, oder wenn Sie einen qualifizierten Abschlag mit den Infotypen 0014 (Wiederkehrende Be-/Abzüge) oder 0015 (Ergänzende Zahlung) durchführen möchten. Die entsprechenden Sätze werden bis zum folgenden Abrechnungslauf gegen Änderungen gesperrt und dort verarbeitet, in der Regel als Nettoabzug.

Mit einer Eingabe im Feld **Gewünschtes Ausführungsdatum** können Sie ein Datum eingeben, an dem die Bank eine Zahlung ausführen soll. Das Datum wird zusammen mit den Zahlungsinformationen an das Finanzwesen (FI) übergeben, dort wird die Zahlung ausgeführt. Mit dem Datum können Sie die Standardeinstellung oder das durch die Implementierung des BAdIs HRDME_B_REGUH_DUE_DATE (Änderung des gewünschten Ausführungsdatums für Zahlungen) ermittelte Datum übersteuern.

Wenn Sie das Kennzeichen **Test** setzen, werden die Daten eines Zahllaufs zu Kontrollzwecken angezeigt. In solchen Fällen entstehen keine Regulierungsdaten, und es werden auch keine Daten in den Abrechnungsergebnissen gespeichert.

[!]

Variantensteuerung

Die Auswahl der Testmöglichkeiten ist in den Selektionsbildern der Folgeaktivitäten sehr unterschiedlich geregelt, sowohl bezüglich der Bezeichnung als auch hinsichtlich der Voreinstellungen. Wir empfehlen daher die Variantensteuerung, um das ungewollte Erzeugen von Daten in der Datenbank zu vermeiden.

Der Auswahlbutton **Überweisungen kennzeichnen** wurde mit dem Jahreswechsel 2022/2023 ausgeblendet. Die vor dieser Änderung angelegten Varianten behalten weiterhin ihre Gültigkeit.

Im Produktivlauf wird das Kennzeichen **Überweisungen kennzeichnen** automatisch aktiviert. Denn diese Option bewirkt, dass das System jeden verarbeiteten Eintrag von Tabelle BT (Zahlungsinformationen) in den Abrechnungsergebnissen mit Datum und Uhrzeit versieht, um diesen für spätere Zahlläufe als verarbeitet zu kennzeichnen. So wird verhindert, dass Einträge in dieser Tabelle versehentlich mehrmals verarbeitet werden.

Wenn das Kennzeichen **Test** aktiviert ist, werden keine Regulierungsdaten angelegt, und die Abrechnungsergebnisse werden nicht angepasst. Ein Testlauf sollte vor dem Produktivlauf unbedingt ausgeführt werden, um zu prüfen, ob alle Überweisungen fehlerfrei ausgeführt werden können.

Wenn Sie die Personalabrechnung wiederholen, nachdem Sie das Vorprogramm DTA ausgeführt haben, überschreibt das System die mit Datum und Uhrzeit gekennzeichneten Einträge nicht, sondern es nimmt eine Differenzrechnung vor.

Die Funktion der Felder **Wiederholungslauf: Datum/Uhrzeit** und die Auswahl **nur gekennzeichnete Sätze** erläutern wir Ihnen anhand des folgenden Beispiels:

Zahllauf wiederholen

Wenn Sie einen Zahllauf nicht korrekt durchführen konnten (z. B. aufgrund eines Programmabbruchs), müssen Sie diesen wiederholen. Voraussetzung für die im Folgenden beschriebene Vorgehensweise ist, dass Sie vor der Erzeugung des zu wiederholenden Zahllaufs die Option **Überweisungen kennzeichnen** aktiviert haben. Gehen Sie anschließend wie folgt vor:

1. Nehmen Sie die gleichen Einstellungen im Selektionsbild des Vorprogramms DTA wie bei der Erzeugung des ursprünglichen Zahllaufs vor.
2. Tragen Sie zusätzlich in den Eingabefeldern **Wiederholungslauf: Datum** und **Uhrzeit** das Datum und die Uhrzeit des zu wiederholenden Zahllaufs ein.

Aufgrund dieser Angaben wertet das System die Einträge in Tabelle BT (Zahlungsinformationen) in den Abrechnungsergebnissen aus, die das Vorprogramm DTA zwar mit Datum und Uhrzeit gekennzeichnet hat, aber deren Datum und Uhrzeit mit Ihrer Eingabe in den Eingabefeldern **Wiederholungslauf: Datum** und **Uhrzeit** auch übereinstimmen.

Wenn Sie nur die bereits gekennzeichneten Einträge in Tabelle BT (Zahlungsinformationen) auswerten möchten, aktivieren Sie das Kennzeichen **nur gekennzeichnete Sätze**. Wenn Sie dieses Kennzeichen nicht setzen, wertet das System auch die Einträge in Tabelle BT (Zahlungsinformationen) aus, die noch nicht mit Datum und Uhrzeit gekennzeichnet sind.

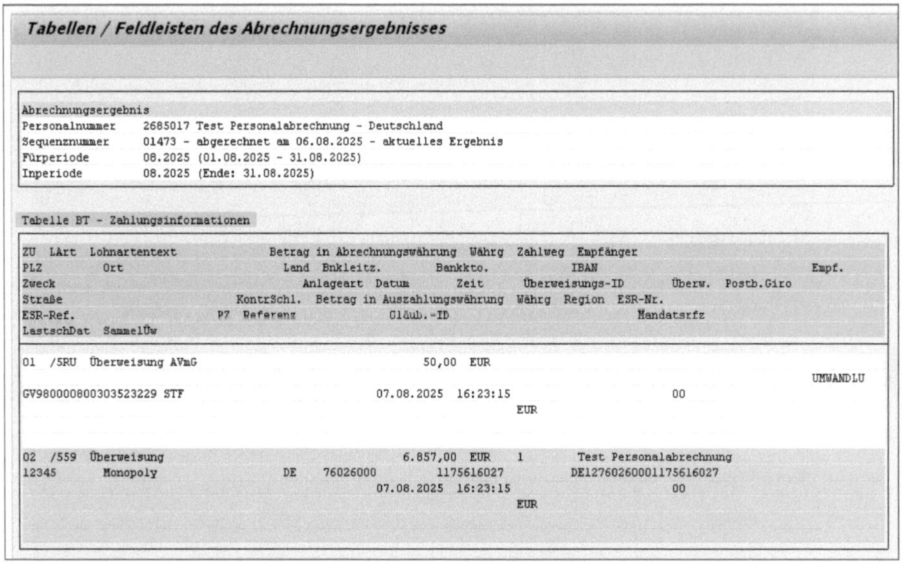

Abbildung 6.9 Tabelle BT (Zahlungsinformationen) mit Datum und Uhrzeit

[»]

Tabelle BT (Zahlungsinformationen)

Sollten Ihnen Datum und Uhrzeit der ursprünglichen Erstellung nicht bekannt sein, können Sie sich diese Informationen aus Tabelle BT (Zahlungsinformationen) der Abrechnungsergebnisse einer im Unternehmen beschäftigten Person besorgen, die in diesem Zahllauf enthalten ist (siehe Abbildung 6.9).

Datengruppe »Protokoll«

Unabhängig von der Einstellung **Test**, bei der jede Überweisung ausführlich dargestellt wird, erhalten Sie bei jedem Start des Vorprogramms DTA ein Protokoll. Durch die Anwahl der Radiobuttons **Liste**, **Baum (Zusammenfassung)** oder **Baum (Details)** bestimmen Sie nicht nur die Art der Darstellung, sondern Sie legen auch den Umfang und den Inhalt des Protokolls fest. Abbildung 6.10 zeigt Ihnen ein Protokoll zur Auswahl **Baum (Details)**.

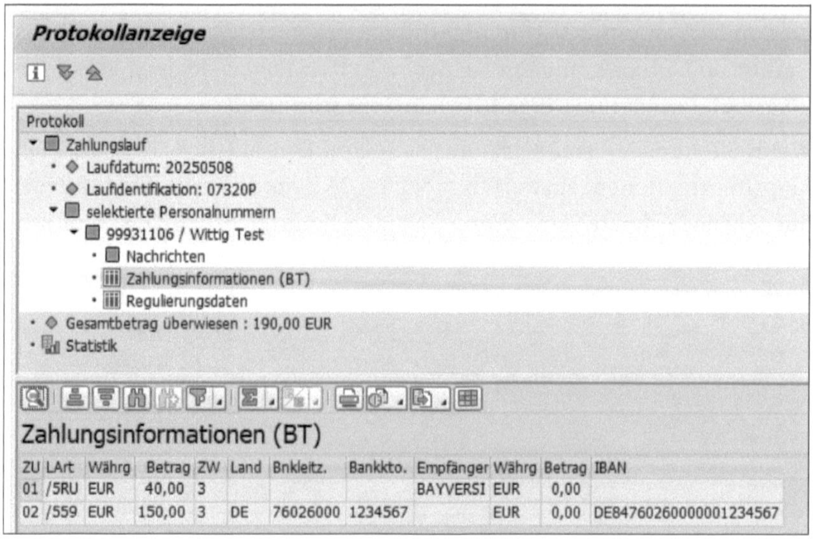

Abbildung 6.10 Protokoll des Vorprogramms DTA mit der Auswahl »Baum (Details)«

[»]

Zahlungsinformationen

Die Informationen unter **Zahlungsinformationen (BT)** erhalten Sie durch einen Doppelklick auf den gleichnamigen Eintrag unter dem Menüpunkt **Nachrichten**. Die Darstellung erfolgt mit dem ALV Grid Control (SAP List Viewer) und enthält dessen Bearbeitungsmöglichkeiten. Mehr darüber erfahren Sie in Abschnitt 3.4 des Buches »HR-Reporting mit SAP« (SAP PRESS 2013).

Vorprogramm DTA ohne Test

Wenn Sie das Vorprogramm DTA ohne die Option **Test** ausführen, wird ein Zahllauf erzeugt, der Regulierungsdaten enthält und mit einem Programmlaufdatum und einem Identifikationsmerkmal zur weiteren Verarbeitung gekennzeichnet ist. Darüber können Sie jeden Zahllauf eindeutig identifizieren; das Identifikationsmerkmal ergibt sich aus der sechsstelligen Systemzeit, zu der Sie das Vorprogramm DTA gestartet haben. Die letzte Stelle wird durch ein »P« ersetzt, das bewirkt, dass die im Vorprogramm DTA enthaltenen einzelnen Überweisungen in der Finanzbuchhaltung nicht eingesehen werden können. Abbildung 6.11 zeigt das Protokoll nach dem Start des Vorprogramms DTA ohne die Einstellung **Test** und mit der Auswahl **Liste**.

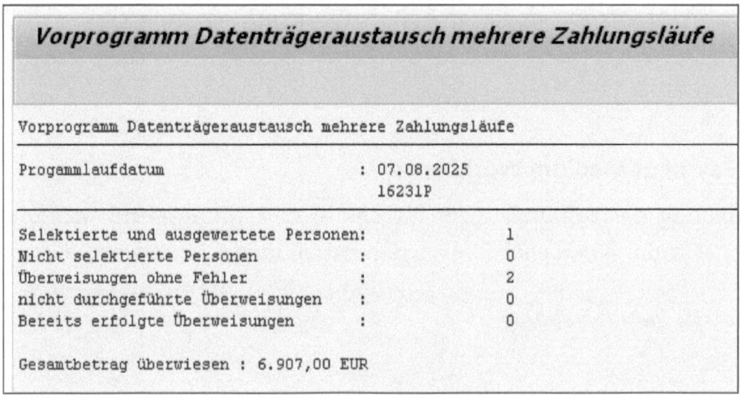

Abbildung 6.11 Protokoll des Vorprogramms DTA ohne die Einstellung »Test« und mit der voreingestellten Auswahl »Liste«

Identifikationsmerkmal notieren

Leider wird in den Folgeprogrammen **Abrech.überweisung erst.DTA inl** und **DTA-Verwaltung** (siehe Abschnitt 6.2.5, »DTA-Verwaltung«) bei der Auswahl des Zahllaufs nicht mit angegeben, wer die Daten des Vorprogramms DTA erstellt hat. Wenn mehrere Personen am gleichen Tag Zahlläufe erstellen, könnten Sie Probleme bei der Identifikation Ihres Zahllaufs haben. Deshalb empfehlen wir, dass Sie sich das Identifikationsmerkmal notieren (Hardcopy), bis Sie den Zahllauf weiterverarbeitet haben.

6.2.2 Option »Vorprogramm Datenträgeraustausch Sammelüberweisung«

Diesen Schritt müssen Sie nur ausführen, wenn Sie Sammelüberweisungen verwenden. Das Vorprogramm DTA Sammelüberweisung wertet Abrechnungsergebnisse aus und sammelt alle Überweisungen aus der Abrechnungstabelle BT (Zahlungsinformationen), die als Sammelüberweisung gekennzeichnet sind. Es werden also keine einzelnen Überweisungen erstellt, sondern die Überweisungsbeträge aller selektierten Personalnummern werden addiert. Es wird pro Absender, Zahlweg und Überweisungslohnart je eine Überweisung in die Regulierungsdaten geschrieben. Zusätzlich kann eine Zahlungsliste erstellt werden, aus der hervorgeht, aus welchen Einzelposten sich die jeweilige Sammelüberweisung zusammensetzt.

6.2.3 Erstellung Datenträger Inland

Grundsätzlich wird seit der Einführung der SEPA-Überweisung nur noch die Payment Medium Workbench (siehe der gleichnamige Abschnitt 6.2.4) verwendet.

6.2.4 Payment Medium Workbench

Selektionsbild

Zur Erstellung der Zahlungsträger für den SEPA-Zahlungsraum wird die *Payment Medium Workbench* (PMW), siehe Abbildung 6.12, verwendet.

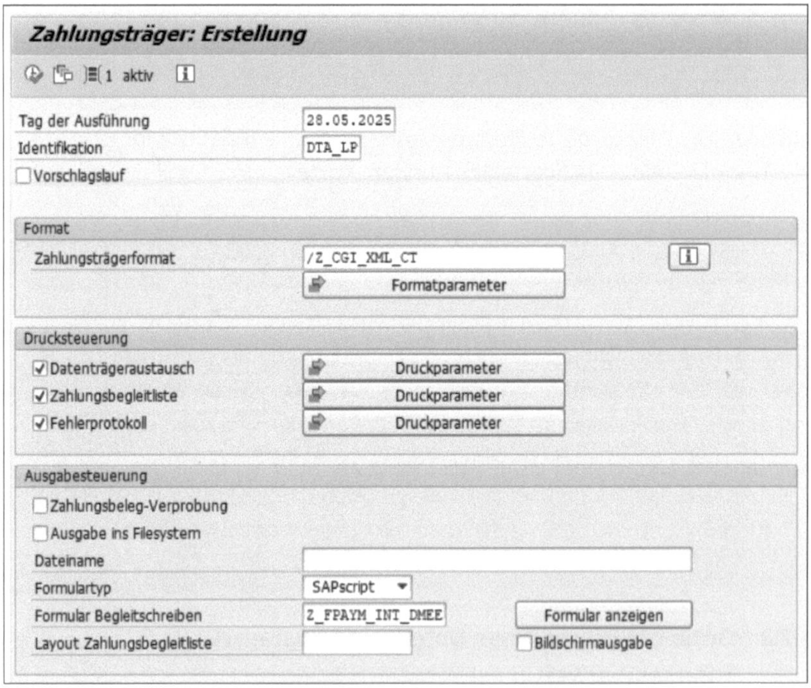

Abbildung 6.12 Payment Medium Workbench

Im Customizing des Zahlwegs muss eingestellt werden, dass die Payment Medium Workbench für den DTA Inland genutzt wird.

Vorteile

Die Payment Medium Workbench bietet die folgenden Vorteile:

- Es können verschiedenste Formate von Datenträgern erzeugt werden, wo zuvor mehrere Zahlprogramme erforderlich waren.
- Formate können kundenindividuell angepasst werden.
- Neue Formate können einfach erstellt werden.
- Der Verwendungszweck kann im Customizing angepasst werden.
- Die PMW kann für Onlinezahlungen verwendet werden.

Die erzeugte Datei steht ebenso in der DTA-Verwaltung zur Verfügung, wie es bei den Zahlprogrammen der Fall ist.

[!]

Format SEPA_CT

Mit SAP-Hinweis 2795667 (Einführung von ISO 20022 – globale Harmonisierung und Regulierung (SEPA in Europa)) wird das Zahlungsträgerformat SEPA_CT durch das Zahlungsträgerformat CGI_XML_CT ersetzt. Für das Zahlungsträgerformat SEPA_CT ist keine weitere Pflege von SAP eingeplant, es werden keine Bugfixes mehr durchgeführt.

Aus der Wertehilfe ([F4]-Taste) des Feldes **Tag der Ausführung** oder **Identifikation** wählen Sie die Angaben aus dem Protokoll des Vorprogramms DTA (siehe Abbildung 6.12). Die Steuerung über die Auswahl **Vorschlagslauf** ist für SAP ERP HCM nicht vorgesehen.

Datengruppe »Format«

Über das Zahlungsträgerformat wird gesteuert, in welchem Dateiaufbau die Zahldatei erstellt wird. Es gibt verschiedene landesspezifische Formate. Diese können im Customizing angepasst werden.

Datengruppe »Drucksteuerung«

Über das Kennzeichen **Datenträgeraustausch** erstellen Sie Überweisungen/Lastschriften in einem Datenträgeraustauschformat und legen die Begleitliste in Ihrer Spool-Datei ab. Über das Feld **Druckparameter** können Sie den Drucker angeben, der die Begleitliste in Verbindung mit der Markierung des Feldes **Sofortdruck** nach dem Start des Programms ausgibt. Durch die Bezeichnung LOCL oder LOC (kundenabhängig) wird in der Regel der Drucker angesteuert, den Sie als Standarddrucker festgelegt haben.

Durch Auswahl der Option **Zahlungsbegleitliste** erstellen Sie die Zahlungsbegleitliste. Die Steuerungen der weiteren Felder entsprechen den Steuerungen des Parameters **Datenträgeraustausch**.

Durch Auswahl der Option **Fehlerprotokoll** erhalten Sie ein Protokoll, wenn ein Fehler auftritt. Wenn die Erstellung des Datenträgers im Hintergrund angestoßen wird, erfolgt immer eine Ausgabe.

Datengruppe »Ausgabesteuerung«

Die Auswahl **Zahlungsbeleg-Verprobung** ist nur sinnvoll, wenn Sie die Komponente Off-Cycle-Aktivitäten einsetzen.

Durch das Markieren der Option **Ausgabe ins Filesystem** wird die Datei im Dateisystem des Applikationsservers abgelegt.

Durch Ausfüllen des Feldes **Dateiname** können Sie die zu erstellende DTA-Datei bezeichnen und bei einer Speicherung im Dateiystem den erforderlichen Pfad angeben. Dabei sollten Sie sicherstellen, dass die Bezeichnung den Vorschriften des Empfängers entspricht und eine beschreibbare Datei vorhanden ist. Nehmen Sie keinen Eintrag im Feld **Dateiname** vor, wird der Dateiname vom Programm generiert.

Über das Feld **Formulartyp** können Sie die im Customizing vorgegebene Einstellung zum Begleitzettel übersteuern. Es kann entweder ein SAPscript- oder ein PDF-basiertes Formular gewählt werden.

Unter dem Punkt **Formular Begleitschreiben** kann das im Customizing vorgegebene Formular übersteuert werden.

Über **Layout Zahlungsbegleitliste** können Sie eine kundeneigene Aufbereitung auswählen. Um eine kundeneigene Ausgabeliste zu definieren, muss die Option **Bildschirmausgabe** markiert werden.

[!]

Start des Zahlungsträgerprogramms

Sie können das Zahlungsträgerprogramm beliebig oft starten. Allerdings erhalten Sie ab dem zweiten Start im Protokoll eine zusätzliche, rot hinterlegte Zeile mit dem Hinweis auf ein Fehlerprotokoll. Darin werden Sie aufgefordert, zu prüfen, ob zuvor schon Zahlungsträgerdateien erstellt wurden (eine vollständige Anzeige erhalten Sie durch zweimaliges Auswählen). Darüber hinaus wird durch jeden Start des Zahlungsträgerprogramms bei gleichen Einstellungen eine separate Download-Datei unter einer fortlaufenden Nummer, inklusive der entsprechenden Listen, erstellt und gespeichert bzw. in der Spool-Datei abgelegt.

6.2.5 DTA-Verwaltung

Überweisung abschließen

Über den Report SAPMFDTA von Transaktion FDTA (DTA-Verwaltung) schließen Sie den Menüpunkt **Überweisung** ab. Nach der Auswahl von

Transaktion FDTA (DTA-Verwaltung) im SAP-Easy-Access-Menü erhalten Sie ein Selektionsbild (siehe Abbildung 6.13), in dem Sie Ihren Zahllauf selektieren und auf Datenträger speichern oder zur weiteren Verarbeitung als Datei ablegen können.

Selektionsbild

Im Folgenden stellen wir Ihnen die Felder und Auswahlmöglichkeiten des Selektionsbildes in Abbildung 6.13 vor.

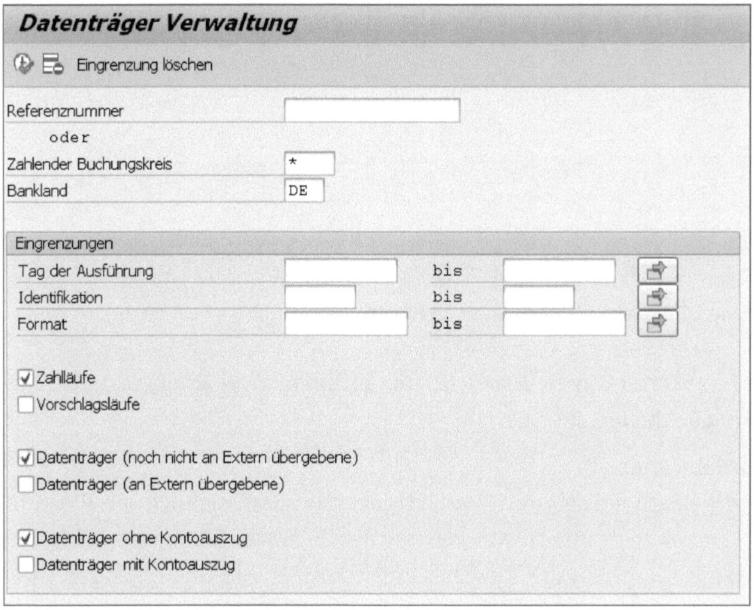

Abbildung 6.13 Selektionsbild »Datenträger Verwaltung«

Das Feld **Referenznummer** ist für SAP ERP HCM nicht relevant. Die Felder **Zahlender Buchungskreis** und **Bankland** verwenden Sie nur, wenn Sie von den Regulierungsdaten abweichende Steuerungen anwenden möchten.

Datengruppe »Eingrenzungen«

Die Selektion des Zahllaufs in den Feldern **Tag der Ausführung** und **Identifikation** (siehe Abbildung 6.13)nehmen Sie analog zu den Feldern **Programmlaufdatum** und **Identifikationsmerkmal** des Ergebnisbildes des Zahlungsträgerprogramms (siehe Abbildung 6.11) über die Wertehilfe (F4-Taste) vor. Im Feld **Format** sind nur Eingaben nötig, wenn Sie vom Standard abweichende, eigene Zahlungsträgerformate einsetzen. Die Voreinstellung **Zahlläufe** übernehmen Sie; **Vorschlagsläufe** sind für SAP ERP HCM hingegen nicht vorgesehen.

Die Vorauswahl **Datenträger (noch nicht an Extern übergebene)** übernehmen Sie, wenn für die entsprechende Datei noch kein Download erfolgt ist.

Möchten Sie für eine Datei den Download wiederholen, müssen Sie die Option **Datenträger** (an Extern übergebene) auswählen.

Nach einem Klick auf den Button (**Ausführen**) erhalten Sie eine Aufstellung der Zahlläufe in der Sicht **Datenträger Übersicht** aufgrund Ihrer Selektionskriterien (siehe Abbildung 6.14).

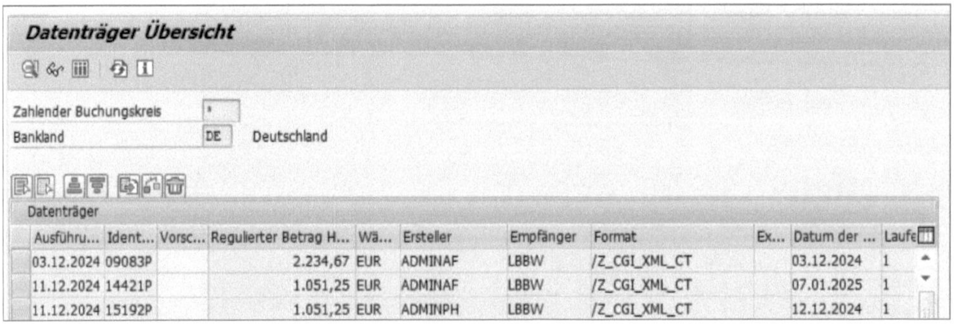

Abbildung 6.14 Sicht »Datenträger Übersicht«

Einzel- und Sammelaktionen

In der Liste **Datenträger Übersicht** stehen Ihnen zwei Arten von Bearbeitungsmöglichkeiten zur Auswahl:

- **Einzelaktionen**
  Für die Bearbeitung von Einzelaktionen ist ausschließlich die Position des Cursors relevant; die Markierung der Zeilen wird hingegen nicht beachtet. Im Rahmen der Einzelaktionen können Sie die folgenden Auswahlen vornehmen:
  - Über den Button **Auswählen** oder per Doppelklick auf die entsprechende Zeile werden Ihnen die Informationen zur ausgewählten Datei angezeigt.
  - Der Button **DTA-Inhalt anzeigen** zeigt Ihnen den Inhalt der Datei an.
- **Sammelaktionen**
  Die Sammelaktionen beziehen sich auf markierte Zeilen; die Position des Cursors wird nicht beachtet. Zu den Sammelaktionen gehören:
  - Der Button **Download** erscheint nach der Durchführung des Downloads zusätzlich in der Spalte **Exportiert** als Icon.
  - Der Button **Prüfen** zeigt an, ob die entsprechende Datei vorhanden ist.
  - Über den Button **Löschen** entfernen Sie die Datei aus der Liste.

6.3 Buchung ins Rechnungswesen

Personalabrechnungsergebnisse enthalten Informationen, die für das Rechnungswesen relevant sind und die Sie deshalb für die Übergabe der Daten in das Rechnungswesen auswerten müssen. Diese Aufgabe übernimmt die Komponente **Buchung ins Rechnungswesen** (siehe Abbildung 6.15), die die Schnittstelle zwischen der Personalabrechnung und dem Rechnungswesen darstellt.

Bearbeitungsoptionen

Über diese Komponente können Sie die folgenden Aufgaben erledigen:

- buchungsrelevante Informationen aus den Abrechnungsergebnissen zusammenstellen
- verdichtete Abrechnungsbelege erstellen
- entsprechende Buchungen in die Komponenten des Rechnungswesens vornehmen

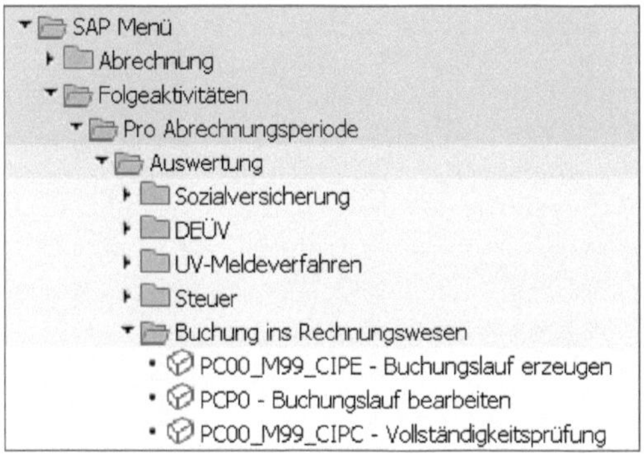

Abbildung 6.15 Komponente »Buchung ins Rechnungswesen« aufrufen

Über die Transaktionen der Komponente **Buchung ins Rechnungswesen** werden Standardreports aufgerufen, deren Selektionsbilder Sie bearbeiten müssen.

Abrechnungsbelege

Zentrales Objekt der Komponente **Buchung ins Rechnungswesen** sind die Abrechnungsbelege, denn sie enthalten alle Informationen, die beim Buchen in das Rechnungswesen übergeben werden. Alle Abrechnungsbelege, die durch das Erzeugen eines Buchungslaufs entstehen, werden in diesem Buchungslauf zu einer Einheit zusammengefasst. Jeder Abrechnungsbeleg erhält bei dessen Erstellung eine eindeutige Nummer und nimmt während der Buchung ins Rechnungswesen verschiedene Status an, die Informationen darüber liefern, welche Aktivitäten Sie in Bezug auf diesen Abrechnungsbeleg durchgeführt haben. Der Abrechnungsbeleg dient darüber hinaus den Komponenten des Rechnungswesens als Ursprungsbeleg für die

Erstellung weiterer Belege, die einen Verweis auf den zugrunde liegenden Abrechnungsbeleg enthalten.

Den Abrechnungsbeleg erstellen Sie über den Report von Transaktion PC00_M99_CIPE (Buchungslauf erzeugen), siehe Abschnitt 6.3.1, »Buchungslauf erzeugen«.

6.3.1 Buchungslauf erzeugen

Selektionsbild

Nachdem Sie den entsprechenden Report über Transaktion PC00_M99_CIPE (Buchungslauf erzeugen) aufgerufen haben, bieten sich Ihnen im Selektionsbild verschiedene Optionen für Ihre weitere Vorgehensweise (siehe Abbildung 6.16).

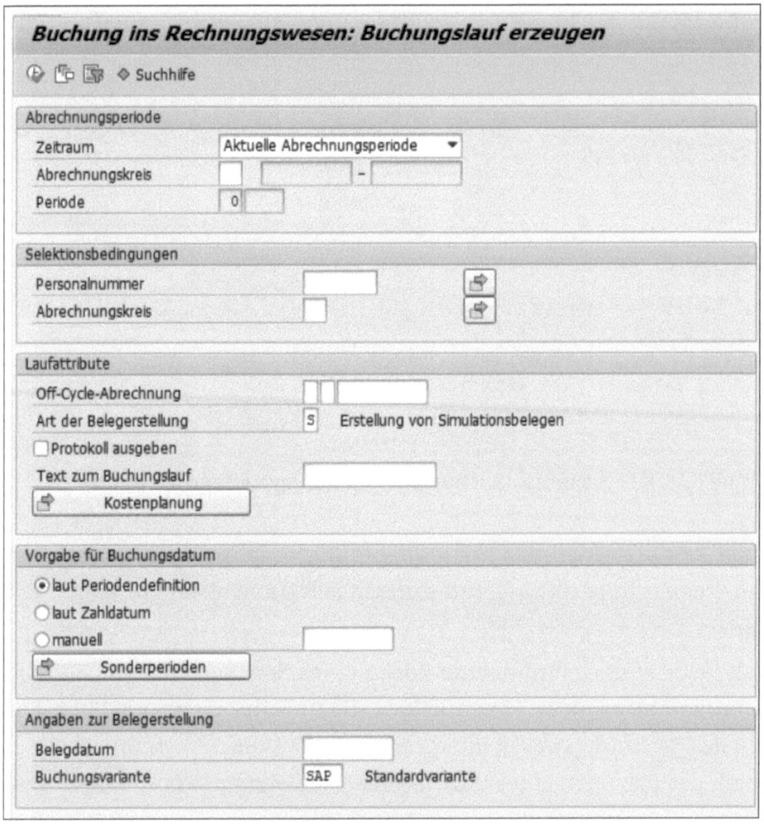

Abbildung 6.16 Selektionsbild »Buchung ins Rechnungswesen: Buchungslauf erzeugen«

Im Folgenden beschreiben wir die Bedeutung und Zusammenhänge der Felder des Selektionsbildes **Buchung ins Rechnungswesen: Buchungslauf erzeugen** sowie die Auswirkungen Ihrer Erfassungen.

Datengruppe »Abrechnungsperiode«

Über eine Eingabe im Feld **Zeitraum** bestimmen Sie im Zusammenhang mit dem Feld **Abrechnungskreis** den Auswahlzeitraum, für den Sie die Abrechnungsbelege erstellen möchten. Der Eintrag **Aktuelle Abrechnungsperiode** ist voreingestellt. Auf diese Weise werden die Datumsfelder neben dem Feld **Abrechnungskreis** und das Feld **Periode** nach dem Drücken der ↵-Taste gemäß der Abrechnungsperiode aus dem Abrechnungsverwaltungssatz automatisch eingeblendet und können nicht geändert werden.

Möchten Sie Abrechnungsbelege für eine andere Periode als die Abrechnungsperiode aus dem Abrechnungsverwaltungssatz erstellen, müssen Sie im Feld **Zeitraum** den Eintrag **Andere Periode** auswählen und die Periode im daraufhin eingabebereiten Feld **Periode** erfassen. Die Datumsfelder werden nach dem Drücken der ↵-Taste neben dem Feld **Abrechnungskreis** eingeblendet oder aktualisiert. Deren Inhalt können Sie nur über das Feld **Periode** verändern.

Datengruppe »Selektionsbedingungen«

Das Feld **Personalnummer** verwenden Sie, wenn Sie Abrechnungsbelege für genau eine Person erstellen möchten. Möchten Sie das Programm für mehrere Personalnummern starten, erhalten Sie über den Button (**Mehrfachselektion**) neben dem Feld **Personalnummer** ein Dialogfenster, in dem weitere Selektionsmöglichkeiten angeboten werden. Soll das Programm für alle Mitarbeitenden aus einem oder mehreren Abrechnungskreisen gestartet werden, erfolgt kein Eintrag.

Der Abrechnungskreis stellt an dieser Stelle die Verbindung zu der oder den ausgewählten Personalnummer(n) dar. Möchten Sie das Programm für mehrere Personalnummern starten, die unterschiedlichen Abrechnungskreisen angehören, verwenden Sie auch hier den Button (**Mehrfachselektion**) neben dem Feld **Abrechnungskreis**.

Datengruppe »Laufattribute«

Über das Feld **Art der Belegerstellung** haben Sie die Möglichkeit, vor der Erzeugung von buchbaren Produktivbelegen Simulationen durchzuführen.

Buchungslauf simulieren

Wir empfehlen, jeweils vor und nach Abschluss der Personalabrechnung einen Buchungslauf über die Auswahl **S** im Feld **Art der Belegerstellung** zu simulieren. Auf diese Weise können Sie buchungsrelevante Fehler frühzeitig erkennen und Probleme bei der Erzeugung eines produktiven Buchungslaufs vermeiden. Sie können die Simulation von Buchungsläufen beliebig oft wiederholen, da diese im Gegensatz zur Erzeugung eines produktiven Buchungslaufs nicht zu einer Markierung der Abrechnungsergebnisse führt.

Einen Buchungslauf simulieren

Sie haben zwei Möglichkeiten, um einen Buchungslauf zu simulieren:

1. Über die Auswahl **T** im Feld **Art der Belegerstellung** starten Sie einen Testlauf, ohne Abrechnungsbelege zu erzeugen (eingeschränkte Prüfung). Das System führt die folgenden Aktivitäten aus:
   - Die Abrechnungsergebnisse werden selektiert.
   - Die buchungsrelevanten Informationen und die zu buchenden Lohnarten werden ermittelt.
   - Die symbolischen Konten und die Mitarbeitergruppierung für die Kontenfindung werden bestimmt.

   Auf diese Weise werden Einzelposten errechnet, die im Gegensatz zu den Abrechnungsbelegen eines Simulationslaufs nicht gesichert werden. Anschließend prüfen Sie, ob der Saldo dieser Einzelposten pro Abrechnungsergebnis gleich null ist.
2. Über die Auswahl **S** im Feld **Art der Belegerstellung** starten Sie einen Simulationslauf und erzeugen die Abrechnungsbelege (vollständige Prüfung). Das System führt in diesem Zusammenhang die folgenden Aktivitäten aus:
   - Ein Buchungslauf wird erzeugt und als Simulationslauf gekennzeichnet. Deshalb können Sie die Abrechnungsbelege dieses Buchungslaufs nicht buchen.
   - Die Abrechnungsbelege des Simulationslaufs werden den gleichen Prüfungen unterzogen wie die Abrechnungsbelege eines produktiven Buchungslaufs.
3. Danach starten Sie über die Auswahl **P** im Feld **Art der Belegerstellung** einen Produktivlauf und erzeugen buchungsfähige Abrechnungsbelege. Diesen Vorgang können Sie nur durchführen, wenn im Abrechnungsverwaltungssatz der Status **Ende der Abrechnung** aktiv ist (siehe Abschnitt 1.8.1, »Abrechnungsverwaltungssatz«):
   - Über die Aktivierung des Kennzeichens **Protokoll ausgeben** erhalten Sie umfangreiche buchungsrelevante Informationen zu den selektierten Personalnummern (siehe Abschnitt 6.3.4, »Buchungslauf prüfen«).

- Im Feld **Text zum Buchungslauf** können Sie einen Buchungslauf näher bezeichnen. Dieser eingegebene Text erscheint in der Buchungslaufübersicht.
- Der Button **Kostenplanung** wird verwendet, um Datenbestände für die Personalkostenplanung zu erzeugen, und ist für die Abrechnung nicht relevant.

[!]

Gebuchten Produktivlauf wiederholen

Wenn Sie einen noch nicht gebuchten Produktivlauf wiederholen möchten, müssen Sie ihn löschen, denn andernfalls werden bei der Wiederholung nur die Mitarbeitenden selektiert, deren Abrechnungsergebnisse durch einen Fehler im vorangegangenen Lauf nicht markiert wurden.

[«]

Fehlerprotokoll

Beim Auftreten von Fehlern wird unabhängig von der Aktivierung des Kennzeichens **Protokoll ausgeben** immer ein Protokoll erstellt, und der Abrechnungsbeleg erhält den Status **fehlerhaft**, oder der Buchungslauf wird mit dem Status **keine Belege entstanden** versehen. Sie können entweder aus dem Protokoll oder über die Belegsicht (siehe Abschnitt 6.3.4, »Buchungslauf prüfen«) weitere Informationen erhalten und/oder berechtigungsabhängig direkt in das Customizing verzweigen.

Datengruppe »Vorgabe für Buchungsdatum«

Über die Auswahl der Radiobuttons dieser Datengruppe bestimmen Sie das Buchungsdatum der Abrechnungsbelege. Über die Markierung des Kennzeichens **laut Periodendefinition** wird ein Datum aus dem Customizing generiert, und über die Aktivierung des Kennzeichens **laut Zahldatum** verwenden Sie das Zahldatum der ausgewerteten Abrechnungsergebnisse als Buchungsdatum. Können Sie weder das Kennzeichen **laut Periodendefinition** noch das Kennzeichen **laut Zahldatum** verwenden, müssen Sie im Feld des Parameters **manuell** ein Datum erfassen. Sowohl das Buchungsdatum als auch das Zahldatum befinden sich in Tabelle T549S (Personenübergreifende Datumsangaben pro Abrechnungsperiode). Wenn dieses Datum nicht existiert, ist die Belegerstellung fehlerhaft, wenn die Kennzeichen **laut Periodendefinition** oder **laut Zahldatum** aktiviert werden.

Der Button **Sonderperioden** muss verwendet werden, wenn in Sonderperioden gebucht werden soll, z. B. bei einer Buchung der Personalabrechnung für Dezember in die 13. Periode.

Datengruppe »Angaben zur Belegerstellung«

Über das Feld **Belegdatum** definieren Sie das Ausstellungsdatum des Originalbelegs. Nehmen Sie hier keine Eingabe vor, wird das Tagesdatum verwendet.

Im Feld **Buchungsvariante** können Sie Parameter mit Zusatzinformationen für die Belegerstellung (wie z. B. Einstellungen zur Belegaufteilung und die Art, in der Belegpositionstexte hinzugefügt werden) zusammenfassen und eindeutig benennen.

Wenn Sie den Report von Transaktion **Buchungslauf erzeugen** gestartet haben, erhalten Sie unabhängig von der Aktivierung des Kennzeichens **Protokoll ausgeben** unter der Überschrift **Auswertung der Buchungsposten** Informationen zum Buchungslauf und eine Statistik zu den selektierten Personalnummern (siehe Abbildung 6.17).

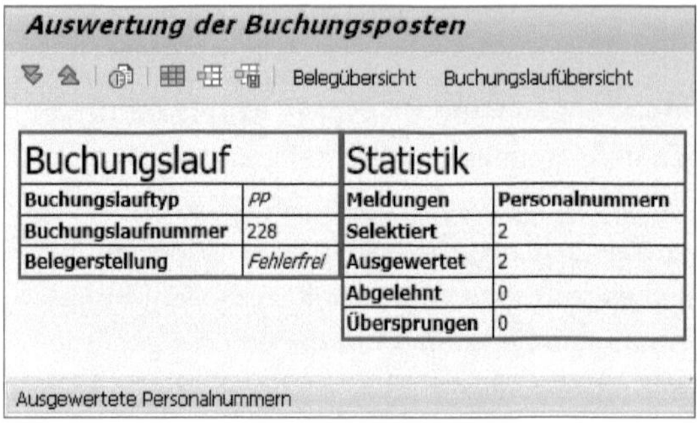

Abbildung 6.17 Buchungsposten auswerten

Über den Button **Belegübersicht** können Sie sich über die Auswahl von Abrechnungsbelegen Einzelpositionen dieser Belege anzeigen lassen, Revisionsinformationen aufrufen und beim Auftreten von Fehlern berechtigungsabhängig direkt in das Customizing verzweigen (siehe Abschnitt 6.3.4, »Buchungslauf prüfen«).

Über den Button **Buchungslaufübersicht** verzweigen Sie in die Liste von Transaktion PCPO (Buchungslauf bearbeiten), siehe Abschnitt 6.3.2, »Buchungslauf bearbeiten«, und Abbildung 6.18.

6.3.2 Buchungslauf bearbeiten

Über Transaktion PCPO (Buchungslauf bearbeiten) erhalten Sie eine Liste der erzeugten Buchungsläufe, in der Sie Informationen finden und Produktivbelege buchen können. Diese Liste kann in zwei Kategorien unterteilt sein: Buchung der Zahlungen und Buchung der Abrechnung. Buchungsläufe, die über den Report von Transaktion PC00_M99_CIPE (Buchungslauf erzeugen), siehe Abschnitt 6.3.1, »Buchungslauf erzeugen«, erstellt wurden, finden Sie unter **PP Buchung der Abrechnung**. Wenn Sie den Report von Transaktion PC00_M99_PPM (Buchungslauf für Zahlungen erzeugen), siehe Abschnitt 6.3.3, »Buchungslauf für Zahlungen erzeugen«, verwendet haben, werden die erzeugten Buchungsläufe unter **PM Buchung der Zahlungen** aufgeführt.

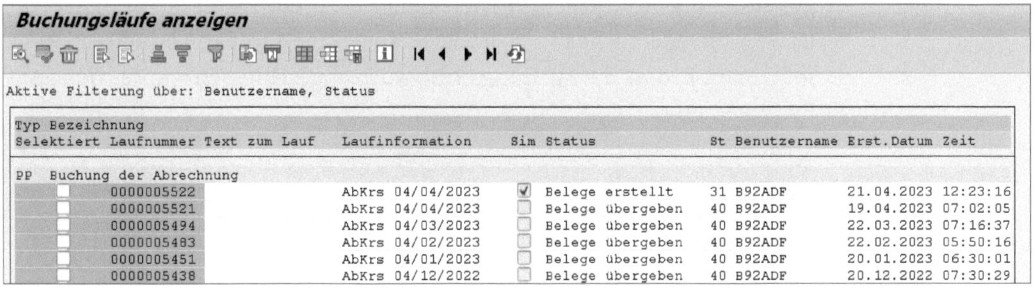

Abbildung 6.18 Buchungsläufe anzeigen

Liste der erzeugten Buchungsläufe

Darüber hinaus enthält die in Abbildung 6.18 gezeigte Liste noch weitere Informationen. Über die Markierung in der Spalte **Selektiert** und durch einen Klick auf den Button (**Abrechnungsbelege anzeigen**) oder per Doppelklick auf die entsprechende Zeile springen Sie in die Belegübersicht.

- In der Spalte **Laufnummer** wird bei der Erstellung eines Buchungslaufs eine fortlaufende Nummer vom System vergeben.
- Die Spalte **Text zum Lauf** gibt den Text aus, den Sie eventuell im Selektionsbild des Reports von Transaktion PC00_M99_CIPE (Buchungslauf erzeugen), siehe Abschnitt 6.3.1, »Buchungslauf erzeugen«, erfasst haben.
- Die Datenherkunft entnehmen Sie der Spalte **Laufinformation**. Hier werden der Abrechnungskreis, der Abrechnungsmonat und das Abrechnungsjahr aufgeführt.
- In der Spalte **Sim** (Simulation) werden die Simulationsläufe durch ein Häkchen gekennzeichnet. Dies bedeutet im Umkehrschluss, dass nur ein Buchungslauf ohne Häkchen in der Spalte **Sim** buchbare Produktivbelege enthalt.
- In der Spalte **Status** erhalten Sie Informationen zum Buchungslaufinhalt, und die Spalte **St** repräsentiert den entsprechenden Statusschlüssel.
- Anhand der Informationen in den Spalten **Benutzername**, **Erst.Datum** und **Zeit** können Sie einen Buchungslauf eindeutig identifizieren.

Wenn Sie die Abrechnungsbelege eines Buchungslaufs buchen möchten, müssen sie zunächst freigegeben werden. Dazu markieren Sie den Buchungslauf in der Spalte **Selektiert** und klicken auf den Button (**Abrechnungsbelege anzeigen**). In der daraufhin erscheinenden Belegübersicht markieren Sie den entsprechenden Abrechnungsbeleg und klicken auf den Button (**Beleg freigeben**). Nach der Bestätigung der Freigabe in einem Dialogfenster ändert sich der Status des Abrechnungsbelegs auf **freigegeben**. Nach dem Rücksprung in die Buchungslaufübersicht markieren Sie den freigegebenen Buchungslauf, der nun hier den Status **Alle Belege freigegeben** angenommen hat, in der Spalte **Selektiert** und klicken auf den Button (**Belege buchen**). Im nun erscheinenden Protokoll erhalten Sie die Information, dass die Buchung erfolgreich abgeschlossen wurde (siehe Abbildung 6.19).

```
Lauftyp     PP
Laufnummer  0000004732

Belege prüfen
```

M	Beleg	Zeile	Meldungstext
i	0000040496	0000000000	Belegprüfung ohne Fehler: HRPAY 0000040496 MAND100
i	0000040497	0000000000	Belegprüfung ohne Fehler: HRPAY 0000040497 MAND100
i	0000040498	0000000000	Belegprüfung ohne Fehler: HRPAY 0000040498 MAND100
i	0000040499	0000000000	Belegprüfung ohne Fehler: HRPAY 0000040499 MAND100
i	0000040500	0000000000	Belegprüfung ohne Fehler: HRPAY 0000040500 MAND100
i	0000040501	0000000000	Belegprüfung ohne Fehler: HRPAY 0000040501 MAND100

```
Belege buchen
```

M	Beleg	Zeile	Meldungstext
i	0000040496	0000000000	Auswertungsbeleg an ALE-Schicht übergeben.
i	0000040497	0000000000	Beleg erfolgreich gebucht: HRPAY 0000040497 MAND100
i	0000040498	0000000000	Auswertungsbeleg an ALE-Schicht übergeben.
i	0000040499	0000000000	Beleg erfolgreich gebucht: HRPAY 0000040499 MAND100
i	0000040500	0000000000	Auswertungsbeleg an ALE-Schicht übergeben.
i	0000040501	0000000000	Beleg erfolgreich gebucht: HRPAY 0000040501 MAND100

Abbildung 6.19 Protokoll einer erfolgreichen Buchung anzeigen

[»]

Simulationsbelege regelmäßig löschen

Wir empfehlen, nicht mehr benötigte Simulationsläufe in gewissen Zeitabständen zu löschen, um die Übersichtlichkeit der Liste zu gewährleisten und Tabelle PPOIX (Index Abrechnungsergebniszeile → Buchungszeile), in der der Inhalt der Belege gespeichert wird, zu verkleinern. Denn dies verbessert die Performance.

Durch voreingestellte Filter sind erfolgreich gebuchte und gelöschte Belege nicht mehr sichtbar. Mithilfe der Funktion **Filter löschen**, die Sie über den Menüpfad **Bearbeiten • Filter** erreichen, werden diese Belege wieder angezeigt.

6.3.3 Buchungslauf für Zahlungen erzeugen

Über den Report von Transaktion PC00_M99_PPM (Buchungslauf für Zahlungen erzeugen) buchen Sie alle Zahlungen automatisch. Dies hat den folgenden Hintergrund: Wenn Sie die Buchungsüberleitung ins Rechnungswesen (FI/CO) durchgeführt haben, befinden sich alle offenen Verbindlichkeiten aus der Personalabrechnung auf den entsprechenden Verbindlichkeitskonten, auch die Zahlungen an die Mitarbeitenden. Bei der Erstellung der Zahlungsträger für die Zahlungen an die Mitarbeitenden erzeugt das System im Standard von SAP ERP HCM derzeit maschinell keine korrespondierenden Buchungen. Weder das Vorprogramm DTA (siehe Abschnitt 6.2.1, »Option ›Vorprogramm Datenträgeraustausch (DTA) mehrere Zahlläufe‹«) noch das Programm zum Erstellen des Datenträgers (siehe Abschnitt 6.2.2, »Option ›Vorprogramm Datenträgeraustausch Sammelüberweisung‹«) nehmen eine Buchung im Hauptbuch des Finanzwesens vor.

Wenn also das System in SAP ERP HCM die Zahlungsträger für die Zahlungen an die Mitarbeitenden erzeugt, müssen Sie derzeit parallel dazu manuelle Buchungen vornehmen, in der Regel anhand der Zahlungsbegleitliste. In den meisten Fällen handelt es sich dabei um eine Buchung, die nur wenige Buchungszeilen enthält, nämlich jeweils eine Buchungszeile pro beteiligtem Bankverrechnungskonto und beteiligtem Buchungskreis. Werden die Verbindlichkeiten hingegen anhand der Aufwände verteilt, entstehen unter Umständen wesentlich mehr Buchungszeilen. In solchen Fällen können Sie die Buchungen nicht mehr manuell durchführen. Über den Report von Transaktion PC00_M99_PPM (Buchungslauf für Zahlungen erzeugen) werden alle Zahlungen ausgewertet – unabhängig davon, ob sie bereits überwiesen sind oder nicht. Als Zahlungen gelten alle in Tabelle BT (Zahlungsinformationen) und alle in Tabelle T52POST_PAYMENT (Zu buchende Zahlungslohnarten) enthaltenen Lohnarten. Die Durchführung entspricht der in den vorangegangenen Abschnitten erläuterten Durchführungsweise.

6.3.4 Buchungslauf prüfen

Zur Prüfung eines Buchungsbelegs stehen Ihnen mehrere Möglichkeiten zur Verfügung.

Protokoll ausgeben

Wenn Sie die Auswahl **Protokoll ausgeben** im Selektionsbild von Transaktion PC00_M99_CIPE (Buchungslauf erzeugen) markiert haben, erhalten Sie im Folgebild **Auswertung der Buchungsposten** durch die Expansion einer Personalnummer eine Aufstellung der zu buchenden Lohnarten, aufgeteilt nach Aufwands- und Bilanzkonto.

Auswertung der Buchungsposten

Die Belegsicht erreichen Sie entweder über den entsprechenden Button im Bild **Auswertung der Buchungsposten** (siehe Abbildung 6.17 und Abbildung 6.20) oder per Doppelklick auf den Buchungslauf in der Liste von Transaktion PCPO (Buchungslauf anzeigen), siehe Abbildung 6.18.

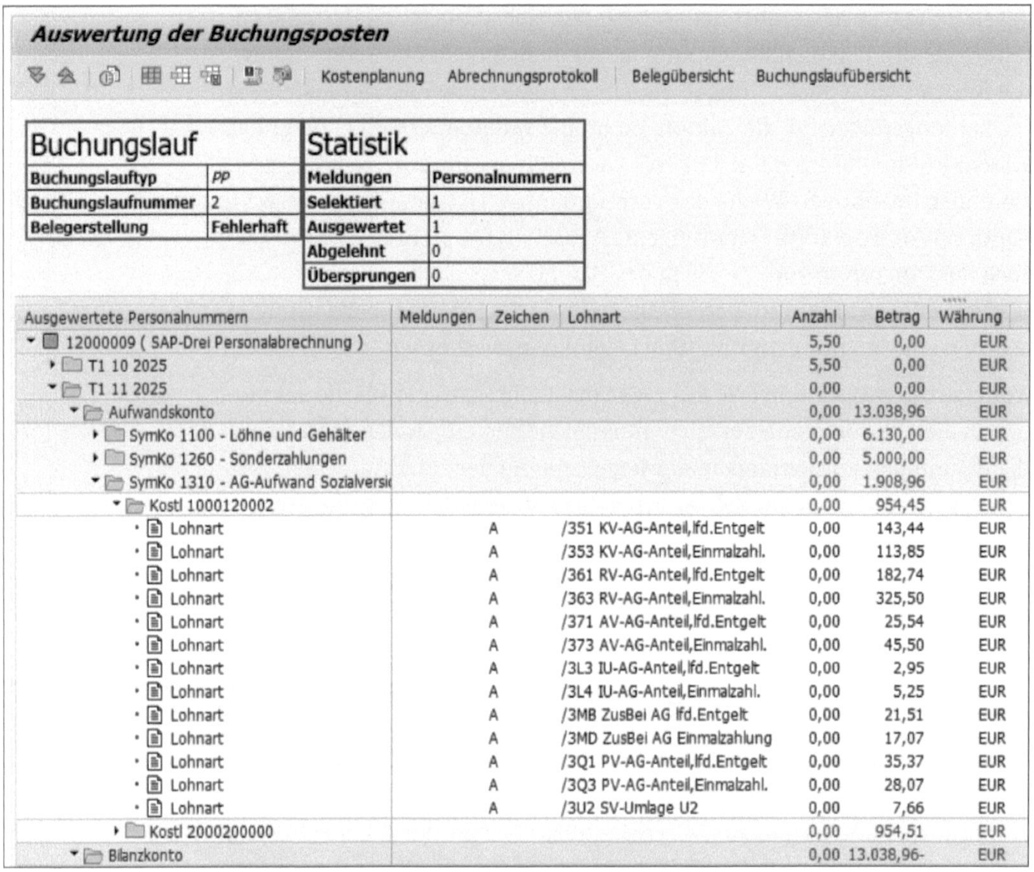

Buchungslauf	
Buchungslauftyp	PP
Buchungslaufnummer	2
Belegerstellung	Fehlerhaft

Statistik	
Meldungen	Personalnummern
Selektiert	1
Ausgewertet	1
Abgelehnt	0
Übersprungen	0

Ausgewertete Personalnummern	Meldungen	Zeichen	Lohnart	Anzahl	Betrag	Währung
12000009 (SAP-Drei Personalabrechnung)				5,50	0,00	EUR
T1 10 2025				5,50	0,00	EUR
T1 11 2025				0,00	0,00	EUR
Aufwandskonto				0,00	13.038,96	EUR
SymKo 1100 - Löhne und Gehälter				0,00	6.130,00	EUR
SymKo 1260 - Sonderzahlungen				0,00	5.000,00	EUR
SymKo 1310 - AG-Aufwand Sozialversi				0,00	1.908,96	EUR
Kostl 1000120002				0,00	954,45	EUR
Lohnart		A	/351 KV-AG-Anteil,lfd.Entgelt	0,00	143,44	EUR
Lohnart		A	/353 KV-AG-Anteil,Einmalzahl.	0,00	113,85	EUR
Lohnart		A	/361 RV-AG-Anteil,lfd.Entgelt	0,00	182,74	EUR
Lohnart		A	/363 RV-AG-Anteil,Einmalzahl.	0,00	325,50	EUR
Lohnart		A	/371 AV-AG-Anteil,lfd.Entgelt	0,00	25,54	EUR
Lohnart		A	/373 AV-AG-Anteil,Einmalzahl.	0,00	45,50	EUR
Lohnart		A	/3L3 IU-AG-Anteil,lfd.Entgelt	0,00	2,95	EUR
Lohnart		A	/3L4 IU-AG-Anteil,Einmalzahl.	0,00	5,25	EUR
Lohnart		A	/3MB ZusBei AG lfd.Entgelt	0,00	21,51	EUR
Lohnart		A	/3MD ZusBei AG Einmalzahlung	0,00	17,07	EUR
Lohnart		A	/3Q1 PV-AG-Anteil,lfd.Entgelt	0,00	35,37	EUR
Lohnart		A	/3Q3 PV-AG-Anteil,Einmalzahl.	0,00	28,07	EUR
Lohnart		A	/3U2 SV-Umlage U2	0,00	7,66	EUR
Kostl 2000200000				0,00	954,51	EUR
Bilanzkonto				0,00	13.038,96-	EUR

Abbildung 6.20 Ausschnitt aus dem Protokoll eines Buchungslaufs

Nach der Auswahl eines Belegs durch Doppelklick gelangen Sie in das Bild **Personalabrechnungsbeleg anzeigen**, in dem Sie Informationen zum entsprechenden Buchungslauf erhalten (siehe Abbildung 6.21).

Revisionsinformationen

Durch Doppelklick auf eine Zeile und einen weiteren Doppelklick im nächsten Bild gelangen Sie in die sogenannten *Revisionsinformationen* zur Anzeige personenbezogener Lohnarten, die in eine Belegzeile einfließen (siehe Abbildung 6.22).

Durch die Auswahl eines eventuell auftretenden Symbols in der Spalte **M** (siehe Abbildung 6.21) wird Ihnen in einem Dialogfenster die Möglichkeit zur weiteren Information angeboten (siehe Abbildung 6.23).

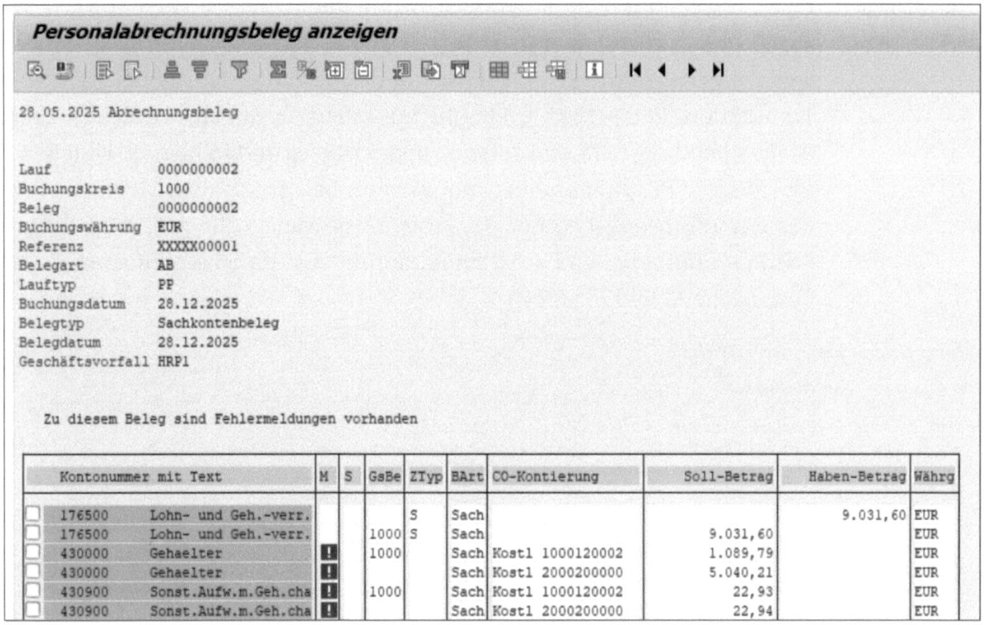
Personalabrechnungsbeleg anzeigen

28.05.2025 Abrechnungsbeleg

Lauf	0000000002
Buchungskreis	1000
Beleg	0000000002
Buchungswährung	EUR
Referenz	XXXXX00001
Belegart	AB
Lauftyp	PP
Buchungsdatum	28.12.2025
Belegtyp	Sachkontenbeleg
Belegdatum	28.12.2025
Geschäftsvorfall	HRP1

Zu diesem Beleg sind Fehlermeldungen vorhanden

Kontonummer mit Text		M	S	GsBe	ZTyp	BArt	CO-Kontierung	Soll-Betrag	Haben-Betrag	Währg
176500	Lohn- und Geh.-verr.				S	Sach			9.031,60	EUR
176500	Lohn- und Geh.-verr.			1000	S	Sach		9.031,60		EUR
430000	Gehaelter	!		1000		Sach	Kostl 1000120002	1.089,79		EUR
430000	Gehaelter	!				Sach	Kostl 2000200000	5.040,21		EUR
430900	Sonst.Aufw.m.Geh.cha	!		1000		Sach	Kostl 1000120002	22,93		EUR
430900	Sonst.Aufw.m.Geh.cha	!				Sach	Kostl 2000200000	22,94		EUR

Abbildung 6.21 Personalabrechnungsbeleg anzeigen

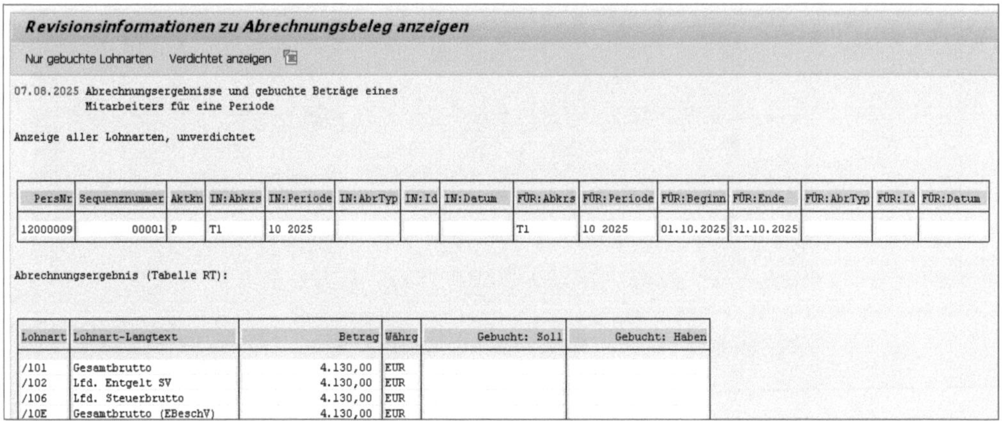
Revisionsinformationen zu Abrechnungsbeleg anzeigen

Nur gebuchte Lohnarten Verdichtet anzeigen

07.08.2025 Abrechnungsergebnisse und gebuchte Beträge eines Mitarbeiters für eine Periode

Anzeige aller Lohnarten, unverdichtet

PersNr	Sequenznummer	Aktkn	IN:Abkrs	IN:Periode	IN:AbrTyp	IN:Id	IN:Datum	FÜR:Abkrs	FÜR:Periode	FÜR:Beginn	FÜR:Ende	FÜR:AbrTyp	FÜR:Id	FÜR:Datum
12000009	00001	P	T1	10 2025				T1	10 2025	01.10.2025	31.10.2025			

Abrechnungsergebnis (Tabelle RT):

Lohnart	Lohnart-Langtext	Betrag	Währg	Gebucht: Soll	Gebucht: Haben
/101	Gesamtbrutto	4.130,00	EUR		
/102	Lfd. Entgelt SV	4.130,00	EUR		
/106	Lfd. Steuerbrutto	4.130,00	EUR		
/10E	Gesamtbrutto (EBeschV)	4.130,00	EUR		

Abbildung 6.22 Revisionsinformationen anzeigen (Auszug)

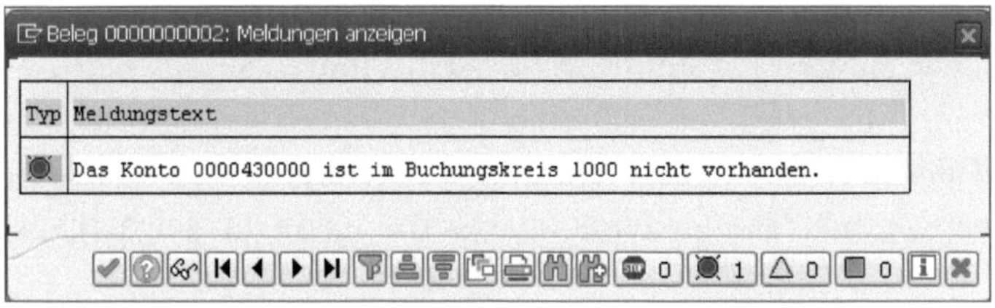
Beleg 0000000002: Meldungen anzeigen

Typ	Meldungstext
	Das Konto 0000430000 ist im Buchungskreis 1000 nicht vorhanden.

Abbildung 6.23 Dialogfenster zum Symbol in der Spalte »M«

Rechnungswesenbelege

Zu einem produktiven Buchungslauf mit gebuchten Belegen können Sie sich Rechnungswesenbelege anzeigen lassen. Dazu markieren Sie in der Belegsicht, die Sie durch Doppelklick auf den Buchungslauf in der Liste von Transaktion PCOO_M99_CIPE (Buchungslauf erzeugen) erreicht haben (siehe Abbildung 6.18), den entsprechenden Beleg und wählen anschließend den Menüpfad **Springen • Rechnungswesenbelege**. Aus den Möglichkeiten des daraufhin angebotenen Dialogfensters wählen Sie z. B. den Eintrag **Buchhaltungsbeleg** und erhalten daraufhin ausführlichere Informationen dazu (siehe Abbildung 6.24).

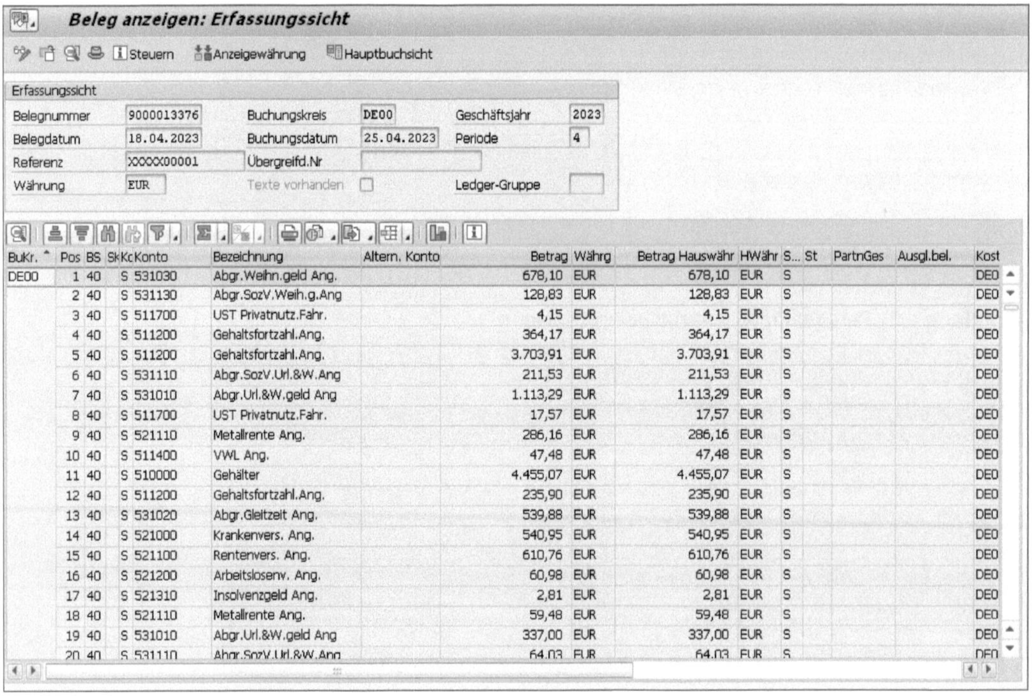

BuKr.	Pos	BS	Sk	Kc	Konto	Bezeichnung	Altern. Konto	Betrag	Währg	Betrag Hauswähr	HWähr	S...	St	PartnGes	Ausgl.bel.	Kost
DE00	1	40		S	531030	Abgr.Weihn.geld Ang.		678,10	EUR	678,10	EUR	S				DE0
	2	40		S	531130	Abgr.SozV.Weih.g.Ang		128,83	EUR	128,83	EUR	S				DE0
	3	40		S	511700	UST Privatnutz.Fahr.		4,15	EUR	4,15	EUR	S				DE0
	4	40		S	511200	Gehaltsfortzahl.Ang.		364,17	EUR	364,17	EUR	S				DE0
	5	40		S	511200	Gehaltsfortzahl.Ang.		3.703,91	EUR	3.703,91	EUR	S				DE0
	6	40		S	531110	Abgr.SozV.Url.&W.Ang		211,53	EUR	211,53	EUR	S				DE0
	7	40		S	531010	Abgr.Url.&W.geld Ang		1.113,29	EUR	1.113,29	EUR	S				DE0
	8	40		S	511700	UST Privatnutz.Fahr.		17,57	EUR	17,57	EUR	S				DE0
	9	40		S	521110	Metallrente Ang.		286,16	EUR	286,16	EUR	S				DE0
	10	40		S	511400	VWL Ang.		47,48	EUR	47,48	EUR	S				DE0
	11	40		S	510000	Gehälter		4.455,07	EUR	4.455,07	EUR	S				DE0
	12	40		S	511200	Gehaltsfortzahl.Ang.		235,90	EUR	235,90	EUR	S				DE0
	13	40		S	531020	Abgr.Gleitzeit Ang.		539,88	EUR	539,88	EUR	S				DE0
	14	40		S	521000	Krankenvers. Ang.		540,95	EUR	540,95	EUR	S				DE0
	15	40		S	521100	Rentenvers. Ang.		610,76	EUR	610,76	EUR	S				DE0
	16	40		S	521200	Arbeitslosenv. Ang.		60,98	EUR	60,98	EUR	S				DE0
	17	40		S	521310	Insolvenzgeld Ang.		2,81	EUR	2,81	EUR	S				DE0
	18	40		S	521110	Metallrente Ang.		59,48	EUR	59,48	EUR	S				DE0
	19	40		S	531010	Abgr.Url.&W.geld Ang		337,00	EUR	337,00	EUR	S				DE0
	20	40		S	531110	Abgr.SozV.Url.&W.Ang		64,03	EUR	64,03	EUR	S				DE0

Abbildung 6.24 Rechnungswesenbelege anzeigen

6.3.5 Customizing

Es gibt zwei Blöcke im Customizing: den Teil, der im SAP-ERP-HCM-System durchgeführt werden muss, und den Teil, der im Rechnungswesen eingestellt wird. Haben Sie zwei getrennte SAP-Systeme, führen Sie auch die Aktivitäten getrennt im jeweiligen SAP-System aus. Verwenden Sie ein System, auf dem gleichzeitig SAP ERP HCM und das Rechnungswesen mit den Komponenten CO und FI laufen, erfolgt das Customizing im gleichen System.

Customizing im SAP-ERP-HCM-System

Im SAP-System erfolgt keine direkte Zuordnung von Lohnarten zu den Sachkonten, sondern es gibt einen Zwischenschritt, der das Customizing flexibler macht. Eine Lohnart wird zunächst einem sogenannten *symbolischen Konto* zugeordnet, das dann wiederum dem Sachkonto im Rechnungswesen zugeordnet wird. Es müssen also symbolische Konten angelegt und die entsprechenden Lohnarten diesen Konten zugeordnet werden. Dabei kann eine Lohnart auch mehreren symbolischen Konten zugeordnet werden.

Zusätzlich können Mitarbeiterkreisgruppierungen definiert werden. Diese ermöglichen die Buchung eines symbolischen Kontos auf mehrere Sachkonten – abhängig von einer Gruppierung, die pro Personalteilbereich oder Mitarbeiterkreis im Merkmal PPMOD definiert werden kann. Diese Mitarbeiterkreisgruppierung muss im nächsten Schritt der Kontenfindung mit angegeben werden.

Customizing im Rechnungswesensystem

Wesentlicher Punkt des Customizings im Rechnungswesen ist die Zuordnung des symbolischen Kontos zu einem echten Sachkonto, wobei hier zwischen Aufwandskonten, die in den Komponenten FI und CO verbucht werden, und Bilanzkonten, die nur in FI verbucht werden, zu unterscheiden ist. Diese Zuordnung erfolgt pro Kontenplan. Wenn Sie mehrere Kontenpläne in unterschiedlichen Buchungskreisen verwenden, müssen Sie die Zuordnung für jeden einzelnen Kontenplan durchführen.

Beleg-Split-Konto

Ein Buchungsbeleg kann sehr viele Zeilen enthalten, sodass ein Split des Belegs auf mehrere Einzelbelege erfolgen muss. Die Trennung eines Belegs erfordert das Beleg-Split-Konto, das zur Verrechnung zwischen den Teilbelegen verwendet wird und dessen Saldo immer auf null aufgehen muss.

6.4 Fazit

In diesem Kapitel haben wir die allgemeinen Folgeaktivitäten behandelt, die international identisch sind. In den folgenden Kapiteln gehen wir auf die spezifischen Themen zur Steuer und Sozialversicherung in Deutschland ein. Das SAP-Easy-Access-Menü gibt eine gute Struktur zur Abarbeitung der regelmäßigen Folgeaktivitäten vor, die gerade für kleinere Unternehmen für die monatliche Abrechnung hilfreich sind.

Kapitel 7
Folgeaktivitäten im Bereich Steuern

Nach der erfolgreichen Personalabrechnung fallen auch im Bereich Steuern Aktivitäten an, die monatlich durchgeführt werden müssen. ELSTER und ELStAM sind Stichwörter, die in diesem Zusammenhang häufig genannt werden. Was sich dahinter verbirgt, lesen Sie im Folgenden.

Bereits seit 2005 werden Lohnsteuerbescheinigungen (LSTB) und Lohnsteueranmeldungen elektronisch über die Clearingstellen an die Finanzverwaltung übermittelt. Dies geschieht mithilfe des B2A-Managers (siehe Abschnitt 11.2, »B2A-Manager«) im Rahmen des ELSTER-Verfahrens. Ablauf und Customizing dieser elektronischen Übermittlung werden in Abschnitt 7.1, »Elektronischer Datenaustausch mit der Finanzverwaltung (Lohnsteueranmeldung und -bescheinigung)«, in diesem Kapitel erläutert. Auch die Steuermerkmale von Mitarbeitenden eines Unternehmens, die aus der Lohnsteuerkarte hervorgehen, werden seit einiger Zeit über ein elektronisches Meldeverfahren abgebildet und an die Finanzämter übermittelt. Dabei handelt es sich um das ELStAM-Verfahren, dem sich Abschnitt 7.2, »Elektronische Lohnsteuerkarte – ELStAM-Verfahren«, widmet.

7.1 Elektronischer Datenaustausch mit der Finanzverwaltung (Lohnsteueranmeldung und -bescheinigung)

Sowohl die Lohnsteueranmeldung als auch die Lohnsteuerbescheinigung sind Dokumente für die Finanzverwaltung, mit denen schon seit sehr langer Zeit gearbeitet wird. Anhand der Lohnsteueranmeldung wird gegenüber der Finanzverwaltung erklärt, welche Beträge an abzuführenden Steuern (darunter auch die Kirchensteuer und der Solidaritätszuschlag sowie weitere Abgaben, z. B. Arbeitskammerbeiträge) von einem Unternehmen für die abgerechnete Periode im Rahmen der Personalabrechnung ermittelt wurden und an die entsprechenden Stellen überwiesen werden müssen. Im Rahmen der Betriebsprüfungen durch die Finanzverwaltung wird überprüft, ob die ermittelten Beträge korrekt sind.

Die Lohnsteuerbescheinigung weist das Einkommen nach, das eine Person im entsprechenden Beschäftigungszeitraum (mit Ausnahme von Aus- und Eintritten ist dies zumeist das Kalenderjahr) erzielt hat und das für die Steuerberechnung relevant ist. Zudem enthält sie Angaben zu den vom Arbeitgeber berechneten und abgeführten Steuern. Die Lohnsteuerbescheinigung wird elektronisch an das Finanzamt übertragen, muss aber für die Beschäftigten noch immer ausgedruckt und diesen ausgehändigt werden. Da der Inhalt der Lohnsteuerbescheinigung aufgrund der dynamischen Gesetzgebung im deutschen Steuerrecht regelmäßig Änderungen erfordert, trägt SAP diesem Umstand mit der zumeist jährlichen Auslieferung neuer Bescheinigungsformulare Rechnung.

Das ELStAM-Verfahren ersetzt die vor dem 01.01.2013 für diesen Zweck verwendete Lohnsteuerkarte. Die auf der Lohnsteuerkarte befindlichen Daten (wie z. B. Steuerklasse, Kinder, Freibeträge und Religionszugehörigkeit) werden in einer Datenbank der Finanzverwaltung gehalten und für den elektronischen Abruf durch die Softwaresysteme der Arbeitgeber bereitgestellt.

B2A-Manager

Alle elektronischen Meldeverfahren (Lohnsteueranmeldung, Lohnsteuerbescheinigung sowie das ELStAM-Verfahren) werden über den B2A-Manager abgewickelt. Die Anwendung des B2A-Managers wird in Kapitel 11, »Sonstige Folgeaktivitäten«, erläutert.

7.1.1 Lohnsteueranmeldung

Im Folgenden erläutern wir die Lohnsteueranmeldung in der Anwendung und im folgenden Abschnitt 7.1.2, »Customizing der Lohnsteueranmeldung«, das entsprechende Customizing dazu. Nicht erläutert wird das technische Basis-Customizing, das für die Verschlüsselung der Daten erforderlich ist.

Lohnsteueranmeldung in der Anwendung

Um die Lohnsteueranmeldungen so zu erstellen, dass der Versand über den B2A-Manager erfolgen kann, sind mehrere Schritte erforderlich. Die notwendige Funktion erreichen Sie über das SAP-Easy-Access-Menü unter **Personalabrechnung • Abrechnung • Europa • Deutschland • Folgeaktivitäten • Pro Abrechnungsperiode • Auswertung • Steuer • Lohnsteueranmeldung**. Im Einzelnen sind die im Folgenden erläuterten Schritte notwendig, um die Anmeldung versandfertig in den B2A-Manager zu überstellen:

Schritt 1: Externe Daten erfassen (Transaktion PC00_M01_CTAE_UPD)

Dieser Schritt ist nur dann erforderlich, wenn weitere Steuerbeträge, die nicht aus dem SAP-System heraus ermittelt werden können, im Rahmen der Lohnsteueranmeldung an die Finanzverwaltung gemeldet werden sollen. Diese Möglichkeit muss vorhanden sein, weil für jedes Unternehmen nur eine Lohnsteueranmeldung bei der Finanzverwaltung abgegeben werden darf. Werden z. B. die Mitglieder der Geschäftsführung oder des Vorstands extern (etwa mithilfe steuerlicher Beratung) abgerechnet, müssen die für diesen Personenkreis dort ermittelten Steuerbeträge zu den im SAP-System ermittelten Beträgen hinzuaddiert werden. Die Datenerfassung erfolgt je Personalteilbereich (Personalbereich/Personalteilbereich) und je Anmeldeperiode (Jahr/Monat) und wird in Tabelle P01T_A_EXT (LSTA, Externe Daten) abgespeichert. Eine beispielhafte Erfassung der Daten sehen Sie in Abbildung 7.1.

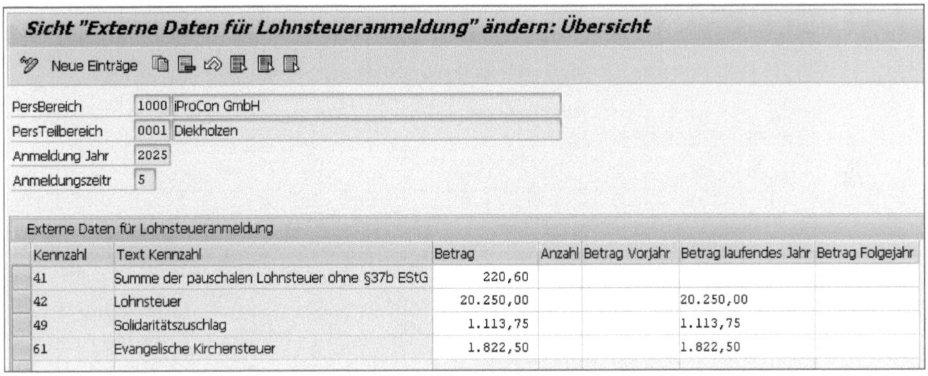

Kennzahl	Text Kennzahl	Betrag	Anzahl	Betrag Vorjahr	Betrag laufendes Jahr	Betrag Folgejahr
41	Summe der pauschalen Lohnsteuer ohne §37b EStG	220,60				
42	Lohnsteuer	20.250,00			20.250,00	
49	Solidaritätszuschlag	1.113,75			1.113,75	
61	Evangelische Kirchensteuer	1.822,50			1.822,50	

Abbildung 7.1 Extern erfasste Daten für die Lohnsteueranmeldung

Mit dem Gesetz zur weiteren steuerlichen Förderung der Elektromobilität und zur Änderung weiterer steuerlicher Vorschriften vom 12.12.2019 wurde der § 41a Absatz 1 Satz 1 Nummer 1 EstG neu verfasst. Die Summen in der Lohnsteueranmeldung müssen getrennt nach Kalenderjahren angegeben werden. Dies gilt erstmals für Lohnzahlungszeiträume nach dem 31.12.2020. Ziel der Finanzbehörden ist Folgendes: Bei der (automatischen) Steuerprüfung sollen Differenzen beim Abgleich der Lohnsteueranmeldung (LStA) und Lohnsteuerbescheinigung (LStB) vermieden werden bzw. besser nachvollziehbar sein. Beträge für das Vorjahr dürfen nur in der LStA für Januar und Februar übermittelt werden. Konsequenz daraus ist, dass Lohnsteuerdaten nach der Februar-Abrechnung nur noch eingeschränkt für das Vorjahr geändert werden dürfen. Die Steuerabzugsmerkmale (z. B. Steuerklasse oder Konfession) und Steuerbefreiung in Infotyp 0012 (Steuerdaten D) dürfen nicht mehr geändert werden.

Schritt 2: Anmeldedaten erstellen (Transaktion PC00_M01_CTAV)

Die Anmeldedaten werden über den Report RPCTAVD0 (Lohnsteueranmeldung ELSTER) erstellt. Dieser Report wertet neben den gegebenenfalls extern erfassten Daten (also der oben genannten Tabelle P01T_A_EXT, LSTA, Externe Daten) die Abrechnungsergebnisse der ausgewählten Mitarbeitenden aus. Die Auswertung und damit die Anmeldung erfolgt für die über das Merkmal DTXAP eingestellte Periode (im Standard immer für die aktuelle Abrechnungsperiode). Dies bedeutet, dass Beträge, die aus Rückrechnungen entstanden sind, in der über das oben genannte Merkmal bestimmten In-Periode gemeldet werden. Das Erstellen der Lohnsteueranmeldung kann – weil es sich dabei um einen reinen Auswertungsreport handelt – grundsätzlich jederzeit wiederholt werden. Im Falle des Produktivlaufs werden die relevanten Daten in die Tabellen P01T_A_ADM (Administrationstabelle für die Lohnsteueranmeldung), P01_T_ADS (Statusverwaltung Lohnsteueranmeldung), P01T_DAT (Allgemeine Daten der Lohnsteueranmeldung) und P01T_BTG (Steuerbeträge der Lohnsteueranmeldung) geschrieben.

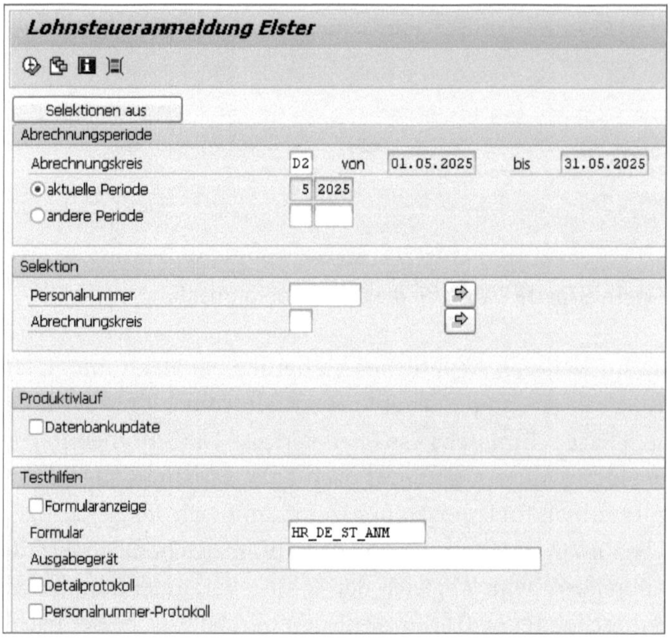

Abbildung 7.2 Selektionsbild des Reports zur Erstellung der Lohnsteueranmeldung

Der Report RPCTAVD0 (Lohnsteueranmeldung ELSTER) verfügt neben der Möglichkeit, zu Testzwecken einen Testdruck der Lohnsteueranmeldung zu erzeugen, auch über Optionen zur Protokollierung der Tabelleneinträge (in den oben genannten Tabellen) sowie über die Anzeige der ausgewerteten Lohnarten auf Basis der Personalnummern (siehe Selektionsbild in Abbildung 7.2).

Schritt 3: Anmeldedaten zusammenfassen (Transaktion PC00_M01_CTAS)

In diesem Schritt werden die Datensätze über den Report RPCTASD0 (Lohnsteueranmeldung zusammenfassen) nach lohnsteuerlichen Betriebsstätten (wie im Customizing eingestellt) zusammengefasst, und je lohnsteuerlicher Betriebsstätte wird ein Datensatz für den B2A-Manager erzeugt und dort abgestellt. Als Datenformat wird XML verwendet. Je lohnsteuerlicher Betriebsstätte werden die Daten zu einem sogenannten *Nutzdatenblock* zusammengefasst. Über den B2A-Manager (siehe den gleichnamigen Abschnitt 11.2) erfolgt der Versand an die Clearingstellen der Finanzämter.

Der Report RPCTASD0 (Lohnsteueranmeldung zusammenfassen) verfügt über eine Test- sowie über eine Simulationsoption. Die Simulation kann über einen versteckten Parameter eingeschaltet werden. Der Unterschied zwischen diesen Optionen ist, dass bei einem Test keinerlei Daten geschrieben werden, während bei der Simulation Daten geschrieben werden, die allerdings als Testdaten markiert sind. Voraussetzung für das Überstellen der Daten in den B2A-Manager beim Simulationslauf ist, dass es sich um ein Testsystem handelt, was an der Einstellung des Systems in Tabelle 000 (Mandanten) oder übersteuernd an der Ausprägung der Konstanten MODE in Tabelle T50BK (Konstantentabelle) zu erkennen ist.

Schritt 4: Lohnsteueranmeldungen drucken (Transaktion PC00_M01_CTAM)

Über den Report RPCTAMD0 (Formularanzeige Lohnsteueranmeldung) kann die Lohnsteueranmeldung angezeigt und ausgedruckt werden. Auf diesen Report haben im Regelfall auch die für die Lohnsteuerprüfung zuständigen Personen Zugriff, um im Rahmen der Betriebsprüfung die korrekte Ermittlung und Abführung der Steuerbeträge zu prüfen.

Hilfsprogramme der Lohnsteueranmeldung

Korrektur und Fehlerbeseitigung

Da das elektronische Übermittlungsverfahren nicht frei von Fehlern ist (z. B. wenn Lohnsteueranmeldungen übermittelt werden und die Systeme der Clearingstellen aufgrund von Wartungsarbeiten abgeschaltet sind), stehen für die Korrektur bzw. die Fehlerbeseitigung weitere Hilfsprogramme zur Verfügung:

- **Transaktion PC00_M01_CTAE_DIS (Externe Daten erfassen)**
  Über Transaktion PC00_M01_CTAE_DIS (Externe Daten erfassen) können die in Schritt 1 eingepflegten Daten überprüft werden. Es handelt sich dabei einfach nur um den Aufruf des gleichen Views im Anzeige-

modus. Der Anzeigemodus kann – mit entsprechender Berechtigung – wieder in den Pflegemodus umgeschaltet werden.

- **Transaktion PC00_M01_CTAL (Lohnsteueranmeldungen anzeigen)**
  Das einfache Anzeigen einer Lohnsteueranmeldung ermöglicht der Report RPCTALD0 (Transaktion PC00_M01_CTAL, Lohnsteueranmeldungen anzeigen). Dieser Report erlaubt eine Selektion der Lohnsteueranmeldung nach lohnsteuerlicher Betriebsstätte (Personalbereich und Personalteilbereich), nach Zeiträumen, nach Erstellungsdatum, nach Nutzdaten oder auch nach dem Status des Datensatzes. Er verfügt darüber hinaus über variable Anzeigemöglichkeiten (Column Tree, ALV oder einfache Druckliste).
- **Transaktion PC00_M01_CTAZ (Lohnsteueranmeldungen verwalten)**
  Über Transaktion PC00_M01_CTAZ (Lohnsteueranmeldung verwalten) besteht die Möglichkeit, den Status einer Lohnsteueranmeldung umzusetzen. Dies ist immer dann erforderlich, wenn eine Anmeldung – z. B. weil die Prüfroutinen der Clearingstelle einen Fehler ermittelt haben – zurückgewiesen wird und nicht wieder neu aufgesetzt werden kann. Auch das Löschen einer Lohnsteueranmeldung ist hier möglich. Dies kann z. B. dann erforderlich sein, wenn die Anmeldung vor dem Versenden falsch erstellt wurde, weil eine oder mehrere Personalnummern von der Selektion ausgeschlossen waren.
  Bei Änderungen bereits erfasster und übermittelter Daten kann es ebenfalls sein, dass der Status der Lohnsteueranmeldung für den betreffenden Personalbereich/Personalteilbereich auf fehlerhaft gesetzt werden muss. Anschließend können die Daten neu erfasst oder korrigiert werden. Danach müssen die Daten neu erstellt, gesammelt und übermittelt werden.
- **Transaktion PC00_M01_CTAW (Anmeldedaten weiterverarbeiten)**
  Eine Weiterverarbeitung der Lohnsteueranmeldungen ermöglicht Transaktion PC00_M01_CTAW (Anmeldedaten weiterverarbeiten), Report RPCTAWD0 (Lohnsteueranmeldungen zur erneuten Verarbeitung kennzeichnen). Falls von den Clearingstellen Nutzdatenblöcke fehlerhaft zurückgegeben werden und kein erneutes Übersenden möglich ist, kann damit der entsprechende Datensatz neu erstellt bzw. neu gesammelt werden. Dies stellt sicher, dass auch fehlerhaft verarbeitete Lohnsteueranmeldungen korrigiert und erneut versandt werden können.

7.1.2 Customizing der Lohnsteueranmeldung

Das Customizing der Lohnsteueranmeldung findet sich im Einführungsleitfaden unter **Personalabrechnung • Abrechnung Deutschland • Behördenkommunikation (B2A) • Datenaustausch mit der Finanzverwaltung • Lohnsteueranmeldung**. Im Wesentlichen muss dabei der Arbeitgeber als Absender der Lohnsteueranmeldung eingerichtet und die Festlegung des Anmeldungszeitraums für das Unternehmen definiert werden.

Einrichten des Arbeitgebers als Absender

Das Einrichten des Arbeitgebers als Absender der Lohnsteueranmeldung umfasst im Einzelnen die folgenden Aktivitäten:

- **Zusammenfassen der lohnsteuerlichen Betriebsstätten**
  Im Rahmen dieser Aktivität wird in Tabelle T596L (Bestimmung Personalbereich Berichtswesen) mit der Teilapplikation LSTA ein Eintrag vorgenommen. Die Zusammenfassungsmöglichkeiten können im Berichtswesen des Personalbereichs eingestellt werden. Zumeist findet hier ein Merkmal Anwendung, über das die Zuordnungen sehr flexibel abgebildet werden können. Erfolgt keine Zusammenfassung der lohnsteuerlichen Betriebsstätten, erzeugt das System pro Personalteilbereich eine Anmeldung.
- **Zusammenfassung zu einem Datenlieferanten**
  Eine Zusammenfassung zu einem Datenlieferanten ist derzeit nicht erforderlich, da die Finanzverwaltung nur einen Datenlieferanten für die Lohnsteueranmeldung je Unternehmen akzeptiert.
- **Kommunikationsdaten**
  In dieser Aktivität wird Tabelle T536C (Anschriften über Adressverwaltung) mit der Anschriftenart CA (Betriebsanschrift) gepflegt. Dies kann über den View V_T536C direkt erfolgen. Sofern bereits Einträge in der alten Anschriftentabelle T536A (Anschriften) vorhanden sind, steht der Umsetzreport RPUADR00 (Füllen Adressen) zur Verfügung. Sofern die Anschriften der jeweiligen Personalbereiche und Personalteilbereiche in Tabelle T536A (Anschriften) korrekt gepflegt sind, sorgt der Umsetzreport für eine korrekte Übertragung in Tabelle T536C (Anschriften über Adressverwaltung).
- **Zuordnung der zuständigen Personen**
  Die Zuordnung der zuständigen Personen muss sowohl für jeden meldenden Personalbereich bzw. Personalteilbereich als auch für den Personalbereich bzw. Personalteilbereich, der als Datenlieferant fungiert, erfolgen. Dazu müssen Sie Einträge in den View V_T596M (Teilapplikation LSTA für den meldenden Personalbereich bzw. Personalteilbereich und LSTE für den Datenlieferanten) vornehmen. Nicht ganz passend ist in die-

sem View die Möglichkeit, für den jeweiligen Personalbereich bzw. Personalteilbereich auch den Anmeldezeitraum (monatlich/vierteljährlich/jährlich) festzulegen, weil dazu eine gesonderte IMG-Aktivität existiert.

- **Pflege der betrieblich relevanten Merkmale**
  Letztlich ist unter der Einrichtung des Arbeitgebers auch noch die Pflege der betrieblich relevanten Merkmale erforderlich; dies erfolgt in Tabelle V_5DOP_B (Zuordnung von steuerlich relevanten betrieblichen Merkmalen). Dabei handelt es sich neben der Angabe (je Personalbereich bzw. Personalteilbereich) von Bundesland und Kirchensteuergebiet auch um die Nummer des Finanzamts und die Steuernummer (gesondert auch im ELSTER-Format).

Festlegung des Anmeldungszeitraums für die LSTA

Die Festlegung des Anmeldungszeitraums für die Lohnsteueranmeldung erfordert zwei Aktivitäten: Zum einen muss über das Merkmal DTXAP festgelegt werden, ob die Anmeldung immer in der jeweiligen Periode für die jeweilige Periode erfolgt – damit ist immer der Monat gemeint, da auch bei jährlicher oder vierteljährlicher Anmeldung nahezu immer eine monatliche Personalabrechnung erfolgt. Zum Beispiel ist es im Rahmen der üblichen vorschüssigen Bezahlung von Beamten erforderlich, die Lohnsteueranmeldung im Vormonat des abzurechnenden Monats zu erstellen.

Zum anderen muss festgelegt werden, ob das Unternehmen eine der Voraussetzungen nach § 41a Abs. 2 EStG erfüllt und damit die Lohnsteueranmeldung nur vierteljährlich oder jährlich abgegeben werden muss (View V_596M_A, Teilapplikation LSTA).

Testhilfen

Im Einführungsleitfaden stehen nun noch sogenannte *Testhilfen* zur Verfügung. Bei der Lohnsteueranmeldung ist darunter zum einen eine Beschreibung des Prozesses von der Erstellung bis zur Abgabe unter der Verwendung von produktiven Daten als Testmeldung zu verstehen. Zum anderen steht der Testreport RPUTA5D0 (Testreport zur Überprüfung des Customizings für Lohnsteuer) zur Verfügung, der die folgenden Gegebenheiten prüft:

- ob eine Steuernummer erfasst ist
- ob die Zuordnung der Finanzamtsnummer zum Bundesland plausibel ist
- ob die notwendigen Sach- und Adressdaten vorhanden sind; ergänzend werden Informationen zum Merkmal DTXAP ausgegeben

[»]

Probleme bei der Lohnsteueranmeldung

Beim Auftreten von Fehlern oder Problemen im Zusammenhang mit der Lohnsteueranmeldung empfiehlt sich die Lektüre von SAP-Hinweis 796643.

Dieser enthält Antworten zu einer Reihe von immer wiederkehrenden Fragestellungen und hilft zumeist auch, wenn es um das Verständnis der Abläufe »hinter« der Anwendung geht.

7.1.3 Lohnsteuerbescheinigung

Im Folgenden beschreiben wir die Voraussetzungen für die Erstellung und das Ausführen der Lohnsteuerbescheinigung.

Stammdaten und Anwendung

Steueridentifikationsnummer

Sie müssen beachten, dass für die Übersendung von Lohnsteuerbescheinigungen eine Authentifizierung verpflichtend ist. Von großer Wichtigkeit für die Übersendung der Lohnsteuerbescheinigungen ist daher die Steueridentifikationsnummer, die seit deren Einführung für alle Bundesbürger »von der Wiege bis zur Bahre«, also von der Geburt bis zum Tod (analog der Sozialversicherungsnummer in den USA), gilt. Nur mit vorhandener Steueridentifikationsnummer werden Lohnsteuerbescheinigungen von den Clearingstellen angenommen.

Infotyp 0012

Darüber hinaus ist das Feld **BescheinigZrM** (Infotyp 0012, Steuerdaten D) von besonderer Bedeutung, da Lohnsteuerbescheinigungen immer für einen Bescheinigungszeitraum erstellt werden. Insbesondere bei Konzernstrukturen sollten Sie darauf achten, dass bei Wechseln innerhalb des Konzerns von und zu selbstständigen Konzernunternehmen – erkennbar am Feld **Juristische Person** im Infotyp 0001 (Organisatorische Zuordnung) – der Bescheinigungszeitraum hochgezählt wird, da es andernfalls zu Problemen bei der Erstellung der Lohnsteuerbescheinigungen kommen kann.

[«]

Probleme bei den Bescheinigungszeiträumen

Beim Auftreten von Fehlern im Zusammenhang mit den Bescheinigungszeiträumen einer Personalnummer lassen sich diese manuell im Infotyp oder mithilfe des Reports RPITXAD0 (Korrektur Bescheinigungszeitraum) bereinigen.

Feld »Sonderverf. Elster«

Eine Lohnsteuerbescheinigung muss aufgrund der gesetzlichen Vorgaben nicht zwingend für alle Mitarbeitenden eines Unternehmens ausgestellt werden. Über die Ausprägung **X** im Feld **Sonderverf. Elster** im Infotyp 0012 (Steuerdaten D) können Mitarbeitende für die elektronische Übermittlung der Lohnsteuerbescheinigung gesperrt werden, d. h., dass keine Lohnsteuerbescheinigung erstellt wird. Diese Option sollte insbesondere für Grenzgänger oder andere besondere Personengruppen aktiviert werden, da in diesen Fällen aufgrund einer nur beschränkten oder einer Nicht-Steuerpflicht die Erstellung einer Lohnsteuerbescheinigung nicht erforderlich ist. Für beschränkt steuerpflichtige Personen muss jedoch eine Lohnsteuerbescheinigung erstellt werden, wenn sie dies wünschen. In solchen Fällen wird das Feld **Sonderverf. Elster** einfach leer gelassen. Über die Ausprägung **E** kann die Lohnsteuerbescheinigung für Mitarbeitende erstellt werden, die pauschalsteuerpflichtig sind (z. B. geringfügig Beschäftigte).

Lohnsteuerbescheinigung in der Anwendung

Das Erstellen und Versenden von Lohnsteuerbescheinigungen erfolgt in einem ähnlich gelagerten Prozess wie im Rahmen der Lohnsteueranmeldung. Die notwendige Funktion, um eine Lohnsteuerbescheinigung versandbereit in den B2A-Manager zu überstellen, finden Sie im SAP-Easy-Access-Menü unter **Personalabrechnung • Abrechnung • Europa • Deutschland • Folgeaktivitäten • Pro Abrechnungsperiode • Auswertung • Steuer • Lohnsteuerdaten für den Mitarbeiter**. Die folgenden Aktivitäten müssen im Einzelnen in der aufgeführten Reihenfolge erledigt werden.

Schritt 1: Lohnsteuerdaten erstellen (Transaktion PC00_M01_CTXV, Report RPCTXVD1)

Anhand der Stammdaten aus dem Infotyp 0012 (Steuerdaten D) bestimmt der Report RPCTXVD1 (Lohnsteuerdaten erstellen) für jeden Bescheinigungszeitraum, ob und welche Art der Lohnsteuerbescheinigung (allgemeine oder besondere LSTB) erstellt werden muss. Dieser Report analysiert die Ergebnisse der Personalabrechnung und erstellt dann – je nach Selektion – die Lohnsteuerbescheinigung als Jahresbescheinigung oder als Zeitraumbescheinigung für die Mitarbeitenden, die aus dem Unternehmen ausgetreten sind (siehe Abbildung 7.3).

Testhilfen

Die vorhandenen Testhilfen ermöglichen die folgenden Aktivitäten:

- Ausgabe eines Testformulars
- Ausgabe eines erweiterten Protokolls (Protokollinhalte: relevante Personaldaten, ausgewertete Datenbanksätze der Personalabrechnungsergebnisse, Lohnarten aus den Personalabrechnungsergebnissen sowie Ausweislohnarten, siehe Abbildung 7.4)
- Ausgabe der Daten und Bescheinigungen von Personen, die eigentlich in diesem Lauf nicht relevant sind (damit kann ein Testformular für jeden beliebigen Monat eines Jahres erzeugt werden)

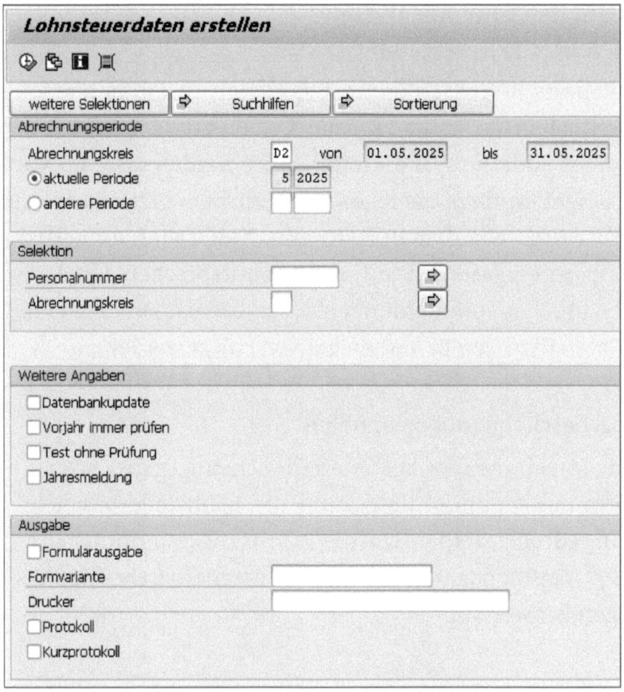

Abbildung 7.3 Selektionsbild für die Erstellung der Lohnsteuerbescheinigung

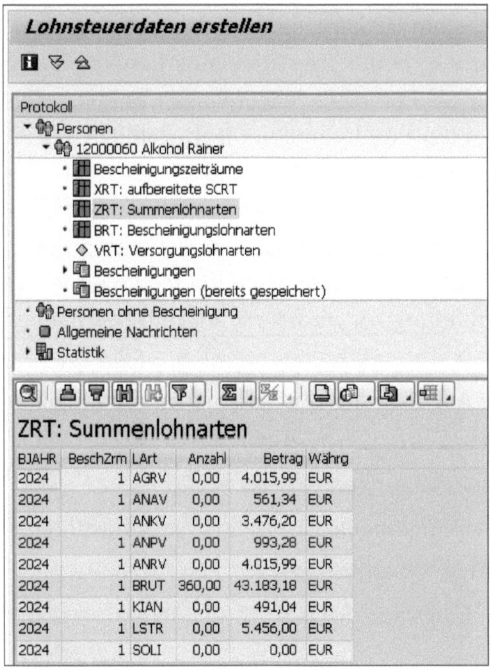

Abbildung 7.4 Erweitertes Protokoll mit Anzeige der Summenlohnarten

Schritt 2: Lohnsteuerdaten zusammenfassen (Transaktion PC00_M01_CTXS, Report RPCTXSD1)

B2A-Manager

Die Funktion des Reports RPCTXSD1 (Lohnsteuerdaten zusammenfassen) entspricht im Wesentlichen der unter dem gleichen Punkt der Lohnsteueranmeldung genannten Funktion. In diesem Schritt werden also die vorhandenen Daten eingesammelt, nach lohnsteuerlichen Betriebsstätten und Bundesländern getrennt aufbereitet, in eine XML-Datei konvertiert und in den B2A-Manager eingestellt. Die Testhilfen entsprechen denen des Reports RPCTASD1 (Lohnsteueranmeldungen zusammenfassen). Anschließend können die Daten über den B2A-Manager verschickt werden.

Schritt 3: Lohnsteuerbescheinigungen abholen

Von der Clearingstelle verarbeitete Lohnsteuerbescheinigungen erhalten eine Transferticketnummer; ohne diese kann die Lohnsteuerbescheinigung nur im Test ausgedruckt werden. Um die Transferticketnummer zu erhalten, muss der im B2A-Manager versandte Lohnsteuerbescheinigungssatz nochmals ausgeführt werden.

Schritt 4: Lohnsteuerbescheinigungen für die Mitarbeitenden erstellen (Transaktion PC00_M01_CTXM, Report RPCTXMD1)

Druckvoraussetzung

Über den Report RPCTXMD1 (Lohnsteuerbescheinigung für Mitarbeiter erstellen) wird die von den Mitarbeitenden für eine gegebenenfalls zu erstellende Einkommensteuererklärung benötigte Lohnsteuerbescheinigung ausgedruckt. Voraussetzung für eine produktive Erstellung der Bescheinigungen ist, dass diese bereits erstellt und von den Clearingstellen der Finanzverwaltung akzeptiert wurden. Im Standard zieht das System dann alle Bescheinigungen mit einem »Ende bis«, also alle Lohnsteuerbescheinigungen, die zur im Selektionsbild angegebenen Periode den Status **zu drucken** aufweisen. Durch den Report RPCTXMD1 (Lohnsteuerbescheinigung für Mitarbeiter erstellen), siehe Abbildung 7.5, wird der Status auf **bescheinigt** gesetzt.

Weitere Selektion

Über die Datengruppe **weitere Angaben** bestehen die folgenden Möglichkeiten:

- Ausgabe von Mitarbeiterbescheinigungen zu Testzwecken
- Ausgabe von Mitarbeiterbescheinigungen mit einem bestimmten Status
- Einschränkung des Bescheinigungszeitraums
- Einschränkung bei Wiederholungslauf

Testdruck

Auf dem Formular wird der aktuelle Status angedruckt, sodass es für die Mitarbeitenden nicht möglich ist, diese Testausdrucke der Lohnsteuerbescheinigungen bei der Finanzverwaltung zusammen mit der Einkommensteuererklärung einzureichen, da dort nur Bescheinigungen akzeptiert werden, die Angaben über die produktive Übermittlung enthalten.

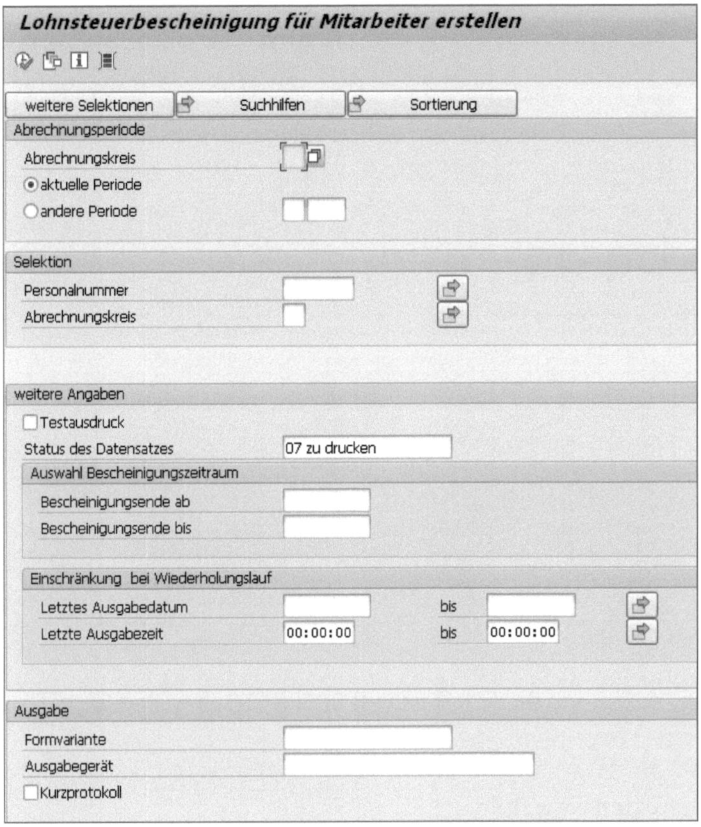

Abbildung 7.5 Report RPCTXMD1 (Lohnsteuerbescheinigung für Mitarbeiter erstellen)

Hilfsprogramme zur Lohnsteuerbescheinigung

Analog zur Lohnsteueranmeldung existieren auch für die Lohnsteuerbescheinigung mehrere Reports, um Bescheinigungen anzuzeigen, diese bei Bedarf zu löschen, zu korrigieren oder erneut aufzubereiten. Im Folgenden erläutern wir die wesentlichen Funktionen:

- **Lohnsteuerdaten anzeigen (Transaktion PC00_M01_CTXL)** Über den Report RPCTXLD1 (Lohnsteuerdaten anzeigen) können die Lohnsteuerbescheinigungen nach unterschiedlichsten Selektionskriterien angezeigt werden. Abbildung 7.6 enthält das Ergebnis mit dem seit geraumer Zeit genutzten Application Log für eine einheitliche Ergebnisanzeige.

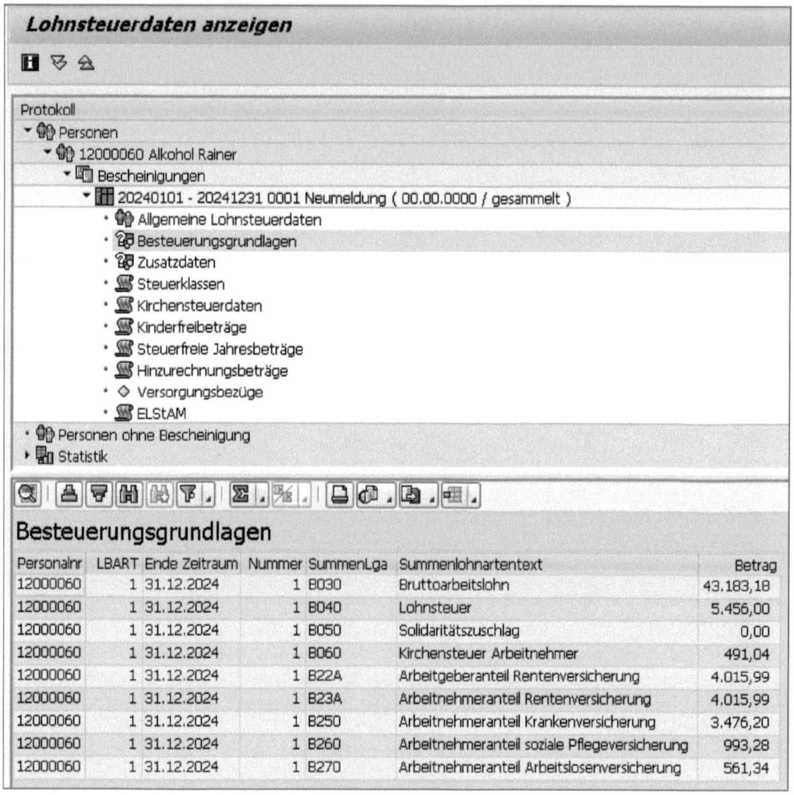

Personalnr	LBART	Ende Zeitraum	Nummer	SummenLga	Summenlohnartentext	Betrag
12000060	1	31.12.2024	1	B030	Bruttoarbeitslohn	43.183,18
12000060	1	31.12.2024	1	B040	Lohnsteuer	5.456,00
12000060	1	31.12.2024	1	B050	Solidaritätszuschlag	0,00
12000060	1	31.12.2024	1	B060	Kirchensteuer Arbeitnehmer	491,04
12000060	1	31.12.2024	1	B22A	Arbeitgeberanteil Rentenversicherung	4.015,99
12000060	1	31.12.2024	1	B23A	Arbeitnehmeranteil Rentenversicherung	4.015,99
12000060	1	31.12.2024	1	B250	Arbeitnehmeranteil Krankenversicherung	3.476,20
12000060	1	31.12.2024	1	B260	Arbeitnehmeranteil soziale Pflegeversicherung	993,28
12000060	1	31.12.2024	1	B270	Arbeitnehmeranteil Arbeitslosenversicherung	561,34

Abbildung 7.6 Ergebnis des Anzeigereports RPCTXLD1 (Lohnsteuerdaten anzeigen)

- **Lohnsteuerdaten verwalten (Transaktion PC00_M01_CTXZ, Report RPCTXZD0)**
  Bis zum Jahr 2015 konnte über den Report RPCTXZD0 (Lohnsteuerdaten verwalten) eine sogenannte *Nullmeldung* erstellt werden. Seit 2016 müssen abgegebene Lohnsteuerbescheinigungen bei fehlerhaften Dateninhalten storniert werden.
- **Fehlerhafte Lohnsteuerdaten ermitteln und weiterverarbeiten (Transaktion PC00_M01_CTXW, Report RPCTXWD1)**
  Falls bei der Abholung der Lohnsteuerbescheinigungen (siehe den Abschnitt »Schritt 3: Lohnsteuerbescheinigungen abholen« weiter oben) Nutzdatenblöcke als fehlerhaft gekennzeichnet wurden, können über diesen Report die fehlerhaften Stammdaten ermittelt und die restlichen korrekten Stammdaten erneut an die Clearingstelle versandt werden.

- **Lohnsteuerdaten – Korrekturlauf (Transaktion PC00_M01_CTXK, Report RPCTXKD0)**
  Dieser Report erstellt die Bescheinigungen neu, wenn diese z. B. von der Clearingstelle als fehlerhaft zurückgewiesen und über den Report RPCTXWD1 (Fehlerhafte Datensätze ermitteln) auf den Status **neu zu erstellen** gesetzt worden sind.

7.1.4 Customizing der Lohnsteuerbescheinigung

Das Customizing der Lohnsteuerbescheinigung ist im Einführungsleitfaden unter **Personalabrechnung • Abrechnung Deutschland • Behördenkommunikation (B2A) • Datenaustausch mit der Finanzverwaltung • Lohnsteuerdaten für den Mitarbeiter** zu finden.

Im Bereich **Arbeitgeber als Absender einrichten** verbergen sich Aktivitäten, wie sie bereits in Abschnitt 7.1.2, »Customizing der Lohnsteueranmeldung«, beschrieben worden sind.

Sofern ein optisches Archiv an das SAP-ERP-HCM-System angeschlossen ist, können die erstellten Lohnsteuerbescheinigungen auch archiviert werden. Dies ist im Einführungsleitfaden über den Pfad **Personalabrechnung • Abrechnung Deutschland • SAPscript-Formulare • Parameter SAPscript-Formularen zuordnen** möglich (View V_T5OFO). Allerdings müssen Sie zuvor auch die Option **beim Drucken archivieren** markieren.

7.1.5 Ergänzende Lohnarten auf der Lohnsteuerbescheinigung

Prozesse effizient gestalten

Von zentraler Bedeutung für die Lohnsteuerbescheinigung ist die Möglichkeit, zusätzliche Beträge auf der Lohnsteuerbescheinigung anzudrucken, um die Prozesse im Zusammenhang mit der Einkommensteuererklärung für die betroffene Person effizient zu gestalten (z. B. weil dadurch das Erstellen weiterer Bescheinigungen für Arbeitskammerbeiträge oder auch für freiwillig gezahlte Kranken- und Pflegeversicherungsbeiträge entfällt).

Lohnarten zu Summenlohnarten zusammenfassen

Hier findet wieder Tabelle V_T596J (Berechnungsvorschrift für Summenlohnarten, Kundentabelle) Verwendung, um die Lohnarten aus dem Personalabrechnungsergebnis zu Summenlohnarten zusammenzufassen. SAP gibt für die anzudruckenden Kundenlohnarten keine feste Teilapplikation vor; vielmehr kann diese flexibel über das Merkmal DTXTL gewählt werden. Auf diese Weise ist es möglich, abhängig von den im Merkmal ermittelten Kriterien für verschiedene Gruppen von Mitarbeitenden unterschiedliche Teilapplikationen zu verwenden und damit auch unterschiedliche Lohnarten in der Lohnsteuerbescheinigung anzudrucken. Zu guter Letzt besteht auch noch die Möglichkeit, die Lohnarten festen Tags zuzuweisen. Als Beispiele sind hier Beiträge zur Arbeitskammer oder auch die Arbeitnehmeranteile zur freiwilligen Kranken- und Pflegeversicherung bzw. im öffentlichen Dienst auch die Höhe der Arbeitnehmerbeiträge zur Zusatzversorgung zu nennen. Mit der Bezeichnung »feste Tags« ist gemeint, dass die Übermittlung der Daten an die Finanzverwaltung in den Nutzdatenblöcken mit einem vorgegebenen Kürzel gekennzeichnet wird – so lautet etwa das Tag für die Arbeitnehmerbeiträge zur freiwilligen Kranken- und Pflegeversicherung ANFKV.

Integration weiterer Lohnarten

Es ergibt sich also ein vierstufiges Verfahren, um weitere Lohnarten in die Lohnsteuerbescheinigung zu integrieren:

1. Festlegen der Teilapplikation(en), die als Gruppierung(en) dient (dienen), um die Summenlohnarten zu ermitteln (View V_T596A)
2. Zuweisung der Teilapplikation über das Merkmal DTXTL
3. Definition der Summenlohnarten (View V_T596G)
4. Zuweisung der Abrechnungslohnarten zu den Summenlohnarten (View V_T596J)

[!]

Namensraum der Summenlohnarten

Beachten Sie, dass die Summenlohnarten im Namensraum Z010–Z100 liegen müssen, da nur diese angedruckt werden!

Amtlicher Gemeindeschlüssel

Tabelle P01T_AGS

Der amtliche Gemeindeschlüssel wird in den Stammdaten des Infotyps 0012 (Steuerdaten D) benötigt, da ein Andruck dieser Nummer auf der Lohnsteuerbescheinigung erforderlich ist. Dabei wird der Schlüssel per Wertehilfe ([F4]-Hilfe) aus Tabelle P01T_AGS (Zuordnung Postleitzahl zu AGS) gelesen. Der amtliche Gemeindeschlüssel kann eingespielt werden, wie in Abschnitt 1.7.3, »Einlesen der Finanzamts- und Gemeindedaten«, beschrieben.

Startdatum festlegen

Merkmal DTXPP

Das Festlegen des Startdatums für die Übermittlung der Lohnsteuerbescheinigungen mit ELSTER wird über das Merkmal DTXPP festgelegt. Dieses Merkmal war insbesondere in der Übergangsphase (Jahreswechsel 2004/2005) von hohem Interesse, weil es den Unternehmen bis zum 01.01.2005 freigestellt war, die Meldungen mit ELSTER vorzunehmen oder die alten Übertragungswege zu nutzen. Im Rahmen aktueller Neuimplementierungen von SAP ERP HCM enthält das Merkmal DTXPP immer den Monat des Produktivstarts als Rückgabewert (im Format »JahrMonat«, z. B. »202501« für Januar 2025).

Ausgabemonat Lohnsteuerbescheinigung festlegen

Über das Merkmal DSTLB kann festgelegt werden, in welchem Monat die Jahreslohnsteuerbescheinigung erstellt werden soll.

Merkmal DSTLB

Ausgabemonat bei Austritten festlegen

Das Merkmal DTXAM gibt an, im wievielten Monat nach einem Mitarbeiteraustritt die LSTB erstellt werden soll. Dieses Merkmal ist nicht im hier bearbeiteten Bereich des IMG enthalten, sondern es findet sich im Einführungsleitfaden unter **Personalabrechnung • Abrechnung Deutschland • Steuern**.

Merkmal DTXAM

Das Merkmal DTXAM wird vom Erstellungsreport (Transaktion PC00_M01_CTXV, Report RPCTXVD1, Lohnsteuerdaten erstellen) gelesen, und anhand des Rückgabewerts (die Anzahl der Monate nach dem Austrittsmonat, z. B. wenn die Lohnsteuerbescheinigung erst zwei Monate nach dem Austrittsmonat ausgestellt werden soll, muss der Rückgabewert 02 sein) wird bestimmt, wann die Lohnsteuerbescheinigung erstellt und übermittelt werden soll.

Testhilfen

Im Bereich der Lohnsteuerbescheinigung befindet sich der Testreport RPUTX5D0 – ein Report zum Überprüfen des HR-Customizings (schauen Sie sich dazu die Ergebnisliste in Abbildung 7.7 an).

Testreport RPUTX5D0

Dieser Report prüft die folgenden Gegebenheiten:

- für welchen Monat der Start für die Übersendungen per ELSTER für die selektierten Personalnummern festgelegt wurde (liegt das Datum in der Zukunft, erfolgen für diese Personalnummern keine weiteren Prüfungen)
- für welche lohnsteuerliche Betriebsstätte die Meldung erfolgen muss
- wer Datenlieferant für diese Betriebsstätte ist
- ob die Kommunikationsdaten der lohnsteuerlichen Betriebsstätte und des Datenlieferanten gepflegt sind (Anschrift der lohnsteuerlichen Betriebsstätte und die Adressdaten der zuständigen Person)
- ob die Adressdaten der betroffenen Person vorhanden sind

```
Testreport zum Überprüfen des HR-Customizings

Testreport zum Überprüfen des HR-Customizings

Organisatorisches Protokoll

Typ PB   PTB  Text

    1000 0001 Zugeordnetes Lohnbüro - Personalbereich: 1000 Personalteilbereich: 0001
    1000 0001 Startdatum: 200412
    1000 0001 Zugeordnetes Rechenzentrum - Personalbereich: 1000 Personalteilbereich: 0001
    1000 0001 Steuernummer für Personalbereich 1000 Personalteilbereich 0001 - 2330021304615

Personenbezogenes Protokoll

Typ Pers.-Nr. Beginn    Ende       PB   PTB  Text

Statistik

Personalbereiche/Personalteilbereiche insgesamt  1
Lohnsteuerliche Betriebsstätten insgesamt        1
Lohnsteuerliche Betriebsstätten mit Teilnahme    1
... davon mit Fehler                             0
... davon ohne Fehler                            1

Selektierte Personalnummern insgesamt            1
Nicht relevante Personalnummern                  0
Geprüfte Personalnummern                         1
... davon mit Fehler                             0
... davon ohne Fehler                            1
```

Abbildung 7.7 Ergebnisanzeige des Prüfreports

Insbesondere die Anschriftsdaten und die Daten über die zuständige Person bilden eine häufige Fehlerquelle. Insofern ist ein Lauf des Reports für alle zu meldenden lohnsteuerlichen Betriebsstätten (also Personalbereiche und Personalteilbereiche) sinnvoll. In diesem Zusammenhang genügt es, wenn von jeder lohnsteuerlichen Betriebsstätte nur eine Personalnummer ausgewählt wird.

[»]

Fehler bei der Übermittlung von Lohnsteuerbescheinigungen

Wenn Fehler bei der Übermittlung von Lohnsteuerbescheinigungen gemacht werden, empfiehlt sich die Lektüre der SAP-Hinweise »1437095 – FAQ zur Lohnsteuerbescheinigung (RPCTXVD1)« und »1696549 – FAQ Lohnsteuerbescheinigung«. Diese Hinweise enthalten eine ganze Reihe von Antworten auf immer wiederkehrende Fragestellungen zu vielen Aspekten der Lohnsteuerbescheinigung.

7.2 Elektronische Lohnsteuerkarte – ELStAM-Verfahren

ELStAM steht für *elektronische Steuerabzugsmerkmale* und wird auch als ELSTER II bezeichnet. Mit der Einführung von ELStAM wurde die physische Lohnsteuerkarte abgeschafft.

7.2.1 Prozess und Anwendung

Drei Prozesse

Das ELStAM-Verfahren unterscheidet drei unterschiedliche Prozesse:

- Anmeldung einer beschäftigten Person (siehe Abbildung 7.8)
- Abmeldung einer beschäftigten Person
- Erzeugung einer Änderungsliste pro Betrieb und Monat

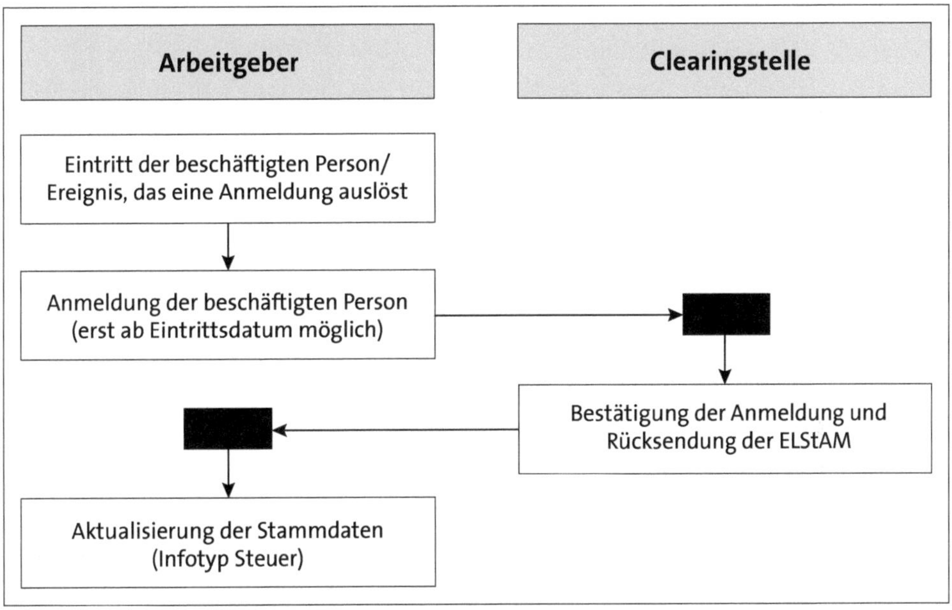

Abbildung 7.8 Anmeldungsprozess nach dem ELStAM-Verfahren

Vorgesehen ist, dass das ELStAM-Verfahren für alle Mitarbeitenden mit einer Anmeldung startet. Relevant für das Verfahren sind nur Mitarbeitende, die der unbeschränkten Steuerpflicht unterliegen. Seit dem 01.01.2020 sind auch die beschränkt Steuerpflichtigen relevant, allerdings nur unter bestimmten Voraussetzungen, Details der Voraussetzungen sind in SAP-Hinweis 2848822 (Steuer: Information zur Aufnahme der beschränkt Steuerpflichtigen ins ELStAM-Verfahren zum 01.01.2020) bzw. im Anhang des Hinweises beschrieben.

Ab der Monatsliste November 2025, die zur Abholung Anfang Dezember 2025 bereitsteht, liefert die Clearingstelle neben den Basis-ELStAM zusätzlich Daten der privaten Kranken- und Pflegeversicherungen (PKV-Daten) Ihrer am ELStAM-Verfahren angemeldeten Mitarbeitenden.

Bei An- und Ummeldungen von Arbeitsverhältnissen Ihrer Mitarbeitenden werden ebenso ab dem 01.11.2025 zusätzlich PKV-Daten mit gemeldet, sofern diese Daten der Clearingstelle vorliegen.

Die Voraussetzungen (Reports etc.) sind bereits mit dem Jahreswechsel 2024/2025 ausgeliefert worden. Eine Beschreibung des notwendigen Customizings und der Ablauf des Verfahrens werden in SAP-Hinweis 3307566 (ELStAM: Einzug der Daten zur privaten Kranken- und Pflegeversicherung ins Verfahren) beschrieben.

Datenrückmeldung

Generell erfolgt im Rahmen der Durchführung der verschiedenen ELStAM-Prozesse eine Datenrückmeldung vonseiten der Clearingstellen. Die entsprechenden Daten werden in die relevanten Felder des Infotyps 0012 (Steuerdaten D) übernommen. Zusätzlich enthält der Infotyp 0012 Felder zur Steuerung des ELStAM-Verfahrens (siehe Abbildung 7.9).

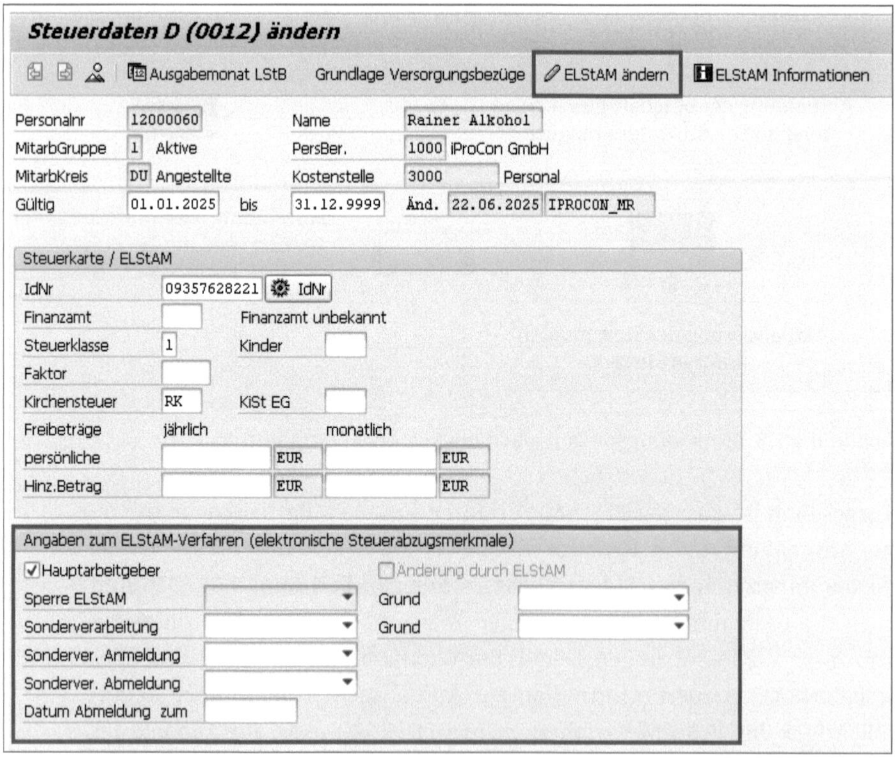

Abbildung 7.9 Infotyp 0012 (Steuerdaten D) mit Feldern zur Steuerung des ELStAM-Verfahrens

Verarbeitungsmöglichkeiten

Neben der Kennzeichnung, ob es sich bei einem Datensatz zu einer Personalnummer um die Daten zur Beschäftigung beim Hauptarbeitgeber handelt, können durch die gesonderten Steuerungsfelder die folgenden Verarbeitungen initiiert werden:

- Teilnahme am Verfahren verhindern
- Anmeldung erzwingen oder verhindern
- Abmeldung erzwingen oder verhindern
- Abmeldung zu einem vorgegebenen Datum, unabhängig vom Enddatum des Infotyp-Satzes

Ausgangsmeldungen erstellen

Ausgangsmeldungen werden über den Report RPCE2VDO_OUT (ELStAM – An- und Abmeldungen erstellen) erstellt (siehe Abbildung 7.10). Dieser Report erkennt die Notwendigkeit der Erstellung von An- und Abmeldungen anhand der Stammdaten (z. B. Maßnahmen, Änderungen im Infotyp 0012, Steuerdaten D), wobei auch Zeiträume vor Beginn des Verfahrens betrachtet werden. Angemeldet werden neben den aktiv beschäftigten Mitarbeitenden auch Personen in Rente, sofern die einschlägigen Voraussetzungen dazu vorliegen.

Programmsteuerung

Über den Bereich **Programmsteuerung** können neben der Einschränkung des Zeitraums, in dem An- und Abmeldungen ermittelt werden sollen, auch weitere Kennzeichen gesetzt werden:

- **Erstanmeldung**
  Alle unbeschränkt steuerpflichtigen Mitarbeitenden werden zum im Feld **Datum Meldung** angegebenen Datum angemeldet.
- **Erstanmeldung beschr. Stpfl**
  Alle relevanten beschränkt steuerpflichtigen Mitarbeitenden werden zum im Feld **Datum Meldung** angegebenen Datum angemeldet.
- **Ummeldung**
  Alle Mitarbeitenden werden zum im Feld **Datum Meldung** angegebenen Datum umgemeldet. Markieren Sie das Ankreuzfeld **erzwingen**, um nicht angemeldete Mitarbeitende umzumelden. Markieren Sie zusätzlich das Ankreuzfeld für ausgetretene Mitarbeitende, um nicht angemeldete ausgetretene Personen umzumelden.
- **Massenanmeldung**
  Alle Mitarbeitenden werden zum im Feld **Datum Meldung** angegebenen Datum angemeldet.
- **Massenabmeldung**
  Die Mitarbeitenden werden zum im Feld **Datum Meldung** angegebenen Datum abgemeldet. Die Abmeldung erfolgt für alle Mitarbeitenden, die

zu diesem Datum für die im Personalbereich Berichtswesen (Teilapplikation LSTZ) hinterlegte Arbeitgebersteuernummer angemeldet sind.

Denkbar ist hier der Wechsel des Rechenzentrums o. Ä. Auch die Änderung der Arbeitgebersteuernummer in Tabelle T5DOP (Werk/Betriebsteil D) kann nach der Anpassung in Tabelle T5DOP mithilfe des Reports RPCE2VDO_OUT (ELStAM – An- und Abmeldungen erstellen) über das ELStAM-Verfahren übermittelt werden. Was genau bei einem Wechsel der Arbeitgebersteuernummer zu tun ist, erfahren Sie in SAP-Hinweis »1992566 – ELStAM: Informationen zum Wechsel der Arbeitgebersteuernummer«.

Die erstellten Meldungen werden über den Report RPCE2SDO_OUT (ELStAM – An- und Abmeldungen sammeln) gesammelt (d. h., die Meldedatei wird erstellt) und im B2A-Manager für den Versand bereitgestellt.

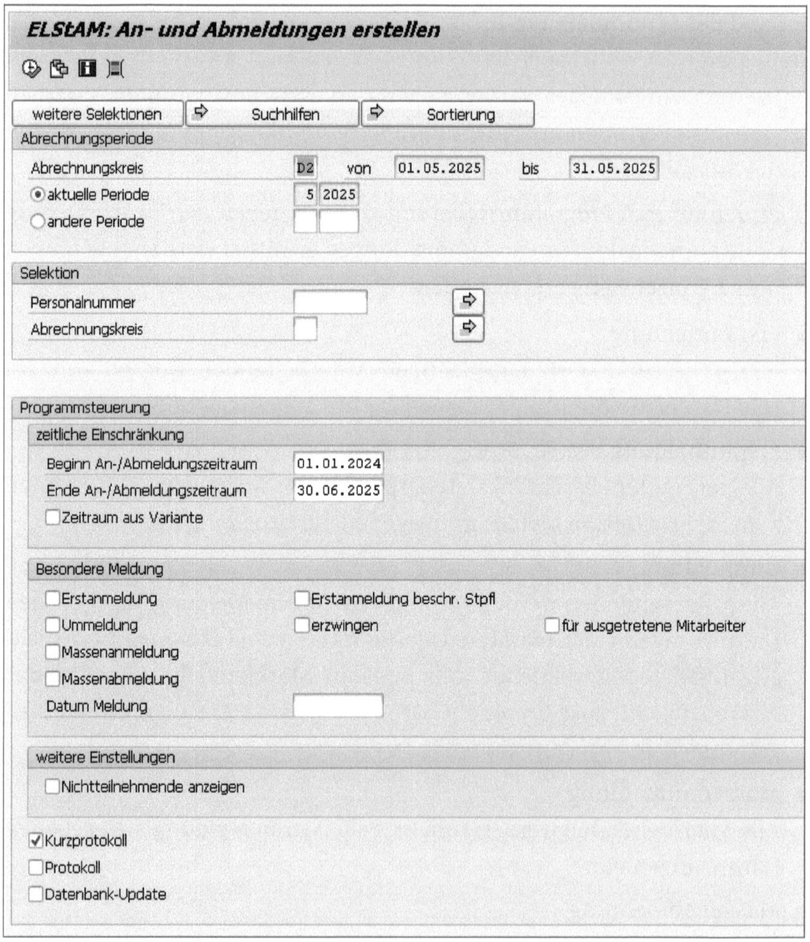

Abbildung 7.10 Selektionsbild des Reports RPCE2VDO_OUT (ELStAM – An- und Abmeldungen erstellen)

Eingangsmeldungen (also die Rückmeldungen der Clearingstellen) werden mithilfe des Reports RPCE2ADO_IN (ELStAM – Abfrage der Clearingstelle nach Rückmeldungen) von der Clearingstelle abgeholt (siehe Abbildung 7.11).

Report RPCE2SDO_IN

Neben den Antworten der Clearingstellen werden über den Report RPCE2SDO_IN (ELStAM – XML-Daten in ELStAM-Tabelle übernehmen) auch die erstellten Änderungslisten (Antwort- und Monatslisten) abgeholt. Die abgeholten XML-Daten werden den einzelnen Personalnummern zugeordnet und in den dafür vorgesehenen speziellen Tabellen abgespeichert. Die dort liegenden Daten können dann mithilfe des Reports RPCE2VDO_IN (Stammdaten durch ELStAM aktualisieren) in die Anwendung (also in den Infotyp 0012 (Steuerdaten D) der Person, deren Daten verarbeitet werden sollen) verbucht werden.

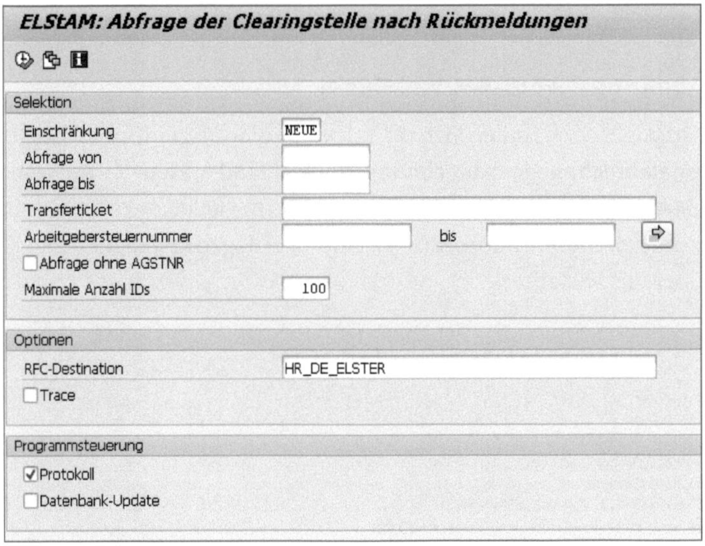

Abbildung 7.11 Report RPCE2ADO_IN zum Abholen von Rückmeldungen von der Clearingstelle

Weitere Reports

Neben den genannten Reports, die das Verfahren für Aus- und Eingangsmeldungen abdecken, stehen weitere Reports, z. B. für die Erstellung von Sachbearbeiterlisten oder für das Neuzuordnen von Meldungen im Fehlerfall, zur Verfügung (siehe das Menü in Abbildung 7.12).

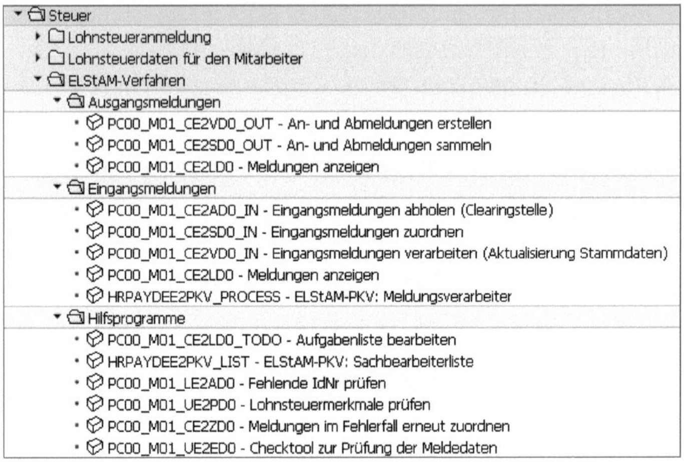

Abbildung 7.12 Menü des ELStAM-Verfahrens im SAP-Easy-Access-Menü

7.2.2 Customizing des ELStAM-Verfahrens

Im Einführungsleitfaden finden sich die relevanten Konfigurationsschritte unter **Personalabrechnung • Abrechnung Deutschland • Steuer • Auswertungen • ELStAM-Verfahren** (siehe Abbildung 7.13). Im vielleicht vermuteten Bereich der Behördenkommunikation erhalten Sie dagegen lediglich einen Überblick über das Verfahren.

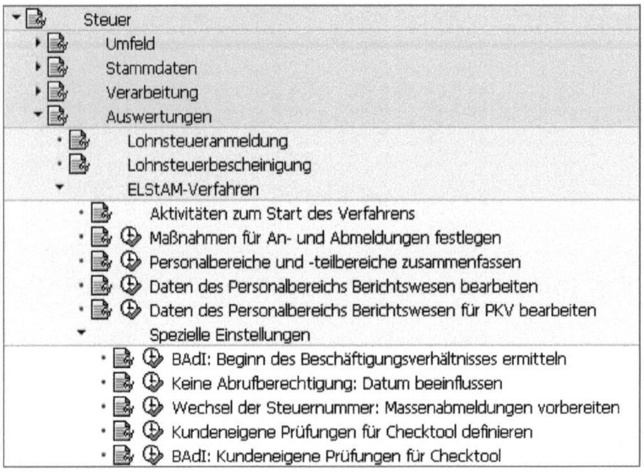

Abbildung 7.13 Konfigurationsschritte des ELStAM-Verfahrens

Merkmal DE2EL

Hinter dem Menüpunkt **Maßnahmen für An- und Abmeldungen festlegen** verbergen sich die Merkmale ENTRY und LEAVE, für die die Reportklasse CE2V bereitgestellt wurde. Darüber hinaus wird hier das neue Merkmal DE2EL bereitgestellt, über das – durch die Angabe der entsprechenden Maßnahme und Maßnahmenart – Anmeldungen (über den Rückgabewert »E«)

und Abmeldungen (über den Rückgabewert »L«) ausgelöst werden können (siehe Abbildung 7.14).

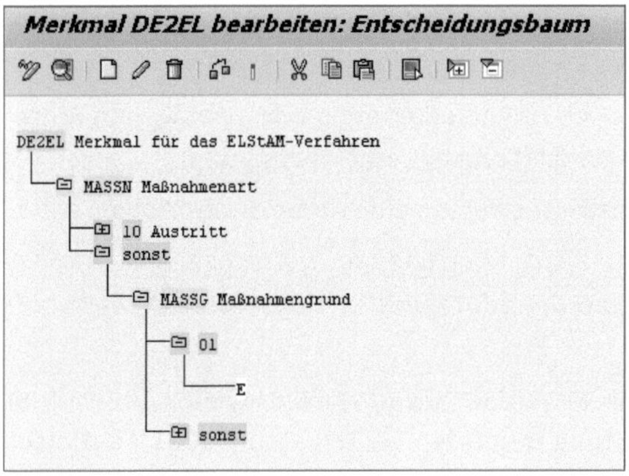

Abbildung 7.14 Merkmal DE2EL zur Steuerung von An- und Abmeldungen im Rahmen des ELStAM-Verfahrens

Personalbereiche gruppieren

Neben der Festlegung von An- und Abmeldungen müssen für das ELStAM-Verfahren auch die Personalbereiche für das Berichtswesen über die bekannten Tabellen bzw. über die Views V_T596L, V_T596N oder V_596M_A unter der Teilapplikation LSTC gruppiert bzw. erfasst werden (siehe Abbildung 7.15).

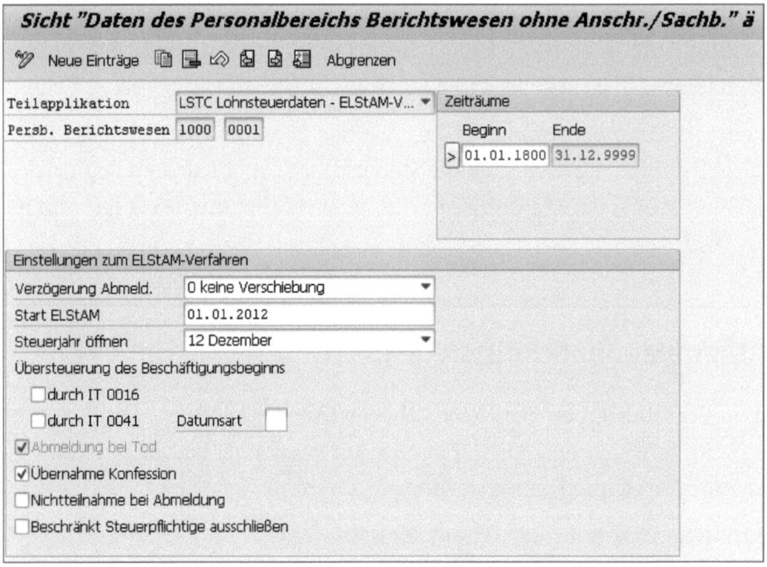

Abbildung 7.15 View V_596M_A mit Daten zum ELStAM-Verfahren

View V_596M_A – Steuerung

Folgende Steuerung kann über den View V_596M_A erreicht werden:

- Verzögerung einer Abmeldung um bis zu drei Perioden
- Einblenden der ELStAM-spezifischen Felder im Infotyp 0012 (Steuerdaten D) und der Beginn des Verfahrens (Feld **Start ELStAM**)
- analoge Steuerung der noch offenen Steuerperiode, analog dem Merkmal DSTLB (Ausgabemonat der Lohnsteuerbescheinigung)
- ob beim Tod einer beschäftigten Person eine Abmeldung erfolgen soll
- ob die konfessionellen Daten der betreffenden Person bei Austritt oder Ablehnung in den Folgesatz des Infotyps 0012 (Steuerdaten D) übernommen werden sollen
- ob beim Einspielen einer Antwort der Clearingstelle auf eine Abmeldung das Feld **Sonderverarbeitung in Infotyp Steuerdaten D (0012)** auf **nicht teilnehmen** gesetzt werden soll
- ob die beschränkt Steuerpflichtigen dieses Personal-/Personalteilbereichs Berichtswesen über den angegebenen Zeitraum des LSTC-Datensatzes temporär vom Verfahren ausgeschlossen werden sollen

Über das notwendige Standard-Customizing hinaus steht für die Bestimmung des Eintrittsdatums laut Arbeitsvertrag das BAdI mit dem Definitionsnamen `HRPAYDEST_E2_BESCHBG` zur Verfügung. In der Klasse `CL_DEF_IM_HRPAYDEST_E2_BESCHBG` (Methode `FIRST_ENTRY`) ist eine Default-Logik implementiert. Damit die BAdI-Logik durchlaufen wird, ist es notwendig, die Teilapplikation E2BA in Tabelle T596D (Gültigkeitsintervalle nicht gesetzlicher Teilapplikationen) zu aktivieren.

Fehlt eine Abrufberechtigung für die jeweilige Person, kann über das Merkmal DE2AT erreicht werden, dass die Steuerklasse 6 nicht ab dem Beginn des Gültigkeitsdatums der Meldung, sondern erst mit Beginn des Folgemonats gesetzt wird.

7.3 Digitale LohnSchnittstelle (DLS)

Mit dem BMF-Schreiben vom 26.05.2017 wurde die Digitale Lohn-Schnittstelle (DLS) verpflichtend. Die DLS muss für ab dem 1. Januar 2018 aufzuzeichnende Daten angewandt werden.

Die Bundeszentralstelle für Steuern schreibt:

Die Digitale LohnSchnittstelle ist die Beschreibung einer Schnittstelle für den Export von Daten aus dem Lohnbuchhaltungssystem des Arbeitgebers für die Datenträgerüberlassung (»Z3-Zugriff«) im Rahmen einer Lohnsteuer-Außenprüfung. Sie soll eine einheitliche Strukturierung und Bezeichnung der Dateien und Datenfelder unabhängig von dem beim Unternehmen eingesetzten Lohnabrechnungsprogramm sicherstellen. Der Arbeitgeber muss der Person, die die Außenprüfung vornimmt, die Daten gemäß den Konventionen der DLS zur Verfügung stellen. Mit dem Gesetz zur Modernisierung des Besteuerungsverfahrens vom 18. Juli 2016 (BGBl. I S. 1679) hat der Gesetzgeber die Einführung eines einheitlichen Standarddatensatzes als Schnittstelle zum elektronischen Lohnkonto (Digitale LohnSchnittstelle (DLS)) verbindlich festgeschrieben.

7.3.1 Datenerzeugung Digitale LohnSchnittstelle (DLS)

Die Dateien werden mit Transaktion PC00_M01_RPCDLSD0 und Report RPCDLSD0 erstellt, die Ausgabe erfolgt auf dem Applikationsserver (mit Transaktion File muss der logische Pfad HR_DE_DLS_PATH definiert werden). Die notwendige Funktion können Sie über das SAP-Easy-Access-Menü unter **Personalabrechnung • Abrechnung • Europa • Deutschland • Folgeaktivitäten • Periodenunabhängig • Betriebsprüfung • Steuerprüfung • Digitale Lohnschnittstelle (Z3)** aufrufen (siehe Abbildung 7.16).

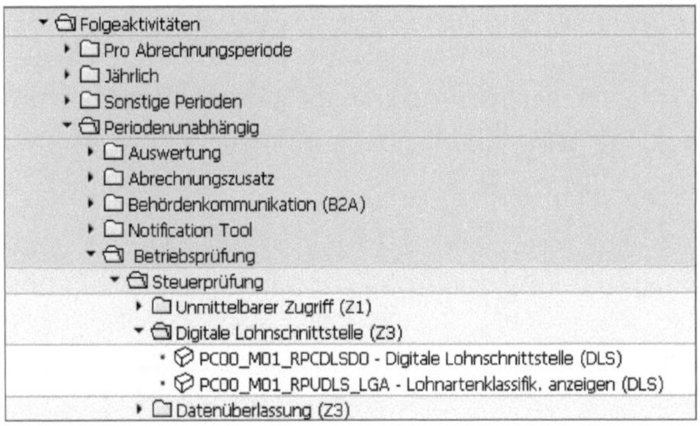

Abbildung 7.16 Menü der Digitalen Lohnschnittstelle (DLS) im SAP-Easy-Access-Menü

7.3.2 Lohnartenklassifikation anzeigen (DLS)

In den Dateien für die Digitale LohnSchnittstelle (DLS) werden mehr Informationen über Lohnarten verlangt, als im Customizing für die Personalabrechnung vorhanden sind. Die fehlenden Informationen müssen daher kundenseitig bereitgestellt werden. Mit Transaktion PC00_M01_RPUDLS_LGA, Report RPUDLSD0_LGA, können Sie sich diese zusätzlichen Informationen anzeigen lassen.

7.3.3 Customizing der Digitalen LohnSchnittstelle (DLS)

Im Einführungsleitfaden unter **Personalabrechnung • Abrechnung Deutschland • Betriebsprüfung • Steuerprüfung • Digitale LohnSchnittstelle (DLS)** (siehe Abbildung 7.17) ist das notwendige Customizing unter anderem für die zusätzlichen Informationen zu den Lohnarten zu finden.

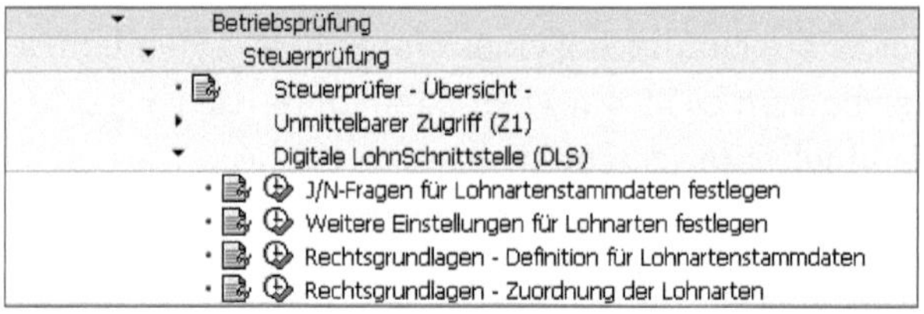

Abbildung 7.17 Customizing der Digitalen LohnSchnittelle (DLS)

7.4 Fazit

Im SAP-Easy-Access-Menü werden die monatlichen Folgeaktivitäten in logischer Reihenfolge abgebildet und können Schritt für Schritt nach Abschluss der Personalabrechnung abgearbeitet werden. Diese Vorgehensweise ist insbesondere für kleine Unternehmen, in denen die Abrechnung von der Personalabteilung ausgeführt wird, wichtig, denn die Zahl der auszuführenden Reports ist groß. Besonders durch die Vielzahl an elektronischen Meldungen muss eine Reihe von Aktionen im Anschluss an die Personalabrechnung durchgeführt werden.

Kapitel 8

Folgeaktivitäten im Bereich Sozialversicherung – pro Abrechnungsperiode

Im Bereich der Sozialversicherung existieren inzwischen zahlreiche elektronische Verfahren zum Datenaustausch mit den Krankenkassen und der Rentenversicherung. In diesem Kapitel erhalten Sie einen Einblick in die Folgeaktivitäten zur Sozialversicherung, die monatlich nach der Abrechnung durchgeführt werden müssen.

Die Folgeaktivitäten im Bereich der Sozialversicherung bestehen aus folgenden Aufgaben, die monatlich abgearbeitet werden müssen:

- Erstellen des SV-Beitragsnachweises
- Erstellen von DEÜV-Meldungen
- Erstellen von DEÜV-UV-Meldungen
- Erstellen von DEÜV-Fehlzeitenmeldungen
- Erstellen des elektronischen UV-Lohnnachweises

Außerdem sind die folgenden Aktivitäten notwendig, falls relevante Mitarbeitende vorhanden sind:

- Durchführung des BV-Meldewesens für Mitarbeitende mit einer berufsständischen Versorgung, wie z. B. Rechtsanwälte oder Architekten
- Durchführung des Erstattungsverfahrens für Arbeitgeberaufwendungen (AAG) für Mitarbeiterinnen im Mutterschutz oder Beschäftigungsverbot, außerdem für kranke Beschäftigte innerhalb der Lohnfortzahlung, wenn der Betrieb weniger als 30 Angestellte hat und Umlagen abführt
- Durchführung des Zahlstellenverfahrens für ehemalige Mitarbeitende in Rente

Grundsätzlich erfolgen diese Folgeaufgaben immer nach dem gleichen Muster:

1. **Daten erstellen**
   Die Daten des jeweiligen Meldeverfahrens werden gesammelt und im Status **neu** in Tabellen gespeichert.
2. **Meldedatei erzeugen**
   Die im Status **neu** erstellten Meldungen werden zu einer Meldedatei zusammengefasst und erhalten den Status **übertragen**. Damit stehen sie im B2A-Manager zum Versenden bereit.
3. **Meldedatei versenden**
   Mithilfe des B2A-Managers werden die Meldedateien an den GKV-Server der Krankenkassen übertragen.

Zertifikat bei der ITSG

Für den Absender muss ein Zertifikat bei der ITSG (Informationstechnische Servicestelle der Gesetzlichen Krankenversicherung GmbH) beantragt werden. Die Zusammenfassung des Absenders kann über mehrere Firmen erfolgen. So reicht in der Regel ein Zertifikat aus, wenn alle Personalbereiche zu einem Absender zusammengefasst werden. Falls für mehrere Betriebsnummern gemeldet wird, muss eine Eigenerklärung der Meldestelle ausgefüllt und der ITSG übermittelt werden. Das SV-Zertifikat ist dann drei Jahre gültig.

Ablauf der Beantragung eines ITSG-Zertifikats:

1. **Registrierung**
   Jeder Arbeitgeber muss sich im *ITSG-Registrierungsportal* registrieren (*https://registrierungsportal.itsg.de/regportal/client/de/login*). Dafür benötigt er neben den Kontaktdaten auch seine Betriebsnummer. Nachdem er die Bestätigungs-E-Mail erhalten hat, kann er sich mit seinen Benutzerdaten im Portal anmelden.
2. **Identitätsprüfung**
   Die Kontaktperson ruft die *Postident-Website der Deutschen Post* (*https://www.deutschepost.de/de/p/postident/privatkunden/identifikation-in-der-filiale.html*) auf. Hier kann sie sich entweder mit ihrem Onlineausweis identifizieren oder das herkömmliche Postident-Verfahren durchlaufen. Nach Übermittlung des erforderlichen Coupons per E-Mail oder als Download kann die Kontaktperson die Postident-Identifizierung in einer Postfiliale abschließen.
3. **Bestätigung der Firmenadresse**
   Beim erneuten Log-in in das ITSG-Registrierungsportal muss die der *Betriebsstättendatei* (*https://www.arbeitsagentur.de/unternehmen/betriebsnummern-service*) entnommene Firmenadresse bestätigt werden. Ist die Adresse nicht korrekt, muss sie von der zuständigen Vergabestelle (z. B. Bundesagentur für Arbeit) geändert werden. Das ITSG kann die Da-

ten nicht ändern. Stimmt die angezeigte Anschrift, muss eine Ansprechperson hinterlegt werden, an die ein Freischaltcode verschickt wird. Zudem sind Angaben zur Rechnungsstellung erforderlich.

4. **Abspeichern der GUID**
   Das Registrierungsportal erzeugt eine GUID-Vorgangsnummer (GUID = Globally Unique Identifier, global eindeutige ID). Diese muss abgespeichert werden.
5. **ITSG-Zertifikat beantragen**
   Mithilfe der GUID können Arbeitgeber aus SAP ERP HCM heraus ihr ITSG-Zertifikat beantragen. Dafür benötigen sie die Schlüsseldaten aus dem Registrierungsportal.
6. **Überprüfung**
   Nun sollte die Kontaktperson sich im ITSG-Registrierungsportal einloggen und überprüfen, ob der Antrag eingegangen ist.
7. **Eingabe des Freischaltcodes**
   Die ITSG versendet per Post einen Brief mit einem Freischaltcode an die angegebene Firmenadresse. Dieser muss im ITSG-Registrierungsportal eingegeben werden. Damit wird die Zertifizierung beauftragt. Im Anschluss versendet die ITSG ihre Rechnung.

Danach erfolgt eine Abholung von Rückmeldungen, die entweder nur aus einer Quittierung der erfolgreichen Datenlieferung besteht oder Fehlerrückmeldungen und Daten enthält. Datenrückmeldungen müssen verarbeitet werden, und es erfolgt eine entsprechende Verbuchung im System. Fehlerrückmeldungen müssen analysiert und die abgelehnten Meldungen durch entsprechend korrigierte Meldungen ersetzt werden.

Automatisierter Job/Kontrolle des B2A-Managers

Wir empfehlen, die Abholung und Verarbeitung der Daten vom GKV-Kommunikationsserver zweimal wöchentlich als automatisierten Job einzuplanen. Wichtig ist aber mindestens eine monatliche Kontrolle des B2A-Managers.

8.1 SV-Beitragsnachweis

Monatliche Beitragsnachweise

Als erstes Verfahren im Bereich der Sozialversicherung müssen monatlich Beitragsnachweise erstellt und elektronisch an die Krankenkassen übertragen werden. Außerdem müssen die abzuführenden Beiträge überwiesen werden, falls kein Abbuchungsauftrag besteht.

Als Arbeitgeber errechnen Sie die Beiträge für Ihre Beschäftigten für jeden Abrechnungszeitraum und erstellen Beitragsnachweise, die Sie an die zuständige Einzugsstelle übermitteln. Mit dem Beitragsnachweis teilen Sie die Höhe und Aufteilung der zu zahlenden Sozialversicherungsbeiträge mit. Daneben geben Sie dort die Beiträge zu den Umlagen zu den Arbeitgeberaufwendungen bei Entgeltfortzahlung (U1 und U2) sowie die Insolvenzgeldumlage an. Führen Sie auch die freiwilligen Beiträge Ihrer Angestellten zur Krankenversicherung ab, müssen Sie diese ebenfalls im Beitragsnachweis angeben. In Abbildung 8.1 ist der Ausschnitt des SAP-Easy-Access-Menüs zu sehen, in dem die monatlich durchzuführenden Aktivitäten aus dem Bereich der Sozialversicherung enthalten sind.

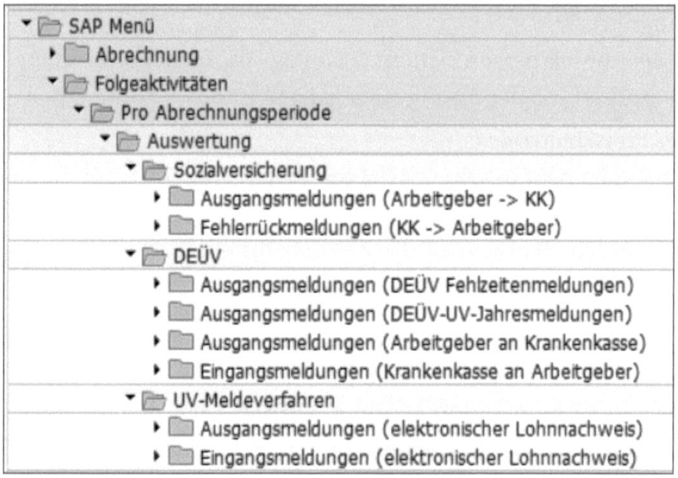

Abbildung 8.1 SAP-Easy-Access-Menü für die SV-Folgeaktivitäten

8.1.1 SV-Beitragsnachweis erstellen

In Abbildung 8.2 sind die Schritte zum Versenden des Beitragsnachweises dargestellt. Die Erstellung des SV-Beitragsnachweises erfolgt mit dem Report RPCBNVD0_OUT (SV-Beitragsnachweis für Pflichtbeiträge). Das Programm erstellt neben dem Beitragsnachweis auch eine Ausgabedatei für die Überweisung der Beiträge. Die Daten des Beitragsnachweises werden in Tabellen gespeichert.

Die Abgabe des Beitragsnachweises ist bundeseinheitlich vorgegeben. Der Beitragsnachweis muss der Einzugsstelle spätestens am zweiten Arbeitstag vor Fälligkeit der Beiträge vorliegen, also um 0:00 Uhr des fünftletzten Bankarbeitstags eines Monats. Das heißt für Unternehmen, dass sie die Beitragsnachweise spätestens im Laufe des Vortags übermitteln müssen.

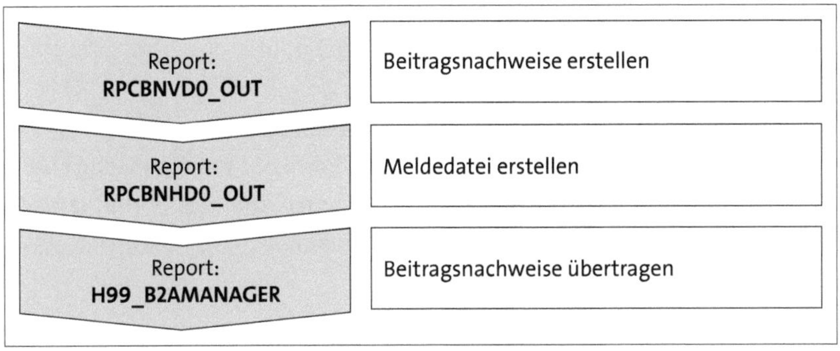

Abbildung 8.2 Ablauf – SV-Beitragsnachweis versenden

Die Fälligkeit der Sozialversicherungsabgaben ist ebenfalls gesetzlich definiert: Die Beiträge werden in voraussichtlicher Höhe der Beitragsschuld spätestens am drittletzten Bankarbeitstag für den laufenden Monat fällig.

Daraus ergeben sich folgende Alternativen zur Ermittlung der Beitragsschuld und zur rechtzeitigen Abgabe der Beitragsnachweise bzw. Überweisungen: Die Personalabrechnung ist bis dahin schon abgeschlossen, und die errechneten Beiträge werden übermittelt, oder die Abrechnung ist nicht fertig, und vorläufige oder geschätzte Beiträge müssen übermittelt werden.

Beitragsnachweisverfahren

SAP ERP HCM bietet für diesen Zweck folgende Verfahren (siehe Abbildung 8.3) an:

- **Beitragsnachweis aus Echtabrechnung**
  Bei diesem Verfahren ist die Personalabrechnung abgeschlossen, und der Beitragsnachweis wird auf Basis der Abrechnungsergebnisse erstellt. Markieren Sie dafür das Kennzeichen **Arbeitsentgelt und Vers.bezüge** (Versorgungsbezüge) oder das Kennzeichen **Arbeitsentgelt**.
- **Beitragsnachweis aus qualifiziertem Abschlag**
  Es wird eine vorläufige Personalabrechnung durchgeführt, die noch nicht abgeschlossen, sondern zu einem späteren Zeitpunkt endgültig durchgeführt wird. Die final ermittelten Beiträge können sich von den gemeldeten Beiträgen unterscheiden. Die Differenz wird im Folgemonat ermittelt und übertragen. Markieren Sie das Kennzeichen **Qualifizierter Abschlag** (siehe Abbildung 8.3) und das Kennzeichen **Datenbank-Update** (siehe Abbildung 8.4).
- **Beitragsnachweis aus Abrechnungssimulation**
  Alternativ können die Beiträge auch auf Basis einer Simulationsabrechnung ermittelt werden. Dabei wird nur eine Abrechnung simuliert, und die Ergebnisse der Simulation werden dem Beitragsnachweis zugrunde gelegt. Markieren Sie das Kennzeichen **Simulationsabrechnung** und das

Kennzeichen **Datenbank-Update**; außerdem muss im Feld **Abrechnungsvariante** eine Abrechnungsvariante für die Simulationsabrechnung vorgegeben werden.

- **Beitragsnachweis auf Basis der Vormonatsergebnisse**
  Auch auf Basis der Vormonatsergebnisse kann ein Beitragsnachweis erstellt werden. Markieren Sie das Kennzeichen **Grundlage Vormonatsbeiträge** und das Kennzeichen **Datenbank-Update**.

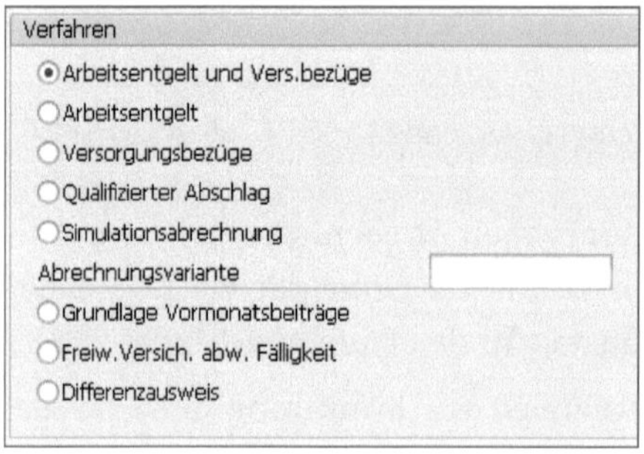

Abbildung 8.3 Mögliche Verfahren für den Beitragsnachweis

Die Beitragsfälligkeit bei freiwillig Versicherten ist erst der 15. des Folgemonats. Falls Ihr Unternehmen dies berücksichtigen möchte, markieren Sie das Kennzeichen **Freiw.Versich. abw. Fälligkeit**.

Wenn die Beitragsnachweise nicht auf der Grundlage der Echtabrechnung erstellt werden, ist zum Beitragsabgleich das Kennzeichen **Differenzausweis** hilfreich.

Dies kann nach erfolgter Echtabrechnung für den Schätzmonat durchgeführt werden. Hier werden die Differenzen zwischen Schätzlauf und tatsächlicher Abrechnung ausgewiesen.

Bei der Erstellung des Beitragsnachweises muss eine eindeutige Laufnummer (siehe Abbildung 8.4) eingegeben werden, die dann für alle zukünftige Abrechnungen gilt und verwendet werden muss. Werden mehrere Beitragsnachweise erstellt, können mehrere Nummern vergeben werden. Wichtig ist jedoch, dass nur eine Nummer pro Abrechnungskreis möglich ist und die Nummer, mit der begonnen wurde, immer wieder verwendet wird. Muss ein Lauf wiederholt werden, müssen Sie einen der Gründe für den Wiederholungslauf auswählen:

- **Beiträge der übertragenen BN ohne Kennzeichnung überweisen**
  Die Überweisung wurde bereits erstellt, sie wurde aber nicht gekennzeichnet. Deshalb werden nur noch die Differenzen als Überweisung ermittelt.

- **Beiträge der übertragenen BN mit Kennzeichnung überweisen**
  Die Überweisung wurde mit Kennzeichnung erstellt. Damit werden noch einmal die vollen Beträge ermittelt, und das Vorprogramm zur Überweisung ermittelt die Differenzen.
- **Beiträge der übertragenen BN nicht überweisen**
  Die Überweisung wurde noch nicht durchgeführt.

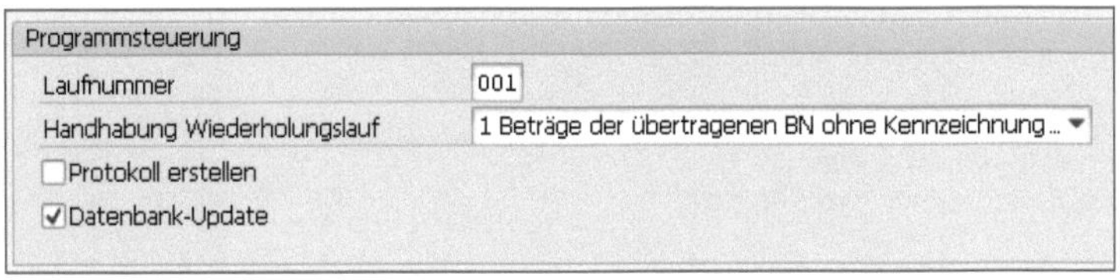

Abbildung 8.4 Parameter im Bereich »Programmsteuerung«

Für die Erstellung der Tabelleneinträge und den Überweisungsträger muss die Option **Datenbank-Update** markiert sein. Für die Überweisung wird eine TemSe-Datei erstellt. Wird das Feld unter **ObjektNr.** (siehe Abbildung 8.5) frei gelassen, werden die Ausgabedateien automatisch mit Nummern versehen. Alternativ kann ein Wert vorgegeben werden, der am Dateinamen angefügt wird, was für die Automatisierung der Programme in Jobs hilfreich ist.

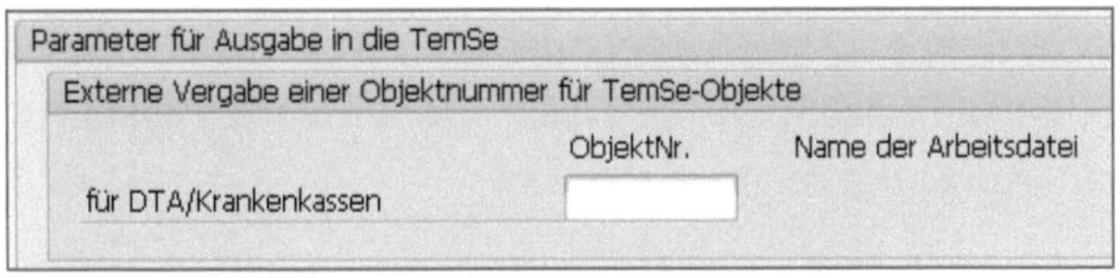

Abbildung 8.5 Parameter für die Ausgabe in TemSe

Als Voraussetzung muss das Verfahren für die Beitragsabführung in Tabelle V_T5D10 (Verfahren für voraussichtliche Beitragsschuld), siehe Abbildung 8.6, für den Abrechnungskreis gepflegt werden.

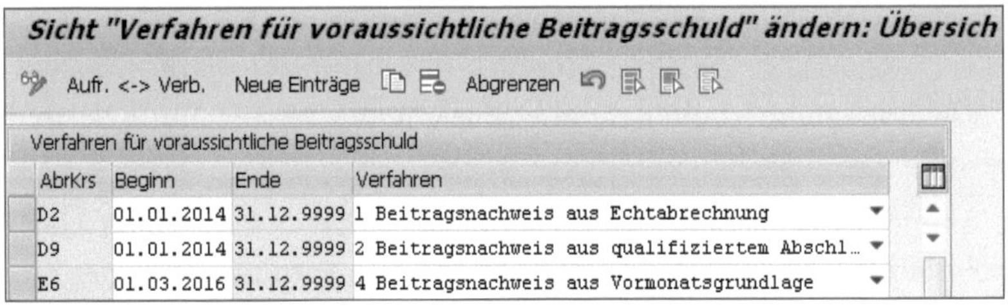

Abbildung 8.6 Verfahren pro Abrechnungskreis

Listen als Spool-Auftrag

Bei der Erstellung des Beitragsnachweises werden die in Abbildung 8.7 dargestellten Listen und Dateien erzeugt. Die erzeugten Listen stehen als Spool-Auftrag bereit und können direkt durch Doppelklick auf die entsprechenden Zeilen aufgerufen und angezeigt werden.

Abbildung 8.7 Übersicht über die erzeugten Objekte

Die erzeugten Spool-Aufträge können ebenfalls über Transaktion SP01 (Ausgabesteuerung: Übersicht der Spool-Aufträge) oder das Menü **System • Dienste • Ausgabesteuerung** angezeigt werden.

Außerdem werden in der Ausgabe die Kontrollsummen pro Buchungskreis, Personalbereich und Krankenkasse dargestellt. Die erstellten Spool-Aufträge enthalten die Einzelnachweisliste und zwei Darstellungsformen des Beitragsnachweises.

Einzelnachweisliste

Die Einzelnachweisliste umfasst die berechneten SV-Beiträge der einzelnen SV-Sparten mit dem Bruttowert, auf dessen Basis der Beitrag ermittelt wurde (siehe Abbildung 8.8). Zudem sind der Bruttowert für die Ermittlung der Insolvenzumlage und die ermittelte Insolvenzumlage selbst enthalten. Die Liste dokumentiert die Beitragsermittlung pro Personalnummer und Abrechnungsperiode.

Der Sammelnachweis ist in zwei Sortierungen vorhanden. Der Unterschied besteht lediglich in dem Aufdruck oben auf dem Formular, dass der Beitragsnachweis versandt wurde (siehe Abbildung 8.9).

28.05.2025 Beitragsabrechnung für Periode 11.2025 1/1

HR-Com GmbH
Application Management Service
Frankenstraße 148
90461 Nürnberg
Betriebsnummer 61607261

Beiträge nach Bemessungsgrenze WEST

--- Alle Beträge in EUR ---

Barmer Ersatzkasse

Waldstraße 69
75116 Karlsruhe
Betriebsnummer 42938966

Beitragssätze	Beginn	Ende	1000	3000	0100	0010	0050	0001	U1	U2
	01.01.2025	31.12.2025	16,79	16,19	18,60	2,60	0,1500	3,60		0,39

lfd. Nr. / Art	Pers-Nr. / Name	RV-Nummer	Periode	GV / MB	BGrS / SZ	GZ	SV-Tage KV / PV	RV / AV / IG	Entgelt / SFN-Zusch / Erstatt	SV-Entgelt KV / PV / Umlage	RV / AV / IG	Beiträge KV-AG / PV-AG / U1	KV-AN / PV-AN / U2	ZusBei-AG / RV-AG / AV-AG	ZusBei-AN / RV-AN / AV-AN / IG
1	12000009	60111106P002	01.-31.10.2025/L		1111		-30			-4.130,00		-301,49	-301,49	-45,22	-45,22
Alt	SAP-Drei Personalabrechnung						-30	-30		-4.130,00	-4.130,00	-74,34	-74,34	-384,09	-384,09
								-30		-4.130,00	-4.130,00		-16,11	-53,69	-53,69
								-30			-4.130,00				-6,20
1	12000009	60111106P002	01.-31.10.2025/L		1111		30			3.975,87		290,24	290,24	43,54	43,54
Neu	SAP-Drei Personalabrechnung						30	30		3.975,87	3.975,87	71,57	71,57	369,76	369,76
								30		3.975,87	3.975,87		15,51	51,69	51,69
								30			3.975,87				5,96
2	12000009	60111106P002	30.11.2025/E		1111		60			3.119,13		227,70	227,70	34,15	34,15
	SAP-Drei Personalabrechnung						60	60		3.119,13	7.000,00	56,14	56,14	651,00	651,00
								60			7.000,00			91,00	91,00
								60			7.000,00				10,50
3	12000009	60111106P002	01.-30.11.2025/L		1111		30			3.930,00		286,89	286,89	43,03	43,03
	SAP-Drei Personalabrechnung						30	30		3.930,00	3.930,00	70,74	70,74	365,49	365,49
								30		3.930,00	3.930,00		15,33	51,09	51,09
								30			3.930,00				5,90

Abbildung 8.8 Einzelnachweisliste

HR-Com GmbH
Application Management
Service
Frankenstraße 148
90461 Nürnberg

Barmer Ersatzkasse

Waldstraße 69
75116 Karlsruhe

Betriebsnummer: 61607261
KK.-Betriebsnummer: 42938966

		Tag	Monat	Jahr
Zeitraum:	von	01	11	2025
	bis	30	11	2025

Rechtskreis Ost: West: X

☐ Storno-Beitragsnachweis

Beitragsnachweis	Beitrags-gruppe	Beträge in EUR
Beiträge zur Krankenversicherung - allgemeiner Beitrag -	1000	1.006,68
Beiträge zur Krankenversicherung - ermäßigter Beitrag -	3000	0,00
Beiträge zur Krankenversicherung - Zusatzbeitrag -		151,00
Beiträge zur Rentenversicherung - voller Beitrag -	0100	2.004,32
Beiträge zur Rentenversicherung - halber Beitrag -	0300	0,00
Beiträge zur Arbeitsförderung - voller Beitrag -	0010	280,18
Beiträge zur Arbeitsförderung - halber Beitrag -	0020	0,00
Umlage für Insolvenzgeld	0050	16,16
Beiträge zur sozialen Pflegeversicherung	0001	248,22
Umlage für Krankheitsaufwendungen	U1	0,00
Umlage für Mutterschaftsaufwendungen	U2	14,73
Gesamtsumme		3.721,29
Beiträge zur KV - freiwillig Krankenversicherte -		0,00
Zusatzbeitrag zur KV - freiwillig Krankenversicherte -		0,00
Beiträge zur PV - freiwillig Krankenversicherte -		0,00
abzüglich Erstattung		0,00
zu zahlender Betrag/Guthaben		3.721,29

Abbildung 8.9 Beitragsnachweis

Ausgabe der Beitragsnachweise

Seit der Einführung der elektronischen Übertragung hat die Ausgabe der Beitragsnachweise nur noch untergeordnete Bedeutung. Werden die Beitragsnachweise automatisch in einem angeschlossenen Archivsystem abgelegt, sind diese ohne großen Aufwand archiviert und können für Kontrollzwecke einfach selektiv aus dem Archiv angezeigt werden. Dabei ist eine Selektion nach Personalbereich und Krankenkasse möglich.

8.1.2 Dateien für Beitragsnachweise versenden

Über den Menüpunkt **Meldedatei erstellen** werden aus den Ausgabedateien des Beitragsnachweises die Dateien für die elektronische Übertragung erzeugt.

Beim Aufruf des B2A-Managers stehen die Daten zum Versenden bereit. Dazu muss der Bereich »SV« eingegeben und die Taste [↵] gedrückt werden. Nach dem Markieren der zu versendenden Dateien und dem anschließenden Anklicken des Buttons **Ausführen** werden die Dateien versandt (siehe Abbildung 8.10).

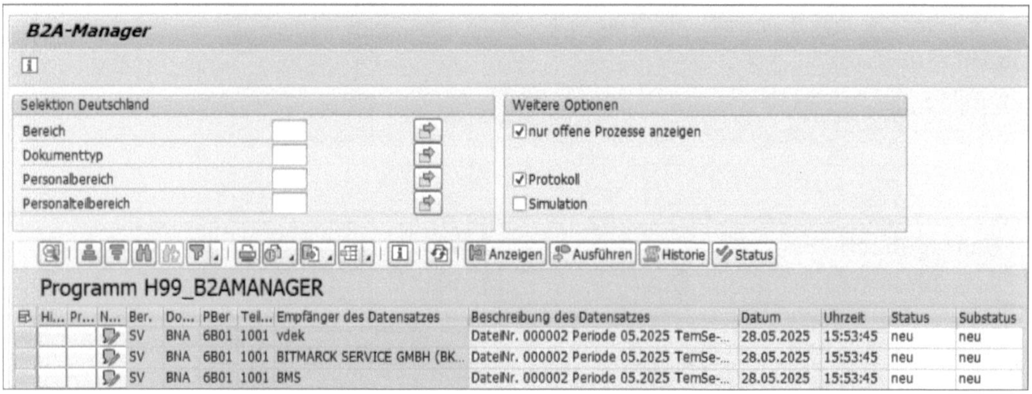

Abbildung 8.10 Dateien für die Übertragung der Beitragsnachweise

8.1.3 Sozialversicherungsbeiträge überweisen

Vorprogramm

Das Vorprogramm zur Überweisung der Krankenkassenbeiträge erstellt aus der zweiten Ausgabedatei des SV-Beitragsnachweises einen Datenbestand, der vom Zahlprogramm zu einem Überweisungsträger verarbeitet wird.

Im Vorprogramm (siehe Abbildung 8.11) wird die erstellte Auswertungsdatei ausgewählt. Für die produktive Erstellung muss das Häkchen bei dem Punkt **Test: keine Datenbankänderung** entfernt werden. Das Kennzeichen **Überweisungen kennzeichnen** muss bei Abschlagszahlungen unbedingt aktiviert werden, damit die Differenzen überwiesen werden können.

Die erstellten Überweisungen werden in Tabelle T5D16 (Abschlagszahlung Beitragsnachweis) gespeichert. In dieser Tabelle wird auch das Überweisungskennzeichen gesetzt. Außerdem werden hier Guthaben gespeichert, die entstehen können, wenn zu viele Beiträge gezahlt wurden. Diese Guthaben werden in den Folgeperioden mit den Zahlungen verrechnet oder müssen entfernt werden, falls die Zahlung von der Krankenkasse erstattet wird.

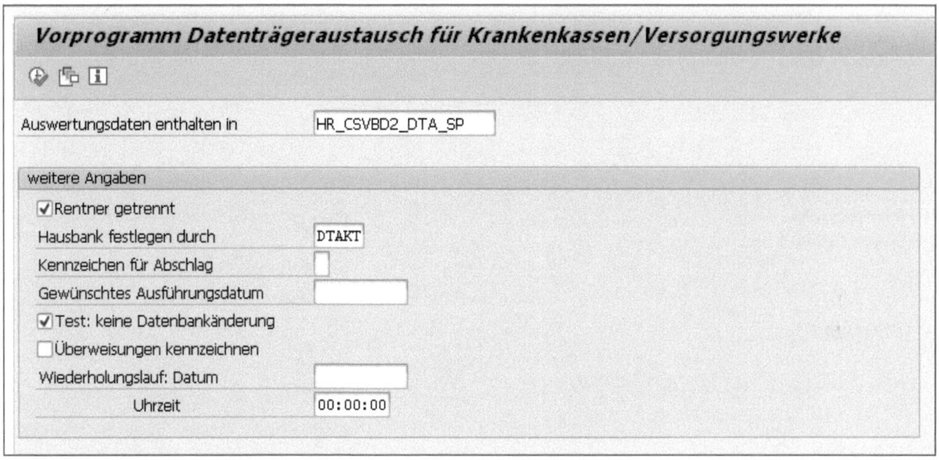

Abbildung 8.11 Vorprogramm zur Erstellung des Datenträgers

Liegt keine Abschlagszahlung vor, empfehlen wir, das Kennzeichen **Überweisungen kennzeichnen** nicht zu aktivieren.

Überweisung

Die Erstellung der Überweisung erfolgt wie bei der Überweisung der Gehaltszahlungen (siehe Abschnitt 6.2, »Überweisung«) mit dem Zahlprogramm oder der Payment Medium Workbench. Diese(s) erstellt aus den vorbereiteten Daten einen Zahlungsträger.

Entfall der Rechtskreistrennung

Grundsätzlich sind für Zeiträume ab dem 01.01.2025 keine Angaben zum Rechtskreis (West-/Ost-Kennzeichen) mehr notwendig.

Für die Beitragsnachweise muss das Kennzeichen für Zeiträume nach dem 01.01.2025 bis voraussichtlich zum 31.12.2025 aufgrund von Bundeszuschüssen weiterhin gemeldet werden.

8.1.4 Eingangsmeldungen abholen

Für die Verarbeitung der Eingangsmeldungen sind die im Folgenden dargestellten Schritte erforderlich. Diese sind für alle SV-Meldeverfahren gleich.

Eingangsmeldungen abholen

Der Report RPCSVPDO (SV: Abholen u. Bestätigen der Ergebnisse vom Kommunikationsserver) und der Report RPCSVPDO_IN (SV: Abholen u. Bestätigen der Ergebnisse GKV/DRV) holen Rückmeldungen für alle Arten des Datenaustauschs mit den Sozialversicherungen vom GKV-Kommunikationsserver ab (siehe Abbildung 8.12 bzw. Abbildung 8.13). Diese Reports sollten regelmäßig und ohne Einschränkungen als Job im Hintergrund eingeplant werden.

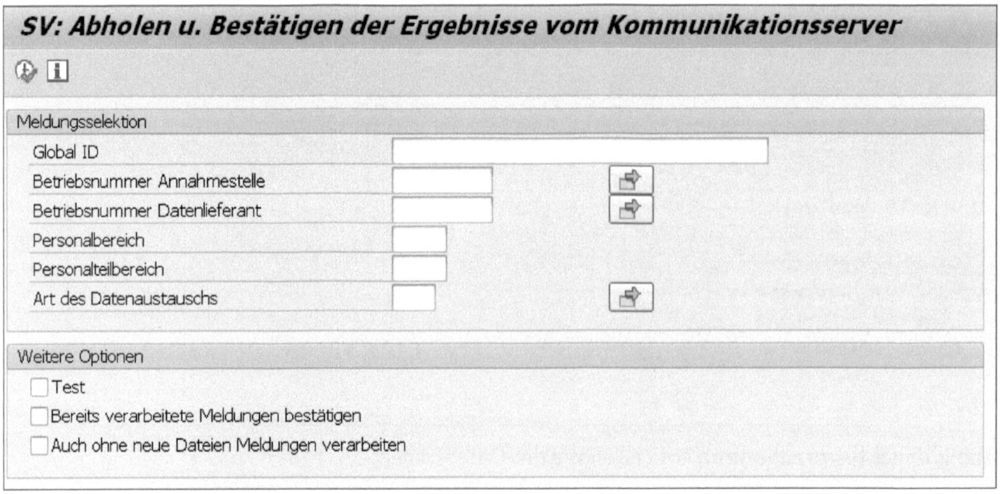

Abbildung 8.12 Selektionsbild »SV: Abholen u. Bestätigen der Ergebnisse vom Kommunikationsserver«

Das Programm schreibt Einträge zu den Eingängen im B2A-Manager. Diese können die folgenden Status erhalten:

- **OK/abgeschlossen**
  Rückmeldungen von erfolgreich verarbeiteten Meldungen werden auf diesen Status gesetzt, wodurch in diesem Fall der Prozess der Verarbeitung beendet ist.
- **In Verarbeitung/fehlerhaft**
  Dieser Status weist auf das Vorhandensein von Fehlerrückmeldungen hin, die analysiert werden müssen.
- **In Verarbeitung/Datensätze**
  Dieser Status zeigt an, dass Daten aus den Rückmeldungen vorhanden sind, die weiterverarbeitet werden müssen.
- **In Verarbeitung/Ablehnung**
  Durch diesen Status wird vermerkt, dass die komplette Datei abgelehnt wurde. Der entsprechende Fehler muss korrigiert werden, und die Daten müssen im Anschluss neu erstellt und verschickt werden.

- **In Verarbeitung/wartet**
  Dieser Status weist auf fehlende Dateinummern hin. Die Datei wird verarbeitet, sobald diese Lücke geschlossen ist. Die Bearbeitung erfolgt in Tabelle V_T5D4U.

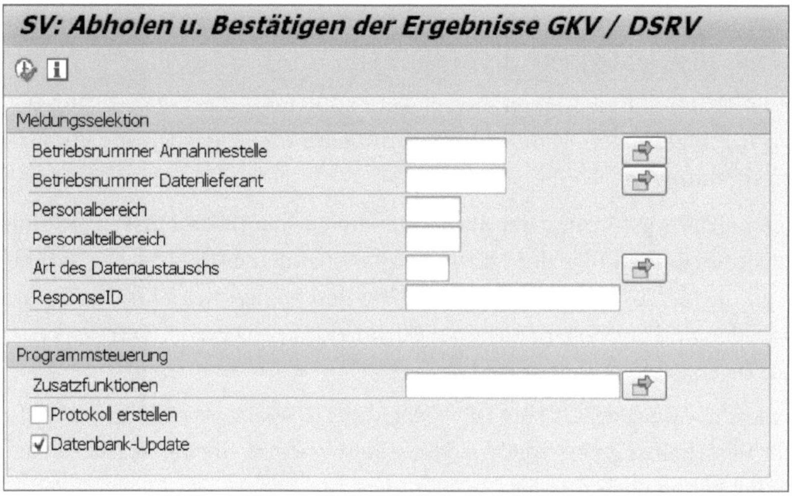

Abbildung 8.13 Selektionsbild »SV Abholen u. Bestätigen der Ergebnisse GKV/DSRV«

So kann man sich im B2A-Manager schnell einen Überblick darüber verschaffen, ob es Rückmeldungen oder Fehler gibt, die zu bearbeiten sind. Die Eingangsmeldungen im B2A-Manager (siehe Abschnitt 11.2) können auf **abgeschlossen** gesetzt werden. Die Nachbearbeitung von Fehlern oder Datensätzen erfolgt in den Programmen, die zur jeweiligen Art des Datenaustauschs gehören.

Prozessänderung beim Abholen der Meldungen

Aufgrund der Umstellung auf eXTra 1.5 ändert sich voraussichtlich ab 2026 die Abholung und Verarbeitung der Eingangsmeldungen.

Dazu werden die beiden Abholreports RPCSVPD0 und RPCSVPD0_IN durch den Report RP_PAYDE_B2A_SV_COLLECTOR (SV: Abholen von Daten bei den SV-Trägern) ersetzt.

Nach der Abholung müssen die Meldungen mit dem Report

RP_PAYDE_B2A_SV_UNPACK (SV: Verarbeiten der abgeholten Datenpakete) entpackt werden.

8.2 DEÜV

Der Ordner **DEÜV** ist ebenso wie die Ordner **Sozialversicherung** und **Steuer** periodenbezogen im SAP-Easy-Access-Menü mit unterschiedlichen Inhalten vorhanden. Im weiteren Verlauf des Abschnitts erläutern wir den Inhalt des Ordners **DEÜV**, den Sie im Ordner **Pro Abrechnungsperiode** in den Folgeaktivitäten finden (siehe Abbildung 8.14).

Folgeaktivitäten – zwei Pakete

Die Folgeaktivitäten sind in zwei Pakete aufgeteilt: die Verarbeitung der Ausgangsmeldungen und die Entgegennahme und Verarbeitung der Eingangsmeldungen.

Auch bei der Ausführung der Aktivitäten im Ordner **DEÜV** müssen Sie eine bestimmte Reihenfolge der Schritte einhalten, um die Übertragung der Daten an die Meldestellen, die Erstellung der Bescheinigungen für Ihre Mitarbeitenden und die Verarbeitung der Rückmeldungen von der Krankenkasse auszulösen (siehe Abbildung 8.15).

Statuskennzeichen

Zu diesem Zweck erhält eine DEÜV-Meldung/UV-Jahresmeldung im Laufe ihrer Verarbeitung verschiedene Statuskennzeichen, die die Bearbeitungsmöglichkeiten beeinflussen.

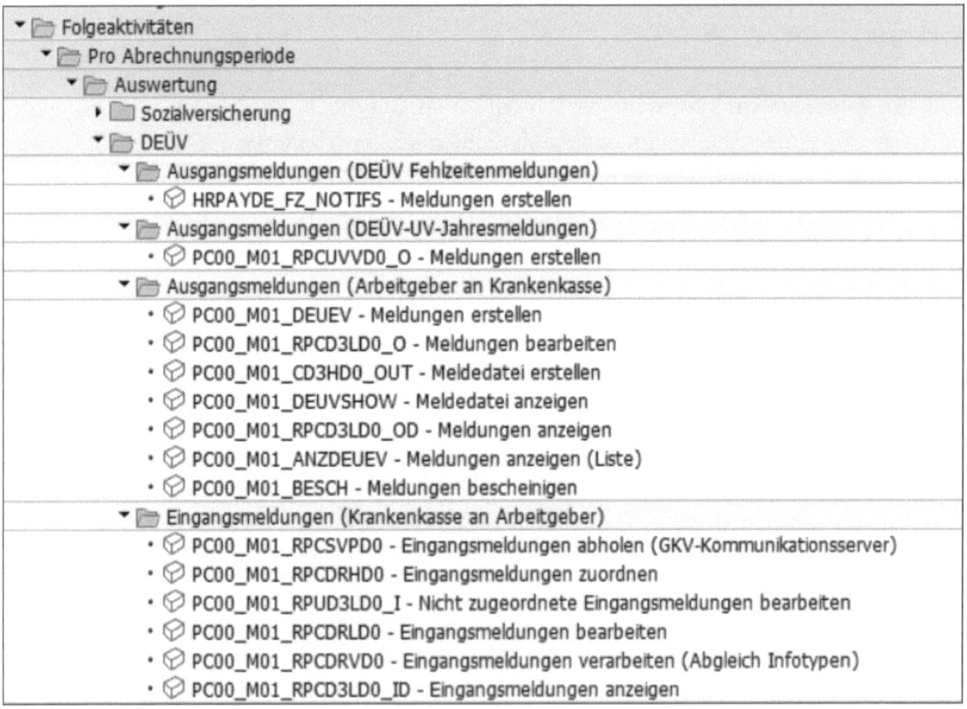

Abbildung 8.14 Ordner »DEÜV« für die Folgeaktivitäten aufrufen

Diese Statuskennzeichen werden entweder von den Reports gesetzt, mit deren Hilfe Sie die Meldung bearbeiten, oder von Ihnen manuell gesetzt, um in die vorgesehene Reihenfolge der Schritte eingreifen zu können, z. B. wenn Sie die Erstellung einer DEÜV-Meldung/UV-Jahresmeldung wiederholen möchten.

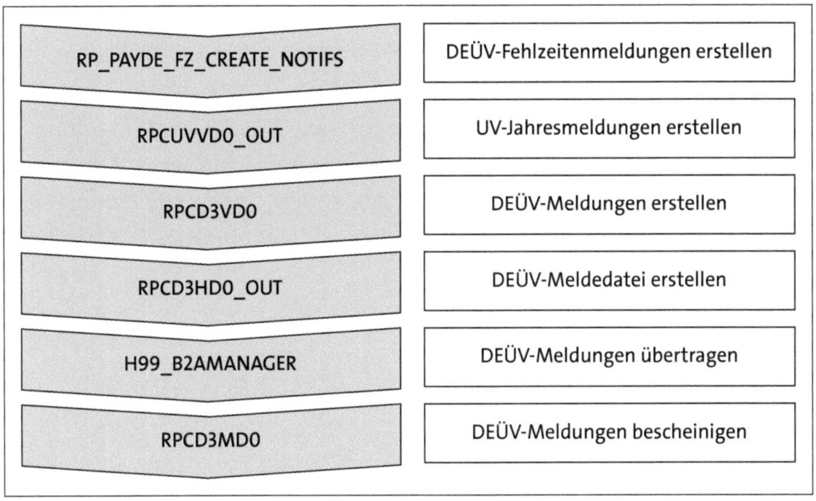

Abbildung 8.15 Ablauf – DEÜV-Meldungen versenden

Im Folgenden beschreiben wir den »normalen« Ablauf bei der Durchführung von Folgeaktivitäten und gehen anschließend auf Besonderheiten ein, die bei der Erstellung von DEÜV-Meldungen auftreten können. Zunächst erhalten Sie einen Überblick über mögliche Status, die eine DEÜV-Meldung annehmen kann.

8.2.1 Statuskennzeichen von DEÜV-Meldungen

Ausgangs- und Eingangsmeldungen

Mit den folgenden Statuskennzeichen kann eine DEÜV-Meldung/UV-Jahresmeldung versehen werden:

- **Statuskennzeichen für Ausgangsmeldungen**
  - **Neu (00)**
    Die mit diesem Status versehene Meldung wurde fehlerfrei erstellt, aber noch nicht weiterverarbeitet.
  - **Fehlerhaft (12)**
    Dieser Status besagt, dass eine Meldung fehlerhaft erstellt wurde. Die Fehler müssen korrigiert werden, und die betreffende Meldung muss neu erstellt oder manuell ausgeführt werden, wenn der Fehler nicht behoben werden kann.

- **Übertragen (01)**
  Die Meldung mit diesem Status wurde in eine Meldedatei geschrieben, die mit dem B2A-Manager übertragen werden kann oder übertragen wurde.
- **Abgelehnt (10)**
  Dieser Status besagt, dass die Meldedatei von der Annahmestelle abgelehnt wurde.
- **Manuell gemeldet (13)**
  Dieser Status kann mithilfe des Reports RPCD3LDO_OUT (Meldungen bearbeiten) gesetzt werden und wird für Meldungen genutzt, die nicht mehr maschinell übertragen werden sollen. Der Status **Manuell gemeldet** kann für Meldungen, die sich im Status **fehlerhaft** oder **abgelehnt** befinden, verwendet werden.

- **Statusmeldungen für die Eingangsmeldungen**
  - **Empfangen (20)**
    Die mit diesem Status versehenen Meldungen wurden empfangen, jedoch noch nicht weiterverarbeitet.
  - **Abzulehnen (21)**
    Bei diesem Status handelt es sich um eine Fehlerrückmeldung, die über den Report RPCDRLDO (Sachbearbeiterliste für DEÜV-Eingangsmeldungen) auf **verarbeitet** gesetzt wurde. Dadurch wird die Ausgangsmeldung von **übertragen** auf **abgelehnt** gesetzt und beim nächsten Lauf neu erstellt. Zuvor sollte selbstverständlich der Fehler beseitigt werden.
  - **Zu verarbeiten (22)**
    In diesem Status befinden sich Rückmeldungen, die Daten enthalten, die in die Infotypen eingespielt werden müssen. Dies können rückgemeldete RV-Nummern oder Daten zum Sozialausgleich sein. Verarbeitet werden diese Daten über den Report RPCDRVDO (DEÜV-Eingangsmeldungen verarbeiten).
  - **Nicht zugeordnet (34)**
    Mit diesem Status werden Rückmeldungen versehen, die nicht korrekt zugeordnet werden konnten.
  - **Verarbeitet (23)**
    Diesen Status erhalten bereits erledigte Rückmeldungen.
  - **Zu prüfen (32)**
    Dieser Status kann nur auftreten, wenn Rückmeldungen zu RV-Nummern nicht verarbeitet werden konnten. Hier muss entweder der Fehler korrigiert oder der Status auf **manuell verarbeitet** gesetzt werden.

- **Manuell verarbeitet (33)**
  Diese Meldungen konnten nicht fehlerfrei vom System erstellt werden und wurden deshalb manuell gemeldet.

8.2.2 DEÜV-Fehlzeitenmeldung

Mit dem Report RP_PAYDE_FZ_CREATE_NOTIFS (DEÜV Fehlzeit: Meldungen erstellen) werden das Abrechnungsergebnis und die Stammdaten der Mitarbeitenden geprüft. Beim Vorliegen von melderelevanten Tatbeständen (Kennzeichen D in der Tagesleiste) wird eine Meldung mit Grund 17 (Anmeldung aufgrund von Elternzeit) oder Grund 37 (Abmeldung aufgrund von Elternzeit) erstellt. Die Abgabe mit den Meldegründen 17 und 37 erfolgt für Elternzeiten, die ab dem 01.01.2024 begonnen haben.

Bei folgenden Konstellationen müssen Meldungen erstellt werden:

- wenn die Beschäftigung durch Wegfall des Entgeltanspruchs unterbrochen wird und die Unterbrechung länger als ein Kalendermonat ist
- bei freiwillig Versicherten, auch wenn die Unterbrechung $\leq$ ein Kalendermonat ist
- Wenn das Beschäftigungsverhältnis während der Elternzeit endet muss zum Tag des Beschäftigungsendes zusätzlich zur Abmeldung (Grund 30) eine Meldung mit Grund 37 abgegeben werden.
- Bei einem Krankenkassenwechsel während der Elternzeit muss eine Meldung mit Meldegrund 17 an die neue Krankenkasse abgegeben werden.

Privat versicherte Mitarbeitende und geringfügig Beschäftigte sind von der Meldepflicht ausgenommen.

Datengruppe »Abrechnungsperiode«

Selektionsbild

Der **Abrechnungskreis** dient an dieser Stelle der Bestimmung des Auswahlzeitraums über die Auswahl des Radiobuttons **aktuelle Periode** und ist ein Mussfeld (siehe Abbildung 8.16). Der Radiobutton **aktuelle Periode** ist voreingestellt. Dadurch werden die Datumsfelder nach dem Drücken der [↵]-Taste gemäß der Abrechnungsperiode aus dem Abrechnungsverwaltungssatz automatisch neben dem Feld **Abrechnungskreis** eingeblendet und können nicht geändert werden.

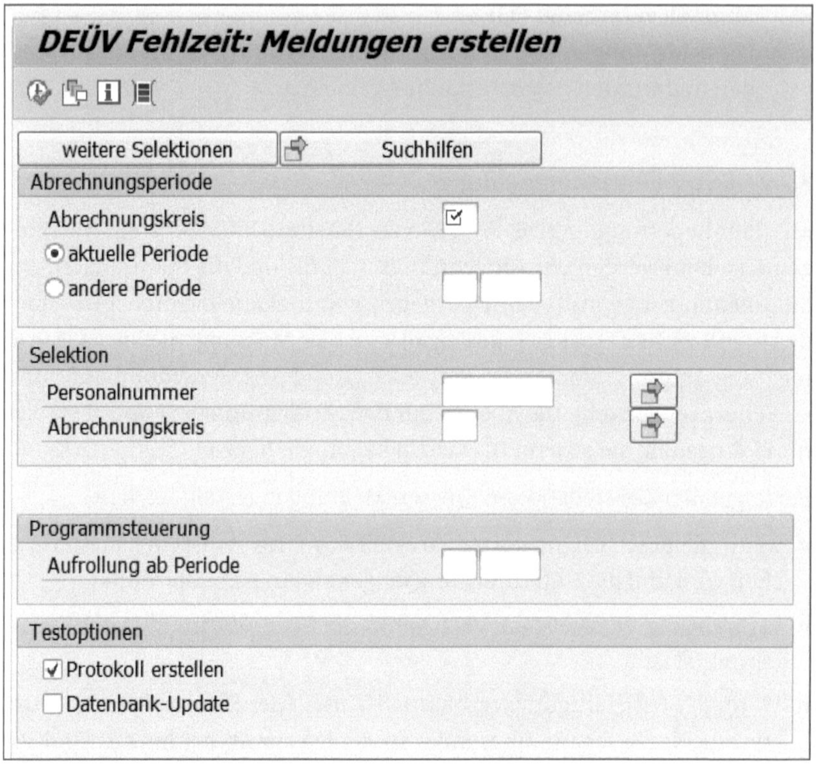

Abbildung 8.16 Report RP_PAYDE_FZ_CREATE_NOTIFS (DEÜV-Fehlzeitenmeldung erstellen)

Möchten Sie Meldungen für eine andere Periode als die Abrechnungsperiode aus dem Abrechnungsverwaltungssatz erstellen, müssen Sie den Radiobutton **andere Periode** auswählen und die entsprechende Periode erfassen. Die Datumsfelder werden nach dem Drücken der [↵]-Taste neben dem Feld **Abrechnungskreis** eingeblendet.

Datengruppe »Selektion«

Das Feld **Personalnummer** verwenden Sie, wenn Sie Meldungen für nur eine beschäftigte Person erstellen möchten. Möchten Sie den Report für mehrere Personalnummern starten, erhalten Sie über den Button (**Mehrfachselektion**) neben dem Feld **Personalnummer** ein Dialogfenster, in dem weitere Selektionsmöglichkeiten angeboten werden. Sollen Meldungen für alle Mitarbeitenden aus einem oder mehreren Abrechnungskreisen erzeugt werden, erfolgt kein Eintrag.

Der **Abrechnungskreis** stellt an dieser Stelle die Verbindung zu der oder den ausgewählten Personalnummer(n) dar. Möchten Sie den Report für mehrere Personalnummern starten, die unterschiedlichen Abrechnungskreisen angehören, verwenden Sie auch hier den Button (**Mehrfachselektion**) neben dem Feld **Abrechnungskreis**.

Datengruppen »Programmsteuerung« und »Testoptionen«

Der Beginn des Meldezeitraums wird normalerweise automatisch ermittelt, und zwar ausgehend von der auszuwertenden Abrechnungsperiode. Mit einer Eingabe in den Feldern zu **Aufrollung ab Periode** übersteuern Sie das automatisch ermittelte Beginndatum. Stattdessen beginnt der Meldezeitraum nun am ersten Tag der hier eingegebenen Abrechnungsperiode und bewirkt lediglich eine Verlängerung des Meldezeitraums für bereits selektierte Personalnummern.

Durch die Aktivierung des Kennzeichens **Protokoll erstellen** erhalten Sie nach dem Start des Reports RP_PAYDE_FZ_CREATE_NOTIFS (DEÜV-Fehlzeitenmeldung erstellen) ausführliche Informationen über Meldetatbestände und verarbeitete Daten.

8.2.3 UV-Jahresmeldungen erstellen

DEÜV-UV-Jahresmeldung

Über den Report RPCUVVDO_OUT (UV-Jahresmeldungen erstellen) der Aktivität **Meldungen erstellen** unter dem Ordner **Ausgangsmeldungen (DEÜV-UV-Jahresmeldungen)** überprüfen Sie die Abrechnungsergebnisse und die Stammdaten Ihrer Mitarbeitenden auf melderelevante Tatbestände. Bei Vorliegen wird eine entsprechende DEÜV-UV-Jahresmeldung (Meldegrund 92) erstellt. Die DEÜV-UV-Jahresmeldung umfasst immer das komplette Meldejahr. Im Folgenden zeigen wir Ihnen, welche Bearbeitungsmöglichkeiten das Selektionsbild des Reports RPCUVVDO_OUT (UV-Jahresmeldungen erstellen) Ihnen bietet.

Datengruppe »Abrechnungsperiode«

Selektionsbild

Der **Abrechnungskreis** dient an dieser Stelle der Bestimmung des Auswahlzeitraums über die Auswahl des Radiobuttons **aktuelle Periode** und ist ein Mussfeld (siehe Abbildung 8.17). Der Radiobutton **aktuelle Periode** ist voreingestellt. Dadurch werden die Datumsfelder nach Drücken der ↵-Taste gemäß der Abrechnungsperiode aus dem Abrechnungsverwaltungssatz automatisch neben dem Feld **Abrechnungskreis** eingeblendet und können nicht geändert werden.

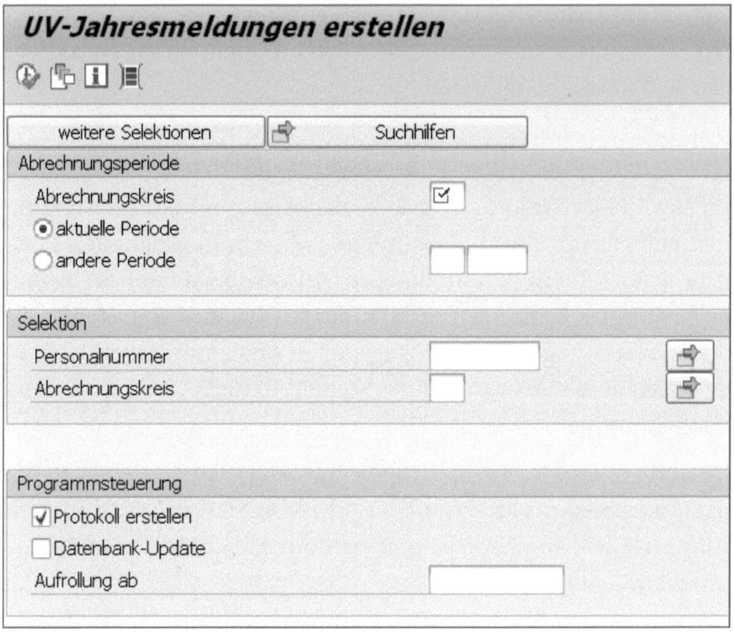

Abbildung 8.17 Report RPCUVVD0_OUT (UV-Jahresmeldungen erstellen)

Möchten Sie Meldungen für eine andere Periode als die Abrechnungsperiode aus dem Abrechnungsverwaltungssatz erstellen, müssen Sie den Radiobutton **andere Periode** auswählen und die entsprechende Periode erfassen. Die Datumsfelder werden nach dem Drücken der ↵-Taste neben dem Feld **Abrechnungskreis** eingeblendet.

Datengruppe »Selektion«

Das Feld **Personalnummer** verwenden Sie, wenn Sie Meldungen für nur eine beschäftigte Person erstellen möchten. Möchten Sie den Report für mehrere Personalnummern starten, erhalten Sie über den Button (**Mehrfachselektion**) neben dem Feld **Personalnummer** ein Dialogfenster, in dem weitere Selektionsmöglichkeiten angeboten werden. Sollen Meldungen für alle Mitarbeitenden aus einem oder mehreren Abrechnungskreisen erzeugt werden, erfolgt kein Eintrag.

Der **Abrechnungskreis** stellt an dieser Stelle die Verbindung zu der oder den ausgewählten Personalnummer(n) dar. Möchten Sie den Report für mehrere Personalnummern starten, die unterschiedlichen Abrechnungskreisen angehören, verwenden Sie auch hier den Button (**Mehrfachselektion**) neben dem Feld **Abrechnungskreis**.

Datengruppe »Programmsteuerung«

Durch die Aktivierung des Kennzeichens **Protokoll erstellen** erhalten Sie nach dem Start des Reports RPCUVVDO_OUT (UV-Jahresmeldungen erstellen) ausführliche Informationen über Meldetatbestände und verarbeitete Daten.

Der Beginn des Meldezeitraums wird normalerweise automatisch ermittelt, und zwar ausgehend von der auszuwertenden Abrechnungsperiode. Mit einer Eingabe in den Feldern zu **Aufrollung ab** übersteuern Sie das automatisch ermittelte Beginndatum. Stattdessen beginnt der Meldezeitraum nun am ersten Tag der hier eingegebenen Abrechnungsperiode und bewirkt lediglich eine Verlängerung des Meldezeitraums für bereits selektierte Personalnummern.

8.2.4 DEÜV-Meldungen erstellen

Meldetatbestände

Über den Report der Aktivität **Meldungen erstellen** unter dem Ordner **Ausgangsmeldungen** (Arbeitgeber an Krankenkasse) überprüfen Sie die Abrechnungsergebnisse und die Stammdaten Ihrer Mitarbeitenden auf DEÜV-relevante Meldetatbestände. Bei Vorliegen eines Meldetatbestands wird eine entsprechende DEÜV-Meldung erstellt.

Im Folgenden zeigen wir Ihnen, welche Bearbeitungsmöglichkeiten das Selektionsbild des Reports RPCD3VDO (DEÜV-Meldungen erstellen) Ihnen bietet.

Datengruppe »Abrechnungsperiode«

Der **Abrechnungskreis** dient an dieser Stelle der Bestimmung des Auswahlzeitraums über die Auswahl des Radiobuttons **aktuelle Periode** und ist ein Mussfeld.

Der Radiobutton **aktuelle Periode** ist voreingestellt. Dadurch werden die Datumsfelder nach dem Drücken der [↵]-Taste gemäß der Abrechnungsperiode aus dem Abrechnungsverwaltungssatz automatisch neben dem Feld **Abrechnungskreis** eingeblendet und können nicht geändert werden.

Möchten Sie Meldungen für eine andere Periode als die Abrechnungsperiode aus dem Abrechnungsverwaltungssatz erstellen, müssen Sie den Radiobutton **andere Periode** auswählen und die entsprechende Periode erfassen. Die Datumsfelder werden nach dem Drücken der [↵]-Taste neben dem Feld **Abrechnungskreis** eingeblendet.

Datengruppe »Selektion«

Das Feld **Personalnummer** verwenden Sie, wenn Sie Meldungen für nur eine Person erstellen möchten. Möchten Sie den Report für mehrere Personalnummern starten, erhalten Sie über den Button (**Mehrfachselektion**) neben dem Feld **Personalnummer** ein Dialogfenster, in dem weitere Selektionsmöglichkeiten angeboten werden. Sollen Meldungen für alle Mitarbeitenden aus einem oder mehreren Abrechnungskreisen erzeugt werden, erfolgt kein Eintrag.

Der **Abrechnungskreis** stellt an dieser Stelle die Verbindung zu der oder den ausgewählten Personalnummer(n) dar. Möchten Sie den Report für mehrere Personalnummern starten, die unterschiedlichen Abrechnungskreisen angehören, verwenden Sie auch hier den Button (**Mehrfachselektion**) neben dem Feld **Abrechnungskreis**.

Datengruppe »Programmsteuerung«

Der Beginn des Meldezeitraums wird normalerweise automatisch ermittelt, und zwar ausgehend von der auszuwertenden Abrechnungsperiode. Mit einer Eingabe in den Feldern zu **Aufrollung ab** übersteuern Sie das automatisch ermittelte Beginndatum. Stattdessen beginnt der Meldezeitraum nun am ersten Tag der hier eingegebenen Abrechnungsperiode und bewirkt lediglich eine Verlängerung des Meldezeitraums für bereits selektierte Personalnummern.

Wenn Sie den Parameter **Vorauslesen von Stammdaten** markieren, liest der Report die nach Abschluss der letzten Abrechnung gültigen Stammdaten und bezieht diese in die Meldungserzeugung mit ein. Auf diese Weise können Änderungsmeldungen (Beitragsgruppe, Krankenkasse, Personengruppenschlüssel etc.) früher erkannt werden.

[!]

Parameter »Vorauslesen von Stammdaten«

Die Verwendung des Parameters **Vorauslesen von Stammdaten** hat jedoch die folgenden Nachteile:

- Die erzeugten Meldungen haben bis zur erfolgten Abrechnung eher vorläufigen Charakter. Wenn nun eine im Unternehmen beschäftigte Person im Monat der letzten Abrechnung das Rentenalter erreicht, kann es zu falschen Änderungsmeldungen wegen eines Beitragsgruppenwechsels kommen. Denn in solchen Fällen setzt die Abrechnung selbstständig die Beitragsgruppe der betroffenen Person um, wodurch sich zwei Änderungsmeldungen ergeben: am Anfang des Monats die richtige Änderung der Beitragsgruppe wegen Erreichens des Rentenalters und am

Ende des Monats eine falsche Änderungsmeldung, da in den Stammdaten noch die alte Beitragsgruppe steht und sich daher die Beitragsgruppe im Vergleich zum Stand der letzten Abrechnung wiederum ändert.

- Falls Sie den Parameter **Vorauslesen von Stammdaten** verwenden, achten Sie darauf, dass für Mitarbeitende, die in einer Abrechnungsperiode das Rentenalter erreichen, schon vor der Abrechnung dieses Monats die richtige Beitragsgruppe in den Stammdaten angegeben ist.

8

Datengruppe »Testoptionen«

Durch die Auswahl des Parameters **Protokoll erstellen** erhalten Sie nach dem Start des Reports RPCD3VD0 (DEÜV-Meldungen erstellen) ausführliche Informationen über Meldetatbestände und verarbeitete Daten. Mithilfe der Radiobuttons **Baum** und **Liste** entscheiden Sie über deren Darstellung. Wenn Sie das Kennzeichen **kein Datenbank-Update** aktivieren, verhindern Sie eine Speicherung der Daten.

Den Parameter **alte Meldungen ignorieren** verwenden Sie, um das Einlesen bereits erzeugter DEÜV-Meldungen (testhalber) zu verhindern. Zusätzlich hat dieser Schalter die gleichen Auswirkungen wie das Kennzeichen **kein Datenbank-Update**.

[!]

Variantensteuerung

Die Auswahl der Testmöglichkeiten ist in den Selektionsbildern der Folgeaktivitäten sehr unterschiedlich geregelt, sowohl bezüglich der Bezeichnungen als auch hinsichtlich der Voreinstellungen. Wir empfehlen daher die Variantensteuerung, um das ungewollte Erzeugen von Daten in der Datenbank zu vermeiden.

Statistik

Nach dem Start des Reports über den Button **Ausführen** erhalten Sie, unabhängig von der Aktivierung des Kennzeichens **Protokoll erstellen**, eine Statistik über die folgenden Daten:

- Anzahl der prozessierten Personalnummern
- Anzahl der Personalnummern mit neuen Meldungen
- Anzahl der Personalnummern ohne neue Meldungen
- Anzahl der fehlerhaften Personalnummern
- eventuelle Fehlerbeschreibungen

Kann eine Meldung fehlerfrei erstellt werden, erhält sie das Statuskennzeichen **00** (**neu**), und Sie können sie weiterverarbeiten. Treten bei einer Meldung Fehler auf, die entweder auf falschen Stammdaten oder auf falschen oder fehlenden Customizing-Einträgen beruhen, wird diese Meldung trotzdem erstellt, erhält jedoch das Statuskennzeichen **12 (fehlerhaft)** und kann infolgedessen nicht übertragen werden. Es wird eine Fehlermeldung ausgegeben, anhand derer Sie die betreffende Meldung korrigieren können. Anschließend führen Sie einen Wiederholungslauf mit den gleichen Selektionskriterien durch.

Der Report überprüft, ob für die ausgewählte Abrechnungsperiode und die selektierten Mitarbeitenden bereits Meldungen mit dem Statuskennzeichen **12 (fehlerhaft)** vorhanden sind, und ersetzt diese gegebenenfalls durch die neu erstellte Meldung mit dem korrigierten Inhalt, die entsprechend mit dem Statuskennzeichen **00 (neu)** versehen wird. Falls Sie den Fehler voraussichtlich nicht innerhalb der Abgabefrist für DEÜV-Meldungen beheben können, melden Sie diesen Tatbestand per SV.NET. In einem solchen Fall müssen Sie die fehlerhafte Meldung mithilfe des Reports RPCD3LDO_OUT (Sachbearbeiterliste für DEÜV-Meldungen) der Aktivität **Meldungen bearbeiten** (siehe Abschnitt 8.2.5, »Meldungen bearbeiten«) auf das Statuskennzeichen **13 (manuell gemeldet)** setzen.

[»]

Transaktion »DEÜV-Meldungen anzeigen«

Ausführliche Informationen zu DEÜV-Meldungen und hier eventuell auftretenden Fehlern erhalten Sie im Report RPCE3LDO_OUT_DISPLAY (Anzeige von DEÜV-Meldungen) der Aktivität **DEÜV-Meldungen anzeigen**.

8.2.5 Meldungen bearbeiten

Analyse fehlerhafter Meldungen im Arbeitsvorrat

Über den Report zum Bearbeiten von Meldungen erhalten Sie eine Liste fehlerhaft erstellter Meldungen, die nicht übertragen werden können. Diese Meldungen können im Arbeitsvorrat analysiert werden. Die Fehler sollten im Anschluss daran behoben und die Meldungserstellung wiederholt werden, damit die entsprechenden Meldungen auch übertragen werden können. Ist eine Meldung nicht zu korrigieren, kann diese als **manuell bearbeitet** gekennzeichnet werden, wenn Sie die entsprechende Meldung manuell melden möchten.

Wurde die Meldung an die Krankenkasse übertragen, liegt dieser jedoch nicht vor, lässt sich über den Button **erneut übertragen** die Meldung kennzeichnen. Somit wird die Meldung bei der Erstellung der Meldedatei ebenfalls selektiert.

8.2.6 Meldedatei erstellen

Über den Report RPCD3HDO_OUT (DEÜV-Meldedateien erstellen) der Aktivität **Meldedatei erstellen** erzeugen Sie pro Absender und Empfänger eine Datei mit DEÜV-UV-Jahresmeldungen und DEÜV-Meldungen. Der Absender der DEÜV-Meldedatei ist der mit dem Merkmal DZUD3 ermittelte Personalbereich bzw. Personalteilbereich (mehr über Merkmale erfahren Sie in Abschnitt 25.1, »Merkmale in der Personalabrechnung«). Der Empfänger der jeweiligen DEÜV-Meldedatei ist die Annahmestelle der DEÜV-Meldung. Inzwischen ist die elektronische Übertragung der Standarddurchführungsweg für die Übermittlung von Daten, die aus dem B2A-Manager heraus versandt werden. Dazu müssen die Weiterleitungsstellen in Tabelle V_T5D4T (KK-Annahmestelle für das E-Mail-Verfahren) gefüllt sein, die von der ITSG bereitgestellt werden (siehe Abschnitt 1.7, »Vorbereitende Arbeiten zur Echtabrechnung«).

GKV-Kommunikationsserver

Die Übertragung der Meldedaten erfolgt immer über den GKV-Kommunikationsserver, von dem auch die Rückmeldungen abgeholt werden. Das Selektionsbild des Reports zur Erstellung von Meldedateien sehen Sie in Abbildung 8.18.

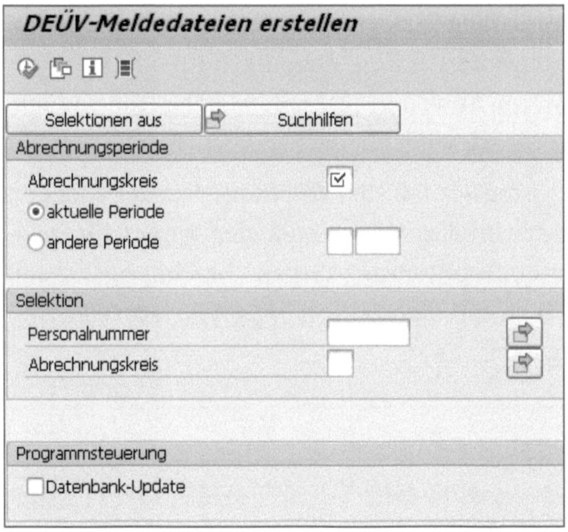

Abbildung 8.18 Selektionsbild »DEÜV-Meldedateien erstellen«

Selektionsbild

Das Selektionsbild des Reports RPCD3HDO_OUT (DEÜV-Meldedateien erstellen) bietet Ihnen die in den folgenden Abschnitten erläuterten Bearbeitungsmöglichkeiten an.

Datengruppe »Abrechnungsperiode«

Der **Abrechnungskreis** dient an dieser Stelle der Bestimmung des Auswahlzeitraums über die Auswahl des Radiobuttons **aktuelle Periode** und ist ein Mussfeld.

Der Radiobutton **aktuelle Periode** ist voreingestellt. Dadurch werden die Datumsfelder nach dem Drücken der [↵]-Taste gemäß der Abrechnungsperiode aus dem Abrechnungsverwaltungssatz automatisch neben dem Feld **Abrechnungskreis** eingeblendet und können nicht geändert werden.

Möchten Sie Meldungen für eine andere Periode als die Abrechnungsperiode aus dem Abrechnungsverwaltungssatz übertragen, müssen Sie den Radiobutton **andere Periode** auswählen und die entsprechende Periode erfassen. Die Datumsfelder werden nach dem Drücken der [↵]-Taste neben dem Feld **Abrechnungskreis** eingeblendet.

Datengruppe »Selektion«

Das Feld **Personalnummer** verwenden Sie, wenn Sie Meldungen für nur eine Person übertragen möchten. Möchten Sie den Report für mehrere Personalnummern starten, erhalten Sie über den Button (**Mehrfachselektion**) neben dem Feld **Personalnummer** ein Dialogfenster, in dem weitere Selektionsmöglichkeiten angeboten werden. Sollen Meldungen für alle Mitarbeitenden aus einem oder mehreren Abrechnungskreisen übertragen werden, erfolgt kein Eintrag.

Der **Abrechnungskreis** stellt an dieser Stelle die Verbindung zu der oder den ausgewählten Personalnummer(n) dar. Möchten Sie den Report für mehrere Personalnummern starten, die unterschiedlichen Abrechnungskreisen angehören, verwenden Sie auch hier den Button (**Mehrfachselektion**) neben dem Feld **Abrechnungskreis**.

Jahresmeldungen übertragen

Die Jahresmeldungen werden automatisch im Abrechnungsmonat Januar übertragen, auch wenn die Erstellung der Meldungen bereits ab der Dezemberabrechnung erfolgt.

UV-Jahresmeldungen übertragen

Die UV-Jahresmeldungen werden automatisch im Abrechnungsmonat Dezember erstellt, falls kein abweichender Meldegrund vorliegt.

Datengruppe »Programmsteuerung«

Durch das Kennzeichen **Datenbank-Update** bestimmen Sie, ob Sie die Meldungserstellung als Test mit Protokoll oder produktiv laufen lassen möchten. Nach der erfolgreichen Erstellung der Dateien wird das Statuskennzeichen **00** (**neu**) durch das Statuskennzeichen **01** (**übertragen**) ersetzt.

8.2.7 Meldedatei anzeigen

Der Report RPUTSVD4 (DEÜV-Meldedateien anzeigen) der Aktivität **Meldedatei anzeigen** gibt Ihnen einen Überblick über den Inhalt eines TemSe-Objekts. In der Datengruppe **Programmabgrenzungen** selektieren Sie im Feld **Auswertungsdaten enthalten in** über die Wertehilfe (F4-Taste) ein TemSe-Objekt, dessen Inhalt Ihnen nach dem Anklicken des Buttons **Ausführen** angezeigt wird.

8.2.8 DEÜV-Datei versenden

Nach dem Ausführen der Datenträgererstellung stehen die Dateien für die verschiedenen Empfänger im B2A-Manager zum Versenden bereit (siehe Abschnitt 11.2, »B2A-Manager«). Während des Ausführungsvorgangs werden die Dateien über den GKV-Kommunikationsserver an die Empfänger übertragen.

8.2.9 Meldungen anzeigen

Zwei Anzeigevarianten

Es stehen zwei Aktivitäten zum Anzeigen von DEÜV-Meldungen zur Verfügung. **Meldungen anzeigen** ist die neuere Variante, die auch verwendet werden sollte. Im neuen Report RPCD3LDO_OUT_DISPLAY (Anzeige von DEÜV-Meldungen) wird eine Liste von Meldungen angezeigt, innerhalb derer per Doppelklick in die Details der jeweiligen Mitteilung verzweigt werden kann. Hier ist die Struktur der betreffenden Meldung mit deren Inhalten und deren Statushistorie verfügbar.

Die ältere Variante **Meldungen anzeigen (Liste)** ermöglicht eine Darstellung in Baumstruktur oder als Liste. Die Baumstruktur bietet sich vor allem an, um die Historie der Mitteilungen einer beschäftigten Person darstellen und analysieren zu können.

8.2.10 Meldungen bescheinigen

Über den Report RPCD3MDO (DEÜV-Meldungen bescheinigen) der Aktivität **Meldungen bescheinigen** erstellen Sie das Meldungsformular, das Sie Ihren

Mitarbeitenden aushändigen müssen. Nicht alle Meldungen müssen bescheinigt werden. Denn ein Teil der Meldungen ist nur für die Übermittlung von UV-Daten an die Berufsgenossenschaft gedacht und enthält keine für die betreffende Person relevanten Daten. Diese Meldungen werden daher nicht gedruckt, sondern vom Report unterdrückt.

Sie können Bescheinigungen nur für Meldungen erstellen, die mit dem Statuskennzeichen **01** (**übertragen**) versehen sind. Das Statuskennzeichen **02** (**bescheinigt**) wird nach der Durchführung des Reports zum Bescheinigen von Meldungen zusätzlich vergeben. Die Statuskennzeichen einer DEÜV-Meldung können Sie mithilfe des Reports der Aktivität **Meldungen anzeigen** kontrollieren.

Selektionsbild

Im Selektionsbild des Reports RPCD3MD0 (DEÜV-Meldungen bescheinigen), siehe Abbildung 8.19, haben Sie die im Folgenden dargestellten Bearbeitungsmöglichkeiten.

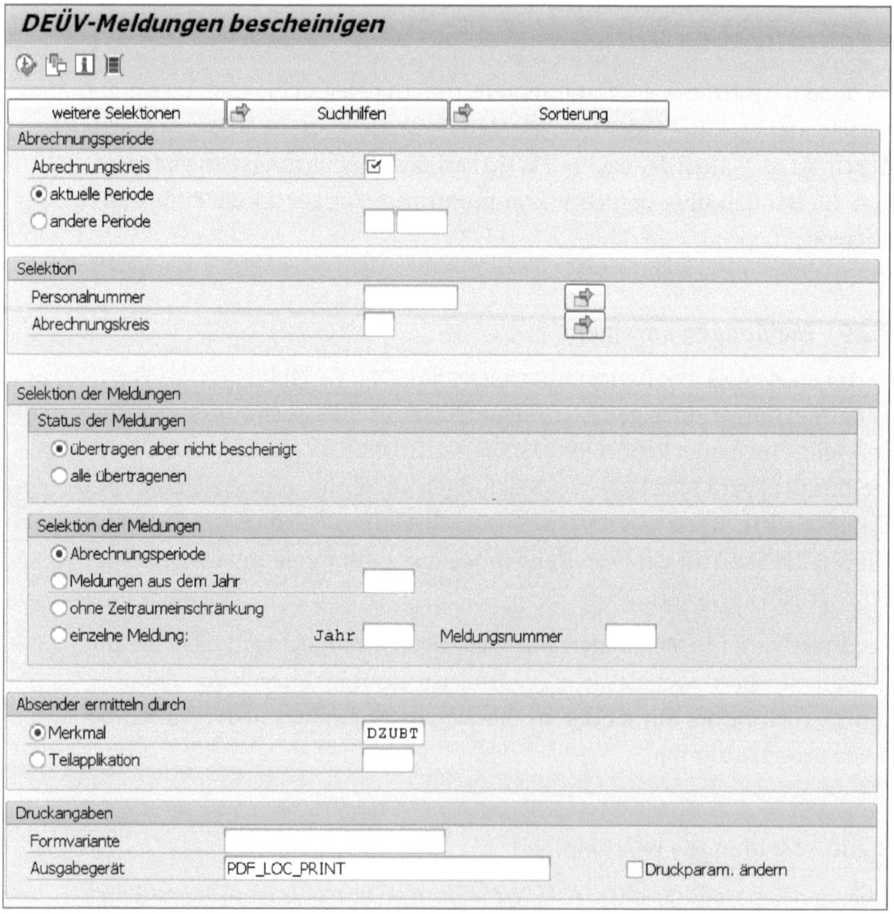

Abbildung 8.19 Selektionsbild »DEÜV-Meldungen bescheinigen«

Datengruppe »Abrechnungsperiode«

Der **Abrechnungskreis** dient an dieser Stelle der Bestimmung des Auswahlzeitraums über die Auswahl des Radiobuttons **aktuelle Periode** und ist ein Mussfeld.

Der Radiobutton **aktuelle Periode** ist voreingestellt. Dadurch werden die Datumsfelder nach dem Drücken der [↵]-Taste gemäß der Abrechnungsperiode aus dem Abrechnungsverwaltungssatz automatisch neben dem Feld **Abrechnungskreis** eingeblendet und können nicht geändert werden.

Möchten Sie Meldungen für eine andere Periode als die Abrechnungsperiode aus dem Abrechnungsverwaltungssatz bescheinigen, müssen Sie den Radiobutton **andere Periode** auswählen und die entsprechende Periode erfassen. Die Datumsfelder werden nach dem Drücken der [↵]-Taste neben dem Feld **Abrechnungskreis** eingeblendet.

Datengruppe »Selektion«

Das Feld **Personalnummer** verwenden Sie, wenn Sie Meldungen für nur eine Person bescheinigen möchten. Möchten Sie den Report für mehrere Personalnummern starten, öffnet sich durch einen Klick auf den Button (**Mehrfachselektion**) neben dem Feld **Personalnummer** ein Dialogfenster, in dem Ihnen weitere Selektionsmöglichkeiten angeboten werden. Sollen die Meldungen für alle Mitarbeitenden aus einem oder mehreren Abrechnungskreisen bescheinigt werden, erfolgt kein Eintrag.

Der **Abrechnungskreis** stellt an dieser Stelle die Verbindung zu der bzw. den ausgewählten Personalnummer(n) dar. Möchten Sie den Report für mehrere Personalnummern starten, die unterschiedlichen Abrechnungskreisen angehören, verwenden Sie auch hier den Button (**Mehrfachselektion**) neben dem Feld **Abrechnungskreis**.

Datengruppe »Selektion der Meldungen«

Unter **Status der Meldungen** aktivieren Sie den voreingestellten Radiobutton **übertragen aber nicht bescheinigt** für alle Meldungen, die das Statuskennzeichen **01** (**übertragen**) haben. Möchten Sie bereits bescheinigte Meldungen, die mit dem Statuskennzeichen **02** (**bescheinigt**) versehen sind, nochmals erstellen, wählen Sie den Radiobutton **alle übertragenen**.

Der voreingestellte Radiobutton **Abrechnungsperiode** bezieht sich auf die Auswahl in der gleichnamigen Datengruppe. Mithilfe des Radiobuttons **Meldungen aus dem Jahr** und des dazugehörigen Feldes können Sie Meldungen eines ganzen Jahres erstellen. Der Radiobutton **ohne Zeitraumeinschränkung** ist nur sinnvoll, wenn Sie für einzelne Personalnummern alle vorhandenen Meldungen bescheinigen möchten. Den Radiobutton **einzelne Meldung** mit den dazugehörigen Feldern **Jahr** und **Meldungsnummer** verwenden Sie zur Selektion bestimmter Meldungen.

Datengruppe »Absender ermitteln durch«

Über die Datengruppe **Absender ermitteln durch** und das Feld **Merkmal** haben Sie die Möglichkeit, die Angaben mehrerer Personal(teil)bereiche für nur eine Ausgabe zu bündeln. Wenn Sie diesen Parameter nicht setzen, wird als Absender der DEÜV-Mitteilungen der Personal(teil)bereich, zu dem die betroffene Person gehört, gesetzt. Im Standard ist der Bereich **Absender ermitteln durch** mit dem Merkmal DZUBT vorbelegt.

Datengruppe »Druckangaben«

Möchten Sie eine DEÜV-Bescheinigung nicht mit dem Standardformular drucken, müssen Sie die Kennung des eigenen Formulars im Feld **Formvariante** erfassen.

Für das Feld **Ausgabegerät** empfehlen wir den Eintrag »LOC« oder »LOCL« (kundenabhängig). Damit wird der Drucker angesteuert, den Sie als Standarddrucker eingerichtet haben.

Die Ausgabe der Bescheinigungen erfolgt mittels eines SAPscript-Formulars. Das SAP-System bietet Ihnen die Möglichkeit, diese Bescheinigungen zu archivieren. Die Archivierung erfolgt mittels ArchiveLink und ist nur möglich, wenn Sie das Kennzeichen **Druckparam. ändern** markiert haben. Darüber können Sie den Ausgabeauftrag für die Bescheinigung im Druckauswahlbild einzeln freigeben. Bei der Freigabe haben Sie wiederum die Möglichkeit, über das Feld **Ablagemodus** zu bestimmen, ob ein Anschreiben gedruckt (**Nur Drucken**), archiviert (**Nur Ablegen**) oder gedruckt und archiviert (**Drucken und Ablegen**) werden soll (siehe Abbildung 8.20).

Nach dem Start des Reports über den **Ausführen**-Button erstellt das System ein Protokoll mit einer Übersicht über die erzeugten Listen, die vom System in Ihrer Spool-Datei abgelegt wurden. Wenn Sie die Bescheinigungen sofort drucken möchten, können Sie aus diesem Protokoll über den Button  in der Spalte **Aktion** direkt in die Spool-Datei verzweigen.

[!]

Aktivität »Meldungen bescheinigen«

Für den Report der Aktivität **Meldungen bescheinigen** gibt es keine Testoption. Dies bedeutet, dass Sie mit jedem Start des Programms eine Liste in der Spool-Datei erzeugen.

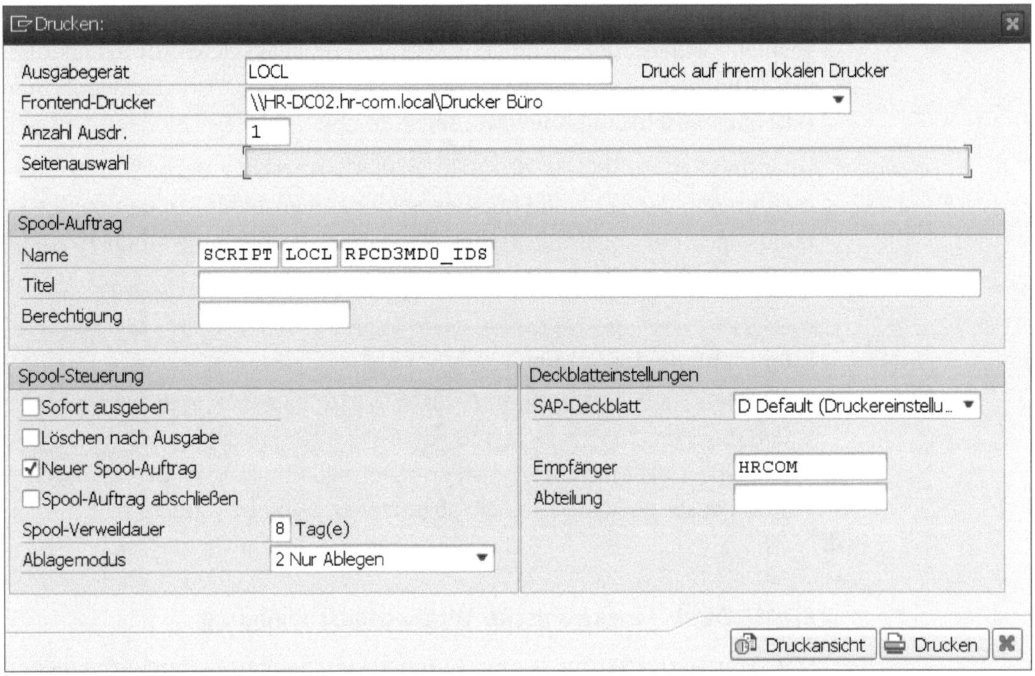

Abbildung 8.20 Ablagemodus

Eingangsmeldungen zuordnen

Der Report RPCDRHD0 (DEÜV-Eingangsmeldungen zuordnen) ordnet die Meldungen der entsprechenden Personalnummer zu. Außerdem kann die Zuordnung über mehrere Mandanten oder Systeme hinweg durchgeführt werden. Nach der Zuordnung kann die Weiterverarbeitung erfolgen.

Können Meldungen nicht automatisch zugeordnet werden, ist es mithilfe des Reports RPUD3LD0_IN (Sachbearbeiterliste für nicht zugeordnete Eingangsmeldungen) der Aktivität **Nicht zugeordnete Eingangsmeldungen bearbeiten** möglich, die Zuordnungen manuell vorzunehmen. In der Regel sollte allerdings im Bereich DEÜV keine manuelle Zuordnung erforderlich sein.

Eingangsmeldungen bearbeiten

Die Aktivität **Eingangsmeldungen bearbeiten** (Report RPCDRLD0) dient der Prüfung von Fehlerrückmeldungen oder von Rückmeldungen von Datensätzen, die nicht automatisch eingespielt werden können. Um eine Neuerstellung solcher Meldungen vornehmen zu können, muss die entsprechende Fehlerrückmeldung in der Sachbearbeiterliste endgültig abgelehnt werden.

Eingangsmeldungen verarbeiten

Die Aktivität **Eingangsmeldungen verarbeiten (Abgleich von Infotypen)** – Report RPCDRVD0 – spielt Rückmeldungen ein, die zu Datenanpassungen in den Infotypen führen. Dies können z. B. Rückmeldungen zu Rentenversicherungsnummern sein, die in den Infotyp 0013 (Sozialversicherung) eingespielt werden, oder Rückmeldungen zum Sozialausgleich, die in den Infotyp 0013 (Sozialversicherung), 0020 (DEÜV) oder 0700 (Elektronischer Datenaustausch) eingespielt werden können.

Eingangsmeldungen anzeigen

Über den Report RPCD3LDO_OUT_DISPLAY (Anzeige von DEÜV-Eingangsmeldungen) der Aktivität **Eingangsmeldungen anzeigen** können die Rückmeldungen nur angezeigt werden; Sie haben also nicht die Möglichkeit, in dieser Ansicht Aktivitäten durchzuführen.

[»]

Empfehlung der Autoren

Wir empfehlen, in Tabelle V_T50BK (HR-B2A: Konstantentabelle) für alle Verfahren die Konstante AUTCL auf »01« zu setzen. Die Konstante sorgt dafür, dass die Meldungen nach erfolgreicher Abholung im B2A-Manager automatisch auf den Status **OK/abgeschlossen** gesetzt werden.

8.2.11 DEÜV – elektronische Mitgliedsbescheinigung

Seit dem 01.01.2021 muss eine Mitgliedsbescheinigung dem Arbeitgeber nicht mehr in Papierform vorgelegt werden; es genügt eine formlose Mitteilung über die Mitgliedschaft bei der Krankenkasse.

Nach erfolgter DEÜV-Meldung mit Meldegrund 10 (Beginn der Beschäftigung) und 11 (Anmeldung wegen Krankenkassenwechsel) erhält der Arbeitgeber von der entsprechenden Krankenkasse eine elektronische Rückmeldung über den Versicherungsstatus.

Die Rückmeldungen sind unter der Sachbearbeiterliste für DEÜV-Eingangsmeldungen ersichtlich.

Folgende Rückmeldungen sind möglich (siehe Tabelle 8.1):

Status der Krankenversicherung	Anmeldung an die zuständige KK	Angaben der KK in der Rückmeldung »Mitgliedschaft«	Angaben der KK in der Rückmeldung »Zeitraum«	Stornierung notwendig?
GKV-Mitglied, Plichtvers./ freiwillig	ja	Mitgliedschaft besteht	Beginndatum der Anmeldung	nein

Tabelle 8.1 Übersicht der Rückmeldungen über elektronische Mitgliedsbescheinigung

Status der Kranken-versicherung	Anmeldung an die zuständige KK	Angaben der KK in der Rückmel-dung »Mitglied-schaft«	Angaben der KK in der Rückmel-dung »Zeit-raum«	Stornierung notwendig?
GKV, Pflicht-versicherung in der Zukunft	ja	Mitgliedschaft besteht	Beginndatum abweichend vom Beginn-datum der Anmeldung	ja
GKV-Mitglied, Pflichtver./ freiwillig	nein	Mitgliedschaft besteht nicht	keine Angabe	ja
GKV-Familienvers.	ja	Mitgliedschaft besteht nicht (keine eigene Mitgliedschaft)	Beginndatum der Anmeldung	nein
GKV-Familienvers.	ja	Mitgliedschaft besteht nicht	keine Angabe	ja
PKV	–	Mitgliedschaft besteht nicht	keine Angabe	nein

Tabelle 8.1 Übersicht der Rückmeldungen über elektronische Mitgliedsbescheinigung (Forts.)

8.3 UV-elektronischer Lohnnachweis

Mit dem 5. SGB-IV-Änderungsgesetz vom 15.04.2015 wurde ein neues Verfahren zur Übermittlung der Lohnnachweise an die Unfallversicherung eingeführt. Dieses Verfahren regelt die Übermittlung der Lohnnachweise auf elektronischem Wege.

Voraussetzung für die Erstellung des elektronischen Lohnnachweises ist der einmal im Jahr auszuführende Stammdatendienst. Mit dem UV-Stammdatendienst (siehe Abschnitt 9.3, »UV-Stammdatendienst«) fragt das Unternehmen die zulässigen Gefahrtarifstellen beim jeweiligen Unfallversicherungsträger ab.

Der elektronische Lohnnachweis muss nach jeder Abrechnung erstellt werden. In der Abrechnungsperiode 12 wird der elektronische Lohnnachweis des aktuellen Jahres erstellt. Von Januar bis einschließlich November wird jeweils geprüft, ob durch Rückrechnungen Änderungen in den gemeldeten

Tatbeständen vorliegen, und diese werden nachgemeldet. In Abbildung 8.21 sind die Schritte zum Versenden des elektronischen Lohnnachweises dargestellt.

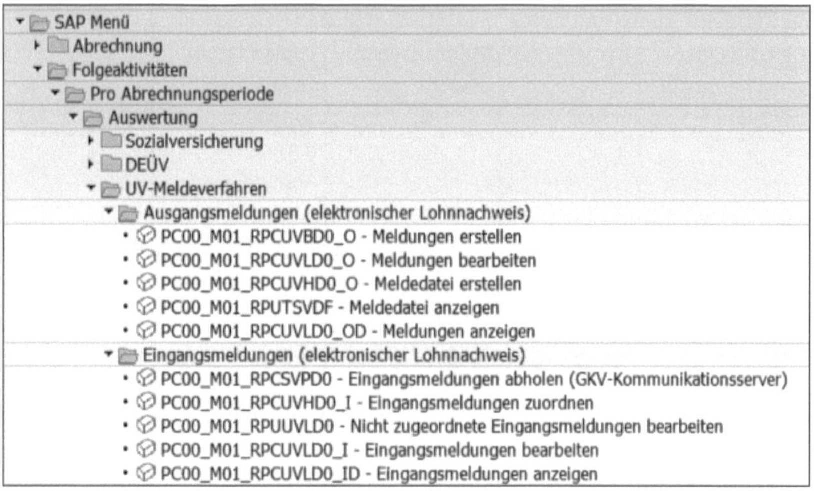

Abbildung 8.21 SAP-Easy-Access-Menü – UV-Meldeverfahren (monatlich)

8.3.1 Meldungen erstellen (Meldungen Abgabe elektronischer Lohnnachweis erstellen)

Über den Report RPCUVBDO_OUT (Meldungen Abgabe el. Lohnnachweis erstellen) der Aktivität **Meldungen erstellen** unter dem Ordner **Ausgangsmeldungen (elektronischer Lohnnachweis)** können Sie die monatlichen elektronischen Lohnnachweise erstellen.

8.3.2 Datengruppe »Abrechnungsperiode«

Der **Abrechnungskreis** dient an dieser Stelle der Bestimmung des Auswahlzeitraums über die Auswahl des Radiobuttons **aktuelle Periode** und ist ein Mussfeld.

Der Radiobutton **aktuelle Periode** ist voreingestellt. Dadurch werden die Datumsfelder nach dem Drücken der [↵]-Taste gemäß der Abrechnungsperiode aus dem Abrechnungsverwaltungssatz automatisch neben dem Feld **Abrechnungskreis** eingeblendet und können nicht geändert werden (siehe Abbildung 8.22).

Möchten Sie Meldungen für eine andere Periode als die Abrechnungsperiode aus dem Abrechnungsverwaltungssatz übertragen, müssen Sie den Radiobutton **andere Periode** auswählen und die entsprechende Periode erfassen. Die Datumsfelder werden nach dem Drücken der [↵]-Taste neben dem Feld **Abrechnungskreis** eingeblendet.

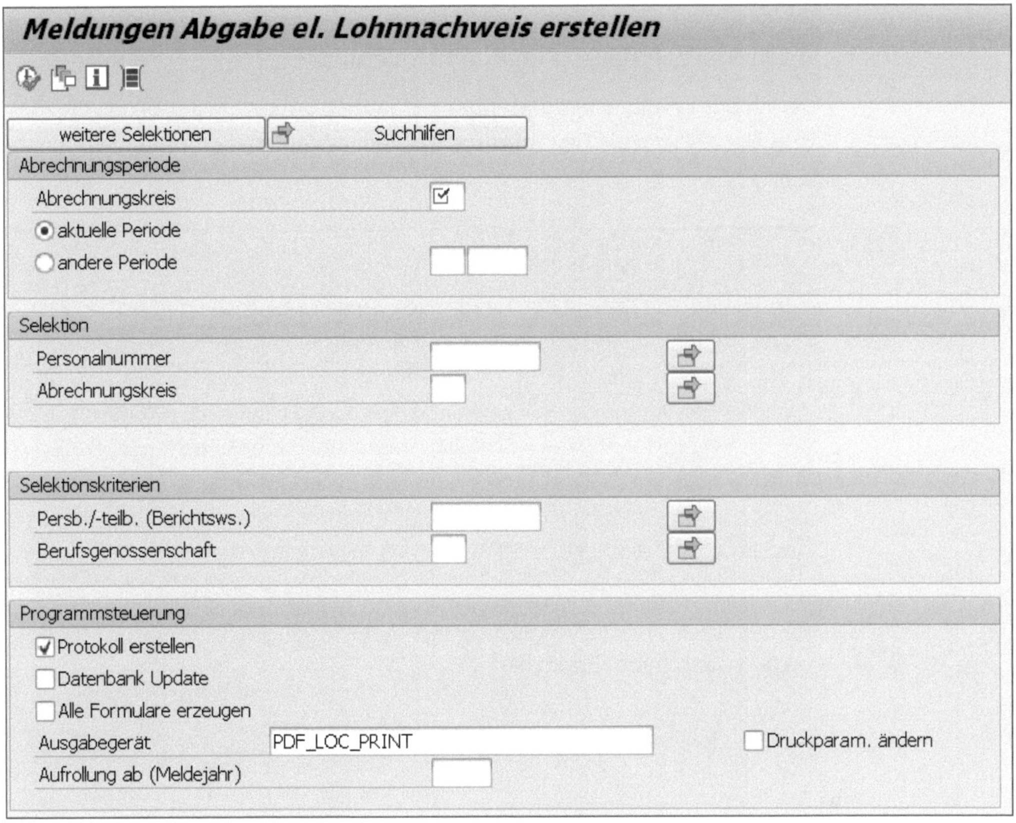

Abbildung 8.22 Report RPCUVBDO_OUT (Meldungen Abgabe el. Lohnnachweis erstellen)

8.3.3 Datengruppe »Selektion«

Das Feld **Personalnummer** verwenden Sie, wenn Sie den Lohnnachweis nur für eine Person erstellen möchten. Möchten Sie den Report für mehrere Personalnummern starten, erhalten Sie über den Button [Mehrfachselektion-Symbol] (**Mehrfachselektion**) neben dem Feld **Personalnummer** ein Dialogfenster, in dem weitere Selektionsmöglichkeiten angeboten werden. Sollen Meldungen für alle Mitarbeitenden aus einem oder mehreren Abrechnungskreisen übertragen werden, erfolgt kein Eintrag.

Der **Abrechnungskreis** stellt an dieser Stelle die Verbindung zu der oder den ausgewählten Personalnummer(n) dar. Möchten Sie den Report für mehrere Personalnummern starten, die unterschiedlichen Abrechnungskreisen angehören, verwenden Sie auch hier den Button (**Mehrfachselektion**) neben dem Feld **Abrechnungskreis**.

8.3.4 Datengruppe »Programmsteuerung«

Durch das Kennzeichen **Datenbank-Update** bestimmen Sie, ob Sie die Meldungserstellung als Test mit Protokoll oder produktiv laufen lassen möchten.

[»]

Einschränkungen in der Selektion

Wenn Sie Einschränkungen in der Selektion vornehmen, wird trotz dieser Einschränkung eine Selektion über alle abgerechneten Personalnummern durchgeführt, und es erfolgt daraufhin eine Stornierung für alle Teillohnnachweise, außer den selektierten. Sollten Sie Lohnnachweise nur für einen bestimmten Personalbereich/Personalteilbereich erstellen wollen, müssen Sie die Einschränkung ebenfalls unter der Datengruppe **Selektionskriterien** vorgeben, damit keine Stornierungen für die anderen Personalbereiche/-teilbereiche erfolgen.

[»]

Elektronischer Lohnnachweis

Wir empfehlen, den elektronischen Lohnnachweis immer über alle Mitarbeitenden und ohne Einschränkungen laufen zu lassen.

8.3.5 Meldungen bearbeiten

Analyse fehlerhafter Meldungen im Arbeitsvorrat

Über den Report zum Bearbeiten von Meldungen erhalten Sie eine Liste fehlerhaft erstellter Meldungen, die nicht übertragen werden können. Diese Meldungen können im Arbeitsvorrat analysiert werden. Die Fehler sollten im Anschluss daran behoben und die Meldungserstellung sollte wiederholt werden, damit die entsprechenden Meldungen auch übertragen werden können. Ist eine Meldung nicht zu korrigieren, kann diese als **manuell gemeldet** gekennzeichnet werden, wenn Sie die entsprechende Meldung manuell melden möchten.

8.3.6 Meldedatei erstellen

Mit dem Report RPCUVVDO_OUT (UV-Jahresmeldungen erstellen) wird pro Absender und Verfahren eine Datei erstellt. Die Bestimmung des Absenders erfolgt über Tabelle V_T596L (Bestimmung Personalbereich Berichtswesen) mit der Teilapplikation BG01. Nach der Erstellung müssen die erzeugten Dateien über den B2A-Manager versandt werden.

8.3.7 Meldedatei anzeigen

Der Report gibt Ihnen einen Überblick über den Inhalt eines TemSe-Objekts. In der Datengruppe **Programmabgrenzungen** selektieren Sie im Feld **Auswertungsdaten enthalten in** über die Wertehilfe (F4-Taste) ein TemSe-Objekt, dessen Inhalt Ihnen nach dem Anklicken des Buttons **Ausführen** angezeigt wird.

8.3.8 Meldungen anzeigen

Mithilfe dieses Reports können Sie sich die UV-Ausgangsmeldungen anzeigen lassen. Die Rückantwort auf den elektronischen Lohnnachweis erfolgt, wie in Abschnitt 8.1.4, »Eingangsmeldungen abholen«, beschrieben. Anschließend müssen die Eingangsmeldungen zu diesem Verfahren zugeordnet und verarbeitet werden.

8.4 Zahlstellenverfahren

Maschinelle Meldungsübertragung

Die Zahlstelle von Versorgungsbezügen muss die Meldungen an die zuständige Krankenkasse maschinell übertragen. In diesem Zusammenhang müssen Beginn-, Änderungs- und Endmeldungen erstellt werden. Die Meldungsübertragung erfolgt über den GKV-Kommunikationsserver. Jede Zahlstelle mit mindestens einem Versorgungsempfänger ist zur Erstellung dieser Meldungen verpflichtet.

Werden Versorgungsbezüge als Kapitalleistung gezahlt, wird der Infotyp 0942 (Kapitalleistung) verwendet, um die Meldung der entsprechenden Kapitalleistung auszulösen. Die Auszahlung der Kapitalleistung erfolgt separat über eine Lohnart im Infotyp 0014 (Wiederkehrende Be-/Abzüge) oder im Infotyp 0015 (Ergänzende Zahlung), je nachdem, ob die Zahlung in einer Summe oder in Raten erfolgen soll.

In den bisher vorgestellten Meldeverfahren hängt die Rückmeldung immer unmittelbar mit einer Meldung zusammen, die zuvor abgesetzt wurde. Im Zahlstellenverfahren können hingegen Meldungen von der Krankenkasse an die Zahlstelle eingehen, ohne dass im Vorfeld eine Ausgangsmeldung übermittelt worden ist.

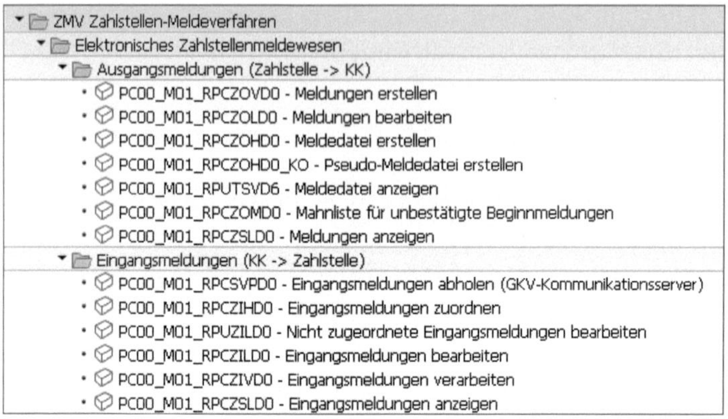

Abbildung 8.23 SAP-Easy-Access-Menü zum Zahlstellenverfahren

Rückmeldungen erstellen, versenden und verarbeiten

In Abbildung 8.23 sind die Schritte zu Erstellung und Versand sowie zur Verarbeitung von Rückmeldungen zu sehen. Die dazu notwendigen Schritte werden im Folgenden beschrieben.

- **Transaktion PC00_M01_RPCZOVD0 (Meldungen erstellen)**
  Nach der erfolgten Abrechnung werden über Transaktion PC00_M01_RPCZOVD0 (Meldungen erstellen) die folgenden Meldungen zum Versorgungsbezug erstellt:
  - **Beginn des Versorgungsbezugs**
    Die Meldung über den Beginn des Versorgungsbezugs wird bei der erstmaligen Zahlung eines Versorgungsbezugs oder im Rahmen eines Wechsels von Krankenkasse oder Zahlstelle erstellt. Diese Meldung enthält auch die Höhe des Versorgungsbezugs. Gemeldet werden muss immer ein voller Monat. Bezieht sich der in der Abrechnung ermittelte Versorgungsbezug auf einen Teilmonat, muss der fiktive monatliche Versorgungsbezug über die Musterlohnart MU81 erfasst werden. Diese erzeugt in der Abrechnung die Lohnart /3R5, die schließlich gemeldet wird.
  - **Änderung des Versorgungsbezugs**
    Ändert sich die Höhe eines Versorgungsbezugs, enthält die Veränderungsmeldung den neuen Betrag. Auch hier muss immer ein voller Monat gemeldet werden.
  - **Ende des Versorgungsbezugs**
    Die Meldung zum Ende eines Versorgungsbezugs wird bei einem Wechsel der Zahlstelle oder Krankenkasse erstellt oder wenn die Zahlung des Versorgungsbezugs eingestellt wird. Diese Meldung wird jedoch nicht erstellt, wenn das Ende bereits von der Krankenkasse gemeldet wurde.

- **Transaktion PC00_M01_RPCZOLD0 (Meldungen bearbeiten)**
  Über den Report zum Bearbeiten von Meldungen können fehlerhafte Meldungen angezeigt werden, die im Arbeitsvorrat enthalten sind und als **manuell gemeldet** gekennzeichnet werden sollen.
- **Transaktion PC00_M01_RPCZOHD0 (Meldedatei erstellen)**
  Dieser Report zum Erstellen einer Meldedatei sammelt die zu übertragenden Meldungen in einer Meldedatei, die anschließend im B2A-Manager zum Versand bereitsteht.
- **Transaktion PC00_M01_RPCZOMD0 (Mahnliste für unbestätigte Beginnmeldungen)**
  Meldungen über den Beginn der Zahlung eines Versorgungsbezugs müssen von der Krankenkasse bestätigt werden. Diese Rückmeldungen sind für die korrekte Abrechnung der Versorgungsbezüge notwendig. Erfolgt eine solche Bestätigung nicht, ist es die Aufgabe der Zahlstelle, an die Rückmeldung zu erinnern, was über den Report RPCZOMD0 (Mahnliste für unbestätigte Beginnmeldungen) erfolgt.
- **Transaktion PC00_M01_RPCSVPD0 (Eingangsmeldungen abholen – GKV-Kommunikationsserver) und Transaktion PC00_M01_RPCZIHD0 (Eingangsmeldungen zuordnen)**
  Das Abholen von Rückmeldungen erfolgt analog zu den anderen Meldeverfahren der Sozialversicherung.

Die Rückmeldungen werden vom GKV-Kommunikationsserver abgeholt und im nächsten Schritt zugeordnet. Meldungen, die nicht zugeordnet werden können, müssen manuell verarbeitet und zugeordnet werden. Innerhalb des Zahlstellenverfahrens kann dies häufiger der Fall sein als in anderen Meldeverfahren, da hier Meldungen von der Krankenkasse eingehen können, ohne dass zuvor eine Meldung aus dem SAP-System an die Krankenkasse herausgegangen ist.

Zwei Arten von Rückmeldungen

Innerhalb des Zahlstellenverfahrens können zwei Arten von Rückmeldungen eingehen: Fehlerrückmeldungen und Meldungen der Krankenkasse an die Zahlstelle.

- **Transaktion PC00_M01_RPCZILD0 (Eingangsmeldungen bearbeiten)**
  In diesem Schritt werden Fehlermeldungen oder Rückmeldungen, die nicht automatisch eingespielt werden können, zum Prüfen angeboten. Gegebenenfalls ist eine manuelle Anpassung der Daten erforderlich. Meldet z. B. die Krankenkasse das Ende eines Versorgungsbezugs, wird nicht automatisch ein Austritt der versorgungsberechtigten Person erzeugt, sondern es muss die entsprechende Meldung geprüft und der Austritt manuell gepflegt werden, falls dieser noch nicht vorhanden sein sollte.

- **Transaktion PC00_M01_RPCZIVD0 (Eingangsmeldungen verarbeiten)**
  Im Schritt **Eingangsmeldungen verarbeiten** werden Rückmeldungen der Krankenkasse verarbeitet, die Mitarbeiterdaten im Infotyp 0013 (Sozialversicherung) verändern.

  Zu Beginn der Beitragsabführungspflicht werden Angaben zur Verbeitragung in der KV und PV und die Höhe des maximal beitragspflichtigen Versorgungsbezugs zurückgemeldet. Im Rahmen von Veränderungen des Rentenbezugs wird die Höhe des maximal beitragspflichtigen Versorgungsbezugs angepasst. Außerdem wird das Kennzeichen für die Durchführung des Sozialausgleichs gesetzt, sofern ein Anspruch darauf besteht.

  Können die Meldungen nicht automatisch eingespielt werden, werden diese in den Status **zu prüfen** versetzt und im Schritt **Eingangsmeldungen bearbeiten** zum Prüfen angeboten.

Customizing

Wenn man davon ausgeht, dass die Kommunikation mit dem GKV-Kommunikationsserver eingerichtet ist, die für andere Meldearten analog verwendet wird, muss auch für das Zahlstellenverfahren die entsprechende Zahlstellennummer eingerichtet werden. Diese wird im View V_T5D0P gleichzeitig mit den betrieblichen Merkmalen des Personalteilbereichs vorgegeben. Außerdem muss im Personalbereich Berichtswesen für die Teilapplikation SVZS der Absender der Zahlstellenmeldungen eingerichtet werden. Hier reicht in der Regel ein Personalteilbereich als Absender aus.

8.5 Maschinelles Meldeverfahren nach dem Aufwendungsausgleichsgesetz (AAG)

Aufgrund des Gesetzes über den Ausgleich der Arbeitgeberaufwendungen für Entgeltfortzahlung (Aufwendungsausgleichsgesetz, AAG) müssen die Meldungen maschinell übertragen werden. Erwähnenswert ist, dass die Verrechnung der Erstattungen mit den zu zahlenden Beiträgen im SAP-System seit 2019 wieder möglich ist.

8.5.1 Prozess in SAP ERP HCM

Ausgangs- und Eingangskomponente

Ebenso wie viele weitere Meldeverfahren besteht das Meldeverfahren nach dem Aufwendungsausgleichsgesetz aus einer Ausgangs- und einer Eingangskomponente. Folglich werden nicht mehr nur Meldungen auf maschinellem Weg an die Krankenkassen übertragen, sondern auch maschinelle Fehlerrückmeldungen angenommen.

Ausgangsmeldungen

Reports

Über das in Abbildung 8.24 dargestellte Menü stehen die Reports zur Erstellung, Bearbeitung und Übertragung der Meldungen in den B2A-Manager – RPCEAVDO (Meldungen zur Erstattung von Arbeitgeberaufwendungen erstellen), RPCEALDO_OUT (Sachbearbeiterliste Erstattungsmeldungen Ausgang) und RPCEAHDO (Übertragung von Erstattungsmeldungen) – zur Verfügung. Darüber hinaus werden noch folgende Reports bereitgestellt:

- RPUTSVD9 – Datei für den Versand der Erstattungsmeldungen anzeigen (dieser Report zeigt die mit dem Report RPCEAVDO (Meldungen zur Erstattung von Arbeitgeberaufwendungen erstellen) erstellte TemSe-Datei an)
- RPCEALDO_OUT_DISPLAY – Erstattungsmeldungen anzeigen (mit diesem Report können die versandten Meldungen angezeigt werden)

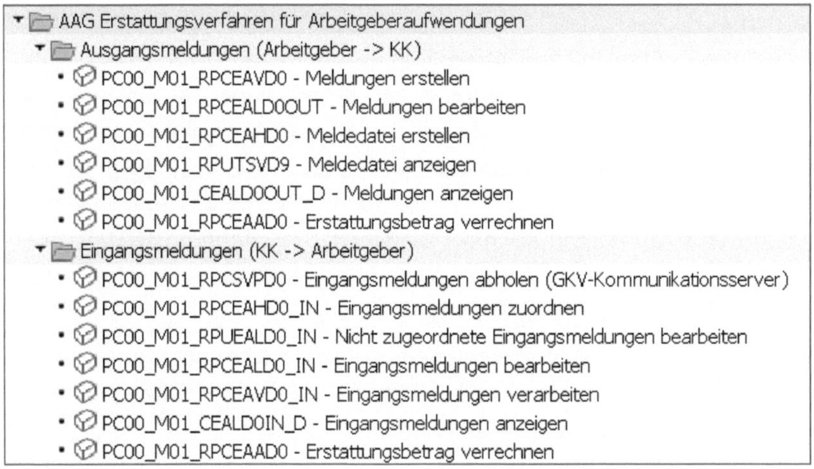

Abbildung 8.24 SAP-Easy-Access-Menü zum AAG-Erstattungsverfahren

Eingangsmeldungen

Eingangs- oder Fehlerrückmeldungsfunktion

Das Meldeverfahren nach dem Aufwendungsausgleichsgesetz verfügt über eine Eingangs- oder Fehlerrückmeldungsfunktion. Dies bedeutet, dass Fehler von den Empfangsstellen anhand der gemeldeten Datensätze ermittelt, klassifiziert und dem Absender auf elektronischem Weg mitgeteilt werden.

Voraussetzungen in den Stammdaten

Neben der Prüfung der fachlichen Voraussetzung nach § 3 des Aufwendungsausgleichsgesetzes muss für die betreffenden Mitarbeitenden auch eine Datenpflege in den Stammdaten vorgenommen werden.

Infotyp 0700

Einige dieser Voraussetzungen waren bisher auch schon für das alte Erstattungsverfahren notwendig. Der Infotyp 0700 (Elektronischer Datenaustausch) nimmt die relevanten Informationen für das Erstattungsverfahren auf, die nicht direkt aus der Personalabrechnung oder anderen Quellen entnommen werden können, und dient darüber hinaus der Übersteuerung.

Anforderungen an die Stammdaten

Konkret werden folgende Anforderungen an die Stammdaten gestellt:

- Für Erstattungen im Rahmen des Erstattungsverfahrens im Falle der Arbeitsunfähigkeit (U1) ist es Voraussetzung, dass im Infotyp 0013 (Sozialversicherung) das Sekundärattribut 23, SV-Umlage (U1), erfasst ist. Darüber hinaus muss im Infotyp 2001 (Abwesenheiten) eine entsprechende Abwesenheit für eine Zeit innerhalb der Entgeltfortzahlung erfasst sein. Notwendige Daten für die Erstattung müssen generell mit dem Infotyp 0700 (Elektronischer Datenaustausch), Subtyp DBAU, vorgegeben werden, sofern sie nicht maschinell über den Fiktivlauf SVAA ermittelt wurden.
  Zur Feststellung der U1-Umlagepflicht kann der Report RPLSVUDO (Prüfung der Umlagepflicht) herangezogen werden. Für Erstattungen im Falle der Zahlung des Mutterschaftsgeldzuschusses ist es Voraussetzung, dass im Infotyp 0080 (Mutterschutz/Erziehungsurlaub) die passende Abwesenheit für den Mutterschutz erfasst ist. Darüber hinaus ist auch hier der Infotyp 0700 (Elektronischer Datenaustausch), Subtyp DBZU, notwendig, sofern keine maschinelle Berechnung bzw. Vorgabe erfolgte oder eine Übersteuerung vorgenommen werden soll.
- Für Erstattungen im Falle eines Beschäftigungsverbots muss ebenfalls eine adäquate Abwesenheit im Infotyp 0080 (Mutterschutz/Erziehungsurlaub) vorhanden sein. Darüber hinaus kann auch hier der Infotyp 0700 (Elektronischer Datenaustausch), Subtyp DBBT, für eine manuelle Vorgabe bzw. Übersteuerung eingesetzt werden.

Für alle Fälle, in denen ein Infotyp 0700 (Elektronischer Datenaustausch) für die Erstattung angelegt wird, ist zu beachten, dass dieser die Monatsgrenze nie überschreiten darf. Dies ist darauf zurückzuführen, dass das Meldeverfahren als monatliches Verfahren ausgeprägt ist (siehe Abbildung 8.25).

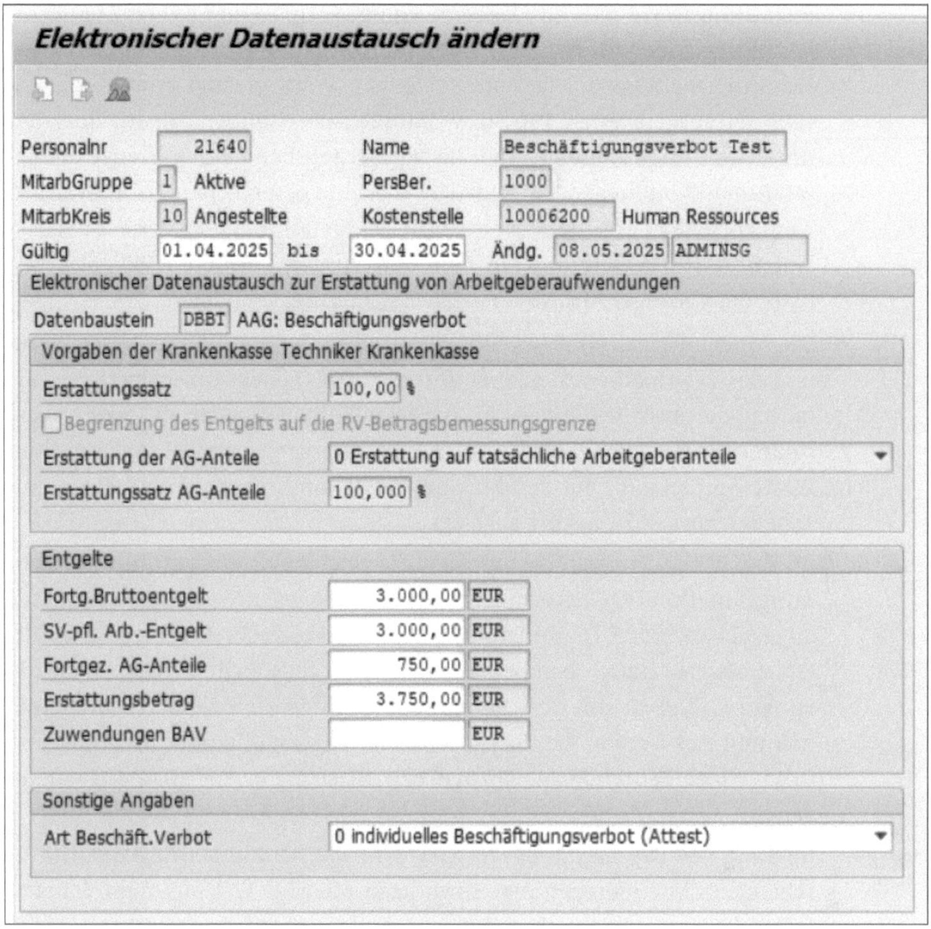

Abbildung 8.25 Infotyp 0700 (Elektronischer Datenaustausch) für den Fall eines individuellen Beschäftigungsverbots

Ablauf in der Personalabrechnung

Abhängig vom Erstattungsfall Arbeitsunfähigkeit, Mutterschutz oder Beschäftigungsverbot unterscheidet sich auch die Ermittlung der Erstattungsbeträge in der Personalabrechnung.

Arbeitsunfähigkeit

Für den Fall der Arbeitsunfähigkeit steht eine Lösung mit einer Fiktivlaufsteuerung und den Fiktivläufen SVAO (AAG – Vollmonatswerte) sowie SVAA (AAG – Arbeitsunfähigkeit) zur Verfügung. Die Fiktivläufe werden im Universalschema DA07 prozessiert. Wie immer sind die beiden von SAP ausgelieferten Fiktivläufe nur Muster, die jederzeit um kundeneigene Spezifika erweitert werden können. Dabei werden im Fiktivlauf SVAO die Entgelte der beschäftigten Person erzeugt, die diese erhalten hätte, wenn sie nicht arbeitsunfähig gewesen wäre. Im Fiktivlauf SVAA werden dann die relevanten

Erstattungswerte, nämlich das fortzuzahlende und damit zu erstattende Arbeitsentgelt der betreffenden Person und die darauf entfallenden Sozialversicherungsbeiträge, sowie weitere relevante Werte erzeugt (wie z. B. die Anzahl der ausgefallenen Tage bzw. Stunden bei Stundenlöhnern oder der Anteil des fortgezahlten Anteils bis zur Beitragsbemessungsgrenze der gesetzlichen Rentenversicherung). Um dies den gesetzlichen Erfordernissen nach korrekt zu ermitteln, werden für die Erstattungszeiträume im Fiktivlauf SVAA Split-Zeiträume in den Abrechnungstabellen WPBP (Arbeitsplatz/Basisbezüge) sowie SV (Sozialversicherung) gebildet.

Die Abrechnungsfunktion DSVU übernimmt dann auf Basis dieser Werte und des eventuell vorhandenen Infotyps 0700 (Elektronischer Datenaustausch) die abschließende Ermittlung von Entgelt, Ausfallzeit sowie fortgezahltem Brutto, zuzüglich AG-Anteil und Erstattungsbetrag. Die ermittelten Werte werden dann für den Meldungserstellungsreport in den relevanten Tabellen des PCL2-Clusters abgelegt.

Mutterschutz

Im Fall des Mutterschutzes werden die relevanten Werte in der Abrechnungsfunktion DOZMG ermittelt. Dabei muss ein zusätzlicher Parameter 1 angegeben werden. Dieser lautet CALC, sofern auch der Zuschuss zum Mutterschaftsgeld maschinell berechnet wird. Ist dies nicht der Fall, muss die Funktion DOZMG mit dem Parameter VO aufgerufen werden. Im letztgenannten Fall werden die Zuschussbeträge regelmäßig über die Infotypen 0014 (Wiederkehrende Be-/Abzüge) bzw. 0015 (Ergänzende Zahlung) aufgegeben.

Beschäftigungsverbot

Im Falle des Beschäftigungsverbots wird die Funktion DAAG im Unterschema DZMO (Berechnung: Grundlage MuschG BV) aus dem Schema DZMG (Berechnung Zuschuss Mutterschaftsgeld) aufgerufen – mit dem Parameter 1 = CALC, um den Ausgleichsbetrag zu berechnen, und dem Parameter 1 = ABST, um den Ausgleichsbetrag abzustellen. Grundlage für die Berechnung ist, ebenso wie im Falle der Arbeitsunfähigkeit, ein vorher durchgeführter Fiktivlauf, der die für eine Ermittlung des Ausgleichsbetrags notwendigen Werte ermittelt.

8.5.2 Customizing

Leider hat SAP die notwendigen Aktivitäten im Customizing nicht gesammelt an einer Stelle untergebracht, sodass es sinnvoll ist, sich zuerst einen Überblick über das Customizing zu verschaffen. Dies gelingt am besten durch die Lektüre von SAP-Hinweis 1367196 (Meldewesen Erstattung von Arbeitgeberaufwendungen).

Im Folgenden beschreiben wir die wesentlichen Einstellungen beschrieben. Dabei ist zu beachten, dass dies nicht die technisch notwendige Konfiguration umfasst (wie z. B. die RFC-Verbindungen für den GKV-Kommunikationsserver). Diese Einstellungen werden regelmäßig von den zuständigen Mitarbeitenden für die SAP-Basis durchgeführt.

Allgemeine Festlegungen

Parameter im Customizing

Die erste Voraussetzung für die Erstattung nach dem Aufwendungsausgleichsgesetz ist, dass die krankenkassenspezifischen Erstattungssätze und sonstigen Parameter im Customizing angelegt sind.

Die relevanten Daten werden über die Beitragssatzdatei bereitgestellt und können automatisch eingelesen werden.

Die entsprechenden Einstellungen finden sich im IMG unter **Personalabrechnung • Abrechnung Deutschland • Sozialversicherung • Stammdaten • Gesetzliche Sozialversicherung • Krankenkassen einrichten** (oder über Transaktion OHO2 bzw. den Viewcluster V_T5D11).

Notwendige Einstellungen

In diesem Schritt müssen folgende notwendige Einstellungen vorgenommen werden:

- U2BZU – Begrenzung des Entgelts auf BBG bei Mutterschaft
- U2BBV – Begrenzung des Entgelts auf BBG bei Beschäftigungsverbot
- U2KB1 – Kennzeichen **Erstattung der AG-Anteile bei Beschäftigungsverbot**
- U2EB1 – Prozentsatz für Erstattung der AG-Anteile bei Beschäftigungsverbot
- U1ES1 – 1. Erstattungssatz für Erstattung aus U1
- U1US1 – 1. Umlagesatz für die Beiträge der U1-Umlage
- U1BB1 – Begrenzung des Entgelts auf BBG-RV bei Arbeitsunfähigkeit (gültig für den ersten angegebenen Satz)
- U1KB1 – Kennzeichen Erstattung der AG-Anteile bei Arbeitsunfähigkeit (gültig für den ersten angegebenen Satz)
- U1EB1 – Prozentsatz für **Erstattung der AG-Anteile bei Arbeitsunfähigkeit** (gültig für den ersten angegebenen Satz)

U1ES1 bis U1EB1

Die Felder U1ES1 bis U1EB1 existieren aufgrund der gesetzlich eingeräumten Wahlrechte sechsfach (das bedeutet, für den zweiten Erstattungssatz heißt das Feld U1ES2). Einen Eindruck vom Customizing vermittelt Abbildung 8.26.

In Tabelle V_T5D49 (Zuordnung SV-Umlagesätze U1) können für U1-pflichtige Betriebe die Erstattungssätze pro Krankenkasse hinterlegt werden. Ein Eintrag ohne vorgegebene Krankenkasse gilt als Standardwert für diesen Personalbereich/-teilbereich (siehe Abbildung 8.27).

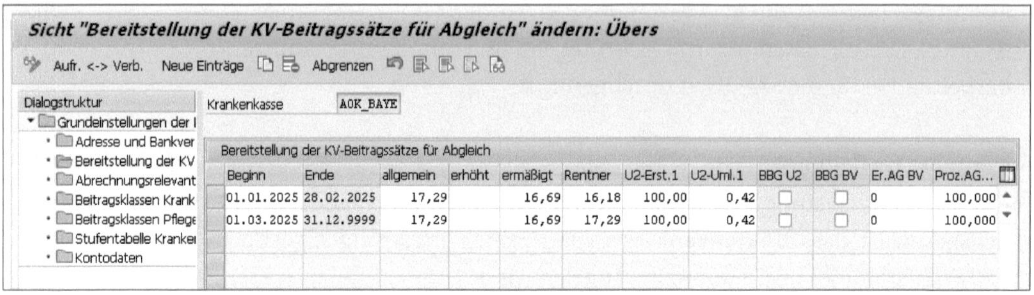

Abbildung 8.26 Relevantes krankenkassenspezifisches Customizing für die Erstattungen nach dem AAG (Auszug)

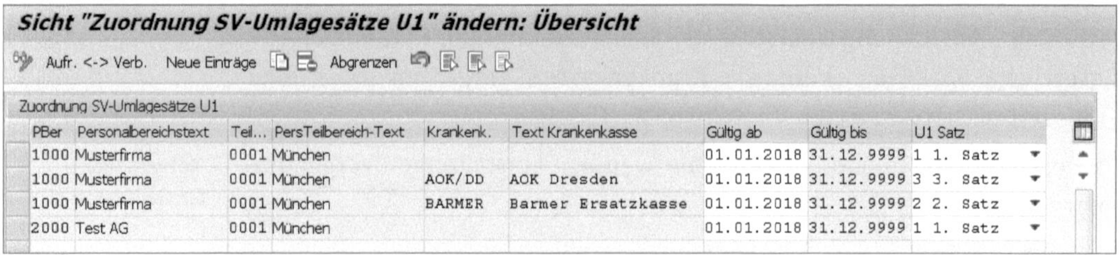

Abbildung 8.27 SV-Umlagesätze U1 zuordnen

Personalbereich Berichtswesen

Allgemein muss neben dem meldenden Berichtsbetrieb sowie dem Zahlweg auch der Absender der E-Mail angegeben werden. Dazu wird die Funktion des Personalbereichs Berichtswesen genutzt. Dieser ist im IMG unter **Personalabrechnung • Abrechnung Deutschland • Personalbereich Berichtswesen** zu finden.

Es werden die Teilapplikationen SVEV (Maschinelle Erstattung von Arbeitgeberaufwendungen) sowie SVEA (Meldewesen Erstattung von AAG-Aufwendungen) eingesetzt. Abbildung 8.28 zeigt einen beispielhaften Eintrag für die Teilapplikation SVEV.

Über die reine Festlegung des Berichtsbetriebs müssen auch die Bankverbindung sowie die Erstattungsart angegeben werden. Dies erfolgt über den View V_T596M (siehe Abbildung 8.29).

[»]

Erstattungsweg

Mit SAP-Hinweis 2638327 wurde ab 2019 die Verrechnungsmöglichkeit der Erstattungen mit dem Beitragsnachweis wieder eingeführt. Beachten Sie dabei, dass die Verrechnung einen Monat zeitversetzt erfolgt, da die Erstattungsanträge erst von der Krankenkasse genehmigt werden müssen.

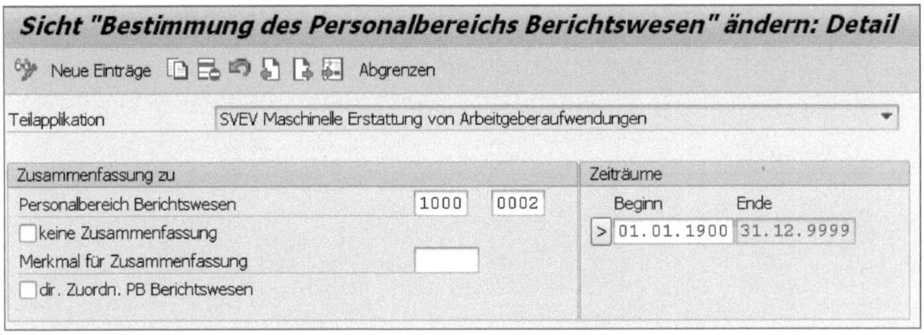

Abbildung 8.28 Personalbereich Berichtswesen für die Teilapplikation SVEV festlegen

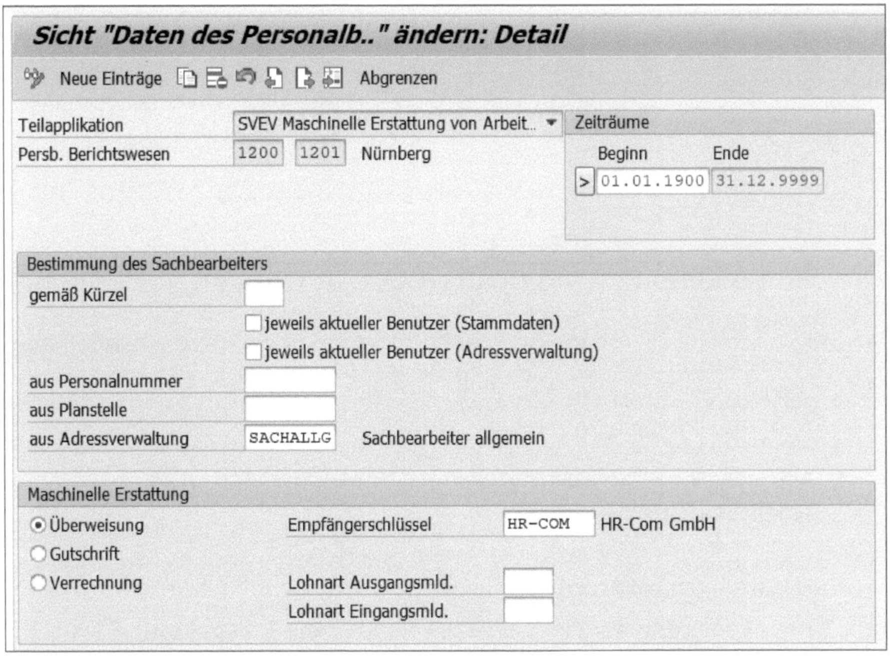

Abbildung 8.29 Erstattungsweg und Bankverbindung bei maschineller Erstattung festlegen

Teilapplikation SVEA

Mit der Teilapplikation SVEA (siehe Abbildung 8.30) werden folgende Festlegungen getroffen bzw. Informationen für das Meldeverfahren bereitgestellt:

- Definition des absendenden Personalteilbereichs für die Dateien mit den Meldesätzen für die Erstattung (dies muss der Teilbereich sein, für den ein Zertifikat vorliegt)
- Anschrift der zuständigen Person

- Als Übertragungsweg für die Dateien ist nur der GKV-Kommunikationsserver zulässig.

Es werden wie für die Applikation SVEV auch die Views V_T596L und V_T596M genutzt.

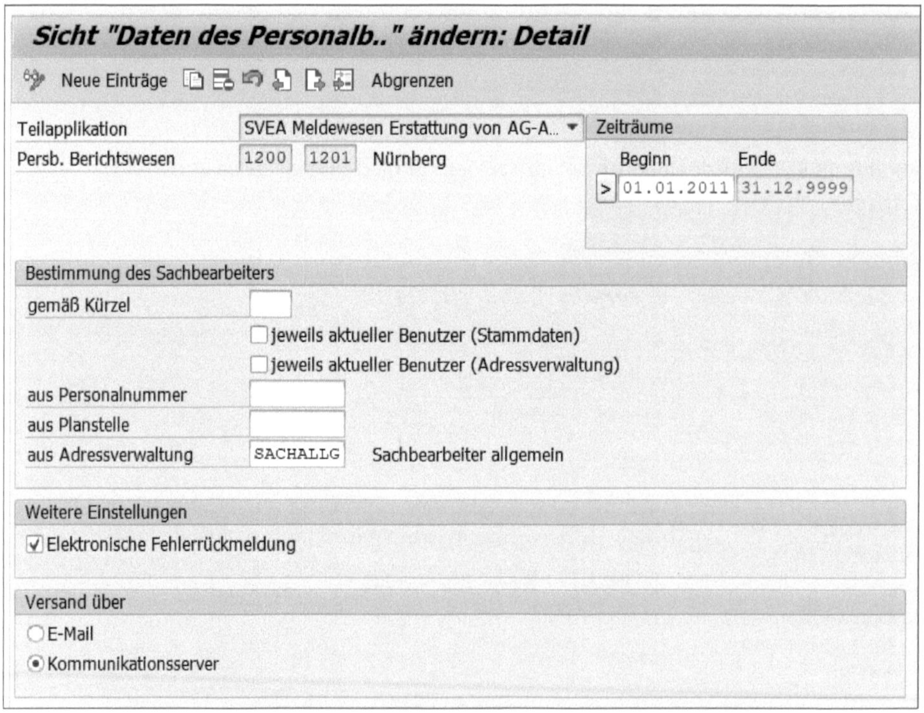

Abbildung 8.30 Daten des Personalbereichs Berichtswesen für die Teilapplikation SVEA

Erstattungen bei Arbeitsunfähigkeit

Die Aktivierung der Fiktivläufe erfolgt über die Teilapplikation SVAU im View V_T596D (siehe Abbildung 8.31).

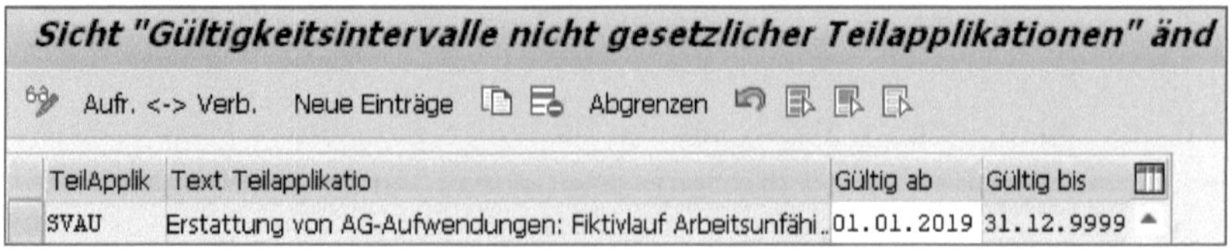

Abbildung 8.31 Aktivierte Fiktivläufe für die Ermittlung der Ausfallentgelte bei Arbeitsunfähigkeit

Darüber hinaus können folgende Summenlohnarten über den View V_T596J und die Teilapplikation SVEA kundeneigen angepasst werden:

- U1EG – Vollzeitentgelt aus Fiktivlauf
- U1AF – Ausfallzeit aus Fiktivlauf
- U1BR – Arbeitsentgelt aus Fiktivlauf (Ausfallentgelt)
- U1BG – RV-Bemessungsbrutto aus Fiktivlauf
- U1AG – AG-Anteile aus Fiktivlauf (auf das Ausfallentgelt)

Erstattungen des Mutterschaftsgeldzuschusses

Schema der Personalabrechnung ändern

Für Erstattungen nach dem Aufwendungsausgleichsgesetz für den Zuschuss zum Mutterschaftsgeld muss abhängig von der Berechnungsart (manuell oder maschinell) lediglich eine Änderung im Schema der Personalabrechnung vorgenommen werden, damit die korrekten Beträge in der Funktion DSVU ermittelt werden:

- **Manuelle Berechnung der Zuschussbeträge**
  Werden die Zuschussbeträge manuell errechnet und über die Infotypen 0014 (Wiederkehrende Be-/Abzüge) bzw. 0015 (Ergänzende Zahlung) vorgegeben, ist es notwendig, dass im Schema D000 die Abrechnungsfunktion DOZMG mit dem Parameter VO aufgerufen wird. Der Aufruf der Funktion mit dem Parameter VO bewirkt, dass im Verlauf der Personalabrechnung geprüft wird, ob eine entsprechende Abwesenheit (Feld ZSVAB – **Abwesenheitskennzeichen der Zusatzversorgung** = **F**) vorhanden ist. Im Anschluss werden die für die Erkennung im Rahmen der Auswertung relevanten Split-Kennzeichen in Tabelle VO (Variable Zuordnung) erzeugt. Der Parameter VO ist im Standard aktiviert, da SAP mit dem Auslieferungszustand annimmt, dass der Zuschuss zum Mutterschaftsgeld manuell berechnet wird.
- **Maschinelle Berechnung der Zuschussbeträge**
  Werden die Zuschussbeträge maschinell berechnet, muss die Abrechnungsfunktion DOZMG mit dem Parameter 1 = CALC aufgerufen werden. Der Parameter CALC bewirkt die maschinelle Berechnung des Zuschusses aus den Fiktivläufen auf der Grundlage der aus den Vormonaten bereitgestellten Grundlagenwerte. Zusätzlich werden seit Einführung des maschinellen Meldeverfahrens nach dem Aufwendungsausgleichsgesetz in diesem Schritt auch die relevanten Splits und Zuordnungen für Tabelle VO des Abrechnungsergebnisses erzeugt.

Parameter 1

Insofern müssen Sie also entscheiden, mit welchem Parameter 1 die Abrechnungsfunktion DOZMG in den entsprechenden Schemen der Personalabrechnung aufgerufen wird. Vergleichen Sie dazu den Aufruf im Unterschema DZMB **Berechnung Zuschuss MuschGeld / BV** in Abbildung 8.32. Im

Schema D100 des öffentlichen Dienstes erfolgt der Aufruf der Funktion DOZMG anders als im Schema D000 auf der obersten Ebene im Schema.

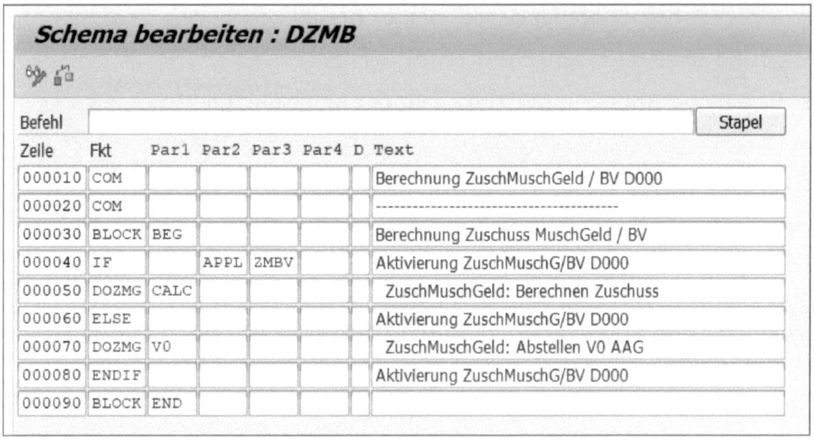

Schema bearbeiten : DZMB

Befehl Stapel

Zeile	Fkt	Par1	Par2	Par3	Par4	D	Text
000010	COM						Berechnung ZuschMuschGeld / BV D000
000020	COM						--
000030	BLOCK	BEG					Berechnung Zuschuss MuschGeld / BV
000040	IF		APPL	ZMBV			Aktivierung ZuschMuschG/BV D000
000050	DOZMG	CALC					ZuschMuschGeld: Berechnen Zuschuss
000060	ELSE						Aktivierung ZuschMuschG/BV D000
000070	DOZMG	V0					ZuschMuschGeld: Abstellen V0 AAG
000080	ENDIF						Aktivierung ZuschMuschG/BV D000
000090	BLOCK	END					

Abbildung 8.32 Abrechnungsfunktion DOZMG mit Parameter 1 = V0 im Schema DZMB

Kundeneigene Anpassung der Lohnarten

Wie bei Erstattungen für den Fall der Arbeitsunfähigkeit können auch hier die relevanten Lohnarten für das Meldeverfahren kundeneigen manipuliert werden (View V_T596J, Teilapplikation SVEA):

- U2NM – Monatliches Nettoentgelt
- U2NT – Kalendertägliches Nettoentgelt
- U2ZU – Zuschuss zum Mutterschaftsgeld

Erstattung der Ausgleichsbeträge beim Beschäftigungsverbot

Abwesenheiten prüfen

Im ersten Schritt müssen die in den Stammdaten zu verwendenden Abwesenheiten im Customizing geprüft werden. Sinnvoll ist die Nutzung der von SAP ausgelieferten Standardabwesenheitsarten, da diese in den verschiedenen Customizing-Tabellen bereits korrekt geschlüsselt und damit keine weiteren Aktivitäten notwendig sind:

- 0510 – Beschäftigungsverbot
- 0511 – Beschäftigungsverbot (individuell)
- 0512 – Beschäftigungsverbot (generell)

Standardabwesenheitsarten

Darüber hinaus hat die Verwendung der Standardabwesenheitsarten den Vorteil, dass die Abwesenheiten bei gesetzlichen Änderungen problemlos mit dem Mandanten 000 abgeglichen werden können, was aufwendige manuelle Abgleicharbeit bei kundeneigenen Abwesenheitsarten erspart.

Die beiden letztgenannten Abwesenheiten sind, im Gegensatz zur Abwesenheitsart 0510, unbezahlt und setzen damit eine maschinelle Berechnung der Ausgleichsbeträge voraus.

Wichtig für die korrekte Behandlung im Verlauf der Personalabrechnung ist, dass die Abwesenheitsart im Feld **Kennzeichen für Erstattungsverfahren** von Tabelle T5D0S (V_T5D0S), Gruppierung von Abwesenheiten, korrekt mit einem der folgenden beiden Schlüssel gekennzeichnet ist.

- 3 – individuelles Beschäftigungsverbot
- 4 – generelles Beschäftigungsverbot

Darüber hinaus muss die Funktion DAAG mit dem Parameter 1 = BV und Parameter 2 = ABST ins Schema auf oberster Ebene (siehe Abbildung 8.33) eingebunden werden.

Schema bearbeiten : D000

Befehl | Stapel

Zeile	Fkt	Par1	Par2	Par3	Par4	D	Text
000010	BLOCK	BEG					Abrechnungsschema: Deutschland
000020	COM						******************************
000030	COPY	DIN0					Initialisierung Deutschland
000040	DAAG	BV	PRRR				Prüfen Rückrechnungsdatum
000050	DAAG	BV	UBBV				Beschäftigungsverbot: Unterbrechungen
000060	DPFBT	EPCA					Berechnung Pfändung Entstehungsprinzip
000070	PITAB	D	AIT				AIT initialisieren (Fiktivberechnungen)
000080	COPY	DGD0					Grunddaten Deutschland
000090	COPY	DBAV					BAV: Vorbereitung Beitr./Eink.ermittlung
000100	COPY	DF01					Fiktivrechnungen Deutschland
000110	COPY	DKM0				*	KUG Vergl.netto berechen (Netto Zus)
000120	COPY	DZ00					Vergleichsnetto Krankengeld
000130	COPY	DLA0					Einlesen letztes Abrechnungsergebnis
000140	COPY	DZMF					Grundlagen Zuschuss MuschGeld / BV
000150	COPY	DFPF					Fiktivberechnungen Pfändung
000160	DAAG	BV	ABST				Beschäftigungsverbot: Ausgleichsbetrag
000170	COPY	DGDB					Grunddaten Bauwirtschaft
000180	COPY	DT00					Bruttoverguetung
000190	COPY	DZMB					Berechnung Zuschuss MuschGeld / BV
000200	COPY	DREI					Reisekosten Ueberleitung nach L + G
000210	COPY	XLON					Darlehen
000220	COPY	DSEZ					Einmalzahlungen
000230	COPY	DST0					Vorbereitungen Steuer Deutschland
000240	COPY	DSVA					Vorbereitungen Sozialvers. Deutschland
000250	COPY	DAL0					Aliquotierung und Abstellung
000260	COPY	DNET					SV, Steuer, Nettozusagen

Abbildung 8.33 Abrechnungsfunktion DAAG im Schema D000

Kundeneigene Anpassung der Summenlohnarten

Auch für den Fall des Beschäftigungsverbots können die relevanten Summenlohnarten kundenspezifisch manipuliert werden (View V_T596J, Teilapplikation SVEA):

- U2AG – AG-Anteile aus Fiktivlauf
- U2BG – RV-Bemessungsbrutto aus Fiktivlauf
- U2BM – Monatliches Bruttoentgelt
- U2BR – Arbeitsentgelt aus Fiktivlauf

8.6 Bescheinigungen elektronisch annehmen (BEA)

Der verpflichtende Einsatz des BEA-Verfahrens (Bescheinigungen elektronisch annehmen) der Bundesagentur für Arbeit besteht seit dem 01. Januar 2023. Die Bundesagentur für Arbeit nimmt für Austritte ab diesem Zeitpunkt keine Papierbescheinigungen mehr an.

Bescheinigungen des BEA-Verfahrens

Das BEA-Verfahren umfasst folgende Bescheinigungen:

- Arbeitsbescheinigung
- Arbeitsbescheinigung EU
- Nebeneinkommen

Bis 31.12.2022 konnten Mitarbeitende einer elektronischen Übermittlung widersprechen, dies ist jetzt nicht mehr möglich. Ehemalige Mitarbeitende erhalten vom Arbeitgeber keine Nachweise über die übermittelten Daten, diese Auszüge erstellt die Bundesagentur für Arbeit.

8.6.1 Customizing

Das Customizing erfolgt im Einführungsleitfaden unter dem Pfad **Personalabrechnung • Abrechnung Deutschland • Bescheinigungen Elektronisch Annehmen (BEA)** (siehe Abbildung 8.34).

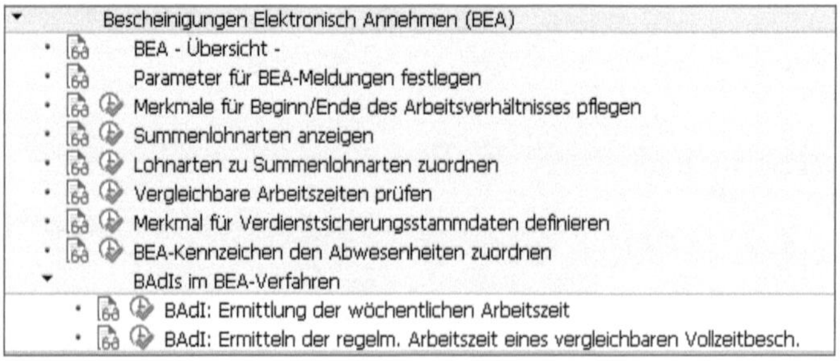

Abbildung 8.34 Customizing des BEA-Verfahrens

Zu dem Punkt **Parameter für BEA-Meldungen festlegen** muss für die Teilapplikation BAER Tabelle V_T596L (Bestimmung des Personalbereichs Berichtswesen) für die Zusammenfassung (siehe Abbildung 8.35) gepflegt werden.

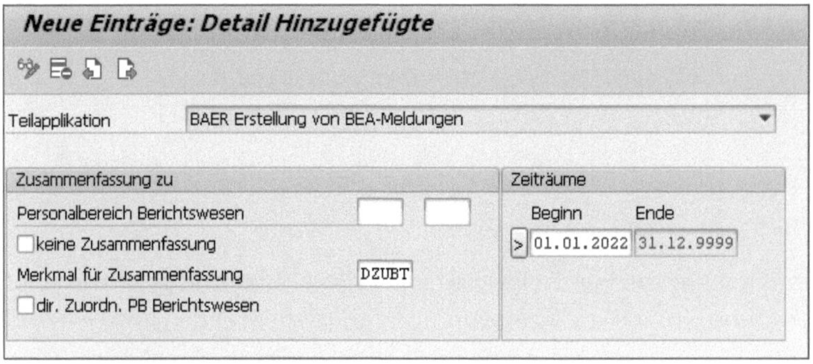

Abbildung 8.35 Customizing-Tabelle V_T596L

Die Information zum Customizing für den Absender erhalten Sie im Einführungsleitfaden unter dem Pfad **Personalabrechnung • Abrechnung Deutschland • Behördenkommunikation (B2A) • Datenaustausch mit den Sozialversicherungsträgern • Einstellungen für die Anwendungen • Einstellungen für BEA • Absender festlegen** (siehe Abbildung 8.36).

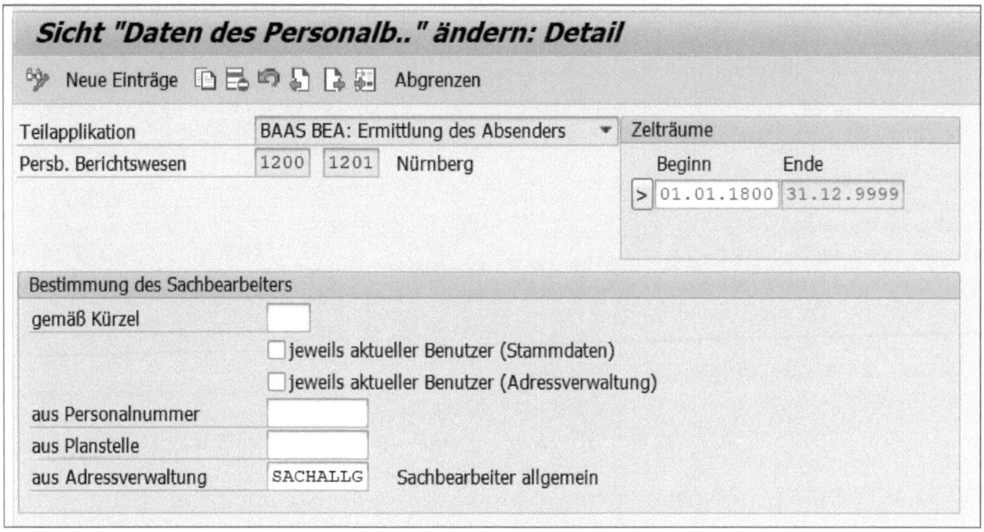

Abbildung 8.36 Customizing-Tabelle V_T596M, Teilapplikation BAAS

8.6.2 Notwendige Stammdatenpflege

Daten zur Erstellung der Arbeitsbescheinigung

Zur Erstellung der Arbeitsbescheinigung werden sehr viele Daten benötigt. Im Folgenden ein kleiner Auszug:

- Datum der Kündigung
- Erfolgte die Kündigung schriftlich/wie war die Zustellung?
- War vertragswidriges Verhalten der Grund der Kündigung?
- Wurde eine Sozialauswahl vorgenommen?
- Arbeitsentgelt nach Ende des Beschäftigungsverhältnisses
- Abfindung bis 0,5 Monatsgehälter

Die benötigten Angaben sind teilweise nicht im SAP-System abgebildet, daher hat sich SAP entschlossen, alle notwendigen Angaben über den Infotyp 0700 (Elektronischer Datenaustausch) abzufragen. Es muss also für die Arbeitsbescheinigung der Infotyp 0700 (Elektronischer Datenaustausch) mit dem Subtyp DSAB zum Austrittsdatum angelegt werden (siehe Abbildung 8.37).

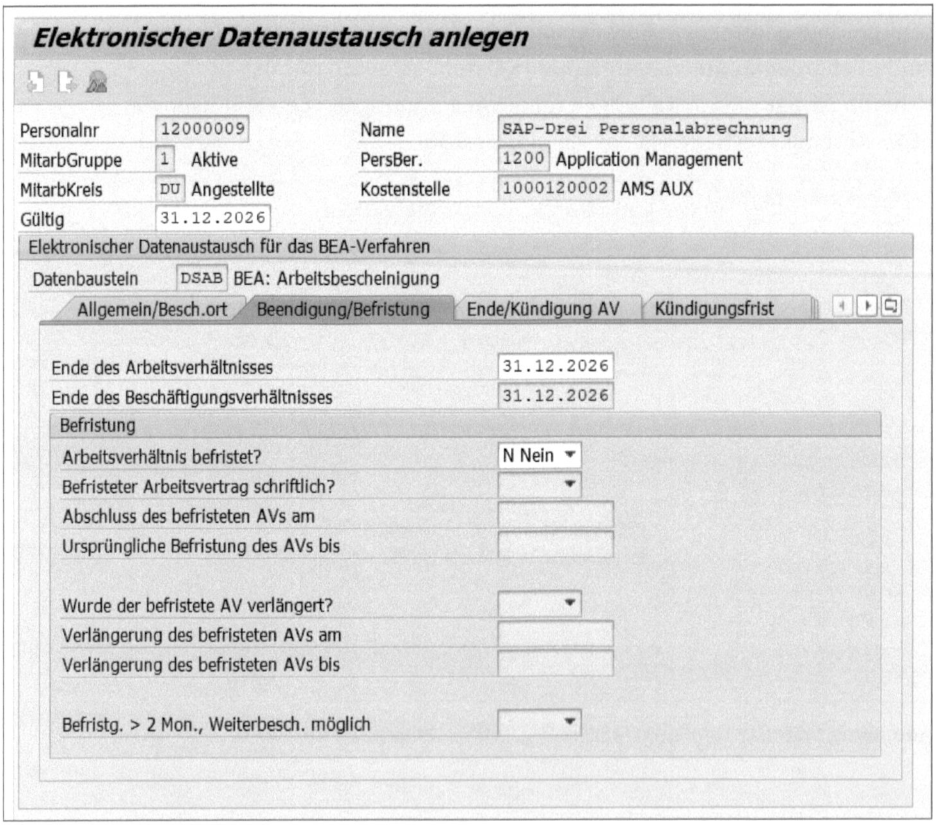

Abbildung 8.37 Infotyp 0700 (Elektronischer Datenaustausch), Subtyp DSAB pflegen

Umgang mit Infotyp 0700 (Elektronischer Datenaustausch)

Wir empfehlen entweder die Aufnahme des Infotyps 0700 (Elektronischer Datenaustausch) in die Austrittsmaßnahme oder das Anlegen einer dynamischen Maßnahme bei der Erfassung des Austritts.

8.6.3 BEA-Meldungen erstellen

Erstellung und Übertragung erfolgen analog zu den bisherigen Meldeverfahren.

Unter folgendem Menüpunkt können die Meldungen erstellt werden: **Personal • Personalabrechnung • Europa • Deutschland • Folgeaktivitäten • Pro Abrechnungsperiode • Abrechnungszusatz • BEA Bescheinigungen Elektronisch annehmen** (siehe Abbildung 8.38).

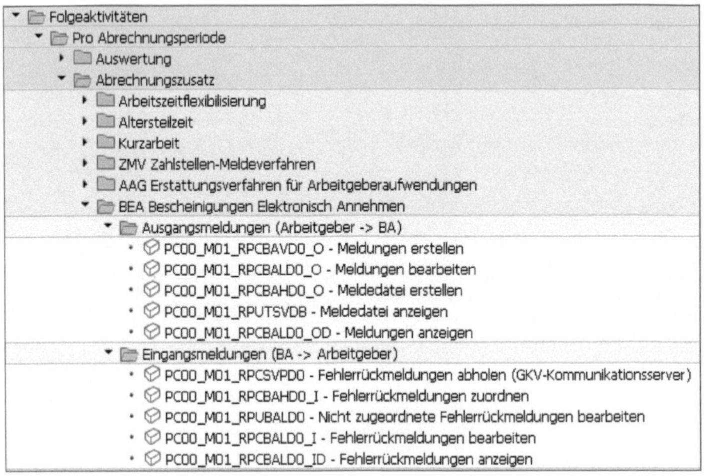

Abbildung 8.38 SAP-Easy-Access-Menü für BEA

Über den Report RPCBAVD0_OUT (BEA-Meldungen erstellen) werden die zu erstellenden Bescheinigungen an die Bundesagentur für Arbeit selektiert und die Meldungen erstellt (siehe Abbildung 8.39).

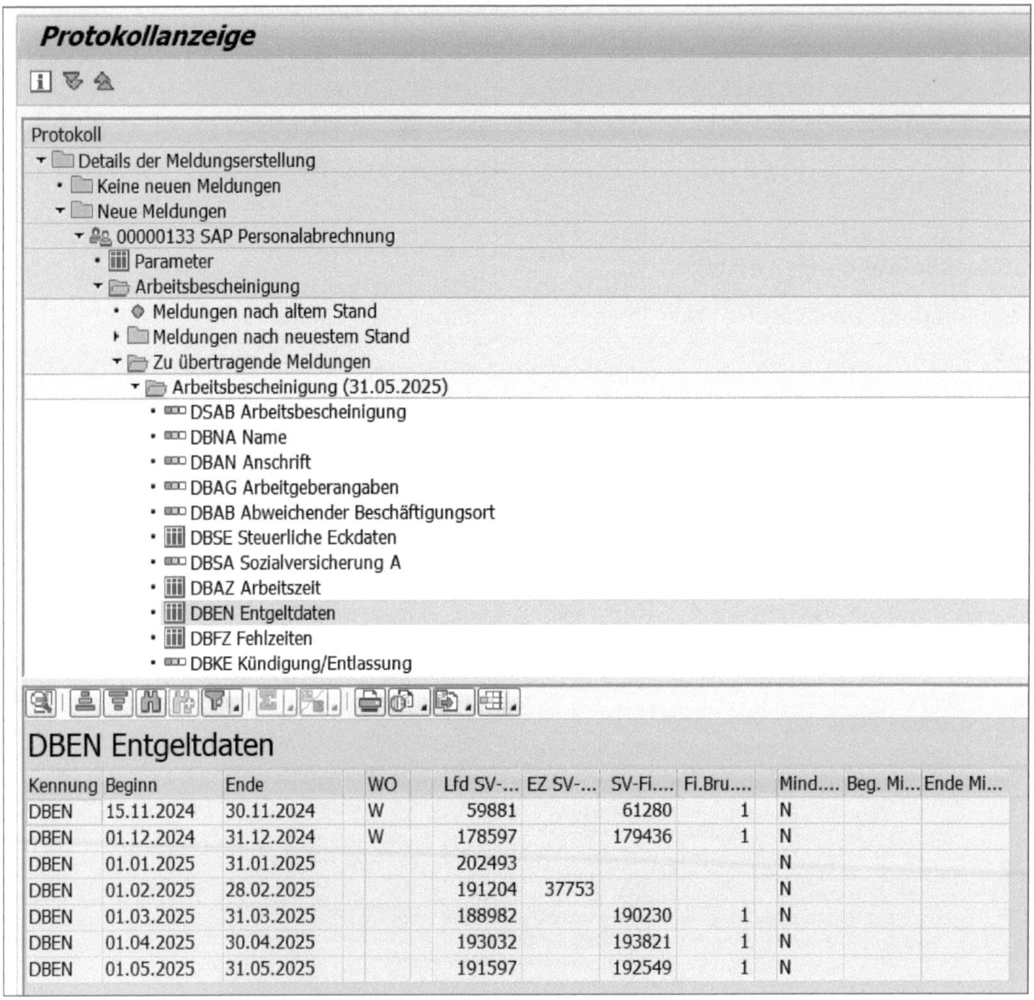

Abbildung 8.39 BEA-Meldungen erstellen

8.7 Berufsständische Versorgung

Meldungen

Seit 2009 müssen für alle Beschäftigten, die bei einem berufsständischen Versorgungswerk versichert sind und Anspruch auf einen Arbeitgeberzuschuss haben, vom Arbeitgeber monatlich eine Meldung zur Beitragserhebung und eine Meldung ähnlich der DEÜV-Meldung erstellt und an die Annahmestelle der berufsständischen Versorgungswerke übermittelt werden.

Die entsprechenden Aktivitäten finden Sie im SAP-Easy-Access-Menü innerhalb der monatlichen Folgeaktivitäten unter den Abrechnungszusätzen (siehe Abbildung 8.40).

Abbildung 8.40 SAP-Easy-Access-Menü »Berufsständische Versorgung«

8.7.1 Beitragserhebung erstellen

Die Berechnung des Beitrags zur Zusatzversorgung erfolgt nicht mehr über den Infotyp 0079 (SV-Zusatzversicherung), sondern über den Infotyp 0126 (Zusatzversorgung). In diesem Infotyp werden die Mitgliedsnummer und die Versicherungsdaten eingegeben. Außerdem wird ein Kennzeichen für Selbstzahler gesetzt, die ihren Beitrag selbst überweisen und an die nur der Arbeitgeberanteil ausbezahlt wird. Ein Beitrag muss nicht gepflegt werden, da dieser automatisch in der Abrechnung ermittelt wird. Daher können nur die Pflichtbeiträge ermittelt werden; zahlt die betreffende Person freiwillig mehr Beiträge, können diese nicht in SAP ERP HCM abgewickelt werden, oder sie müssen zusätzlich im Infotyp 0079 (SV-Zusatzversicherungen) gepflegt werden. Diese zusätzlichen Beiträge sind allerdings nicht in den Meldungen enthalten. Weitere Informationen zum Infotyp 0126 (Zusatzversorgung) finden Sie in Kapitel 2, »Infotypen der Personalabrechnung«.

Report RPCBOVDO

Der Report RPCBOVDO, der über Transaktion PC00_M01_RPCBOVDO (Beitragserhebungsmeldungen erstellen) ausgeführt wird, erstellt die Meldungen zur Beitragserhebung (siehe Abbildung 8.41). Diese werden gespeichert, auch wenn sie fehlerhaft sein sollten. Anhand der Sachbearbeiterliste können diese Meldungen kontrolliert und die Fehler angezeigt werden.

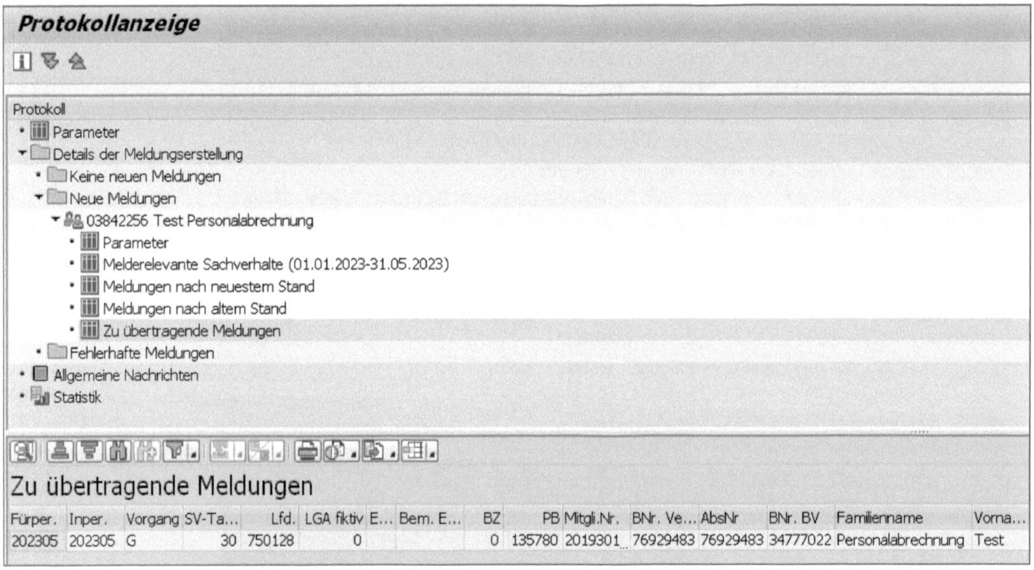

Abbildung 8.41 Protokoll der Meldungserstellung

Im Selektionsbild der Sachbearbeiterliste (siehe Abbildung 8.42) kann die Auswahl der Meldungen zeitlich eingeschränkt werden, und mithilfe der Aktivierung des Kennzeichens **Arbeitsvorrat anzeigen** können die Meldungen auf den Arbeitsvorrat beschränkt werden, d. h., dass nur Meldungen angezeigt werden, die ein manuelles Eingreifen erfordern.

Funktionen in der Sachbearbeiterliste

In der Sachbearbeiterliste (siehe Abbildung 8.43) sind die folgenden Funktionen verfügbar:

- Meldung für ein erneutes Übertragen kennzeichnen (Button **erneut übertragen**)
- Meldung als manuell gemeldet kennzeichnen (Button **manuell gemeldet**)
- Meldung als abgelehnt kennzeichnen (Button **abgelehnt**)

Über den Menüpunkt **Meldedatei erstellen** werden die Meldungen im B2A-Manager zum Versenden bereitgestellt.

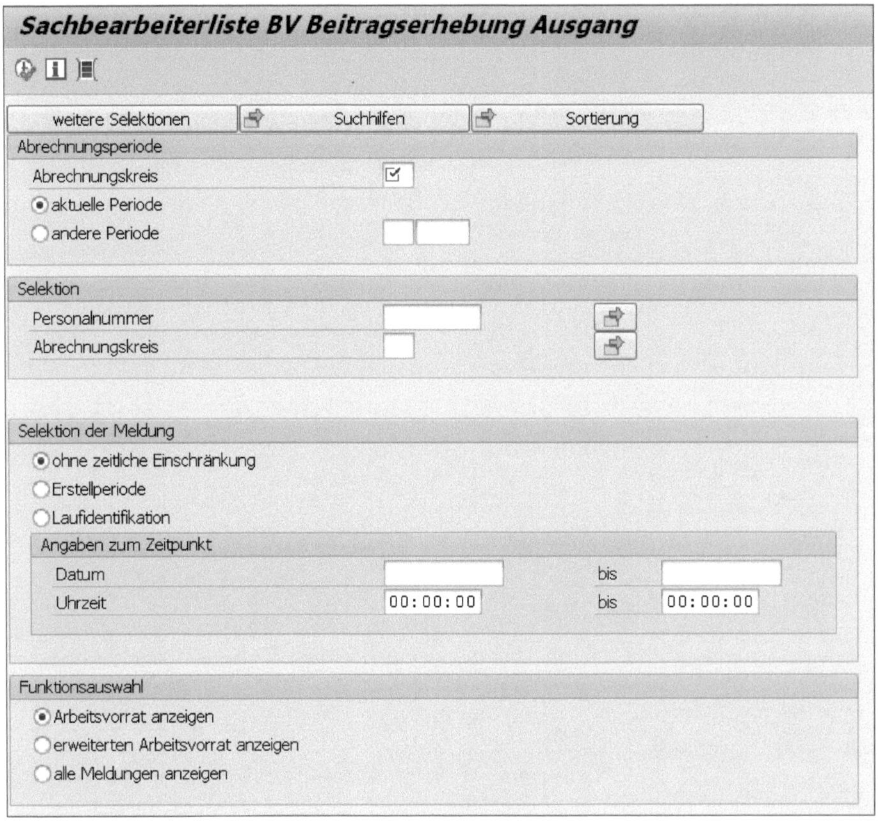

Abbildung 8.42 Selektionsbild der Sachbearbeiterliste

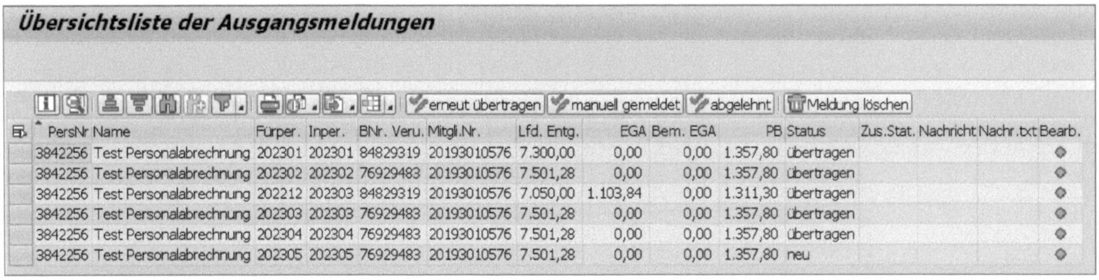

Übersichtsliste der Ausgangsmeldungen

erneut übertragen | manuell gemeldet | abgelehnt | Meldung löschen

PersNr	Name	Fürper.	Inper.	BNr. Veru.	Mitgli.Nr.	Lfd. Entg.	EGA	Bem. EGA	PB	Status	Zus.Stat.	Nachricht	Nachr.txt	Bearb.
3842256	Test Personalabrechnung	202301	202301	84829319	20193010576	7.300,00	0,00	0,00	1.357,80	übertragen				◆
3842256	Test Personalabrechnung	202302	202302	76929483	20193010576	7.501,28	0,00	0,00	1.357,80	übertragen				◆
3842256	Test Personalabrechnung	202212	202303	84829319	20193010576	7.050,00	1.103,84	0,00	1.311,30	übertragen				◆
3842256	Test Personalabrechnung	202303	202303	76929483	20193010576	7.501,28	0,00	0,00	1.357,80	übertragen				◆
3842256	Test Personalabrechnung	202304	202304	76929483	20193010576	7.501,28	0,00	0,00	1.357,80	übertragen				◆
3842256	Test Personalabrechnung	202305	202305	76929483	20193010576	7.501,28	0,00	0,00	1.357,80	neu				◆

Abbildung 8.43 Sachbearbeiterliste

8.7.2 Meldewesen

Analog zur Erstellung von DEÜV-Meldungen in der Sozialversicherung funktioniert die Erstellung von Meldungen für die berufsständische Versorgung. Der Report RPCBMVD0 (Meldungen für die berufsständische Versorgung erstellen) erstellt diese Meldungen (siehe Abbildung 8.44) und speichert sie anschließend ab. Die Fehler, die hier auftreten können, gleichen ebenfalls den Fehlern, die bei der Erstellung von DEÜV-Meldungen auftreten können.

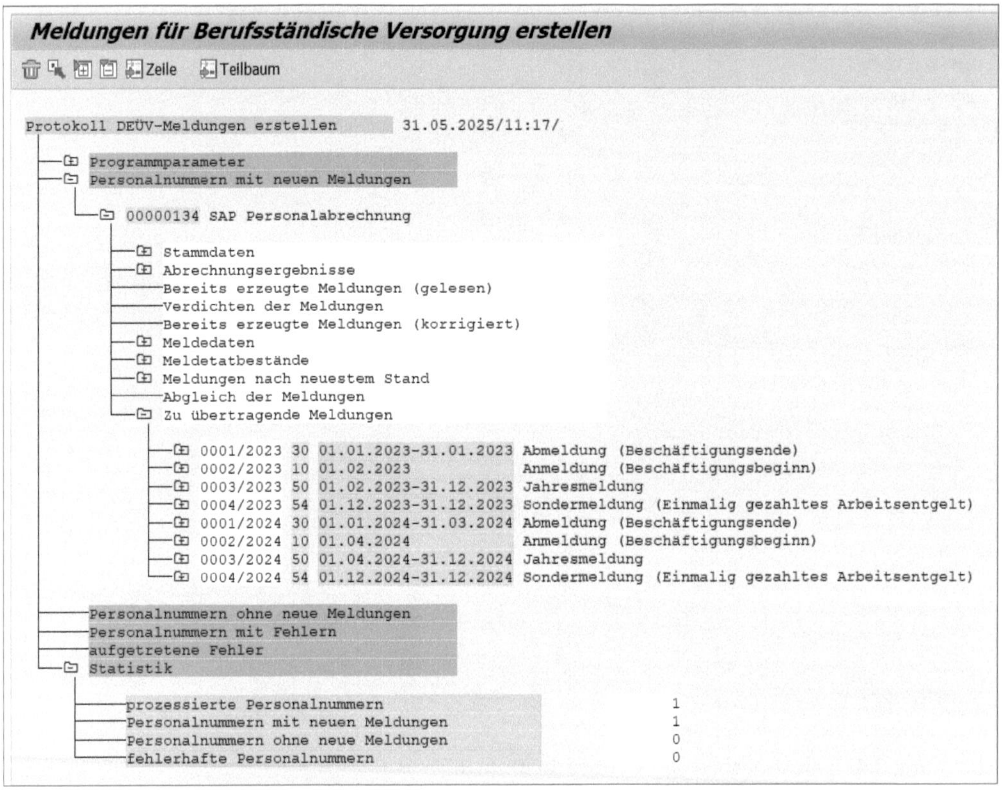

Abbildung 8.44 Report RPCBMVD0 »Meldungen für die Berufsständische Versorgung erstellen«

Eine Sachbearbeiterliste gibt Ihnen einen Überblick über die erstellten Meldungen. Der Report RPCBMTD0 (DEÜV-Datenträger für die berufsständische Versorgung erstellen) stellt die entsprechende Datei im B2A-Manager zum Versenden bereit.

8.7.3 Überweisung

Anders als bei der Sozialversicherung wird die TemSe-Datei für das Vorprogramm zum Datenträgeraustausch nicht direkt aus dem Erstellungsreport zur Beitragserhebungsmeldung generiert, sondern muss mit einem eigenen Programm erstellt werden. Der Report RPCBVBD0 (Beitragsabführung an berufsständische Versorgungswerke) erstellt die Datei für das Vorprogramm zur Überweisung (Report RPCDTSD0), das auch für die Überweisung der SV-Beiträge verwendet wird.

8.7.4 Customizing

Notwendige Einstellungen

Das Customizing für die Meldungen zur berufsständischen Versorgung benötigt die folgenden Einstellungen, wobei wir davon ausgehen, dass die Verschlüsselung für PKCS#7 (Verschlüsselungsverfahren, das für die Sozialversicherung verwendet wird) für die Sozialversicherung bereits eingerichtet ist.

- **BV-Datei einspielen**
  Die Datei, die alle Versorgungswerke enthält (BV-Datei), muss mit dem Report RPUBVDDO (Einlesen der BV-Datei für berufsständische Versorgungswerke) in Tabelle T5D31 (Berufsständische Versorgungswerke) eingespielt werden. Bevor diese Datei nicht eingespielt ist, können keine Daten im Infotyp 0126 (Zusatzversorgung) gepflegt werden. Die BV-Datei kann von der Webseite der DASBV (Datenservice für berufsständische Versorgungseinrichtungen GmbH) unter *www.dasbv.de/fileadmin/download/bvdatei* heruntergeladen werden.
- **Beschäftigungsbetrieb mithilfe des Personalbereichs Berichtswesen festlegen**
  In der Teilapplikation SVEB (Meldewesen BV Beitragserhebung) werden die Beschäftigungsbetriebe zusammengefasst.
- **Absender der E-Mails durch den Personalbereich Berichtswesen festlegen**
  In der Teilapplikation SVMB (Meldewesen berufsständische Versorgungswerke) werden der Absender sowie die Betriebsanschrift (Anschriftenschlüssel CA) und die Daten der jeweils zuständigen Person festgelegt.

8.8 rvBEA (Rentenversicherung – Bescheinigungen elektronisch anfordern und annehmen)

Zur elektronischen Anforderung von Daten als Grundlage zur Berechnung von Versorgungsbezügen bzw. Versorgungsausgleichen wurde ein elektronischer Weg geschaffen: rvBEA (Rentenversicherung – Bescheinigungen elektronisch anfordern und annehmen). Vor rvBEA musste über den Postweg das Formular R0250 an den Arbeitgeber versandt werden, damit eine DEÜV-Meldung mit dem Grund 57 (Gesonderte Meldung vom Arbeitgeber) per DEÜV an die RV-Träger verschickt wurde.

Seit dem 01.07.2021 ist dieses Verfahren verpflichtend. Die vom Rentenversicherungsträger bereitgestellten gesonderten Meldungen müssen mindestens einmal pro Woche abgerufen werden (siehe Abbildung 8.45). Eine schriftliche Anforderung zur Abgabe der Meldung gibt es ab diesem Zeitpunkt nicht mehr.

Für dieses Verfahren müssen nur die Absenderinformationen in Tabelle V_T596L unter der Teilapplikation RVAB (rvBEA – Daten zum Absender) und in Tabelle V_T596M (Teilapplikation RVAB) die Daten des Unternehmens bzw. der Ansprechperson hinterlegt werden.

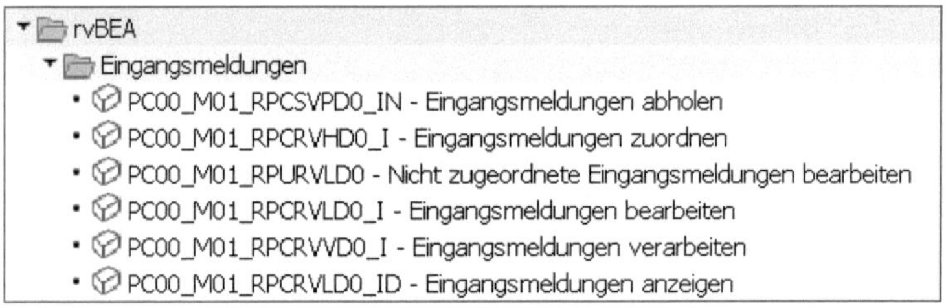

Abbildung 8.45 rvBEA – Eingangsmeldungen

[»]

Automation der Abholung

Wir empfehlen, die rvBEA-Eingangsmeldungen und deren Verarbeitung über eine Jobkette mindestens zweimal wöchentlich einzuplanen.

Durch die Verarbeitung der Eingangsmeldungen wird bei den betreffenden Mitarbeitenden der Infotyp 0700 (Elektronischer Datenaustausch) – mit dem Subtyp DXAR (rvBEA: Anforderung gesonderte Meldung) – angelegt, und bei der nächsten Erstellung der DEÜV-Meldungen wird eine Meldung mit dem Meldegrund 57 veranlasst.

Falls ein Versand der DEÜV-Meldung mit Meldegrund 57 nicht möglich ist, wird im Infotyp 0700 (Elektronischer Datenaustausch) der Satz mit einem Hinderungsgrund versehen:

- 11 – Kein Beschäftigter zur Versicherungsnummer vorhanden
- 12 – Fehler im Datenbestand
- 13 – Gesonderte Meldung bereits übermittelt
- 14 – Es liegt kein Beschäftigungsverhältnis mehr vor.
- 15 – Beschäftigter enthält kein Arbeitsentgelt.
- 16 – Alle Zeiträume wurden bereits gemeldet.
- 17 – Anforderung enthält formalen Fehler.
- 18 – Angeforderter Zeitraum kann nicht übermittelt werden.
- 50 – Gesonderte Meldung wurde als fehlerhaft abgewiesen.
- 51 – Rückmeldesatz mit Hinderungsgrund wurde abgelehnt.

- 52 – BBNRVU ist nicht im Bestand.
- 99 – Sonstiger Fehler

Die Meldungen mit den Hinderungsgründen für die beschäftigte Person müssen dann über die rvBEA-Ausgangsmeldungen erstellt, zusammengefasst und übermittelt werden (siehe Abbildung 8.46).

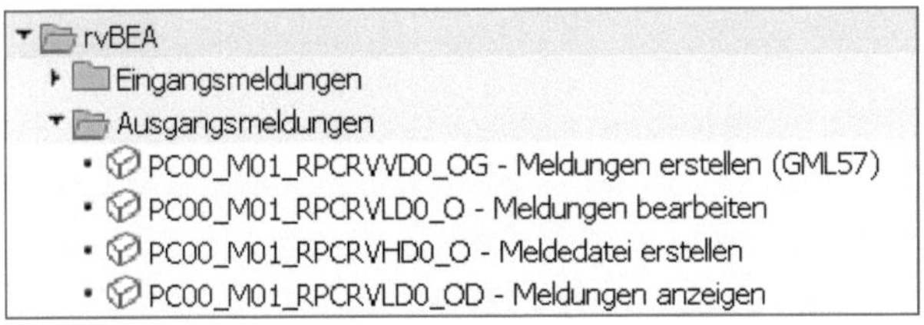

Abbildung 8.46 rvBEA – Ausgangsmeldungen

Regelmäßige Durchführung der Ausgangsmeldungen

Wir empfehlen, die rvBEA-Ausgangsmeldungen monatlich in den Folgeaktivitäten durchzuführen, damit die Hinderungsgründe dem Rentenversicherungsträger regelmäßig mitgeteilt werden.

8.9 Fazit

Die Zahl der Meldeverfahren im Bereich der Sozialversicherung ist stetig gewachsen, und die Reports, die im jeweiligen Verfahren ausgeführt werden müssen, sind zahlreich. Deshalb sollte man überlegen, einen Teil dieser Reports in Jobs zu automatisieren, da diese regelmäßig ausgeführt werden müssen. Insbesondere die Abholung der Rückmeldungen lässt sich auf diese Weise leichter gestalten. Generell sind die monatlichen Folgeaktivitäten im SAP-Easy-Access-Menü in logischer Reihenfolge abgebildet und können dort nach Abschluss der Personalabrechnung Schritt für Schritt abgearbeitet werden.

Kapitel 9

Jährliche Folgeaktivitäten der Sozialversicherung

In diesem Kapitel lernen Sie weitere Folgeaktivitäten kennen, die jährlich durchgeführt werden müssen. Diese müssen durchgeführt werden, um eine korrekte Entgeltabrechnung für das kommende Jahr zu gewährleisten.

In diesem Kapitel lernen Sie weitere Folgeaktivitäten kennen, die jährlich durchgeführt werden müssen. Diese sind entscheidend, um eine korrekte Entgeltabrechnung für das kommende Jahr zu gewährleisten und allen gesetzlichen Verpflichtungen nachzukommen.

Die jährlichen Folgeaktivitäten der Sozialversicherung bilden das Fundament für eine ordnungsgemäße Personalabrechnung im neuen Geschäftsjahr. Sie umfassen präventive Prüfungen und verpflichtende Meldeverfahren, die termingerecht abgewickelt werden müssen. Dabei geht es um die Einhaltung gesetzlicher Bestimmungen und die Vermeidung kostspieliger Nachkorrekturen.

Ein zentraler Baustein ist die Überprüfung der Jahresarbeitsentgeltgrenzen in der Krankenversicherung. Durch jährliche Anpassungen können sich die Versicherungspflicht und Abrechnungsmodalitäten ändern. Gleichzeitig müssen Sie die korrekte Einordnung von Mini- und Midijobs sicherstellen, da fehlerhafte Zuordnungen zu Beitragsnachzahlungen führen können.

Das UV-Meldeverfahren und die Schwerbehindertenanzeige runden die jährlichen Pflichtaufgaben ab. Der rechtzeitige Versand des Stammdatendienstes ist Voraussetzung für eine reibungslose Abwicklung im Folgejahr.

9.1 Überprüfung der Jahresarbeitsentgeltgrenze KV

Durch die jährliche Anpassung der Jahresarbeitsentgeltgrenzen muss eine Prüfung der Versicherungspflicht erfolgen.

Mit dem Report RPLSVED0 (Überprüfung der Jahresentgeltgrenze KV, siehe Abbildung 9.1) können Sie die relevanten Personen ermitteln. Es wird eine versicherungsrechtliche Beurteilung vorgenommen. Dazu werden die

Stammdaten für einen vorausschauenden Zeitraum von zwölf Monaten ausgewertet und das für die Beurteilung relevante regelmäßige Arbeitsentgelt ermittelt.

Im Selektionsbild können Sie unter dem Punkt **Toleranz (in %)** angeben, mit welcher Abweichung die Jahresarbeitsentgeltgrenzen erhöht oder verringert werden sollen. Dadurch verändert sich die Menge der Prüffälle.

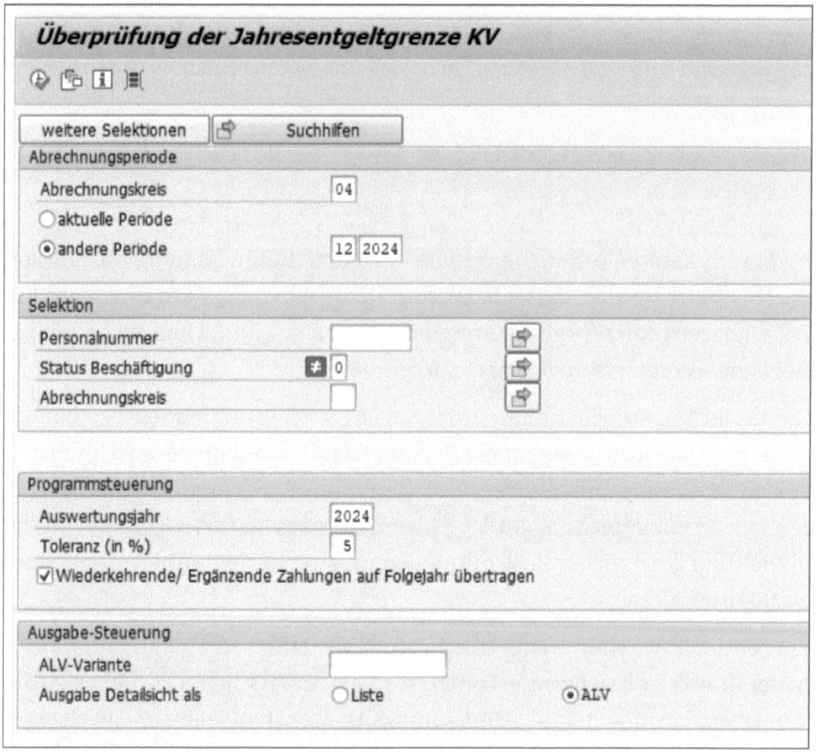

Abbildung 9.1 Selektionsbild des Reports RPLSVED0

Der Report ermittelt alle Personalnummern:

- deren voraussichtliches Arbeitsentgelt die zukünftige Jahresarbeitsentgeltgrenze (JAE) und die aktuelle JAE übersteigt, die aktuell noch gesetzlich versichert sind
- deren voraussichtliches Arbeitsentgelt die zukünftige JAE unterschreitet und aktuell freiwillig oder privat versichert sind

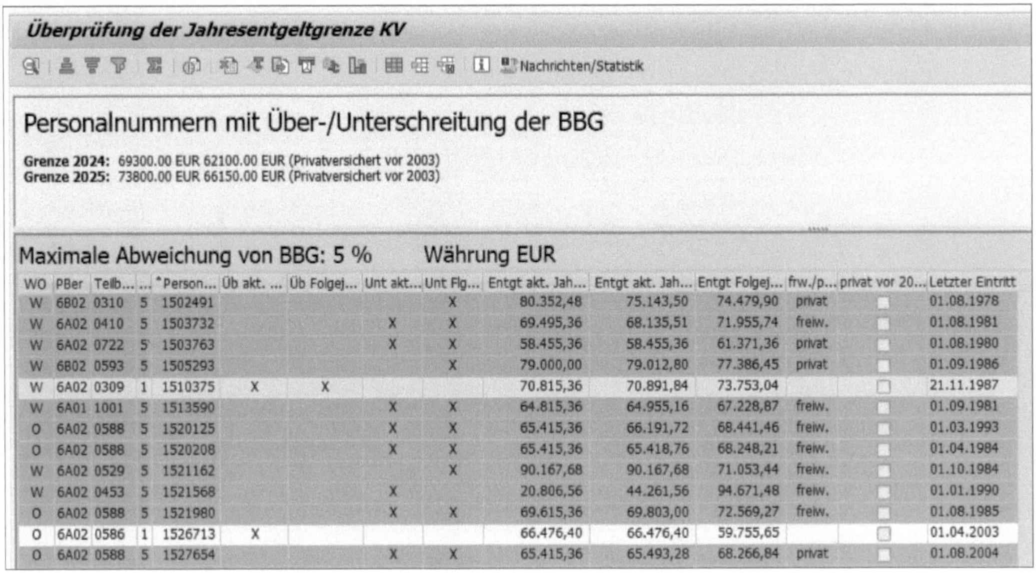

Überprüfung der Jahresentgeltgrenze KV

Nachrichten/Statistik

Personalnummern mit Über-/Unterschreitung der BBG

Grenze 2024: 69300.00 EUR 62100.00 EUR (Privatversichert vor 2003)
Grenze 2025: 73800.00 EUR 66150.00 EUR (Privatversichert vor 2003)

Maximale Abweichung von BBG: 5 % Währung EUR

WO	PBer	Teilb...	...	*Person...	Üb akt. ...	Üb Folgej...	Unt akt...	Unt Flg...	Entgt akt. Jah...	Entgt akt. Jah...	Entgt Folgej...	frw./p...	privat vor 20...	Letzter Eintritt
W	6B02	0310	5	1502491				X	80.352,48	75.143,50	74.479,90	privat		01.08.1978
W	6A02	0410	5	1503732			X	X	69.495,36	68.135,51	71.955,74	freiw.		01.08.1981
W	6A02	0722	5	1503763			X	X	58.455,36	58.455,36	61.371,36	privat		01.08.1980
W	6B02	0593	5	1505293				X	79.000,00	79.012,80	77.386,45	privat		01.09.1986
W	6A02	0309	1	1510375	X	X			70.815,36	70.891,84	73.753,04			21.11.1987
W	6A01	1001	5	1513590			X	X	64.815,36	64.955,16	67.228,87	freiw.		01.09.1981
O	6A02	0588	5	1520125			X	X	65.415,36	66.191,72	68.441,46	freiw.		01.03.1993
O	6A02	0588	5	1520208			X	X	65.415,36	65.418,76	68.248,21	freiw.		01.04.1984
W	6A02	0529	5	1521162				X	90.167,68	90.167,68	71.053,44	freiw.		01.10.1984
W	6A02	0453	5	1521568			X		20.806,56	44.261,56	94.671,48	freiw.		01.01.1990
O	6A02	0588	5	1521980			X	X	69.615,36	69.803,00	72.569,27	freiw.		01.08.1985
O	6A02	0586	1	1526713	X				66.476,40	66.476,40	59.755,65			01.04.2003
O	6A02	0588	5	1527654			X	X	65.415,36	65.493,28	68.266,84	privat		01.08.2004

Abbildung 9.2 Ergebnis des Reports RPLSVED0

Durch einen Doppelklick auf eine Personalnummer (siehe Abbildung 9.2) sind die Berechnungen ersichtlich.

Die Ermittlung der JAE im Auswertungsjahr erfolgt über folgende Methoden (siehe Abbildung 9.3):

- **Verfahren 1**
  Das laufende Entgelt aus dem letzten Abrechnungsergebnis des Auswertungsjahres hochgerechnet auf zwölf Monate (wenn die SV-Tage 30 sind). Die Einmalzahlungen werden aus der CRT hinzuaddiert.
- **Verfahren 2**
  Die Jahressumme des laufenden und des einmaligen Entgelts werden aus Tabelle CRT ermittelt.

Bei SV-Überschreitern werden die Fälle nach Verfahren 1 und 2 ausgewiesen. Bei SV-Unterschreitern wird nur das Verfahren 1 herangezogen und ausgegeben.

Für die Ermittlung des zukünftigen Entgelts werden ausschließlich die Stammdaten der Personalnummern gelesen (siehe Abbildung 9.4).

Mehr über die Möglichkeiten der Einstellungen erfahren Sie in Abschnitt 4.3.2, »Customizing«.

KV-Schlüssel 5 privat versichert

(a) Stichjahr 2024 Zeitraum 01.01.2024 bis 31.12.2024
Verfahren 1 (lfd. Bezug aus RT)
SV-Tage (letzte Abrechnung) 30

Art des ermittelten Entgelts	Teilbetrag	Jahresentgelt
laufende Bezüge	6.696,04 EUR	80.352,48 EUR
Einmalzahlungen		
Summe (Verfahren1)		80.352,48 EUR

(a) Stichjahr 2024 Zeitraum 01.01.2024 bis 31.12.2024
Verfahren 2 (alle Werte aus CRT)
SV-Tage im Stichjahr 360

Art des ermittelten Entgelts	Teilbetrag	Jahresentgelt
laufende Bezüge	75.143,50 EUR	75.143,50 EUR
Einmalzahlungen		
Summe (Verfahren2)		75.143,50 EUR

Abbildung 9.3 Detailbild der Ermittlung des aktuellen Jahres

(b) Folgejahr 2025

Basisbezüge (IT 8) von 01.01.2025 bis 31.01.2025
Tarifart: 15 Tarifgebiet: 05 Tarifgruppe: GB IVStufe:06

Art des ermittelten Entgelts	Teilbetrag	Jahresentgelt
0100 Tarifgehalt	5.273,00 EUR	
0160 Zulage	978,00 EUR	
Summe der laufenden Bezüge	6.251,00 EUR	75.012,00 EUR
aus Stichjahr:		15,36 EUR

Prognose aus Jahr 2024 für Folgejahr 2025 :

wiederk. Be/Abzüge

Entgt	Zeitraum	Teilbetrag	Jahresentg
Liste enthält keine Daten			

Einmalbezüge 01.01.2025 bis 31.12.2025

Art des ermittelten Entgelts	Teilbetrag	Jahresentgelt
EZ aus Stichjahr:	722,46-EUR	

Gesamtsummen im Folgejahr

Art des ermittelten Entgelts	Teilbetrag	Jahresentgelt
Summe der laufenden Bezüge	6.251,00 EUR	75.027,36 EUR
Summe der Einmalzahlungen	722,46-EUR	547,46-EUR
Summe Folgejahr		74.479,90 EUR

Jahresentgeltgrenze 2025 73.800,00 EUR

Abbildung 9.4 Detailbild der Ermittlung des Folgejahres

9.2 Prüfreport zur versicherungsrechtlichen Beurteilung von Mini- und Midijob

Mit dem Report RP_PAYDE_SV_MINI_MIDI_LIST (Prüfung Mini-/Midijob) kann eine Prüfung der versicherungsrechtlichen Beurteilung vorgenommen werden. Dazu werden die Stammdaten für einen vorausschauenden Zeitraum von zwölf Monaten ausgewertet, und das für die Beurteilung relevante regelmäßige Arbeitsentgelt (im Standard analog dem Report RPLSVEDO (Überprüfung der Jahresentgeltgrenze), siehe Abschnitt 4.3.2, »Customizing«, wird ermittelt.

9

Der Report führt folgende Prüfungen durch (siehe Abbildung 9.5):

- Das regelmäßige Entgelt liegt *innerhalb des Übergangsbereichs*, aber der Personalfall ist im Infotyp Sozialvers. D (0013) nicht als Midijobber geschlüsselt.
- Das regelmäßige Entgelt liegt *außerhalb des Übergangsbereichs*, aber der Personalfall ist im Infotyp Sozialvers. D (0013) als Midijobber geschlüsselt.
- Das regelmäßige Entgelt *unterschreitet die Geringfügigkeitsgrenze*, aber der Personalfall ist im Infotyp Sozialvers. D (0013) nicht als geringfügig beschäftigt geschlüsselt.
- Das regelmäßige Entgelt *überschreitet die Geringfügigkeitsgrenze*, aber der Personalfall ist im Infotyp Sozialvers. D (0013) als geringfügig beschäftigt geschlüsselt.

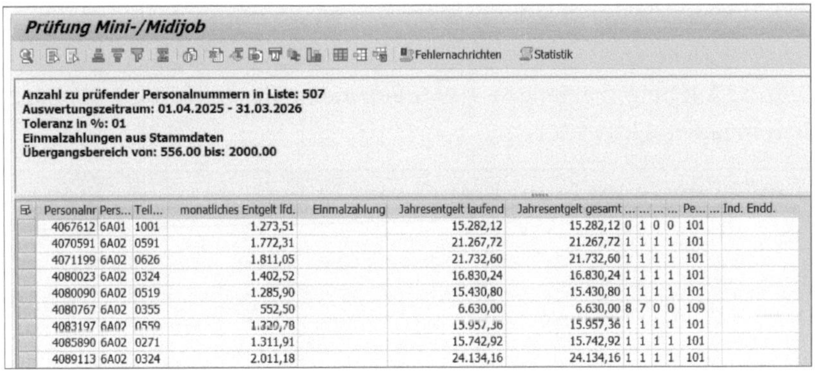

Prüfung Mini-/Midijob

Fehlernachrichten Statistik

Anzahl zu prüfender Personalnummern in Liste: 507
Auswertungszeitraum: 01.04.2025 - 31.03.2026
Toleranz in %: 01
Einmalzahlungen aus Stammdaten
Übergangsbereich von: 556.00 bis: 2000.00

Personalnr	Pers...	Teil...	monatliches Entgelt lfd.	Einmalzahlung	Jahresentgelt laufend	Jahresentgelt gesamt	...	...	...	...	Pe...	...	Ind. Endd.
4067612	6A01	1001	1.273,51		15.282,12	15.282,12	0	1	0	0	101		
4070591	6A02	0591	1.772,31		21.267,72	21.267,72	1	1	1	1	101		
4071199	6A02	0626	1.811,05		21.732,60	21.732,60	1	1	1	1	101		
4080023	6A02	0324	1.402,52		16.830,24	16.830,24	1	1	1	1	101		
4080090	6A02	0519	1.285,90		15.430,80	15.430,80	1	1	1	1	101		
4080767	6A02	0355	552,50		6.630,00	6.630,00	8	7	0	0	109		
4083197	6A02	0559	1.329,78		15.957,36	15.957,36	1	1	1	1	101		
4085890	6A02	0271	1.311,91		15.742,92	15.742,92	1	1	1	1	101		
4089113	6A02	0324	2.011,18		24.134,16	24.134,16	1	1	1	1	101		

Abbildung 9.5 Ergebnis des Reports Prüfung Mini-/Midijob

9.3 UV-Stammdatendienst

Ab November kann der Stammdatendienst für das kommende Jahr erstellt werden. Die entsprechenden Aktivitäten befinden sich im SAP-Easy-Access-Menü innerhalb der jährlichen Folgeaktivitäten unter **Auswertung • UV-Meldeverfahren** (siehe Abbildung 9.6).

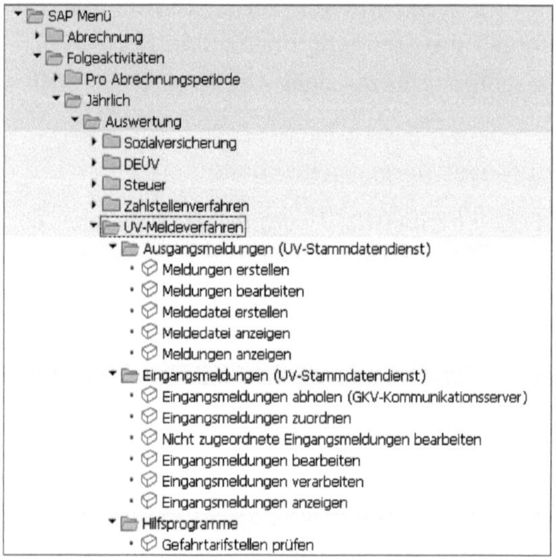

Abbildung 9.6 SAP-Easy-Access-Menü – UV-Meldeverfahren (jährlich)

9.3.1 UV-Stammdatendienst erstellen

Über den Report RPCUVADO_OUT (Abfragen des UV-Stammdatendienstes erstellen, siehe Abbildung 9.7) der Aktivität **Meldungen erstellen** unter dem Ordner **Ausgangsmeldungen (UV-Stammdatendienst)** können Sie den Stammdatendienst erstellen.

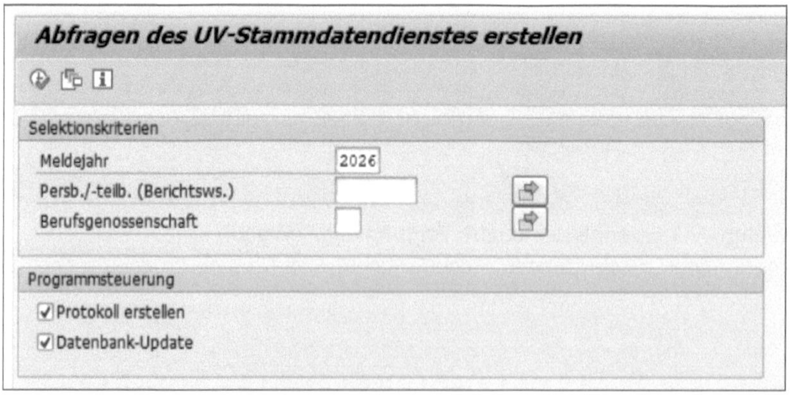

Abbildung 9.7 Report RPCUVADO_OUT

Datengruppe »Selektionskriterien«

Das Feld **Meldejahr** dient zur Bestimmung des abzufragenden Jahres und ist ein Mussfeld. Das Feld **Persb./-teilb. (Berichtsws.)** dient zur Einschränkung auf den Personalbereich und -teilbereich. Der Stammdatendienst sollte grundsätzlich nicht eingeschränkt erstellt werden.

Darüber hinaus können Sie auch auf die **Berufsgenossenschaft** einschränken. Grundsätzlich sollte hier jedoch auch keine Einschränkung vorgenommen werden.

Datengruppe »Programmsteuerung«

Durch die Auswahl des Parameters **Protokoll erstellen** erhalten Sie nach dem Start des Reports RPCUVADO_OUT (Abfrage des UV-Stammdatendienstes erstellen) der Aktivität **Meldungen erstellen** ausführliche Informationen über Meldetatbestände und verarbeitete Daten.

Mittels des Kennzeichens **Datenbank-Update** bestimmen Sie, ob Sie die Meldungserstellung als Produktivlauf durchführen möchten.

9.3.2 Meldungen bearbeiten

Analyse fehlerhafter Meldungen im Arbeitsvorrat

Über den Report zum Bearbeiten von Meldungen erhalten Sie eine Liste fehlerhaft erstellter Meldungen, die nicht übertragen werden können. Diese Meldungen können im Arbeitsvorrat analysiert werden. Die Fehler sollten im Anschluss daran behoben werden, und anschließend sollte die Meldungserstellung wiederholt werden, damit die entsprechenden Meldungen auch übertragen werden können. Ist eine Meldung nicht zu korrigieren, kann diese als »manuell gemeldet« gekennzeichnet werden, wenn Sie die entsprechende Meldung manuell melden möchten.

9.3.3 Meldedatei erstellen

Mit dem Report RPCUVHDO_OUT (UV-Meldedatei) erstellen wird pro Absender und Verfahren eine Datei erstellt. Die Bestimmung des Absenders erfolgt über Tabelle V_T596L (Bestimmung Personalbereich Berichtswesen) mit der Teilapplikation BG01. Nach der Erstellung müssen die erzeugten Dateien über den B2A-Manager versandt werden.

9.3.4 Meldedatei anzeigen

Der Report gibt Ihnen einen Überblick über den Inhalt eines TemSe-Objekts. In der Datengruppe **Programmabgrenzungen** selektieren Sie im Feld **Aus-**

wertungsdaten enthalten in über die Wertehilfe (F4-Taste) ein TemSe-Objekt, dessen Inhalt Ihnen nach Anklicken des Buttons **Ausführen** angezeigt wird.

9.3.5 Meldungen anzeigen

Mithilfe dieses Reports können Sie sich die UV-Ausgangsmeldungen anzeigen lassen. Die Rückantwort auf den Stammdatendienst erfolgt, wie in Abschnitt 8.1.4, »Eingangsmeldungen abholen«, beschrieben. Anschließend müssen die Eingangsmeldungen zu diesem Verfahren zugeordnet und verarbeitet werden.

9.4 Schwerbehindertenverzeichnis und -anzeige

Jedes Unternehmen ab 20 Mitarbeitenden hat die Pflicht zur Beschäftigung von Schwerbehinderten. Damit dies kontrolliert werden kann, sind diese Unternehmen verpflichtet, bis Ende März des Folgejahres eine Schwerbehindertenanzeige abzugeben (siehe Abbildung 9.8).

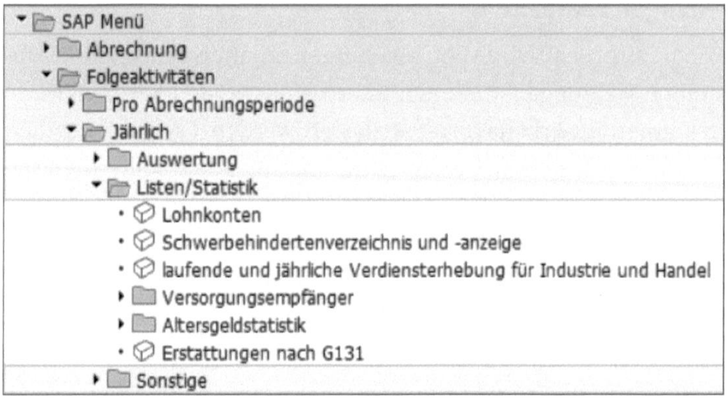

Abbildung 9.8 SAP-Easy-Access-Menü – Schwerbehindertenanzeige

9.4.1 Ablauf

Die Erstellung der Schwerbehindertenanzeige erfolgt mit dem Report RPLEHAD3 (Anzeige gem. §163 Abs. 2 SGB IX, siehe Abbildung 9.9). Dieser wertet die zu berücksichtigenden Mitarbeitenden aus und erstellt die notwendigen Formulare.

In der Datengruppe **Auswertung** können Sie auswählen, ob Sie die Ausgabeaufbereitung für den Arbeitgeber oder die Agentur für Arbeit erstellen. Zu Prüfzwecken sollten Sie zunächst die Arbeitgebersicht wählen.

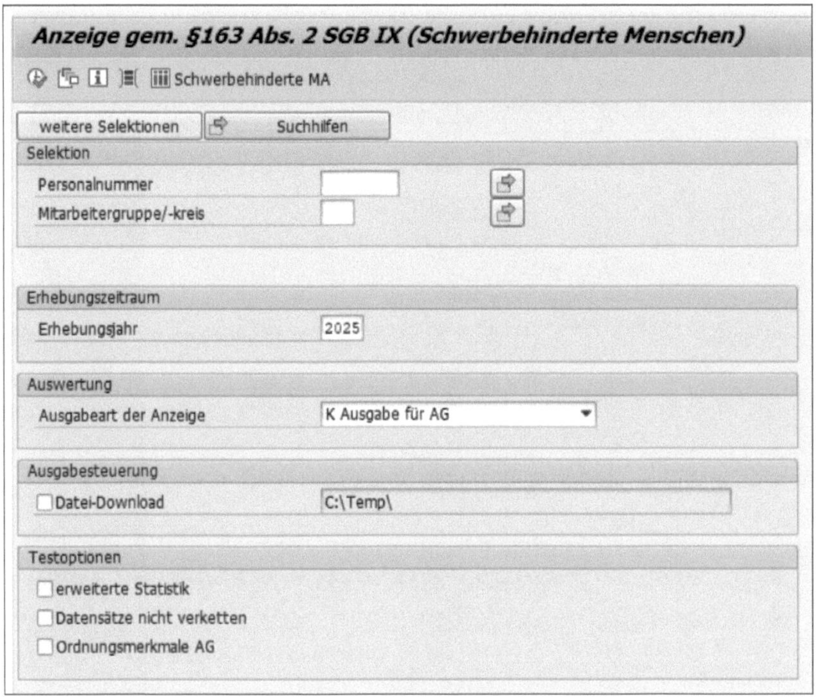

Abbildung 9.9 Report RPLEHAD3

Für die Analyse stehen Ihnen in der Datengruppe **Testoptionen** verschiedene Auswahlmöglichkeiten zur Verfügung. Nach erfolgter Prüfung kann die Ausgabeart auf die Agentur für Arbeit geändert werden.

Die Meldung muss über IW-ELAN der Agentur für Arbeit überlassen werden. Dazu müssen Sie in der Datengruppe **Ausgabesteuerung** das Feld **Datei-Download** markieren und den gewünschten Verzeichnispfad angeben.

9.4.2 Customizing

Anpassungsmöglichkeiten

In diesem Abschnitt wird das Customizing für die Schwerbehindertenanzeige erläutert.

Falls die zur Verfügung gestellten Kürzel für die verschiedenen Arten der Schwerbehinderung nicht ausreichen, können sie unter dem Punkt **Einstufungen der Schwerbehinderungen prüfen** angepasst werden (siehe Abbildung 9.10 und Abbildung 9.11).

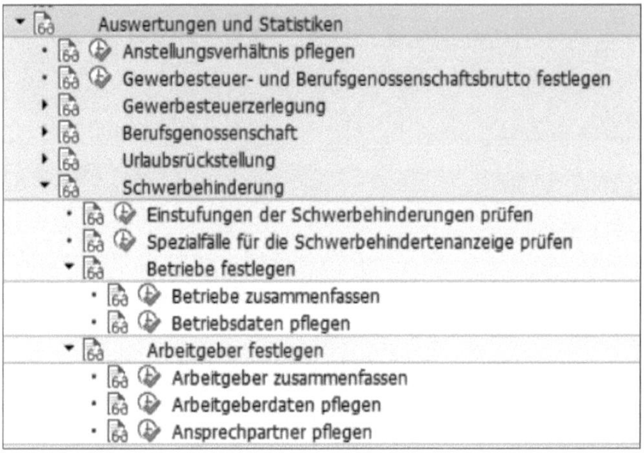

Abbildung 9.10 Customizing-Leitfaden für die Schwerbehindertenanzeige

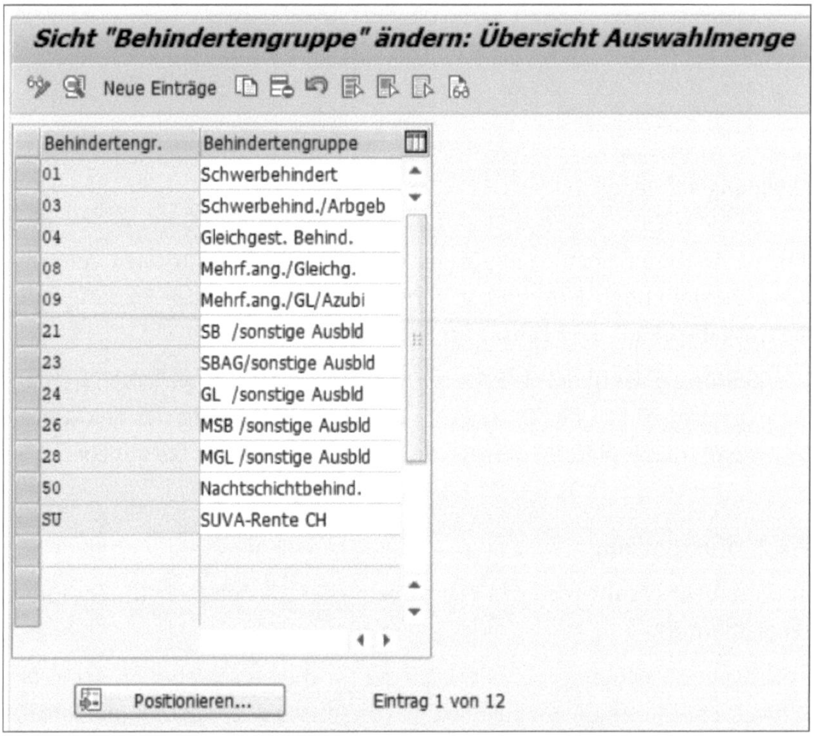

Behindertengr.	Behindertengruppe
01	Schwerbehindert
03	Schwerbehind./Arbgeb
04	Gleichgest. Behind.
08	Mehrf.ang./Gleichg.
09	Mehrf.ang./GL/Azubi
21	SB /sonstige Ausbld
23	SBAG/sonstige Ausbld
24	GL /sonstige Ausbld
26	MSB /sonstige Ausbld
28	MGL /sonstige Ausbld
50	Nachtschichtbehind.
SU	SUVA-Rente CH

Abbildung 9.11 Einstufungen der Schwerbehinderung prüfen

Um Spezialfälle abzubilden, die nicht über die »gewöhnliche« Stammdatenpflege erfasst werden können, müssen unter dem Punkt **Spezialfälle für die Schwerbehindertenanzeige prüfen** Ausnahmen für den Infotyp 0033 (Statistik) angelegt werden (mehr darüber erfahren Sie im gleichnamigen Abschnitt 2.2.12).

- **Betriebe festlegen**
  In der Teilapplikation ESBB (Schwerbehindertenanzeige Betriebe) werden die Beschäftigungsbetriebe zusammengefasst und die Betriebstätigkeit erfasst.
- **Arbeitgeber festlegen**
  In der Teilapplikation ESBA (Schwerbehindertenanzeige: Arbeitgeber) werden die Arbeitgeberdaten zusammengefasst und die zusätzlichen Daten wie z. B. das zuständige Integrationsamt erfasst.

9.5 Fazit

In diesem Kapitel wurden die Aufgaben für die Sozialversicherung im Rahmen der Vorbereitung auf das kommende Jahr beschrieben. Darüber hinaus sollten die folgenden weiteren Vorarbeiten erledigt werden:

- Urlaubsansprüche für das kommende Jahr einspielen
  (Report: RPTQUTA00)
- Abrechnungstermine für das Folgejahr unter Beachtung der SV-Abgabetermine festlegen
- Abrechnungsperioden generieren (Report: RPUCTP00)
- neuen Datensatz im Infotyp 0012 (Steuerdaten) für aktiv Beschäftigte anlegen

Kapitel 10
Periodenunabhängige Folgeaktivitäten Sozialversicherung

In diesem Kapitel lernen Sie weitere Folgeaktivitäten kennen, die in regelmäßigen und unregelmäßigen Abständen durchgeführt werden müssen.

In diesem Kapitel erhalten Sie einen Einblick in die Folgeaktivitäten, die keinem bestimmten Zeitraum zugeordnet werden können.

Je nach Verfahren kann die Erstellung zu unterschiedlichen Zeitpunkten erfolgen.

- täglich: EEL (außer bei einer Erkrankung des Kindes), Versicherungsnummernabfrage, DEÜV-Sofortmeldungen, eAU
- mindestens wöchentlich: rvBEA Forms, A1-Meldeverfahren
- unregelmäßige Abstände: euBP, Betriebsdatenpflege, Anlage eines Arbeitgeberkontos

Die Kategorisierung ist nicht zwangsläufig für jedes Unternehmen passend. Wir empfehlen, dass jedes Unternehmen die Aktivitäten regelmäßig ausführt und die Lauffrequenz individuell festlegt.

10.1 Entgeltersatzleistungen

Für einen Teil der Bescheinigungen, die früher im Bescheinigungswesen angesiedelt waren, ist eine neue Anwendung programmiert worden, da sich das Meldeverfahren für Entgeltersatzleistungen seit 2011 geändert hat und die Meldungen und Rückmeldungen dazu ausschließlich elektronisch übertragen werden. Da der jetzige Meldeprozess im Vergleich zum früheren Verfahren wesentlich erweitert wurde, sind neue Reports für die Erstellung und den Versand der Meldungen programmiert worden, die in der Vorgehensweise den übrigen SV-Meldeverfahren entsprechen.

Bescheinigungen

In den Bereich der Entgeltersatzleistungen (EEL) fallen die folgenden Bescheinigungen, die nicht mehr im Bescheinigungswesen erstellt werden müssen:

- Krankengeldbescheinigung
- Kinderkrankengeldbescheinigung
- Mutterschaftsgeldbescheinigung
- Übergangsgeldbescheinigung
- Verletztengeldbescheinigung

Der Meldeprozess zu den Entgeltersatzleistungen umfasst jedoch nicht nur die Erstellung und den Versand der Entgeltbescheinigungen, sondern besteht aus insgesamt fünf Schritten:

1. Anfrage vonseiten des Arbeitgebers an die Krankenkasse hinsichtlich der Vorerkrankungszeiten
2. Rückmeldung der Vorerkrankungszeiten von der Krankenkasse
3. Versand der Entgeltbescheinigung an die Krankenkasse
4. Meldung der Entgeltersatzleistung von der Krankenkasse
5. Meldung der Höhe der beitragspflichtigen Einnahme an die Krankenkasse

Anfrage zu Vorerkrankung

Dem Arbeitgeber steht es frei, eine Vorerkrankungsanfrage an die Krankenkasse zu senden, wenn der Verdacht besteht, dass Vorerkrankungen vorliegen, die mit der aktuellen Abwesenheit zusammenhängen könnten. Dieser Schritt mit der dazugehörenden Rückmeldung von der Krankenkasse muss also nicht durchgeführt werden. Eine solche Anfrage ist nur noch auf elektronischem Wege möglich, und die Krankenkasse schickt auf dieselbe Art eine Meldung darüber zurück, wann nach ihren Unterlagen und nach Auskunft der Ärzte das Lohnfortzahlungsende erreicht sein wird, und meldet anzurechnende Vorerkrankungszeiten.

Entgeltbescheinigung

Die Entgeltbescheinigung muss spätestens fünf Tage vor Abschluss der Lohnfortzahlung erstellt und verschickt werden. Diese Meldung ersetzt die bisherige Meldung auf Papier aus dem Bescheinigungswesen und enthält Datenfelder, die der bisherigen Bescheinigung entsprechen. Dieser Teil des Verfahrens ist in jedem Fall notwendig.

Beitragspflichtige Einnahme

Der Arbeitgeber erhält von der Krankenkasse eine Meldung zurück, in der die Höhe der Entgeltersatzleistung, d. h. die Höhe des gezahlten Krankengeldes, ausgewiesen ist. Die Meldung über die Entgeltersatzleistung ist für den Arbeitgeber nur interessant, wenn weiterhin Bezüge gezahlt werden, nachdem die Lohnfortzahlung geendet hat – etwa in Form eines Pkw, der auch während der Krankheit zur Verfügung steht, oder als Krankengeldzuschuss, den die Firma als Verdienstausgleich bezahlt. Wird während des Bezugs einer Entgeltersatzleistung zusätzlich Entgelt gezahlt, kann es dazu kommen, dass die betreffende Person in der Summe eine größere Zahlung erhält, als sie normalerweise netto verdient. Ist dies der Fall, entsteht eine beitragspflichtige Einnahme gemäß § 23c SGB IV. Diese beitragspflichtige Einnahme muss wiederum an die Krankenkasse gemeldet werden.

10.1.1 Grundlagen

In diesem Abschnitt lernen Sie die Grundlagen des Verfahrens zu den Entgeltersatzleistungen kennen.

Abgabegründe

Meldungsarten

Es existiert eine Reihe unterschiedlicher Meldungsarten, denen jeweils eine eindeutige Nummer zugeordnet ist. Der größte Teil dieser Meldungsarten sind unterschiedliche Entgeltmeldungen, die in Tabelle 10.1 zusammengestellt sind.

Nr.	Meldung
01 KV	Krankengeld
02 KV	Krankenversicherung
03 KV	Mutterschaftsgeld
04 KV	Versorgungskrankengeld
11 RV	Übergangsgeld – Leistungen zur medizinischen Rehabilitation
12 RV	Übergangsgeld – Leistungen zur Teilhabe am Arbeitsleben
21 UV	Verletztengeld
22 UV	Übergangsgeld
23 UV	Kinderpflegeverletztengeld
31 BA	Übergangsgeld

Tabelle 10.1 Entgeltmeldungen

Diese Entgeltmeldungen ersetzen die Erstellung von Meldungen auf Papier, die bisher in der Komponente Bescheinigungswesen durchgeführt wurde. Solche Meldungen erhalten sowohl die Krankenversicherung (KV) als auch die Rentenversicherung (RV), die Unfallversicherung (UV) und auch die Bundesagentur für Arbeit (BA). Die Steuerung des Versands an den richtigen Empfänger erfolgt im Hintergrund. Jede Bescheinigung ist einem eindeutigen Empfänger zugeordnet, also der KV, der RV, der UV oder der BA. Daneben gibt es noch weitere Meldungen, die in Tabelle 10.2 dargestellt sind.

Nr.	Meldung
41	Anforderung Vorerkrankungsmitteilung
42	Anforderung Ende Entgeltersatzleistung
51	Höhe der beitragspflichtigen Einnahme (§ 23c SGB IV)
61	Vorerkrankungszeiten
62	Rückmeldung Ende Entgeltersatzleistung
71	Höhe der Entgeltersatzleistung

Tabelle 10.2 Weitere Meldungen

Vorerkrankungen

Die Meldung 41 wird vom Arbeitgeber erstellt, um mögliche Vorerkrankungszeiten von der Krankenkasse gemeldet zu bekommen. Denn die Krankenkasse meldet im Gegenzug mit dem Grund 61 anrechenbare Vorerkrankungszeiten und das Ende der Lohnfortzahlung zurück. Dies ist notwendig, um feststellen zu können, ob bestimmte Krankheitszeiten zusammengehören und die Lohnfortzahlung unter der Zusammenrechnung dieser Krankheitszeiten ermittelt werden muss. Die Meldung zur Abfrage von Vorerkrankungen wird automatisch erstellt, wenn mehrere Abwesenheiten eingetragen sind, die zusammengenommen ein Ende der Lohnfortzahlung nach 42 Tagen ermöglichen. Ob die jeweilige Meldung versandt wird, kann individuell entschieden werden.

Entgeltersatzleistung

Die Meldung 42 wird über den Report RPCEEADO_OUT (Meldungen erstellen Abfrage – Ende Entgeltersatzleistung) ausgelöst. Als Rückantwort liefert die Krankenkasse eine Meldung mit dem Grund 62.

Die Meldungsarten 51 und 71 hängen mit den Regelungen des § 23c SGB IV zusammen, siehe Kapitel 20, »Besonderheiten des § 23c Sozialgesetzbuch IV (SGB IV)«. Wird während eines Zeitraums außerhalb der Lohnfortzahlung Entgelt gezahlt (z. B. Krankengeldzuschuss oder Weiternutzung des Firmen-Pkw), entsteht eine Beitragspflicht, wenn dieser Leistungsbezug zusammen mit der Entgeltersatzleistung das normale Nettoentgelt übersteigt. Damit dies im Rahmen der Abrechnung ermittelt werden kann, muss das System die Höhe der Entgeltersatzleistung kennen, die über eine Lohnart im Infotyp 0014 (Wiederkehrende Be-/Abzüge) oder im Infotyp 0015 (Ergänzende Zahlung) eingegeben wird. Die Höhe der Entgeltersatzleistung wird wiederum von der Krankenkasse über die Meldung 71 mitgeteilt. Kommt es nun zu der Situation, dass eine Beitragspflicht entsteht, muss eine Meldung mit dem Grund 51 erstellt und der Krankenkasse die Höhe der beitragspflichtigen Einnahme mitgeteilt werden.

Abwesenheiten

Der Auslöser für die Meldungserstellung im Rahmen von Abwesenheitszeiten ist die im System gepflegte Abwesenheit. Durch die in Tabelle 10.3 dargestellten Abwesenheiten wird im SAP-Standard die Erstellung von Entgeltmeldungen ausgelöst.

Abwesenheit und Meldegrund

Da jede Abwesenheit genau eine eindeutige Entgeltmeldung auslösen kann, die wiederum genau einen Empfänger hat, muss seit der Einführung von Entgeltersatzleistungen, z. B. im Rahmen einer Kur, unterschieden werden, ob diese im Zusammenhang mit einer Krankheit oder einem Arbeitsunfall steht. Denn in solchen Fällen muss eine Übergangsmeldung an die Krankenversicherung oder die Unfallversicherung gesendet werden.

Abwesenheit	Meldegrund
0200 Krankheit mit Attest	01 Krankengeld
0210 Krankheit ohne Attest	–
0215 Krankheit – Folgeerkrankung	01 Krankengeld
0220 Kur	11 Übergangsgeld, Leistungen zur medizinischen Rehabilitation
0270 Arbeitsunfall	21 Verletztengeld
0272 Kur nach Arbeitsunfall	22 Übergangsgeld
0280 Wegeunfall	21 Verletztengeld
0290 Unfall, privat	01 Krankengeld
0340 Versorgungskrankengeld	04 Versorgungskrankengeld
0342 Wiedereingliederungsmaßnahme	12 Übergangsgeld, Leistungen zur Teilhabe am Arbeitsleben
0334 Berufsförderungsmaßnahme	31 Übergangsgeld
0500 Mutterschutz	03 Mutterschaftsgeld
0550 Kind krank, unbezahlt	02 Kinderpflegekrankengeld
0552 Unfall Kind	23 Kinderpflegeverletztengeld
0555 Kind krank, Mitaufnahme KH	02 Kinderpflegekrankengeld

Tabelle 10.3 Abwesenheiten mit den verknüpften Meldegründen

Meldungserstellung

Die Abwesenheiten werden im View V_5DOS_A gekennzeichnet und lösen damit automatisch die Meldungserstellung aus, wenn sie im Infotyp 2001 (Abwesenheiten) vermerkt sind. Neben der Abwesenheit muss auch der Infotyp 0651 (Bescheinigungen an SV-Träger) mit dem entsprechenden Subtyp, z. B. 01 (KV – Krankengeld), gepflegt sein. Der Infotyp 0651 existiert im Bescheinigungswesen bereits, dessen Pflege ist hier jedoch nur optional. Zur Erstellung von Entgeltbescheinigungen muss dieser Infotyp allerdings gepflegt werden, denn andernfalls meldet das Programm bei der Erstellung der Meldung einen Fehler.

[»]

Infotyp 0651 muss nicht erfasst werden

Es gibt wenige Ausnahmen, in denen die Erfassung des Infotyps 0651 (Bescheinigungen an SV-Träger) nicht erforderlich ist. Entnehmen Sie diese SAP-Hinweis 1608544.

Infotyp 0651 – Subtypen

In Tabelle 10.4 ist dargestellt, welche Subtypen des Infotyps 0651 bei welcher Entgeltbescheinigung erforderlich sind.

Meldung	Infotyp 0651 – Subtypen
01 KV – Krankengeld	Subtyp 1
02 KV – Erkrankung Kind	Subtyp 2
03 KV – Mutterschaftsgeld	Subtyp 3
04 KV – Versorgungskrankengeld	Subtyp 1
11 RV – Übergangsgeld Reha	Subtyp 1 und 5
12 RV – Übergangsgeld zur Teilhabe am Arbeitsleben	Subtyp 1 und 5
21 UV – Verletztengeld	Subtyp 1
22 UV – Übergangsgeld	Subtyp 1 und 5
23 UV – Kinderpflegeverletztengeld	Subtyp 2
31 BA – Übergangsgeld	Subtyp 1 und 5

Tabelle 10.4 Erforderliche Subtypen des Infotyps 0651

10.1.2 Ablauf

Der Ablauf des Meldewesens für Entgeltersatzleistungen erfolgt analog zu den anderen im Bereich der Sozialversicherung existierenden Meldeverfahren: Es werden Bescheinigungen erstellt; diese werden zu Meldedateien zusammengefasst und per B2A-Manager versandt. In einem Eingangsverfahren werden Rückmeldungen abgeholt, die dem jeweiligen Beschäftigungsverhältnis zugeordnet und anschließend verarbeitet werden.

Phasen des Meldeprozesses

Drei Phasen

Durch die vorgelagerte Vorerkrankungsabfrage und die nachgelagerte Meldung zur beitragspflichtigen Einnahme wird der Gesamtablauf des hier beschriebenen Meldeprozesses in drei Phasen unterteilt und dadurch auch komplexer als die anderen SV-Meldeverfahren.

Vorerkrankungen

In Abbildung 10.1 ist die Reihenfolge der Meldungen, die vom Arbeitgeber erstellt und von der Krankenkasse zurückgemeldet werden, dargestellt. Der erste Bereich **Vorerkrankungen** ist optional. Lediglich wenn der Arbeitgeber eine Information von der Krankenkasse darüber wünscht, ob Vorerkrankungen vorliegen, kann er die Meldung 41 (Anforderung Vorerkrankungsmitteilung) erstellen. Versendet er diese, erhält er von der Krankenkasse die Meldung 61 (Vorerkrankungszeiten) als Antwort zurück.

Entgeltersatzleistung

Die Entgeltmeldung muss spätestens fünf Tage vor dem Ende der Lohnfortzahlung erstellt werden. Über deren erfolgreiche Verarbeitung erfolgt eine Rückmeldung, die keiner weiteren Bearbeitung bedarf, oder aber die Meldung eines Fehlers, der bearbeitet werden muss und ein erneutes Versenden einer korrigierten Meldung erfordert. Außerdem wird die Höhe der Entgeltersatzleistung mitgeteilt.

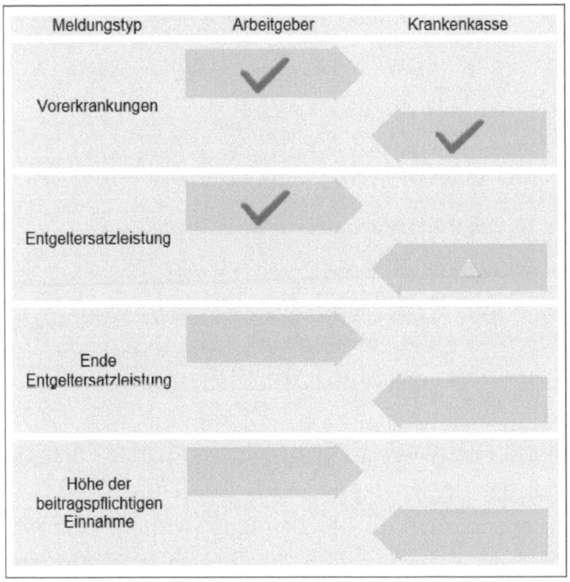

Abbildung 10.1 Reihenfolge der Meldungen im Rahmen von Entgeltersatzleistungen

Höhe der beitragspflichtigen Einnahme

Der dritte Prozessschritt ist nur in solch seltenen Fällen erforderlich, in denen keine Entgeltfortzahlung erfolgt. Dieser Schritt ist also nur dann notwendig, wenn z. B. ein Krankengeldzuschuss oder ein anderes Entgelt gezahlt wird oder ein zur privaten Nutzung überlassener Firmenwagen auch während der Krankheit genutzt werden kann. In solchen Fällen muss das Entgelt aus der Rückmeldung der Entgeltersatzleistung in eine Lohnart im Infotyp 0014 (Wiederkehrende Be-/Abzüge) oder 0015 (Ergänzende Zahlung) übertragen werden. Die Abrechnung addiert die Entgeltersatzleistung zur Entgeltzahlung hinzu und ermittelt, ob eine beitragspflichtige Einnahme vorliegt, siehe Kapitel 20, »Besonderheiten des § 23c Sozialgesetzbuch IV (SGB IV)«. Erst wenn eine beitragspflichtige Einnahme vorliegt, ist der dritte Prozessschritt erforderlich, und diese beitragspflichtige Einnahme muss an die Krankenkasse gemeldet werden.

Ablauf der Meldungserstellung in SAP ERP HCM

Im folgenden Abschnitt lernen Sie die Schritte zur Durchführung des zuvor beschriebenen Meldeprozesses in SAP ERP HCM kennen. Sie erreichen das Meldeverfahren für die Entgeltersatzleistungen (siehe Abbildung 10.2) im Menü der Personalabrechnung unter **Folgeaktivitäten • Periodenunabhängig • Abrechnungszusatz • Meldeverfahren Entgeltersatzleistungen**.

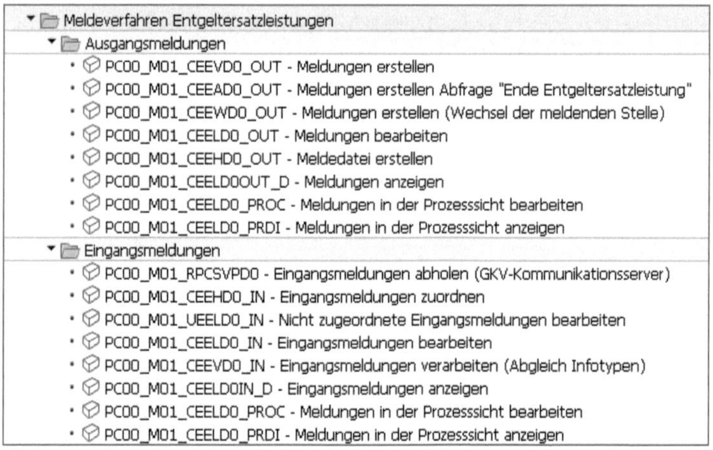

Abbildung 10.2 Menü »Meldeverfahren Entgeltersatzleistungen«

Zeitpunkte der Durchführung

Die Aktivitäten im Bereich der Entgeltersatzleistungen werden unabhängig vom monatlichen Zyklus der Personalabrechnung ausgeführt. Die Entgeltmeldungen müssen, ebenso wie im Bescheinigungswesen, kurz vor Abschluss der Lohnfortzahlung erstellt werden. Die Abfrage der Vorerkrankung erfolgt dagegen nur bei Bedarf. Abhängig von der Personalabrechnung werden die Meldung der beitragspflichtigen Einnahme und Kind-

Krankmeldungen erstellt, die auf dem erstellten Abrechnungsergebnis basieren. Dieser Prozess wird somit nicht nur als monatliche Folgeaktivität erledigt, sondern in der Regel häufiger: je nach Firmengröße und Anzahl der Fälle im wöchentlichen oder zweiwöchentlichen Rhythmus.

Meldungen erstellen

Der erste Schritt zum Versand von Meldungen ist das Durchlaufen des Erstellungsprozesses. Der Report erstellt alle im Bereich der Entgeltersatzleistungen möglichen Meldungen, d. h. die Meldungen zur Anforderung von Vorerkrankungszeiten, alle Arten von Entgeltbescheinigungen und die Meldungen zur beitragspflichtigen Einnahme. Das Selektionsbild dieses Reports bezieht sich im Vergleich zu anderen Reports nicht auf die Abrechnungsperiode eines Abrechnungskreises, sondern auf einen Stichtag, der dem Erstellungsdatum entspricht. Im Customizing wird eingestellt, wie viele Tage vor Ende der Lohnfortzahlung die Anfrage zu den Vorerkrankungszeiten und die Entgeltbescheinigungen gesendet werden sollen. Der im Report angegebene Stichtag dient der Berechnung dieses Zeitraums und steuert somit das Auslösen der entsprechenden Meldung. Lediglich für die Meldung zur beitragspflichtigen Einnahme, die sich auf eine Abrechnungsperiode bezieht, muss das Selektionsbild zur Eingabe einer Abrechnungsperiode umgestellt werden. Erst dann kann das Häkchen zur Erstellung der Meldung gesetzt werden.

Der Report erstellt die Meldungen wahlweise im Test oder produktiv und ermöglicht die Einsicht in den Meldungsinhalt über das Protokoll. Zusätzlich kann ein Protokoll zur Darstellung der Nettoberechnungen erzeugt werden, um den Inhalt nachzuvollziehen. Wie schon im Rahmen der Krankengeldbescheinigung im Bescheinigungswesen wird auch hier eine fiktive Nettoberechnung durchgeführt, um die zu übertragenden Werte zu ermitteln.

Meldungen bearbeiten

Im nächsten Schritt ist eine Bearbeitung der erstellten Meldungen möglich, und zwar aller im Arbeitsvorrat befindlichen Meldungen, die entweder fehlerhaft erstellt oder mit dem Status **zu entscheiden** versehen worden sind. Die angezeigten fehlerhaften Meldungen müssen analysiert und anschließend neu erstellt werden. Meldungen, die sich im Status **zu entscheiden** befinden, können hingegen mithilfe des Buttons **(erneut) übertragen** in den Status **neu** überführt werden, was bedeutet, dass diese verschickt oder mithilfe des Buttons **nicht übertragen/manuell beantworten** gesperrt werden können, was wiederum zur Folge hat, dass kein Versand dieser Meldungen erfolgt (siehe Abbildung 10.3). Beachten Sie, dass der neue Status erst nach einem Klick auf den Button **Speichern** gesetzt wird. Dieser beschriebene Prozessschritt ist für die Meldungen zur Anforderung von Vorerkrankungszeiten gedacht, da die zuständigen Mitarbeitenden selbst entscheiden können, ob sie die Meldung versenden oder nicht. Ob dieser Zwischenschritt genutzt werden soll, kann im Customizing eingestellt werden. Wird dieser Schritt deaktiviert, werden alle Meldungen sofort im Status **neu** erstellt und in die Meldedatei übertragen. In der Regel wird dieser Zwischenschritt jedoch nicht genutzt.

Übersichtliste der EEL-Ausgangsmeldungen

(erneut) übertragen | nicht übertragen / manuell beantwortet | abgelehnt

PersNr Name	Beginndatum	Abg.Gru...	Abgabegrund der Meldung im Klartext	Storno	Status	Z...	Na...	N...	Be...
[redacted]	25.08.2025	41	Anforderung Vorerkrankungsmitteilungen		übertragen				
[redacted]	12.03.2025	12	Entgeltbescheinigung RV Übergangsgeld Leistungen Teilhabe		übertragen				
[redacted]	22.07.2025	02	Entgeltbescheinigung KV Kinderkrankengeld		übertragen				
[redacted]	24.07.2025	02	Entgeltbescheinigung KV Kinderkrankengeld		übertragen				
[redacted]	07.08.2025	02	Entgeltbescheinigung KV Kinderkrankengeld		übertragen				
[redacted]	07.08.2025	41	Anforderung Vorerkrankungsmitteilungen		beantwortet				
[redacted]	07.08.2025	11	Entgeltbescheinigung RV Übergangsgeld med. Reha		übertragen				
[redacted]	28.08.2025	41	Anforderung Vorerkrankungsmitteilungen		beantwortet				
[redacted]	28.08.2025	01	Entgeltbescheinigung KV Krankengeld		übertragen				
[redacted]	18.08.2025	03	Entgeltbescheinigung KV Mutterschaftsgeld		übertragen				
[redacted]	18.08.2025	03	Entgeltbescheinigung KV Mutterschaftsgeld	X	übertragen				
[redacted]	17.07.2025	03	Entgeltbescheinigung KV Mutterschaftsgeld		übertragen				

Abbildung 10.3 Ausgangsmeldungen bearbeiten

Nun muss die Sammlung der Meldungen in einer Meldedatei im Status **neu** vorgenommen werden. Im Anschluss daran stehen die Meldedateien, nach Empfängern getrennt, im B2A-Manager zum Versandt bereit. Ein Report ermöglicht die Anzeige der Meldungen, inklusive deren Inhalt. Darüber hinaus stehen weitere Reports zur Verfügung, die die Bearbeitung in einer Prozesssicht ermöglichen. Diese Funktion wird später in diesem Abschnitt erklärt.

Eingangsmeldungen

Die folgenden Schritte werden zur Verarbeitung von Eingangsmeldungen durchgeführt:

1. **Eingangsmeldungen abholen**
   Der Report zum Abholen von Meldungen holt alle Arten von SV-Meldungen vom GKV-Kommunikationsserver ab und sollte daher regelmäßig per Job ausgeführt und nicht manuell gestartet werden.
2. **Eingangsmeldungen zuordnen**
   Die abgeholten Eingangsmeldungen werden verarbeitet und der entsprechenden Personalnummer zugeordnet. Dies funktioniert normalerweise problemlos, und der nächste Schritt **Nicht zugeordnete Eingangsmeldungen bearbeiten**, der die manuelle Zuordnung einer Personalnummer ermöglicht, ist im Allgemeinen nicht erforderlich.
3. **Eingangsmeldungen bearbeiten**
   Die Menüpunkte **Eingangsmeldungen bearbeiten** und **Eingangsmeldungen verarbeiten (Abgleich Infotypen)** (siehe Abbildung 10.2) stehen im

engen Zusammenhang miteinander und sollten eher in umgekehrter Reihenfolge erledigt werden. Beim Bearbeiten von Eingangsmeldungen werden den zuständigen Sachbearbeitenden alle Meldungen angeboten, die manuell bearbeitet oder geprüft werden müssen. Ein Teil der Meldungen steht aber erst zur Verfügung, nachdem das System im Rahmen der Durchführung des Schritts **Eingangsmeldungen verarbeiten** selbst Prüfungen vorgenommen hat.

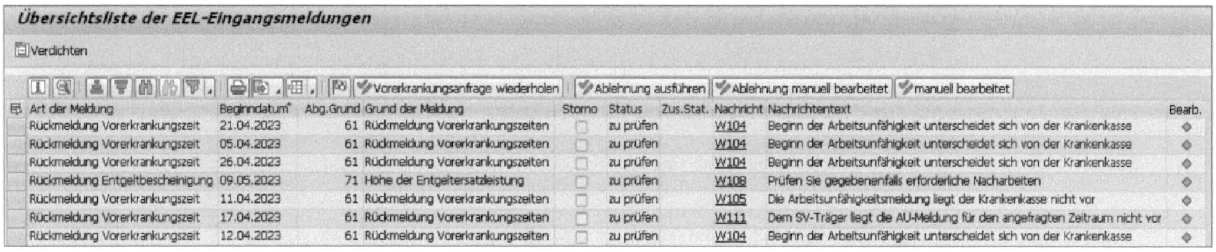

Art der Meldung	Beginndatum	Abg.Grund	Grund der Meldung	Storno	Status	Zus.Stat.	Nachricht	Nachrichtentext	Bearb.
Rückmeldung Vorerkrankungszeit	21.04.2023	61	Rückmeldung Vorerkrankungszeiten	☐	zu prüfen		W104	Beginn der Arbeitsunfähigkeit unterscheidet sich von der Krankenkasse	◇
Rückmeldung Vorerkrankungszeit	05.04.2023	61	Rückmeldung Vorerkrankungszeiten	☐	zu prüfen		W104	Beginn der Arbeitsunfähigkeit unterscheidet sich von der Krankenkasse	◇
Rückmeldung Vorerkrankungszeit	26.04.2023	61	Rückmeldung Vorerkrankungszeiten	☐	zu prüfen		W104	Beginn der Arbeitsunfähigkeit unterscheidet sich von der Krankenkasse	◇
Rückmeldung Entgeltbescheinigung	09.05.2023	71	Höhe der Entgeltersatzleistung	☐	zu prüfen		W108	Prüfen Sie gegebenenfalls erforderliche Nacharbeiten	◇
Rückmeldung Vorerkrankungszeit	11.04.2023	61	Rückmeldung Vorerkrankungszeiten	☐	zu prüfen		W105	Die Arbeitsunfähigkeitsmeldung liegt der Krankenkasse nicht vor	◇
Rückmeldung Vorerkrankungszeit	17.04.2023	61	Rückmeldung Vorerkrankungszeiten	☐	zu prüfen		W111	Dem SV-Träger liegt die AU-Meldung für den angefragten Zeitraum nicht vor	◇
Rückmeldung Vorerkrankungszeit	12.04.2023	61	Rückmeldung Vorerkrankungszeiten	☐	zu prüfen		W104	Beginn der Arbeitsunfähigkeit unterscheidet sich von der Krankenkasse	◇

Abbildung 10.4 Eingangsmeldungen bearbeiten

Eingangsmeldungen bearbeiten

In Abbildung 10.4 ist die Aktivität **Eingangsmeldungen bearbeiten** dargestellt, die die folgenden Meldungen enthält:

- **Fehlerrückmeldungen**
  Wurde eine Meldung abgelehnt, muss in dieser Sicht noch die Ablehnung vorgenommen werden, und zwar über den Button **Ablehnung ausführen**. Beim nächsten Vorgang versucht das System, eine neue Meldung zu erzeugen. Der gemeldete Fehler sollte selbstverständlich zuvor behoben worden sein. Alternativ kann die Option **Ablehnung manuell bearbeitet** gewählt werden, wenn die Korrektur nur manuell durchgeführt werden kann und keine neue automatische Meldung erstellt werden soll.
- **Höhe der Entgeltersatzleistung**
  Die Meldungen zur Höhe der Entgeltersatzleistungen werden zunächst über den Menüpunkt **Eingangsmeldungen verarbeiten** geprüft und anschließend auf den Status **zu prüfen** gesetzt. Der Infotyp 0700 wird mit dem Subtyp DBHE angelegt. Über den Button **manuell bearbeitet** wird die Meldung schließlich noch auf den Status **manuell verarbeitet** gesetzt, womit die Verarbeitung beendet wäre. Wenn ein Arbeitgeberzuschuss zum Krankengeld gezahlt wird, muss die Pflege einer Lohnart (Musterlohnart M470) mit dem Betrag der Entgeltersatzleistung erfasst werden. Dies ist jedoch nicht nötig, wenn im Abrechnungsschema die Übernahme der Daten aus dem Infotyp 0700 aktiviert wurde.
- **Meldungen zu Vorerkrankungszeiten**
  Die Verarbeitung der Meldung zu den Vorerkrankungszeiten erfolgt analog der Meldung zur Höhe der Entgeltersatzleistung: Die entsprechende

Meldung wird zunächst vom System geprüft und erscheint anschließend im Arbeitsvorrat, wenn die Abwesenheiten nicht mit den in der Meldung aufgeführten Abwesenheitszeiten übereinstimmen. Eine eventuell notwendige Anpassung der Abwesenheitszeiten erfolgt auch hier nicht automatisch, sondern muss von den zuständigen Sachbearbeitenden durchgeführt werden.

Abgleich Auch über die Aktivität **Eingangsmeldungen verarbeiten** erfolgt ein Abgleich der Meldungen mit den in den Infotypen vorhandenen Daten. Allerdings setzt der Report den Status der Meldung bei Übereinstimmung lediglich auf **verarbeitet** oder, wenn keine Übereinstimmung festgestellt wird, auf **zu prüfen**. Eine Veränderung der Daten in den Infotypen erfolgt hingegen nicht. Die Aktivität **Eingangsmeldungen anzeigen** dient der Anzeige von Meldungen und hat keine eigene Funktion. Zur vereinfachten und übersichtlichen Bearbeitung der Meldungen gibt es eine Prozesssicht, in der der komplette Ablauf dargestellt ist und in der eine Bearbeitung der Arbeitsvorräte möglich ist (siehe Abbildung 10.5).

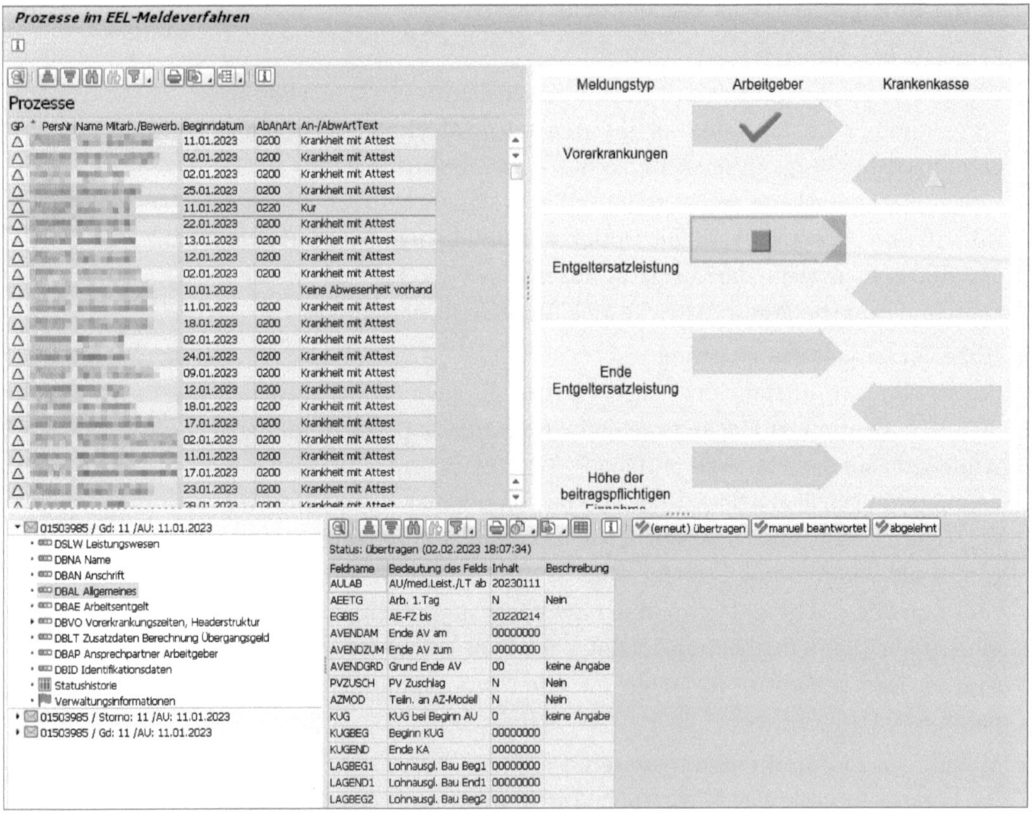

Abbildung 10.5 Prozesssicht

Prozesssicht

Die Prozesssicht ist eine Transaktion, die die Bearbeitungsfunktionen in übersichtlicher Darstellung vereint und so eine Kontrolle sowie eine Bearbeitung der Meldungen wesentlich vereinfacht. Im oberen linken Bereich werden die Prozesse dargestellt, die sich jeweils auf eine Abwesenheit beziehen. Wenn Sie einen Prozess markieren, wird im oberen rechten Bereich dargestellt, welche Meldungen in welchem Status vorhanden sind. Durch einen Klick auf eine dieser Meldungen erscheint diese im unteren Bildbereich und kann dort, wenn notwendig, verarbeitet werden. Dort sind alle Buttons zu finden, die Sie schon aus den zuvor beschriebenen Reports kennen. Zu beachten ist allerdings, dass die Verarbeitung hier nicht noch einmal über den Button **Speichern** bestätigt werden muss, sondern dass sie sofort aktiv wird.

10.1.3 Customizing

In diesem Abschnitt wird das Customizing des EEL-Verfahrens (Entgeltersatzleistungen) beschrieben. Hier sind im Wesentlichen drei Aktivitäten erforderlich:

- Zuordnung der Abwesenheiten zu den Meldegründen im View V_5DOS_A
- Einrichten der Bescheinigungen 100 und 101
- Personalbereich Berichtswesen pflegen

Voraussetzung ist, dass das System bereits für die Übermittlung von SV-Meldungen an den GKV-Kommunikationsserver eingerichtet ist. Hier nutzt das EEL-Verfahren die Verschlüsselung und die Kommunikationsverbindung analog zu den anderen SV-Meldeverfahren.

Personalbereich Berichtswesen

Zwei Teilapplikationen stehen für Einstellungen zum EEL-Verfahren zur Verfügung: SVEE (Absender der Meldung) und SVEF (Festlegung des Beschäftigungsbetriebs).

- **Teilapplikation SVEE**
  In der Teilapplikation SVEE muss der Absender der Meldungen festgelegt werden. Dies erfolgt analog der Vorgehensweise in den anderen Bereichen der Meldungserstellung, d. h., es werden hier die Firmenanschrift und die zuständige Person festgelegt. Außerdem wird in der Teilapplikation SVEE die Art des Versendens gesteuert, was ausschließlich über den GKV-Kommunikationsserver erfolgen kann. Die Variante **E-Mail** kann hier nicht ausgewählt werden, da sie nicht unterstützt wird. In der Regel muss in der Teilapplikation SVEE genau ein Eintrag für den Absender eingestellt werden: der Personalteilbereich, auf den das Zertifikat zur Verschlüsselung ausgestellt ist. Dieser Personalteilbereich kann den Ver-

sand auch für andere Personalteilbereiche vornehmen, selbst wenn diese andere Betriebsnummern haben sollten.

- **Teilapplikation SVEF**
  Weitere Einstellungen werden in der Teilapplikation SVEF vorgenommen (siehe Abbildung 10.6). Die entsprechenden Parameter steuern die Meldungserstellung und die gewünschten Rückmeldungen der Krankenkasse.

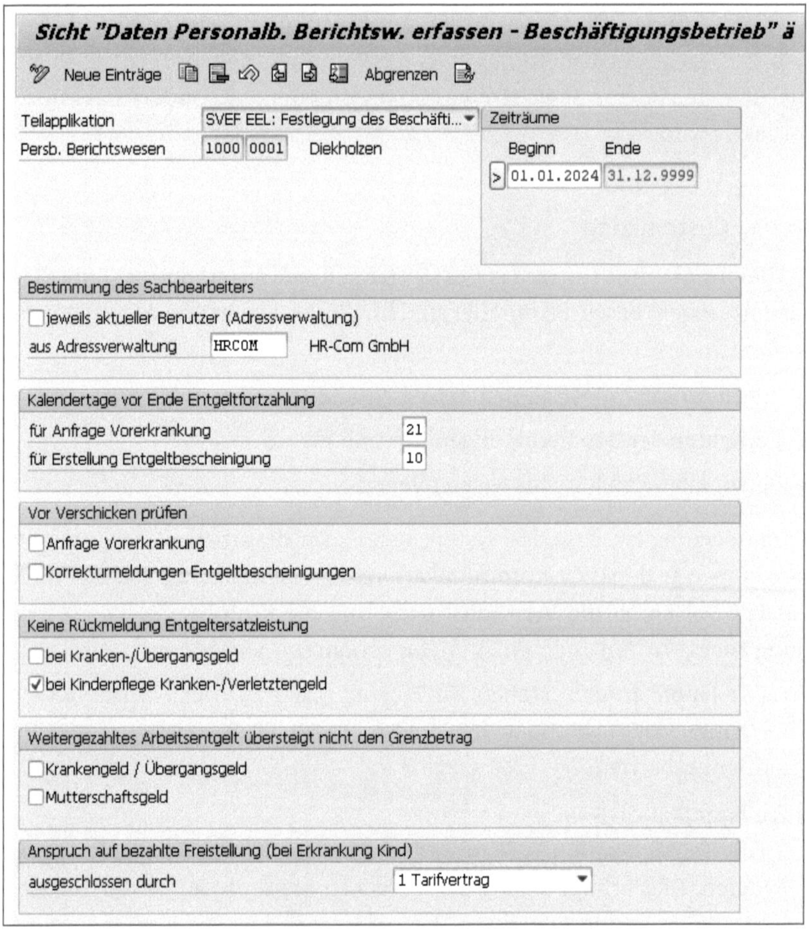

Abbildung 10.6 Einstellungen zur Erstellung von Meldungen

Einstellungen in der Teilapplikation SVEF

Im Bereich **Kalendertage vor Ende Entgeltfortzahlung** legen Sie fest, wie viele Tage vor Ablauf der Entgeltfortzahlung die Anfrage über die Vorerkrankungszeiten sowie die Entgeltbescheinigung erstellt werden sollen. Bei der Anfrage bezüglich der Vorerkrankungen sollten ca. zehn Tage gewählt werden, und für die Erstellung der Entgeltmeldungen sind mindestens fünf

Tage vorgeschrieben. Wenn Sie den Meldungsversand z. B. wöchentlich vornehmen, bietet sich anstelle der fünftägigen Frist allerdings eher eine Frist von zehn Tagen an.

Ob die Anfragen zu den Vorerkrankungszeiten sofort verschickt werden sollen oder erst hinsichtlich des Status geprüft werden müssen und anschließend eine Entscheidung über den Versand der jeweiligen Meldung getroffen wird oder nicht, wird über das Kennzeichen **Anfrage Vorerkrankung** im Bereich **Vor Verschicken prüfen** festgelegt. Dasselbe Prozedere kann für die Korrekturmeldungen von Entgeltbescheinigungen über die Aktivierung des Kennzeichens **Korrekturmeldungen Entgeltbescheinigungen** durchgeführt werden.

Rückmeldung unterdrücken

Wenn keine Rückmeldung zur Entgeltersatzleistung gewünscht ist, da es nicht zu einer beitragspflichtigen Einnahme nach § 23c SGB IV kommen kann, ist es möglich, die Rückmeldungen für das Kranken-/Übergangsgeld und/oder für das Kinderpflegekranken- bzw. Kinderpflegeverletztengeld zu unterdrücken. Das entsprechende Kennzeichen (**bei Kranken-/Übergangsgeld** oder **bei Kinderpflege Kranken-/Verletztengeld**) wird an die Krankenkasse übertragen, die dann keine Meldungen zurückschickt. Darüber hinaus kann ein Kennzeichen gesetzt werden, wenn es kein weitergezahltes Entgelt im Falle von Krankheit oder Mutterschutz geben wird.

Anspruch auf bezahlte Freistellung

Im Bereich **Anspruch auf bezahlte Freistellung (bei Erkrankung Kind) ausgeschlossen durch** kann pro Personalbereich/-teilbereich festgelegt werden, ob der Anspruch auf eine bezahlte Freistellung, z. B. aufgrund eines Tarifvertrags, ausgeschlossen ist. Dies kann jedoch über den Infotyp 0651 (Bescheinigungen an SV-Träger) übersteuert werden.

Bescheinigungsparameter

Die Erstellung der Entgeltbescheinigungen folgt der Logik des Bescheinigungswesens, weshalb die Bescheinigungen 0100 (Datenaustausch Entgeltersatzleistungen) und 0101 (Beitragspflichtige Einnahmen) geschaffen wurden. Diese Bescheinigungen werden schon beim Erstellen der Meldungen ausgeführt, anders als im Bescheinigungswesen wird allerdings bei den Bescheinigungen im Bereich der Entgeltersatzleistungen kein Formular erzeugt, sondern eine Datenstruktur gefüllt. Die Einstellungen werden wieder analog den Einstellungen im Bescheinigungswesen durchgeführt. Da hier aber kein Formular notwendig ist, entfällt die Zuordnung zu einem Formular. Zu pflegen sind hier die Bescheinigungslohnarten und die Bescheinigungsfunktionen. Die Bescheinigungslohnarten sollten mit dem Mandanten 000 abgeglichen werden. Ein großer Teil der Bescheinigungslohnarten wird mit den Lohnarten aus dem Nettoteil der Personalabrechnung gefüllt, was so übernommen werden kann. Lediglich das vereinbarte Brutto muss mit Kundenlohnarten gefüllt werden. Wurde das Bescheinigungswesen bisher genutzt, kann für diesen Schritt die Einstellung aus der Krankengeldbescheinigung übernommen werden.

10.2 Abfrage der Versicherungsnummer (VAV)

Seit 2023 besteht die Verpflichtung der Arbeitgeber zur elektronischen Versicherungsnummernabfrage. Dies konnte bis 31.12.2024 durch die manuelle Eingabe der Sozialversicherungsnummer im Infotyp 0013 (Sozialversicherung) umgangen werden. Ab dem 01.01.2025 ist das Feld **Vers.Nr.** in Produktivsystemen nicht mehr eingabebereit.

10.2.1 Ablauf

Der Ablauf des Meldewesens für die VAV erfolgt analog zu den anderen im Bereich der Sozialversicherung existierenden Meldeverfahren: Es werden Anfragen erstellt. Diese Anfragen werden zu Meldedateien zusammengefasst und per B2A-Manager (Business-to-Administration-Manager) versandt.

Im Eingangsverfahren werden Rückmeldungen abgeholt, der entsprechenden Person zugeordnet und anschließend verarbeitet.

Der Auslöser für die Erstellung der Anfrage ist die fehlende Versicherungsnummer im Infotyp 0013 (Sozialversicherung).

In diesem Abschnitt lernen Sie die Durchführung des Meldeprozesses für die Versicherungsnummernabfrage in SAP ERP HCM kennen. Sie erreichen das Meldeverfahren für die VAV (siehe Abbildung 10.7) im Menü der Personalabrechnung unter **Folgeaktivitäten • Periodenunabhängig • Abrechnungszusatz • Abfrage der Versicherungsnummer**.

Ausgangsmeldungen

Ausgangsmeldungen werden über den Report RPCVVVDO_OUT (Erstellung von Meldungen für die Versicherungsnummernabfrage) erstellt (siehe Abbildung 10.8).

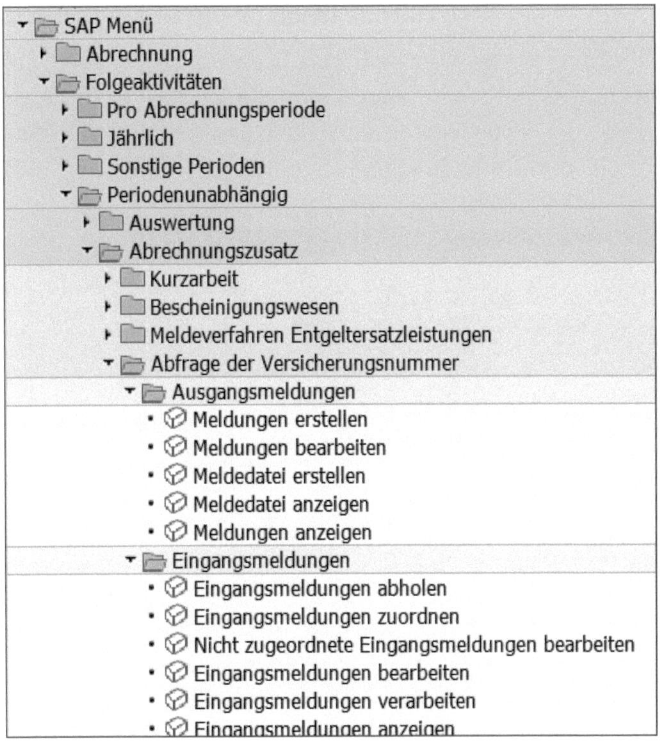

Abbildung 10.7 SAP-Easy-Access-Menü zur VAV

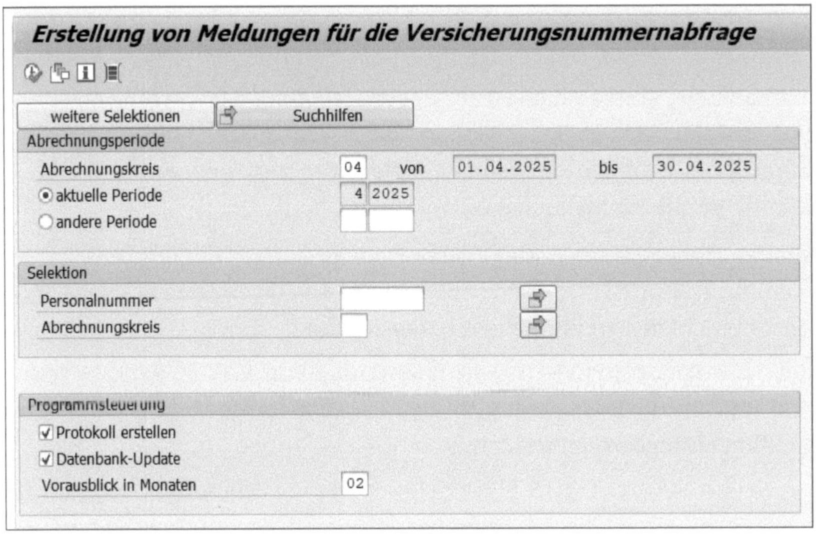

Abbildung 10.8 Erstellung von Meldungen für die Versicherungsnummernabfrage

Wir empfehlen, damit zukünftige Eintritte schon mit berücksichtigt werden, einen Vorausblick von ca. zwei Monaten.

Meldedateien erstellen

Die erstellten Meldungen werden mit dem Report RPCVVHDO_OUT (Versicherungsnummernabfrage Meldedateien erstellen) gesammelt und in den B2A-Manager gestellt, siehe Abbildung 10.9.

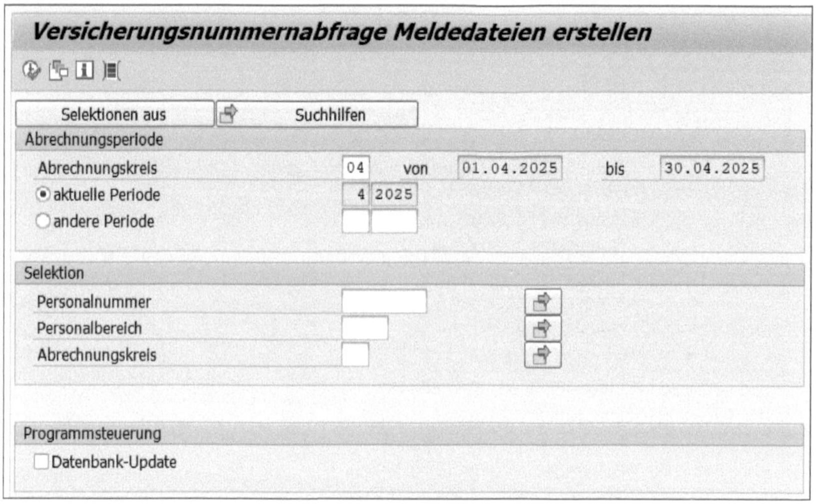

Abbildung 10.9 Versicherungsnummernabfrage Meldedateien erstellen

Der Umgang mit dem B2A-Manager wird im gleichnamigen Abschnitt 11.2 beschrieben.

Sachbearbeiterliste Versicherungsnummernabfrage

Über den Report RPCVVLDO_OUT (Sachbearbeiterliste Versicherungsnummernabfrage) können die Fehler bei der Erstellung der Ausgangsmeldungen ermittelt und bearbeitet werden. Darüber hinaus erhalten Sie mit Aktivierung des Radiobuttons bei **alle Meldungen anzeigen** einen Überblick über die gesamten Meldungen.

Mit dem Report RPCSVPDO (SV: Abholen u. Bestätigen der Ergebnisse vom Kommunikationsserver), siehe Abschnitt 8.1.4, »Eingangsmeldungen abholen«, werden die bereitgestellten Daten abgeholt.

Zuordnung von VAV-Eingangsmeldungen

Über den Report RPCVVHDO_IN (Zuordnung von VAV-Eingangsmeldungen) müssen die Rückmeldungen den Personalnummern und Ausgangsmeldungen zugeordnet werden.

Rückmeldung der Versicherungsnummer verarbeiten

Der Report RPCVVVDO_IN (Rückmeldung der Versicherungsnummer verarbeiten) hinterlegt die Versicherungsnummer in den Infotyp 0013 (Sozialversicherung).

Die Versicherungsnummer wird aus dem Feld **Versicherungsnummer** des Datensatzes DSVV gelesen und in alle Infotyp-0013-Sätze eingetragen, die in oder nach der aktuellen Abrechnungsperiode enden. Infotyp-0013-Sätze, die vor der Abrechnungsperiode enden, bleiben unverändert.

Sachbearbeiterliste für nicht zugeordnete VAV-Eingangsmeldungen

Der Report RPUVVLDO_IN (Sachbearbeiterliste für nicht zugeordnete VAV-Eingangsmeldungen) enthält alle Eingangsmeldungen, die keiner Personalnummer oder Ausgangsmeldung zugeordnet werden können.

Es sollte eine regelmäßige Prüfung erfolgen.

Über den Report RPCVVLDO_IN (Sachbearbeiterliste für Versicherungsnummernabfrage-Eingangsmeldungen) erhalten Sie eine Übersicht über die VAV-Meldungen (siehe Abbildung 10.10).

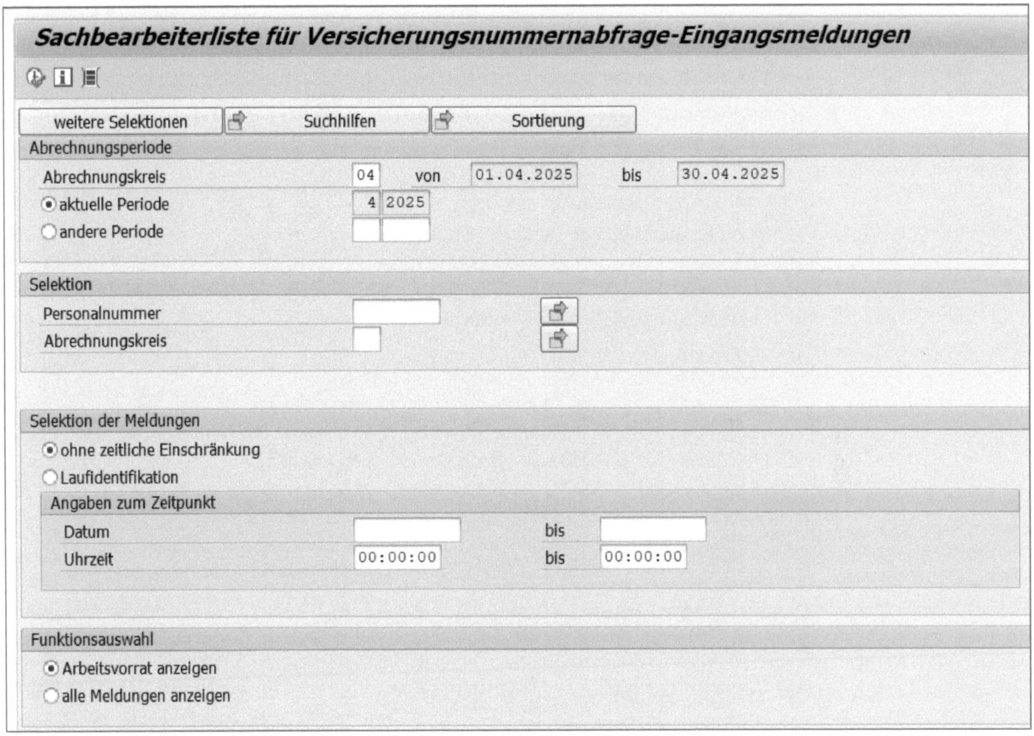

Abbildung 10.10 Sachbearbeiterliste für Versicherungsnummernabfrage-Eingangsmeldungen

Kann keine Versicherungsnummer ermittelt werden, kann eine DEÜV-Anmeldung ohne Sozialversicherungsnummer erfolgen. Daraufhin sollte über die DEÜV-Eingangsmeldung die korrekte Versicherungsnummer zurückgemeldet werden.

In Ausnahmefällen kann eine manuelle Pflege der Versicherungsnummer notwendig sein (keine Rückmeldung der Versicherungsnummer in der VAV bzw. DEÜV). Dazu gibt es die Möglichkeit, im Infotyp 0041 (Datumsangaben) die Datumsart 38 (Pflege VSNR (Infotyp 0013)) zum Eintrittsdatum zu hinterlegen, daraufhin ist das Feld **Vers.Nr.** eingabebereit.

10.3 DEÜV-Sofortmeldungen

Eine besondere Form der DEÜV-Meldung ist die Sofortmeldung, die in bestimmten Wirtschaftszweigen, die einen hohen Anteil an Schwarzarbeit und das Gefährdungspotenzial für illegale Beschäftigungen haben, durchgeführt werden kann (siehe Abbildung 10.11).

Tag des Beschäftigungsbeginns

Die Sofortmeldung muss am Tag des Beschäftigungsbeginns vorgenommen werden. Daher erfolgt diese Meldung außerhalb des Zyklus der monatlichen Personalabrechnung und befindet sich im Menü der periodenunabhängigen Folgeaktivitäten.

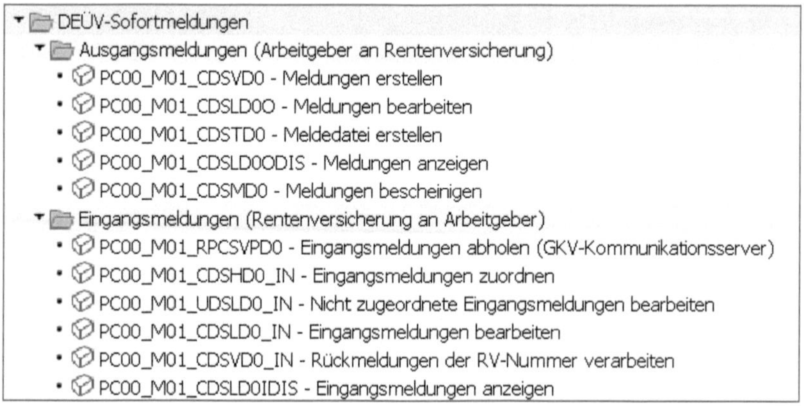

Abbildung 10.11 Menü der DEÜV-Sofortmeldung

Die Verarbeitung dieser Meldungsart erfolgt in den gleichen Schritten wie für die Verarbeitung der gewöhnlichen DEÜV-Meldungen.

10.4 DEÜV-Meldungen zur Betriebsdatenpflege

Ein vergleichsweise reduziertes Menü steht für den Versand von Meldungen zur Betriebsdatenpflege zur Verfügung (siehe Abbildung 10.12).

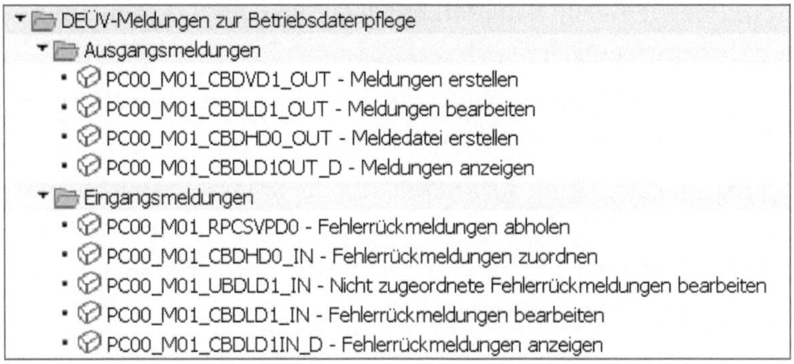

Abbildung 10.12 Menü der Meldungen zur Betriebsdatenpflege

Änderung der Daten zur Betriebsstätte

Die Meldungen zur Betriebsdatenpflege müssen erstellt werden, wenn sich Daten zur Betriebsstätte, z. B. die Anschrift, ändern. In solchen Fällen werden einmalig Initialmeldungen erzeugt, die als Vergleichsbasis dienen, um Datenänderungen erkennbar zu machen. Initialmeldungen zur Betriebsdatenpflege werden nicht verschickt. Nach einer Änderung von Betriebsdaten vergleicht das Programm die Daten mit der Initialmeldung und setzt bei Veränderungen eine Meldung ab, die dann auch verschickt wird. Der Verarbeitungsprozess entspricht dem Verarbeitungsprozess der DEÜV-Meldungen, nur dass hier die personenbezogenen Daten fehlen, da es sich um Meldungen handelt, die sich auf einen Personalbereich beziehen.

Betriebsdatenpflege monatlich durchführen

Wir empfehlen, die Meldungen zur Betriebsdatenpflege monatlich in den Folgeaktivitäten durchzuführen, damit eventuelle Änderungen automatisch gemeldet werden.

10.5 Meldeverfahren bei Einrichtung eines Arbeitgeberkontos

Dieses Verfahren ersetzt die Papiermeldung des Arbeitgebers an die Krankenkasse mit folgenden Daten: Anschrift, Betriebsnummer, Wahlerklärung zur Umlage und, wenn gewünscht, das SEPA-Mandat. In SAP-Hinweis 3200169 (DEÜV: Neuer Abgabegrund (06)) im Datensatz Krankenkassenmeldung zum 01.01.2023 ist der geplante Ablauf beschrieben.

Ablauf des Meldeverfahrens

Wird die erste beschäftigte Person bei einer neuen Krankenkasse mit Meldegrund 10 (Anmeldung) oder 11 (Anmeldung wegen Krankenkassenwechsel) angemeldet, sendet die Krankenkasse dem Arbeitgeber über die DEÜV-

Eingangsmeldungen einen Datensatz mit dem neuen Abgabegrund 06 (Anforderung Arbeitgeberdaten).

Der Arbeitgeber sendet im Anschluss die notwendigen Daten mit Abgabegrund 01 (Rückmeldung Anforderung) zurück.

Der Abgabegrund 01 wird nur auf Anforderung der Krankenkassen übermittelt. Der Abgabegrund 02 (Änderungsmeldung) kann ohne explizite Anforderung versandt werden.

Folgende Angaben werden dabei übermittelt:

- Name und Anschrift des Arbeitgebers
- Name und Kontaktdaten der Ansprechperson (gegebenenfalls abweichende Korrespondenzanschrift)
- Wahlerklärung U1 inklusive des gewählten Erstattungssatzes

10.6 rvBEA Forms

Über das Verfahren rvBEA können Rentenversicherungsträger oder öffentliche Behörden bei den Arbeitgebern Bescheinigungen elektronisch anfordern. Die Rückantworten können in diesem Verfahren dann ebenfalls elektronisch empfangen werden.

rvBEA verpflichtend für die Bescheinigung ZUZA

Das Verfahren rvBEA mit dem Teilverfahren Forms ist ab dem 01.01.2022 für die Bescheinigung ZUZA (Befreiung von Reha-Zuzahlungen) verpflichtend und ersetzt die bis dahin manuell ausgefüllte Bescheinigung des Arbeitgebers zum Antrag auf Befreiung von der Zuzahlung (G0161) der Deutschen Rentenversicherung.

Die Bescheinigung BEEG (Entgeltbescheinigung für Elterngeld – ehemals ELFE) können Sie seit dem 01.07.2022 verwenden. Hier müssen jedoch die Beschäftigten zustimmen.

[!]

Holschuld des Arbeitgebers

Seit dem 01.01.2022 besteht eine Verpflichtung des Arbeitgebers, Eingangsmeldungen wöchentlich abzuholen. Die Rückantworten für rvBEA (ZUZA) müssen innerhalb eines Arbeitstages bereitgestellt werden.

Zukünftige Erweiterung des rvBEA-Forms-Verfahrens

Das rvBEA-Forms-Verfahren soll in Zukunft von den öffentlichen Behörden um weitere Bescheinigungen erweitert werden. Die Grundlage dafür ist die Entgeltbescheinigungsverordnung, mit der klare Definitionen (z. B. für das Gesamtbrutto) formuliert worden sind.

10.6.1 Customizing

Das Customizing erfolgt im Einführungsleitfaden über den Pfad **Personalabrechnung • Abrechnung Deutschland • rvBEA – Bescheinigungen Elektronisch Anfordern und Annehmen • rvBEA Forms** (siehe Abbildung 10.13). Hier muss nur ein Abgleich der Lohnarten mit dem Auslieferungsmandanten durchgeführt werden.

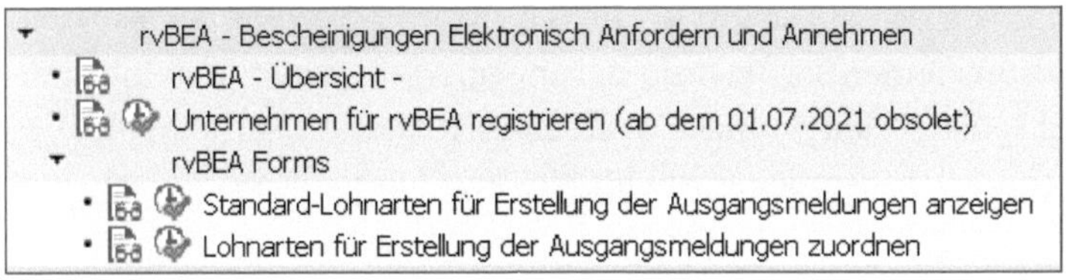

Abbildung 10.13 Customizing-Leitfaden für rvBEA

Die Absenderinformationen werden aus dem Verfahren rvBEA Bescheinigung GML57 aus der Teilapplikation RVAB (rvBEA – Daten zum Absender) übernommen.

10.6.2 Meldungen erstellen

Unter folgendem Menüpunkt können die Meldungen erstellt werden: **Personal • Personalabrechnung • Europa • Deutschland • Folgeaktivitäten • Periodenunabhängig • Abrechnungszusatz • rvBEA Forms** (siehe Abbildung 10.14).

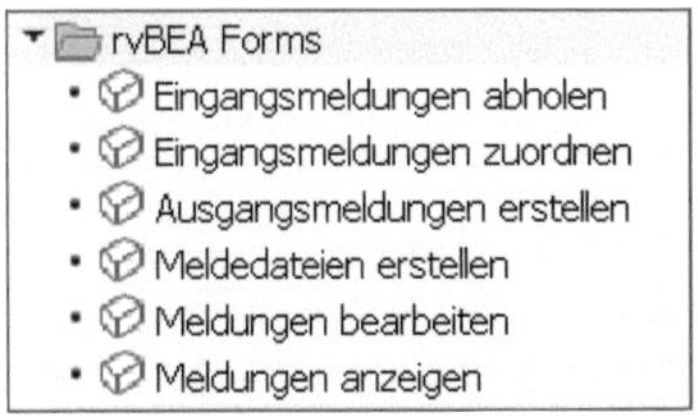

Abbildung 10.14 SAP-Easy-Access-Menü für rvBEA Forms

Da im rvBEA-Forms-Verfahren die Anforderung zur Erstellung der Meldung vonseiten der Behörden erfolgt, müssen Sie zuerst die Anforderungen mit dem Report RPCSVPDO_IN (SV: Abholen u. Bestätigen der Ergebnisse GKV/DSRV) abholen.

Im nächsten Schritt müssen die empfangenen Daten über den Report RP_PAYDE_RVF_ASSIGN_NOTIFS (rvBEA-Forms Anfragen und Rückmeldungen zuordnen) den Personalnummern bzw. einer Ausgangsmeldung zugeordnet werden.

Daraufhin können die angeforderten Bescheinigungen mit dem Report RP_PAYDE_RVF_CREATE_NOTIFS (rvBEA Forms Antworten zu Anforderungen erstellen) erzeugt werden.

Über den Report RP_PAYDE_RVF_CREATE_FILES (rvBEA Forms Meldedateien erstellen) sammeln Sie die Meldungen und stellen sie in den B2A-Manager. Im B2A-Manager muss die Meldung versandt werden.

In der Sachbearbeiterliste Report RP_PAYDE_RVF_LIST (rvBEA Forms: Sachbearbeiterliste) können Sie die Anforderungen, Antworten, Zusatzinformationen und Fehlerrückmeldungen bearbeiten. In diesem Verfahren gibt es keine getrennte Sachbearbeiterliste für Ein- und Ausgangsmeldungen.

10.7 A1-Meldeverfahren

Bedingungen für eine A1-Meldung

Seit dem 01.07.2019 muss für Auslandseinsätze innerhalb Europas der Antrag auf Entsendung und Ausnahmevereinbarungen (allgemein A1-Meldung) elektronisch erfolgen. Der Arbeitgeber beantragt die A1-Bescheinigung für gesetzlich/freiwillig oder familienversicherte Beschäftigte bei der jeweiligen Krankenkasse. Bei privat versicherten Beschäftigten muss der Antrag an den Rentenversicherungsträger gestellt werden. Wenn eine Person berufsständisch versichert ist, muss der Antrag an die Arbeitsgemeinschaft berufsständischer Versorgungseinrichtungen gestellt werden. Mit dieser A1-Bescheinigung kann die betroffene Person bei einer Dienstreise ins europäische Ausland nachweisen, dass sie in ihrem Heimatland sozialversichert ist.

10.7.1 Customizing

Das Customizing erfolgt im Einführungsleitfaden über den Pfad **Personalabrechnung • Abrechnung Deutschland • A1-Meldeverfahren** (siehe Abbildung 10.15).

Teilapplikationen für das A1-Meldeverfahren

Um das A1-Meldeverfahren nutzen zu können, pflegen Sie folgende Teilapplikationen:

- A1AB – A1 – Daten zum Absender – Hinterlegung des Zertifikatinhabers als Absender
- A1UD – A1 – Daten zum Unternehmen – Zusammenfassung auf die jeweiligen Buchungskreise

Die Zusammenfassung hinterlegen Sie in Tabelle V_T596L (Bestimmung des Personalbereichs Berichtswesen).

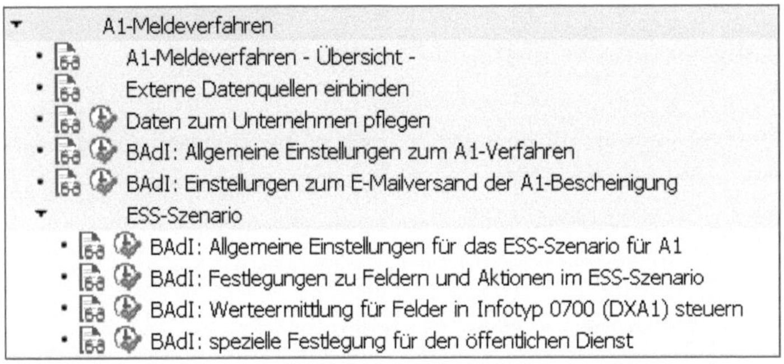

Abbildung 10.15 Customizing-Leitfaden für das A1-Meldeverfahren

In Tabelle V_T596M (Daten des Personalbereichs Berichtswesen) müssen ebenfalls beide Teilapplikationen gepflegt werden (siehe Abbildung 10.16).

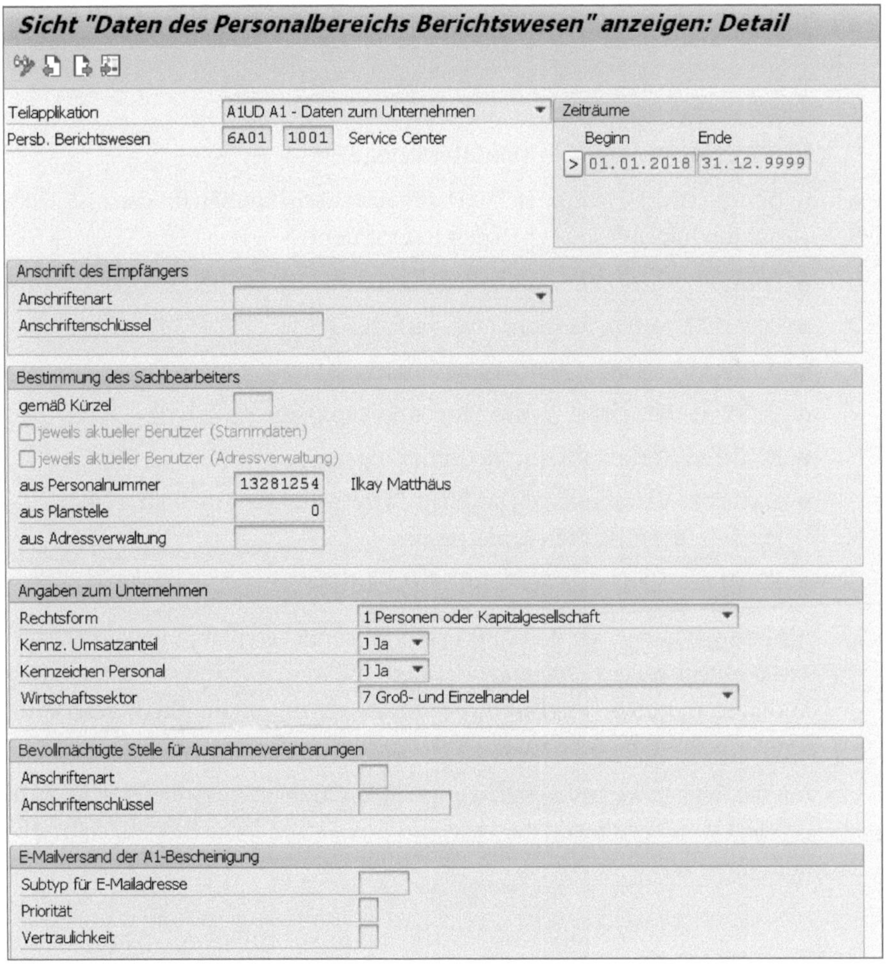

Abbildung 10.16 Tabelle V_T596M – Teilapplikation A1UD

- A1AB
  Hinterlegung des Unternehmens und der Ansprechperson
- A1UD
  Für die A1-Meldungserstellung werden zusätzliche Angaben zum Unternehmen benötigt:
  - **Rechtsform**
  - **Kennz. Umsatzanteil** > 25 % in Deutschland
  - **Kennzeichen Personal** > 25 % in Deutschland
  - **Wirtschaftssektor**

[»]

Bestimmung der zuständigen Person

Es gibt verschiedene Möglichkeiten, die zuständige Person in der A1-Ausgangsmeldung zu bestimmen. Beachten Sie dazu bitte den SAP-Hinweis 2734172, »A1-Verfahren: Bestimmung des Sachbearbeiters«.

10.7.2 Notwendige Stammdatenpflege

Subtypen in Infotyp 0700

In Infotyp 0700 (Elektronischer Datenaustausch) können für das A1-Meldeverfahren folgende Subtypen genutzt werden:

- DXA1 A1: Antrag Entsendebescheinigung
- DXAV A1: Antrag Ausnahmevereinbarung
- DXBB A1-Verfahren: Antrag Entsendung ö.D.
- DXFK A1-Verfahren: Antrag Flug- und Kabinenp.
- DXGG A1-Verfahren: Antrag Grenzgänger
- DXGM A1-Verfahren: gewöhnliche Erwerbstätigkeit in mehreren Ländern bei mehreren Arbeitgebern
- DXMM A1-Verfahren: gewöhnl. Beschäftigte

Als Beispiel haben wir den Antrag auf Entsendebescheinigung aufgeführt. Auf der Registerkarte **Allgemeine Daten** müssen das **Land** der Entsendung und die **ausgeübte Tätigkeit** hinterlegt werden. Abbildung 10.17 zeigt Infotyp 0700, Subtyp DXA1, auf der Registerkarte **Allgemeine Daten**.

Auf der Registerkarte **Beschäftigungsstellen** muss mindestens eine Adresse gepflegt werden, die von der beschäftigten Person besucht wird (siehe Abbildung 10.18).

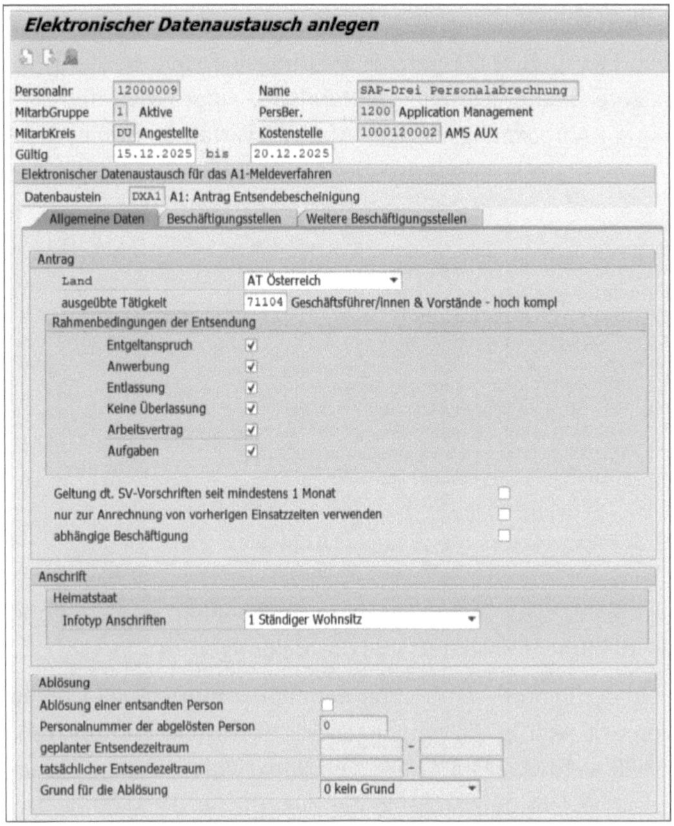

Abbildung 10.17 Infotyp 0700, Subtyp DXA1 – Registerkarte »Allgemeine Daten«

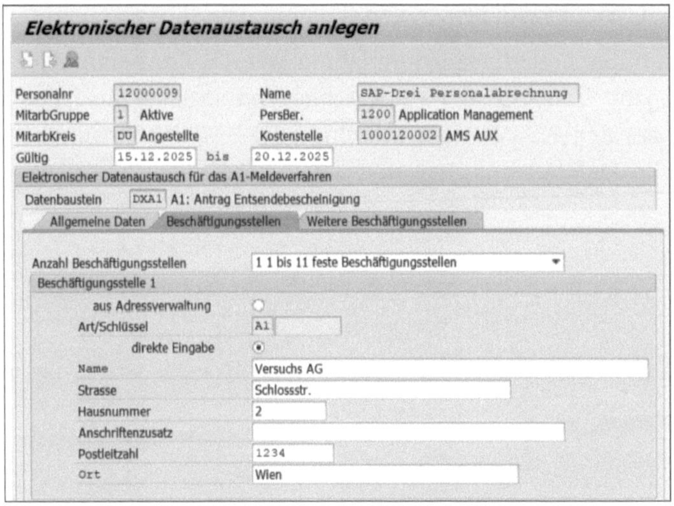

Abbildung 10.18 Infotyp 0700, Subtyp DXA1 – Registerkarte »Beschäftigungsstellen«

10.7.3 Meldung erstellen

Unter folgendem Menüpunkt können die Meldungen erstellt werden: **Personal • Personalabrechnung • Europa • Deutschland • Folgeaktivitäten • Periodenunabhängig • Abrechnungszusatz • A1-Meldeverfahren** (siehe Abbildung 10.19).

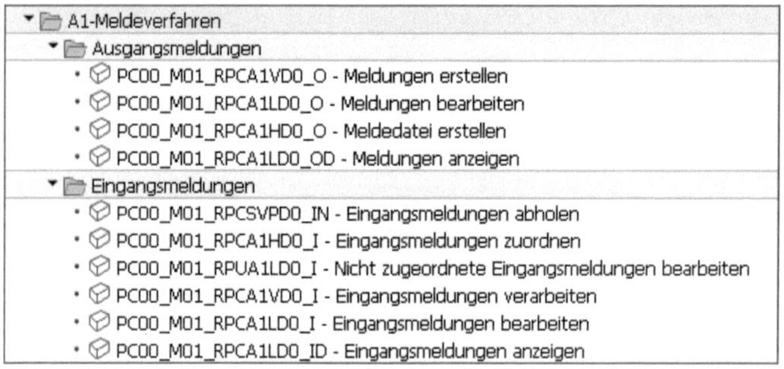

Abbildung 10.19 SAP-Easy-Access-Menü für das A1-Meldeverfahren

A1-Meldungen selektieren und erstellen

Über den Report RPCA1VDO_OUT (A1-Meldungen erstellen) werden die zu erstellenden A1-Meldungen selektiert und die Meldungen erstellt.

Im Selektionsbild des Reports muss unter dem Punkt **Aufrollung in Tagen** definiert werden, wie weit in die Vergangenheit hineinreichend noch A1-Meldungen erstellt werden sollen. Unter dem Punkt **Vorausblick in Monaten** wird festgelegt, welche Zeiträume in der Zukunft für die Meldungserstellung berücksichtigt werden sollen (siehe Abbildung 10.20).

In Abbildung 10.21 sehen Sie eine erfolgreich erstellte Meldung mit den zu übermittelnden Datenbausteinen.

Analog zu den bisher beschriebenen Verfahren, wie z. B. Bescheinigungen elektronisch anzunehmen (BEA), muss anschließend noch die Meldedatei erstellt und über den B2A-Manager (Abschnitt 11.2.2, »Funktionsumfang und Anwendung des B2A-Managers«) übertragen werden.

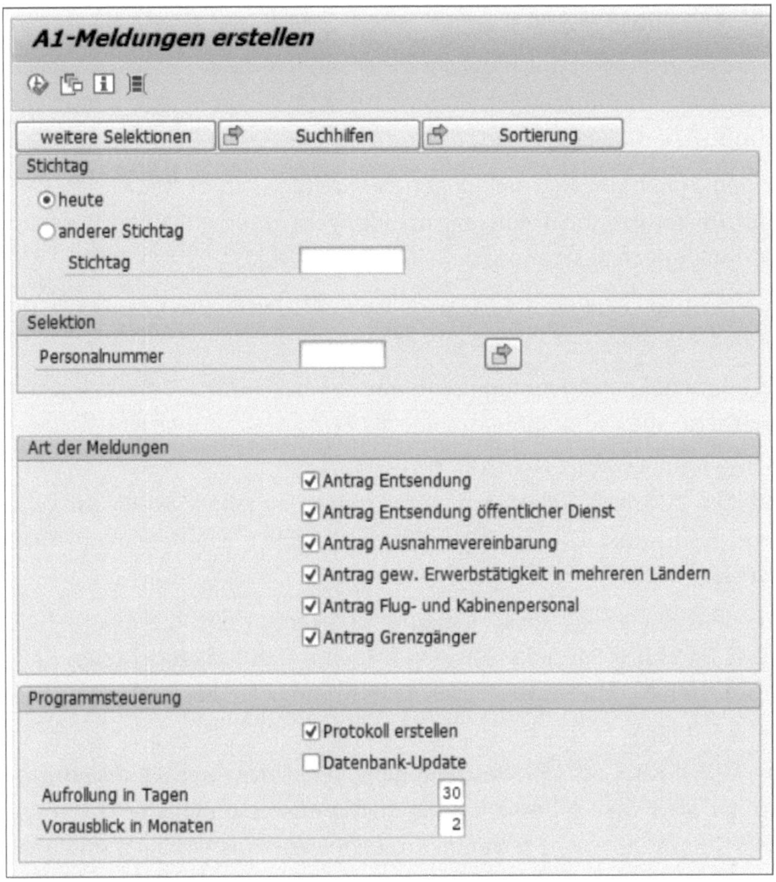

Abbildung 10.20 Selektionsbild von Report RPCA1VD0_OUT (A1-Meldungen erstellen)

10

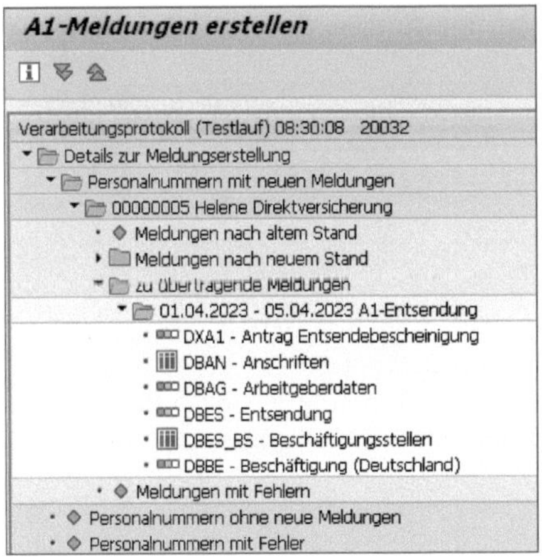

Abbildung 10.21 A1-Meldungsübersicht mit Report RPCA1VD0_OUT

10.7.4 Eingangsprozess

Nach erfolgreicher Übermittlung der Daten müssen Sie die Rückmeldungen der Sozialversicherungsträger abholen, zuordnen und verarbeiten (siehe Abschnitt 8.1.4, »Eingangsmeldungen abholen«).

Über den Punkt **Eingangsmeldungen bearbeiten** (Report RPCA1LDO_IN – Sachbearbeiterliste für A1-Eingangsmeldungen) können Sie den Rücklauf der A1-Meldungen bearbeiten (siehe Abbildung 10.22).

Möglichkeiten zur Weiterleitung bewilligter A1-Bescheinigungen

Folgende Möglichkeiten der Weiterleitung der bewilligten A1-Bescheinigung an die beschäftigte Person gibt es:

- Sie können die Bescheinigung mit einem Klick auf den Button (**abspeichern**) speichern. Eine Ausgabe als PDF-Datei für mehrere Meldungen ist möglich (Ablageort frei wählbar).
- Mit dem Button (**Bescheinigung anzeigen**) erhalten Sie eine Ausgabe als PDF-Formular. Dies kann jedoch nur für eine Meldung durchgeführt werden.
- Mit dem Button (**Bescheinigung drucken**) erfolgt die Ausgabe als Spool-Datei pro Formular. Dies ist jedoch nur auf eingerichteten SAP-Druckern möglich. Hinweis: Dies kann für mehrere Beschäftigte gleichzeitig erfolgen.
- Mit einem Klick auf (**Bescheinigung versenden**) werden die Formulare an die E-Mail-Adresse der beschäftigten Person (aus dem Infotyp 0105 Kommunikation) versandt. Kundeneigene Einstellungen sind über das BAdI HRPAYDE_A1_EMAIL möglich. Diese Funktion kann für mehrere Meldungen gleichzeitig verwendet werden.

Art der Meldung	Art des Antrags	Per...	Beginn	Ende	Einsatzland	Storno	Status	Nachrichtentext	Bear...	Info Hin...
Bewilligung	Antrag A1-Entsendung	1116	21.05.2025	22.05.2025	Frankreich	☐	verarbeitet	A1-Bescheinigung wurde per E-Mail verschickt	◇	
Bewilligung	Antrag A1-Entsendung	1116	21.05.2025	22.05.2025	Frankreich	☑	manuell ver...		◇	
Bewilligung	Antrag A1-Entsendung	1116	04.06.2025	04.06.2025	Frankreich	☐	verarbeitet	A1-Bescheinigung wurde per E-Mail verschickt	◇	
Bewilligung	Antrag A1-Entsendung	1116	02.09.2025	03.09.2025	Niederlande	☐	verarbeitet	A1-Bescheinigung wurde per E-Mail verschickt	◇	
Bewilligung	Antrag A1-Entsendung	1116	02.06.2025	03.06.2025	Frankreich	☐	verarbeitet	A1-Bescheinigung wurde per E-Mail verschickt	◇	
Bewilligung	Antrag A1-Entsendung	1116	29.04.2025	30.04.2025	Frankreich	☐	verarbeitet	A1-Bescheinigung wurde per E-Mail verschickt	◇	
Bewilligung	Antrag A1-Entsendung	1116	24.07.2025	24.07.2025	Frankreich	☐	verarbeitet	A1-Bescheinigung wurde gedruckt	◇	
Bewilligung	Antrag A1-Entsendung	1138	12.03.2025	13.03.2025	Niederlande	☐	verarbeitet	A1-Bescheinigung wurde per E-Mail verschickt	◇	
Bewilligung	Antrag A1-Entsendung	1174	12.03.2025	14.03.2025	Niederlande	☐	verarbeitet	A1-Bescheinigung wurde per E-Mail verschickt	◇	
Ablehnung	Antrag A1-Entsendung	1418	14.04.2025	15.04.2025	Frankreich	☐	manuell ver...		◇	?

Abbildung 10.22 Sachbearbeiterliste für die A1-Eingangsmeldungen

10.8 Elektronische Arbeitsunfähigkeitsbescheinigung (eAU)

Seit dem 01.01.2023 ist der Abruf der *elektronischen Arbeitsunfähigkeitsbescheinigung* verpflichtend (siehe Abbildung 10.23). Die früher genutzte Arbeitsunfähigkeitsbescheinigung für gesetzlich Versicherte (»gelber Schein«) entfällt seitdem. Der Arbeitgeber ist verpflichtet, einen elektronischen Datenabruf vorzunehmen.

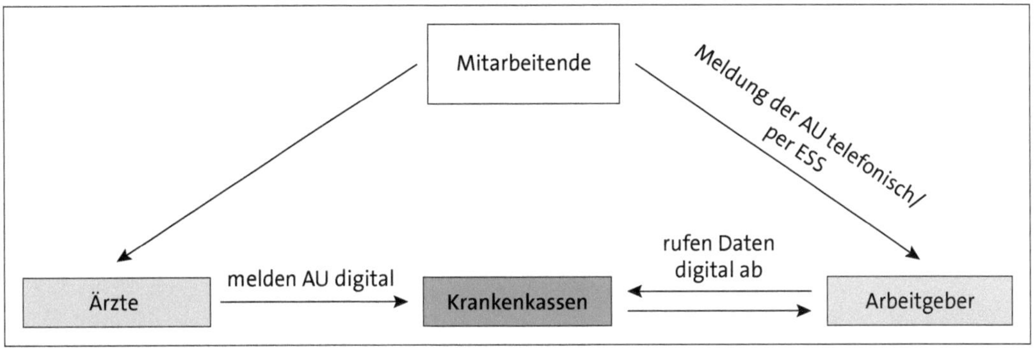

Abbildung 10.23 Ablauf der eAU

Privat versicherte Mitarbeitende

Am eAU-Verfahren nehmen privat versicherte Mitarbeitende nicht teil, bei ihnen werden die eAU-relevanten Felder im Infotyp 2001 (Abwesenheiten) nicht eingeblendet.

Geringfügig Beschäftigte

Am eAU-Verfahren nehmen auch Minijobber teil, dazu müssen (seit dem 01.01.2022) im Infotyp 0013 (Sozialversicherung) die zusätzliche Kasse und die Art der Krankenversicherung gepflegt werden.

10.8.1 Ablauf

Der Ablauf des Meldewesens für die eAU erfolgt analog zu den anderen im Bereich der Sozialversicherung existierenden Meldeverfahren: Es werden Anfragen erstellt. Diese Anfragen werden zu Meldedateien zusammengefasst und per B2A-Manager (Business-to-Administration-Manager) versandt. Im Eingangsverfahren werden Rückmeldungen abgeholt, der entsprechenden Person zugeordnet und anschließend verarbeitet. Der Auslöser für die Erstellung der Anfrage ist die erfasste Abwesenheit im Infotyp 2001 (Abwesenheiten, siehe Abbildung 10.24).

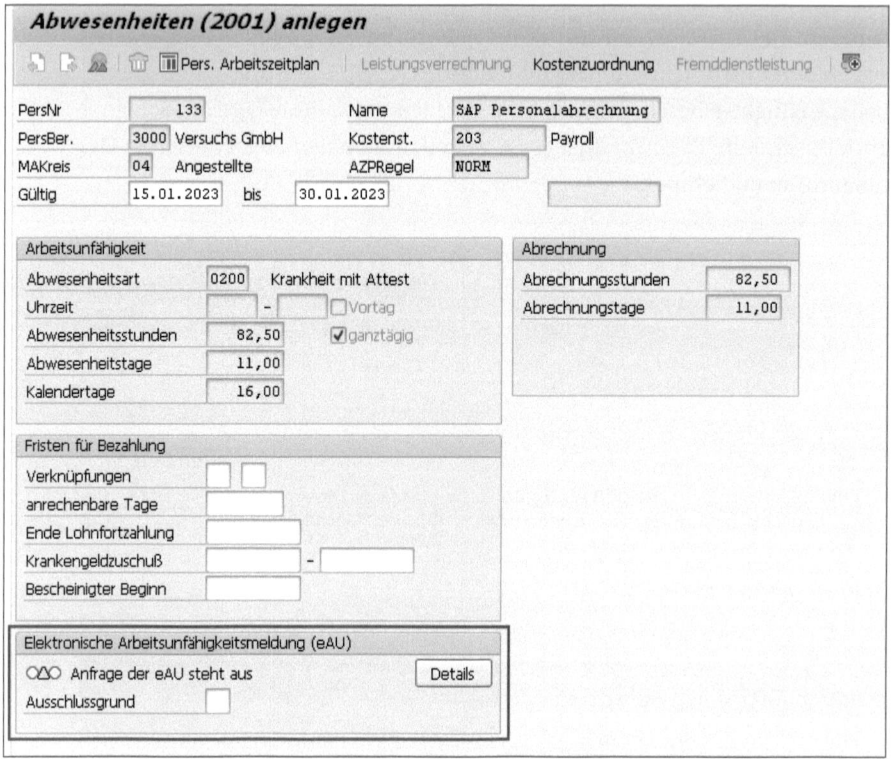

Abbildung 10.24 eAU-relevante Abwesenheit anlegen

Es gibt Konstellationen, bei denen eine beschäftigte Person keine elektronische Arbeitsunfähigkeitsbescheinigung erhalten kann. Im SAP-Standard gibt es hier folgende Ausschlussgründe:

- 01 Privatarzt
- 02 Arbeitsunfähigkeit im Ausland
- 08 Papierbescheinigung
- 09 Sonstige Gründe

Sofern diese vier Gründe nicht ausreichen, können kundeneigene Gründe definiert werden.

In diesem Abschnitt lernen Sie die Durchführung des Meldeprozesses für die eAU in SAP ERP HCM kennen. Sie erreichen das Meldeverfahren für die eAU (siehe Abbildung 10.25) im Menü der Personalabrechnung unter **Folgeaktivitäten • Periodenunabhängig • Abrechnungszusatz • eAU-Meldeverfahren**.

Zeitpunkte der Durchführung

Die Aktivitäten im Bereich der eAU werden unabhängig vom monatlichen Zyklus der Personalabrechnung ausgeführt. Die Abfrage der Vorerkrankungsanfragen ist weiterhin über das EEL-Verfahren (siehe Abschnitt 10.1, »Entgeltersatzleistungen«) notwendig. Dieser Prozess erfolgt somit nicht nur als monatliche Folgeaktivität, sondern in der Regel häufiger: je nach Firmengröße und Anzahl der Fälle im täglichen oder sonstigen regelmäßigen Rhythmus.

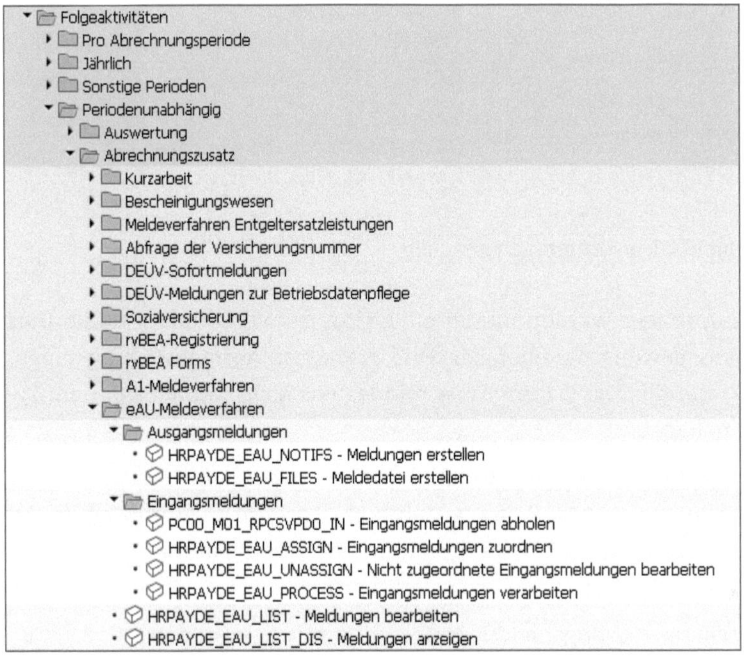

Abbildung 10.25 SAP-Easy-Access-Menü zur eAU

Ausgangsmeldungen erstellen

Ausgangsmeldungen werden über den Report RP_PAYDE_EAU_CREATE_NOTIFS (eAU-Anfragen erstellen) erstellt (siehe Abbildung 10.26).

Eine Zeitraumeinschränkung für die Personenauswahl unter der Datengruppe **Zeitraum** ist nicht erforderlich. Wenn Sie die eAU-Meldungen jedoch automatisieren möchten, empfehlen wir eine Einschränkung auf z. B. die letzten 90 Tage bis zum aktuellen Datum.

Das Protokoll in der Datengruppe **Programmsteuerung** sollte nur in Einzelfällen (mit zusätzlicher Personalnummernselektion) aktiviert werden, da es sonst zu sehr langen Laufzeiten und gegebenenfalls zu Abbrüchen kommen kann.

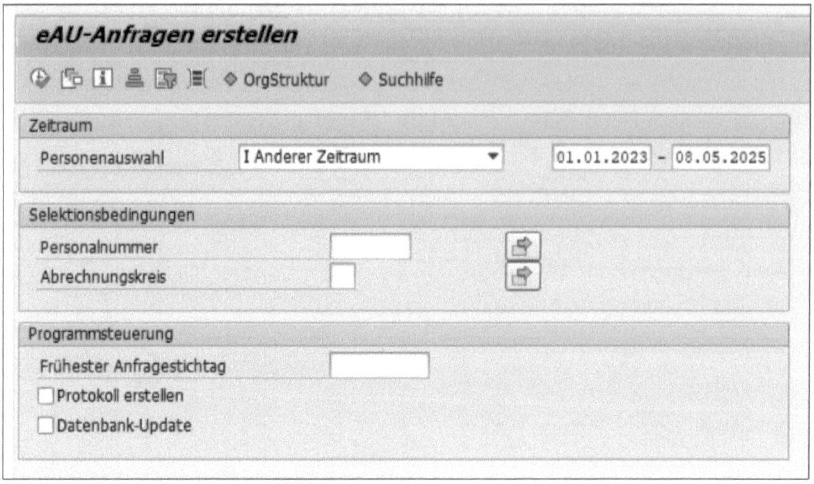

Abbildung 10.26 eAU-Anfragen erstellen

Die eAU-Anfragen werden immer ab Beginn des Verfahrens erstellt. Dies kann, falls gewünscht, über das Feld **Frühester Anfragestichtag** eingeschränkt werden. Das Datum muss mindestens sechs Monate vor dem Tagesdatum liegen.

Der Report RP_PAYDE_EAU_CREATE_NOTIFS erkennt die Notwendigkeit der Erstellung von eAU-Anfragen aufgrund der im Customizing (siehe gleichnamiger Abschnitt 10.8.2) gewählten Abwesenheiten in Zusammenhang mit dem Infotyp 0013 (Sozialversicherung).

Die erstellten Ausgangsmeldungen werden mit dem Report RP_PAYDE_EAU_CREATE_FILES (eAU-Meldedateien erstellen) gesammelt und in den B2A-Manager gestellt, siehe Abbildung 10.27. Eine Einschränkung über Selektionsmöglichkeiten kann vorgenommen werden.

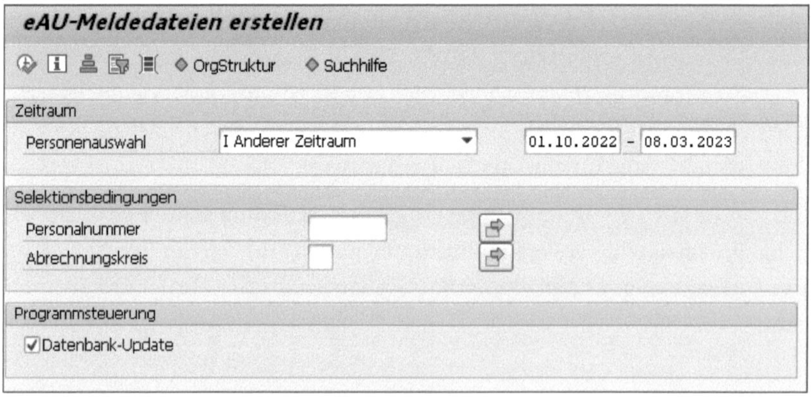

Abbildung 10.27 eAU-Meldedateien erstellen

Der Umgang mit dem B2A-Manager wird im gleichnamigen Abschnitt 11.2 beschrieben.

Eingangsmeldungen abholen

Mit dem Report RPCSVPDO_IN (SV: Abholen u. Bestätigen der Ergebnisse GKV/DRV), siehe Abschnitt 8.1.4 »Eingangsmeldungen abholen«, werden die Rückmeldungen abgeholt. Bei erfolgreicher Abholung wird der Report RPCSVHDO_IN (SV-Meldeverfahren: Quittierungen des B2A-Managers zuordnen) automatisch im Hintergrund gestartet. Der Report quittiert die Ausgangs- und Eingangsmeldungen. Bei Aktivierung der Konstanten AUTCL in Tabelle V_T5OBK werden die Meldungen im B2A-Manager auf **OK/abgeschlossen** gesetzt.

Eingangsmeldungen zuordnen

Über den Report RP_PAYDE_EAU_ASSIGN_NOTIFS (eAU-Rückmeldungen zu eAU-Anfragen zuordnen) müssen die eAU-Eingangsmeldungen den Personalnummern und Ausgangsmeldungen zugeordnet werden.

Eingangsmeldungen verarbeiten

Der Report RP_PAYDE_EAU_PROCESS_NOTIFS (eAU-Rückmeldungen der Krankenkasse verarbeiten) selektiert die Personalnummern mit dem Status **zu verarbeiten** und prüft folgende Konstellationen:

- **Daten zur AU sind enthalten**
  Stimmen die Daten der Abwesenheit und der eAU-Rückmeldung überein, erhält die Meldung den Status **verarbeitet**, weichen die Daten ab, wird der Status **zu prüfen** gesetzt, und die Meldung wird im Arbeitsvorrat der Sachbearbeiterliste angezeigt.
- **eAU/Krankenhausmeldung liegt nicht vor**
  Diese Meldung ist als Zwischennachricht zu sehen, die Krankenkasse behält sich die nächsten 14 Tage vor, auf diese Anfrage mit einer eAU zu antworten. Dieser Fall wird erst nach Ablauf der 14-Tage-Frist in der Sachbearbeiterliste ausgewiesen.
- **Unzuständige Krankenkasse**
  Diese Rückmeldung wird in der Sachbearbeiterliste angezeigt, hier muss eine Klärung mit der betroffenen Person erfolgen.
- **Stornierung der eAU-Rückmeldung**
  Wenn eine Krankenkasse die schon versandte eAU-Rückmeldung storniert, erhält die Meldung den Status **zu prüfen** und wird in der Sachbearbeiterliste ausgewiesen. Die Krankenkasse behält sich vor, in den nächsten 14 Tagen eine erneute Rückmeldung zu geben.

Nicht zugeordnete Eingangsmeldungen bearbeiten

Der Report RP_PAYDE_EAU_LIST_UNASSIGNED (Sachbearbeiterliste für nicht zugeordnete eAU-Meldungen) enthält alle eAU-Eingangsmeldungen, die keiner Personalnummer oder Ausgangsmeldung zugeordnet werden können. Es sollte eine regelmäßige Prüfung erfolgen.

Meldungen bearbeiten

Über den Report RP_PAYDE_EAU_LIST (Sachbearbeiterliste für eAU-Meldungen) erhalten Sie eine Übersicht über die eAU-Meldungen (siehe Abbildung 10.28). Im Gegensatz zu den früheren SV-Meldeverfahren werden in der Sachbearbeiterliste sowohl die Ein- als auch die Ausgangsmeldungen angezeigt. Es erfolgt keine Trennung zwischen Ein- und Ausgang.

Wenn im Selektionsbild **Arbeitsvorrat anzeigen** ausgewählt wird, erhalten Sie eine Übersicht über die vorhandenen Prüffälle, bei denen eine Aktion der zuständigen Person erforderlich ist.

Über einen Klick auf den Button **Erw. Arbeitsvorrat** wird Ihnen eine Auflistung der vorhanden Prüffälle und der übertragenen Ausgangsmeldungen angezeigt, bei denen noch keine Rückmeldung vorhanden ist oder eine weitere Rückmeldung erwartet wird.

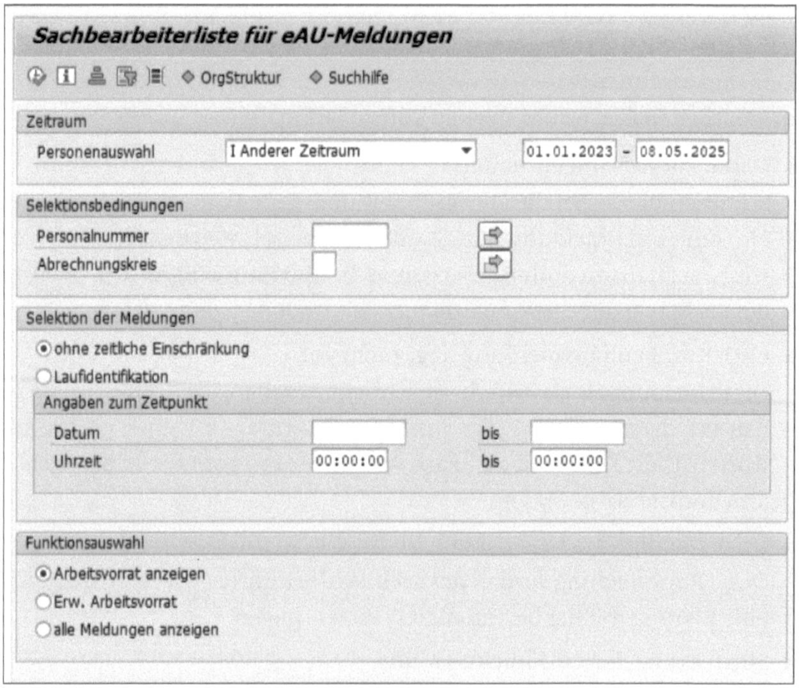

Abbildung 10.28 Sachbearbeiterliste für eAU-Meldungen

[»]

Notification Tool

Wir empfehlen Ihnen die Nutzung des Notification Tools, da hier eine Übersicht über alle aktivierten Meldeverfahren möglich ist.

Somit müssen nicht die Sachbearbeiterlisten pro Verfahren (getrennt nach Ein- und Ausgang) geprüft werden, sondern Sie erhalten eine Gesamtübersicht.

10.8.2 Customizing

In diesem Abschnitt wird das Customizing des eAU-Verfahrens beschrieben. Hier müssen im Wesentlichen folgende Aktivitäten durchgeführt werden (siehe Abbildung 10.29).

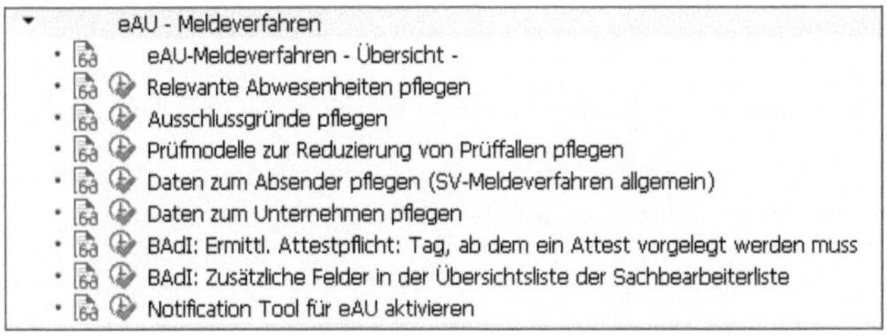

Abbildung 10.29 Customizing-Leitfaden für die eAU

Relevante Abwesenheiten pflegen

In Tabelle V_T77PAYDE_EAU_0 (Relevante Abwesenheiten ändern) legen Sie fest, welche Abwesenheitsarten für die Abfrage der eAU-Anfragen relevant sind. Darüber hinaus wird hier bestimmt, ab welchem Tag der Abwesenheit eine Attestpflicht besteht.

Falls diese Einstellungen für Ihr Unternehmen nicht ausreichend sind, können Erweiterungen über das BAdI HRPAYDE_EAU_B_ATTESTPFLICHT vorgenommen werden, z. B. bei unterschiedlichen Attestpflichten je Unternehmen.

Ausschlussgründe pflegen

Die Ausschlussgründe in Tabelle V_T77PAYDE_EAU_1 (Ausschlussgründe ändern) können um kundeneigene Gründe erweitert werden.

Um die Zahl der zu prüfenden Meldungen in der Sachbearbeiterliste zu reduzieren, wurde von SAP ein Musterprüfmodell ausgeliefert (siehe Abbildung 10.30).

- **Zusammenfassung von Infotypen**
  Falls eine eAU-Rückmeldung über mehrere eAU-relevante Abwesenheiten hinweg von der KK gemeldet wird, erfolgt mit der Aktivierung dieses Kennzeichens keine Ausgabe als Prüffall.
- **Automatische Verarbeitung bei besonderen Rückmeldungsinhalten**
  Ist dieses Kennzeichen aktiviert, werden eAU-Rückmeldungen mit diesen Informationen nicht als Prüffall in die Sachbearbeiterliste übernommen.
- **Automatische Verarbeitung bei unterschiedlichen Zeiträumen**
  Je nach Aktivierung der Prüffälle werden die eAU-Rückmeldungen in der Sachbearbeiterliste ignoriert.

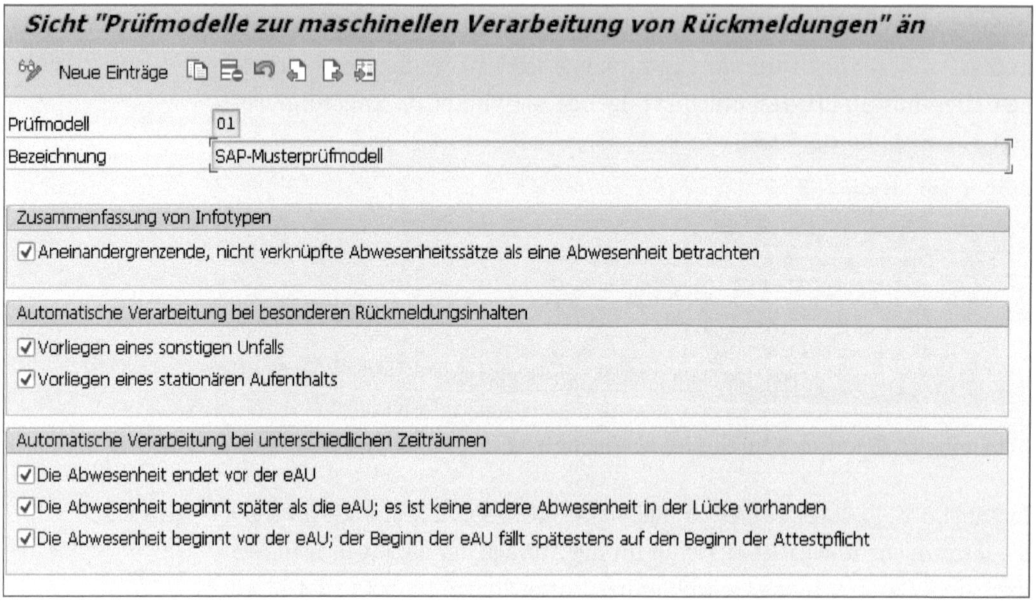

Abbildung 10.30 Musterprüfmodell der eAU

Daten zum Absender pflegen (SV-Meldeverfahren allgemein)

Bisher musste in Tabelle V_T596L (Bestimmung des Personalbereichs Berichtswesen) pro SV-Meldeverfahren einzeln festgelegt werden, auf welchen Absender zusammengefasst werden soll. Mit Auslieferung des eAU-Verfahrens wurde die Teilapplikation SVMA (SV-Meldeverfahren Absenderinformationen) ausgeliefert, mit der ab sofort eine allgemeingültige verfahrensübergreifende Zusammenfassung angelegt werden kann. Wenn für ein Verfahren eine andere Zusammenfassung gepflegt ist, wird diese verwendet.

Bisher angelegte Zusammenfassungen unter den Teilapplikationen können somit weiterverwendet werden (z. B. SVEE EEL: Absender der Meldung).

Daten zum Unternehmen pflegen

Zusätzlich zu den Absenderinformationen müssen pro Unternehmen für jeden Personalbereich/Personalteilbereich die Unternehmensdaten in Tabelle V_T596M (Daten des Personalbereichs Berichtswesen pflegen), Teilapplikation eAU (Elektronische Arbeitsunfähigkeit), hinterlegt werden (siehe Abbildung 10.31).

In der Datengruppe **Allgemeine Daten des Meldeverfahrens** können Sie unter dem Punkt **Abw. Sachbearbeiter aus Org. Zuordnung (0001)** bestimmen, welche zuständige Person aus dem Infotyp 0001 herangezogen werden soll, zur Auswahl stehen **Sachbearbeiter Abrechnung/Personalstammdaten** und **Zeiterfassung**).

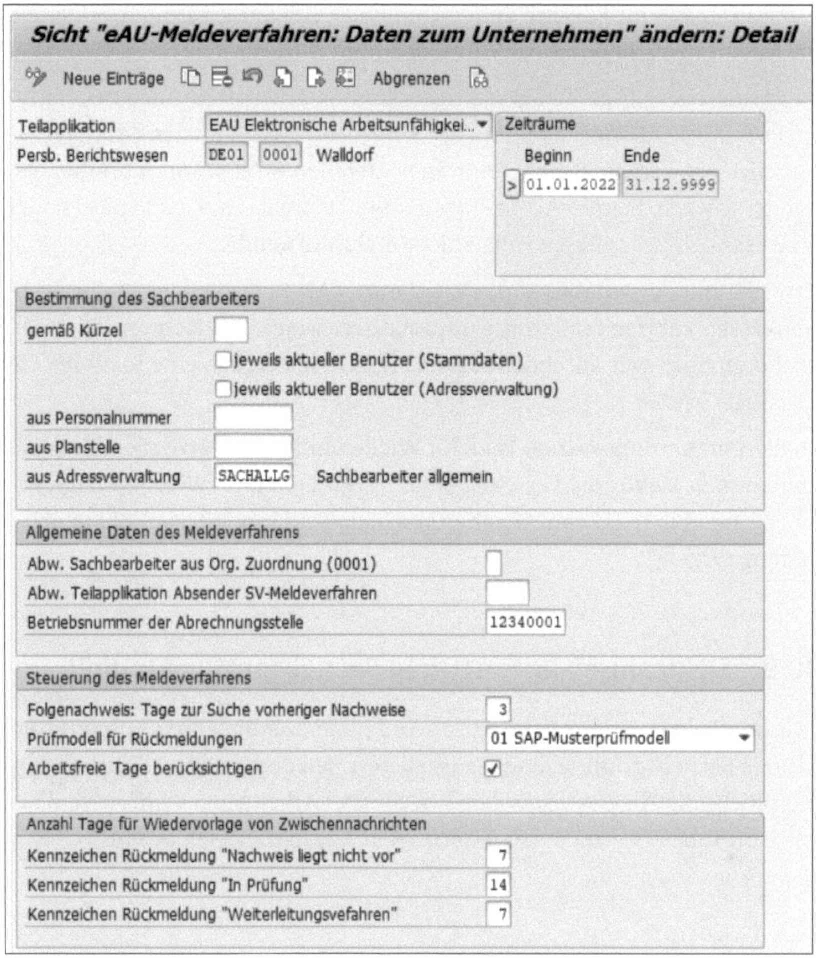

Abbildung 10.31 Tabelle V_T596M, Teilapplikation eAU

Unter dem Punkt **Abw. Teilapplikation Absender SV-Meldeverfahren** kann, falls gewünscht, die Absenderbestimmung in der Teilapplikation SVMA hinterlegt werden.

Betriebsnummer der Abrechnungsstelle kann leer bleiben, außer Sie sind als Abrechnungsstelle bei der ITSG registriert.

In der Datengruppe **Steuerung des Meldeverfahrens** können Sie die folgenden Einstellungen wählen:

Mit **Folgenachweis: Tage zur Suche vorherige Nachweise** kann mit einer Vorgabe zwischen drei und sieben Tagen hier bestimmt werden, inwieweit eine frühere Krankheit berücksichtigt wird.

Bei **Prüfmodell für Rückmeldungen** kann das Standardprüfmodell oder ein im Customizing definiertes Prüfmodell hinterlegt werden.

Bei **Arbeitsfreie Tage berücksichtigen** können arbeitsfreie Tage bei der Erstellung von eAU-Anfragen und der Verarbeitung von Rückmeldungen berücksichtigt werden. Bei **eAU-Anfragen erstellen** werden somit für die tolerablen Lücken keine eAU-Anfragen mehr erstellt, und ein Splitten der Abwesenheit ist in diesen Fällen nicht mehr notwendig.

Darüber hinaus verarbeitet das Programm **eAU-Rückmeldungen der Krankenkassen verarbeiten** künftig automatisch, wenn ein Nachweis an einen früheren Nachweis anschließt und dazwischen lediglich eine tolerable Lücke liegt.

In der Datengruppe **Anzahl Tage für Wiedervorlage von Zwischennachrichten** können Sie für die verschiedenen Rückmeldungen Wiedervorlagefristen definieren. Falls keine Angaben gemacht werden, wird der SAP-Standard herangezogen.

10.9 Elektronisch unterstützte Betriebsprüfung (euBP)

Mit dem Jahreswechsel 2022/2023 wurde von SAP die elektronisch unterstützte Betriebsprüfung (euBP) ausgeliefert. Seit dem 01.01.2023 besteht die Verpflichtung zur elektronischen Abgabe. Der Arbeitgeber kann sich jedoch bis zum 31.12.2026 von der elektronischen Abgabe befreien lassen.

10.9.1 Customizing

Das Customizing der euBP erfolgt im Einführungsleitfaden über den Pfad **Personalabrechnung • Abrechnung Deutschland • Betriebsprüfung • SV-Prüfung (euBP)** (siehe Abbildung 10.32).

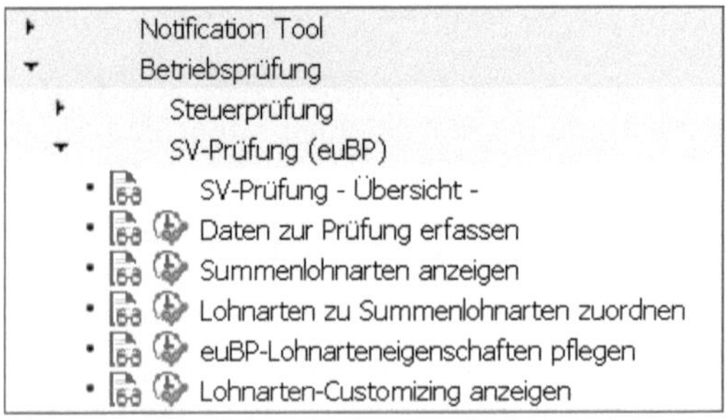

Abbildung 10.32 Customizing-Leitfaden für euBP

Unter dem Punkt **Daten zur Prüfung erfassen** müssen folgende Angaben unter der Datengruppe **Steuerung elektronisch unterstütze Betriebsprüfung** aus dem Schreiben zur »Prüfungsankündigung« hinterlegt werden (siehe Abbildung 10.33):

- **Prüfzeitraum von**
- **Prüftermin gemäß Prüfankündigung**
- **Liefertermin gemäß Prüfankündigung**
- **Datenübermittlungszeitraum von**
- **Grund der Datenübermittlung**

Im Gruppenrahmen **Fragebogen (DSFB) (optionale Zusatzangabe)** können die Fragen beantwortet werden. Man kann dies jedoch auch schon vorab mit dem Prüfer klären.

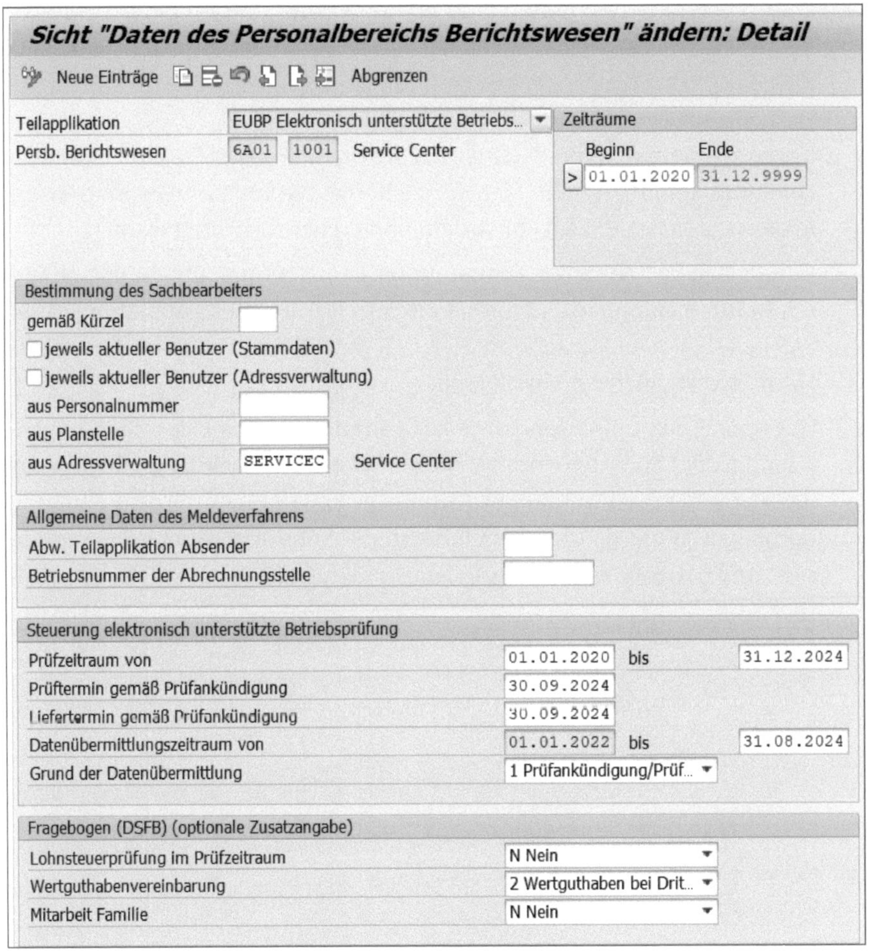

Abbildung 10.33 Tabelle V_T596M – Teilapplikation euBP

Übermittlund bei Systemwechsel oder Dienstleisterwechsel

Bei Systemwechsel oder Wechsel des Dienstleisters muss zukünftig eine euBP-Meldung übermittelt werden. Die übermittelten Daten werden bei der DRV bis zur nächsten regulären Betriebsprüfung gespeichert.

Die Felder **Prüfzeitzaum von**, **Prüftermin gemäß Prüfankündigung** und **Liefertermin gemäß Prüfankündigung** werden dann nicht gefüllt, der Datenübermittlungszeitraum kann frei gewählt werden (in der Regel ab Jahresbeginn des Prüfzeitraumendes der letzten Betriebsprüfung), siehe Abbildung 10.34.

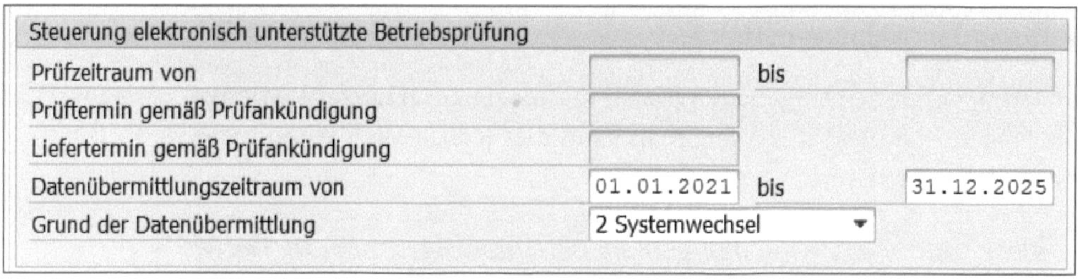

Abbildung 10.34 Tabelle V_T596M – Teilapplikation euBP bei Systemwechsel

Übersicht der Summenlohnarten

Unter dem Punkt **Summenlohnarten anzeigen** erhalten Sie eine Übersicht der Summenlohnarten mit den dazugehörigen technischen Lohnarten, die in dem Datensatz **DSLA (Lohn Arbeitnehmer)** berücksichtigt werden.

Kundeneigene Lohnarten ergänzen

Kundeneigene Lohnarten können unter dem Customizing-Punkt **Lohnarten zu Summenlohnarten zuordnen** ergänzt werden (siehe Abbildung 10.35). SAP liefert mit den Musterlohnarten (z. B. MM10) eine Vorlage dafür, welche Lohnarten ergänzt werden müssen.

Eigenschaften der Lohnarten anzeigen

Über den Punkt **Lohnartencustomizing anzeigen** können Sie sich die Eigenschaften der Lohnarten anzeigen lassen. Diese Schlüsselung ergibt sich aus den Kumulationseinstellungen (Grundlage View V_512W_O) der Lohnart in Kombination mit den Summenlohnarten (LABE – Persönliche Be- und Abzüge und LAGB – Gesamtbrutto, siehe Abbildung 10.36).

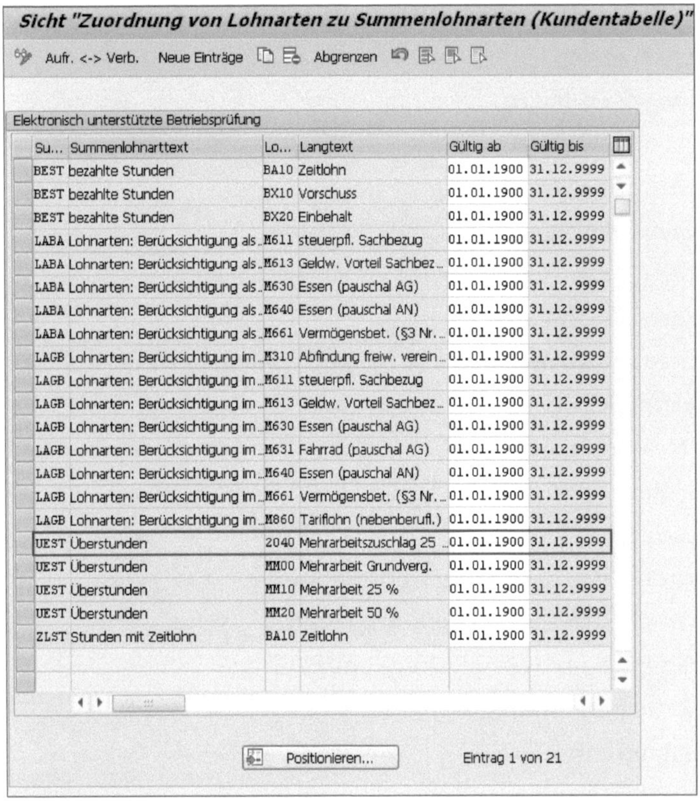

Sicht "Zuordnung von Lohnarten zu Summenlohnarten (Kundentabelle)"

Aufr. <-> Verb. Neue Einträge Abgrenzen

Elektronisch unterstützte Betriebsprüfung

Su...	Summenlohnarttext	Lo...	Langtext	Gültig ab	Gültig bis
BEST	bezahlte Stunden	BA10	Zeitlohn	01.01.1900	31.12.9999
BEST	bezahlte Stunden	BX10	Vorschuss	01.01.1900	31.12.9999
BEST	bezahlte Stunden	BX20	Einbehalt	01.01.1900	31.12.9999
LABA	Lohnarten: Berücksichtigung als...	M611	steuerpfl. Sachbezug	01.01.1900	31.12.9999
LABA	Lohnarten: Berücksichtigung als...	M613	Geldw. Vorteil Sachbez...	01.01.1900	31.12.9999
LABA	Lohnarten: Berücksichtigung als...	M630	Essen (pauschal AG)	01.01.1900	31.12.9999
LABA	Lohnarten: Berücksichtigung als...	M640	Essen (pauschal AN)	01.01.1900	31.12.9999
LABA	Lohnarten: Berücksichtigung als...	M661	Vermögensbet. (§3 Nr. ...	01.01.1900	31.12.9999
LAGB	Lohnarten: Berücksichtigung im...	M310	Abfindung freiw. verein...	01.01.1900	31.12.9999
LAGB	Lohnarten: Berücksichtigung im...	M611	steuerpfl. Sachbezug	01.01.1900	31.12.9999
LAGB	Lohnarten: Berücksichtigung im...	M613	Geldw. Vorteil Sachbez...	01.01.1900	31.12.9999
LAGB	Lohnarten: Berücksichtigung im...	M630	Essen (pauschal AG)	01.01.1900	31.12.9999
LAGB	Lohnarten: Berücksichtigung im...	M631	Fahrrad (pauschal AG)	01.01.1900	31.12.9999
LAGB	Lohnarten: Berücksichtigung im...	M640	Essen (pauschal AN)	01.01.1900	31.12.9999
LAGB	Lohnarten: Berücksichtigung im...	M661	Vermögensbet. (§3 Nr. ...	01.01.1900	31.12.9999
LAGB	Lohnarten: Berücksichtigung im...	M860	Tariflohn (nebenberufl.)	01.01.1900	31.12.9999
UEST	Überstunden	2040	Mehrarbeitszuschlag 25 ...	01.01.1900	31.12.9999
UEST	Überstunden	MM00	Mehrarbeit Grundverg.	01.01.1900	31.12.9999
UEST	Überstunden	MM10	Mehrarbeit 25 %	01.01.1900	31.12.9999
UEST	Überstunden	MM20	Mehrarbeit 50 %	01.01.1900	31.12.9999
ZLST	Stunden mit Zeitlohn	BA10	Zeitlohn	01.01.1900	31.12.9999

Positionieren... Eintrag 1 von 21

Abbildung 10.35 Tabelle V_T596J – Teilapplikation euBP – kundeneigene Lohnarten

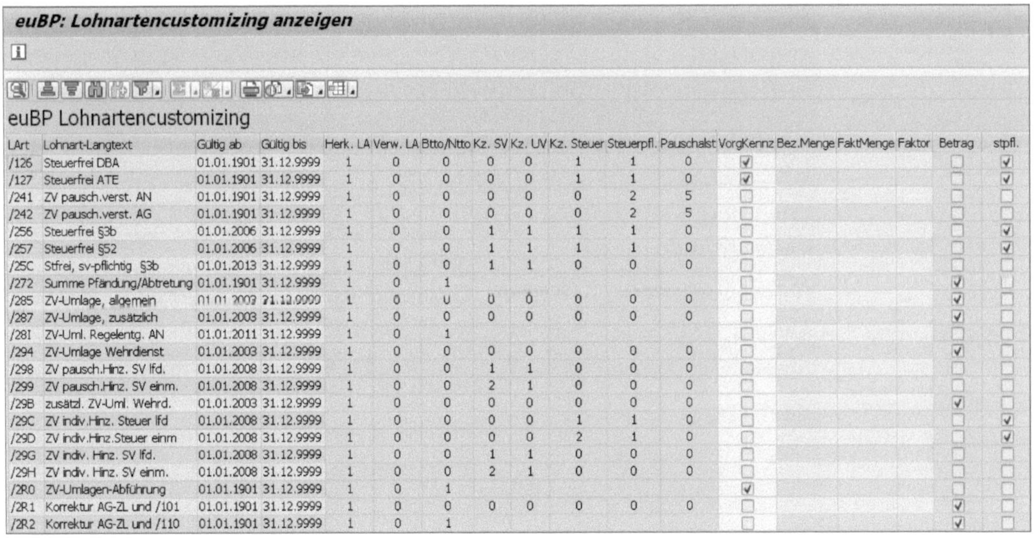

euBP: Lohnartencustomizing anzeigen

euBP Lohnartencustomizing

LArt	Lohnart-Langtext	Gültig ab	Gültig bis	Herk. LA	Verw. LA	Btto/Ntto	Kz. SV	Kz. UV	Kz. Steuer	Steuerpfl.	Pauschalst	VorgKennz	Bez.Menge	FaktMenge	Faktor	Betrag	stpfl.
/126	Steuerfrei DBA	01.01.1901	31.12.9999	1	0	0	0	0	1	1	0	☑				☐	☑
/127	Steuerfrei ATE	01.01.1901	31.12.9999	1	0	0	0	0	1	1	0	☑				☐	☑
/241	ZV pausch.verst. AN	01.01.1901	31.12.9999	1	0	0	0	0	0	2	5	☐				☐	☐
/242	ZV pausch.verst. AG	01.01.1901	31.12.9999	1	0	0	0	0	0	2	5	☐				☐	☐
/256	Steuerfrei §3b	01.01.2006	31.12.9999	1	0	0	1	1	1	1	0	☐				☐	☑
/257	Steuerfrei §52	01.01.2006	31.12.9999	1	0	0	1	1	1	1	0	☐				☐	☑
/25C	Stfrei, sv-pflichtig §3b	01.01.2013	31.12.9999	1	0	0	1	1	0	0	0	☐				☐	☐
/272	Summe Pfändung/Abtretung	01.01.1901	31.12.9999	1	0	1						☐				☑	☐
/285	ZV-Umlage, allgemein	01.01.2003	31.12.9999	1	0	0	0	0	0	0	0	☐				☑	☐
/287	ZV-Umlage, zusätzlich	01.01.2003	31.12.9999	1	0	0	0	0	0	0	0	☐				☑	☐
/28I	ZV-Uml. Regelentg. AN	01.01.2011	31.12.9999	1	0	1						☐				☐	☐
/294	ZV-Umlage Wehrdienst	01.01.2003	31.12.9999	1	0	0	0	0	0	0	0	☐				☑	☐
/298	ZV pausch.Hinz. SV lfd.	01.01.2008	31.12.9999	1	0	0	1	1	0	0	0	☐				☐	☐
/299	ZV pausch.Hinz. SV einm.	01.01.2008	31.12.9999	1	0	0	2	1	0	0	0	☐				☐	☐
/29B	zusätzl. ZV-Uml. Wehrd.	01.01.2003	31.12.9999	1	0	0	0	0	0	0	0	☐				☑	☐
/29C	ZV indiv.Hinz. Steuer lfd	01.01.2008	31.12.9999	1	0	0	0	0	1	1	0	☐				☐	☑
/29D	ZV indiv.Hinz.Steuer einm	01.01.2008	31.12.9999	1	0	0	0	0	2	1	0	☐				☐	☑
/29G	ZV indiv. Hinz. SV lfd.	01.01.2008	31.12.9999	1	0	0	1	1	0	0	0	☐				☐	☐
/29H	ZV indiv. Hinz. SV einm.	01.01.2008	31.12.9999	1	0	0	2	1	0	0	0	☐				☐	☐
/2R0	ZV-Umlagen-Abführung	01.01.1901	31.12.9999	1	0	1						☑				☐	☐
/2R1	Korrektur AG-ZL und /101	01.01.1901	31.12.9999	1	0	0	0	0	0	0	0	☐				☑	☐
/2R2	Korrektur AG-ZL und /110	01.01.1901	31.12.9999	1	0	1						☐				☑	☐

Abbildung 10.36 Ergebnis des Reports RP_PAYDE_EBP_CUST_LA (Auszug)

Folgende Felder werden ausgegeben:

- Herkunft der Lohnart
- Verwendung der Lohnart
- Kennzeichen Brutto-/Nettolohnart
- Kennzeichen Sozialversicherung
- Kennzeichen Unfallversicherung
- Kennzeichen Steuer
- Kennzeichen Steuerpflicht
- Kennzeichen Pauschalsteuer
- Vorgabekennzeichen
- Bezahlte Menge übernehmen
- Faktor für Menge übernehmen
- Faktor Zuschläge in Prozent
- Die Lohnart fließt in das Gesamtbrutto Be-/Abzug.
- Die Lohnart fließt in das steuerpflichtige Brutto.
- Die Lohnart fließt in das SV-pflichtige Brutto.
- Vorgabe Betragsermittlung
- Vorzeichenumkehr
- Lohnart nicht relevant
- Gesamtbrutto (Summenlohnart LAGB)
- Persönlicher Be-/Abzug (Summenlohnart LABA)

Anpassung der Schlüsselung

Falls diese Schlüsselung nicht ausreichend ist, kann über den Customizing-Punkt **euBP-Lohnarteneigenschaften pflegen** eine Anpassung vorgenommen werden (siehe Abbildung 10.37).

Zusätzlich muss, wenn mehrere Betriebsnummern für ein Unternehmen vorliegen, eine Zusammenfassung unter der Teilapplikation euBP (elektronisch unterstützte Betriebsprüfung) gepflegt und in Tabelle V_T596L hinterlegt werden.

Der Absender wird gemäß der Teilapplikation SVMA (SV-Meldeverfahren Absenderinformationen) bestimmt, falls keine andere Teilapplikation zur Absenderbestimmung vorgegeben wird (siehe Abbildung 10.33 weiter vorne).

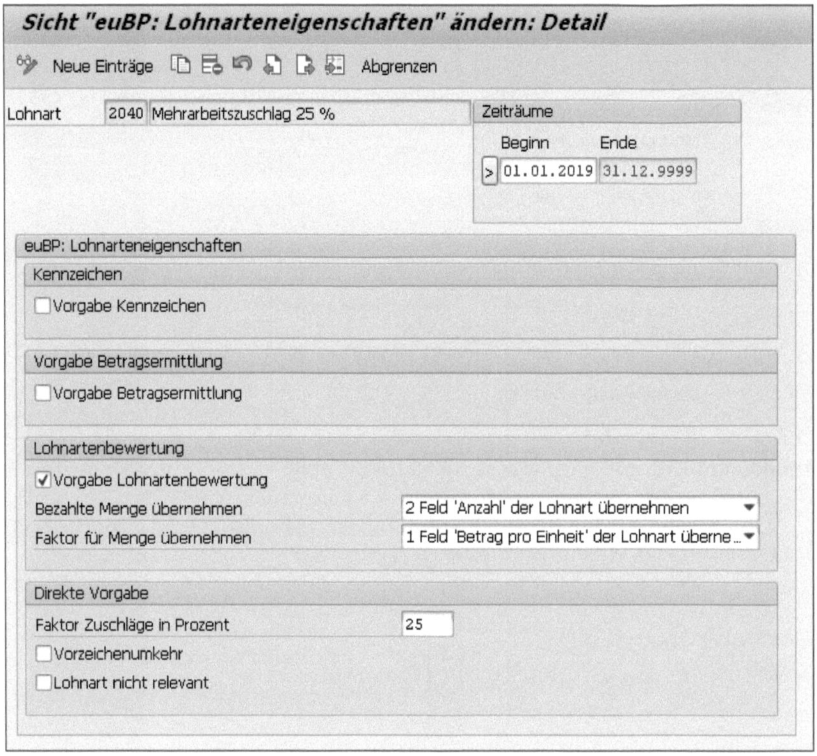

Abbildung 10.37 Tabelle V_T77PAYDE_EBPLA euBP-Lohnarteneigenschaften ändern

10.9.2 Ausgangsmeldungen erstellen

Unter folgendem Menüpunkt können die Meldungen für die elektronisch unterstützte Betriebsprüfung erstellt werden: **Personal • Personalabrechnung • Europa • Deutschland • Folgeaktivitäten • Periodenunabhängig • Betriebsprüfung • SV-Prüfung (euBP)** (siehe Abbildung 10.38).

Mit dem Report RP_PAYDE_EBP_CREATE_NOTIFS (Erstellung von euBP-Meldungen) können die Meldungen erstellt werden (siehe Abbildung 10.39).

Auswahl der Hauptbetriebsnummer

Unter der Datengruppe **Zu prüfender Arbeitgeber** können Sie im Feld **PersBer./-teilber. Berichtsw.** über die Wertehilfe auswählen, für welche Hauptbetriebsnummer die Meldungserstellung durchgeführt werden soll. Hier stehen die über die Teilapplikation euBP zusammengefassten Personalbereiche/Personalteilbereiche zur Auswahl.

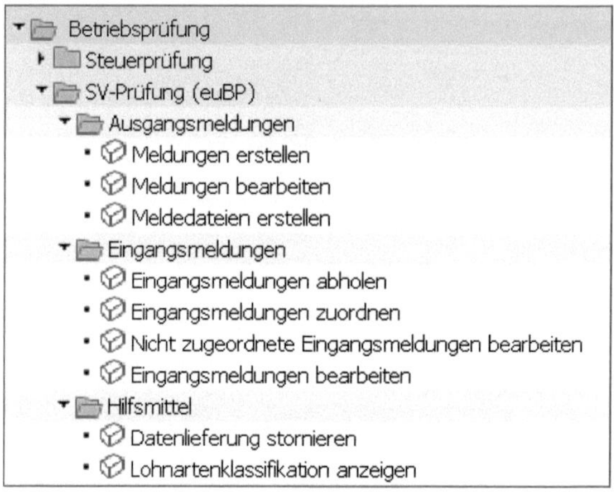

Abbildung 10.38 SAP-Easy-Access-Menü für die euBP

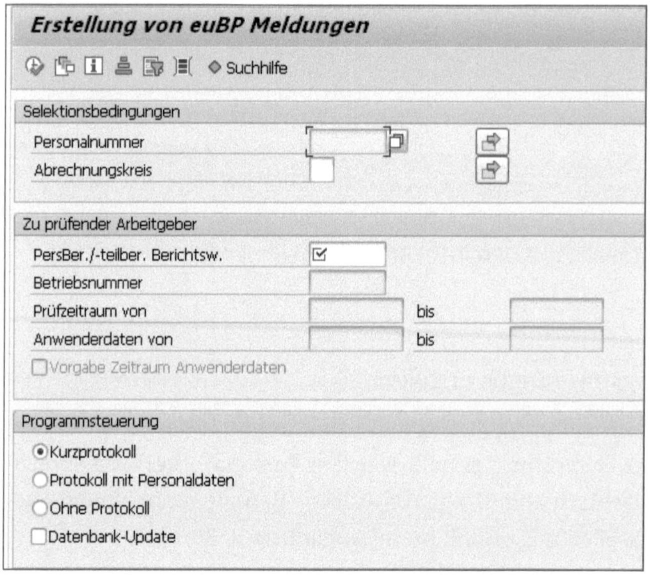

Abbildung 10.39 Selektionsbild von Report RP_PAYDE_EBP_CREATE_NOTIFS

Analyse der erstellten Daten

Über den Report RP_PAYDE_EBP_LIST (euBP: Sachbearbeiterliste für Ausgangsmeldungen) können die erstellten Daten für die Betriebsprüfung genauer analysiert werden (siehe Abbildung 10.40).

Über die Datengruppe **Anzeige Datenbausteine** können Sie die Anzeige der Datensätze erweitern. Der Datensatz **Steuerung (DSST)** und der Datensatz **Stammdaten Arbeitgeber (DSAG)** werden immer ausgewiesen.

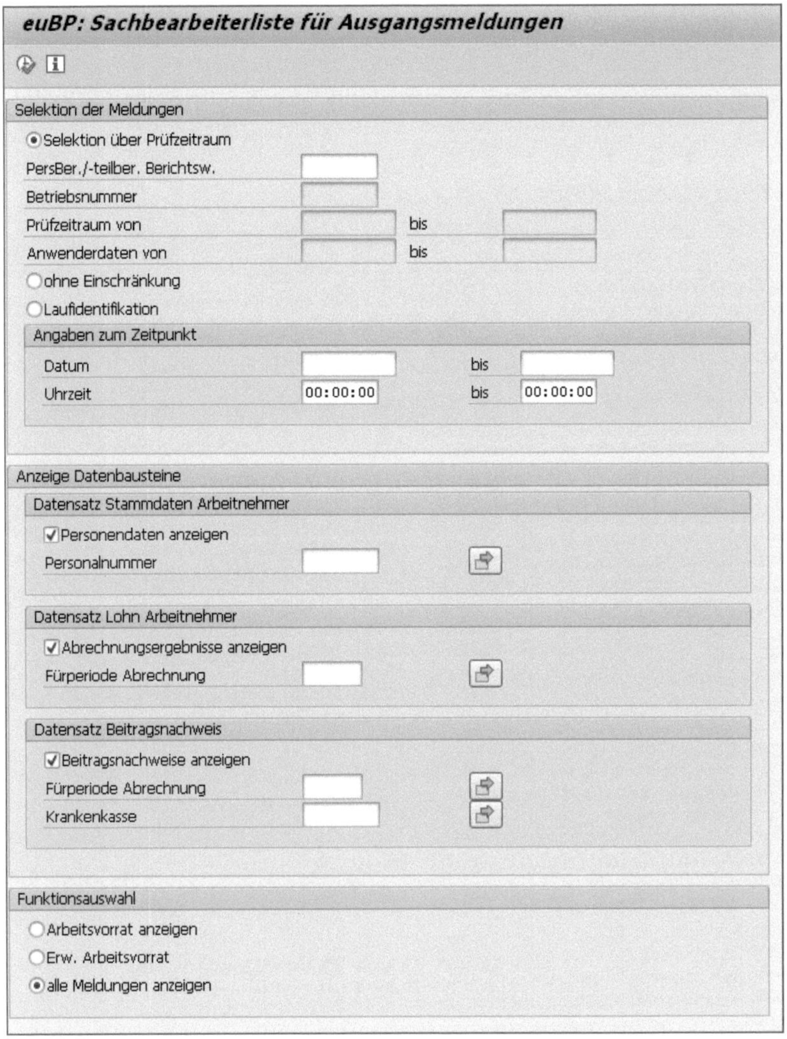

Abbildung 10.40 Selektionsbild von Report RP_PAYDE_EBP_LIST

Den Datensatz **Stammdaten Arbeitnehmer (DSAN)** können Sie zu Prüfzwecken auf einzelne Personalnummern einschränken. Eine Aktivierung der Anzeige der Personalstammdaten ohne Personalnummereinschränkung kann zu sehr langen Laufzeiten oder Abbrüchen führen.

Im Datensatz **Lohn Arbeitnehmer (DSLA)** werden zusätzlich die Datensätze **Lohn Arbeitnehmer** angezeigt. Es kann eine Einschränkung auf eine Abrechnungsperiode erfolgen.

Der Datensatz **Beitragsnachweis (DSBN)** kann ebenfalls angezeigt werden. Dieser Datensatz enthält zusätzlich den Datensatz **Datensatz gewählter Er-**

stattungssatz Krankenkasse (DSEK). Hier ist eine Einschränkung auf Abrechnungsperioden oder Krankenkassen möglich.

In Abbildung 10.41 sehen Sie den Aufbau und die Inhalte einer euBP-Meldung.

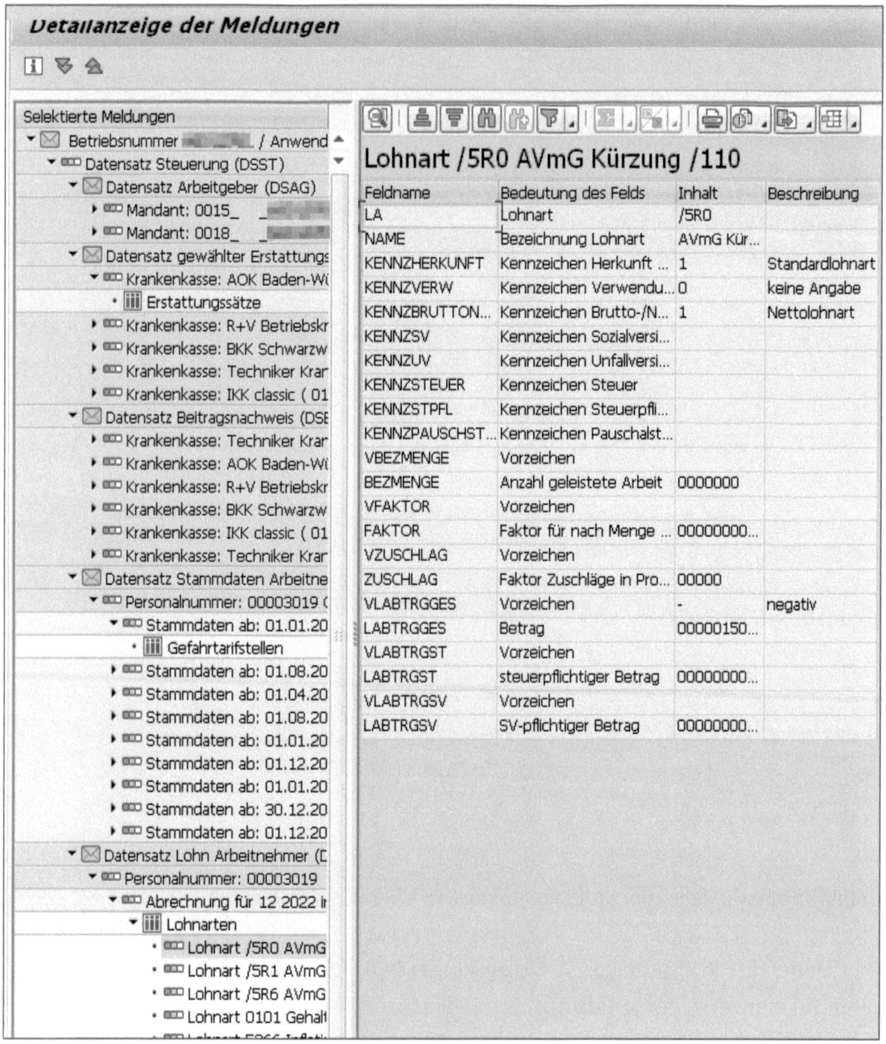

Abbildung 10.41 Detailanzeige der Meldungen zur euBP

Verteilung der Meldungen auf mehrere Meldedateien

Da die euBP-Meldungen sehr viele Daten umfassen können, kann es sein, dass diese auf mehrere Meldedateien verteilt werden müssen. Die erste Meldedatei enthält Steuerungsdaten, AG-Stammdaten, Beitragsnachweise und Daten für mindestens eine beschäftigte Person. Jede weitere Meldedatei muss Steuerdaten und die Daten für 1 bis 100 Beschäftigte enthalten.

Nachdem die Meldung erfolgreich erstellt wurde, können die Daten über den Report RP_PAYDE_EBP_CREATE_FILES (Erstellung von Meldedateien der euBP) gesammelt und in den B2A-Manager in den Bereich **SV** unter dem Dokumententyp **OEBE** (euBP-Verfahren Outbound) gestellt werden.

10.9.3 Eingangsprozess

Nach der Abholung der Meldungen (siehe Abschnitt 8.1.4, »Eingangsmeldungen abholen«) müssen Sie wie bei allen anderen Eingangsverfahren die Daten zuordnen und bearbeiten, siehe Abbildung 10.38 zu den Eingangsmeldungen.

Falls bei der Abholung der Eingangsdateien eine Datensatzabweisung erfolgt, muss mit dem Report RP_PAYDE_EBP_CREATE_STORNO (euBP: Stornierungen erzeugen) die gesamte Datenlieferung storniert werden.

10.10 Datenaustauschverfahren zur Beitragsdifferenzierung in der sozialen Pflegeversicherung (DaBPV)

Das digitale Abrufverfahren der Kinderanzahl für die Ermittlung des Beitragsabschlags in der gesetzlichen Pflegeversicherung gilt seit dem 01.07.2025.

Ab diesem Zeitpunkt entfällt das vereinfachte Nachweisverfahren (Abfrage der Mitarbeitenden). Für die Bestandsmitarbeitenden muss, spätestens zur Abrechnung 12/2025, ein digitaler Abruf erfolgen.

Die Anmeldung neuer Beschäftigter muss innerhalb von sieben Tagen nach Beschäftigungsbeginn durchgeführt werden. Eine Abmeldung muss innerhalb von sechs Wochen nach Ende der Beschäftigung erfolgen.

Folgende Daten werden bei der Anmeldung übermittelt:

- Hauptbetriebsnummer
- Betriebsnummer der abrechnenden Stelle
- Absendernummer
- Steuer-ID
- Geburtsdatum
- Beschäftigung ab

Eine Anmeldung wird mit Informationen zum Vorliegen der Elterneigenschaft und zur Anzahl der für den PV-Beitragsabschlag relevanten Kinder beantwortet. Es werden vollständige Zukunftswerte übermittelt, bis zum Abschmelzen der Kinderanzahl auf null.

Durch die Anmeldung von Beschäftigten wird ein Abonnement eingerichtet, dadurch werden Sie, als Arbeitgeber, mit Änderungen versorgt. Die Rückmeldungen erhält der Arbeitgeber proaktiv über eine Monatsliste (im Regelfall zwischen dem 06. und 10. eines Monats).

Mit diesem Abruf werden nur die Kinder im steuerlichen Sinne berücksichtigt.

Abweichungen können insbesondere für Adoptivkinder, Pflegekinder, Stiefkinder und Auslandskinder auftreten. Zudem erhebt das BZSt die Daten erst seit Einführung des ELStAM-Verfahrens (Beginn der Datenerhebung: 2011). Kinder, die zu diesem Zeitpunkt steuerlich nicht mehr relevant waren, sind dem BZSt nicht bekannt. Das kann bei älteren Beschäftigten und Personen, die Versorgungsbezüge erhalten, zu Abweichungen bei der Rückmeldung der Elterneigenschaft führen.

10.10.1 Ablauf

Der Ablauf des Meldewesens für die DaBPV erfolgt analog zu den anderen im Bereich der Sozialversicherung existierenden Meldeverfahren (siehe Abbildung 10.42).

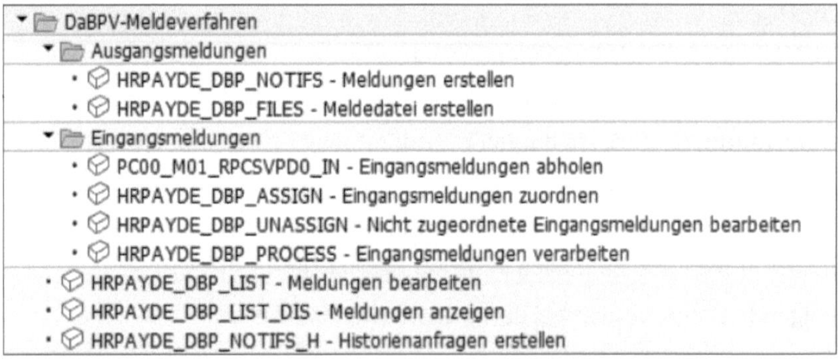

Abbildung 10.42 SAP-Easy-Access-Menü »DaBPV-Meldeverfahren«

Es werden Anfragen erstellt. Diese Anfragen werden zu Meldedateien zusammengefasst und per B2A-Manager (Business-to-Administration-Manager) versandt.

Im Eingangsverfahren werden Rückmeldungen abgeholt, der entsprechenden beschäftigten Person zugeordnet und anschließend verarbeitet.

Zeitpunkte der Durchführung

Die Aktivitäten im Bereich der DaBPV werden unabhängig vom monatlichen Zyklus der Personalabrechnung ausgeführt. Dieser Prozess erfolgt somit nicht nur als monatliche Folgeaktivität, sondern in der Regel häufiger – je nach Fluktuation im täglichen oder sonstigen regelmäßigen Rhythmus.

Ausgangsmeldungen erstellen

Ausgangsmeldungen werden über den Report RP_PAYDE_DBP_CREATE_NOTIFS (DaBPV-Ausgangsmeldungen erstellen) erstellt (siehe Abbildung 10.43).

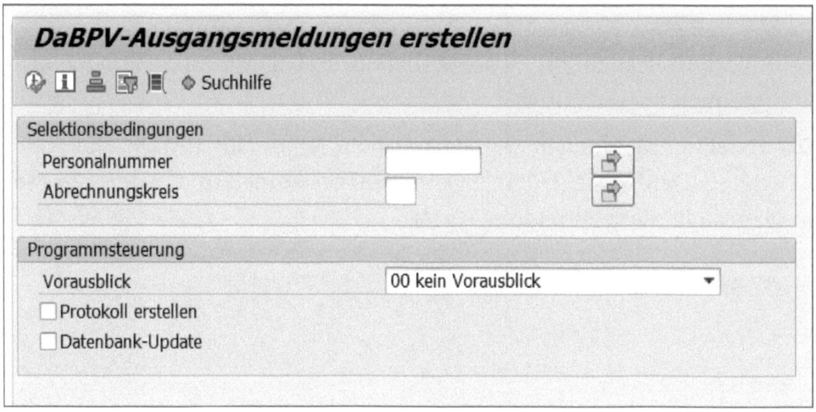

Abbildung 10.43 DaBPV-Ausgangsmeldungen erstellen

Der Report erstellt An- und Abmeldungen des DaBPV-Verfahrens für alle Personalnummern, die während des Auswertungszeitraums aktiv und in der Pflegeversicherung beitragspflichtig sind.

Der Auswertungszeitraum beginnt mit dem Verfahrensstart oder der letzten Anmeldung.

Je nach Auswahl des Feldes **Vorausblick** endet der Auswertungszeitraum:

- kein Vorausblick – aktuelles Tagesdatum
- bis zum Ende des aktuellen Monats
- bis zum Ende des nächsten Monats

Der Report erzeugt in folgenden Konstellationen eine Meldung:

- Anmeldung: Personalnummer ist aktiv und noch nicht angemeldet
- Abmeldung: Personalnummer ist nicht mehr aktiv oder beitragspflichtig in der Pflegeversicherung, und es liegt eine Anmeldung vor.
- Bei bereits erfolgten Anmeldungen wird geprüft, ob aktuell zu erstellende Anmeldungen abweichen. Ist dies der Fall, werden für die alte Anmeldung eine Abmeldung und eine neue Anmeldung erstellt.

- Kommt es im Auswertungszeitraum zu Wechseln von relevanten und nicht relevanten Zeiträumen, können für eine Personalnummer auch mehrere Anmeldungen und Abmeldungen erzeugt werden.

Grundsätzlich sollten in diesem Verfahren die Meldedaten in der Vergangenheit bis einschließlich dem Tagesdatum liegen, daher sollte der Punkt **kein Vorausblick** für den regelmäßigen Abruf der Daten gewählt werden. Dadurch ist gewährleistet, dass für diese Mitarbeitenden ein Abo abgeschlossen wird.

Beim Vorausblick (ein bzw. zwei Monate) wird bei den Anmeldungen kein Abonnement abgeschlossen.

Meldedatei erstellen

Die erstellten Meldungen werden mit dem Report RP_PAYDE_DBP_CREATE_FILES (DaBPV-Meldedateien erstellen) gesammelt und in den B2A-Manager gestellt, siehe Abbildung 10.44).

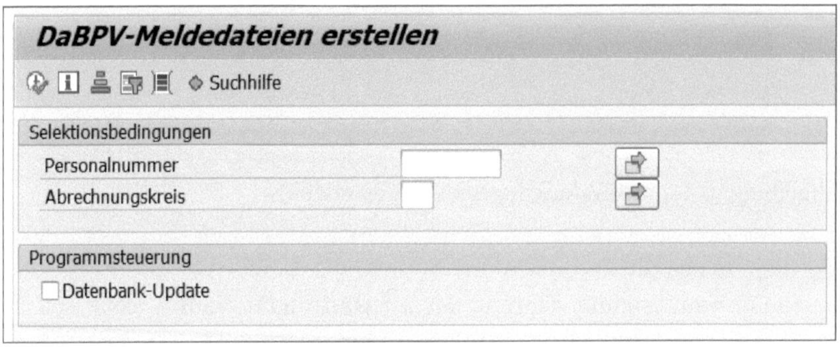

Abbildung 10.44 DaBPV-Meldedateien erstellen

Eingangsmeldungen abholen

Mit dem Report RPCSVPDO_IN (SV: Abholen u. Bestätigen der Ergebnisse GKV/DRV (siehe Abschnitt 8.1.4, »Eingangsmeldungen abholen«) werden die Rückmeldungen abgeholt.

Rückmeldungen zuordnen

Der Report RP_PAYDE_DBP_ASSIGN_NOTIFS (Rückmeldungen im DaBPV-Verfahren zuordnen) selektiert Eingangsmeldungen im Status **empfangen** und ordnet sie der Personalnummer und der zugehörigen Ausgangsmeldung zu. Bei erfolgreicher Zuordnung erhält die Eingangsmeldung den Status **zu verarbeiten**. Ist die Zuordnung nicht erfolgreich, erhält die Eingangsmeldung den Status **nicht zugeordnet**.

Der Report RP_PAYDE_DBP_PROCESS_NOTIFS (Meldungen im DaBPV-Verfahren verarbeiten) selektiert Meldungen im Status **zu verarbeiten** (und **zu prüfen**). Je nach Art der Rückmeldung erfolgen unterschiedliche Verarbeitungsschritte:

- **Antworten des BZSt mit Daten zur Kinderanzahl und zur Elterneigenschaft**
  Es wird geprüft, ob die Meldung automatisch verarbeitet werden kann (je nach Customizing). Die Daten werden in den Infotyp 0700 (Elektronischer Datenaustausch) in den Subtyp DBPV übernommen. Die Meldung erhält den Status **verarbeitet**. Die zugehörige Anmeldung erhält den Status **beantwortet**. Falls keine automatische Verarbeitung möglich ist, erhält die Eingangsmeldung den Status **zu prüfen.**
- **Kündigungsbestätigungen**
  Diese Meldungen können in aller Regel automatisch verarbeitet werden. Die Kündigungsbestätigung erhält den Status **verarbeitet**. Die zugehörige Abmeldung erhält den Status **beantwortet**. Die zugehörige Anmeldung erhält den Status **abgeschlossen**.
- **Kündigungsmitteilungen**
  Diese Meldungen werden nie automatisch verarbeitet und erhalten den Status **zu prüfen**.

Sachbearbeiterliste

Der Report RP_PAYDE_DBP_LIST (Sachbearbeiterliste für DaBPV-Meldungen) zeigt Ausgangs- und Eingangsmeldungen gemeinsam an (siehe Abbildung 10.45). Hier werden die Meldungen im Status **zu prüfen** und Fehlerrückmeldungen im Status **abzulehnen** ausgegeben. Die Bearbeitung der Rückmeldungen unterscheidet sich je nach Art:

- **Antworten des BZSt mit Daten zur Kinderanzahl und zur Elterneigenschaft**
  Es muss entschieden werden, ob die Daten der Eingangsmeldung in der Abrechnung oder ob alternative Daten zur Kinderanzahl (z. B. Adoptivkinder) verwendet werden sollen. Je nach Entscheidung der zuständigen Person kann die Bearbeitung der Eingangsmeldung mit dem Button **Daten verwenden** oder dem Button **Daten nicht verwenden** erfolgen. In beiden Fällen werden die Daten mit entsprechender Kennzeichnung in den Infotyp 0700 (Subtyp DBPV) übernommen. Die Eingangsmeldung erhält den Status **manuell verarbeitet**. Die zugehörige Anmeldung erhält den Status **beantwortet**.
- **Kündigungsmitteilungen**
  Diese Meldungen werden mit dem Button **manuell bearbeitet** in den Status **manuell verarbeitet** überführt. Die zugehörige Anmeldung erhält den Status **abgeschlossen**.

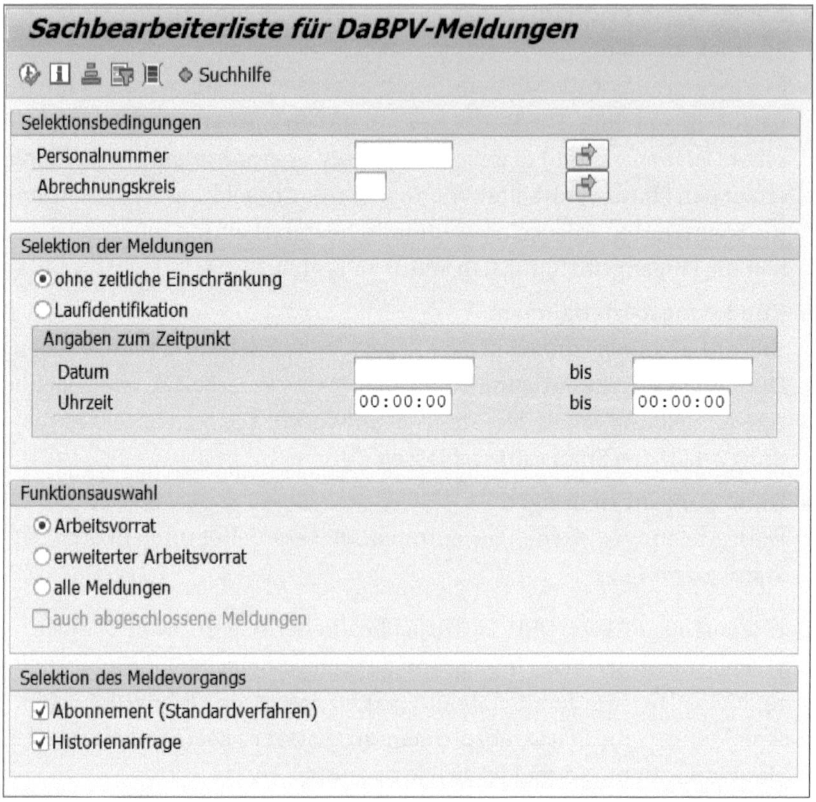

Abbildung 10.45 Sachbearbeiterliste für DaBPV-Meldungen

Wenn im Selektionsbild **Arbeitsvorrat** ausgewählt wird, erhalten Sie eine Übersicht über die vorhandenen Prüffälle, bei denen eine Aktion der bearbeitenden Person erforderlich ist.

Über einen Klick auf **erweiterter Arbeitsvorrat** erhalten Sie eine Auflistung der vorhanden Prüffälle und zusätzlich übertragene Ausgangsmeldungen, bei denen noch keine Rückmeldung vorhanden ist.

Historienanfragen erstellen

Der Report RP_PAYDE_DBP_CREATE_NOTIFS_HIS (DaBPV-Historienanfragen erstellen) dient zur Erstellung von Historienanfragen für einzelne Personalnummern mit besonderem Klärungsbedarf (siehe Abbildung 10.46).

Hier muss auf dem Selektionsbild der gewünschte Zeitraum der Historienanfrage angegeben werden. Darüber hinaus muss eine explizite Personalnummernselektion vorgenommen werden. Dadurch soll vermieden werden, dass unbeabsichtigt Historienanfragen für den gesamten Personalnummernbestand erzeugt werden.

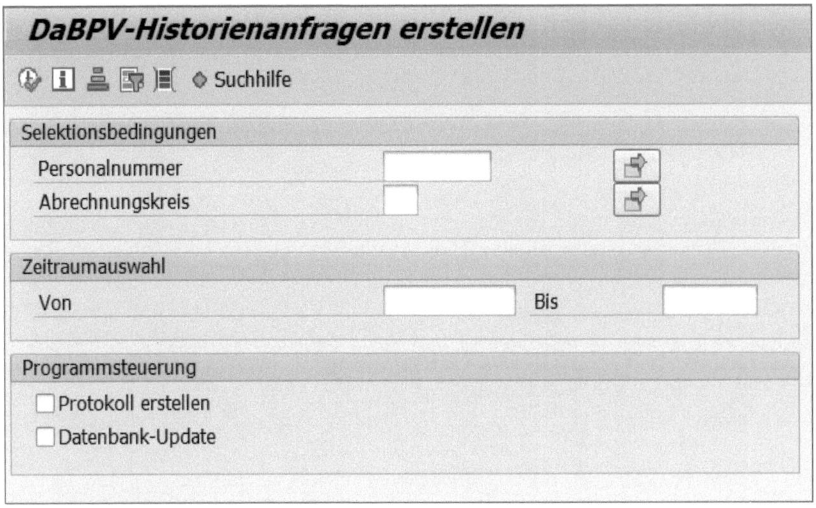

Abbildung 10.46 DaBPV-Historienanfragen erstellen

10.10.2 Customizing

In diesem Abschnitt wird das Customizing (siehe Abbildung 10.47) des DaBPV-Verfahrens beschrieben. Hier werden im Wesentlichen folgende Aktivitäten durchgeführt:

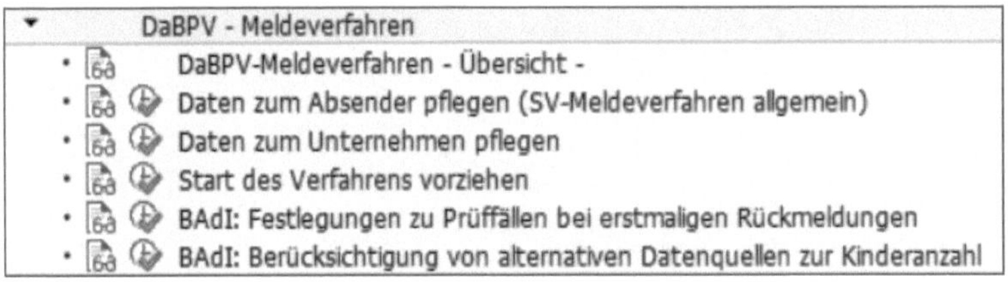

Abbildung 10.47 Customizing-Leitfaden DaBPV

Für die Bestimmung der Daten des Absenders werden die Einstellungen der Teilapplikation SVMA verwendet. Die Teilapplikation SVMA wurde bereits mit dem eAU-Verfahren ausgeliefert (siehe Abbildung 10.48).

In der Datengruppe **Steuerung des Meldeverfahrens** wird festgelegt, in welchem Infotyp (Infotyp 0013 oder 0021) die Daten aus dem vereinfachten Nachweisverfahren hinterlegt wurden (siehe Abbildung 10.49).

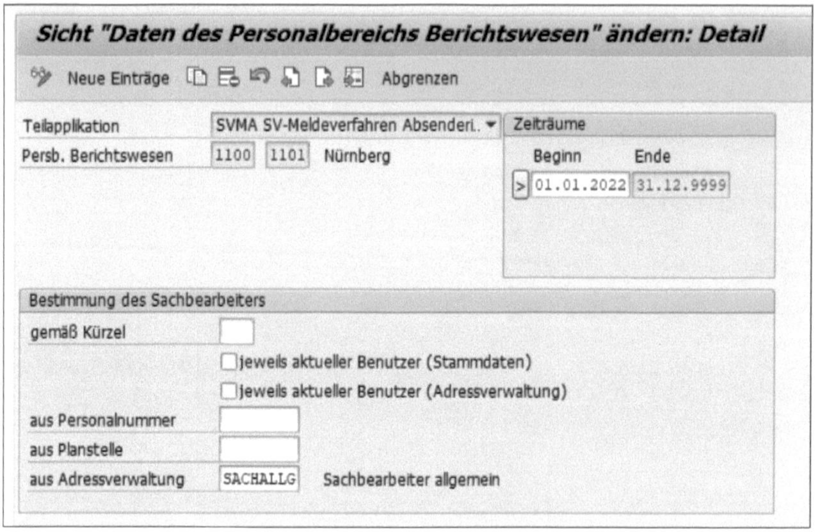

Abbildung 10.48 Customizing-Tabelle V_T596M SVMA

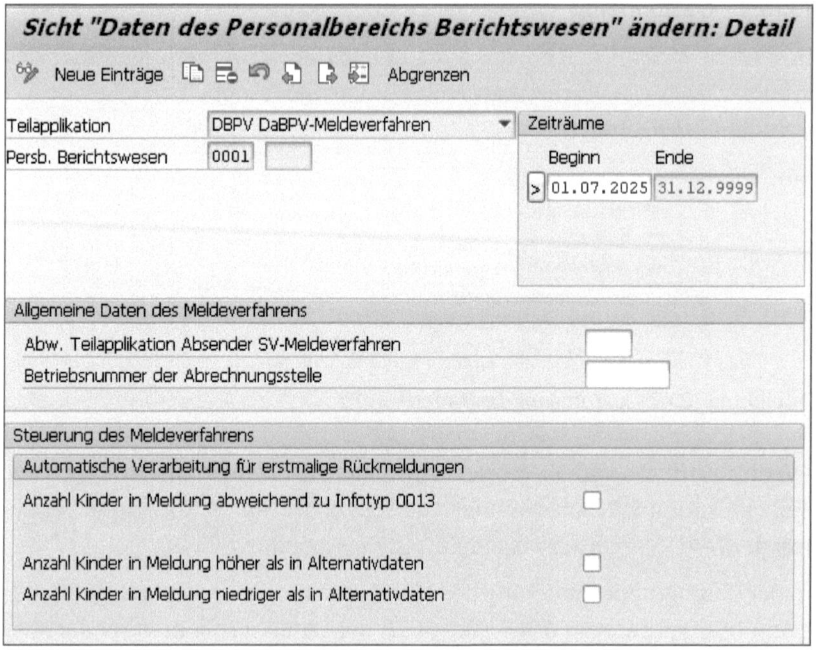

Abbildung 10.49 Customizing-Tabelle V_T596M DBPV

Wenn darüber hinaus weitere Prüffälle für die erstmalige Rückmeldung gestaltet werden sollen, kann dies über das BAdI HRPAYDE_DBP_B_CHK_PROC_RPLY (Festlegungen zu Prüffällen) bei erstmaligen Rückmeldungen ausgeprägt werden.

Falls die Daten in einem kundeneigenen Infotyp hinterlegt wurden, kann über die BAdI-Implementierung HRPAYDE_DBP_B_ALT_CHILDREN (Berücksichtigung von alternativen Datenquellen der Kinderanzahl) der Vergleich abgebildet werden.

10.11 Fazit

In diesem Kapitel haben Sie einen Überblick über die aktuell gültigen, nicht im Abrechnungsablauf enthaltenen SV-Meldeverfahren erhalten. Durch gesetzliche Änderungen unterliegt dieser Bereich einem stetigen Wandel (Anpassung der Datensatzversionen und Aufnahme neuer Verfahren).

Kapitel 11
Sonstige Folgeaktivitäten

In diesem Kapitel lernen Sie weitere Folgeaktivitäten kennen, die nicht nur der Steuer oder der Sozialversicherung zugeordnet werden können.

In diesem Kapitel erfahren Sie, wie Sie erzeugte Meldungen versenden, Fehler bearbeiten und gesetzliche Nachweispflichten erfüllen. Darüber hinaus lernen Sie das Notification Tool kennen, mit dem Sie sich rasch über zu bearbeitende Hinweise in den verschiedenen Verfahren informieren können.

11.1 Monatliche Verdiensterhebung

Mit dem 01.01.2022 wurde eine neue Verdiensterhebung eingeführt. Diese monatliche Verdiensterhebung ersetzt die vierteljährliche Verdiensterhebung und die Verdienststrukturerhebung/Sondererhebung Verdienste (Mindestlohn). Ziel dieser Erhebung ist es, zuverlässige und regelmäßige Daten über das Niveau, die Verteilung und Veränderung der Bruttoverdienste der Beschäftigten zu erhalten.

Die monatliche Verdiensterhebung muss seit Januar 2022 von ausgewählten Arbeitgebern ein Jahr lang durchgeführt werden. Die betreffenden Arbeitgeber werden vom Statistischen Landesamt direkt angeschrieben. Es werden jährlich höchstens 58.000 Betriebe nach einem mathematisch-statistischen Zufallsverfahren ermittelt. Der Arbeitgeber ist gesetzlich dazu verpflichtet, diese Verdiensterhebung abzugeben.

11.1.1 Customizing

Das Customizing erfolgt im Einführungsleitfaden unter dem Pfad **Personalabrechnung • Abrechnung Deutschland • Auswertungen und Statistiken Verdiensterhebung** (siehe Abbildung 11.1).

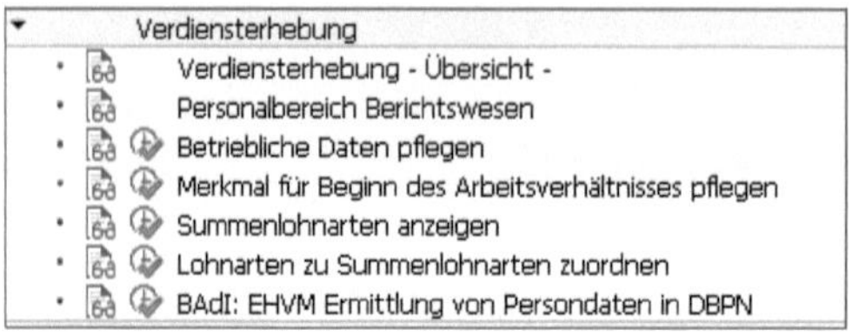

Abbildung 11.1 Customizing der Verdiensterhebung

Unter dem Punkt **Personalbereich Berichtswesen** muss für die Teilapplikation EHVM zum einen Tabelle V_T596L für die Zusammenfassung gepflegt werden (siehe Abbildung 11.2).

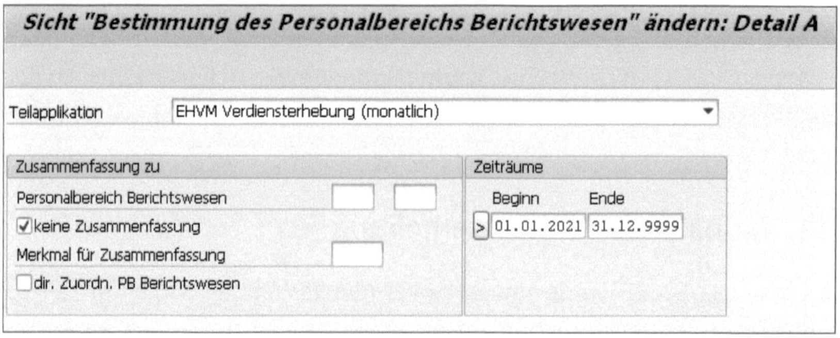

Abbildung 11.2 Customizing-Tabelle V_T596L EHVM

Unter dem Punkt **Daten zum Betrieb** müssen zum anderen für die vom Statistischen Landesamt ausgewählten Personalbereiche/Personalteilbereiche die **Berichtseinheit ID** für die vom Statistischen Landesamt vergebene Statistik Betriebsnummer, die **Tarifbindung** und die **Fusion/Aufspaltung** gepflegt werden (siehe Abbildung 11.3).

Gleichen Sie den Punkt **Lohnarten zu Summenlohnarten zuordnen** zum Zeitpunkt der Einrichtung und regelmäßig nach Einspielung der Support Packages mit dem SAP-Auslieferungsmandanten (000) ab, und passen Sie ihn individuell an Ihre Besonderheiten (z. B. Kundenlohnarten) an.

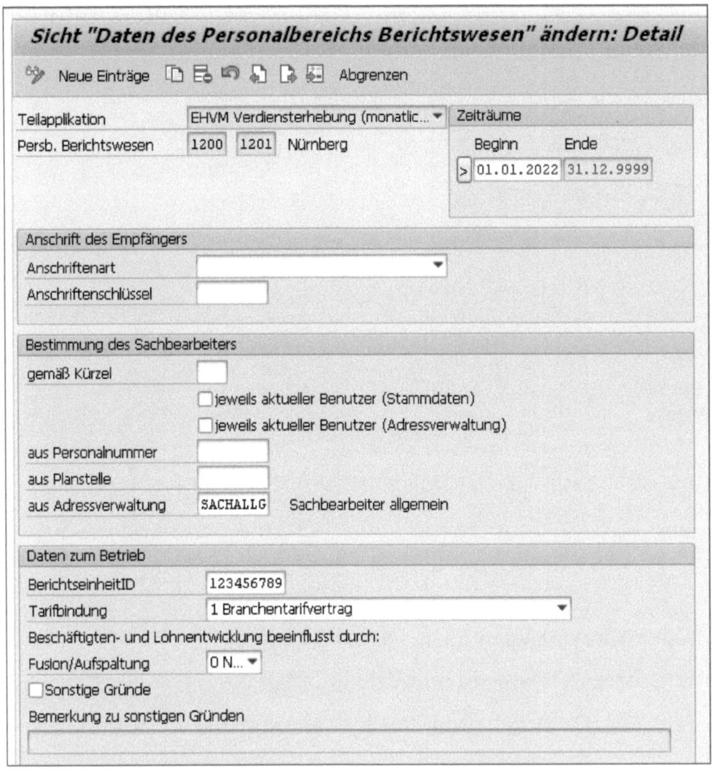

Abbildung 11.3 Customizing-Tabelle V_T596M EHVM

11

11.1.2 Meldungen erstellen

Die Meldungen für die monatliche Verdiensterhebung können unter folgendem Menüpunkt erstellt werden: **Personal • Personalabrechnung • Europa • Deutschland • Folgeaktivitäten • Sonstige Perioden • Listen/Statistik • Verdiensterhebung** (siehe Abbildung 11.4).

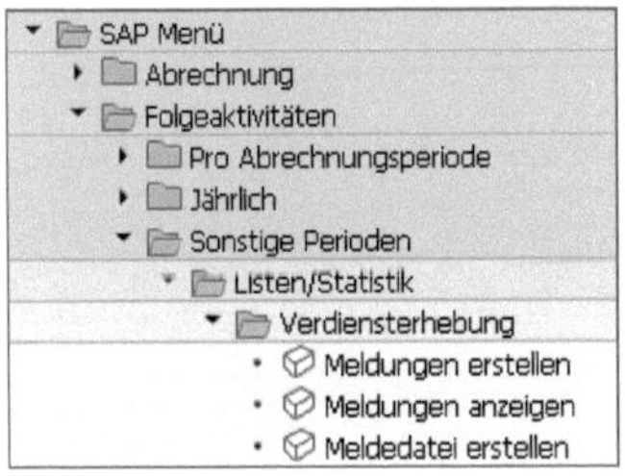

Abbildung 11.4 SAP-Easy-Access-Menü »Verdiensterhebung«

Es gibt verschiedene Möglichkeiten, die XML-Datei an das jeweilige Statistische Landesamt zu übermitteln.

In dem Report RP_PAYDE_EHVM_CREATE_FILES können Sie die gewünschte Übermittlungsart wählen (siehe Abbildung 11.5).

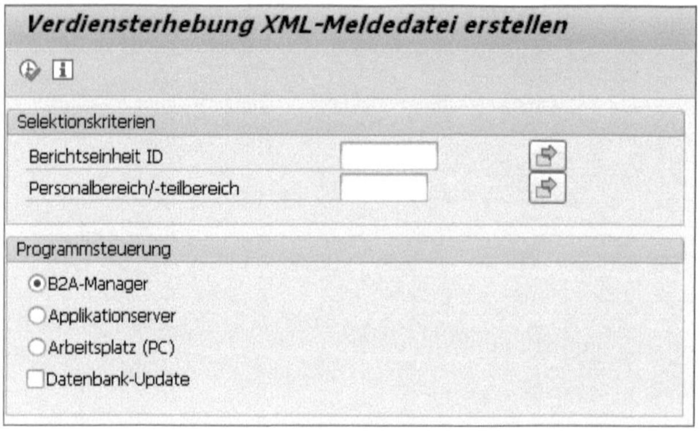

Abbildung 11.5 Meldedatei für die Verdiensterhebung erstellen

Möglichkeiten zur Übermittlung der XML-Daten

Die folgenden Möglichkeiten können Sie im Bereich **Programmsteuerung** auswählen:

- **B2A-Manager** (direkter Versand aus dem SAP-System)
- **Applikationsserver** (Download und Versand über die Internetseite)
- **Arbeitsplatz (PC)** (Download und Versand über die Internetseite)

Nach der Erstellung der Meldedatei im XML-Format bei den Punkten **Applikationsserver** und **Arbeitsplatz (PC)** muss diese im eSTATISTIK.core unter **Lieferung senden** hochgeladen und versandt werden. Durch dieses Verfahren wird die Verdiensterhebung an das zuständige Statistische Landesamt übermittelt. Über das IDEV-Portal ist der Versand derzeit nicht möglich.

Das Customizing erfolgt im Einführungsleitfaden unter dem folgenden Pfad: **Personalabrechnung • Abrechnung Deutschland • Behördenkommunikation (B2A) • Datenaustausch mit statistischen Behörden – Überblick**. Folgende Punkte müssen für den Versand der Verdiensterhebung über den B2A-Manager vorab eingerichtet werden (siehe Abbildung 11.6).

Sie können die Anmeldedaten für eSTATISTIK.core beim Versand manuell angeben. Alternativ können Sie die Anmeldedaten in jedem System über den Customizing-Punkt **Anmeldedaten für eSTATISTIK.core pflegen** hinterlegen.

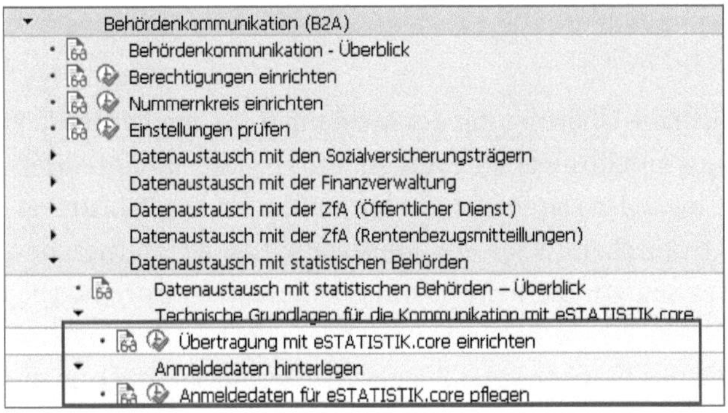

Abbildung 11.6 Customizing-Leitfaden für die Behördenkommunikation im eSTATISTIK.core

11.2 B2A-Manager

Von den Unternehmen muss eine Vielzahl an offiziellen Dokumenten, zum einen für ihre Mitarbeitenden und zum anderen für verschiedene Institutionen, wie z. B. die Finanzverwaltung oder die Sozialversicherung, erstellt werden. Die Übermittlung an die einzelnen Institutionen erfolgt in der heutigen Zeit weitestgehend auf elektronischem Wege. Dies sorgt sowohl bei den Unternehmen als auch bei den Institutionen für effiziente und schlanke Abläufe und spart in erheblichem Maße bürokratische Kosten ein. Der B2A-Manager ist die zentrale Oberfläche im SAP-ERP-HCM-System für die Übertragung dieser Daten und wird auch in anderen Ländern für die Kommunikation mit den verschiedenen Institutionen eingesetzt.

11.2.1 Allgemeines

Business to Administration

Das Kürzel B2A steht für Business to Administration, also die Kommunikation der Unternehmen mit staatlichen oder halbstaatlichen Stellen. Der B2A-Manager ist die zentrale Plattform für den elektronischen Datenaustausch zwischen den Unternehmen und den oben genannten Institutionen. Bisher ist über den B2A-Manager der Austausch bzw. der Versand der folgenden Dokumente möglich:

- Lohnsteuerbescheinigung
- Lohnsteueranmeldung
- DEÜV-Meldungen
- Beitragsnachweise
- UV-Meldeverfahren

- Teile des Bescheinigungswesens, insbesondere für die Krankenkassen bzw. die Agentur für Arbeit

Zahlstellen

Seit 2009 erfolgt auch die Übertragung der Meldungen zu den berufsständischen Versorgungseinrichtungen (Steuer-, Anwalts-, Ärzte- und Architektenkammern etc.) sowie der Datenaustausch im Rahmen des Zahlstellenverfahrens auf elektronischem Wege. Als *Zahlstelle* wird ein Unternehmen bezeichnet, wenn es seinen ehemaligen Mitarbeitenden Versorgungsbezüge, also zusätzliche Renten zur Rente aus der gesetzlichen Rentenversicherung, zahlt und dafür Kranken- und Pflegeversicherungsbeiträge an die gesetzliche Sozialversicherung abführen muss (siehe Überschrift »Mitteilungen an die Krankenkassen über Versorgungsbezüge (Zahlstellenverfahren)« in Abschnitt 8.4, »Zahlstellenverfahren«).

Verschlüsselte Übertragung

Alle über den B2A-Manager zu versendenden Daten werden verschlüsselt übertragen. Dies erfolgt über die PKCS#7-Methode (Public Key Cryptography Standards No 7).

11.2.2 Funktionsumfang und Anwendung des B2A-Managers

Benutzeroberfläche

Ein wesentlicher Vorteil des B2A-Managers ist die zentrale Benutzeroberfläche, die unabhängig vom gerade abgewickelten Prozess alle notwendigen Funktionen zur Verfügung stellt. Abbildung 11.7 liefert einen ersten Einblick in die Anwendung. Der B2A-Manager kann über Transaktion PB2A (B2A-Manager) oder im SAP-Easy-Access-Menü über den Pfad **Personalabrechnung • Abrechnung • Europa • Deutschland • Folgeaktivitäten • Periodenunabhängig • Behördenkommunikation • B2A-Manager** aufgerufen werden.

Abbildung 11.7 B2A-Manager vor der Selektion von Dokumenten

Hinter Transaktion PB2A (B2A-Manager) verbirgt sich das Programm H99_B2AMANAGER, das die für alle Länder, in denen der B2A-Manager bislang eingesetzt wird, erforderlichen Routinen (natürlich ausgelagert in Includes) und Funktionen enthält. Der B2A-Manager wird zwar international eingesetzt, ist aber letztlich national ausgeprägt. Dies bedeutet, dass der Aufruf des B2A-Managers abhängig von der Ländergruppierung (MOLGA) erfolgt. Dazu ermittelt der B2A-Manager aus den im System hinterlegten Stammdaten den Parameter MOL (Ländergruppierung Personal) und ruft anschließend die jeweilige passende Länderversion des B2A-Dynpros auf. Ist der entsprechende Parameter nicht gepflegt, wird das in Abbildung 11.8 gezeigte Auswahlbild für die Ländergruppierung angeboten.

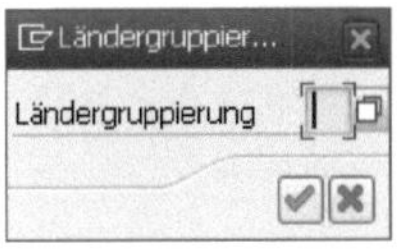

Abbildung 11.8 Auswahl-Pop-up-Fenster für die Vorgabe der Ländergruppierung

Der Ablauf des Sende- und Verarbeitungsprozesses ist vom jeweiligen Dokumenttyp abhängig und kann daher auch innerhalb eines Bereichs unterschiedlich sein. Die Vorgehensweise haben wir bereits im Zusammenhang mit den jeweiligen Meldungsarten beschrieben.

Selektion einschränken

Bevor die über die jeweiligen Anwendungsprogramme erzeugten Dokumente im B2A-Manager verarbeitet werden können, ist es sinnvoll, die Selektion der Dokumente auf den zu bearbeitenden Bereich entsprechend einzuschränken. Ansonsten würde zumeist eine große Anzahl von Dokumenten selektiert, insbesondere wenn der B2A-Manager bereits seit längerer Zeit für den Versand dieser Dokumente verwendet wird, was mit entsprechend langen Programmlaufzeiten verbunden wäre.

Im Feld **Bereich** stehen in der [F4]-Hilfe zwar aktuell elf verschiedene Bereiche zur Auswahl (siehe Abbildung 11.9), für Deutschland gibt es aber derzeit nur für die Bereiche **ST** (Steuer), **SV** (Sozialversicherung) sowie **EH** (Statistiken) die Möglichkeit, Dokumente über den B2A-Manager zu versenden.

Dokumenttypen

Innerhalb eines Bereichs kann zusätzlich noch auf den jeweiligen Dokumenttyp eingeschränkt werden, was die Anzahl der nicht erforderlichen Treffer im Rahmen der Selektion weiter vermindert. Im Steuerbereich gibt es den Dokumenttyp **LSTA** für die Lohnsteueranmeldung, den Dokumenttyp **LSTB** für die Lohnsteuerbescheinigung sowie die Dokumenttypen für das ELStAM-Verfahren. Im SV-Bereich finden Sie eine ganze Reihe von unterschiedlichen Dokumenttypen. Eine Übersicht erhalten Sie über die Wertehilfe im B2A-Manager.

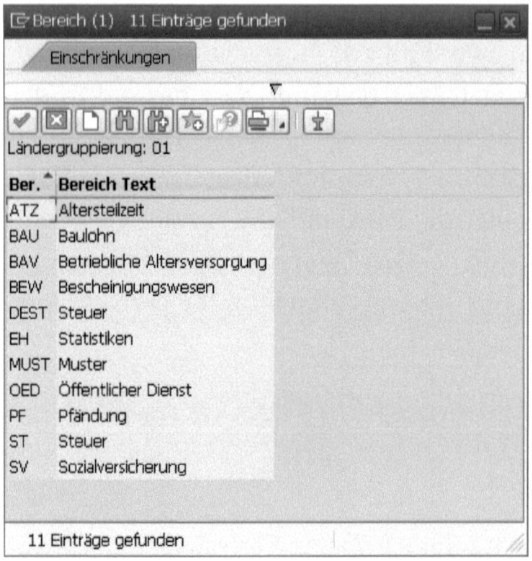

Abbildung 11.9 Bereichsauswahl im B2A-Manager für MOLGA 01 – Deutschland

Die Aktivierung der Selektionsoption **nur offene Prozesse anzeigen** (siehe Abbildung 11.11) hat zur Folge, dass die bereits abgeschlossenen Datensätze, also alle Datensätze, die den Status **abgeschlossen** oder **fehlerhaft** (nicht wiederaufsetzbar) aufweisen, nicht angezeigt werden. Diese Selektion ist standardmäßig beim Einstieg in den B2A-Manager aktiviert und dient der Laufzeitoptimierung sowie der Verbesserung der Übersicht. Das Aktivieren der Selektionsoption **Protokoll** führt dazu, dass bei einem Klick auf den Button **Ausführen** die Einzelschritte mitgeschrieben und anschließend in einer Baumstruktur dargestellt werden. So wird bei Fehlermeldungen immer protokolliert, was zu dem Fehler geführt hat, auch wenn das entsprechende Kennzeichen nicht gesetzt sein sollte. Die Aktivierung der Selektionsoption **Simulation** verhindert beim Ausführungsprozess das Versenden der erzeugten Daten an den Empfänger und deren Abspeichern in den systeminternen Tabellen. Es werden also alle Funktionen des Ausführungsprozesses vollständig simuliert, aber es wird kein Echtversand angestoßen.

Selektion ausführen

Das Ausführen der Selektion anhand des ausgefüllten Selektionsbildes (Bereich, Dokumenttyp etc.) erfolgt durch das Drücken der [↵]-Taste.

Rückmeldung – Beitragsnachweise und DEÜV

Die Meldungen an die SV werden nicht im Klartext im B2A-Manager angezeigt, sodass letztlich immer eine gewisse Unklarheit darüber besteht, was an die Krankenkassen nun tatsächlich übermittelt wurde und was nicht (siehe

Abbildung 11.10). Die schwere Lesbarkeit der Daten wird durch das String-Format verursacht, in das die Daten zum Versenden überführt werden.

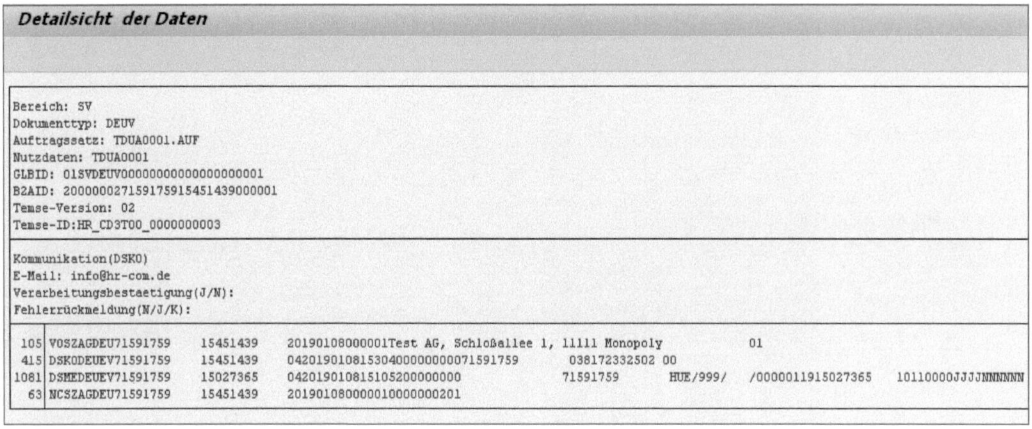

Abbildung 11.10 Detailsicht der Daten einer DEÜV-Meldedatei (Auszug)

Rückmeldung – Steuer

Das Melde- bzw. Rückmeldeverfahren ist im Steuerbereich deutlich besser umgesetzt worden. Besonders optimiert wurde der Versand der Lohnsteuerbescheinigung, denn dort muss nach dem erfolgreichen Versand der Meldungen immer die Abholung der Rückmeldung über den B2A-Manager erfolgen. Erst nach erfolgreicher Rückmeldung kann die Lohnsteuerbescheinigung produktiv zur Ausgabe bereitgestellt werden. Der B2A-Manager dokumentiert die einzelnen Schritte über eine Struktur (siehe Abbildung 11.11), die über den Button  (**Expandieren**) geöffnet werden kann.

In der Zeile mit dem Status **neu** kann auch der Klartext der Meldung eingesehen werden; der Textinhalt ist hier deutlich besser lesbar als zuvor, da hier das XML-Format verwendet wird (siehe Abbildung 11.12).

Für den Steuerbereich können damit auch Fehlermeldungen recht gut analysiert werden. Die Clearingstellen der Finanzverwaltung geben – sofern es sich um inhaltliche Fehler handelt – regelmäßig eine Fehlernummer mit Text im XML-String zurück. Zumeist kann man im SAP Service Marketplace, der über *https://me.sap.com/servicessupport/* erreichbar ist (Benutzername und Passwort erforderlich), anhand der entsprechenden Fehlernummer suchen und recht schnell herausfinden, warum der betreffende Fehler prozessiert wird und was zu tun ist, um das Problem zu lösen. Die davon betroffenen Meldungen müssen regelmäßig neu übermittelt werden.

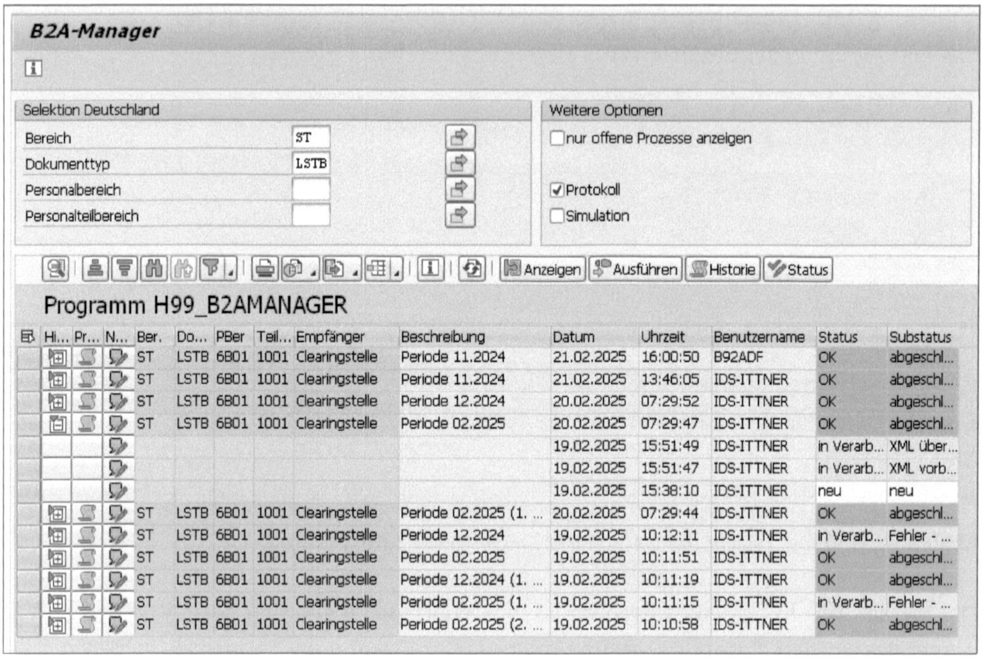

Abbildung 11.11 Verarbeitete Lohnsteuerbescheinigungen mit verschiedenen Status

Abbildung 11.12 Anzeige der LSTB im XML-Format (B2A-Manager)

Eine Alternative, um die fehlerhaften Daten zu ermitteln, ist der Report RPCTXWD1 (Fehlerhafte Datensätze ermitteln). Wenn die zurückgeholten Daten den Status **fehlerhaft** erhalten haben, müssen Sie den entsprechenden Nutzdatenblock erneut bearbeiten. Mit diesem Report können Sie in einem solchen Fall die Nutzdatenblöcke, die Sie mit dem Report RPCTXSD1 (Lohnsteuerdaten zusammenfassen) erzeugt haben, zunächst ermitteln und nach der Fehlerkorrektur neu erstellen oder neu sammeln.

11.2.3 Berechtigungen

Für den B2A-Manager steht das Berechtigungsobjekt P_B2A-HR-B2A:B2A-Manager zur Verfügung. Die Berechtigung kann dabei über die folgenden definierten Felder gesteuert werden:

- **Ländermodifikator (Personal)**
  Über dieses Feld wird festgelegt, welche Länderversionen des B2A-Managers für den Zugriff freigegeben sind. Für die Einschränkung auf die rein deutsche Version müsste MOLGA 01 berechtigt werden.
- **Personalbereich**
  Der Personalbereich repräsentiert regelmäßig die rechtlich selbstständige Firma in SAP ERP HCM (ähnlich dem Buchungskreis in SAP ERP Financials).
- **Personalteilbereich**
  Der Personalteilbereich ist das zentrale Merkmal für die Personalabrechnung. Der Großteil der relevanten Merkmale (wie z. B. West-Ost-Kennzeichen, Steuernummern etc.) ist einem Personalteilbereich zugeordnet.
- **Bereich**
  Die weiter oben in diesem Abschnitt genannten Bereiche können über dieses Feld gesondert berechtigt werden.
- **Dokumenttyp**
  Ebenso besteht die Möglichkeit, die den Bereichen zugeordneten Dokumenttypen gesondert zu berechtigen. So ist es z. B. möglich, eine Person nur für die Durchführung des Prozesses der Lohnsteueranmeldung und eine andere nur für die Durchführung des Prozesses der Lohnsteuerbescheinigung zu berechtigen.
- **Aktion**
  Unter *Aktion* werden in diesem Zusammenhang die folgenden Berechtigungen verstanden:
  - Meldungen zu versenden
  - Meldungen im Detail zu versenden

- Meldungen zu reorganisieren
- Meldungen zu löschen
- den Status von Meldungen zu ändern

Die bisherige Erfahrung mit dem B2A-Manager hat gezeigt, dass (zumindest derzeit) die Berechtigungsvergabe über die vorhandenen Felder ausreichend ist.

11.3 Bescheinigungswesen

Die Komponente *Bescheinigungswesen* ermöglicht eine schnelle Erstellung von mitarbeiterbezogenen Bescheinigungen sowie deren Druck und Archivierung. SAP liefert eine Reihe von Standardbescheinigungen aus, die an unternehmensspezifische Anforderungen angepasst und um individuelle Bescheinigungen ergänzt werden können.

Akzeptanz bei Behörden

Die Akzeptanz der in dieser Komponente erstellten Bescheinigungen ist vonseiten der Behörden inzwischen vorhanden, denn die ausgelieferten Standardbescheinigungen entsprechen dem vom Arbeitskreis für wirtschaftliche Verwaltung (AWV) erarbeiteten und in der Loseblattsammlung »Vereinheitlichte Bescheinigungen in der Lohn- und Gehaltsabrechnung« veröffentlichten Standard für maschinell erstellte Bescheinigungen.

Diese Bescheinigungen basieren auf der SAPscript-Technologie oder PDF-Technologie; sie werden nicht im SAP-System gesichert, sondern die Archivierung erfolgt über die ArchiveLink-Schnittstelle in einem angeschlossenen Archivsystem.

Sachgebiete

Die ausgelieferten Standardbescheinigungen sind in Sachgebiete gegliedert, die sich danach ausrichten, wer die jeweilige Bescheinigung empfängt. Diese Sachgebiete sind:

- Sozialversicherungsträger
- Bundesagentur für Arbeit
- Gemeinden/Amtsgerichte
- Arbeitgeber/Versicherung
- betriebliche Altersversorgung

Im folgenden Abschnitt erhalten Sie einen Überblick über die derzeit existierenden Standardbescheinigungen.

11.3.1 Standardbescheinigungen

Die Einführung jeder Bescheinigung erfordert Customizing, Tests und laufende Wartung. Daher sollten nur die Bescheinigungen zur Verfügung stehen, die diese Schritte erfolgreich durchlaufen haben.

[«]

Bedeutung des Bescheinigungswesens

Durch die Einführung des EEL-Verfahrens sind einige Bescheinigungen entfallen, weshalb gerade im Bereich der SV das Bescheinigungswesen an Bedeutung verloren hat.

Ausgeblendete Bescheinigungen

Folgende Bescheinigungen wurden im Standard ausgeliefert, jedoch aktuell ausgeblendet:

- **Sozialversicherungsträger**
  - 0011 – Kranken-/Versorgungskranken-/Verletzten-/Übergangsgeld
  - 0012 – Krankengeld bei Erkrankung des Kindes
  - 0013 – Mutterschaftsgeld – Verdienstbescheinigung
  - 0014 – Klärung des Versicherungsverhältnisses
  - 0017 – Übergangsgeld
  - 0019 – Krankengeld bei Erkrankung des Kindes – 2015
- **Bundesagentur für Arbeit**
  - 0021 – Arbeitsbescheinigung § 312 SGB III (ab 2023 über BA-BEA)
  - 0022 – Arbeitslosenhilfe – Verdienstbescheinigung gem. §§ 315, 319 SGB III
  - 0023 – Bescheinigung über Nebeneinkommen nach § 313 SGB III (ab 2023 über BA-BEA)
  - 0024 – Ausbildungsbescheinigung
  - 0025 – Fortdauer/Ende der Berufsausbildung
  - 0027 – Erstattungsantrag – Altersteilzeit
  - 0029 – Arbeitsbescheinigung § 312 SGB III – Zusatzblatt ATZ (obsolet)
  - 0081 – Arbeitsbescheinigung § 312 SGB III
- **Gemeinden/Amtsgerichte**
  - 0032 – Leistungen, Anwartschaften und Aussichten auf eine Betriebsrente
  - 0035 – Wehrdienst – Verdienstbescheinigung nach §§ 5, 7, 7a und §13 USG
  - 0039 – Arbeitgeberbescheinigung zum Erziehungsgeldantrag

- **Arbeitgeber/Versicherungen**
  - 0051 – Arbeits- und Zwischenbescheinigung
  - 0052 – Allgemeine Arbeitsbescheinigung

Die ausgeblendeten Bescheinigungen können in den Kundennamensraum kopiert und dadurch bei Bedarf weitergenutzt werden.

Folgende Bescheinigungen sind aktuell im Standard vorhanden:

- **Sozialversicherungsträger**
  - 0018 – Pflegeunterstützungsgeld
  - 0060 – Verdienstausfall zur Haushaltshilfe
- **Bundesagentur für Arbeit**
  - 0026 – Arbeitslosengeld II – Sozialgeld gem. SGB II
  - 0028 – Verdienstbescheinigung Kinderzuschlag gem. § 6a BKGG
- **Bescheinigungen an Gemeinden, Amtsgerichte**
  - 0031 – Zeugenschaftliche Auskunft
  - 0033 – Wohngeld gem. § 25 Abs. 2 Wohngeldgesetz
  - 0034 – Einkommenserklärung sozialer Wohnungsbau
  - 0036 – Wehrübung – Verdienstausfallentschädigung nach § 13 USG
  - 0037 – Verdienstbescheinigung nach § 116 BSHG – Sozialhilfe
  - 0038 – Verdienstbescheinigung zu Unterhaltsvorschuss/Vormundschaft
  - 0040 – Verdienstbescheinigung zum Antrag auf Elterngeld
  - 0041 – Arbeitgeberbescheinigung Teilzeit/Zusch. MSG für Antrag Elterngeld
- **Arbeitgeber/Versicherungen**
  - 0053 – Allgemeine Verdienstbescheinigung
  - 0054 – Regressberechnung

11.3.2 Bescheinigungen erstellen

Die Erstellung von Bescheinigungen erfolgt über Transaktion PM20 (Bescheinigungswesen, siehe Abbildung 11.13). Diese Transaktion ermöglicht die folgenden Vorgänge:

- Erstellung von Bescheinigungen im Dialog
- Anzeige von archivierten Bescheinigungen in der Verwaltung

- Erstellung von Datensätzen für die elektronische Übermittlung von Bescheinigungen
- Anzeige der Customizing-Einstellungen zu den Bescheinigungen

Für deren Erstellung muss die benötigte Bescheinigung markiert, eine Personalnummer eingetragen und die Erstellung schließlich ausgelöst werden.

Bei der Erstellung bestimmter Bescheinigungen, die auf Abwesenheitsdaten basieren, wie z. B. die Bescheinigung »Pflegeunterstützungsgeld«, wird ein Fenster zur Auswahl der gewünschten Abwesenheit angeboten.

Mit dem Button **Einstellungen** können, je nach Bescheinigung, verschiedene Parameter ausgewählt werden. So kann z. B. eine Austrittsbescheinigung erstellt werden, ohne dass in den Stammdaten der entsprechenden Person ein Austrittsdatum eingetragen wäre.

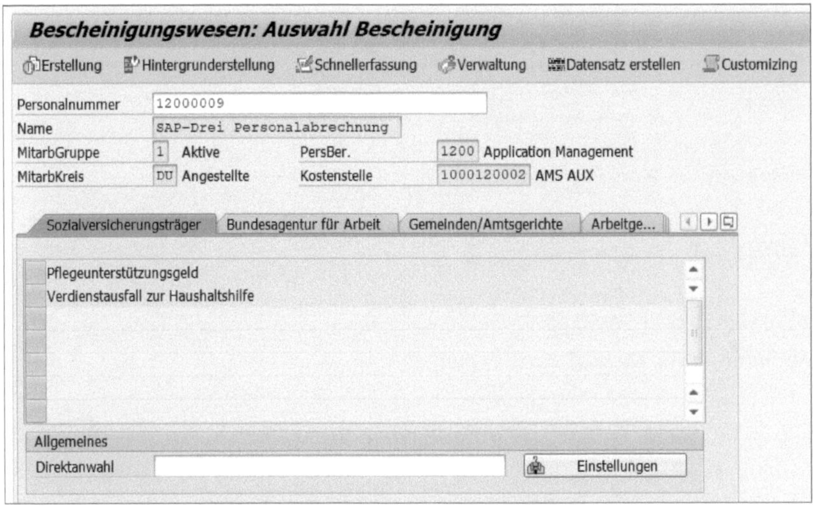

Abbildung 11.13 Bescheinigungswesen

Manuell pflegbare Felder

Nun wird die Bescheinigung angezeigt, und es können manuell pflegbare Felder ausgefüllt werden. Diese befinden sich auf der linken Seite der in Abbildung 11.14 dargestellten Transaktion.

Felder manuell bearbeiten

Welche Felder manuell bearbeitet werden können, wird in dem hinterlegten SAPscript-Formular bestimmt. Die manuelle Eingabe wird über das Zeichenformat gesteuert; hier kann »M« für einen manuell pflegbaren Eintrag vergeben werden. Dies bedeutet, dass zusätzliche Eingabefelder definiert werden können, was aber immer mit einer Modifikation oder Kopie des Formulars einhergeht.

> Wenn die Bescheinigungsfunktion **TRGN Generelle Überschreibbarkeit für alle Datenfelder** einer Bescheinigung zugeordnet wird, können alle Felder manuell übersteuert werden, ohne dass das Formular modifiziert werden muss.

Nach dem Ausfüllen dieser Felder werden die Informationen mithilfe des Buttons [Icon] (**Auffrischen**) in die Bescheinigung übertragen.

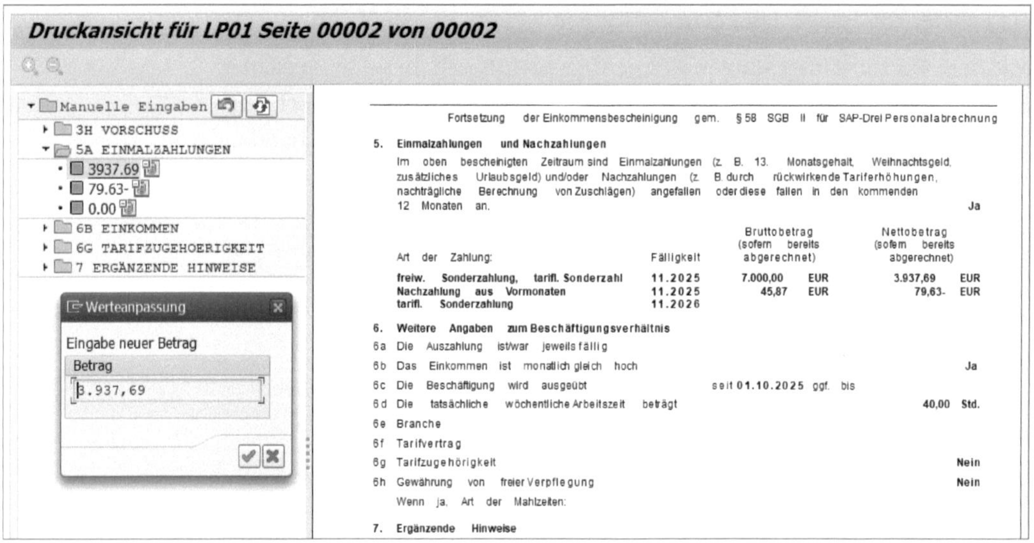

Abbildung 11.14 Manuelle Felder pflegen

Die fertig bearbeitete Bescheinigung kann nun gedruckt werden. Im Customizing ist festgelegt, ob neben dem Druck auch eine Archivierung möglich ist. Für die Archivierung wird ein per ArchiveLink angebundenes Archivsystem benötigt.

Zusätzlich gibt es Infotypen (siehe Abbildung 11.15), in denen Daten gepflegt werden können, die in den Stammdaten der betroffenen Person nicht vorhanden sind, aber auf der Bescheinigung angezeigt werden sollen.

- 0650 (Bescheinigungen an die BA)
- 0651 (Bescheinigungen an die SV-Träger)
- 0652 (Ausbildungsbescheinigungen)
- 0653 (Bescheinigungen an die Kommunen etc.)

Zu den jeweiligen Infotypen gibt es Subtypen für die einzelnen Bescheinigungen.

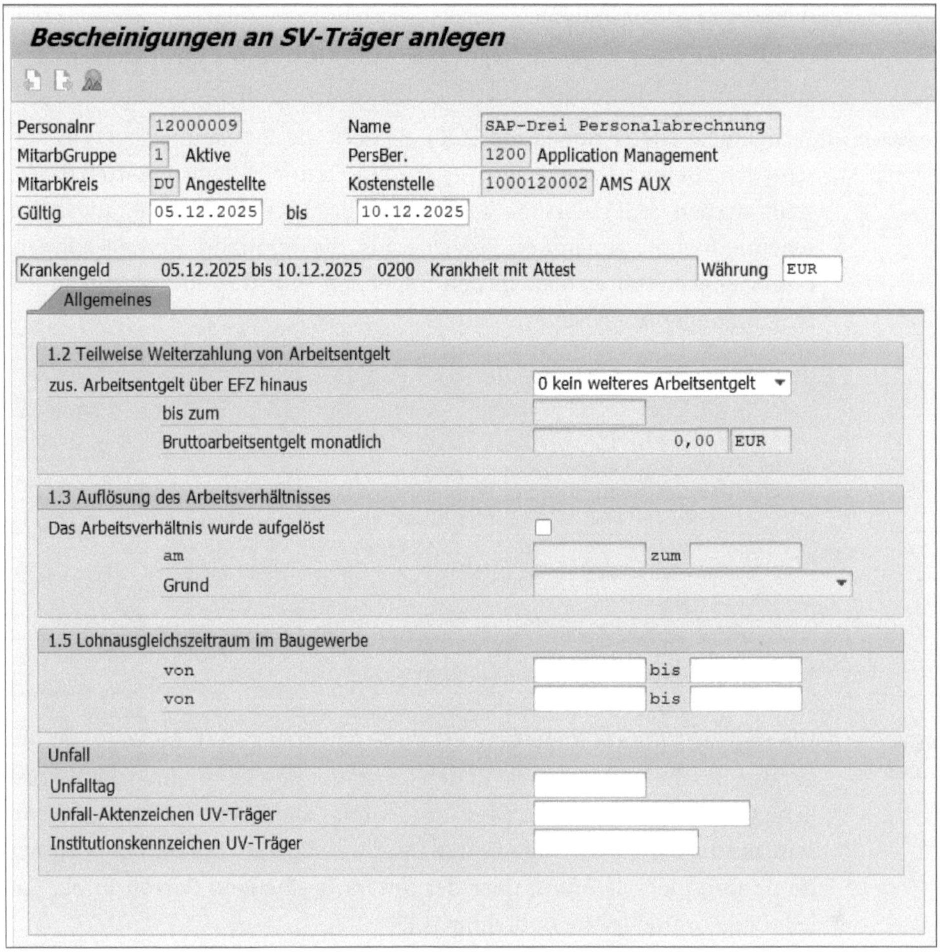

Abbildung 11.15 Infotyp 0651 (Bescheinigungen an die SV-Träger)

11.3.3 Bescheinigungen verwalten

Die Verwaltung von Bescheinigungen ermöglicht die Anzeige der im Archiv gespeicherten Bescheinigungen. Beim Aufruf der Verwaltung können in einem Selektionsbild die Personalnummer, die Bescheinigungsart und der Zeitraum gewählt werden, um die Anzahl der angezeigten Bescheinigungen einzuschränken.

11.3.4 Customizing

Das Customizing gliedert sich in die drei Hauptgruppen **Allgemeine Einstellungen**, **Standardbescheinigungen einrichten** und **Kundenbescheinigungen einrichten**, die nun nacheinander erläutert werden.

Allgemeine Einstellungen

Für den Einsatz des Bescheinigungswesens müssen die im Folgenden dargestellten grundlegenden Einstellungen vorgenommen werden.

Sachgebiete einrichten

Sachgebiete (siehe Abbildung 11.16) gliedern die Bescheinigungen in verschiedene Bereiche, die im Einstiegsbild in Form von Registerkarten dargestellt werden. SAP liefert im Standard die in Abschnitt 11.3.1, »Standardbescheinigungen«, genannten Bereiche aus, die verändert werden können. Den Sachgebieten werden in den folgenden Schritten die jeweiligen Bescheinigungen zugeordnet.

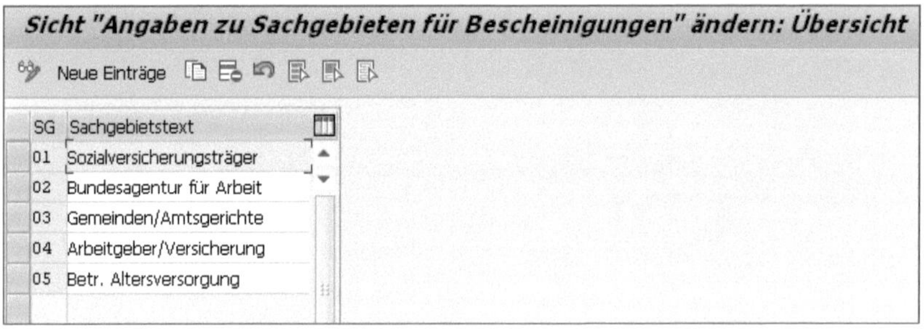

Abbildung 11.16 Sachgebiete definieren

Unterschreibende Person zuordnen

Die erste und die zweite Person, die Unterschriften leisten müssen, werden auf den Bescheinigungen als für den Inhalt der Bescheinigung verantwortliche Personen angedruckt. Dies kann – muss aber nicht – dieselbe Person sein, die die Bescheinigung erzeugt. Dazu werden dem Systembenutzer der Name und die Telefonnummer der unterschreibenden Person in der Tabelle zugeordnet (siehe Abbildung 11.17).

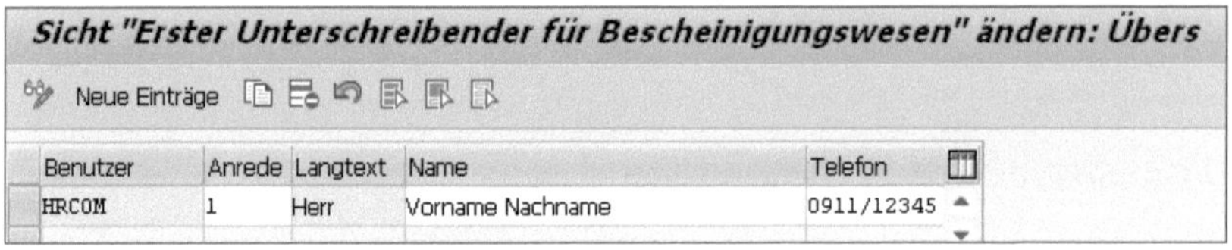

Abbildung 11.17 Unterschreibende Person zuordnen

Die zweite unterschreibende Person wird in den Standardformularen nicht verwendet; soll sie in das Formular aufgenommen werden, ist eine Anpassung des entsprechenden Formulars erforderlich.

Absender festlegen

Der Absender und eine gegebenenfalls notwendige Zusammenfassung von mehreren Personalteilbereichen zu einer Absenderadresse werden über den Personalbereich »Berichtswesen« festgelegt. Hier gibt es die Teilapplikation BWDE für das Bescheinigungswesen Deutschland.

Abwesenheiten kennzeichnen

Bestimmte Bescheinigungen basieren auf Abwesenheiten, die von einem Sachverhalt begründet werden, der eine Bescheinigung notwendig macht. Dies ist z. B. bei der Bescheinigung »Krankengeld bei Erkrankung Kind« oder der »Kranken-/Verletzten/Übergangsgeld«-Bescheinigung der Fall. Dazu müssen die relevanten Abwesenheiten gekennzeichnet werden.

In diesem Zusammenhang ist es zunächst notwendig, die Bewertungsregeln von unbezahlten Abwesenheiten zu kennzeichnen (siehe Abbildung 11.18).

Sicht "Bescheinigungswesen: Unbezahlte Abwesenheiten" ändern:

Aufr. <-> Verb. Neue Einträge Abgrenzen

BeaKl	Bezeichnung	Be...	Bwertungsklasse	Gültig ab	Gültig bis	U...
01	Urlaub, Freistellung	01	Urlaub bezahlt	01.01.1900	31.12.9999	☐
01	Urlaub, Freistellung	03	Freistellung bezahlt	01.01.1900	31.12.9999	☐
01	Urlaub, Freistellung	04	Ausgleichstage	01.01.1900	31.12.9999	☐
01	Urlaub, Freistellung	10	Freistell. unbezahlt	01.01.1900	31.12.9999	☑
01	Urlaub, Freistellung	11	Urlaub unbezahlt	01.01.1900	31.12.9999	☐
01	Urlaub, Freistellung	13	Freist. m. Aufschlag	01.01.1900	31.12.9999	☐
01	Urlaub, Freistellung	20	Abwesenheit beza...	01.01.1900	31.12.9999	☐
01	Urlaub, Freistellung	21	Abwesenh. unbez...	01.01.1900	31.12.9999	☐
01	Urlaub, Freistellung	24	Urlaub unbez.SV-F...	01.01.1900	31.12.9999	☐
01	Urlaub, Freistellung	25	untertäg.unbez.A...	01.01.1900	31.12.9999	☐
01	Urlaub, Freistellung	38	Unbez. (für KGZ-B...	01.01.1900	31.12.9999	☐
02	Krankheit	02	Krankheit/Kur	01.01.1900	31.12.9999	☐
02	Krankheit	07	Krank PKV o. KrkG...	01.01.2006	31.12.9999	☑
02	Krankheit	10	Freistell. unbezahlt	01.01.1990	31.12.9999	☐
02	Krankheit	11	Urlaub unbezahlt	01.01.1990	31.12.9999	☐
02	Krankheit	20	Abwesenheit beza...	01.01.1900	31.12.9999	☐
02	Krankheit	21	Abwesenh. unbez...	01.01.2013	31.12.9999	☑
02	Krankheit	22	Krankengeldzusch...	01.01.2006	31.12.9999	☑
02	Krankheit	23	KrGZuschuß	01.01.2006	31.12.9999	☑
02	Krankheit	24	Urlaub unbez.SV-F...	01.01.2013	31.12.9999	☐
02	Krankheit	25	untertäg.unbez.A...	01.01.1900	31.12.9999	☐
02	Krankheit	26	Unbezahlt(Ermäßig...	01.01.2013	31.12.9999	☑
02	Krankheit	27	Unbezahlt(Privatve...	01.01.2013	31.12.9999	☑
02	Krankheit	28	EU-Rente (GKV)	01.01.2006	31.12.9999	☑
02	Krankheit	29	EU-Rente (PKV)	01.01.2006	31.12.9999	☑
02	Krankheit	30	KrGZuschuß privat	01.01.2013	31.12.9999	☑
02	Krankheit	32	Krankheit SV-pfl	01.01.1900	31.12.9999	☐
02	Krankheit	36	KGZ gesetzlich vers.	01.01.2007	31.12.9999	☑
02	Krankheit	37	KGZ SV-pflichtig	01.01.1900	31.12.9999	☐
02	Krankheit	38	Unbez. (für KGZ-B...	01.01.1900	31.12.9999	☐
02	Krankheit	40	Urlaub für Krankheit	01.10.1996	31.12.1998	☐
02	Krankheit	41	Krankheit volle Bez.	01.10.1996	31.12.1998	☐
02	Krankheit	42	Krankheit reduz. B...	01.10.1996	31.12.1998	☐
03	Kur	01	Urlaub bezahlt	01.10.1996	31.12.9999	☐
03	Kur	02	Krankheit/Kur	01.10.1996	31.12.9999	☐

Abbildung 11.18 Unbezahlte Abwesenheiten kennzeichnen

Außerdem müssen bestimmte Abwesenheiten (siehe Abbildung 11.19) gekennzeichnet werden.

Sicht "Abwesenheiten fürs Bescheinigungswesen ke.." ändern: Übersicht

Aufr. <-> Verb. Neue Einträge Abgrenzen

ABWESENHEITEN FÜRS BESCHEINIGUNGSWESEN KENNZEICHNEN

Grpg	AbArt	AbArt-Text	Beginn	Ende	BW-Kennzeichen
01	0100	Urlaub	01.01.1900	31.12.9999	
01	0101	Urlaub IT 0005	01.01.1900	31.12.9999	
01	0110	Urlaub 1/2 Tag	01.01.1900	31.12.9999	
01	0190	Bildungsurlaub	01.01.1900	31.12.9999	
01	0200	Krankheit mit Attest	01.01.1900	31.12.9999	K 01 KV Kran...
01	0201	Krankheit PKV ohne KrkGld	01.01.1900	31.12.9999	
01	0205	Mitaufnahme Krankenhaus	01.01.2023	31.12.9999	A 04 Mitaufn...
01	0210	Krankheit ohne Attest	01.01.1900	31.12.9999	K 01 KV Kran...
01	0215	Krankheit Folgeerkrankung	01.01.1900	31.12.9999	K 01 KV Kran...
01	0220	Kur	01.01.1900	31.12.9999	R 11 RV Kur ...
01	0221	Kur, reduziert bezahlt	01.10.1996	31.12.9999	R 11 RV Kur ...
01	0222	Kur, voll bezahlt gg. Url	01.10.1996	31.12.9999	R 11 RV Kur ...
01	0223	Kur, Urlaubsabzug für AG	01.10.1996	31.12.9999	R 11 RV Kur ...
01	0224	Kur, von Krankenkasse	01.01.1900	31.12.9999	K 01 KV Kran...
01	0230	Arztbesuch untertägig	01.01.1900	31.12.9999	
01	0240	Krankheit reduz. Bezahlng	01.10.1996	31.12.9999	K 01 KV Kran...
01	0241	Split Krank.red/voll beza	01.01.1990	31.12.9999	
01	0250	Krankheit gegen Urlaub	01.10.1996	31.12.9999	
01	0270	Arbeitsunfall	01.01.1900	31.12.9999	U 21 UV Arbe...
01	0272	Kur nach Arbeitsunfall	01.01.1990	31.12.9999	X 22 UV Kur ...
01	0280	Wegeunfall	01.01.1900	31.12.9999	U 21 UV Arbe...
01	0290	Unfall privat	01.01.1900	31.12.9999	K 01 KV Kran...
01	0300	Freistellung bezahlt	01.01.1900	31.12.9999	

Abbildung 11.19 Abwesenheiten kennzeichnen (Tabelle V_5D0S_A)

Lohnartenbasen umsetzen

Lohnartenbasen werden verwendet, um Lohnarten zu Gruppen zusammenzufassen, die in verschiedenen Bescheinigungen eingesetzt werden können. So muss nicht in jeder Bescheinigung jede einzelne Lohnart zugeordnet werden, sondern es kann die komplette Gruppe eingetragen werden.

Dieser Punkt konnte verwendet werden, wenn das alte Bescheinigungswesen eingesetzt wurde, das auf der Formularsteuerung basierte. Hier wurden Auswertungsklassen aus Tabelle T512W (Lohnartenbewertung) zur Kennzeichnung und Addition bestimmter Lohnarten in den Bescheinigungen verwendet. Der Report RPUFRMD6 (Umsetzreport – Auswertungsklasse in Lohnartenbasis) setzt die in den Auswertungsklassen gekennzeichneten Lohnarten mithilfe des Schemas YAxx in den Lohnartenbasen um.

[»]

Schema YAxx

Beim Schema YAxx ist »Y« ein fixer Wert, »A« steht für die Auswertungsklasse und »xx« für die Ausprägung der jeweiligen Auswertungsklasse.

Berechtigungen einrichten

Für das Bescheinigungswesen gibt es das Berechtigungsobjekt P_DE_BW, in dem der Bescheinigungsidentifikator und die Sachgebietskennung berechtigt werden können. Natürlich prüft das System bei der Erstellung der Bescheinigung auch die grundlegenden Berechtigungen der logischen Datenbank PNP, um festzustellen, ob für das ausführende Benutzerkonto die Berechtigung zur Anzeige der auf der Bescheinigung dargestellten Daten besteht.

Standardbescheinigungen einrichten

Dieser Ausschnitt des Einführungsleitfadens (IMG) ist identisch mit dem IMG für den Bereich **Kundenbescheinigungen einrichten**. Allerdings bietet der Bereich **Kundenbescheinigung** zusätzliche Möglichkeiten zum Einrichten von SAPscript-Formularen. Daher bietet es sich an, ausschließlich im Bereich **Kundenbescheinigungen einrichten** zu arbeiten.

Kundenbescheinigungen einrichten

Bescheinigungsparameter einrichten

Der wesentliche Punkt im Customizing des Bescheinigungswesens ist die Aktivität **Bescheinigungsparameter einrichten**. Hier wird die Bescheinigung einem Sachgebiet zugeordnet und so im Bescheinigungsmenü sichtbar. Nicht verwendete Bescheinigungen sollten aus dem Sachgebiet entfernt werden, sodass die entsprechende Bescheinigung nicht zur Verwendung angeboten wird.

Bescheinigungslohnarten

Die Bescheinigungslohnarten (siehe Abbildung 11.20) müssen überprüft werden. Bei einigen Bescheinigungslohnarten werden Kumulationslohnarten verwendet, wie z. B. das laufende Sozialversicherungsbrutto, das so belassen werden kann, wie es ist. Allerdings gibt es auch Bescheinigungslohnarten, in die einzelne Lohnarten addiert werden müssen. In solchen Bescheinigungslohnarten sind in der Regel zunächst nur die Musterlohnarten enthalten, und die kundenindividuellen Lohnarten müssen ergänzt werden.

[«]

Standardtexte in den Bescheinigungen

In den Bescheinigungen werden Standardtexte verwendet, die beim ersten Einrichten des Bescheinigungswesens aus dem Mandanten 000 in den Kundenmandanten kopiert werden müssen. Dies kann über die Customizing-Aktivität **Standardtexte pflegen** (Transaktion SO10) unter **Hilfsmittel** erledigt werden.

Standardtexte werden nicht automatisch transportiert und müssen manuell in einen Transportauftrag aufgenommen werden. Dies kann mithilfe des Reports RSTXTRAN (Übernahme von SAPscript-Texten in eine Korrektur) erfolgen.

Welche Standardtexte in den Bescheinigungen verwendet werden, finden Sie in der Customizing-Aktivität **Standardtexte Bescheinigungen zuordnen**.

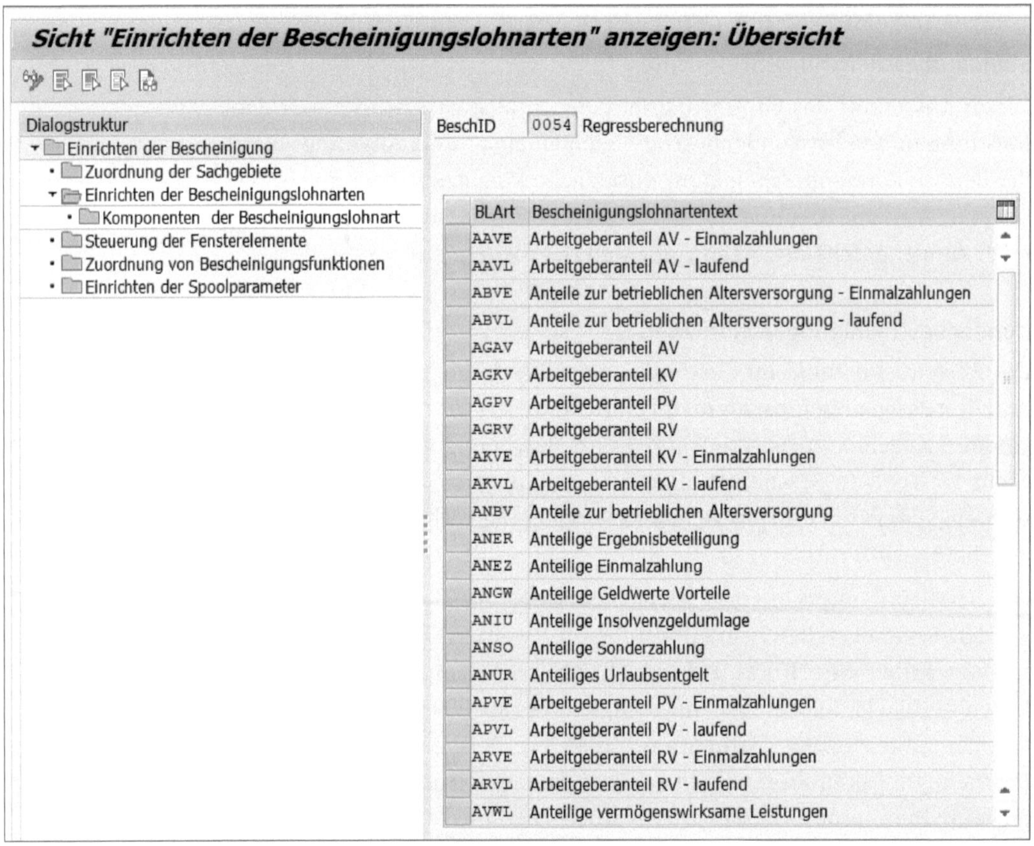

Abbildung 11.20 Bescheinigungslohnarten

11.4 Notification Tool

In den letzten Jahren wurden immer mehr Verfahren auf eine elektronische Datenlieferung umgestellt. Diese Verfahren beinhalten grundsätzlich einen Meldungsausgang und einen Meldungseingang, der aufgrund von eventuell auftretenden Hinweisen und Fehlern bearbeitet werden muss. Da die Prüfung pro Verfahren und Meldungsart sehr zeitaufwendig ist, wurde mit dem *Notification Tool* von SAP ein verfahrensübergreifendes Bearbeitungstool ausgeliefert. Hier können Sie Aufgaben und Hinweismeldungen ohne Einschränkung für Ausgangs- oder Eingangsmeldungen bearbeiten.

Das Notification Tool bietet folgende mögliche Funktionen:

- Statusänderungen (im Rahmen der Bearbeitung)
- Aufgabenweiterleitung
- Freitexte je Meldung
- Wiedervorlagen
- kontextspezifische Absprünge zu Stammdaten oder Sachbearbeiterlisten

Sie können entscheiden, welche Verfahren aufgeführt werden. Es können kundeneigene Dokumentationen hinterlegt werden (Spalte KDN in der Meldungsübersicht). Darüber hinaus können Kundenschnittstellen ausgearbeitet werden, z. B. Fehlerhinweise aus dem Abrechnungslauf.

11.4.1 Möglichkeiten des Aufrufs

Das Notification Tool finden Sie im SAP-Easy-Access-Menü im Ordner **Folgeaktivitäten • Periodenunabhängig • Notification Tool** (siehe Abbildung 11.21).

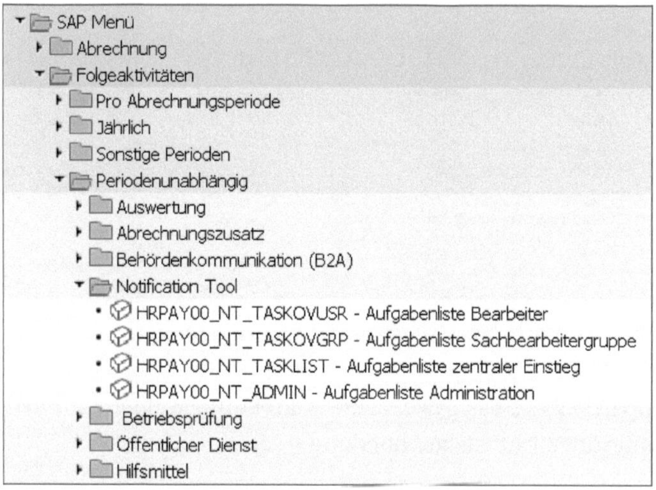

Abbildung 11.21 Das Notification Tool aufrufen

Aufgabenliste Bearbeiter

Hier erhalten Sie eine Übersicht der Meldungen über die aktivierten Meldeverfahren pro verantwortlicher Person (siehe Abbildung 11.22).

NT: Aufgabenliste Bearbeiter / Sachbearbeitergruppe

Liste der Themengebiete - Bearbeiter

LdGrp	Ber.	Teilbereich	Bereich Text	TBereichstext	SB-Gruppe	Σ Zahl
01	EH	VM	Statistiken	Monatliche Verdiensterhebung		3
01	ST	LSTA	Steuer	Lohnsteueranmeldung		6
01	SV	DEUEV	Sozialversicherung	DEÜV		7
01	SV	UV	Sozialversicherung	UV-Meldeverfahren		4
						▪ 20

Abbildung 11.22 Aufgabenliste Themengebiete – Bearbeiter

Über einen Doppelklick auf das gewünschte Bearbeitungsgebiet gelangen Sie in die Meldungsübersicht (siehe Abbildung 11.25).

Aufgabenliste Bearbeiter

Hier erhalten Sie eine Übersicht der Meldungen über die aktivierten Meldeverfahren je Sachbearbeitergruppe (siehe Abbildung 11.23).

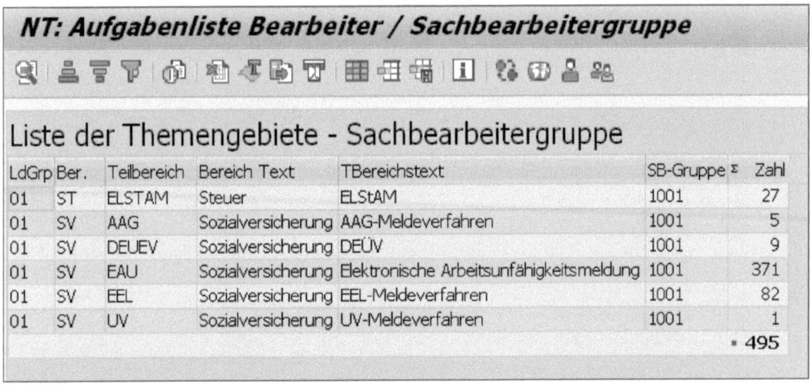

NT: Aufgabenliste Bearbeiter / Sachbearbeitergruppe

Liste der Themengebiete - Sachbearbeitergruppe

LdGrp	Ber.	Teilbereich	Bereich Text	TBereichstext	SB-Gruppe	Σ Zahl
01	ST	ELSTAM	Steuer	ELStAM	1001	27
01	SV	AAG	Sozialversicherung	AAG-Meldeverfahren	1001	5
01	SV	DEUEV	Sozialversicherung	DEÜV	1001	9
01	SV	EAU	Sozialversicherung	Elektronische Arbeitsunfähigkeitsmeldung	1001	371
01	SV	EEL	Sozialversicherung	EEL-Meldeverfahren	1001	82
01	SV	UV	Sozialversicherung	UV-Meldeverfahren	1001	1
						▪ 495

Abbildung 11.23 Aufgabenliste Themengebiete – Sachbearbeitergruppe

Über einen Doppelklick auf das gewünschte Bearbeitungsgebiet kommen Sie in die Meldungsübersicht (siehe Abbildung 11.25).

Aufgabenliste zentraler Einstieg

Der Vorteil des Notification Tools ist die Möglichkeit, verfahrensübergreifend und ohne Einschränkung auf Ein- oder Ausgangsmeldungen die Hinweis- und Fehlermeldungen zu prüfen. In der **Aufgabenliste zentraler Einstieg** können Sie die Meldungsanzeige entweder nach verschiedenen Selektionsmöglichkeiten (z. B. Buchungskreis) einschränken oder ohne Einschränkungen laufen lassen (siehe Abbildung 11.24).

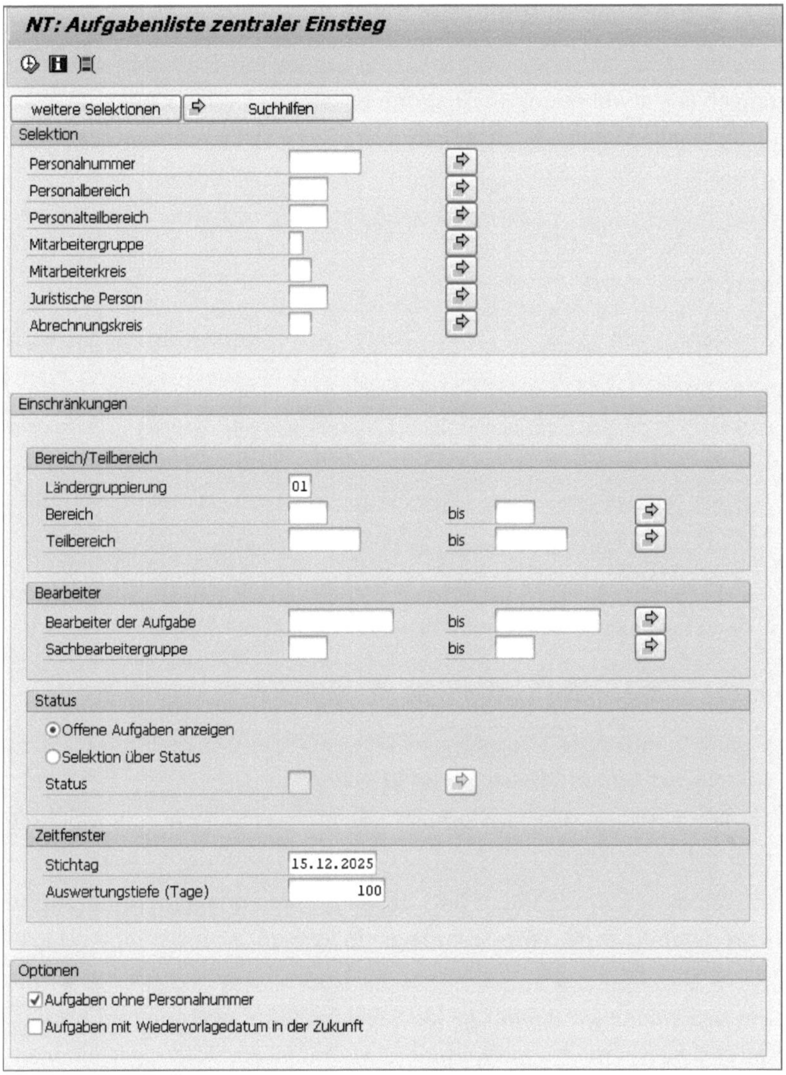

Abbildung 11.24 Aufgabenliste zentraler Einstieg

Aufgabenliste Administration

In der **Aufgabenliste Administration** können Sie folgende Aktionen durchführen:

- Löschen von Aufgaben
- Ändern des Status, hier erfolgt keine Prüfung, ob der Status nur in der Sachbearbeiterliste geändert werden darf
- Wiederholung der Zuordnung, z. B. bei Customizing-Anpassungen

Diese Funktionen sollten nur in Ausnahmefällen genutzt werden.

11.4.2 Bearbeitung im Notification Tool

Hier sehen Sie die aktuellen Aufgaben und können mit der Sachbearbeitung anfangen (siehe Abbildung 11.25). Damit Sie einen Überblick über die Bearbeitung erhalten, haben wir das Layout der Sachbearbeiterliste stark eingeschränkt.

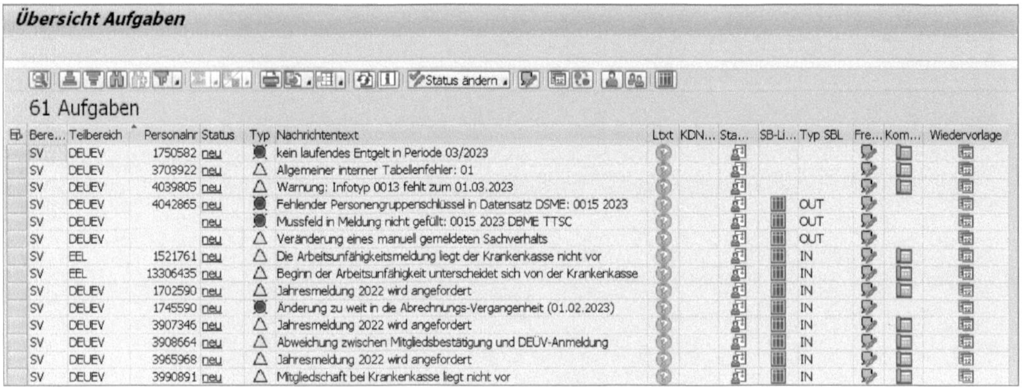

Abbildung 11.25 Übersicht der Aufgaben (angepasste Ansicht)

Bearbeitungsmöglichkeiten

Sie haben die folgenden Bearbeitungsmöglichkeiten:

- Über den Button Status ändern (**Status ändern**) können Sie den Status auf **neu**, **in Bearbeitung** oder **erledigt** setzen.
- Ein Freitext kann über das Symbol (**Freitext anlegen**) der Meldung hinzugefügt werden.
- Die Meldung kann mit dem Button (**Wiedervorlage**) terminiert und über den Button (**Wiedervorlage einblenden/ausblenden**) angezeigt werden.
- Mit den beiden Symbolen (**an Sachbearbeiter weiterleiten**) und (**an Sachbearbeitergruppe weiterleiten**) können die Meldungen einer anderen zuständigen Person oder einer anderen Gruppe zugewiesen werden.

Die Aufgaben werden in folgende Kategorien unterteilt:

- (**Information**)
- (**Warnung**)
- (**Fehler**)

Mit Klick auf (**Langtext vorhanden**) können Sie sich weitere Informationen zur Fehlerbeschreibung anzeigen lassen.

In der Übersicht können Sie mit einem Klick auf das Symbol (**Stammdaten**) in die Stammdaten der betroffenen Person verzweigen. Falls das System erkennen kann, welcher Infotyp relevant ist, wird dieser gleich vorbelegt.

Mit einem Klick auf den Button (**Sachbearbeiterliste**) verzweigen Sie in die dazugehörige Sachbearbeiterliste. In der Spalte **Typ SBL** sehen Sie jeweils die dazugehörige Sachbearbeiterliste (**IN** für die jeweilige Eingangsliste des Verfahrens, / **OUT** für die Ausgangsliste des Verfahrens, / **TODO** für die ELStAM-To-do-Liste und / **EAU** für die Ein- und Ausgangsliste für das eAU-Verfahren).

Falls in der Spalte **SB-Liste** ein Symbol hinterlegt ist, müssen Sie die Statusänderung in der dazugehörigen Sachbearbeiterliste vornehmen.

Hier können Sie z. B. in der ELStAM-Liste die Hinweismeldung auf **erledigt** oder in der DEÜV-Sachbearbeiterliste **Eingangsmeldungen** die Hinweismeldung auf **manuell bearbeitet** setzen.

Über einen Klick auf den Button (**Kommunikation**) erhalten Sie, sofern der Infotyp 0105 gepflegt ist, Informationen zu Name, Telefon, E-Mail und Adresse der betroffenen Person.

11.4.3 Customizing

In Tabelle V_T77PAY00_NTACT können Sie bestimmen, ab und bis wann das Notification Tool für das jeweilige Verfahren (Bereich/Teilbereich) aktiviert werden soll (siehe Abbildung 11.26).

Weitere Einstellungen und Kundenerweiterungen können Sie im Customizing-Leitfaden vornehmen (siehe Abbildung 11.27).

Eine Einbindung der Hinweise und Fehler aus dem Abrechnungslauf in das Notification Tool mit einer Dokumentation zur Fehlerbehebung ist eine sehr gute Möglichkeit, die Bearbeitungszeit der Problembehandlung zu verkürzen.

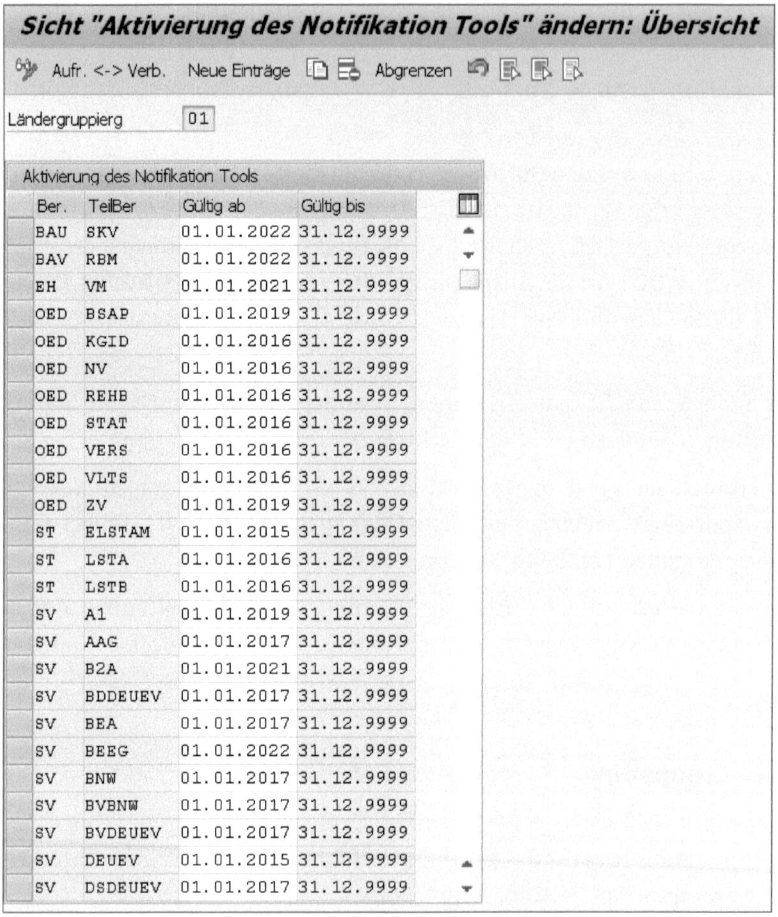

Ber.	TeilBer	Gültig ab	Gültig bis
BAU	SKV	01.01.2022	31.12.9999
BAV	RBM	01.01.2022	31.12.9999
EH	VM	01.01.2021	31.12.9999
OED	BSAP	01.01.2019	31.12.9999
OED	KGID	01.01.2016	31.12.9999
OED	NV	01.01.2016	31.12.9999
OED	REHB	01.01.2016	31.12.9999
OED	STAT	01.01.2016	31.12.9999
OED	VERS	01.01.2016	31.12.9999
OED	VLTS	01.01.2016	31.12.9999
OED	ZV	01.01.2019	31.12.9999
ST	ELSTAM	01.01.2015	31.12.9999
ST	LSTA	01.01.2016	31.12.9999
ST	LSTB	01.01.2016	31.12.9999
SV	A1	01.01.2019	31.12.9999
SV	AAG	01.01.2017	31.12.9999
SV	B2A	01.01.2021	31.12.9999
SV	BDDEUEV	01.01.2017	31.12.9999
SV	BEA	01.01.2017	31.12.9999
SV	BEEG	01.01.2022	31.12.9999
SV	BNW	01.01.2017	31.12.9999
SV	BVBNW	01.01.2017	31.12.9999
SV	BVDEUEV	01.01.2017	31.12.9999
SV	DEUEV	01.01.2015	31.12.9999
SV	DSDEUEV	01.01.2017	31.12.9999

Abbildung 11.26 Aktivierung des Notification Tools (Tabelle V_T77PAY00_NTACT)

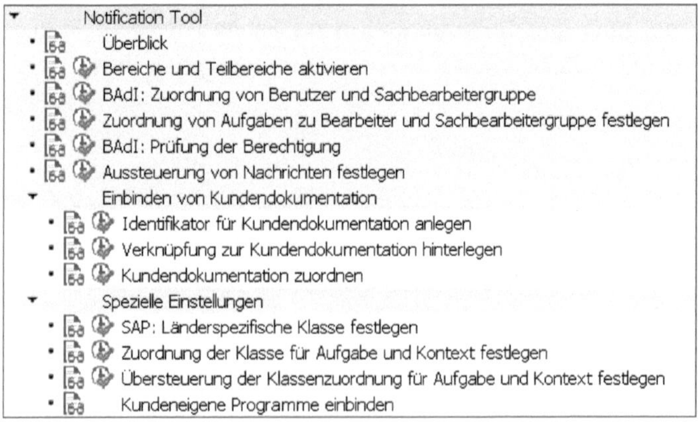

Abbildung 11.27 Customizing-Leitfaden für das Notification Tool

11.5 Fazit

Das aktuelle Bescheinigungswesen ist eine Komponente, die – solange Sie mit dem Standard auskommen – einfach einzuführen und gut zu handhaben ist. Müssen viele manuelle Felder gepflegt werden, ist die Handhabung allerdings etwas umständlich.

Müssen die Formulare angepasst werden, sind die Änderungen nach dem Einspielen jedes relevanten Support Packages erst wieder im aktualisierten Formular nachzuvollziehen, was die Wartung sehr aufwendig macht. Änderungen an den Formularen sind bereits notwendig, wenn zusätzliche Felder zu den manuell pflegbaren Feldern aufgenommen werden sollen.

Da eine elektronische Übermittlung an die Empfänger (wie z. B. die Bundesagentur für Arbeit oder die Deutsche Rentenversicherung) immer weiter ausgebaut wird, verliert das papierbezogene Bescheinigungswesen an Bedeutung.

Kapitel 12
Reporting

Ein wesentlicher Teil des Reportings in der Personalabrechnung befasst sich mit den Lohnartenauswertungen. In diesem Kapitel erhalten Sie einen Überblick über die Lohnartenauswertungen in SAP ERP HCM.

Die wesentlichen Teile des Reportings in der Personalabrechnung gliedern sich in die beiden folgenden Bereiche:

- **Auswertungen zur Erfüllung gesetzlicher und anderer Anforderungen an die Personalabrechnung**
  Diese Auswertungsarten kommunizieren die relevanten Ergebnisse der Personalabrechnung sowohl an die Mitarbeitenden als auch an die Behörden. Diese Auswertungsarten geben Formulare oder elektronisch übertragbare Dateien aus, deren Inhalte auf den jeweiligen Zweck abgestimmt sind.
- **Lohnartenauswertungen**
  Lohnauswertungen, die einen Ausschnitt des Abrechnungsergebnisses darstellen, werden in der Regel für firmeninterne Zwecke benötigt. Diese Auswertungsarten können in regelmäßigen Abständen erforderlich sein. Darüber hinaus werden häufig Ad-hoc-Auswertungen benötigt.

12.1 Lohnkonto – Report RPCKTODO

Das Lohnkonto gibt einen personenbezogenen Überblick über die verschiedenen Lohnarten für einen bestimmten Zeitraum, zumeist für die Dauer eines Jahres. Der Inhalt des Lohnkontos entspricht den sozialversicherungsrechtlichen und steuerrechtlichen Anforderungen des Gesetzgebers, und das Lohnkonto fußt auf einem tabellenbasierten Formular (siehe Abschnitt 25.3, »Formulare«).

Den Report RPCKTODO (Lohnkonten) zum Ausführen des Lohnkontos finden Sie im SAP-Easy-Access-Menü im Bereich **Listen/Statistiken** sowohl in den monatlichen als auch in den jährlichen Folgeaktivitäten.

Selektionsbild »Lohnkonten«

Im Selektionsbild **Lohnkonten** wählen Sie das gewünschte Formular aus (siehe Abbildung 12.1). Die Standardformulare von SAP sind DK01 für die Darstellung von zwölf Perioden und DK02 für die Darstellung von sechs Perioden pro Seite.

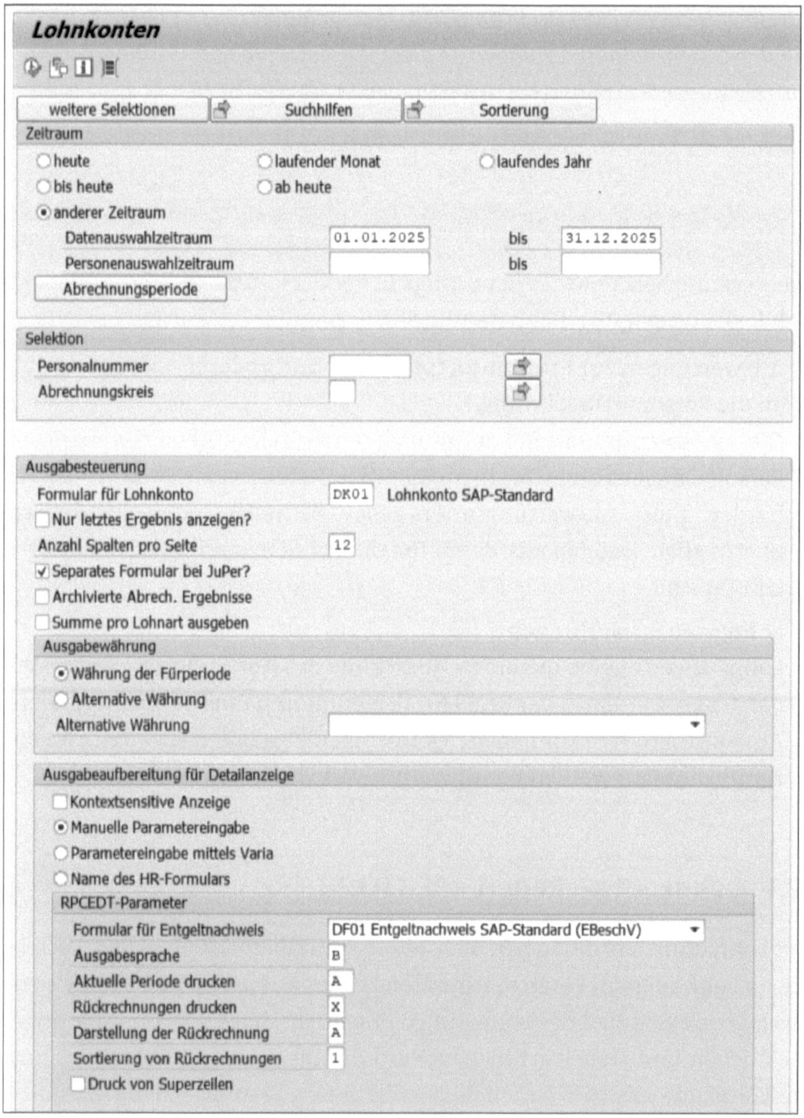

Abbildung 12.1 Lohnkonto aufrufen

Das Kennzeichen **Nur letztes Ergebnis anzeigen?** bewirkt eine komprimierte Anzeige des nur in der letzten Rückrechnung ermittelten Ergebnisses. Ist dieses Kennzeichen nicht gesetzt, werden alle Rückrechnungen mit der Periode der Entstehung dargestellt.

Das Kennzeichen **Separates Formular bei JuPer?** teilt die Anzeige der ermittelten Ergebnisse für eine im Unternehmen beschäftigte Person auf mehrere Formulare auf, wenn die betreffende Person die Firma wechselt, d. h., wenn sich die juristische Person der organisatorischen Zuordnung im Anzeigezeitraum ändert.

Die Datengruppe **Ausgabeaufbereitung für Detailanzeige** steuert die Anzeige des Entgeltnachweises aus dem Lohnkonto heraus. Der Entgeltnachweis kann über einen Doppelklick auf eine Periode aufgerufen werden. Die zum Aufruf des Entgeltnachweises notwendigen Parameter können Sie im Selektionsbild manuell vorgeben oder per Variante mitgeben.

Abbildung 12.2 zeigt das Lohnkonto einer Person in der Darstellung mit mehreren Perioden im Formular DK01. In dieser Darstellung wird der Kurztext der Lohnart verwendet, der für das Lohnkonto mit aussagekräftigen Inhalten gepflegt werden sollte.

Lohnkonten

```
L o h n k o n t o           1000 HR-Com GmbH             1200 Application Man          Währung: EUR   Datum: 31.05.2025 Seite: 01

Persnr.: 12000009           Eintr.-Datum : 01.10.2025    Geburtsdatum : 11.11.2006     Geburtsland    : Deutschland
                            Austr.-Datum :               Rentenvers.Nr: 60111106P002   Tarifgebiet    : HR-Com Haustarif
SAP-Drei Personalabrechnung Beschaeft.Art: 711049911     Rentenbezug  : Nein           Finanzamt      :
Schlossallee 13             Staatsangeh. : deutsch       Vorruhestand : Nein           Ausst.Gemeinde:
12345 Monopoly              Familienstand:               Mitglieds.Nr.:                Kirchengebiet  : Bayern
                            Kostenstelle : 1000120002    Mehrf.besch. : Nein           Konfession     : evangelisch


                         10/2025  11/2025  12/2025
LG-A Kurztext    Gesamt  Oktober November Dezember
==========================================================================================================================

STEUERDATEN
--------------------------------------------------------------------------------------------------------------------------
T001 Freib.Mo
T002 Freib.Ja
T010 Fzu/Hi m
T011 Fzu/Hi j
T003 Steuerkl                   1        1        1
T017 Faktor                 1,000    1,000    1,000
T012 LSt Tab                    A        A        A
T005 KiSt AN                   RK       EV       EV
T005 11/2025                   EV
T014 Zahltag             27.10.25 26.11.25 27.12.25

SV-DATEN
--------------------------------------------------------------------------------------------------------------------------
V001 Krk MA                BARMER   BARMER   BARMER
V021 W/O-Kenn                   W        W        W
V002 SV-S amt                1111     1111     1111
V033 DEÜV-TSP               71104    71104    71104
V034 DEÜV-TST                9911     9911     9911
V016 DEÜV-PGR                 101      101      101
/3L2 SV-Tg IU      90,00    30,00    30,00    30,00
/3K3 SV-Tg KV      90,00    30,00    30,00    30,00
/3R3 SV-Tg RV      90,00    30,00    30,00    30,00
/3A3 SV-Tg AV      90,00    30,00    30,00    30,00
/3PZ SV-Tg PV      90,00    30,00    30,00    30,00
```

Abbildung 12.2 Lohnkonto im Formular DK01 mit Kurztext der Lohnarten für mehrere Perioden

12.2 Lohnjournal – Report RPCLJNDO

Vier tabellenbasierte Formulare

Das Lohnjournal (das inzwischen allerdings nicht mehr von SAP gewartet wird) enthält ausgewählte Abrechnungsdaten, personenbezogen und kumuliert; der Report verwendet vier tabellenbasierte Formulare:

- DJT1 – Seitenkopf
- DJF1 – Fortsetzungsstreifen
- DJD1 – Mitarbeiterstreifen
- DJS1 – Summendarstellung

Die Formulare werden im Selektionsbild **Lohnjournal** in der Datengruppe **Ausgabeaufbereitung** vorgegeben (siehe Abbildung 12.3).

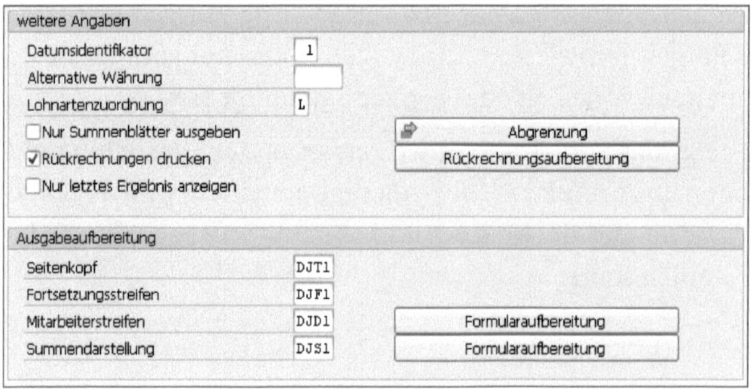

Abbildung 12.3 Selektionsbild »Lohnjournal«

Das Lohnjournal kann für eine oder mehrere Perioden ausgegeben werden. Die Summendarstellung können Sie über den Button **Abgrenzung** steuern (siehe Abbildung 12.4).

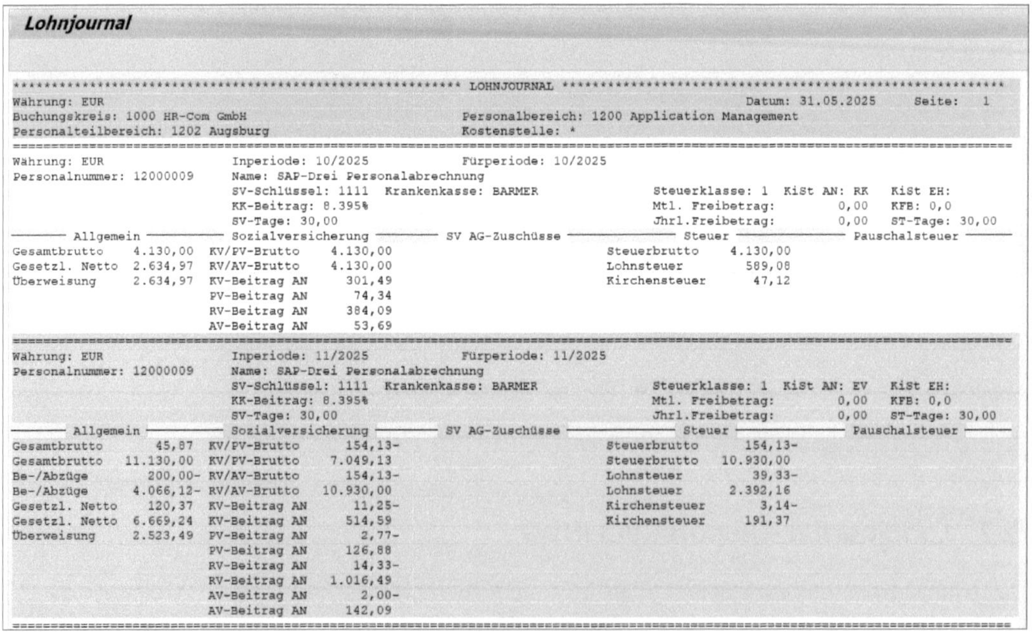

```
Lohnjournal

************************************************************ LOHNJOURNAL ************************************************************
Währung: EUR                                                       Datum: 31.05.2025     Seite:   1
Buchungskreis: 1000 HR-Com GmbH                   Personalbereich: 1200 Application Management
Personalteilbereich: 1202 Augsburg                Kostenstelle: *
======================================================================================================================================
Währung: EUR                Inperiode: 10/2025        Fürperiode: 10/2025
Personalnummer: 12000009    Name: SAP-Drei Personalabrechnung
                            SV-Schlüssel: 1111  Krankenkasse: BARMER          Steuerklasse: 1  KiSt AN: RK   KiSt EH:
                            KK-Beitrag: 8.395%                                Mtl. Freibetrag:        0,00   KFB: 0,0
                            SV-Tage: 30,00                                    Jhrl.Freibetrag:        0,00   ST-Tage: 30,00
------- Allgemein --------- Sozialversicherung ------ SV AG-Zuschüsse ------------ Steuer ------------ Pauschalsteuer -------
Gesamtbrutto   4.130,00 KV/PV-Brutto    4.130,00                          Steuerbrutto    4.130,00
Gesetzl. Netto 2.634,97 RV/AV-Brutto    4.130,00                          Lohnsteuer        589,08
Überweisung    2.634,97 KV-Beitrag AN     301,49                          Kirchensteuer      47,12
                        PV-Beitrag AN      74,34
                        RV-Beitrag AN     384,09
                        AV-Beitrag AN      53,69
======================================================================================================================================
Währung: EUR                Inperiode: 11/2025        Fürperiode: 11/2025
Personalnummer: 12000009    Name: SAP-Drei Personalabrechnung
                            SV-Schlüssel: 1111  Krankenkasse: BARMER          Steuerklasse: 1  KiSt AN: EV   KiSt EH:
                            KK-Beitrag: 8.395%                                Mtl. Freibetrag:        0,00   KFB: 0,0
                            SV-Tage: 30,00                                    Jhrl.Freibetrag:        0,00   ST-Tage: 30,00
------- Allgemein --------- Sozialversicherung ------ SV AG-Zuschüsse ------------ Steuer ------------ Pauschalsteuer -------
Gesamtbrutto      45,87  KV/PV-Brutto     154,13-                         Steuerbrutto      154,13-
Gesamtbrutto  11.130,00  KV/PV-Brutto   7.049,13                          Steuerbrutto   10.930,00
Be-/Abzüge       200,00- RV/AV-Brutto     154,13-                         Lohnsteuer         39,33-
Be-/Abzüge     4.066,12- RV/AV-Brutto  10.930,00                          Lohnsteuer      2.392,16
Gesetzl. Netto   120,37  KV-Beitrag AN     11,25-                         Kirchensteuer       3,14-
Gesetzl. Netto 6.669,24  KV-Beitrag AN    514,59                          Kirchensteuer     191,37
Überweisung    2.523,49  PV-Beitrag AN      2,77-
                         PV-Beitrag AN    126,88
                         RV-Beitrag AN     14,33-
                         RV-Beitrag AN  1.016,49
                         AV-Beitrag AN      2,00-
                         AV-Beitrag AN    142,09
======================================================================================================================================
```

Abbildung 12.4 Beispiel für ein Lohnjournal

Je nach ausgewähltem Objekt werden Summenstreifen pro Personalbereich, Buchungskreis oder für andere Abgrenzungsobjekte angezeigt. Darüber hinaus ist eine Summendarstellung pro Person über mehrere Perioden möglich. Abbildung 12.4 zeigt ein Beispiel für ein Lohnjournal.

12.3 Lohnarten-Reporter – Report H99CWTR0

Abrechnungsergebnis auswerten

Mit dem Lohnarten-Reporter werden Informationen aus dem Abrechnungsergebnis ausgewertet. Die Lohnarten stammen aus Tabelle RT (Ergebnistabelle) und die Informationen zu Arbeitsplatz und Basisbezug aus Tabelle WPBP (Arbeitsplatz/Basisbezüge). Werden in der Auswertung des Lohnarten-Reporters z. B. Kostenstellen angezeigt, stammen diese aus den Abrechnungsergebnissen und nicht aus dem Infotyp 0001 (Organisatorische Zuordnung).

[!]

Probleme bei der kostenstellenbezogenen Auswertung von Lohnarten

Die folgenden Probleme können bei der kostenstellenbezogenen Auswertung von Lohnarten auftreten:

- **Problem 1: Falsche Selektion von Mitarbeitenden**
  Wenn Sie die Gehälter einer Kostenstelle auswerten möchten, selektieren Sie die entsprechende Kostenstelle mithilfe des Lohnarten-Reporters. Diese Selektion wertet den Infotyp 0001 (Organisatorische Zuordnung) aus. Nun wurde dieser aber nach Abschluss der Personalabrechnung verändert, was zur Folge hat, dass die selektierten Mitarbeitenden nicht vollständig angezeigt werden. So taucht eine Person, die nachträglich die Kostenstelle verlassen hat, in der Auswertung nicht auf, obwohl die Kosten noch auf die ursprüngliche Kostenstelle abgerechnet wurden.
  Der Lohnarten-Reporter zeigt im Ergebnis die Kostenstelle aus dem Abrechnungsergebnis von Tabelle WPBP (Arbeitsplatz/Basisbezüge) an; daher ist zumindest die Anzeige in diesem Fall korrekt und lediglich die Selektion problematisch.
- **Problem 2: Kostenverteilung**
  Eine beschäftigte Person ist laut organisatorischer Zuordnung einer Kostenstelle im Infotyp 0001 zugeordnet; die Kosten werden aber per Kostenverteilung auf eine andere Kostenstelle belastet. Dies wird bei der Auswertung nicht berücksichtigt.
  Denn für die Auswertung von Lohnarten, die auf einer bestimmten Kostenstelle verbucht worden sind, ist ein eigener Report oder der Einsatz von SAP BW notwendig.

Selektionsbild »Lohnarten-Reporter« Das Selektionsbild des Lohnarten-Reporters (siehe Abbildung 12.5) bietet zahlreiche Einstellungsmöglichkeiten. Beim Auswertungszeitraum können Sie zwischen der Eingabe eines Abrechnungszeitraums und der Eingabe von Abrechnungsperioden wählen. So kann z. B. der Zeitraum eines Jahres ausgewertet oder eine Vergleichsauswertung vorgenommen werden, in der zwei Perioden mit Differenz dargestellt werden. Bei der Vergleichsauswertung kann zusätzlich die Ausgabe auf Werte beschränkt werden, deren Differenz einen bestimmten Betrag oder Prozentsatz übersteigt.

In-Sicht und Für-Sicht Die Auswertung kann sowohl in der In-Sicht als auch in der Für-Sicht gestartet werden. Die In-Sicht stellt das Ergebnis dar, das in einer Periode abgerechnet wurde. Das heißt, dass die abgerechnete Periode und alle Rückrechnungsdifferenzen, die in dieser Periode entstanden sind, in dieser Sicht dargestellt werden. Die Für-Sicht stellt hingegen das Ergebnis dar, das für nur eine Periode abgerechnet wurde, hier wird also immer das letzte Ergebnis einer Periode angezeigt.

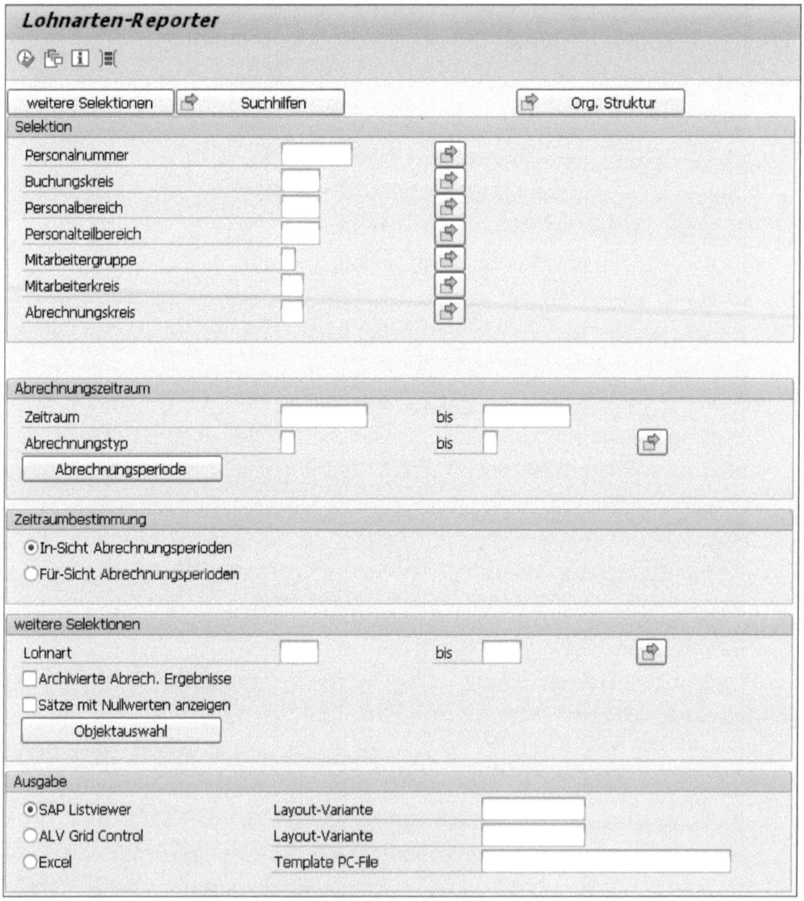

Abbildung 12.5 Selektionsbild »Lohnarten-Reporter«

Die Objektauswahl legt fest, welche Zusatzinformationen angezeigt werden und wie verdichtet oder detailliert die Auswertung durchgeführt werden soll (siehe Abbildung 12.6). Wird das Objekt **Personalnummer** ausgewählt, wird die Auswertung personenbezogen durchgeführt, und Informationen zur betreffenden Person werden in der Auswertung angezeigt. Wird das Objekt **Personalnummer** nicht ausgewählt, erfolgt die Auswertung komprimiert.

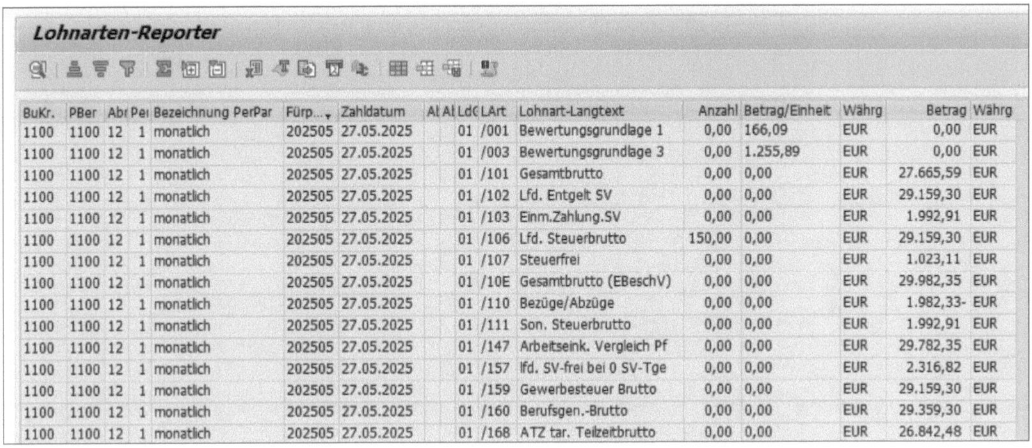

BuKr.	PBer	Abr	Pe	Bezeichnung PerPar	Fürp...	Zahldatum	Al	Al	LdC	LArt	Lohnart-Langtext	Anzahl	Betrag/Einheit	Währg	Betrag	Währg
1100	1100	12	1	monatlich	202505	27.05.2025			01	/001	Bewertungsgrundlage 1	0,00	166,09	EUR	0,00	EUR
1100	1100	12	1	monatlich	202505	27.05.2025			01	/003	Bewertungsgrundlage 3	0,00	1.255,89	EUR	0,00	EUR
1100	1100	12	1	monatlich	202505	27.05.2025			01	/101	Gesamtbrutto	0,00	0,00	EUR	27.665,59	EUR
1100	1100	12	1	monatlich	202505	27.05.2025			01	/102	Lfd. Entgelt SV	0,00	0,00	EUR	29.159,30	EUR
1100	1100	12	1	monatlich	202505	27.05.2025			01	/103	Einm.Zahlung.SV	0,00	0,00	EUR	1.992,91	EUR
1100	1100	12	1	monatlich	202505	27.05.2025			01	/106	Lfd. Steuerbrutto	150,00	0,00	EUR	29.159,30	EUR
1100	1100	12	1	monatlich	202505	27.05.2025			01	/107	Steuerfrei	0,00	0,00	EUR	1.023,11	EUR
1100	1100	12	1	monatlich	202505	27.05.2025			01	/10E	Gesamtbrutto (EBeschV)	0,00	0,00	EUR	29.982,35	EUR
1100	1100	12	1	monatlich	202505	27.05.2025			01	/110	Bezüge/Abzüge	0,00	0,00	EUR	1.982,33-	EUR
1100	1100	12	1	monatlich	202505	27.05.2025			01	/111	Son. Steuerbrutto	0,00	0,00	EUR	1.992,91	EUR
1100	1100	12	1	monatlich	202505	27.05.2025			01	/147	Arbeitseink. Vergleich Pf	0,00	0,00	EUR	29.782,35	EUR
1100	1100	12	1	monatlich	202505	27.05.2025			01	/157	lfd. SV-frei bei 0 SV-Tge	0,00	0,00	EUR	2.316,82	EUR
1100	1100	12	1	monatlich	202505	27.05.2025			01	/159	Gewerbesteuer Brutto	0,00	0,00	EUR	29.159,30	EUR
1100	1100	12	1	monatlich	202505	27.05.2025			01	/160	Berufsgen.-Brutto	0,00	0,00	EUR	29.359,30	EUR
1100	1100	12	1	monatlich	202505	27.05.2025			01	/168	ATZ tar. Teilzeitbrutto	0,00	0,00	EUR	26.842,48	EUR

Abbildung 12.6 Lohnartenauswertung mit dem Lohnarten-Reporter mit »ALV-Grid Control Ausgabe«

12.4 Rückrechnungsanstoß – Report RPURRADO

Grundsätzlich wird die Rückrechnung einer beschäftigten Person über die Stammdatenänderung angestoßen. Es kann jedoch z. B. bei gesetzlichen Änderungen oder bei Änderungen von Lohnarten im Customizing notwendig werden, dass für alle Mitarbeitenden oder solche mit bestimmten Konstellationen Rückrechnungen angestoßen werden müssen.

Dazu kann der Report RPURRADO (Rückrechnungsanstoß) genutzt werden (siehe Abbildung 12.7).

Der Report bietet Ihnen die Möglichkeit, für die gewünschten Personalnummern eine Rückrechnung auf das in der Datengruppe **Gewünschtes Rückrechnungsdatum** vorgegebene Datum anzustoßen.

Dieser Report ändert das Feld **Früheste Änderung Stammdaten** im Infotyp 0003 (Abrechnungsstatus). Dabei werden alle Plausibilitätsprüfungen des Infotyps durchlaufen.

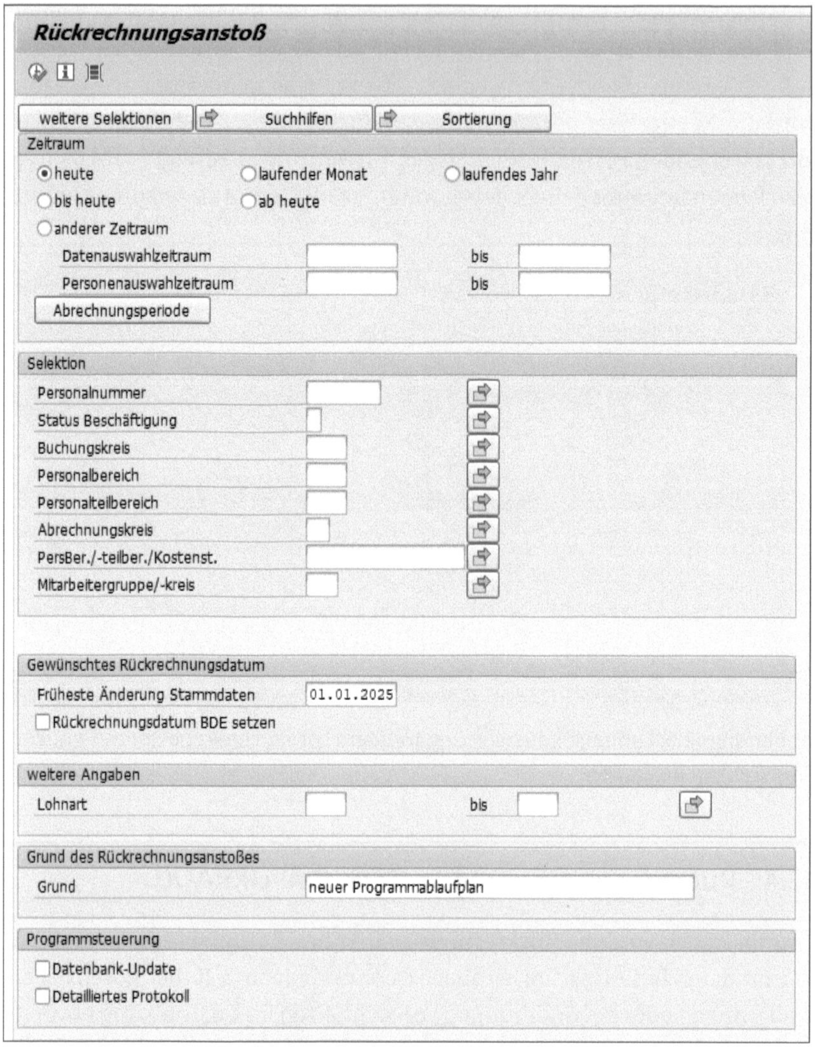

Abbildung 12.7 Report RPURRAD0 (Rückrechnungsanstoß)

Wenn Sie das Feld **Rückrechnung für BDE** ebenfalls ändern möchten, markieren Sie das Ankreuzfeld **Rückrechnungsdatum BDE setzen**.

Es wird sichergestellt, dass ein bestehender Wert des Feldes **Früheste Änderung Stammdaten** durch den Report nicht mit einem jüngeren gewünschten Rückrechnungsdatum überschrieben werden kann.

Fällt das gewünschte Rückrechnungsdatum in einen inaktiven Zeitraum einer der selektierten Personalnummern, wird das nächste Eintrittsdatum verwendet.

12.5 Nettoeinkommen auf Monatsbasis – Report RPCNETDO

Mit dem Report RPCNETDO (Nettoeinkommen auf Monatsbasis) können Sie, unabhängig von einer Personalnummer, eine Nettoermittlung vornehmen (siehe Abbildung 12.8). Dies kann jedoch nur über die laufenden Bezüge, anhand der angegebenen Steuer- und SV-Daten, erfolgen.

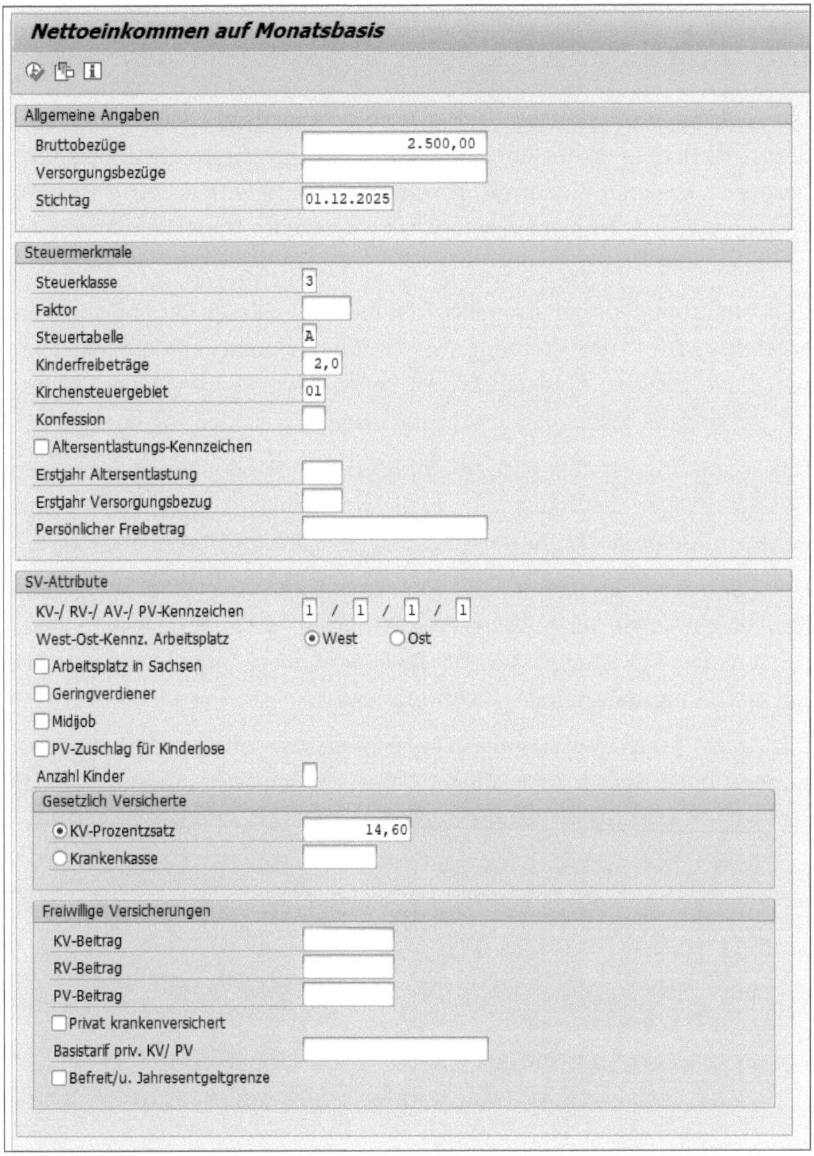

Abbildung 12.8 Report RPCNETDO (Nettoeinkommen auf Monatsbasis)

[»]

SV-Daten haben Auswirkung auf die Steuerberechnung

Die Vorsorgepauschale setzt sich aus Teilbeträgen aus der Rentenversicherung, Kranken- und Pflegeversicherung (gesetzlich und privat) zusammen. Dadurch beeinflussen die angegebenen SV-Daten die Ermittlung der Lohnsteuer.

12.6 Fazit

Die vorgestellten Reporting-Tools decken verschiedene Auswertungsanforderungen in der Personalabrechnung ab. Das Lohnkonto bietet personenbezogene Angaben und erfüllt gesetzliche Dokumentationspflichten. Die verschiedenen Formulare ermöglichen angepasste Darstellungen für unterschiedliche Zwecke.

Der Lohnarten-Reporter ermöglicht detaillierte Analysen der Abrechnungsergebnisse. Die Unterscheidung zwischen In-Sicht und Für-Sicht bietet verschiedene Auswertungsperspektiven. Bei kostenstellenbezogenen Auswertungen sind die beschriebenen Limitationen zu beachten.

Das Lohnjournal erstellt zusammenfassende Darstellungen über mehrere Objekte und Perioden, auch wenn es nicht mehr aktiv von SAP weiterentwickelt wird. Seine strukturierte Ausgabe eignet sich für Übersichtszwecke.

Der Rückrechnungsanstoß über Report RPURRADO ermöglicht gezielte Neuberechnungen für größere Personengruppen bei gesetzlichen Änderungen oder Systemanpassungen. Das Tool ändert dabei kontrolliert das Rückrechnungsdatum im Abrechnungsstatus.

Der Report für Nettoeinkommen auf Monatsbasis unterstützt bei Berechnungen ohne Stammdatenpflege. Dabei beeinflussen die SV-Daten die Steuerberechnung über die Vorsorgepauschale.

TEIL IV

Spezielle Themen der deutschen Personalabrechnung

Kapitel 13
Vermögensbildung

In den meisten Unternehmen wird ein Arbeitgeberzuschuss zu den vermögenswirksamen Leistungen gezahlt. Dieser Zuschuss wird nur gewährt, wenn der Betrag bei einem Institut der eigenen Wahl angelegt wird. In diesem Kapitel erfahren Sie mehr über die Abwicklung der vermögenswirksamen Leistungen in HOCM.

Nach dem Vermögensbildungsgesetz (VermBG) sind vermögenswirksame Leistungen (VL) Zahlungen, die der Arbeitgeber zusätzlich zum Arbeitslohn erbringt, aber nicht unmittelbar an die Mitarbeitenden auszahlt, sondern direkt an ein Anlageinstitut überweist. Die Mitarbeitenden dürfen die Anlageart und das Anlageinstitut frei wählen.

VL sind grundsätzlich lohnsteuer- und sozialversicherungspflichtig. Die Arbeitgeberleistung wird zum Bruttoentgelt hinzugerechnet, und der zu überweisende Betrag wird vom Nettobetrag abgezogen. Der vom Arbeitgeber gezahlte Betrag darf den Sparbetrag nicht überschreiten.

13.1 Infotyp 0010 (Vermögensbildung)

Im Infotyp 0010 (Vermögensbildung) werden die Verträge der Beschäftigten erfasst. Jede beschäftigte Person kann mehrere Verträge abschließen, die in SAP ERP HCM durch unterschiedliche Vertragsnummern gekennzeichnet werden müssen. Werden unterschiedliche Datensätze mit derselben Vertragsnummer erfasst, grenzt der neu erfasste Satz den bestehenden ab oder löscht diesen bei vollständiger Überschneidung komplett.

Vertragsdaten

In der Datengruppe **Vertrag** wird eine Vertragsnummer vergeben, die frei gewählt werden kann (siehe Abbildung 13.1). Außerdem muss eine Kundenlohnart eingegeben werden; dazu kann die Musterlohnart M760 verwendet werden. Diese ist technischer Natur und wird programmintern zur Verarbeitung des Infotyps 0010 (Vermögensbildung) verwendet. Die im Infotyp eingegebene Lohnart spielt im Abrechnungsergebnis keine Rolle, denn es werden im Verlauf der Personalabrechnung andere Lohnarten gebildet, in denen der Arbeitgeberanteil und der zu überweisende Sparbetrag abgestellt werden. Das Feld **Betrag** enthält den Sparbetrag, und im Feld **Anlageart** muss die entsprechende Anlageart ausgewählt werden. Die Anlageart hat für die in der Abrechnung vorgenommenen Berechnungen keine Relevanz. Denn es werden je nach Anlageart lediglich die Lohnarten /58A bis /58E gebildet, die dazu verwendet werden können, die jeweilige Anlageart auf dem Entgeltnachweis anzudrucken.

In der Datengruppe **Verarbeitung** kann, wenn ein VL-Vertrag ausgelaufen ist und das Entgelt zurücküberwiesen wurde, das Kennzeichen **Stornieren** aktiviert werden. Dadurch wird der Betrag an die beschäftigte Person ausbezahlt, und die Überleitung ins Rechnungswesen wird korrigiert.

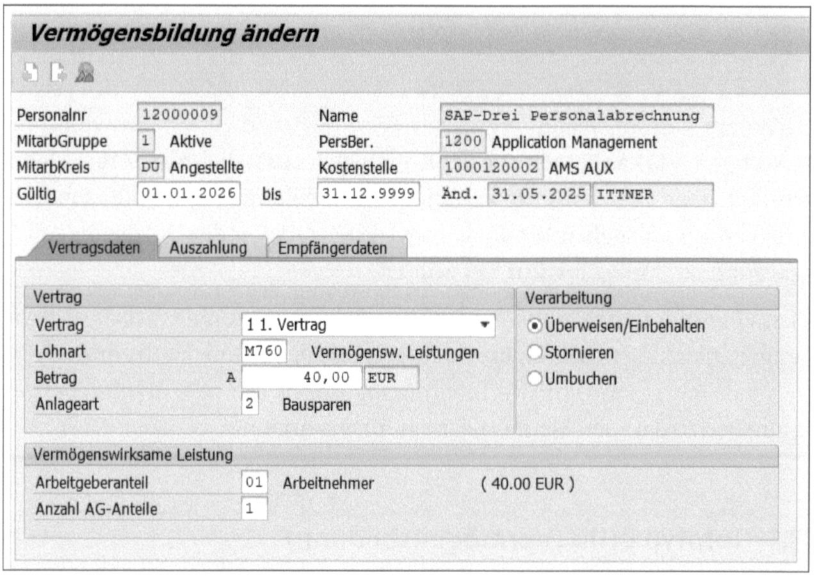

Abbildung 13.1 Vertragsdaten

Auszahlung

Die Daten auf der Registerkarte **Auszahlung** steuern die Auszahlung des Arbeitgeberanteils und die Überweisung des Sparbetrags (siehe Abbildung 13.2). Die Aktivierung des Kennzeichens **Überweisen** löst die Überweisung aus. Ist dieses Feld nicht markiert, erfolgt keine Überweisung. Damit die Eingabe nicht vergessen wird, sollte das Feld **Überweisen** vorbelegt werden (siehe Abschnitt 13.2, »Customizing«).

Die Felder **Erste Auszahlperiode** und **Abstand Perioden** werden verwendet, wenn die Vermögensbildung nicht monatlich, sondern nur in bestimmten Periodenabständen gezahlt wird (siehe Abbildung 13.2). Das Feld **Erste Auszahlperiode** gibt den Monat an, in dem die erste Zahlung erfolgen soll, und aus dem eingegebenen Abstand ermitteln sich die nächsten Zahlperioden.

Wenn das Kennzeichen **Weiterbezahlen** markiert ist, führt das zu einer Überweisung des Sparbetrags, auch wenn der zur Verfügung stehende Nettobetrag der entsprechenden Person dazu nicht ausreichen sollte. Diese Option sollte normalerweise nicht markiert werden, da dies zum Aufbau von Forderungen an die beschäftigte Person, z. B. bei unbezahlter Krankheit, führt.

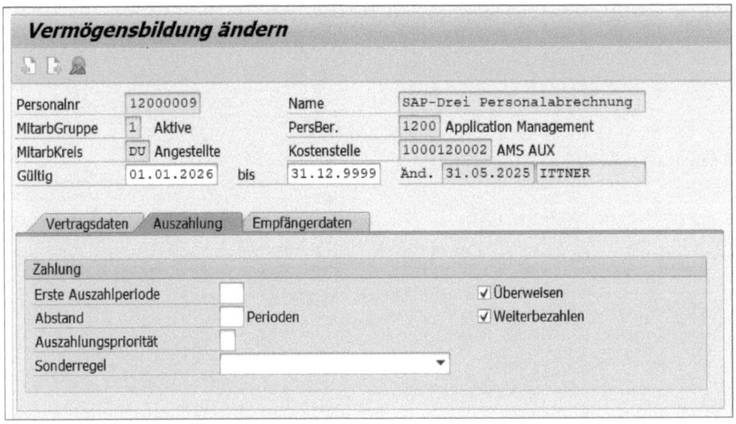

Abbildung 13.2 Auszahlungsoptionen

Empfängerdaten

Die Empfängerdaten auf der Registerkarte **Empfängerdaten** (siehe Abbildung 13.3) können über das Auswählen eines Empfängerschlüssels vorgegeben werden; in solchen Fällen muss nur noch das Feld **Verwendungszweck** manuell gefüllt werden.

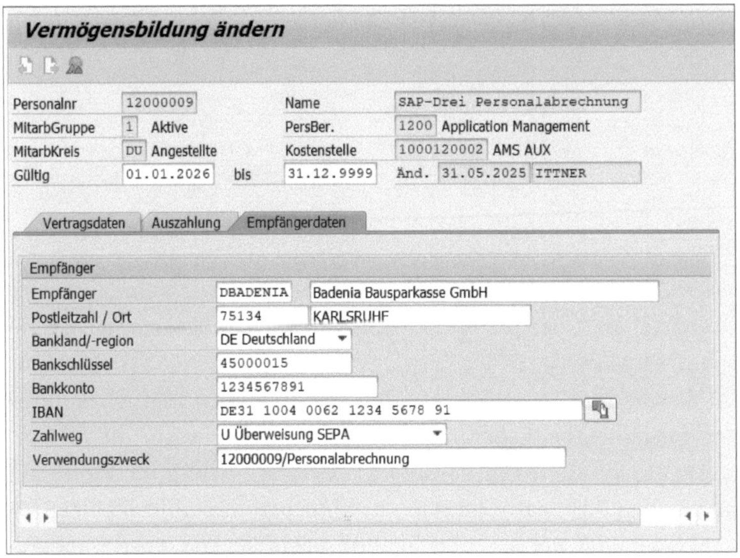

Abbildung 13.3 Empfängerdaten

Alternativ bleibt der Empfängerschlüssel leer, und die Empfängerdaten werden manuell eingetragen. Empfängerschlüssel (zu sehen in Abbildung 13.3) bieten sich z. B. bei Bausparkassen an, wenn für viele Beschäftigte Überweisungen mit der gleichen Bankverbindung ausgeführt werden. Bei individuellen Sparverträgen sollte man den Empfänger manuell eingeben – hier lohnt sich das Anlegen eines Empfängerschlüssels nicht.

Nach der Beschreibung der Datenpflege lernen Sie im folgenden Abschnitt nun das Customizing der Vermögensbildung kennen.

13.2 Customizing

Das Customizing der Vermögensbildung finden Sie im Bereich der deutschen Personalabrechnung (siehe Abbildung 13.4).

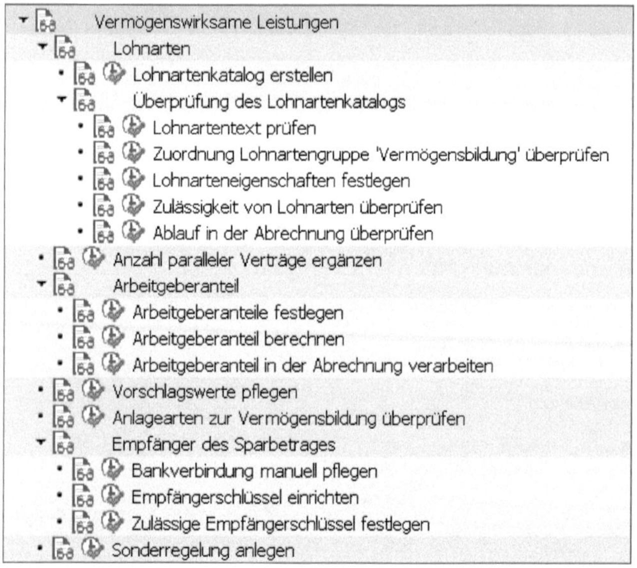

Abbildung 13.4 Customizing der vermögenswirksamen Leistungen

Lohnarten

Im ersten Schritt müssen Sie die Kundenlohnarten aus den vorgegebenen Musterlohnarten herauskopieren. In jedem Fall müssen Sie eine Lohnart für die Eingabe in den Infotyp 0010 (Vermögensbildung) erstellen (siehe Abbildung 13.1), die aus der Musterlohnart M760 kopiert wird. Außerdem können Lohnarten für den Arbeitgeberanteil angelegt werden, wofür die Musterlohnarten MV10 (VWL-AG-Anteil) und MV20 (VWL-AG-Anteil Azubi) zur Verfügung stehen. Alternativ kann der Arbeitgeberanteil mithilfe der SAP-Lohnart /57A gebildet werden. Dies hat den Nachteil, dass diese Standardlohnart nicht verändert werden sollte, da Änderungen beim Einspielen von Support Packages überspielt werden können.

Die Anzahl paralleler Verträge kann ergänzt werden, was aber selten notwendig ist, da bereits zehn parallele Verträge im Standard vorhanden sind, die Sie auf der Registerkarte **Vertragsdaten** unter **Vertrag** finden. In Abbildung 13.1 hat die beschäftigte Person aktuell nur einen Vertrag.

Arbeitgeberanteil

Etwas aufwendiger ist in der Regel das Einrichten der Berechnung des Arbeitgeberanteils. Diese Definition erfolgt im Customizing unter **Arbeitgeberanteile festlegen**. Meist müssen hier zwei Einträge gepflegt werden: ein Eintrag für die regulären Beschäftigten und ein Eintrag für die Auszubildenden. Die Reduzierung des Arbeitgeberanteils im Rahmen von Teilzeitarbeit kann hier zwar als Regelung vorgegeben werden, aber zumeist reicht dies für die Anforderungen in der Praxis nicht aus und muss daher im Abrechnungsschema realisiert werden, siehe Abschnitt 13.3.1, »AG-Anteil vermögenswirksame Leistungen (DVLO)«.

Empfänger

Wie weiter oben erwähnt, können häufig verwendete Empfänger, wie z. B. Bausparkassen, bei denen immer die gleiche Bankverbindung verwendet wird, als Empfängerschlüssel angelegt werden (siehe Abbildung 13.3). Diese Schlüssel werden zunächst eingerichtet und im nächsten Schritt für den Infotyp der Vermögensbildung zugelassen. Empfängerschlüssel finden auch in anderen Infotypen der Personalabrechnung Verwendung.

Sonderregelungen

Das Anlegen von Sonderregelungen (siehe Abbildung 13.2) wird nur wirksam, wenn diese im Abrechnungsschema verarbeitet werden. Allein der Tabelleneintrag hat keine Auswirkung auf die Berechnungen der VL. Hier kann z. B. die Regelung hinterlegt werden, dass Mitarbeitende in Teilzeit den vollen Arbeitgeberanteil erhalten sollen. Die Berechnung muss mit einer entsprechenden Abfrage in den Regeln des Abrechnungsschemas erfolgen (siehe Abschnitt 13.3.1, »AG-Anteil vermögenswirksame Leistungen (DVLO)«).

Vorschlagswerte

Unter dem Customizing-Punkt **Vorschlagswerte pflegen** können Sie über das Merkmal DVB10 die Vorbelegung einiger Felder des Infotyps 0010 (Vermögensbildung) bewirken.

13.3 Verarbeitung im Abrechnungsschema

Die Verarbeitung der Vermögensbildung in der Abrechnung erfolgt in zwei Schritten: Im Bruttoteil wird der Arbeitgeberanteil berechnet, und im Nettoteil wird die Überweisung gebildet.

13.3.1 AG-Anteil vermögenswirksame Leistungen (DVLO)

Im Unterschema DVLO, das im Schema DT00, dem Bruttoteil, aufgehängt ist, muss in den meisten Fällen eine eigene Regel für die Bildung des Arbeitgeberanteils angelegt werden.

Hier kann z. B. geprüft werden, ob eine entsprechend lange Betriebszugehörigkeit vorliegt, um überhaupt einen Anspruch auf einen Arbeitgeberanteil geltend machen zu können. Außerdem kann für die Zahlung eines Arbeitgeberzuschusses zu den VL eine bestimmte Anzahl bezahlter Arbeitstage gefordert sein. Auch die Verarbeitung der Sonderregeln muss hier eingepflegt werden. Ein Beispiel für die Berechnung des Arbeitgeberanteils sehen Sie in Abbildung 13.5.

000010			D	DVB SO?
000020	**		D	NUM=FC KB NUM?6
000030	** *			DVB AGB TABLEP0010AMT*BANZHLTABLE 508ANUM=BWOSTDNEXTR
000040	** *	1	D	NUM* EMPCTNUM/100 NUM*100 PRINT TABLE 510INUM?BTRWAZ
000050	** * *		D	NUM=GASOLLNUM-GAUU**NUM?10
000060	** * * *		Z	ZERO= N WGTYP=6010AMT< BETRGADDWT * DVB AGS GCYGD012
000070	** * * <			
000080	** * <		D	NUM=GSSOLLNUM-GSAU**NUM/GSSOLLNUM?0.5
000090	** * < *			TABLE 508ANUM=BWOSTDNUM* EMPCTNUM/100 NUM*100 PRINT *
000100	** * < *	1		MULTI ANA TABLE 510INUM=BTRWAZ*
000110	** * < *	2		DIVID ANA ZERO= N WGTYP=6010AMT< BETRGADDWT * *
000120	** * < *	3	Z	DVB AGS GCYGD012
000130	** * < <			
000140	** <			
000150	Z2			DVB AGB TABLEP0010AMT*BANZHLZERO= N WGTYP=6010AMT< BETRG*
000160	Z2	1	Z	ADDWT * DVB AGS GCYGD012

Abbildung 13.5 Arbeitgeberanteil in einer Abrechnungsregel berechnen

Berechnung des Arbeitgeberanteils

In der ersten Zeile wird die Existenz einer Sonderregel abgefragt. Im Beispiel bewirkt die Sonderregel Z2, dass grundsätzlich der volle Arbeitgeberanteil bezahlt wird, auch bei Mitarbeitenden in Teilzeit. Bei Beschäftigten ohne Sonderregel Z2 ist die Berechnung des AG-Anteils abhängig von einer sechsmonatigen Betriebszugehörigkeit, was anhand der Fristenberechnung in Zeile 2 geprüft wird. Als Nächstes wird die tarifliche wöchentliche Arbeitszeit mit der wöchentlichen Arbeitszeit im Infotyp 0007 (Sollarbeitszeit) verglichen, um zu prüfen, ob die betreffende Person in Teilzeit arbeitet. Liegt eine volle tarifliche Arbeitszeit vor, wird geprüft, ob zehn Arbeitstage bezahlt wurden, damit die betreffende Person den Arbeitgeberanteil erhält. Mitarbeitende in Teilzeit müssen hingegen mindestens 50 % der Arbeitszeit abgeleistet haben, um den Arbeitgeberanteil zu erhalten, was ebenfalls geprüft wird. Auf diese Weise können also Bedingungen geprüft werden, die erfüllt sein müssen, damit der AG-Anteil zu den VL bezahlt wird.

13.3.2 Überweisung der Vermögensbildung (DVEO)

Das Unterschema DVEO für die Bildung der Überweisung der VL kann normalerweise im Standard verbleiben. Hier wird zunächst geprüft, ob ein ausreichender Betrag für die Überweisung vorhanden ist, falls das Kennzeichen **Weiterbezahlen** nicht aktiviert ist (siehe Abbildung 13.2). Wenn alle Voraussetzungen für eine Überweisung gegeben sind, wird diese in die interne Tabelle BT (Zahlungsinformationen) gestellt. Die Voraussetzungen dafür sind die Angabe des SEPA-Zahlwegs oder des Zahlwegs **L** bei Auslandsüberweisungen und die Angabe einer Anlageart, die nicht **6** (AVmG) oder **7** (BVV) ist, denn bei diesen Anlageformen wird die Überweisung an anderer Stelle erzeugt.

13.4 Fazit

Die Komponente Vermögensbildung gehört zu den Standards, die in jedem Unternehmen eingesetzt werden. Neben dem Customizing ist zumeist das Anlegen einer Rechenregel erforderlich, die die Sonderfälle der Berechnung des Arbeitgeberanteils abdeckt. Darin können z. B. die folgenden Regelungen abgebildet werden:

- Der AG-Anteil wird nur bei mindestens zehn Arbeitstagen im Monat bezahlt.
- Der Arbeitgeberanteil wird erst nach sechs Monaten Betriebszugehörigkeit bezahlt.

Für häufig vorkommende Empfänger können Empfängerschlüssel angelegt werden; dies erleichtert die Pflege der Überweisungsdaten erheblich.

Kapitel 14
Altersversorgung

In Anbetracht steigender Versorgungslücken der erwerbstätigen Bevölkerung gewinnt das Thema »Altersversorgung« zunehmend an Bedeutung. Darauf hat auch der Gesetzgeber reagiert und ermöglicht seit dem Inkrafttreten des Altersvermögensgesetzes jeder Person, die im Unternehmen beschäftigt ist, die Entgeltumwandlung zur Finanzierung der betrieblichen Altersversorgung.

In SAP ERP HCM können in der Regel alle gängigen Durchführungswege, sowohl für die betriebliche Altersversorgung (BAV) als auch für Entgeltumwandlungen der Mitarbeitenden oder für die Riester-Rente, abgebildet werden. Dies gilt auch für die Regelungen nach dem Alterseinkünftegesetz (AltEinkG) und dem Betriebsrentenstärkungsgesetz (BRSG).

14.1 Allgemeines

Bereits seit Beginn des Jahres 2002 haben alle Beschäftigten ihrem Arbeitgeber gegenüber Anspruch auf Entgeltumwandlung. Von einer *Entgeltumwandlung* spricht man, wenn eine beschäftigte Person einen Teil des ihr zustehenden Arbeitsentgelts zugunsten einer speziellen Anlageform – dies muss nicht zwingend eine betriebliche Altersversorgung sein – direkt umwandelt, ohne dass der umgewandelte Beitrag ausgezahlt oder anderweitig zur Verfügung gestellt wird. Zusätzlich verfügen viele Unternehmen über eine eigene betriebliche Altersversorgung in Form von Direktzusagen, Pensionskassen bzw. -fonds oder Unterstützungskassen. Besonders in den letzten Jahren stieg nach den statistischen Erhebungen auch die Anzahl der Verträge für eine betriebliche bzw. private Altersvorsorge. Dies ist auch dringend erforderlich, da nach den Prognosen der Ökonomen das Rentenniveau der gesetzlichen Rentenversicherung eine Beibehaltung des derzeitigen Lebensstandards nicht mehr ermöglichen wird.

Abbildungsmöglichkeiten in SAP ERP HCM

Für die Abbildung der betrieblichen Altersversorgung, einschließlich der Entgeltumwandlung, stehen in SAP ERP HCM verschiedene Möglichkeiten zur Verfügung. Dabei bestimmen der bzw. die Durchführungsweg(e) und die abzuwickelnden Geschäftsprozesse der betrieblichen Altersversorgung die benötigte Funktion und damit auch die Möglichkeiten der Abbildung in SAP ERP HCM. So kommt es z. B. darauf an, ob nur die Beiträge berechnet und abgeführt werden müssen oder ob weitere Funktionen, wie z. B. eine Anspruchs- oder Rentenberechnung, erforderlich sind.

[»]

Infotyp 0026 (Direktversicherung)

Der teilweise noch verwendete Infotyp 0026 (Direktversicherung) wird bei der Abbildung der betrieblichen Altersversorgung in SAP ERP HCM nicht mehr berücksichtigt, da dessen Funktion vollständig vom Infotyp 0699 (Altersvermögensgesetz) unterstützt wird, jedoch die seit dem 01.01.2005 geschlossenen Neuverträge mit dem Infotyp 0026 (Direktversicherung) nicht mehr abgebildet werden können.

Kriterien für die Auswahl der Abbildung

Tabelle 14.1 zeigt auf, welche Möglichkeit der Abbildung in SAP ERP HCM beim Vorliegen bestimmter Voraussetzungen tendenziell bevorzugt werden kann. Für die Auswahl der geeigneten Abbildung gibt es zwei maßgebliche Kriterien:

- Abwicklung der notwendigen Geschäftsprozesse in SAP ERP HCM
- Aufwand für die Implementierung, Wartung und Datenpflege

Durchführungsweg	Kombination mit anderen Durchführungswegen	Notwendige Geschäftsprozesse	Abbildung in SAP ERP HCM
Direktversicherung (DV)	–	nur Abführung der Beiträge	Abbildung über Infotyp 0699
Riester-Rente (RR) Rürup-Rente (RüRe)	–	nur Abführung der Beiträge	Abbildung über Infotyp 0011
Pensionskasse (PK) Pensionsfonds (PF) Unterstützungskasse (UK) Direktzusage (DZ)	–	nur Berechnung und Abführung der Beiträge	Abbildung über Infotyp 0699

Tabelle 14.1 Entscheidungsmatrix zur Abbildung der Altersversorgung in SAP ERP HCM

Durchführungsweg	Kombination mit anderen Durchführungswegen	Notwendige Geschäftsprozesse	Abbildung in SAP ERP HCM
Pensionskasse (PK) Pensionsfonds (PF) Unterstützungskasse (UK) Direktzusage (DZ)	–	Berechnung und Abführung der Beiträge; weitere Geschäftsprozesse, insbesondere Berechnung und Verwaltung von Ansprüchen und Renten	Abbildung über BAV-Komponente
Direktversicherung (DV)	Riester-Rente (RR) Rürup-Rente (RüRe)	nur Abführung der Beiträge	DV über Infotyp 0699; Riester-Rente (RR) und Rürup-Rente (RüRe) über Infotyp 0011
Pensionskasse (PK) Pensionsfonds (PF) Unterstützungskasse (UK) Direktzusage (DZ)	Riester-Rente (RR) Rürup-Rente (RüRe)	nur Berechnung und Abführung der Beiträge für PK, PF, UK und DZ; nur Abführung der Beiträge zur RR	Riester-Rente (RR) und Rürup-Rente (RüRe) über Infotyp 0011; restliche Durchführungswege über Infotyp 0699
Pensionskasse (PK) Pensionsfonds (PF) Unterstützungskasse (UK) Direktzusage (DZ)	Riester-Rente (RR) Rürup-Rente (RüRe)	nur Abführung der Beiträge zur RR; neben Berechnung und Abführung der Beiträge zu PK, PF, UK und DZ weitere Geschäftsprozesse, insbesondere Verwaltung und Berechnung von Ansprüchen und Renten	Riester-Rente (RR) und Rürup-Rente (RüRe) über Infotyp 0011; restliche Durchführungswege über BAV-Komponente

Tabelle 14.1 Entscheidungsmatrix zur Abbildung der Altersversorgung in SAP ERP HCM (Forts.)

Durchführungsweg	Kombination mit anderen Durchführungswegen	Notwendige Geschäftsprozesse	Abbildung in SAP ERP HCM
Pensionskasse (PK) Pensionsfonds (PF) Unterstützungskasse (UK) Direktzusage (DZ)	Direktversicherung (DV)	nur Berechnung und Abführung der Beiträge für alle Durchführungswege	alle Durchführungswege über Infotyp 0699
Pensionskasse (PK) Pensionsfonds (PF) Unterstützungskasse (UK) Direktzusage (DZ)	Direktversicherung (DV)	nur Berechnung und Abführung der Beiträge zur DV; neben Berechnung und Abführung der Beiträge zu PK, PF, UK und DZ weitere Geschäftsprozesse, insbesondere Verwaltung und Berechnung von Ansprüchen und Renten	DV über Infotyp 0699; restliche Durchführungswege über BAV-Komponente
Pensionskasse (PK) Pensionsfonds (PF) Unterstützungskasse (UK) Direktzusage (DZ)	Direktversicherung (DV) Riester-Rente (RR)	nur Abführung der Beiträge zur RR; nur Berechnung und Abführung der Beiträge zu PK, PF, UK, DZ und DV	Riester-Rente (RR) und Rürup-Rente (RüRe) über Infotyp 0011; restliche Durchführungswege über Infotyp 0699
Pensionskasse (PK) Pensionsfonds (PF) Unterstützungskasse (UK) Direktzusage (DZ)	Direktversicherung (DV) Riester-Rente (RR) Rürup-Rente (RüRe)	nur Abführung der Beiträge zu DV und RR; neben Berechnung und Abführung der Beiträge zu PK, PF, UK und DZ weitere Geschäftsprozesse, insbesondere Verwaltung und Berechnung von Ansprüchen und Renten	Riester-Rente (RR) und Rürup-Rente (RüRe) über Infotyp 0011; DV über Infotyp 0699 PK, PF, UK und DZ über BAV-Komponente

Tabelle 14.1 Entscheidungsmatrix zur Abbildung der Altersversorgung in SAP ERP HCM (Forts.)

Trotz der dargestellten tendenziellen Empfehlung (letzte Spalte von Tabelle 14.1) kann eine definitive Aussage darüber, welche Abbildung in SAP ERP HCM nun die sinnvollste und zweckmäßigste ist, nur nach Erhebung der genauen Anforderungen erfolgen. Insofern empfehlen wir Ihnen, die Anforderungen an eine systemgestützte Abbildung genau zu erheben und – sofern kein adäquates internes Know-how vorhanden ist – sich in diesem Themenfeld zumindest für die Auswahl der Abbildungsvariante von externen Fachleuten unterstützen zu lassen.

Insbesondere wenn der Einsatz der BAV-Komponente (Betriebliche Altersversorgung) angezeigt ist, sollten weitere Überlegungen dazu erfolgen, ob die erforderlichen Berechnungen nicht kostengünstiger und mit geringerem Aufwand außerhalb von SAP ERP HCM oder auch im Rahmen des Abrechnungsschemas mithilfe eigener Funktionen oder Personalrechenregeln abgewickelt werden können. So wäre es z. B. denkbar, eine einfache Anspruchsberechnung in das Abrechnungsschema zu integrieren und Auswertungen über Abrechnungsinfotypen zu ermöglichen.

14.2 Infotyp 0699 (Altersvermögensgesetz)

Im Folgenden beschreiben wir den Infotyp 0699 (Altersvermögensgesetz) und die BAV-Komponente, über die die meisten Altersversorgungsmodelle abgebildet werden können.

Altersvermögensgesetz

Der Infotyp 0699 (Altersvermögensgesetz) wurde mit Inkrafttreten des gleichnamigen Gesetzes zum 01.01.2002 in SAP ERP HCM eingeführt. Dieser Infotyp bietet die Möglichkeit, die Beitragsberechnung und -abführung für alle Durchführungswege der betrieblichen Altersvorsorge, außer für die Riester-Rente, abzubilden – für Riester ist der Infotyp 0011 (Externe Überweisungen) vollkommen ausreichend. Entgeltumwandlungen (Deferred Compensation) der Mitarbeitenden werden problemlos über den Infotyp 0699 abgebildet. Darüber hinaus kann über den Infotyp 0699 auch die Abwicklung von Beitragsberechnungen und -abführungen zur bankenspezifischen Altersvorsorge über den Bankenversorgungsverein (BVV) sowie zur Presseversorgung (PVV) durchgeführt werden.

14.2.1 Funktionsumfang und Anwendung

Der Funktionsumfang dieser Lösung umfasst die Ermittlung bzw. Berechnung der Beiträge zur Altersvorsorge, die Berücksichtigung der steuer- und sozialversicherungsrechtlichen Regelungen in der Personalabrechnung sowie die Abführung der Beiträge an einen externen Träger in Form einer Einzelüberweisung je beschäftigter Person oder an den internen Träger durch Sammlung auf einem Konto der Finanzbuchhaltung. Seit Release ERP 6.0 besteht die Möglichkeit, echte Sammelüberweisungen im Rahmen des bekannten Datenaustauschverfahrens für beliebige Anlageinstitute zu erstellen. Es muss also keine Datensammlung auf einem Konto der Finanzbuchhaltung mit anschließender manueller Überweisung erfolgen. Insofern wurde der Prozessfluss deutlich optimiert. Abbildung 14.1 zeigt den Infotyp 0699 (Altersvermögensgesetz) in der Anwendung.

Periodische Steuerung der Zahlungen

Wie Sie in Abbildung 14.1 sehen können, ist die aus anderen Infotypen bekannte periodische Steuerung der Zahlungen im Infotyp 0699 (Altersvermögensgesetz) integriert. Der Subtyp dieses Infotyps entspricht dem jeweiligen Durchführungsweg, der im Infotyp 0699 als Anlageart bezeichnet ist. Über das Feld **Priorität** kann festgelegt werden, welcher Vertrag in der Abrechnung zuerst abgewickelt werden soll und damit primär von den Freibeträgen zur Steuer oder Sozialversicherung profitiert.

Gesetzliche Rahmenbedingungen

Die gesetzlichen Rahmenbedingungen wurden im Laufe der letzten Jahre immer wieder angepasst. Im Folgenden erhalten Sie einen Überblick über die zum jeweiligen Zeitpunkt geltenden Regelungen:

- Bis 31.12.2004 gab es nur die Möglichkeit der pauschal versteuerten Direktversicherung.
- Vom 01.01.2005 bis 31.12.2017 (Alterseinkünftegesetz) sind bei Neuverträgen 4 % der Beitragsbemessungsgrenze (BBG), RV West, steuer- und SV-frei; zusätzlich steht ein steuerfreier Betrag von 1.800,00 EUR zur Verfügung, falls keine pauschalversteuerte Direktversicherung vorliegt.
- Seit 01.01.2018 entfallen die zusätzlichen steuerfreien 1.800,00 EUR, dafür sind 8 % der Beitragsbemessungsgrenze RV West steuerfrei; die SV-Freiheit bleibt weiterhin bei 4 % der RV BBG West.
- Seit 01.01.2019 (Betriebsrentenstärkungsgesetz) ist der Arbeitgeber bei Neuverträgen zu einem Zuschuss in Höhe von 15 % verpflichtet, wenn er SV-Beiträge durch die Entgeltumwandlung spart.
- Seit 01.01.2022 beträgt der Arbeitgeberzuschuss 15 %; bei der Einsparung von SV-Beiträgen muss der Arbeitgeberzuschuss auf alle bestehenden Verträge angewandt werden.

Baustein

Zentraler Ordnungsbegriff im Infotyp 0699 (Altersvermögensgesetz) ist der *Baustein*. Bausteine werden zur Vereinfachung der Datenpflege für die bearbeitenden Personen in Vertragsmodellen zusammengefasst. In den Bausteinen werden die wesentlichen Informationen zur korrekten Verarbeitung im Verlauf der Personalabrechnung hinterlegt.

Diese Informationen lassen sich sehr einfach durch einen Klick auf den Button **Details Bausteine** (siehe Abbildung 14.1) aus dem Infotyp 0699 (Altersvermögensgesetz) beschaffen. Abbildung 14.2 stellt die wesentlichen Zusammenhänge zwischen Anlageart, Vertragsmodell und Baustein noch einmal dar.

Schema DSTO

In der Personalabrechnung erfolgt die Verarbeitung des Infotyps 0699 (Altersvermögensgesetz) im Schema DSTO (Steuer – Bruttovorbereitung). Der erste Schritt ist dabei die Bereitstellung der sogenannten *Kontingente* für die Verwaltung der steuer- und sozialversicherungsrechtlichen Beträge (steuer- und SV-freie oder auch pauschalsteuerfähige Beträge), die über die Funktion DST mit dem Parameter 1 = KON erfolgt.

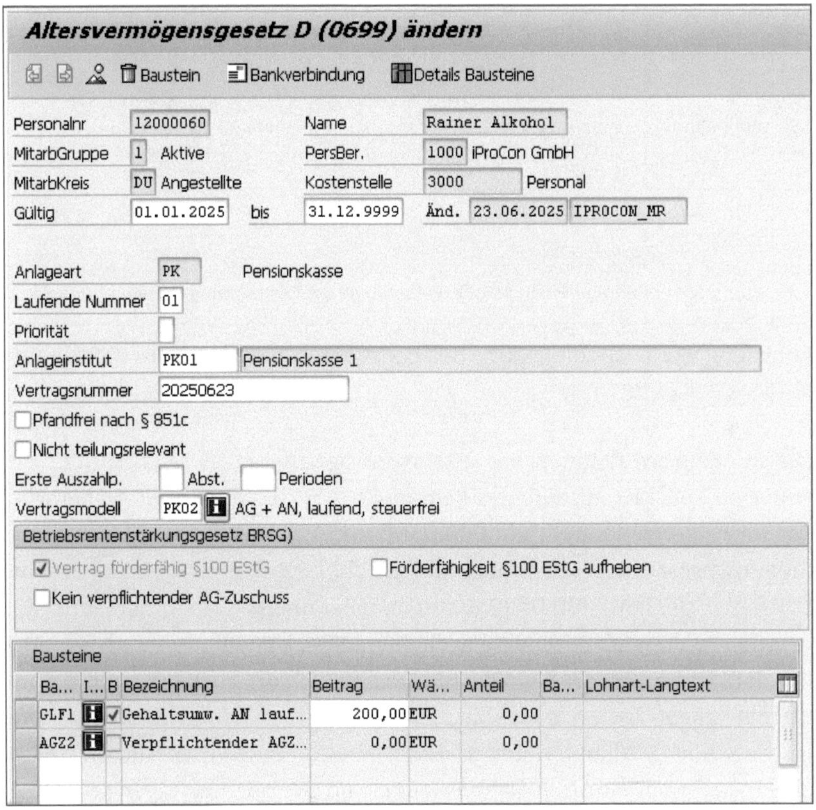

Abbildung 14.1 Infotyp 0699 (Altersvermögensgesetz)

Dabei werden Lohnarten mit dem Literal /44 gebildet, die den Maximalwert des jeweiligen Kontingents enthalten. Im Verlauf der Abrechnung werden diese Kontingente durch die Umwandlungen der Beiträge der Mitarbeitenden und des Arbeitgebers abgetragen.

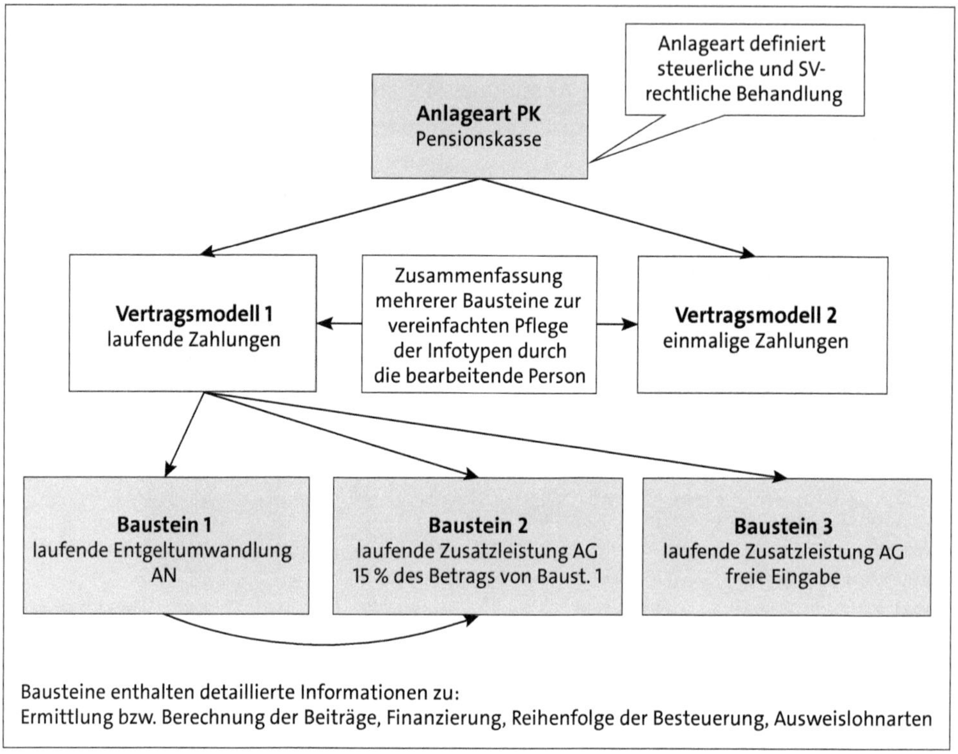

Abbildung 14.2 Ordnungsbegriffe und Funktionsweise des Infotyps 0699 (Altersvermögensgesetz)

Die Beiträge im Rahmen des Altersvermögensgesetzes werden über die Funktion DAVMG mithilfe des Parameters 4 = GET berechnet. Dabei wird das im Folgenden dargestellte Customizing des Infotyps 0699 (Altersvermögensgesetz) ausgelesen und auf den behandelten Einzelfall angewandt. Der Aufruf der Funktion DAVMG mit dem Parameter 4 = AGZ berechnet die verpflichtenden AG-Zuschüsse nach dem BRSG. Über die Funktion DAVMG mit dem Parameter 4 = KONT werden schließlich die oben genannten Kontingente abgetragen, d. h., dass in dieser Funktion geprüft wird, welche Kontingente noch vorhanden sind und ob die Beiträge die Voraussetzungen für eine Inanspruchnahme etwa von steuer- und SV-freien Beträgen erfüllen.

14.2.2 Customizing

Erst Analyse, dann Customizing

Dem Customizing des Infotyps 0699 (Altersvermögensgesetz) sollte eine sorgfältige Analyse der Anforderungen an die Abbildung der betrieblichen Altersversorgung in SAP ERP HCM unter Beachtung der gesetzlichen Rahmenbedingungen vorausgehen. Selbst wenn der Durchführungsweg bereits feststeht, muss z. B. noch entschieden werden, welche Besteuerungsreihenfolge greifen soll, ob und gegebenenfalls welchen Beitrag das Unternehmen leisten möchte und von welchen Entgeltbestandteilen die Mitarbeitenden eine Entgeltumwandlung finanzieren können. Erst wenn diese und weitere Fragen beantwortet sind, kann mit dem Customizing begonnen werden.

Das entsprechende Customizing ist im Einführungsleitfaden (IMG) unter **Personalabrechnung • Abrechnung Deutschland • Altersvermögensgesetz** zu finden. Der erste Schritt ist dabei das Kopieren der erforderlichen Musterlohnarten, was über den bereits bekannten Lohnartenkopierer (mehr darüber erfahren Sie im gleichnamigen Abschnitt 23.8.1, »Lohnartenkopierer«) erledigt werden kann (im IMG zu finden unter **Personalabrechnung • Abrechnung Deutschland • Altersvermögensgesetz • Lohnarten • Lohnartenkatalog erstellen**). Eine Zuordnung anderer Lohnarten zur Lohnartengruppe **Altersvermögensgesetz** sollte nur erfolgen, wenn sogenannte *Wandlungslohnartengruppen* eingerichtet werden müssen.

[«]

Wandlungslohnartengruppe

Wandlungslohnartengruppen werden verwendet, wenn die Entgeltumwandlungen der Beschäftigten nur aus bestimmten Entgeltbestandteilen (Lohnarten) erfolgen sollen.

Vorstellbar ist z. B. eine Wandlungslohnartengruppe **Boni und Prämien**, die die Lohnarten **Vertriebsprämie** und **Bonus** sowie **Sonderbonus** enthält. Die Beträge für die Entgeltumwandlungen der Beschäftigten werden in diesem Fall nur diesen Lohnarten entnommen. Voraussetzung ist allerdings, dass der entsprechende Baustein in der Datengruppe **Einschränkungen** (siehe Abbildung 14.3) genau diese Wandlungslohnartengruppe enthält.

Ist die zuvor besprochene Anforderungsanalyse durchgeführt und dokumentiert, ist das Customizing der Bausteine relativ unkompliziert. Im Folgenden erläutern wir die wesentlichen Einstellungen anhand von Abbildung 14.3.

Beitragsbestimmung

Die Datengruppe **Beitragsbestimmung** enthält die Logik zur Ermittlung bzw. Berechnung der Beiträge. Die folgenden Möglichkeiten stehen Ihnen dazu zur Verfügung:

Direkte Eingabe bzw. feste Hinterlegung des jeweiligen Betrags im Infotyp 0699 (diese Möglichkeit wurde in Abbildung 14.3 genutzt):

- direkte Eingabe bzw. feste Hinterlegung von prozentualen Anteilen zu einer oder zu mehreren Lohnarten

- direkte Eingabe bzw. feste Hinterlegung von prozentualen Anteilen zu einer vorher über einen Baustein ermittelten Bemessungsgrundlage (z. B. leistet das Unternehmen immer einen Zuschuss von 15 % für jeden Beitrag, den eine beschäftigte Person umwandelt)

Verwaltung

Auch Vorschlagswerte für die Angabe der einzelnen Beträge oder der prozentualen Anteile können eingestellt werden, indem die fest hinterlegten Angaben als überschreibbar gekennzeichnet werden. In der Datengruppe **Verarbeitung** werden Einstellungen hinsichtlich der folgenden Fragestellungen vorgenommen:

- **Wer finanziert die Beiträge, und handelt es sich um einmalige oder um laufende Zahlungen?**
  Die auswählbaren Alternativen stehen über die F4-Hilfe zur Verfügung.
- **Wie werden die Beiträge steuerlich und sozialversicherungsrechtlich behandelt?**
  Auch hier werden die abhängig von der Anlageart zur Verfügung stehenden Alternativen in der F4-Hilfe aufgelistet.

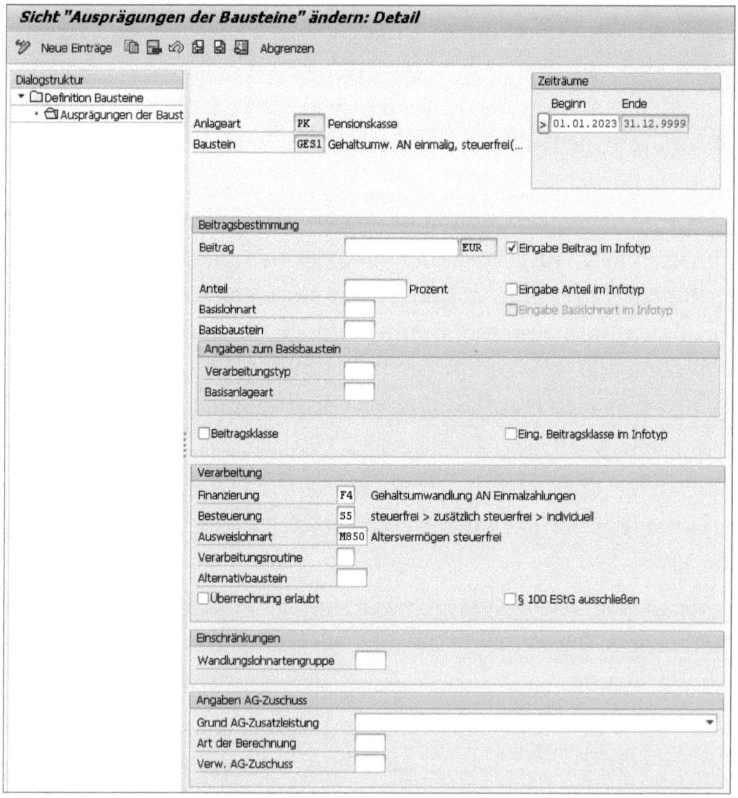

Abbildung 14.3 Customizing der Bausteine für den Infotyp 0699 (Altersvermögensgesetz)

- **Mit welchen Lohnarten werden die steuerlich unterschiedlich behandelten Beträge ausgewiesen?**
  Es gibt verschiedene Lohnarten für steuerfreie, pauschal und individuell zu versteuernde Beträge zur Darstellung auf dem Entgeltnachweis und zur Auswertung im Meldeprogramm. In der Datengruppe **Verarbeitung** wird immer nur eine Lohnart erfasst (in der Regel die Lohnart, in der die steuerfreien Beträge abgestellt werden). Die weiteren Ausweislohnarten werden im Einführungsleitfaden unter **Personalabrechnung • Abrechnung Deutschland • Altersvermögensgesetz • Verarbeitung • Ausweislohnarten aufteilen in steuerfrei/pauschal/steuerpflichtig** zugeordnet.
- **Soll eine kundeneigene Verarbeitung im Rahmen der Abrechnung erfolgen?**
  Die Ausprägung der Verarbeitungsroutine kann in speziellen Personalrechenregeln über die Operation DAVM VR? abgefragt werden. Das SAP-ERP-HCM-System nutzt diese Möglichkeit, um für den Fall der Entgeltumwandlung des Arbeitgeberzuschusses zu den vermögenswirksamen Leistungen (VL) eine Warnmeldung auszugeben, falls ein Arbeitgeberanteil nicht vorhanden sein sollte.
  Es besteht auch die Möglichkeit, im Rahmen der Abrechnung ermittelte Beträge, die bereits überwiesen wurden, überrechnen, also verändern, zu lassen. Dies ist insbesondere für kombinierte, also teils vom Arbeitgeber und teils von den Mitarbeitenden getragene, Beiträge vorgesehen, die sich durchaus nachträglich noch ändern können (z. B. wenn der Arbeitgeberbeitrag sinkt und die beschäftigte Person den höheren Anteil freiwillig tragen möchte). Dazu sollten dann allerdings beide Bausteine die entsprechende Kennzeichnung tragen.

Zur Erläuterung der Datengruppe **Einschränkungen** verweisen wir auf die zuvor genannten Ausführungen zu den Wandlungslohnartengruppen.

Handelt es sich um einen Baustein für den verpflichtenden AG-Zuschuss nach BRSG, dann sind zusätzliche Angaben in den Feldern der Datengruppe **Angaben AG-Zuschuss** erforderlich:

- Im Feld **Grund AG-Zusatzleistung** muss »Zuschuss wegen Einsparung SV-Beiträge« eingetragen werden.
- Im Feld **Art der Berechnung** sind Angaben über die Berechnungsweise der AG-Zusatzleistung notwendig. Im SAP-Standard sind folgende Arten der Berechnung vorgesehen und können durch kundeneigene Implementierungen (mittels des Erweiterungsspots HRPAYDE_AVMG) ergänzt werden:

- **PFIX – Fester Prozentsatz**
  Der Zuschuss beträgt einen festen Prozentsatz der Entgeltumwandlung, unabhängig von Einkommen oder Wandlungsbetrag.
- **PSTF – Fester Prozentsatz Stufenmodell**
  Der Zuschuss beträgt einen festen Prozentsatz der Entgeltwandlung unabhängig vom Wandlungsbetrag. Der Prozentsatz hängt von der Lage des Einkommens zu den Beitragsbemessungsgrenzen in der SV ab.
- **SPTZ – Eingesparte SV-Beiträge**
  Der Zuschuss beträgt die tatsächlich eingesparten SV-Beiträge durch die Entgeltwandlung der beschäftigten Person. Diese eingesparten SV-Beiträge werden über Fiktivläufe bestimmt.
- **MINF – Minimumbildung**
  Der Zuschuss entspricht dem kleineren Ergebnis der Berechnungsmethoden »Fester Prozentsatz« und »Eingesparte SV-Beiträge«.
- **BZAE – Begrenzung Zuschuss auf Anspruch Entgeltumwandlung**
  Der Zuschuss beträgt einen festen Prozentsatz auf den Teil der Entgeltumwandlung, auf den die betroffene Person ein Anrecht hat.

■ Mit dem Feld **Verw. AG-Zuschuss** steuert man, ob der ermittelte Zuschuss zusätzlich zum Wandlungsbetrag gezahlt wird oder die Entgeltwandlung mindert.

[»]

BRSG – Verpflichtender Arbeitgeberzuschuss

Weitere Informationen zum verpflichtenden AG-Zuschuss erhalten Sie in SAP-Hinweis 2763286 – AVmG: FAQ – BRSG Verpflichtender Arbeitgeberzuschuss.

Nach der Definition der Bausteine müssen Sie noch die Vertragsmodelle definieren (siehe Abbildung 14.4) und die entsprechenden Bausteine den Vertragsmodellen zuordnen.

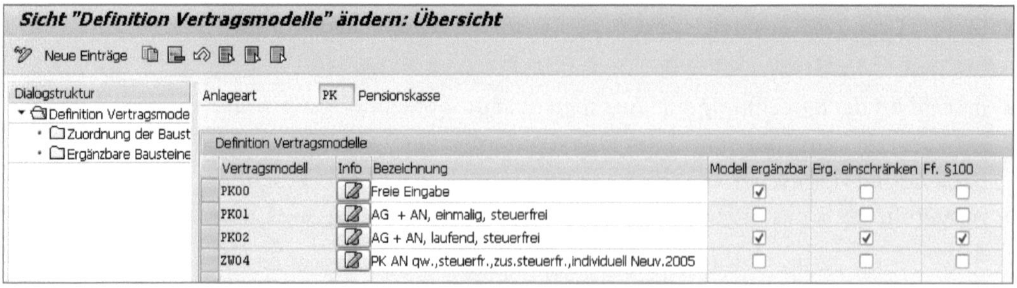

Abbildung 14.4 Definition der Vertragsmodelle

Abbildung 14.5 zeigt exemplarisch die Zuordnung des eingerichteten Bausteins GLF1 zum Vertragsmodell PK02.

Bei der Definition des Vertragsmodells ist zusätzlich das Kennzeichen **Modell ergänzbar** zu erwähnen, dass in der Anwendung das flexible Zusammenstellen verschiedener Bausteine zu einem individuellen Vertragsmodell ermöglicht.

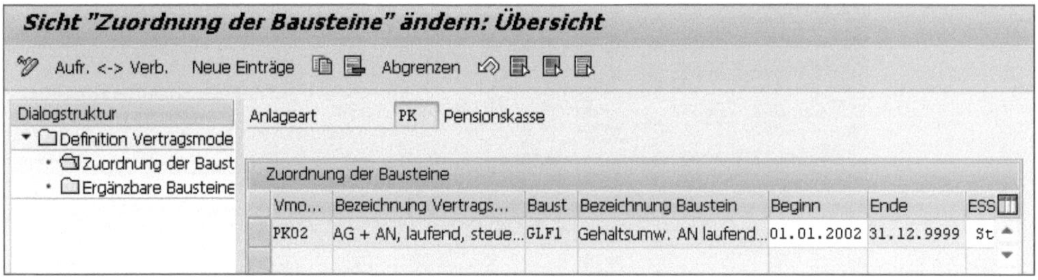

Abbildung 14.5 Bausteine zum Vertragsmodell zuordnen

Das Feld **ESS relevant** soll es ermöglichen, in einem eventuellen ESS-Szenario (ESS = Employee Self-Service) – bis zur Drucklegung dieses Buches (Stand: September 2025) gab es zum Infotyp 0699 (Altersvermögensgesetz) kein ESS-Szenario im Standard – die Eingabemöglichkeiten bzw. die Ausblendbarkeit von bestimmten Feldern über das Customizing zu steuern. Für dieses Feld stehen die folgenden Ausprägungen zur Verfügung:

- Standard
- nur Ausgabe
- Feld unsichtbar

Abschließend sollten die Anlageinstitute angelegt werden, die auch aus Empfängerschlüsseln bestehen können (im Einführungsleitfaden unter **Personalabrechnung • Abrechnung Deutschland • Altersvermögensgesetz • Stammdaten • Empfängerschlüssel einrichten bzw. Anlageinstitute einrichten** zu erreichen).

Das Anlegen und Zuordnen von Empfängerschlüsseln zu Anlageinstituten ist sinnvoll, wenn die Zahlung per Einzelüberweisung an externe Träger erfolgen soll und es sich um wenige oder auch nur einen Träger handelt. In solchen Fällen entfällt immer die Eingabe der Daten zu Bankverbindung, Adresse etc., da diese im Empfängerschlüssel bereits hinterlegt sind.

Seit Release SAP ERP 6.0 besteht die Möglichkeit, an Anlageinstitute mit Empfängerschlüssel Sammelüberweisungen auszuführen. Dazu muss der Empfängerschlüssel (nicht das Anlageinstitut) entsprechend gekennzeichnet werden. Für das Datenaustauschverfahren steht der Report RPCDCP00 (Vorprogramm Sammelüberweisungen) zur Verfügung.

Eine Pflege des Infotyps 0699 (Altersvermögensgesetz) ohne den Schlüssel **Anlageinstitut** ist möglich. Dazu muss das erste Feld bei **Anlageinstitut** leer gelassen und im zweiten Feld die Bezeichnung des Empfängers der Entgeltumwandlung eingegeben werden – beachten Sie, dass dabei auch zwingend eine Bankverbindung hinterlegt werden muss (siehe Abbildung 14.6).

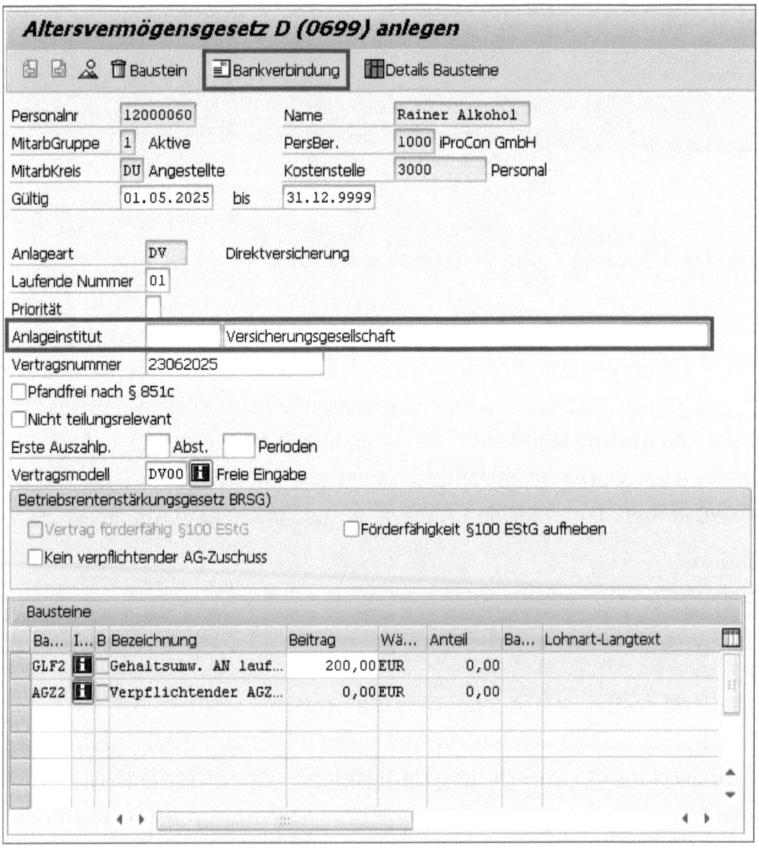

Abbildung 14.6 Infotyp 0699 ohne den Schlüssel »Anlageinstitut«

Vermögenswirksame Arbeitgeberleistungen

Die Zusatzleistungen des Arbeitgebers zu den VL können über die Anlageart 6 AVmG im Infotyp 0010 (Vermögensbildung) in die Altersvorsorge einfließen. Für die gewünschte Umwandlung des Arbeitgeberbetrags muss ein entsprechender Baustein der Altersvorsorge über den Viewcluster VC_T5DR2 angelegt werden (siehe Abbildung 14.7).

Liste der Beiträge mit Besteuerungsart

Mit dem Report RPCAMBDO (Liste der Beiträge mit Besteuerungsart) kann ausgewertet werden, wie die einzelnen Beiträge versteuert wurden.

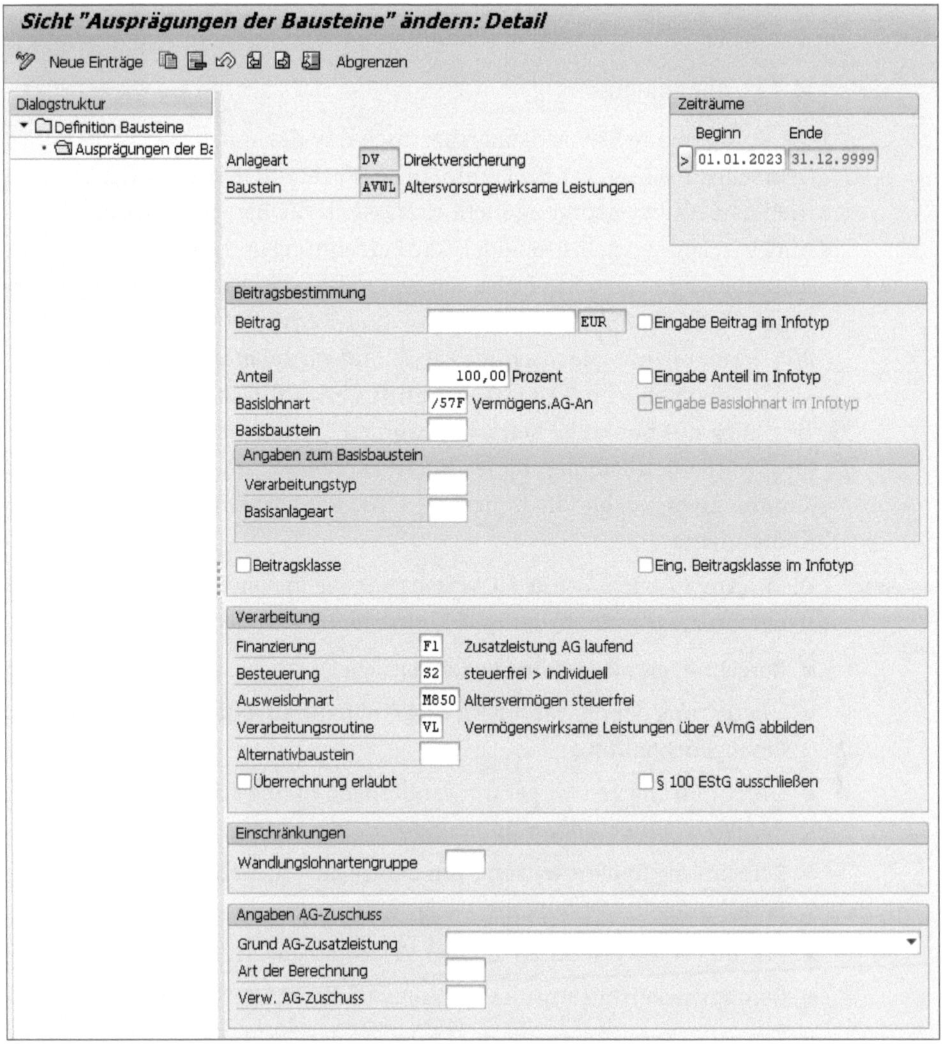

Abbildung 14.7 Baustein AVWL (Altersvorsorgewirksame Leistungen)

14.3 Die Komponente »Betriebliche Altersversorgung« (BAV)

Die betriebliche Altersversorgung als Säule zur Erhaltung des Lebensstandards im Ruhestand existiert bereits seit mehreren Jahrzehnten. Standen früher leistungsorientierte (d. h. am letzten Brutto- oder Nettoeinkommen prozentual orientierte) Versorgungsmodelle im Vordergrund, werden heute zumeist beitragsorientierte Modelle zwischen den Tarifpartnern vereinbart. Die Komponente BAV unterstützt alle gängigen Durchführungsformen der betrieblichen Altersversorgung in Deutschland.

14.3.1 Allgemeines

Die Komponente BAV ist länderspezifisch und daher in dieser Form nur in Deutschland einsetzbar. Sie kommt in der Regel zum Einsatz, wenn eine betriebliche Altersversorgung mehr umfasst als die Berechnung und Abführung von Beiträgen. Insbesondere die Berechnung und die Verwaltung von Rentenansprüchen mithilfe des *Rentenermittlers* nach den verschiedensten Regelungsvarianten sind die Stärken und Kernfunktionen der flexiblen BAV-Komponente. Die mächtige Flexibilität wird allerdings durch Komplexität und Vielschichtigkeit im Customizing erkauft. Daher soll das Customizing auch nur punktuell betrachtet werden. Denn eine komplette Darstellung würde den Rahmen dieses Buches sprengen. Im Mittelpunkt dieses Kapitels stehen daher die Konzeption und die Zusammenhänge der BAV-Komponente.

Abgedeckte Bereiche und Geschäftsprozesse

Die Konzeption in SAP ERP HCM sieht vor, die folgenden Bereiche und Geschäftsprozesse mithilfe der BAV-Komponente abzudecken:

- Berechnung und Abführung der Beiträge
- Überleitung der relevanten BAV-Daten in die Kostenrechnung und Finanzbuchhaltung
- Durchführung von Entgeltumwandlungen für die Mitarbeitenden (*Deferred Compensation*, aufgeschobene Vergütung)
- Berechnung und Verwaltung von Rentenansprüchen, dabei auch Berechnung der Verzinsung
- Prüfung von Wartezeiten und der Verfallbarkeit
- Beitragsrückerstattung im Falle von verfallbaren Ansprüchen
- Schnittstelle zur Übergabe der Daten an eine Fachkraft für Versicherungsmathematik
- Berechnung und Auszahlung von Renten oder einmaligen Kapitalzahlungen an Versicherte und Hinterbliebene
- Anpassung der Renten
- Berücksichtigung eines Versorgungsausgleichs im Rahmen von Scheidungen
- Erstellen von Bescheinigungen

Die abzubildenden Regelungen zur betrieblichen Altersversorgung unterscheiden sich in der Regel von Unternehmen zu Unternehmen sehr stark. Um dieser Tatsache gerecht zu werden, wurde die BAV-Komponente mit zahlreichen User Exits ausgestattet (so kann z. B. die Beitragsübernahme vollkommen flexibel über den entsprechenden User Exit erfolgen), sodass sehr individuelle Regelungen abgebildet werden können.

Die neu ausgelieferten Szenarien der Employee Self-Services, basierend auf Web Dynpro ABAP oder SAP Fiori, enthalten keine Szenarien, die eine Durchführung der Entgeltumwandlung oder eine Abfrage des Bestands der BAV unterstützen. Unternehmen, die für diese Anforderungen Employee Self-Services bereitstellen wollen, sind auf Eigenentwicklungen angewiesen. Abbildung 14.8 zeigt ein solches Szenario für die Durchführung einer Entgeltumwandlung.

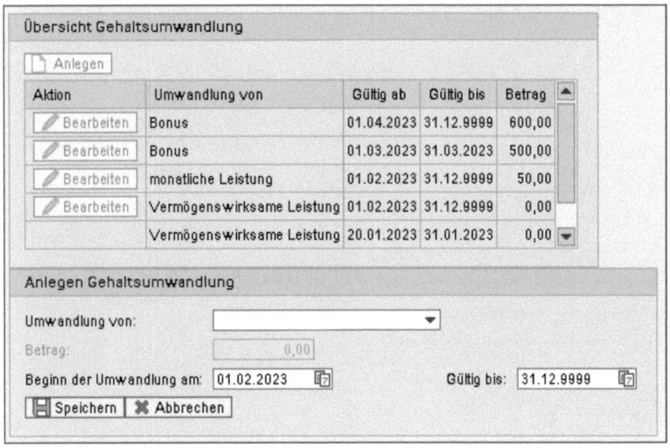

Abbildung 14.8 Kundeneigener Employee Self-Service für eine Entgeltumwandlung

14

14.3.2 Ordnungsbegriffe in der BAV-Komponente

Versorgungsordnung

Der zentrale Begriff in der betrieblichen Altersversorgung in SAP ERP HCM ist die *Versorgungsordnung*. Versorgungsordnungen sind mitarbeiterunabhängig und umfassen eine Vielzahl von potenziellen Versorgungsleistungen, die der jeweiligen beschäftigten Person in Form von Ansprüchen individuell zugesagt werden. Eine Versorgungsordnung stellt daher zumeist die Zusammenfassung von mehreren Ansprüchen dar. Welcher der jeweiligen Ansprüche konkret zugesagt worden ist, wird im Infotyp 0202 (Ansprüche BAV) dokumentiert.

Jedem Anspruch sind ein bestimmtes Berechnungsverfahren für die Rentenanspruchsberechnung (z. B. dienstzeitorientiert, beitragsorientiert oder einkommensorientiert) und eine Leistungsart zugeordnet. Die Leistungsart bestimmt dabei die konkrete Versorgungsleistung, die die jeweilige Person bei Eintritt des Versorgungsfalls erhält. So könnten z. B. für einen Anspruch auf Eigenrente die Leistungsarten Altersrente und Invalidenrente hinterlegt sein.

Zusätzlich werden einem Anspruch die zusagende Firma und der Leistungsträger zugeordnet. Während die zusagende Firma für die Erfüllung des Anspruchs verantwortlich ist, trägt der Leistungsträger die Kosten der Versorgungsleistung. Diese Zusammenhänge werden in Abbildung 14.9 noch einmal verdeutlicht.

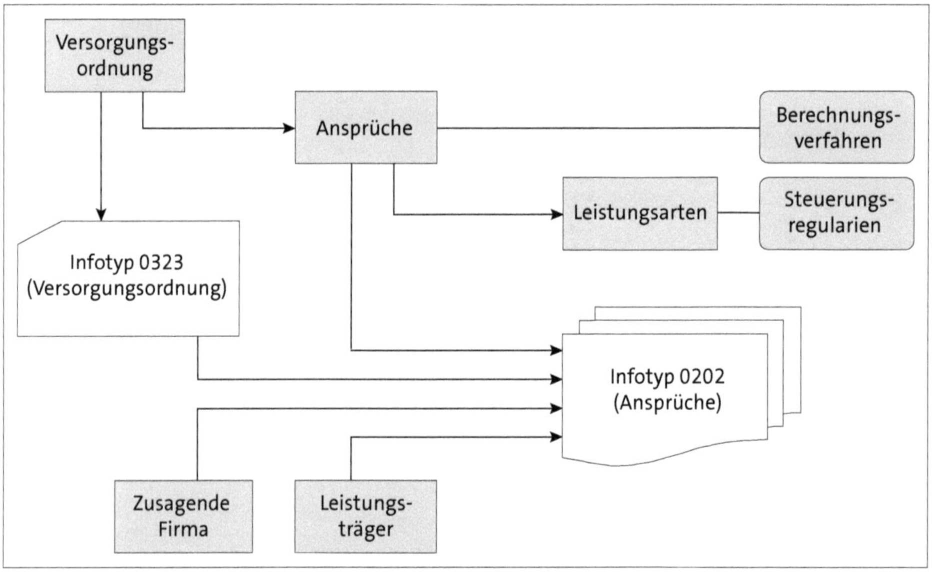

Abbildung 14.9 Ordnungsbegriffe der Komponente »Betriebliche Altersversorgung«

14.3.3 Stammdaten

Integration in die Personaladministration

Die Stammdaten der betrieblichen Altersversorgung werden mithilfe einer Reihe von Infotypen direkt in die Personaladministration integriert. Die Prozessintegration erfolgt über Maßnahmen, die mittels des Merkmals DWCRA direkt den Verarbeitungsanlässen (z. B. Austritt oder Eigenrente) im Rentenermittler zugewiesen werden.

Im Infotyp 0323 (Versorgungsordnung BAV) wird einer beschäftigten Person eine Versorgungsordnung zugeordnet (siehe Abbildung 14.10). Die sich aus der Versorgungsordnung ergebenden möglichen Ansprüche werden nach dem Sichern des Infotyps 0202 (Ansprüche BAV) angezeigt. Zusätzlich wird in Abbildung 14.10 der Zeitraum hinterlegt, für den ein Anspruch gültig sein soll.

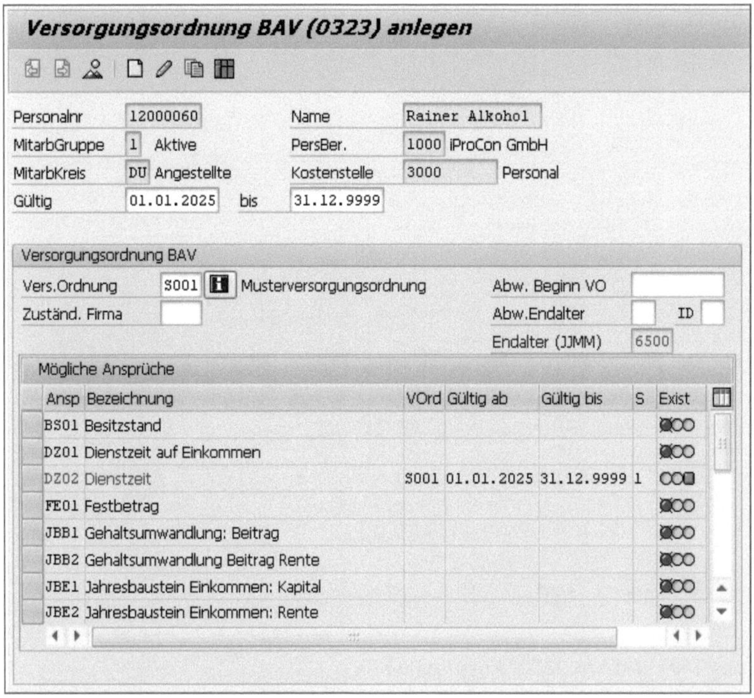

Abbildung 14.10 Zugesagte Ansprüche im Infotyp 0323 (Versorgungsordnung BAV)

Infotyp sichern

Wichtig ist nun das Sichern der beiden Infotypen 0202 (Ansprüche BAV) und 0323 (Versorgungsordnung BAV). Wird ein Infotyp nicht gesichert, kann dies bei der Datenübernahme in die BAV-Datenbank zu Problemen führen. Ein fehlender Infotyp 0202 (Ansprüche BAV) führt z. B dazu, dass Beiträge nicht erkannt und folglich auch nicht in die BAV-Datenbank übernommen werden.

Wird einer im Unternehmen beschäftigten Person ein Anspruch zugesagt, wird dazu direkt aus dem Infotyp 0323 (Versorgungsordnung BAV) in den Infotyp 0202 (Ansprüche BAV) verzweigt (siehe Abbildung 14.11), in dem der anzulegende Anspruch markiert und anschließend der Button **Anlegen** angeklickt wird. Zugesagte Ansprüche sind in der Spalte **Exist** (siehe Abbildung 14.10) grün gekennzeichnet.

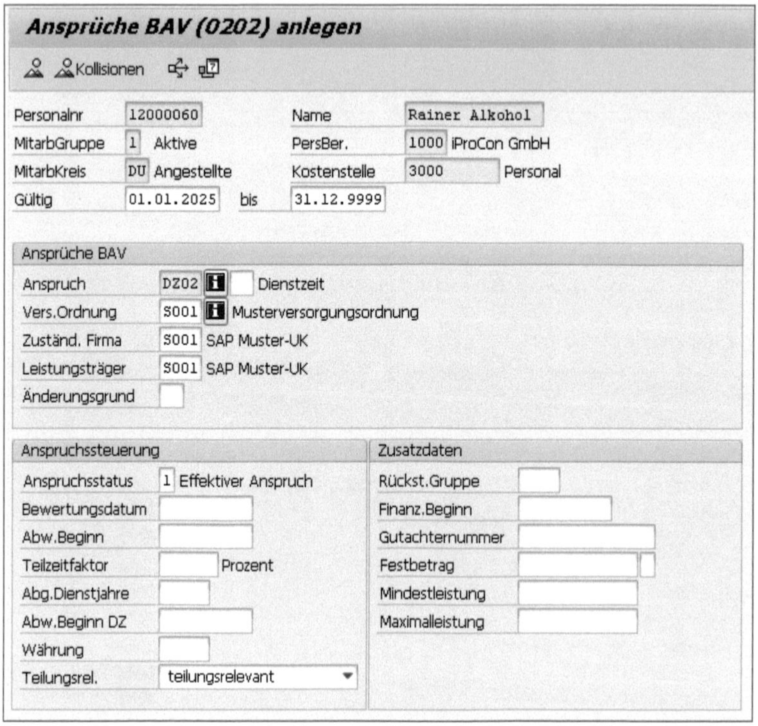

Abbildung 14.11 Infotyp 0202 (Ansprüche BAV)

Im Infotyp 0202 (Ansprüche BAV) sind die Details zum jeweiligen Anspruch hinterlegt. Dazu gehören in erster Linie die zuständige Firma und der jeweilige Leistungsträger; die zuständige Firma und der Leistungsträger können sich durchaus voneinander unterscheiden, z. B. wenn das Unternehmen den Anspruch zusagt, der Leistungsträger aber eine externe Pensionskasse ist, an die die Beiträge gezahlt werden. Je nach Durchführungsweg werden weitere Zusatzdaten zum Anspruch hinterlegt.

Zur Abbildung von Entgeltumwandlungen der Mitarbeitenden steht der Infotyp 0263 (Gehaltsumwandlung BAV) zur Verfügung, siehe Abbildung 14.12. Dieser Infotyp kann allerdings auch ohne den Einsatz der BAV-Komponente genutzt werden.

In der Datengruppe **Verwaltungsdaten** werden insbesondere die Daten zum jeweiligen Anspruch aus dem Infotyp 0202 (Ansprüche BAV) und zur Wandlungsart (Gehaltsumwandlung aus laufendem oder einmaligem Arbeitsentgelt) hinterlegt. Zusätzlich werden hier, wie aus anderen Infotypen – z. B. Infotyp 0699 (Altersvermögensgesetz) – bekannt, die Zahlungszeitpunkte gesteuert.

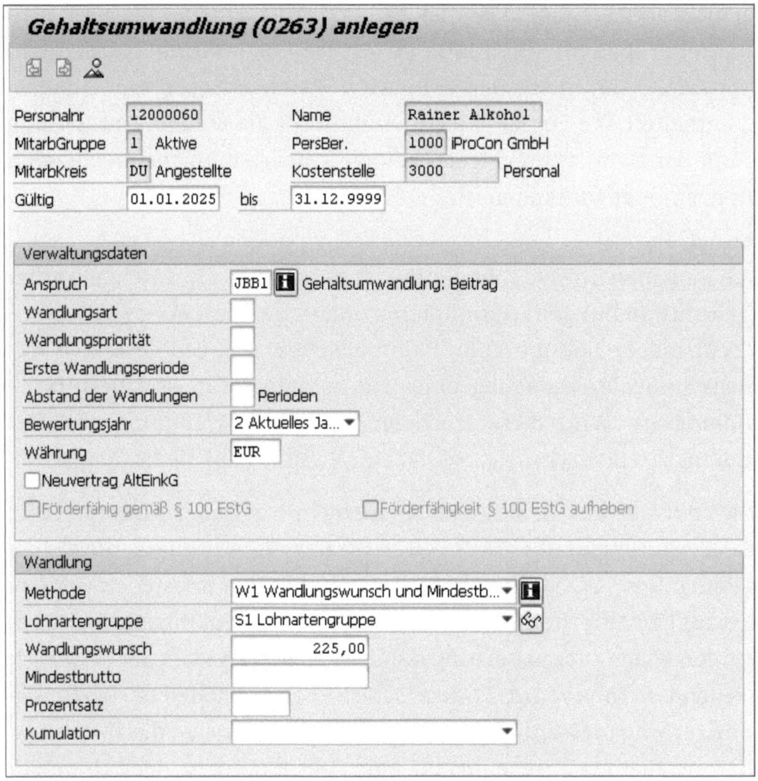

Abbildung 14.12 Infotyp 0263 (Gehaltsumwandlung BAV)

Entgeltumwandlung

In der Datengruppe **Wandlung** befinden sich wichtige Informationen zur Abwicklung der Entgeltumwandlung im Rahmen der Entgeltabrechnung. Dazu gehören:

- Methode
  Das Feld **Methode** legt fest, ob ein Wandlungswunsch, ein Mindestbruttobetrag oder ein Prozentsatz in den entsprechenden Feldern des Infotyps 0263 (Gehaltsumwandlung BAV) erfasst werden kann. Diese Felder können durch die entsprechenden Einstellungen im Customizing auch kombiniert werden. Wie es in Abbildung 14.12 zu sehen ist, besteht hier die Möglichkeit, einen Wandlungswunsch sowie einen Mindestbruttobetrag zu erfassen. Ist der Betrag im Feld **Wandlungswunsch** niedriger als der Betrag im Feld **Mindestbrutto**, erfolgt durch die Entgeltabrechnung in jedem Fall die Umwandlung des Mindestbruttobetrags.
- Lohnartengruppe
  Im Feld **Lohnartengruppe** ist festgelegt, für welche Lohnarten überhaupt eine Entgeltumwandlung erfolgen kann. Vorstellbar wäre es, eine Umwandlung von Einmalbezügen nur für das Weihnachts- oder Urlaubs-

geld, nicht aber für andere Einmalbezüge zuzulassen. Die entsprechende Lohnartengruppe (die Definition erfolgt im Customizing) würde dementsprechend nur die beiden Lohnarten Weihnachtsgeld und Urlaubsgeld enthalten. Die Entgeltabrechnung nimmt die Entgeltumwandlung also nur dann vor, wenn eine der beiden Lohnarten im entsprechenden Zahlungsmonat vorhanden ist.

- **Kumulation**
  Durch Eingaben im Feld **Kumulation** ist es möglich, die durchgeführten Entgeltumwandlungen zu kumulieren und sie auf diese Weise zu begrenzen. Vorstellbar sind die Kumulation aller Wandlungen desselben Anspruchs und die Festlegung einer Höchstgrenze für eine bestimmte Wandlungsart. Wird diese Höchstgrenze durch Wandlungen dieser Wandlungsart überschritten, erfolgt eine Kappung auf die Höchstgrenze.

Betriebliche Altersversorgung

Zusätzlich existiert für die betriebliche Altersversorgung der Infotyp 0203 (Renten-/Bewertungsstatus BAV) mit zentralen Verwaltungskennzeichen analog dem Infotyp 0003 (Abrechnungsstatus). Hier kann gesteuert werden, ob Daten aus den Abrechnungsergebnissen in die BAV-Datenbank übernommen werden sollen (Voraussetzung dafür ist allerdings, dass der Anspruch entsprechend im Infotyp 0202 (Ansprüche BAV) geschlüsselt ist), ob für die Rentenbewertung und -anpassung bzw. die Übertragung an die zuständige versicherungsmathematische Instanz eine Sperre nötig ist oder ob möglicherweise eine Beitragserstattung erfolgen muss (siehe Abbildung 14.13).

Das Löschen des Infotyps 0203 (Renten-/Bewertungsstatus BAV) ist über die Stammdatenpflege nicht möglich. Ebenso können die Felder **Übernahme Basis ab** und **bis** nicht verändert werden. Dies kann immer dann zu Problemen führen, wenn es aufgrund von Pflegefehlern in der Anwendung zu einer verspäteten Übernahme der Basisdaten in die BAV-Datenbank kommt.

Die Lösung für dieses Problem ist hier die Änderung des Infotyps über Transaktion P01A_T003 (Ändern Rentenstatus) oder im SAP-Easy-Access-Menü über **Personal • Personalmanagement • Altersvorsorge • betriebliche Altersversorgung DE • Ändern Renten-/Rückstellungsstatus**.

[!]

Berechtigung für Transaktion P01A_T003

Die Berechtigung zum Ausführen von Transaktion P01A_T003 (Ändern Rentenstatus) sollte nur an wenige Mitarbeitende vergeben werden, da die in der Anwendung nicht veränderbaren Daten grundsätzlich vom Schnittstellenreport (RPCWUBD0, Übernahme Einkommen/Beiträge BAV) geschrieben werden und es nur wenige Konstellationen gibt, in denen eine manuelle Änderung dieser Daten notwendig und sinnvoll ist.

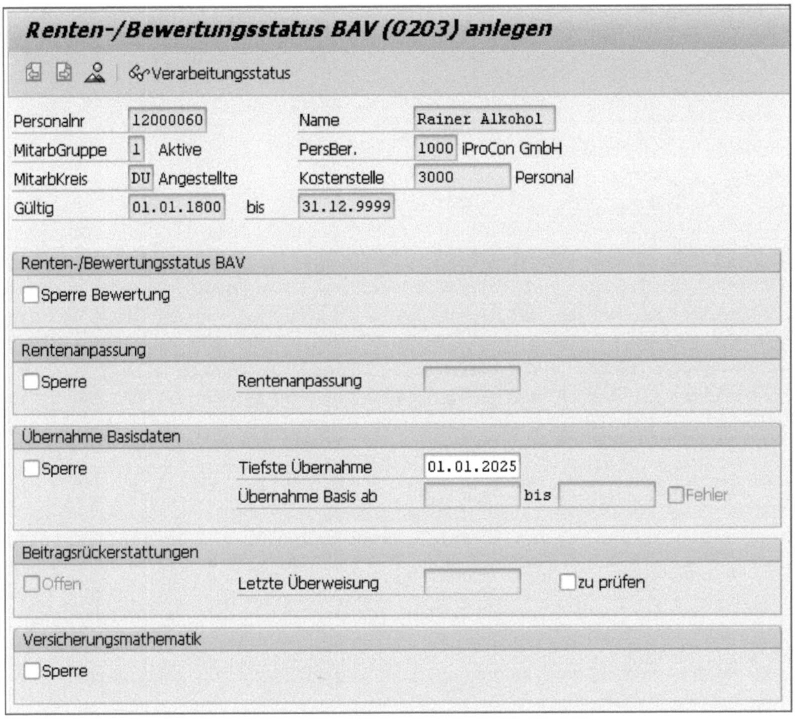

Abbildung 14.13 Infotyp 0203 (Renten-/Bewertungsstatus BAV)

Bei Eintritt des Versorgungsfalls (z. B. bei Erreichen der Altersgrenze und damit verbunden der Gewährung einer betrieblichen Altersrente) berechnet die Komponente BAV den betrieblichen Rentenanspruch einer beschäftigten Person mithilfe der integrierten Rentenermittlung und stellt diesen in den Infotyp 0201 (Rentenbasisbezüge), siehe Abbildung 14.14. Im Rahmen der Entgeltabrechnung erfolgen der Zugriff auf den Infotyp 0201 (Rentenbasisbezüge) und damit auch die Auszahlung der Rente an den Empfangsberechtigten.

Plausibilitätsprüfungen

Die Datenpflege der BAV-Komponente umfasst somit bis zu vier Infotypen. Leider existieren im Standard nur wenige Plausibilitätsprüfungen, sodass Fehleingaben an der Tagesordnung sind. Empfehlenswert ist daher das Programmieren von Plausibilitätsprüfungen (z. B. über die User Exit Includes der Personaladministration, ZXPADU01 bzw. ZXPADU02), etwa hinsichtlich der Fragestellung, welche Infotypen unbedingt angelegt sein müssen, damit die Daten korrekt in die BAV-Datenbank übergeleitet werden. Wichtig ist eine Prüfung, die sicherstellt, dass das Anlegen, Löschen oder Verändern der Infotypen 0323 (Versorgungsordnung BAV), 0202 (Ansprüche BAV) sowie 0263 (Gehaltsumwandlung BAV) nur möglich sind, wenn der Infotyp 0203 (Renten-/Bewertungsstatus BAV) vorhanden ist.

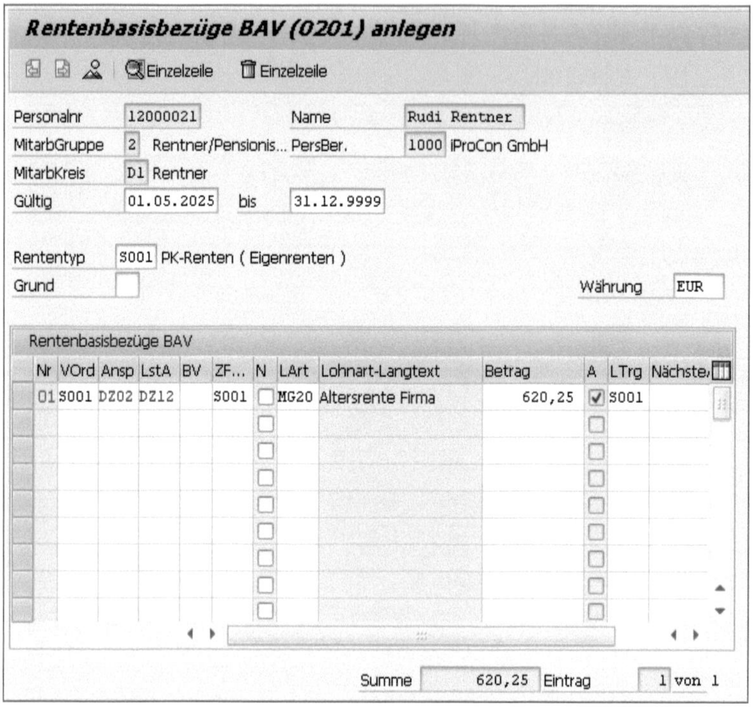

Abbildung 14.14 Infotyp 0201 (Rentenbasisbezüge BAV)

Darüber hinaus sind weitere Prüfungen sinnvoll, z. B. dazu, dass das Anlegen des Infotyps 0263 (Gehaltsumwandlung BAV) nur dann erfolgen soll, wenn die Infotypen 0323 (Versorgungsordnung BAV) und 0202 (Ansprüche BAV) bereits vorhanden sind. Zusätzlich kann in der Entgeltabrechnung ein Abbruch herbeigeführt werden, wenn eine Konsistenz der BAV-Infotypen nicht vorhanden ist.

14.3.4 BAV-Datenbank

In der BAV-Datenbank werden die Bewegungsdaten zur betrieblichen Altersversorgung gespeichert (siehe Abbildung 14.17). Die Sicht auf diese Daten ist mitarbeiterbezogen, und die Datenbankstruktur wurde von SAP so gewählt, dass die Daten hier problemlos auch über Jahrzehnte gespeichert werden können.

Basieren die Berechnungsverfahren für die Ansprüche auf Beiträgen oder Einkommen, können sie direkt von der Personalabrechnung erzeugt werden. Das Abrechnungsschema D000 hält eigens für die Komponente BAV zahlreiche Erweiterungen bereit. Dabei werden die steuer- und sozialversicherungsrechtlichen Regelungen, je nach Durchführungsweg bzw. bei einer aufgeschobenen Vergütung (Deferred Compensation), berücksichtigt und ausgenutzt.

Schnittstellenreport RPCWUBDO

Die Übernahme der in der BAV-Datenbank benötigten Daten (Lohnarten) erfolgt über den Schnittstellenreport RPCWUBDO (Übernahme Einkommen/Beiträge BAV) bzw. im SAP-Easy-Access-Menü über **Personal • Personalmanagement • Altersvorsorge • betriebliche Altersversorgung DE • Rentenermittlung • Übernahme Einkommen/Beiträge BAV**. Dieser Schnittstellenreport verfügt über eine hohe Flexibilität bei der Überführung der korrekten Lohnarten in die BAV-Datenbank. Denn er ist in der Lage, die benötigten Daten aus verschiedenen, im Folgenden aufgeführten Quellen einzusammeln und in die BAV-Datenbank zu überführen:

- Stammdaten der Mitarbeitenden (Infotypen)
- Abrechnungsergebnisse (Abrechnungscluster)
- User Exit, wenn die zuvor genannten Möglichkeiten nicht ausreichen

Zu übernehmende Lohnarten

Dabei kann die Herkunft der Daten beliebig kombiniert werden. Die Definition, welche Lohnarten als Basisdaten in die BAV-Datenbank übernommen werden, erfolgt in Tabelle V_T5DCL für einkommensbasierte und in Tabelle T5DWQ für beitragsorientierte Anspruchsberechnungen, die Sie im Einführungsleitfaden über **Personalmanagement • Betriebliche Altersversorgung • Steuerung Personalabrechnung • Übernahme Daten in die BAV-Datenbank • Übernahme Beiträge** bzw. **Übernahme Einkommen** erreichen. Abbildung 14.15 zeigt die Customizing-Tabelle T5DCL (Übernahme Basisdaten für Einkommen), in der die zu übernehmenden einkommensorientierten Lohnarten festgelegt werden.

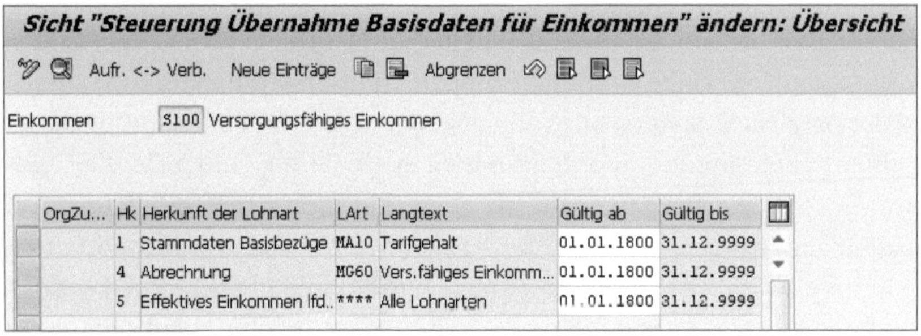

Abbildung 14.15 Übersicht der zu übernehmenden Lohnarten

In Abbildung 14.16 sehen Sie die Details zu den einzelnen Lohnarten.

Die Festlegung der zu übernehmenden Lohnarten kann auch nach organisatorischer Zugehörigkeit aufgesplittet werden (Feld **Org.Zuordnung**), wenn

z. B. für außertarifliche Angestellte andere Lohnarten übernommen werden sollen als für Tarifangestellte.

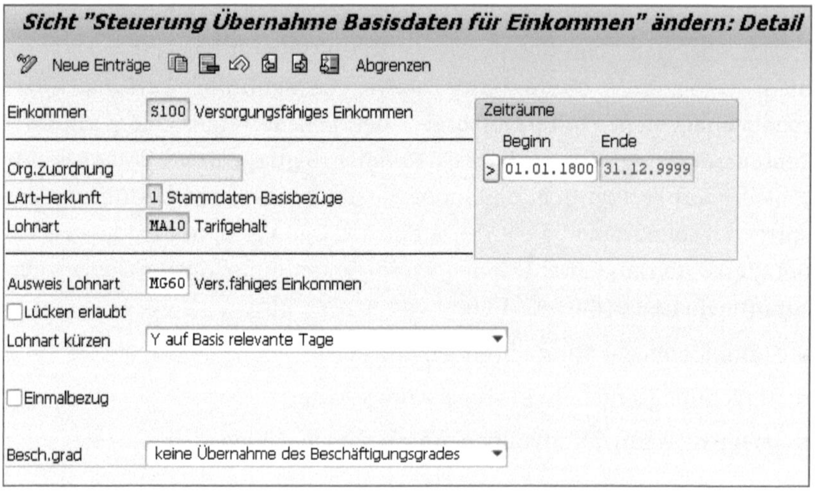

Abbildung 14.16 Details zu den zu übernehmenden Lohnarten

Voraussetzung dafür ist zum einen, dass diese Unterscheidung im System auch abgebildet ist (in der Regel über verschiedene Mitarbeiterkreise), und zum anderen, dass das Merkmal DWCPB entsprechend gepflegt ist, da der Schnittstellenreport dieses Merkmal ausliest und anhand des Rückgabewerts die zutreffende Lohnart in Tabelle T5DCL (Übernahme Basisdaten – Einkommen) identifiziert.

Im Feld **LArt-Herkunft** der Tabelle für die Steuerung der Einkommensübernahme wird die Herkunft der Lohnarten fixiert. Aus Abbildung 14.16 geht hervor, dass die Lohnart MA10 aus dem Infotyp 0008 (Basisbezüge) der beschäftigten Person die Grundlage für den Transfer in die Datenbank bildet. In der Detailsicht können noch ergänzende Angaben zur Behandlung dieser Lohnart vorgenommen werden. So wird in Abbildung 14.16 nicht die Lohnart MA10 direkt, sondern die davon abgeleitete Lohnart MG60 in die BAV-Datenbank überführt. Darüber hinaus können Angaben zur Aliquotierung (Kürzung, wenn eine Lohnart für einen Teilzeitraum übernommen werden soll) und zu Lücken (etwa ob der Wert null in einer Lohnart enthalten sein darf) erfolgen. Zusätzlich kann eine Lohnart als Einmalzahlung gekennzeichnet werden.

Abbildung 14.17 zeigt den Einstieg in die BAV-Datenanzeige. Die in der Datenbank vorhandenen Informationen sind auf dem Einstiegsbild gekennzeichnet und können von dort aus zur Anzeige gebracht werden.

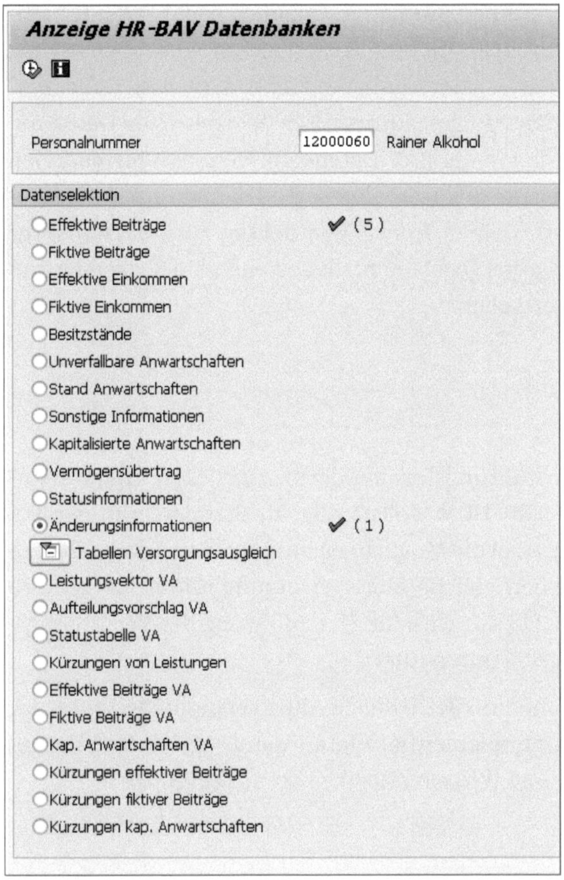

Abbildung 14.17 Einstieg in die BAV-Datenbank über Transaktion P01A_TO01

Abbildung 14.18 zeigt die in der BAV-Datenbank gespeicherten Einkommensbeträge einer Person.

Abbildung 14.18 Effektive Beiträge einer beschäftigten Person in der BAV-Datenbank

Die gespeicherten Daten können problemlos manuell nachbearbeitet werden, z. B. wenn Rückrechnungen für eine Person nicht mehr möglich sind, eine Änderung der BAV-Daten jedoch unbedingt erforderlich ist. Dabei werden die manuell gepflegten von den automatisch übermittelten Daten unterschieden. Zudem werden in der BAV-Datenbank weitere Informationen gespeichert, z. B. ob es sich um einen arbeitgeber- oder einen arbeitnehmerfinanzierten oder auch um einen freiwilligen Beitrag zur Altersvorsorge handelt oder ob die Beträge bei gegebenenfalls anstehenden Rückerstattungen berücksichtigt werden sollen.

14.4 Fazit

Die verschiedenen Durchführungsformen der betrieblichen Altersversorgung werden von SAP ERP HCM vollständig im Standard unterstützt. Zwischenzeitlich hat SAP auch die Möglichkeit eröffnet, den Arbeitgeberzuschuss zu den VL in die betriebliche Altersversorgung mittels Entgeltumwandlung einzubringen. Ebenso wird die Durchführung des Versorgungsausgleichs im Scheidungsfall unterstützt.

Dem Einsatz der Komponente »Betriebliche Altersversorgung« sollte aufgrund des zumeist hohen Implementierungsaufwands jedoch eine Voruntersuchung auf Eignung und Wirtschaftlichkeit vorausgehen.

Kapitel 15
Pfändungen

Als Arbeitgeber sind Sie zur korrekten Bearbeitung von Lohn- und Gehaltspfändungen verpflichtet, andernfalls drohen Haftungsrisiken. In diesem Kapitel zeigen wir Ihnen die Handhabung von Lohn- und Gehaltspfändungen mithilfe von HCM und geben Ihnen Tipps zum Umgang mit den anderen Beteiligten des Verfahrens.

Die Bearbeitung der Lohn- und Gehaltspfändung (im Folgenden kurz *Pfändung* genannt) gehört zusammen mit der Bearbeitung einer Gehaltsabtretung (siehe Abschnitt 15.4, »Abtretung«) oder einer Verbraucherinsolvenz (mehr darüber erfahren Sie im gleichnamigen Abschnitt 15.5.6) zu den schwierigsten Aufgaben in der Personalabrechnung, da bei der Abwicklung einerseits Fingerspitzengefühl im Umgang mit den betreffenden Mitarbeitenden und andererseits hohe fachliche und systemtechnische Fachkompetenz von Ihnen erwartet werden. Zum Verständnis dieses Kapitels setzen wir die Kenntnis der infrage kommenden Paragrafen der Zivilprozessordnung (im Folgenden kurz *ZPO* genannt), der aktuellen Rechtsprechung und der fachlichen Begriffe voraus.

Erfassung und Abrechnung der Varianten

In diesem Kapitel behandeln wir die Erfassung und Abrechnung folgender Pfändungsvarianten:

1. gewöhnliche Pfändung in Abschnitt 15.1
2. bevorrechtigte Pfändung in Abschnitt 15.2
3. Vorpfändung (vorläufiges Zahlungsverbot) in Abschnitt 15.3
4. Abtretung in Abschnitt 15.4
5. Verbraucherinsolvenz in Abschnitt 15.5.6

Darüber hinaus zeigen wir Ihnen, wie Sie die Ermittlung des pfändbaren Betrags im Abrechnungsprotokoll nachvollziehen können, und gehen in diesem Zusammenhang auf Besonderheiten ein.

15.1 Gewöhnliche Pfändung

Die Bezeichnung *gewöhnliche Pfändung* stellt keine gesetzliche Definition dar. Wir verwenden sie im Folgenden lediglich als Abgrenzung zum Begriff *bevorrechtigte Pfändung* (schauen Sie sich dazu den gleichnamigen Abschnitt 15.2 an). Herleiten lässt sich der Begriff aus der Bezeichnung des entsprechenden Formulars »Antrag auf Erlass eines Pfändungs- und Überweisungsbeschlusses insbesondere wegen gewöhnlicher Geldforderungen«.

15.1.1 Gewöhnliche Pfändung erfassen

Pfändungs- und Überweisungsbeschluss

Die Grundlage zur Erfassung einer Pfändung bildet also der *Pfändungs- und Überweisungsbeschluss* (im Folgenden kurz *PfÜB* genannt, ein Beispiel dazu finden Sie in Abbildung 15.1) oder die Zustellung einer Vorpfändung (siehe Abschnitt 15.3, »Vorpfändung (vorläufiges Zahlungsverbot)«), ohne die Sie nicht tätig werden dürfen. Beide Dokumente müssen von einer vollstreckungsberechtigten Behörde ausgefertigt oder beglaubigt und/oder einer vollstreckungsberechtigten Person zugestellt sein, denn ansonsten sind sie ungültig. Die Angaben in einem PfÜB (z. B. zur (Nicht-)Berücksichtigung unterhaltsberechtigter Angehöriger der betreffenden Person) sind für Sie bindend. Allerdings haben Sie im Rahmen eines PfÜBs als sogenannter (*verfahrensbeteiligter*) *Drittschuldner* die Möglichkeit, bei Bedarf Änderungen zu beantragen.

Sieben Infotypen

Für die Erfassung einer Pfändung stehen Ihnen sieben Infotypen (Nr. 0111–0117) mit ihren jeweiligen Subtypen zur Verfügung. Eine Pfändung legen Sie als sogenannte *dynamische Maßnahme* über Transaktion PA30 (Personalstammdaten pflegen) an. Das heißt, dass Ihnen, ausgehend vom Infotyp 0111 (Pfändung/Abtretung), abhängig von Ihren Eingaben, nach dessen Sichern die anderen Infotypen vom System zur Erfassung angeboten werden. Die Möglichkeit der Einzelerfassung und -bearbeitung der Infotypen bleibt davon unberührt.

[»]

Literaturempfehlung

Mehr über Infotypen und dynamische Maßnahmen erfahren Sie in dem Buch »SAP-Personalwirtschaft. Das Praxishandbuch« (SAP PRESS 2022). Vollständige Literaturangaben und weitere Literaturhinweise finden Sie in Anhang .

Im Folgenden beschreiben wir die Erfassung einer gewöhnlichen (nicht bevorrechtigten) Pfändung und erläutern die vom System dazu angebotenen Infotypen.

Vollstreckungsbehörde

Nr./AZ (Bei Überweisungen bitte unbedingt angeben!)
Do/224280

Ort, Datum
Pößneck, 03. NOV. 2022

Sachbearbeiter(in) Zimmer-Nr.

Telefon Durchwahl (Nbst.) Telefax

E-Mail
Vollstreckung@zaso-online.de

Bankverbindungen:

Anschrift Drittschuldner

Firma
Bierstube 20

12345 Monopoly

Pfändungs- und Einziehungsverfügung

Dem Drittschuldner zugestellt am:

Sehr geehrte Damen und Herren,

Vollstreckungsschuldner:
SAP Personalabrechnung, geb. 10.08.1994; Frankenstr. 148, 90461 Nürnberg schuldet der/m

Vollstreckungsgläubiger: Nr./AZ des Vollstreckungsgläubigers
Zweckverband Abfallwirtschaft

fällige Forderungen, welche die links oben genannte Vollstreckungsbehörde im Gesamtbetrag beizutreiben hat.

Kassenzeichen/Forderung (Zeitraum, Fälligkeit, Bescheid vom)	EUR
Säumniszuschlag/Verzugszinsen bis	
Mahngebühren, bisherige Vollstreckungskosten u. Auslagen	
Postentgelt	
Kosten dieser Vollstreckung	
Gesamtbetrag	56,89

Die Voraussetzungen der Vollstreckung liegen vor.
Rechtsgrundlagen: §§ 309 ff. der Abgabenordnung i.V.m. § 38 Abs. 1 Nr. 3 des Thüringer Verwaltungszustellungs- und Vollstreckungsgesetzes (ThürVwZVG) i.d. derzeit geltenden Fassung.
Wegen und in Höhe dieser Ansprüche, zuzüglich der noch entstehenden Vollstreckungskosten und der evtl. nachstehenden Säumniszuschläge werden die angeblichen und die künftig entstehenden Forderungen des Vollstreckungsschuldners gegen Sie gepfändet. Sie dürfen bis zur Höhe des Schuldbetrages nicht mehr an den genannten Vollstreckungsschuldner zahlen. Die gepfändete Forderung wird der oben bezeichneten Behörde zur Einziehung überwiesen.
Die Kosten der Vollstreckung und die Nebenforderungen zuzüglich der weiteren Säumniszuschläge pro angefangenen Monat 1 %
aus EUR ab
werden hiermit festgesetzt. Ein besonderer Bescheid ergeht nicht mehr.

Sie werden als Drittschuldner hiermit aufgefordert, den Betrag, auf den die gepfändete Forderung lautet, sofort bzw. bei Fälligkeit unter Angabe der **Nr./AZ** zu zahlen:

☒ an unsere Kasse (Bankverbindung siehe oben) ☐ an den Vollstreckungsgläubiger (unter Angabe dessen Nr./AZ) Bankverbindung:

☐ Es handelt sich um eine privatrechtliche Forderung, die gem. § 42 ThürVwZVG i.V.m. § 1 der Thüringer Verordnung über die Beitreibung von Geldforderungen des bürgerlichen Rechts im Verwaltungsvollstreckungsverfahren i.d. derzeit geltenden Fassung im Verwaltungsweg vollstreckbar ist (s. Ziff. II der Rechtsbehelfsbelehrung).

Gebot an Vollstreckungsschuldner:
Der Vollstreckungsschuldner hat sich jeder Verfügung über die gegen den Drittschuldner bestehenden Forderungen, insbesondere ihrer Einziehung, zu enthalten. Zahlungen sind spätestens bei Fälligkeit an die Kasse bzw. an den angegebenen Gläubiger zu leisten.
Beide sind berechtigt, die gepfändete Forderung einzuziehen.

Zwangsgeldandrohung gegen Drittschuldner:
Falls Sie die geforderte Erklärung (siehe umseitig unter "Erklärungspflicht des Drittschuldners") nicht fristgemäß abgeben, wird gegen Sie ein Zwangsgeld in Höhe von 25,00 EUR angedroht, das nach Ablauf der Zweiwochenfrist festgesetzt und fällig wird.
Die umseitige Rechtsbehelfsbelehrung, Hinweise und Aufforderungen etc. sind Bestandteil dieses Bescheides.

Vollstreckungsbehörde

Unterschrift

Seite 1 Drittschuldner

Abbildung 15.1 Beispiel für einen Pfändungs- und Überweisungsbeschluss

Infotyp 0111 (Pfändung/Abtretung)

Über den Pfad **Personal • Personalmanagement • Administration • Personalstamm** wählen Sie die Option **Pflegen**. Nach der Bestimmung der Personalnummer rufen Sie den Infotyp 0111 mithilfe der Funktion **Anlegen** auf. Als Nächstes müssen Sie sich in dem daraufhin angebotenen Dialogfenster entscheiden, ob Sie eine gewöhnliche oder eine bevorrechtigte Pfändung oder aber eine Abtretung/Verbraucherinsolvenz anlegen möchten. Nach der Auswahl der Pfändungsart 1 (Gewöhnliche Pfändung) wird Ihnen der Infotyp 0111 (Pfändung/Abtretung) zur Erfassung der Pfändungsdaten angeboten (siehe Abbildung 15.2).

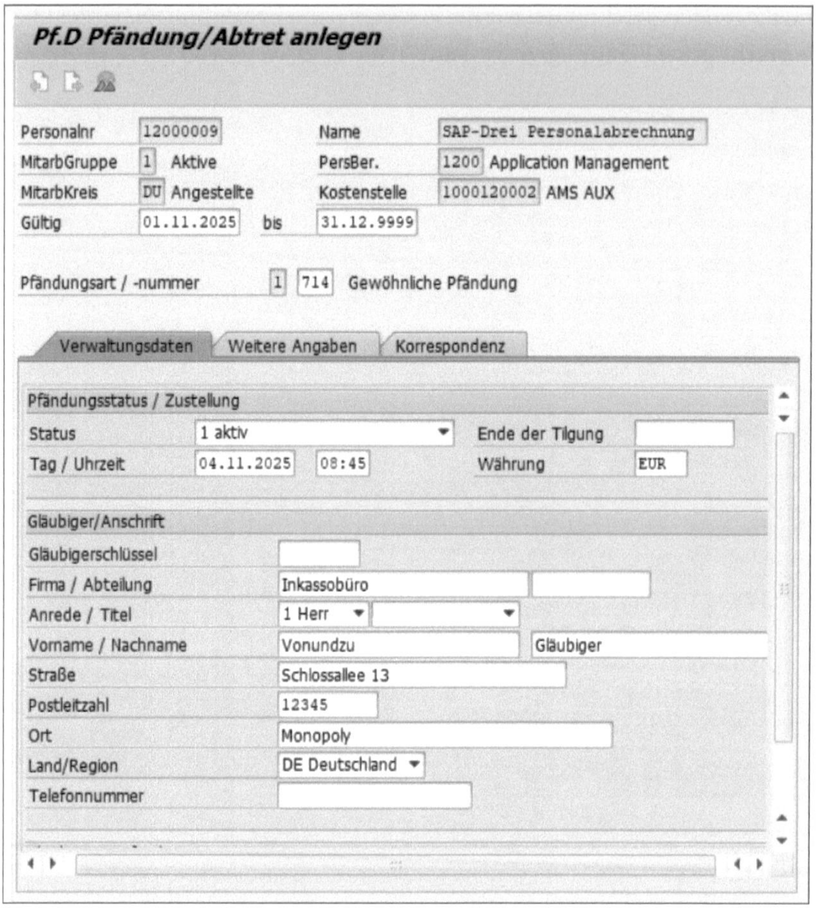

Abbildung 15.2 Infotyp 0111 (Pfändung/Abtretung)

Felder des Infotyps 0111

Die Eingabefelder des Infotyps 0111 (Pfändung/Abtretung) haben die folgenden Bedeutungen: Im Feld **Gültig** wird abhängig vom Personalverwaltungssatz (siehe Abschnitt 1.8.1, »Abrechnungsverwaltungssatz«) der erste Tag der nächsten Abrechnungsperiode vorgeschlagen. Das Datum in diesem Feld bewirkt, dass sich alle folgenden Infotypen dieser Pfändung auf den Infotyp 0111 (Pfändung/Abtretung) beziehen. Das heißt, dass Sie ohne diesen Infotyp keine nachfolgenden Infotypen anlegen können und dass für die nachfolgenden Infotypen dieser Pfändung kein früheres Beginndatum als das hier erfasste Datum möglich ist. Das Feld **Pfändungsart / -nummer** ist durch die Auswahl **Gewöhnliche Pfändung** beim Aufruf des Infotyps vorbelegt und nicht änderbar. Die jeweilige Pfändungsnummer wird im Standard pro Pfändungsart nach dem Zufallsprinzip vom System vergeben.

Verwaltungsdaten

Die Daten auf der Registerkarte **Verwaltungsdaten** sind in verschiedene Datengruppen unterteilt, die wir Ihnen im Folgenden detailliert vorstellen werden.

Datengruppe »Pfändungsstatus/Zustellung«

Über die Einträge im Feld **Status** entscheiden Sie sowohl über die Verarbeitung der Pfändung als auch über das Angebot der folgenden Infotypen. Der Status **aktiv** wird vorgeschlagen und bedeutet, dass die Pfändung abhängig von der Rangfolge in der Abrechnung verarbeitet und ein Pfändungsbetrag ermittelt wird. Mit dem Status **Vorpfändung** bilden Sie das vorläufige Zahlungsverbot ab, siehe Abschnitt 15.3, »Vorpfändung (vorläufiges Zahlungsverbot)«. Den Status **aktiv ohne Überweisung** verwenden Sie, wenn Sie den Pfändungsbetrag einbehalten, ihn aber nicht überweisen können oder wollen (z. B. wegen Hinterlegung). Eine Pfändung mit dem Status **ruhend** wird in der Abrechnung nicht verarbeitet.

Die Status **beendet am** und **beendet, Guthaben vorhanden** verwenden Sie in Verbindung mit dem Feld **Ende der Tilgung** zur Kennzeichnung Ihrer Pfändungen. Diese Status haben einerseits für getilgte Pfändungen Informationscharakter, und andererseits können Sie durch sie erreichen, dass eine Pfändung in der Abrechnung nicht mehr verarbeitet wird, obwohl sie u. U. noch nicht getilgt ist.

Die Felder zu **Tag / Uhrzeit** sind von entscheidender Bedeutung. Denn sollten für eine beschäftigte Person mehrere Pfändungen vorliegen, legen Sie mithilfe dieser Felder die Rangfolge für die betreffenden Pfändungen fest. Hier müssen das Datum und die Uhrzeit, die bei der Zustellung der Pfändungs- und Überweisungsbeschlüsse als Zustelldatum festgelegt wurden, erfasst werden. Wenn Sie Beschlüsse auf dem Postweg erhalten, sollten Sie das Datum und die Uhrzeit des Eingangs nachvollziehbar festlegen, um Haftungsrisiken zu vermeiden.

[«]

Felder zu »Tag / Uhrzeit«

Die Felder zu **Tag / Uhrzeit** sind nicht abrechnungsrelevant. Das heißt, Sie können jederzeit Daten erfassen, die in die Abrechnungsvergangenheit reichen und so die Rangfolge nachträglich verändern. Dies ist in der Regel für das Anlegen einer (offengelegten) Abtretung notwendig (siehe dazu auch Abschnitt 15.4, »Abtretung«).

Datengruppe »Gläubiger/Anschrift«

In den Feldern der Datengruppe **Gläubiger/Anschrift** erfassen Sie die Daten des Gläubigers aus dem PfÜB. Dies kann sowohl ein Unternehmen, z. B. eine

Bank, als auch ein privater Gläubiger sein. Die Daten dieser Felder werden für die Abrechnung der entsprechenden Pfändung benötigt. Darüber hinaus werden die Felder dieser Datengruppe für die Vorschlagswerte in den Feldern des Infotyps 0116 (Überweisung) – siehe Abbildung 15.7 –, für die Drittschuldnererklärung (siehe den gleichnamigen Abschnitt 15.1.2) und im Rahmen von Auswertungen verwendet.

Datengruppe »Gleichzeitige Pfändungen« (nur ersichtlich bei gleichem Zustelltag und gleicher Zustellungsuhrzeit)

Sind für eine im Unternehmen beschäftigte Person mehrere Pfändungen gleichzeitig zugestellt worden, müssen Sie in den Feldern **Aufteilung** und **Prozentsatz** die Tilgungshöhe für jede Pfändung bestimmen. Über den Button **Gleichzeitige** können Sie sich die Pfändungen anzeigen lassen, die Sie mit dem gleichen Datum und der gleichen Uhrzeit wie die momentan bearbeitete Pfändung erfasst haben.

[!]

Feld »Aufteilung«

Bei gleichzeitigen Pfändungen muss das Feld **Aufteilung** immer gefüllt werden, weil andernfalls die Abrechnung der betroffenen Person mit einer Fehlermeldung abbricht.

Die Einstellung **nach Schuldsumme** berücksichtigt nur Einträge im Infotyp 0112 (Forderung). Diese Aufteilung ist jedoch bei PfÜBs, die Vorschriften zur Zinsberechnung enthalten, nur annähernd richtig. Eine pfändungsrechtlich richtige Aufteilung erhalten Sie, wenn Sie eine manuelle *Dreisatzberechnung* der gleichzeitigen Pfändungen mit den Gesamtforderungen einschließlich der gepfändeten Zinsen und sonstigen Nebenforderungen (Endbetrag der Forderungsaufstellungen) durchführen. Das so ermittelte genaue Ergebnis müssen Sie nach der Auswahl der Einstellung **nach Prozentvorgabe** in das dafür vorgesehene Feld **Prozentsatz** eingeben. Dieser Vorgang muss für andere gleichzeitig zugestellte Pfändungen entsprechend durchgeführt werden.

Die Einstellung **nach Anzahl Pfändungen** dürfen Sie nur dann verwenden, wenn tatsächlich allen Pfändungsgläubigern ein gleicher Anteil vom pfändbaren Betrag zufließen soll, z. B aufgrund einer entsprechenden Vereinbarung.

Weitere Angaben

Die Daten der Registerkarte **Weitere Angaben** benötigen Sie nicht für die Abrechnung einer Pfändung, sondern sie sind notwendige Voraussetzung für die korrekte Erstellung der Drittschuldnererklärung (mehr darüber erfahren Sie im gleichnamigen Abschnitt 15.1.2) und werden teilweise als Vorschlagswerte für den Infotyp 0116 (Überweisung) herangezogen (siehe Abbildung 15.7). Die Informationen für die Eingabefelder entnehmen Sie dem PfÜB.

Wenn Sie eine Drittschuldnererklärung mit SAP ERP HCM erstellen wollen, müssen Sie die Voreinstellung der Auswahl **Aufforderung zur Drittschuldnererklärung** übernehmen. Das Feld **Lohnsteuerkarte gepfändet** ist obsolet.

Korrespondenz

Die Felder der Registerkarte **Korrespondenz** benutzen Sie, wenn der Gläubiger die Pfändung nicht selbst betreibt, sondern einen sogenannten *Gläubigervertreter* dazu beauftragt hat, z. B. Inkassobüros, Rechtsanwälte etc. Die hier erfassten Daten benötigen Sie nicht für die Abrechnung einer Pfändung, denn sie ersetzen lediglich die Daten aus der Registerkarte **Verwaltungsdaten** der Datengruppe **Gläubiger/Anschrift** für die Drittschuldnererklärung (siehe ebenfalls Abschnitt 15.1.2).

Infotyp 0112 (Forderung)

Beim Anlegen einer Pfändung wird Ihnen nach dem Sichern des Infotyps 0111 (Pfändung/Abtretung) automatisch der Infotyp 0112 (Forderung) zur Erfassung angeboten (siehe Abbildung 15.3).

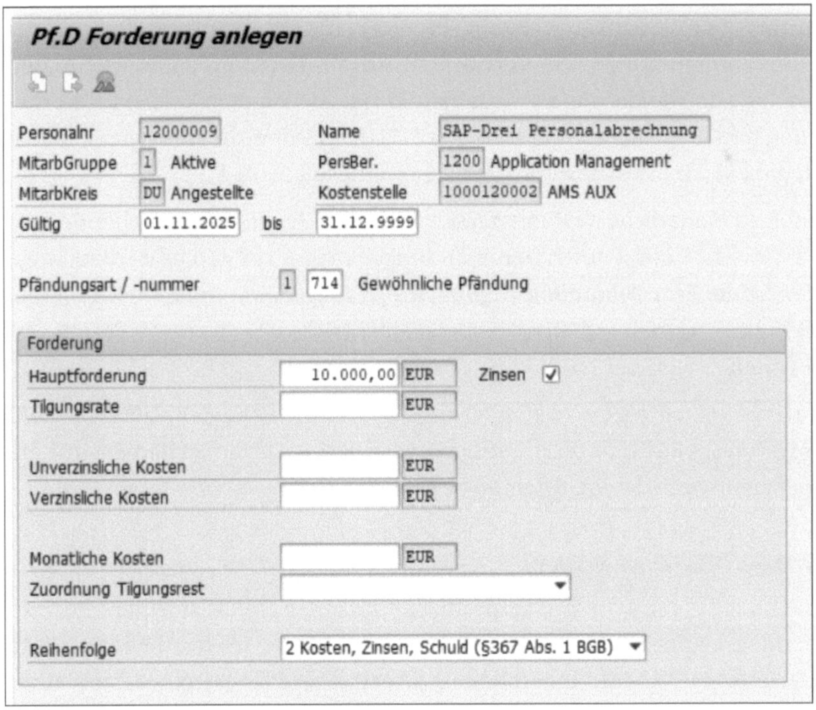

Abbildung 15.3 Infotyp 0112 (Forderung)

Felder des Infotyps 0112

Die Eingabefelder des Infotyps 0112 (Forderung) haben die folgende Bedeutung: Das Feld **Gültig** und die Felder zu **Pfändungsart / -nummer** werden durch Informationen aus dem Infotyp 0111 (Pfändung/Abtretung) vorbelegt (siehe Abbildung 15.2). Den im Feld **Hauptforderung** einzutragenden Betrag entnehmen Sie dem PfÜB. Die Auswahl **Zinsen** markieren Sie, wenn im PfÜB Zinsen für die Hauptforderung aufgeführt sind. Dadurch wird Ihnen nach dem Sichern des Infotyps 0112 (Forderung) der Infotyp 0113 (Zinsangaben) zur Erfassung der Zinsberechnung angeboten. Durch die Erfassung eines Betrags im Feld **Tilgungsrate** setzen Sie die Zinsberechnung nach § 850c ZPO außer Kraft.

[»]

Feld »Tilgungsrate«

Beträge im Feld **Tilgungsrate** werden in Teillohnzahlungszeiträumen und auf der Basis des Feldes **Gültig** des Infotyps 0111 (Pfändung/Abtretung) aliquotiert (zur Aliquotierung erfahren Sie mehr im gleichnamigen Abschnitt 3.14). Darüber hinaus wird die Tilgungsrate in der Abrechnung auf den pfändbaren Betrag begrenzt.

Die Beträge für die Felder **Unverzinsliche Kosten** und **Verzinsliche Kosten** entnehmen Sie dem PfÜB. Wenn Sie beim erstmaligen Anlegen des Infotyps 0112 (Forderung) im Feld **Verzinsliche Kosten** Daten erfassen, wird Ihnen analog zur Markierung der Auswahl **Zinsen** neben dem Feld **Hauptforderung** nach dem Sichern des Infotyps 0112 (Forderung) der Infotyp 0113 (Zinsangaben) zur Erfassung der Zinsberechnung angeboten.

Im Feld **Monatliche Kosten** erfassen Sie jeden Monat neu entstehende Kosten. Können diese durch den Pfändungsbetrag nicht getilgt werden, müssen Sie im Feld **Zuordnung Tilgungsrest** festlegen, wie mit dem Restbetrag verfahren werden soll. Diese beiden Felder können Sie nur gemeinsam verwenden.

Im Feld **Reihenfolge** wird standardmäßig der Eintrag **Kosten, Zinsen, Schuld (§367 Abs. 1 BGB)** für die Tilgung vorgeschlagen. Davon sollten Sie nur abweichen, wenn der PfÜB dies ausdrücklich vorsieht.

Infotyp 0113 (Zinsangaben)

Mithilfe des Infotyps 0113 (Zinsangaben) können Sie die in einem PfÜB in der Regel aufgeführte Zinsberechnung durchführen (siehe Abbildung 15.4). Der Infotyp 0113 wird Ihnen beim Anlegen einer Pfändung nur dann automatisch angeboten, wenn Sie beim erstmaligen Anlegen im Infotyp 0112 (Forderung) die Auswahl **Zinsen** neben dem Feld **Hauptforderung** markiert oder im Feld **Verzinsliche Kosten** einen Betrag erfasst haben (siehe Abbildung 15.3).

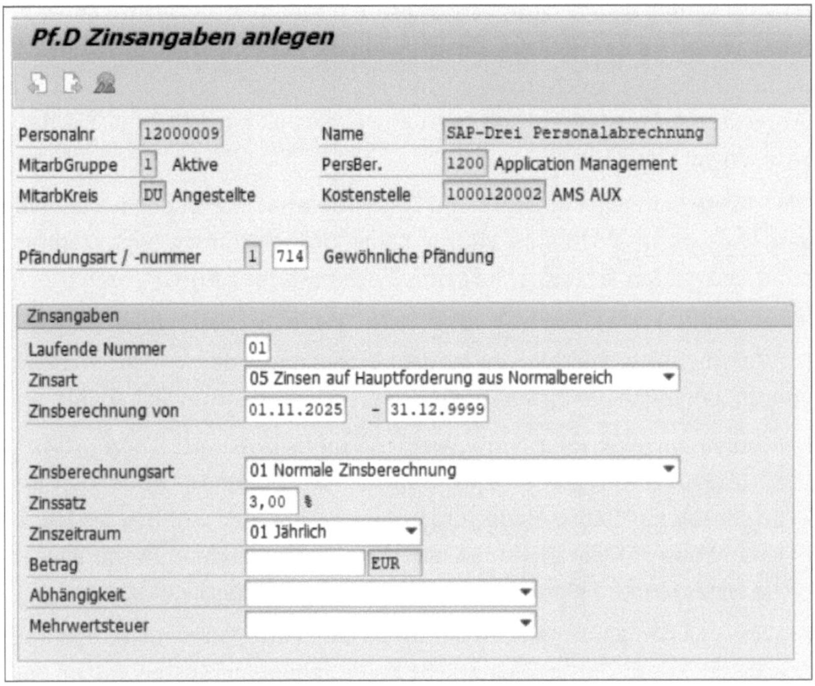

Abbildung 15.4 Infotyp 0113 (Zinsangaben)

Felder des Infotyps 0113

Die Felder des Infotyps 0113 (Zinsangaben) haben folgende Bedeutung: Die Felder zu **Pfändungsart / -nummer** werden durch Informationen aus dem Infotyp 0111 (Pfändung/Abtretung) vorbelegt. Über eine Eingabe im Feld **Laufende Nummer** können Sie den Infotyp 0113 (Zinsangaben) mehrfach anlegen. Im Feld **Zinsart** bestimmen Sie die Zinsbasis, auf die sich die Zinsermittlung beziehen soll.

Über die Eingaben in den Feldern zu **Zinsberechnung von** bilden Sie den im PfÜB aufgeführten Zinsberechnungszeitraum ab. Sie sind dabei weder an das Eintrittsdatum der beschäftigten Person noch an das SAP-ERP-HCM-Einführungsdatum gebunden, da der Infotyp 0113 (Zinsangaben), im Gegensatz zu den anderen Infotypen der Pfändung, keine Zeitraumbeschränkung hat. Das Vorschlagsdatum **31.12.9999** übernehmen Sie, um eine vollständige Tilgung der Zinsen zu gewährleisten. Durch die Festlegung der Tilgungsreihenfolge im Infotyp 0112 beginnt die Tilgung der Hauptforderung erst nach einer vollständigen Tilgung eventuell vorhandener (und erfasster) Kosten und/oder Zinsen. Dies können Sie bei Bedarf im Abrechnungsprotokoll (siehe Abschnitt 15.1.3, »Abrechnung und Kontrolle einer gewöhnlichen Pfändung«) nachvollziehen.

Den Inhalt des Feldes **Zinsberechnungsart** entnehmen Sie den Angaben im PfÜB. Wenn Sie den Eintrag **Zinsberechnung mit Zins über Basiszinssatz** wählen, müssen Sie sicherstellen, dass im Basiszinssatz in Tabelle V_T511K (Abrechnungskonstanten) der Wert PFDI2 aktuell ist (beachten Sie dazu SAP-Hinweis 2403219).

Die Inhalte der Felder **Zinssatz** und **Zinszeitraum** entnehmen Sie ebenfalls den Angaben im PfÜB. Den Eintrag **Keine Zinsberechnung (wg. Kreditgebühr)** verwenden Sie, wenn Sie keine Zinsberechnung durchführen möchten, sondern einen festen Betrag – z. B. eine Kreditgebühr – tilgen wollen.

Die Verarbeitung Ihrer Eingabe im Feld **Betrag** durch das Abrechnungsprogramm hängt von der Zinsart ab und kann zwei Bedeutungen haben:

1. Für den eingegebenen Betrag werden Zinsen berechnet. Dazu erfassen Sie im Feld **Zinsart** die Zinsart **Zinsen auf fiktive Kosten** (03) oder die Zinsart **Zinsen auf fiktive Hauptforderung** (10). Von der Summe, die Sie im Feld **Betrag** eingeben, werden nun die Zinsen berechnet, wenn Sie den Zinssatz zuvor im gleichnamigen Feld **Zinssatz** hinterlegt haben.
2. Wenn Sie den eingegebenen Betrag als Zinsbetrag verwenden möchten, erfassen Sie die Zinsart **Monatliche Kreditgebühr auf Kosten** (04) im entsprechenden Feld. In diesem Fall ist die Summe aus dem Feld **Betrag** ein fester Wert (die monatliche Kreditgebühr).

[»]

Tägliche Zinsberechnung abbilden

Sie können einen täglichen Zinsbetrag nur auf folgende Art abbilden:

- **Zinsart**: Zinsen auf fiktive Hauptforderung
- **Zinsberechnungsart**: normale Zinsberechnung
- **Zinssatz**: 10 %
- **Zinszeitraum**: täglich
- **Betrag**: 10-facher Betrag

Für die Forderungen im Feld **Abhängigkeit** werden so lange feststehende Zinsbeträge berücksichtigt, bis sie abgetragen sind. Wenn Sie dieses Feld leer lassen, entsteht die Zinsforderung jeden Monat neu, auch wenn die eigentliche Forderung bereits getilgt ist.

Mit den Auswahlmöglichkeiten des Feldes **Mehrwertsteuer** geben Sie an, mit welchem Mehrwertsteuersatz die Mehrwertsteuer für die berechneten Zinsen ermittelt werden soll.

Infotyp 0114 (Pfändbarer Betrag)

Über Ihre Eingaben im Infotyp 0114 (Pfändbarer Betrag) legen Sie fest, auf welche Weise das System den Pfändungsbetrag ermitteln soll (siehe Abbildung 15.5).

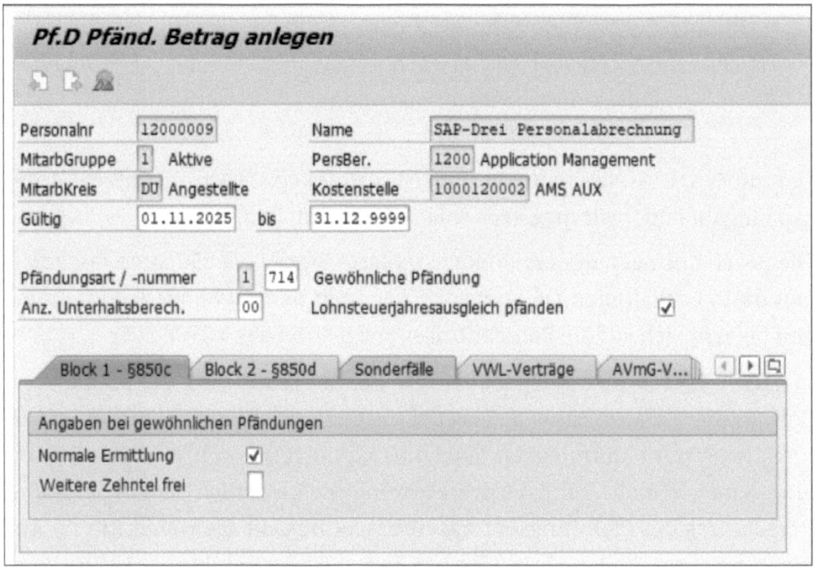

Abbildung 15.5 Infotyp 0114 (Pfändbarer Betrag)

Dieser Infotyp wird Ihnen beim Anlegen einer Pfändung nach dem Sichern des Infotyps 0112 (Forderung) oder nach dem Sichern des Infotyps 0113 (Zinsangaben) automatisch angeboten. Die Werte des Feldes **Gültig** und die Werte zu **Pfändungsart / -nummer** werden aus dem Infotyp 0111 (Pfändung/Abtretung) übernommen.

Felder des Infotyps 0114

Im Folgenden beschreiben wir die Erfassungs- und Steuerungsmöglichkeiten des Infotyps 0114 (Pfändbarer Betrag): Im Feld **Anz. Unterhaltsberech.** erfassen Sie unterhaltsberechtigte Angehörige der betreffenden Person. Die Markierung des Kennzeichens **Lohnsteuerjahresausgleich pfänden** bewirkt, dass Ihnen nach dem Sichern des Infotyps 0114 (Pfändbarer Betrag) dreimal der Infotyp 0115 (Lohnanteile) angeboten wird – mit den Voreinstellungen für die Pfändung einer eventuellen Erstattung der Lohnsteuer (siehe Abbildung 15.6), mit den Voreinstellungen für die Pfändung einer eventuellen Erstattung des Solidaritätszuschlags und mit den Voreinstellungen für die Pfändung einer eventuellen Erstattung der Kirchensteuer. Die Auswahl **Lohnsteuerjahresausgleich pfänden** ist nur in der Funktion **Anlegen** sichtbar.

15

[»]

Lohnsteuerjahresausgleich

Der Anspruch auf Steuererstattung (§ 42 EStG) soll laut LAG Hamm zum pfändbaren Arbeitseinkommen gehören (Urteil vom 12.02.1988 – 16 Sa 1834/87 und NZA 1989, 529). Sie dürfen jedoch die Einbehaltung durch die Markierung der Auswahl **Lohnsteuerjahresausgleich pfänden** im Infotyp 0114 (Pfändbarer Betrag) und die anschließende Sicherung des Infotyps 0115 (Lohnanteile) nur vornehmen, wenn dies im PfÜB verfügt ist.

Der Infotyp 0114 (Pfändbarer Betrag) ist in fünf Registerkarten unterteilt, deren Eingabefelder wir Ihnen im Folgenden vorstellen.

Block 1 § 850c

Die Bezeichnungen der ersten Registerkarte **Block 1 – § 850c** und der einzigen darin enthaltenen Datengruppe **Angaben bei gewöhnlichen Pfändungen** bezieht sich auf die Berechnungsvorschriften des § 850c ZPO.

In § 850c ZPO ist u. a. geregelt, dass Sie bei der Ermittlung des pfändbaren Betrags die Pfändungstabelle als Hilfsmittel verwenden dürfen, die jedoch nicht im System hinterlegt ist. Über die markierte Auswahl **Normale Ermittlung** wird vielmehr bei jeder Abrechnung die gesetzlich vorgeschriebene Berechnung des Pfändungsbetrags durchgeführt, die Sie wiederum im Abrechnungsprotokoll nachvollziehen können (siehe Abbildung 15.10).

Bei der Berechnung des pfändbaren Betrags wird neben dem Grundfreibetrag ein weiterer Freibetrag in Höhe von drei Zehnteln berücksichtigt. Weicht das Vollstreckungsgericht durch einen Sonderbeschluss von diesem Freibetrag ab, müssen Sie die zusätzlich zu berücksichtigenden Zehntel im Feld **Weitere Zehntel frei** erfassen.

Die Inhalte der Registerkarte **Block 2 – § 850d** behandeln wir in Abschnitt 15.2, »Bevorrechtigte Pfändung«.

Datengruppe »Fester pfändbarer Betrag«

Sonderfälle

Die Erfassung eines Betrags im Feld **Pfändbarer Betrag** der Registerkarte **Sonderfälle** steht im Gegensatz zur Steuerung **Normale Ermittlung** der Registerkarte **Block 1 – § 850c**. Dazu müssen Sie die Auswahl des Feldes **Normale Ermittlung** auf der Registerkarte **Block 1 – § 850c** deaktivieren.

Im Feld **Verwendungsart** müssen Sie festlegen, wie der Betrag des Feldes **Pfändbarer Betrag** verwendet werden soll. Mittels des Eintrags **Betrag abzüglich bereits gepfändeter Beträge** wird von dem festen pfändbaren Betrag der Betrag abgezogen, der bei eventuell vorhandenen vorrangigen Pfändungen bereits ermittelt wurde. Wählen Sie hingegen den Eintrag **Betrag in voller Höhe verwenden** aus, wird, unabhängig von gegebenenfalls vorhandenen vorrangigen Pfändungen, der Betrag aus dem Feld **Pfändbarer Betrag** einbehalten.

[!]

Aliquotierung bei Teillohnzahlungszeiträumen

Im Gegensatz zum Betrag im Feld **Tilgungsrate** des Infotyps 0112 (siehe Abbildung 15.3) wird ein Betrag im Feld **Pfändbarer Betrag** bei Teillohnzahlungszeiträumen nicht aliquotiert (mehr über die Aliquotierung erfahren Sie im gleichnamigen Abschnitt 3.14) und nicht auf den pfändbaren Betrag begrenzt.

Datengruppe »Angaben bei besonderen Beschlüssen«

Mit der Auswahl der Sonderfälle und den Eingaben in den entsprechenden Feldern greifen Sie in die Ermittlung der pfändbaren Beträge nach den Steuerungen der Registerkarten **Block 1 – § 850c** und **Block 2 – § 850d** ein.

Schuldner und Gläubiger können, unabhängig vom PfÜB, Absprachen über Zahlungsvereinbarungen treffen. Zusätzlich haben alle Verfahrensbeteiligten – Gläubiger, Schuldner und Sie als sogenannter Drittschuldner – das Recht, Anträge zu einem PfÜB zu stellen, um ihn gegebenenfalls ergänzen oder korrigieren zu lassen. Das Vollstreckungsgericht erlässt in solchen Fällen zusätzliche Beschlüsse zu einem PfÜB, die entweder im PfÜB selbst mit aufgeführt oder als eigene Dokumente erstellt werden. Die überwiegende Mehrzahl dieser Vereinbarungen und Beschlüsse können Sie über die Einträge im Feld **Sonderfall** abdecken. Die besondere Herausforderung für Sie besteht hier in der Umsetzung der Formulierungen aus den Dokumenten des Vollstreckungsgerichts in die SAP-Auswahl.

VWL-Verträge

Die Unpfändbarkeit von Arbeitgeberanteilen an vermögenswirksamen Leistungen (VL) nach § 2 VII des 5. Vermögensbildungsgesetzes ist in der Lohnart geregelt, die durch die Verwendung des Infotyps 0010 (Vermögensbildung) entsteht (siehe dazu Kapitel 13, »Vermögensbildung«). Wenn Sie die Registerkarte **VWL-Verträge** aufrufen, verzweigt das System in die Auflistung **Pfandfreie Vermögensverträge**. Hier werden alle für die beschäftigte Person angelegten Infotypen 0010 (Vermögensbildung) aufgeführt. Neben den grundsätzlichen Informationen der Spalten **Vertrag**, **Bezeichnung**, **Empfänger** und **Anlageart** können Sie über den Button **Vertrag anzeigen** in der Spalte **Details** in die entsprechenden Infotypen 0010 (Vermögensbildung) verzweigen. Durch Markierung der Auswahl in der Spalte **frei** legen Sie die Unpfändbarkeit einer eventuellen Differenz zwischen dem Nettobetrag des Arbeitgeberanteils und dem Betrag fest, den die beschäftigte Person abführen lässt.

AVMG-Verträge

Umwandlungsbeträge für Beiträge nach dem Altersvermögensgesetz, die Sie im Infotyp 0699 (Altersvermögensgesetz D) erfassen, werden von SAP grundsätzlich pfandfrei gestellt. Entsprechende Kontrollmöglichkeiten dazu erscheinen im Abrechnungsprotokoll (siehe dazu Abschnitt 15.1.3, »Abrechnung und Kontrolle einer gewöhnlichen Pfändung«). Mit der Markierung des Feldes **pfändbar** auf der Registerkarte **AVmG-Verträge** haben Sie die Möglichkeit, die Unpfändbarkeit der (Umwandlungs-)Beträge aus dem Infotyp 0699 (Altersvermögensgesetz D) bezüglich dieser Pfändung aufzuheben. Die Aktivierung der Registerkarte kann über die Teilapplikation PFAV (Pfändbarkeit AVmG-Vertrag über Infotyp 0114) in Tabelle V_T596D (Gültigkeitsintervalle nicht gesetzlicher Teilapplikationen) erfolgen.

Zusammenrechnung

Über die Steuerungen auf der Registerkarte **Zusammenrechnung** bilden Sie einen Zusatzbeschluss nach § 850e Ziff. 2 bzw. 2a ZPO ab. Wählen Sie hier **Zusammenrechnung Verfahren 1**, werden der unpfändbare Grundfreibetrag dem Haupteinkommen und die unpfändbaren Mehrbeträge anteilig beiden Einkommen entnommen. **Zusammenrechnung Verfahren 2** bedeutet, dass die Entnahme des Grundfreibetrags ebenfalls aus dem Haupteinkommen erfolgt, die unpfändbaren Mehrbeträge jedoch nicht anteilig, sondern ebenfalls, soweit möglich, dem Haupteinkommen entnommen werden. Es wird also so viel wie möglich aus dem Nebeneinkommen gepfändet. In den Feldern **Andere Einkommen** erfassen Sie den entsprechenden Betrag des anderen Einkommens. Durch Markieren der Auswahl **Unpfändbarer Grundbetrag aus diesem Einkommen** definieren Sie Entgelte, die eine beschäftigte Person bei Ihnen bezieht, als Haupteinkommen.

Infotyp 0115 (Lohnanteile)

Über den Infotyp 0115 (Lohnanteile) können Sie die Pfändbarkeit nur einer Lohnart für eine oder für alle Pfändungen einer im Unternehmen beschäftigten Person steuern; zur Pfändbarkeit von Lohnarten erfahren Sie mehr in Abschnitt 15.1.3, »Abrechnung und Kontrolle einer gewöhnlichen Pfändung«. Wenn Sie den Infotyp 0115 (Lohnanteile) über den Menüpfad **Pfändung • Lohnanteile** des Infotyps 0111 (Pfändung/Abtretung) aufrufen, werden die Werte des Feldes **Gültig** und die Werte der Felder zu **Pfändungsart / -nummer** aus dem Infotyp 0111 übernommen, und die laufende Nummer wird vorgeschlagen. Wenn Sie hingegen die Dynamik der Auswahl **Lohnsteuerjahresausgleich pfänden** des Infotyps 0114 (Pfändbarer Betrag) bei der Erfassung der Pfändung verwenden, wird darüber hinaus der Infotyp 0115 (Lohnanteile) mit den vollständig gefüllten Inhalten zur Lohnsteuer (siehe Abbildung 15.6), zum Solidaritätszuschlag und zur Kirchensteuer, und zwar für jeden dieser Bestandteile einzeln, zur Sicherung angeboten.

Das Kurzarbeitergeld ist eine Sozialleistung und wird durch den PfÜB nicht automatisch miterfasst. Im PfüB muss das Kurzarbeitergeld explizit als pfändbar benannt werden.

Wenn das Kurzarbeitergeld im PfÜB als pfändbar gekennzeichnet ist, müssen die KuG-Lohnarten ebenfalls im Infotyp 0115 (Lohnanteile) angelegt werden.

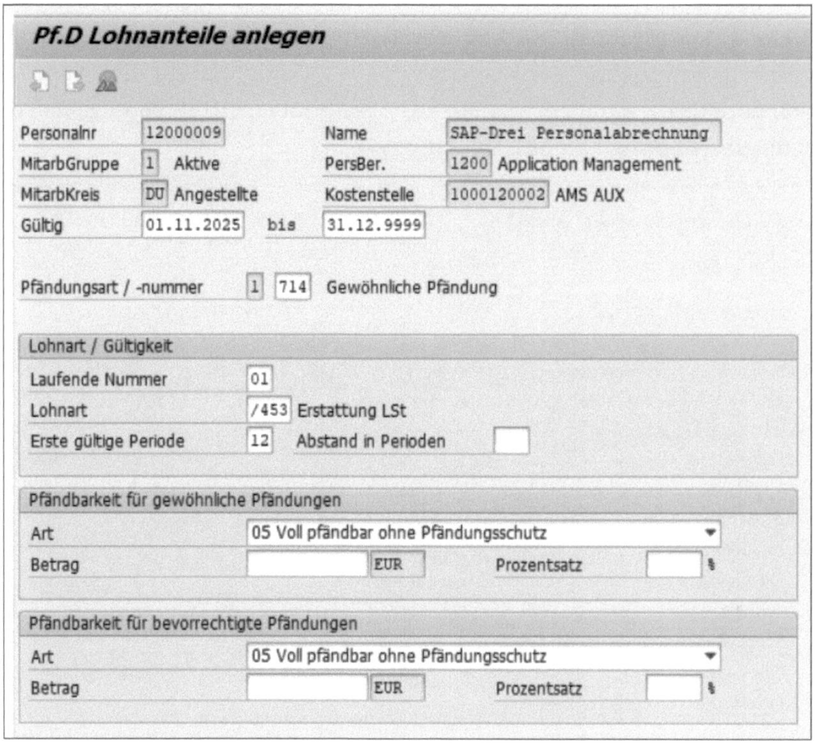

Abbildung 15.6 Infotyp 0115 (Lohnanteile)

Felder des Infotyps 0115

Die Felder des Infotyps 0115 (Lohnanteile) haben die folgende Bedeutung:

- **Datengruppe »Lohnart / Gültigkeit«**
  Durch die Eingabe im Feld **Laufende Nummer** können Sie diesen Infotyp für den gleichen Zeitraum mehrfach anlegen. Im Feld **Lohnart** erfassen Sie die Lohnart, für die Sie die Pfändbarkeit separat steuern möchten. In den Feldern **Erste gültige Periode** und **Abstand in Perioden** können Sie Zeiträume für die Gültigkeit Ihrer Steuerungen definieren, die vom Gültigkeitszeitraum des Infotyps abweichen.
- **Datengruppen »Pfändbarkeit für gewöhnliche Pfändungen« und »Pfändbarkeit für bevorrechtigte Pfändungen«**
  Im Feld **Art** wählen Sie aus dem Angebot der Einträge die für die Lohnart

erforderliche Pfändbarkeit. Die Felder **Betrag** und **Prozentsatz** beziehen sich wiederum auf die Einträge im Feld **Art**.

Infotyp 0116 (Überweisung)

Der Infotyp 0116 (Überweisung) ist der letzte Infotyp, der Ihnen in der Standarderfassung einer gewöhnlichen Pfändung nach dem Sichern des Infotyps 0114 (Pfändbarer Betrag) oder des Infotyps 0115 (Lohnanteile), siehe Abbildung 15.6, angeboten wird. Hier erfassen Sie die Überweisungsdaten für den Pfändungsbetrag. Die Werte für das Feld **Gültig** und für die Felder zu **Pfändungsart / -nummer** werden aus dem Infotyp 0111 (Pfändung/Abtretung) übernommen (siehe Abbildung 15.7).

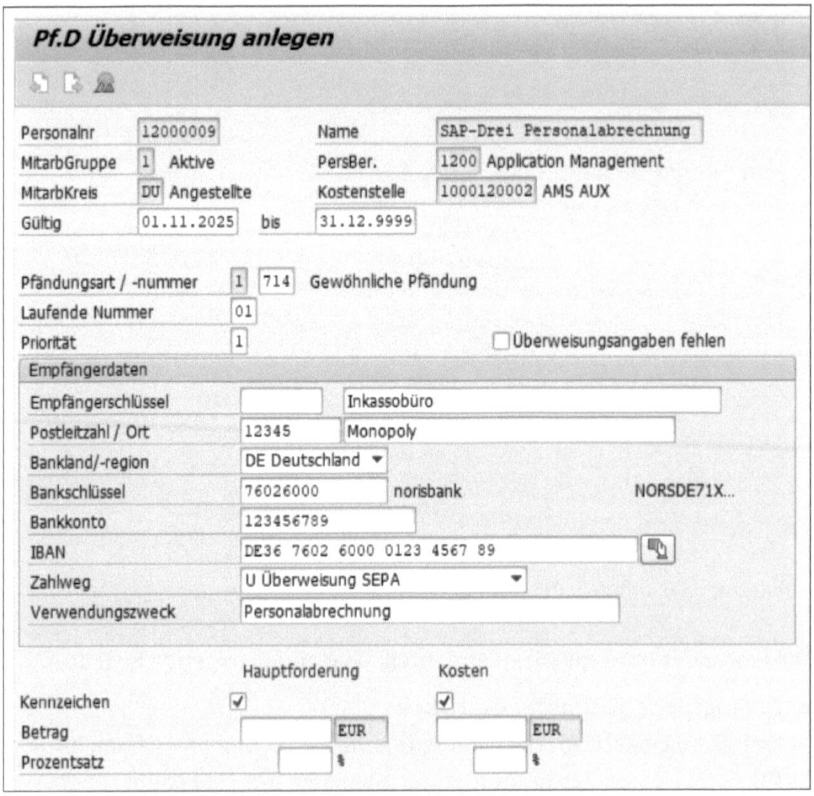

Abbildung 15.7 Infotyp 0116 (Überweisung)

Felder des Infotyps 0116

Durch die Eingaben in den Erfassungsfeldern des Infotyps 0116 (Überweisung) bieten sich Ihnen die folgenden Möglichkeiten: Durch eine Eingabe im Feld **Laufende Nummer** können Sie diesen Infotyp im gleichen Zeitraum mehrfach anlegen. Über das Feld **Priorität** legen Sie eine Reihenfolge der Überweisungen fest. Liegen Ihnen zum Zeitpunkt der Abrechnung keine

Überweisungsdaten vor, markieren Sie das Kennzeichen **Überweisungsangaben fehlen**; dadurch wird in der Abrechnung ein Guthaben gebildet. Die Handhabung von Guthaben behandeln wir in Abschnitt 15.3.3, »Abrechnung und Kontrolle einer Vorpfändung«.

Datengruppe »Empfängerdaten«

Die Felder **Empfängerschlüssel**, **Postleitzahl / Ort** und **Bankland/-region** werden beim Anlegen des Infotyps 0116 (Überweisung) mit Daten aus der Datengruppe **Gläubiger/Anschrift** des Infotyps 0111 (Pfändung/Abtretung) gefüllt. In den Feldern **Bankschlüssel** und **Bankkonto** erfassen Sie die entsprechenden Angaben aus dem PfÜB; das Feld **Zahlweg** ist mit dem Eintrag **Überweisung SEPA** vorbelegt. Die Vorschläge im Feld **Verwendungszweck** resultieren aus Ihren Einträgen in den Feldern der Registerkarte **Weitere Angaben** des Infotyps 0111 (Pfändung/Abtretung). Möchten Sie den pfändbaren Betrag der Hauptforderung und der Kosten oder Anteile davon an separate Empfänger überweisen, verwenden Sie die Felder **Betrag** oder **Prozentsatz** der entsprechenden Rubriken.

Abschluss der Erfassung

Mit dem Sichern des Infotyps 0116 (Überweisung) ist die Erfassung einer gewöhnlichen Pfändung abgeschlossen. Wir empfehlen Ihnen als Nächstes das Erstellen und Versenden der Drittschuldnererklärung (siehe Abschnitt 15.1.2, »Drittschuldnererklärung«) und die Durchführung einer Simulationsabrechnung (siehe Abschnitt 15.1.3, »Abrechnung und Kontrolle einer gewöhnlichen Pfändung«).

15.1.2 Drittschuldnererklärung

Laut § 840 ZPO müssen Sie innerhalb von zwei Wochen nach Zustellung des PfÜBs die Drittschuldnererklärung abgeben, die Sie im Infotyp 0111 (Pfändung/Abtretung) über den Menüpfad **Zusätze • Drittsch.erklärung** erreichen. Dort erhalten Sie das Selektionsbild des Standardreports RPCPDRD0 (Drittschuldnererklärung gemäß § 840 ZPO), das durch den Aufruf aus einer Personalnummer heraus zum Teil mit Vorschlagswerten belegt ist (siehe Abbildung 15.8).

Felder des Reports RPCPDRD0

Im Selektionsbild des Reports RPCPDRD0 (Drittschuldnererklärung gemäß § 840 ZPO) haben Sie die im Folgenden erläuterten Auswahlmöglichkeiten.

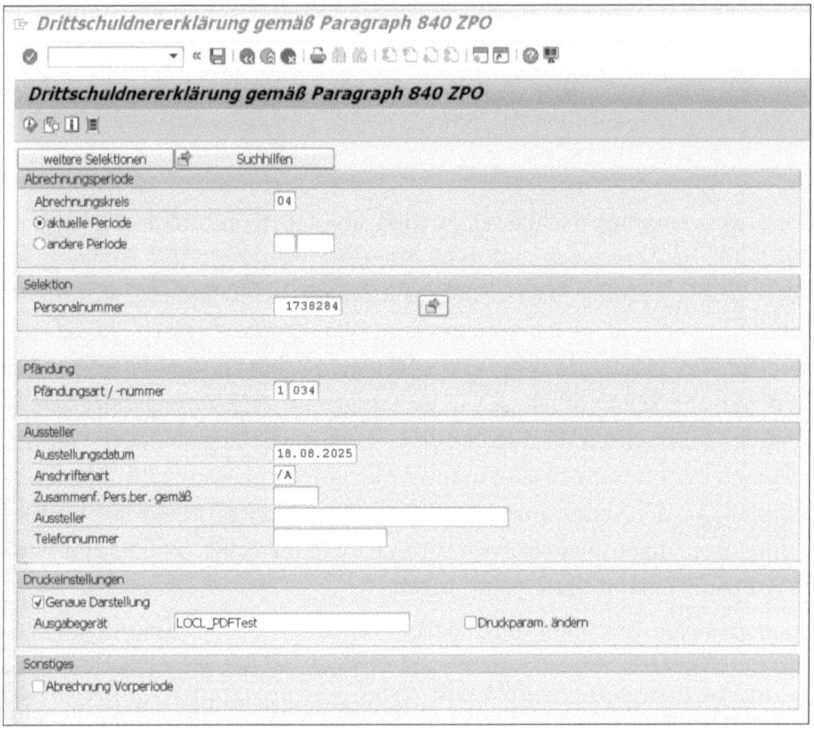

Abbildung 15.8 Selektionsbild »Drittschuldnererklärung« (Report RPCPDRD0)

Datengruppen »Abrechnungsperiode«, »Selektion« und »Pfändung«

Der **Abrechnungskreis** dient an dieser Stelle der Bestimmung des Auswahlzeitraums bei Auswahl des Radiobuttons **aktuelle Periode** und ist ein Mussfeld (siehe Abschnitt 1.4, »Abrechnungsperiode«). Um den Report RPCPDRD0 (Drittschuldnererklärung gemäß § 840 ZPO) zu starten, müssen Sie lediglich eine Abrechnungsperiode bestimmen, in der es für die Person, für die Sie die Drittschuldnererklärung erstellen möchten, einen gültigen Infotyp 0001 (Organisatorische Zuordnung) gibt und in der eine Pfändung vorhanden ist.

In der Datengruppe **Selektion** wird im Feld **Personalnummer** die Personalnummer der beschäftigten Person vorgeschlagen, für die Sie die Drittschuldnererklärung erstellen möchten.

In den Feldern zu **Pfändungsart / -nummer** der Datengruppe **Pfändung** werden die Informationen der Pfändung vorgeschlagen, aus der heraus Sie das Selektionsbild aufgerufen haben. Durch eine Änderung der Feldinhalte können Sie die Drittschuldnererklärung zu anderen Pfändungen dieser Personalnummer erstellen.

Datengruppe »Aussteller«

Im Feld **Ausstellungsdatum** wird das Tagesdatum vorgeschlagen und beim Erstellen der Drittschuldnererklärung auf dem Formular angedruckt. Dieses Datum können Sie beliebig ändern. Allerdings sollten Sie darauf achten, dass die gesetzlichen Fristen in Bezug auf das Zustelldatum eingehalten werden.

Der Vorschlagswert **/A** im Feld **Anschriftenart** bezieht sich auf die Einträge in Tabelle V_T536A (Anschriften). Über dieses Feld wird die dort erfasste Anschrift des Arbeitgebers in der Drittschuldnererklärung angedruckt.

Wenn in der Drittschuldnererklärung ein Personalbereich bzw. ein Personalteilbereich als Absender für andere Personalbereiche bzw. Personalteilbereiche fungieren soll, können Sie dies über ein Merkmal steuern, das Sie im Feld **Zusammenf. Pers.ber. gemäß** erfassen müssen; im Standard wird das Merkmal DZUBT verwendet (siehe Abschnitt 25.1, »Merkmale in der Personalabrechnung«).

Im Standard wird die für die Abrechnung zuständige Person des Infotyps 0001 (Organisatorische Zuordnung) der Personalnummer als unterzeichnende Person ausgegeben und im Kopf des Formulars mit einer in Tabelle V_T536A (Anschriften) eventuell zusätzlich eingegebenen Telefonnummer angedruckt. Über eine Erfassung in den Feldern **Aussteller** und **Telefonnummer** können Sie diese Angaben übersteuern.

Datengruppe »Druckeinstellungen«

Durch Markieren des Kennzeichens **Genaue Darstellung** werden alle eventuell vorhandenen vorrangigen und gleichzeitigen Pfändungen, die Vorpfändungen sowie eventuell offengelegte und erfasste Abtretungen angedruckt.

Im Feld **SAPScript-Formular** wird der Standardformularname für die Drittschuldnererklärung vorgeschlagen. Die Standardtexte erreichen Sie im Einführungsleitfaden über den Pfad **Personalabrechnung • Abrechnung Deutschland • Pfändung/Abtretung • Auswertung • Drittschuldnererklärung • Standardtexte anzeigen**.

[«]

> **Textbausteine des SAP-Formulars verwenden**
>
> Wir empfehlen Ihnen, die Textbausteine des SAP-Formulars zu verwenden, da hier alle gesetzlich vorgeschriebenen Informationen enthalten sind und Sie – abhängig von den Gegebenheiten einer Pfändung – die korrekten Formulierungen erhalten.

Durch den Eintrag »LOCL« oder »LOC« (kundenabhängig) im Feld **Ausgabegerät** steuern Sie Ihren Windows-Standarddrucker an.

Datengruppe »Sonstiges«

Das Kennzeichen **Abrechnung Vorperiode** setzen Sie, wenn es sich bei der aktuellen Abrechnung um eine Abschlagszahlung handelt, die deshalb nicht ausgewertet werden soll.

Nachdem Sie den Button (**Ausführen**) angeklickt haben, können Sie sich im folgenden Druckauswahlbild entscheiden, ob Sie die Drittschuldnererklärung sofort drucken, sie als Spool-Auftrag ablegen oder die Druckansicht verwenden möchten.

15.1.3 Abrechnung und Kontrolle einer gewöhnlichen Pfändung

Simulation

Bevor Sie erstmals eine Pfändung in einer Abrechnung prüfen, sollten Sie sicherstellen, dass Ihre kundeneigenen Lohnarten in den Verarbeitungsklassen 72, 73 und 74 sowie in der Kumulation 47 richtig geschlüsselt sind (zu den Lohnarten erfahren Sie mehr in Kapitel 23, »Lohnarten«). Sie erreichen diese Bearbeitung im Einführungsleitfaden über den Pfad **Personalabrechnung • Abrechnung Deutschland • Pfändung/Abtretung • Verarbeitung • Pfändbarkeit der Lohnarten überprüfen**.

Darüber hinaus werden die Pfändungsfreigrenzen alle zwei Jahre zum 01.07. angepasst. Sie können mithilfe des jeweiligen SAP-Hinweises 3599000 (Beispiel für 2025) im System (Tabelle V_T511K) aktualisiert werden.

Nachdem Sie für eine im Unternehmen beschäftigte Person eine Pfändung angelegt haben, können Sie den entsprechenden Pfändungsbetrag nach einer Simulationsabrechnung im Entgeltnachweis kontrollieren. Detailliertere Informationen dazu erhalten Sie im Abrechnungsprotokoll, wenn Sie im Selektionsbild der Simulationsabrechnung das Kennzeichen **Protokoll** aktivieren (zur Simulationsabrechnung und zum Entgeltnachweis siehe Abschnitt 1.6, »Simulation«, und Abschnitt 6.1, »Entgeltnachweis«). Den Aufruf der Pfändung im Abrechnungsprotokoll ersehen Sie aus Abbildung 15.9.

[»]

Pfändbaren Betrag berechnen

Die Berechnung des pfändbaren Betrags wird bei jedem Start der Abrechnung durchgeführt und folgt den Vorschriften der ZPO, sofern Sie die Markierung im Feld **Normale Ermittlung** auf der Registerkarte **Block 1 – § 850c** im Infotyp 0114 (Pfändbarer Betrag) gesetzt haben. Die Ihnen sicherlich bekannte sogenannte *Pfändungstabelle* ist lediglich ein gesetzlich erlaubtes Hilfsmittel, um Ihnen die Ermittlung des Pfändungsbetrags ohne technische Unterstützung zu erleichtern.

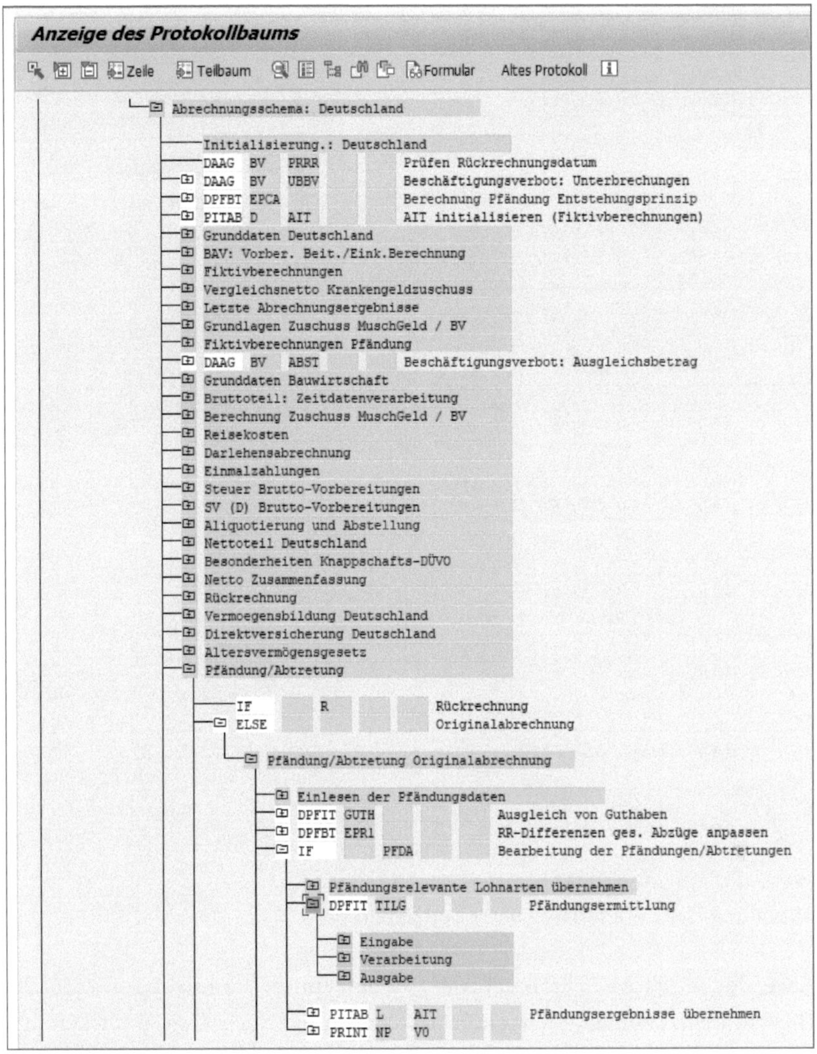

Abbildung 15.9 Pfändung im Abrechnungsprotokoll aufrufen

Durch die Markierung des Protokollpunkts **Verarbeitung** und einen Klick auf den Button (**Auswählen**) oder per Doppelklick auf diesen Protokollpunkt erhalten Sie erste Informationen zur Ermittlung des Pfändungsbetrags und zum Ablauf der Tilgung. Den Detaillierungsgrad des Abrechnungsprotokolls können Sie durch Anklicken des Buttons (**Aufklappen**) verändern und sich so z. B. die Berechnung des pfändbaren Betrags anzeigen lassen (siehe Abbildung 15.10).

Ermittlung Pfändbarer Betrag nach Block 1

1.	Pfändungsgrundlage mit Schutz		6.389,61
	Pfändungsschutzgrenze		4.766,99
	Voll pfändbarer Betrag über Pfändungsschutzgrenze		1.622,62
2.	Pfändungsgrundlage unter Pfändungsschutzgrenze		4.766,99
	Berechnungsgrundlage (gerundet auf 10,00)		4.760,00
3.	Grundfreibetrag (Schuldner)		1.555,00
	+ Freibetrag für 1. Unterhaltsberechtigten	+	
	+ Freibetrag für 2. - 5. Unterhaltsber. 0 * 326,04	+	
	Unpfändbarer Grundbetrag gem. § 850c Abs. 1 und 2 ZPO	=	1.555,00
4.	Berechnungsgrundlage (2.)		4.760,00
	- Unpfändbarer Grundbetrag (3.)	-	1.555,00
	Mehrbetrag gem. § 850c Abs. 3 ZPO	=	3.205,00
5.	Freibeträge: 3 Zehntel von (4.)		
	Für Schuldner 3 Zehntel		961,50
	+ Für 1. Unterhaltsberechtigten 2 Zehntel	+	
	+ Für 2. - 5. Unterhaltsberechtigten 0 * 1 Zehntel	+	
	Unpfändbarer Mehrbetrag gem. § 850c Abs. 2 ZPO	=	961,50
6.	Mehrbetrag (4.)		3.205,00
	- Unpfändbarer Mehrbetrag (5.)	-	961,50
	+ Voll pfändbarer Betrag über Pfändungsschutzgrenze (1.)	+	1.622,62
	Vorläufig pfändbarer Betrag gem. § 850c Abs. 2 ZPO	=	3.866,12
7.	Vorläufig pfändbarer Betrag (6.)		3.866,12
	+ Grundlage ohne Pfändungsschutz	+	0,00
	Pfändbarer Betrag gem. § 850c ZPO	=	3.866,12
8.	Pfändungsgrundlage mit Schutz (1.)		6.389,61
	+ Nicht pfändbare Grundlagen	+	0,00
	- Vorläufig pfändbarer Betrag (6.)	-	3.866,12
	Pfandfreier Betrag	=	2.523,49

Abbildung 15.10 Pfändbaren Betrag ermitteln

Zusätzliche Informationsmöglichkeiten

Nach der erfolgten Echtabrechnung stehen Ihnen die folgenden zusätzlichen Informationsmöglichkeiten zur Verfügung: Nach dem Anklicken des Buttons (**Saldo**) im Infotyp 0111 (Pfändung/Abtretung) erhalten Sie einen kurzen Überblick über die Pfändung mit der Forderungssumme, der Tilgungssumme und der Restforderung. Im Abrechnungscluster werden die Abrechnungsergebnisse pro Periode abgelegt. Damit können Sie den Pfändungsverlauf nachvollziehen.

Pfändungsergebnisse

Die Pfändungsergebnisse (Report RPCPL2D0, Auswertung der Pfändungsergebnisse) rufen Sie im SAP-Easy-Access-Menü über den Pfad **Personal • Personalabrechnung • Europa • Deutschland • Folgeaktivitäten Pro Abrechnungsperiode • Abrechnungszusatz • Pfändung • Auswertung der Pfändungsergebnisse** oder über **Personal • Personalabrechnung • Europa • Deutschland • Infosystem • Mitarbeiter** auf. Wenn Sie im Infotyp 0111 (Pfändung/Abtretung) dem Pfad **Zusätze • Pfändungsergebnisse** folgen, haben

Sie den Vorteil, dass die relevanten Felder des Selektionsbildes bereits gefüllt sind und Sie den Report RPCPL2DO (Auswertung der Pfändungsergebnisse) nur noch starten müssen (siehe Abbildung 15.11).

Selektionsbild

Die Felder des Selektionsbildes zum Aufruf der Pfändungsergebnisse (siehe Abbildung 15.11) stellen wir Ihnen im Folgenden im Einzelnen vor.

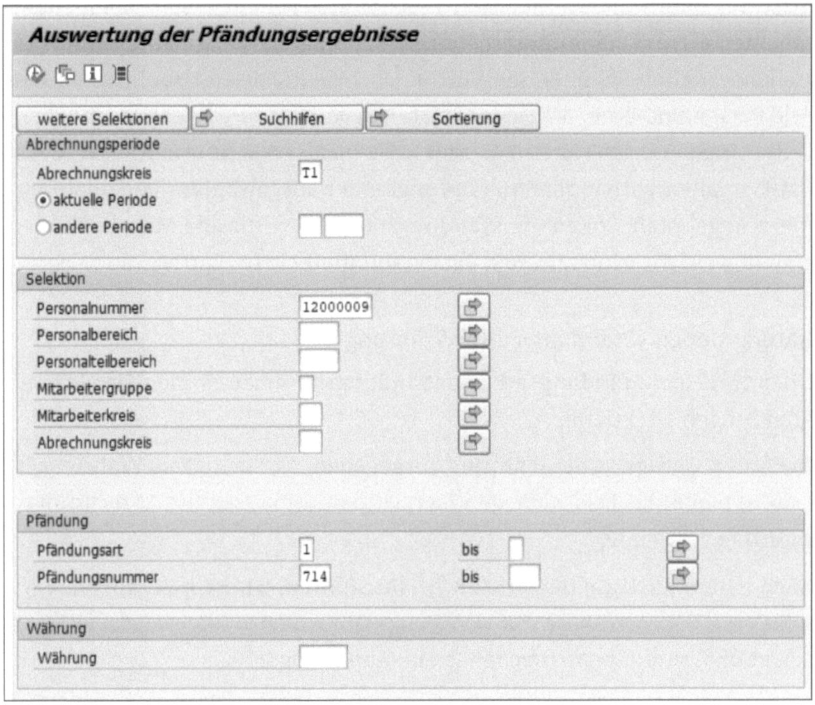

Abbildung 15.11 Selektionsbild der Pfändungsergebnisse

Datengruppe »Abrechnungsperiode«

Der **Abrechnungskreis** dient an dieser Stelle bei der Auswahl des Radiobuttons **aktuelle Periode** der Bestimmung des Auswahlzeitraums und ist ein Mussfeld.

Der Radiobutton **aktuelle Periode** ist voreingestellt; dadurch werden die Datumsfelder nach Bestätigung mit der [↵]-Taste gemäß der Abrechnungsperiode aus dem Abrechnungsverwaltungssatz (siehe den gleichnamigen Abschnitt 1.8.1) automatisch neben dem Feld **Abrechnungskreis** eingeblendet und können nicht mehr geändert werden.

Möchten Sie die Pfändungsergebnisse für eine andere Periode als die Abrechnungsperiode aus dem Abrechnungsverwaltungssatz erstellen, müssen Sie den Radiobutton **andere Periode** auswählen und die entsprechende Periode erfassen. Die Datumsfelder werden nach Bestätigung mit der

[↵]-Taste neben dem Feld **Abrechnungskreis** eingeblendet, deren Inhalt Sie nur über die Felder zu **andere Periode** verändern können.

Datengruppe »Selektion«

Das Feld **Personalnummer** verwenden Sie, wenn Sie die Pfändungsergebnisse für eine im Unternehmen beschäftigte Person erstellen möchten. Möchten Sie die Pfändungsergebnisse für mehrere Personalnummern erstellen, erhalten Sie über den Button (**Mehrfachselektion**) neben dem Feld **Personalnummer** ein Dialogfenster, in dem weitere Selektionsmöglichkeiten angeboten werden. In diesem Fall wird als erste Information eine Statistik zu allen vorhandenen Pfändungen der ausgewählten Personalnummern angeboten. Sollen die Pfändungsergebnisse für alle Mitarbeitenden erstellt werden, erfolgt im Feld **Personalnummer** kein Eintrag.

Datengruppen »Pfändung« und »Währung«

Über die Felder **Pfändungsart** und **Pfändungsnummer** können Sie einzelne Pfändungen selektieren.

Die Daten werden in der Währung ausgegeben, die Sie im Feld **Währung** erfassen; bleibt das Feld hingegen leer, wird automatisch die Abrechnungswährung verwendet.

Nach einem Klick auf den Button (**Ausführen**) wird auf der linken Bildseite eine Baumstruktur mit den Personalnummern angezeigt, die Ihren Selektionskriterien entsprechen (siehe Abbildung 15.12).

Nach der Auswahl einer Personalnummer erhalten Sie allgemeine Informationen zu Ihrer Selektion, und die Registerkarte **Übersicht der Pfändungen** mit der Aufstellung der Pfändung(en) in der Abrechnung und den noch nie bedienten Pfändungen wird eingeblendet. Durch Anklicken des Dreiecks in der Baumstruktur wird der nächste Unterpunkt angezeigt oder verborgen. Einzelne Pfändungen können durch entsprechende Symbole gekennzeichnet werden. Folgende Kennzeichen stehen Ihnen zur Verfügung:

- bereits getilgte Pfändungen
- Pfändungen in der Abrechnung, die noch nicht getilgt sind
- noch nie bediente Pfändungen

Durch die Auswahl einer Pfändung per Doppelklick erweitern Sie das Informationsangebot um die Registerkarte **Verlauf der Pfändung**; durch die Auswahl einer Periode erweitern Sie das Informationsangebot um die Registerkarte **Aufstellung der Periode** (siehe Abbildung 15.12).

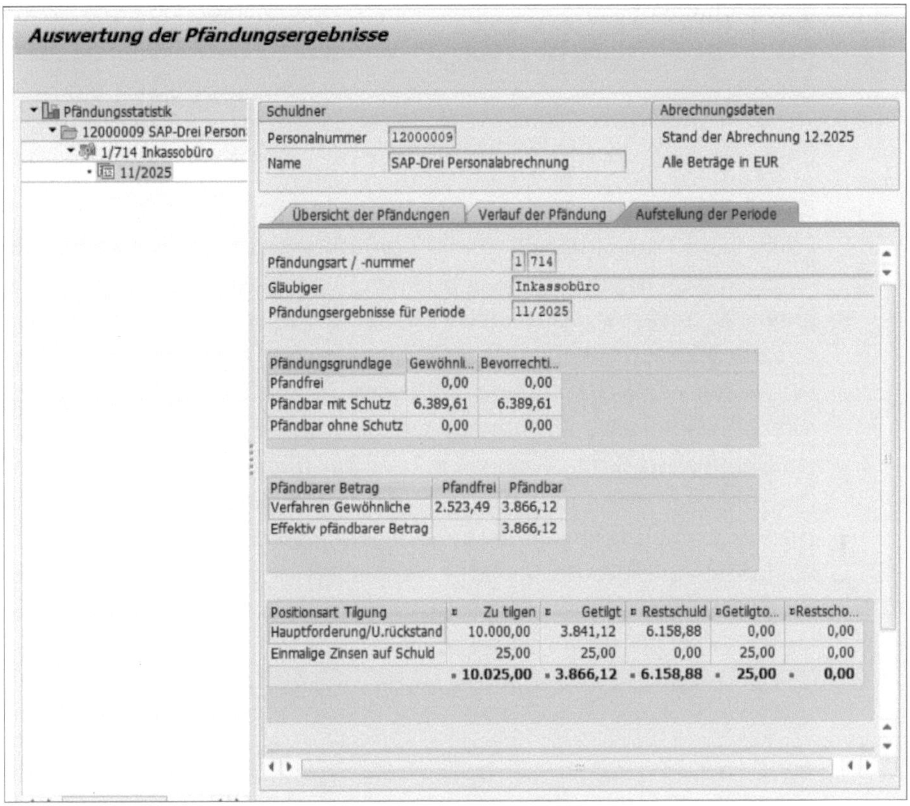

Abbildung 15.12 Informationen der Pfändungsergebnisse

15.2 Bevorrechtigte Pfändung

Eine bevorrechtigte Pfändung ist eine Pfändung entweder aufgrund einer Forderung aus einer vorsätzlich begangenen unerlaubten Handlung oder gesetzlicher Unterhaltsforderungen.

Die Bearbeitung einer bevorrechtigten Pfändung unterscheidet sich von der Bearbeitung einer gewöhnlichen Pfändung nur durch die zusätzlichen Erfassungsmöglichkeiten in den Infotypen 0112 (Forderung) und 0116 (Überweisung). In diesem Abschnitt beschreiben wir diese Infotypen zusammen mit einem Ausschnitt des Infotyps 0114 (Pfändbarer Betrag).

15.2.1 Bevorrechtigte Pfändung erfassen

Wenn Sie eine bevorrechtigte Pfändung anlegen möchten, entscheiden Sie sich beim Anlegen der Pfändung in Transaktion PA30 (Personalstammdaten pflegen) nach der Auswahl des Infotyps 0111 (Pfändung/Abtretung) für die Pfändungsart 2 und erfassen die Daten analog zur Beschreibung des Infotyps 0111 (Pfändung/Abtretung) in Abschnitt 15.1.1, »Gewöhnliche Pfändung erfassen«.

Infotyp 0112 (Forderung)

Im Infotyp 0112 (Forderung) einer bevorrechtigten Pfändung werden die Felder in die Datengruppen **Normal-/Vorrechtsbereich** und **Normalbereich** unterschieden (siehe Abbildung 15.13). Im Feld **Hauptforderung** der Datengruppe **Normal-/Vorrechtsbereich** erfassen Sie einen bevorrechtigten Unterhaltsrückstand (weniger als zwölf Monate), der in der Tilgung Vorrang hat. Sollten Sie gleichzeitig einen laufenden Unterhalt erfasst haben, wird in jeder Abrechnung bis zur vollständigen Tilgung des erfassten bevorrechtigten Unterhaltsrückstands ein neuer Unterhaltsrückstand aufgebaut. Diese Daten können Sie in den Pfändungsergebnissen prüfen (siehe Abschnitt 15.1.3, »Abrechnung und Kontrolle einer gewöhnlichen Pfändung«). Im Feld **Hauptforderung** der Datengruppe **Normalbereich** erfassen Sie die Forderung eines Beschlusses nach § 850f Abs. 2 ZPO und Unterhaltsrückstände, die länger als ein Jahr zurückliegen.

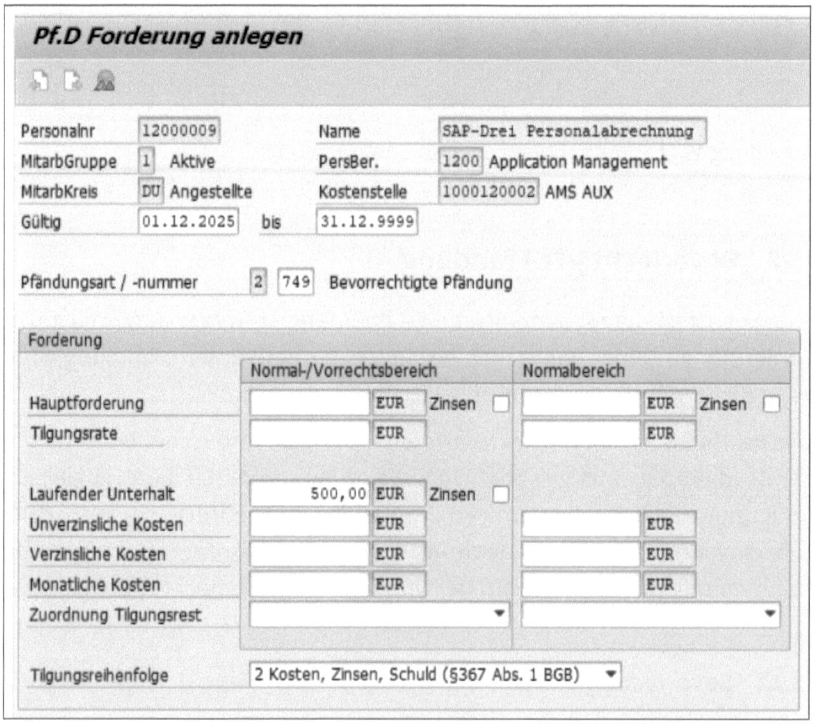

Abbildung 15.13 Infotyp 0112 (Forderung) einer bevorrechtigten Pfändung

Felder »Laufender Unterhalt« und »Tilgungsrate«

Beträge im Feld **Laufender Unterhalt** werden ebenso wie die Beträge im Feld **Tilgungsrate** in Teillohnzahlungszeiträumen und eventuell aufgrund des Datums im Feld **Gültig** des Infotyps 0111 (Pfändung/Abtretung) aliquotiert (zur Aliquotierung erfahren Sie mehr im gleichnamigen Abschnitt 3.14).

Infotyp 0114 (Pfändbarer Betrag)

Welche Steuerungen des Infotyps 0114 (Pfändbarer Betrag) Sie für eine bevorrechtigte Pfändung verwenden, hängt von der Art der Bevorrechtigung ab. Wenn Sie eine bevorrechtigte Pfändung anlegen, wird Ihnen der Infotyp 0114 (Pfändbarer Betrag) mit der ausgewählten Registerkarte **Block 2 – § 850d** angeboten (siehe Abbildung 15.14). Die Felder dieses Blocks beziehen sich deshalb auch nur auf eine bevorrechtigte Unterhaltspfändung. Sollte die Bevorrechtigung aus einem Beschluss aufgrund des § 850f Abs. 2 herrühren, benutzen Sie die normale Ermittlung aus Block 1 und die Sonderfälle 02 oder G2 der Registerkarte **Sonderfälle** der Datengruppe **Angaben bei besonderen Beschlüssen**. Alle anderen Steuerungen entsprechen der Beschreibung dieses Infotyps in Abschnitt 15.1.1, »Gewöhnliche Pfändung erfassen«.

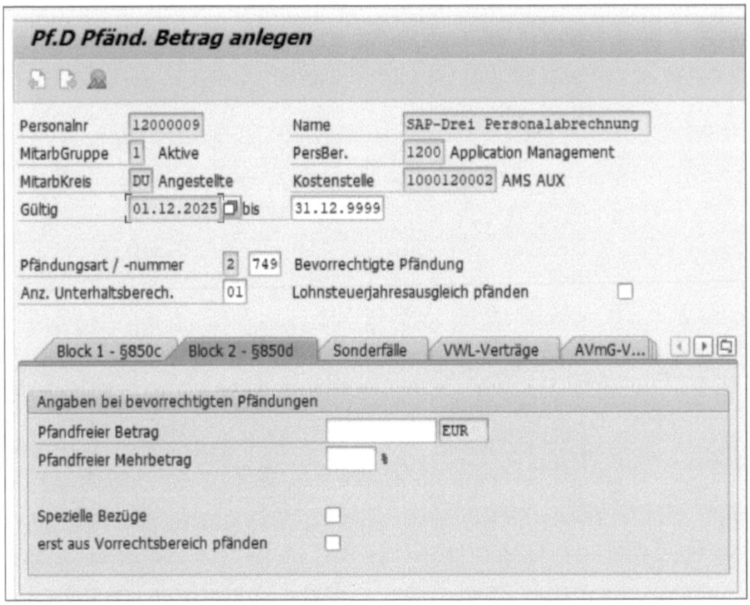

Abbildung 15.14 Infotyp 0114 (Pfändbarer Betrag) einer bevorrechtigten Pfändung

Mit der Markierung des Kennzeichens **Spezielle Bezüge** werden die nach § 850d ZPO bestimmten besonderen Unpfändbarkeitskriterien für Unterhaltspfändungen ausgesetzt, d. h., es gelten nur die Bestimmungen des § 850a ZPO.

Mit dem Auswahlfeld **erst aus Vorrechtsbereich pfänden** wird dieser Sachverhalt abweichend von einer eventuell vorhandenen Priorität anderen Pfändungen oder Verfügungen (z. B. Verbraucherinsolvenz, siehe den gleichnamigen Abschnitt 15.5.6) gegenüber bestimmt.

Infotyp 0116 (Überweisung)

Der Infotyp 0116 (Überweisung) einer bevorrechtigten Pfändung unterscheidet sich von der Version in einer gewöhnlichen Pfändung lediglich durch die Möglichkeit, zusätzlich zur Hauptforderung und den Kosten einen laufenden Unterhalt aus einer Pfändung separat überweisen zu können (siehe Abbildung 15.15).

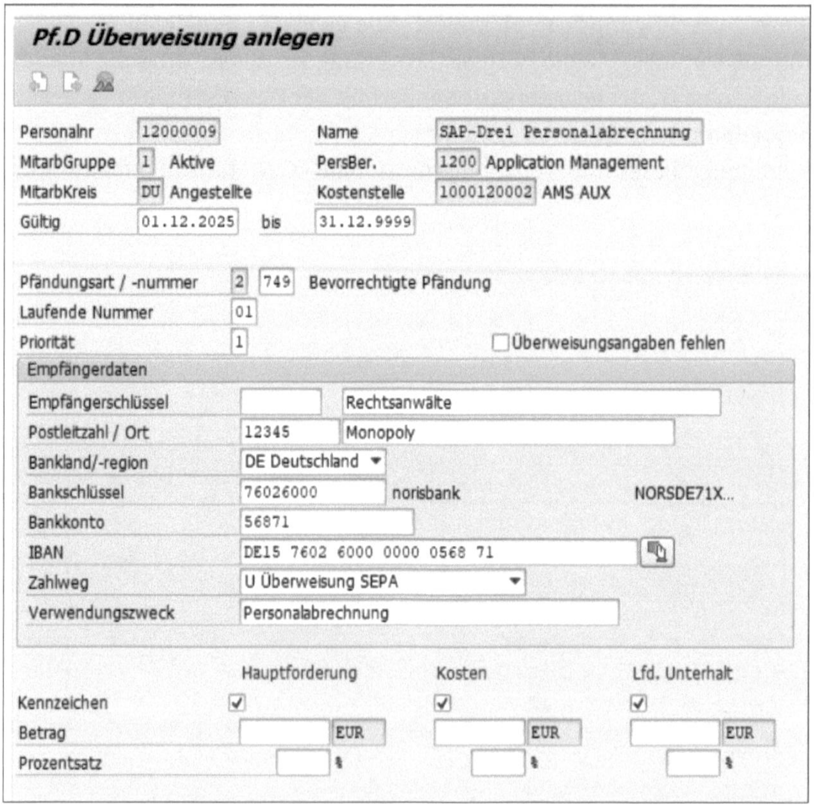

Abbildung 15.15 Infotyp 0116 (Überweisung) einer bevorrechtigten Pfändung

15.2.2 Drittschuldnererklärung sowie Abrechnung und Kontrolle einer bevorrechtigten Pfändung

Die Erstellung der Drittschuldnererklärung und die Kontrollmöglichkeiten bezüglich einer bevorrechtigten Pfändung unterscheiden sich nicht von denen einer gewöhnlichen Pfändung (siehe Abschnitt 15.1.2, »Drittschuldnererklärung«, und Abschnitt 15.1.3, »Abrechnung und Kontrolle einer gewöhnlichen Pfändung«).

15.3 Vorpfändung (vorläufiges Zahlungsverbot)

Die Vorpfändung (§ 845 ZPO) wird in der Rechtsprechung auch als *vorläufiges Zahlungsverbot* bezeichnet. Sie beschreibt den Vorgang damit genauer; beide Begriffe werden synonym verwendet.

15.3.1 Vorpfändung erfassen

Eine Vorpfändung erfassen Sie auf die gleiche Art und Weise wie eine gewöhnliche Pfändung (siehe Abschnitt 15.1.1, »Gewöhnliche Pfändung erfassen«). Der Unterschied besteht lediglich in der Verwendung des Status **Vorpfändung** im Infotyp 0111 (Pfändung/Abtretung) und im zusätzlichen Angebot des Infotyps 0019 (Terminverfolgung) zur Kontrolle der Monatsfrist. Die Auswertung des Infotyps 0019 erstellen Sie mithilfe der Terminübersicht über den Pfad **Personal • Personalmanagement • Administration • Infosystem • Berichte • Mitarbeiter**.

15.3.2 Drittschuldnererklärung

Für eine Vorpfändung dürfen Sie keine Drittschuldnererklärung abgeben.

[!]

Vorpfändungen in der Praxis

Aus der Praxis wissen wir, dass Arbeitgeber im Rahmen von Vorpfändungen verschiedentlich zur Abgabe der Drittschuldnererklärung aufgefordert werden. Der Paragraf 840 ZPO definiert diese Anforderung jedoch nur für einen PfÜB. Deshalb sollten Sie in Ihrem Interesse und auch im Interesse der beschäftigten Person keinerlei Angaben dazu machen (Datenschutz!).

In solchen Fällen empfehlen wir Ihnen allerdings dennoch den Aufruf der Drittschuldnererklärung aus der Vorpfändung heraus (siehe Abschnitt 15.1.2, »Drittschuldnererklärung«). Mit dem hier angebotenen Schreiben

> können Sie den Gläubiger darauf hinweisen, dass erst durch die Zustellung eines PfÜBs die Verpflichtung zur Erstellung einer Drittschuldnererklärung entsteht.

15.3.3 Abrechnung und Kontrolle einer Vorpfändung

Die Abrechnung (Simulation und Echtabrechnung) sowie die Kontrolle (Abrechnungsprotokoll und Pfändungsergebnisse) einer Vorpfändung unterscheiden sich nicht von den Abläufen und der Kontrolle einer gewöhnlichen Pfändung (siehe Abschnitt 15.1.3, »Abrechnung und Kontrolle einer gewöhnlichen Pfändung«). Durch die Monatsfrist einerseits und den Zeitpunkt der Echtabrechnung andererseits treten jedoch unterschiedliche Anforderungen auf, die wir Ihnen in diesem Abschnitt erläutern möchten.

Rechtzeitiger Eingang des PfÜBs vor Ihrer Echtabrechnung

Ist der PfÜB rechtzeitig vor Ihrer Echtabrechnung eingegangen, rufen Sie den Infotyp 0111 (Pfändung/Abtretung) auf und ändern den Eintrag im Feld **Status** auf **aktiv** (siehe Abschnitt 15.1.1, »Gewöhnliche Pfändung erfassen«). Damit entsteht in der Abrechnung ein Pfändungsbetrag, den Sie überweisen müssen.

Kein Eingang, nicht rechtzeitiger oder rechtzeitiger Eingang des PfÜBs nach Ihrer Echtabrechnung

Ausgleich eines Guthabens

Hat eine Pfändung zum Zeitpunkt der Echtabrechnung (siehe gleichnamiger Abschnitt 1.8) den Status **Vorpfändung**, wird ein Guthaben gebildet, das Sie im Falle des Nicht- oder nicht rechtzeitigen Eingangs des PfÜBs in der Regel der in Ihrem Unternehmen beschäftigten Person und im Falle des rechtzeitigen Eingangs des PfÜBs dem Gläubiger zukommen lassen müssen. Den Ausgleich dieses Guthabens müssen Sie zusätzlich im Personalstamm der betreffenden Person anlegen. Dafür steht Ihnen die Ausgleichsart **Auszahlung von Guthaben** des Infotyps 0117 (Ausgleich) zur Verfügung (siehe Abbildung 15.16). Diese Ausgleichsart können Sie ausschließlich über den Menüpfad **Pfändung • Auszahlung Guthaben** des Infotyps 0111 (Pfändung/Abtretung) anlegen, weil nur dadurch die erforderlichen Auswahlen im Mussfeld **Grund** des Infotyps 0117 (Ausgleich) zur Verfügung stehen. Da eine Pfändung nicht in der Abrechnungsvergangenheit bearbeitet werden kann, ist dies nur in einer Kopie des Infotyps 0111 (Pfändung/Abtretung) mit dem Beginndatum »1. des nächsten Monats« möglich.

Im Folgenden möchten wir die Informationen und Auswahlmöglichkeiten des in Abbildung 15.16 gezeigten Infotyps 0117 (Ausgleich) näher erläutern.

Abbildung 15.16 Ausgleichsart »Auszahlung von Guthaben« des Infotyps 0117 (Ausgleich)

Datengruppe »Ausgleich«

Das Feld **Laufende Nummer** dient der Unterscheidung der einzelnen Datensätze des Infotyps; dadurch kann der Infotyp mehrere Male zeitgleich angelegt werden. Durch den Aufruf des Infotyps 0117 (Ausgleich) aus dem Infotyp 0111 (Pfändung/Abtretung) ist das Feld **Art** vorbelegt und nicht eingabebereit. Die Auswahlmöglichkeiten des Mussfeldes **Grund** stehen Ihnen nur zur Verfügung, wenn Sie den Infotyp 0117 (Ausgleich) aus dem Infotyp 0111 (Pfändung/Abtretung) heraus aufrufen. Im Feld **Entstehungsdatum** wird das Tagesdatum vorgeschlagen. Durch den Aufruf des Infotyps 0117 (Ausgleich) über den Infotyp 0111 (Pfändung/Abtretung) wird die Höhe des aktuellen Guthabens im Feld **Betrag** vorgeschlagen und kann bis zur Höhe des in der Datengruppe **Auszugleichendes Guthaben** angezeigten Betrags geändert werden.

Im Feld **Lohnart** bestimmen Sie die Verwendung des Guthabens. Da Sie den Infotyp 0117 (Ausgleich) für unterschiedliche Steuerungen verwenden können, siehe Abschnitt 15.5.1, »Arten des Infotyps 0117 (Ausgleich)«, sind nicht alle Lohnarten für den Ausgleich eines Guthabens relevant.

[!]

Lohnart »Guthaben Mitarbeiter pfändbar«

Wenn Sie die Lohnart »Guthaben Mitarbeiter pfändbar« (Musterlohnart MW30) im Feld **Lohnart** verwenden, wird das damit auszugleichende Guthaben automatisch für nachrangige Pfändungen verwendet.

Nach dem Sichern des Infotyps 0117 (Ausgleich) wird Ihnen der Infotyp 0015 (Ergänzende Zahlung) mit Vorschlagswerten angeboten, die auf Ihren Eingaben im Infotyp 0117 (Ausgleich) beruhen. Der Infotyp 0015 (Ergänzende Zahlung) muss immer angelegt werden, da das Guthaben sonst nicht ausgeglichen wird.

15.4 Abtretung

Eine Abtretung bearbeiten Sie wie eine gewöhnliche Pfändung (siehe den gleichnamigen Abschnitt 15.1). Lediglich beim Anlegen des Infotyps 0111 (Pfändung/Abtretung) wählen Sie die Pfändungsart 3 (Abtretung) und erfassen in den Feldern zu **Tag / Uhrzeit** das Vertragsdatum der Abtretung und nicht das Datum der Offenlegung.

Auf die Abtretung im Sinne einer Privatinsolvenz wird in Abschnitt 15.5.6, »Verbraucherinsolvenz«, näher eingegangen.

15.5 Weitere Themen

In diesem Abschnitt beschreiben wir Ihnen weitere Funktionen und Erfassungsmöglichkeiten, mit denen Sie spezielle Anforderungen einer Pfändung abbilden, die sich aus dem PfÜB oder dessen Verlauf ergeben können. Darüber hinaus gehen wir auf weitere Zusammenhänge, wie z. B. auf die Themen »Arbeitgeberkosten« und »Verbraucherinsolvenz«, ein.

15.5.1 Arten des Infotyps 0117 (Ausgleich)

Den Infotyp 0117 (Ausgleich) können Sie für die unterschiedlichsten Zwecke einsetzen. Nachdem wir in Abschnitt 15.3.1, »Vorpfändung erfassen«, die Ausgleichsart **Auszahlung von Guthaben** im Rahmen von Vorpfändungen erläutert haben, möchten wir in diesem Abschnitt auf die weiteren Steuerungsmöglichkeiten eingehen, die Ihnen der Infotyp 0117 (Ausgleich) bietet. Dabei sollten Sie, bis auf die Erfassung eines Arbeitgeberdarlehens, auf die wir in diesem Abschnitt eingehen, stets den Weg über den Menüpunkt **Pfändung** des Infotyps 0111 (Pfändung/Abtretung) wählen (siehe Abbildung 15.2).

Abzug

Über den Menüpfad **Pfändung • Abzug** erhalten Sie eine Erfassungsmaske, in der Sie über eine Eingabe im Feld **Betrag** den Tilgungsrest der Pfändung verringern können (siehe Abbildung 15.17). Durch die Einträge in den Feldern **Grund** und **Entstehungsdatum** können Sie jederzeit nachvollziehen, wann und warum sich der Tilgungsrest verringert hat.

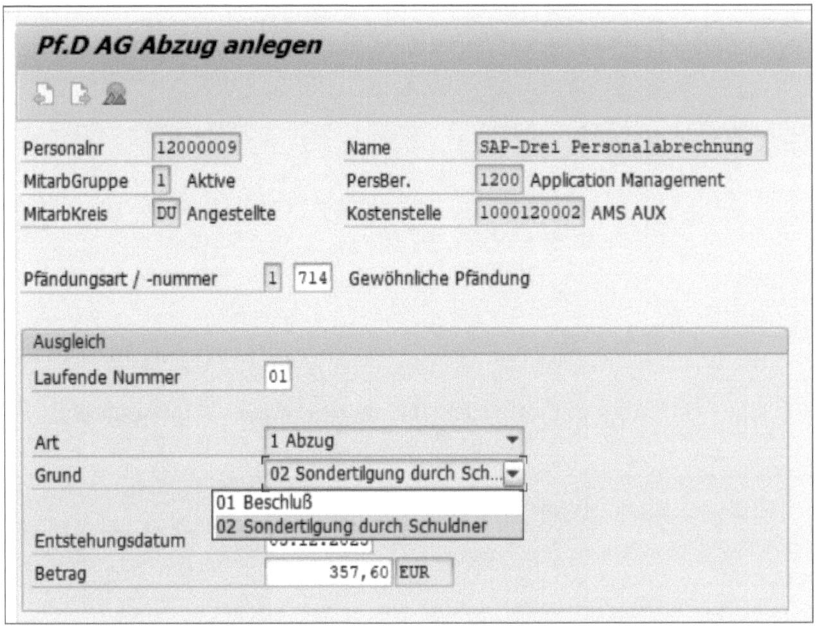

Abbildung 15.17 Ausgleichsart »Abzug« des Infotyps 0117 (Ausgleich)

Rückzahlung

Sollten Beträge vom Gläubiger zurückfließen, haben Sie über den Aufruf **Pfändung • Rückzahlung** in der folgenden Erfassungsmaske die Möglichkeit, über Einträge in den Feldern **Grund** und **Entstehungsdatum** zu bestimmen, ob und wann sich dadurch der Tilgungsrest verändern soll (siehe Abbildung 15.18). Für die Abrechnungssteuerung müssen Sie im Feld **Lohnart** den entsprechenden Eintrag auswählen (siehe Abbildung 15.16).

Zusätzliche Zinsen

Wenn Sie Zinsen erfassen müssen, die Sie nicht über den Infotyp 0113 (Zinsangaben) abbilden können, verwenden Sie dafür die Erfassungsmaske des Infotyps 0117, die Sie über den Menüpfad **Pfändung • Zus. Zinsen** erreichen. Hier entscheiden Sie durch die entsprechenden Einträge in den Feldern **Grund** und **Entstehungsdatum**, wann welche Zinsbeträge zusätzlich getilgt werden sollen (siehe Abbildung 15.19).

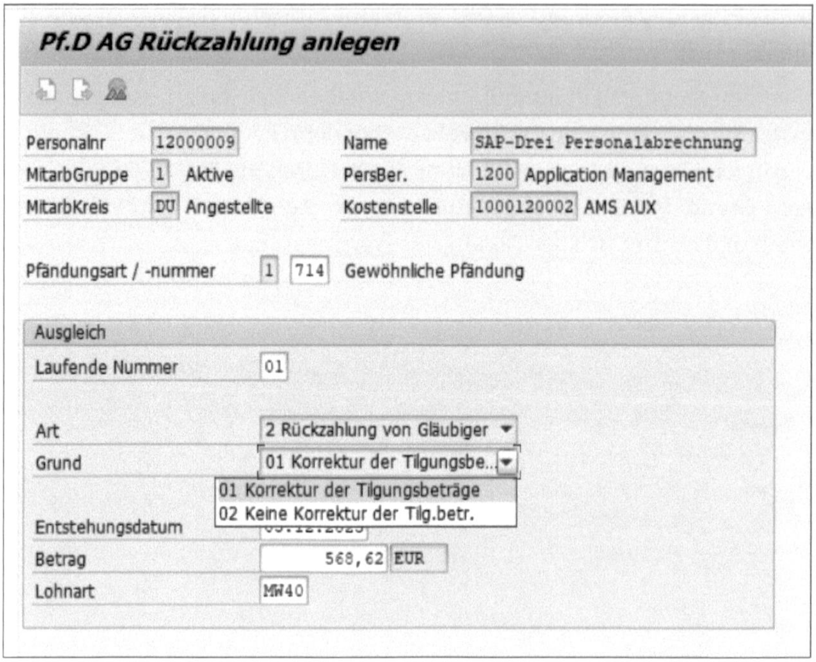

Abbildung 15.18 Ausgleichsart »Rückzahlung« des Infotyps 0117 (Ausgleich)

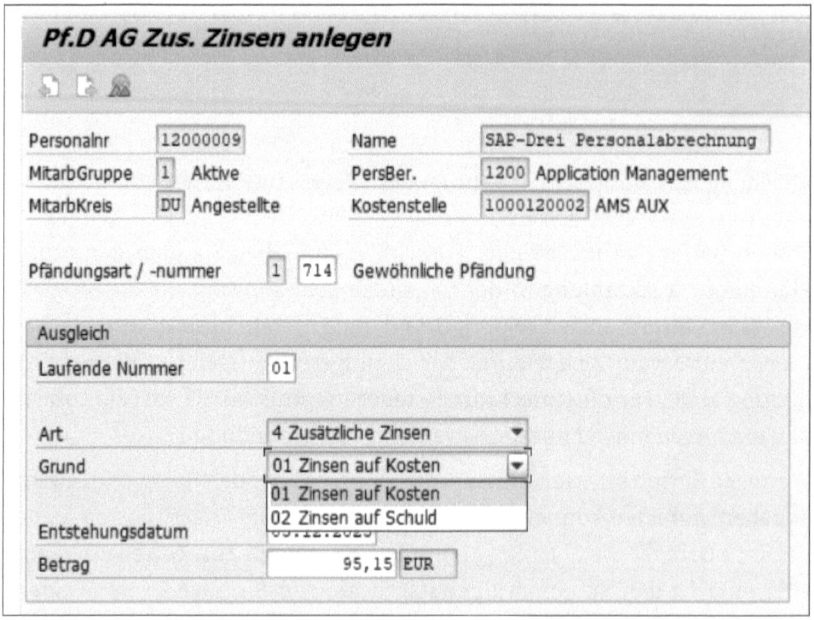

Abbildung 15.19 Ausgleichsart »Zusätzliche Zinsen« des Infotyps 0117 (Ausgleich)

Arbeitgeberdarlehen in der Pfändung

Die Erfassung des Subtyps **Darlehen** bildet die zu Beginn dieses Abschnitts angesprochene Ausnahme, da Sie diesen Subtyp des Infotyps 0117 (Ausgleich) nicht über den Infotyp 0111 (Pfändung/Abtretung), sondern über die Funktion **Anlegen** aus Transaktion PA30 (Personalstammdaten pflegen) aufrufen. Dies ist die einzige Möglichkeit, um gesetzeskonform ein Arbeitgeberdarlehen, und zwar über das Feld **Entstehungsdatum**, in die Rangfolge der Pfändungen aufzunehmen. Eine Verbindung zum Infotyp 0045 (Darlehen) besteht hier nicht. Für die Berücksichtigung des Darlehensbetrags verwenden Sie die Felder **Entstehungsdatum** und **Betrag**. Wollen Sie den Darlehensbetrag zusätzlich einbehalten, wählen Sie anstelle des Betrags die entsprechende Lohnart im gleichnamigen Feld (siehe Abbildung 15.20), die Sie dann zusätzlich im Infotyp 0014 (Wiederkehrende Be-/Abzüge), siehe gleichnamiger Abschnitt 2.2.5, erfassen müssen (siehe Abbildung 15.21).

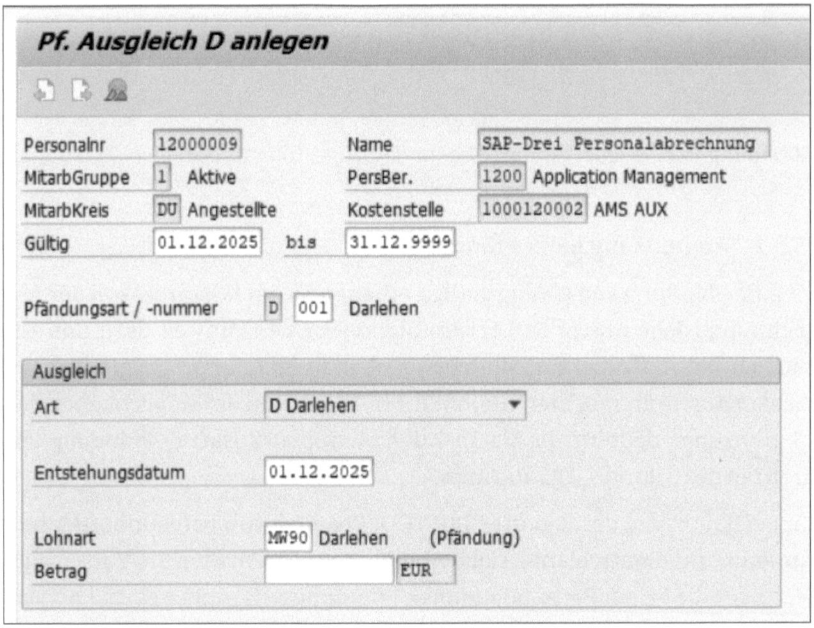

Abbildung 15.20 Subtyp »Darlehen« des Infotyps 0117 (Ausgleich)

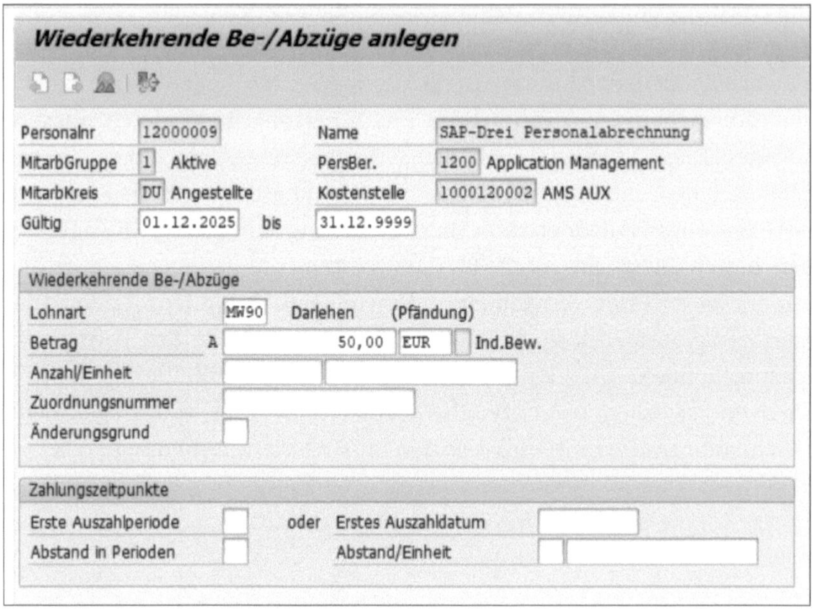

Abbildung 15.21 Wiederkehrende Be- und Abzüge, Lohnart Darlehen (Pfändung)

15.5.2 Abgrenzung einer Pfändung

Ist eine Pfändung vollständig getilgt, erhalten Sie im Kurzprotokoll der Abrechnung (siehe Abschnitt 1.6, »Simulation«) einen Hinweis dazu und zusätzlich die Aufforderung, die entsprechende Pfändung abzugrenzen. In diesem Abschnitt möchten wir Ihnen den Ablauf und die Möglichkeiten der Abgrenzung erläutern, die Sie über den Menüpfad **Zusätze • Pfändung abgrenzen** des Infotyps 0111 aufrufen.

Im Selektionsbild des Reports RPIPITD0 (Erstellen von Batch-Input-Mappe für Pfändung Deutschland), siehe Abbildung 15.22, erhalten Sie Vorschlagswerte für die Felder **Personalnummer**, **Pfändungsart**, **-nummer** und **Art der Verarbeitung**, die Sie aufgrund der eindeutigen Zuordnung nicht ändern sollten. Im Feld **Name der Batch-Input-Mappe** wird standardmäßig der SAP-Benutzername vorgeschlagen, mit dem Sie sich angemeldet haben. Möchten Sie das Abspielen der Batch-Input-Mappe erst ab einem bestimmten Datum zulassen, verwenden Sie das Feld **Batch-Input-Mappe gesperrt bis**. Wenn Sie die Markierungen vor **Infotyp Zinsen beachten** und **Infotyp Ausgleich beachten** übernehmen, werden die Datensätze dieser Infotypen, deren (Beginn-)Datum nach dem Datum des Mussfeldes **Gültigkeitszeitraum von** liegt, abgegrenzt bzw. gelöscht.

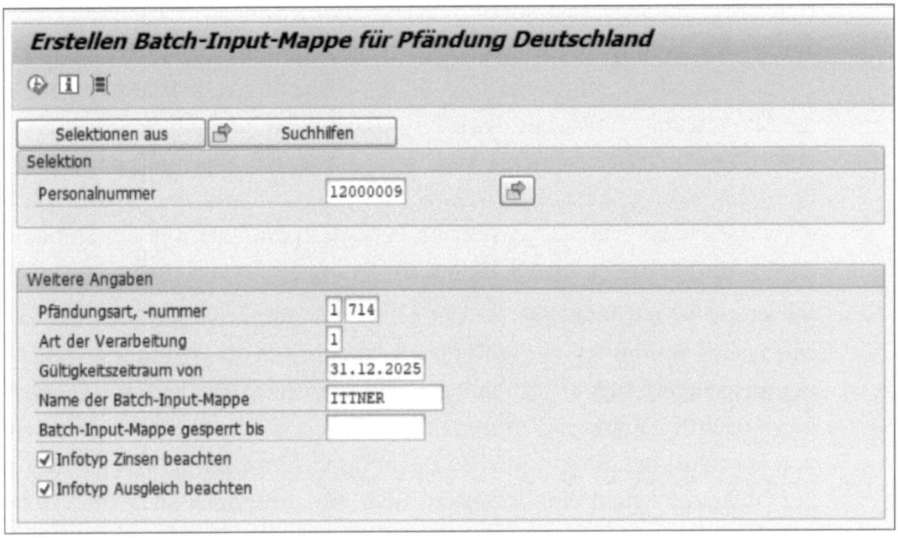

Abbildung 15.22 Selektionsbild »Pfändung abgrenzen«

Der Erfassungsinhalt im Feld **Gültigkeitszeitraum von** hängt davon ab, wie Sie eine abgegrenzte Pfändung im Personalstamm und in der Statistik der Pfändungsergebnisse (siehe Abschnitt 15.1.3, »Abrechnung und Kontrolle einer gewöhnlichen Pfändung«) darstellen möchten.

Abgrenzung mit geändertem Status

Möchten Sie den Status der Pfändung verändern, gehen Sie folgendermaßen vor:

1. Kopieren des Infotyps 0111 (Pfändung/Abtretung) auf den 1. des nächsten Monats
2. Ändern des Eintrags im Feld **Status** – abhängig von den Gegebenheiten – auf **Beendet am** oder **Beendet am, Guthaben vorhanden**
3. Erfassung des Monatsletzten der Abrechnungsperiode mit der letzten Tilgung im Feld **Ende der Tilgung**
4. Aufruf der Abgrenzung über den Menüpfad **Zusätze • Pfändung abgrenzen** des kopierten Infotyps 0111 (Pfändung/Abtretung)
5. Erfassen des 2. des nächsten Monats im Feld **Gültigkeitszeitraum von**
6. Abspielen der Batch-Input-Mappe

[!]

Infotypen und Abgrenzung

Bei der Abgrenzung werden alle Infotypen gelöscht, deren Gültigkeitszeitraum zum Datum des Eintrags im Feld **Gültigkeitszeitraum von** oder später beginnt.

Der Vorteil dieser Vorgehensweise liegt in der korrekten Darstellung einer getilgten Pfändung, da dann ein Datensatz des Infotyps 0111 (Pfändung/Abtretung) mit dem entsprechenden Status vorhanden ist. Sie können auch die Abgrenzung ohne Kopie des Infotyps 0111 (Pfändung/Abtretung) zum 1. des Folgemonats vornehmen. Das System beendet alle Infotypen dieser Pfändung zum Monatsletzten des Vormonats; ihr Status bleibt jedoch auf **aktiv**, sodass die Pfändung weder im Personalstamm noch in der Statistik der Pfändungsergebnisse als getilgte Pfändung dargestellt wird.

Mit SAP-Hinweis 2489108 (vereinfachtes Abgrenzen von Pfändungen) wurde eine weitere Möglichkeit für die Abgrenzung der Pfändungsinfotypen ausgeliefert. Dies erfolgt über eine dynamische Maßnahme aus dem Infotyp 0111 (Pf.D Pfändung/Abtret). Die dynamische Maßnahme wird durch den Abschluss des Infotyps 0111 (Pf.D Pfändung/Abtret) angestoßen, und als Ergebnis erhält man eine Übersicht über die abzugrenzenden Infotypen (siehe Abbildung 15.23).

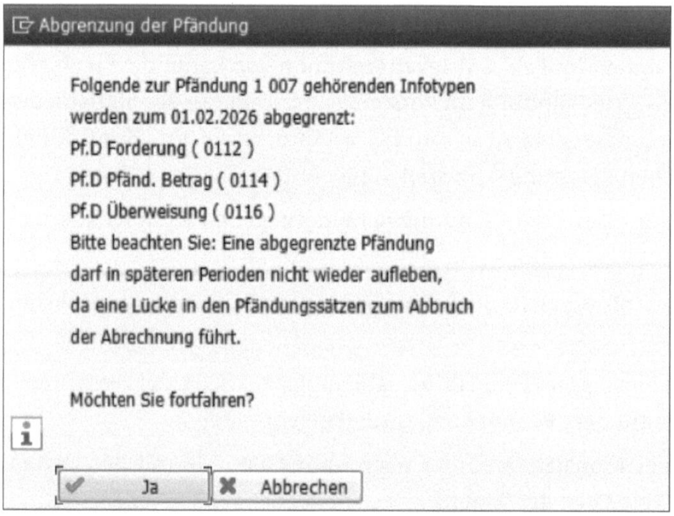

Abbildung 15.23 Übersicht abzugrenzender Infotypen

15.5.3 Pfändung und Rückrechnung

Im Folgenden gehen wir kurz auf die Rückrechnung im Personalstamm und in der Abrechnung ein.

Rückrechnung im Personalstamm

Die Infotypen der Pfändung sind nicht rückrechnungsfähig, d. h., dass Sie in diesen Infotypen keine Veränderungen in der Abrechnungsvergangenheit vornehmen und sie somit immer erst ab der aktuellen Abrechnungsperiode abbilden können.

Rückrechnung in der Abrechnung

Für Rückrechnungen in der SAP-Abrechnung bezüglich Pfändungen gilt im Standard das Zuflussprinzip. Dies bedeutet, dass im Rahmen von Rückrechnungen in der Abrechnung eventuelle Differenzen für die entsprechenden Lohnarten gebildet, pro Rückrechnungsperiode summiert und in der aktuellen Abrechnungsperiode berücksichtigt werden. Diese Vorgehensweise ist nicht korrekt, weil dadurch zu hohe pfändbare Beträge entstehen können. Das können Sie nur verhindern, indem Sie die Summe der korrekten Tilgungsdifferenzen für den Rückrechnungszeitraum manuell bilden (Entstehungsprinzip) und sie dann mit dem Tilgungsbetrag der aktuellen Abrechnungsperiode in den Feldern der Datengruppe **Fester pfändbarer Betrag** auf der Registerkarte **Sonderfälle** im Infotyp 0114 (Pfändbarer Betrag) abbilden.

SAP hat auf diese Gegebenheiten reagiert und die Rückrechnung im Rahmen der Pfändungen für das Schema D100 (Öffentlicher Dienst) nach dem Entstehungsprinzip eingerichtet. Diese Funktion wurde zusammen mit SAP-Hinweis 1279127, in dem Sie eine ausführliche Beschreibung und Installationsanleitung finden, vollständig ausgeliefert.

Die Pfändung nach Entstehungsprinzip wurde mit SAP-Hinweis 2438501, am 09.12.2024, für die Privatwirtschaft freigegeben. Bis zur Implementierung der Pfändung nach Entstehungsprinzip muss die Pfändung nach der Nettomethode mit Fiktivrechnungen (SAP-Hinweis 2123100) verwendet werden.

15.5.4 Pfändungen in mehreren Zahlläufen

Sollten Sie mehrere Zahlungsläufe pro Abrechnungsperiode durchführen, müssen Sie sicherstellen, dass die Pfändungsbeträge erst mit dem letzten Zahllauf überwiesen werden.

Der Hintergrund ist folgender: Da der Pfändungsbetrag in den verschiedenen Abrechnungsläufen abweichen kann, darf die Überweisung erst nach der letzten erfolgten Abrechnung für diesen Abrechnungszeitraum erfolgen.

So gehen Sie vor: Im Selektionsbild von Transaktion PC00_M01_CDTA (Vorprogramm Datenträgeraustausch mehrere Zahlungsläufe), siehe Abschnitt 6.2, »Überweisung«, erfassen Sie dazu im Feld **Lohnart** die Lohnart /PUO (Überweisung Pfändung/Abtretung) und wählen über den Button **Selektionsoptionen** die Funktion **von der Selektion ausschließen**. Beim letzten Zahlungslauf lassen Sie das Feld **Lohnart** leer, wenn alle Überweisungen durchgeführt werden sollen, oder Sie erfassen die Lohnart /PUO, wenn Sie nur die Überweisungen für die Pfändungen und Abtretungen vornehmen möchten.

15.5.5 Arbeitgeberkosten

Gesetzliche Erstattungsansprüche für Aufwendungen im Zusammenhang mit einer Pfändung gibt es nicht (BAG-Urteil vom 18.07.2006 1 AZR 578/05). Auch eine Betriebsvereinbarung ist keine geeignete Rechtsgrundlage (BAG a. a. O). Allerdings könnten Sie aufgrund tariflicher oder einzelvertraglicher Regelungen einen Anspruch auf Erstattung der Kosten für die Bearbeitung einer Pfändung haben.

[!]

Arbeitgeberkosten einbehalten

Beachten Sie, dass während der Tilgung einer Pfändung keine Arbeitgeberkosten einbehalten werden dürfen, da der Pfändungsbetrag in voller Höhe dem Gläubiger und der pfandfreie Betrag in voller Höhe der beschäftigten Person zusteht.

Zulässig ist der Aufbau einer Forderung, die Sie nach der Tilgung der Pfändung auch einem nachrangigen Gläubiger gegenüber realisieren können.

Arbeitgeberkosten können Sie im Einführungsleitfaden über den Pfad **Personalabrechnung • Abrechnung Deutschland • Pfändung/Abtretung • Stammdaten • Arbeitgeberkosten** einrichten. Wenn Sie die Funktion **Arbeitgeberkosten-Modifikator festlegen** aufrufen, gelangen Sie in das Merkmal PFAGK, in dem Sie einen zweistelligen Wert definieren und erfassen (siehe Abbildung 15.24). Auf diesen Wert kopieren Sie in Tabelle V_T5D6G (Arbeitgeberkosten Pfändung) – die Sie öffnen, indem Sie die Funktion **Arbeitgeberkosten definieren** aufrufen – die Standardmodifikatoren **D0** (über Merkmale erfahren Sie mehr in Abschnitt 25.1, »Merkmale in der Personalabrechnung«).

Mithilfe der Modifikatoren legen Sie die Ermittlung der Arbeitgeberkosten fest. Dabei entscheiden Sie, ob die Arbeitgeberkosten nur im Rahmen der ersten Überweisung eines pfändbaren Betrags (unter der Überweisungsnummer 1), für alle anderen Überweisungen eines pfändbaren Betrags (unter der Überweisungsnummer »z«) oder für beide Optionen ermittelt werden sollen. Die Erfassungsmasken der Überweisungsnummern sind identisch (siehe Abbildung 15.25).

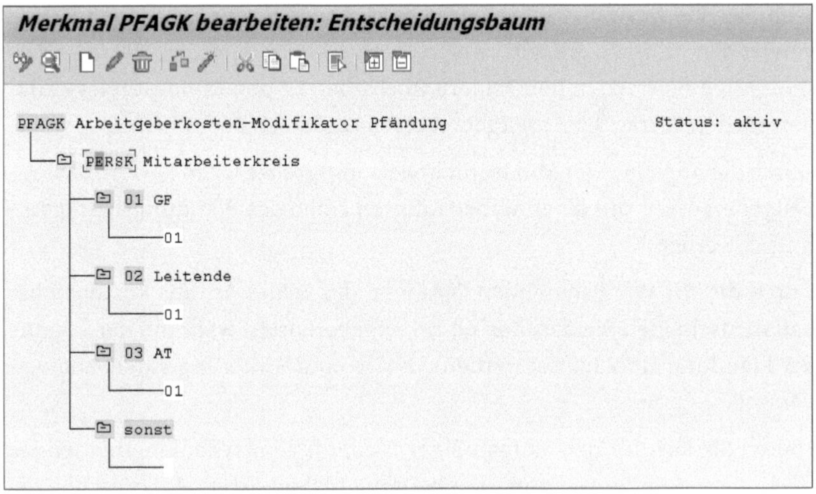

Abbildung 15.24 Merkmal PFAGK (Arbeitgeberkosten)

Felder des Arbeitgeberkosten-Modifikators

Im Folgenden gehen wir auf die Felder des in Abbildung 15.25 gezeigten Arbeitgeberkosten-Modifikators ein.

Im Feld **Art der Kostenermittlung** legen Sie fest, wie die Arbeitgeberkosten ermittelt werden sollen. Durch die Auswahl der Option **Prozentsatz vom einbehaltenen Betrag einer Pfändung** und die entsprechende Erfassung im Feld **Prozentsatz** werden die Arbeitgeberkosten vom jeweiligen pfändbaren Betrag ermittelt.

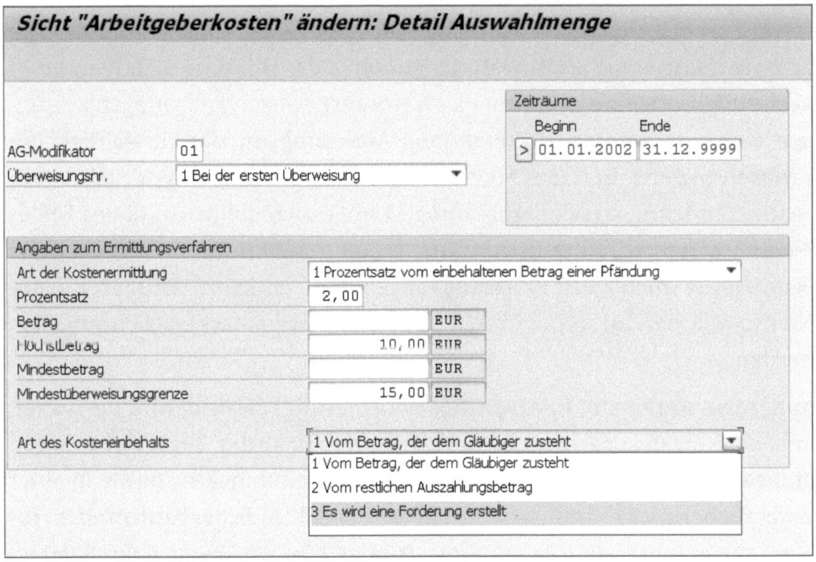

Abbildung 15.25 Arbeitgeberkosten-Modifikator

Wenn Sie die Auswahl **Fester Betrag pro Pfändung mit pfändbarem Betrag** verwenden, müssen Sie den entsprechenden Betrag im Feld **Betrag** erfassen. Durch Einträge in den Feldern **Höchstbetrag** und **Mindestbetrag** können Sie den Betrag der Arbeitgeberkosten zusätzlich beeinflussen.

Durch die Angabe einer **Mindestüberweisungsgrenze** legen Sie fest, dass Arbeitgeberkosten nur ab einer bestimmten Höhe des Pfändungsbetrags ermittelt werden.

Durch die zur Wahl stehenden Optionen des Feldes **Art des Kosteneinbehalts** entscheiden Sie darüber, ob Arbeitgeberkosten während der Tilgung der Pfändung einbehalten werden oder ob eine Forderung aufgebaut werden soll.

Sollten Sie sich für den Aufbau einer Forderung entscheiden, müssen Sie noch unter dem Punkt **Lohnarten bei Arbeitgeberkosten als Forderung** die Musterlohnart MW60 (Einbehalt Forderung AG-Ko) bearbeiten (zu Lohnarten erfahren Sie mehr in Kapitel 23, »Lohnarten«) und unter dem Punkt **Pfändungsschema anpassen** des Pfads **Personalabrechnung • Abrechnung Deutschland • Pfändung/Abtretung • Verarbeitung • Arbeitgeberkosten** die Regel DP03 aktiv setzen.

15.5.6 Verbraucherinsolvenz

Befindet sich eine in Ihrem Unternehmen beschäftigte Person in der Verbraucherinsolvenz, wird der Pfändungsbetrag in der Regel an die für die Insolvenzverwaltung verantwortliche Stelle abgeführt. Eine Verbraucherinsolvenz erfassen Sie als Abtretung (Subtyp 3 des Infotyps 0111, Pfändung/Abtretung). Um eine Abtretung als Verbraucherinsolvenz anlegen zu können, wurde der Infotyp 0111 (Pfändung/Abtretung) um das Auswahlfeld **Privatinsolvenz** erweitert, das Sie nach dem Sichern des Infotyps nicht mehr bearbeiten können (siehe Abbildung 15.26). Durch die Auswahl des Feldes **Privatinsolvenz** wird der Infotyp 0112 (Forderung) im weiteren Verlauf der Bearbeitung nicht zur Erfassung angeboten; er kann darüber hinaus, ebenso wie der Infotyp 0113 (Zinsangaben), nicht nachträglich angelegt werden.

Außerdem werden im Infotyp 0116 (Überweisung) die Felder für die Aufteilung der Kosten ausgeblendet, und die Subtypen **Abzug**, **Zusätzliche Zinsen** und **Neueingabe** des Infotyps 0117 (Ausgleich) sind inaktiv, da sie in einer Verbraucherinsolvenz nicht benötigt werden. Mithilfe des Aufrufs **Pf.en ruhend setzen** unter dem Menüpunkt **Zusätze** können Sie nach der Bearbeitung des Selektionsbildes des Reports RPIPPIDO (Kopieren ausgewählter

Pfändungen zu einem Stichtag) entscheiden, ob Sie mithilfe der Batch-Input-Mappen die Pfändungen abgrenzen oder diese ruhen lassen möchten.

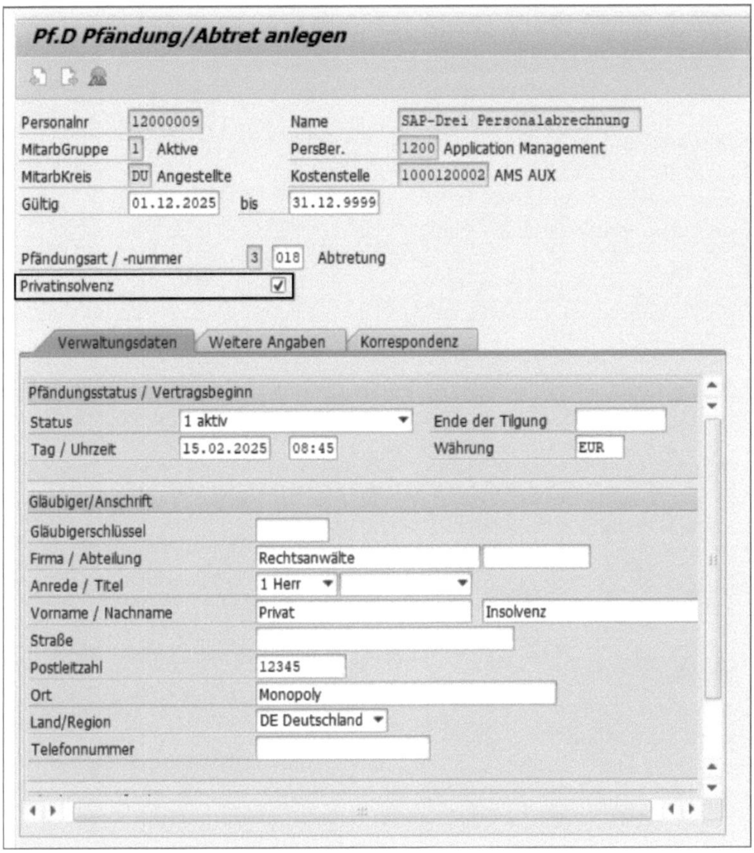

Abbildung 15.26 Auswahlfeld »Privatinsolvenz« im Infotyp 0111

15.6 Fazit

Wenn Sie die Ausführungen und Anforderungen eines PfÜBs verstanden haben, sollten Sie in der Lage sein, über die Standardeinstellungen im Bereich Pfändungen nahezu alle Belange dieser Thematik korrekt im SAP-System abzubilden.

Bei Rückfragen von der Gläubigerseite, die Ihre Berechnung des pfändbaren Betrags anzweifeln, übersenden Sie dem Gläubiger einen Auszug aus dem Abrechnungsprotokoll; in den meisten Fällen reicht dies zur Erläuterung aus.

Bei Fragen zum PfÜB können Sie sich jederzeit an die für die Vollstreckung zuständigen Personen wenden, um strittige Sachverhalte zu klären.

Kapitel 16
Altersteilzeit

Das Altersteilzeitgesetz sollte älteren Mitarbeitenden einen gleitenden Übergang in den Ruhestand ohne größere Einkommensverluste ermöglichen und so Stellen für jüngere Beschäftigte schaffen. Durch die Wahlmöglichkeit zwischen Blockmodell und Teilzeitmodell konnte das Instrument dem jedoch nie gerecht werden. Vielmehr wird es weiterhin als Möglichkeit zum Beschäftigungsabbau genutzt.

In der Personalabrechnung ist die Thematik der Altersteilzeit aufgrund der komplizierten rechtlichen Regelungen einer der komplexesten Bereiche überhaupt. Insbesondere der alternativlose Einsatz von Fiktivläufen stellt für das Lösungsverständnis von SAP ERP HCM eine große Hürde dar. In diesem Kapitel werden nur nach dem 01.07.2004 erfolgende Abläufe zur Altersteilzeit in SAP ERP HCM betrachtet. Denn ab diesem Stichtag traten die neu gefassten, insbesondere die Personalabrechnung betreffenden Regelungen für die Altersteilzeit in Kraft, die sich in wesentlichen Punkten von den zuvor gültigen Regelungen unterscheiden.

16.1 Allgemeines

Altersteilzeitgesetz

Mit dem Gesetz zur Förderung eines gleitenden Übergangs in den Ruhestand (Altersteilzeitgesetz) wurden mit Wirkung zum 1. August 1996 Rahmenbedingungen für Vereinbarungen von Arbeitgebern und Beschäftigten hinsichtlich der Altersteilzeitarbeit geschaffen.

Das *Altersteilzeitgesetz* (AltersTZG) aus dem Jahr 1996 begrenzte den Beginn der Altersteilzeitarbeit ursprünglich bis zum 31. Dezember 2009. Seitdem haben mehrere Änderungen und Ergänzungen das Gesetz weiterentwickelt.

Heute können Sie Altersteilzeit auch nach dem 31. Dezember 2009 beginnen – allerdings entfällt dann die Förderung durch die Bundesagentur für Arbeit. Voraussetzung ist, dass das AltersTZG, die steuerrechtlichen Bestimmungen und die Regelungen im Sozialgesetzbuch weiterhin gültig bleiben. Diese Möglichkeit wurde in § 1 Abs. 3 AltersTZG durch das Jahressteuergesetz 2008 bestätigt.

Die grundsätzlichen Regelungen haben weiterhin eine Bedeutung für die Praxis, da es eine Reihe von Arbeitgebern gibt, die die grundsätzlichen Regelungen des Altersteilzeitgesetzes analog in kollektivrechtliche Verträge wie Tarifverträge oder Betriebsvereinbarungen gegossen haben und folglich weiterhin anwenden werden.

Aufstockung

Das Altersteilzeitgesetz sieht vor, dass den davon betroffenen Mitarbeitenden neben einem Entgelt in Höhe von 50 % des vor der Altersteilzeitarbeit gezahlten Entgelts eine sogenannte *Aufstockung* in Höhe von 20 % des Regelentgelts gewährt wird. Darüber hinaus erfolgt – um die durch die Einkommenseinbußen hervorgerufenen Verluste bei der Bemessung der späteren Regelaltersrente zumindest teilweise auszugleichen – eine Beitragsübernahme in der gesetzlichen Rentenversicherung durch den Arbeitgeber. Als Bemessungsgrundlage wird hier der Unterschiedsbetrag zwischen dem Altersteilzeitentgelt und 80 % des Regelentgelts (begrenzt auf 90 % der Beitragsbemessungsgrenze der gesetzlichen Rentenversicherung) zugrunde gelegt. Diese gesetzlich vorgegebenen Werte müssen gezahlt werden, sofern der Arbeitgeber im Falle der Wiederbesetzung des Arbeitsplatzes die Rückerstattung von Aufstockung und Zuschuss zum Rentenversicherungsbeitrag bei der Bundesagentur für Arbeit beantragt.

Dem Arbeitgeber ist es jederzeit erlaubt, einen höheren Aufstockungsbetrag oder einen höheren Zuschuss zum RV-Beitrag (natürlich nur maximal bis zur RV-BBG = Beitragsbemessungsgrenze in der gesetzlichen Rentenversicherung) der in Altersteilzeit beschäftigten Mitarbeitenden zu leisten. Allerdings ist diese Zuwendung im Rahmen des Altersteilzeitgesetzes nicht erstattungsfähig. Eine Vielzahl von Tarifverträgen und Betriebsvereinbarungen sieht jedoch eine höhere Aufstockung vor. Charakteristisch ist dabei, dass diese weitere Aufstockung vom fiktiven Vollzeitnettoentgelt der beschäftigten Person berechnet wird. Zur Unterscheidung der Aufstockungsarten spricht man von Aufstockung 1 (die gesetzliche Aufstockung von 20 % des Teilzeitbruttobetrags oder auch um einen anderen Prozentsatz aufgrund einer individual- oder kollektivvertraglichen Regelung) und Aufstockung 2 (z. B. 85 % des fiktiven Vollzeitnettobetrags).

Aufstockung 3

Einzelne Fälle können mit entsprechenden Regelungen so gestaltet sein, dass eine beschäftigte Person während der Altersteilzeit bessergestellt ist als zuvor, d. h., dass das komplett ausgezahlte Entgelt, inklusive der gewährten Aufstockungen während der Altersteilzeit, über dem fiktiven Vollzeitnettoentgelt liegt. In solchen Fällen kommt es zur Auszahlung von steuer- und gegebenenfalls SV-pflichtigen Aufstockungsbeträgen, und es wird von *Aufstockung 3* gesprochen. Der maßgebliche Anteil dieser beschriebenen Berechnungslogik ist in der Personalabrechnung mit SAP ERP HCM in den schon eingangs erwähnten Fiktivläufen realisiert. Näheres zum Thema »Fiktivläufe« erfahren Sie im gleichnamigen Abschnitt 3.4.

Den Schwerpunkt dieses Kapitels bildet das für die fehlerfreie Einrichtung der Altersteilzeit erforderliche Customizing-Wissen. Bevor jedoch das Customizing dargestellt wird, vermitteln wir Ihnen erste wichtige Grundlagen anhand eines kurzen Einblicks in die Datenpflege und in das Abrechnungsprotokoll.

16.2 Datenpflege und Personalabrechnung

Wie bei vielen anderen Fallkonstellationen ist auch für die Altersteilzeit eine korrekte Stammdatenpflege unbedingte Voraussetzung für die Korrektheit der Ergebnisse in der Personalabrechnung.

16.2.1 Datenpflege

Die Datenpflege für die Altersteilzeit erfolgt im Infotyp 0013 (Sozialversicherung), im Infotyp 0020 (DEÜV) und im Infotyp 0521 (Altersteilzeit D). Der Infotyp 0521 ist in Abbildung 16.1 dargestellt.

Infotyp 0521

Da die Altersteilzeit auch in Anspruch genommen werden kann (und regelmäßig auch wird), um Personal abzubauen, und es damit oft nicht zur Wiederbesetzung von frei werdenden Stellen von Mitarbeitenden in Altersteilzeit kommt, sieht der Infotyp 0521 (Altersteilzeit D) in der Datengruppe **Angaben bei Rückerstattung** vor, dass die Personalnummer der Person erfasst wird, die als Nachfolge für die beschäftigte Person in Altersteilzeit neu eingestellt wurde. Diese Daten werden – ebenso wie die Stammnummer – für das Bescheinigungswesen bzw. für das Erstattungsformular (für die Erstattung von Leistungen bei Beginn der Altersteilzeit vor dem 01.07.2004) genutzt.

Die Datengruppe **Altersteilzeitmodell** legt die grundsätzlichen Vorgaben für die Personalabrechnung fest. Die Eingabemöglichkeiten in den Feldern **Modell** und **Phase** werden über das Customizing definiert. Das Feld **Vereinbarungsdatum** muss nicht verpflichtend gefüllt werden, wird aber von verschiedenen Auswertungen (insbesondere im öffentlichen Dienst) gelesen und verwendet.

Die Datengruppe **Abweichende Angaben** dient der Übersteuerung der im Customizing festgelegten Werte und ermöglicht so die unkomplizierte Abbildung von Sonderfällen oder einzelvertraglichen Regelungen, ohne dass aufwendig über das Customizing eingegriffen werden müsste.

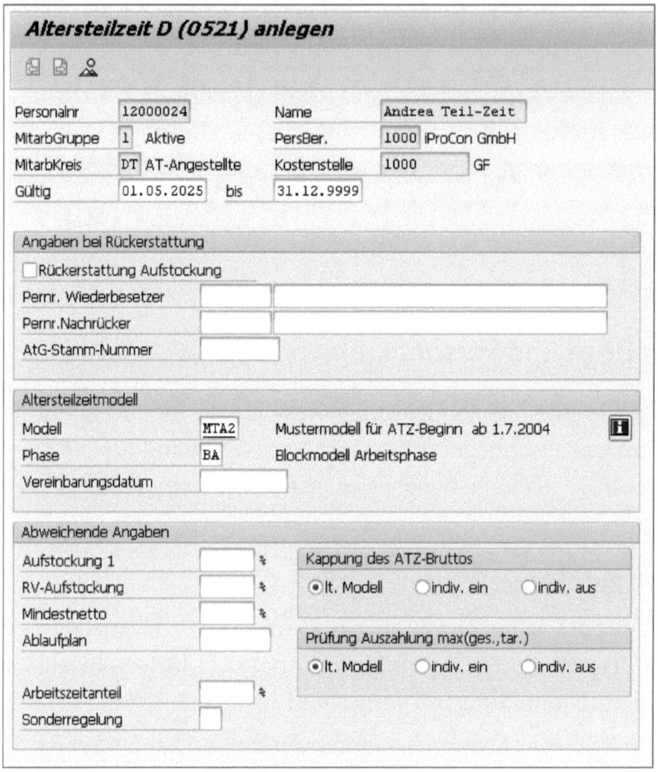

Abbildung 16.1 Infotyp 0521 (Altersteilzeit D)

Gleichzeitig mit dem Infotyp 0521 (Altersteilzeit D) muss – damit die Personalabrechnung korrekte Werte ermitteln kann – auch der Infotyp 0013 (Sozialversicherung) neu aufgesetzt werden. Dieser ist in Abbildung 16.2 dargestellt.

Wichtig ist dabei, dass das Primärattribut 04 in der Datengruppe **SV-Attribute** gesetzt wird. Denn daran erkennt die Personalabrechnung generell, ob jemand in Altersteilzeit ist oder nicht. Darüber hinaus muss im Rahmen des Blockmodells für die Ruhephase der ermäßigte Beitragssatz für die Krankenversicherung im Feld **KV-Kennzeichen** vorgegeben werden, da die Mitarbeitenden während der Ruhephase keinen Anspruch mehr auf Krankengeld haben.

Zusätzlich zum Infotyp 0013 (Sozialversicherung) muss der Infotyp 0020 (DEÜV) mit dem Personengruppenschlüssel 103 für die Dauer der Altersteilzeit gepflegt werden, damit die DEÜV-Meldungen korrekt erstellt werden. Dieser Infotyp ist in Abbildung 16.3 dargestellt.

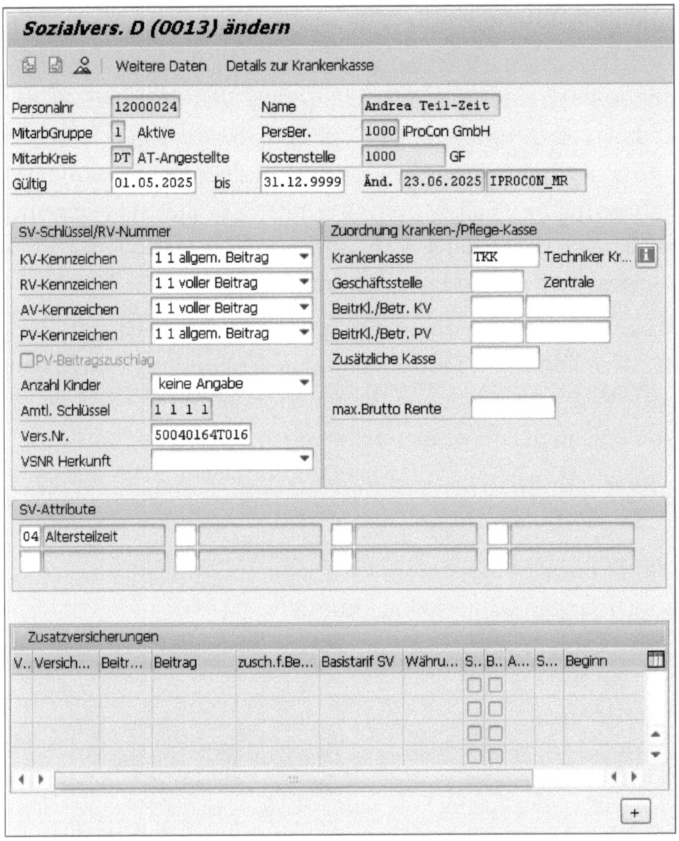

Abbildung 16.2 Infotyp 0013 (Sozialversicherung) mit dem Primärattribut 04 für Altersteilzeit

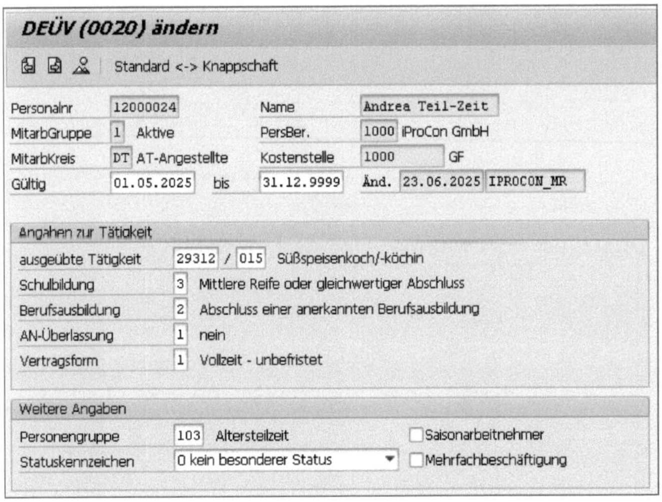

Abbildung 16.3 Infotyp 0020 (DEÜV) mit dem Personengruppenschlüssel 103

16.2.2 Personalabrechnung

Im Schema D000 (Privatwirtschaft) laufen die wesentlichen Berechnungsalgorithmen an zwei verschiedenen Stellen ab. Zum einen handelt es sich um die notwendigen Fiktivläufe und zum anderen um die eigentliche Berechnung der Aufstockungsbeträge, bzw. es wird in diesem Schritt die Bemessungsgrundlage für die RV-Aufstockung ermittelt, da diese Berechnung ganz normal im Bereich der Sozialversicherung erfolgt und wiederum dort im Abrechnungsprotokoll nachvollzogen werden kann.

Fiktivläufe Die Fiktivläufe befinden sich im Schema D000 (Privatwirtschaft) im Unterschema DF01 (Fiktivrechnungen Deutschland), siehe Abbildung 16.4. Neben ersten vorbereitenden Verarbeitungen für die Altersteilzeit werden die eigentlichen Fiktivläufe in den folgenden Schemen verarbeitet:

- DA05 (ATZ: Berechnung fiktive Brutto/Netto tariflich/gesetzlich VZ/TZ) – Universalschema Fiktivabrechnungen
- DFI1 (Fiktives Stammdatenumfeld für Fiktivläufe initialisieren)
- DF02 (Fiktivrechnungen Deutschland Stufe 2)
- DA07 (Universalschema Fiktivabrechnungen Deutschland)

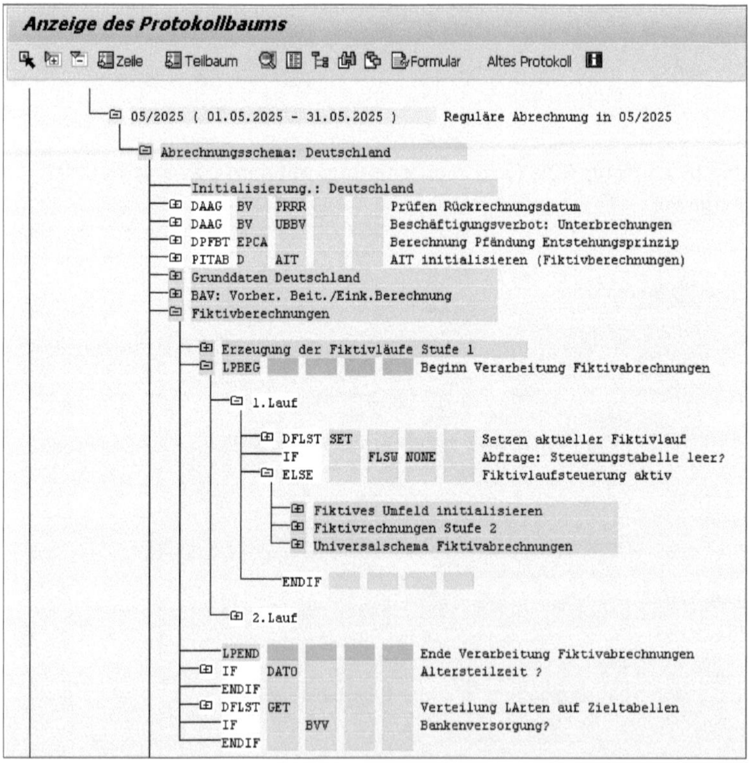

Abbildung 16.4 Abrechnungsprotokoll mit Sicht auf die Fiktivläufe im Schema

Abhängig vom Customizing laufen hier mehrere Fiktivläufe ab. Absolutes Minimum sind zwei Fiktivläufe, einer für den fiktiven Vollzeitbruttobetrag und einer für den fiktiven Teilzeitnettobetrag. Zumeist werden allerdings weitere Fiktivläufe notwendig, weil neben den oben genannten Fiktivläufen auch die Erstattungsbeträge für die Bundesagentur für Arbeit über Fiktivläufe bestimmt werden müssen. Im Rahmen der Fiktivläufe werden die relevanten Lohnarten für die spätere Berechnung der Aufstockungs- und sonstigen Beträge im Schema DNET (Nettoteil Deutschland) bzw. im dort integrierten Schema DAT3 (Verarbeitung Altersteilzeit) ermittelt.

Aufstockungsbeträge

Anhand des im Schema DAT3 verfügbaren Protokolls können die Berechnungen der Aufstockungsbeträge gut nachvollzogen werden (siehe Abbildung 16.5).

```
Tarifliche Berechnung der Aufstockungsbeträge BAP: Altersteilzeit

Bemessungsgrundlagen:

Teilzeit:
Brutto Berechnung Aufstockung 1 (/61J):                2.067,46
Brutto laufend Berechnung RV-Aufstockung (/615):       2.067,46
Netto Berechnung Aufstockung 2 (/61K):                 1.647,78
Regelarbeitsentgelt für Aufstockung 1 (/6GA):          2.067,46
Regelarbeitsentgelt für Berechnung zbE (/6GB):         2.067,46

Vollzeit:
Brutto laufend (/613):                                 4.134,92

Nichtaufstockbare 100%-Leistungen:
Brutto laufend (/61L), in (/615) enthalten:                0,00

Prozentsaetze:
Aufstockung 1:   20,00 %
Aufstockung 2:    0,00 %
RV-Aufstockung:  80,00 %

Begrenzung des Regelentgelts an der AV-BBG

Regelarbeitsentgelt (/6GA):             2.067,46
Keine Kappung erforderlich

Berechnung der Aufstockung 1

Aufstockung 1  =  Regelentgelt    *  Prozentsatz Aufstockung 1
    /611       =      /6GA        *        ATZ-ATZA1
   413,49      =    2.067,46      *         20,00 %

Berechnung des zusätzlich beitragspflichtigen Bruttos

          RV-Aufstock. = Proz.satz * Regelarbeitsentgelt RV
              /3AW     = ATZ-ATZAR *      /6GB
 01        1.653,97    =   80,00 % *    2.067,46

 Begrenzung auf Differenz von 90,00% der RV-BBG und Regelentgelt
       Maximalbetrag = Proz.BBG  *     RV-BBG     -      /6GB
 01        5.177,54  =   90,00 % *    8.050,00    -    2.067,46

Ergebnis:

Aufstockung 1 (/611):                                    413,49
Aufstockung 2 (/612):                                      0,00
zusätzlich beitragspflichtiges Brutto (/3AW):          1.653,97
```

Abbildung 16.5 Protokoll der Ermittlung von Aufstockungsbeträgen

Die ATZ-Komponente (Funktion DATZ mit dem Parameter 1 = ATZM im Schema DAT3) nimmt also auf der Grundlage der bei den Fiktivläufen ermittelten Werte noch die abschließende Berechnung der Aufstockungsbeträge vor und ermittelt, wie hoch die Bemessungsgrundlage für die zusätzlich vom Arbeitgeber zu tragenden RV-Beiträge ist. Sofern vonseiten des Arbeitgebers ein Mindestnettobetrag gewährt wird, erfolgt auch die Ermittlung dieses pauschalierten Mindestnettobetrags auf der Grundlage der Lohnart /619 (Vollzeitbrutto für Mindestnetto) anhand eines systeminternen Ablaufplans. Dieser Ablauf wird über einen Reportnamen determiniert, der im Infotyp 0521 (Altersteilzeit D) im Feld **Ablaufplan** (siehe Abbildung 16.1) übersteuert werden kann, sofern dies erforderlich sein sollte. Im Standard wird der Report RPCATAD1 (Altersteilzeit – Mindestnettobeträge) verwendet.

[!]

Gewährung eines Mindestnettobetrags

Wenn die Gewährung eines Mindestnettobetrags für Fälle nach dem 01.07.2004 erfolgen soll, muss dies im Customizing gesondert berücksichtigt werden, da die Neuregelung keine Sicherung auf einen Mindestnettobetrag mehr vorsieht.

16.3 Customizing

Das Customizing zum Thema »Altersteilzeit« finden Sie im Einführungsleitfaden unter **Personalabrechnung • Abrechnung Deutschland • Altersteilzeit**. An dieser Stelle erläutern wir nur das Customizing mit Fiktivlaufsteuerungen, da die zusätzliche Darstellung der »alten«, nur noch sehr selten gebräuchlichen Lösung ohne Fiktivläufe den Rahmen dieses Buches sprengen würde.

16.3.1 Altersteilzeitmodelle und -phasen

Wie in Abschnitt 3.4, »Fiktivläufe«, bereits erläutert, werden die zu durchlaufenden Fiktivläufe über das Altersteilzeitmodell determiniert. Vorher muss jedoch die Fiktivlaufsteuerung definiert und ausgeprägt werden. Das Vorgehen wurde bereits ausführlich erläutert, weshalb auf eine weitere Darstellung an dieser Stelle verzichtet wird.

Altersteilzeitmodell einrichten

Die im Infotyp 0521 (Altersteilzeit D) über die [F4]-Hilfe verfügbaren ATZ-Modelle werden über die Aktivität **Altersteilzeitmodell einrichten** definiert. Diese Aktivität unterteilt sich einerseits in die reine Definition der Modelle

(Tabelle V_T5DA1 – Altersteilzeitmodell) und andererseits in die Pflege der weiteren relevanten Daten für die Berechnung von Aufstockungsbeträgen und Bemessungsgrundlagen für die RV-Aufstockung durch den Arbeitgeber (Tabelle V_T5DA2 – Aufstockungsprozentsätze für ATZ-Modell), siehe Abbildung 16.6:

- **Feld »Aufstockung 1«**
  Der Prozentsatz für die Aufstockung 1 beträgt derzeit 20 % nach dem Altersteilzeitgesetz. Sofern keine Erstattungen bei der Bundesagentur für Arbeit beantragt werden, können hier natürlich auch kundeneigene betrieblich oder tariflich vereinbarte Prozentsätze zur Anwendung kommen.
- **Feld »Mindestnetto«**
  Die Anforderung des Mindestnettos stammt hauptsächlich aus dem öffentlichen Dienst, da nach den dortigen Rechtsvorschriften zumeist eine zusätzliche Absicherung in Höhe eines bestimmten Prozentsatzes des ausgezahlten Nettoentgelts aus Zeiträumen vor der Altersteilzeit erfolgt. Aber auch viele Tarifverträge der Privatwirtschaft sehen eine Absicherung in Form eines Mindestnettobetrags vor.
- **Feld »Ablaufplan«**
  Es handelt sich dabei um den Report, der den Ablauf zur Ermittlung des pauschalierten Mindestnettobetrags determiniert. Im Standard wird der Report RPCATAD1 (Altersteilzeit – Mindestnettobeträge) verwendet; alternativ kann auch der Report RPCATTD1 (Altersteilzeit – tarifliche Mindestnettobeträge) eingesetzt werden. Der Unterschied der beiden Reports besteht darin, dass Letzterer keine Begrenzung auf die RV-BBG vornimmt. Beide Reports können auch im Dialog laufen und für Testzwecke verwendet werden.
- **Feld »RV-Aufstockung«**
  Das System bildet die Differenz zwischen dem Bemessungsbruttobetrag aus dem Teilzeitentgelt und dem hier angegebenen Prozentsatz des Regelentgelts.
- **Feld »Prozentsatz BBG«**
  Darüber kann das Feld **RV-Aufstockung** dergestalt übersteuert werden, dass eine Begrenzung nicht auf maximal 90 % der RV-BBG, sondern auf zwischen 90 und 100 % der RV-BBG erfolgt.
- **Feld »Fiktivlaufsteuerung«**
  Die für die Altersteilzeit beschriebene Fiktivlaufsteuerung wird hier dem Altersteilzeitmodell zugewiesen.

16

- **Kennzeichen »ATZ-Brutto nicht kappen«**
  Wird dieses Kennzeichen markiert, wird eine Kappung des Altersteilzeit-Bruttobetrags an der RV-BBG verhindert, sofern das laufende Entgelt und eine Einmalzahlung die RV-BBG überschreiten würden.

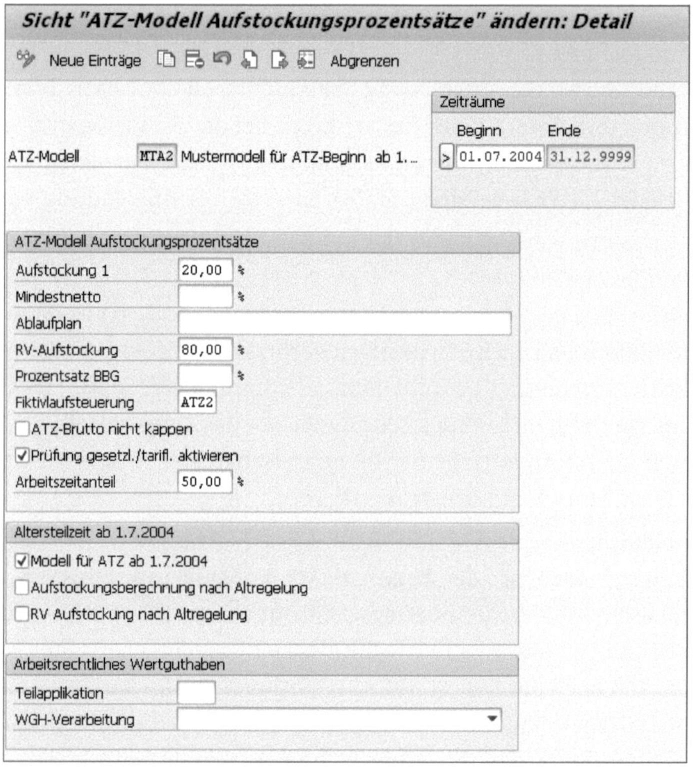

Abbildung 16.6 Detail-Customizing der ATZ-Modelle (Tabelle T5DA2)

- **Kennzeichen »Prüfung gesetzl./tarifl. aktivieren«**
  Sofern das Kennzeichen **Aufstockungsberechnung nach Altregelung** gesetzt ist, wird in der Funktion DATZ VGGT geprüft, ob der in der ATZ-Komponente (Funktion DATZ ATZM) ermittelte zusätzliche beitragspflichtige Bruttobetrag für die Bemessung der RV-Beiträge auch den gesetzlichen Mindeststandard in Höhe von 80 % des Regelarbeitsentgelts erreicht.
- **Feld »Arbeitszeitanteil«**
  Der hier angegebene Prozentsatz wird lediglich für die Berechnung des fiktiven Vollzeitbruttobetrags (Lohnart /619 = Grundlage für Ermittlung des pauschalen Mindestnettos sowie für die RV-Aufstockungsberechnung) verwendet. Beim Blockmodell steht in diesem Feld regelmäßig der Wert »50,00«.

- **Kennzeichen »Modell für ATZ ab 1.7.2004«**
  Dieses Kennzeichen legt fest, ob es sich um ein neues (Beginn der ATZ nach dem 30.06.2004) oder um ein altes Modell (Beginn der ATZ vor dem 01.07.2004) handelt.

Mit den folgenden Kennzeichen können Sie festlegen, dass die Altregelungen auch für neue Modelle gelten:

- **Kennzeichen »Aufstockungsberechnungen nach Altregelung«**
  Ist dieses Kennzeichen markiert, wird anstelle des Regelarbeitsentgelts weiterhin die Lohnart /61J (gebildet aus der Kumulationslohnart /168) für die Berechnung der tariflichen Aufstockung verwendet, und es wird bis zum angegebenen Mindestnettobetrag aufgestockt.
- **Kennzeichen »RV Aufstockung nach Altregelung«**
  Auch hier ist es möglich, die Berechnung nach den »alten« Rechtsvorschriften durchführen zu lassen, d. h., es wird nicht das Regelarbeitsentgelt, sondern die Differenz zwischen 90 % des bisherigen Vollzeitarbeitsentgelts und dem Teilzeitentgelt als Bemessungsgrundlage für die RV-Aufstockung verwendet. Insbesondere wenn Einmalzahlungen erfolgen und diese nicht verstetigt wurden, ist die RV-Aufstockungsberechnung nach altem Recht von Vorteil für die Mitarbeitenden in Altersteilzeit, da nach neuem Recht für Einmalzahlungen keine RV-Aufstockung mehr geleistet werden darf.

Die beiden Felder **Teilapplikation** und **WGH-Verarbeitung** in der Datengruppe **Arbeitsrechtliches Wertguthaben** sind speziell für entsprechende Tarifverträge des öffentlichen Dienstes vorgesehen (Stand September 2025 werden der Tarifvertrag Bund sowie der Tarifvertrag FlexAZ unterstützt).

Über die Aktivität **Phasen der Altersteilzeitarbeit einrichten** erfolgt die Konfiguration der vorhandenen Phasen eines ATZ-Modells (siehe Abbildung 16.7). Das Blockmodell weist generell zwei Phasen auf: eine Phase, in der die betreffende Person in Altersteilzeit im selben Umfang wie bisher arbeitet, und eine zweite Phase, in der sie vollständig von der Arbeit freigestellt ist, aber weiterhin dieselben ATZ-Bezüge wie in der Arbeitsphase erhält. Das Teilzeitmodell besteht nur aus einer Phase, da es sich nur in diesem Fall um eine »echte« Altersteilzeit handelt.

Das Kennzeichen **Frei** gibt an, ob es sich um eine Phase der Freistellung oder um eine Arbeitsphase handelt. In der Spalte **Arbeitszeitmodell** wird festgelegt, in welchem Modell die definierte Phase verwendet werden soll. Dabei steht **B** für Blockmodell und **T** für Teilzeitmodell.

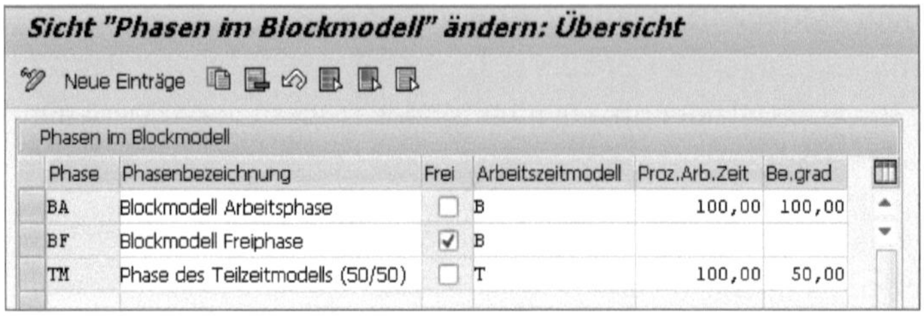

Abbildung 16.7 Konfiguration der Phasen der Altersteilzeit (V_T5DA5)

In der Spalte **Proz.Arb.Zeit** wird der Prozentsatz der bisherigen Arbeitszeit hinterlegt. Das Feld wird verwendet, um zweifelsfrei die vor Beginn der Altersteilzeit geleistete Arbeitszeit ermitteln zu können. In der Spalte **Be.grad** wird der Beschäftigungsgrad angegeben, den die betreffende Person während dieser Phase der Altersteilzeit im Vergleich zu ihrer »normalen« Arbeitszeit erreicht. Dieses Feld wird insbesondere für die Ermittlung von Wertguthaben verwendet. Bei einem Prozentsatz über 50 wird Wertguthaben aufgebaut, bei einem darunterliegenden Prozentsatz wird Wertguthaben abgebaut.

16.3.2 Lohnarten

Generell müssen alle vorhandenen Dialoglohnarten dahingehend bewertet werden, ob und wie sie in die Ermittlung der relevanten Fiktivwerte der Altersteilzeit einfließen müssen. Dabei sind Kennzeichnungen in Tabelle T512W (Lohnartenbewertung) bei den folgenden Merkmalen erforderlich:

Die Aktivitäten zur Pflege sind über den View V_512W_D, den Experten-View V_512W_O oder im Einführungsleitfaden unter **fiktives Vollzeitbrutto** und **fiktives Teilzeitnetto** sowie **Lohnarten in tatsächliches Teilzeitbrutto kumulieren** erreichbar.

- **Verarbeitungsklasse 68**
  Über die Verarbeitungsklasse 68 wird bestimmt, wie die Lohnart ins Regelarbeitsentgelt eingehen soll. Die Verarbeitungsklasse ist ausführlich mit den jeweiligen Ausprägungen dokumentiert, und die Erfahrung hat gezeigt, dass eine solche Dokumentation vor allem bei auftretenden Sonderfällen hilfreich sein kann.
- **Verarbeitungsklasse 70**
  Über diese Verarbeitungsklasse wird festgelegt, wie die jeweilige Lohnart in die entsprechenden Vollzeitbruttobeträge eingehen soll. Auch diese Verarbeitungsklasse ist ausführlich dokumentiert, und die Dokumentation bietet einen guten Leitfaden für die Kennzeichnung der Lohnarten.

Beide Verarbeitungsklassen verfügen über eine Ausprägung **S** (gesonderte Hochrechnung). Wird eine Lohnart mit dieser Ausprägung gekennzeichnet, erfolgt die Hochrechnung über Tabelle V_T5DA3 (Bemessungsgrundlagen für ATZ-Modell). Dort kann gesondert für jedes Modell und jede Phase Folgendes festgelegt werden:

- Mit welchem Prozentsatz eine Lohnart in den Vollzeitbruttobetrag einfließen soll, der maßgeblich für die Berechnung des Mindestnettobetrags, also relevant für Altfälle mit Beginn der ATZ vor dem 01.07.2004, ist.
- Mit welchem Prozentsatz eine Lohnart in den Vollzeitbruttobetrag einfließen soll, der maßgeblich für die Ermittlung der RV-Aufstockung ist.
- Mit welchem Prozentsatz eine Lohnart in den Teilzeitbruttobetrag einfließen soll, aus dem der relevante Teilzeitnettobetrag für die Ermittlung der Aufstockung 2 gebildet wird.

- **Kumulation 68**

  In der Kumulation 68 müssen alle Lohnarten gekennzeichnet werden, die in den tariflichen Teilzeitbruttobetrag einfließen sollen. Aus dem tariflichen Teilzeitbruttobetrag wird die Lohnart /61J (Tarifliches Teilzeitbrutto ohne Mehrarbeit) gebildet, die für die Ermittlung der Aufstockung 1 verwendet wird.

[«]

Empfehlung von SAP

SAP empfiehlt, auch technische Lohnarten auf die Relevanz der Kennzeichnungen in den jeweiligen Verarbeitungsklassen bzw. Kumulationen hin zu untersuchen.

Musterlohnarten

Aufgrund der sehr hohen fachlichen Komplexität und der systeminternen Abläufe kann es in wenigen Einzelfällen dazu kommen, dass eine systemseitige Abbildung der Altersteilzeit nur mit unverhältnismäßig hohem Aufwand realisiert werden kann. Gleichwohl ist es erforderlich, allen Mitarbeitenden in Altersteilzeit die korrekten Beträge auszuzahlen bzw. die korrekten RV-Aufstockungsbeträge an die jeweiligen Sozialversicherungsträger zu überweisen. Um dieser Problematik Rechnung zu tragen, stellt SAP eine Reihe von Musterlohnarten zur Verfügung, die als Kopie im Kundennamensraum dazu dienen, solche Einzelfälle manuell, d. h. durch die einfache Vorgabe der Lohnarten in Infotypen, abzubilden. Mithilfe der Musterlohnarten können die systemintern ermittelten Werte also übersteuert werden. Folgende Lohnarten werden derzeit im Standard ausgeliefert:

- MH10 – Teilzeitaufstockung
- MH11 – Erhöhung der Aufstockung
- MH12 – Korr. Regelarbeitsentgelt
- MH13 – Begrenzung AVmG VZ-Fiktiv
- MH15 – Aufstockung stpfl. Anteil
- MH20 – RV-Aufstockung AG
- MH30 – RV-Aufstockung AN
- MH40 – ATZ tar. Fiktivbrutto
- MH41 – ATZ ges. Fiktivbrutto
- MH42 – Vorgabe Vollzeitbr. ges.
- MH43 – Vorgabe Vollzeitbr. tar.
- MH50 – RV Aufstockung EinmalZ
- MH51 – Abflusssperre /319 /3DC
- MH60 – ATZ tar. Fiktive EinmalZ
- MH61 – ATZ ges. fiktive EinmalZ
- MH70 – ATZ Vorgabe 50 %-EZ RR
- MH75 – ATZ Vorgabe 50 %-EZ
- MH80 – ATZ RV-Aufst. bei Krankheit
- MH81 – Sperre RV-Aufst. Krankheit
- MH85 – ATZ Anwesenheit Spiegelp.
- MH90 – ATZ-WG Stand West
- MH91 – ATZ-WG Stand Ost
- MH92 – ATZ-WE Stand West
- MH93 – ATZ-WE Stand Ost
- MH94 – ATZ-WG Störfall West
- MH95 – ATZ-WG Störfall Ost
- MH96 – ATZ-WE Störfall West
- MH97 – ATZ-WE Störfall Ost
- MH9A – ATZ-WG Übertragung West
- MH9B – ATZ-WG Übertragung Ost
- MH9C – ATZ-WE Übertragung West
- MH9D – ATZ-WE Übertragung Ost
- MH9E – ATZ-WG vor 2009 West
- MH9F – ATZ-WG vor 2009 Ost

- MH9G – ATZ-WE vor 2009 Ost
- MH9H – ATZ-WE vor 2009 Ost
- MH9I – ATZ-WG AG-Anteile West
- MH9J – ATZ-WG AG-Anteile Ost
- MH9K – ATZ-WE AG-Anteile West
- MH9L – ATZ-WE AG-Anteile Ost

Die Lohnarten sind in Tabelle T512W (Lohnartenbewertung, View V_512W_O bzw. V_512W_D) dokumentiert. Die Dokumentation kann über den Info-Button aufgerufen werden.

16.3.3 Weitere Konfigurationsparameter

Um die Datenpflege des Infotyps 0521 (Altersteilzeit D) zu unterstützen, besteht die Möglichkeit, über das Merkmal DAT01 (Vorschlagswerte für diesen Infotyp) anhand verschiedener Parameter (es wird die Struktur PMEA1 für die Entscheidungsalternativen verwendet) das ATZ-Modell und die ATZ-Phase vorzubelegen.

Merkmal DAT02

Das Merkmal DAT02 (ATZ – Setzen der Grenzwerte für Aufstockungsprozentsätze) unterstützt die Datenpflege des Infotyps 0521 (Altersteilzeit D) ebenfalls. Über das Merkmal DAT02 können Warnmeldungen für die Aufstockungsprozentsätze (Aufstockung 1, Mindestnettobetrag sowie RV-Aufstockung) realisiert werden. Dazu müssen in einem ersten Schritt Konstanten in Tabelle T511K (Abrechnungskonstanten) für die jeweiligen Ober- und Untergrenzen (also maximal sechs neue Konstanten im Kundennamensraum) angelegt werden. Im zweiten Schritt muss dann das Merkmal DAT02 entsprechend gepflegt werden, d. h., dass der Rückgabewert die Konstanten in der Reihenfolge Aufstockung 1 Untergrenze, Obergrenze, RV-Aufstockung Untergrenze, Obergrenze und Mindestnettobetrag Untergrenze, Obergrenze enthalten muss.

Letztlich besteht im Customizing die Möglichkeit, sogenannte *Sonderregeln* anzulegen. Solche Sonderregeln erscheinen im Infotyp 0521 (Altersteilzeit D) bei der Auswahl der [F4]-Hilfe des Feldes **Sonderregelung** (siehe Abbildung 16.1). Die einer beschäftigten Person im Infotyp zugewiesene Sonderregel kann im Schema D000 (Privatwirtschaft) mit der Operation DATZ und den folgenden Parametern angewandt werden:

- SR?
  Die der beschäftigten Person zugewiesene Sonderregel wird ins variable Argument gestellt.

- **SR VV**
  Dabei nimmt VV die Ausprägung der Sonderregel an, und die folgenden Verarbeitungsschritte der Rechenregel werden nur für die angegebene Ausprägung ausgeführt.
- **SR-VV**
  Dabei werden die folgenden Verarbeitungsschritte nur für die Ausprägungen ungleich der angegebenen Sonderregel ausgeführt.

16.4 Fazit

Die Abbildung der Altersteilzeit, insbesondere im Zusammenhang mit Regelungen aus dem öffentlichen Dienst, stellt das SAP-System regelmäßig vor größere Probleme. Bereits das Verständnis darüber, wie Aufstockungsbeträge zustande kommen, ist eine kleine Wissenschaft für sich. Daher sollte man sich zunächst einen grundlegenden Überblick über die fachlichen Regelungen verschaffen und diese – zumindest auf dem Papier – auch in einfachen Fällen anwenden können, bevor mit der Konfiguration der Altersteilzeit begonnen wird. Externe fachliche Beratung hat sich in der Vergangenheit durchweg als hilfreich erwiesen.

Kapitel 17
Wertguthabenführung

Mit der Einführung von zunehmend flexibleren Arbeitszeiten ist das Problem verbunden, dass das »Erdienen« und die Auszahlung von Arbeitsentgelten zeitlich auseinanderfallen. Um für diese Fälle klare Regelungen aufzustellen, wurden Gesetze geschaffen, die im Branchenjargon als Flexi I und Flexi II bezeichnet werden. Im Zuge dessen entstand auch das Konstrukt des Wertguthabens.

Als *Wertguthaben* werden Entgelte bezeichnet, die bereits von den Mitarbeitenden erarbeitet wurden und die für die Freistellung oder die Reduzierung der vereinbarten Arbeitszeit angespart werden sollen. Die auf diese Geldbeträge entfallenden Sozialversicherungsbeiträge und Steuern werden gestundet und erst bei der Entgeltauszahlung fällig.

Durch die gesetzliche Neuregelung im Rahmen des Gesetzes zur Verbesserung der Rahmenbedingungen der sozialrechtlichen Absicherung flexibler Arbeitszeitregelungen (Flexi II) wurden eine Reihe von Rechtsunsicherheiten beseitigt und klare Regeln für die Führung von Wertguthaben vorgegeben. Eine dieser Regelungen besagt, dass Wertguthaben generell in Geld und nicht in Zeit geführt werden müssen. Die Führung von Wertguthaben im Rahmen der Personalabrechnung ist neben der Altersteilzeit insbesondere für Lang- und Lebensarbeitszeitkonten verpflichtend.

17.1 Allgemeines

Gesetzliche Regelungen

Die Führung von Wertguthaben wurde und wird in der Praxis oftmals vernachlässigt. Insbesondere, wenn es sich nicht um Altersteilzeit handelt, wird zuweilen – oft auch aus Unwissenheit – die Wertguthabenführung unterlassen, obwohl es dafür klare und eindeutige gesetzliche Regelungen gibt. Vor Inkrafttreten von Flexi II war insbesondere die Wertguthabenführung für Arbeitszeitkonten problembehaftet, da der Gesetzgeber eine willkürliche Grenze von 250 Stunden vorgesehen hatte. Hier ist es mit Flexi II zu konkreten Regelungen gekommen, sodass die Grenze von 250 Stunden entfallen ist und seit dem 01.01.2009 schriftliche kollektiv- oder individualvertragliche Regelungen (z. B. Tarifverträge, Betriebsvereinbarungen oder Einzelarbeitsverträge) für Wertguthabenvereinbarungen vorliegen müssen.

Mit der Einführung des Gesetzes zur Vereinbarkeit von Pflege und Beruf (FPfZG) zum 01.01.2012 haben Mitarbeitende in Deutschland einen Anspruch darauf, eine sogenannte *Familienpflegezeit* zu vereinbaren. Damit können sie ihre Arbeitszeit auf bis zu 15 Stunden verringern, um nahe Angehörige zu pflegen. Gleichzeitig wird eine Aufstockung durch den Arbeitgeber gezahlt. Die Abbildung der personalabrechnungsrelevanten Regelung in SAP ERP HCM erfolgt auch durch Wertguthaben. SAP bietet hier allerdings keine Lösung im Standard an, sondern verweist in SAP-Hinweis 1745234 auf die Lösung der deutschen Landesgesellschaft, die Kunden zu einem Pauschalpreis angeboten wird.

Aktivierung für die Altersteilzeit

Für den Anwendungsfall der Altersteilzeit hat SAP im Standard eine Führung der Wertguthaben realisiert, die zunächst aktiviert werden muss. Die Aktivierung erfolgt über Tabelle T596D (Gültigkeit nicht gesetzlicher Teilapplikationen) und die Teilapplikation ATZW. Sie müssen dazu über Transaktion SM30 (Aufruf View-Pflege) den View V_T596D auswählen und dort, wie es in Abbildung 17.1 dargestellt ist, die Teilapplikation ATZW mit dem Begindatum der Wertguthabenführung eintragen. Im Standard liefert SAP den entsprechenden Eintrag im Mandanten 000 aus, mit dem Beginndatum 01.01.2001.

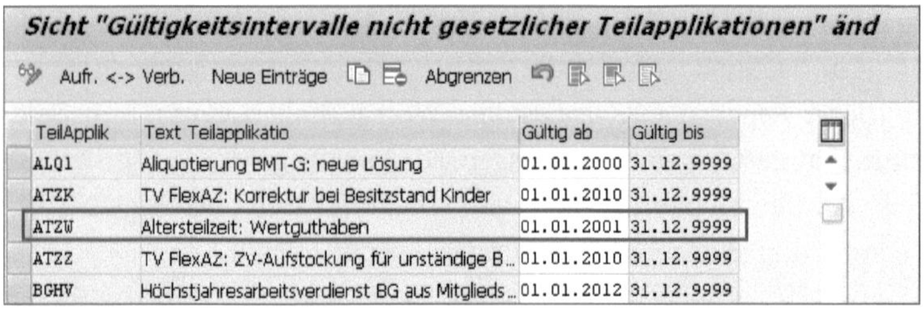

Abbildung 17.1 Aktivierte Teilapplikation ATZW zur Führung der Wertguthaben für die Altersteilzeit im View V_T596D (Gültigkeit nicht gesetzlicher Teilapplikationen)

Lang- und/oder Lebensarbeitszeitkonten

Für die Führung von Wertguthaben in Lang- und/oder Lebensarbeitszeitkonten wird im SAP-Standard keine Lösung ausgeliefert. Die Erfahrung zeigt aber, dass es in solchen Fällen sinnvoll ist, sich an die Lösung von SAP anzulehnen und dort nur noch die Anpassungen vorzunehmen, die aus den entsprechenden Anforderungen des jeweiligen Kunden resultieren und von SAP bislang noch nicht abgedeckt werden. Abbildung 17.2 zeigt, wie ein kundenspezifisches Schema aussehen kann, das für die Abbildung von Wertguthabenführung beim Einsatz von Langzeitkonten verwendet wird.

Störfall

Neben dem Begriff *Wertguthaben* sind im Rahmen dieser Thematik die Begriffe *Störfall* und *Störfall-SV-Lüfte* von Bedeutung. Unter einem Störfall wird die nicht vereinbarungsgemäße Verwendung von Wertguthaben verstanden, wie es die folgenden Beispiele verdeutlichen:

- Im Rahmen der Rentengewährung während der Altersteilzeit (in der Regel handelt es sich dabei um Erwerbsminderungsrenten) wird ein noch nicht abgebautes Wertguthaben ausgezahlt.
- Ein weiterer Störfall tritt ein, wenn ein Beschäftigungsverhältnis einer beschäftigten Person endet und im Zuge dessen das bisher auf einem Lang- oder Lebensarbeitszeitkonto angesparte Wertguthaben ausgezahlt wird.

Schema bearbeiten : ZWGL

Befehl [ ] Stapel

Zeile	Fkt	Par1	Par2	Par3	Par4	D	Text
000010	BLOCK	BEG					LAZ-Wertguthaben
000020	IF		J22				LAZ gibt es erst ab 2022
000030	ACTIO	ZWLM					manuelle Sätze IT 9034
000040	PRT	ZWLS	GEN	NOAB			Wertguthaben nach Aliquotierung auslesen
000050	PRT	ZWLV	GEN	NOAB			Verwaltungskosten
000060	PIT	ZWLV		NOAB			Verwaltungskosten auf Splitsverteilen
000070	PRINT		IT				
000080	PLRT	ZWL0		NOAB			- Stand aus Vormonat aus LRT übernehmen
000090	PIT	ZWL5		NOAB			- Auf-/ Abbau auf WPBP-Zeitr. verteilen
000100	PIT	ZWL1		NOAB			- Zugang/Abgang berechnen
000110	PIT	ZWL2		NOAB			- Veränderungen am Stand berechnen
000120	PIT	ZWLZ	GEN	NOAB			- Verzinsung berechnen
000130	ACTIO	ZWL3	V				- Stände pro SV-Split kumulieren
000140	PIT	ZWL4		NOAB			- externe Schnittstelle versorgen
000150	PRT	ZWLC		NOAB			- Prüfung auf negatives LAZ-Konto
000160	PRT	ZWL6		NOAB			- Gesamtwertguth. für Insolvenzsicherung
000170	ENDIF						
000180	BLOCK	END					LAZ-Wertguthaben

Abbildung 17.2 Muster für ein angepasstes Schema im Rahmen der Verwaltung von Wertguthaben beim Einsatz von Langzeitkonten

Störfall-SV-Lüfte

Störfall-SV-Lüfte sind die Lüfte (siehe Abschnitt 8.1, »SV-Beitragsnachweis«), die im Rahmen der Wertguthabenführung entstehen und bei einem Störfall für die Verbeitragung der ausgezahlten Wertguthaben verwendet werden.

Problem im Standard

An dieser Stelle soll auf ein spezielles, von SAP im Standard bisher nicht gelöstes Problem im Rahmen der Wertguthabenführung hingewiesen werden: Wertguthaben müssen – aufgrund der unterschiedlichen Bemessungsgrenzen in der Rentenversicherung – je Rechtskreis (also getrennt nach Ost und West) geführt werden. Werden Wertguthaben z. B. aufgrund von Standortwechseln von Mitarbeitenden sowohl im Westen als auch im Osten erwirtschaftet, verfügen die betreffenden Mitarbeitenden über zwei unterschiedliche Wertguthaben (ein Guthaben nach dem Rechtskreis West und ein Guthaben nach dem Rechtskreis Ost).

In der Regel wechselt eine beschäftigte Person während einer Freistellungsphase nicht mehr den Arbeitsstandort, sodass nur noch Beträge von nur einem Wertguthaben abgetragen werden und es zu Fehlermeldungen im Report für die Führung der Wertguthaben (RPCSVWDO) kommt. Darüber hinaus erzeugt die Personalabrechnung über die Rechenregel DAW3 eine Warnmeldung mit der Information, dass im derzeitigen Rechtskreis das Wertguthaben aufgebraucht ist, aber für den anderen Rechtskreis noch ein verfügbares und auch abtragbares Wertguthaben vorhanden ist.

SAP-Hinweis 684783

SAP hat mit SAP-Hinweis 684783 eine »Lösung« für dieses Problem veröffentlicht. Danach soll auch eine Person, die sich in der Freistellungsphase befindet, einen Standortwechsel in den anderen Rechtskreis durchlaufen, damit beide Wertguthaben abgebaut werden können. Dies würde aber wiederum eine Manipulation von Stammdaten mit sich bringen, die aus verschiedenen Gründen nicht durchgeführt werden sollte. Insofern raten wir von der in SAP-Hinweis 684783 beschriebenen Vorgehensweise ab. Vielmehr muss unseres Erachtens regelmäßig eine kundeneigene Lösung gefunden werden.

17.2 Stammdaten und Reporting

Zur Abbildung von Wertguthaben dienen zwei Infotypen: 0123 (Vorgabe Störfall-SV-Luft) und 0124 (Störfall Deutschland).

Infotyp 0123

Über den Infotyp 0123 (Vorgabe Störfall-SV-Luft), siehe Abbildung 17.3, können in bestimmten Fällen Start- oder Korrekturwerte für die SV-Lüfte vorgegeben werden. Ein typisches Beispiel ist die Übernahme von Werten im Falle eines Arbeitgeberwechsels, wenn also das Wertguthaben vom alten zum neuen Arbeitgeber mitgenommen wird. In einem solchen Fall müssen die zumeist vorhandenen Störfall-SV-Lüfte (wenn das Entgelt der betreffenden Person nicht über allen relevanten Bemessungsgrenzen liegt) neben dem Wertguthaben auch an den neuen Arbeitgeber übertragen und dort verwaltet werden.

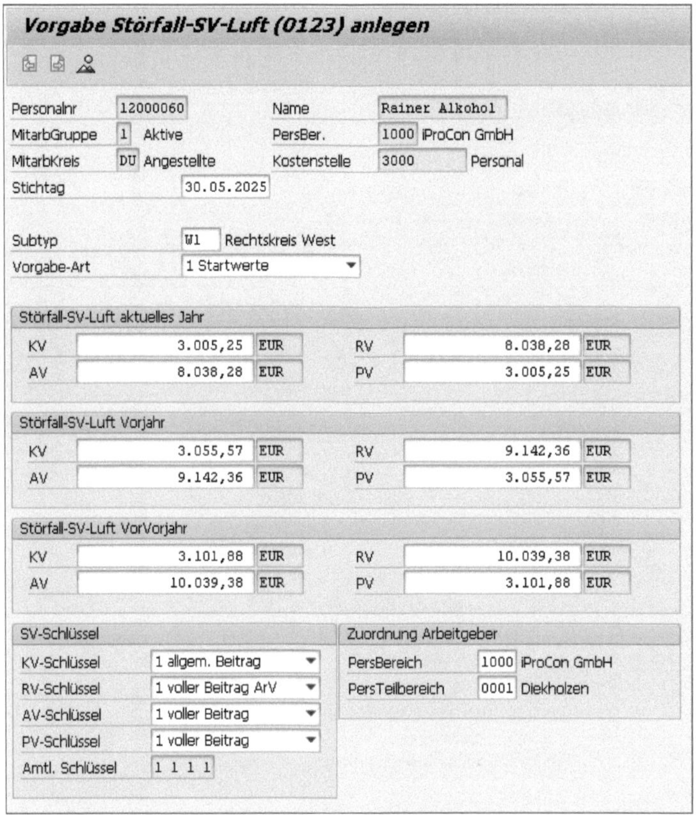

Abbildung 17.3 Infotyp 0123 (Vorgabe Störfall-SV-Luft)

Infotyp 0124

Der Infotyp 0124 (Störfall D), siehe Abbildung 17.4, bildet den eigentlichen Störfall ab. Dieser Infotyp wird in der Regel vom Report RPCSVWD0 (Berechnung Störfall-SV-Luft für Arbeitszeitflexibilisierung) über eine Batch-Input-Mappe angelegt und von der Personalabrechnung ausgewertet.

Der Report RPCSVWD0 (Berechnung Störfall-SV-Luft für Arbeitszeitflexibilisierung) erkennt den Störfall und erstellt daraufhin eine Batch-Input-Mappe mit den entsprechenden Daten anhand einer Lohnart des Abrechnungsergebnisses, die in der Verarbeitungsklasse 87 (Arbeitszeitflexibilisierung: Bedeutung für Wertguthaben mit der Ausprägung 6 – Auszahlung Störfall) gekennzeichnet ist.

Das Feld **Abweichendes Datum für DEÜV** ist für den Sonderfall der Erwerbsminderungsrente auf Zeit vorgesehen. Denn in solchen Fällen darf die entsprechende DEÜV-Meldung (unter der Voraussetzung, dass das Beschäftigungsverhältnis nicht durch die Zeitrente endet oder eine Wiedereinstellungszusage vorliegt) erst nach dem Ablauf der Zeitrente, also wenn das Beschäftigungsverhältnis endet, mit dem Meldegrund 55 erfolgen.

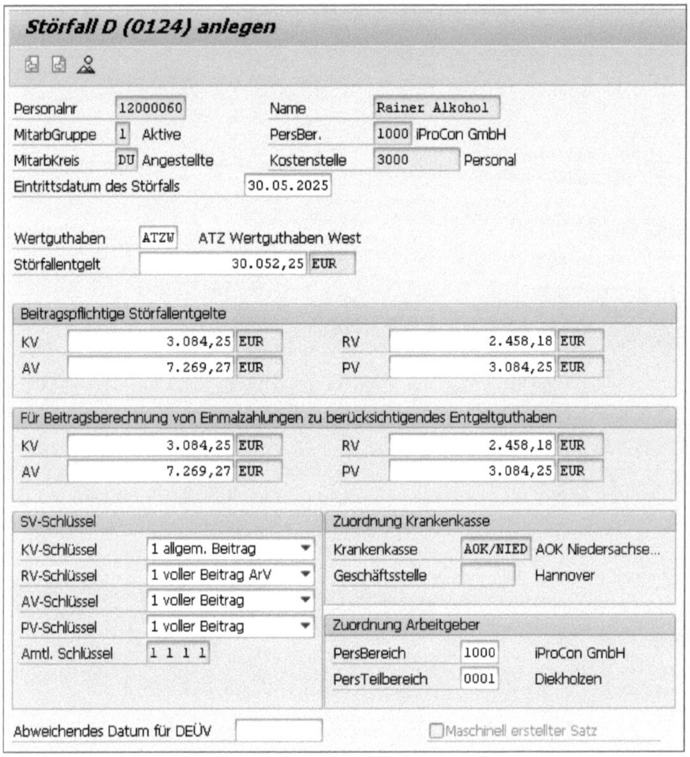

Abbildung 17.4 Infotyp 0124 (Störfall D)

Bildung eines Wertguthabens

Der oben bereits genannte Report RPCSVWD0 (Berechnung Störfall-SV-Luft für Arbeitszeitflexibilisierung) realisiert zusammen mit der Personalabrechnung die Führung von Wertguthaben. Abbildung 17.5 zeigt den relevanten Ausschnitt des Schemas ATZW im Abrechnungsprotokoll.

Customizing-Voraussetzungen

Im Folgenden stellen wir die Bildung eines Wertguthabens für den Fall der Altersteilzeit exemplarisch dar. Voraussetzungen dazu sind die korrekte Konfiguration von Lohnarten und weiteres für die Wertguthabenführung erforderliches Customizing:

1. Im Schema DAT3 werden die relevanten Lohnarten über die Rechenregeln DAW0–DAW6 (siehe Abbildung 17.5) gebildet.
2. Diese Lohnarten werden zusammen mit allen anderen in der Endeverarbeitung vorhandenen Lohnarten in den Cluster (Tabelle RT, Ergebnistabelle) abgestellt.
3. Der Report RPCSVWD0 (Berechnung Störfall-SV-Luft für Arbeitszeitflexibilisierung) liest die Lohnarten aus Tabelle RT (Ergebnistabelle) und aus

dem Customizing von Tabelle T5D45 (Zuordnung von Lohnarten zu Wertguthaben) und Tabelle T596I (Teilapplikation SVWG – SV-Bruttobetrag für Arbeitszeitflexibilisierung).

4. Die alten Stände von Störfall-SV-Luft und Wertguthaben werden aus den Verwaltungstabellen T5D46 (Störfall-SV-Lüfte) sowie T5D48 (Wertguthaben) eingelesen.
5. Anhand des vorgegebenen Algorithmus erfolgen die Ermittlung des Wertguthabens sowie die Ermittlung der Störfall-SV-Lüfte.
6. Die neu ermittelten Werte werden in den Tabellen T5D46 (Störfall-SV-Lüfte) sowie T5D48 (Wertguthaben) fortgeschrieben.
7. Sofern eine Lohnart vorhanden ist, die in der Verarbeitungsklasse 87 mit der Ausprägung 6 gekennzeichnet ist, werden der beitragspflichtige Anteil des ausgezahlten Wertguthabens ermittelt und die Batch-Input-Tabelle für den Infotyp 0124 (Störfall D) erzeugt.

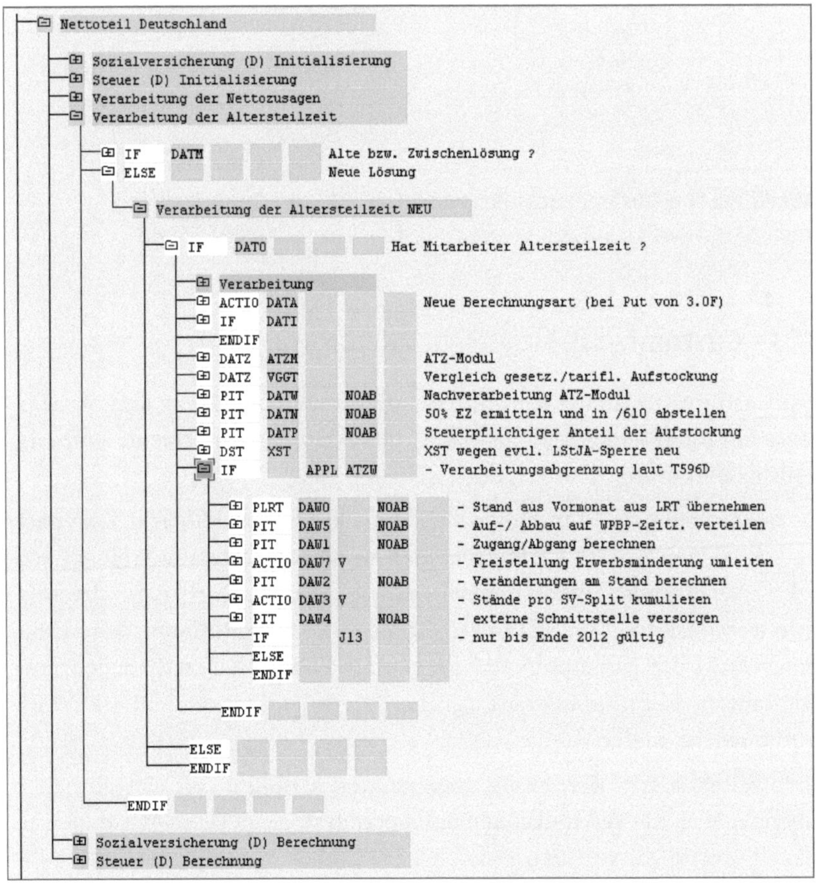

Abbildung 17.5 Bildung und Führung von Wertguthaben für die Altersteilzeit

Den Zusammenhang zwischen den verschiedenen Tabellen, der Abrechnung und den Infotypen veranschaulicht Abbildung 17.6.

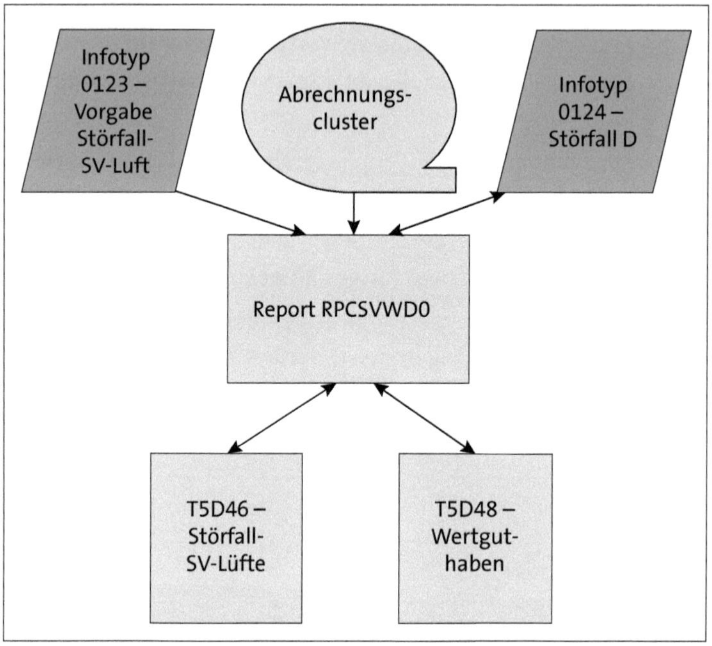

Abbildung 17.6 Zusammenwirken von Infotypen, Abrechnungscluster, Report RPCSVWDO und den Verwaltungstabellen T5D46 und T5D48

17.3 Customizing

Das Customizing für die Wertguthabenführung finden Sie im Einführungsleitfaden unter **Personalabrechnung • Abrechnung Deutschland • Arbeitszeitflexibilisierung**.

Wertguthaben definieren

Da die einzelnen Wertguthaben aufgrund der gesetzlichen Vorgaben nach verschiedenen Kriterien unterschieden werden müssen (SV-Freiheit, korrekter Rechtskreis, Aufbau des Wertguthabens nach Eintritt von Erwerbsminderung), erfolgt im ersten Schritt die reine Definition der Wertguthaben, wobei die genannten Kriterien jeder Wertguthabenart zugeordnet werden. Die Definition der Wertguthaben erfolgt über die Aktivität **Wertguthaben definieren**.

Attribute festlegen

Im zweiten Schritt werden die sogenannten *Attribute* von Wertguthaben über die Aktivität **Wertguthaben definieren** festgelegt. Diese Attribute werden in der Regel von den gesetzlichen Erfordernissen vorgegeben (z. B. Wertguthaben aufgrund von ATZ oder Wertguthaben bei der Übernahme durch Dritte); es können aber auch problemlos kundeneigene Attribute definiert werden.

[!]

Wertguthaben

Beachten Sie, dass jedem Wertguthaben nur eines der hier definierten Attribute zugeordnet werden kann.

Störfall-SV-Lüfte bilden

Anhand der Definition des ersten und zweiten Schritts sowie der entsprechenden Zuordnung über die Aktivität **Attribute den Wertguthaben zuordnen**, die Sie noch vornehmen müssen, kann die Bildung der Störfall-SV-Lüfte erfolgen.

Lohnarten zuordnen und klassifizieren

Zuletzt müssen die relevanten Lohnarten noch den definierten Wertguthaben zugeordnet werden, und die für die Wertguthabenführung verwendeten Lohnarten müssen hinsichtlich ihrer Bedeutung klassifiziert werden. Diese letzten beiden Schritte werden über die Aktivität **Lohnarten den Wertguthaben zuordnen** vorgenommen. Die Klassifizierung der Lohnarten für die Wertguthabenführung erfolgt über die Verarbeitungsklasse 87 von Tabelle T512W (Lohnartenbewertung), siehe Abbildung 17.7.

Die Klassifizierung in Tabelle T512W (Lohnartenbewertung) gibt für die Verarbeitung im Rahmen der Personalabrechnung vor, ob das Wertguthaben aufgebaut, abgebaut (Freistellung) oder ausgezahlt (Störfall) werden soll. Darüber hinaus wird regelmäßig der Stand benötigt. Wenn im laufenden Monat kein Wertguthaben aufgebaut wurde, jedoch noch ein Wertguthaben vorhanden ist, muss auch dies der Abrechnung (über eine mit der Ausprägung **5** gekennzeichnete Lohnart) bekannt sein.

Die Ausprägungen **7** und **8** aus Abbildung 17.7 werden nicht mehr verwendet, da sie für das sogenannte *Alternativmodell*, das nicht mehr genutzt wird, vorgesehen waren.

User Exit des Reports RPCSVWDO

Zum Abschluss dieses Kapitels möchten wir noch auf den verfügbaren User Exit des Reports RPCSVWDO (Berechnung Störfall-SV-Luft für Arbeitszeitflexibilisierung) hinweisen. SAP verwendet dabei überraschenderweise die alte Exit-Technologie, d. h., es wird das Include `RPCSZWDO` ausgeliefert, das zwar im Namensraum von SAP liegt, aber nicht mit Auslieferungen von SAP bestückt wird.

Das Include `RPCSZWDO` enthält in diesem Fall auch Beispiel-Coding, sodass relativ leicht nachvollziehbar ist, welche Variablen wie zu nutzen sind. Es dient der nachträglichen Manipulation von Abrechnungsergebnissen, z. B. im Rahmen von Datenübernahmen, kann aber natürlich auch für die nachträgliche Ermittlung von Wertguthaben verwendet werden, wenn eine Rückrechnung in die relevanten Zeiträume nicht mehr möglich ist.

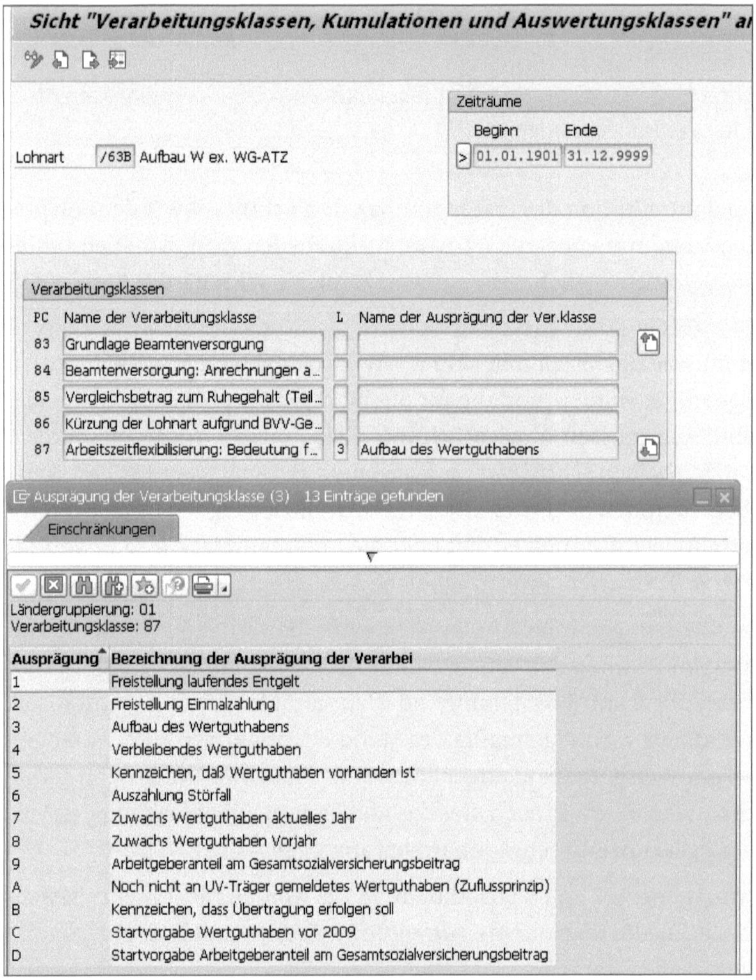

Abbildung 17.7 Klassifizierung der Lohnart /63b für die Wertguthabenverarbeitung im View V_512W_D

Um das Include RPCSZWDO nutzen zu können, muss der Name der kundenindividuell angelegten Formroutine (im Beispiel-Coding ABR001) in Tabelle T596F (RP-Unterroutinen) unter dem symbolischen Namen »DSVWGABR« erfasst werden. Nur dann wird das implementierte kundeneigene Coding auch durchlaufen.

17.4 Fazit

Die Führung von Wertguthaben wird in hohem Maße durch die Auslieferung im Standard unterstützt. Dies gilt jedoch nur, wenn es sich um die Altersteilzeit handelt. Werden hingegen Lang- und Lebensarbeitszeitkonten eingesetzt, kommt man an kundeneigenen Personalrechenregeln keinesfalls vorbei. Für die Abbildung des Familienpflegezeitgesetzes wird von SAP eine sogenannte *Beraterlösung* durch die deutsche Landesgesellschaft zu einem Pauschalpreis angeboten.

Kapitel 18
Zuschuss zum Mutterschaftsgeld und Beschäftigungsverbot

(Werdende) Mütter werden vom Gesetzgeber auf verschiedene Weise unterstützt und geschützt, um zu verhindern, dass sie während oder unmittelbar nach der Schwangerschaft Gefährdungen ausgesetzt sind oder finanzielle Nachteile erleiden.

Der Zuschuss zum Mutterschaftsgeld nach dem Mutterschutzgesetz (MuSchG) soll für die Zeit der Mutterschutzfristen die Differenz zwischen dem vor dem Mutterschutz bezahlten Nettoarbeitsentgelt und einem eventuell von der Krankenkasse gezahlten Mutterschaftsgeld ausgleichen.

Beschäftigungsverbote können genereller oder individueller Natur sein und sollen verhindern, dass im Rahmen der Erwerbstätigkeit eine Gefahr für Mutter und/oder Kind entsteht. Deshalb erhalten die davon betroffenen Mütter einen sogenannten *Durchschnittsverdienst*, der gegebenenfalls um einen Ausgleichsbetrag für das ausgefallene Entgelt ergänzt wird. Durch den Durchschnittsverdienst, den eventuellen Ausgleichsbetrag sowie den Zuschuss zum Mutterschaftsgeld soll verhindert werden, dass werdende Mütter für die Zeiten der Beschäftigungsverbote bzw. Mutterschutzfristen finanzielle Nachteile erleiden.

Die Ermittlung des Zuschusses zum Mutterschaftsgeld als Differenzbetrag zwischen dem zuvor bezahlten Nettoarbeitsentgelt und einem eventuell von der Krankenkasse gewährten Mutterschaftsgeld erfordert den Einsatz von Fiktivläufen – ebenso wie Fiktivläufe im Rahmen der Ermittlung der Altersteilzeit oder des Durchschnittsverdienstes für das Beschäftigungsverbot erforderlich sind. Der Ausgleichsbetrag, der im Rahmen eines Beschäftigungsverbots gezahlt wird, stellt die Differenz zwischen dem durchschnittlichen Entgelt und den tatsächlichen Entgelten aus dem Bemessungszeitraum dar.

18.1 Allgemeines zum Beschäftigungsverbot

Generelles und individuelles Beschäftigungsverbot

Wie bereits erwähnt, können Beschäftigungsverbote genereller oder individueller Natur sein:

- **Generelles Beschäftigungsverbot**
  Ein Beispiel für ein generelles Beschäftigungsverbot für die werdende Mutter liegt vor, wenn der Arbeitsplatz dieser Mitarbeiterin in einem potenziell für das Kind gefährlichen Bereich liegt, wie z. B. die Beschäftigung am Röntgengerät in einer röntgenologischen Arztpraxis, und stattdessen kein ungefährlicher Ersatzarbeitsplatz, etwa in der Verwaltung, zur Verfügung gestellt werden kann.
- **Individuelles Beschäftigungsverbot**
  Im Rahmen eines individuellen Beschäftigungsverbots stellt nicht der Arbeitsplatz das Risiko dar, sondern das Beschäftigungsverbot liegt vielmehr im Schwangerschaftsverlauf begründet. In der Regel ist in solchen Fällen ein normaler und nicht krankhafter Schwangerschaftsverlauf zu beobachten, innerhalb dessen gleichwohl ein erhöhtes gesundheitliches Risiko für Mutter und/oder Kind besteht. Typisch sind erhebliche Rückenbeschwerden, die das Sitzen in einem Büroberuf unmöglich werden lassen, oder eine Risikoschwangerschaft, z. B. aufgrund des Alters der Mutter.

Durchschnittsverdienst und Ausgleichsbetrag

Unabhängig von der Art des Beschäftigungsverbots haben die werdenden Mütter einen Anspruch auf einen sogenannten *Durchschnittsverdienst*. Zusätzlich besteht Anspruch auf einen eventuell zu zahlenden Ausgleichsbetrag, wenn der Arbeitgeber in Ermangelung einer Arbeitsleistung nicht zur Zahlung eines Arbeitsentgelts verpflichtet ist. Aufgrund der gesetzlichen Regelungen im Mutterschutzgesetz ist der Arbeitgeber jedoch zur Zahlung des Durchschnittsverdienstes und eines eventuell zu zahlenden Ausgleichsbetrags verpflichtet. Dieser wird nach den gesetzlichen Vorgaben auf der Basis der letzten drei Monate vor Beginn der Schwangerschaft berechnet. Dabei müssen auch alle variablen Zahlungen (wie z. B. Zeitzuschläge, Entgelte für Rufbereitschaften oder Überstunden) berücksichtigt werden. Einmalzahlungen fließen, ebenso wie bei der Berechnung des Zuschusses zum Mutterschaftsgeld, nicht in die Berechnung mit ein. Künftige Erhöhungen der Entgelte müssen analog zur Berechnung des Zuschusses zum Mutterschaftsgeld berücksichtigt werden.

Maschinelle Lösung

Der Anspruch auf den Durchschnittsverdienst und einen eventuellen Ausgleichsbetrag existiert analog zum Anspruch auf den Zuschuss zum Mutterschaftsgeld schon seit Langem. SAP hat die entsprechenden Beträge allerdings bis zum Jahresende 2010 nicht maschinell ermittelt, sondern die

Beträge mussten manuell vorgegeben werden. Aufgrund der verpflichtenden Teilnahme am maschinellen Meldeverfahren im Rahmen des Aufwendungsausgleichsgesetzes (AAG), nach dem z. B. die Anträge auf Erstattung des Arbeitgeberzuschusses zum Mutterschaftsgeld ab dem 01.01.2011 maschinell übermittelt werden müssen, liefert SAP seit Jahresbeginn 2011 eine maschinelle Lösung aus, die auf Fiktivläufen basiert. Die Nutzung dieser SAP-Lösung ist jedoch – auch für das maschinelle Meldeverfahren nach dem Aufwendungsausgleichsgesetz (AAG) – nicht verpflichtend.

18.2 Allgemeines zum Zuschuss zum Mutterschaftsgeld

Berechnungsregeln

Der vom Arbeitgeber für die Zeiten der Mutterschutzfristen vor und nach der Geburt zu zahlende Zuschuss zum Mutterschaftsgeld existiert bereits seit mehreren Jahrzehnten. Die entsprechenden Berechnungsregeln sehen vor, dass für die letzten drei Monate vor Beginn der Mutterschutzfristen (d. h. die sechswöchige Frist vor und die acht- bzw. vierzehnwöchige Frist nach der Geburt) ein fiktives Nettoarbeitsentgelt ermittelt wird, das als Grundlage für die abschließende Berechnung des eigentlichen Zuschusses dient.

Fiktive Berechnung

Die fiktive Berechnung ist aus verschiedenen Gründen erforderlich. So müssen z. B. Erhöhungen des Entgelts, die während des Mutterschutzes wirksam werden, berücksichtigt werden. Darüber hinaus ist es keine Seltenheit, dass werdende Mütter über einen längeren Zeitraum arbeitsunfähig sind und es dadurch bereits innerhalb des Bemessungszeitraums zur Zahlung von Krankengeld und damit zur vollständigen Aliquotierung der tatsächlichen Bezüge kommt. Auch die Nichtberücksichtigung eventuell während der Schutzfristen weitergezahlter Entgeltbestandteile (wie etwa der Arbeitgeberzuschuss zu den vermögenswirksamen Leistungen, VL) muss in die fiktive Berechnung einbezogen werden. Einmalzahlungen dürfen hingegen nicht in die Berechnung mit einfließen.

Zuschuss ist veränderbar

Die komplexen rechtlichen Vorgaben führen im Übrigen dazu, dass der für den Zeitraum des Mutterschutzes gewährte Zuschuss nicht konstant bleiben muss, sondern sich, z. B. wegen steuerlicher Änderungen aufgrund der Geburt eines Kindes, durchaus auch ändern kann. Daher wird die Fiktivberechnung während der Mutterschutzfristen im Rahmen jeder Abrechnung erneut angestoßen und durchgeführt.

18.3 Stammdaten und Ablauf in der Personalabrechnung

In den Stammdaten muss lediglich das Feld **Abwesenheit Mutterschutz** (im Standard die Abwesenheitsart 0500) bzw. das Beschäftigungsverbot über den Infotyp 0080 (Mutterschutz/Elternzeit) gepflegt werden, um bei korrekter Konfiguration die Berechnung des Zuschusses zum Mutterschaftsgeld bzw. des Ausgleichsbetrags auszulösen. Für generelle Beschäftigungsverbote gilt die Musterabwesenheitsart 0511 und für individuelle Beschäftigungsverbote die Musterabwesenheitsart 0512. Die Abwesenheitsart 0510 ist bezahlt und kann daher nicht für eine Verwendung im Rahmen der maschinellen Ermittlung des Ausgleichsbetrags genutzt werden.

Mutterschaftsgeldzuschuss

Wenn es um den Zuschuss zum Mutterschaftsgeld geht, »erkennt« die Funktion IF mit dem Parameter 2 = DOZM die Relevanz anhand des Feldes ZSVAB (Abwesenheitskennzeichen der Zusatzversorgung) mit der Ausprägung F von Tabelle V_5DOA_E (Kennzeichen **Zusatzversorgung**). Der Aufruf der oben genannten Funktion erfolgt im Teilschema DZMG (Berechnung Zuschuss Mutterschaftsgeld). Sofern eine maschinelle Berechnung erfolgen soll, wird das Schema DZM0 (Berechnung Grundlage Mutterschaftsgeld) aufgerufen (siehe Abbildung 18.1). In diesem Schema werden die Besonderheiten der Grundlagenberechnung wie z. B. die Nichtberücksichtigung von Einmalzahlungen oder die Neubewertung der Basisbezüge zum Enddatum des Abrechnungsmonats (Funktion DOZMG mithilfe des Parameters 1 = BEW) berücksichtigt.

Beschäftigungsverbot

Für das Beschäftigungsverbot erfolgt die Abfrage ebenfalls im Schema DZMG (Privatwirtschaft) über die Funktion IF und den Parameter DMBV. Dabei wird ein Beschäftigungsverbot an der Markierung des Feldes BSCHV in Tabelle T5DOS (Gruppierung von Abwesenheiten) erkannt.

Spezieller Fiktivlauf

Beim Fiktivlauf für den Zuschuss zum Mutterschaftsgeld und im Rahmen des Beschäftigungsverbots handelt es sich nicht um einen der im Rahmen der Altersteilzeit genutzten Fiktivläufe, der über die allgemeine Fiktivlaufsteuerung angestoßen und gesteuert wird, sondern um einen gesonderten Fiktivlauf, der die drei komplett vor Beginn des Mutterschutzes bzw. vor Beginn der Schwangerschaft liegenden Monate fiktiv berechnet. Eine weitere Besonderheit der Fiktivläufe zur Berechnung des Zuschusses zum Mutterschaftsgeld bzw. des zu zahlenden Entgelts während des Beschäftigungsverbots ist, dass der jeweilige Fiktivlauf im relevanten Grundlagenmonat separat für jeden einzelnen Zuschussmonat durchgeführt werden muss (siehe Abbildung 18.2).

Schema bearbeiten : DZM0

Befehl | Stapel

Zeile	Fkt	Par1	Par2	Par3	Par4	D	Text
000010	COM						Zuschuss zum Mutterschaftsgeld (D000)
000020	COM						--
000030	LPBEG						Loop Beginn ZuschMuschGeld
000040	RFRSH		ALL				alles löschen
000050	DAAG	BV	FLSW				Setzen Fiktivlauf Besch.Verbot
000060	IF		NFLS				Kein Beschäftigungsverbot ?
000070	DFLST	ADD	OZMG				Einfügen OZMG in der Fiktivlaufsteuerung
000080	DFLST	SET					OZMG aktiv schalten
000090	ENDIF						Kein Beschäftigungsverbot ?
000100	COPY	DIN0				*	Initialisierung Deutschland (inaktiv)
000110	IF		APPL	MGBN			Korrektur /6H3 unter §23c
000120	DFLST	GET					Lohnarten aus FIT erneut laden
000130	ENDIF						
000140	COPY	DGD0					Grunddaten Deutschland
000150	DKUG	DEL					Kurzarbeit löschen
000160	DOZMG	BEW					ZuschMuschGeld : Neubewert. Basisbezüge
000170	DAAG	BV	BEW				Beschäftigungsverbot : Neub. Basisbezüge
000180	DAAG	BV	SPLT				Beschäftigungsverbot : WPBP/SV-Split
000190	COPY	DLA0					Einlesen letztes Abrechnungsergebnis
000200	PLRT	D040	GEN	NOAB			/A.. Lohnarten in LRT auf 0 setzen
000210	DSV	23C	ND			*	Keine Entscheidung nach §23c SGB IV
000220	COPY	DT00					Bruttovergütung
000230	APPLF	ZMGF	RT	OZMG	RT		Filtern von Lohnarten aus RT-Tabelle
000240	DOZMG	EINM					Filtern Einmalzahlungen ZMuschG
000250	IF		FLSW	OZMG			Fiktivlauf ZuschMuschGeld?
000260	IF		APPL	DOZC			Einmalzahlungen löschen?
000270	PIT	DVS8	P08	NOAB			Aufzuteilende Einmalzahlungen löschen
000280	PIT	DVS5	GEN	NOAB			Einmalzahlungen löschen
000290	ENDIF						Einmalzahlungen löschen?

Abbildung 18.1 Schema DZM0 (Fiktivlauf für die Berechnung des Zuschusses zum Mutterschaftsgeld)

Berechnungsbeispiel

Anhand des folgenden Beispiels wird die Vorgehensweise des Systems zur Bestimmung der Fiktivläufe deutlich:

- Beschäftigungsverbot in der Zeit vom 01.04.2026–04.05.2026
- Mutterschutz in der Zeit vom 05.05.2026–11.08.2026
- Als Grundlagenmonate Beschäftigungsverbot gelten damit die Monate im Zeitraum vom 01.06.–31.08.2025, dies kann gegebenenfalls im Infotyp 0080 (Mutterschutz/Elternzeit) in der Datengruppe **Bemessungszeitraum Beschäftigungsverbot** über den Punkt **Abweichendes Datum** angepasst werden.
- Als Grundlagenmonate Mutterschutz gelten damit die Monate im Zeitraum vom 01.02.–30.04.2026.

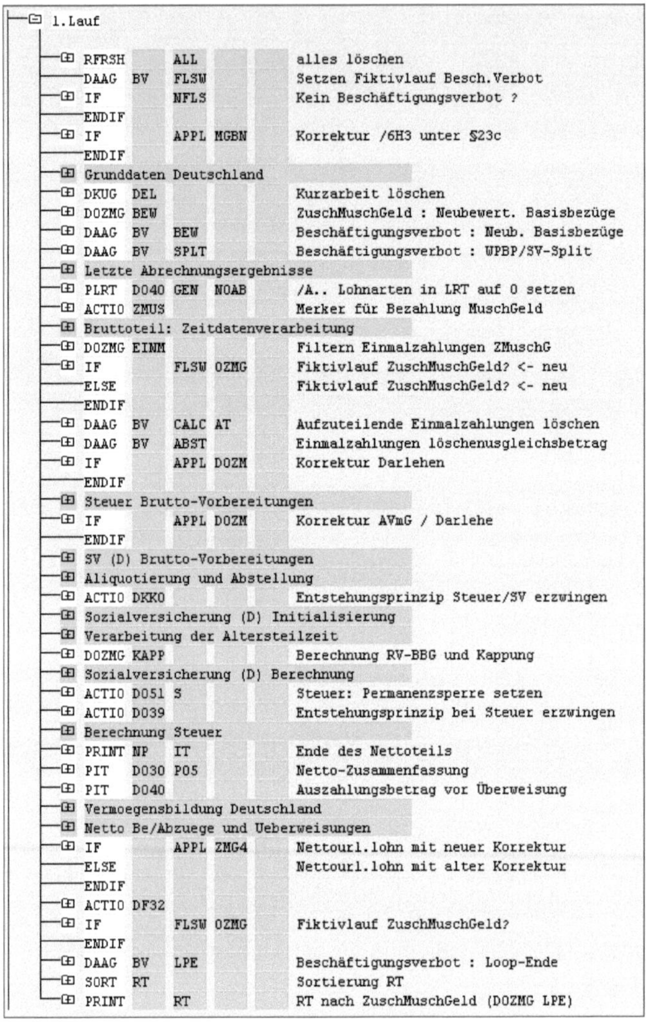

```
1.Lauf
  RFRSH        ALL            alles löschen
  DAAG   BV    FLSW           Setzen Fiktivlauf Besch.Verbot
  IF           NFLS           Kein Beschäftigungsverbot ?
  ENDIF
  IF           APPL MGBN      Korrektur /6H3 unter §23c
  ENDIF
  Grunddaten Deutschland
  DKUG   DEL                  Kurzarbeit löschen
  DOZMG  BEW                  ZuschMuschGeld : Neubewert. Basisbezüge
  DAAG   BV    BEW            Beschäftigungsverbot : Neub. Basisbezüge
  DAAG   BV    SPLT           Beschäftigungsverbot : WPBP/SV-Split
  Letzte Abrechnungsergebnisse
  PLRT   D040  GEN  NOAB      /A.. Lohnarten in LRT auf 0 setzen
  ACTIO  ZMUS                 Merker für Bezahlung MuschGeld
  Bruttoteil: Zeitdatenverarbeitung
  DOZMG  EINM                 Filtern Einmalzahlungen ZMuschG
  IF           FLSW OZMG      Fiktivlauf ZuschMuschGeld? <- neu
  ELSE                        Fiktivlauf ZuschMuschGeld? <- neu
  ENDIF
  DAAG   BV    CALC AT        Aufzuteilende Einmalzahlungen löschen
  DAAG   BV    ABST           Einmalzahlungen löschenusgleichsbetrag
  IF           APPL DOZM      Korrektur Darlehen
  ENDIF
  Steuer Brutto-Vorbereitungen
  IF           APPL DOZM      Korrektur AVmG / Darlehe
  ENDIF
  SV (D) Brutto-Vorbereitungen
  Aliquotierung und Abstellung
  ACTIO  DKKO                 Entstehungsprinzip Steuer/SV erzwingen
  Sozialversicherung (D) Initialisierung
  Verarbeitung der Altersteilzeit
  DOZMG  KAPP                 Berechnung RV-BBG und Kappung
  Sozialversicherung (D) Berechnung
  ACTIO  D051  S              Steuer: Permanenzsperre setzen
  ACTIO  D039                 Entstehungsprinzip bei Steuer erzwingen
  Berechnung Steuer
  PRINT  NP    IT             Ende des Nettoteils
  PIT    D030  P05            Netto-Zusammenfassung
  PIT    D040                 Auszahlungsbetrag vor Überweisung
  Vermoegensbildung Deutschland
  Netto Be/Abzuege und Ueberweisungen
  IF           APPL ZMG4      Nettourl.lohn mit neuer Korrektur
  ELSE                        Nettourl.lohn mit alter Korrektur
  ENDIF
  ACTIO  DF32
  IF           FLSW OZMG      Fiktivlauf ZuschMuschGeld?
  ENDIF
  DAAG   BV    LPE            Beschäftigungsverbot : Loop-Ende
  SORT   RT                   Sortierung RT
  PRINT        RT             RT nach ZuschMuschGeld (DOZMG LPE)
```

Abbildung 18.2 Fiktivläufe im Abrechnungsprotokoll

Da sich die Mutterschutzfrist über vier Kalendermonate erstreckt (es ist ausreichend, wenn nur ein Tag eines in diesem Zeitraum liegenden Monats mit dem Zuschuss zum Mutterschaftsgeld belegt ist), erfolgen in jedem Grundlagenmonat jeweils vier Fiktivläufe (für jeden Monat des Zuschusses zum Mutterschaftsgeld einer). Aus den dabei ermittelten Nettoentgelten wird die Grundlage für die Berechnung des Zuschusses zum Mutterschaftsgeld ermittelt.

Protokoll

Abbildung 18.3 zeigt das Protokoll der Funktion DOZMG (Zuschuss zum Mutterschaftsgeld) mit dem Parameter 1 = LPE (Steuerung Loop Ende). Hier werden die relevanten Ergebnisse des Fiktivlaufs (Anzahl der Kalendertage, Monate und der Grundlagenbetrag) angedruckt.

```
Zuschuß Mutterschaftsgeld > Ende Grundlagenberechnung (LPE) <

Ermitteln Funktonsmodell aus Tabelle T5D87

  Funktionsschlüssel                       04
  Funktionsname                            Zuschuß Mutterschaftsgeld
  Beginndatum                              05.05.2026
  Endedatum                                05.05.2026
  Rückgabewert Merkmal ODMOD               SONSTIGE
  Funktionsmodell                          PR

  Ermitteln Modell Zuschußberechnung : PR

  Stichtag                                 05.05.2026
  maschinelle Berechnung                   X
  Ber. zukünftiger Änderungen              X
  Lohnart Nettovorgabe                     9ZMG
  Lohnart manueller Zuschuß                3300

  Monatlicher Bruttobetrag                      24.079,98
Abstellen Berechnungsgrundlage

  für Abrechnungsperiode                   01.06.2026 - 30.06.2026

  Lohnart                                  /0ZM
  Anzahl Tage                                        90,00
  Anzahl Monate                                       3,00
  Betrag                                        15.569,67

Ende der Grundlagenberechnung für Abrechnungsperiode:

     01.06.2026 - 30.06.2026
```


Abbildung 18.3 Ergebnis der Grundlagenberechnung im Fiktivlauf Mutterschutz

Diese Werte werden in die technische Lohnart /0ZM abgestellt und im Abrechnungsmonat von der gleichen Funktion über den Parameter 1 = CALC (Berechnung des Zuschusses) gelesen und für die weitere Verarbeitung verwendet.

Über den gesamten Grundlagenzeitraum wird die Lohnart aufaddiert, und im Rahmen der Verarbeitung der oben genannten Funktion mit dem Parameter 1 = CALC wird der ermittelte Summenwert durch die Anzahl der Kalendertage in diesem Zeitraum dividiert, um den kalendertäglichen Zahlbetrag zu berechnen. Von diesem kalendertäglichen Zahlbetrag wird nun das von der Krankenkasse gegebenenfalls gewährte Mutterschaftsgeld subtrahiert, und der Differenzbetrag kommt zur Auszahlung. Bei diesen Berechnungen berücksichtigt das System auch die im Zeitraum der Grundlagenberechnung vorliegenden unbezahlten Abwesenheiten.

Automatische und manuelle Berechnung

Allerdings ist im Customizing (siehe Abbildung 18.7) festgelegt, welche Mindestanzahl an bezahlten Kalendertagen vorhanden sein muss, um eine automatische Berechnung des Zuschusses zum Mutterschaftsgeld durchzuführen. Wird diese Mindestanzahl unterschritten, muss die Zuschussermittlung auf manuellem Wege vorgenommen werden. Regelmäßig erfolgt dies, indem für die relevanten Entgelte der betreffenden Mitarbeiterin (z. B. ohne Einmalzahlungen) ohne die Abwesenheiten ein fiktives Nettoarbeitsentgelt ermittelt wird. Der so ermittelte Betrag wird dann manuell als zu zahlender Zuschuss über die Stammdaten – Infotyp 0015 (Ergänzende Zahlung) – erfasst. Das System erkennt bei korrekter Konfiguration anhand der manuell vorgegebenen Lohnart, dass keine maschinelle Berechnung des Zuschusses erwünscht ist, und unterlässt diese infolgedessen.

Maschinelles Verfahren

Seit der Einführung des maschinellen Meldeverfahrens zum 01.01.2011 nach dem Aufwendungsausgleichsgesetz besteht grundsätzlich die Verpflichtung, auch dann eine maschinelle Berechnung des Zuschusses zum Mutterschaftsgeld durchzuführen, wenn nicht drei vollständig vorhandene Grundlagenmonate vorliegen. Sofern die drei erforderlichen Grundlagenmonate nicht vollständig mit Entgelt belegt sind (z. B. aufgrund einer unbezahlten Arbeitsunfähigkeit), kann dies über eine Schalterlohnart (Musterlohnart OZMS) signalisiert werden. Die Abrechnung löscht dann in den Fiktivläufen mittels der Funktion DOZMG über den Parameter 1 = DELA der Grundlagenberechnung alle unbezahlten Abwesenheiten, wenn mindestens an einem Tag eines Grundlagenmonats die Schalterlohnart über den Infotyp 0014 (Wiederkehrende Be-/Abzüge) oder den Infotyp 0015 (Ergänzende Zahlung) aufgegeben wurde. Darüber hinaus kann eine Bruttovorgabe (Musterlohnart OZMB) der Grundlage auch manuell erfolgen.

Übersteuerung durch die Lohnart

Neben der Möglichkeit, den Zuschuss direkt vorzugeben, besteht auch noch die Option, die als Basisbezüge ermittelten Werte sowie den im Rahmen der Fiktivläufe ermittelten Nettobetrag der Grundlage per Lohnart zu übersteuern. Abbildung 18.4 zeigt das Ergebnis der Zuschussberechnung über die Funktion DOZMG mithilfe des Parameters 1 = CALC. Es handelt sich hier nicht um das komplette Protokoll, sondern nur um den abschließenden Ergebnisteil.

Das in Abbildung 18.4 gezeigte Protokoll gibt auch Aufschluss über das Customizing, den Grundlagenzeitraum, manuelle Vorgabelohnarten und weitere für die Berechnung relevante Parameter.

```
Errechnung Zuschußbetrag pro Kalendertag

aktuelle Berechnungsgrundlage

  Anzahl Tage                                      90,00
  Anzahl Monate                                     3,00
  Betrag                                       15.569,67

Vorgaben Modelltabelle

  Konstante Minimale Anzahl Tage          MSCHT

  Konstante Zuschuß Krankenkasse          MSCHG

  Zuschußbetrag Krankenkasse                       13,00

Berechnung: ( Betrag * Konstante GENAU / Anzahl Tage / Konstante
              GENAU ) - Zuschußbetrag Krankenkasse

  Zuschußbetrag pro Kalendertag                   160,00

  Anzahl Kalendertage aktueller Monat gesamt                    27,00
  Zuschußbetrag gesamt                                        4.320,00

  Lohnart für Zuschuß                                            /5ZM

  Anzahl Kalendertage im Zeitraum  01.05.2026 - 31.05.2026      27,00
  Zuschußbetrag                                               4.320,00
```

Abbildung 18.4 Ergebnis der Zuschussberechnung Mutterschutz (Protokoll der Verarbeitung der Funktion DOZMG über den Parameter 1 = CALC)

Durchschnittsverdienst BV

Die Berechnung des Durchschnittsverdienstes im Rahmen des Beschäftigungsverbots erfolgt im Fiktivlauf MBV1. Dieser wird – ebenso wie bei der Ermittlung des Zuschusses zum Mutterschaftsgeld – nach dem Einlesen der letzten Abrechnungsergebnisse aufgerufen; es wird ebenfalls das Schema DZMO genutzt. Am Ende der Fiktivläufe wird über die Funktion DAAG mithilfe der Parameter 1 = BV und 2 = LPE die Durchschnittsgrundlage gebildet (siehe Abbildung 18.5).

Ausgleichsbetrag

Der Ausgleichsbetrag wird in der Funktion DAAG über die Parameter 1 = BV und Parameter 2 = CALC gebildet. Grundlage dafür ist der Fiktivlauf MGBV2, der wie der Fiktivlauf MGBV1 das Schema DZMO nutzt. Wie schon der Zuschuss zum Mutterschaftsgeld kann auch die Berechnung des Durchschnittsverdienstes sowie des Ausgleichsbetrags mit Lohnarten manuell übersteuert werden.

MuSchG Beschäftigungsverbot: Ende Fiktivberechnung (LPE)

Aktueller Fiktivlauf	MBV2
Mutterschaft 02: Mutmaßliches Entbindungsdatum	16.06.2026
Relevante SV-Zeiträume (ohne Statuswechsel)	01.05.2026 - 04.05.2026
Berechnung des Gesamtbruttos (ohne Ausgleichsbeträge) pro SV-Zeitraum	01.05.2026 - 04.05.2026
Gesamtbrutto (ohne Ausgleichsbetrag) im relevanten SV-Zeitraum	0,00

Berücksichtigte Lohnarten für Ausgleichsbeträge

SummenLga	LArt	Lohnart-Langtext	Betrag	Anzahl	Anzahl	Anzahl
AZGV	9BV0	AusglBetrag Grundverg. BV	1.021,50	0,00	0,00	0,00
AZVB	9BV1	AusglBetrag Var.Bez. BV	0,00	0,00	0,00	0,00

Berücksichtigte Lohnarten für das Gesamtbrutto

SummenLga	LArt	Lohnart-Langtext	Betrag	Anzahl	Anzahl	Anzahl
AZGV	9BV0	AusglBetrag Grundverg. BV	1.021,50	0,00	0,00	0,00
AZVB	9BV1	AusglBetrag Var.Bez. BV	0,00	0,00	0,00	0,00

Berechnung des Gesamtbruttos (inkl. Ausgleichsbeträge) pro SV-Zeitraum	01.05.2026 - 04.05.2026
Gesamtbrutto (inklusive Ausgleichsbetrag) im relevanten SV-Zeitraum	1.021,50
Gesamtbrutto (inklusive Ausgleichsbetrag) im SV-Splitzeitraum 01	1.021,50
Laufendes SV-pflichtiges Entgelt im SV-Splitzeitraum 01	1.021,50
Mutterschaft 02: Mutmaßliches Entbindungsdatum	16.06.2026
Beschäftigungsverbot	01.05.2026 - 04.05.2026
Zu bewertender Zeitraum des Beschäftigungsverbotes	01.05.2026 - 04.05.2026

Berücksichtigte Lohnarten für Ergebnisse der Fiktivberechnung

SummenLga	LArt	Lohnart-Langtext	Betrag	Anzahl	Anzahl	Anzahl
/6H4	9BV0	AusglBetrag Grundverg. BV	1.021,50	0,00	0,00	0,00

Abbildung 18.5 Ergebnis der Zuschussberechnung BV (Protokoll der Verarbeitung der Funktion DOZMG über den Parameter 1 = BV)

Musterlohnarten

Folgende Musterlohnarten stehen dabei zur Verfügung:

- **MBV3 – Vorgabe AusglBetrag GV BV**
  manuelle Vorgabe Ausgleichsbetrag Grundvergütung
- **MBV4 – Vorgabe AusglBetrag VB BV**
  manuelle Vorgabe Ausgleichsbetrag variable Bezüge
- **MBV5 – Vorgabe AusglBetrag UK BV**
  manuelle Vorgabe Ausgleichsbetrag Anteil variable Bezüge Urlaubs- und Krankenlohnaufschlag
- **MBV6 – Vorgabe Kum.Grundverg. BV**
  Manuelle Vorgabe des Durchschnittsverdienstes Grundvergütung; über diese Lohnart können sowohl ein Betrag als auch eine Anzahl von Tagen vorgegeben werden. Wird nur ein Betrag eingegeben, wird die maschinell ermittelte Anzahl an relevanten Tagen im Bemessungszeitraum zu-

grunde gelegt. Wird zusätzlich eine Anzahl eingegeben, wird diese zur Berechnung des kalendertäglichen Durchschnitts verwendet.

- **MBV7 – Vorgabe Kum.Var.Bez. BV**
  Manuelle Vorgabe des Durchschnittsverdienstes variable Bezüge; im Unterschied zur Eingabe im Rahmen der Lohnart MBV6 kann über diese Lohnart ausschließlich ein Betrag vorgegeben werden.
- **MBV8 – Vorgabe Kum.Ant. UK BV**
  Manuelle Vorgabe des Durchschnittsverdienstes Anteil variable Bezüge Urlaubs- und Krankenlohnaufschlag; auch bei dieser Lohnart ist nur die Eingabe eines Betrags möglich.

Deaktivierung

Darüber hinaus kann die Berechnung auch deaktiviert werden. Dazu steht die Musterlohnart MBV9 (Deaktivieren maschinelle Berechnung BV) mit der Summenlohnart DEAK (ebenfalls Deaktivieren maschinelle Berechnung Beschäftigungsverbot) zur Verfügung. Es ist zu beachten, dass eine solche Deaktivierung nicht nur die Fiktivberechnungen selbst deaktiviert, sondern auch die Berechnung des Durchschnittsverdienstes und eines eventuellen Ausgleichsbetrags sowie die Abstellung der Ausgleichsbeträge. Insbesondere wird eine manuelle Vorgabe der Ausgleichsbeträge nicht mehr berücksichtigt. Insofern sollte genau abgewogen werden, ob eine Deaktivierung sinnvoll ist, denn mit ihr geht regelmäßig ein erhöhter manueller Aufwand einher.

18.4 Customizing

Wir erläutern nun die relevanten Customizing-Einstellungen bezüglich des Zuschusses zum Mutterschaftsgeld und des Beschäftigungsverbots.

18.4.1 Zuschuss zum Mutterschaftsgeld

Das Customizing für die Einrichtung des Zuschusses zum Mutterschaftsgeld befindet sich im Einführungsleitfaden unter **Personalabrechnung • Abrechnung Deutschland • Mutterschutzgesetz • Zuschuss Mutterschaftsgeld**.

Steuerungsparameter

Für verschiedene Funktionen (wie z. B. Fristenberechnung, Zuschuss zum Krankengeld oder auch Zuschuss zum Mutterschaftsgeld) existieren maschinelle Berechnungslösungen. Diese werden generell über die folgenden Parameter gesteuert:

- Das Merkmal ODMOD (Organisationsschlüssel für Funktionsmodelle im öffentlichen Dienst) definiert für jede Funktion als Rückgabewert die Ausprägung des Organisationsschlüssels (siehe Abbildung 18.6).

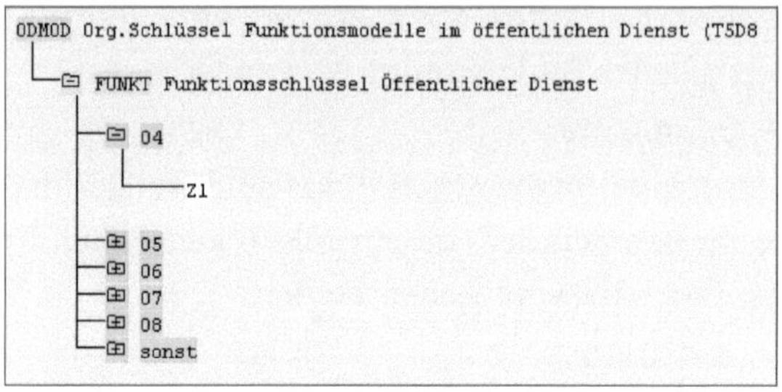

Abbildung 18.6 Merkmal ODMOD (Festlegung der auszuführen den Funktionsmodelle)

Durch dieses Merkmal besteht die Möglichkeit, abhängig von verschiedenen organisatorischen Merkmalen, wie z. B. Personalbereich und Personalteilbereich, Mitarbeitergruppe oder Mitarbeiterkreis, aber auch anhand des Schlüssels für die Funktion, das auszuführende Funktionsmodell festzulegen.

- Tabelle V_T5D87 (Zuordnung Funktionsmodelle öffentlicher Dienst) ordnet einem Organisationsschlüssel ein auszuführendes Modell zu.
- Tabelle V_T5D84 (Modelle Zuschuss zum Mutterschaftsgeld), siehe Abbildung 18.7, enthält das Detail-Customizing zum auszuführenden Modell.

Individuelle Steuerung der Einmalzahlung

Das in Abbildung 18.7 dargestellte Kennzeichen **individuelle Steuerung Einmalzahlung** sollte grundsätzlich nicht aktiviert werden, denn der Standard berücksichtigt bereits alle Einmalzahlungen, die in die Kumulation /103 (Einmalige SV-Bezüge) einfließen. Die Option **individuelle Steuerung Einmalzahlung** ist daher lediglich in Sonderfällen sinnvoll, in denen z. B. weitere Lohnarten vorhanden sind, die nicht in die Berechnung mit einfließen sollen. Denn das Aktivieren dieses Kennzeichens deaktiviert den Standard und führt dazu, dass Lohnarten, die in Tabelle V_T5D85 (IMG-Aktivität: Einmalzahlungen individuell steuern) eingetragen werden, nicht bei der Grundlagenberechnung berücksichtigt werden.

Eine bessere Alternative, um Einmalzahlungen zu subtrahieren, ist es, eine eigene Verarbeitungsklasse für diese nicht zu berücksichtigenden Lohnarten anzulegen. So können die relevanten Lohnarten im Fiktivlauf über eine kundeneigene Personalrechenregel, die die neu angelegte Verarbeitungsklasse abfragt, eliminiert werden.

Musterlohnarten

Um die oben genannten manuell vorzugebenden Lohnarten problemlos konfigurieren zu können, liefert SAP die folgenden Musterlohnarten aus:

- OZMG (Berechnungsgrundlage Zuschuss zum Mutterschaftsgeld)
- OZMB (Grundlage Zuschuss Mutterschaftsgeld, brutto)
- O450 (Zuschuss zum Mutterschaftsgeld)

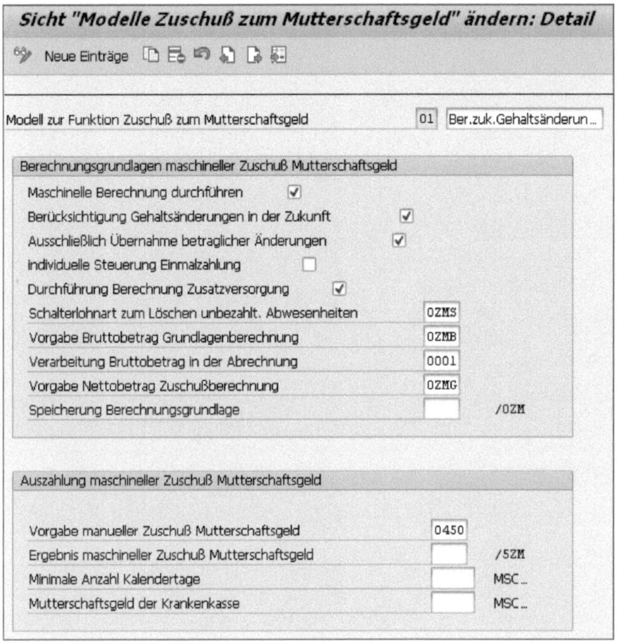

Abbildung 18.7 Tabelle V_T5D84 (Modelle Zuschuss zum Mutterschaftsgeld)

Die Anzahl der minimalen Kalendertage wird über Tabelle V_T511K (Abrechnungskonstanten) mithilfe der Konstanten MSCHT festgelegt. Der kalendertägliche Zahlbetrag, den die Krankenkasse an die gesetzlich versicherten Mitarbeiterinnen auszahlt, wird über die Konstante MSCHG (ebenfalls Tabelle V_T511K) definiert. Sofern die im Standard ausgelieferte Abwesenheitsart 0500 (Mutterschutz) im Kundensystem Verwendung findet, und dazu wird ausdrücklich geraten, ist die Prüfung bzw. die Bearbeitung der Aktivitäten unter **Abwesenheit Mutterschutz** im Einführungsleitfaden nicht erforderlich.

18.4.2 Beschäftigungsverbot

Die maschinelle Ermittlung der relevanten Beträge (Arbeitsentgelt und Ausgleichsbetrag) im Rahmen des Beschäftigungsverbots wird über die Teilapplikation MGBV im View V_T596D ab einem gewünschten Datum aktiviert.

Der Bemessungszeitraum für den Durchschnittsverdienst beginnt generell 40 Wochen oder 280 Tage vor dem mutmaßlichen Entbindungstermin aus dem Infotyp 0080 (Mutterschutz/Elternzeit). Dieser Zeitraum kann über das Feld **Abweichendes Datum** in der Datengruppe **Bemessungszeitraum Beschäftigungsverbot** (siehe Abbildung 18.8) übersteuert werden.

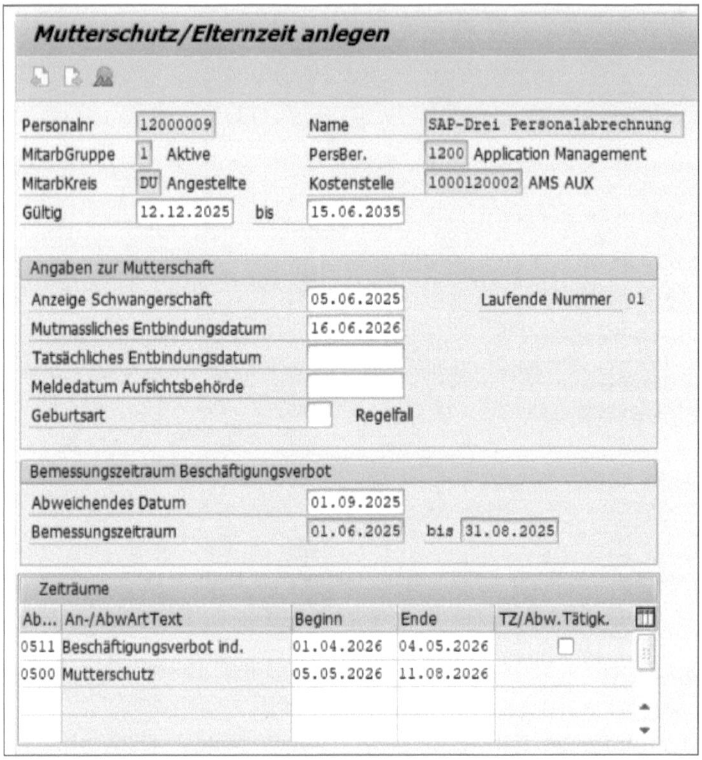

Abbildung 18.8 Infotyp 0080 (Mutterschutz/Elternzeit) mit übersteuertem Bemessungszeitraum für das Beschäftigungsverbot

Summenlohnarten die Kundenlohnarten zuweisen

Damit der Durchschnittsverdienst korrekt ermittelt werden kann, müssen Sie über den View V_T596J mit der Teilapplikation MGBV den folgenden Summenlohnarten die relevanten Kundenlohnarten zuweisen:

- **/6H0 – Kumulation Grundvergütung im Bemessungszeitraum**
  Zu dieser Summenlohnart zählt das »normale« Basisentgelt zuzüglich der Zulagen und der gegebenenfalls gewährten VL.
- **/6H1 – Kumulation variable Bezüge im Bemessungszeitraum**
  Diese Summenlohnart umfasst alle variablen Bezüge, insbesondere Beträge für Überstunden wie auch die Sonn-, Feiertags- und Nachtzuschläge.
- **/6H2 – Kumulation Anteil variable Bezüge Urlaubs- und Krankenlohnaufschlag**
  Bei dieser Summenlohnart handelt es sich um ein Spezifikum des öffentlichen Dienstes, das hier nicht näher erläutert werden soll.

Alle weiteren Ermittlungsschritte müssen nicht über das Customizing gesondert gesteuert werden, sondern werden zentral über die Funktion DAAG mit ihren verschiedenen Parameterausprägungen durchgeführt. Die Funktion DAAG ist die zentrale Funktion in der Personalabrechnung, um die Lohnarten für das maschinelle Meldeverfahren nach dem Aufwendungsausgleichsgesetz zu ermitteln.

18.5 Aktivierung der Berechnung im Schema für die Privatwirtschaft

Im Schema D000 müssen folgende Anpassungen für die Nutzung der maschinellen Berechnung des Zuschusses zum Mutterschaftsgeld und des Ausgleichsbetrags im Falle eines Beschäftigungsverbots vorgenommen werden (siehe Abbildung 18.9).

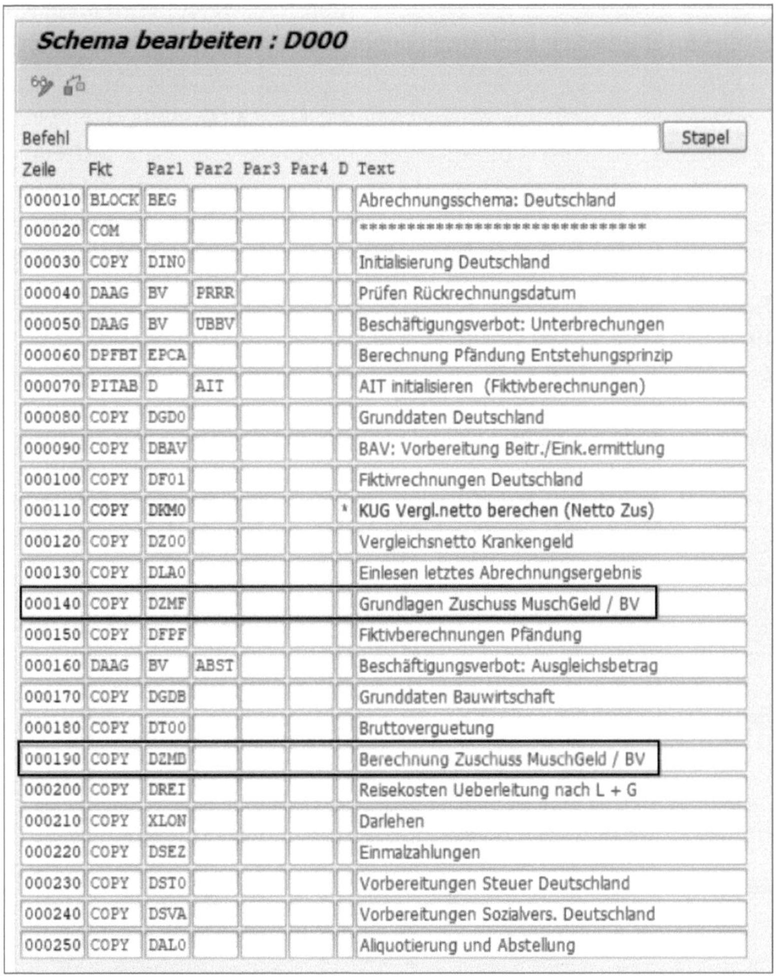

Schema bearbeiten : D000

Befehl | Stapel

Zeile	Fkt	Par1	Par2	Par3	Par4	D	Text
000010	BLOCK	BEG					Abrechnungsschema: Deutschland
000020	COM						******************************
000030	COPY	DIN0					Initialisierung Deutschland
000040	DAAG	BV	PRRR				Prüfen Rückrechnungsdatum
000050	DAAG	BV	UBBV				Beschäftigungsverbot: Unterbrechungen
000060	DPFBT	EPCA					Berechnung Pfändung Entstehungsprinzip
000070	PITAB	D	AIT				AIT initialisieren (Fiktivberechnungen)
000080	COPY	DGD0					Grunddaten Deutschland
000090	COPY	DBAV					BAV: Vorbereitung Beitr./Eink.ermittlung
000100	COPY	DF01					Fiktivrechnungen Deutschland
000110	COPY	DKM0				*	KUG Vergl.netto berechen (Netto Zus)
000120	COPY	DZ00					Vergleichsnetto Krankengeld
000130	COPY	DLA0					Einlesen letztes Abrechnungsergebnis
000140	COPY	DZMF					Grundlagen Zuschuss MuschGeld / BV
000150	COPY	DFPF					Fiktivberechnungen Pfändung
000160	DAAG	BV	ABST				Beschäftigungsverbot: Ausgleichsbetrag
000170	COPY	DGDB					Grunddaten Bauwirtschaft
000180	COPY	DT00					Bruttoverguetung
000190	COPY	DZMD					Berechnung Zuschuss MuschGeld / BV
000200	COPY	DREI					Reisekosten Ueberleitung nach L + G
000210	COPY	XLON					Darlehen
000220	COPY	DSEZ					Einmalzahlungen
000230	COPY	DST0					Vorbereitungen Steuer Deutschland
000240	COPY	DSVA					Vorbereitungen Sozialvers. Deutschland
000250	COPY	DAL0					Aliquotierung und Abstellung

Abbildung 18.9 Schema D000 – Aufruf Beschäftigungsverbot/Mutterschutz

Damit die neu ausgelieferte Berechnung für die Privatwirtschaft genutzt werden kann, muss die Teilapplikation ZMBV in Tabelle V_T596D ab dem gewünschten Zeitpunkt aktiviert werden.

Falls die Lösung aus dem öffentlichen Dienst in Ihrem System bereits eingerichtet wurde, muss diese nicht geändert werden.

18.6 Fazit

Das Einrichten der automatisierten Berechnung des Zuschusses zum Mutterschaftsgeld sowie des Durchschnittsverdienstes und eines eventuellen Ausgleichsbetrags im Rahmen des Beschäftigungsverbots stellt in der Regel kein großes Problem dar. Insbesondere aufgrund des hohen manuellen Aufwands für die Fiktivberechnungen lohnt sich der Einsatz der automatischen Berechnung zumeist auch bereits für geringe Fallzahlen. Mit der seit 2011 angebotenen maschinellen Berechnung von Durchschnittsverdienst und Ausgleichsbetrag im Rahmen des Beschäftigungsverbots hat SAP einen echten Mehrwert für die Kunden geschaffen. Denn einmal eingerichtet, erspart diese Funktion, besonders wenn auch variable Beträge im Spiel sind, erhebliche manuelle Berechnungsaufwände. Außerdem hat SAP eine optimale Integration in das maschinelle Meldeverfahren nach dem AAG geschaffen.

Kapitel 19
Zuschuss zum Krankengeld

Ein Zuschuss zum Krankengeld nach Ablauf der Entgeltfortzahlung wird nicht nur im öffentlichen Dienst, sondern aufgrund arbeitsrechtlicher Kollektivvereinbarungen, wie etwa Tarifverträgen oder Betriebsvereinbarungen, auch in vielen anderen Branchen und Unternehmen gewährt. Ein solcher Zuschuss zum Krankengeld soll die Mitarbeitenden vor allzu harten finanziellen Einschnitten aufgrund von Arbeitsunfähigkeit oder im Rahmen einer Rehabilitationsmaßnahme bewahren.

Die Berechnungsmodalitäten für den Zuschuss zum Krankengeld sind zumeist komplex und aufgrund der oftmals unternehmensspezifischen Ausprägungen auch vielfältig. Daher kann die von SAP ausgelieferte Standardlösung nicht eins zu eins verwendet werden und muss zumeist an die betrieblichen oder tariflichen Erfordernisse angepasst werden.

19.1 Allgemeines

Der Zuschuss zum Krankengeld stellt eine freiwillige Leistung des Unternehmens dar, die nach Ablauf der Entgeltfortzahlung abhängig vom von der Krankenkasse gezahlten Krankengeld und dem bisher von der beschäftigten Person bezogenen Nettoarbeitsentgelt gezahlt wird. Der Zuschuss selbst ist steuerpflichtig. In der Sozialversicherung besteht SV-Freiheit, sofern das gezahlte Krankengeld der Krankenkasse zusammen mit dem Zuschuss des Arbeitgebers das Nettoarbeitsentgelt, das die betroffene Person zuvor erhalten hat, nicht überschreitet (siehe Kapitel 20, »Besonderheiten des § 23c Sozialgesetzbuch IV (SGB IV)«).

Der Zuschuss zum Krankengeld ergibt sich regelmäßig durch Subtraktion des von der Krankenkasse gezahlten Krankengeldes vom ermittelten Nettoarbeitsentgelt.

Für die Ermittlung der relevanten Grundlagenbeträge (im Branchenjargon des öffentlichen Dienstes wird vom sogenannten *Nettourlaubslohn* gesprochen) sind – wie beim Zuschuss zum Mutterschaftsgeld – Fiktivläufe im Einsatz.

[»]

Nettoberechnung

Wie beim Zuschuss zum Mutterschaftsgeld ist eine fiktive Nettoberechnung erforderlich, deren originäre Abbildung von SAP für die Anforderungen im öffentlichen Dienst entwickelt wurde. Seit mehreren Jahren kann die Lösung aber auch im Schema D000 (Privatwirtschaft) eingesetzt werden.

Varianten der Zuschussberechnung

SAP stellt mehrere Varianten der Zuschussberechnung zur Verfügung:

- **Variante 1**
  Hier werden die Berechnungen so durchgeführt, dass die im Unternehmen beschäftigte Person nur für den Zeitraum der unbezahlten Abwesenheit so gestellt wird, als wäre sie anwesend, d. h., dass die Zeiträume von Anwesenheit bzw. bezahlter Abwesenheit und unbezahlter Abwesenheit im Fiktivlauf getauscht werden. Auf dieser Basis erfolgt die Ermittlung des fiktiven Nettoarbeitsentgelts.
- **Variante 2**
  Variante 2 ermittelt das fiktive Nettoarbeitsentgelt auf Basis der Annahme, dass die betroffene Person den kompletten Monat abwesend ist (Vollmonatsbetrachtung).
- **Variante 3**
  Variante 3 unterscheidet sich von Variante 2 dadurch, dass für sie die Fiktivlaufsteuerung eingesetzt wird. Darüber hinaus bestehen, insbesondere aus dem neuen Recht des öffentlichen Dienstes resultierende, fachliche Unterschiede zwischen Variante 2 und Variante 3, die aufgrund ihrer isolierten Geltung für den öffentlichen Dienst hier nicht näher erläutert werden.

Für die Privatwirtschaft sind also nur die Varianten 1 und 2 von Bedeutung; auf Variante 3 gehen wir im Folgenden nicht weiter ein.

19.2 Stammdaten und Ablauf in der Personalabrechnung

Sofern im Schema D000 (Privatwirtschaft) und über das Customizing die Berechnung des Zuschusses korrekt konfiguriert ist, sind in den Stammdaten die Pflege des Infotyps 0016 (Vertragsbestandteile), siehe Abbildung 19.1, sinnvoll (aber nur fakultativ) und die Pflege des Infotyps 2001 (Abwesenheiten), siehe Abbildung 19.2, sowie die Eingabe von speziellen Lohnarten im Infotyp 0014 (Wiederkehrende Be-/Abzüge) oder 0015 (Ergänzende Zahlung) zwingend erforderlich.

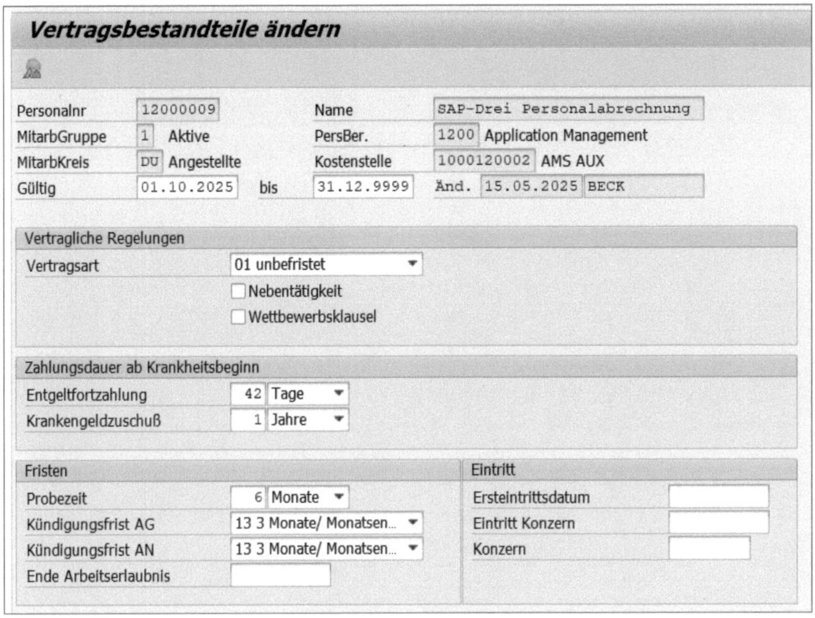

Abbildung 19.1 Infotyp 0016 (Vertragsbestandteile) mit Angaben zur Entgeltfortzahlung und zur Dauer des Krankengeldzuschusses

In der Datengruppe **Zahlungsdauer ab Krankheitsbeginn** wird festgelegt, wie lange das Entgelt für die betreffende Person fortgezahlt werden soll (in dieser Zeit wird noch kein Krankengeldzuschuss gezahlt). Im Feld **Krankengeldzuschuss** wird die Zeitdauer hinterlegt, für die der Zuschuss zum Krankengeld gewährt wird. Dabei ist zu beachten, dass dieser Zeitraum im Standard mit dem Beginn der Krankheit und nicht mit dem Ende der **Entgeltfortzahlung** beginnt. Für beide Felder können im Customizing Vorschlagswerte eingestellt werden, die im Infotyp jederzeit manuell übersteuert werden können. Darüber hinaus können mithilfe von SAP-Hinweis 1502237 (Eingabe Krankengeldzuschussfrist im Infotyp 0016, Vertragsbestandteile) Anpassungen an der Zeitraumermittlung vorgenommen werden.

Die Einstellungen des Infotyps 0016 (Vertragsbestandteile) erzeugen für den Infotyp 2001 (Abwesenheiten) Vorschlagswerte für die Felder **Ende Lohnfortzahlung** und **Krankengeldzuschuss** (siehe Abbildung 19.2).

Auch die Werte der beiden oben genannten Felder im Infotyp 2001 (Abwesenheiten) können jederzeit übersteuert werden. Darüber hinaus besteht die Möglichkeit, über das erste der beiden Verknüpfungsfelder mehrere Krankheiten, deren jeweilige Zeitdauer auf die Entgeltfortzahlung und gegebenenfalls auch auf den Krankengeldzuschuss anzurechnen sind, miteinander zu verknüpfen.

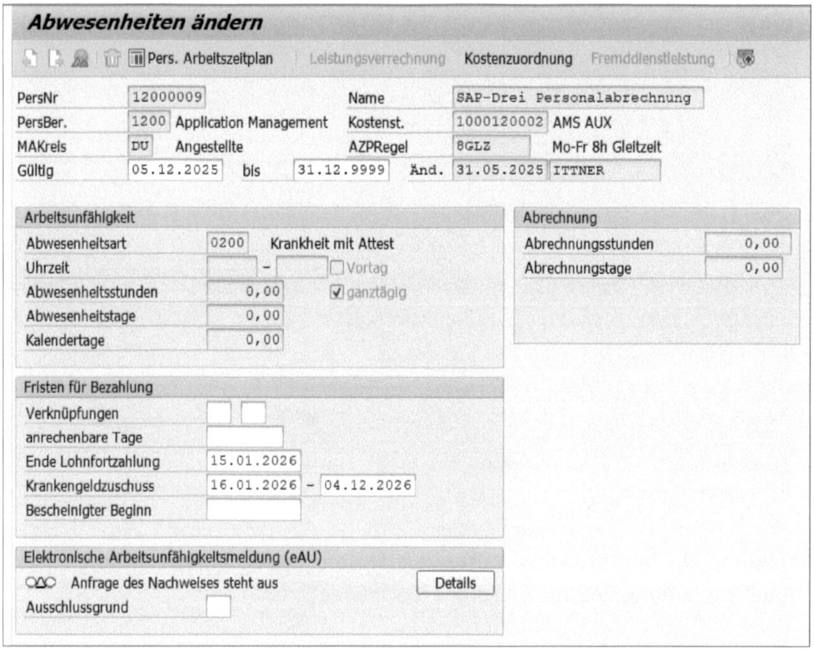

Abbildung 19.2 Infotyp 2001 (Abwesenheiten) mit Feldern zur Bestimmung der Fristen für Entgeltfortzahlung und Krankengeldzuschuss

Dies bedeutet, dass die Zeiträume der früheren Erkrankungen berücksichtigt werden und das System das Ende der Entgeltfortzahlung und den Beginn des Krankengeldzuschusses automatisch berechnet. Die Personalabrechnung nutzt diese beiden Felder schließlich, um die Zeiträume für die Entgeltfortzahlung und den Krankengeldzuschuss zu bestimmen.

Auslösen der Fiktivläufe

Das Auslösen der Fiktivläufe erfolgt letztlich über die in den Infotypen 0014 (Wiederkehrende Be-/Abzüge) oder 0015 (Ergänzende Zahlung) erfassten speziellen Lohnarten für das von der Krankenkasse gezahlte Krankengeld. Anhand der Ausprägung **K** bzw. **T** (Letztere für kalendertäglich erfasstes Krankengeld) der Verarbeitungsklasse 47 erkennt das System (im Schema DZ00 über die Personalrechenregel D001), dass es sich bei einer Lohnart um Krankengeld von der Krankenkasse handelt. Im ausgelieferten System stehen als Kopiervorlage die Lohnarten MH01 (Krankengeld Krankenkasse, monatlich), MH02 (Krankengeld Krankenkasse, kalendertäglich) und MH03 (Übergangsgeld, kalendertäglich) zur Verfügung. Die Musterlohnart MH01 kann grundsätzlich noch weiterverwendet werden. Allerdings können damit, aufgrund der Spezifika des § 23c SGB IV (siehe Kapitel 20, »Besonderheiten des § 23c Sozialgesetzbuch IV (SGB IV)«), die Berechnungen für die Entscheidung nach § 23c SGB IV nicht korrekt durchgeführt werden, und es müssen weitere Lohnarten angelegt werden.

[«]

Empfehlung

Vor diesem Hintergrund raten wir von der Nutzung dieser »veralteten« Musterlohnart MH01 ab und empfehlen, nur noch die Lohnart MH02 (für Krankengeld) bzw. MH03 (für Übergangsgeld) zu verwenden.

Die fiktiven Berechnungen des Nettoarbeitsentgelts erfolgen in der Personalabrechnung im Schema DZ00 bzw. DZ01 (siehe Abbildung 19.3). Der von SAP ausgelieferte Standard für den Zuschuss zum Krankengeld in der Privatwirtschaft umfasst die oben genannte Variante 1, d. h., dass die unbezahlten Abwesenheiten von Mitarbeitenden im Fiktivlauf zu bezahlten Zeiten werden.

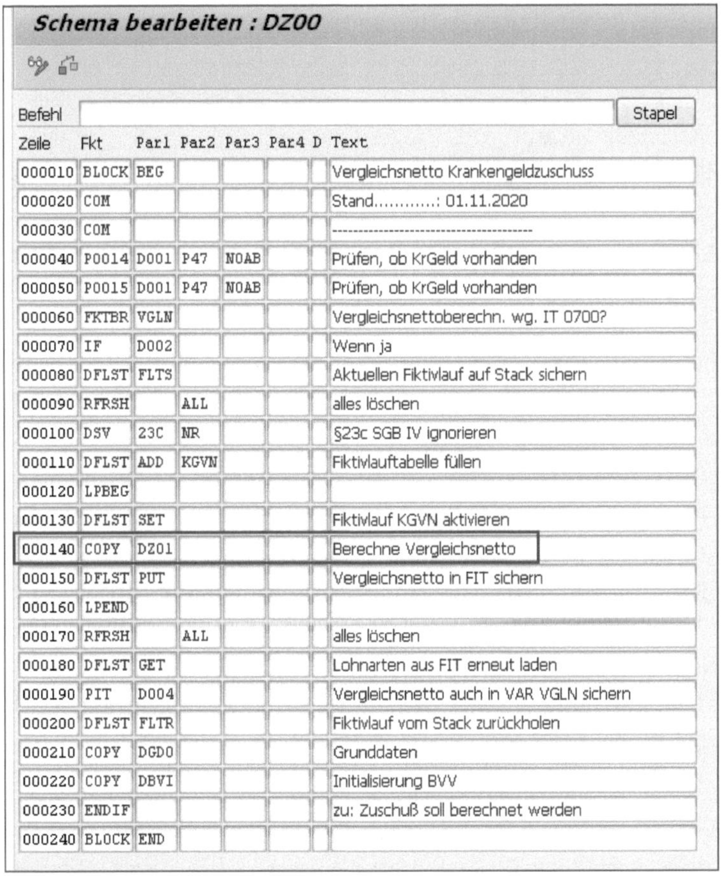

Schema bearbeiten : DZ00

Befehl | Stapel

Zeile	Fkt	Par1	Par2	Par3	Par4	D	Text
000010	BLOCK	BEG					Vergleichsnetto Krankengeldzuschuss
000020	COM						Stand............: 01.11.2020
000030	COM						------------------------------------
000040	P0014	D001	P47	NOAB			Prüfen, ob KrGeld vorhanden
000050	P0015	D001	P47	NOAB			Prüfen, ob KrGeld vorhanden
000060	FKTBR	VGLN					Vergleichsnettoberechn. wg. IT 0700?
000070	IF	D002					Wenn ja
000080	DFLST	FLTS					Aktuellen Fiktivlauf auf Stack sichern
000090	RFRSH		ALL				alles löschen
000100	DSV	23C	NR				§23c SGB IV ignorieren
000110	DFLST	ADD	KGVN				Fiktivlauftabelle füllen
000120	LPBEG						
000130	DFLST	SET					Fiktivlauf KGVN aktivieren
000140	COPY	DZ01					Berechne Vergleichsnetto
000150	DFLST	PUT					Vergleichsnetto in FIT sichern
000160	LPEND						
000170	RFRSH		ALL				alles löschen
000180	DFLST	GET					Lohnarten aus FIT erneut laden
000190	PIT	D004					Vergleichsnetto auch in VAR VGLN sichern
000200	DFLST	FLTR					Fiktivlauf vom Stack zurückholen
000210	COPY	DGD0					Grunddaten
000220	COPY	DBVI					Initialisierung BVV
000230	ENDIF						zu: Zuschuß soll berechnet werden
000240	BLOCK	END					

Abbildung 19.3 Schema DZ00 mit integriertem Fiktivlaufschema DZ01

Erreicht wird dies über eine Änderung des Modifikators für Abwesenheiten. Dieser Modifikator wird im Standard für Deutschland mit 01 ausgeliefert und stellt ein Schlüsselfeld in den relevanten Tabellen zur Bewertung von Abwesenheiten zur Verfügung. Durch die Änderung dieses Werts auf 09 wird erreicht, dass aus bezahlten Zeiten unbezahlte Zeiten werden und umgekehrt. Die Anpassung erfolgt im Schema DTZO (Bruttovergütung Zuschuss) in der Personalrechenregel DMOZ (Modifikatoren bereitstellen). Für den relevanten Zeitraum werden dann Bruttoentgelte sowie die notwendigen Abzugsbeträge (vorrangig Steuer und SV-Beiträge) ermittelt und vom Bruttobetrag subtrahiert, sodass ein für diese Zeit geltendes fiktives Nettoarbeitsentgelt entsteht. Die Bruttoentgeltfindung spart dabei bestimmte Verarbeitungsschritte aus. So werden etwa die Infotypen 0014 (Wiederkehrende Be-/ und Abzüge) und 0015 (Ergänzende Zahlung) nicht eingelesen, weil einmalige Bezüge bei der fiktiven Nettoberechnung nicht berücksichtigt werden dürfen.

[»]

Untermonatige Ermittlung des fiktiven Nettoentgelts

Bei der Ermittlung des fiktiven Nettoentgelts ist zu beachten, dass bei untermonatigen Berechnungen, ausgehend von den für den bezahlten Zeitraum anfallenden Steuer- und SV-Tagen, entsprechend Steuern und Beiträge berechnet werden.

Darüber hinaus wird generell das Entstehungsprinzip angewandt, und ein eventuell durchzuführender Lohnsteuerjahresausgleich erfolgt nicht. Das so ermittelte Nettoarbeitsentgelt wird über die Personalrechenregel D003 (Vergleichsnetto in IT sichern) übernommen und zum Abschluss des Schemas DZ01 in der Variablen VGLN (Vergleichsnetto für die weitere Verarbeitung) abgestellt.

Die Ermittlung des Zuschusses erfolgt im Schema DWBO (Einlesen von weiteren Be-/Abzügen) über die Personalrechenregel D011 (Einlesen ergänzende und wiederkehrende Zahlungen). Diese verzweigt bei Vorliegen von Krankengeld (Verarbeitungsklasse 47 mit der Ausprägung **K** oder **T**) in die Regel D005 (Zuschussberechnung Krankengeld). Dort wird vom ermittelten fiktiven Nettoarbeitsentgelt das über den Infotyp 0014 (kalendertäglich) oder 0015 (als Einmalbetrag für jeden relevanten Monat) aufgegebene Krankengeld der Krankenkasse subtrahiert. Das Ergebnis ist der Zuschussbetrag zum Krankengeld.

Abhängig davon, ob es sich um gesetzlich oder privat versicherte Mitarbeitende handelt – erkennbar am Primärattribut aus dem Infotyp 0013 (Sozialversicherung) –, wird der Zuschuss in die Lohnarten M460 bzw. M461 abgestellt.

[«]

§ 23c SGB IV

Seit 2006 ist die Unterscheidung, ob gesetzlich oder privat versichert, aufgrund der Einführung des § 23c SGB IV nicht mehr erforderlich, was allerdings von SAP nie umgesetzt wurde.

Der Vergleichsnettobetrag wird in die Lohnart M960 abgestellt.

[«]

Übernahme gemeldeter Entgeltersatzleistung aus Infotyp 0700 (elektronischer Datenaustausch)

Mit dem SAP-Hinweis 2981337 wurde die Möglichkeit der automatischen Übernahme der gemeldeten Entgeltersatzleistungen aus dem Infotyp 0700 (elektronischer Datenaustausch) in die Abrechnung ausgeliefert.

19.3 Customizing

Das Customizing für die Einrichtung des Zuschusses zum Krankengeld findet sich nicht im Einführungsleitfaden. Folgende Aktivitäten sind erforderlich, damit ein Zuschuss zum Krankengeld automatisch berechnet wird:

Schritt 1

Der erste Schritt besteht darin, die relevanten Lohnarten zu kopieren. Aufgrund der Einführung des § 23c SGB IV (siehe Kapitel 20, »Besonderheiten des § 23c Sozialgesetzbuch IV (SGB IV)«) ist es dabei zu massiven Veränderungen gekommen, sodass wir empfehlen, als Kopiervorlage für die Lohnart zur Aufgabe des Krankengeldes die Lohnart MH02 zu verwenden. Mit dieser Lohnart kann das von der Krankenkasse gezahlte Krankengeld als kalendertäglicher Zahlbetrag erfasst werden. Der Vorteil gegenüber der Lohnart MH01 besteht darin, dass bei der Nutzung der Lohnart MH02 das im entsprechenden Monat gezahlte Krankengeld vom System automatisch berechnet wird. Dies erfolgt mithilfe der Operation DSVM ZU, die in der Personalrechenregel DVS6 (diese wird aus der Regel D011 aufgerufen) verarbeitet wird. Die Operation DSVM ZU stellt die Anzahl der Kalendertage, für die Krankengeld von der Krankenkasse gezahlt wird, ins Anzahlfeld. Allerdings funktioniert diese Operation nur, wenn das Customizing des § 23c SGB IV (Tabelle T5D4F, Lohnarten für die Beitragsberechnung § 23c) vorhanden ist und es sich (im Standard) um eine Lohnart, beginnend mit dem Literal /3Z, handelt.

Die Kopie weiterer Lohnarten ist nur dann sinnvoll, wenn die Personalrechenregel D011 (Wiederkehrende Be-/Abzüge und ergänzende Zahlungen) im Zuge der Realisierung der kundeneigenen Anforderungen angepasst werden muss oder bereits angepasst ist. Ist dies nicht der Fall, empfehlen wir, die weiteren verwendeten Lohnarten, wie z. B. M960 (Vergleichsnetto) oder M460 (Zuschuss Krankengeld), nicht zu kopieren, da Änderungen an der verwendeten Standardberechnung durch das Einspielen von Support Packages automatisch übernommen werden können. Dies funktioniert allerdings nur, wenn die Standardregel zum Einsatz kommt.

Schritt 2

Der nächste Schritt zum Einrichten der automatischen Zuschussberechnung besteht in der Durchführung der erforderlichen Anpassungen des Fiktivlaufschemas DZ01, in dem das Vergleichsnetto gebildet wird (siehe Abbildung 19.3). Häufiger vorkommende Anpassungen in diesem Kontext sind die Filterung weiterer Lohnarten, die nicht in die Fiktivberechnung mit einfließen dürfen (der Standard filtert bereits Einmalzahlungen), oder die Generierung von Lohnarten, die zusätzlich mit in die Fiktivnettoberechnung einfließen sollen. So muss etwa, wenn Lohnarten für laufendes Entgelt über kundeneigene Funktionen automatisch berechnet werden, die entsprechende kundeneigene Funktion gegebenenfalls ins Fiktivlaufschema aufgenommen werden.

Schritt 3

Abschließend kann die Personalrechenregel D011 auf die jeweiligen Kundenerfordernisse zugeschnitten werden. Dies erfolgt regelmäßig durch Kopieren der Standardregel, die Anpassung der kopierten Regel (z. B. Z011) an den relevanten Stellen, deren Einbau und Aktivierung im Schema sowie durch die Deaktivierung der Standardregel D011.

[»]

Umgang mit Kundenregeln

Wir empfehlen generell, Standardregeln, die durch Kundenregeln ersetzt wurden, nicht aus dem Schema zu entfernen, sondern sie in diesem zu belassen, sie zu deaktivieren und die Kundenregel unterhalb der Standardregel einzufügen. Dies verbessert, insbesondere im Rahmen der laufenden Wartung des Schemas, die Übersichtlichkeit und den Abgleich.

Abbildung 19.4 zeigt einen Teil der Berechnungsregel zur abschließenden Ermittlung des Krankengeldzuschusses sowie das Ergebnis dieser Berechnungen. Die Lohnart MH02 (Krankengeld, kalendertäglich) bildete die Grundlage der Berechnung durch deren Erfassung im Infotyp 0014 (Wiederkehrende Be-/Abzüge); die Lohnarten M460 und M960 wurden im Verlauf der Rechenregel D011 gebildet.

```
D005      *           WGTYP=*
D005      *           AMT?0
D005      *   >       DSVS SA?20
D005      *   > N     VALBS?1
D005      *   > N *   WGTYP=M460
D005      *   > N *   ADDWT *
D005      *   > N *   GCYGD005B
D005      B           VALBS?0
D005      B   X       VALBS=0
D005      B   X       ADDWT *

Ausgabe

Tabelle IT
```

AReg var	Zu	Lart Einheit	Lohnartentext Betrag pro Einheit	AP	C1 C2 C3 Anzahl	Zuord.:altBez Betrag	KR	BT	Abw.
*		/3S0	Kranken(tage)geld täglich		2,00	90,79			
3		/001	Bewertungsgrundlage 1 30,02	01					
3		/002	Bewertungsgrundlage 2 26,01	01					
3		/004	Bewertungsgrundlage 4 210,11	01					
3		/266	Laufendes Fiktivbrutto	01	15,40	4.569,84			
3		/3Z1	AG-Zuschuss Krankengeld	01	01 01	53,95			
3		0700	Tarifentgelt	01		3.960,00			
3		0703	Summe Entgelt für Garant.	01	15,40	4.569,84			
3		0710 030	tarifl. Leistungszulage	01	15,40	609,84			
3		07NN	Summe Monatslohn für LLoh	01		3.960,00			
3		5200	MVD-Ausgleich Krankheit 18,78	01	7,00				01
3		5200	MVD-Ausgleich Krankheit	01	11,00				03
3		5201	Satz Krankheit Vormonat	01	1,00				03
3		6382	Krankengeld Krankenkasse	01	01 01	206,50			
3		M460	Zuschuss KrankGeld	01	01 01	53,95			
3		M960	Vergleichsnetto Krankeng.	01	01 01	260,45			

Abbildung 19.4 Ausschnitt aus einer angepassten Personalrechenregel sowie die Ergebnislohnarten der Krankengeldzuschussberechnung

Der Einsatz der oben genannten Varianten 2 und 3 der Zuschussberechnung im Schema »Privatwirtschaft« ist nur mit teils massiven Änderungen der entsprechenden Fiktivlaufschemen möglich, da SAP diese beiden Varianten speziell für den öffentlichen Dienst ausliefert. Die Erfahrung zeigt jedoch, dass insbesondere die Variante 2, also die Berechnung des Zuschusses ohne Teilmonatsbetrachtung, auch in der Privatwirtschaft Anwendung findet.

Variante 2 berechnet den Fiktivnettobetrag immer für den vollen Monat und damit für 30 Kalendertage; der Zahlbetrag für Teilmonate wird berechnet, indem der kalendertäglich ermittelte Zuschussbetrag mit der Anzahl der anspruchsberechtigten Kalendertage multipliziert wird. In einem solchen Fall muss das Fiktivlaufschema DOZ2 (Hauptschema »Nettourlaubslohn«) mit zumeist größerem Aufwand für den Einsatz im Schema DOOO (Privatwirtschaft) angepasst werden.

Abschließend möchten wir darauf hinweisen, dass das Einrichten der automatischen Zuschussberechnung zum Krankengeld grundsätzlich nicht mehr ohne das gleichzeitige Einrichten der Berechnung nach § 23c SGB IV empfohlen wird. Der Implementierungs- und damit auch Testaufwand für die beiden Themenfelder, die direkt miteinander zusammenhängen, kann so deutlich verringert werden.

19.4 Fazit

Der Zuschuss zum Krankengeld ist aufgrund der Komplexität (Verwendung von Fiktivläufen) und der verteilten Konfiguration, die sich nicht an einer Stelle im Einführungsleitfaden befindet, ohne umfassende Kenntnisse der Personalabrechnung nur schwer einzurichten. Auch die Testphase und die damit verbundene Verifikation von Fehlern erfordern von Endanwendern meist ein hohes Maß an Aufmerksamkeit und Verständnis.

Kapitel 20
Besonderheiten des § 23c Sozialgesetzbuch IV (SGB IV)

Die Einführung des § 23c SGB IV im Jahr 2005 führte dazu, dass die während des Bezugs von Sozialleistungen (z. B. Kranken- oder Übergangsgeld) von Arbeitgebern gewährten Arbeitsentgelte (auch in Form von Sachleistungen) nicht mehr in unbegrenzter Höhe beitragsfrei blieben. Dies wurde vor Inkrafttreten des § 23c SGB IV von den Sozialversicherungsträgern trotz anders lautender, aber nicht einheitlicher Gesetzeslage gebilligt.

Die Abbildung des § 23c SGB IV in SAP ERP HCM wurde mit dem Jahreswechsel 2005/2006 ausgeliefert und ist durch den mehrfachen Einsatz von Fiktivläufen eine der komplexesten Lösungen des gesamten SAP-ERP-HCM-Systems.

20.1 Allgemeines

Auf der Grundlage des § 23c SGB IV gelten Leistungen, die der Arbeitgeber der beschäftigten Person während der Zeit des Bezugs von Sozialleistungen (Krankengeld, Krankentagegeld, Versorgungskrankengeld, Verletzten- sowie Mutterschaftsgeld) gewährt und die mit den Sozialleistungen zusammen das Nettoarbeitsentgelt übersteigen, als beitragspflichtige Einnahme in der Sozialversicherung. Das gilt nun, entgegen den Regelungen vor dem Inkrafttreten des § 23c SGB IV, für alle Versicherten, unabhängig davon, ob sie privat- oder gesetzlich versichert sind.

Typische Leistungen

Typische Leistungen, die von Arbeitgebern während des Bezugs von Sozialleistungen gewährt werden, sind z. B.:

- Zuschüsse zum Krankengeld oder zu den weiteren Sozialleistungen, die die Differenz zum bisherigen Nettoarbeitsentgelt ausgleichen sollen
- Sachbezüge (z. B. für Kost und Logis oder Dienstwagen, die weitergenutzt werden dürfen)
- weitergezahlte vermögenswirksame Leistungen (VL)

- Kontoführungsgebühren
- Prämien für die Altersversorgung

Sofern das relevante Nettoarbeitsentgelt durch die weitergewährten Leistungen überschritten wird, muss geprüft werden, ob die Freigrenze von 50 EUR pro Monat ebenfalls überschritten wird. Denn nur in diesem Fall sind die weitergewährten Leistungen als beitragspflichtige Einnahmen anzusehen und müssen folglich einer Verbeitragung in der Sozialversicherung unterworfen werden.

[»]

Nicht unterbrochenes Beschäftigungsverhältnis

Es ist zu beachten, dass aus sozialversicherungsrechtlicher Sicht im Falle einer Beitragspflicht auch das Beschäftigungsverhältnis als nicht unterbrochen gilt und damit auch nach Ablauf eines vollen Monats der Sozialleistungszahlung keine DEÜV-Meldung erstattet werden muss.

Die oben genannte Freigrenze in Höhe von 50 EUR wurde vor dem Hintergrund zahlreicher Bagatellbeträge eingeführt, wie sie typischerweise bei weitergewährten VL in Höhe von 40 EUR je Monat, aber auch in anderen Fallkonstellationen auftreten. So wird vermieden, dass teilweise nur Centbeträge einer Verbeitragung unterworfen werden.

Das Nettoarbeitsentgelt, das im Rahmen eines Fiktivlaufs ermittelt wird, wird bei freiwillig und privat versicherten Mitarbeitenden um die Beträge der selbst zu tragenden Beiträge zur Kranken- und Pflegeversicherung vermindert. Damit sind die freiwillig und privat versicherten Beschäftigten den gesetzlich pflichtversicherten Beschäftigten gleichgestellt.

Abwicklung in zwei Schritten

Die Abwicklung der Regelungen nach § 23c SGB IV folgt einem zweistufigen Verfahren, das im ersten Schritt die Entscheidung, ob überhaupt eine Beitragspflicht vorliegt, prüft. Im zweiten Schritt wird im Falle einer Beitragspflicht der Bemessungsbruttobetrag ermittelt. Denn es kann nur verbeitragt werden, was über das bisherige Nettoarbeitsentgelt hinausgeht, nicht aber die kompletten, vom Arbeitgeber gewährten Leistungen. Anschließend wird die Beitragsberechnung durchgeführt.

Vollmonatsbetrachtung

Das Ermittlungsverfahren zur Entscheidung, ob eine Beitragspflicht vorliegt, sieht vor, dass der relevante Zeitraum immer im Rahmen einer Vollmonatsbetrachtung untersucht wird. So müssen auch bei nur teilweise mit Sozialleistungen belegten Monaten immer Vollmonatsbetrachtungen durchgeführt werden. Es werden also generell nicht die tatsächlich gezahlten Beträge für die Untersuchung verwendet, sondern es findet eine fiktive Betragsermittlung statt.

Rundschreiben der Sozialversicherungsträger vom 15.11.2005

Grundlage für die Abbildung in SAP ERP HCM ist das gemeinsame Rundschreiben der Sozialversicherungsträger vom 15.11.2005, das konkretisierende Vorgaben zum allgemein gefassten Gesetzestext enthält.

Um entscheiden zu können, ob die vom Arbeitgeber weitergewährte Leistung einer Beitragspflicht unterworfen werden muss, werden die folgenden Beträge benötigt:

Benötigte Beträge

- **Höhe der Sozialleistung, die dem Arbeitgeber regelmäßig vom Sozialleistungsträger mitgeteilt werden muss**
  Dabei muss es sich um den kalendertäglichen Nettowert handeln, also um den Wert, der der beschäftigten Person vonseiten des Sozialleistungsträgers auch wirklich ausgezahlt wird.
- **Vergleichsnettobetrag der beschäftigten Person**
  Dies ist das bisher von der betroffenen Person erzielte Nettoarbeitsentgelt, unter der Annahme, dass keine Abwesenheit vorliegt.
- **Zuschuss des Arbeitgebers zur Sozialleistung**
  Dabei geht es insbesondere um Zuschüsse zum Kranken- und Übergangsgeld sowie zu weiteren Sozialleistungen.
- **Vom Arbeitgeber gewährte zusätzliche Leistungen**
  Gemeint ist hier nicht der eventuell gezahlte Zuschuss zur Sozialleistung, sondern es geht um andere weitergewährte Leistungen wie z. B. VL oder Dienstwagen. Solche Leistungen werden ergänzend zur Sozialleistung gezahlt. Dabei wird der Wert zugrunde gelegt, der für einen vollen Monat der Abwesenheit außerhalb der Entgeltfortzahlung anfällt.

Die Beträge, die als Vollmonatswert angegeben werden müssen, werden auf kalendertägliche Werte umgerechnet, und die Entscheidung, ob eine Beitragspflicht besteht, ist davon abhängig, ob der Zuschuss des Arbeitgebers zur Sozialleistung zusammen mit der weitergewährten Arbeitgeberleistung die Differenz zwischen dem bisherigen Vergleichsnettobetrag und der Sozialleistung übersteigt.

Die rechtlichen Vorgaben sehen vor, dass in Monaten, in denen zwei verschiedene Sozialleistungen vorhanden sind oder in denen es Zeiträume mit und ohne Zuschuss gibt (z. B. wenn die Zuschusszahlung des Arbeitgebers ausläuft oder Zuschuss zum Mutterschaftsgeld im Anschluss an den Zuschuss zum Krankengeld gezahlt wird), auch zwei unterschiedliche Betrachtungen nach § 23c SGB IV erfolgen müssen.

Bei privat versicherten Mitarbeitenden gilt, dass diese grundsätzlich immer eine Mitteilung über die Höhe des von der privaten Versicherung gewährten Krankentagegeldes einreichen müssen, damit die Entscheidungsrechnung nach § 23c SGB IV durchgeführt werden kann. Dies gilt auch, wenn keine Zuschüsse vom Arbeitgeber gewährt werden. Werden von den privat versicherten Mitarbeitenden keine Mitteilungen über die Höhe des Krankentagegeldes eingereicht, muss der Arbeitgeber die betreffenden Mitarbeitenden generell so stellen, als wären diese weiterhin beitragspflichtig. Dies führt in der Konsequenz dazu, dass es zur Berechnung und Abführung von Beiträgen zur gesetzlichen Renten- und Arbeitslosenversicherung kommt und für die Mitarbeitenden mithin Forderungen auflaufen können. Nach dem Einreichen der Mitteilung über die Höhe des Krankentagegeldes kann im Wege der Rückrechnung die Entscheidungsrechnung korrigiert werden.

Abbildung durch zwei Alternativen

Die Abbildung in SAP ERP HCM ist mittels zweier Alternativen möglich:

- Es besteht die Möglichkeit, die relevanten Beträge zur Berechnung der eventuell beitragspflichtigen Einnahmen über Lohnarten vorzugeben. SAP liefert dazu eine Reihe von Musterlohnarten aus.
- Die Implementierung einer automatischen Berechnung kann über Fiktivläufe erfolgen. Dann ist nur noch die Angabe der kalendertäglich gewährten Sozialleistung notwendig.

20.2 Stammdaten und Ablauf in der Personalabrechnung

Durch die in Abschnitt 10.1, »Entgeltersatzleistungen«, beschriebene Meldung der Entgeltersatzleistung von der Krankenkasse erhält der Arbeitgeber automatisch das von der Krankenkasse gezahlte Brutto- und Nettokrankengeld. Dieses wird durch die Verarbeitung in den Infotyp 0700 (Elektronischer Datenaustausch – Subtyp DBHE EEL: Höhe der Entgeltersatzleistung) eingespielt und dient somit als Grundlage für die Bestimmung der SV-Pflicht. Die Pflege in den Stammdaten unterscheidet sich vom gewählten Verfahren der Abbildung der Regelungen des § 23c SGB IV.

Ohne Fiktivläufe

Sofern die Abbildung ohne Fiktivläufe gewählt wird, ist es erforderlich, die für die Entscheidung der Beitragspflicht notwendigen Beträge manuell vorzugeben. Dies bringt regelmäßig erheblichen Aufwand in der Datenpflege mit sich, da für jeden Einzelfall mindestens drei Lohnarten vorgegeben werden müssen. Diese können in den Infotypen 0014 (Wiederkehrende Be-/Abzüge) bzw. 0015 (Ergänzende Zahlung) erfasst werden.

Für den Fall des Zuschusses zum Mutterschaftsgeld ist das SAP-ERP-HCM-System standardmäßig bereits so eingestellt, dass der SV-Freibetrag (Differenz zwischen dem Vergleichsnettobetrag und der Sozialleistung) immer 0 EUR beträgt, da aufgrund der gesetzlichen Vorgabe des § 14 Mutterschutzgesetz (MuSchG) der Zuschuss zum Mutterschaftsgeld immer genau die Differenz zwischen dem Mutterschaftsgeld und dem Vergleichsnettobetrag ausgleicht. Insofern wird jegliche weitergewährte Zahlung während des Mutterschutzes als beitragspflichtige Einnahme angesehen, und folglich kommt es dann zur Verbeitragung der weitergewährten Leistungen.

Mit Fiktivläufen

Wird die Abbildung mit Unterstützung durch Fiktivläufe genutzt, können der Vergleichsnettobetrag, der Arbeitgeberzuschuss zur Sozialleistung sowie die weitergewährte Leistung des Arbeitgebers im Rahmen von Fiktivläufen ermittelt werden, und es ist lediglich erforderlich, den Betrag der Sozialleistung vorzugeben. Allerdings kann der Betrag der Sozialleistung, der für die automatische Zuschussberechnung (insbesondere des Krankengeldes) verwendet wird, von dem relevanten Betrag, der für die Entscheidungsrechnung nach § 23c SGB IV gilt, abweichen. Dies hängt damit zusammen, dass z. B. der Krankengeldzuschuss zumeist nur auf der Basis des Bruttokrankengeldes (also vor Abzug von Beiträgen zur Renten-, Arbeitslosen- und Pflegeversicherung) berechnet wird, während die Entscheidungsrechnung nach § 23c SGB IV immer den Nettobetrag ansetzt.

Die Erzeugung der Fiktivläufe wurde zu Beginn der Implementierung (Jahreswechsel 2005/2006) noch an den Lohnarten festgemacht. Inzwischen wird die Notwendigkeit der Durchführung an den entsprechenden Abwesenheiten erkannt.

Sofern die Fiktivläufe nicht genutzt werden, ist in der Personalabrechnung nur noch die Entscheidungsberechnung nach § 23c SGB IV von besonderem Interesse. Abbildung 20.1 zeigt die Entscheidungsrechnung nach § 23c SGB IV im Protokoll der Personalabrechnung, zu finden unter **Bruttoteil Zeitdatenverarbeitung • Zeitdaten generieren • Else-Zweig von BAVF**.

20

```
Entscheidung über beitragspflichtige Einnahme §23c SGB IV

/3S0 Kranken(tage)geld täglich                 98,99
     Art der Sozialleistung:      D Kranken(tage)geld mit Zuschuß

Anzahl Tage für die Berechnung kalendertäglicher  Werte        30,00

/3S7 AG-Leistung laufend                         516,35
/3S3 AG-Zuschuß                                  219,30
 --> Gesamtbrutto kalendertägl.                   24,5217

/3SV Vergleichsnetto                           3.606,38
     Vergleichsnetto kalendertägl.               120,2127

 --> Differenz zu Sozialleistung                  21,2227
     Bagatellgrenze kalendertägl.                  1,6667
                                               ----------
     maximal SV-frei                              22,8894

 --> beitragspflichtige Einnahme      JA

erzeugte Lohnarten:

/3SG beitragspflichtige Einnahme                  98,97
/3SB SV-Freibetrag kalendertägl.                  21,2227
```

Abbildung 20.1 Protokoll der Entscheidungsregel nach § 23c SGB IV

Sofern es im Rahmen der Entscheidungsrechnung zu beitragspflichtigen Beträgen kommt, erfolgt die Beitragsberechnung wie für alle anderen Beträge der Personalabrechnung im Bereich der Sozialversicherung (siehe Abschnitt 8.1, »SV-Beitragsnachweis«).

20.3 Customizing

Wie bei einigen anderen Themengebieten gibt es auch für die Einrichtung der Verarbeitungen nach § 23c SGB IV keinen einheitlichen Customizing-Pfad. Allerdings sind im Einführungsleitfaden unter **Personalabrechnung • Abrechnung Deutschland • Sozialversicherung • Verarbeitung • Besonderheiten §23c SGB IV** ausführliche Informationen zur Konfiguration zu finden. Die detaillierte Auswertung dieser Informationen ist vor dem erstmaligen Einrichten der Verarbeitungen sinnvoll. In diesem Abschnitt möchten wir die wesentlichen Customizing-Parameter erläutern.

[»]

Hinweise zur Abwesenheitsverarbeitung

Vorab soll darauf hingewiesen werden, dass die komplette Abwesenheitsverarbeitung von SAP im Standard ausgeliefert und auch gewartet wird. Es wird daher empfohlen, immer die Standardabwesenheitsarten des Auslieferungsmandanten zu verwenden und keinesfalls Kopien (ähnlich den Lohnarten) anzulegen. Im Kundennamensraum geht die Möglichkeit des Abgleichs über den Mandanten 000 verloren, und bei gesetzlichen Änderungen ist regelmäßig ein aufwendiges »Nachziehen« der Einstellungen erforderlich. Lediglich bei Abwesenheiten, die über den Standard hinausgehen (z. B. Abbau eines Langzeitkontos o. Ä.), sind Kopie und Anpassung von Standardabwesenheitsarten sinnvoll.

Erforderliche Customizing-Aktivitäten

Die folgenden Aktivitäten müssen in jedem Fall durchgeführt werden (unabhängig davon, ob Fiktivläufe eingesetzt werden oder nicht), um eine korrekte Verarbeitung nach § 23c SGB IV zu gewährleisten:

- **Zuordnung der Abwesenheit zur Art der Sozialleistung**
  Dies erfolgt über Tabelle T5DOA (Attribute von Abwesenheiten), View V_T5DOA, wobei die Zuordnung nicht direkt von der Abwesenheitsart aus zur Art der Sozialleistung hin erfolgt. Generell wird für die Abwesenheitsverarbeitung das Konstrukt der Bewertungsregeln verwendet. Dieses stellt eine Gruppierung für Abwesenheiten dar, d. h., dass alle für bestimmte Verarbeitungen gleich zu behandelnden Abwesenheitsarten der gleichen Bewertungsregel zugewiesen werden. Sofern, wie beschrie-

ben, die Abwesenheitsverarbeitung im Standard genutzt wird, ist ein Abgleich über den Mandanten 000 ausreichend. Darüber hinaus sollten aber auch folgende Tabellen bzw. Views mit dem Mandaten 000 abgeglichen werden:

- V_T554L – Definition der Abwesenheitsbewertungsregeln
- V_T554C – Bewertung von Abwesenheiten über Abwesenheitsbewertungsregeln
- T5D0C – Aufteilung von Abwesenheiten

- **Kennzeichnung der Zuschüsse zur Sozialleistung**
  Hier geht es darum, die vom Arbeitgeber zur entsprechenden Sozialleistung gezahlten Zuschüsse so zu kennzeichnen, dass sie auch in die verwendeten technischen Lohnarten (diese beginnen alle mit /3Z) einfließen. Sofern die automatischen Berechnungsfunktionen im Standard verwendet werden, geschieht dies automatisch, da die Zuschusslohnarten (wie z. B. die Lohnart M460) die relevanten technischen Lohnarten als abgeleitete Lohnarten enthalten. Sofern die Zuschüsse manuell in den Infotypen 0014 (Wiederkehrende Be-/Abzüge) oder 0015 (Ergänzende Zahlung) angegeben werden, muss geprüft werden, ob die Verarbeitungsklasse 47 dieser Lohnarten mit der Ausprägung **H** geschlüsselt ist und ob in Tabelle T512W (Lohnartenbewertung), View V_T512W_D, die nullte abgeleitete Lohnart einer der oben genannten /3Z-Lohnarten entspricht (siehe Abbildung 20.2).

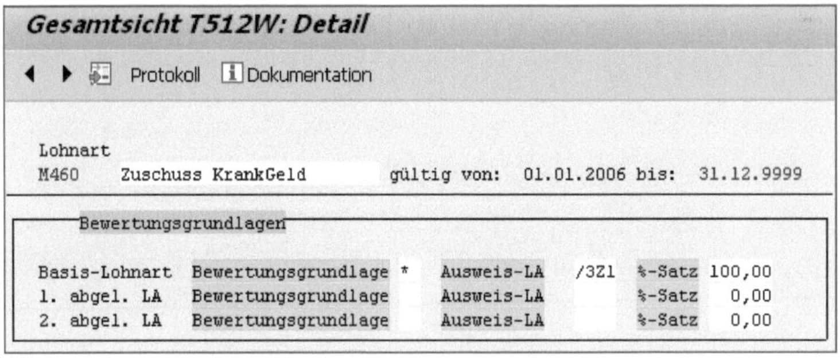

Abbildung 20.2 Musterlohnart M460 mit nullter abgeleiteter Lohnart /3Z1

Für die manuelle Erfassung von Zuschüssen (also dann, wenn die automatische Berechnung keine Verwendung findet) stehen Musterlohnarten (M450 = Zuschuss zum Mutterschaftsgeld, M460 = Zuschuss zum Krankengeld) als Kopiervorlagen zur Verfügung. Die Musterlohnart M461 wird aufgrund der Gleichstellung von gesetzlich und privat versicherten Mitarbeitenden nicht mehr benötigt.

- **Lohnarten für die Vorgabe der Sozialleistung**
  Die vom jeweiligen sozialen oder privaten Versicherungsträger an die beschäftigte Person gezahlten Leistungen (Krankengeld, Krankentagegeld, Übergangsgeld, Verletztengeld etc.) müssen ebenfalls für die Berechnungen vorhanden sein. Auch dafür stehen entsprechende Musterlohnarten (M470–M474) zur Verfügung.
- **Abgleich des Schemas DTGZ (Zeitwirtschaftsteil der Abrechnung Deutschland) mit dem Standard**
  Dabei sind insbesondere die Funktion DSV mit dem Parameter 1 = 23c und dem Parameter 2 = D (für Entscheidungsrechnung) sowie das vorher erfolgte Einlesen der Infotypen 0014 (Wiederkehrende Be-/Abzüge) und 0015 (Ergänzende Zahlung) über die Funktion P0014 bzw. P0015 mit der Personalrechenregel DVS2 von entscheidender Bedeutung (siehe Abbildung 20.3).

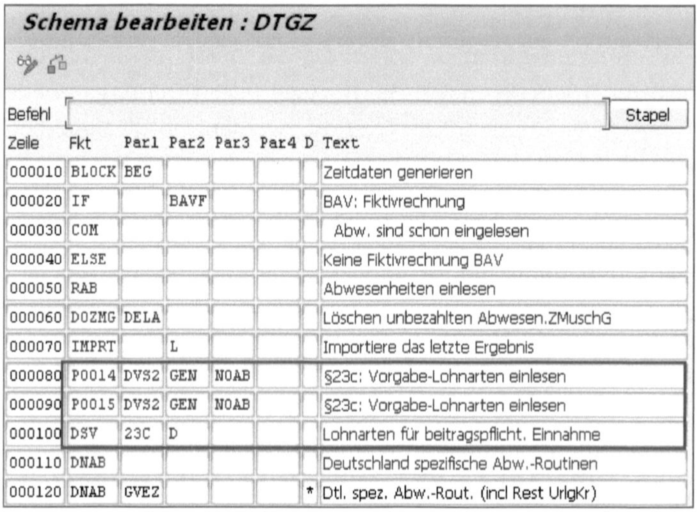

Schema bearbeiten : DTGZ

Befehl | Stapel

Zeile	Fkt	Par1	Par2	Par3	Par4	D	Text
000010	BLOCK	BEG					Zeitdaten generieren
000020	IF		BAVF				BAV: Fiktivrechnung
000030	COM						Abw. sind schon eingelesen
000040	ELSE						Keine Fiktivrechnung BAV
000050	RAB						Abwesenheiten einlesen
000060	DOZMG	DELA					Löschen unbezahlten Abwesen.ZMuschG
000070	IMPRT		L				Importiere das letzte Ergebnis
000080	P0014	DVS2	GEN	NOAB			§23c: Vorgabe-Lohnarten einlesen
000090	P0015	DVS2	GEN	NOAB			§23c: Vorgabe-Lohnarten einlesen
000100	DSV	23C	D				Lohnarten für beitragspflicht. Einnahme
000110	DNAB						Deutschland spezifische Abw.-Routinen
000120	DNAB	GVEZ				*	Dtl. spez. Abw.-Rout. (incl Rest UrlgKr)

Abbildung 20.3 Relevante Verarbeitungsschritte für die Entscheidungsregel nach § 23c SGB IV

Das Einlesen der Lohnarten sorgt dafür, dass die relevanten oben genannten Lohnarten für die verschiedenen Parameter der Entscheidungsrechnung vorliegen. Solche Parameter sind die vom Sozialleistungsträger gezahlte Sozialleistung, eventuell ein Zuschuss und weitergewährte Leistungen des Arbeitgebers sowie der Vergleichsnettobetrag. Die Funktion DSV mit Parameter 1 = 23c und Parameter 2 = D führt die relevanten Berechnungen durch und ermittelt, ob es zu einer Beitragspflicht nach § 23c kommt oder nicht (siehe Abbildung 20.1).

Weitere Customizing-Schritte

Die im Folgenden genannten weiteren Customizing-Schritte sind für das reibungslose Funktionieren des § 23c SGB IV mit Fiktivläufen notwendig. Werden Fiktivläufe eingesetzt, können wahlweise die Beträge für die folgenden notwendigen Vorgabewerte ermittelt werden:

- für den Vergleichsnettobetrag
- für den Zuschuss des Arbeitgebers (das bedeutet die Nutzung der automatischen Berechnung von z. B. Krankengeld- und/oder Mutterschaftsgeldzuschuss)
- die weitergewährte Arbeitgeberleistung

[«]

Übersteuerung

Jederzeit möglich ist die Übersteuerung der in den Fiktivläufen ermittelten Werte über die Erfassung der oben genannten (Muster-)Lohnarten in den Infotypen 0014 (Wiederkehrende Be-/Abzüge) und 0015 (Ergänzende Zahlung).

Bevor die Fiktivläufe aufgerufen werden, ist die Aktivierung der Teilapplikation SVFL (Fiktivläufe für § 23c SGB IV aktivieren) über Tabelle T596D (Gültigkeitsintervalle nicht gesetzlicher Teilapplikationen), View V_T596D, erforderlich, da das Schema DFSV nur aufgerufen wird, wenn die Teilapplikation SVFL aktiviert ist.

Die zahlreichen, von SAP ausgelieferten Fiktivläufe – die je nach Art der Sozialleistung unterschieden werden – darüber hinaus ist beim Krankengeld auch die Zahlung bzw. Nichtzahlung eines Zuschusses von Bedeutung – sind also grundsätzlich als Vorlagen zu betrachten, die an die kundeneigenen Spezifika (sofern vorhanden) angepasst werden müssen. Dies bedeutet, dass im Rahmen der erstmaligen Konfiguration der Berechnungen nach § 23c SGB IV mit Fiktivläufen umfassende Testläufe durch die entsprechende Fachabteilung durchgeführt werden müssen. Nur dort kann verifiziert werden, ob die über die Fiktivläufe ermittelten Werte korrekt sind, bzw. herausgefunden werden, wo noch Anpassungsbedarf besteht. Das Füllen der Fiktivlaufsteuerungstabelle (sie enthält die abzuarbeitenden Fiktivläufe als interne Tabelle zur Laufzeit des Abrechnungsprogramms) erfolgt anhand der Abwesenheiten. Das Füllen der Fiktivlaufsteuerungstabelle vollzieht sich im Schema DFSV (Fiktivlaufsteuerung für § 23c SGB IV) über die Funktion DSV mit Parameter 1 = 23c und Parameter 2 = FFL (siehe Abbildung 20.4). Der Aufruf des Schemas DFSV erfolgt im Schema DF01 (Fiktivrechnungen Deutschland).

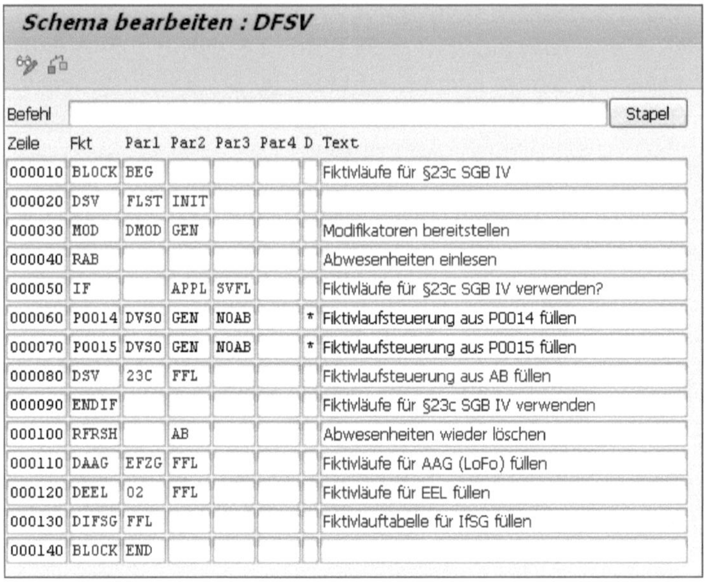

Schema bearbeiten : DFSV

Befehl | Stapel

Zeile	Fkt	Par1	Par2	Par3	Par4	D	Text
000010	BLOCK	BEG					Fiktivläufe für §23c SGB IV
000020	DSV	FLST	INIT				
000030	MOD	DMOD	GEN				Modifikatoren bereitstellen
000040	RAB						Abwesenheiten einlesen
000050	IF		APPL	SVFL			Fiktivläufe für §23c SGB IV verwenden?
000060	P0014	DVS0	GEN	NOAB		*	Fiktivlaufsteuerung aus P0014 füllen
000070	P0015	DVS0	GEN	NOAB		*	Fiktivlaufsteuerung aus P0015 füllen
000080	DSV	23C	FFL				Fiktivlaufsteuerung aus AB füllen
000090	ENDIF						Fiktivläufe für §23c SGB IV verwenden
000100	RFRSH		AB				Abwesenheiten wieder löschen
000110	DAAG	EFZG	FFL				Fiktivläufe für AAG (LoFo) füllen
000120	DEEL	02	FFL				Fiktivläufe für EEL füllen
000130	DIFSG	FFL					Fiktivlauftabelle für IfSG füllen
000140	BLOCK	END					

Abbildung 20.4 Schema DFSV (Tabelle Fiktivlaufsteuerung füllen)

Die Fiktivläufe, die für die Sozialleistungen prozessiert werden (z. B. SVKM, SVKO, SVMU, SVEZ, SVUO, SVUZ) sind so gesteuert, dass die zugrunde liegenden Abwesenheiten in jedem Fall auf den vollen Monat verlängert werden (über die Funktion DSV mit Parameter 1 = 23c und Parameter 2 = SVM). Nur so kann sichergestellt werden, dass auch die Vollmonatszuschüsse in die Berechnung einfließen. Der Fiktivlauf zur Ermittlung des Vergleichsnettobetrags hingegen löscht alle vorhandenen Abwesenheiten, da auch der Vergleichsnettobetrag auf Vollmonatsbasis vorliegen muss (über die Funktion DSV mit Parameter 1 = 23c und Parameter 2 = SNT).

[»]

Empfehlung

Aufgrund der Hinweise von SAP zu den bisher vorgenommenen zahlreichen Änderungen empfehlen wir, das Schema DA07 (Universalschema Fiktivabrechnungen) sowie beim Einsatz der automatischen Krankengeldzuschussberechnung das Schema DZ00 (Vergleichsnetto Krankengeldzuschuss) mit dem Mandanten 000 abzugleichen.

Report RPDFLSD0

Als sinnvolles Hilfsmittel, um sich einen Überblick über die Verarbeitungsschritte der einzelnen Fiktivläufe zu verschaffen, kann der Report RPDFLSD0 (Übersichtsdarstellung für Fiktivläufe) verwendet werden. Mit dessen Hilfe können Schemen, die mehrfach aufgerufen werden, unter Berücksichtigung des entsprechenden Fiktivlaufs übersichtlich dargestellt werden. So ist es möglich, auch verschiedene Fiktivläufe »nebeneinanderzulegen« und Unterschiede zu vergleichen bzw. zu prüfen.

Sofern neben den Fiktivläufen des § 23c SGB IV weitere Fiktivläufe (z. B. für die Altersteilzeit) im Einsatz sind und zusammenfallen können, ist eine korrekte Reihenfolge der Abarbeitung für belastbare Ergebnisse Grundvoraussetzung. Vor diesem Hintergrund hat SAP die Funktionen DATZ FLST sowie DSV FLSW durch den Parameter 2 = N ergänzt, wodurch der Aufbau der Reihenfolge immer innerhalb eines Themenkomplexes erfolgt; z. B. werden für die Altersteilzeit die Fiktivläufe nach den Einstellungen von Tabelle T5DOH (Zuordnung Fiktivlaufsteuerung zu Fiktivlauf) angeordnet.

Weitere Informationen zu Fiktivläufen und der Fiktivlaufsteuerung finden Sie in Abschnitt 3.4, »Fiktivläufe«.

20.4 Fazit

Abschließend müssen wir leider feststellen, dass der Themenkreis des § 23c SGB IV durch die gesetzlichen Regelungen und die zahlreichen ausgelieferten Änderungen nicht als übersichtlich bezeichnet werden kann. In diesem Kapitel haben wir versucht, die Grundlagen für die korrekte Konfiguration der relevanten Berechnungen zu legen. Letztlich sind die Fallkonstellationen in der Realität jedoch so umfangreich und vielfältig, dass eine lückenlose Darstellung den Umfang dieses Buches sprengen würde.

Kapitel 21
Kurzarbeitergeld

Kurzarbeitergeld ist eine Lohnersatzleistung der Bundesagentur für Arbeit, die vom Arbeitgeber zu berechnet und an die von der Kurzarbeit betroffenen Mitarbeitenden ausgezahlt werden muss. In diesem Kapitel erfahren Sie, wie die Abwicklung von Kurzarbeitergeld in SAP ERP HCM funktioniert und welches Customizing dafür notwendig ist.

Bei vorübergehendem Arbeitsausfall ist Kurzarbeit ein Instrument, um Kündigungen zu vermeiden. Im Falle von Kurzarbeit wird für alle oder einen Teil der Mitarbeitenden die Anzahl der zu arbeitenden Stunden reduziert und das Entgelt entsprechend angepasst. Um den Verdienstausfall auszugleichen, wird Kurzarbeitergeld (KuG) gewährt, das vom Arbeitgeber berechnet und ausgezahlt wird. Das gezahlte Kurzarbeitergeld wird dem Arbeitgeber wiederum von der Bundesagentur für Arbeit erstattet. Die gesetzlichen Regelungen dazu finden sich im dritten Sozialgesetzbuch in den §§ 169–182 und §§ 209–216 SGB III.

Während der Coronakrise wurde ein erhöhtes Kurzarbeitergeld ab dem vierten Bezugsmonat von 70 bzw. 77 % (für Beschäftigte mit mindestens einem Kind) bzw. ab dem siebten Bezugsmonat von 80/87 % beschlossen. Voraussetzung dafür ist ein Entgeltausfall von mindestens 50 %.

Um die Wirtschaft nicht außergewöhnlich zu belasten, wurde zusätzlich eine pauschale SV-Erstattung von 100 % gewährt.

Voraussetzungen

Kurzarbeit kann vom Arbeitgeber für Betriebe oder Betriebsteile beantragt werden, bei denen die folgenden Voraussetzungen erfüllt sind:

- Es liegt ein vorübergehender Arbeitsausfall vor.
- In dem betroffenen Betrieb ist regelmäßig mindestens eine Person beschäftigt.
- Die Arbeitsplätze bleiben nach dem Arbeitsausfall erhalten.

21.1 Ablauf

Der Ablauf zur Gewährung von Kurzarbeitergeld in SAP ERP HCM wird in den folgenden Abschnitten erläutert.

21.1.1 Gewährungszeitraum einrichten

Kurzarbeit wird von der Bundesagentur für Arbeit für bestimmte Zeiträume und Firmenteile gewährt. Die Nummer der vergebenen Genehmigung und der Genehmigungszeitraum müssen im Customizing hinterlegt werden (siehe Abbildung 21.1).

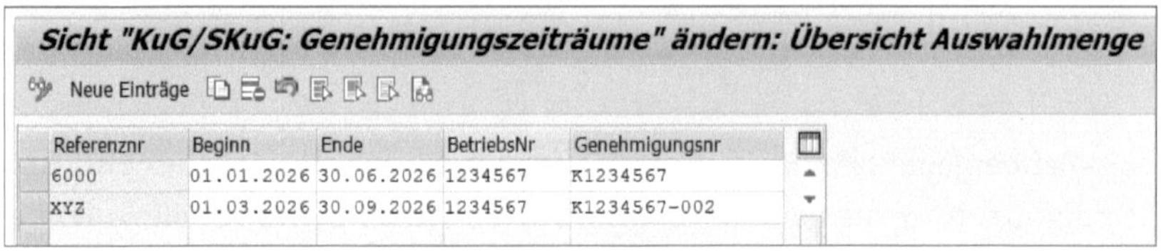

Abbildung 21.1 Genehmigungszeitraum pflegen

Außerdem müssen die an der Kurzarbeit teilnehmenden Beschäftigten definiert werden. Genauere Informationen über das Customizing erhalten Sie in Abschnitt 21.2, »Customizing«.

21.1.2 Teilnehmende Beschäftigte festlegen

Infotyp 0049

Alle Beschäftigten, die an der Kurzarbeit teilnehmen, erhalten einen Satz des Infotyps 0049 (Kurzarbeit, siehe Abbildung 21.2). Durch das Kennzeichen **K** wird festgelegt, dass es sich bei dem angelegten Infotyp um einen Eintrag zur Kurzarbeit handelt. Außerdem müssen Sie die Referenznummer aus dem zuvor angelegten Genehmigungszeitraum eintragen.

Der Infotyp 0049 (Kurzarbeit) kann für alle teilnehmenden Beschäftigten mit dem Report RPIKUGD0 (Batch-Input für Kurzarbeit) angelegt werden. Diesen Report finden Sie im SAP-Easy-Access-Menü unter den periodenunabhängigen Folgeaktivitäten der Personalabrechnung unter **Abrechnungszusatz • Kurzarbeit**.

Voraussetzung für die Verwendung des Reports RPIKUGD0 ist das Customizing in Abschnitt 21.2.2, »Einstellungen zum Gewährungszeitraum«.

Arbeitszeitplanregel/Mitarbeitende nehmen nicht teil

Ist im Infotyp eine Arbeitszeitplanregel hinterlegt, wird diese zur Ermittlung der Ausfallzeit herangezogen, und es erfolgt ein Vergleich mit dem Arbeitszeitplan aus dem Infotyp 0007 (Sollarbeitszeit). Ist dies nicht gewünscht, kann das entsprechende Feld leer bleiben. Sollen Mitarbeitende,

z. B. wegen Kündigung, nicht an der Kurzarbeit teilnehmen, kann die Berechnung des Kurzarbeitergeldes durch das Markieren des Kennzeichens **Nimmt nicht teil** unterdrückt werden.

Abbildung 21.2 Infotyp 0049 (Kurzarbeit)

Mithilfe der Felder im Bereich **Abweichende Angaben** können die Steuerklasse und der Kinderfreibetrag, die zur Ermittlung der Leistungsgruppe verwendet werden, übersteuert werden. Außerdem kann ein abweichendes Sollentgelt vorgegeben werden, wenn eine automatische Ermittlung in der Abrechnung nicht möglich ist.

Sonderregelungen

Das Feld **Sonderregelung** ist für die Steuerung, aus welcher Periode variable Bezüge in die Ermittlung des Sollarbeitsentgelts einbezogen werden sollen, wichtig. Hier gibt es verschiedene Varianten:

- 01: variable Bezüge aus der Vorperiode vor Beginn der Kurzarbeit
- 02: variable Bezüge aus der Vorvorperiode vor Beginn der Kurzarbeit
- 11: variable Bezüge aus der Periode vor dem ersten Arbeitsausfall
- 20: variable Bezüge aus der aktuellen Periode

In der Regel werden die variablen Bezüge der Periode vor Beginn der Kurzarbeit entnommen.

21.1.3 Ausfallzeit ermitteln

Die Ermittlung der durch die Kurzarbeit ausgefallenen Arbeitszeiten kann auf drei Wegen erfolgen:

1. **Vorgabe eines KuG-Schichtplans im Infotyp 0049**
   Fällt die Kurzarbeit in regelmäßigen Zyklen an, bietet sich das Anlegen eines Schichtplans an. Dieser enthält an den Ausfalltagen ein Tagesmodell mit null Sollstunden. Der Ausfall wird durch den Vergleich des Schichtplans aus dem Infotyp 0049 (Kurzarbeit) mit dem Schichtplan aus dem Infotyp 0007 (Sollarbeitszeit) ermittelt.
2. **Eingabe von KuG-Vertretungen**
   Die Ausfallzeit kann per Vertretung im Infotyp 2003 (Vertretungen) erfasst werden. Dazu muss eine Vertretungsart verwendet werden, die als KuG-Vertretung markiert ist. Im Standard ist dies die Vertretungsart 03.
3. **Vorgabe der Ausfallzeit mit einer Lohnart**
   Die Ausfallzeit kann direkt mit einer Lohnart, die von der Musterlohnart MK80 (KuG-Ausfall) kopiert werden kann, erfasst werden.

[!]

Vertretungsart ausschließen

Es muss darauf geachtet werden, dass die Vertretungsart in der Abrechnung im Teilschema DPWS des Abrechnungsschemas D000 nicht verarbeitet, sondern für die Berechnung der Teilmonatsfaktoren ausgeschlossen werden muss.

21.1.4 Kurzarbeitergeld berechnen

Bruttoentgelt

Die Ermittlung des Kurzarbeitergeldes erfolgt durch die Differenzbildung von Sollentgelt abzüglich Istentgelt. Das Sollentgelt ist das Entgelt, das die im Unternehmen beschäftigte Person ohne den Arbeitsausfall durch Kurzarbeit erhalten hätte. Es setzt sich aus den beitragspflichtigen Einnahmen nach §§ 342 ff. SGB III zusammen.

Pauschaliertes Netto

Aus dem Sollentgelt »brutto« (Lohnart /6C0) wird das Sollentgelt »netto« (Lohnart /6E0) über eine von der Bundesagentur für Arbeit vorgegebene Tabelle ermittelt. Diese Tabelle kann über den Hilfsreport RPCKUGDB (KUG/SWG-Leistungssätze ermitteln) angezeigt werden. Dieser Report ist im SAP-Easy-Access-Menü unter den Folgeaktivitäten der Personalabrechnung pro

Periode unter **Abrechnungszusatz • Kurzarbeit • Hilfsprogramme** zu finden. Analog dazu wird vom Istentgelt »brutto« (Lohnart /6D0) das Istentgelt »netto« (Lohnart /6F0) über diese Tabelle ermittelt.

KuG-Leistung

Die KuG-Leistung ermittelt sich aus dem Sollentgelt »netto« abzüglich des Istentgelts »netto« und wird in der Lohnart /692 abgestellt. Das Protokoll der Berechnung sehen Sie in Abbildung 21.3.

```
Berechnung von KuG/WAG/WAU

Verarbeitungsroutine:               AP SV    Betrg/Std      Stunden        Betrag

K050: Ausfallstunden
   /680 KuG Ausfall         verd.   01 01                    28,00
K020: Bestimmung des Sollentgeltes
   /6A0 KuG/WAG Sollentgelt ung.    01                                   4.893,80
K040: Bestimmung des Lohnsatzes
   /654 KuG/SKuG-Normallohnsatz     01           32,56      147,00       4.786,00
K060: Bestimmung des Istentgeltes
   /6B0 KuG/SKuG Istentgelt ung.    01                                   3.874,37
K090: Berechnung der Leistungen KuG/WAG/WAU
   /6A0 KuG/WAG Sollentgelt ung.    01                                   4.893,80
   /6B0 KuG/SKuG Istentgelt ung.    01                                   3.874,37
   Berechnung der Gesamtausfallstunden
   /69X KuG/SKuG Gesamtausfall      01                       28,00
   Berechnung der Gesamtleistung
   /6C0 KuG/SKuG Sollentgelt        01                                   4.900,00
   /6E0 KuG/SKuG p. Netto Soll      01                                   1.869,30
   /6D0 KuG/SKuG Istentgelt         01                                   3.880,00
   /6F0 KuG/SKuG p. Netto Ist       01                                   1.542,80
   /69Z KuG/SKuG Ges.leistung       01                                     326,50
   Aufteilung anhand der Ausfallstunden
   /692 KuG Leistung                01                       28,00         326,50
K100: Berechnung des Fiktivbruttos
   /69Y KuG/SKuG Ges.fiktivbrutto 01                                     1.019,43
   Aufteilung anhand der Ausfallstunden
   /690 KuG Fiktivbrutto            01 01                    28,00       1.019,43
```

Abbildung 21.3 Protokoll der KuG-Verarbeitung in der Personalabrechnung

Zum Nachrechnen der Lohnart /692 KuG Leistung können Sie sich die aktuelle Tabelle zur Berechnung des Kurzarbeitergeldes (KuG) über die Internetseite der Bundesagentur für Arbeit anzeigen lassen (siehe Abbildung 21.4).

Krankheit vor Beginn der Kurzarbeit

Einen Sonderfall stellen Mitarbeitende dar, die bereits vor Beginn der Kurzarbeit krank waren und während der Kurzarbeit noch krank sind. In diesem Fall wird die KuG-Leistung nicht von der Bundesagentur für Arbeit, sondern von der Krankenkasse erstattet. Dazu wird die Lohnart /688 (KuG-Leistung krank vor) gebildet.

Bruttoarbeitsentgelt		Rechnerische Leistungssätze nach den pauschalisierten monatlichen Nettoentgelten						
			Lohnsteuerklasse					
		Leistungs-satz	ohne Steuer	I / IV	II	III	V	VI
von	bis		monatlich					
€	€		€	€	€	€	€	€
3.910,00	3.929,99	1	2.101,12	1.750,66	1.822,07	1.963,77	1.472,49	1.442,85
		2	1.881,60	1.567,75	1.631,70	1.758,60	1.318,65	1.292,10
3.930,00	3.949,99	1	2.111,84	1.758,08	1.829,60	1.971,92	1.478,69	1.448,99
		2	1.891,20	1.574,40	1.638,45	1.765,90	1.324,20	1.297,60
3.950,00	3.969,99	1	2.122,56	1.765,45	1.837,14	1.979,96	1.484,89	1.455,19
		2	1.900,80	1.581,00	1.645,20	1.773,10	1.329,75	1.303,15
3.970,00	3.989,99	1	2.133,28	1.772,82	1.844,68	1.988,00	1.491,03	1.461,38
		2	1.910,40	1.587,60	1.651,95	1.780,30	1.335,25	1.308,70
3.990,00	4.009,99	1	2.144,00	1.780,19	1.852,22	1.996,16	1.497,23	1.467,53
		2	1.920,00	1.594,20	1.658,70	1.787,60	1.340,80	1.314,20
4.010,00	4.029,99	1	2.154,72	1.787,56	1.859,75	2.004,20	1.503,43	1.473,73
		2	1.929,60	1.600,80	1.665,45	1.794,80	1.346,35	1.319,75
4.030,00	4.049,99	1	2.165,44	1.794,93	1.867,24	2.012,24	1.509,57	1.479,92
		2	1.939,20	1.607,40	1.672,15	1.802,00	1.351,85	1.325,30
4.050,00	4.069,99	1	2.176,16	1.802,25	1.874,77	2.020,39	1.515,77	1.486,12
		2	1.948,80	1.613,95	1.678,90	1.809,30	1.357,40	1.330,85

Abbildung 21.4 Auszug der Tabelle zur Berechnung des Kurzarbeitergeldes (KuG) 2025 der BA

21.1.5 Erstattungsliste für die Bundesagentur für Arbeit und die Krankenkassen

Die Erstattungsliste für die Bundesagentur für Arbeit und die Krankenkassen enthält alle Mitarbeitenden, die an der Kurzarbeit teilnehmen, mit Ausfallzeit, Soll- und Istentgelt sowie gezahlter KuG-Leistung. Der Report RPCKULD3 (KUG-Liste) ist im SAP-Easy-Access-Menü unter den Folgeaktivitäten der Personalabrechnung pro Periode unter **Abrechnungszusatz • Kurzarbeit** zu finden.

Abrechnungsliste Kurzarbeitergeld 06/2025
Buchungskreis:
Betriebsnummer:
Abrechnungsmonat: 06/2025

Referenznummer: 5442
Genehmigungsnummer: K123
Zeitraum: 01.06.2025 bis 31.05.2026

Seite: 1
05.06.2025 15:33:39
RPCKULD3 608
Währung: EUR
3

lfd. Nr.	Name, Vorname PersNr. Versicherungsnummer Faktor Personalveränderung Datum	Umfang des Arbeitsausfalls (Anzahl der Kug-Ausfallstunden)		Soll-Entgelt (ungerundet)	Ist-Entgelt (ungerundet)	Lohnsteuerklasse Leistungssatz	Rechnerischer Leistungssatz für das Soll-Entgelt	Rechnerischer Leistungssatz für das Ist-Entgelt	Durchschnittliche Leistung pro Stunde	Auszuzahlendes Kug
1	2	3		4	5	6	7	8	9	10
1	Jung, I 07018840	Kug: 14,00 SKug:	KrG: Ins: 14,00	4.052,94	3.680,26	I 2	1.613,95	1.487,80	9,01	126,15

Abbildung 21.5 Abrechnungsliste für Kurzarbeitergeld

Der in Abbildung 21.5 gezeigte Report gibt das SAPscript-Formular HR_DE_KUG aus, das im Viewcluster VC_T5F99OCFX (Viewcluster-Pflege über Transaktion SM34) durch ein eigenes Formular ersetzt werden kann. Dies ist normalerweise aber nicht erforderlich.

KEA-Verfahren

Mit dem SAP-Hinweis 3602880 (KEA: Kurzarbeitergeld-Dokumente elektronisch annehmen) wird voraussichtlich bis Ende 2025 das KEA-Verfahren ausgeliefert. Es befindet sich aktuell noch in der Pilotierungsphase.

Das Verfahren bietet eine optionale digitale Möglichkeit zur Übermittlung der Abrechnungslisten für die Kurzarbeit. Die Krankenkassenlisten können damit jedoch nicht erstellt und übermittelt werden.

21.2 Customizing

Im Einführungsleitfaden (IMG) ist das Customizing im Bereich **Personalabrechnung • Abrechnung Deutschland • Kurzarbeit** zu finden. Es teilt sich in die Bereiche **einmalig einzurichtendes Customizing** und **Customizing pro Gewährungszeitraum**.

Das einmalige Customizing dient dem Einrichten der grundsätzlichen Berechnung des Kurzarbeitergeldes in der Personalabrechnung und muss nach dem einmaligen Einrichten nur bei gesetzlichen Änderungen angepasst werden. Das Customizing pro Beantragungszeitraum ist bei jedem neuen Antrag notwendig.

21.2.1 Grundsätzliches Customizing der Personalabrechnung

Das einmalige Customizing betrifft die folgenden Punkte:

- die Steuerung von Lohnarten, damit diese korrekt in die Berechnung von Soll- und Istentgelt einfließen
- die Aliquotierung, die eine korrekte Kürzung des Entgelts gemäß ausgefallener Arbeitszeit durchführen muss
- das Einrichten einer Vertretungsart für Kurzarbeitszeiten
- bei Bedarf das Anlegen von Lohnarten, mit denen z. B. die Kürzungsstunden aufgegeben werden können

Diese Einstellungen werden im Folgenden genauer erläutert.

Lohnarten zur Berechnung des Soll- und Istentgelts

Die Lohnartenschlüsselung erfolgt in der Verarbeitungsklasse 71 und der Kumulation 70:

- **Verarbeitungsklasse 71**
  Die Verarbeitungsklasse 71 dient der Bildung des Sollentgelts. Alle Lohnarten, die direkt in die Berechnung des Sollentgelts einfließen, werden mit 1 und Lohnarten, die nicht berücksichtigt werden, mit 0 geschlüsselt. Mehrarbeit wird mit 5 geschlüsselt, und variable Bezüge, die nicht mit dem aktuellen Betrag, sondern mit einem Durchschnitt der Vorperioden einfließen, werden schließlich mit 2 geschlüsselt.
- **Kumulation 70**
  Das Istentgelt wird über die Kumulation 70 in der Lohnart /170 gesammelt. Diese Lohnart wird als Basis zur Berechnung des Istentgelts verwendet.

Lohnart zur Erfassung von Ausfallzeiten

Kopie in Kundenlohnartenbereich

Wird die Berechnung der Ausfallzeiten per Erfassung von Lohnarten durchgeführt, können die in Abbildung 21.6 dargestellten Lohnarten zur Verwendung in den Kundenlohnartenbereich (Bereich zwischen 0xxx und 9xxx) kopiert werden.

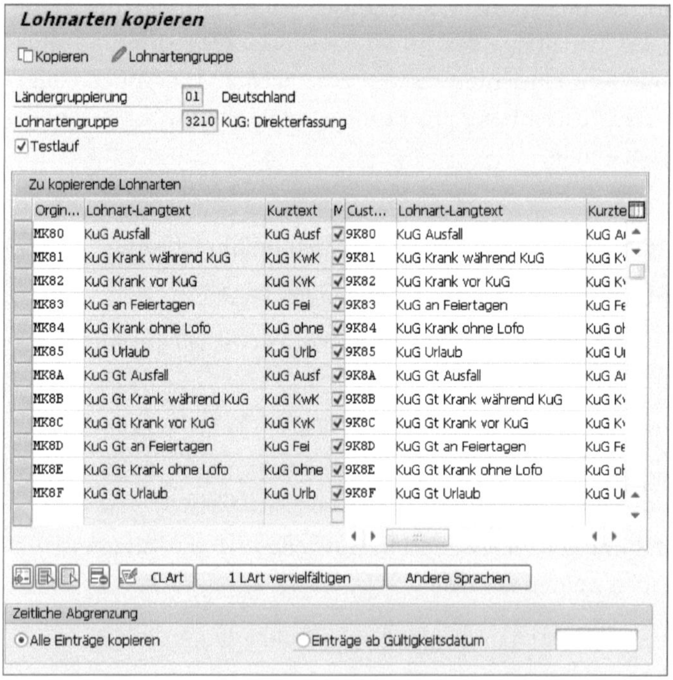
Lohnarten kopieren
Kopieren Lohnartengruppe
Ländergruppierung 01 Deutschland
Lohnartengruppe 3210 KuG: Direkterfassung
Testlauf
Zu kopierende Lohnarten

Orgin...	Lohnart-Langtext	Kurztext	M	Cust...	Lohnart-Langtext	Kurzte
MK80	KuG Ausfall	KuG Ausf	✓	9K80	KuG Ausfall	KuG A
MK81	KuG Krank während KuG	KuG KwK	✓	9K81	KuG Krank während KuG	KuG K
MK82	KuG Krank vor KuG	KuG KvK	✓	9K82	KuG Krank vor KuG	KuG K
MK83	KuG an Feiertagen	KuG Fei	✓	9K83	KuG an Feiertagen	KuG F
MK84	KuG Krank ohne Lofo	KuG ohne	✓	9K84	KuG Krank ohne Lofo	KuG o
MK85	KuG Urlaub	KuG Urlb	✓	9K85	KuG Urlaub	KuG U
MK8A	KuG Gt Ausfall	KuG Ausf	✓	9K8A	KuG Gt Ausfall	KuG A
MK8B	KuG Gt Krank während KuG	KuG KwK	✓	9K8B	KuG Gt Krank während KuG	KuG K
MK8C	KuG Gt Krank vor KuG	KuG KvK	✓	9K8C	KuG Gt Krank vor KuG	KuG K
MK8D	KuG Gt an Feiertagen	KuG Fei	✓	9K8D	KuG Gt an Feiertagen	KuG F
MK8E	KuG Gt Krank ohne Lofo	KuG ohne	✓	9K8E	KuG Gt Krank ohne Lofo	KuG o
MK8F	KuG Gt Urlaub	KuG Urlb	✓	9K8F	KuG Gt Urlaub	KuG U

CLArt 1 LArt vervielfältigen Andere Sprachen
Zeitliche Abgrenzung
Alle Einträge kopieren Einträge ab Gültigkeitsdatum

Abbildung 21.6 Lohnarten zur Erfassung von Ausfallzeiten

Lohnart zur Erfassung von Nebeneinkommen

Nebeneinkommen während der Kurzarbeit beeinflussen die Berechnung des Kurzarbeitergeldes. Deshalb müssen diese von der im Unternehmen beschäftigten Person gemeldet und erfasst werden.

Vorgabe des Sollentgelts

Außerdem gibt es eine Lohnart, mit der das Sollentgelt vorgegeben werden kann, wenn die Berechnung nicht automatisch in der Abrechnung vorgenommen werden kann (siehe Abbildung 21.7).

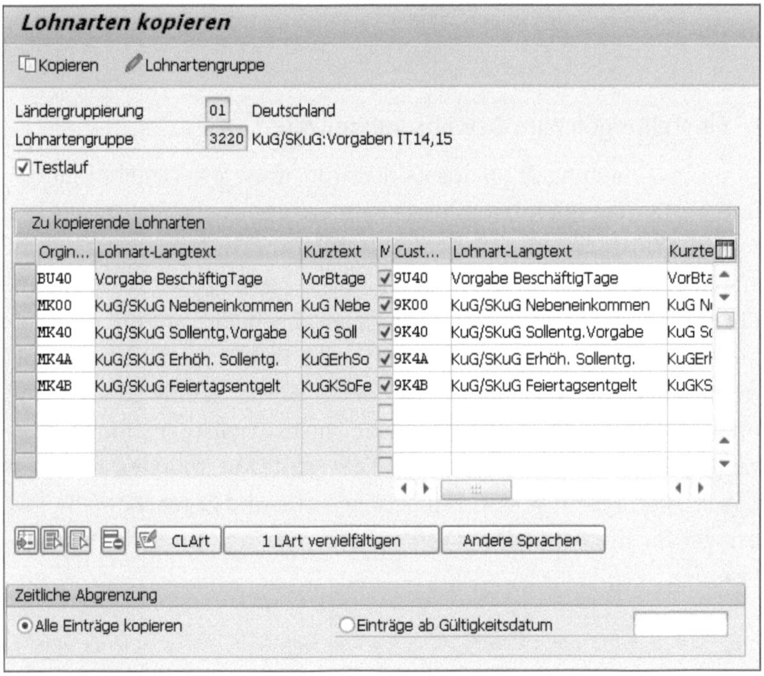

Abbildung 21.7 Lohnarten zur Erfassung im Infotyp 0015 (Ergänzende Zahlung)

Aliquotierung

Es muss geprüft werden, ob die Aliquotierungsregeln auch Tage berücksichtigen, an denen Kurzarbeit vorgesehen ist. Diese Tage müssen wie unbezahlte Tage eine Kürzung des Entgelts auslösen. In der Standardrechenregel DPPF, die für die Bildung der Teilmonatsfaktoren verantwortlich ist, erfolgt dies durch die Operationen RTE-TSAK**; hier werden die durch Kurzarbeit bedingten Ausfallstunden abgezogen. Mithilfe der Operationen RTE-TSAL** werden außerdem die Stunden abgezogen, die durch Krankheit während der Kurzarbeit bedingt sind. Wird die Standardregel DPPF verwendet, erfolgt die Kürzung korrekt; wenn Sie eigene Regeln verwenden, muss geprüft werden, ob diese Operationen zur Reduzierung der Teilmonatsfaktoren vorhanden sind.

Lohnarten im Rechnungswesen verbuchen

Das an die Beschäftigten ausgezahlte Kurzarbeitergeld, das von der Bundesagentur für Arbeit oder der Krankenkasse erstattet wird, muss in der Finanzbuchhaltung auf ein Konto gebucht werden, das mit der Erstattung ausgeglichen wird. Dazu müssen die Lohnart /692 (KuG-Leistung), die an die Beschäftigten ausbezahlt wurde und von der Bundesagentur für Arbeit erstattet wird, und die Lohnart /688 (KuG-Leistung krank), die ebenfalls an die Beschäftigten ausbezahlt und von der Krankenkasse erstattet wird, gebucht werden.

21.2.2 Einstellungen zum Gewährungszeitraum

Wie schon in Abbildung 21.1 dargestellt wurde, muss pro Genehmigungszeitraum ein Eintrag mit frei wählbarer Referenznummer angelegt werden. Im nächsten Schritt muss nun festgelegt werden, welche Mitarbeitenden an der Kurzarbeit teilnehmen. Wie in Abbildung 21.8 gezeigt, wird dies in ähnlicher Funktionsweise wie bei den Merkmalen abgebildet, nur mit dem Unterschied, dass hier eine Tabelle gepflegt wird. Es können aber auch Entscheidungsregeln angelegt werden, mit deren Hilfe z. B. eine Eingrenzung auf Personalbereiche, Personalteilbereiche oder Kostenstellen möglich ist. In der Ergebniszeile muss in der Auswahl die Spalte **KuG** markiert sein, und in der Spalte **Abfrage** muss **KUG J** eingetragen sein und gegebenenfalls eine Sonderregel für die Behandlung der variablen Bezüge im Sollentgelt gewählt werden.

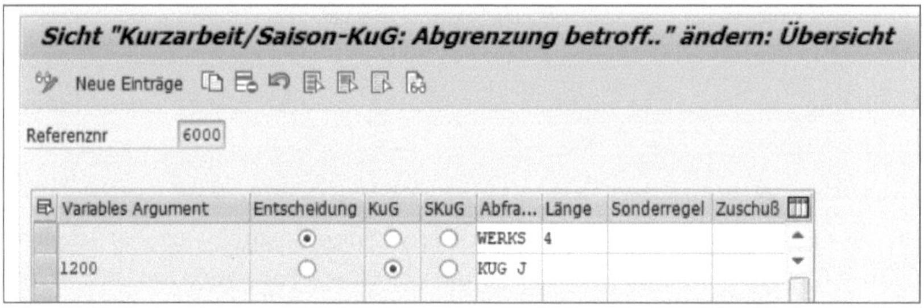

Abbildung 21.8 Betroffene Mitarbeitende abgrenzen (Tabelle T507A)

21.3 Verarbeitung in der Abrechnung

Die Kurzarbeit wird in der Abrechnung in zwei Unterschemen des Abrechnungsschemas D000 verarbeitet. Das Teilschema DKB0 befindet sich in der Bruttoberechnung DT00 und ist für die Berechnung des Ausfalls verantwortlich; das Teilschema DKU1 befindet sich in der Aliquotierung DAL0 und ist für die Berechnung der KuG-Leistung zuständig. In diesem Teilschema finden Sie auch die eigentliche Berechnung der KuG-Leistung mit der Funktion DKUG KUGM (Aufruf der KuG-Komponente). Navigieren Sie im Abrechnungsprotokoll an diese Stelle, finden Sie die in Abbildung 21.3 dargestellte Berechnung der KuG-Leistung.

21.4 KuG-Zuschuss

Um den Entgeltausfall der Mitarbeitenden zu minimieren, gibt es die Möglichkeit, einen Zuschuss zum Kurzarbeitergeld (KuG-Zuschuss) durch den Arbeitgeber zu gewähren.

Im Muster-Customizing werden noch die in Abbildung 21.9 vorhandenen Zuschussvarianten abgebildet. Beachten Sie jedoch, dass derzeit (seit 1998) nur noch die Zuschussvariante **30 – Zuschuss Nettovergle** (Zuschuss Nettovergleich) von SAP unterstützt wird.

Bei der Zuschussvariante **10 – Zuschuss Bruttovergl** (Zuschuss Bruttovergleich) entstanden durch den Zuschuss Konstellationen, in denen die Mitarbeitenden auf ein höheres Gesamtbrutto als ohne Kurzarbeit kommen.

Die Zuschussvariante **20 – Zuschuss Std.-weise** (Zuschuss stundenweise) ist seit 1998 nicht mehr relevant, da die Kurzarbeit nicht mehr nach den Ausfallstunden, sondern aufgrund des Entgeltausfalls im kompletten Monat ermittelt wird.

Die Zuschussberechnung durch Nettovergleich erfolgt in drei Schritten:

1. Durchführung der Abrechnung ohne Kurzarbeit
2. Durchführung der Abrechnung mit Kurzarbeit
3. Berechnung des Zuschusses

21

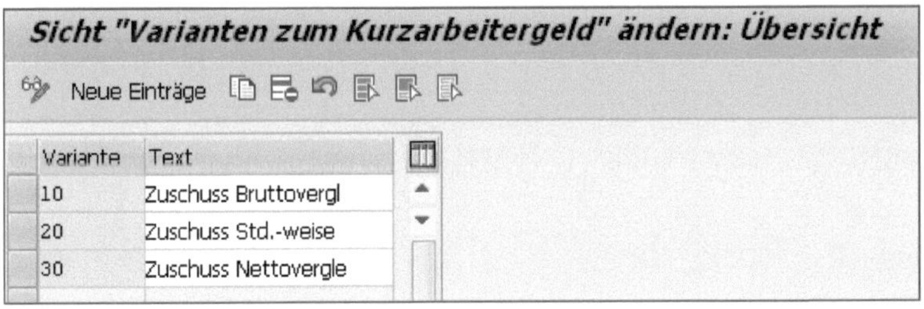

Abbildung 21.9 Varianten des KuG-Zuschusses

Im Folgenden gehen wir auf die Umsetzung der Zuschussvariante **30 – Zuschuss Nettovergle** im Abrechnungsschema ein. Die Bestimmung des Vergleichsnettos erfolgt nach den Fiktivberechnungen im Schema DKMO (KUG

Vergleichsnetto bestimmen). Hier wird eine Fiktivabrechnung ohne Kurzarbeit durchgeführt, anschließend steht das Vergleichsnetto ohne Kurzarbeit in einer internen Tabelle zur Verfügung (siehe Abbildung 21.10).

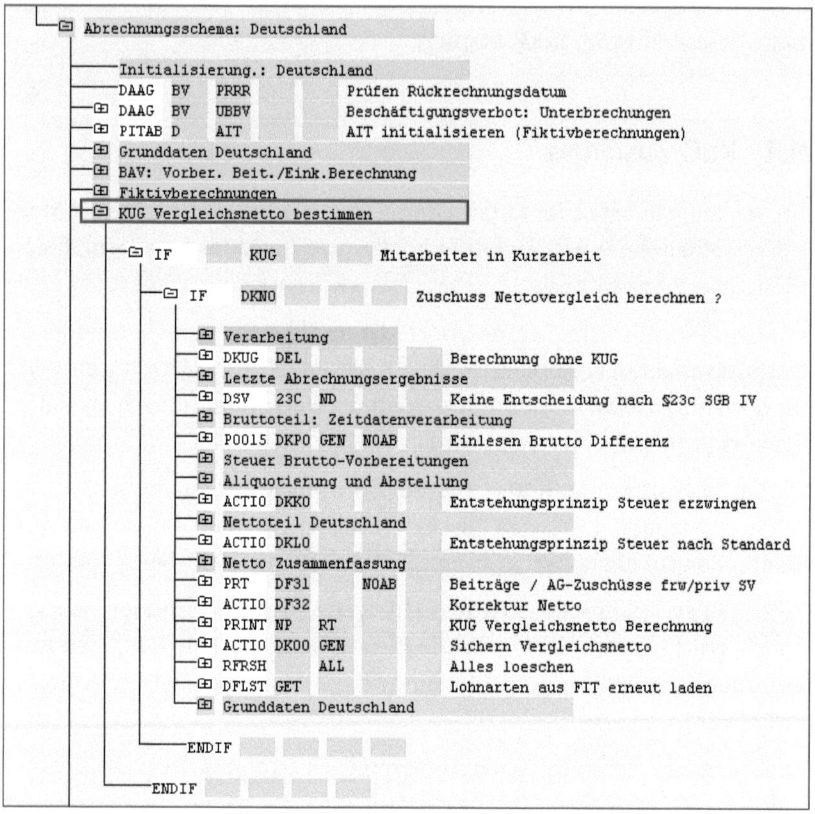

Abbildung 21.10 KuG-Zuschuss – Vergleichsnetto bestimmen

Die Zuschussberechnung erfolgt über die Regel DKRO (KUG Zuschuss Nettovergleich berechnen) im Abrechnungsschema nach der Ermittlung der KuG-Leistung (siehe Abbildung 21.11).

Das folgende Beispiel der Zuschussberechnung beinhaltet eine Aufstockung auf 90 % des gewöhnlichen Nettos (Steuerklasse III; ein Kind; Stand 2025):

- Sollentgelt: 2.500,00 EUR
- Istentgelt: 1.250,00 EUR
- Leistungssatz laut Tabelle der BA für das Sollentgelt: 1.340,00 EUR
- Leistungssatz laut Tabelle der BA für das Istentgelt: 675,36 EUR
- KuG (Differenz zwischen Leistungssatz Soll- und Istentgelt): 664,64 EUR

- gewöhnliches Netto von 2.500,00 EUR = 2.007,50 EUR
- davon 90 %: 1.806,75 EUR
- Kurzlohn 1.003,75 EUR
- Kurzlohn + Kurzarbeitergeld: 1.668,39 EUR
- Zuschuss zum Kurzarbeitergeld: 138,36 EUR

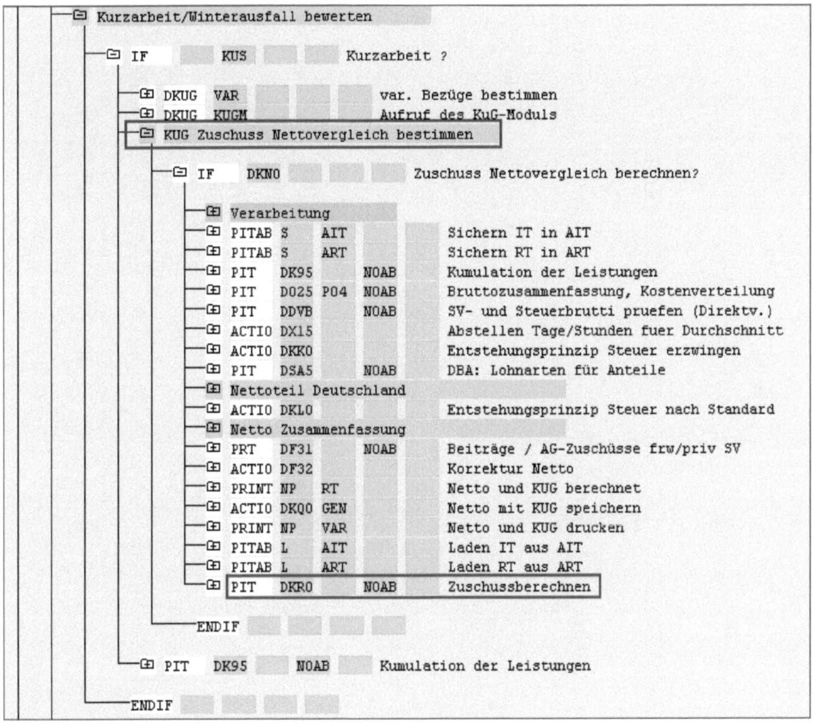

Abbildung 21.11 KuG-Zuschuss – Berechnung

Der KuG-Zuschuss ist nicht gesetzlich verpflichtend. Das heißt, jeder Arbeitgeber kann diesen Zuschuss individuell aushandeln. Aus diesem Grund können Sie vielfältige kundeneigene Anpassungen am KuG-Zuschuss vornehmen. Es können etwa mehrere Zuschussvarianten parallel eingerichtet werden, z. B. pro Mitarbeiterkreis.

21.5 Fazit

Die Berechnung des Kurzarbeitergeldes ist in der Personalabrechnung einfach einzurichten. Etwas verwirrend ist es, dass verschiedene alte, aktuell nicht mehr relevante Regelungen noch vorhanden sind. Bereits 1998 wurde die Berechnung des Kurzarbeitergeldes von einer stundenbasierten Berechnung auf eine monatsbasierte Berechnung umgestellt, was aber im Abrechnungsschema und an einigen Musterlohnarten noch zu erkennen ist.

Die erläuterten Einstellungen werden für die »normale« Berechnung von Kurzarbeitergeld, wie sie in den meisten Fällen vorgenommen wird, verwendet. Auf die Beschreibung seltener Spezialfälle haben wir bewusst verzichtet.

Kapitel 22
Darlehen

Die Verwaltung von Mitarbeiterdarlehen kann über die Personalabrechnung abgewickelt werden. In diesem Kapitel lernen Sie die entsprechende Funktion in SAP ERP HCM kennen. Darüber hinaus erhalten Sie eine Einführung in das Customizing dieser Komponente.

Die Komponente »Darlehen« ermöglicht die Verwaltung und Abrechnung von Mitarbeiterdarlehen in SAP ERP HCM – sowohl die Auszahlung als auch die Zinsberechnung und Tilgung können über die Personalabrechnung abgewickelt werden.

Sie können hier verschiedene Darlehensarten anlegen, denen wiederum unterschiedliche Konditionen zugeordnet werden können. So wird z. B. auch ein geldwerter Vorteil über die Personalabrechnung abgewickelt, der dadurch entsteht, dass die gewährten Konditionen unter den marktüblichen Konditionen liegen. Es können die Darlehensarten Ratendarlehen und Annuitätendarlehen abgebildet werden.

22.1 Stammdaten zum Mitarbeiterdarlehen

Grunddaten

Die Stammdaten zu den Mitarbeiterdarlehen werden im Infotyp 0045 (Darlehen) gepflegt. Dabei sind die unterschiedlichen Darlehensarten als Subtypen angelegt. Die Informationen des Infotyps 0045 (Darlehen) sind auf drei Registerkarten aufgeteilt: **Grunddaten**, **Konditionen** und **Zahlungen**, von denen die erste Registerkarte die Grunddaten enthält, also im Kern den bewilligten Darlehensbetrag (siehe Abbildung 22.1). Die Felder **Ausgezahlter Betrag**, **Darlehenssaldo** und **Darlehensende** werden automatisch aktualisiert.

Konditionen

Auf der Registerkarte **Konditionen** (siehe Abbildung 22.2) werden die Darlehenskonditionen gepflegt. Der Referenzzinssatz für die Berechnung des geldwerten Vorteils kann gepflegt oder der Konstanten REFIN der Konstantentabelle V_T511K (Abrechnungskonstanten) entnommen werden.

In der deutschen Abrechnung wird automatisch ein Abschlag auf den individuellen Referenzzinssatz genommen, der aus der Konstanten REFAB gelesen wird. Das Feld **Indiv. Referenzzins** wurde eingeführt, um den marktüblichen Zinssatz, der zum Zeitpunkt der Darlehensgewährung gilt, pflegen zu können. Der in diesem Feld angegebene Wert wird bei der Berechnung des geldwerten Vorteils um 4 % gemindert.

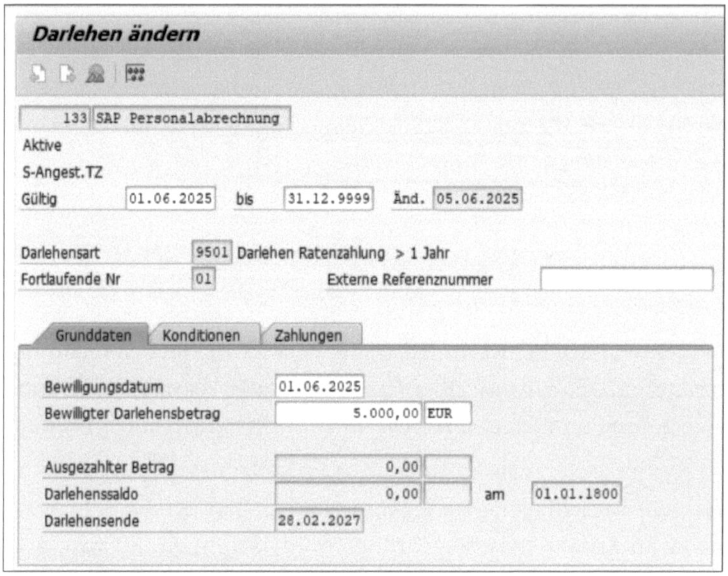

Abbildung 22.1 Infotyp 0045 (Darlehen), Registerkarte »Grunddaten«

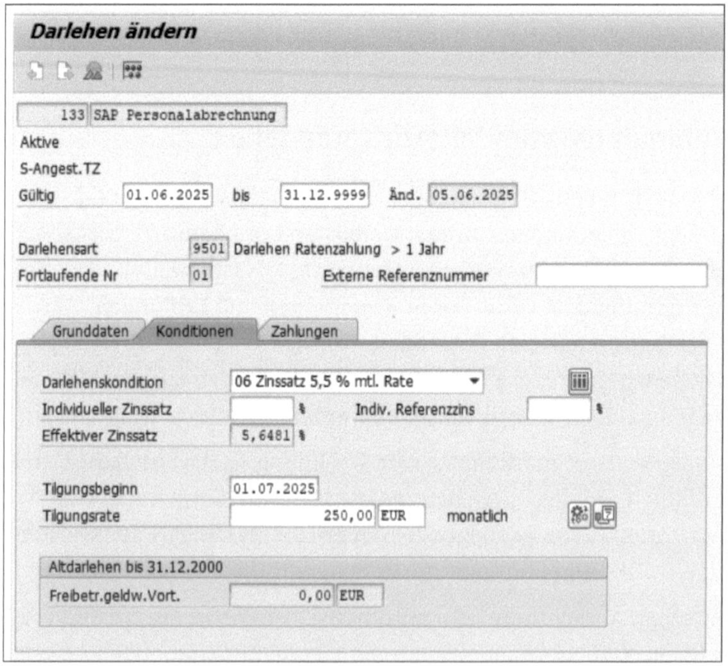

Abbildung 22.2 Infotyp 0045 (Darlehen), Registerkarte »Konditionen«

Der am Markt übliche Zinssatz kann von der Homepage der Deutschen Bundesbank heruntergeladen werden. Die Zinssätze sind unter dem Punkt **Zinssätze und Renditen** im Bereich **Statistiken** zu finden. Die Darlehenszinsen für ein gewährtes Darlehen entstehen in jeder Periode. Der Zinsrhythmus legt fest, in welchen Abständen die Zinsen bezahlt werden müssen.

Tilgungsplan

Über den Button (**Tilgungsplan erstellen**) wird eine Auswertung aufgerufen (siehe Abbildung 22.3), die den Verlauf des Darlehens bis zur vollständigen Tilgung darstellt.

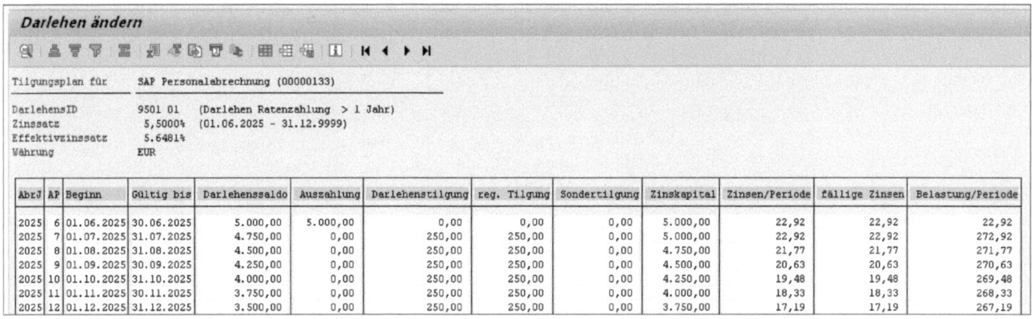

Darlehen ändern

Tilgungsplan für SAP Personalabrechnung (00000133)

DarlehensID 9501 01 (Darlehen Ratenzahlung > 1 Jahr)
Zinssatz 5,5000% (01.06.2025 - 31.12.9999)
Effektivzinssatz 5.6481%
Währung EUR

AbrJ	AP	Beginn	Gültig bis	Darlehenssaldo	Auszahlung	Darlehenstilgung	reg. Tilgung	Sondertilgung	Zinskapital	Zinsen/Periode	fällige Zinsen	Belastung/Periode
2025	6	01.06.2025	30.06.2025	5.000,00	5.000,00	0,00	0,00	0,00	5.000,00	22,92	22,92	22,92
2025	7	01.07.2025	31.07.2025	4.750,00	0,00	250,00	250,00	0,00	5.000,00	22,92	22,92	272,92
2025	8	01.08.2025	31.08.2025	4.500,00	0,00	250,00	250,00	0,00	4.750,00	21,77	21,77	271,77
2025	9	01.09.2025	30.09.2025	4.250,00	0,00	250,00	250,00	0,00	4.500,00	20,63	20,63	270,63
2025	10	01.10.2025	31.10.2025	4.000,00	0,00	250,00	250,00	0,00	4.250,00	19,48	19,48	269,48
2025	11	01.11.2025	30.11.2025	3.750,00	0,00	250,00	250,00	0,00	4.000,00	18,33	18,33	268,33
2025	12	01.12.2025	31.12.2025	3.500,00	0,00	250,00	250,00	0,00	3.750,00	17,19	17,19	267,19

Abbildung 22.3 Tilgungsplan

Das System kann die Höhe der Tilgung berechnen, wenn mit dem Gültigkeitsende des Infotyps die Laufzeit festgelegt wurde. Die Laufzeit kann berechnet werden, sobald eine Auszahlung erfolgt ist und die Rückzahlungsrate festgelegt wurde.

Zahlungen

Die dritte Registerkarte **Zahlungen** (siehe Abbildung 22.4) enthält alle Zahlungen, außer der regelmäßigen monatlichen Tilgung. Dies können folgende Zahlungen sein:

- Darlehensauszahlung (extern)
- Darlehensauszahlung (Abrechnung)
- Sondertilgung (extern)
- Sondertilgung (Abrechnung)
- Gebühren
- Komplettrückzahlung
- Darlehenserlass

Es müssen alle Zahlungen erfasst werden, unabhängig davon, ob sie über die Personalabrechnung oder extern (d. h. außerhalb der Personalabrechnung) abgewickelt werden. Die Tilgung des Darlehens beginnt erst, wenn die Auszahlung entweder über die Personalabrechnung oder extern erfolgt ist.

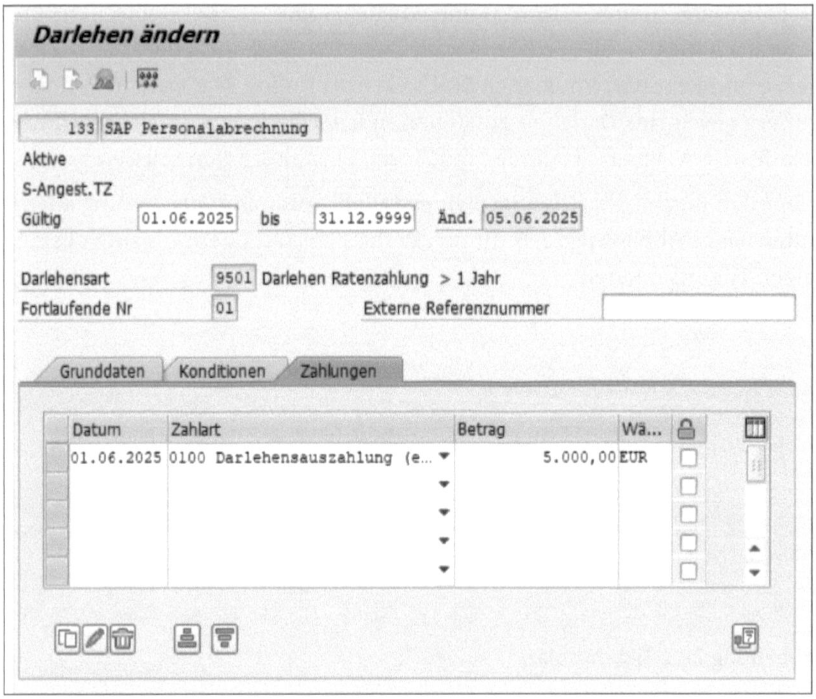

Abbildung 22.4 Infotyp 0045 (Darlehen), Registerkarte »Zahlungen«

Die Darlehensdaten werden im Hintergrund im Infotyp 0078 (Darlehenszahlungen) gespeichert, die Pflege erfolgt jedoch einfacher und übersichtlicher im Infotyp 0045 (Darlehen).

22.2 Ablauf in der Personalabrechnung

In diesem Abschnitt gehen wir auf die Berechnung des Darlehens in der Personalabrechnung ein.

22.2.1 Teilschema XLON

Die Verarbeitung des Darlehens in der Personalabrechnung erfolgt in zwei Schritten: Zuerst werden von der Funktion P0045 über den Parameter GRSS die Zinsen berechnet. Anschließend werden in einem zweiten Schritt mithilfe der Funktion P0045 und des Parameters NET Tilgungen und andere Zahlungen in die einzelnen Lohnarten abgestellt.

22.2.2 Lohnarten des Darlehens

Die folgenden Lohnarten werden in der Personalabrechnung zur Verwaltung von Darlehen und für die Auszahlung oder den Abzug von Beträgen von der Gehaltszahlung verwendet:

- /LBC – Kumulierter Zinsvorteil
- /LBD – Versteuerter Zinsvorteil
- /LBM – Zinsvorteil aktuelle Periode
- /LCI – Zinskapital
- /LEE – Sondertilgung, extern
- /LEP – Sondertilgung Abrechnung
- /LER – Auslöschung
- /LEX – Komplettrückzahlung
- /LFC – Kumulierter Zinsfreibetrag
- /LFM – Zinsfreibetrag/Periode
- /LFP – Darlehensgebühren
- /LIC – Kumulierte Zinsen
- /LID – Fällige Zinsen
- /LIM – Zinsen, aktuelle Periode
- /LLB – Darlehenssaldo
- /LO3 – Darlehensauszahlung an Dritte
- /LOE – Darlehensauszahlung, extern
- /LOP – Darlehensauszahlung innerhalb der Abrechnung
- /LRP – Reguläre Tilgung
- /LTE – Übernahme Darlehenssaldo

22.2.3 Darlehen beim Austritt von Mitarbeitenden abwickeln

Sondertilgung

Tritt eine Person, der ein Darlehen gewährt wurde, aus dem Unternehmen aus, muss zuvor die noch offene Darlehensforderung durch eine Sondertilgung oder eine Komplettrückzahlung beglichen worden sein, da nach dem Austritt keine Abrechnung mehr für die betreffende Person erfolgt. Zwar gibt es im Abrechnungsprotokoll einen Hinweis auf noch offene Darlehensforderungen, es erfolgt jedoch kein automatischer Saldenausgleich.

22.3 Auswertungen zum Darlehen

Für das Reporting in der Komponente »Darlehen« stehen verschiedene Reports zur Verfügung:

- **Report RPCLOF00 (Kontoauszug Arbeitgeberdarlehen)**
  Die Darstellung des Darlehens mit allen Bewegungen ist über den Report RPCLOF00 möglich. Es werden die Sichten **Lastschrift – Gutschrift** oder **Bewegung – Saldo** angeboten.
- **Report RPCLOG00 (Übersicht Arbeitgeberdarlehen)**
  Die Summe aller Darlehen wird für jeden Mitarbeitenden im Report RPCLOG00 dargestellt.
- **Report RPCLOH00 (Barwertermittlung Arbeitgeberdarlehen)**
  Der Report RPCLOH00 listet die Barwerte, d. h. die heutigen Werte, der Arbeitgeberdarlehen auf.

22.4 Customizing

Der Hauptpunkt im Customizing (siehe Abbildung 22.5) ist die Definition der benötigten Darlehensarten mit den dazugehörigen Konditionen (siehe Abbildung 22.6).

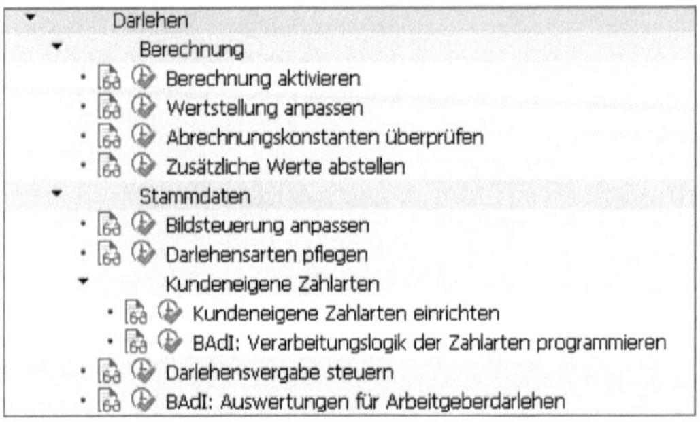

Abbildung 22.5 Customizing von Darlehen

In den Konditionen werden der Zinssatz, der Zinsrhythmus und der Tilgungsrhythmus festgelegt. Pro Darlehensart können mehrere Sätze für die Konditionen angelegt werden.

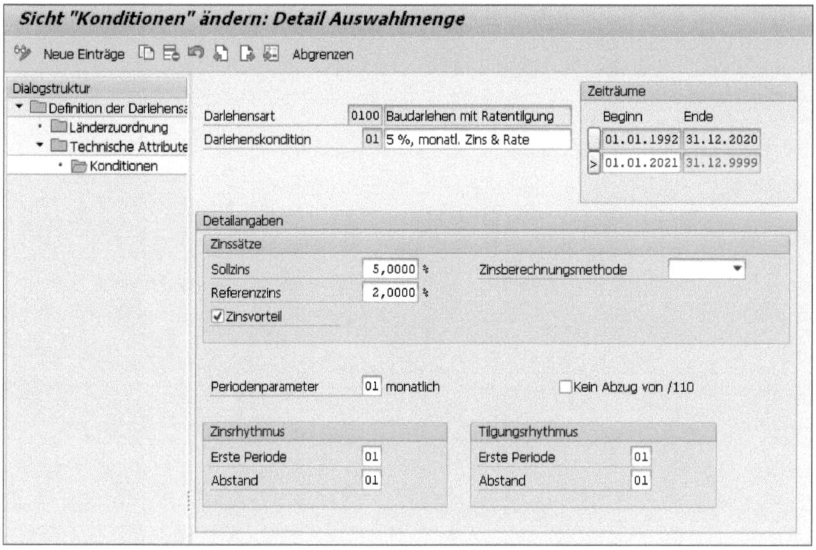

Abbildung 22.6 Konditionen

22.5 Fazit

Die Abwicklung von Darlehen in SAP ERP HCM ist schnell eingerichtet und kann ohne großen Customizing-Aufwand betrieben werden. Bevor jedoch SAP ERP HCM zur Abwicklung von Darlehen eingesetzt wird, sollte genau geprüft werden, ob alle Ihre Anforderungen abgedeckt sind. Eine Erweiterung der Funktion ist kaum möglich, da die Verarbeitung von Darlehen in der Personalabrechnung in der Funktion P0045 gekapselt ist. Daher kann die Darlehensberechnung nicht mit eigenen Rechenregeln ergänzt werden, sondern muss so verwendet werden, wie sie ausgeliefert wird. Darüber hinaus muss geprüft werden, welche Verwaltungsarbeiten rund um das Darlehen in SAP ERP HCM durchgeführt werden sollen. Hier kommt man schnell an die Grenzen der Möglichkeiten von SAP ERP HCM, da der Fokus mehr auf der Abrechnung der Darlehen und weniger auf der Verwaltungsarbeit rund um die Darlehen liegt.

22

TEIL V

Customizing-Werkzeuge

Kapitel 23
Lohnarten

Lohnarten sind die zentralen Elemente jeder Entgeltabrechnung und werden zur Abgrenzung von unterschiedlichen Beträgen und Zeiteinheiten eingesetzt. In diesem Kapitel lernen Sie die Verwendung und das Customizing von Lohnarten in der Personalabrechnung in SAP ERP HCM kennen.

Lohnarten dienen der Trennung von Beträgen und Zeiten mit unterschiedlichem betriebswirtschaftlichem Hintergrund in der Entgeltabrechnung und werden zur Berechnung des Entgelts für die Leistung der Mitarbeitenden verwendet.

23.1 Verwendung von Lohnarten

Lohnarten dienen unterschiedlichen Zwecken. Wir werden sie nun genauer ausführen:

- Lohnarten enthalten Beträge, die den Mitarbeitenden ausbezahlt oder von ihnen einbehalten werden. Die Zusammensetzung des Entgelts und der Abzüge wird detailliert auf dem Entgeltnachweis dargestellt. So wird z. B. das Grundgehalt, ein gegebenenfalls vorhandener Nachtzuschlag oder eine Mehrarbeitsvergütung in separaten Lohnarten gespeichert.
- Es werden Beträge gespeichert, die für Folgeaktivitäten, z. B. die Abführung von Steuer und Sozialversicherung, benötigt werden und die die Berechnung dieser Beträge nachvollziehbar machen. Für den Beitragsnachweis zur Sozialversicherung sind zahlreiche Lohnarten erforderlich, die den Bruttobetrag sowie die abgeführten Beiträge nach Sozialversicherungssparten getrennt enthalten.
- Für die Buchung ins Rechnungswesen, z. B. für die Bildung von Rückstellungen, kann die Erzeugung zusätzlicher Lohnarten notwendig sein. So hat die Lohnart »Rückstellung Urlaubsgeld« keine Relevanz für die Bezahlung von Mitarbeitenden, sondern sie wird ausschließlich für die Verbuchung im Rechnungswesen ermittelt.

23

- Zu Auswertungszwecken können mehrere Lohnarten in nur einer statistischen Lohnart kumuliert werden, die als Basis für verschiedene Reports verwendet wird.
- Manche Lohnarten sind nur während des Abrechnungslaufs vorhanden und dienen dort der Zwischenspeicherung von Ergebnissen. Zur Entgeltkürzung aufgrund unbezahlter Fehlzeiten werden z. B. Teilmonatsfaktoren gebildet, die nach erfolgter Reduzierung von Entgeltbestandteilen verworfen werden.

Die betriebswirtschaftliche Aufgabe einer Lohnart bestimmt, ob diese im Dialog eingegeben oder erst im Verlauf der Abrechnung gebildet wird.

Primär- und Sekundärlohnarten

Nach deren Verarbeitung in der Abrechnung unterscheidet man zwischen Primär- und Sekundärlohnarten. Primärlohnarten werden in Infotypen eingegeben oder stammen aus der Zeitwirtschaft (siehe Abschnitt 3.7, »Integration der Zeitwirtschaft«). Im Gegensatz dazu werden die Sekundärlohnarten erst im Verlauf der Abrechnung gebildet, wie z. B. die Lohnart /101 (Gesamtbrutto), die die Summe aller zur Auszahlung kommenden Bruttobeträge enthält. Die Sekundärlohnarten werden größtenteils von SAP vorgegeben und durch Support Packages aktualisiert, sodass sie nicht verändert werden sollten.

Musterlohnarten

Zum Aufbau eines eigenen Lohnartenkatalogs mit individuellen Primärlohnarten wird ein Bereich für Kundenlohnarten (0xxx–9xxx) zur Verfügung gestellt. Zur einfachen Definition von Lohnarten stehen Musterlohnarten bereit, die in den Kundenbereich kopiert und an individuelle Bedürfnisse angepasst werden können. Die Standardauslieferung von SAP enthält einen Lohnartenkatalog mit Musterlohnarten (Mxxx = Allgemeine Musterlohnarten; Bxxx = Spezielle Musterlohnarten für Baulohn; Oxxx = Spezielle Musterlohnarten für den öffentlichen Dienst).

23.2 Struktur einer Lohnart

Im Verlauf der Personalabrechnung werden Lohnarten in verschiedenen Tabellen verarbeitet, die teilweise am Ende einer Abrechnung als Abrechnungsergebnis gespeichert werden. Diese Tabellen enthalten die folgenden Elemente:

- **Abrechnungsart**
  Die Abrechnungsart wird durch den jeweiligen Mitarbeiterkreis bestimmt: In der deutschen Abrechnung wird in der Regel die Ziffer 1 für Stundenlöhner oder andere Mitarbeitende, die auf Stundenbasis bezahlt werden, 2 für Monatslöhner und 3 für Angestellte verwendet. Normaler-

weise werden die Lohnarten aus dem Bruttoteil zusammen mit der Abrechnungsart im Abrechnungsergebnis gespeichert. Die Lohnarten aus dem Nettoteil, die für alle Mitarbeitenden verwendet werden, werden mit dem übergreifenden Kennzeichen »*« versehen. Daher wird auch im Bruttoteil immer mit diesem Kennzeichen gearbeitet, das im Nettoteil eher keine Rolle spielt.

- **Lohnart**
  Der vierstellige Schlüssel der jeweiligen Lohnart ist als eindeutiger Identifikationsschlüssel in der Tabelle enthalten.
- **Split-Kennzeichen**
  Split-Kennzeichen dienen der eindeutigen Zuordnung der Lohnarten zu den Teilzeiträumen, die in der Personalabrechnung verwendet werden. Ändern sich die Daten einer beschäftigten Person während einer Abrechnungsperiode, kann dies Einfluss auf verschiedene Berechnungen im Abrechnungsablauf haben. In diesem Zusammenhang ist es wichtig, anhand von Split-Kennzeichen die Zugehörigkeit zum richtigen Teilzeitraum feststellen zu können, z. B. die Zuordnung zu einem Zeitraum aus der internen Tabelle WPBP (Arbeitsplatz/Basisbezüge), siehe Abschnitt 3.3, »Grunddaten einlesen«, oder die Zuordnung zu einem Steuer- oder Sozialversicherungszeitraum. Auch können Lohnarten ein Zuordnungskennzeichen zu Abwesenheiten oder Überweisungsbeträgen in Tabelle BT (Zahlungsinformationen) enthalten. Weitere Informationen zu Split-Kennzeichen erhalten Sie in Abschnitt 23.7, »Lohnarten-Split«.
- **Rechengrößen**
  Die Rechengrößen enthalten den eigentlichen Wert einer Lohnart, und zwar in den Feldern **Betrag**, **Anzahl** und **Betrag pro Einheit**. Lohnarten, die weder Betrag noch Anzahl oder Betrag pro Einheit enthalten, werden in der Abrechnung nicht gespeichert, sondern gehen verloren.

In Abbildung 23.1 sind die Rechenfelder einer Lohnart dargestellt.

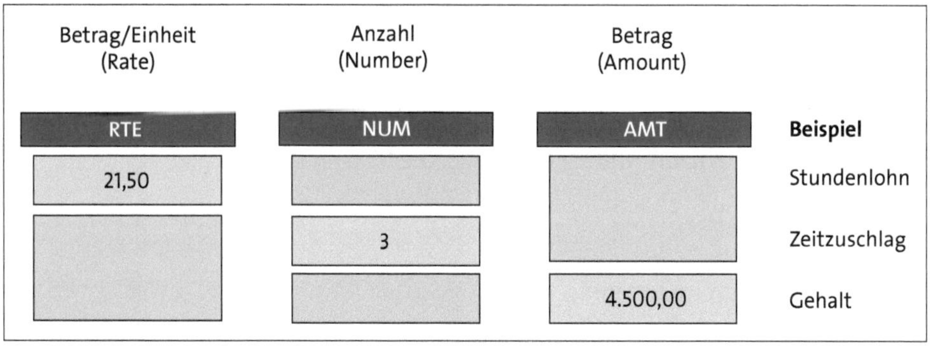

Abbildung 23.1 Aufbau einer Lohnart

23.3 Gruppierungen zur Steuerung von Lohnarten

Lohnarten haben eine Reihe von Eigenschaften, die für deren Steuerung verantwortlich sind – von der Eingabe in Infotypen über die Berechnung im Verlauf der Personalabrechnung bis hin zur Verarbeitung in den Folgeaktivitäten. Diese Steuerung ist nicht für alle Bereiche eines Unternehmens gleich und kann sich auch für bestimmte Mitarbeiterkreise unterscheiden. Um eine grundlegende Differenzierung vornehmen zu können, ist eine Steuerung über Modifikatoren möglich.

Modifikatoren

Zur differenzierten Steuerung von Lohnarten bei deren Eingabe, zum differenzierten Lesen von Tabellen und zur differenzierten Verarbeitung während der Personalabrechnung gibt es sogenannte *Modifikatoren*, die in der Mitarbeiterkreistabelle T503, der Personalbereichstabelle T001P und in den Regeln der Personalabrechnung gesteuert werden. Die Modifikatoren, die wir im nächsten Abschnitt ausführlich beschreiben, werden im Standardschema D000 in der Regel DMOD festgelegt.

23.3.1 Relevante Mitarbeiterkreisgruppierungen

Die für die Abrechnung relevanten Mitarbeiterkreisgruppierungen mit dem Pflege-View zur Anpassung sind folgende:

- **Gruppierung für Primärlohnarten (V_503_G)**
  Die Mitarbeiterkreise können mit dem Ziel gruppiert werden, dafür zu sorgen, dass Lohnarten nur für bestimmte Mitarbeiterkreise eingegeben werden können, z. B. die Lohnart »Gehalt« nur für Angestellte und nicht für Auszubildende. Im View V_511_B (siehe Abbildung 23.6) muss die entsprechende Spalte analog zu der in Tabelle T503 (Mitarbeitergruppe/-kreis) gepflegten Ausprägung (0–9) markiert sein, sodass die entsprechende Lohnart für eine beschäftigte Person gepflegt werden kann.
- **Gruppierung für Rechenregeln (V_503_B)**
  Rechenregeln können so angelegt werden, dass unterschiedliche Berechnungen für bestimmte Mitarbeiterkreise verwendet werden können oder dass für alle Mitarbeitenden die gleichen Regeln gelten sollen (siehe Kapitel 24, »Customizing des Abrechnungsschemas«). In der deutschen Personalabrechnung findet sich die folgende Standardeinstellung:
  - 1 für Stundenlöhner
  - 2 für Monatslöhner
  - 3 für Angestellte

Die jeweilige Ausprägung wird in den Abrechnungsarten der Personalabrechnung mitgeführt, was in Abschnitt 23.1, »Verwendung von Lohnarten«, bereits ausgeführt wurde.

[«]

Gruppierung ändern

Das Ändern einer solchen Gruppierung erfordert einen erheblichen Arbeitsaufwand, da alle vorhandenen Regeln im Bruttoteil der Personalabrechnung angepasst werden müssen. Deshalb sollten Sie sich an diese Vorgabe halten und den Standard verwenden.

23.3.2 Relevante Personalteilbereichsgruppierungen

Pro Personalteilbereich lässt sich der folgende Modifikator in dem angegebenen View einstellen:

- **Gruppierung für Primärlohnarten (V_001P_K)**
  Diese Gruppierung wirkt sich analog der Gruppierung zum Mitarbeiterkreis auf die Eingabemöglichkeiten von Primärlohnarten aus und kann auch im View V_511_B (Lohnarten) zugeordnet werden (siehe Abbildung 23.6). Lässt man die Gruppierung initial, erfolgt keine Eingabeprüfung, und es können alle Lohnarten für alle Beschäftigten eingegeben werden.

23.3.3 Modifikatoren in der Abrechnung

In der Regel DMOD der Personalabrechnung, die zu Beginn des Bruttoteils DT00 ausgeführt wird, werden weitere Modifikatoren festgelegt, die nach beliebigen Entscheidungskriterien – die in der Regel programmiert werden müssen – differenziert werden können. Dazu gehören die folgenden Modifikatoren:

- **Modifikator für die konstante Bewertung von Lohnarten – Tabelle V_T510J**
  In Tabelle V_T510J (Konstante Bewertungen) können feste Beträge hinterlegt werden, mit denen eine Lohnart bewertet werden soll. Über die Gruppierung können unterschiedliche Werte für verschiedene Bereiche oder Mitarbeiterkreise hinterlegt werden.
- **Modifikator für das Einlesen externer Lohnarten – Tabelle V_T599Y**
  Beim Einlesen von Lohnarten aus den Entgeltbelegen – Infotyp 2010 (Entgeltbelege) – können steuerfreie Anteile ermittelt werden, was z. B. bei Nachtschichtzuschlägen erforderlich ist. Mit diesem Modifikator kann die Steuerung beim Lesen von Tabelle V_T599Y (Umsetzung ext. Lohnarten) differenziert werden.

23.4 Lohnarteneigenschaften

Individuelle Eigenschaften

Jede Lohnart verfügt über individuelle Eigenschaften, wie z. B.:

- **Lohnartentext**
  Die Bezeichnung *Lohnart* ist ein wichtiges Merkmal, etwa für den Entgeltnachweis, der der im Unternehmen beschäftigten Person ihre Entgeltbestandteile detailliert anzeigt. In SAP ERP HCM kann jeder Lohnart nur ein eindeutiger Text zugeordnet werden. Ein solcher Text kann zeitlich nicht abgegrenzt werden, sondern bleibt eindeutig erhalten oder wird grundsätzlich auch für die Vergangenheit geändert.
- **Gesetzliche Behandlung**
  Hier geht es z. B. um die gesetzliche Behandlung in den Bereichen Steuer und Sozialversicherung.
- **Technische Steuerung der Lohnart im Verlauf der Abrechnung**
  Dies kann z. B. die Kürzung der Lohnart bei unbezahlten Fehlzeiten sein.
- **Steuerung des Eingabeverhaltens**
  Es kann z. B. die Betragseingabe auf einen festgelegten Betrag eingeschränkt werden.
- **Weiterverarbeitung von Lohnarten in den Folgeaktivitäten**
  Dies kann z. B. die Erstellung des Entgeltnachweises oder die Buchung ins Rechnungswesen sein.

Die Steuerung ist zeitlich abgrenzbar. Daher dürfen Tabelleneinträge nicht einfach geändert, sondern müssen abgegrenzt werden, damit die Rückrechnungsfähigkeit erhalten bleibt. Werden Einträge in der Vergangenheit bewusst verändert, muss eine Zwangsrückrechnung angestoßen werden, damit die Änderungen in der Abrechnung wirksam werden.

Die Steuerung erfolgt in mehreren Tabellen, die Sie in diesem Kapitel kennenlernen werden.

[»]

Lohnarten und Länderversionen

SAP ERP HCM enthält Länderversionen der Personalabrechnung für zahlreiche Länder. Die Lohnartentabellen werden in allen Versionen verwendet, sind aber durch den Ländermodifikator im Tabellenschlüssel voneinander abgegrenzt, d. h., dass jede Lohnart genau einer Länderversion zugeordnet ist (z. B. 01 für Deutschland). Es gibt keine Lohnart, die länderübergreifend genutzt werden kann. Daher ist es z. B. möglich, dass eine Lohnart in verschiedenen Länderversionen völlig unterschiedlich verwendet wird.

Tabelle T512W

Die zentrale Tabelle zur Steuerung von Lohnarten ist Tabelle T512W (Lohnartenbewertung). Hier muss eine Lohnart eingetragen sein, um zu existieren. Tabelle T512W nimmt zentrale Steuerungsfunktionen bei der Verarbeitung von Lohnarten in der Abrechnung wahr.

23.4.1 Bewertungsklassen

Einige Lohnarten werden nicht sofort mit Beträgen versehen, sondern enthalten bei der Eingabe oder der Generierung in der Zeitwirtschaft (siehe Abschnitt 3.7, »Integration der Zeitwirtschaft«) erst einmal eine Anzahl, z. B. Stunden, die mit einem Faktor bewertet werden muss (siehe Abbildung 23.2). Eine Lohnart kann auf die folgenden Arten bewertet werden:

- **Bewertung mit einer Bewertungsgrundlage (Lohnart /0xx)**
  Im Rahmen dieser Bewertungsart werden die Lohnarten am Anfang des Bruttoteils berechnet (siehe Abschnitt 3.9, »Bewertungsgrundlagen bilden«). Die letzten beiden Ziffern der zu bewertenden Lohnart müssen hier eingetragen werden. Eine solche Art der Bewertung wird z. B. für die Bewertung von Nachtzuschlägen oder Mehrarbeitsstunden verwendet.
- **Bewertung mit einem konstanten Wert aus Tabelle V_T510J**
  Bei dieser Art von Bewertung muss ein »K« in das Feld **Bewertungsgrundlage** eingetragen werden. Tabelle V_T510J (Konstante Bewertungen) enthält konstante Beträge, die zeitlich abgrenzbar sind. Dies kann z. B. für die Berechnung eines geldwerten Vorteils für die Verpflegung verwendet werden, der pro gearbeitetem Tag mit 2,50 EUR berechnet wird.
- **Bewertung mit Werten aus der Tariftabelle V_T510**
  Je nachdem, mit welchem Schlüssel diese Tabelle gelesen werden soll, muss »T«, »TS« oder »TG« in das Feld **Bewertungsgrundlage** eingetragen werden. Eine genaue Beschreibung der verschiedenen Eingabemöglichkeiten können Sie der Dokumentation des entsprechenden Feldes entnehmen. Diese Art der Bewertung wird verwendet, wenn die Bewertung in einer Verbindung zur Tarifgruppe und zur Tarifstufe steht. Zum Beispiel erhält die Tarifgruppe 1–5 einen Zuschlag in Höhe von 2 EUR für jede gearbeitete Stunde und die Tarifgruppe 6–9 einen Zuschlag in Höhe von 3 EUR für jede gearbeitete Stunde.

Die Bewertung kann auch zur Generierung von abgeleiteten Lohnarten verwendet werden. So wäre es z. B. möglich, zu einem Grundlohn für Mehrarbeit einen zusätzlichen Mehrarbeitszuschlag zu generieren, der einen bestimmten Prozentsatz des Grundlohns beträgt.

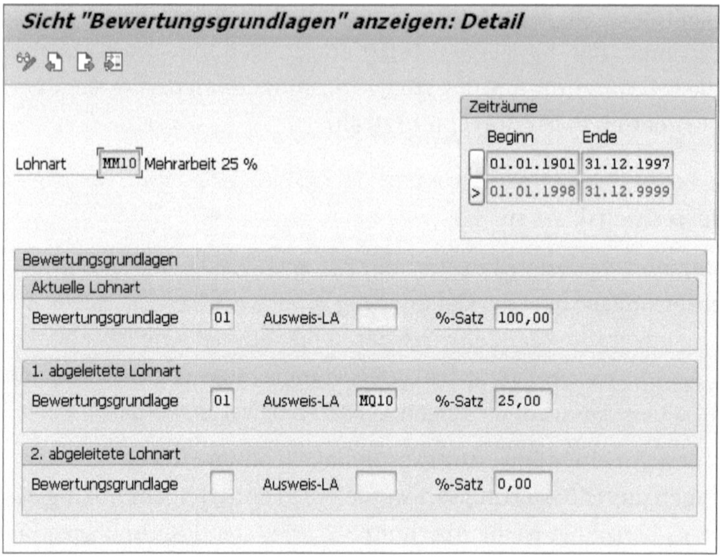

Abbildung 23.2 Bewertungsgrundlagen (View V_512W_B)

23.4.2 Verarbeitungsklassen

Verarbeitungsklassen sind Schalter, die an bestimmten Stellen im Schema »Personalabrechnung« abgefragt werden. Je nach Ausprägung des Schalters werden unterschiedliche Operationen zur Verarbeitung aufgerufen. Im View V_512W_D, der in Abbildung 23.3 zu sehen ist, sind die Verarbeitungsklassen einer Lohnart im oberen Abschnitt dargestellt.

Auf der linken Seite von Abbildung 23.3 sind die vorhandenen Verarbeitungsklassen und auf der rechten Seite die zugeordneten Ausprägungen zu sehen. So wird z. B. mit der Ausprägung der Verarbeitungsklasse 01 gesteuert, ob eine Lohnart in die Bewertungsgrundlagen einfließen soll (siehe Abschnitt 3.9, »Bewertungsgrundlagen bilden«).

Die Verarbeitungsklassen 90–99 können für kundeneigene Belange verwendet werden. Die Definition der Verarbeitungsklasse erfolgt im Pflege-View V_T52D1, und die einzelnen Ausprägungen einer Verarbeitungsklasse werden im View V_T52D2 angelegt. Auch können für vorhandene Verarbeitungsklassen eigene Ausprägungen erstellt werden. Dazu sollten Sonderzeichen verwendet werden, die bei einem Upgrade nicht überschrieben werden. Wenn eigene Ausprägungen erstellt werden, müssen natürlich auch die Rechenregeln dahingehend erweitert werden, dass eine Verarbeitung dieser Ausprägungen erfolgen kann.

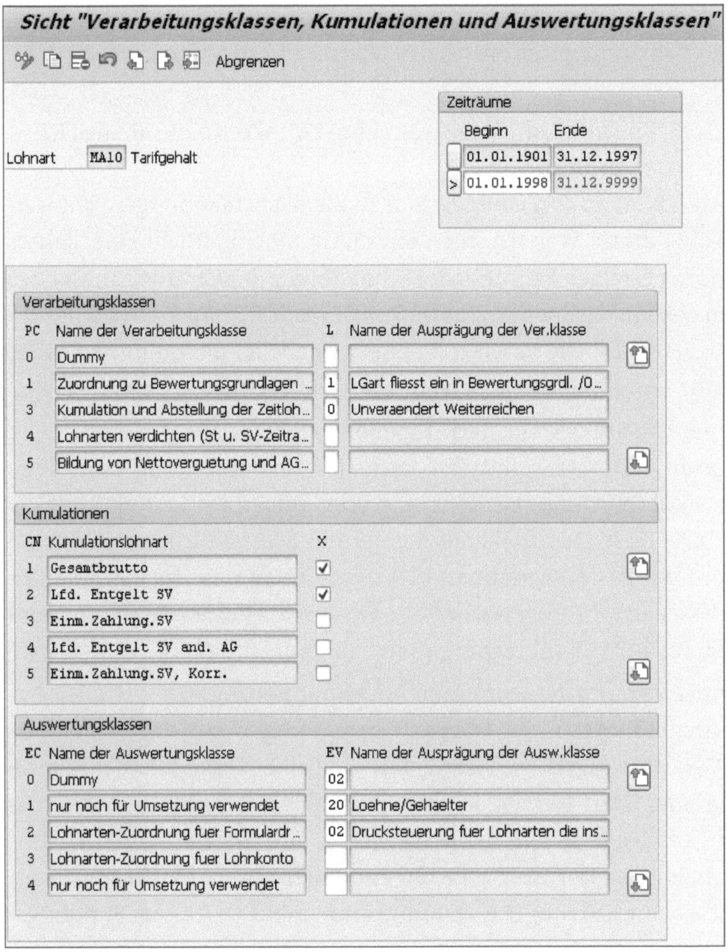

Abbildung 23.3 Verarbeitungsklassen, Kumulationen und Auswertungsklassen

Die wichtigsten Verarbeitungsklassen sind folgende:

Wichtige Verarbeitungsklassen

- **01 Zuordnung zu Bewertungsgrundlagen – Rechenregel D010**
  Aus den Lohnarten der Basisbezüge werden Bewertungsgrundlagen zur Bewertung von z. B. Mehrarbeitsstunden, Nacht-, Sonn- und Feiertagszuschlägen gebildet (siehe Abschnitt 3.9, »Bewertungsgrundlagen bilden«).
- **03 Kumulation und Abstellung der Zeitlohnarten – Rechenregel D020**
  Ein Teil der Bruttolohnarten wird bereits am Ende der Bruttoberechnung im Teilschema DT00 kumuliert und abgestellt. Dies sind vor allem die Zeitlohnarten, die in der Aliquotierung nicht mehr gekürzt werden müssen, sondern bereits hier ihren endgültigen Wert erhalten haben. Diese

Lohnarten werden in die interne Tabelle RT (Ergebnistabelle) abgestellt, und nur die kumulierten Werte werden in der Abrechnung weiterverarbeitet.

- **06 Einspeisung von Lohnarten aus altem Lohnkonto in Tabelle LRT – Rechenregel D006**
  Lohnarten können von einer Periode in die nächste weitergereicht werden, wobei dieses Weiterreichen alternativ nur innerhalb eines Jahres oder immer erfolgen kann. Mit der Schlüsselung der Verarbeitungsklasse werden gekennzeichnete Lohnarten aus Tabelle RT (Ergebnistabelle) des Vormonats in Tabelle LRT (Letzte Ergebnistabelle) übernommen, siehe Abschnitt 3.5, »Das letzte Abrechnungsergebnis einlesen«.
- **08 Steuer (D): Freibeträge nach Tabelle V_T512C**
  Bestimmte Lohnarten sind erst nach der Überschreitung einer Freigrenze steuerpflichtig. Die Steuerung von Freibeträgen erfolgt mithilfe von Tabelle T512C (Aufzuteilende Lohnarten). So ist die Lohnart »Gesundheitsförderung« (Musterlohnart M441) bis zu einem Betrag von 500 EUR jährlich steuerfrei. Dieser Freibetrag ist in der Konstanten P334G der Konstantentabelle T511K (Abrechnungskonstanten) enthalten.
- **10 Kennzeichnung der Lohnarten für Aliquotierung – Rechenregel XVAL**
  Diese Verarbeitungsklasse löst die Kürzung einer Lohnart in der Aliquotierung aus. Dazu werden in der Personalabrechnung die Lohnarten /801 ff. gebildet, in denen ein mit 100.000 multiplizierter Teilmonatsfaktor enthalten ist. Der Wert 100.000 entspricht 100 %; in diesem Fall erfolgt also keine Kürzung. Die Multiplikation mit 100.000 soll Rundungsdifferenzen minimieren.
- **14 Steuer (D): Schätzbasis für laufenden Jahreslohn**
  Zur Steuerberechnung der sonstigen Bezüge ist ein geschätzter Jahresbruttobetrag notwendig. Die Schätzbasis (Lohnart /462) bildet die Grundlage für noch nicht abgerechnete Monate. Mit dieser Verarbeitungsklasse wird gesteuert, welche Bezüge in die Schätzbasis eingehen sollen.
- **15 Bewertung nach dem Durchschnittsprinzip – Rechenregel X016**
  Die Formeln zur Berechnung der Durchschnittsbezahlung (siehe Abschnitt 3.10, »Lohnarten bewerten«) werden mit der Ausprägung dieser Verarbeitungsklasse gesteuert.
- **17 Verrechnung der Mehrarbeit – Personalrechenregel TC10 bzw. TC20**
  Diese Verarbeitungsklasse gehört in den Bereich »Zeitwirtschaft«. Die Ausprägung steuert, ob Mehrarbeitslohnarten bezahlt oder mit einem Freizeitanspruch kompensiert werden sollen.

- **20 Kumulation und Abstellung am Ende des Bruttoteils – Rechenregel D023**
  Am Ende der Aliquotierung werden die letzten Bruttolohnarten kumuliert und abgestellt. Hier ist der Bruttoteil beendet, und es wird nur noch mit /xxx-Lohnarten weitergerechnet.
- **21 Steuer (D): Steuerbrutti**
  Diese Verarbeitungsklasse steuert verschiedene Besonderheiten bei der Versteuerung.
- **24 Steuerung der Überweisungen – Rechenregel X055**
  Die Ausprägung der Verarbeitungsklasse steuert, ob eine Lohnart in voller Höhe oder nur bis zur Höhe des verbleibenden Auszahlungsbetrags überwiesen werden soll.
- **25 Verhalten nach Ende der Be-/Abzüge – Rechenregel D045**
  Diese Verarbeitungsklasse muss für externe Überweisungen gepflegt werden, damit die Lohnarten aus dem Infotyp 0011 (Externe Überweisungen) richtig abgestellt werden.
- **30 Fortschreibung der Kumulation**
  Die Kumulationen werden am Ende der Abrechnung (siehe Abschnitt 5.2, »Endeverarbeitung«) gebildet und enthalten die für das aktuelle Jahr aufaddierten Summenwerte der Lohnarten. Welche Lohnarten kumuliert werden, wird mit dieser Verarbeitungsklasse gesteuert.
- **31 Aufteilung Monatspauschalen Kostenverteilung – Rechenregel DCM0**
  Für die Verrechnung unproduktiver Zeiten, wie z. B. Urlaub, Krankheit oder Feiertage, können Lohnarten anteilig verrechnet werden. Solche Lohnarten fließen in die Bewertung der unproduktiven Zeiten ein.
- **35 Nachteilsausgleich bei Vertretungen**
  Diese Verarbeitungsklasse regelt, wie Zeitlohnarten im Nachteilsausgleich verarbeitet werden sollen.
- **39 Steuerliche Behandlung § 3b EStG Deutschland**
  Die Berechnung der Steuerfreiheit von Nacht-, Sonn- und Feiertagszuschlägen wird über diese Verarbeitungsklasse gesteuert. Hier wird festgelegt, welche Lohnarten in die Berechnung des Basislohns und der Lohnzusätze eingehen. Außerdem werden die Lohnarten festgelegt, die nach § 3b steuerfrei sind.
- **46 Verarbeitung der Lohnscheine für Leistungslöhner**
  Lohnarten, die in Lohnscheinen gepflegt werden, müssen hier gekennzeichnet werden. Es wird unterschieden, ob es sich um Akkord- oder Durchschnittsbezahlung handelt.

- **47 Besondere Verarbeitung der Infotypen 0014/0015 – Rechenregel D011**
  Für Lohnarten, die in den Infotypen 0014 (Wiederkehrende Be-/Abzüge) und 0015 (Ergänzende Zahlung) gepflegt werden, sind verschiedene Sonderverarbeitungen in der Rechenregel D011 vorgesehen, die mithilfe der entsprechenden Ausprägung der Verarbeitungsklasse ausgeführt werden, siehe Abschnitt 2.2.5, »Infotyp 0014 (Wiederkehrende Be-/Abzüge)«.
- **51 Einspeisung von Lohnarten aus der Verdienstsicherung in Tabelle IT**
  Die Verarbeitungsklasse regelt die Übernahme von Lohnarten aus der Verdienstsicherung (Infotyp 0052) in die interne Tabelle IT (Eingabetabelle).
- **68 Altersteilzeit: fiktives Vergleichsnetto für Aufstockung 2**
  Diese Verarbeitungsklasse wird bei der Berechnung der Altersteilzeit verwendet (siehe Kapitel 16, »Altersteilzeit«), und zwar für Lohnarten, die bei der Berechnung des fiktiven Teilzeitnettobetrags gesondert behandelt werden.
- **70 Fiktivbezüge für die Altersteilzeit**
  Diese Verarbeitungsklasse wird bei der Berechnung der Altersteilzeit verwendet (siehe Kapitel 16, »Altersteilzeit«).
- **71 Laufendes Fiktivbrutto bzw. Sollentgelt für KuG/WAG**
  Diese Verarbeitungsklasse ist für die Steuerung der Berechnung von Kurzarbeitsausgleich relevant, siehe Kapitel 21, »Kurzarbeitergeld«.
- **72 Pfändung: Übernahme in IT/Art des Bezugs**
  Alle Lohnarten, die für die Berechnung von Pfändungen (siehe Kapitel 15, »Pfändungen«) relevant sind, müssen hier gekennzeichnet werden, egal, ob eine Lohnart pfändbar ist oder nicht.
- **73 Pfändung: Pfändbarkeit für gewöhnliche Pfändungen**
  Die Pfändbarkeit für gewöhnliche Pfändungen (siehe Kapitel 15, »Pfändungen«) wird mit dieser Verarbeitungsklasse festgelegt.
- **74 Pfändung: Pfändbarkeit für bevorrechtigte Pfändungen**
  Mit dieser Verarbeitungsklasse wird die Pfändbarkeit für bevorrechtigte Pfändungen (siehe Kapitel 15, »Pfändungen«) festgelegt.

23.4.3 Kumulationen

Über die Kumulationen, die in der mittleren Datengruppe (siehe Abbildung 23.3) gepflegt werden, wird gesteuert, in welcher Summenlohnart /1xx eine Bruttolohnart am Ende der Bruttoberechnung addiert werden soll. Eine Bruttolohnart, wie z. B. die Lohnart 1000 (Gehalt), wird nur im Bruttoteil der

Personalabrechnung berechnet und danach in die interne Tabelle RT (Ergebnistabelle) abgestellt, die im Abrechnungsergebnis gespeichert wird. Im Nettoteil werden nur noch die kumulierten Werte, wie z. B. der Gesamtbruttobetrag (Lohnart /101) oder der Steuerbruttobetrag für die laufenden Bezüge (Lohnart /106), weiterverarbeitet. So ist z. B. bei der Berechnung der Steuerabzüge nicht mehr wichtig, welche einzelnen Beträge steuerpflichtig sind, sondern es wird nur mit der Summe der steuerpflichtigen Beträge gerechnet, die in der Kumulationslohnart gespeichert ist. Natürlich gibt es für die Steuerberechnung mehrere Kumulationslohnarten, die nach dem deutschen Steuergesetz notwendig sind: eine Lohnart für die laufenden steuerpflichtigen Bezüge (Lohnart /106), eine Lohnart für die sonstigen steuerpflichtigen Bezüge (Lohnart /111) und eine Lohnart für mehrjährige steuerpflichtige Bezüge (Lohnart /113). Um nun die korrekte Steuerberechnung einzustellen, muss die entsprechende Kumulation markiert werden.

Wichtige Kumulationen

Im Folgenden haben wir die wichtigsten Kumulationen für Sie aufgelistet:

- **/101 Gesamtbrutto**
  Lohnart zur Ermittlung des Auszahlungsbetrags
- **/102 lfd. Entgelt SV**
  beitragspflichtige laufende Bezüge
- **/103 einm.Zahlung.SV**
  beitragspflichtige Einmalbezüge
- **/104 lfd. Entgelt SV and. AG**
  beitragspflichtiges laufendes Entgelt eines anderen Arbeitgebers
- **/105 einm.Zahlung.SV, Korrektur**
  beitragspflichtige Einmalbezüge, die im Entstehungsprinzip verbeitragt werden
- **/106 lfd. Steuerbrutto**
  laufender steuerpflichtiger Bezug
- **/107 steuerfrei**
  steuerfreier Bezug
- **/110 Bezüge/Abzüge**
  Bezüge oder Abzüge vom Nettoentgelt
- **/111 son. Steuerbrutto**
  sonstiger steuerpflichtiger Bezug
- **/113 mj. Steuerbrutto**
  mehrjähriger steuerpflichtiger Bezug

- **/115 lfd. Nettozusage**
  laufende Nettozusage, bei der die zu zahlende Steuer und SV der Arbeitgeber trägt
- **/116 einm. Nettozusage**
  einmalige Nettozusage, bei der die zu zahlende Steuer und SV der Arbeitgeber trägt
- **/117 lfd. Vers.bez. (pot.)**
  Versorgungsbezug, bei dem der Versorgungsfreibetrag bei Erreichen der Altersgrenze gewährt wird
- **/118 lfd. Vers.bez.**
  Versorgungsbezug, bei dem der Versorgungsfreibetrag immer gewährt wird
- **/119 son. Vers.bez. (pot.)**
  Versorgungsbezug, bei dem der Versorgungsfreibetrag bei Erreichen der Altersgrenze gewährt wird
- **/120 son. Vers.bez.**
  Versorgungsbezug, bei dem der Versorgungsfreibetrag immer gewährt wird
- **/123 mj. Vers.bez. (pot.)**
  Versorgungsbezug, bei dem der Versorgungsfreibetrag bei Erreichen der Altersgrenze gewährt wird
- **/124 mj. Vers.bez.**
  Versorgungsbezug, bei dem der Versorgungsfreibetrag immer gewährt wird
- **/126 steuerfrei DBA**
  Steuerfreiheit nach Doppelbesteuerungsabkommen
- **/127 steuerfrei ATE**
  Steuerfreiheit gemäß Auslandstätigkeitserlass
- **/140 pau.AG §40(1)**
  pauschal versteuerter Bezug, Steuer trägt Arbeitgeber
- **/141 pau.AG §40(2)1**
  pauschal versteuerter Bezug, Steuer trägt Arbeitgeber
- **/142 pau.AG §40(2)2**
  pauschal versteuerter Bezug, Steuer trägt Arbeitgeber
- **/143 pau.AG §40b**
  pauschal versteuerter Bezug, Steuer trägt Arbeitgeber
- **/147 Arbeitseink. Vergleich Pf**
  Arbeitseinkommen für den Vergleich bei Pfändungen

- **/152 Akammer-Brutto Bremen**
  Bruttobetrag zur Berechnung der Beiträge zur Arbeitskammer Bremen
- **/153 Akammer-Brutto Saarland**
  Bruttobetrag zur Berechnung der Beiträge zur Arbeitskammer Saarland
- **/159 Gewerbesteuer Brutto**
  Bruttobetrag für Gewerbesteuerzerlegung
- **/160 Berufsgen.-Brutto**
  für die Berufsgenossenschaftsmeldung relevante Beträge
- **/161 pau.AN §40(2)1**
  pauschal versteuerter Bezug, Steuer trägt beschäftigte Person
- **/162 pau.AN §40(2)2**
  pauschal versteuerter Bezug, Steuer trägt beschäftigte Person
- **/163 pau.AN §40b**
  pauschal versteuerter Bezug, Steuer trägt beschäftigte Person
- **/168 ATZ tar. Teilzeitbrutto**
  Teilzeitbruttobetrag bei Altersteilzeit
- **/170 KuG Kurzlohn**
  tatsächlich gezahltes Entgelt bei Kurzarbeit
- **/175 einm.Zahlung SV Entsteh.P**
  Einmalzahlung SV nach Entstehungsprinzip
- **/176 sonst. Steuerbr. EntstehP**
  sonstige Steuerbrutto nach Entstehungsprinzip
- **/177 mehrj. Steuerbr. EntstehP**
  mehrjährige Steuerbrutto nach Entstehungsprinzip

23.4.4 Durchschnittsgrundlagen

Durchschnittsgrundlagen werden als Basis für die Berechnung einer Durchschnittsbezahlung gebildet. Die dafür relevanten Vergütungsbestandteile werden in die Lohnarten /201 bis /232 addiert. Im Gegensatz zu den Kumulationen wird dem Kunden in der Verwendung der Durchschnittsgrundlagen relativ freie Hand gelassen. Es ist lediglich zu beachten, dass nur die Lohnarten /229 bis /232 im Kundenbereich liegen und dass bei diesen Lohnarten auch die Texte und Lohnarteneigenschaften angepasst werden können, ohne dass diese durch ein Support Package oder Upgrade überschrieben werden.

Wie es in Abbildung 23.4 zu sehen ist, kann nicht nur das Feld **Betrag** in die Sekundärlohnart addiert werden, wie es bei den Kumulationen der Fall ist, sondern es kann auch festgelegt werden, ob das Feld **AMT** (Betrag), das Feld **NUM** (Anzahl) oder das Feld **RTE** (Betrag pro Einheit) addiert werden soll.

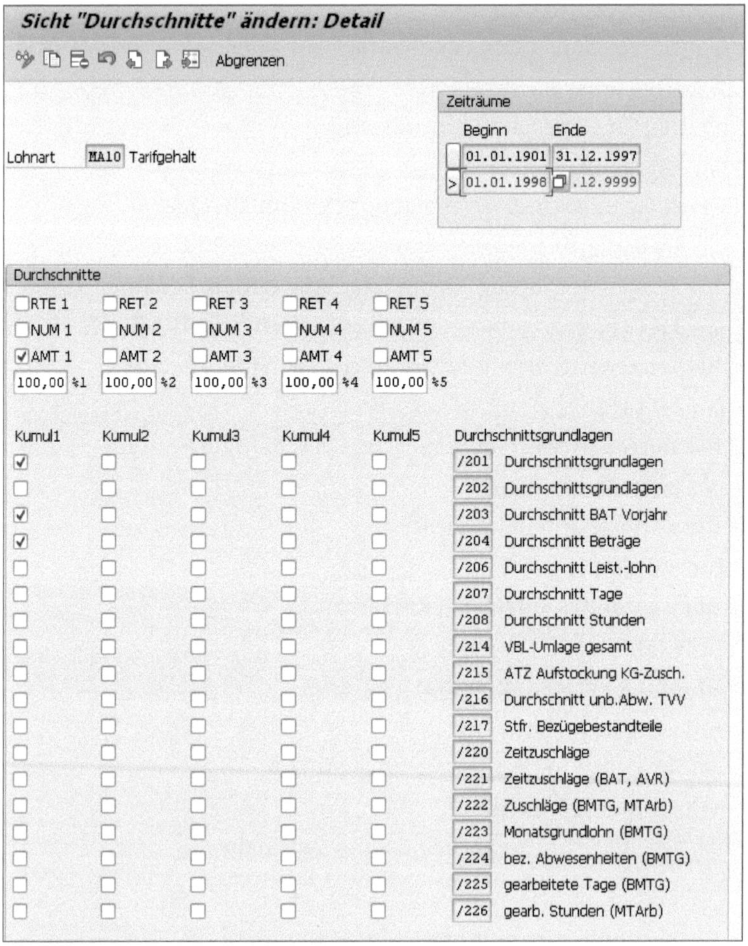

Abbildung 23.4 Durchschnittsgrundlagen (Tabelle V_512W_C)

Die Verarbeitung der Durchschnittsgrundlagen funktioniert analog zu den Kumulationen am Ende der Bruttoberechnung über die Abstellung der Bruttolohnart.

23.4.5 Auswertungsklassen

Steuerung von Folgeaktivitäten

Auswertungsklassen werden nicht in der Abrechnung verwendet, sondern dienen der Steuerung von Folgeaktivitäten. Die Auswertungsklassen haben in den letzten Release-Ständen an Bedeutung verloren. So war die Auswertungsklasse 01 bis zu Release 4.0A für die Steuerung der Lohnarten zur Buchung ins Rechnungswesen verantwortlich. Außerdem wurden die Auswertungsklassen 06 bis 10 im alten Bescheinigungswesen bis zu Release 4.6C verwendet.

Heute relevante Auswertungsklassen sind:

- 02 – Andruck von Lohnarten auf dem Entgeltnachweis
- 03 – Andruck von Lohnarten auf dem Lohnkonto

23.5 Steuerung der Lohnartenerfassung

Die Eingabe einer Lohnart kann detailliert gesteuert werden. Dazu kann der Infotyp bzw. können die Infotypen festgelegt werden, in denen eine Lohnart verwendet werden darf. Es ist möglich, Lohnarten nur für bestimmte Mitarbeiterkreise oder Personalteilbereiche zuzulassen. Außerdem kann festgelegt werden, welche Werte eingegeben werden dürfen.

23.5.1 Zulässigkeit pro Infotyp

Zuerst muss in Tabelle V_T512Z (Zulässigkeit von Lohnarten per Infotyp) festgelegt werden, in welchen Infotypen eine Lohnart eingegeben werden darf (siehe Abbildung 23.5): Soll die Lohnart im Infotyp 0008 (Basisbezüge) eingegeben oder z. B. als ergänzende Zahlung im Infotyp 0015 (Ergänzende Zahlung) gepflegt werden?

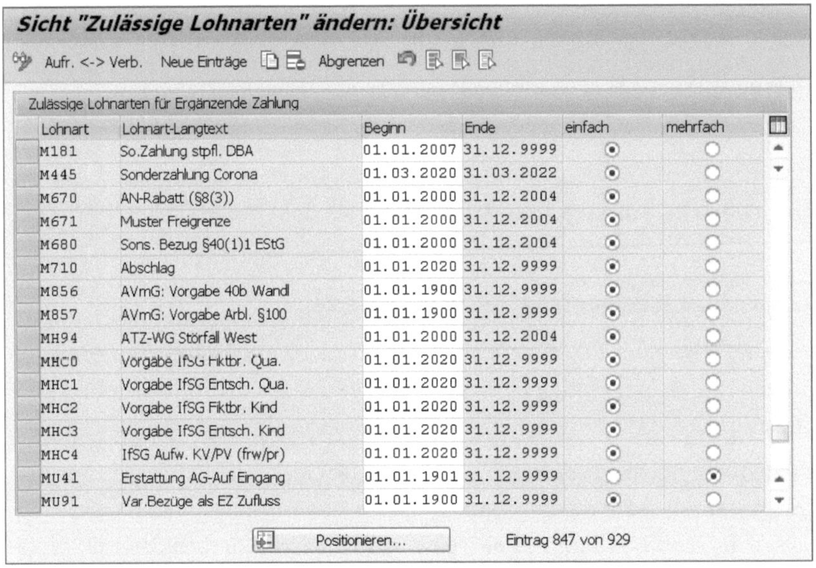

Lohnart	Lohnart-Langtext	Beginn	Ende	einfach	mehrfach
M181	So.Zahlung stpfl. DBA	01.01.2007	31.12.9999	(•)	( )
M445	Sonderzahlung Corona	01.03.2020	31.03.2022	(•)	( )
M670	AN-Rabatt (§8(3))	01.01.2000	31.12.2004	(•)	( )
M671	Muster Freigrenze	01.01.2000	31.12.2004	(•)	( )
M680	Sons. Bezug §40(1)1 EStG	01.01.2000	31.12.2004	(•)	( )
M710	Abschlag	01.01.2020	31.12.9999	(•)	( )
M856	AVmG: Vorgabe 40b Wandl	01.01.1900	31.12.9999	(•)	( )
M857	AVmG: Vorgabe Arbl. §100	01.01.1900	31.12.9999	(•)	( )
MH94	ATZ-WG Störfall West	01.01.2000	31.12.2004	(•)	( )
MHC0	Vorgabe IfSG Fiktbr. Qua.	01.01.2020	31.12.9999	(•)	( )
MHC1	Vorgabe IfSG Entsch. Qua.	01.01.2020	31.12.9999	(•)	( )
MHC2	Vorgabe IfSG Fiktbr. Kind	01.01.2020	31.12.9999	(•)	( )
MHC3	Vorgabe IfSG Entsch. Kind	01.01.2020	31.12.9999	(•)	( )
MHC4	IfSG Aufw. KV/PV (frw/pr)	01.01.2020	31.12.9999	(•)	( )
MU41	Erstattung AG-Auf Eingang	01.01.1901	31.12.9999	( )	(•)
MU91	Var.Bezüge als EZ Zufluss	01.01.1900	31.12.9999	(•)	( )

Abbildung 23.5 Zulässigkeit pro Infotyp (Tabelle V_T512Z)

Die Eingabe kann zeitlich abgegrenzt werden, und bei bestimmten Infotypen, die eine parallele Erfassung zulassen, kann festgelegt werden, ob eine Lohnart zum gleichen Zeitpunkt mehrfach oder nur einfach vorhanden sein darf.

23.5.2 Zulässigkeit für Mitarbeiterkreisgruppierung und Personalteilbereichsgruppierung

Manche Lohnarten können nur in bestimmten Personalbereichen/Personalteilbereichen oder für bestimmte Mitarbeitende sinnvoll eingesetzt werden. Um diese Abgrenzung vorzunehmen, können Mitarbeiterkreisgruppierungen in Tabelle T503 (Mitarbeitergruppe/-kreis) und Personalteilbereichsgruppierungen in Tabelle T001P (Personalbereich/-teilbereich) definiert werden. Die entsprechenden Lohnarten werden für diese Gruppierungen als zulässig markiert. Es kann eine »1« oder »2« eingetragen werden (siehe Abbildung 23.6), um eine Lohnart als zulässig zu definieren.

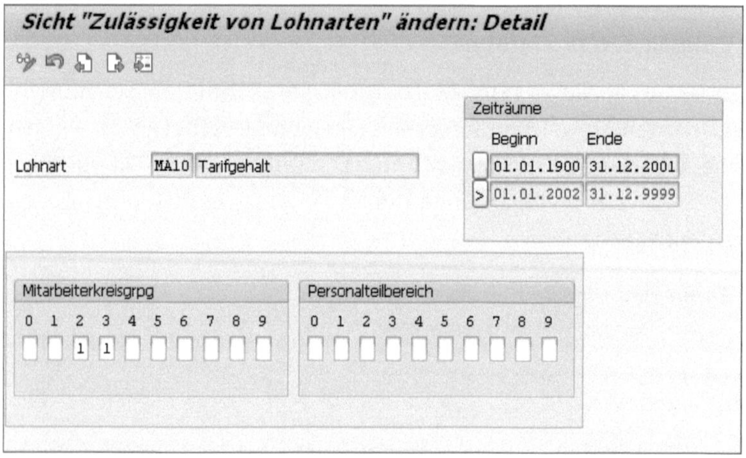

Abbildung 23.6 Zulässigkeit von Lohnarten (Tabelle V_511_B)

23.5.3 Eingabeeigenschaften von Lohnarten

Die Eingabeeigenschaft einer Lohnart legt fest, ob ein Betrag und/oder eine Anzahl mit der passenden Einheit eingegeben werden können (siehe Abbildung 23.7).

Um Fehleingaben zu vermeiden, können hier Ober- und Untergrenzen festgelegt werden. Außerdem ist eine indirekte Bewertung von Lohnarten möglich, d. h., dass bei deren Pflege eine automatische Berechnung durchgeführt wird, die einen Wert ermittelt und vorgibt. Dieser Wert kann, wenn dies zugelassen wird, überschrieben werden.

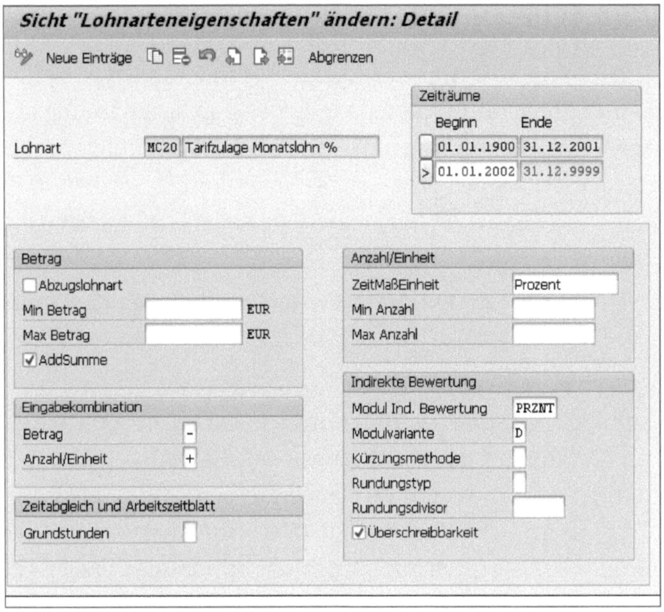

Abbildung 23.7 Eingabeeigenschaften einer Lohnart (Tabelle V_T511)

23.6 Buchungseigenschaften von Lohnarten

Die Buchung einer Lohnart in das Rechnungswesen wird in zwei Schritten vorgenommen: Zunächst wird eine oder werden mehrere Lohnarten einem symbolischen Konto zugeordnet, dem wiederum das Sachkonto zugeordnet wird.

Bei der Zuordnung der Sachkonten können verschiedene Gruppierungen verwendet werden, die über das Merkmal PPMOD gesteuert werden. So können z. B. für Angestellte, indirekte Gewerbliche und direkte Gewerbliche unterschiedliche Sachkonten hinterlegt werden, obwohl das gleiche symbolische Konto verwendet wird. Die Zuordnung der Buchungseigenschaften einer Lohnart zeigt Abbildung 23.8 (siehe Abschnitt 6.3, »Buchung ins Rechnungswesen«).

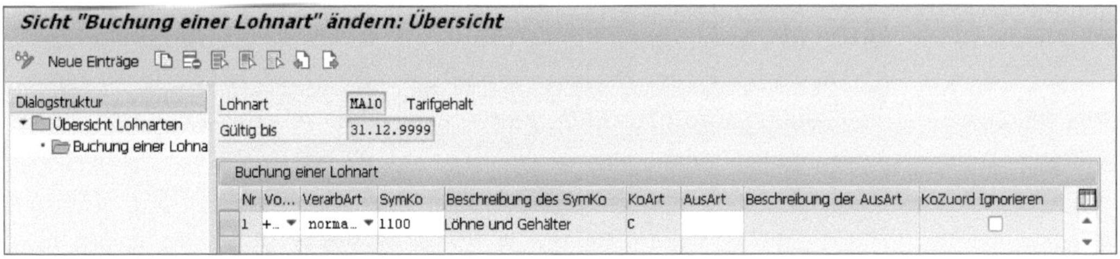

Abbildung 23.8 Buchungseigenschaften einer Lohnart (View-Cluster V_T52EL)

23.7 Lohnarten-Split

Mithilfe von Lohnarten-Splits werden tagesgenau Veränderungen von Infotypen während einer Abrechnungsperiode in der Personalabrechnung abgebildet. Dies ist etwa bei der Veränderung von Basisbezügen innerhalb eines Monats erforderlich. Durch eine solche Veränderung wird es z. B. notwendig, Zeitzuschläge in der ersten Teilperiode anders zu bewerten als in der zweiten Teilperiode.

Split-Kennzeichen

Die Personalabrechnung in SAP ERP HCM verwendet die folgenden Split-Kennzeichen:

- **Arbeitsplatz-/Basisbezugssplit**
  Dieses Split-Kennzeichen steht für Änderungen in der organisatorischen Zuordnung, für Änderungen des Basisbezugs, der Sollarbeitszeit oder der Kostenzuordnung. Jede Änderung an den Infotypen 0000 (Maßnahmen), 0001 (Organisatorische Zuordnung), 0007 (Sollarbeitszeit), 0008 (Basisbezüge) und 0027 (Kostenverteilung), die mindestens ein in Tabelle WPBP (Arbeitsplatz/Basisbezüge) gespeichertes Feld betrifft, führt zu einem Split. Da für jede Lohnart im Bruttoteil der Abrechnung eine Zuordnung vorhanden sein muss, handelt es sich dabei um das wichtigste Split-Kennzeichen.
- **Kostenrechnungssplit**
  Dieses Kennzeichen wird für eine abweichende Kostenzuordnung von Lohnarten gesetzt. Dabei wird die abweichende Kostenstelle, die nicht der Stammkostenstelle aus der organisatorischen Zuordnung entspricht, in Tabelle C1 (Kostenrechnungssplit) abgelegt.
- **Split bei abweichender Bezahlung**
  Dabei handelt es sich um ein Kennzeichen, das aufgrund einer Mitarbeitervertretung, die anders entlohnt wird als die Person, die diese Stelle innehat, auf eine abweichende Bezahlung Bezug nimmt. Diese wird in Tabelle ALP gespeichert.
- **Abwesenheitssplit**
  Dieses Kennzeichen gibt die Zuordnung zur Abwesenheit wieder, die in Tabelle AB (Abwesenheiten) zu finden ist.
- **Überweisungssplit**
  Dieses Split-Kennzeichen enthält die Zuordnung zu der in Tabelle BT (Zahlungsinformationen) enthaltenen Überweisung aus dem Abrechnungsergebnis.

- **Variabler Split**
  Dieser Split kann für unterschiedliche Zwecke eingesetzt werden, etwa in der deutschen Abrechnung zur Verwendung in den Bereichen AAG (Erstattung von Arbeitgeberaufwendungen) und Berufsgenossenschaft.
- **Steuer-Split**
  Der Steuer-Split ist ein länderspezifischer Split, der die Zuordnung zu einem Steuerzeitraum aus Tabelle ST (Steuer) enthält.
- **SV-Split**
  Ebenso wie beim Steuer-Split handelt es sich beim SV-Split um einen länderspezifischen Split, der die Zuordnung zu einem Zeitraum von Tabelle SV (Sozialversicherung) mit den SV-Daten enthält.

[!]

Split-Kennzeichen

In der Personalabrechnung sind Lohnarten mit gleichem Split-Kennzeichen stets zusammengehörig. So wird z. B. eine Lohnart mit der WPBP-Zuordnung 02 auch nur auf der Bewertungsgrundlage des gleichen Split-Kennzeichens 02 bewertet. Bei der Programmierung eigener Regeln muss beachtet werden, dass die Split-Kennzeichen sauber gesetzt sind und vorhandene Kennzeichen nicht unbedacht gelöscht werden, damit eine ordnungsgemäße Verarbeitung der Lohnarten im Verlauf der Abrechnung möglich ist.

23.8 Lohnarten kopieren

Die Definition einer Lohnart verteilt sich auf mehrere Tabellen. Damit beim Anlegen neuer Lohnarten nicht alle Tabelleneinträge manuell gepflegt werden müssen, kann mit dem Lohnartenkopierer eine Lohnart mit allen Eigenschaften dupliziert werden. Im Anschluss daran können einzelne Eigenschaften nach Bedarf angepasst werden.

23

23.8.1 Lohnartenkopierer

Der Lohnartenkopierer (siehe Abbildung 23.9) kann im Customizing unter dem Punkt **Lohnartenkatalog erstellen** an verschiedenen Stellen aufgerufen werden. Diese Funktion ist überall dort im IMG vorhanden, wo Lohnarten erstellt werden müssen. Wird die Funktion **Lohnarten kopieren** aufgerufen, ist bereits eine Lohnartengruppe im oberen Bereich vorbelegt. Die Lohnartengruppe bewirkt, dass alle Lohnarten dieser Gruppe zum Kopieren vorgeschlagen werden.

Im rechten Bildbereich muss zum Kopieren eine neue Lohnart eingegeben, die entsprechende Zeile markiert und die Funktion **Kopieren** ausgeführt werden. Solange die Option **Testlauf** markiert ist, wird lediglich ein Protokoll angezeigt, in dem alle zu kopierenden Tabelleneinträge aufgelistet sind. Wird diese Option deaktiviert, erfolgt die tatsächliche Kopie der Lohnart.

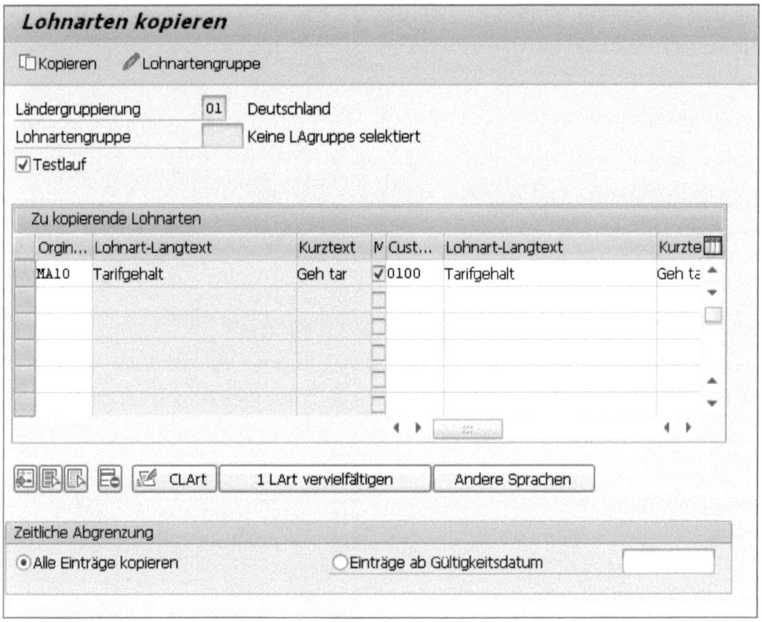

Abbildung 23.9 Lohnartenkopierer

23.8.2 Zuordnung zu Lohnartengruppen

Die Zuordnung von Lohnarten zu Lohnartengruppen dient der Organisation des Customizings, ist aber für die Verwendung einer Lohnart in der Abrechnung nicht zwingend erforderlich. Die Zuordnung einer Lohnart zu einer Lohnartengruppe bewirkt, dass beim Aufruf des Lohnartenkopierers alle Lohnarten dieser Gruppe als mögliche zu kopierende Lohnarten angezeigt werden. Die Zuordnung zu Lohnartengruppen wird in den Tabellen T52D5–T52D7 festgelegt.

23.8.3 Zuordnung zu Musterlohnarten

Beim Kopieren einer Lohnart wird die Zuordnung zur Ursprungslohnart im View V_T52DZ (Zuordnung Customizing-Lohnart – Modell-Lohnart), siehe Abbildung 23.10, gespeichert. Anhand dieser Tabelle lässt sich nachvollziehen, wer die Lohnart zu welchem Zeitpunkt erstellt hat. Die Zuordnung zu

Musterlohnarten hat ebenfalls keine Relevanz für die Abrechnung, sondern sie kann lediglich für Wartungszwecke hilfreich sein. Ändern sich Musterlohnarten von SAP, kann überprüft werden, ob eine Musterlohnart verwendet wurde, und die entsprechende Kundenlohnart kann analog zur Musterlohnart angepasst werden.

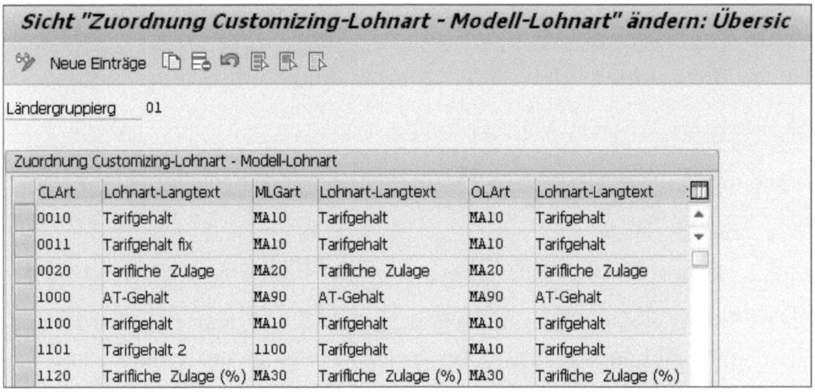

CLArt	Lohnart-Langtext	MLGart	Lohnart-Langtext	OLArt	Lohnart-Langtext
0010	Tarifgehalt	MA10	Tarifgehalt	MA10	Tarifgehalt
0011	Tarifgehalt fix	MA10	Tarifgehalt	MA10	Tarifgehalt
0020	Tarifliche Zulage	MA20	Tarifliche Zulage	MA20	Tarifliche Zulage
1000	AT-Gehalt	MA90	AT-Gehalt	MA90	AT-Gehalt
1100	Tarifgehalt	MA10	Tarifgehalt	MA10	Tarifgehalt
1101	Tarifgehalt 2	1100	Tarifgehalt	MA10	Tarifgehalt
1120	Tarifliche Zulage (%)	MA30	Tarifliche Zulage (%)	MA30	Tarifliche Zulage (%)

Abbildung 23.10 Zuordnung von Lohnart zu Musterlohnart (V_T52DZ)

23.9 Reports zur Kontrolle der Lohnarteneigenschaften

Die Reports, die eine Überprüfung der Lohnarteneigenschaften ermöglichen, bieten im Standard nur sehr spartanische Auswertungsmöglichkeiten. Es gibt einen Report zur Auswertung der Lohnarteneigenschaften aus Tabelle T512W (Lohnartenbewertung) und einen Report zur Überprüfung der Buchungseigenschaften.

23.9.1 Report RPDLGA20 (Überprüfen der Lohnarteneigenschaften in T512W)

23

Dieser Report hilft dabei, sich einen Überblick über die Lohnarteneigenschaften zu verschaffen und das Verhalten einer Lohnart in der Abrechnung zu analysieren. Er gibt z. B. Antwort darauf, welche Lohnarten in der Verarbeitungsklasse 01 den Wert »1« haben oder welche Lohnarten in die Kumulation 02 kumuliert werden (siehe Abbildung 23.11).

Es kann jedoch nicht ausgewertet werden, welche Lohnarten nicht in eine Kumulation einfließen, um z. B. zu prüfen, ob die Lohnarten, die in eine Kumulation einfließen, vollständig gepflegt wurden. Dazu wären komfortablere Auswertungsmöglichkeiten wünschenswert.

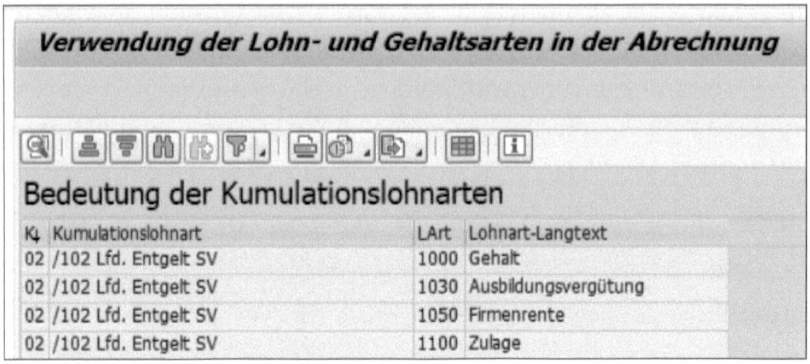

Verwendung der Lohn- und Gehaltsarten in der Abrechnung

Bedeutung der Kumulationslohnarten

Kŧ	Kumulationslohnart	LArt	Lohnart-Langtext
02	/102 Lfd. Entgelt SV	1000	Gehalt
02	/102 Lfd. Entgelt SV	1030	Ausbildungsvergütung
02	/102 Lfd. Entgelt SV	1050	Firmenrente
02	/102 Lfd. Entgelt SV	1100	Zulage

Abbildung 23.11 Beispiel RPDLGA20 (Kumulation 02 – kundeneigene Lohnarten)

23.9.2 Report RPDKON00 (Überprüfen der Buchungseigenschaften)

Dieser Report gibt die Buchungseigenschaften der Lohnarten in Form einer Liste (siehe Abbildung 23.12) oder in Form einer Baumstruktur aus. Buchungsrelevante Lohnarten werden einem symbolischen Konto zugeordnet und dieses wiederum einem Sachkonto. Die Zuordnung erfolgt abhängig vom zugeordneten Kontenplan und einer möglichen Gruppierung gemäß dem Merkmal PPMOD (siehe Abschnitt 6.3, »Buchung ins Rechnungswesen«).

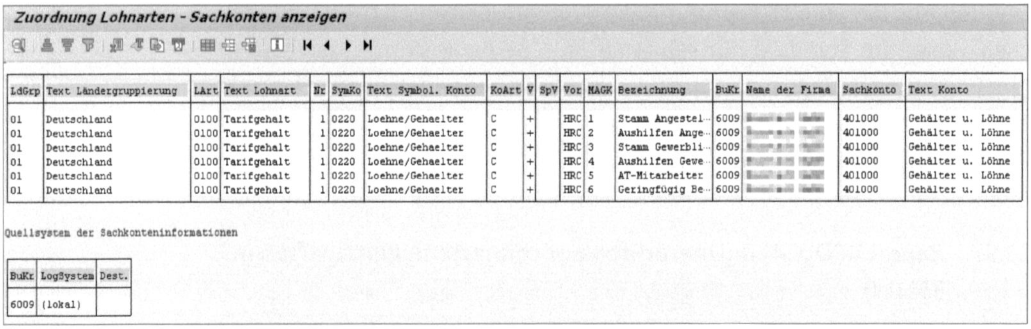

Zuordnung Lohnarten - Sachkonten anzeigen

LdGrp	Text Ländergruppierung	LArt	Text Lohnart	Nr	SymKo	Text Symbol. Konto	KoArt	V	SpV	Vor	MAGK	Bezeichnung	BuKr	Name der Firma	Sachkonto	Text Konto
01	Deutschland	0100	Tarifgehalt	1	0220	Loehne/Gehaelter	C	+		HRC	1	Stamm Angestel…	6009	[illegible]	401000	Gehälter u. Löhne
01	Deutschland	0100	Tarifgehalt	1	0220	Loehne/Gehaelter	C	+		HRC	2	Aushilfen Ange…	6009	[illegible]	401000	Gehälter u. Löhne
01	Deutschland	0100	Tarifgehalt	1	0220	Loehne/Gehaelter	C	+		HRC	3	Stamm Gewerbli…	6009	[illegible]	401000	Gehälter u. Löhne
01	Deutschland	0100	Tarifgehalt	1	0220	Loehne/Gehaelter	C	+		HRC	4	Aushilfen Gewe…	6009	[illegible]	401000	Gehälter u. Löhne
01	Deutschland	0100	Tarifgehalt	1	0220	Loehne/Gehaelter	C	+		HRC	5	AT-Mitarbeiter	6009	[illegible]	401000	Gehälter u. Löhne
01	Deutschland	0100	Tarifgehalt	1	0220	Loehne/Gehaelter	C	+		HRC	6	Geringfügig Be…	6009	[illegible]	401000	Gehälter u. Löhne

Quellsystem der Sachkonteninformationen

BuKr	LogSystem	Dest.
6009	(lokal)	

Abbildung 23.12 Zuordnung von Lohnart zu Sachkonto

Werden viele Gruppierungen verwendet, gibt dieser Report alle möglichen Kombinationen aus, was sehr unübersichtlich werden kann. In solchen Fällen empfiehlt es sich, die entsprechende Liste an Excel zu übergeben und dort mit Filtern weiterzuarbeiten.

Falls ein Durchgriff in ein FI-System per ALE eingerichtet ist, ist dies am Ende der Ausgabe als Quellsystem der Sachkonteninformation zu sehen. Ist kein Durchgriff eingerichtet, befindet sich in der Spalte **LogSystem** der Eintrag **(lokal)**.

23.10 Fazit

Die Konfiguration der Lohnarten ist in SAP ERP HCM in verschiedenen Tabellen abgelegt, von denen Tabelle T512W (Lohnartenbewertung) eine zentrale Steuerungsfunktion hat. Es ist wichtig, diese Tabelle mit ihren Steuerungseigenschaften zu kennen, um Lohnarten anpassen zu können. Sollen komplexere Berechnungen hinterlegt werden, müssen diese jedoch im Abrechnungsschema abgebildet werden. Diese bei komplexen Verarbeitungen auch notwendige Vorgehensweise macht die Steuerung der Berechnungen sehr flexibel. Nachteilig ist allerdings, dass das Ergebnis schnell unübersichtlich wird, weshalb diese Art des Vorgehens nur gezielt eingesetzt und gut dokumentiert werden sollte.

Kapitel 24
Customizing des Abrechnungsschemas

Das Abrechnungsschema legt den Ablauf der Personalabrechnung fest. Mithilfe der Werkzeuge Schemeneditor und Regeleditor können individuelle Anforderungen in den Ablauf der Abrechnung eingefügt werden. In diesem Kapitel lernen Sie diese Anpassungsmöglichkeiten kennen.

Ein Abrechnungsschema ist das Ablaufprogramm der Abrechnung. In SAP ERP HCM wird das Abrechnungsschema D000 für die deutsche Personalabrechnung bereitgestellt. Dieses Schema enthält die komplette Brutto- und Nettoabrechnung. Grundsätzlich kann das Schema D000 so, wie es ausgeliefert wird, für die Personalabrechnung eingesetzt werden. Es gibt jedoch bestimmte Stellen, an denen eine Anpassung erforderlich ist, wenn die ausgelieferten Regeln nicht den tariflichen oder firmenindividuellen Regelungen entsprechen. Außerdem können Berechnungen, die normalerweise manuell durchgeführt werden müssen, durch Erweiterungen dieses Schemas automatisiert werden. Dies kann z. B. die Berechnung von Weihnachtsgeld sein. Die Eingabe eines Betrags im Infotyp 0015 (Ergänzende Zahlung) ist ohne Anpassung des Schemas D000 möglich. Soll jedoch der zu ermittelnde Betrag nicht für alle Mitarbeitenden einzeln manuell berechnet und eingegeben werden, kann die Berechnung im Schema hinterlegt werden.

Erstellung eines kundenindividuellen Abrechnungsschemas

Zur Erstellung eines kundenindividuellen Abrechnungsschemas wird das Standardschema als Vorlage genommen und an den entsprechenden Stellen angepasst. Für eine erfolgreiche Anpassung ist es erforderlich, den Aufbau des Abrechnungsschemas zu kennen, um an den richtigen Stellen eingreifen zu können. Es gibt zwei Stellen, an denen regelmäßig kundenindividuelle Anpassungen erforderlich sind: die Bruttoberechnung (Teilschema DT00) und die Aliquotierung (Teilschema DALO).

[zB]

Notwendige Anpassungen

Im Folgenden finden Sie Beispiele für notwendige Anpassungen:

- Die Bewertungsgrundlagen zur Bewertung von Zeitlohnarten, die im Standard zur Verfügung gestellt werden, reichen nicht aus.

- Die Aliquotierungsregeln zur Kürzung unbezahlter Fehlzeiten liefern nicht das benötigte Ergebnis, da diese Regeln nicht den Anforderungen aus dem Tarifvertrag entsprechen.
- Die Berechnung von Lohnarten soll automatisch in der Abrechnung erfolgen und eine manuelle Berechnung ersetzen. So kann z. B. gewünscht sein, dass die Berechnung von Weihnachtsgeld automatisch erfolgen soll und nur der entsprechende Prozentsatz im Infotyp zur Verfügung gestellt wird. In der Abrechnung werden dann ein Grundbestandteil aus Basisbezügen und ein variabler Anteil aus einem Sechsmonatsdurchschnitt gebildet, die addiert und mit dem angegebenen Prozentsatz multipliziert werden.

[»]

Anpassungen bei Brutto- und Nettoberechnung

Während die Bruttoabrechnung durchaus Anpassungen erfordert, sollten die gesetzlichen Berechnungen im Nettoteil jedoch möglichst im Standard belassen werden. Hier sind wegen gesetzlicher Änderungen regelmäßige Updates von SAP erforderlich. Sind in diesen Bereichen kundenindividuelle Anpassungen erfolgt, müssen diese beim Einspielen von Support Packages manuell nachbearbeitet werden (siehe Kapitel 26, »Wartung in SAP ERP HCM«).

Die Pflege des Personalrechenschemas erfolgt mit dem Schemeneditor, der über Transaktion PE01 oder über das SAP-Easy-Access-Menü im Bereich der Personalabrechnung unter **Werkzeuge • Customizing Werkzeuge • Schema** zu finden ist. Mithilfe dieses Editors können Sie sich Schemen anzeigen lassen, sie anlegen und verändern.

24.1 Aufbau eines Personalrechenschemas

Befehle und Elemente

Ein Personalrechenschema besteht aus sehr vielen Befehlen, die in die folgenden Elemente gegliedert sind:

- **Personalrechenschemen**

  Ein Personalrechenschema besteht aus Anweisungen, die in einer definierten Abfolge ausgeführt werden. Über die Funktion COPY können gleichzeitig auch andere Schemen aufgerufen werden. Das Schema D000 besteht ausschließlich aus derartigen Aufrufen von Unterschemen über den Befehl COPY. Die Unterschemen sind nicht allein ausführbar, sondern sie ergeben nur im Kontext des Gesamtschemas einen Sinn. Die

Verwendung mehrerer Unterschemen gliedert das Abrechnungsschema in übersichtliche Bereiche, die thematisch zusammengehören.

- **Funktionen**
  Die in den Schemen enthaltenen Befehle werden *Funktionen* genannt; diese Funktionen können Personalrechenregeln aufrufen. In Abbildung 24.2 ist ein Teil eines Schemas dargestellt, in dem die Funktion in der Spalte rechts neben der Zeilennummerierung enthalten ist.
- **Personalrechenregeln**
  Die Personalrechenregeln, die Berechnungsvorschriften für die Lohnarten enthalten, werden aus dem Abrechnungsschema heraus aufgerufen. Die Abarbeitung dieser Regeln erfolgt nicht chronologisch, sondern kann eher mit der Struktur eines Entscheidungsbaums verglichen werden. Die einzelnen Regeln können wiederum andere Regeln aufrufen.
- **Operationen**
  Operationen sind die Befehle, aus denen die Regeln aufgebaut sind. Einen Überblick über die wichtigsten Operationen erhalten Sie in Anhang Anhang B, »Wichtige Operationen«. Viele Operationen sind durch die Vielzahl der möglichen Parameter, die mitgegeben werden können, sehr vielseitig einsetzbar.

24.2 Bestandteile eines Personalrechenschemas

In diesem Abschnitt lernen Sie die Bestandteile eines Personalrechenschemas kennen.

24.2.1 Attribute eines Schemas

Verwendung des Schemas

Mithilfe der in einem Personalrechenschema enthaltenen Attribute (siehe Abbildung 24.1) wird festgelegt, wie dieses Schema verwendet werden kann.

Zu definierende Attribute

Folgende Attribute müssen definiert werden:

- **Beschreibung**
  Name des Schemas
- **Programmklasse**
  Die Programmklasse legt fest, ob ein Schema für die Personalabrechnung (C) oder für die Zeitwirtschaft (T) verwendet werden kann. Auch in der Zeitwirtschaft werden Schemen und Regeln eingesetzt, die sich aber hinsichtlich der möglichen Funktionen und Operationen erheblich von den Personalrechenschemen unterscheiden.

- **Ländergruppierung**
  Schemen mit der Ländergruppierung 01 für Deutschland können nur für die deutsche Personalabrechnung verwendet werden. Mit »*« gekennzeichnete Schemen können international für alle Länder genutzt werden.
- **Ausführbarkeit von Schemen**
  Es gibt Schemen, die ausführbar sind und im Abrechnungstreiber eingegeben werden können, sowie Schemen, die nicht selbstständig ausgeführt werden können und nur Teilschema eines Abrechnungsschemas sind.
- **CE Schema**
  Die Option **CE Schema** kennzeichnet ein Schema als solches, das für die länderübergreifende Personalabrechnung (Concurrent Employment) eingesetzt werden kann. Dies ist allerdings in der deutschen Länderversion nicht möglich.
- **Verantwortlicher für das Schema**
  In das Feld **Verantwortlicher** wird die Person eingetragen, die für das Schema verantwortlich ist.
- **Änderungsrechte für das Schema**
  Ist die Option **Änderung nur durch Verantwortlichen** markiert, kann nur die als verantwortlich eingetragene Person das Schema ändern.

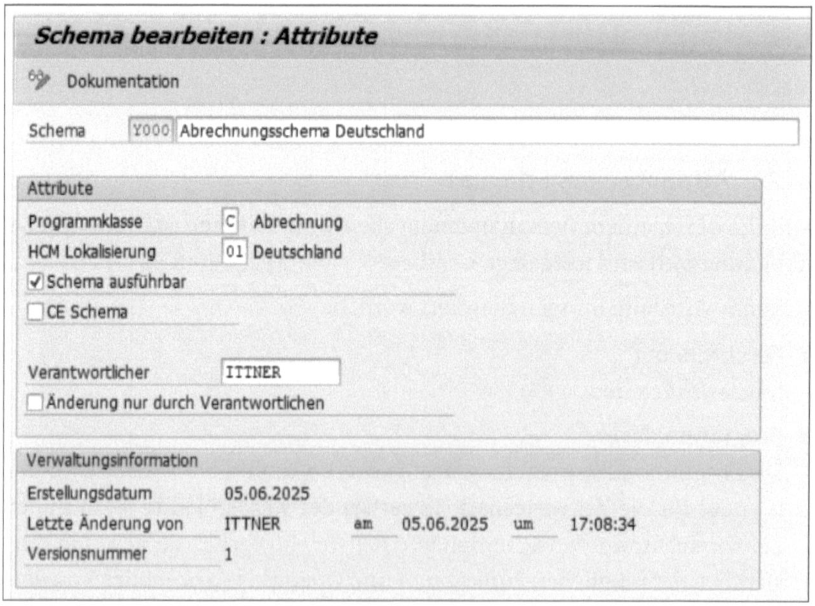

Abbildung 24.1 Attribute des Abrechnungsschemas

Die Datengruppe **Verwaltungsinformation** wird beim Anlegen automatisch erzeugt und kann nicht verändert werden. Die Verwaltungsinformation gibt an, wann das Schema erstellt und wann es zuletzt verändert wurde, und im Feld **Versionsnummer** wird die Anzahl der Veränderungen mitgezählt.

24.2.2 Quelltext eines Personalrechenschemas

Anleitungen zum Ablauf

Der Quelltext eines Personalrechenschemas besteht aus Anleitungen für den Ablauf der Personalabrechnung. In Abbildung 24.2 ist ein Ausschnitt aus dem Bruttoteil der deutschen Personalabrechnung dargestellt. Jede Zeile enthält eine Funktion, die mit mehreren Parametern und einem beschreibenden Text versehen werden kann.

Welche Parameter zulässig sind, können Sie der Hilfe entnehmen, die über die [F1]-Taste aufgerufen werden kann, wenn der Cursor auf der entsprechenden Funktion positioniert ist. Die Spalten in Abbildung 24.2 enthalten die folgenden Informationen:

- **Zeilennummer**
  Die Zeilennummer in der Spalte **Zeile** wird automatisch vergeben.
- **Funktionen**
  Die Spalte **Fkt** enthält die Funktionen, die in chronologischer Reihenfolge ausgeführt werden.
- **Parameter 1 bis 4**
  Die Parameter 1 bis 4 (Spalten **Par1** bis **Par4**) ermöglichen es, die Funktionen mittels Steuerungsparametern auszuführen. Der Parameter 1 enthält meist die auszuführende Personalrechenregel.
- **Deaktivieren oder Ausführen (D) einer Zeile**
  Durch die Eingabe eines Sterns in der Spalte **D** kann eine Zeile deaktiviert werden; diese deaktivierte Zeile wird schwarz dargestellt und im Ablauf nicht ausgeführt.
- **Text**
  Die Felder in der Spalte **Text** enthalten eine Beschreibung, die manuell vergeben werden kann. Änderungen am Schema sollten mit den Initialen des Ändernden und dem Änderungsdatum markiert werden, um diese Änderungen leichter zu erkennen.

Der Quelltext eines Schemas wird innerhalb des Schemeneditors gepflegt.

Schema bearbeiten : DT00

Befehl [ ] Stapel

Zeile	Fkt	Par1	Par2	Par3	Par4	D	Text
000010	BLOCK	BEG					Bruttoteil: Zeitdatenverarbeitung
000020	COPY	DPWS					Persönlicher Arbeitszeitplan
000030	PIT	D010	P01				Bewertungsgrundlagen bilden (Addition)
000040	PIT	D013	P01				Bewertungsgrundlagen bilden (Division)
000050	PIT	D014	P71				Fiktivbrutto bilden
000060	MOD	DMOD	GEN				Modifikatoren bereitstellen
000070	COPY	DTGZ					Zeitdaten generieren
000080	IF		BAU				Baulohn ?
000090	DBAU	0190					DBAU 0190 Vorarbeitgeber einlesen
000100	ENDIF						Ende Baulohn
000110	COPY	DKB0					Kurzarbeit/Schlechtwetter generieren
000120	PAB						Abwesenheiten bearbeiten
000130	IMPRT		L				Importiere das letzte Ergebnis
000140	DAB						Deutschland spezifische Abw.-Routinen
000150	IF		KUS				Kurzarbeit/Schlechtwetter ?
000160	PITAB	M	AZL				AZL mit ZL mischen
000170	PRINT	NP	ZL				ZL nach mischen mit AZL
000180	ENDIF						Ende KUG/SWG
000190	PRINT	NP	PART				Teilmonatsfaktoren drucken
000200	PRINT	NP	PARX				Abwesenheiten drucken
000210	D2010	D930	GEN	NOAB			Entgeltbelege verarbeiten
000220	COPY	DTB0					Einlesen Bewegungsdaten
000230	COPY	DVFA					Verpflegung, Fahrtkosten, Auslösung
000240	PALP	X012	GEN				BWGRL's fuer abw. Bezahlung ermitteln
000250	PIT	XALP		NOAB			hoeherwertige BWGRL + Aufgeld + Praemie
000260	ZLIT	D090	GEN	NOAB	*		ZL in IT und evtl. in XIT stellen
000270	COPY	DTUA					Urlaubs- und Zeitkontingentabgeltung
000280	COPY	DIW0					Leistungslohn
000290	IF		KUS				Kurzarbeit ?
000300	PIT	DKB2	P71				KUG Ab 98: Sollentgelt bilden
000310	ENDIF						Ende Kurzarbeit

Abbildung 24.2 Bruttoteil DT00 (Ausschnitt)

24.3 Modifikationskonzept

Grundregeln

Bevor mit der Anpassung des Personalrechenschemas begonnen werden kann, schauen wir uns das Modifikationskonzept von SAP näher an. Dieses Konzept besteht aus zwei Grundregeln:

- **Personalrechenschemen dürfen verändert werden.**
  Der Standard eines Personalrechenschemas bleibt nach dessen Veränderung im Hintergrund erhalten und kann jederzeit mit dem modifizierten Stand des Schemas verglichen werden. In einem veränderten Schema erfolgen jedoch im Rahmen von Updates keine automatischen Anpassungen, was bei einem im Originalzustand belassenen Schema der Fall ist.

- **Personalrechenregeln dürfen nicht verändert werden.**
  Personalrechenregeln sollten vor Änderungen geschützt werden (siehe IMG unter **Abrechnung Deutschland • Grundeinstellung • Abrechnungsorganisation • Personalrechenregeln schützen**). Sind dennoch Anpassungen notwendig, muss die zu ändernde Regel kopiert und die Kopie im Schema eingebunden werden.

Standardschemen und kundeneigene Schemen

Personalabrechnungsschemen werden in Standardschemen und kundeneigene Schemen kategorisiert. Die Standardschemen von SAP werden in einer mandantenunabhängigen Tabelle (T52C0, Abrechnungsschemen) abgelegt und die Kundenschemen in einer mandantenabhängigen Tabelle (T52C1, Abrechnungsschemen – Kunde). Die Verwaltung dieser Tabellen nimmt der Editor automatisch vor. Wird ein Schema verändert, erfolgt eine Kopie des Inhalts in die Kundentabelle, während das Original in der SAP-Tabelle verbleibt. Die Kopie wird produktiv verwendet, während das Original zu Vergleichszwecken erhalten bleibt. Dies macht ein zusätzliches Kopieren des Schemas im Rahmen von Anpassungen nicht zwingend notwendig. Allerdings werden Schemen häufig dennoch kopiert, um schneller erkennen zu können, welche Schemen angepasst wurden und welche Schemen sich noch im Originalzustand befinden. Im Editor wird jedoch immer nur der angepasste Zustand eines Schemas angezeigt und verwendet. Lediglich über die Funktion **Vergleichen** kann das veränderte Schema mit dem Standardschema abgeglichen werden.

Durch dieses Konzept ist also die Modifikation von Standardschemen möglich, ohne dass diese in einen eigenen Namensraum kopiert werden müssten. Während der Bearbeitung eines Schemas erkennen Sie an der Meldung »Sie bearbeiten ein Standardschema« im unteren Bildbereich, dass sich dieses im Standardzustand befindet.

Ein angepasstes Schema können Sie löschen. Dadurch wird das Standardschema wieder aktiv. Das Standardschema kann hingegen nicht gelöscht werden.

Beim Einspielen von Support Packages wird nur das Standardschema aktualisiert, weshalb das Kundenschema über die Vergleichsfunktion angepasst werden muss, um Aktualisierungen von SAP in der eigenen Version des Schemas nachvollziehen zu können.

Beim Anlegen von neuen Schemen sollte ein Name gewählt werden, der mit einer Ziffer, einer runden Klammer oder dem Buchstaben »Z« beginnt.

[»]

Versehentlich gespeicherte Schemen

Wurde ein Schema versehentlich gespeichert und in ein Kundenschema kopiert, ohne dass eine Änderung vorgenommen worden ist, sollte es gelöscht werden. Damit wird das Standardschema von SAP wieder aktiv, und die Änderungen durch die Support Packages werden wieder automatisch wirksam, ohne dass ein Abgleich notwendig ist.

Vor der Anpassung von Rechenregeln ist es immer notwendig, eine Kopie der entsprechenden Regel zu erstellen, denn der Standard sollte hier nie verändert werden. Meist wird bei der Kopie der erste Buchstabe gegen ein »Z« ausgetauscht, um schneller erkennen zu können, von welcher Regel eine Kopie erstellt wurde. Außerdem muss das zugrunde liegende Schema angepasst werden, denn der Aufruf der Rechenregel muss angepasst und die ursprüngliche Regel durch die angepasste Kopie ersetzt werden.

24.4 Funktionen des Editors für Personalrechenschemen

Der Editor für Personalrechenschemen, der über Transaktion PE01 (Pflege von Personalrechenschemen) aufgerufen wird, ist das Werkzeug, mit dem die Personalrechenschemen gepflegt werden können (siehe Abbildung 24.3). Über die Wertehilfe können Sie das Schemenverzeichnis aufrufen (siehe Abbildung 24.4).

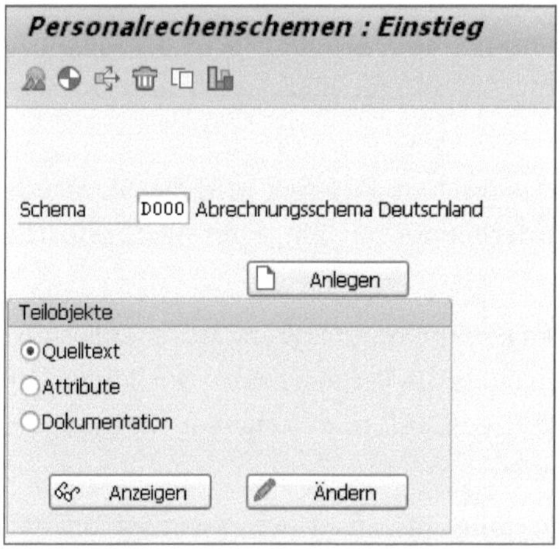

Abbildung 24.3 Einstiegsbild des Editors für Personalrechenschemen (Transaktion PE01)

Grundfunktionen des Editors für Personalrechenschemen

Folgende Grundfunktionen sind mit dem Editor für Personalrechenschemen (siehe Abbildung 24.3) möglich:

- **Ändern eines Personalrechenschemas**
  Über den Button **Ändern** können in einem vorhandenen Personalrechenschema zusätzliche Zeilen eingefügt oder vorhandene Zeilen deaktiviert, geändert oder gelöscht werden. Beim Ändern von Standardschemen sollten Sie darauf achten, dass ein Abgleich mit dem SAP-Standard übersichtlich bleibt. Denn wenn zu viel verändert wird, ist die Darstellung des Vergleichs unübersichtlich und nur schwer erkennbar, was angepasst wurde.
- **Anzeigen eines Personalrechenschemas**
  Ein Personalrechenschema kann über den Button **Anzeigen** zur Ansicht geöffnet werden.
- **Kopieren eines Personalrechenschemas**
  Über den entsprechenden Button kann eine identische Kopie des Personalrechenschemas erstellt werden.
- **Anlegen eines neuen Personalrechenschemas**
  Neue Personalrechenschemen können über den Button **Anlegen** erstellt werden.
- **Löschen eines Personalrechenschemas**
  Vorhandene Schemen können durch einen Klick auf den **Löschen**-Button entfernt werden. Handelt es sich um ein SAP-Standardschema, wird nur die angepasste Kundenversion gelöscht, und der Standard bleibt erhalten.
- **Aufruf des Schemenverzeichnisses**
  Über das Anklicken der Wertehilfe zum Schema wird das Schemenverzeichnis aufgerufen (siehe Abbildung 24.4). Im erscheinenden Selektionsbild können Schemen nach verschiedenen Kriterien gesucht werden.
- **Schema generieren**
  Alle ablauffähigen Schemen müssen generiert werden, bevor sie für eine Personalabrechnung verwendet werden können. Der Abrechnungstreiber RPCALCD0 (Abrechnungsprogramm Deutschland) nimmt diese Generierung automatisch vor; ein manuelles Generieren ist normalerweise nicht erforderlich. Beim Generieren wird eine komprimierte Version des betreffenden Schemas in den Cluster PS geschrieben; diese Version wird aus Performancegründen im Abrechnungstreiber verwendet. Die generierte Version des Schemas kann über den Report RPCLSTPS (Anzeigen von generierten Schemen) angezeigt werden.

- **Verwendungsnachweis**
  Der Verwendungsnachweis zeigt, ob ein Schema als Unterschema eines anderen Schemas verwendet wird. In diesem Zusammenhang kann nach SAP-Schemen oder Kundenschemen gesucht werden.
- **Pflege der Attribute**
  Durch die Anwahl des Radiobuttons **Attribute** kann in die Anzeige oder die Pflege der Attribute gesprungen werden (siehe Abbildung 24.3).
- **Pflege der Dokumentation**
  Durch Auswahl des Teilobjekts **Dokumentation** im Einstiegsbild (siehe Abbildung 24.3) wird in die Pflege der Dokumentation verzweigt.

Dokumentation von SAP-Standardschemen

Wird die Dokumentation von SAP-Standardschemen geändert, muss beim Einspielen von Support Packages darauf geachtet werden, dass diese Texte an den Modifikationsabgleich (Transaktion SPAU) angeschlossen sind. Die Texte dürfen dort nicht auf den Standard zurückgesetzt werden, denn sonst gehen die Änderungen verloren.

Das Schemenverzeichnis (siehe Abbildung 24.4) hilft beim Auffinden von Personalrechenschemen. Hier kann nach den verschiedenen Attributen eines Schemas gesucht werden.

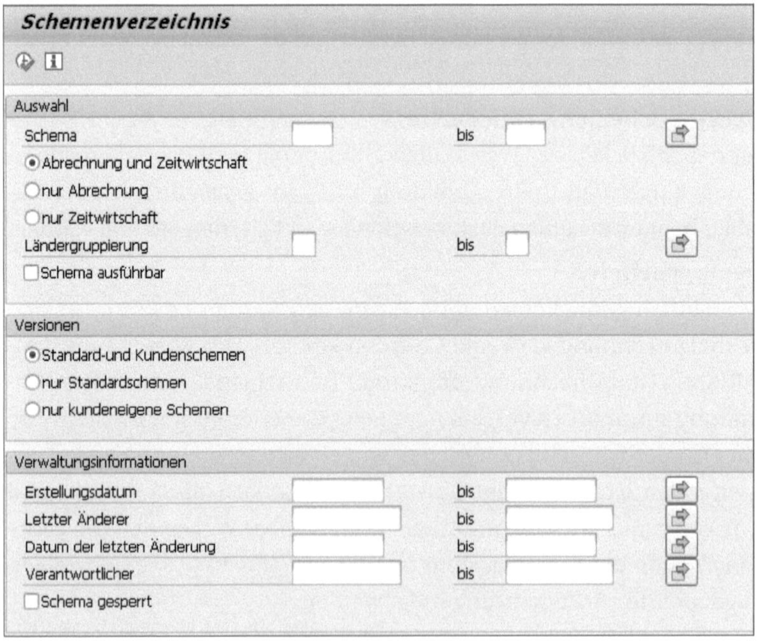

Abbildung 24.4 Schemenverzeichnis

24.5 Pflege des Quelltextes von Personalrechenschemen

Grafik- und Tabellendarstellung

Die Darstellung des Quelltextes ist in der Grafikdarstellung und in der Tabellendarstellung möglich, jedoch unterstützt nur die Tabellendarstellung die Pflege des Personalrechenschemas. Die in Abbildung 24.5 gezeigte Grafikdarstellung gibt in der linken Bildhälfte das Schema mit allen Unterschemen in Baumdarstellung wieder, und in der rechten Bildhälfte sehen Sie das Schema in der Tabellendarstellung.

Die Navigation in der Grafikdarstellung mit der Möglichkeit, Unterschemen aufzulösen, ist sehr komfortabel; da aber in dieser Darstellungsart keine Pflege möglich ist und sie daher nur bedingt einsetzbar ist, findet sie nur selten Verwendung.

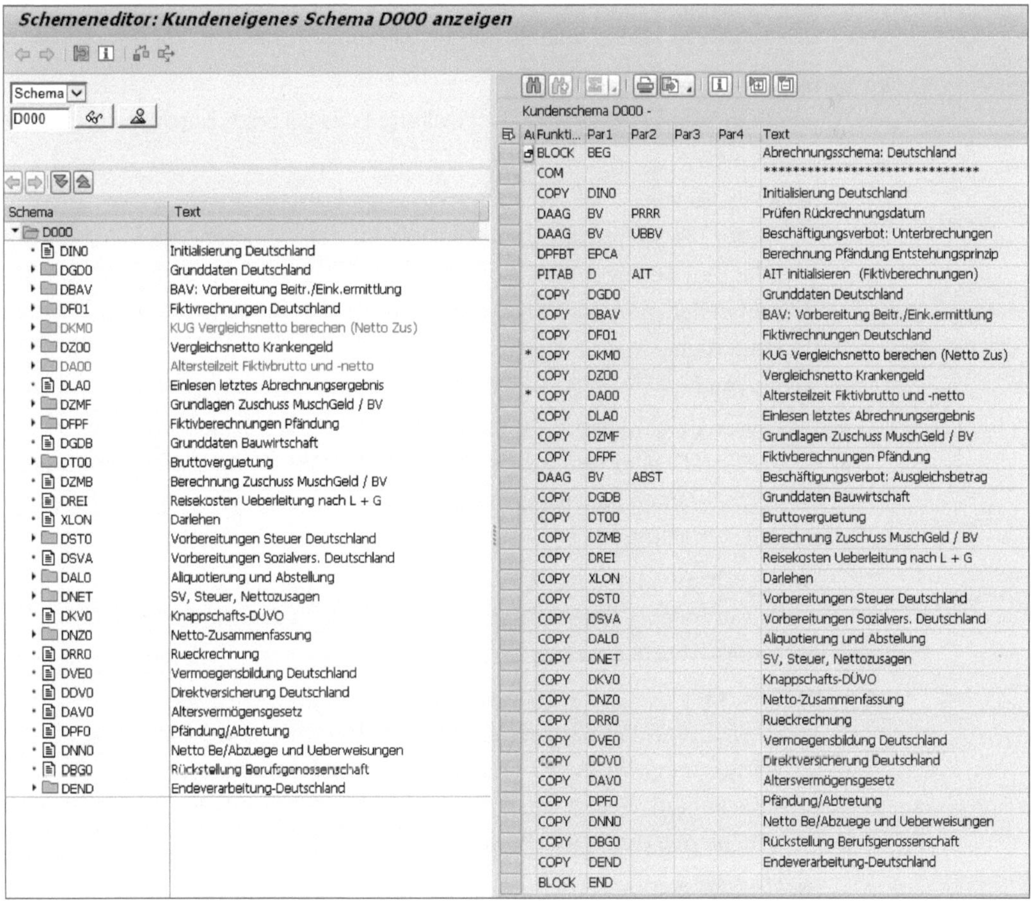

Abbildung 24.5 Grafikdarstellung

24.5.1 Zeilenbefehle für die Pflege

Die Pflege des Personalrechenschemas erfolgt über Zeilenbefehle, die in die Spalte eingetragen werden, die die Zeilennummern enthält. Die einzelnen Nummern können dabei überschrieben werden. Wie aus Abbildung 24.6 hervorgeht, soll in diesem Beispiel die erste Zeile über den Befehl »M« (Move) verschoben werden. Als Ziel ist die folgende Zeile markiert, und zwar mit einem »A« (After), was bedeutet, dass die Zeile nach dieser Zeile eingefügt wird.

m00050	PIT	D014	P71				Fiktivbrutto bilden
a00060	MOD	DMOD	GEN				Modifikatoren bereitstellen

Abbildung 24.6 Zeilenbefehle

Zeilenbefehle

Die folgenden Zeilenbefehle können verwendet werden:

- *
  Über diesen Befehl wird die gewählte Zeile als erste Zeile des Editors angezeigt.
- A – (A)fter
  Dieser Befehl bestimmt die Zielzeile für den **Kopieren**-Befehl (C/CC...CC) oder den **Bewegen**-Befehl (M/MM...MM). Die kopierten oder verschobenen Zeilen werden direkt hinter oder unter der ausgewählten Zielzeile eingefügt.
- B – (B)efore
  Dieser Befehl bestimmt ebenfalls die Zielzeile für den **Kopieren**-Befehl (C/CC...CC) oder den **Bewegen**-Befehl (M/MM...MM). Die kopierten oder verschobenen Zeilen werden direkt vor bzw. über der ausgewählten Zielzeile eingefügt.
- C – (C)opy
  Dieser Befehl kopiert die ausgewählte Zeile in die mit dem Befehl A oder B spezifizierte Zielzeile.
- CC ... CC
  Über diesen Befehl wird der ausgewählte Zeilenblock bzw. das ausgewählte Zeilenintervall in die mit dem Befehl A oder B spezifizierte Zielzeile kopiert. Geben Sie in der ersten und in der letzten Zeile des Blocks, den Sie markieren möchten, »CC« ein.
- D – (D)elete
  Dieser Befehl löscht die gewählte Zeile.

- **DD ... DD**
  Über diesen Befehl löschen Sie den gewünschten Zeilenblock bzw. das gewünschte Zeilenintervall. Geben Sie in der ersten und in der letzten Zeile des Blocks, den Sie löschen möchten, »DD« ein.
- **I – (I)nsert**
  Dieser Befehl fügt eine Leerzeile direkt unter der markierten Zeile ein.
- **In**
  Durch die Eingabe dieses Befehls werden *n* Leerzeilen direkt unter der markierten Zeile eingefügt.
- **M – (M)ove**
  Durch diesen Befehl verschieben Sie die markierte Zeile hinter bzw. vor die mithilfe der Befehle A und B markierte Zielzeile.
- **MM ... MM**
  Dieser Befehl verschiebt den angewählten Zeilenblock bzw. das angewählte Zeilenintervall. Geben Sie in der ersten und in der letzten Zeile des Blocks, den Sie verschieben möchten, »MM« ein.
- **R – (R)epeat**
  Über diesen Befehl duplizieren Sie die markierte Zeile. Die Kopie wird in die Zeile direkt unter dem Original eingefügt.
- **Rn**
  Dieser Befehl dupliziert die markierte Zeile *n*-mal. Die Kopien werden direkt unter dem Original eingefügt.

24.5.2 Editorbefehle

Die Befehlszeile im oberen Bereich des Editors (siehe Abbildung 24.7) ermöglicht die Eingabe von Editorbefehlen.

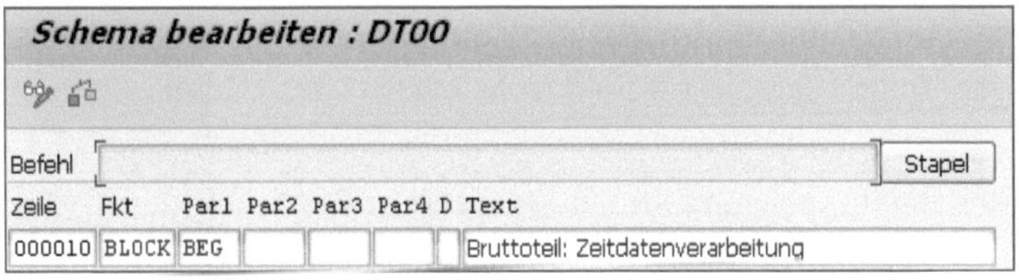

Abbildung 24.7 Befehlszeile des Editors

24

Editorbefehle

Folgende Befehle können hier verwendet werden:

- **A – (A)ttach**
  Dieser Befehl dient als »Sprungfunktion«. Der Cursor wird zunächst auf die gewünschte Zeilennummer bewegt. Geben Sie nun »A« ein, gefolgt

von einem Leerzeichen, und dann die Zeilennummer, zu der Sie gelangen möchten.

- CHECK
  Durch diesen Befehl wird eine Überprüfung der Syntax vorgenommen.
- F – (F)etch
  Dieser Befehl ermöglicht Ihnen die Anzeige/Pflege eines anderen Schemas bzw. einer anderen Regel. Geben Sie »F« ein, gefolgt von einem Leerzeichen, und dann den Namen des gewünschten Objekts.
- FIND
  Dieser Befehl sucht nach der ersten Stelle, an der eine Zeichenkette innerhalb des Quelltextes auftaucht. Geben Sie »FIND« ein, gefolgt von einem Leerzeichen, und dann die Zeichenkette, die Sie suchen.

[»]

Funktion »Weiter suchen«

Die Funktion **Weiter suchen** ermittelt alle weiteren Stellen, an denen die Zeichenkette auftritt.

- I – (I)nsert
  Über diesen Befehl fügen Sie die angegebene Anzahl an Leerzeilen am Ende des Editors ein. Geben Sie »I«, gefolgt von einem Leerzeichen, und dann die gewünschte Anzahl ein.
- PRINT
  Durch die Eingabe »PRINT« wird der Quelltext in Listform angezeigt. Von diesem Bild aus können Sie angeben, wie der Ausdruck aussehen soll.
- R – (R)eplace
  Dieser Befehl ersetzt eine Zeichenkette durch eine andere. Die gesuchte Zeichenkette wird an jeder Stelle, an der sie auftritt, ersetzt. Geben Sie »R« ein, gefolgt von einem Leerzeichen, dann die zu ersetzende Zeichenkette, gefolgt von einem Leerzeichen, und danach die Ersatzzeichenkette.
- U – (U)pdate
  Über diesen Befehl speichern Sie den Quelltext und nehmen gleichzeitig eine Syntaxprüfung vor. Wird ein Fehler gefunden, können Sie die Speicherung abbrechen.

Diese Funktionen können auch über die entsprechenden Buttons und über das Menü des Editors ausgeführt werden.

24.5.3 Quelltexte von Schemen vergleichen

Mithilfe der Vergleichsfunktion kann der Quelltext von verschiedenen Schemen verglichen werden. So können Sie zwei unterschiedliche Schemen oder die Kundenversion eines Schemas mit der Standardversion vergleichen. Sie gelangen zur Vergleichsfunktion, indem Sie das gewünschte Schema mithilfe des Editors aufrufen und den Menüpfad **Schema • Vergleichen** wählen (siehe Abbildung 24.8).

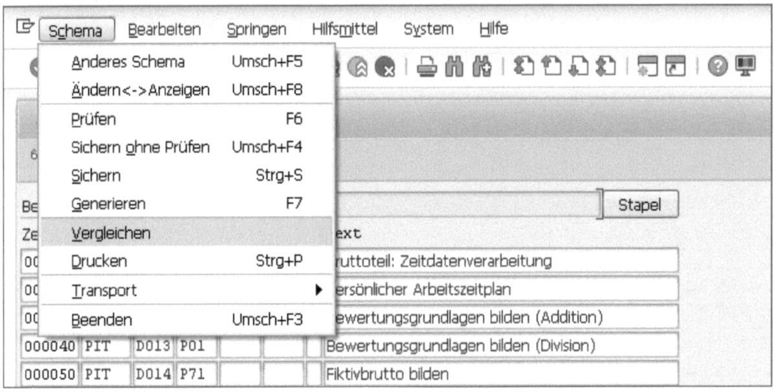

Abbildung 24.8 Vergleich starten

Verarbeitungsoptionen

Die folgenden Verarbeitungsoptionen (siehe Abbildung 24.9) können Sie wählen:

- **Standardschema verwenden**
  Markieren Sie diese Option, wenn Sie die SAP-Standardversion zum Vergleich heranziehen möchten. Dies funktioniert natürlich nur, wenn es sich um ein Standardschema handelt.

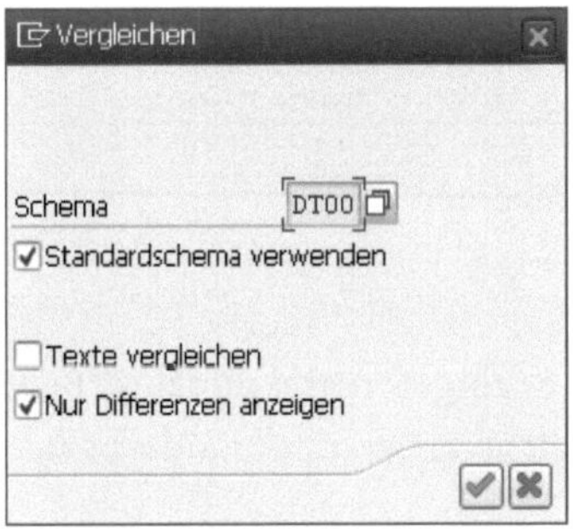

Abbildung 24.9 Schemen vergleichen

- **Texte vergleichen**
  Diese Option bezieht die Kommentare in der Spalte **Text** (siehe Abbildung 24.2 weiter vorn) in den Vergleich mit ein.

24

- **Nur Differenzen anzeigen**
  Diese Option zeigt nur die gefundenen Unterschiede an. Wenn Sie diese Funktion nicht wählen, werden sowohl unterschiedliche als auch identische Abschnitte angezeigt.

Vergleich

Im Vergleichsergebnis können Sie die folgenden Überschriften finden. Als Beispiel (siehe Abbildung 24.10) mit einer gelöschten Zeile.

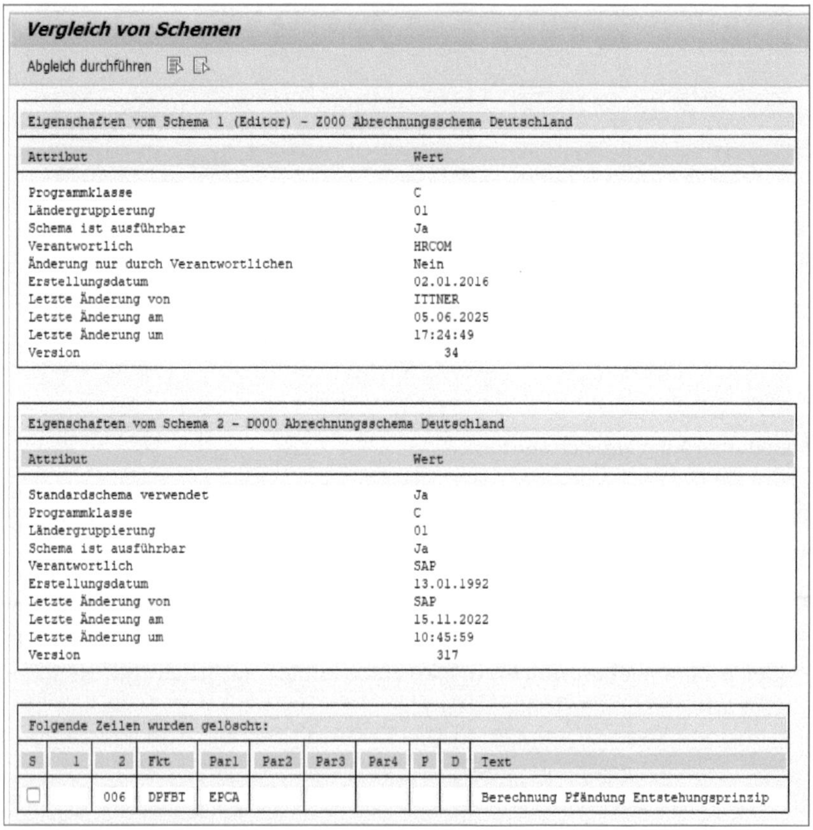

Abbildung 24.10 Vergleich von Abrechnungsschemen

- **Inhalt unverändert**
  Wenn Sie die Option **Nur Differenzen anzeigen** nicht markiert haben, wird hier für das Schema 1 angezeigt, welche Zeilen unverändert sind.
- **Folgende Zeilen wurden verändert**
  Hier werden zuerst die veränderten Zeilen von Schema 1 und anschließend die veränderten Zeilen von Schema 2 angezeigt.
- **Folgende Zeilen wurden eingefügt**
  Zeilen, die nur in Schema 1, nicht aber in Schema 2 existieren, werden hier angezeigt.

- **Folgende Zeilen wurden gelöscht**
  Zeilen, die es nur in Schema 2, aber nicht in Schema 1 gibt, werden hier angezeigt.

Bestimmte Funktionen des Abrechnungsschemas rufen Rechenregeln zur Lohnartenverarbeitung auf. Die Funktionsweise von Rechenregeln beschreiben wir im nächsten Abschnitt.

24.6 Personalrechenregeln

Die Personalrechenregeln enthalten Anweisungen, sogenannte *Operationen*, mit deren Hilfe Bedingungen geprüft und Berechnungen durchgeführt werden. Die meisten Regeln umfassen Berechnungsvorschriften für Lohnarten.

24.6.1 Lohnarten in der SAP-Abrechnung

Im Zentrum der Rechenregeln, die im Schema aufgerufen werden, steht die Verarbeitung von Lohnarten. Mithilfe bestimmter Rechenregeln können komplexe Berechnungen im Abrechnungsschema automatisiert werden.

Wie werden Lohnarten in die Abrechnung übernommen?

Zu Beginn der Abrechnung werden Lohnarten in die Abrechnung eingelesen, mit deren Hilfe im Verlauf der Abrechnung weiterführende Berechnungen durchgeführt werden. Die Lohnarten werden aus den Infotypen der Personaladministration gelesen oder den Zeitauswertungsergebnissen entnommen und in die interne Tabelle IT (Eingabetabelle) gestellt (siehe Abbildung 24.11).

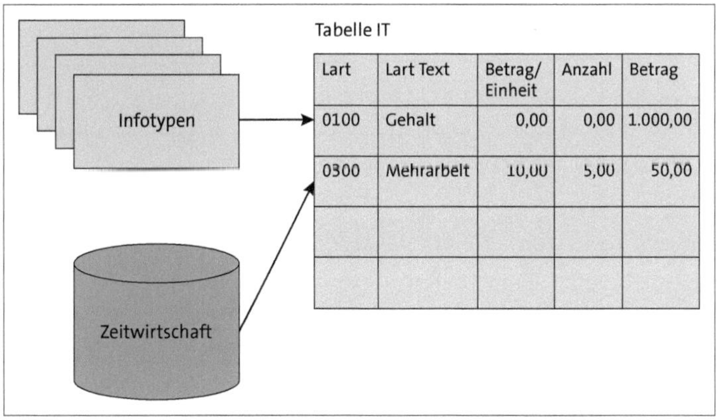

Abbildung 24.11 Übernahme von Lohnarten in die Personalabrechnung

Funktionen zum Lesen von Lohnarten

Die wichtigsten Funktionen zum Lesen von Lohnarten aus den Infotypen sind:

- WPBP – Einlesen der Basisbezüge (Infotyp 0008), Maßnahmen (Infotyp 0000), Organisatorische Zuordnung (Infotyp 0001), Sollarbeitszeit (Infotyp 0007) und Kostenverteilung (Infotyp 0027)
- P0014 – Einlesen der wiederkehrenden Be-/Abzüge (Infotyp 0014)
- P0015 – Einlesen der ergänzenden Zahlungen (Infotyp 0015)

Zusammenspiel der internen Abrechnungstabellen in der Funktion PIT

Die Funktion, die am häufigsten verwendet wird, um Rechenregeln zur Verarbeitung von Lohnarten aufzurufen, ist die Funktion PIT (Process Input Table). Sie verarbeitet, wie in Abbildung 24.12 dargestellt, alle Einträge von Tabelle IT (Eingabetabelle), führt mit den relevanten Lohnarten Berechnungen durch und stellt die Lohnarten im Anschluss in Tabelle OT (Ausgabetabelle) ein. Nachdem alle Lohnarten bearbeitet worden sind, wird der Inhalt von Tabelle OT komplett an Tabelle IT übertragen. Der ursprüngliche Inhalt von Tabelle IT geht dabei verloren.

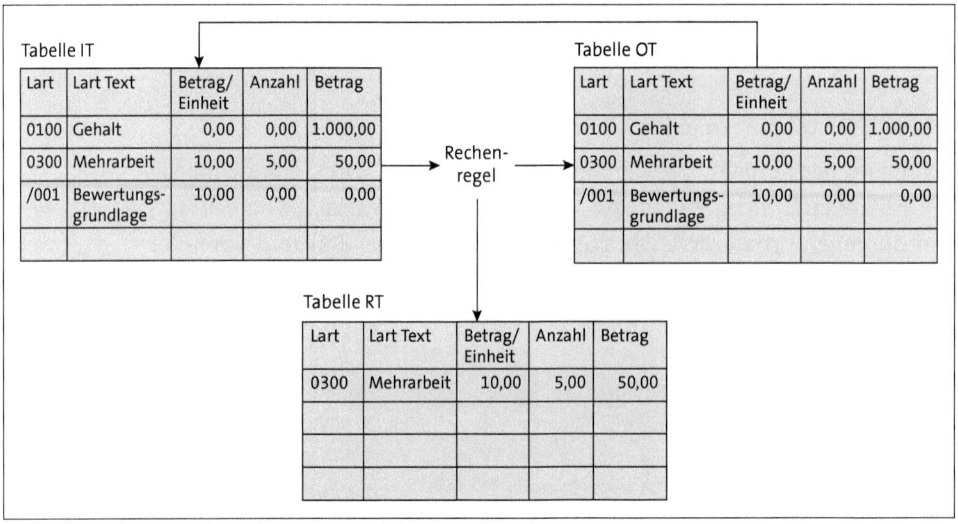

Abbildung 24.12 Zusammenspiel der Tabellen IT, OT und RT

Alternativ können Lohnarten, die bereits fertig berechnet sind, auch in Tabelle RT (Ergebnistabelle) abgestellt werden. Diese Lohnarten werden im weiteren Verlauf der Abrechnung von der Funktion PIT nicht mehr berücksichtigt. Die Tabellen IT und OT sind nur im Verlauf der Personalabrechnung gefüllt, während Tabelle RT in den Abrechnungsergebnissen abgespeichert wird.

24.6.2 Bestandteile einer Personalrechenregel

Eine Personalrechenregel (kurz: Regel) bearbeitet die durch eine Funktion bereitgestellten Lohnarten einer beschäftigten Person in einer internen Abrechnungstabelle und besteht aus einer Abfolge von Operationen. In einem Schema können Regeln mit unterschiedlichen Funktionen aufgerufen werden.

Die Pflege von Personalrechenregeln erfolgt über Transaktion PE02 oder über das SAP-Easy-Access-Menü unter **Werkzeuge • Customizing Werkzeuge • Rechenregeln**. Über diesen Editor können Sie sich Regeln anzeigen lassen, sie erfassen und verändern.

Attribute einer Personalrechenregel

In den Attributen einer Personalrechenregel (siehe Abbildung 24.13) erfolgt eine Zuordnung zur Programmklasse C (Personalabrechnung). Eine Klassifizierung ist notwendig, weil auch in der Zeitwirtschaft Rechenregeln verwendet werden. Die Zuordnung zu einer Länderversion (01 = Deutschland) schränkt die Verwendung der Regel auf ein bestimmtes Land ein.

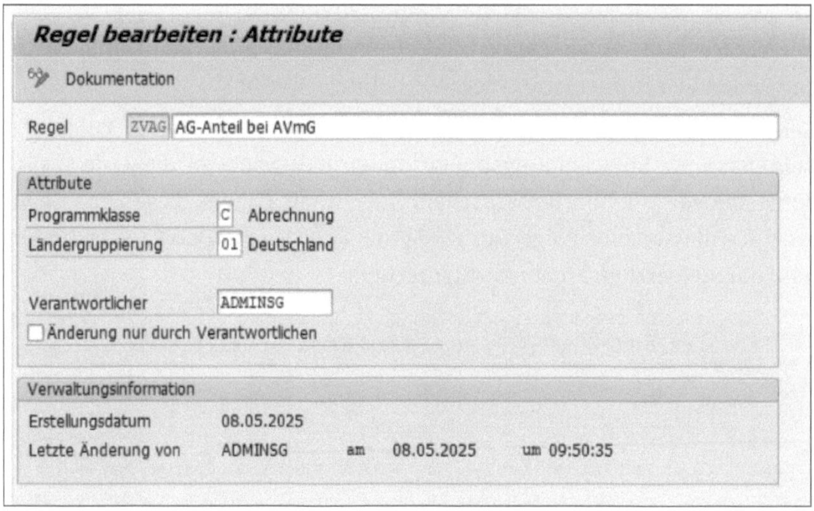

Abbildung 24.13 Attribute einer Personalrechenregel

> **Wartung der Personalabrechnung**
>
> Im Rahmen der Wartung der Personalabrechnung ist es hilfreich, schnell erkennen zu können, ob eine Regel von einer Standardregel kopiert und an Kundenbedürfnisse angepasst oder ob diese Regel völlig neu erstellt wurde. Eine Möglichkeit, dies umzusetzen, besteht darin, diese Informationen

im Text zu vermerken. Wie Sie in Abbildung 24.13 sehen, handelt es sich hier um eine komplett neu erstellte Regel; bei einer Kopie könnte man z. B. »Kopie von XXXX« eintragen.

Durch Kennzeichnen des Feldes **Änderung nur durch Verantwortlichen** kann die Pflegeverantwortung der verantwortlichen Person fest zugeordnet werden. Für alle anderen Mitarbeitenden steht diese Regel dann nur im Anzeigemodus zur Verfügung.

Die Verwaltungsinformationen geben Auskunft über die Einstellungsdaten sowie über Uhrzeit, Datum und Namen desjenigen, der die letzten Änderungen vorgenommen hat.

24.6.3 Pflege von Personalrechenregeln

Die Pflege von Personalrechenregeln ist in zwei Darstellungsvarianten möglich: in der Tabellendarstellung und in der Grafikdarstellung.

Fensterelemente des Editors in der Tabellendarstellung

Die Verarbeitung von Regeln erfolgt nicht sequenziell, sondern am Ende einer Zeile muss immer eine Folgezeile definiert werden.

Entscheidungsoperation

Dies kann eine Entscheidungsoperation oder der Aufruf einer Folgezeile sein. Bei einer Entscheidungsoperation wird als Nächstes die Zeile ausgeführt, die das Ergebnis der Entscheidung enthält. Gibt es diese Zeile nicht, wird stattdessen eine Folge von »*«-Symbolen gesucht. Dabei muss die Anzahl der Stellen dem Ergebnis entsprechen.

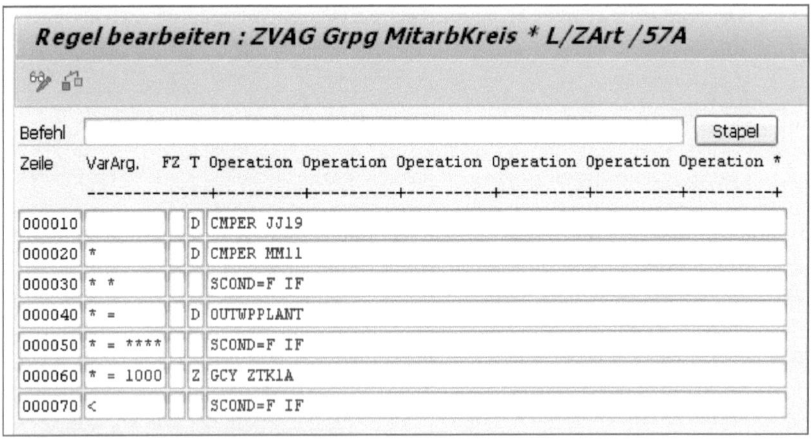

Abbildung 24.14 Editor für Rechenregeln – Tabellendarstellung

Folgezeile

Der Aufruf einer Folgezeile erfolgt über die Operation NEXTR, für die alternativ auch einfach ein »*« eingesetzt werden kann. Es kann eine Folgezeile mitgegeben werden, z. B. mit NEXTR A, was den Aufruf einer Folgezeile mit dem Buchstaben »A« in der Spalte Folgezeile (**FZ**) zur Folge hätte; wird nichts mitgegeben, wird die Folgezeile 1 erwartet.

In der Tabellendarstellung (siehe Abbildung 24.14) finden Sie die folgenden Elemente zum Aufbau einer Regel:

- **Zeilennummer**
  Analog zum Schemeneditor gibt es auch hier eine Zeilennummer, die automatisch vergeben wird. Es können die gleichen Befehle, wie in Abschnitt 24.5, »Pflege des Quelltextes von Personalrechenschemen«, beschrieben, verwendet werden.
- **VarArg. (variables Argument)**
  Im Gegensatz zu den Schemen werden die Regeln hier nicht sequenziell abgearbeitet. Es muss vielmehr am Ende einer Zeile festgelegt werden, welche Zeile als Nächstes verarbeitet werden soll. Dies kann durch den Sprungbefehl NEXTR geschehen, für den alternativ auch ein »*« verwendet werden kann. Oder es wird eine Entscheidungsoperation aufgerufen, bei der – abhängig vom Ergebnis – die nächste Zeile angesprungen wird. Das Ergebnis der Entscheidung steht in der Spalte **VarArg.** (variables Argument).
- **Folgezeile**
  Werden mehr als sechs Operationen aneinandergereiht, muss am Ende einer Zeile der Aufruf einer Folgezeile durchgeführt werden. Dies kann durch den Sprungbefehl NEXTR geschehen, für den alternativ auch ein »*« verwendet werden kann. Die Folgezeile muss in der Spalte **FZ** (Folgezeile) eine entsprechende Nummerierung enthalten.
- **T – Regeltyp**
  Der Regeltyp steuert die Art der Verarbeitung. Wenn kein Regeltyp festgelegt ist, ist die Verarbeitung am Ende der Zeile beendet, oder es wird über den Sprungbefehl NEXTR oder mit »*« die nächste Zeile aufgerufen.

  Es gibt die folgenden Regeltypen:

  - **Regeltyp D**
    Der Regeltyp **D** (Decision) wird im Rahmen von Entscheidungsoperationen verwendet; das Ergebnis einer Entscheidung wird anhand des variablen Arguments weiterverarbeitet.
  - **Regeltyp P**
    Nach dem Regeltyp **P** (Processing) folgt eine Operation, mit der eine weitere Personalrechenregel ausgeführt wird. Es wird dazu ein Unter-

programm aufgerufen. Ist diese weitere Personalrechenregel abgearbeitet, erfolgt ein Rücksprung, und die nächste Operation in der Zeile wird abgearbeitet.

  - **Regeltyp Z**
    Nach dem Regeltyp **Z** erfolgt eine Operation, mit der in eine weitere Personalrechenregel verzweigt wird. Nach der Abarbeitung dieser weiteren Personalrechenregel erfolgt kein Rücksprung.

- *** – Kommentarzeile**
  Eine mit »*« markierte Zeile wird nicht ausgeführt, sondern kann zum Kommentieren der Verarbeitung verwendet werden.

- **Operation**
  Eine Operation ist der kleinste Bestandteil einer Regel. In einer Zeile können bis zu sechs Operationen stehen, die in Zeichenblöcke von je zehn Zeichen gepackt sind. Wichtig ist, dass eine Operation genau an der richtigen Position beginnt. Wenn an der ersten Stelle nichts gefunden wird, ist für die Abrechnung die Verarbeitung dieser Zeile beendet. Der Rest der Zeile wird als Kommentar interpretiert.

[»]

Hilfefunktion zur Bearbeitung von Regeln

Zur Bearbeitung von Regeln steht eine sehr ausführliche Hilfefunktion zur Verfügung, die dabei hilft, die teilweise sehr umfangreichen Möglichkeiten zur Verwendung von Operationen kennenzulernen. Diese Funktion kann über die F1-Taste aufgerufen werden, wenn der Cursor auf einer Operation positioniert ist.

Fensterelemente des Editors in der Grafikdarstellung

In der Grafikdarstellung (siehe Abbildung 24.15) lässt sich der Ablauf einer Regel leichter nachvollziehen. Dies ist besonders für Personen, die wenig erfahren in der Pflege von Regeln sind, eine große Hilfe.

Das variable Argument wird in der Darstellung nicht angezeigt, sondern im Hintergrund gepflegt. Auch muss man sich nicht um den Aufruf von Folgezeilen mit der Operation NEXTR kümmern, denn diesen nimmt der Editor im Hintergrund vor. Außerdem werden die Operationen mit einem kurzen Text versehen, untereinander dargestellt, was im Vergleich zum Tabelleneditor übersichtlicher ist. Dafür ist die Pflege einer Personalrechenregel in der Grafikdarstellung etwas umständlicher als in der Tabellendarstellung, denn es muss immer erst der Cursor auf die Stelle gesetzt werden, an der eine Änderung erfolgen soll, und anschließend muss der Button für **Ändern** oder **Einfügen** angeklickt werden.

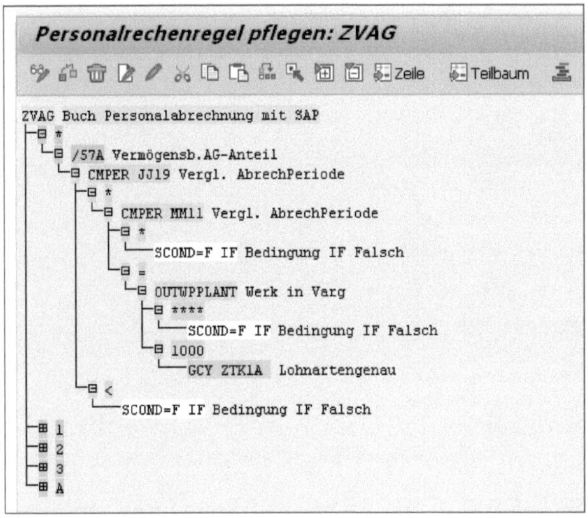

Abbildung 24.15 Editor für Rechenregeln – Grafikdarstellung

Funktionen in der Grafikdarstellung

Der Editor in der Grafikdarstellung beinhaltet die folgenden Funktionen:

- Einfügen von Operationen
- Ändern von Operationen
- Löschen von Operationen
- Ausschneiden von Operationen
- Kopieren von Operationen
- Einfügen der Zwischenablage
- Umhängen von Operationen

Ein Vergleich von Rechenregeln ist nur in der Tabellendarstellung möglich.

Verwendung von Mitarbeiterkreisgruppierung und Lohnart

Beim Starten des Regeleditors müssen die beiden Felder **Grpg MitarbKreis** (Gruppierung Mitarbeiterkreis) und **Lohn-/Zeitart** gepflegt werden (siehe Abbildung 24.16).

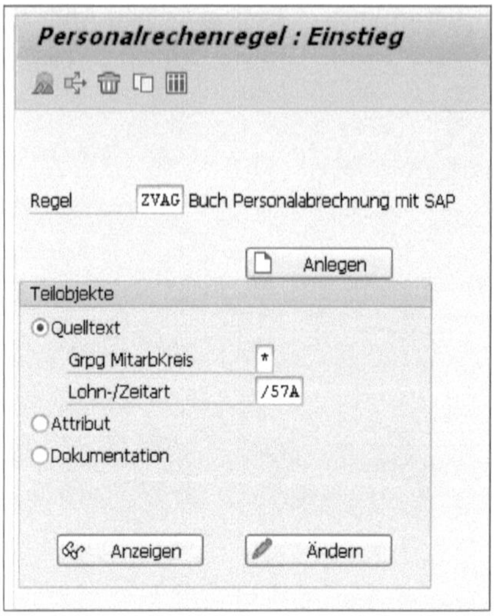

Abbildung 24.16 Einstieg in den Regeleditor (Transaktion PE02)

Gruppierung Mitarbeiterkreis

Die Option **Grpg MitarbKreis** ermöglicht es, Regeln in Abhängigkeit von der Gruppierung auszuprägen, die wiederum abhängig vom Mitarbeiterkreis im View V_503_B gepflegt werden kann. Im Standard, der nicht verändert werden sollte, gibt es die folgenden Ausprägungen:

- 1 – Stundenlohn oder andere Mitarbeitende, die auf Stundenbasis abgerechnet werden
- 2 – Monatslohn
- 3 – Angestellte

Diese Gruppierung ermöglicht unterschiedliche Regelausprägungen. So kann z. B. die Berechnung von Weihnachtsgeld bei Monatslöhnern anders ausgeprägt werden als bei Angestellten. Soll keine Unterscheidung erfolgen, muss »*« verwendet werden.

Lohnart

Außerdem besteht die Möglichkeit, eine Regel speziell für die Verarbeitung von bestimmten Lohnarten anzulegen. Diese wird dann also explizit für die Verarbeitung einer oder mehrerer Lohnarten definiert; alle anderen Lohnarten werden bei der Verarbeitung nicht berücksichtigt. Dazu muss eine Lohnart in das Feld **Lohn-/Zeitart** eingegeben werden. Soll die Verarbeitung für alle Lohnarten durchlaufen werden, muss stattdessen »****« eingegeben werden.

Mit der Gruppierung im Regeleditor arbeiten

Zur Navigation zwischen den Mitarbeiterkreisgruppierungen und den Lohnarten stehen im unteren Bildbereich die Buttons **Zurück**, **Überblick** und

Vor zur Verfügung. Über **Vor** und **Zurück** kann in die nächste Mitarbeiterkreisgruppierung/Lohnart navigiert werden, und mittels des Buttons **Überblick** (siehe Abbildung 24.17) kann eine Wertehilfe mit allen verfügbaren Einträgen aufgerufen werden. Von dort können Sie per Doppelklick zum gewählten Eintrag springen.

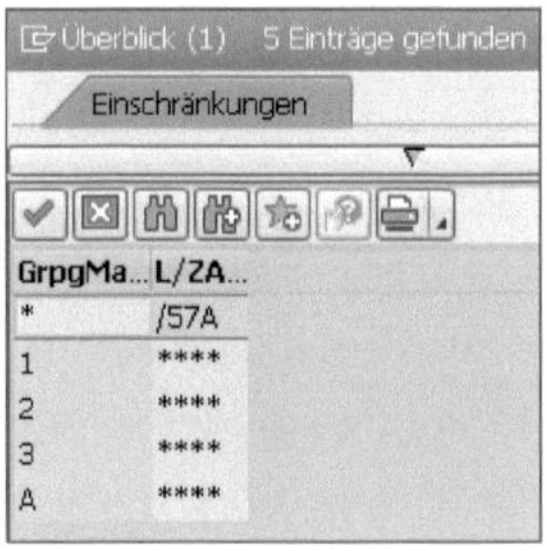

Abbildung 24.17 Navigation zur Mitarbeiterkreisgruppierung/Lohnart

Sollen neue Einträge angelegt oder vorhandene Einträge kopiert werden, z. B. um die vorhandenen Operationen auch für eine andere Lohnart zu verwenden, stehen im Menü **Bearbeiten** die in Abbildung 24.18 gezeigten Funktionen zur Verfügung.

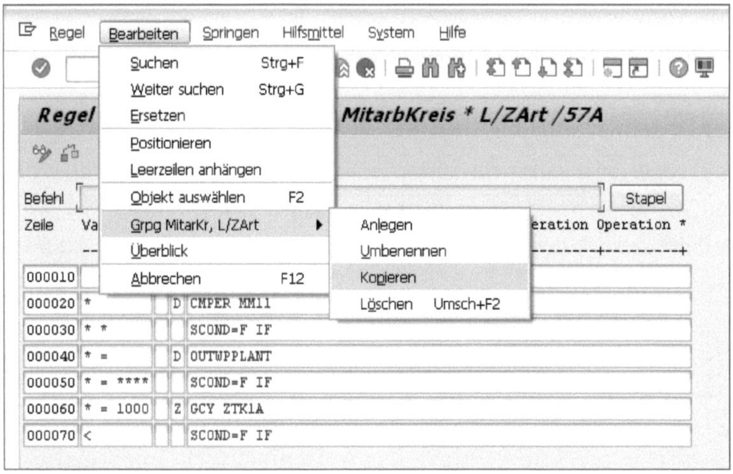

Abbildung 24.18 Anlegen und Löschen von Mitarbeiterkreisgruppierung/Lohnart

Häufig werden Regeln erstellt, die Berechnungen enthalten, die für nur wenige Lohnarten verwendet werden sollen. Eine Folge von Operationen kann für eine Lohnart erstellt und für Lohnarten, die analog verarbeitet werden sollen, kopiert werden.

24

24.6.4 Eigene Regeln erstellen

Werden eigene Rechenregeln erstellt, sind die am häufigsten verwendeten Funktionen zum Aufruf dieser Regeln die Funktionen PIT und ACTIO.

Rechenregeln über die Funktion PIT aufrufen

Die Funktion PIT verarbeitet, wie in Abbildung 24.12 dargestellt, alle Lohnarten von Tabelle IT (Eingabetabelle); das Ergebnis der Berechnungen wird in Tabelle OT (Ausgabetabelle) eingestellt. Abbildung 24.19 zeigt die Möglichkeiten des Aufrufs einer Rechenregel – lohnartengenau, generisch und mit Verwendung einer Verarbeitungsklasse. Zusätzlich kann durch die Verwendung des Parameters NOAB festgelegt werden, ob abhängig von der Mitarbeiterkreisgruppierung unterschiedliche Operationen ausgeführt werden sollen.

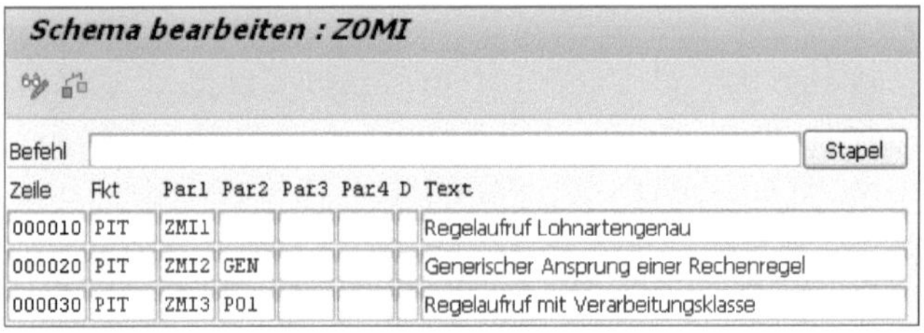

Abbildung 24.19 Aufruf von Rechenregeln über die Funktion PIT

Rechenregeln lohnartengenau aufrufen

Die Rechenregel wird über die entsprechende Lohnart aufgerufen. Alle Lohnarten, für die in der Regel explizit eine Verarbeitung definiert ist, werden verarbeitet, und alle nicht definierten Lohnarten bleiben unverändert.

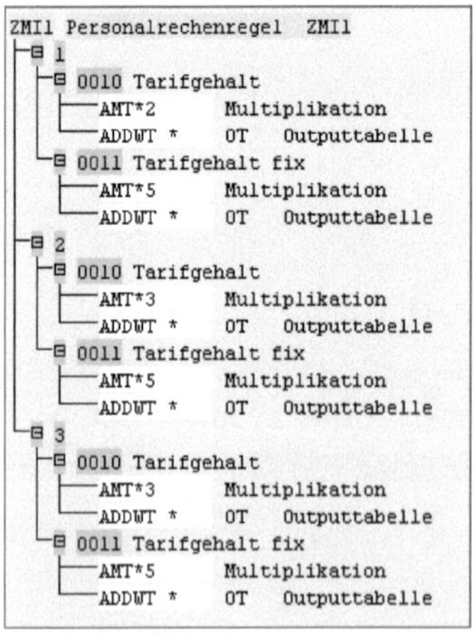

Abbildung 24.20 Lohnartengenauer Aufruf

In Abbildung 24.20 ist eine Regel dargestellt, die explizit für die Lohnarten 0010 und 0011 Verarbeitungsschritte vorsieht; alle anderen Lohnarten bleiben unverändert. Außerdem unterscheidet sich die Verarbeitung für die Mitarbeiterkreisgruppierungen 1–3. Denn es wird mit unterschiedlichen Werten multipliziert.

Genereller Aufruf von Rechenregeln

In Abbildung 24.21 ist eine Regel dargestellt, die für alle Lohnarten aus Tabelle IT (Eingabetabelle) durchgeführt wird. Als erste Entscheidungsoperation wird die aktuelle Lohnart abgefragt; für die Lohnarten 0010 und 0011 werden die jeweiligen Verarbeitungsschritte durchgeführt. Für alle anderen Lohnarten muss hingegen die Abstellung in Tabelle OT (Ausgabetabelle) mit ADDWT * erfolgen, denn andernfalls geht die Lohnart verloren.

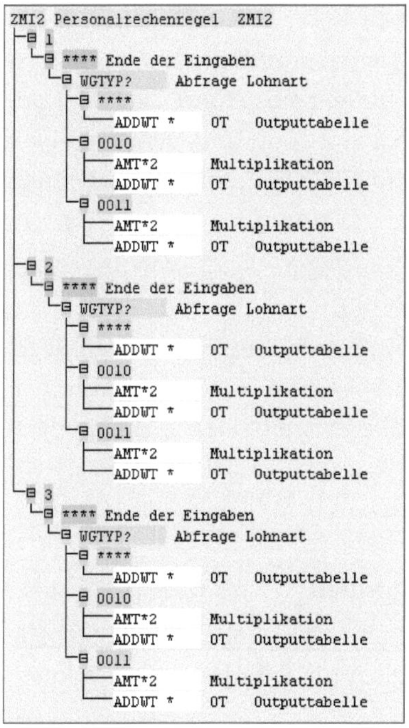

Abbildung 24.21 Genereller Aufruf

Rechenregeln mit Verarbeitungsklasse aufrufen

Alle Lohnarten durchlaufen die Verarbeitung, die wiederum von der Ausprägung der Verarbeitungsklasse abhängt. In Abbildung 24.22 ist eine Regel abgebildet, die eine Verarbeitungsklasse prüft.

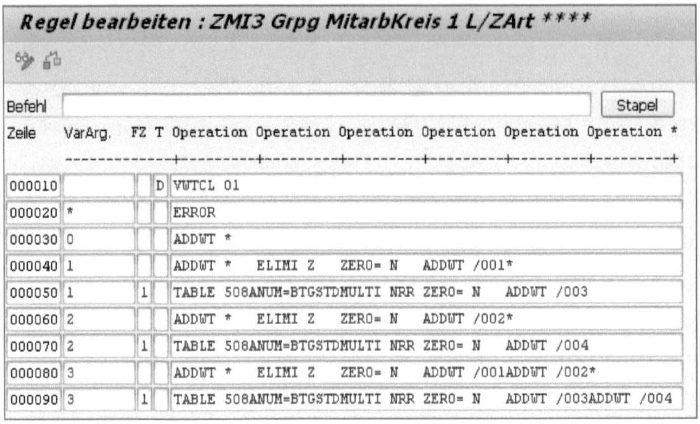

Abbildung 24.22 Verarbeitung einer Regel mit Verarbeitungsklasse

Im ersten Schritt der Prüfung wird der Inhalt der Verarbeitungsklasse abgefragt. Abhängig von der Ausprägung 0–3 werden nun die Verarbeitungsschritte mit dem passenden variablen Argument ausgeführt. Liegt eine andere Ausprägung vor, wird die entsprechende Zeile mit dem variablen Argument »*« verarbeitet, das die Operation ERROR enthält und zu einem Abbruch der Abrechnung führt.

Verwendung der Mitarbeiterkreisgruppierung

Bleibt der Parameter 3 leer, erfolgt der Aufruf der entsprechenden Regel über die aus Tabelle T503 (Mitarbeitergruppe/-kreis) abgeleitete Mitarbeiterkreisgruppierung für Rechenregeln. Alle existierenden Ausprägungen müssen in dieser Regel definiert werden. Wird der Parameter NOAB verwendet, wird die Ausprägung auf »*« gesetzt.

Rechenregeln über die Funktion ACTIO aufrufen

Die Funktion ACTIO ruft eine Regel auf, ohne dass Tabelle IT (Eingabetabelle) abgearbeitet wird; es werden lediglich die definierten Operationen ausgeführt.

In Abbildung 24.23 ist eine Regel dargestellt, die über die Funktion ACTIO aufgerufen wird, d. h., Tabelle IT wird nicht abgearbeitet, sondern die Regel wird genau einmal ausgeführt. Es wird hier geprüft, ob die aktuelle Abrechnungsperiode dem Monat 12 entspricht. Ist dies zutreffend, wird das Feld **Betrag** auf den Wert »500« gesetzt und dieser Wert in die Lohnart 3000 von Tabelle OT (Ausgabetabelle) addiert. So ist es z. B. möglich, im Monat 12 automatisch die Lohnart »Weihnachtsgeld« zu generieren, ohne dass diese im entsprechenden Infotyp gepflegt werden muss.

```
Z103 Aufruf mit ACTIO
└⊟ *
  └⊟ **** Ende der Eingaben
    └⊟ CMPER MM12 Vergl. AbrechPeriode
      ├─*
      └⊟ =
        ├─AMT=500    Setzen
        └─ADDWT 3000 OT   Outputtabelle
```

Abbildung 24.23 Aufruf einer Regel über die Funktion ACTIO

24.6.5 Beispiele für Rechenregeln

Im Folgenden stellen wir Ihnen zwei weitere Beispiele für häufig benötigte Operationen vor.

Mit Split-Kennzeichen arbeiten

Es gibt verschiedene Split-Kennzeichen, die eine zeitraumgenaue Zuordnung von Lohnarten ermöglichen. Eine fehlerfreie Verarbeitung dieser Kennzeichen ist in vielen Fällen nicht einfach, aber notwendig. In Abbildung 24.24 sind zwei mögliche Operationen dargestellt: ELIMI und RESET, die Split-Kennzeichen löschen und wiederherstellen können. Diese Kombination aus beiden Operationen, in der zuerst alle Split-Kennzeichen gelöscht werden und in der anschließend explizit die Zuordnung zum Zeitraum von Tabelle WPBP (Arbeitsplatz/-Basisbezüge) und die Abrechnungsart (Mitarbeiterkreisgruppierung Personalrechenregeln) wiederhergestellt werden, wird häufig verwendet. Zur Orientierung, welche Split-Kennzeichen genutzt werden sollten, sollten Sie sich die Verarbeitung im Standard ansehen.

000010			D	WGTYP?
000020	****			ADDWT *
000030	0010			ELIMI * RESET RA AMT*2 ADDWT *
000040	0011			ELIMI * RESET RA AMT*2 ADDWT *

Abbildung 24.24 Arbeiten mit Split-Kennzeichen

Eine weitere Operation, um ein Split-Kennzeichen auf einen bestimmten Wert zu setzen, ist die Funktion SETIN, die verwendet wird, um Kennzeichen zu setzen, wenn noch keine vorhanden sind – im Gegensatz zur Funktion RESET, die das Zurückholen bereits vorhandener Kennzeichen aus Tabelle IT (Eingabetabelle) ermöglicht.

Entscheidung auf der Basis von Inhalten von Tabelle WPBP

Die in Abbildung 24.23 dargestellte Regel wurde nun so erweitert (siehe Abbildung 24.25), dass zuerst eine Abfrage für den Personalbereich durchgeführt und dann die Berechnung des Weihnachtsgeldes nur für den Personalbereich 1000 ausgeführt wird.

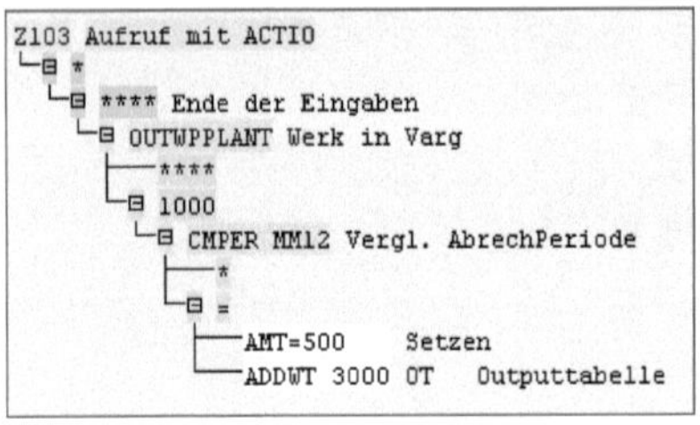

Abbildung 24.25 Entscheidung auf Basis von Tabelle WPBP (Arbeitsplatz/Basisbezüge)

In der Praxis werden häufig Abfragen auf Objekte der organisatorischen Zuordnung, z. B. Personalbereich, Mitarbeitergruppe oder Mitarbeiterkreis, durchgeführt, was dazu führt, dass beim Anlegen von neuen Objekten, z. B. einem Mitarbeiterkreis, erst das Abrechnungsschema durchsucht werden muss, um diesen neuen Mitarbeiterkreis einzubinden. Daher sollte versucht werden, durch die Verwendung von Gruppierungen möglichst wenige solcher Abfragen zu verwenden oder sie ganz wegzulassen.

24.7 Anzeige eines Schemas über den Report RPDASC00

Der Report RPDASC00 (Aufbereitung von Schemen und Zyklen) bereitet das Personalrechenschema in Form einer Druckliste auf. Dabei können Unterschemen, die über den COPY-Befehl aufgerufen werden, aufgelöst und auch aufgerufene Rechenregeln dargestellt werden. Dies führt zu einer sehr umfangreichen Liste (siehe Abbildung 24.26), die für eine gezielte Suche, z. B. nach der Verwendung von Lohnarten oder nach bestimmten Funktionen und Operationen im Abrechnungsschema, eingesetzt werden kann.

[»]

Versionen des Abrechnungsschemas

Es gibt keine Versionsverwaltung, die die Versionen des Abrechnungsschemas vorhält. Treten Probleme auf, die auf einem geänderten Schema basieren, wird es häufig schwierig, die erfolgten Änderungen nachzuvollziehen. Der regelmäßige Druck des Abrechnungsschemas mit dem Report RPDASC00 (Aufbereitung von Schemen und Zyklen), der in eine Datei umgeleitet werden kann, damit der Inhalt durchsuchbar bleibt, hilft dabei, den Zustand eines Schemas zum Zeitpunkt der Abrechnung zu dokumentieren und die Änderungen im Fehlerfall zurückzuverfolgen.

Aufbereitung von Schemen und Zyklen ... .

```
Aufbereitung von Schemen und Zyklen ...  .                                  1
------------------------------------------------------------------------------
DT00 001 BLOCK BEG                       Bruttoteil: Zeitdatenverarbeitung
DT00 002 COPY  DPWS                      Persönlicher Arbeitszeitplan
DPWS 001 BLOCK BEG                       Persönlicher Arbeitszeitplan
DPWS 002 GENPS                           Persoenlicher Schichtplan (PSP)
DPWS 004 IF         BAU                  Bauwirtschaft ?
DPWS 006 ELSE                            keine Bauwirtschaft
DPWS 007 PARTT                             Teilmonatsfaktoren ohne Vertretungen
DPWS 008 ENDIF                           Ende Bauwirtschaft
DPWS 009 IF    X064                      Nachteilsausgleich durchfuehren
------------------------------------------------------------------------------
X064*****          SCOND=T IF
------------------------------------------------------------------------------
DPWS 010 PITAB D    DPS                  Initialisieren Tabelle DPS
DPWS 013 P2003      S03  DPS  EXCL       Schichtvetr. nachtraeglich in PSP einf.
DPWS 014 ELSE                            Nachteilsausgleich nicht durchfuehrenf.
DPWS 017 P2003      S03       EXCL       Schichtvetr. nachtraeglich in PSP einf.
DPWS 018 ENDIF                           Ende Nachteilsausgleich
DPWS 019 PRINT NP   PSP                  PSP drucken
DPWS 020 IF         BAU                  Bauwirtschaft ?
DPWS 021 PARTT                             Teilmonatsfaktoren mit Vertretungen
DPWS 022 DFLEX PART                       Sollstunden laut Flexmodell
DPWS 023 ELSE                            keine Bauwirtschaft
DPWS 025 ENDIF                           Ende Bauwirtschaft
DPWS 027 BLOCK END
DT00 003 PIT   D010 P01                  Bewertungsgrundlagen bilden (Addition)
------------------------------------------------------------------------------
D010*****         DVWTCL 01
D010******         ERROR
D010*****0         ADDWT *
------------------------------------------------------------------------------
D0101****         DVWTCL 01
D0101*****         ERROR
D0101****0         ADDWT *
D0101****1         ADDWT *   ELIMI Z   ZERO= N   ADDWT /001*
D0101****1       1 TABLE 508ANUM=BTGSTDMULTI NRR ZERO= N   ADDWT /003
D0101****2         ADDWT *   ELIMI Z   ZERO= N   ADDWT /002*
D0101****2       1 TABLE 508ANUM=BTGSTDMULTI NRR ZERO= N   ADDWT /004
D0101****3         ADDWT *   ELIMI Z   ZERO= N   ADDWT /001ADDWT /002*
D0101****3       1 TABLE 508ANUM=BTGSTDMULTI NRR ZERO= N   ADDWT /003ADDWT /004
```

Abbildung 24.26 Aufbereitung des Abrechnungsschemas

24.8 Entwicklung eigener Funktionen und Operationen

Die Steuerung der Personalabrechnung im SAP-System – basierend auf einem Abrechnungsschema, das umfangreiche Änderungs- und Ergänzungsmöglichkeiten durch die Anpassung der verwendeten Funktionen und Operationen bietet – ist an sich schon sehr flexibel. Die Möglichkeit, eigenes Coding in selbst entwickelten Funktionen und Operationen zu verwenden, bietet fast unbegrenzte Erweiterungsmöglichkeiten.

So können z. B. individuelle Infotypen entwickelt und in der Abrechnung verarbeitet oder eigene Tabellen zur Steuerung von komplexen Sachverhalten angelegt und in der Abrechnung eingelesen werden.

24.8.1 Pflege von Funktionen und Operationen mit Transaktion PE04

Über Transaktion PE04 (Funktionen und Operationen anlegen), siehe Abbildung 24.27, können Sie sich die im Standard vorhandenen Funktionen und Operationen ansehen und darüber hinaus eigene Funktionen für die Abrechnung und die Zeitwirtschaft anlegen. Dafür werden zuerst Eigenschaften festgelegt (siehe Abbildung 24.28).

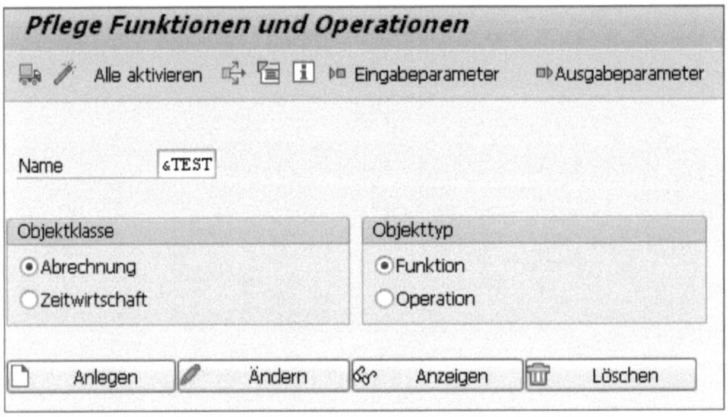

Abbildung 24.27 Funktionen und Operationen pflegen

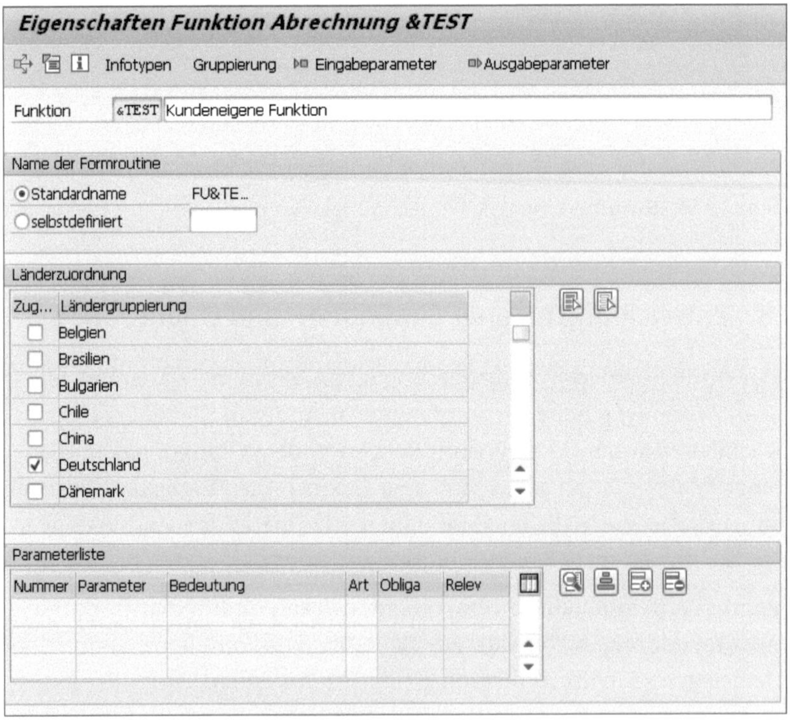

Abbildung 24.28 Eigenschaften einer Funktion

Im Feld **Name** bestimmen Sie, wie die FORM-Routine benannt werden soll, in der das Coding hinterlegt wird. In diesem Fall muss das Coding zwischen den Befehlen FORM FU&TEST und einem ENDFORM eingebettet werden.

Im Bereich **Länderzuordnung** sollte man sich auf die deutsche Länderversion beschränken, da sonst alle Abrechnungstreiber der Länderversionen geprüft werden müssen, die in diesen Einstellungen markiert wurden.

Bevor eine Funktion oder Operation verwendet werden kann, ist deren Aktivierung erforderlich. Die Aktivierung ergänzt Includes im Abrechnungstreiber RPCALCDO (Abrechnungsprogramm Deutschland) und generiert diesen neu. Außerdem wird das Programm zur Prüfung des Abrechnungsschemas neu generiert, damit auch die Prüfung erfolgreich verläuft, wenn die neu entwickelte Funktion und Operation verwendet werden.

Die Länderzuordnung legt fest, für welche Länder eine Funktion oder Operation eingesetzt werden kann.

24.8.2 Reservierte Includes für die Eigenentwicklung

Includes für das Coding

Für das Coding sind im Abrechnungstreiber spezielle Includes reserviert, die durch ein Patch oder Upgrade nicht berührt werden.

Folgende Includes sollten für das Coding verwendet werden:

- **Include »PCFDCZDE0«**
  Include für eigene Datendefinitionen für die deutsche Abrechnung. Hier können z. B. eigene Tabellen oder Infotypen deklariert werden, die in Funktionen und Operationen verwendet werden sollen.
- **Include »PCBURZDE0«**
  Include für selbst erstellte Funktionen und Operationen für die deutsche Abrechnung.

International verwendete Includes

Es gibt außerdem die international verwendeten Includes RPCBURZ0 und RPCFDCZ0. Es bietet sich allerdings an, die länderspezifischen Includes vorzuziehen, da bei der Verwendung der international eingesetzten Includes alle Länderversionen auf Fehlerfreiheit geprüft werden müssen und es bei internationalen SAP-Systemen immer wieder zu Fehlern kommen kann.

24.8.3 Erweiterung des Protokolls

Die Erweiterung des Abrechnungsprotokolls erfordert das Anlegen eines eigenen Subroutinen-Pools, in dem die Unterprogramme zur Anzeige des Protokolls abgelegt werden. Im SAP-Standard wird der Befehl H01PLOG0 aufgerufen, der als Vorlage für einen eigenen Subroutinen-Pool genommen werden kann. Der Aufruf erfolgt, wie in Listing 24.1 gezeigt:

```
perform UNTERPROGRAMM in program h01plog0
tables error_ptext
using FELD XYZ.
```

Listing 24.1 Aufruf der Protokollausgabe

Im Subroutinen-Pool muss ein Unterprogramm angelegt werden, das den Text für das Protokoll in die interne Tabelle PTEXT schreibt. Dabei ist der Textlevel wichtig, um verschiedene Stufen im Protokoll abbilden zu können. Texte mit Werten größer als 1 können auf- und zugeklappt werden. Außerdem muss für eine korrekte Textanzeige die Textlänge in das Feld `tlength1` eingegeben werden (siehe Listing 24.2).

```
form UNTERPROGRAMM tables ptext structure plog_text
                          using FELD XYZ.
ptext-tlevel = 1.
ptext-text1     = text-003.
ptext-tlength1 = strlen( ptext-text1 ).
ptext-empty_lines = 1.
append ptext.
endform.
```

Listing 24.2 Ausgabe des Protokolls

Damit wird bei einer Abrechnungsfunktion zwischen der Eingabe und der Ausgabe auch ein Verarbeitungsblock angezeigt.

24.9 Fazit

Das Abrechnungsschema in SAP ERP HCM ist offen für Anpassungen und ermöglicht eine flexible Erweiterung um kundenindividuelle Anforderungen. Durch die Entwicklung eigener Funktionen und Operationen sind der Umsetzung eigener Anforderungen keine Grenzen gesetzt.

Kapitel 25
Sonstiges Customizing

In diesem Kapitel lernen Sie weitere Möglichkeiten des Customizings kennen, die im Bereich der Personalabrechnung zur Anpassung des Systems und für eigene Anforderungen eingesetzt werden können. Ein großer Bereich ist in diesem Zusammenhang die Anpassung von Formularen an Ihre eigenen Anforderungen.

In diesem Kapitel lernen Sie weitere Customizing-Werkzeuge kennen, die im Bereich der Personalabrechnung eine Rolle spielen. Dazu gehören die Anpassung von Merkmalen, die Funktion des Personalbereichs Berichtswesen und die Anpassung von Formularen, von denen es in der Personalabrechnung eine Vielzahl gibt und die teilweise auch noch mit unterschiedlichen Techniken erstellt werden.

25.1 Merkmale in der Personalabrechnung

Merkmale sind ein spezielles Customizing-Werkzeug in SAP ERP HCM, das der Steuerung von Prozessen oder der Ermittlung von Vorschlagswerten dient. Durch die Definition eines Entscheidungsbaums, der einen Ergebniswert liefert, können auf sehr detaillierter Ebene Prozesse gesteuert werden. Welche Felder für Entscheidungsoperationen gewählt werden können, ist abhängig von der Definition des entsprechenden Merkmals.

Funktionsweise von Merkmalen

Anhand zweier Merkmale soll im Folgenden die Funktionsweise von Merkmalen erläutert werden:

- **Merkmal DZUBT – Zusammenfassung von Personalbereichen**
  Mithilfe des Merkmals DZUBT können Personalbereiche und Personalteilbereiche für die Durchführung von Auswertungen zusammengefasst werden. Ohne eine solche Zusammenfassung würde z. B. im Bereich der Steuer und Sozialversicherung für jeden Personalteilbereich eine eigene Meldung erstellt. Gäbe es die Merkmale also nicht, müsste hier die Struktur der Personalteilbereiche auf die zu erstellenden Meldungen abgestimmt werden. Da die Zusammenfassung der Personalbereiche und -teilbereiche und somit die Anzahl der zu erstellenden Meldungen etwa im

Bereich Steuer und Sozialversicherung unterschiedlich sein kann, können Sie über die unterschiedlichen Merkmale eine abweichende Steuerungsart erzeugen. So lässt sich mithilfe des Merkmals DZUBT in einem Entscheidungsbaum definieren, dass, wenn im Personalbereich DE01 der Personalteilbereich 0002 enthalten ist, dieser auf den Personalteilbereich 0001 umgeleitet werden soll. Dadurch muss nur noch eine Steueranmeldung erstellt werden, in der die Personalteilbereiche 0001 und 0002 enthalten sind. Das Merkmal DZUBT wird über eine Struktur aufgerufen, die den Personalteilbereich 0002 enthält, und es liefert einen Rückgabewert, der als neuer Personalbereich und Personalteilbereich interpretiert wird. Der Aufbau dieses Rückgabewerts ist von Merkmal zu Merkmal unterschiedlich und muss der Dokumentation des jeweiligen Merkmals entnommen werden.

- **Merkmal DTAKT – Bankverbindung des Absenders bei Datenträgeraustausch**
  Dieses Merkmal bestimmt die Hausbank und das Bankkonto für Überweisungen. Hier besteht der Rückgabewert aus Bank, Bankkonto und einem optionalen Buchungskreis, die durch Eingabe von »/« voneinander getrennt werden. Bank und Bankkonto beziehen sich auf die Einstellungen zur Hausbank eines Buchungskreises im Bereich FI. In der Regel gibt es ein Konto pro Buchungskreis. Es können aber auch mehrere Konten abhängig von der Bankleitzahl des Empfängers angesteuert werden, oder es kann ein vom Buchungskreis der beschäftigten Person abweichender Buchungskreis als zahlender Buchungskreis verwendet werden.

Eine ausführliche Zusammenstellung von Merkmalen finden Sie in Anhang Anhang C, »Wichtige Merkmale«.

25.1.1 Funktionsweise von Merkmalen

Elemente

Ein Merkmal besteht aus den folgenden Elementen:

- Entscheidungsbaum mit Rückgabewert
- Übergabestruktur
- Attribute
- Dokumentation

Entscheidungsbaum

Im Entscheidungsbaum können alle aus der Übergabestruktur verfügbaren Felder für Entscheidungsoperationen verwendet werden. In Abbildung 25.1 ist z. B. zu sehen, dass der Personalbereich als Feld für Entscheidungsoperationen verwendet wird. Dem Personalbereich DE01 wird hier ein anderes Ergebnis zugewiesen als allen sonstigen Personalbereichen.

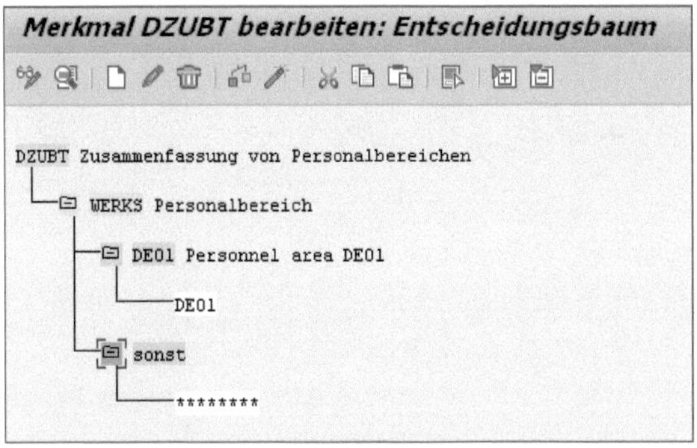

Abbildung 25.1 Entscheidungsbaum

Rückgabewert

Die meisten Merkmale geben einen Rückgabewert in Form eines Feldes zurück; in manchen Fällen besteht der Rückgabewert jedoch nicht aus einem Feld, sondern aus einer Tabelle mit mehreren Einträgen.

In Abbildung 25.1 bewirkt der Rückgabewert beim Personalbereich DE01 die Zusammenfassung auf den Personalbereich DE01 mit initialem Personalteilbereich; bei allen sonstigen Personalbereichen erfolgt hingegen keine Zusammenfassung. Die Funktion und der Aufbau des Rückgabewerts sind vom Verwendungszweck des jeweiligen Merkmals abhängig und können den Dokumentationen zu den einzelnen Merkmalen entnommen werden.

Übergabestruktur

Die Struktur eines Merkmals enthält die Felder, die in den Entscheidungsoperationen eingesetzt werden können, wobei nur die markierten Felder (siehe Abbildung 25.2) verwendet werden können.

Eine Änderung der ausgewählten Felder erfordert eine Modifikation der Programme, die das entsprechende Merkmal verwenden. Da eine Modifikation von Standardprogrammen jedoch nicht zu empfehlen ist, gibt es die Alternative, mehr Flexibilität bei den Entscheidungsoperationen durch das Einbinden von eigenem Coding zu erzielen (siehe Abschnitt 25.3.1, »Tabellenbasierte Formulare«). Die Übergabestruktur wird vom aufrufenden Programm befüllt.

Attribute

Die zu einem Merkmal gehörenden Attribute enthalten zwei für das Merkmal verantwortliche Systembenutzer: die verantwortliche Person für die Pflege des Entscheidungsbaums und die verantwortliche Person für den Aufbau der Struktur (siehe Abbildung 25.3). Die Pflege kann auf diese beiden Personen beschränkt werden.

Verwaltungsinformationen

Die Verwaltungsinformationen werden automatisch generiert. Hier sind die letzte Person, die etwas geändert hat, der Status und der Name des Reports erkennbar, in dem das Coding des entsprechenden Merkmals generiert wurde.

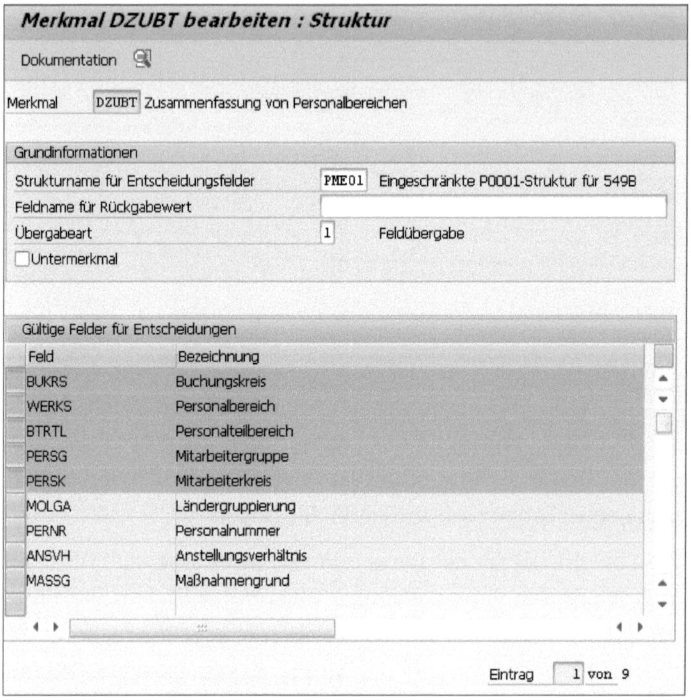

Abbildung 25.2 Übergabestruktur

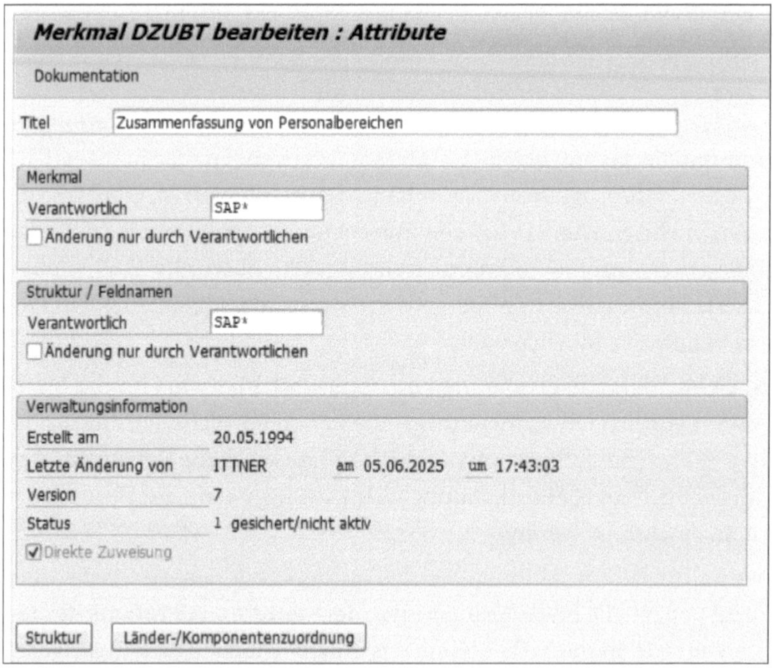

Abbildung 25.3 Attribute

Länderzuordnung, Komponentenzuordnung

Die Länderzuordnung gibt an, für welche Länderversion das entsprechende Merkmal verwendet wird, und die Komponentenzuordnung legt fest, in welcher Komponente in SAP ERP HCM dieses Merkmal eingesetzt wird (siehe Abbildung 25.4).

Die Dokumentation erläutert die Funktion des jeweiligen Merkmals, vor allem der genaue Aufbau des Rückgabewerts ist darin zu finden.

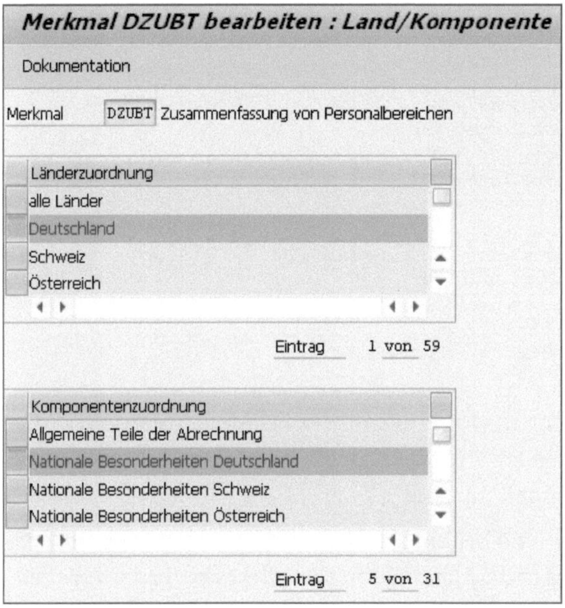

Abbildung 25.4 Länder- und Komponentenzuordnung

25.1.2 Pflege von Merkmalen

Ein Umschalten zwischen diesen Sichten ist über das Menü **Sichten** möglich.

Baumpflege

Die Baumpflege, wie sie in Abbildung 25.1 dargestellt ist, ist die komfortablere und intuitive Möglichkeit zur Pflege von Merkmalen. Die Funktionen zur Bearbeitung befinden sich hier alle in der Button-Leiste. Beim Anlegen der Entscheidungsbäume werden die Anwendenden durch die Auswahlhilfen geführt, sodass eine Falscheingabe nahezu unmöglich ist. Es können komplette Äste ausgeschnitten, kopiert und wieder eingefügt werden, was die Pflege von sehr umfangreichen Entscheidungsbäumen immens erleichtert.

Tabellenpflege

Die Tabellenpflege – siehe Abbildung 25.5 – unterstützt die Anwendenden nicht bei der Pflege des Merkmals. Denn die eingegebenen Operationen müssen den Anwendenden bekannt sein, und der Rückgabewert aus den

Entscheidungsoperationen muss in das variable Argument eingetragen werden.

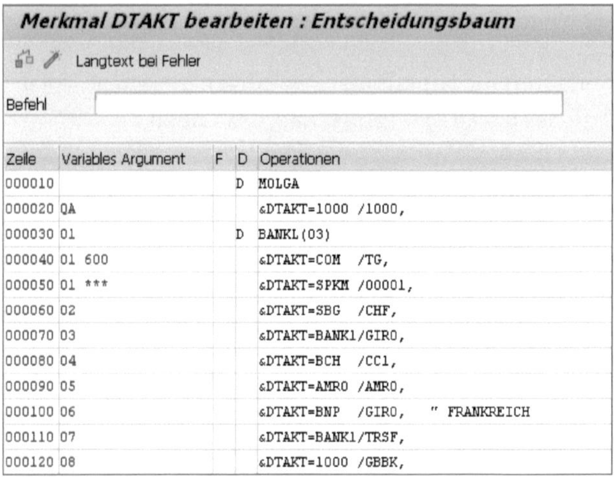

Zeile	Variables Argument	F	D	Operationen
000010			D	MOLGA
000020	QA			&DTAKT=1000 /1000,
000030	01		D	BANKL(03)
000040	01 600			&DTAKT=COM /TG,
000050	01 ***			&DTAKT=SPKM /00001,
000060	02			&DTAKT=SBG /CHF,
000070	03			&DTAKT=BANK1/GIRO,
000080	04			&DTAKT=BCH /CC1,
000090	05			&DTAKT=AMRO /AMRO,
000100	06			&DTAKT=BNP /GIRO, " FRANKREICH
000110	07			&DTAKT=BANK1/TRSF,
000120	08			&DTAKT=1000 /GBBK,

Abbildung 25.5 Tabellenpflege

Dieses variable Argument wird mit jeder Entscheidungsoperation verfeinert, d. h., dass die Rückgabewerte durch Leerzeichen getrennt und hintereinandergeschrieben werden müssen.

Mögliche Pflegekommandos

Die Tabellenpflege gab es von Beginn an, während die Baumpflege erst später entwickelt wurde, was in der Handhabung deutlich wird. In der Tabellenpflege gibt es keine Buttons für die Pflegeoperationen, und die Pflege erfolgt durch die Eingabe von Kommandos in der ersten Spalte. Dazu können die Zeilennummern überschrieben werden. Folgende Pflegekommandos sind möglich:

- **In**
  Einfügen von *n* Leerzeilen nach der aktuellen Zeile
- **Rn**
  n-maliges Kopieren der aktuellen Zeile
- **C**
  Kopieren der aktuellen Zeile; im Anschluss muss mit A oder B festgelegt werden, wo die kopierte Zeile eingefügt werden soll
- **CC ... CC**
  Kopieren eines Blocks; das erste CC steht am Beginn des Blocks und das zweite CC am Ende des Blocks.
- **M**
  Verschieben der aktuellen Zeile; im Anschluss muss mit A oder B festgelegt werden, wo die zu verschiebende Zeile eingefügt werden soll.

- **MM ... MM**
  Verschieben eines Blocks
- **A**
  Einfügen von kopierten oder zu verschiebenden Zeilen nach der aktuellen Zeile
- **B**
  Einfügen von kopierten oder zu verschiebenden Zeilen vor der aktuellen Zeile

Eine Operation, die nur in der Tabellenpflege möglich ist, ist der Vergleich eines Merkmals mit dem Zustand eines Merkmals im Mandanten 000.

Merkmale anlegen, ändern und löschen

Standardmerkmale befinden sich im Mandanten 000 und werden beim Anpassen in den Kundenmandanten kopiert. Der Ursprungszustand des Standardmerkmals bleibt im Mandanten 000 erhalten und wird beim Löschen des Merkmals im Kundenmandanten wieder aktiv.

ABAP-Coding einbinden

Reichen die in der Struktur angebotenen Felder nicht aus, gibt es noch die Möglichkeit, ABAP-Coding in ein Merkmal einzubinden. Dazu muss ein Subroutinen-Pool angelegt werden, der das folgende Coding enthalten muss (siehe Listing 25.1):

```
form ext_call_f using ppmod back status struc structure pc205.
...
case struc-bukrs.
   when '0001'.
     back = '001'.
...
```

Listing 25.1 Entscheidungsoperationen programmieren

Legen Sie zuerst den Subroutinen-Pool mithilfe von Transaktion SE38 (ABAP Editor) an. Klicken Sie anschließend in der Merkmalspflege auf **Knoten anlegen**, und wählen Sie als Knotentyp **Programm** aus. Hier können Sie den Namen des Programms eintragen.

[zB]

Grenzen der Merkmalspflege

Ein Anwendungsbeispiel ist z. B. die Anforderung, einen Entscheidungsbaum abhängig von der Kostenstellenart im Merkmal PPMOD (Setzen der Mitarbeiterkreisgruppierung für die Kontenfindung) aufzubauen. Die Kostenstelle ist in der Struktur vorhanden, die Kostenstellenart jedoch nicht. Es muss ein Programm aufgerufen werden, das mit der in der Struktur vorhandenen Kostenstelle den Kostenstellenstamm ausliest und abhängig davon den Rückgabewert ermittelt.

Merkmale aktivieren

Bevor ein Merkmal verwendet werden kann, muss dessen Aktivierung erfolgen, die aus der gepflegten Baumstruktur ABAP-Coding generiert.

25.1.3 Werkzeuge

Zwei Werkzeuge unterstützen Sie bei der Pflege von Merkmalen: die Anzeige des Merkmalverzeichnisses und der Vergleich von Merkmalen.

Merkmalverzeichnis anzeigen

Das Merkmalverzeichnis unterstützt Sie bei der Suche nach Merkmalen und wird aufgerufen, indem Sie die Wertehilfe (F4-Taste) zum jeweiligen Merkmal im Einstiegsbild von Transaktion PE03 (Merkmale) verwenden. In Abbildung 25.6 ist ein solches Merkmalverzeichnis dargestellt.

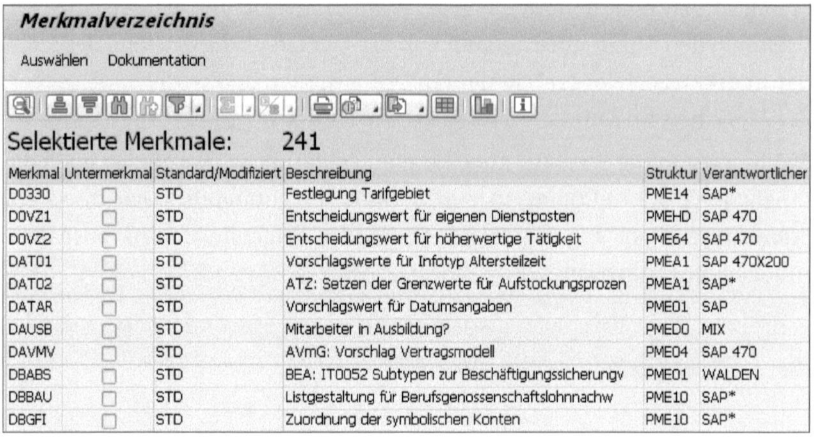

Merkmal	Untermerkmal	Standard/Modifiziert	Beschreibung	Struktur	Verantwortlicher
D0330	☐	STD	Festlegung Tarifgebiet	PME14	SAP*
DOVZ1	☐	STD	Entscheidungswert für eigenen Dienstposten	PMEHD	SAP 470
DOVZ2	☐	STD	Entscheidungswert für höherwertige Tätigkeit	PME64	SAP 470
DAT01	☐	STD	Vorschlagswerte für Infotyp Altersteilzeit	PMEA1	SAP 470X200
DAT02	☐	STD	ATZ: Setzen der Grenzwerte für Aufstockungsprozen	PMEA1	SAP*
DATAR	☐	STD	Vorschlagswert für Datumsangaben	PME01	SAP
DAUSB	☐	STD	Mitarbeiter in Ausbildung?	PMED0	MIX
DAVMV	☐	STD	AVmG: Vorschlag Vertragsmodell	PME04	SAP 470
DBABS	☐	STD	BEA: IT0052 Subtypen zur Beschäftigungssicherungv	PME01	WALDEN
DBBAU	☐	STD	Listgestaltung für Berufsgenossenschaftslohnnachw	PME10	SAP*
DBGFI	☐	STD	Zuordnung der symbolischen Konten	PME10	SAP*

Abbildung 25.6 Merkmalverzeichnis

Merkmale vergleichen

Der Vergleich von Merkmalen ermöglicht es, den Zustand eines Merkmals mit dem SAP-Standard zu vergleichen (siehe Abbildung 25.7).

Teilbereiche eines Merkmals können hier markiert und in den Kundenmandanten übernommen werden, in dem der Abgleich durchgeführt wird.

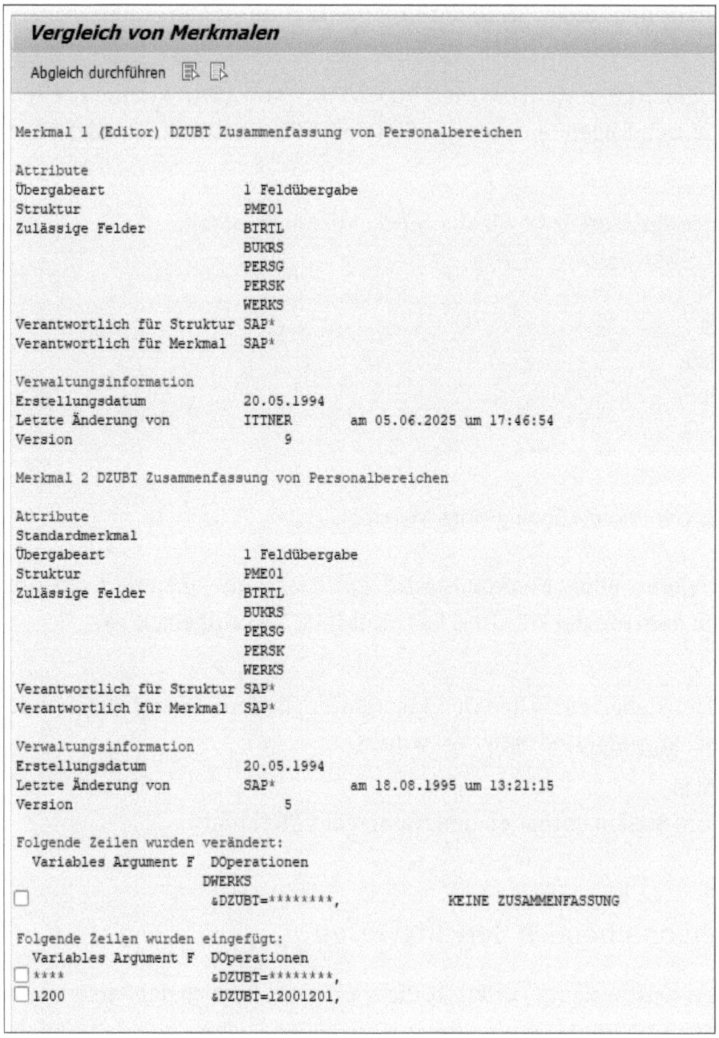

Abbildung 25.7 Merkmalsabgleich

25.1.4 Technische Details zu Merkmalen

In diesem Abschnitt sind die technischen Details für die Verwendung von Merkmalen zusammengefasst.

Merkmale in einem Programm aufrufen

Sollen Merkmale in eigenen Programmen verwendet werden, können diese mithilfe der Funktionsbausteine aufgerufen werden. Merkmale mit Feldrückgabe können mit dem Funktionsbaustein HR_FEATURE_BACKFIELD aufgerufen werden, und bei Merkmalen mit Tabellenrückgabe muss der Funktionsbaustein HR_FEATURE_BACKTABLE verwendet werden. Genauere Informationen finden Sie in der Dokumentation zu den Funktionsbausteinen.

Generiertes Coding

Nach dem Generieren steht das Merkmal in Form von ABAP-Coding zur Verfügung, das den folgenden exemplarischen Aufbau haben kann (siehe Listing 25.2).

```
FORM CALL_549B USING BACK STATUS STRUC STRUCTURE struc.
CASE STRUC-BUKRS.
WHEN '0001'.
BACK = '01'
WHEN OTHERS.
BACK = '02'.
ENDCASE.
ENDFORM .
```

Listing 25.2 Generiertes Coding eines Merkmals

Generiertes Programm

Beim Aktivieren eines Merkmals wird ein Programm generiert, dessen Name nach dem Muster /1PAPA/FEATnnnMMMMM aufgebaut ist:

- nnn
  Diese drei Stellen enthalten den Mandanten, in dem das entsprechende Merkmal angelegt und generiert wurde.
- MMMMM
  Diese fünf Stellen enthalten den Namen des Merkmals.

25.2 Personalbereich Berichtswesen

Eine weitere Customizing-Funktion, die speziell im Bereich der Personalabrechnung in SAP ERP HCM eingesetzt wird, ist der sogenannte *Personalbereich Berichtswesen*. Er stellt eine nach außen berichtende Unternehmenseinheit dar. Während früher die im vorangegangenen Abschnitt erklärten Merkmale direkt im Selektionsbild vorgegeben wurden, hat in den vergangenen Jahren zunehmend der Personalbereich Berichtswesen diese Funktion übernommen. Hier wird für die einzelnen Bereiche, über die ein Unternehmen nach außen Bericht erstatten muss, festgelegt, welche Art der Zusammenfassung verwendet werden soll, wer der Absender ist, und, je nach Art der Folgeaktivität, können noch weitere Steuerungsmerkmale gepflegt werden. Das Customizing, das im IMG unter **Personalabrechnung Deutschland • Personalbereich Berichtswesen** zu finden ist, enthält die im folgenden Abschnitt beschriebenen Punkte.

25.2.1 Personalbereich Berichtswesen direkt definieren

Zusammenfassung definieren

Im ersten Schritt werden die Teilapplikation und die Art der Zusammenfassung definiert. Dazu stehen die folgenden vier Möglichkeiten zur Auswahl:

- **Zusammenfassung der Personalteilbereiche zu einem Personalbereich**
  Es wird genau ein Personalbereich angegeben, in dem alle anderen Personalteilbereiche zusammengefasst werden. Dies ist z. B. für den Absender von DEÜV-Meldungen sinnvoll, denn hier ist genau ein Personalteilbereich, in dem alle anderen Personalteilbereiche zusammengefasst sind, als Absender ausreichend.
- **Keine Zusammenfassung der Personalteilbereiche**
  Jeder Personalteilbereich stellt eine eigene Unternehmenseinheit dar.
- **Merkmal für Zusammenfassung**
  Es wird ein Merkmal verwendet, in dem die Zusammenfassung der Personalteilbereiche über einen Entscheidungsbaum definiert wurde, z. B. das Merkmal DZUBT.
- **Zusammenfassung über die direkte Zuordnung im Personalbereich Berichtswesen**
  Alternativ zu einem Merkmal kann auch im Personalbereich Berichtswesen eine Zusammenfassung über Tabelle V_T596N (Zusammenfassung Personalbereich Berichtswesen) vorgenommen werden, was im folgenden Abschnitt beschrieben wird.

25.2.2 Personalbereich Berichtswesen direkt zuordnen

Zusammenfassung über Tabelle

Der Personalbereich Berichtswesen bietet eine eigene Tabelle V_T596N (Zusammenfassung Personalbereich Berichtswesen), über die pro Teilapplikation Zusammenfassungen vorgenommen werden können. Hier muss für jeden Personalteilbereich, der nicht eigenständig nach außen hin auftritt, ein Eintrag vorgenommen werden, durch den der Personalteilbereich direkt zugeordnet wird, auf den die entsprechende Meldung umgeleitet werden soll.

25

[«]

Direkte Zuordnung vs. Merkmal

Eine Zusammenfassung der Teilbereiche über Tabelle V_T596N (Zusammenfassung Personalbereich Berichtswesen) muss für alle Teilapplikationen des Personalbereichs Berichtswesen vorgenommen werden, während ein vorhandenes Merkmal immer wieder eingesetzt werden kann.

So ist z. B. inzwischen im Bereich der Sozialversicherung die Anzahl der Teilapplikationen hoch. Jede dieser Teilapplikationen verwendet aber in der Regel die gleiche Art der Zusammenfassung. Nutzt man Tabelle V_T596N, muss diese für alle Teilapplikationen erneut gepflegt werden, während ein Merkmal einfach nur in jede Teilapplikation eingetragen werden muss. Daher sollten Sie die Verwendung von Merkmalen vorziehen.

25.2.3 Anschriften einrichten

Anschriftsarten

Es gibt verschiedene Anschriftsarten, die Sie anlegen können und die unterschiedlich häufig zum Einsatz kommen:

- Agentur für Arbeit
- Berufsgenossenschaft
- Betriebsanschrift
- Sachbearbeiter
- Dienstherrenabfindung
- Statistisches Landesamt
- Abrechnungsstellen
- Gerichtsschlüssel Pfändung
- Gläubigerschlüssel Pfändung
- Korrespondenzschlüssel Pfändung
- Verwaltungsgerichte

Betriebsanschrift und zuständige Person

Die Betriebsanschrift und die jeweils zuständige Person sind die Anschriftsarten, die regelmäßig benötigt werden; die anderen Anschriftsarten werden nur im Rahmen der Behandlung von Spezialthemen verwendet. Sind Betriebsanschrift und zuständige Person einmal angelegt, können diese immer wieder verwendet und müssen nicht für jede Teilapplikation neu angelegt werden.

25.2.4 Daten zum Personalbereich Berichtswesen erfassen

Die Daten, die in diesem Punkt gepflegt werden müssen, unterscheiden sich in den verschiedenen Teilapplikationen. In der Regel sind es die Anschrift des Absenders oder Empfängers und die Ermittlung der zuständigen Person, die als Ansprechperson gemeldet werden muss, die in den verschiedenen Teilapplikationen immer wieder zu pflegen sind. Hier muss hinterlegt werden, dass die elektronische Übermittlung von SV-Meldungen über den

GKV-Kommunikationsserver erfolgt. Die Option **E-Mail** kann in keinem derzeit gültigen Verfahren mehr genutzt werden.

25.3 Formulare

Die Technik, mit der Formulare erstellt werden können, hat sich in den vergangenen Jahren weiterentwickelt. So findet man in SAP ERP HCM verschiedene Techniken in den folgenden Bereichen:

- **Tabellenbasierte Formulare**
  Tabellenbasierte Formulare werden auf der Basis von Tabelleneinträgen gestaltet. Grafische Gestaltungsmöglichkeiten gibt es dabei nicht; die Ausgabe erfolgt in nur einer Schriftart, und es können lediglich Linien durch das Aneinanderreihen von Zeichen erzeugt werden. Tabellenbasierte Formulare können für die Gestaltung des Entgeltnachweises, des Lohnkontos und des Lohnjournals verwendet werden. Die Bearbeitung dieser Formulare erfolgt mithilfe des Formulareditors, der über Transaktion PE51 aufgerufen wird (siehe Abbildung 25.8).
- **SAPscript-Formulare**
  Im Bereich der Personalabrechnung ist SAPscript derzeit die Technologie, die am häufigsten verwendet wird. So werden die DEÜV-Meldungen, SV-Nachweise, Steuerbescheinigungen, die Bescheinigungen des Bescheinigungswesens und viele andere Formulare in dieser Technologie erstellt.
  SAPscript erlaubt die Verwendung mehrerer Schriftarten und Schriftstile. Es können Rahmen und Linien eingesetzt und verschiedene Fensterbereiche definiert werden. Die Übergabe der Daten aus einem Report an das mit SAPscript erstellte Formular erfolgt über Funktionsbausteine, über die das entsprechende Formular aus dem Programm aufgerufen wird.
- **SAP-Smart-Forms-Formulare (HR Forms)**
  Formulare, die mit SAP Smart Forms erstellt werden, können als Alternative zu den Tabellenformularen für die Erstellung des Entgeltnachweises verwendet werden. SAP Smart Forms bietet Möglichkeiten, um ein Formular grafisch zu gestalten und Logos einzubinden. In SAP Smart Forms wird direkt aus dem gestalteten Formular ein Programm zur Ausführung des Formulars generiert. HR Forms ist die Erweiterung von SAP Smart Forms um die Datenbeschaffung aus HR-Daten.

[»]

SAP Smart Forms

SAP Smart Forms ist allerdings eine Technologie, die nicht weiterentwickelt wird. Daher raten wir Ihnen davon ab, den Entgeltnachweis auf SAP Smart Forms umzustellen. Möchten Sie von einem tabellengesteuerten Formular auf eine neuere Technologie umstellen, sollten Sie die Verwendung eines PDF-Formulars vorziehen.

- **PDF-basierte Formulare**
  Die neueste Technologie zur Formulargestaltung ist die Erstellung PDF-basierter Formulare. Diese Formulare benötigen den Adobe Document Server (ADS) zur Anzeige. Der Entgeltnachweis ist derzeit das einzige Formular im Bereich der Personalabrechnung, das mithilfe dieser Technologie erstellt wurde. Die PDF-Technologie wird auch im Umfeld von SAP Enterprise Portal eingesetzt und auch dort für eine neu entwickelte Anwendung des Bescheinigungswesens verwendet.

[»]

Literaturempfehlung

Nähere Informationen dazu finden Sie in den Büchern »Formulargestaltung in SAP ERP HCM« (SAP PRESS 2009) und »SAP Smart Forms – Das umfassende Handbuch« (SAP PRESS 2015).

25.3.1 Tabellenbasierte Formulare

Formular und ein Teilobjekt auswählen

Der Editor zur Bearbeitung von tabellenbasierten Formularen wird über Transaktion PE51 aufgerufen (siehe Abbildung 25.8). Im Einstiegsbild dieses Editors können ein Formular und ein Teilobjekt zur Bearbeitung ausgewählt werden. Die Formulare sind in sogenannte *Formularklassen* eingeteilt. Im Folgenden finden Sie die Formularklassen, die im Bereich der Abrechnung noch verwendet werden:

- CEDT – Entgeltnachweis
- CKTO – Lohnkonto
- CLJN – Lohnjournal

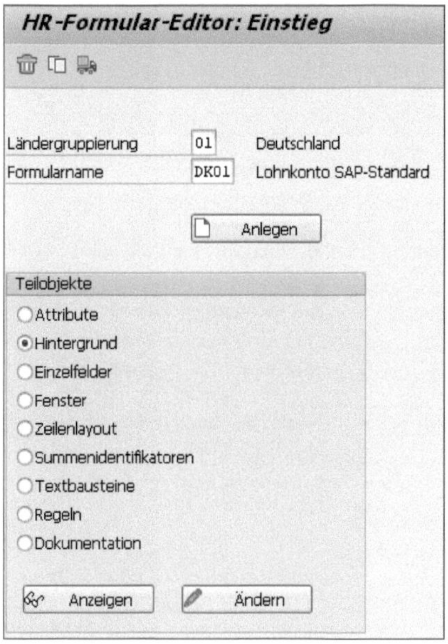

Abbildung 25.8 Formulareditor

Im Formulareditor können die folgenden Teilobjekte von Formularen bearbeitet werden:

- **Attribute**
  Unter den Attributen finden Sie die globalen Informationen zum Formular – etwa den Formularnamen, die verantwortliche Person, das Erstellungsdatum, den Zeitpunkt der letzten Änderung und die maximale und aktuelle Größe.
- **Hintergrund**
  Der Formularhintergrund kann direkt in den Editor eingegeben werden; er wird von den Elementen (Feldern und Fenstern), die angelegt werden können, überlagert. Der Hintergrund ist also nicht sichtbar, wenn sich davor Einzelfelder oder Fensterinhalte befinden. Der Formularhintergrund wird in Tabelle T512P (Formularhintergrund) angelegt.
- **Einzelfelder**
  Einzelfelder werden an fixen Positionen im Formular definiert (siehe Abbildung 25.9). Die möglichen Feldinhalte können über eine Wertehilfe (F4-Hilfe) im Rahmen der Pflege des Formulars angezeigt werden. Für Einzelfelder können die Inhalte interner Tabellen und Textelemente verwendet werden. Diese werden in Tabelle T512Q (Informationen an feste Positionen) abgelegt.

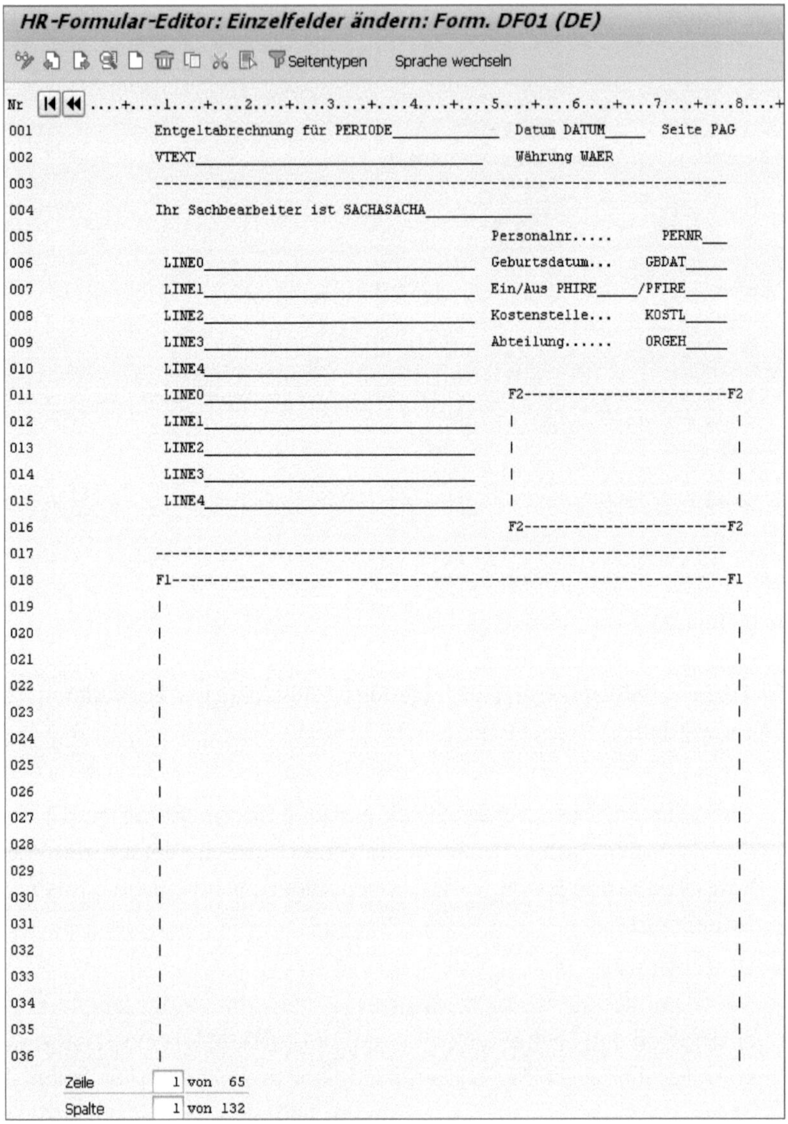

Abbildung 25.9 Einzelfelder anlegen

- **Fenster**

  In Tabelle T512F (Formularfenster) wird die Position von Fenstern auf dem Formular festgelegt; die einzelnen Fenster können variabel befüllt werden. Die Lohnarten werden in Gruppen (siehe Abbildung 25.10) zusammengefasst, die in aufsteigender Reihenfolge dargestellt werden. Wenn eine Lohnart nicht existiert, entstehen dennoch keine Leerzeilen, weil der Inhalt des betreffenden Fensters komprimiert wird. Außerdem können Texte aus dem Infotyp 0128 (Mitteilungen) in einem Fenster dargestellt werden. Abbildung 25.11 zeigt den Aufbau einer Gruppe.

- **Zeilenlayout**
  Das Zeilenlayout (siehe Abbildung 25.12) legt fest, welche Informationen zu einer Lohnart in einem Fenster dargestellt werden sollen. Tabelle T512D (Zeilenaufbau im Fenster) enthält die darzustellenden Felder.
- **Summenidentifikatoren**
  Summenidentifikatoren sind Summenlohnarten, die während der Anzeige von Formularen gebildet werden. Diese werden in Tabelle T512E (Formularbezogene Steuerung der Lohnarten) mit Lohnarten befüllt, die in einer Summe auf dem jeweiligen Formular angedruckt werden. Der Text der Summenidentifikatoren wird in Tabelle T512S (Texte zu Summenlohnarten im Personalwesen) abgelegt.
- **Textbausteine**
  In Tabelle T512G (Gruppenzusatztexte) können Textbausteine definiert werden, die im Formular angedruckt werden sollen.
- **Regeln**
  Bestimmte Informationen sollen nur angezeigt werden, wenn bestimmte Bedingungen zutreffen. Diese Bedingungen können in der Regeltabelle T512N (Regeltabelle – Formular) definiert werden.
- **Dokumentation**
  Hier kann eine Dokumentation zu dem Formular angelegt oder erweitert werden.

Weitere Tabellen zur Formularsteuerung sind Tabelle T512E (Formularbezogene Steuerung der Lohnarten), mit der Lohnarten in Summenlohnarten addiert oder im Fenster angezeigt werden können, Tabelle T514D (Formularverzeichnis), in der die Verwaltungsinformationen stehen, und Tabelle T514V (Texte zu Formularnamen), die den Namen des Formulars enthält.

Musterentgeltnachweis

Im Formularkopf (siehe Abbildung 25.9) und im Formularfuß des Musterentgeltnachweises befinden sich Bereiche, in denen Einzelfelder angelegt sind. Dazwischen ist das Fenster angeordnet, in dem die Lohnarten dargestellt sind. In den Einstellungen der Einzelfelder kann festgelegt werden, ob ein Feld nur auf der ersten, nur auf der letzten oder auf allen Seiten angezeigt werden soll.

Gruppenzusatztexte

Das in Abbildung 25.10 gezeigte Fenster kann in mehrere Gruppen aufgeteilt werden. Zu diesen Gruppen können Gruppenzusatztexte definiert werden, die in Tabelle T512G (Gruppenzusatztexte) abgelegt sind. Gruppenzusatztexte können Überschriften zu Gruppen oder Linien zur Begrenzung einer

Gruppe enthalten. Im Gruppenzusatztext wird festgelegt, ob ein Text am Beginn oder am Ende einer Gruppe angezeigt werden soll.

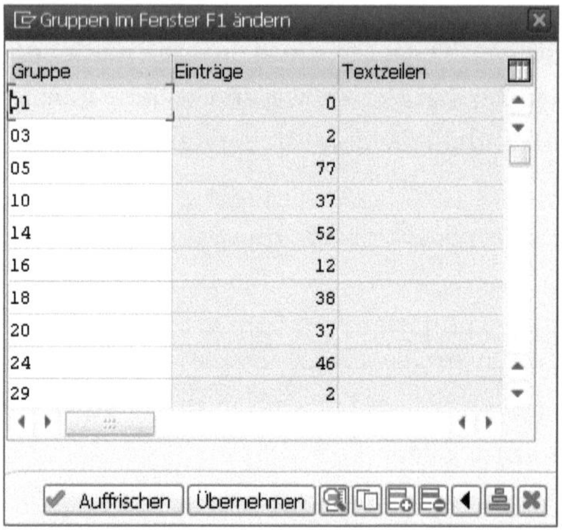

Gruppen im Fenster F1 ändern

Gruppe	Einträge	Textzeilen
01	0	
03	2	
05	77	
10	37	
14	52	
16	12	
18	38	
20	37	
24	46	
29	2	

Abbildung 25.10 Lohnarten in Fenstern gruppieren

Lohnarten oder Summenlohnarten

Innerhalb einer Gruppe werden Lohnarten oder Summenlohnarten angezeigt (siehe Abbildung 25.11).

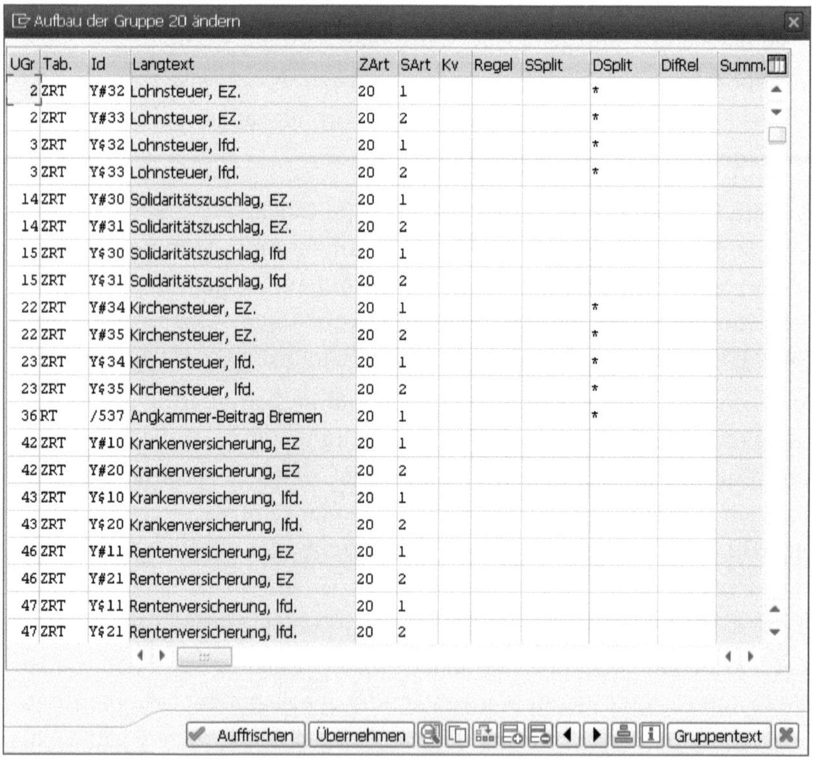

Aufbau der Gruppe 20 ändern

UGr	Tab.	Id	Langtext	ZArt	SArt	Kv	Regel	SSplit	DSplit	DifRel	Summ.
2	ZRT	Y#32	Lohnsteuer, EZ.	20	1				*		
2	ZRT	Y#33	Lohnsteuer, EZ.	20	2				*		
3	ZRT	Y$32	Lohnsteuer, lfd.	20	1				*		
3	ZRT	Y$33	Lohnsteuer, lfd.	20	2				*		
14	ZRT	Y#30	Solidaritätszuschlag, EZ.	20	1						
14	ZRT	Y#31	Solidaritätszuschlag, EZ.	20	2						
15	ZRT	Y$30	Solidaritätszuschlag, lfd	20	1						
15	ZRT	Y$31	Solidaritätszuschlag, lfd	20	2						
22	ZRT	Y#34	Kirchensteuer, EZ.	20	1				*		
22	ZRT	Y#35	Kirchensteuer, EZ.	20	2				*		
23	ZRT	Y$34	Kirchensteuer, lfd.	20	1				*		
23	ZRT	Y$35	Kirchensteuer, lfd.	20	2				*		
36	RT	/537	Angkammer-Beitrag Bremen	20	1				*		
42	ZRT	Y#10	Krankenversicherung, EZ	20	1						
42	ZRT	Y#20	Krankenversicherung, EZ	20	2						
43	ZRT	Y$10	Krankenversicherung, lfd.	20	1						
43	ZRT	Y$20	Krankenversicherung, lfd.	20	2						
46	ZRT	Y#11	Rentenversicherung, EZ	20	1						
46	ZRT	Y#21	Rentenversicherung, EZ	20	2						
47	ZRT	Y$11	Rentenversicherung, lfd.	20	1						
47	ZRT	Y$21	Rentenversicherung, lfd.	20	2						

Abbildung 25.11 Gruppenaufbau

Die in Abbildung 25.11 dargestellten Lohnarten können zu Untergruppen zusammengefasst werden. Durch die Bildung von Untergruppen kann die Reihenfolge der angezeigten Lohnarten beeinflusst werden. Denn die Lohnarten werden in der Reihenfolge der Untergruppen und innerhalb der Untergruppen in aufsteigender Reihenfolge auf dem Entgeltnachweis dargestellt.

Zeilenlayout

Das Zeilenlayout legt fest, welche Feldinhalte einer Lohnart dargestellt werden; es wird den Lohnarten zugeordnet (siehe Abbildung 25.12). Die Feldinhalte und Formatierungen, die zur Anzeige angeboten werden, unterscheiden sich je nach Formularklasse, da die Interpretation eines Formulars in dem jeweiligen Programm realisiert ist, das das Formular darstellt. Die möglichen Felder, die in dem Formular verwendet werden können, sind unterschiedlich, je nachdem, ob es sich um einen Entgeltnachweis, ein Lohnkonto oder ein Lohnjournal handelt. Die möglichen Felder und Formatierungen sind in der Wertehilfe (F4-Hilfe) dargestellt.

[«]

Include »RPCEDSZ9«

Erweiterungen am Entgeltnachweis können im Include RPCEDSZ9 realisiert werden, wobei darauf zu achten ist, dass dieses Include international verwendet wird.

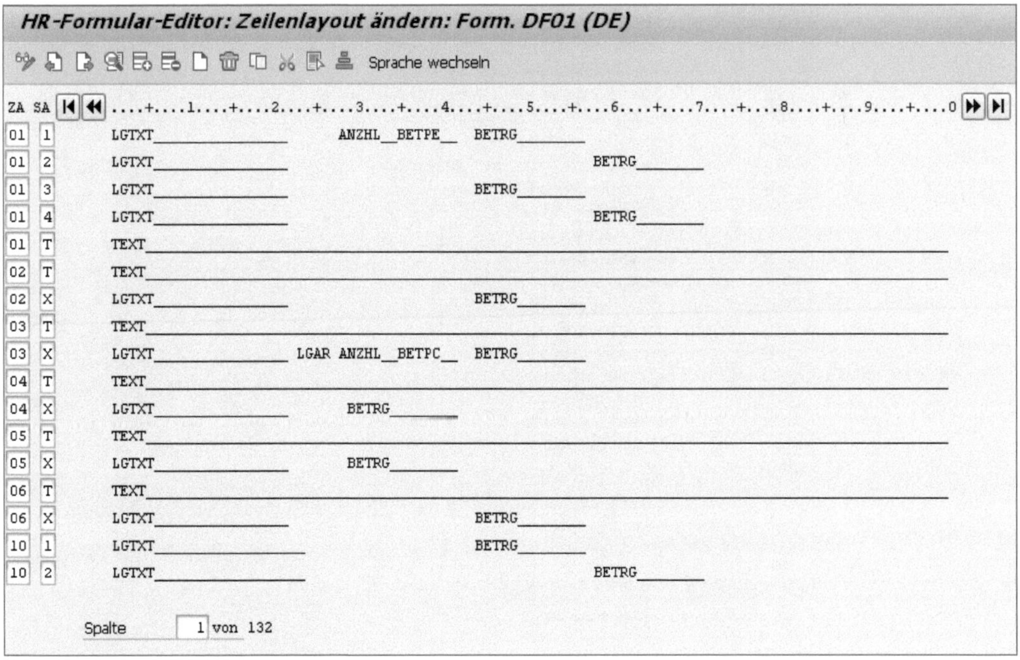

Abbildung 25.12 Zeilenlayout definieren

Aus dem Editor kann über das Menü **Zusätze • weitere Werkzeuge** in Transaktion PUFK (Formularmanager), den Formularkopierer (siehe Abbildung 25.13), gesprungen werden. Mithilfe des Formularkopierers können Formulare gewartet werden. Alle Formulartabellen sind Customizing-Tabellen. Dies bedeutet, dass sich die von SAP ausgelieferten Formulare im Mandanten 000 befinden und auch beim Einspielen von Support Packages nur dort aktualisiert werden. So sind immer Nacharbeiten notwendig, wenn Formulare, z. B. wegen neu ausgelieferter Lohnarten, durch ein Support Package ergänzt wurden. Mit dem Formularkopierer kann ein Formular kopiert, ersetzt und verglichen werden. Diese Funktionen können mandantenübergreifend angewandt werden.

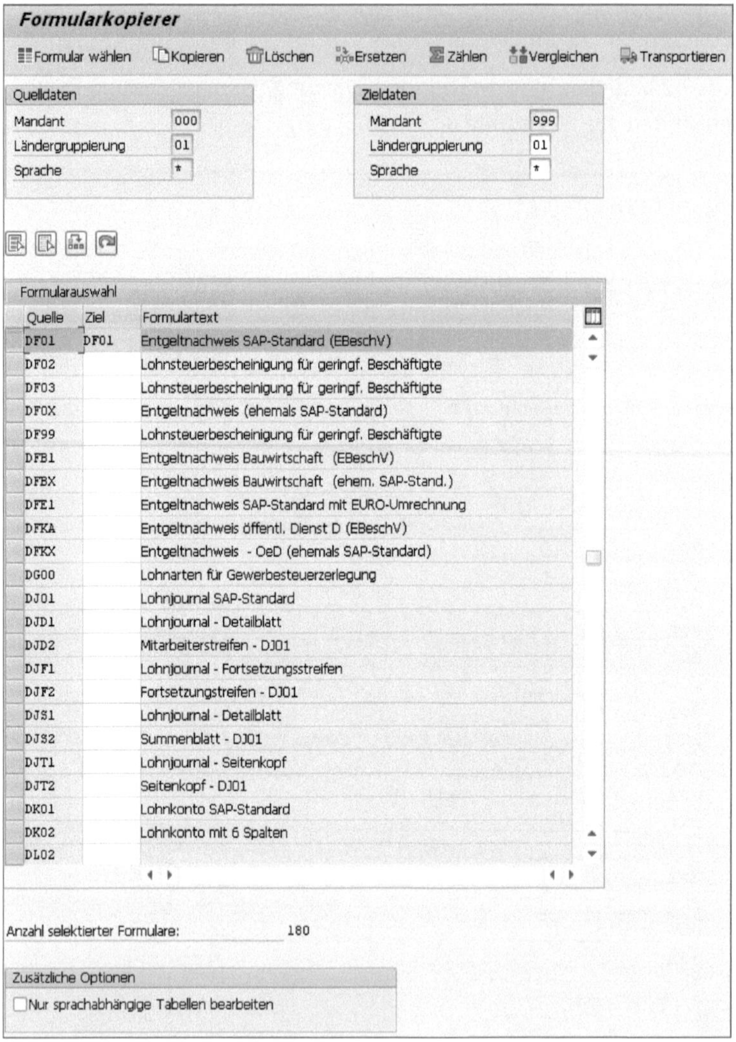

Abbildung 25.13 Formularkopierer

25.3.2 SAPscript-Formulare

In SAP ERP HCM werden häufig SAPscript-Formulare verwendet, z. B. in den folgenden Bereichen:

- Bescheinigungswesen
- Abrechnungsliste Altersteilzeit
- Arbeitskostenerhebung
- DEÜV-Bescheinigung für die beschäftigte Person
- SV-Beitragsnachweis
- Abrechnungsliste Kurzarbeit
- Lohnsteueranmeldung/Lohnsteuerbescheinigung
- Drittschuldnererklärung

Alle genannten Formulare sollten möglichst im Standardzustand belassen werden. Im Rahmen von Änderungen an den Formularen werden diese in den Kundenmandanten kopiert und beim Einspielen von Support Packages nicht mehr automatisch gewartet, da lediglich die Formulare im Mandanten 000 angepasst werden. Die Formulare müssen manuell abgeglichen werden. Die Abgleichfunktion ist aber nicht komfortabel, sodass es meistens besser ist, das Formular zu löschen und aus dem Mandanten 000 heraus neu anzupassen. Die eingebauten Änderungen müssen schließlich erneut durchgeführt werden.

Die Bearbeitung der Formulare erfolgt mit dem Form Painter, der über Transaktion SE71 (SAPscript-Formular) aufgerufen wird (siehe Abbildung 25.14).

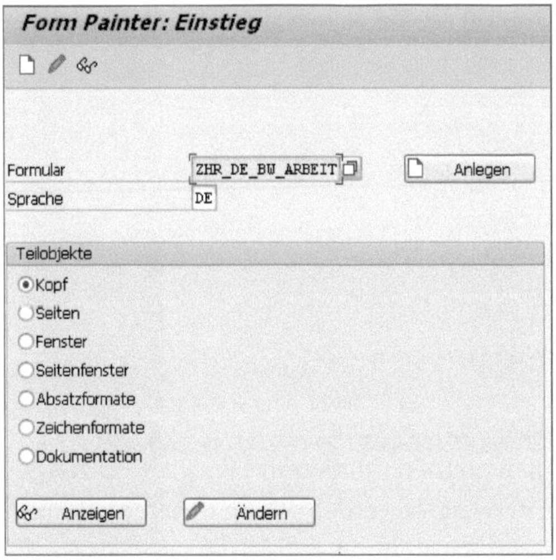

Abbildung 25.14 Form Painter

Teilobjekte von SAPscript-Formularen

Auch SAPscript-Formulare bestehen aus mehreren Teilobjekten:

- Verwaltungsdaten
- Grundeinstellungen
- Seiten
- Fenster
- Seitenfenster
- Absatzformate
- Zeichenformate

Die Verwaltungsdaten (siehe Abbildung 25.15) werden automatisch erzeugt und können nicht geändert werden. In den Grundeinstellungen (siehe Abbildung 25.16) werden das Seitenformat und die Default-Werte zur Textformatierung eingestellt, und in den Absatzformaten können weitere Zeichenformate bestimmt werden. Außerdem wird in den Grundeinstellungen festgelegt, welche Seite als Startseite verwendet werden soll.

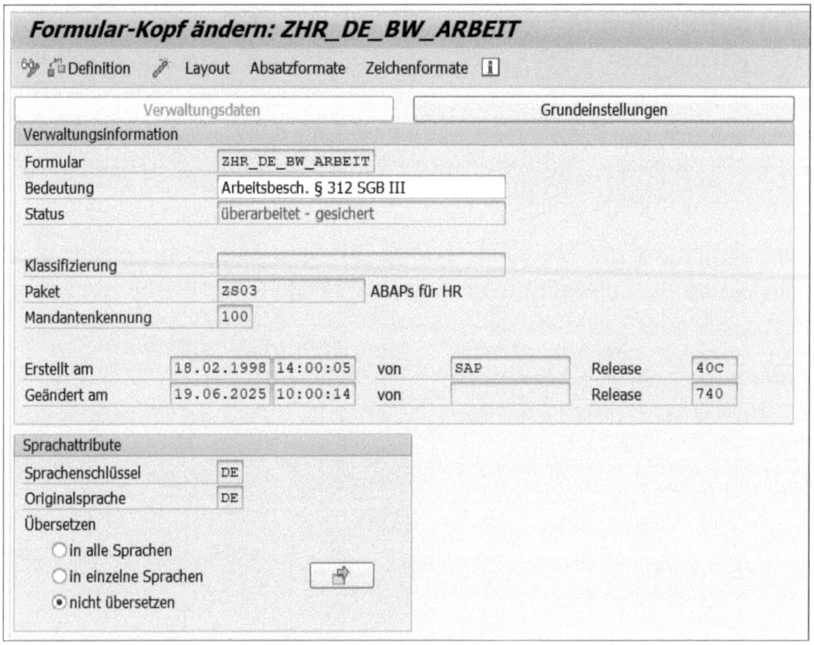

Abbildung 25.15 Verwaltungsdaten

Im Bereich **Seiten** (siehe Abbildung 25.17) werden Seiten angelegt, die sich in Aufbau und Inhalt unterscheiden können. In diesem Bereich wird festgelegt, welche Seite als Folgeseite verwendet werden soll. In unserem Beispiel ist Seite 1 als Startseite in den Grundeinstellungen festgelegt und als Folgeseite Seite 2, die auch verwendet wird, falls es eine dritte oder vierte Seite geben sollte.

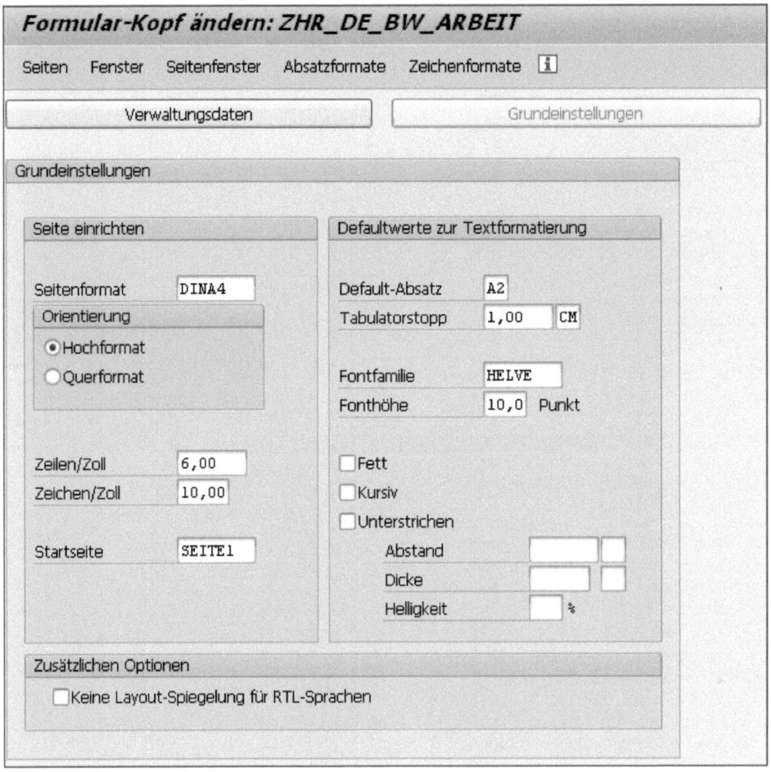

Abbildung 25.16 Grundeinstellungen

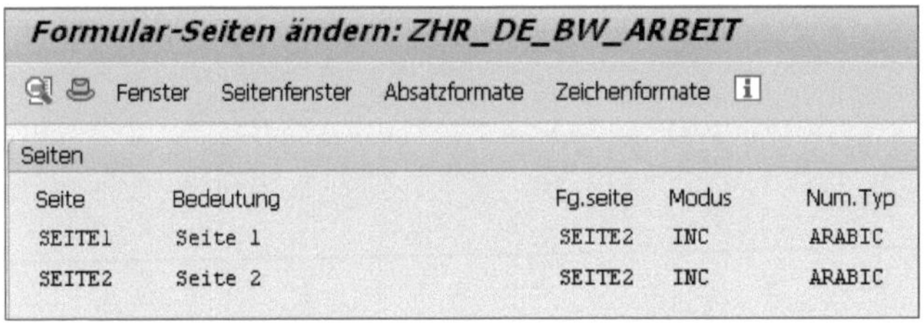

Abbildung 25.17 Seiten

Im Bereich **Fenster** (siehe Abbildung 25.18) werden die Bereiche, also die Fenster, definiert, die auf dem jeweiligen Formular positioniert werden sollen. Für den Text, der in den Fenstern dargestellt wird, können Absatzformate definiert werden (siehe Abbildung 25.19), die auf den Text angewandt werden.

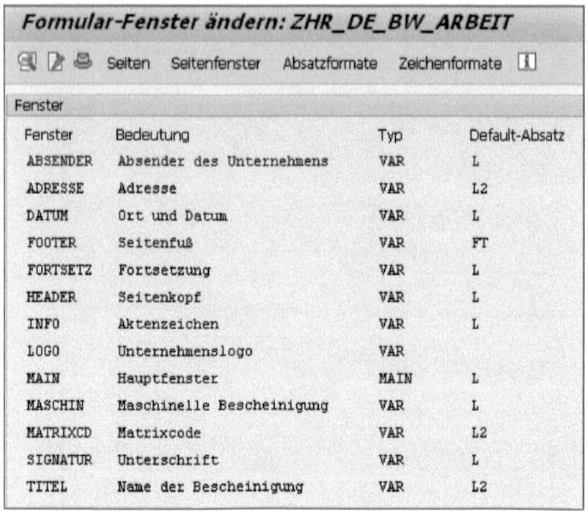

Formular-Fenster ändern: ZHR_DE_BW_ARBEIT

Seiten Seitenfenster Absatzformate Zeichenformate

Fenster

Fenster	Bedeutung	Typ	Default-Absatz
ABSENDER	Absender des Unternehmens	VAR	L
ADRESSE	Adresse	VAR	L2
DATUM	Ort und Datum	VAR	L
FOOTER	Seitenfuß	VAR	FT
FORTSETZ	Fortsetzung	VAR	L
HEADER	Seitenkopf	VAR	L
INFO	Aktenzeichen	VAR	L
LOGO	Unternehmenslogo	VAR	
MAIN	Hauptfenster	MAIN	L
MASCHIN	Maschinelle Bescheinigung	VAR	L
MATRIXCD	Matrixcode	VAR	L2
SIGNATUR	Unterschrift	VAR	L
TITEL	Name der Bescheinigung	VAR	L2

Abbildung 25.18 Fenster

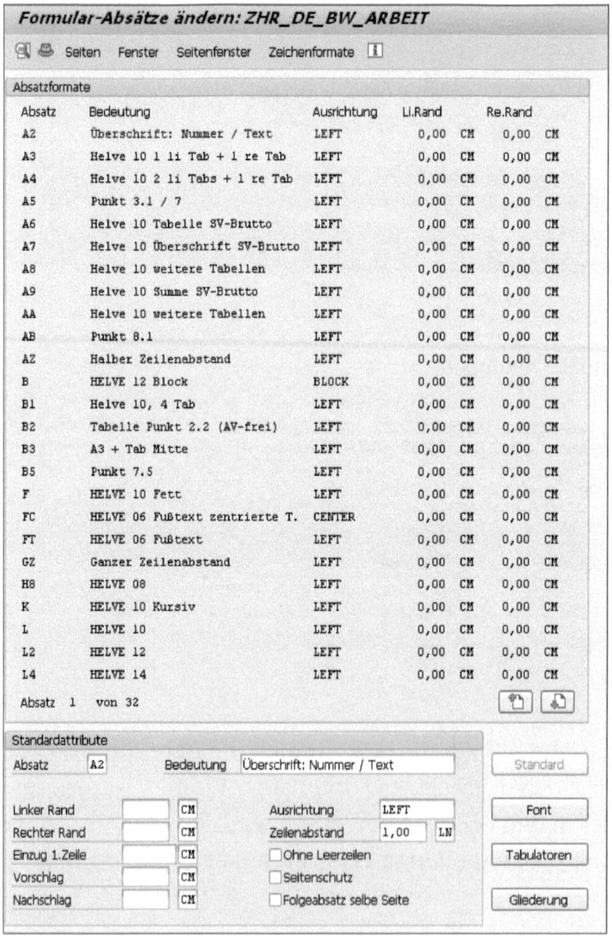

Formular-Absätze ändern: ZHR_DE_BW_ARBEIT

Seiten Fenster Seitenfenster Zeichenformate

Absatzformate

Absatz	Bedeutung	Ausrichtung	Li.Rand		Re.Rand	
A2	Überschrift: Nummer / Text	LEFT	0,00	CM	0,00	CM
A3	Helve 10 1 li Tab + 1 re Tab	LEFT	0,00	CM	0,00	CM
A4	Helve 10 2 li Tabs + 1 re Tab	LEFT	0,00	CM	0,00	CM
A5	Punkt 3.1 / 7	LEFT	0,00	CM	0,00	CM
A6	Helve 10 Tabelle SV-Brutto	LEFT	0,00	CM	0,00	CM
A7	Helve 10 Überschrift SV-Brutto	LEFT	0,00	CM	0,00	CM
A8	Helve 10 weitere Tabellen	LEFT	0,00	CM	0,00	CM
A9	Helve 10 Summe SV-Brutto	LEFT	0,00	CM	0,00	CM
AA	Helve 10 weitere Tabellen	LEFT	0,00	CM	0,00	CM
AB	Punkt 8.1	LEFT	0,00	CM	0,00	CM
AZ	Halber Zeilenabstand	LEFT	0,00	CM	0,00	CM
B	HELVE 12 Block	BLOCK	0,00	CM	0,00	CM
B1	Helve 10, 4 Tab	LEFT	0,00	CM	0,00	CM
B2	Tabelle Punkt 2.2 (AV-frei)	LEFT	0,00	CM	0,00	CM
B3	A3 + Tab Mitte	LEFT	0,00	CM	0,00	CM
B5	Punkt 7.5	LEFT	0,00	CM	0,00	CM
F	HELVE 10 Fett	LEFT	0,00	CM	0,00	CM
FC	HELVE 06 Fußtext zentrierte T.	CENTER	0,00	CM	0,00	CM
FT	HELVE 06 Fußtext	LEFT	0,00	CM	0,00	CM
GZ	Ganzer Zeilenabstand	LEFT	0,00	CM	0,00	CM
H8	HELVE 08	LEFT	0,00	CM	0,00	CM
K	HELVE 10 Kursiv	LEFT	0,00	CM	0,00	CM
L	HELVE 10	LEFT	0,00	CM	0,00	CM
L2	HELVE 12	LEFT	0,00	CM	0,00	CM
L4	HELVE 14	LEFT	0,00	CM	0,00	CM

Absatz 1 von 32

Standardattribute

Absatz A2 Bedeutung Überschrift: Nummer / Text

Standard

Linker Rand CM Ausrichtung LEFT Font

Rechter Rand CM Zeilenabstand 1,00 LN

Einzug 1.Zeile CM Ohne Leerzeilen Tabulatoren

Vorschlag CM Seitenschutz

Nachschlag CM Folgeabsatz selbe Seite Gliederung

Abbildung 25.19 Absatzformate

Es gibt zwei Bearbeitungsmodi des Form Painters, die über den Menüpfad **Einstellungen • Form Painter** umgestellt werden können. Abbildung 25.20 und Abbildung 25.21 zeigen die Formularbearbeitung im grafischen Modus.

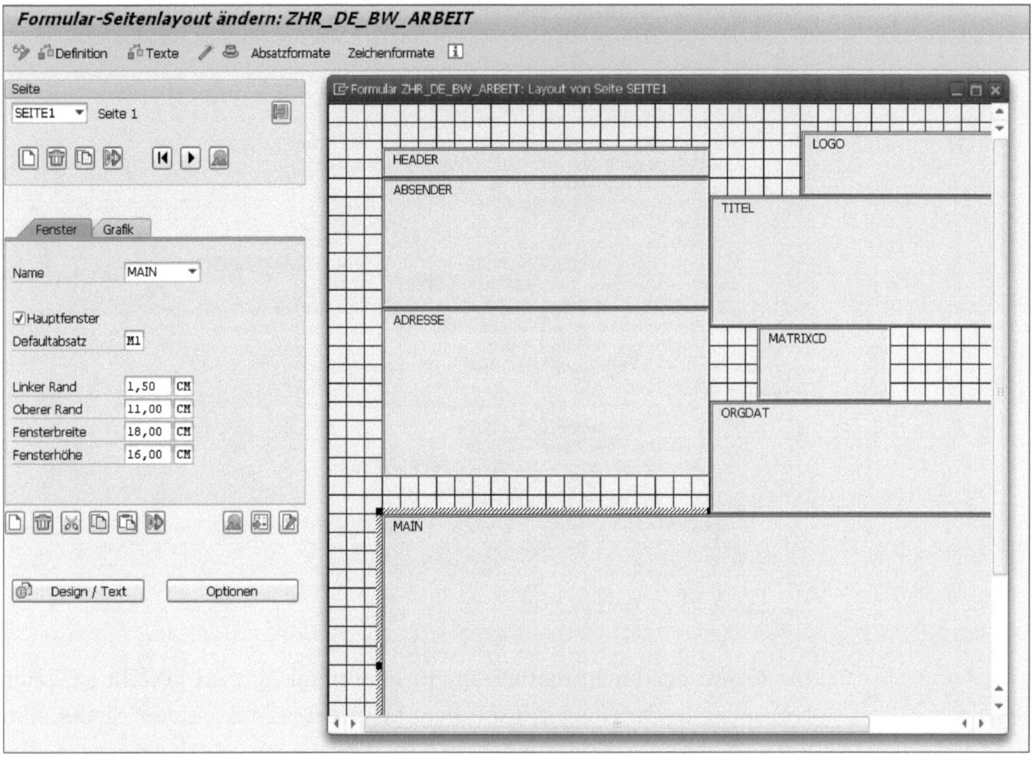

Abbildung 25.20 Seitenlayout ändern

Seitenlayout ändern

In Abbildung 25.20 sehen Sie den Button **Design / Text**, mit dem Sie zwischen der Bearbeitung des Designs und der Bearbeitung des Textes umschalten können. Mit dem Begriff *Design* ist lediglich gemeint, dass die definierten Fenster auf der Seite angeordnet werden können, denn das Anpassen von Fenstern, Schriftarten und der Darstellung von Linien oder Rahmen ist in SAPscript alles, was an Designmöglichkeiten angeboten wird.

Text ändern

In Abbildung 25.21 ist die Bearbeitung des Formulartextes dargestellt: Es kann hier Text eingegeben werden, und es können Standardtexte eingebunden werden; es können Variablen aus dem aufrufenden Programm angezeigt und Befehle eingegeben werden, sodass z. B. Texte nur angezeigt werden, wenn bestimmte Bedingungen erfüllt sind. Mithilfe des Befehls BOX werden Kästchen auf dem zu bearbeitenden Formular dargestellt.

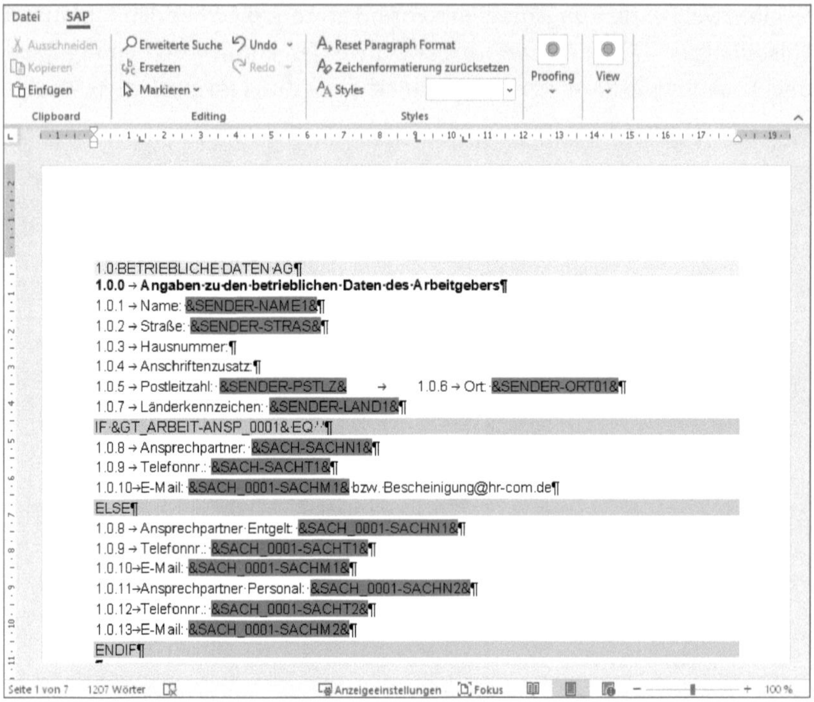

Abbildung 25.21 Text ändern

Die technische Suchfunktion, die in Abbildung 25.22 dargestellt ist, zeigt Formulare in der Übersicht mit dem Mandanten in der ersten Spalte. Alle dargestellten Formulare existieren im Mandanten 000 und sind damit Standardformulare. Bei veränderten und eigenen Formularen stünde hier der Kundenmandant an erster Stelle, und sie wären in Blau dargestellt. Die Suchfunktion erreichen Sie, indem Sie die Wertehilfe (F4-Taste) im Einstiegsbild von Transaktion SE71 wählen. Über den Menüpfad **Suchen • Technische Suchfunktion** erreichen Sie das Selektionsbild für die technische Suche.

In der deutschen Personalabrechnung ist die SAPscript-Technologie die am häufigsten verwendete Formulartechnologie. Lediglich für den Entgeltnachweis stehen neben den bereits erwähnten Tabellenformularen auch die SAP-Smart-Forms- und die PDF-Technologie für die Formularerstellung zur Verfügung. Erst seit Release SAP ERP 6.0 mit Erweiterungspaket 4 (EHP4) gibt es bei verschiedenen Themen wie dem Bescheinigungswesen die Alternative, PDF-Formulare zu verwenden. Diese Technologie bietet grafische Gestaltungsmöglichkeiten, die es bei den bisherigen Formularwerkzeugen nicht gab.

Suche nach Formularen

Auswählen Formularinfo Testdruck

Mdt	Formular	Spr	OSpr	Status	Bedeutung
000	HR_DE_BW_AGELDII	DE	DE	aktiv	Arbeitslosengeld II
000	HR_DE_BW_ALLGARB	DE	DE	aktiv	Allgemeine Arbeitsbesch.
000	HR_DE_BW_ALLVERD	DE	DE	aktiv	Allgemeine Verdienstbesch.
000	HR_DE_BW_ARBEIT	DE	DE	aktiv	Arbeitsbesch. § 312 SGB III
000	HR_DE_BW_ARBLOHI	DE	DE	aktiv	Arbeitslosenhilfe
000	HR_DE_BW_ARBUZWI	DE	DE	aktiv	Arbeits- und Zwischenbesch.
000	HR_DE_BW_ARB_17	DE	DE	aktiv	Arbeitsbesch. § 312 SGB III
000	HR_DE_BW_ARB_ATZ	DE	DE	aktiv	AB § 312 SGB - Zusatzblatt ATZ
100	HR_DE_BW_AZUBI	DE	DE	aktiv	Ausbildungsbescheinigung
000	HR_DE_BW_AZUBI_F	DE	DE	aktiv	Ausbildungsfolgebescheinigung
000	HR_DE_BW_ELTG_TM	DE	DE	aktiv	Elterngeld Teilzeit/Zusch.MSG
000	HR_DE_BW_ELTG_VB	DE	DE	aktiv	Verdienstbesch. Elterngeld
000	HR_DE_BW_ERKKIND	DE	DE	aktiv	Erkrankung Kind
000	HR_DE_BW_ERKK_15	DE	DE	aktiv	Erkrankung Kind 2015
000	HR_DE_BW_ERSTATZ	DE	DE	aktiv	Erstattungsantrag ATZ
000	HR_DE_BW_ERZIEH	DE	DE	aktiv	Antrag auf Erziehungsgeld
000	HR_DE_BW_EZ1	DE	DE	aktiv	Besch. über Einmalzahlungen 1
000	HR_DE_BW_EZ2	DE	DE	aktiv	Besch. über Einmalzahlungen 2
000	HR_DE_BW_HHHILFE	DE	DE	aktiv	Verdienstausf.-Haushaltshilfe
000	HR_DE_BW_KIZUSCH	DE	DE	aktiv	Verdienstbesch. Kinderzuschlag
000	HR_DE_BW_KVVU	DE	DE	aktiv	Krankengeld KVVU
000	HR_DE_BW_MUSTER	DE	DE	aktiv	Musterbescheinigung
000	HR_DE_BW_MUTTER	DE	DE	aktiv	Mutterschaftsgeld
000	HR_DE_BW_NEBENEK	DE	DE	aktiv	Nebeneinkommen § 313 SGB III
000	HR_DE_BW_PFLUNTG	DE	DE	aktiv	Pflegeunterstützungsgeld
000	HR_DE_BW_REGRESS	DE	DE	aktiv	Regreßberechnung
000	HR_DE_BW_RENTE	DE	DE	aktiv	Betriebsrente
000	HR_DE_BW_SOZWOHN	DE	DE	aktiv	Einkommenserk. soz.Wohnungsbau
000	HR_DE_BW_UEBER	DE	DE	aktiv	Entgeltbesch. Übergangsgeld
000	HR_DE_BW_UEBER	EN	DE	aktiv	Transitional Pay
000	HR_DE_BW_VERSICH	DE	DE	aktiv	Versicherungsverhältnis
000	HR_DE_BW_WEHRDIE	DE	DE	aktiv	Wehrdienst
000	HR_DE_BW_WEHRUEB	DE	DE	aktiv	Wehrübung
000	HR_DE_BW_WOHN	DE	DE	aktiv	Wohngeld
000	HR_DE_BW_ZEUGAUS	DE	DE	aktiv	Zeugenschaftliche Auskunft

Abbildung 25.22 Technische Suchfunktion

Während SAP Smart Forms eine Technologie von SAP ist, deren Entwicklung allerdings nicht mehr weiterverfolgt wird, wurde mit der Möglichkeit, Adobe-Formulare einzubinden, eine existierende Technologie in das SAP-System integriert (SAP Interactive Forms by Adobe). Das eigentliche Design wird hier mit dem Adobe LiveCycle Designer gestaltet.

25.3.3 HR-Formular-Workplace

HR-Formular-Workplace (Transaktion HRFORMS, siehe Abbildung 25.23) ist ein Werkzeug, mit dem sowohl SAP-Smart-Forms- als auch Adobe-Formulare verwaltet und angepasst werden können.

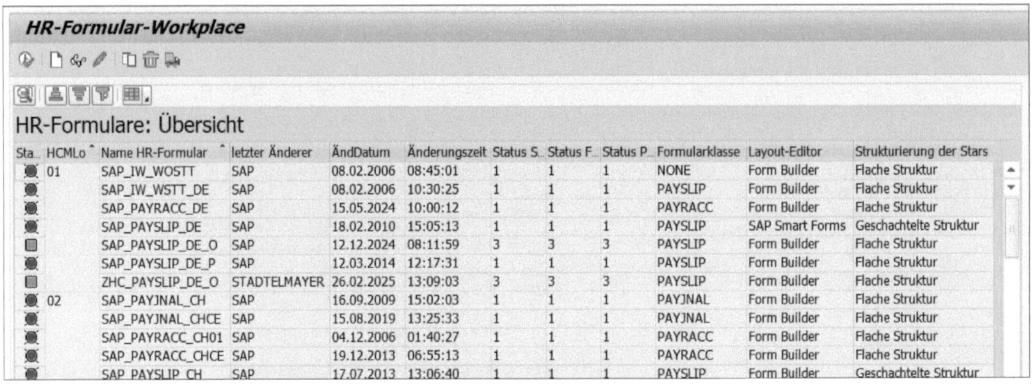
HR-Formular-Workplace

HR-Formulare: Übersicht

Sta...	HCMLo	Name HR-Formular	letzter Änderer	ÄndDatum	Änderungszeit	Status S...	Status F...	Status P...	Formularklasse	Layout-Editor	Strukturierung der Stars
	01	SAP_IW_WOSTT	SAP	08.02.2006	08:45:01	1	1	1	NONE	Form Builder	Flache Struktur
		SAP_IW_WSTT_DE	SAP	08.02.2006	10:30:25	1	1	1	PAYSLIP	Form Builder	Flache Struktur
		SAP_PAYRACC_DE	SAP	15.05.2024	10:00:12	1	1	1	PAYRACC	Form Builder	Flache Struktur
		SAP_PAYSLIP_DE	SAP	18.02.2010	15:05:13	1	1	1	PAYSLIP	SAP Smart Forms	Geschachtelte Struktur
		SAP_PAYSLIP_DE_O	SAP	12.12.2024	08:11:59	3	3	3	PAYSLIP	Form Builder	Flache Struktur
		SAP_PAYSLIP_DE_P	SAP	12.03.2014	12:17:31	1	1	1	PAYSLIP	Form Builder	Flache Struktur
		ZHC_PAYSLIP_DE_O	STADTELMAYER	26.02.2025	13:09:03	3	3	3	PAYSLIP	Form Builder	Flache Struktur
	02	SAP_PAYJNAL_CH	SAP	16.09.2009	15:02:03	1	1	1	PAYJNAL	Form Builder	Flache Struktur
		SAP_PAYJNAL_CHCE	SAP	15.08.2019	13:25:33	1	1	1	PAYJNAL	Form Builder	Flache Struktur
		SAP_PAYRACC_CH01	SAP	04.12.2006	01:40:27	1	1	1	PAYRACC	Form Builder	Flache Struktur
		SAP_PAYRACC_CHCE	SAP	19.12.2013	06:55:13	1	1	1	PAYRACC	Form Builder	Flache Struktur
		SAP_PAYSLIP_CH	SAP	17.07.2013	13:06:40	1	1	1	PAYSLIP	Form Builder	Geschachtelte Struktur

Abbildung 25.23 HR-Formular-Workplace

Transaktion HRFORMS

Transaktion HRFORMS ist die Erweiterung von SAP-Smart-Forms- und PDF-Formularen um eine Komponente zur Datenbeschaffung von HR-Daten; die Datenbeschaffung ist dabei vom Designwerkzeug getrennt. Aus dem fertigen Formular wird ein Programm generiert, das selbstständig ausgeführt werden kann.

HR-Formular-Workplace

HR-Formular-Workplace ist ein Verwaltungswerkzeug für HR-Formulare. Jedes damit erstellte Formular kann auch in den bekannten Werkzeugen zum Bearbeiten von SAP-Smart-Forms- (Transaktion SMARTFORMS) und PDF-Formularen (Transaktion SFP) angepasst werden; allerdings lässt sich damit nur das Formulardesign ändern. Lediglich über Transaktion HRFORMS ist auch die Bearbeitung der Datenbeschaffung möglich.

Bei der Gestaltung von Formularen mit HR-Formular-Workplace wird nicht nur die Formulargestaltung als solche durchgeführt, sondern auch ein Werkzeug bereitgestellt, mit dem der komplette Prozess von der Datenbeschaffung bis zur Ausgabe gestaltet werden kann. Das MetaNet stellt die entsprechenden Daten aus den Abrechnungsergebnissen bereit. Diese können nun selektiert und in das InfoNet übernommen werden, dessen Daten nun zur Verwendung im Formular zur Verfügung stehen.

MetaNet

In Abbildung 25.24 ist im linken Bereich das gewählte MetaNet mit den dazugehörigen MetaStars und MetaDimensions zu sehen. MetaStars bestehen aus MetaDimensions und MetaFigures, und jeder MetaStar enthält Daten einer Tabelle. So enthält z. B. der MetaStar ABSENCE, der die Abwesenheitskontingente beinhaltet, mehrere MetaDimensions, wie z. B. den Kontingenttyp QUOTATYPE, der wiederum aus mehreren MetaFigures besteht, die jeweils ein Feld mit Eigenschaften beinhalten, wie z. B. das Beginndatum (BEGDA).

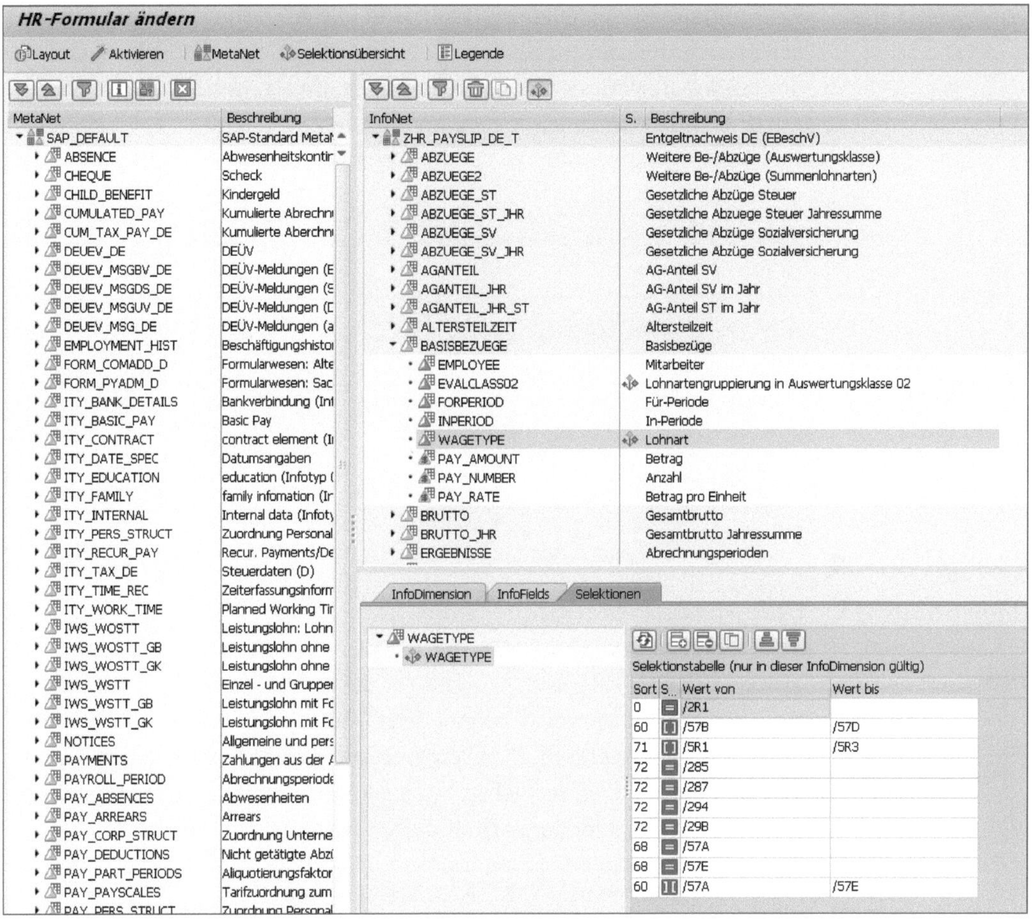

Abbildung 25.24 MetaNet und InfoNet im HR-Formular-Workplace

Standard-MetaNet SAP_DEFAULT

Das Standard-MetaNet SAP_DEFAULT von SAP enthält eine vordefinierte tiefe Struktur, die alle Tabellen des Abrechnungsergebnisses und des Zeitauswertungsergebnisses umfasst. Dieses MetaNet wird durch Support Packages auf dem aktuellen Stand gehalten. Das MetaNet enthält länderübergreifend Datenbeschreibungen für jedes hier definierte Objekt, es kann aber festgelegt werden, für welche Länderversion das jeweilige Objekt verwendet werden soll. Objekte mit der Gruppierung 99 können in allen Länderversionen eingesetzt werden.

Die Bearbeitung des MetaNets erfolgt im HR-Metadaten-Workplace, der über Transaktion HRFORMS_METADATA aufgerufen werden kann.

Legt man, wie es in Abbildung 25.25 zu sehen ist, ein eigenes MetaNet an, bietet es sich an, die Vererbung der MetaStars aus dem MetaNet SAP_DEFAULT zu aktivieren. Dadurch befinden sich automatisch alle Informationen des

SAP-Standards im eigenen MetaNet, und alle Änderungen durch Support Packages werden automatisch in das eigene MetaNet übertragen. Basierend auf diesen Daten können nun Anpassungen am eigenen Bedarf vorgenommen und benötigte MetaStars ergänzt werden.

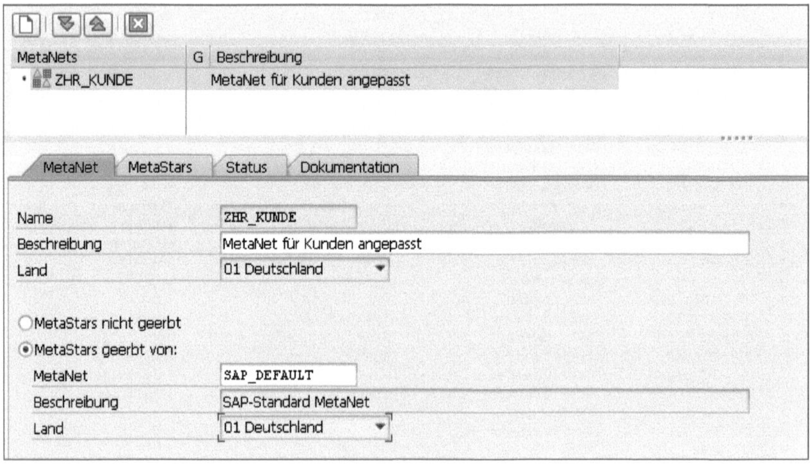

Abbildung 25.25 Ein eigenes MetaNet anlegen

Formulareigenschaften

Das im Formular zu verwendende MetaNet wird in den Formulareigenschaften (siehe Abbildung 25.26) eingetragen. Daneben wird in den Formulareigenschaften auch festgelegt, ob als Editor für die Formularerstellung SAP Smart Forms oder der Form Builder verwendet werden soll.

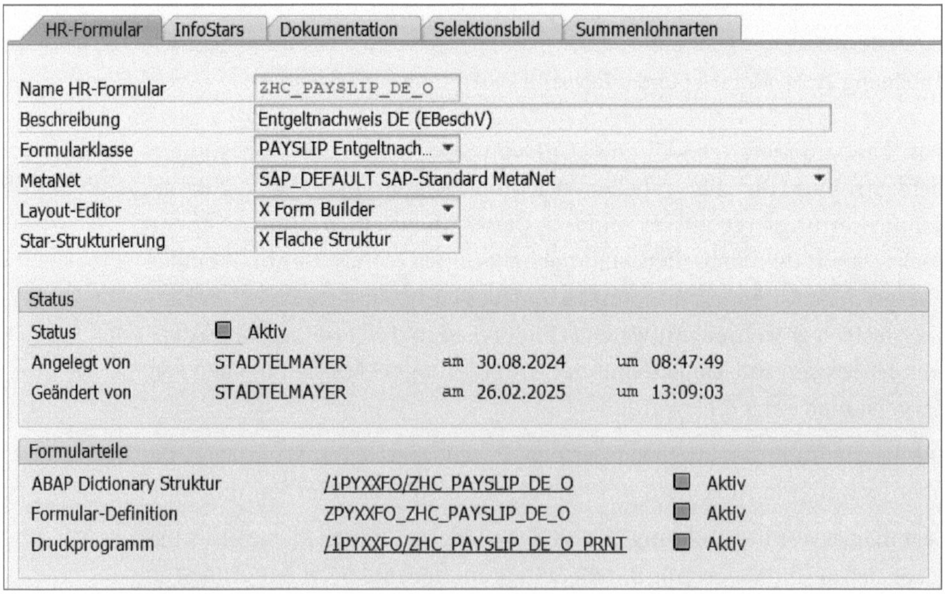

Abbildung 25.26 Formulareigenschaften

Selektionsbild

Auf der Registerkarte **Selektionsbild** (siehe Abbildung 25.27) kann festgelegt werden, welche Optionen zur Ausgabe des jeweiligen Formulars zur Verfügung stehen sollen.

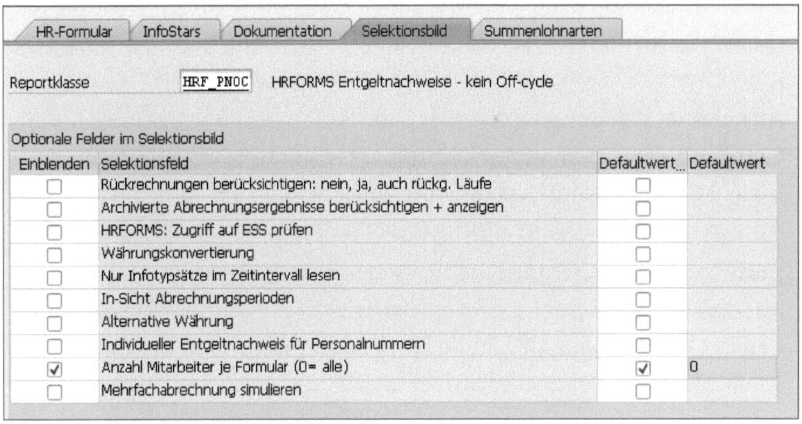

Abbildung 25.27 Selektionsbild definieren

Alternativ können hier die Werte auch fest vorbelegt werden, ohne dass diese im Selektionsbild angezeigt werden müssten.

Parameter »Entgeltnachweis«

Folgende Parameter stehen zur Verfügung, wenn es sich um ein Formular der Formularklasse »Entgeltnachweis« handelt:

- **Rückrechnungen berücksichtigen: nein, ja, auch rückg. Läufe**
  Es können die Alternativen **O** (nur Originalperiode), **X** (auch rückgerechnete Perioden) und leer (aktuelles Ergebnis und Rückrechnungen werden gelesen) ausgewählt werden. Die letzte Alternative ist die Standardvariante, die meist auch verwendet wird.
- **Archivierte Abrechnungsergebnisse berücksichtigen + anzeigen**
  Ist dieser Parameter markiert, werden auch archivierte Abrechnungsergebnisse gelesen, was im Standard nicht der Fall ist.
- **Währungskonvertierung**
  Die folgenden Alternativen zur Währungskonvertierung sind möglich:
  - **A** – alternative Währung verwenden
  - **F** – Währung der Für-Periode verwenden
  - **I** – Währung der In-Periode verwenden
  - **N** – keine Währungskonvertierung
- **Nur Infotyp-Sätze im Zeitintervall lesen**
  Über diesen Parameter kann eingestellt werden, ob in der Selektion der Infotypen nur die im Zeitraum der Abrechnung liegenden Sätze oder alle vorhandenen Sätze eingelesen werden sollen.

- **In-Sicht-Abrechnungsperioden**
  Hier wird festgelegt, ob die In-Periodensicht verfolgt werden soll. Wenn Sie dieses Kennzeichen aktivieren, werden die maßgeblichen Selektionsparameter als In-Periodendaten in das Programm einbezogen. Aktivieren Sie das Kennzeichen nicht, werden die maßgeblichen Selektionsparameter als Für-Periodendaten in das Programm übernommen.
- **Alternative Währung**
  Hier kann eine alternative Währung vorbelegt werden, in der die Ergebnisse dargestellt werden sollen. Die Umrechnung der Abrechnungswährung in die alternative Währung erfolgt zur Laufzeit des Programms.
- **Individueller Entgeltnachweis für Personalnummern**
  Mit diesem Parameter wird festgelegt, wie der Entgeltnachweis für Personen bei Mehrfachbeschäftigung mit Verknüpfung über die zentrale Person (Objekttyp CP) erstellt wird.
- **Anzahl Mitarbeitende je Formular (0 = alle)**
  Dieser Parameter legt fest, wie viele Mitarbeitende in einem Formular aufbereitet werden sollen; bei PDF-Formularen wird über diesen Parameter bestimmt, wie viele Formulare eine PDF-Datei ergeben sollen.
- **Mehrfachabrechnung simulieren**
  Dieses Kennzeichen ist nur im Rahmen der Mehrfachabrechnung relevant, die in Deutschland nicht genutzt wird.

Summenlohnarten

Auf der Registerkarte **Summenlohnarten** (siehe Abbildung 25.28) werden ein Tabellenbereich, der von SAP genutzt wird, und ein Tabellenbereich, der kundenindividuell angepasst werden kann, verwendet.

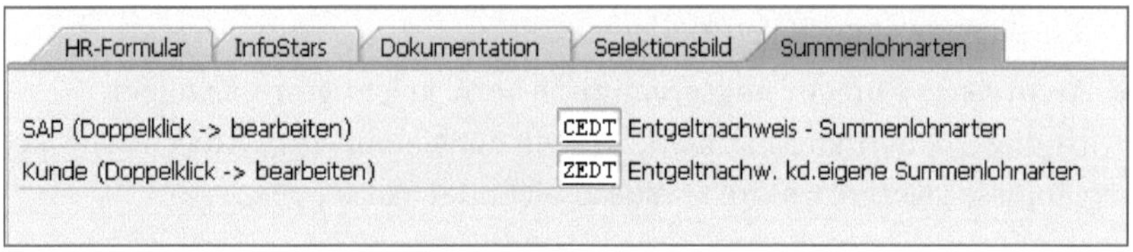

Abbildung 25.28 Verwendete Summenlohnarten

Summenlohnarten werden immer eingesetzt, wenn nicht jede Lohnart einzeln auf dem Entgeltnachweis erscheinen soll, was z. B. bei den gesetzlichen Abzügen der Fall ist. Hinter diesem vierstelligen Kennzeichen steht eine Teilapplikation in Tabelle V_T596A (Teilapplikation), die erstellt wird, wenn man ein Kürzel im Bereich **Kunde** anlegt. Die Summenlohnarten werden in Tabelle V_T596G (Summenlohnarten) erzeugt, und die Zuordnung der Lohnarten zu den Summenlohnarten erfolgt in Tabelle T596J (Berechnungsvorschrift für Summenlohnarten (Kundentabelle).

25.3.4 SAP-Smart-Forms-Formulare

Der SAP-Smart-Forms-Editor ist ein Werkzeug zur Layoutgestaltung von Formularen.

[!]

PDF-basierte Formulare

Inzwischen hat sich PDF als Standardformat im SAP-System durchgesetzt, SAP Smart Forms wird nicht weiterentwickelt, und die entsprechenden Formulare werden auch nicht mehr gewartet. Daher raten wir Ihnen dringend, auf die Erstellung von PDF-Formularen umzustellen.

Form Painter

Die Bearbeitung des SAP-Smart-Forms-Formulars erfolgt im Form Builder. Im ersten Schritt der Formularerstellung werden Fenster definiert, wie z. B. das Hauptfenster, das die Lohnarten enthält, oder das Logo. Diese Fenster werden mit dem Form Painter (siehe Abbildung 25.29) auf der Seite platziert.

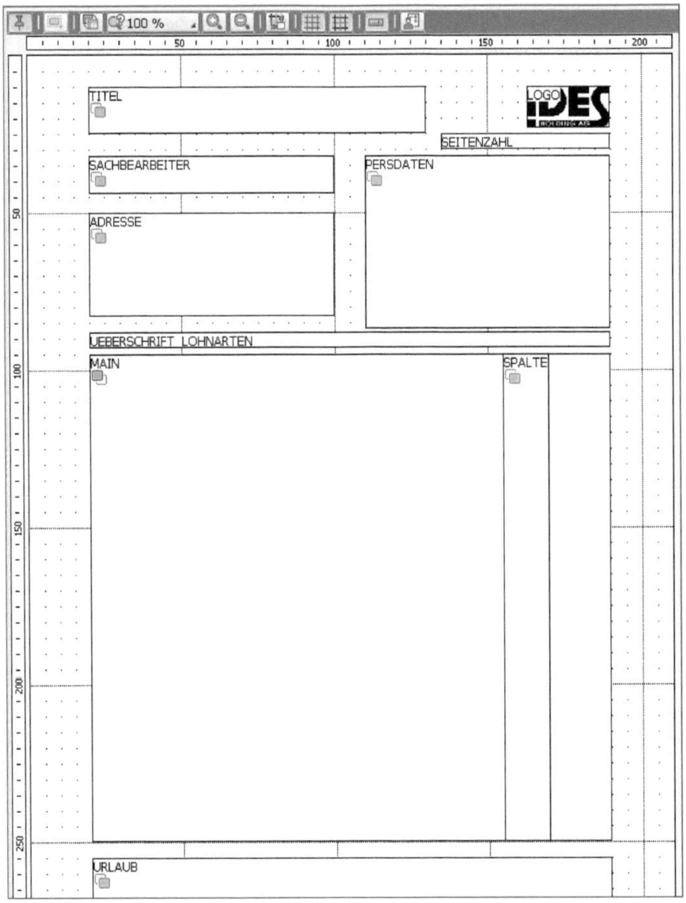

Abbildung 25.29 Form Painter

Es können mehrere Seiten mit unterschiedlichem Layout aufgebaut werden, und es kann festgelegt werden, welche Daten auf der ersten, auf der letzten oder auf allen Seiten gezeigt werden sollen.

Form Builder

Im linken Bereich des Form Builders werden die Elemente, die im entsprechenden Formular platziert werden sollen, in Form einer Baumstruktur angelegt (siehe Abbildung 25.30). Als oberste Knoten werden die verschiedenen, mit unterschiedlichem Inhalt oder Aufbau benötigten Seiten angelegt. Darunter werden die Fenster angeordnet, die wiederum mit Elementen gefüllt werden.

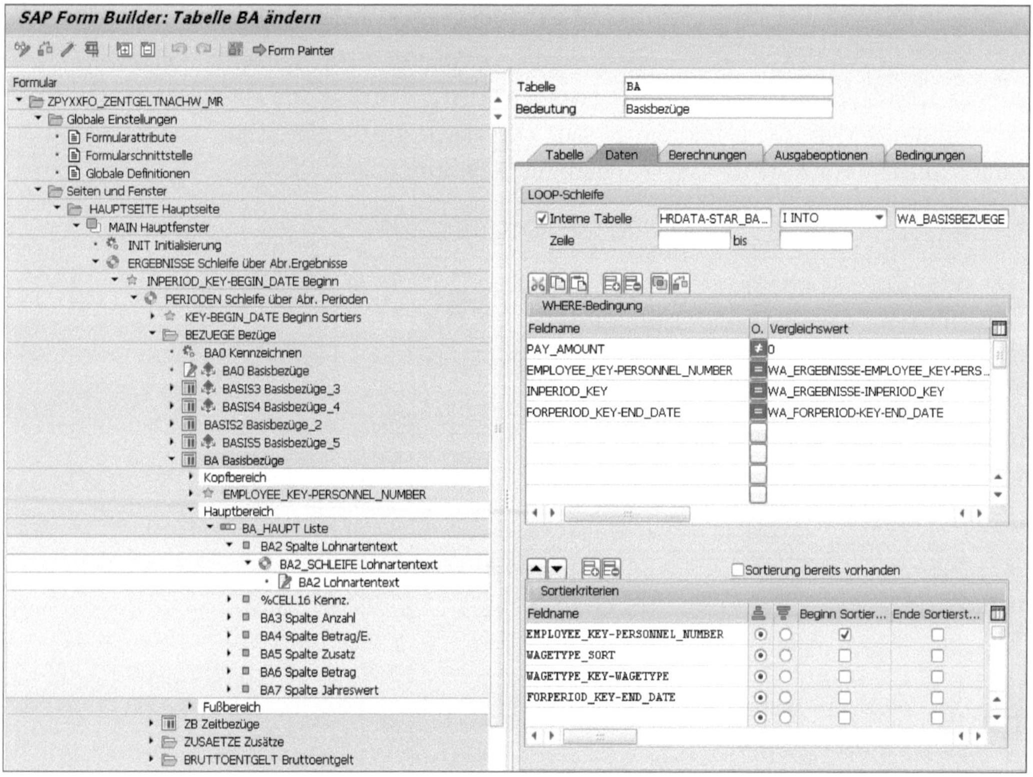

Abbildung 25.30 Form Builder

Es können hier auch Elemente enthalten sein, die zur Steuerung des Formulars verwendet werden, wie z. B. Schleifen, Kommandos oder Programm-Coding. Die Abarbeitung des Strukturbaums erfolgt immer von oben nach unten, sodass immer zuerst die anzuzeigenden Daten selektiert werden müssen, bevor die anzuzeigenden Elemente im Formular folgen.

Gestaltungs- und Steuerungselemente

Folgende Elemente stehen zur Gestaltung und Steuerung von Formularen zur Verfügung:

- **Seite**
  Jedes Formular besteht aus einer oder mehreren Seiten und der Steuerung, wann welche Seite folgt.
- **Hauptfenster**
  In einem Formular existiert maximal ein Hauptfenster, das den Seitenumbruch steuert.
- **Nebenfenster**
  Daten im Nebenfenster werden fest in diesem angeordnet und nicht umbrochen, sondern abgeschnitten.
- **Kopienfenster**
  Kopienfenster werden verwendet, wenn der Ausgabebereich als Kopie bezeichnet werden soll.
- **Abschlussfenster**
  Abschlussfenster werden erst ausgeführt, wenn alle Elemente der Baumstruktur abgearbeitet worden sind.
- **Text**
  Über diesen Knoten werden Texte und Feldinhalte ausgegeben.
- **Grafik**
  Mittels dieses Knotens werden Grafiken und Logos dargestellt. Diese müssen über Transaktion SE78 (Verwaltung von Formulargrafiken) in das SAP-System importiert werden.
- **Adresse**
  Über diesen Knotentyp können Adressen aus der zentralen Adressverwaltung ausgegeben werden.
- **Schablone**
  Eine Schablone ist eine statische Tabelle mit einem fest definierten Layout.
- **Tabelle**
  Eine Tabelle ist dynamisch und passt sich in Länge und Inhalt an.
- **Tabellenzeile**
  Tabellenzeilen können innerhalb von Schablonen oder Tabellen ausgegeben werden und legen den Inhalt einer Zeile fest.
- **Tabellenzelle**
  Jede Tabellenzeile besteht aus einer oder mehreren Tabellenzellen.
- **Kommando**
  Über Kommandos kann ein Seitenumbruch ausgelöst und die Drucksteuerung beeinflusst werden.

- **Schleife**
  Schleifen werden verwendet, um Tabellen auszugeben.
- **Alternative**
  Eine Alternative wird verwendet, wenn die Abarbeitung eines Astes nur unter bestimmten Bedingungen erfolgen soll. So können alternative Äste angelegt werden, die nicht in jedem Fall, sondern nur bei Eintreffen einer bestimmten Bedingung erfolgen.
- **Ordner**
  Ordner dienen der Formularstrukturierung und können vor einem Seitenumbruch schützen, wenn zusammengehörige Texte in einem Ordner zusammengefasst werden.
- **Programmzeile**
  In dieses Objekt können mithilfe von ABAP-Coding Programmzeilen eingefügt werden.

Per Doppelklick auf das Element im Strukturbaum werden die Eigenschaften des Elements im rechten Bereich des Fensters dargestellt und können dort angepasst werden.

[»]

Formularaufbau

Der Formularaufbau beeinflusst auch den Inhalt des Formulars. Zum Beispiel ist das SAP-Standardformular so angelegt, dass Rückrechnungen auf separaten Blättern gedruckt werden. Sollen diese nun unter der Angabe der betrachteten Periode auf dem aktuellen Blatt angezeigt werden, muss der Aufbau des Formularablaufs komplett verändert werden.

25.3.5 PDF-Formulare

Die Datenbeschaffung unterscheidet sich für SAP-Smart-Forms- und PDF-Formulare nicht. Erst bei Aufruf des Form Builders zur Gestaltung des entsprechenden Formulars werden die Unterschiede sichtbar.

Schnittstelle

Die Daten des InfoNets, die in der Schnittstelle geliefert werden, müssen in eine Dimension des Formularkontextes überführt werden (siehe Abbildung 25.31). Die Daten der Schnittstelle können einfach per Drag-and-drop in den Kontext gezogen werden, und erst die Daten, die im Kontext zur Verfügung stehen, können im Formular verwendet werden.

Im unteren Bereich des Fensters (siehe Abbildung 25.32) können die Eigenschaften der Elemente des Formularkontextes gepflegt werden, und es können hier Bedingungen definiert werden, wann etwa der Inhalt eines Elements dargestellt werden soll.

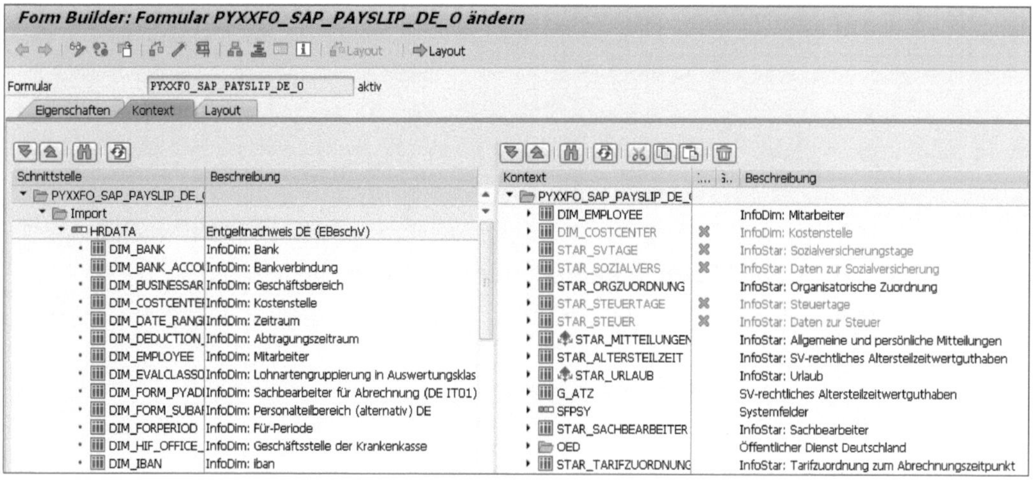

Abbildung 25.31 Formularkontext

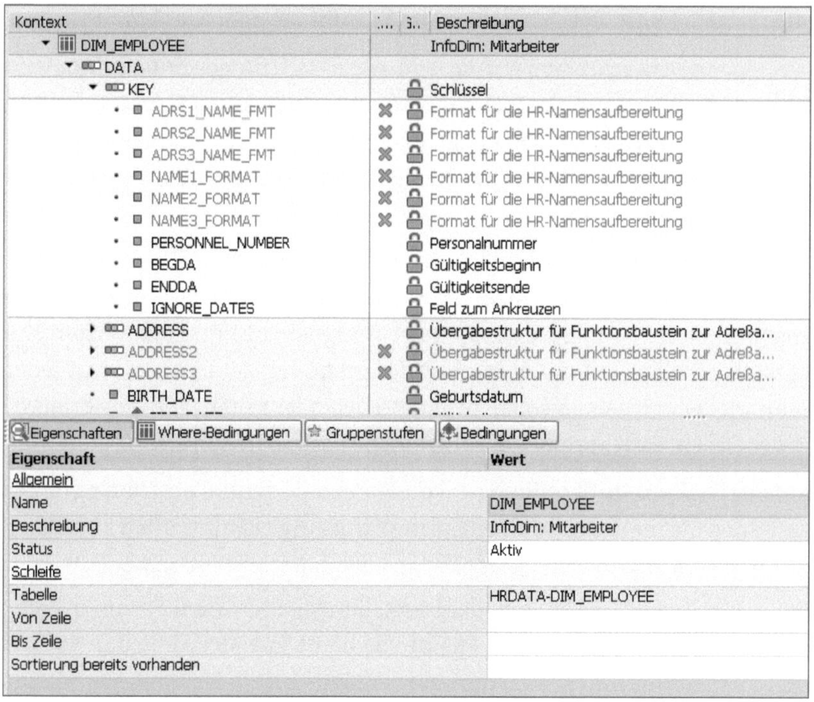

Abbildung 25.32 Eigenschaften der Elemente des Formularkontextes

Adobe LiveCycle Designer

Die Gestaltung des Formulars erfolgt mit dem Adobe LiveCycle Designer (siehe Abbildung 25.33), der auf dem PC installiert sein muss, damit eine Formularbearbeitung überhaupt möglich ist. Der Adobe LiveCycle Designer wird gestartet, sobald Sie die Registerkarte **Layout** ausführen.

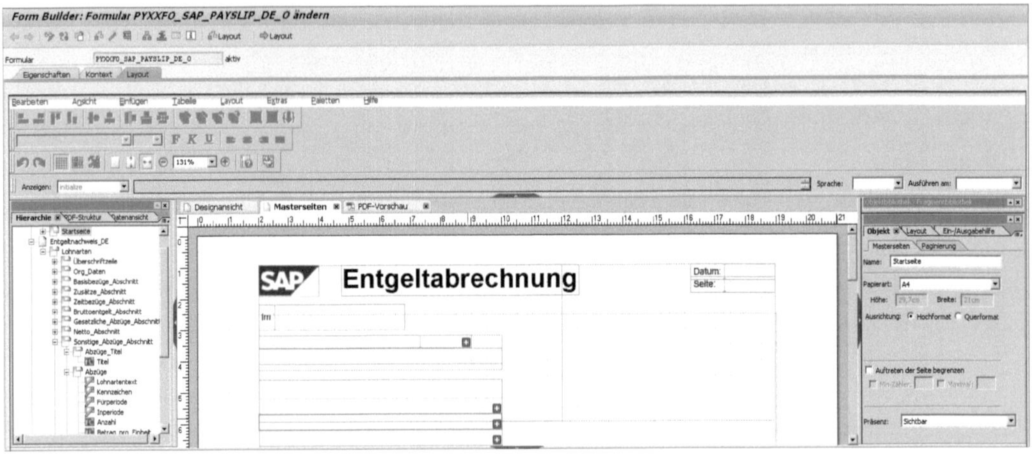

Abbildung 25.33 Adobe LiveCycle Designer

Der Adobe LiveCycle Designer liegt der Installations-CD des SAP GUI bei oder kann im SAP Service Marketplace heruntergeladen werden.

Im Folgenden beschreiben wir das Bild, wie es sich für gewöhnlich darstellt. Da dort alle Elemente flexibel angeordnet werden können, muss das Bild nicht exakt so aussehen wie in den exemplarischen Abbildungen. Alle Elemente können im Bild nicht nur flexibel angeordnet, sondern auch ausgeblendet werden.

Im mittleren Fensterbereich ist das aktuell zu bearbeitende Formular dargestellt; die Werkzeuge zur Formularbearbeitung sind um das Fenster herum angeordnet. Es kann hier zwischen der Designansicht und der Masterseite gewählt werden. Auf der Masterseite werden die Elemente, die auf jeder Seite wieder erscheinen sollen (wie z. B. Logo oder Seitenzahl), positioniert; in der Designansicht findet die eigentliche Formularbearbeitung statt.

Auf der linken Seite des Bildes sind die Datenansicht und die Hierarchie angeordnet, die jeweils über eine Registerkarte ausgewählt werden können.

Hierarchie

Auf der Registerkarte **Hierarchie** (siehe Abbildung 25.34) werden alle Elemente des Formulars, ähnlich der Darstellung in SAP Smart Forms, in einer Baumstruktur dargestellt. Die Hierarchie dient in erster Linie der Navigation im Formular. Klickt man nun mit der Maus auf ein Element, wird dieses auf der Arbeitsfläche des Formulars markiert, und es werden im rechten Bereich die Eigenschaften des Objekts sichtbar, das nun bearbeitet werden kann.

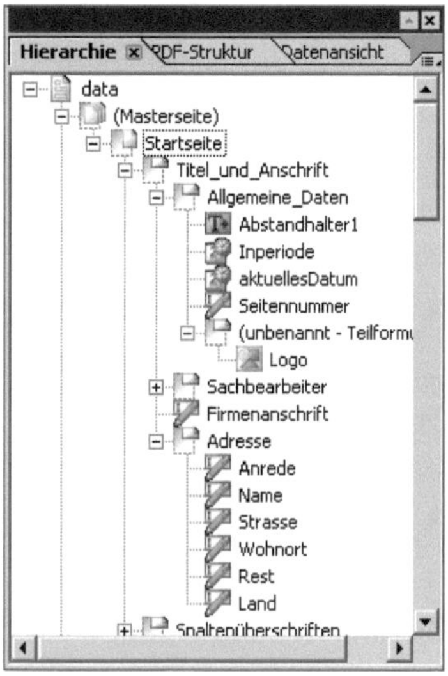

Abbildung 25.34 Hierarchie

Datenansicht

Die in Abbildung 25.35 gezeigte Registerkarte **Datenansicht** enthält alle Elemente des Formularkontextes und zeigt, ob diese bereits im Formular Verwendung finden. Hier können Sie Elemente auf den Arbeitsbereich des Formulars ziehen und so neue Elemente anlegen oder Daten mit vorhandenen Elementen verknüpfen.

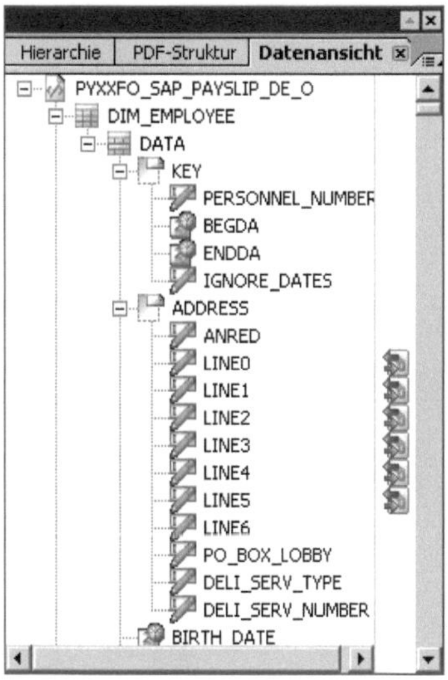

Abbildung 25.35 Datenansicht

Felddefinition

Wenn Sie entweder in der Datendarstellung rechts oder in der Formulardarstellung in der Mitte des Fensters ein Objekt per Mausklick auswählen, werden die Definition des Objekttyps, dessen Beschriftung und Erscheinungsbild und weitere Eigenschaften auf der rechten Seite des Bildes dargestellt (siehe Abbildung 25.36).

Abbildung 25.36 Felddefinition des Objekts

Datenbindung

In Abbildung 25.37 wird die Datenbindung des Objekts gezeigt. Hier wird festgelegt, welche der angelieferten Daten in diesem Objekt dargestellt werden sollen. Die Datenbindung wird ebenfalls im rechten Bild dargestellt und muss auf der entsprechenden Registerkarte **Bindung** ausgewählt werden.

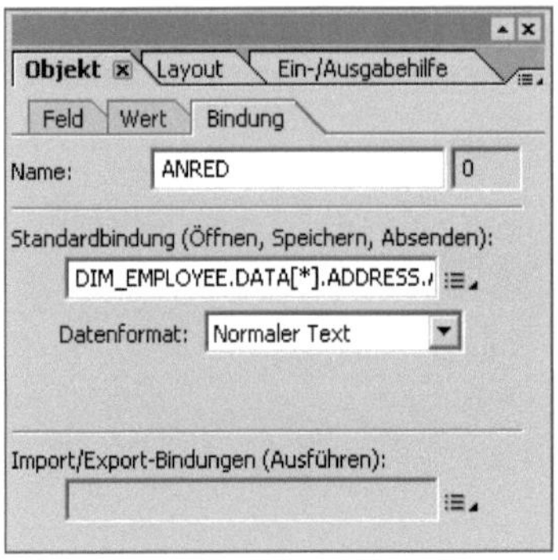

Abbildung 25.37 Datenbindung des Objekts

Script-Editor

Im oberen Bereich des Bildes befindet sich der Script-Editor (siehe Abbildung 25.38). Mithilfe von JavaScript oder FormCalc kann hier über die Programmierung Einfluss auf die Formulardarstellung genommen werden. So ist es möglich, z. B. mögliche Felder abhängig vom Feldinhalt in unterschiedlichen Farben darzustellen oder sie bei Bedarf auszublenden.

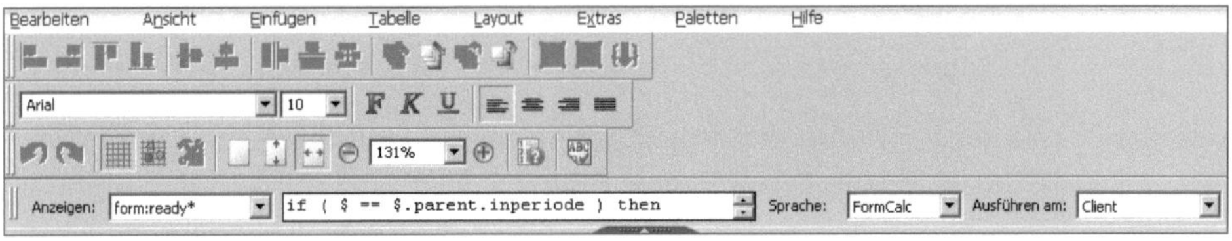

Abbildung 25.38 Script-Editor

Der Adobe LiveCycle Designer ist ein mächtiges Werkzeug zur Bearbeitung von Formularen, dessen komplette Funktionsbeschreibung den Rahmen dieses Buches sprengen würde; deshalb belassen wir es hier bei einer grundlegenden Beschreibung.

25.3.6 Formular-Framework

Im Customizing der Personalabrechnung unter dem Menüpfad **Personalabrechnung Deutschland • Formularsteuerung zur Druckausgabe einrichten** kann das Formular-Framework aktiviert und eingestellt werden. Inzwischen sind die meisten Formulare auch als PDF-Formulare verfügbar, sodass diese alternativ genutzt werden können.

Das Formular-Framework ermöglicht, Formulare mit alternativen Techniken an ein Programm anzubinden. Die entsprechenden Einstellungen werden in Customizing-Tabellen hinterlegt, also Einstellungen dazu, welches Formular in welcher Technik (SAPscript, SAP Smart Forms oder PDF) verwendet werden soll. Im Standard kann das Formular-Framework nur eingesetzt werden, wenn das Programm diese Möglichkeit auch unterstützt.

Views für das Customizing

In den folgenden Views ist das Customizing des Frameworks hinterlegt:

- V_T799BFOR – Art Ausgabeformular
- V_T799BEFG – Gruppe Eingabeformular
- V_T799BSFG – Formulargruppe – Ausgabeart
- V_799BSFG_A – Formulargruppe – Ausgabeart – Gruppenteilmenge
- V_T799BCFG – Formulargruppe – Ausgabeart – Customizing
- V_799BCFG_A – Formulargruppe – Ausgabeart – Customizing – Gruppenteilmenge
- V_T799BMFG – Logischer Formularname
- V_799BMFG_A – Logischer Formularname – Gruppenteilmenge
- V_T799BSFT – Systemname – Ausgabeart
- V_799BSFT_A – Systemname – Ausgabeart – Gruppenteilmenge
- V_T799BCFT – Systemname – Ausgabeart – Customizing

- V_799BCFT_A – Systemname/Ausgabeart – Customizing – Gruppenteilmenge

Formulararten Im View V_T799BFOR werden die Formulararten hinterlegt; es werden dabei die folgenden Technikarten unterstützt:

- SSC: SAPscript
- SFO: SAP Smart Forms (verfügbar ab Release SAP R/3 4.7)
- PDF: SAP Interactive Forms by Adobe (verfügbar ab Release SAP ERP 6.0)

Im View V_T799BEFG werden die Formulargruppen angelegt; hier können zusammengehörige Formulare gruppiert werden. Dabei kann eine Gruppenausnahme für die jeweilige Formularart hinterlegt werden. Ist der Formulartyp **Gruppenausnahme** markiert, ist keine Standardformularart für diese Formulargruppe eingestellt, und sie muss für jedes Formular individuell hinterlegt werden. Ansonsten überschreibt die Standardformularart jedes Mal die Voreinstellungen der individuellen Formen.

In den Views V_T799BSFG und V_799BSFG_A wird die Ausgabeart über die Formulargruppe definiert. Wenn das Ankreuzfeld für die Gruppenausnahme der Formularart nicht markiert ist, stellen Sie die Standardausgabeart ein.

In den Views V_T799BMFG und V_799BMFG_A werden die logischen Formularnamen über die entsprechende Formulargruppierung definiert.

In den Views V_T799BSFT und V_799BSFT_A werden die Systemnamen und die Ausgabearten über die logische Formulargruppe definiert. Wenn das Ankreuzfeld für die Gruppenausnahme der Formularart markiert ist, stellen Sie auch hier die Standardausgabeart ein.

Die Formulargruppe sowie die Formulargruppenart müssen in der Prüftabelle T799BSFG vorhanden sein.

25.4 Fazit

Die Personalabrechnung in SAP ERP HCM enthält zusätzlich zu den Customizing-Möglichkeiten, die über Tabelleneinträge gesteuert werden, einige weitere Möglichkeiten, die Sie in diesem Kapitel kennengelernt haben. Diese sind teilweise nicht einfach zu bedienen und benötigen Übung für einen sicheren Umgang. Das Customizing der Personalabrechnung gehört daher zu den komplexesten und aufwendigsten Prozessen der SAP-ERP-HCM-Komponente, was nicht zuletzt auch mit der Komplexität der deutschen Personalabrechnung zu tun hat. Gerade die Programmierung von

Schemen und Regeln muss erlernt sein und auch regelmäßig angewandt werden, damit die Anwendenden sicher darin sind.

Ideal ist es, das Customizing während eines Einführungsprojekts zu erlernen und das Erlernte danach auch von Zeit zu Zeit anzuwenden, um es nicht wieder zu vergessen. Daher sollte in Einführungsprojekten darauf geachtet werden, dass sich die Personen, die künftig mit der Systemwartung betraut sein sollen, im Vorfeld möglichst viel Know-how dazu aneignen. Denn im laufenden Betrieb ist es schwierig, sich bei den zumeist dringend abzuarbeitenden Anforderungen in dieses neue Thema einzuarbeiten.

Kapitel 26
Wartung in SAP ERP HCM

Häufige gesetzliche Änderungen mit teilweise sehr komplexem Inhalt erfordern eine permanente Wartung des SAP-Systems im Bereich der Personalabrechnung. In diesem Kapitel erhalten Sie einen Überblick darüber, welche Aktivitäten zur Wartung des Systems erforderlich sind.

Das Einspielen von Support Packages erfordert häufig Nacharbeiten, die sorgfältig durchgeführt werden sollten, um spätere Überraschungen zu vermeiden. Vernachlässigt man dies, ergeben sich im Laufe der Zeit immer größere Unterschiede zwischen dem Kundenmandanten und der Standardauslieferung von SAP im Mandanten 000, was dazu führen kann, dass Standardfunktionen nicht mehr einwandfrei funktionieren. Im Bereich der Personalabrechnung sollte das Customizing daher nahe am Standard belassen werden. So kann durch einen regelmäßigen Abgleich nach dem Einspielen von Support Packages garantiert werden, dass neu ausgelieferte Funktionen fehlerfrei ausgeführt werden.

Deshalb sollte – wie bereits gesagt – das Einspielen mit den notwendigen Nacharbeiten sorgfältig erledigt und das Ergebnis anschließend getestet werden.

26.1 Systemarchitektur

Wie in Abbildung 26.1 dargestellt, wird der Inhalt eines Support Packages nicht in alle Mandanten eines Systems komplett eingespielt, sondern der vollständige Inhalt wird nur in den Mandanten 000 importiert. Customizing-Einstellungen, die vom Kunden individuell angepasst werden können, werden von SAP nicht überschrieben. Daher werden Customizing-Inhalte von Support Packages nur in den Mandanten 000 importiert.

Rolle des Mandanten 000

Dem Mandanten 000 kommt eine besondere Funktion zu. Denn er beinhaltet die von SAP ausgelieferten Customizing-Einstellungen, an denen keine Änderungen durchgeführt werden können. Der Mandant 000 dient also nur der Anzeige des ausgelieferten Muster-Customizings. Das Customizing im Kundenmandanten muss regelmäßig mit dem Standard-Customizing von SAP abgeglichen werden, um die gesetzlich notwendige Funktion zu übernehmen.

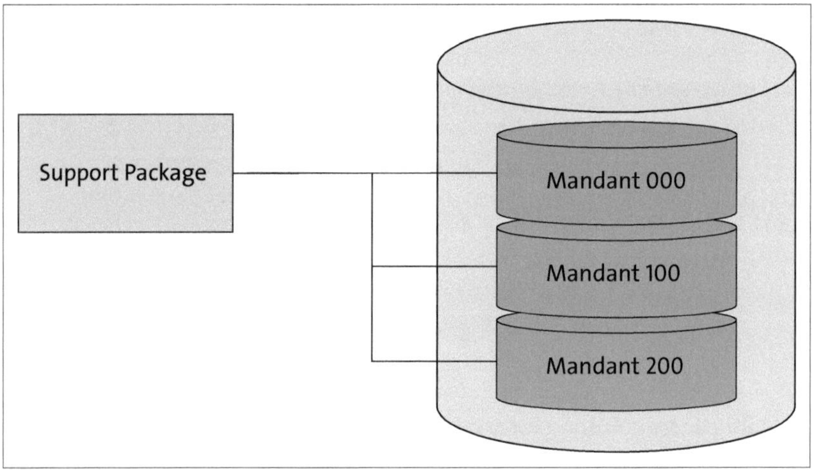

Abbildung 26.1 Support Packages in die Mandantenstruktur einspielen

Zu diesen Customizing-Einstellungen, die regelmäßig abgeglichen werden müssen, gehören z. B. Einstellungen zu Abwesenheiten oder zum Entgeltnachweis. Werden die Änderungen nicht regelmäßig abgeglichen, laufen die Einstellungen immer weiter auseinander, was dazu führt, dass gesetzliche Anforderungen nicht richtig abgebildet werden. Im Bereich der Personalabrechnung, in dem regelmäßig neue gesetzliche Anforderungen umgesetzt werden müssen, gewinnt diese Mandantenstruktur besonders an Bedeutung. Denn in keiner anderen Komponente ist der Änderungsabgleich so wichtig und so notwendig!

26.2 Vorbereitungen

In diesem Abschnitt beschreiben wir die Aktivitäten, die vor dem Einspielen von Support Packages durchgeführt werden sollten.

Für das Einspielen der Support Packages muss ein geeigneter Zeitpunkt gefunden werden. Denn solange die Support Packages nicht in allen Systemen einer zusammengehörigen Systemlandschaft eingespielt worden sind, dürfen keine Transporte durchgeführt werden. Werden nämlich Objekte aus dem Testsystem in das Produktivsystem transportiert, die durch das Einspielen der Support Packages bereits auf dem neuesten Stand sind, kann dies zu Inkonsistenzen führen. Daher sollten Sie einen Zeitraum wählen, in dem keine Personalabrechnung erfolgt und in dem auf Transporte verzichtet werden kann.

Zeitplan

Zunächst muss ein Zeitplan festgelegt und müssen die einzelnen Aufgaben definiert werden. Die Anwendenden sollten über die Änderungsmaßnahmen informiert und in die Tests einbezogen werden.

26.2.1 Hinweise in »SAP for Me« sichten

Um sich über den Umfang der einzuspielenden Support Packages ein Bild machen zu können, müssen Sie die Seite **SAP for Me** aufsuchen. Hier gibt es einen Zeitplan, der die Erscheinungstermine von Support Packages festlegt und auf besondere Inhalte aufmerksam macht. Dieser Zeitplan kann in **SAP for Me** für SAP ERP HCM (siehe Abbildung 26.2) und für SAP S/4HANA (siehe Abbildung 26.3) für das relevante Release ausgewählt und angezeigt werden.

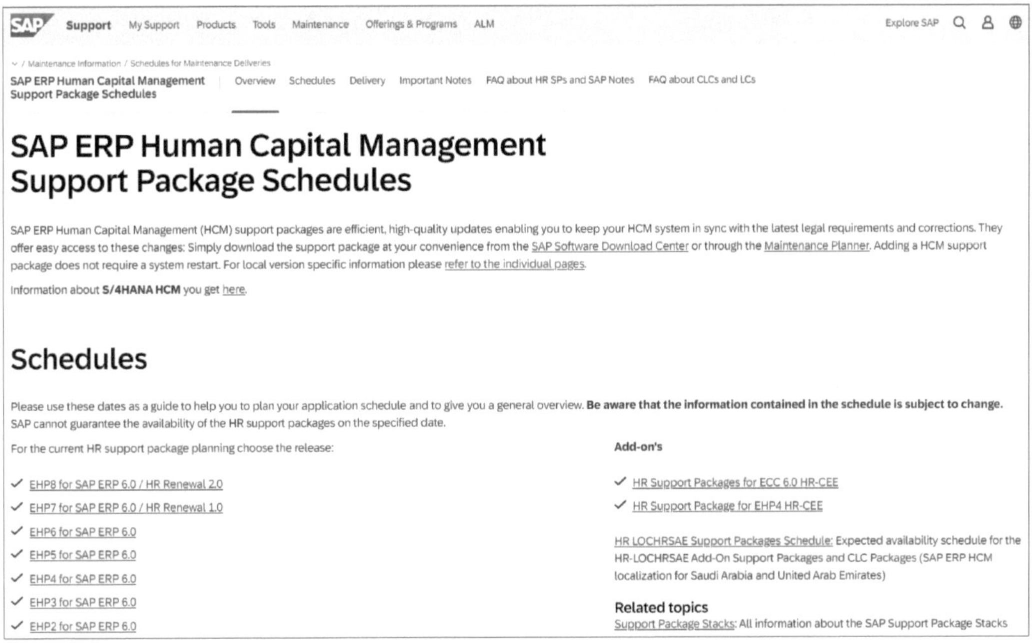

Abbildung 26.2 SAP ERP HCM Support Package Schedules

Die Erscheinungstermine werden jeweils für ein Jahr angezeigt. Für SAP ERP HCM sind diese in Abbildung 26.4 dargestellt. Die entsprechende Übersicht für SAP S/4HANA finden Sie in Abbildung 26.5.

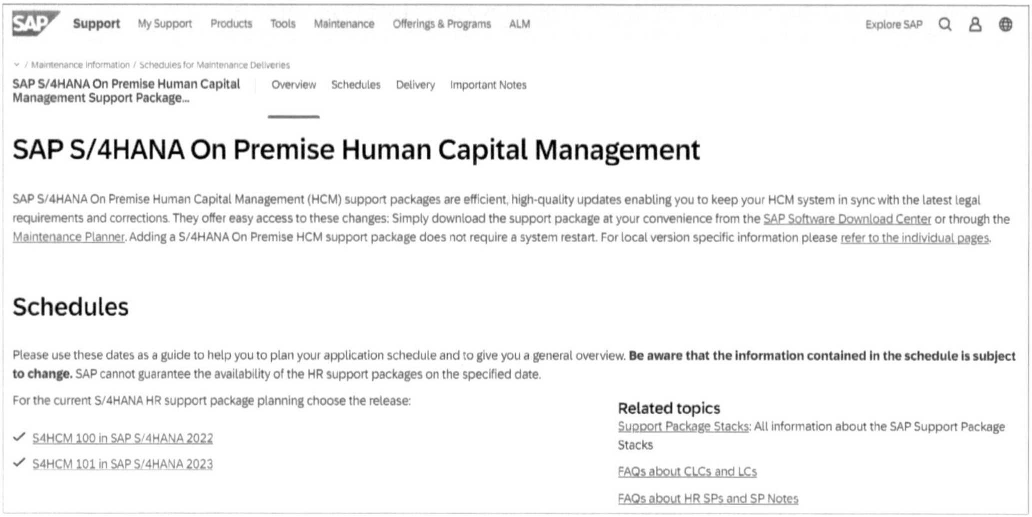

Abbildung 26.3 SAP S/4HANA On Premise Support Package Schedules

SAP_HR EHP8 - EA-HR EHP8 (*) - 2026

CLC SAP_HR EA-HR	HR SP SAP_HR EA-HR	Planned Availability	Local versions for which CLC packages have been planned plus content information SP Stacks *Remark: Support Package application is always recommended for all local versions to continuously improve quality*
G6 G6	G6 G6	21.12.2026	
G5 G5	G5 G5	10.12.2026	
	G4 G4	**12.11.2026**	**Synchronization HR SP**
G3 G3	G3 G3	15.10.2026	

Abbildung 26.4 Schedule EHP8 2026

S4HCM 101 - 2026

CLC	HR SP	Planned Availability	Local versions for which CLC packages have been planned plus content information SP Stacks *Remark: Support Package application is always recommended for all local versions to continuously improve quality*
42	42	21.12.2026	
41	41	10.12.2026	
	40	**12.11.2026**	**Synchronization HR SP**
39	39	15.10.2026	

Abbildung 26.5 Schedule S4HCM 101 – 2026

Als Nächstes muss der Inhalt der SAP-Hinweise analysiert werden. Unter dem Link *https://me.sap.com/servicessupport/search/* werden aktuelle Hinweise zu Anpassungen des SAP-Systems veröffentlicht. Diese Hinweise können sich z. B. auf die Beseitigung von Fehlern und auf anstehende Gesetzesänderungen beziehen.

[«]

SAP-Hinweise und Nacharbeiten

Viele SAP-Hinweise enthalten Beschreibungen der notwendigen Nacharbeiten, die manuell erledigt oder geprüft werden müssen. Diese Nacharbeiten sollten sorgfältig durchgeführt werden.

26.2.2 Umfang der einzuspielenden Support Packages festlegen

In **SAP for Me** können alle SAP-Hinweise zu einem Support Package angezeigt und die dort enthaltenen Objekte durchsucht werden.

Selbst wenn lediglich das Einspielen von HR Support Packages ansteht, können noch weitere Support Packages als deren Grundlage erforderlich sein. So können z. B. Basis-Packages benötigt werden, um die notwendige Technik für HR-Funktionen zur Verfügung zu stellen. Daher sollte ein SAP-ERP-HCM-System möglichst immer auf dem aktuellen Stand gehalten werden. Das Einspielen von Stacks, einem Paket von Support Packages aus allen relevanten Bereichen, ist eine gute Möglichkeit, um das System in regelmäßigen Abständen auf den aktuellen Stand zu bringen.

[«]

Einspielen von Support Packages in internationalen Systemen

In einem internationalen SAP-ERP-HCM-System, in dem in mehreren Länderversionen Personalabrechnungen durchgeführt werden, ist ein häufiges Einspielen von Support Packages notwendig; dies betrifft immer alle Länderversionen und erfordert aufwendige Tests. Daher wurde das Einspielen entzerrt und der Lieferprozess verändert (Details dazu finden Sie in SAP-Hinweis 1167891). Seit Ende 2008 ist es auch möglich, für einzelne Länderversionen Support Packages einzuspielen. Allerdings werden regelmäßig Support Packages ausgeliefert, die eine Synchronisation aller Länderversionen erfordern, sodass immer nur innerhalb dieser Level ein unabhängiges Patchen einzelner Länderversionen möglich ist.

26.2.3 Bekannte Nebeneffekte von SAP-Hinweisen anzeigen

Das Einspielen von Support Packages löst nicht nur Probleme, sondern es kann auch neue Probleme mit sich bringen. Daher muss geprüft werden, welche Probleme auftreten können, für die SAP Unterstützung anbietet. Dies betrifft in erster Linie fehlerhafte SAP-Hinweise, für die bereits eine Korrektur vorhanden ist, die unbedingt eingespielt werden sollte.

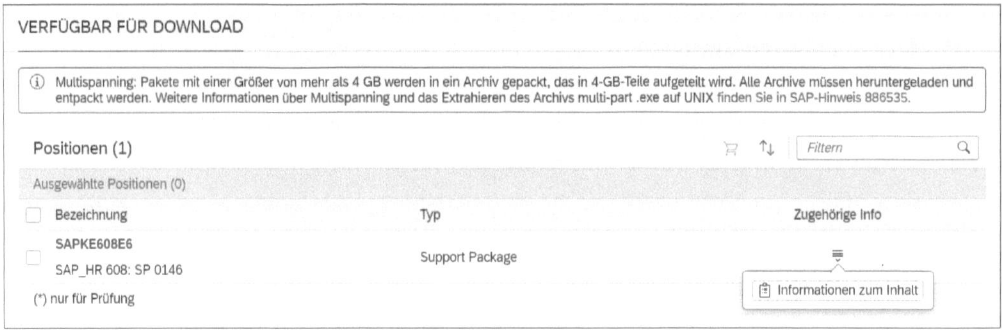

Abbildung 26.6 Nach Nebeneffekten von Support Packages suchen

Es steht Ihnen eine Auswertung zur Verfügung, die Sie über **SAP for Me** (siehe Abbildung 26.6) aufrufen können und die bereits bekannte Nebenwirkungen von Hinweisen in Support Packages auswertet. Das Ergebnis ist eine Liste mit Hinweisen, die auf ihre Relevanz hin untersucht werden müssen und bei Bedarf über Transaktion SNOTE (Note Assistant) eingespielt werden können (siehe Abbildung 26.7).

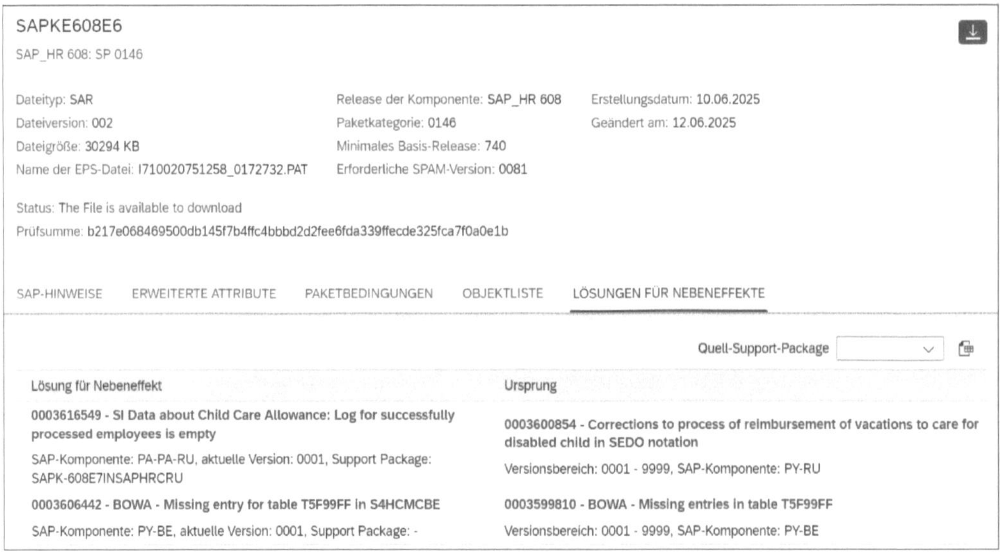

Abbildung 26.7 Ergebnis zu Lösungen für Nebeneffekte von Support Packages

26.2.4 Lohnartentabelle T512W sichern

Tabelle T512W (Lohnartenbewertung) mit den zentralen Eigenschaften der Lohnarten (siehe Kapitel 23, »Lohnarten«) ist die sensibelste Tabelle der Personalabrechnung. In dieser Tabelle existiert der Namensraum der Kundenlohnarten 0xxx–9xxx, der von einem SAP-Upgrade nicht berührt wird; der

Namensraum der SAP-Standardlohnarten kann dagegen von jedem Support Package verändert werden. Deshalb sollten Standardlohnarten nicht modifiziert werden. Allerdings gibt es Ausnahmefälle, in denen es notwendig ist, Änderungen an Standardlohnarten vorzunehmen, z. B. um die Darstellung auf dem Entgeltnachweis durch Änderung der Auswertungsklasse anzupassen. Damit solche Änderungen nicht verloren gehen, ist eine Sicherung von Tabelle T512W (Lohnartenbewertung) möglich.

Über den Report RPU12WOS (Sichern/Löschen einer Backup-Version von Tabelle T512W) ist das Sichern des aktuellen Inhalts von Tabelle T512W (Lohnartenbewertung) möglich, was vor dem Einspielen von Patches oder einem Upgrade durchgeführt werden sollte. Tabelle T512W hat zwei Bereiche: einen Bereich, der durch Support Packages aktualisiert wird, und einen Bereich, der für den Kunden reserviert ist und unverändert bleibt (siehe Abschnitt 26.4.5, »Tabelleneinträge abgleichen«). Bis auf wenige Ausnahmen können alle Lohnarten angepasst werden, die mit »/« oder mit einem Buchstaben (Musterlohnarten) beginnen.

Ändern von SAP-Lohnarten

Hat der Kunde solche »/«-Lohnarten verändert, gehen diese Änderungen verloren, wenn SAP eine aktuellere Version dieser Lohnarten ausliefert. Normalerweise sollten diese Lohnarten auch nicht verändert werden; es gibt jedoch Ausnahmen, die genau dies erforderlich machen. Dies kann z. B. der Fall sein, wenn beim Einrichten der Altersteilzeit Lohnarten anders in die Berechnung einfließen sollen (siehe Kapitel 16, »Altersteilzeit«), als es der Standard vorsieht. Auch beim Einrichten des Entgeltnachweises kann es vorkommen, dass Lohnarten in der Auswertungsklasse 02 anders gekennzeichnet werden sollen.

Nach dem Einspielen der Support Packages kann über den Report RPU12WOC (Rückladen von Tabelle T512W aus der Backup-Tabelle T512B) der aktualisierte Stand mit der Sicherung verglichen werden, und es können ausgewählte Verarbeitungsklassen, Kumulationen und Auswertungsklassen rückgesichert werden.

[!]

Report RPU12WOC

Es dürfen keinesfalls alle Einstellungen rückgesichert werden. Denn dies würde die Aktualisierung rückgängig machen und gesetzlich notwendige Änderungen an den Lohnarten verändern.

Der Report sollte immer nur für unkritische Einstellungen an den Lohnarten verwendet werden, z. B. für die Auswertungsklasse 02, die für den Andruck von Lohnarten auf dem Entgeltnachweis verantwortlich ist.

Machen Sie sich lieber Ausdrucke von geänderten »/«-Lohnarten, und prüfen Sie diese nach dem Einspielen.

26.3 Support Packages einspielen

Das Einspielen von Support Packages kann in einem Testmodus durchgeführt werden, um bereits vorab Fehler und Probleme identifizieren zu können. Ein Problem, das immer wieder auftritt, sind in den Support Packages enthaltene Objekte, die nicht eingespielt werden können, da diese in noch nicht freigegebenen Transportaufträgen enthalten sind. Diese Objekte sind so lange gesperrt, bis die entsprechenden Transporte freigegeben werden.

Transaktion SPAM

Über Transaktion SPAM (Support Package Manager) werden die Support Packages eingespielt, und über den Button **Anzeigen** im Bereich **Verzeichnis** können die Support Packages mit deren Inhalt und dem aktuellen Status angezeigt werden (siehe Abbildung 26.8).

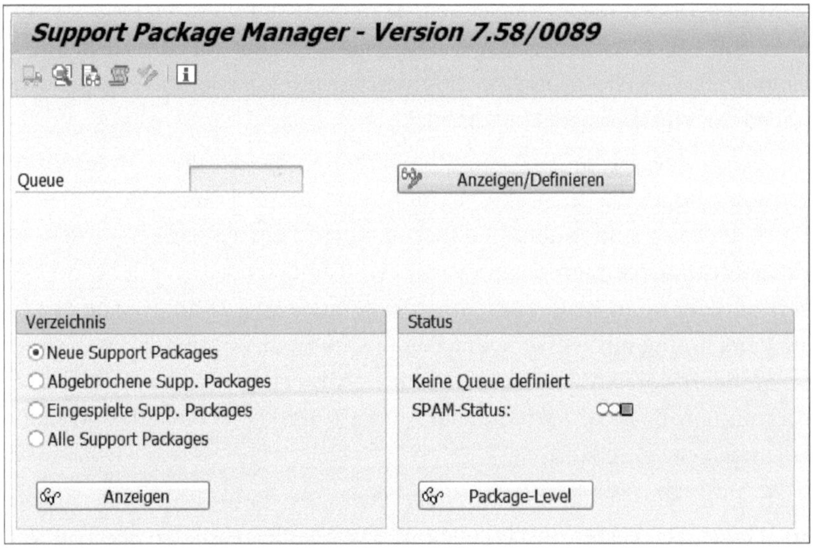

Abbildung 26.8 Support Package Manager

Auf der Registerkarte **Verzeichnis** des Support Package Managers (siehe Abbildung 26.9) kann eingesehen werden, welche Support Packages eingespielt wurden. Außerdem finden Sie hier die vorausgesetzten Support Packages. Auch die Objektliste kann im Support Package Manager aufgerufen werden; sie zeigt alle Objekte an, die in dem Paket enthalten sind.

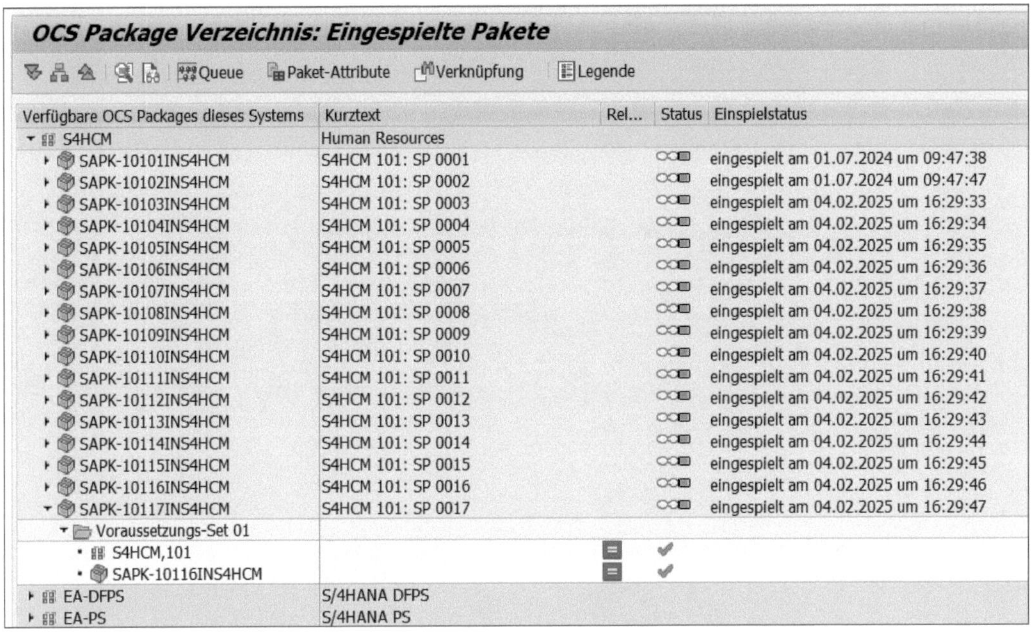

Abbildung 26.9 Support Packages anzeigen

26.4 Nacharbeiten nach dem Einspielen der Support Packages

Nach dem Einspielen von Support Packages müssen die Nacharbeiten durchgeführt werden. Dabei hilft der Report RPULCP00 (Unterstützung beim Einspielen von HR Support Packages), der alle Objekte eines Transportauftrags auflistet und einen direkten Absprung in die Bearbeitung oder einen Vergleich mit dem Mandanten 000 ermöglicht (siehe Abbildung 26.10).

26.4.1 Workbench-Objekte abgleichen

Workbench-Objekte, die angepasst wurden, müssen anschließend über die Transaktionen SPDD (Modifikationsabgleich Dictionary-Objekte) oder SPAU (Modifikationsabgleich andere Objekte) bearbeitet werden. Die Objekte müssen entweder in den Standard zurückversetzt werden, z. B. eingebaute Vorabkorrekturen, die nun obsolet geworden sind, oder übernommen werden. Ein Teil des Abgleichs wird automatisch durchgeführt und muss nur kontrolliert werden.

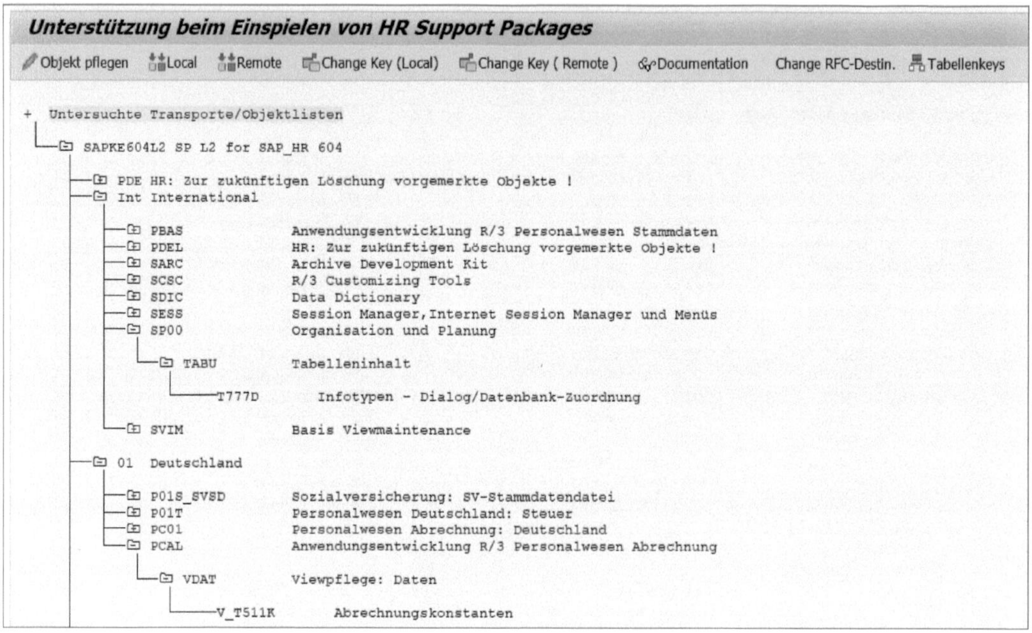

Abbildung 26.10 Report RPULCP00

Ebenso werden SAP-Hinweise, die ins System eingespielt wurden, aufgelistet. In der Regel werden diese Hinweise mit dem Einspielen des Support Packages obsolet, da die Änderungen schließlich zusammen mit den Hinweisen ausgeliefert werden. Somit können die Hinweise in den Standard zurückgesetzt werden.

26.4.2 Abrechnungsschema abgleichen

Alle Standardschemen, die verändert wurden, müssen abgeglichen werden. Dazu muss die Vergleichsfunktion im Editor aufgerufen werden (siehe Abbildung 26.11).

Dabei müssen die Änderungen, die SAP in den Standardschemen vorgenommen hat, in die Kundenversion übernommen werden. Schemen, die nicht verändert wurden, benötigen keine Nacharbeit.

Wurden Kopien von Standardschemen erstellt, müssen auch diese abgeglichen werden.

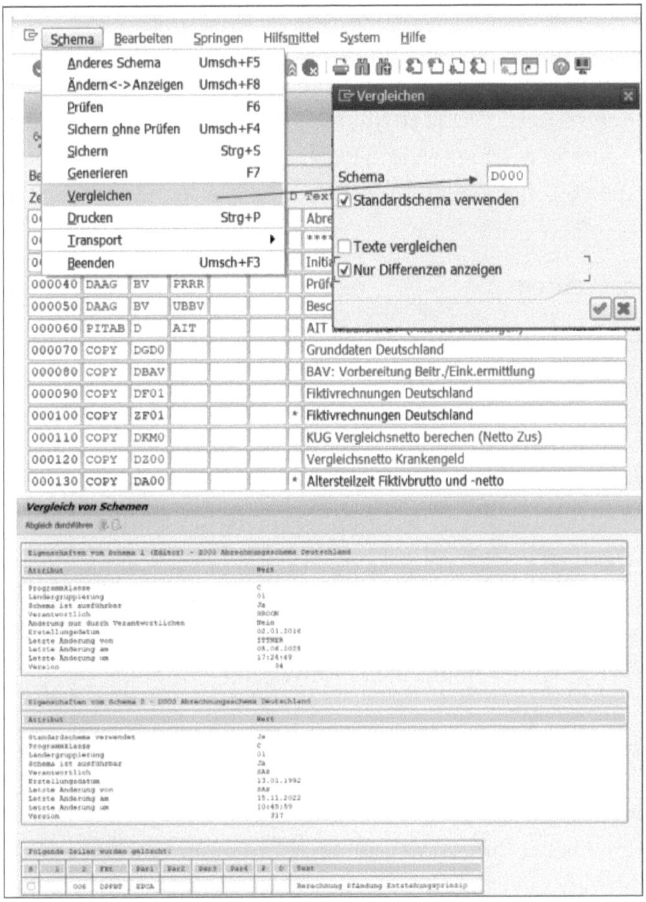

Abbildung 26.11 Schemen abgleichen

26.4.3 Rechenregeln abgleichen

Auch Regeln, die kopiert wurden, müssen abgeglichen werden, wenn eine neue Version ausgeliefert wird. Standardregeln dürfen nicht verändert werden, sondern es muss immer eine Kopie erstellt und diese in das Schema eingetragen werden. Die jeweilige Kopie muss mit dem SAP-Standard abgeglichen und die Neuerungen müssen in die Kundenversion übernommen werden.

Kopien von Regeln

Bei der Kopie von Regeln sollten diese eindeutig gekennzeichnet werden, sodass sie schnell gefunden und bei Bedarf abgeglichen werden können. Dies kann über das Führen einer Liste oder durch das Einfügen des Originals im Text der Kopie erfolgen.

Folgende Reports helfen bei der Pflege von Regeln: Der Report RPUCTX00 (Kopieren von Rechenregeln aus dem Mandanten 000 in andere Mandanten) kopiert Standardregeln aus dem Mandanten 000 in den Kundenmandanten, und der Report RPUCTF00 (Attribute von Schemen und Zyklen ändern) ändert Attribute von Schemen und Regeln. Über diesen Report kann auch eine Editorsperre aufgehoben werden.

26.4.4 Merkmale prüfen

Merkmale befinden sich im Mandanten 000, solange sie noch unverändert sind. Nach einer erfolgten Änderung wird das angepasste Merkmal im Kundenmandanten angelegt. Es müssen also auch hier nur die angepassten Merkmale überprüft werden. Es kommt selten vor, dass an dieser Stelle Nacharbeiten erforderlich sind, jedoch kann es passieren, dass z. B. die Funktion eines Merkmals und der Rückgabewert erweitert wurden, sodass eine Überarbeitung notwendig wird.

Nach jedem Einspielen sollten alle Merkmale im Mandanten 000 und im Kundenmandanten generiert werden. Denn nicht generierte Merkmale können zu nicht erklärbaren Fehlern in der Anwendung führen.

26.4.5 Tabelleneinträge abgleichen

Tabellenklassen

Die Tabellenklasse entscheidet, ob geänderte Tabelleneinträge auch in den Kundenmandanten übernommen oder nur im Mandanten 000 eingespielt werden. Es gibt die folgenden Tabellenklassen:

- **C – Customizing-Tabellen**
  Customizing-Tabellen gehören dem Kunden; Änderungen müssen immer abgeglichen werden.
- **E – Tabellen mit Namensraum für SAP und Kunden**
  In diesen Tabellen werden nur die Bereiche aktualisiert, die nicht als Kundenbereich definiert sind. Der Kundennamensraum kann über den Report RDDKOR54 (Kundennamensraum-Reservierungen für Tabellen/Views) eingesehen werden. Im SAP-Bereich sollten keine Änderungen von Tabelleneinträgen vorgenommen werden, da diese überschrieben werden können.
- **S – SAP-Tabellen**
  SAP-Tabellen werden immer komplett aktualisiert und sollten vom Kunden nicht verändert werden.

Zum Abgleich von Tabellen wird in der Tabellenpflege ein Tool zur Verfügung gestellt (siehe Abbildung 26.12), das über **Hilfsmittel • Abgleich** aufgerufen wird.

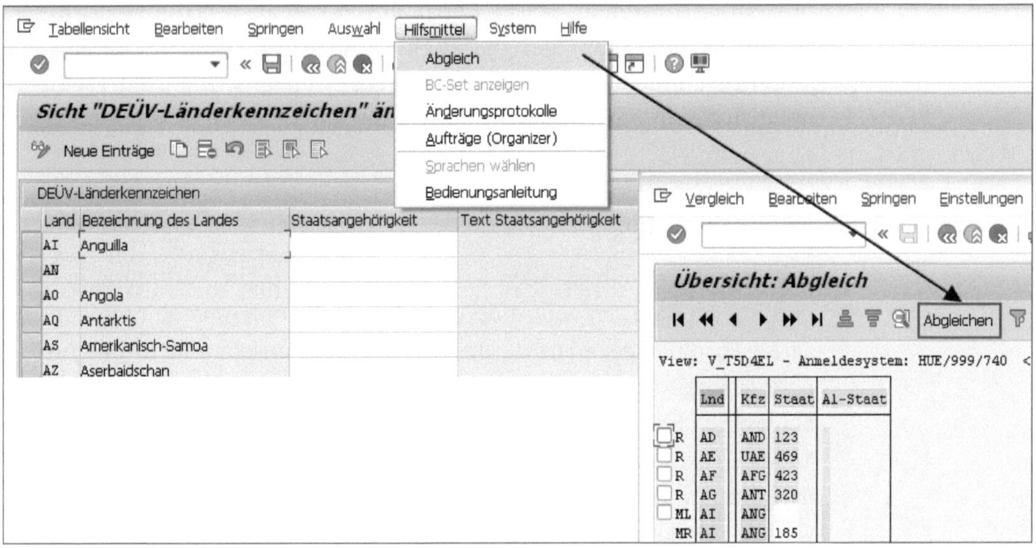

Abbildung 26.12 Tabelleneinträge abgleichen

Eine effektive Art zum Abgleichen von Tabelleneinträgen ist der Einsatz des Cross System Viewers (Transaktion SCUO), der Ihnen einen Überblick über alle Tabellen eines Support Packages ermöglicht und es Ihnen erlaubt, die Tabelleninhalte abzugleichen. Legen Sie dazu einen Vergleichslauf an, und wählen Sie dabei zunächst die Option **Customizing-Stückliste**. Beim eigentlichen Anlegen des Vergleichslaufs wählen Sie das aktuelle Support Package aus, z. B. SAPKE60862. Sie erhalten nun eine Übersicht der Unterschiede zum Mandanten 000 des Systems. In dieser Übersicht können Sie über den Menüpunkt **Bearbeiten • Interaktive Übernahme** die notwendigen Einträge aus dem Mandanten 000 in Ihren Kundenmandanten übernehmen.

26.4.6 Formulare abgleichen

Es existieren verschiedene Technologien, mit deren Hilfe Formulare erzeugt werden können. Im Bereich von SAP ERP HCM, und hier wiederum vor allem im Bereich der Personalabrechnung, werden Tabellenformulare und SAPscript-Formulare verwendet, die im Rahmen von gesetzlichen Änderungen angepasst werden müssen.

Tabellenformulare

Tabellenformulare basieren auf Einträgen in Customizing-Tabellen, die nicht aktualisiert werden. So ist bei Änderungsbedarf immer eine manuelle Anpassung notwendig. Solche Anpassungen können im Editor PE51 durchgeführt werden. Denn hier gibt es eine Abgleichfunktion, mit deren Hilfe Änderungen identifiziert werden können. Es bietet sich an, das Formular möglichst nahe am Standard zu halten, um den Abgleich möglichst einfach zu gestalten.

SAPscript-Formulare

SAPscript-Formulare werden im Mandanten 000 zur Verfügung gestellt und nur im Rahmen von Änderungen in den Kundenmandanten kopiert. Ob ein Formular geändert wurde, kann in der technischen Suchfunktion des Editors für SAPscript-Formulare in Transaktion SE71 (SAPscript-Formular) eingesehen werden. Hier ist der Mandant zu erkennen, in dem sich das geänderte Formular befindet. Die Formulare sollten möglichst nicht verändert werden, denn dann ist auch keine Nacharbeit erforderlich, die sehr aufwendig sein kann. Am einfachsten kopieren Sie das betreffende Formular neu und bauen vorgenommene Änderungen wieder ein.

Formulare aus dem HR-Formular-Workplace (Transaktion HRFORMS)

SAP-Formulare aus dem HR-Formular-Workplace (Transaktion HRFORMS) werden beim Einspielen eines Support Packages überschrieben. Daher sollten keine Änderungen an den Standardformularen vorgenommen werden, sondern es sollte zur Bearbeitung besser eine Kopie erstellt werden.

Änderungen an Formularen

Beim Einspielen eines Support Packages können die folgenden Änderungen an einem Formular vorgenommen werden:

- **Neue Lohnarten, die über Auswertungsklassen im Formular angezeigt werden**
  Diese Änderungen sollten automatisch übernommen werden, wenn es sich dabei nicht um grundlegende Änderungen handelt.
- **Neue Zuordnung von Lohnarten zu den Summenlohnarten**
  Die Summenlohnarten von SAP werden in der Teilapplikation CEDT in Tabelle V_T596I (Berechnungsvorschrift für Summenlohnarten) gespeichert und sollten nicht geändert werden. Daher gibt es hier die Möglichkeit, einen eigenen Bereich für die Summenlohnarten zu verwenden. Wenn die Summenlohnarten von SAP nicht verändert wurden, ist hier auch keine Nacharbeit notwendig. Die Änderungen von SAP werden automatisch übernommen.

- **Änderungen am MetaNet**
  Sollte es notwendig sein, das MetaNet anzupassen, sollte eine Kopie mit Referenz auf das Standard-MetaNet von SAP erstellt werden, denn so werden Änderungen übernommen und Kundenanpassungen beibehalten.
- **Änderungen am Layout**
  Sollten Änderungen am Layout, wie z. B. neue Fensterbereiche, ausgeliefert worden sein, müssen diese in das Kundenformular übernommen werden, denn das Layout muss in jedem Fall kopiert und an die Kundenbedürfnisse angepasst werden.

26.5 Qualitätssicherung

Um sicherzustellen, dass eine neue Funktion korrekt ausgeführt wird und keine Fehler in der bestehenden Anwendung auftreten, sind Tests erforderlich. Diese Tests können durch Tools verschiedener Anbieter maschinell unterstützt werden; die Automatisierung kann jedoch manuelle Tests nicht ersetzen.

26.5.1 Erste Tests im Entwicklungssystem

Der erste Test sollte von der Systembetreuung durchgeführt werden, um sicherzustellen, dass die neue Funktion grundsätzlich läuft und die abgeglichenen Customizing-Einstellungen korrekt durchgeführt wurden. Die Systembetreuung kennt die vorgenommenen Einstellungen und prüft, ob sie sich korrekt auf die Anwendung auswirken.

26.5.2 Tests durch die Fachabteilung im Qualitätssicherungssystem

Die Fachabteilung muss für die Richtigkeit der Ergebnisse geradestehen und sollte daher auch den größten Anteil an den Testaktivitäten haben. Je nach Systemlandschaft finden diese Tests in einem Qualitätssicherungssystem oder im Entwicklungs-/Testsystem statt. Häufig wird beim Bestehen einer zweistufigen Systemlandschaft ein Mandant im Testsystem angelegt, in den produktive Daten für Testzwecke kopiert werden.

Die Testumgebung muss vor dem Einspielen der Support Packages vorbereitet werden: Die Mitarbeiterdaten sollten für die Tests aktuell sein, d. h., dass eine Mandantenkopie erstellt werden muss, oder die Daten werden mit einem Programm zur systemübergreifenden Kopie von Personaldaten übertragen.

26.5.3 Einzeltests im Produktivsystem

Nach dem Einspielen der Support Packages im Produktivsystem sollten noch die wichtigsten Funktionen getestet werden, um sicherzustellen, dass alle Einstellungen korrekt übertragen wurden. Ziel dieser Tests ist, zu prüfen, ob die im Qualitätssicherungssystem bereits ausführlich getesteten Funktionen analog funktionieren. Der Fokus liegt hier auf dem Prüfen der neuen Funktion.

26.6 Musterprojektplan

Zusammengefasst stellen wir die genannten Aktivitäten noch einmal in Form eines Projektplans dar, der, je nach Systemlandschaft und eingesetzten Komponenten, noch angepasst und ergänzt werden muss.

Vorbereitungsphase

Die Vorbereitungsphase beinhaltet folgende Aktivitäten:

1. SAP-Hinweise zu den aktuellen Support Packages sichten
2. Umfang der einzuspielenden Support Packages festlegen
3. Nebeneffekte in **SAP for Me** prüfen
4. Zeitplan abstimmen und kommunizieren
5. Testumgebung vorbereiten

Entwicklungssystem

Das Einspielen der Support Packages im Entwicklungssystem beinhaltet folgende Aktivitäten:

1. Vorbereitung
   - offene Transporte durchführen, die gegebenenfalls einzuspielende Workbench-Objekte sperren könnten
   - Sicherung der Lohnartentabelle T512W (Lohnartenbewertung) über den Report RPU12WOS (Sichern/Löschen einer Backup-Version von Tabelle T512W)
2. Einspielen der Support Packages
3. Nacharbeiten durchführen, wie in den vorangegangenen Abschnitten beschrieben
4. Einzeltest

Qualitätssicherungssystem

Das Einspielen der Support Packages im Qualitätssicherungssystem beinhaltet folgende Aktivitäten:

1. Einspielen der Support Packages im Qualitätssicherungssystem

2. Nachbearbeitung
   - Einspielen der Transporte mit den abgeglichenen Objekten
   - Generierung von Objekten
3. Testphase im Qualitätssicherungssystem
4. Abnahme durch die Fachabteilung

Produktivsystem

Das Einspielen der Support Packages im Produktivsystem beinhaltet folgende Aktivitäten:

1. Vorbereitung
   - offene Batch-Input-Mappen abspielen
   - Benutzer sperren
   - Jobs ausplanen
2. Einspielen der Support Packages
   - Import der Transporte mit den abgeglichenen Objekten
   - Generierung von Merkmalen im Mandanten 000 und im Kundenmandanten
   - weitere Objekte generieren
   - Jobs wieder einplanen
   - Benutzer entsperren
3. Test

26.7 Fazit

Für das Einspielen von Support Packages sollte ausreichend Zeit eingeplant werden, um die Nacharbeiten sorgfältig durchführen zu können. Dies verhindert, dass schon nach ein paar Jahren des Systembetriebs immer häufiger Probleme auftauchen, die auf eine mangelnde Wartung zurückzuführen sind. Auch für das Testen nach dem Einspielen sollte genügend Zeit eingeplant werden. Außerdem sollten Testpläne eingesetzt werden, in denen die Tests dokumentiert werden, die immer wieder ausgeführt werden. Je nach Größe der Firma und Anzahl der eingesetzten Länderversionen müssen die Tests ausführlicher und umfangreicher ausfallen und sollten gegebenenfalls durch den Einsatz von Drittanbieter-Tools unterstützt werden.

Kapitel 27

Rollen und Berechtigungen in der Personalabrechnung

In diesem Kapitel lernen Sie das Rollen- und Berechtigungskonzept in SAP ERP HCM kennen. Der Schwerpunkt liegt selbstverständlich auch hier auf der Personalabrechnung.

Die dynamische Anpassung der Funktionen und Oberflächen an die jeweilige Rolle, die eine Person wahrnimmt, ist ein wesentliches Element der Benutzerfreundlichkeit. Das SAP-Rollenkonzept integriert insbesondere die Zugriffsberechtigungen. Gerade im Bereich der Personalabrechnung, in dem die Daten besonders sensibel sind und des Schutzes vor unberechtigtem Zugriff bedürfen, ist die Rollendefinition ein sehr wichtiger Schritt innerhalb jedes Projekts. Insbesondere in integrierten Systemen, auf die häufig zugegriffen wird, muss sichergestellt werden, dass nur berechtigte Personen die dort enthaltenen Daten sehen und bearbeiten dürfen.

In diesem Kapitel werden die Grundlagen des SAP-Rollenkonzepts erläutert und spezielle Berechtigungen für die Personalabrechnung dargestellt.

27.1 Bedeutung des Rollenkonzepts

Zugriffsberechtigung

Das Konzept der Rolle ist wesentlicher Bestandteil der modernen Anwendungssoftware. Ziel ist es, die bereitgestellten Funktionen, Menüs und Oberflächen auf die Bedürfnisse der jeweiligen Personen zuzuschneiden. Dabei stehen im Allgemeinen zwei Aspekte im Vordergrund:

- die Anforderungen, die sich aus den zugewiesenen Aufgaben (Rolle) ergeben
- die Anforderungen, die sich aus persönlichen Vorlieben ergeben

Personalisierung

Letzteres fällt eigentlich unter den Begriff der Personalisierung, der allerdings in der SAP-Terminologie dem Rollenkonzept zugeordnet wird. Über das Rollenkonzept werden in SAP-Umgebungen die folgenden Punkte gesteuert:

- Aufbau des Benutzermenüs (SAP-Easy-Access-Menü)
- Zugriffsberechtigungen auf Daten
- Berechtigung zum Ausführen bestimmter Funktionen
- Zugriff auf verschiedene Systeme in der SAP-Systemlandschaft (z. B. verschiedene ERP-Systeme wie SAP ERP und Data Warehouses wie SAP BW)
- Beteiligung an Workflows

Die Bedeutung der Rollendefinition für Akzeptanz und Sicherheit ist umso größer, je breiter das Spektrum an verfügbaren Funktionen ist und je mehr Anwendende mit unterschiedlichen Anforderungen das System nutzen.

27.2 Umsetzung des Rollenkonzepts

Die allgemeine Rollen- und Berechtigungsverwaltung soll in diesem Buch kein Schwerpunktthema sein. Denn wir wollen uns hier auf die speziellen Anforderungen der Personalabrechnung konzentrieren.

27.2.1 Definition von Rollen im System

Einzelrollen und Sammelrollen

Die Rollendefinition erfolgt über den Menüpfad **Werkzeuge • Administration • Benutzerpflege • Rollen**. Hier müssen zunächst zwei Arten von Rollen definiert werden:

- **Einzelrollen**
  Einzelrollen bestimmen unmittelbar die ausführbaren Funktionen und Datenzugriffe.
- **Sammelrollen**
  Sammelrollen fassen mehrere Einzelrollen so zusammen, dass sie die Aufgaben einer Anwendergruppe vollständig abdecken.

Die Strukturierungsmöglichkeit, die durch diese Zweistufigkeit gegeben ist, sollte in jedem Fall genutzt werden. Denn sie verbessert durch die Wiederverwendbarkeit der Bausteine (Einzelrollen) die Übersichtlichkeit und vereinfacht sowohl die Wartung als auch die Weiterentwicklung erheblich. Tabelle 27.1 zeigt einen Ausschnitt aus einer sinnvollen Rollenstruktur. Der Aufbau einer solchen Struktur sollte am Anfang der Entwicklung eines Berechtigungskonzepts stehen. Es werden die verschiedenen Rollen von Mitarbeitenden, die mit dem System arbeiten, definiert, und es wird zugeordnet, welche Aufgaben die einzelnen Mitarbeitenden erledigen werden.

	Personal-controller	Personal-leiter	Leiter Gehalts-abrechnung	Zuständige Person Seminar-verwaltung
Pflege Organisations-management	X			
Anzeige Organisations-management	X	X	X	X
Personalkosten-planung ohne Freigabe	X			
Freigabe Personal-kostenplanung		X		
Auswertung Personal ohne Abrechnung	X	X	X	X
alle Auswertungen der Abrechnung	X	X	X	
HR Query	X			
Ad-hoc Query		X	X	X
Pflege Abrechnungsdaten			X	
Prüfverfahren		X	X	
Anzeige Abrechnungsdaten	X	X	X	
Anzeige Stammdaten ohne Abrechnung	X	X	X	X
Tagesgeschäft Seminarverwaltung				X

Tabelle 27.1 Beispiel: Rollenstruktur – Ausschnitt

Bestandteile einer Einzelrolle

Zu einer Einzelrolle werden die folgenden Punkte gepflegt, die den Registerkarten aus Abbildung 27.1 entsprechen:

- **Registerkarte »Beschreibung«**
  eine allgemeine Beschreibung, die die relevanten Informationen für den Einbau der Einzelrolle in Sammelrollen liefert
- **Registerkarte »Menü«**
  das Menü, das im SAP-Easy-Access-Menü (gegebenenfalls angereichert um eigene Transaktionen) als Ausschnitt angezeigt wird

- **Registerkarte »Berechtigungen«**
  die eigentlichen Berechtigungen als Kern der Rolle
- **Registerkarte »Benutzer«**
  die Benutzerzuordnung (siehe Abschnitt 27.2.2, »Zuordnung von Rollen im System«), die allerdings in der Regel über die Benutzerzuordnung der Sammelrollen vererbt wird
- **Registerkarte »Personalisierung«**
  die Personalisierung, bei der insbesondere die Zuordnung zu einer Query-Benutzergruppe hilfreich ist

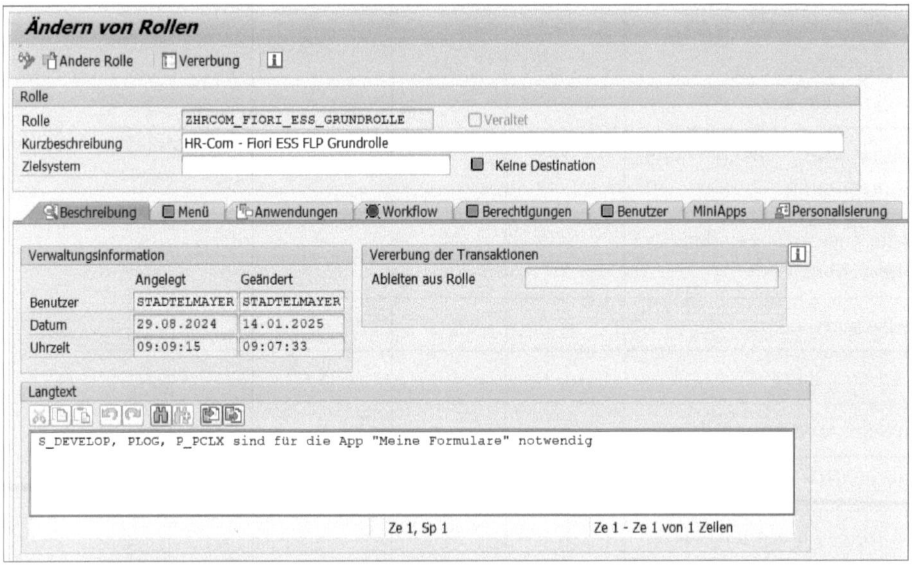

Abbildung 27.1 Einzelrolle pflegen

Pflege einer Sammelrolle

Im Rahmen der Pflege einer Sammelrolle werden dieser Sammelrolle mehrere Einzelrollen zugeordnet. Berechtigungen, Personalisierung und Workflow-Eigenschaften werden dann nicht mehr an der Sammelrolle gepflegt, sondern dynamisch aus den zugeordneten Einzelrollen ermittelt. Das Menü der Sammelrolle wird aus den Menüs der Einzelrollen generiert. Dabei ist gegebenenfalls eine manuelle Nachbearbeitung erforderlich, um Redundanzen zu vermeiden.

Begriffe

Den Kern der Rollenpflege bilden sicherlich die Berechtigungen. Daher werden die damit zusammenhängenden Begriffe im Folgenden kurz beschrieben:

- **Berechtigungsobjekt**
  Ein *Berechtigungsobjekt* steuert den Zugriff auf ganz bestimmte Daten oder Funktionen im System, z. B. den Aufruf von Transaktionscodes, die

Bearbeitung von Infotypen aus der Personalwirtschaft (HR) oder die Bearbeitung von Reisen. Die Berechtigungsobjekte sind zur besseren Übersicht nach Anwendungskomponenten gruppiert. Für die Personalwirtschaft (HR) steht die Gruppe **Personalwesen** zur Verfügung.

- **Berechtigung**
  Eine Berechtigung basiert auf einem Berechtigungsobjekt und beinhaltet die Erlaubnis für die Durchführung von konkreten Aktionen, z. B. den Aufruf von Transaktion PA30 (Personalstammdaten pflegen), die Pflege der Infotypen 0001 bis 0007 für alle Mitarbeitenden oder die Pflege von noch nicht genehmigten Reisen.
- **Berechtigungsprofil**
  Ein Berechtigungsprofil ist eine Zusammenfassung von beliebig vielen Berechtigungen. Die Zuordnung kann direkt (altes Konzept) oder mithilfe von Rollen (aktuelles Konzept) erfolgen.

Anlegen einer Berechtigung

Das Anlegen von Berechtigungen in einem Berechtigungsprofil erfolgt im aktuellen Konzept über die Registerkarte **Berechtigungen** der Rollenpflege. Aufgrund des vorab gepflegten Menüs wird durch den Profilgenerator ein Vorschlag für die Berechtigungen erstellt, der noch ergänzt und angepasst werden muss (siehe Abbildung 27.2).

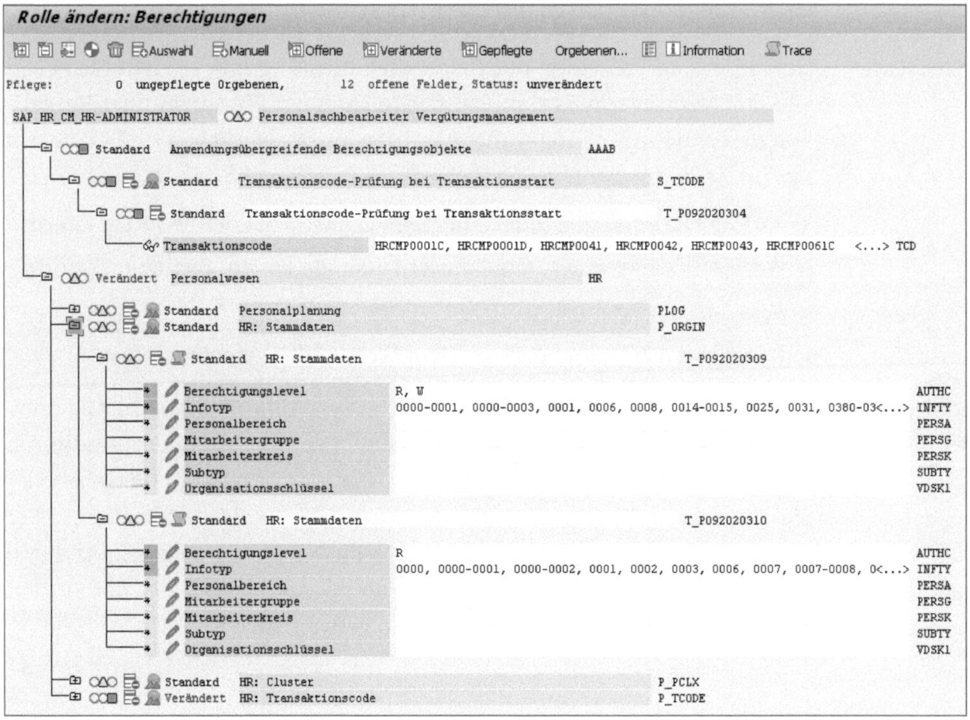

Abbildung 27.2 Berechtigungsprofil – Beispiel

Dadurch wird automatisch ein Profil erstellt, das über die Rolle oder über die Sammelrolle zugeordnet wird.

[!]

Berechtigungen und Profile nur innerhalb der Rollenpflege erstellen und zuordnen

Sowohl Berechtigungen als auch Profile können zudem außerhalb der Rollenpflege erstellt und zugeordnet werden. Dies war in alten Release-Ständen das einzig mögliche Vorgehen, sollte jedoch nur noch in Ausnahmefällen genutzt werden.

27.2.2 Zuordnung von Rollen im System

Für die Zuordnung von Rollen zu Benutzern gibt es grundsätzlich zwei Wege:

- die direkte Zuordnung über die Registerkarte **Benutzer** in der Rollenpflege oder über die Pflege der Benutzerstammdaten selbst
- die Zuordnung über das Organisationsmanagement

27.3 Berechtigungen in der Personalabrechnung

Grundfragen

Gerade in den Prozessen der Personalabrechnung muss genau festgelegt werden, wer was tun darf, und es darf nicht zu großzügig mit der Vergabe von Berechtigungen umgegangen werden. Im Wesentlichen sind in diesem Zusammenhang vier Fragen relevant:

- Auf welche Personen (oder sonstigen Objekte) hat der Benutzer Zugriff?
- Auf welche speziellen Daten dieser Personen hat der Benutzer Zugriff?
- Was darf der Benutzer mit diesen Daten tun?
- In welchem Zeitraum darf der Benutzer auf die Daten zugreifen?

Berechtigung für Transaktionen

Voranzustellen ist noch die Frage, welche Systemfunktionen im Allgemeinen (z. B. Pflege der Personalstammdaten, Profilabgleich oder Kreditoren ändern) von einem Benutzer ausgeführt werden dürfen. Diese Frage ist über die Transaktion zu klären und nicht nur im Personalwesen, sondern über alle Prozesse hinweg relevant. Erst wenn eine Funktion, repräsentiert durch eine Transaktion, grundsätzlich zulässig ist, »interessiert« sich das System dafür, welche Daten die jeweilige Person verwenden darf.

Im Folgenden werden zunächst die wesentlichen Berechtigungsobjekte dargestellt, die auch in der Personalabrechnung relevant sind. Danach werden einige spezielle Anforderungen in der SAP-Personalabrechnung in SAP ERP HCM dargestellt.

27.3.1 Zentrale Berechtigungsobjekte im Personalwesen

Die wichtigsten Berechtigungsobjekte im Personalwesen sind im Folgenden aufgeführt. Man unterscheidet hier zwischen Transaktionsberechtigungen, Berechtigungen für Personalstammdaten und Berechtigungen für das Reporting im Personalwesen.

Transaktionsberechtigung

Ebenso wie in allen anderen Prozessen prüft das SAP-ERP-HCM-System für jede aufzurufende Transaktion die Berechtigung des Berechtigungsobjekts S_TCODE (Transaktionscode-Prüfung bei Transaktionsstart). Viele besonders sensible Transaktionen im Personalwesen prüfen zusätzlich noch die Berechtigung des Objekts P_TCODE (HR: Transaktionscode). Diese redundante Prüfung bietet eine zusätzliche Sicherheit für den Fall einer zu freigiebigen Berechtigungsvergabe im anwendungsübergreifenden Objekt S_TCODE.

Berechtigungen für Personalstammdaten

Berechtigungshauptschalter

Der Zugriff auf die Personalstammdaten kann über mehrere Berechtigungsobjekte gesteuert werden. Welche dieser Objekte für die Prüfung aktiv sind, wird über die Systemsteuerungstabelle T77SO (Systemtabelle) bestimmt, die Sie im IMG unter **Personalmanagement • Personaladministration • Werkzeuge • Berechtigungsverwaltung • Berechtigungshauptschalter bearbeiten** erreichen. Das Customizing dazu ist denkbar einfach; die Berechtigungsschalter sind in Abbildung 27.3 zu sehen und müssen lediglich ein- oder ausgeschaltet werden. Allerdings muss die Konsistenz dieser Berechtigungshauptschalter untereinander mit der Pflege der Rollen sichergestellt sein. Eine Prüfung durch das System erfolgt hier nicht.

Die drei wesentlichen Berechtigungsobjekte, um den Zugriff auf Personalstammdaten zu steuern, werden im Folgenden erläutert.

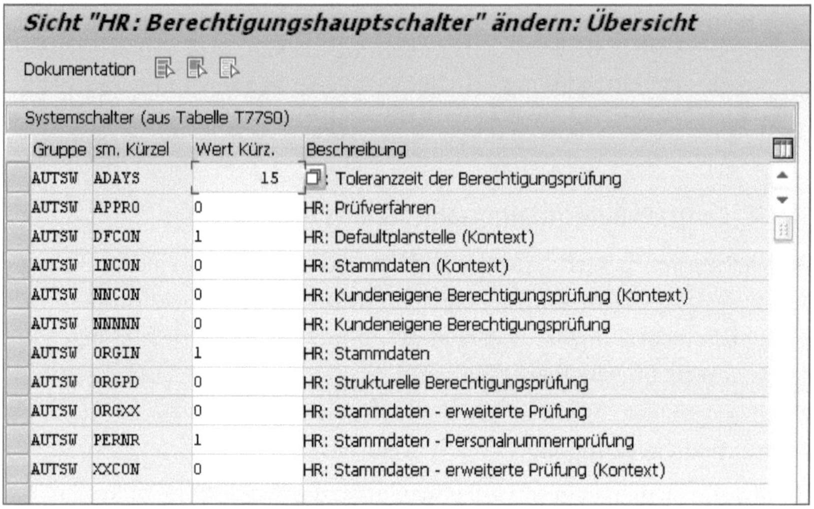

Gruppe	sm. Kürzel	Wert Kürz.	Beschreibung
AUTSW	ADAYS	15	Toleranzzeit der Berechtigungsprüfung
AUTSW	APPRO	0	HR: Prüfverfahren
AUTSW	DFCON	1	HR: Defaultplanstelle (Kontext)
AUTSW	INCON	0	HR: Stammdaten (Kontext)
AUTSW	NNCON	0	HR: Kundeneigene Berechtigungsprüfung (Kontext)
AUTSW	NNNNN	0	HR: Kundeneigene Berechtigungsprüfung
AUTSW	ORGIN	1	HR: Stammdaten
AUTSW	ORGPD	0	HR: Strukturelle Berechtigungsprüfung
AUTSW	ORGXX	0	HR: Stammdaten - erweiterte Prüfung
AUTSW	PERNR	1	HR: Stammdaten - Personalnummernprüfung
AUTSW	XXCON	0	HR: Stammdaten - erweiterte Prüfung (Kontext)

Abbildung 27.3 Berechtigungshauptschalter pflegen

Steuerung über die organisatorische Zuordnung

Berechtigungsobjekt P_ORGIN

Die gängigste HR-Berechtigungsprüfung, ohne die Sie in der Regel nicht auskommen, erfolgt über das Berechtigungsobjekt P_ORGIN (HR: Stammdaten). Diese Berechtigungsprüfung erlaubt die Zugriffssteuerung über die folgenden Elemente:

- Berechtigungslevel (Art des Zugriffs)
- Personalbereich
- Mitarbeitergruppe
- Mitarbeiterkreis
- Organisationsschlüssel
- Infotyp
- Subtyp

Berechtigungslevel

Als Berechtigungslevel sind **R** (**Anzeigen**), **M** (**Anzeige für Matchcodes**) und **W** (**Schreiben**) möglich. Um das Vier-Augen-Prinzip abzubilden, gibt es folgende weitere Ausprägungen: **E** (**Gesperrt schreiben**), **D** (**Entsperren**) und **S** (**Gesperrt schreiben und entsperren – sofern der letzte Änderer des Satzes nicht der aktuelle Benutzer ist**).

Bei den Möglichkeiten zur organisatorischen Einschränkung (über die Felder des Infotyps 0001 (Organisatorische Zuordnung) fällt auf, dass weder der Personalteilbereich noch die Kostenstelle zur Auswahl stehen. Diese oder andere Prüfungen können aber gegebenenfalls durch die Verwendung des dynamisch konfigurierbaren Organisationsschlüssels realisiert werden.

Dazu sollte über das Customizing gewährleistet sein, dass der Organisationsschlüssel nicht frei gepflegt werden kann und automatisch mit den Daten aus den Feldern gefüllt wird, die der Berechtigungsvergabe dienen sollen.

Zur Einschränkung der Daten stehen sowohl die Infotyp- als auch die Subtypebene zur Verfügung. Es ist allerdings keine Einschränkung auf Feldebene möglich.

Im Rahmen der Personalplanung und -entwicklung ist im Allgemeinen zumindest eine Anzeigeberechtigung für die Infotypen 0000 (Maßnahmen), 0001 (Organisatorische Zuordnung) und 0002 (Daten zur Person) erforderlich – auch wenn eine Anzeige von Infotypen nicht direkt benötigt wird.

Steuerung über die eigene Personalnummer

Berechtigungsobjekt P_PERNR

Insbesondere beim Einsatz dezentraler Szenarien ist auch das Berechtigungsobjekt P_PERNR von großer Bedeutung, da es die Berechtigungen für die eigenen Daten bestimmt. Die Verbindung zwischen Personalnummer und Benutzerkonto wird auch hier wieder über den Subtyp 0001 des Infotyps 0105 (Kommunikation) hergestellt.

Dabei gibt es zwei Einsatzmöglichkeiten, die über das Berechtigungsfeld **Interpretation einer zugeordneten Personalnummer** gesteuert werden (siehe Abbildung 27.4):

- **Vergabe zusätzlicher Rechte**
  Es werden für die eigene Personalnummer zusätzliche Rechte vergeben. Diese Variante ist insbesondere im Rahmen einer ESS-Anwendung relevant, wenn eine Person sich z. B. ihre eigenen Entgeltdaten anzeigen lassen oder ihre eigenen Adressdaten ändern darf. In solchen Fällen muss das Feld **Interpretation einer zugeordneten Personalnummer** mit »I« gefüllt werden. Im Beispiel aus Abbildung 27.4 hat eine Person Lesezugriff auf alle persönlichen Stammdaten und kann außerdem ihre Adressdaten pflegen.

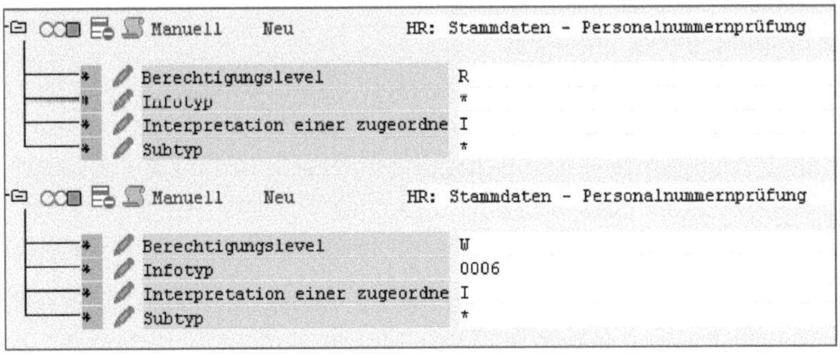

Abbildung 27.4 Zusätzliche Rechte für eigene Daten

27

- **Einschränkung von Rechten**
  Für die eigene Personalnummer werden bestimmte Rechte ausgenommen. Dies betrifft vor allem zentrale Funktionen wie z. B. Mitarbeitende in der Gehaltsabrechnung, die grundsätzlich gehaltsrelevante Daten pflegen dürfen, nicht jedoch ihre eigenen. Das Feld **Interpretation einer zugeordneten Personalnummer** muss dann mit »E« gefüllt werden.

Verwendung des Berechtigungsobjekts P_PERNR

Der Einsatz des Berechtigungsobjekts P_PERNR (HR: Stammdaten – Personalnummernprüfung) wird regelmäßig missverstanden. Man muss sich darüber im Klaren sein, dass das Objekt nur dazu dient, Berechtigungen für die eigene Personalnummer zu erweitern oder einzuschränken. Es kommt also *nur* dann zum Einsatz, wenn es um Daten der zum angemeldeten Benutzer gehörigen Personalnummer geht. Dann übersteuert das Objekt die Prüfung der übrigen Berechtigungsobjekte. Es ist aber insbesondere nicht möglich, Berechtigungen auf Personalstammdaten ausschließlich über dieses Objekt zu steuern – mit Ausnahme der eigenen Daten. In der Regel wird das Berechtigungsobjekt P_PERNR mit den Berechtigungsobjekten P_ORGIN oder P_ORGXX (HR: Stammdaten – erweiterte Prüfung) kombiniert.

Für das Feld **Interpretation einer zugeordneten Personalnummer** des Berechtigungsobjekts P_PERNR sind die Ausprägungen »<Space>« und »*« nicht sinnvoll und führen zu nicht definiertem Verhalten in der Berechtigungsprüfung.

Steuerung über die zuständige Person

Im Infotyp 0001 (Organisatorische Zuordnung) kann allen Mitarbeitenden jeweils eine zuständige Person für Zeitauswertung, Abrechnung und Personal zugeordnet werden. In den Prozessen der Personalabrechnung ist am ehesten die für die Abrechnung zuständige Person relevant. Das Berechtigungsobjekt P_ORGXX erlaubt die Zugriffsprüfung analog zum Berechtigungsobjekt P_ORGIN, eingeschränkt auf einen dieser drei Sachbearbeitertypen.

Berechtigung im HR-Reporting

Berechtigungsobjekt P_ABAP

Da die Prüfung auf die Leseberechtigung für Stammdaten, insbesondere bei der Ausführung von Reports, sehr viel Rechenzeit beansprucht, ist es möglich, die Prüfung für bestimmte Reports einzuschränken oder auszuschalten. Dies erfolgt über das Berechtigungsobjekt P_ABAP (HR: Reporting).

Auch dieses Berechtigungsobjekt wird oft falsch verstanden und zudem über den Profilgenerator allzu großzügig vorgeschlagen. Das Berechtigungsobjekt P_ABAP ersetzt nicht die grundsätzliche Berechtigung zum Starten eines bestimmten Reports, sondern es vereinfacht (und beschleunigt) nur die Prüfung der im Report ausgewerteten Daten. Vergibt man für dieses Berechtigungsobjekt die volle Berechtigung, kann ein Benutzer des Reports alle Personalstammdaten einsehen, auch wenn er eigentlich nicht über die Berechtigung für die entsprechenden Infotypen oder Personalnummern verfügt.

Die Pflege der Berechtigung P_ABAP erfolgt durch Eintragen des Reportnamens (auch mit »*« möglich) und eines der beiden »Vereinfachungsgrade«. Das Berechtigungsobjekt hat die folgenden Auswirkungen:

- Die ungeprüfte Ausführung des Reports deaktiviert die Prüfungen für die Personalstammdaten sowie die strukturelle Prüfung. Dies ist sinnvoll für »unkritische« Listen (z. B. Raumverzeichnis) oder für Benutzer, die ohnehin über eine volle Leseberechtigung für Personalstammdaten verfügen.
- Die Prüfung auf Infotypen und die organisatorische Zuordnung erfolgen unabhängig voneinander. Dies bedeutet, dass ein Benutzer für alle Infotypen, auf die er überhaupt Zugriff hat, auch auf die gleiche Menge an Personalnummern Zugriff hat. Dies bewirkt eine Beschleunigung der Berechtigungsprüfung.

Das Berechtigungsobjekt P_ABAP ist nur relevant für Reports, die die logische Datenbank PNP verwenden.

Im Bereich der Personalabrechnung bietet sich diese Berechtigung für Reports an, die eine Person, die ansonsten nicht die komplette Berechtigung zur Pflege oder Anzeige aller Personen hat, für alle Beschäftigten ausführen soll. Dies kann z. B. den Report zum Erstellen des Datenträgers für Gehaltsüberweisungen betreffen. So wird aufgrund des Berechtigungsobjekts P_ ABAP sichergestellt, dass nicht einzelne Mitarbeitende infolge mangelnder Berechtigung überlesen werden. In solchen Fällen bietet es sich an, die Berechtigung für spezielle Reports über das Berechtigungsobjekt P_ABAP komplett zu öffnen.

27.3.2 Berechtigung für Cluster

Besonderheit der Personalabrechnung

Eine Besonderheit im Bereich der Personalabrechnung ist die Berechtigung zum Lesen und Bearbeiten von Daten-Clustern. Im Gegensatz zu den transparenten Tabellen, in denen Personalstammdaten und die Daten des Organisationsmanagements gespeichert werden, werden die Daten im Bereich der Personalabrechnung sowie im Bereich der Zeitwirtschaft in Daten-Clustern abgelegt. Hier liegen die Daten in komprimierter Form vor und werden erst beim Lesen wieder in eine Struktur gebracht, die anschließend verarbeitet werden kann.

Relevante Daten-Cluster

Folgende Daten-Cluster mit der dazugehörigen zweistelligen ID können relevant sein:

- **B2 – Ergebnis der Zeitauswertung**
  Der Daten-Cluster B2 enthält das Ergebnis der Zeitauswertung, das in der Personalabrechnung weiterverarbeitet wird.
- **CU – Cluster-Directory**
  Der Daten-Cluster CU enthält die Liste aller Abrechnungsergebnisse der Mitarbeitenden.
- **DP – Pfändungen (DE)**
  Der Daten-Cluster DP enthält den aktuell abgerechneten Stand von Pfändungen.
- **DQ – Directory Pfändungen**
  Der Daten-Cluster DQ enthält die Übersicht über alle Pfändungsergebnisse.
- **PS – Abrechnungsschema**
  Der Daten-Cluster PS enthält das Abrechnungsschema in komprimierter Form.
- **PT – Zeitwirtschaftsschema**
  Der Daten-Cluster PT enthält das Zeitwirtschaftsschema in komprimierter Form.
- **RD – Abrechnungsergebnisse (DE)**
  Der Daten-Cluster RD enthält die Ergebnisse der Personalabrechnung.

Berechtigungsobjekt P_PCLX

Das Berechtigungsobjekt P_PCLX (HR: Cluster) verfügt lediglich über zwei Felder: das Feld, das die ID des Clusters beinhaltet, und das Feld mit dem Berechtigungslevel, der die folgenden Ausprägungen annehmen kann:

- R (Lesen)
- U (Ändern)
- S (Simulation ohne Datenexport)

Einschränkung auf die Person

Die Berechtigung zum Lesen und Bearbeiten eines Daten-Clusters kann über das Berechtigungsobjekt P_PCLX also nur grundsätzlich zugelassen werden. Eine Einschränkung dazu, für welche Personen dies durchgeführt werden soll, gibt es in diesem Berechtigungsobjekt nicht. Die entsprechende Prüfung nimmt der jeweilige Report vor, der also prüft, ob bei der betreffenden Person eine grundsätzliche Berechtigung zum Lesen von Personalstammdaten vorliegt. Abhängig davon ist wiederum der Zugriff auf den entsprechenden Cluster.

27.3.3 Berechtigung zur Anzeige des Buchungsbelegs

Berechtigungsobjekte P_PYEVRUN und P_PYVEDOC

Im Kontext des Buchungsbelegs gibt es zwei Berechtigungsobjekte: das Berechtigungsobjekt P_PYEVRUN (HR: Buchungslauf) zum Erstellen des Buchungsbelegs und das Berechtigungsobjekt P_PYEVDOC (HR: Abrechnungsbeleg) zur Anzeige des erstellten Buchungsbelegs.

Zu beachten ist in diesem Zusammenhang, dass die Berechtigungen hier immer auf der Ebene des Buchungskreises zu vergeben sind. Wer den Buchungsbeleg erstellt, prüft und bearbeitet, sieht die Daten immer auf der Ebene des Buchungskreises. Deshalb sollten solche Berechtigungen immer nur an wenige Anwendende vergeben werden, die sodann die Erlaubnis erhalten, alle Mitarbeitenden in diesem Buchungskreis zu sehen.

27.3.4 Berechtigung zur Pflege des Verwaltungssatzes

Berechtigungsobjekt P_PCR

Mithilfe des Berechtigungsobjekts P_PCR (HR: Verwaltungssatz) wird festgelegt, ob der Verwaltungssatz mit Transaktion PA03 gepflegt werden darf. Pro Verwaltungssatz kann eine Berechtigung zum Lesen, Ändern, Löschen und Anlegen vergeben werden.

27.3.5 Strukturelle Berechtigungsprüfung

Die strukturelle Berechtigungsprüfung erlaubt es, Zugriffe über beliebige Strukturen der Personalplanung und Entwicklung zu steuern. Ist der Berechtigungshauptschalter AUTSW-ORGPD aktiv, schließt diese Prüfung auch die Personalnummern ein. Die strukturelle Prüfung ist insbesondere im Bereich der Personalplanung und Personalentwicklung von großer Bedeutung und wird z. B. für den dezentralen Zugriff von Führungskräften benötigt.

[«]

Strukturelle Berechtigungsprüfung

Die strukturelle Berechtigungsprüfung kann keine zusätzlichen Rechte erteilen, sondern nur die Rechte weiter einschränken, die für Personaldaten und PD-Objekte bereits aufgrund der oben beschriebenen Berechtigungsobjekte bestehen.

Wurzelobjekt und Auswertungsweg

Die Daten, auf die ein Benutzer Zugriff hat, stellen also einen Ausschnitt aus einer Struktur (z. B. Organisationsstruktur) dar. Dieser Ausschnitt wird durch die folgenden Faktoren bestimmt:

- Durch das »Wurzelobjekt« der Teilstruktur, für die ein Benutzer berechtigt sein soll (z. B. die Organisationseinheit »Vorstand Deutschland«).

- Durch den Auswertungsweg wird festgelegt, welche Objekte, ausgehend vom Wurzelobjekt, gelesen und damit berechtigt werden dürfen. In der Regel wird, um den Zugriff auf die Personalstammdaten einzuschränken, ein Auswertungsweg gewählt, der alle untergeordneten Personen zu einem Wurzelobjekt einschließt.

Das strukturelle Berechtigungsprofil wird in der Sicht T77PR definiert, die im IMG über den Menüpfad **Personalmanagement • Organisationsmanagement • Grundeinstellungen • Berechtigungsverwaltung • strukturelle Berechtigung • strukturelle Profile pflegen** zu erreichen ist. Hier werden das Wurzelobjekt und der Auswertungsweg hinterlegt. Gegebenenfalls sind auch mehrere Zeilen dieser Art erforderlich, wenn verschiedene Wurzelobjekte oder verschiedene Auswertungswege benötigt werden. Außerdem müssen hier Objekttypen, auf die der Benutzer unabhängig von einer Struktur Zugriff haben soll, ohne Auswertungsweg zugeordnet werden. In den von 10 bis 13 nummerierten Zeilen von Abbildung 27.5 sind dies die Qualifikationen (**Q**), die Veranstaltungen (**E**) und Veranstaltungstypen (**D**) sowie die Veranstaltungsgruppen (**L**).

Profil	Nr.	Planvar.	Objekttyp	ObjektId	Pflege	Ausw. Weg	Statusvek.
FK-BETREUUNG	1	01	O	100	☑	ORGCHART	1
FK-BETREUUNG	10	01	Q		☑		
FK-BETREUUNG	11	01	E		☑		
FK-BETREUUNG	12	01	D		☐		
FK-BETREUUNG	13	01	L		☐		

Abbildung 27.5 Berechtigungsprofil in der Sicht T77PR

Profilpflege der Sicht T77PR

Darüber hinaus bestimmt die Profilpflege der Sicht T77PR die Entscheidungen zu den folgenden Fragen:

- Auf welche Planvarianten bezieht sich der Zugriff (für die meisten Anwendenden ist dies nur die »aktive« Planvariante)?
- Dürfen die jeweiligen Objekte gepflegt werden?
- Für welche Status soll der Zugriff erlaubt sein (z. B. nur für »geplante« Objekte)?
- Wie weit (über wie viele Ebenen) wird ein Auswertungsweg gegebenenfalls verfolgt (z. B. wenn nur die eigene und die direkt unterstellten Organisationseinheiten gepflegt werden sollen)?

Profil dem Benutzer in der Sicht T77UA zuordnen

Ist das Profil definiert, muss es noch dem Benutzer zugeordnet werden. Dies erfolgt in der Sicht T77UA, die im IMG über den Menüpfad **Personalmanagement • Organisationsmanagement • Berechtigungsverwaltung • strukturelle Berechtigung • strukturelle Berechtigungen zuordnen** zu erreichen ist, und kann dort auch zeitabhängig gesteuert werden (siehe die Spalten **Beginn** und **Ende** in Abbildung 27.6).

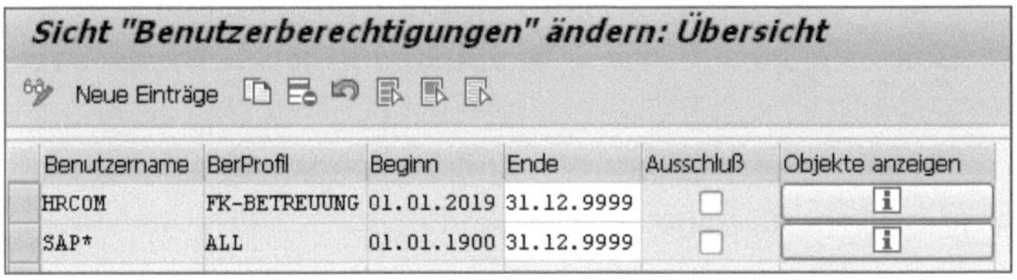
Sicht "Benutzerberechtigungen" ändern: Übersicht

Neue Einträge

Benutzername	BerProfil	Beginn	Ende	Ausschluß	Objekte anzeigen
HRCOM	FK-BETREUUNG	01.01.2019	31.12.9999	☐	i
SAP*	ALL	01.01.1900	31.12.9999	☐	i

Abbildung 27.6 Benutzerprofil in der Sicht T77UA zuordnen

Strukturelle Berechtigung prüfen

Mithilfe des Reports RHAUTH00 (Berechtigte Objekte je Benutzer/Profil) lässt sich nun sehr einfach überprüfen, auf welche Objekte ein bestimmter Benutzer oder ein bestimmtes Strukturprofil Zugriff hat. Dieser Report kann über den Pfad **Personal • Organisationsmanagement • Werkzeuge • Strukturberechtigung • pro Benutzer/Profil** aufgerufen werden.

Default-Profil

Wird einem Benutzer kein Profil zugeordnet, erhält er automatisch ein sogenanntes *Default-Profil*. Es gilt grundsätzlich die folgende Regelung: Wenn einem Benutzer in der Sicht T77UA kein Profil zugeordnet ist, wird ihm das gleiche Profil zugeordnet, das dem Benutzer SAP* zugeordnet ist. In der Standardauslieferung ist dies das Profil ALL, das »keine Einschränkung« bedeutet. Oft besteht aber die Anforderung aus der Sicht des Datenschutzes, dass eine fehlende Zuordnung nicht zu einer vollen Berechtigung, sondern zu überhaupt keiner Berechtigung führen soll. In solchen Fällen muss dem Benutzer SAP* ein entsprechend leeres Profil zugeordnet werden.

27.3.6 Spezielle Konzepte im HR-Berechtigungswesen

Im Umfeld der HR-Berechtigungen werden im Folgenden weitere Aspekte vorgestellt, die sehr speziellen Anforderungen entsprechen können.

Zeitraumproblematik der Berechtigungsprüfung

Die Berechtigungsprüfung greift an verschiedenen Stellen auf Entscheidungskriterien zu, die sich im Zeitablauf ändern. Dies sind insbesondere die Daten des Infotyps 0001 (Organisatorische Zuordnung) sowie die PD-Strukturen. So kann z. B. eine beschäftigte Person infolge einer Versetzung auch die zuständige Personalsachbearbeitung wechseln. Bei einem solchen Sachbearbeiterwechsel tritt eine recht komplizierte Regelung in Kraft, die garantieren soll, dass einerseits eine sinnvolle Wahrnehmung der Aufgaben durch die Sachbearbeitung möglich bleibt und andererseits die Prüfung nicht zu offen ausfällt. Grundsätzlich sind drei Fälle zu unterscheiden:

- **Die Zuständigkeit der künftigen Sachbearbeitung beginnt erst in der Zukunft**
  In diesem Fall darf die künftige Sachbearbeitung nur Daten pflegen, die vollständig in den eigenen Zuständigkeitszeitraum fallen. Vorarbeiten sind möglich, die bisher zuständige Person wird jedoch nicht beeinflusst. Außerdem sind alle Daten sichtbar, deren Gültigkeit vor dem Zuständigkeitszeitraum beginnt, der aber auch in den eigenen Zeitraum hineinreicht.
- **Die zuständige Person ist zum aktuellen Kalendertag für die Mitarbeitenden zuständig**
  Unter dieser Voraussetzung darf die zuständige Person alle Zugriffe entsprechend ihrer Rolle, unabhängig vom Gültigkeitszeitraum der Daten, ausführen.
- **Die Zuständigkeit der betreffenden Person endet in der Vergangenheit**
  Diese Person hat grundsätzlich keinen Schreibzugriff, kann aber die Daten, die in ihren Zuständigkeitszeitraum hineinreichen, einsehen.

Toleranzzeitraum

Im Rahmen der Zuständigkeit gibt es außerdem einen Toleranzzeitraum, der gewährleisten soll, dass bestimmte Restarbeiten oder Abschlussarbeiten noch von der früher zuständigen Person durchgeführt werden können. Dieser Toleranzspielraum beträgt standardmäßig 15 Tage und kann über den Berechtigungshauptschalter AUTSW-ADAYS verändert werden (siehe Abbildung 27.3).

Zuständigkeitszeitraum

Die Prüfung auf den Zuständigkeitszeitraum erfolgt grundsätzlich nur bei Infotypen, für die in Tabelle T582A (Infotypen – kundenspezifische Einstellungen) das Kennzeichen **ZugrBerecht** (Zugriffsberechtigung) gesetzt ist (siehe Abbildung 27.7); die Infotypeigenschaften finden Sie im IMG-Pfad **Personalmanagement • Personaladministration • Anpassung der Arbeitsabläufe • Informationstypen • Infotypen**.

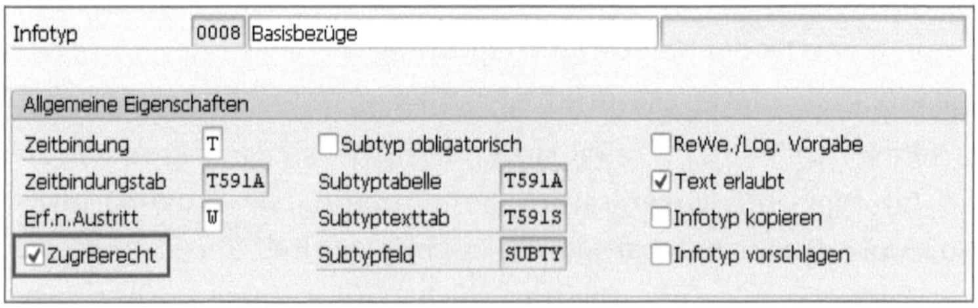

Abbildung 27.7 Aktive zeitabhängige Prüfung für den Infotyp 0008 (Basisbezüge)

Da eine solche Schlüsselung teilweise auch bei sensiblen Daten im Standard fehlt (z. B. beim werksärztlichen Dienst oder bei der betrieblichen Altersversorgung Deutschland sowie im Rahmen verschiedener Abrechnungsdaten in mehreren Länderversionen), sollte sie überprüft werden, falls die zeitraumabhängige Prüfung wichtig ist.

Die Zeitraumabhängigkeit bezieht sich ausschließlich auf die Frage, ob sich die betreffende Person zum fraglichen Zeitpunkt im Zuständigkeitsbereich befand, und *nicht* darauf, ob die zuständige Person zu diesem Zeitpunkt bereits für diesen Bereich verantwortlich war. Dies bedeutet, dass, wenn eine Person seit zwei Jahren dem Personalbereich 4711 zugeordnet ist, der zuständigen Person aber erst heute die Berechtigung für diesen Personalbereich zugeordnet wird, diese dennoch auf die vollen zwei Jahre Zugriff hat. Andernfalls wäre bei der Nachfolge die Kontinuität der Bearbeitung unmöglich.

Prüfverfahren

Änderbarkeit der Daten

Das Konzept des Prüfverfahrens stellt eine besondere Form der zeitabhängigen Berechtigungsprüfungen dar. Im Rahmen dieses Prüfverfahrens wird davon ausgegangen, dass bestimmte Daten zu einem gewissen Zeitpunkt geprüft und anschließend nicht mehr geändert werden dürfen. Diese Prüfung wird im Infotyp 0130 (Prüfverfahren) dokumentiert (siehe Abbildung 27.8).

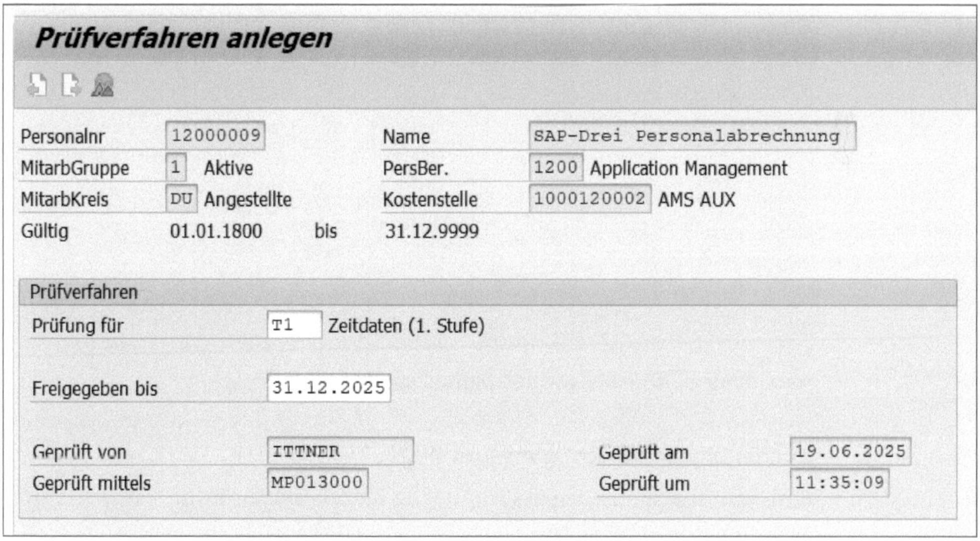

Abbildung 27.8 Infotyp 0130 (Prüfverfahren)

Daten, die dem entsprechenden Prüfverfahren zugeordnet sind und die vor dem Freigabedatum liegen, dürfen nicht mehr geändert werden. Eine Ausnahme stellen dabei Benutzer dar, die eine Pflegeberechtigung für den Infotyp 0130 (Prüfverfahren) haben. Denn sie dürfen die Daten auch noch nach deren Freigabe ändern.

Prüfverfahren definieren

Die Definition von Prüfverfahren erfolgt im Customizing in Tabelle T591A (Infosubtypeigenschaften) oder über den IMG-Pfad **Personalmanagement • Personaladministration • Werkzeuge • Berechtigungsverwaltung • Prüfverfahren • Prüfverfahren festlegen**. Abbildung 27.9 zeigt das Anlegen neuer Prüfverfahren.

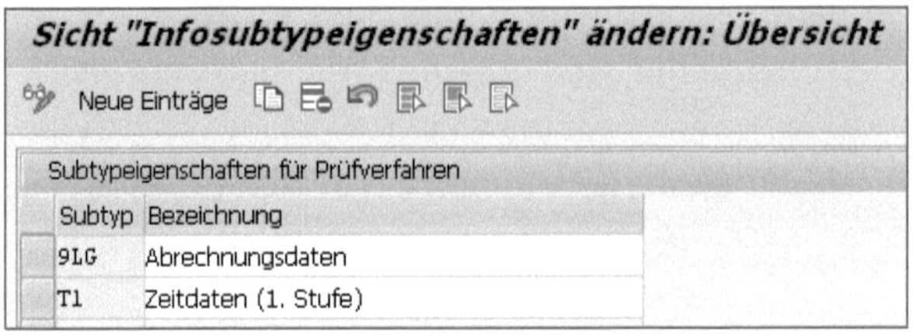

Abbildung 27.9 Neue Prüfverfahren anlegen

Daten bestimmen

Anschließend werden die Daten bestimmt, die unter das Prüfverfahren fallen sollen. Dies erfolgt auf der Ebene von Infotypen und Subtypen. Abbildung 27.10 zeigt die Zuordnung zweier Belehrungsarten (also zwei Subtypen des Infotyps 0035, Belehrungen) zum Prüfverfahren »Personalentwicklung«.

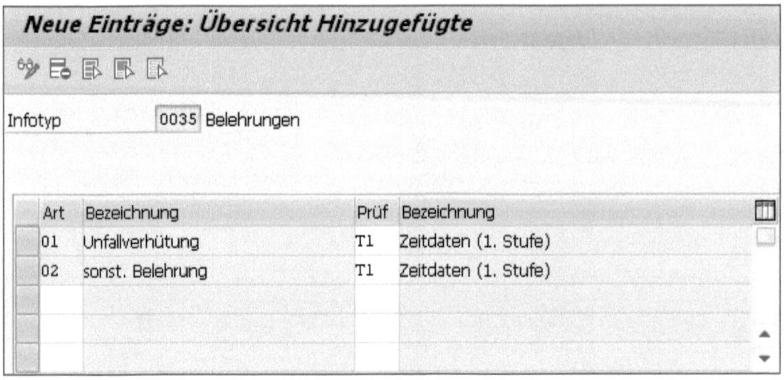

Abbildung 27.10 Prüfverfahren definieren (Tabelle V_T584A)

Kundeneigene Berechtigungsprüfung

Eine kundeneigene Anpassung der Berechtigungsprüfung kann aus drei Gründen erforderlich sein:

- Die Prüfungen im Standard bieten nicht genügend Möglichkeiten.
- Die Standardprüfungen, insbesondere die strukturelle Prüfung, sind nicht performant genug.

- Die erforderliche Prüfung ließe sich zwar im Standard abbilden, wäre aber umständlich und dementsprechend mit hohem Wartungsaufwand verbunden.

Die Ausführungen dieses Abschnitts sind notwendigerweise recht technisch. Falls sie also keine Programmiererfahrung im SAP-Umfeld haben, sind die hier beschriebenen Vorgehensweisen also weniger interessant für Sie. Wichtig ist aber vor allem die Antwort auf die Frage, was möglich ist.

Die einfachste Methode, um dieses Problem zu lösen, ist, ein kundeneigenes Berechtigungsobjekt anzulegen und es in die Standardprüfung für HR-Stammdaten zu integrieren. Insbesondere die Felder des Infotyps 0001 (Organisatorische Zuordnung) lassen sich einfach prüfen, also z. B. auch der Personalteilbereich oder der Abrechnungskreis.

Voraussetzungen

Die Vorgehensweise dafür ist in diesem Fall recht einfach. Es sind allerdings ein Entwicklungsbenutzer und Grundkenntnisse in der Entwicklung erforderlich. Für die Generierung und Anpassung des Codings muss außerdem für das Programm `MPPAUTZZ` ein Objektschlüssel eingegeben werden. Es handelt sich demnach um eine Modifikation, die allerdings an einer von SAP vorgesehenen Stelle erfolgt und daher als unkritisch anzusehen ist. Auf die Details der Programmierung gehen wir hier nicht ein.

Durchführung

Führen Sie die folgenden Schritte aus:

1. **Berechtigungsobjekt anlegen**
   Ein Berechtigungsobjekt muss in der Klasse HR über Transaktion SU21 (Pflegen der Berechtigungsobjekte) bzw. den Pfad **Werkzeuge • ABAP Workbench • Entwicklung • Weitere Werkzeuge • Berechtigungsobjekte • Objekte** angelegt werden. Dabei können alle Felder des Infotyps 0001 (Organisatorische Zuordnung) sowie die Felder **Berechtigungslevel, Infotyp** und **Subtyp** analog zum Berechtigungsobjekt P_ORGIN verwendet werden.
2. **Neues Objekt einbauen**
   Das neue Objekt muss in die Berechtigungsprofile (im Allgemeinen über die Rollen) eingebaut werden.
3. **Programm-Coding generieren**
   Das Programm-Coding für die Prüfung des neuen Objekts wird mithilfe des Reports RPUACG00 (Code-Generierung automatisch – HR-Infotyp-Berechtigungsprüfung) generiert. Dieser Report erstellt das Coding im Programm `MPPAUTZZ`; es nimmt dem Kunden die Programmierarbeit ab.
4. **Programm-Coding anpassen**
   Das generierte Coding wird angepasst, sodass auch weitere kundeneigene Anforderungen abgebildet werden können. So kann man z. B. dafür

sorgen, dass die Prüfung von Objekten grundsätzlich positiv ausfallen soll, wenn die ersten vier Stellen der Stammkostenstelle bei der zu bearbeitenden Person und dem angemeldeten Benutzer übereinstimmen. Viele weitere ähnliche Logiken sind denkbar.

5. **Prüfung aktivieren**
   Die kundeneigene Prüfung wird durch den Berechtigungshauptschalter AUTSW-NNNNN aktiviert (siehe Abbildung 27.3).

Integration in die Standardanwendung

Da der Einbau der Prüfung des kundeneigenen Berechtigungsobjekts im Programm MPPAUTZZ von vornherein vorgesehen ist, ist dessen Integration in die Standardanwendung recht einfach. Viel schwieriger wäre es, ein eigenes Objekt, das man »auf der grünen Wiese« definiert hat, an den richtigen Stellen einzubauen. Die Vorgenerierung des Prüf-Codings erleichtert die Sache weiter.

BAdI »HRPAD00AUTH_CHECK«

Neben dem Konzept aus kundeneigenem Objekt und dem Programm MPPAUTZZ gibt es auch das BAdI (Business Add-In) HRPAD00AUTH_CHECK zur HR-Berechtigungsprüfung. Die notwendigen Einstellungen sind im IMG über den Menüpfad **Personalmanagement • Personaladministration • Werkzeuge • Berechtigungsverwaltung • BAdI: Kundenindividuelle Berechtigungsprüfung** beschrieben. Die Prüfungen sind in den Methoden einer Klasse realisiert. Für die Umsetzung sind gute Kenntnisse im Umgang mit Klassen in ABAP Objects erforderlich.

Nach dem Anlegen einer Implementierung des BAdIs können Sie einzelne Prüfungen kundenindividuell ablaufen lassen und die Prüfungen, die standardmäßig erfolgen sollen, an die jeweilige Standardklasse delegieren.

Mögliche Anwendungsfelder

Es bieten sich u. a. die folgenden möglichen Anwendungsfelder für die Implementierung des BAdIs an:

- Wer seine eigenen Daten gemäß dem Berechtigungsobjekt P_PERNR nicht pflegen darf, darf dementsprechend auch keine im Infotyp 0021 (Familie/Bezugsperson) hinterlegten Daten seiner Familienangehörigen pflegen, die ebenfalls im Unternehmen beschäftigt sind.
- Die Pflege der Infotypen 0008 (Basisbezüge), 0014 (Wiederkehrende Bezüge) und 0015 (Ergänzende Zahlung) darf nur bis zu einer bestimmten Obergrenze erfolgen, die z. B. in einem kundeneigenen Infotyp im Personalstamm des Benutzers abgelegt ist.
- Daten dürfen nur gepflegt werden, wenn die betreffende Person in ihrem Profil über eine entsprechende Qualifikation verfügt (z. B. Steuerdaten, Sozialversicherungsdaten, Altersversorgung).

Außerdem gibt es ein BAdI für die Anpassung der strukturellen Berechtigungsprüfung an kundenspezifische Belange. Dieses BAdI ist im IMG über den Menüpfad **Personalmanagement • Organisationsmanagement • Grundeinstellungen • Berechtigungsverwaltung • strukturelle Berechtigung • BAdI: strukturelle Berechtigungsprüfung** zu erreichen.

Spezielle Berechtigungsfragen im Rahmen von Auswertungen

Listen und Statistiken

Bei Listen und Statistiken treten teilweise andere Anforderungen auf als bei der direkten Anzeige oder der Pflege von Daten.

Aggregierte Daten vs. Einzeldaten

Häufig kommt es vor, dass jemand zwar die Daten eines bestimmten Personenkreises in Statistiken berücksichtigen soll, diese Daten jedoch eigentlich nicht kennen darf.

Herausforderung

Ein Personalcontroller soll etwa die Gehälter des Vorstands nicht kennen, aber dennoch soll die Gehaltssumme in der von ihm erstellten Statistik auch die Vorstandsgehälter enthalten. Dies ist zunächst nicht möglich, da zum Lesen der Vorstandsgehälter auch dann eine entsprechende Datenberechtigung erforderlich ist, wenn das Lesen über eine Auswertung erfolgt. (Ist diese Berechtigung vorhanden, kann aber auch direkt Einsicht in die Einzeldaten genommen werden.)

Lösungsansätze

Für dieses Problem gibt es zwei Lösungsansätze:

- Für die betreffende Auswertung wird die Berechtigungsprüfung über das bereits beschriebene Berechtigungsobjekt P_ABAP abgeschaltet. Dann besteht allerdings die Gefahr, dass die Auswertung nur für eine Person ausgeführt wird. Da in einem solchen Fall die Gehaltssumme dem Einzelgehalt entspricht, werden die geheimen Daten doch offengelegt.
- Für die Auswertung wird ein kundeneigener Report programmiert, der an dieser Stelle keine Berechtigungsprüfung durchführt. Bei diesem Ansatz ist es auch möglich, die gezielte Selektion einzelner Personen in der Statistik auszuschließen.

Berechtigungsprüfung in Eigenentwicklungen

Berechtigungsvergabe im Anwendungssystem

Anders, als man es vielleicht von manchen anderen Systemen her kennt, erfolgt die Berechtigungsvergabe in SAP ERP ausschließlich im Anwendungssystem und nicht auf der Datenbankebene. Dies hat zur Folge, dass die Zugriffsprüfungen für bestimmte Daten in jedem Programm explizit eingebaut sein müssen.

Standardprogramme und Eigenentwicklungen

Die Programme der Standardauslieferung enthalten im Allgemeinen ausreichende Prüfroutinen. Das Gleiche gilt für Querys und Eigenentwicklungen, die vollständig auf den von SAP ausgelieferten logischen Datenbanken beruhen. Jede andere Eigenentwicklung, in die nicht explizit eine Prüfroutine eingebaut wurde, liefert der ausführenden Person die Daten ohne weitere Prüfung, sofern sie über die Berechtigung zum Ausführen des Programms verfügt. Das heißt insbesondere, dass Benutzer mit Berechtigung zur ABAP-Programmierung auf diesem Weg alle Daten auslesen können, und zwar in allen Systemen, in denen sie entweder Programme erstellen dürfen oder in die sie Programme transportieren dürfen. Dabei reicht der Zugriff auf einen Mandanten aus, um die Daten aller anderen Mandanten lesen zu können. Deshalb muss bei der Programmierung in einem SAP-ERP-HCM-System die Einhaltung von Berechtigungsprüfungen sichergestellt werden.

Verhalten von Auswertungen bei fehlender Berechtigung

Führt ein Benutzer eine Listenauswertung aus, die Daten außerhalb seiner Berechtigung enthält, werden alle Zeilen übersprungen, die »verbotene Daten« enthalten. So soll eine Liste z. B. die Namen und die Vollmachten aller Mitarbeitenden enthalten, der ausführende Benutzer soll aber bei einigen der selektierten Personen keine Leseberechtigung für die Vollmacht, sondern nur für den Namen haben. Die Liste gibt dann die betreffenden Personen nicht aus (auch nicht deren Namen) und zeigt lediglich am Ende die Warnmeldung »Personalnummern wegen fehlender Berechtigung übersprungen« an.

27.4 Berechtigung für die Steuerprüfung

Musterrolle SAP_AUDITOR_TAX_HR

Es ist inzwischen üblich, dass die Steuerprüfung des Finanzamts anhand eines Datenextrakts durchgeführt wird und seltener der direkte Systemzugriff erwünscht ist. Sollte dies aber der Fall sein, steht die Musterrolle SAP_AUDITOR_TAX_HR zur Verfügung. Da immer nur ein bestimmter Zeitraum geprüft wird, erhält der Prüfer Zugriff auf die folgenden Reports, die intern eingeschränkt sind und nur eine Dateneinsicht für den zu prüfenden Zeitraum ermöglichen:

- RPCAOSD0 – Infotypen-Anzeige
- RPCAOLD0 – Lohnarten-Reporter bzw. Lohnartennachweis
- RPCAOTD0 – Steuerrelevanz Lohnart (Sicht auf Tabelle T512W, Lohnartenbewertung)
- RPCAOKD0 – Lohnkonto

- RPCAOADO – Lohnsteueranmeldung
- RPCAOBDO – Lohnsteuerbescheinigung

Das Customizing des Prüfungszeitraums erfolgt über die Transaktionen TPC2, TPC4 und TPC6.

27.5 Fazit

Besonders im Bereich der Personalabrechnung ist ein ausgefeiltes, engmaschiges Konzept zur Vergabe von Berechtigungen erforderlich, das gut geplant und umgesetzt werden muss. Ausreichende Tests zur Prüfung des umgesetzten Berechtigungskonzepts sollten eingeplant werden. Werden die Berechtigungen zu stark eingeschränkt, können im Extremfall unbemerkt Personen im Abrechnungsprozess und im Rahmen von Folgeaktivitäten nicht richtig verarbeitet werden. Andererseits kann ein zu lockeres Konzept dazu führen, dass ungewollt Einsicht in Gehaltsdaten gewährt wird.

TEIL VI

Ausblick

Kapitel 28
SAP SuccessFactors Employee Central Payroll

Mit SAP SuccessFactors Employee Central Payroll bietet SAP seine Personalabrechnung als Cloud-Lösung an, die vollständig in SuccessFactors integriert ist. Dadurch steht Ihnen die umfassende Funktionalität im Cloud-Umfeld zur Verfügung und vervollständigt das SAP SuccessFactors-Angebot. In diesem Kapitel erhalten Sie Einblick in die Unterschiede zwischen Employee Central Payroll und SAP ERP HCM.

In SAP SuccessFactors Employee Central Payroll lebt die SAP-Personalabrechnung, wie wir sie kennen, weiter und das Know-how, das wir in diesem Buch vermitteln, wird noch viele Jahre Gültigkeit behalten. Im ersten Schritt schauen wir uns an, was Employee Central Payroll ist.

28.1 Was ist Employee Central Payroll

Personalabrechnung in der Cloud

Employee Central Payroll stellt die SAP-Personalabrechnung als *Cloud-Lösung* bereit. Sie ist Teil der SAP-SuccessFactors-Suite und muss in Zusammenhang mit SAP SuccessFactors Employee Central betrieben werden. Employee Central ist das Kernsystem der SuccessFactors-Suite, das alle Stammdaten der Mitarbeitenden und die Organisationsstruktur verwaltet.

Customizing

Employee Central Payroll basiert technisch auf einem SAP-System, wie Sie es aus SAP ERP HCM kennen. Wie bei SAP ERP HCM stehen Ihnen auch in Employee Central Payroll mehr als 50 Länderversionen zur Verfügung. Das Customizing des Systems führen Sie als Kunde oder ein Partner durch. Es entspricht dem Customizing eines lokalen SAP ERP HCM-Systems. Die Kapitel dieses Buches sind somit auch auf ein Employee Central Payroll-System anwendbar.

28.1.1 Lizenzmodell und Kosten

Der entscheidende Unterschied zu SAP ERP HCM liegt im Lizenzmodell: Employee Central Payroll können Sie wie SAP SuccessFactors als *Mietlösung* beziehen. Die Kosten berechnen sich nach der Anzahl der Mitarbeitenden, die Sie abrechnen. Nach aktuellem Stand (September 2025) bietet SAP Employee Central Payroll erst ab 1.000 Mitarbeitenden an. Kleinere Unternehmen müssen daher diese Mindestanzahl lizenzieren, auch wenn sie weniger Personal beschäftigen. Obwohl kleinere Unternehmen die Mindestanzahl von 1.000 Mitarbeitenden lizenzieren müssen, kann Employee Central Payroll durch attraktive Rabatte von SAP auch für sie interessant sein.

Umfang der Lizenz

Diese Lizenz berechtigt Sie jedoch ausschließlich zur Durchführung der Personalabrechnung. Andere Funktionen des Systems – etwa die Zeitwirtschaft – können Sie nicht nutzen. Diese Einschränkung ist vertraglich und nicht technisch bedingt. Zeitwirtschaftsdaten müssen Sie daher in anderen Systemen verwalten.

28.1.2 Hosting und Betrieb

Support Packages

Das System wird bei SAP gehostet – SAP sorgt dafür, dass das System läuft und regelmäßig aktualisiert wird. Als Employee Central Payroll-Kunde erhalten Sie eine dreistufige Systemlandschaft, die ausschließlich für Ihr Unternehmen genutzt wird. Sie müssen die Systeme nicht mit anderen Kunden teilen. Support Packages, die auch in Employee Central Payroll erforderlich sind, werden von SAP eingespielt. Dies erfolgt in Abstimmung mit Ihnen als Kunde. Sie müssen ein Ticket bei SAP eröffnen, wenn Sie das Einspielen von Support Packages wünschen.

Durch das SAP-Hosting entfällt für Sie die Notwendigkeit, sich selbst um das System zu kümmern. Employee Central Payroll eignet sich sowohl für Neukunden als auch für Bestandskunden, die ihre SAP-Personalabrechnung in eine moderne Cloud-Umgebung migrieren möchten. Diese Lösung hilft Unternehmen dabei, ihren administrativen Aufwand zu minimieren und den Systembetrieb an SAP auszulagern.

[»]

Technische Einschränkungen

Modifikationen im System sind nicht zulässig. Beim Einspielen der Support Packages durch SAP werden alle Modifikationen auf die Standardeinstellung zurückgesetzt. Kundenprogramme im Z-Namensraum können Sie jedoch erstellen. Branchenlösungen wie der öffentliche Dienst werden nur eingeschränkt unterstützt.

28.2 Zusammenspiel SAP SuccessFactors und Employee Central Payroll

Mit der Einführung von SAP SuccessFactors Employee Central wird dieses zum führenden Stammdatensystem und die Daten werden per Schnittstelle an das Personalabrechnungssystem übertragen. Damit arbeitet der größte Teil der Anwendenden nur noch in SAP SuccessFactors und nur die Abrechnungssachbearbeitenden arbeiten direkt mit Employee Central Payroll.

28.2.1 Datenanbindung

PTP-Schnittstelle

Employee Central Payroll und SAP SuccessFactors sind über eine sogenannte *Point-to-Point-Schnittstelle* (PTP-Schnittstelle) verbunden, die ohne Middleware auskommt. Da sich beide Systeme im SAP-Rechenzentrum befinden, kann Employee Central Payroll die Daten direkt aus SAP SuccessFactors abrufen. Das Mapping der Daten können Sie über das Customizing anpassen.

28.2.2 Pflege von Infotypen in Employee Central Payroll

Spezifische Infotypen

Wie bereits beschrieben werden die meisten Infotypen aus SAP SuccessFactors über eine Schnittstelle befüllt und müssen somit nicht in Employee Central Payroll gepflegt werden. Es gibt jedoch spezifische Infotypen für die Personalabrechnung in Deutschland, die Sie in Employee Central Payroll pflegen müssen. Dazu gehören die Daten zur Steuer und Sozialversicherung, Pfändung, Infotypen für den elektronischen Datenaustausch mit den Behörden und weitere.

Diese Infotypen existieren ausschließlich in Employee Central Payroll. Sie können sie jedoch über eine Oberflächenintegration auch in SAP SuccessFactors anzeigen und bearbeiten. Die eigentliche Datenhaltung erfolgt dabei weiterhin nur in Employee Central Payroll.

28.2.3 Infotyp 0008 (Basisbezüge) in Employee Central Payroll

Berechnung von Lohnarten

Mit der Integration in SAP SuccessFactors verändert sich die Berechnung von *Lohnarten* in Infotyp 0008. Die Bewertung der Lohnarten erfolgt in SAP SuccessFactors und es werden bereits bewertete Lohnarten in das Employee Central Payroll-System übertragen. Eine sogenannte indirekte Bewertung ist dort dann nicht mehr erforderlich und muss deaktiviert werden. Da die

Lohnartenbewertung in SAP SuccessFactors stattfindet, führen Sie auch Prozesse wie Tariferhöhungen oder tarifliche Umstufungen dort durch.

28.3 Customizing und Migration zu Employee Central Payroll

Payroll-Logik bleibt

Das Customizing in Employee Central Payroll funktioniert genauso wie in einem SAP-ERP-HCM-System, das wir in diesem Buch beschreiben. Die bewährte Payroll-Logik mit Lohnarten, Schemen und Regeln bleibt unverändert. Sie konfigurieren das System wie gewohnt über die Transaktion SPRO.

Diese Konfiguration können Sie selbst oder ein Partner übernehmen. SAP stellt lediglich die Systemumgebung bereit und gewährt Ihnen nur eingeschränkten Zugriff auf die Infrastruktur.

Voraussetzungen für die Migration

Die Migration eines bestehenden SAP-ERP-HCM-Systems zu Employee Central Payroll ist grundsätzlich möglich. Voraussetzung ist jedoch, dass Ihr System keine Modifikationen enthält. Nutzen Sie die Migration als Gelegenheit, Ihre bestehende Konfiguration zu überprüfen und zu optimieren. So können Sie das System verschlanken und für künftige Anforderungen rüsten.

28.4 Fazit

Die Zukunft der Personalabrechnung mit SAP liegt in Employee Central Payroll. Bereits heute verkauft SAP diese Variante an Neukunden mit SAP SuccessFactors. Für Bestandskunden bietet SAP attraktive Konditionen für den Wechsel zu Employee Central Payroll. Auch künftige Weiterentwicklungen sind ausschließlich für Employee Central Payroll geplant.

Da Employee Central Payroll technisch auf der bewährten Technologie von SAP ERP HCM basiert, bleibt das Wissen aus diesem Buch gültig und anwendbar. Das Customizing erfolgt mit denselben Methoden und Transaktionen, die Sie bereits kennen. Lediglich das Lizenzmodell und die Cloud-Infrastruktur unterscheiden sich von herkömmlichen On-Premise-Systemen.

Kapitel 29
HCM für SAP S/4HANA

Das Wartungsende für SAP ERP 6.0 mit EHP 6–8 rückt näher: Ende 2027 stellt SAP den Support für diese Versionen ein. Unternehmen, die ihre Personalabrechnung weiterhin auf SAP-Basis betreiben möchten, sollten daher rechtzeitig den Umstieg auf HCM für SAP S/4HANA planen. Die verbleibende Zeit bis zum Wartungsende bietet ausreichend Gelegenheit für eine durchdachte Migration – vorausgesetzt, Sie beginnen zeitnah mit der Planung.

Für den Übergang stehen Ihnen verschiedene Optionen zur Verfügung: Sie können Ihre Personalabrechnung vollständig in die Cloud mit Employee Central Payroll verlagern, Ihr bestehendes System in die Public Cloud migrieren oder eine On-Premise-Migration zu HCM für S/4HANA (häufig als H4S4 bezeichnet) durchführen. Jede Variante hat unterschiedliche Vor- und Nachteile sowie verschiedene Kosten- und Aufwandsstrukturen.

Dieses Kapitel gibt Ihnen einen Überblick über die verfügbaren Migrationspfade und hilft Ihnen bei der Entscheidungsfindung für Ihre individuelle Situation. Dabei betrachten wir sowohl die funktionalen Aspekte als auch die lizenzrechtlichen Besonderheiten der jeweiligen Lösungen.

29.1 Varianten für den Betrieb der SAP-Personalabrechnung

Wenn Sie die klassische On-Premise-Personalabrechnung nutzen, sollten Sie sich mit folgenden Varianten befassen, um den Weg in die Zukunft im Bereich SAP-Personalwirtschaft erfolgreich zu meistern.

29.1.1 Employee Central Payroll

SAP SuccessFactors Employee Central Payroll wurde bereits im Kapitel 28 ausführlich erläutert. Diese Variante ist die einzige Option, die keinem Wartungsende unterliegt. Die in SAP SuccessFactors integrierte Version der SAP-Personalabrechnung ist zudem die einzige Variante, die SAP weiterent-

SAP SuccessFactors

wickelt. Derzeit betreffen die Weiterentwicklungen insbesondere die Integration von KI in die Prozesse der Personalabrechnung.

Neukunden für Employee Central Payroll erhalten seit einigen Monaten ein System, das bereits auf der S/4HANA-Technologie basiert. Damit entfällt für sie eine spätere technische Umstellung. Bestandskunden mit älteren Employee-Central-Payroll-Systemen stellt SAP in den nächsten Jahren ebenfalls auf SAP S/4HANA um. Dieses technische Upgrade ist in den Mietkosten enthalten und wird vollständig von SAP durchgeführt.

Der Umstieg auf SAP SuccessFactors mit Employee Central Payroll entspricht der SAP-Strategie und ist der empfohlene Weg für eine zukunftsfähige Lösung im Bereich der Personalwirtschaft. Damit Sie Ihre Personalabrechnung in ein Employee Central Payroll-System migrieren können, müssen Sie alle anderen Module neben der Personalabrechnung auf SAP SuccessFactors umstellen. Mit Employee Central Payroll dürfen Sie ausschließlich die Personalabrechnung durchführen.

Herausforderungen bei der Umstellung

Die folgenden Herausforderungen können eine Umstellung auf Employee Central Payroll verhindern oder verzögern:

- Mit dem Umzug zu Employee Central Payroll müssen Sie die Zeitwirtschaft auf SAP SuccessFactors Time Tracking umstellen. Bei einer komplexen Zeitwirtschaft kann dies zu funktionalen Einschränkungen in SAP SuccessFactors führen und einen Umstieg verhindern. Hier sollten Sie genau prüfen, bevor Sie einen Umstieg planen.
- Wenn Sie in SAP ERP HCM viele weitere Module nutzen, kann dies die Migration erschweren. Diese Module müssen ebenfalls auf SAP-SuccessFactors-Lösungen umgestellt werden, was nicht immer funktional gleichwertig möglich ist.
- Ein Umzug auf ein Cloud-System kann in bestimmten Branchen nicht zulässig sein.

29.1.2 Personalabrechnung in der Private Cloud

Migration in die Private Cloud

Als Alternative bietet SAP an, Ihr vorhandenes SAP ERP HCM-System in das SAP-Rechenzentrum als Private-Cloud-Lösung zu verlagern. Diese Variante ermöglicht es unter Nutzung von RISE with SAP, Ihr bestehendes System mit allen Modulen – Stammdatenverwaltung, Organisationsmanagement, Zeitwirtschaft und Abrechnung – in die Cloud zu migrieren.

SAP führt diese Migrationsprojekte durch, allerdings unter bestimmten Bedingungen, die Sie vorab mit SAP klären müssen. Nach dem Umzug erhalten Sie dedizierte Systeme, auf denen Sie wie gewohnt weiterarbeiten und Customizing durchführen können.

Diese Lösung kann als Zwischenschritt interessant sein: Ihre vorhandene Zeitwirtschaft wird mit umgezogen, sodass Sie zunächst nicht auf SAP SuccessFactors Time Tracking umstellen müssen. SAP bietet aktuell attraktive Preismodelle für diese Variante.

Möglicher Zwischenschritt

29.1.3 SAP-Personalabrechnung im On-Premise-Betrieb

HCM for S/4HANA

Sie können Ihr vorhandenes SAP ERP HCM-System auch auf S/4HANA migrieren und selbst oder durch einen Dienstleister weiter betreiben. Diese Variante wird häufig als *HCM for S/4HANA* oder kurz H4S4 bezeichnet, auch wenn dies keine offizielle SAP-Bezeichnung ist.

Diese Option steht ausschließlich Bestandskunden zur Verfügung. Neukunden können diese Variante nicht wählen.

[«]

»Next Generation Payroll«

Der Vollständigkeit halber ist zu erwähnen, dass SAP nach eigenen Angaben an der Entwicklung einer Personalabrechnung auf Basis der SAP BTP (SAP Business Technology Platform) arbeitet. Diese Version befindet sich aktuell (Stand: September 2025) lediglich bei ausgewählten Pilotkunden in Großbritannien im Einsatz. Ob und wann diese Version für die komplexe deutsche Personalabrechnung verfügbar sein wird, ist derzeit unklar und dürfte noch mehrere Jahre dauern. Diese noch nicht verfügbare Variante sollte Ihre aktuellen Entscheidungen über die Zukunft Ihres Personalabrechnungssystems nicht beeinflussen.

29.2 Funktionalität von HCM für SAP S/4HANA

Die Funktionalität von SAP ERP HCM bleibt in S/4HANA nahezu unverändert, im Gegensatz zu anderen Modulen in S/4HANA, die komplett überarbeitet wurden. So erhielten z. B. das Finanzwesen mit der neuen Hauptbuchhaltung (Universal Journal) oder das Controlling mit der neuen Profitability Analysis völlig neue Architekturen und Benutzeroberflächen. Da HCM nur als Übergangslösung betrachtet wird, wurde auf eine entsprechende Überarbeitung verzichtet.

Entfallene Funktionen

Einige Funktionen wurden jedoch entfernt oder vereinfacht:

- das Employee Interaction Center
- die alte Personalkostenplanung
- der Manager's Desktop

[»]

SAP-Hinweis 3091160 (Simplifications in H4S4)

Eine vollständige Übersicht aller Funktionen, die in H4S4 entfallen, finden Sie im SAP-Hinweis 3091160. Prüfen Sie vor einer Migration, ob Sie betroffene Funktionen nutzen.

Erweiterte Funktionen

Erweiterte Funktionalität gibt es im Bereich der Self-Services mit SAP Fiori. Hier hat SAP einige SAP-Fiori-Apps erweitert und modernisiert. Insgesamt unterscheiden sich das bekannte SAP ERP HCM und die neue Variante H4S4 nur geringfügig, was eine Migration erheblich vereinfacht. Sie können mit minimalen Änderungen rechnen. Eine Weiterentwicklung von H4S4 wird es künftig nur noch in der Cloud-Variante Employee Central Payroll geben.

29.3 Lizenzkonvertierung bei Umstieg zu H4S4

Lizenzkosten

Beim Umstieg auf H4S4 fallen Einmalkosten für Lizenzen an. Die Berechnung erfolgt auf Basis der Anzahl Ihrer Mitarbeitenden und der genutzten Module. Die Lizenzkosten gliedern sich in verschiedene Komponenten:

- SAP Core Human Capital Management
- SAP Time Tracking (Zeitwirtschaft)
- SAP Payroll Processing
- SAP E-Recruiting
- SAP Learning Solution

Auf die einmaligen Lizenzkosten entfallen jährlich 22% Wartungsgebühren.

Den größten Kostenblock stellt SAP Core Human Capital Management dar. Dieser kann jedoch eingespart werden, wenn Sie stattdessen SAP SuccessFactors Employee Central lizenzieren. Dies bietet einen Anreiz, beim Upgrade auf H4S4 über eine Implementierung von SAP SuccessFactors Employee Central nachzudenken – ein Schritt hin zu modernen Prozessen in der Personaladministration.

Alle Angaben sind ohne Gewähr und können sich ändern. Aktuelle Lizenzkonditionen erhalten Sie über den SAP-Vertrieb.

29.4 Fazit

Es gibt zahlreiche Varianten, die SAP-Personalabrechnung künftig zu betreiben. Diese Optionen unterscheiden sich erheblich in den Kosten und im Projektaufwand für die Umsetzung. Sie sollten daher eine Roadmap entwickeln, um den Weg zu einer zukunftsfähigen Lösung zu planen. Die SAP-Personalabrechnung, wie Sie sie bereits kennen, wird dabei noch lange eine wichtige Rolle spielen.

Anhang

Anhang A
Wichtige Funktionen

In diesem Anhang finden Sie die am häufigsten verwendeten Funktionen, die Sie für eigene Entwicklungen benötigen oder deren Bedeutung beim Lesen des Abrechnungsschemas wichtig ist. Die Liste ist also nicht vollständig; die vollständige Beschreibung können Sie der SAP-Dokumentation entnehmen.

- **ACTIO – regelgeführtes Ausführen einer Aktion**
  Mit ACTIO wird eine Personalrechenregel aufgerufen. Die Verarbeitung wird immer durchgeführt und ist nicht abhängig vom Vorliegen von Lohnarten, wie das bei der Funktion PIT der Fall ist. Die Regel wird ausgeführt:
  - A – einmal pro Eintrag in der WPBP
  - AR – je WPBP-Eintrag und Abrechnungsart
  - S – je Steuerzeitraum
  - V – je SV-Zeitraum
- **APPLC – Summe über Teilapplikation**
  Die Funktion APPLC dient zur Summenbildung über Lohnarten im Abrechnungsschema.
- **AVERA – Durchschnittsberechnung**
  Die Funktion AVERA führt die komplette Durchschnittsberechnung aus. Sie wird für die neue Durchschnittsberechnung verwendet (siehe Abschnitt 3.11, »Durchschnitte«).
- **BLOCK – Protokollstrukturierung**
  Die Funktion schafft in der Protokolldarstellung der Personalabrechnung Übersicht und Struktur. Der sich zwischen BLOCK BEG und BLOCK END befindliche Bereich wird in einem eigenen Ast dargestellt. Die bei BLOCK BEG gepflegte Beschreibung wird als Text im Protokoll wiedergegeben. Die Funktionalität sollte besonders bei umfangreichen Eigenentwicklungen verwendet werden, um diese im Protokoll abzuheben.
- **BREAK – setze einen Break-Point**
  Unterbricht die Verarbeitung der Personalabrechnung und ruft den Debugger auf.

- **COPY – Kopieren eines ausgelagerten Teilschemas**
  Ruft das angegebene Unterschema auf und kehrt nach der Verarbeitung in das aktuelle Schema zurück. Die Abrechnung fährt nach der Verarbeitung mit der nächsten Funktion fort.
- **D2002 – Bearbeitungsanforderung für Anwesenheiten**
  Verarbeitet die Anwesenheiten aus dem Infotyp 2002 und führt damit die angegebene Regel aus. Dabei wird die Tabelle T599Y berücksichtigt.
- **D2010 – Bearbeitungsanforderung für Entgeltbelege**
  Wertet die Entgeltbelege aus und führt damit die angegebene Regel aus. Dabei wird die Tabelle T599Y berücksichtigt, die eine mögliche Steuerfreiheit der eingegebenen Zuschläge ermittelt.
- **DAAG – Erstattung von Arbeitgeberleistungen (AAG)**
  Ermittlung von Lohnarten für das Meldeverfahren »Erstattung von Arbeitgeberaufwendungen« in Fiktivläufen für Beschäftigungsverbot, Mutterschutz oder Arbeitsunfähigkeit
- **DAB – Verarbeitung der Abwesenheiten nach deutschen Bestimmungen (Teil 2)**
  Verarbeitet die länderspezifischen Eigenschaften von Abwesenheiten.
- **DATES – Bereitstellung von Datumsangaben in der Abrechnung**
  Diese Funktion muss genau einmal im Abrechnungsschema vorkommen und stellt Datumsangaben für die Fristenberechnung bereit. Die Fristenberechnung wird mit der Operation NUM = F... aufgerufen.
- **DATZ – Verarbeitungen der Altersteilzeit**
- **DAVMG – Verarbeitung des Infotyps 0699 (Altersvermögensgesetz)**
- **DAYPR – Tagesverarbeitung der Zeitdaten**
  Ruft ein Zeitwirtschaftsschema auf, das fiktive Zeitzuschläge generiert. Im Standard wird das Schema TC00 verwendet, um vom Abrechnungszeitpunkt bis zum Ende der Abrechnungsperiode fiktive Zeitzuschläge zu berechnen.
- **DBG – Berufsgenossenschaft: Zuordnung zur BG festlegen**
  Liest die Informationen des Infotyps 0029 (Berufsgenossenschaft) ein und berechnet den Berufsgenossenschafts-Bruttobetrag.
- **DEEL – Funktion für Meldeverfahren Entgeltersatzleistungen (EEL)**
  Steuerung und Verarbeitung von Fiktivläufen für das Meldeverfahren »Entgeltersatzleistungen«.
- **DELZL – Entfernen von Lohnarten aus der ZL**
  Löscht Einträge in der Zeitlohnartentabelle ZL.

- **DFLST – Verarbeitung Fiktivlaufsteuerung**
  Die Funktion führt verschiedene Verarbeitungsschritte zur Fiktivlaufsteuerung durch.
- **DKUG – Kurzarbeitergeldberechnung**
- **DNAB – Verarbeitung der Abwesenheiten nach deutschen Bestimmungen (Teil 1)**
  In der deutschen Personalabrechnung enthalten Abwesenheiten Informationen zur Steuerung von Steuer, Sozialversicherung und DEÜV. Diese werden der Tabelle T5DOA entnommen und mit der Funktion verarbeitet.
- **DOZMG – Zuschuss zum Mutterschaftsgeld**
  Maschinelle Berechnung des Zuschusses zum Mutterschaftsgeld. Die Steuerung erfolgt durch die Tabelle T5D84, über verschiedene Modelle zur Zuschussberechnung (siehe Kapitel 16, »Altersteilzeit«).
- **DPFNT – Pfändung Nettomethode mit Fiktivläufen**
  Diese Abrechnungsfunktion führt die für die »Pfändung mit der Nettomethode mit Fiktivrechnungen« notwendigen und besonderen Verarbeitungen aus.
- **DPKW – PKW-Regelung (D)**
- **DST – Steuerberechnung (D)**
- **DSV – Sozialversicherung (D)**
- **DSVU – SV-Umlage berechnen**
- **DVB – Bearbeitungsanforderung für Vermögensbildung**
  Liest die Vermögensbildung ein und führt die Berechnungen mit der angegebenen Regel aus.
- **ELSE – bedingte Ausführung von Funktionen**
  IF, ELSE und ENDIF können verwendet werden, um bestimmte Bereiche eines Schemas nur bei zutreffender Bedingung auszuführen.
- **ENDIF – Endefunktion einer Bedingung**
  IF, ELSE und ENDIF können verwendet werden, um bestimmte Bereiche eines Schemas nur bei zutreffender Bedingung auszuführen.
- **GEN/8 – technische Lohnarten /801 – /8nn bilden**
  Generiert die Lohnarten /801 ff. in der Tabelle IT.
- **GENPS – Generierung des persönlichen Arbeitszeitplans**
  Stellt den Arbeitszeitplan in der internen Tabelle PSP bereit.
- **GON – Vollständigkeit der Daten**
  Überprüft die Vollständigkeit der Daten am Ende der Bereitstellung der Grunddaten im Teilschema DGDO.

- **GRSUP – Hochrechnung (Gross Up) von Nettozusagen**
  Führt die Nettohochrechnungen aus.
- **IF – bedingte Ausführung von Funktionen**
  IF, ELSE und ENDIF können verwendet werden, um bestimmte Bereiche eines Schemas nur bei zutreffender Bedingung auszuführen. Für Bedingungen können vorhandene Funktionen ausgewählt oder Regeln programmiert werden. Die Regel muss mit der Operation SCOND = T IF einen positiven Wert oder mit SCOND = F IF einen negativen Wert zurückgeben.
- **MCOMP – Durchführung Nachteilsausgleich zwischen ZL und AZL**
  Vergleicht die Zeitlohnartentabellen ZL und DZL und bildet daraus Lohnarten für den Nachteilsausgleich.
- **MOD – Bestimmung von Mitarbeitergruppierungen**
  Ruft eine Regel auf, mit der Modifikatoren zum Lesen verschiedener Tabellen festgelegt werden.
- **P0002 – Bereitstellung des Namens**
- **P0004 – Einlesen Behinderungssatz**
- **P0006 – Bereitstellung der Adresse**
- **P0009 – Bearbeitungsanforderung für Bankverbindung**
- **P0011 – Bearbeitungsanforderung für externe Überweisungen**
- **P0012 – Bereitstellen der Steuerdaten**
- **P0013 – Bereitstellung der Sozialversicherungsdaten**
- **P0014 – Bearbeitungsanforderung für wiederkehrende Be-/Abzüge**
- **P0015 – Bearbeitungsanforderung für ergänzende Zahlungen**
- **P0020 – Bereitstellen der DÜVO-Daten**
- **P0021 – Bereitstellen der Familienmitglieder**
- **P0026 – Einlesen Direktversicherung (D)**
- **P0045 – Bereitstellen der Darlehensdaten**
- **P0049 – Bereitstellen der Kurzarbeiterdaten**
- **P0051 – Einlesen der Daten für die Zusatzversorgung**
- **P0052 – Bereitstellen der Daten zur Verdienstsicherung**
- **P0057 – Bearbeitungsanforderung für Mitgliedschaften**
- **P0079 – Bereitstellung der SV-Zusatzdaten**
- **P0083 – bearbeite Urlaubsabgeltungen**
- **P0093 – Bereitstellen Vorarbeitgeberdaten**
- **P0201 – Einlesen Rentenbasisbezüge**
- **P0202 – Beitrag-/Einkommensberechnung BAV**

- **P0263 – Einlesen Gehaltsumwandlung**
- **P0322 – Einlesen der Daten zur Bestimmung ruhegehaltsfähiger Bezüge**
- **P0326 – Anrechnung auf Versorgungsbezug**
- **P0416 – bearbeite Kontingentabgeltungen**
- **P0521 – Bereitstellen von Daten zur Altersteilzeit**
- **P0579 – Bearbeitungs-Anforderung für Externe Gehaltsbestandteile**
  Diese Funktion wertet die Stammdaten des IT 0579 (Externe Gehaltsbestandteile) aus. Dabei werden die Gehaltsbestandteile in die aktuelle Abrechnungswährung umgerechnet.
- **P2001 – Einlesen der Abwesenheiten in die TIP**
- **P2002 – Bearbeitungsanforderung für Anwesenheiten**
- **P2003 – Bearbeitungsanforderung für Vertretung**
- **P2010 – Bearbeitungsanforderung für Entgeltbelege**
- **PAB – Abwesenheitsbewertung (internationaler Teil)**
  Verarbeitet die Bewertungsregel der Abwesenheit.
- **PARTT – Grundlagen für die Teilmonatsfaktoren bereitstellen**
  Stellt die Teilmonatsfaktoren für die Aliquotierung bereit (Abschnitt 3.12, »Leistungslohn«).
- **PDT – bearbeite Differenztabelle**
  Die Tabelle DT enthält die Lohnarten, die bei Rückrechnungen aus den Vorperioden übergeben werden.
- **PIT – bearbeite Eingabetabelle**
  Verarbeitet die IT-Input-Tabelle mit der angegebenen Regel. Diese Funktion ist die am häufigsten verwendete Funktion – auch in eigenen Anpassungen.
- **PLRT – bearbeite letzte Ergebnistabelle**
  Verarbeitet die Tabelle LRT, die das Ergebnis der Vorperiode bereitstellt (siehe Abschnitt 3.3, »Grunddaten einlesen«) mit der angegebenen Regel.
- **PORT – Übernahme von Daten aus letzter Abrechnung**
  Die Tabelle ORT enthält das letzte Ergebnis, das durch die Rückrechnung neu aufgerollt wird. So können Lohnarten verarbeitet werden, die durch eine Rückrechnung nicht verändert werden sollen.
- **PPSP – bearbeite persönlichen Arbeitszeitplan**
- **PRINT – gib Tabelle oder Struktur aus**
  Die Funktion gibt Tabellen im Protokoll der Personalabrechnung aus.

- **PRT – bearbeite die Ergebnistabelle**
  Verarbeitet die Tabelle RT mit der angegebenen Regel.
- **PW1 – Bearbeitung der Einzelleistungslohndaten**
  Liest die Einzellohnscheine eines Mitarbeiters ein.
- **PW2 – Bearbeitung der Gruppenleistungslohndaten**
  Liest die Gruppenlohnscheine ein, die die Arbeitszeit eines Mitarbeiters in einer Gruppe enthalten.
- **PZL – bearbeite die Tabelle ZL**
- **RAB – Lesen der Abwesenheiten**
- **RFRSH – Refresh interner Tabellen**
- **SETCU – Verarbeitung vorhergehender Kumulationen**
- **SETSW – Schalter setzen aufgrund von Informationen aus PSP und CABC**
- **SORT – Sortieren interner Tabellen**
  Sortiert die Einträge von Lohnartentabellen.
- **TRANS – Übernahme der Lohnarten aus der Tabelle 558A bzw. 558C in IT**
  Die Tabellen T558A und T558C werden zur Bereitstellung von Lohnkonten aus Altsystemen verwendet. Die Funktion wird zum Aufbau von Lohnkonten eingesetzt.
- **WPBP – Bereitstellen der Arbeitsplatz- und Basisbezugsdaten**
  Liest die Infotypen 0000 (Maßnahmen), 0001 (organisatorische Zuordnung), 0007 (Sollarbeitszeit), 0008 (Basisbezüge) und 0027 (Kostenverteilung) ein. Mit den Informationen wird die Tabelle WBPB aufgebaut und die Lohnarten der Basisbezüge in die Tabelle IT übernommen.
- **XIT – Verändern der Tabelle XIT**
  Die Tabelle XIT enthält potenziell steuerfreie Zuschläge zur Bestimmung der Steuerfreiheit.
- **ZLIT – Einspeisen der Lohnarten von ZL nach IT**
  Verarbeitet die von der Zeitwirtschaft im Ergebnis der Zeitauswertung bereitgestellten Zeitlohnarten.

Anhang B
Wichtige Operationen

In diesem Anhang sind wichtige Operationen zusammengestellt, die für eigene Regeln interessant sind oder beim Verständnis von Standardregeln helfen.

Regeln können für verschiedene Zwecke verwendet werden, z. B. für die Verarbeitung von Lohnarten und zur Definition von Entscheidungsregeln. Nicht jede Operation ist in jedem Zusammenhang einsetzbar.

- **ABEVL – führe die Abwesenheitsbewertung durch**
- **ADDCU – sammle in Kumulativ-Lohnarten**
  Kumuliert eine Lohnart in den markierten Kumulationen und Durchschnittsgrundlagen. Die Operation wird vor der Abstellung einer Lohnart durchgeführt.
- **ADDNA – sammle Anzahl und Betrag in Folgelohnart**
  Funktioniert wie die Operation ADDWT, nur wird das Feld Betrag pro Einheit lediglich einmal abgestellt, was eine Vervielfachung des Stundensatzes verhindert.
- **ADDWT – addiere Lohnart in Folgelohnart**
  Addiert die Lohnart in die angegebene Lohnartentabelle.
- **ADXIT – stelle Eintrag in Tabelle XIT**
  Addiert die aktuelle Lohnart in die Tabelle XIT, die für die Berechnung der Steuerfreiheit von Zuschlägen verwendet wird.
- **AMT – Berechnungen in das aktuelle Betragsfeld (amount)**
  Bearbeitet das Feld **Betrag** der aktuellen Lohnart.
- **APPL – Setzen Gültigkeit einer Teilapplikation in variable Argumente**
  Die Operation überprüft, ob die angegebene Teilapplikation in der aktuell abgerechneten Periode gültig ist, und stellt entweder den Wert »X« (gültig) oder »*« ins variable Argument.
- **BREAK – Break-Point setzen**
- **CMPER – vergleiche die Abrechnungsperiode (compare periods)**
  Vergleicht den Wert der Abrechnungsperiode mit einem vorgegebenen Wert. Die Operation wird verwendet, um Verarbeitungen nur in/ab/bis zu bestimmten Perioden auszuführen.

- **CPAGE – vergleiche das Alter des MA mit vorgegebener Zahl**
- **CUMWT – setze Wert der aktuellen Lohnart ein bzgl. Kumulationsleiste**
  Prüft, ob bei einer Lohnart bestimmte Kumulationen gefüllt sind.
- **DATZ – Verarbeitung für die deutsche Altersteilzeit**
- **DAV – Zuordnung von Bruttoergebnissen zu SV- und ST-Zeiträumen**
- **DAVM – Operation zu Infotyp 0699 (Altersvermögensgesetz)**
- **DBG – Bearbeiten der Berufsgenossenschaft**
- **DFLSW – Abfrage des aktiven Fiktivlaufs**
  Mit dieser Entscheidungsoperation kann in Rechenregeln der aktuelle Fiktivlauf abgefragt werden.
- **DIVID – dividiere**
  Führt eine Division mit den Feldern der aktuellen Lohnart durch.
- **DKUG – Bearbeiten oder Abfragen bei Kurzarbeit**
- **DKUSW – Abfrage auf KUG**
- **DRSMW – Schreiben in die interne Nachrichtentabelle**
- **DST – Operation zur Berechnung der Steuer (D)**
- **DSTAV – Zuordnung von Bruttoergebnissen zu Steuerzeiträumen**
- **DSTZR – Steuer-Zuordnungsnummer (ST-Split) auswerten**
- **DSVAV – pauschale Lohnanteile auf SV-Zeiträume aufteilen**
- **DSVDF – Bestimmung des Differenzbetrags einer Lohnart**
- **DSVF – Bildung der Lohnarten für die Behandlung von Störfällen**
- **DSVGL – Übernahme SV-Lohnarten aus Vormonat**
- **DSVIT – Abstellen des Differenzbetrags einer Lohnart in IT**
- **DSVS – Abfragen/Setzen von Feldern der Sozialversicherung**
- **DSVTG – stelle die SV-Tage bereit**
- **DSVWE – Abfrage auf Wechsel im Sozialvers.-Verhältnis (D)**
- **ELIMI – eliminiere Zeitraum-Kennzeichen**
  Eliminiert angegebene Split-Kennzeichen einer Lohnart.
- **ERROR – Warnung bei fehlerhaften Einträgen**
  Führt zu einem Abbruch der Personalabrechnung.
- **FILLF – fülle die folgenden Felder**
  Füllt die angegebenen Felder einer Lohnart, indem die Eingabetabelle erneut gelesen wird.
- **FILLW – schreibe in den Folgelohnschein**
  Füllt die Tabelle LS, in der Lohnscheininhalte im Abrechnungsergebnis gespeichert werden.

- **GCY – setze die Bearbeitung mit Personalrechenregel fort**
- **GETAL – setze den Leistungsgrad**
- **LEAVE – stelle die Urlaubsart in das variable Argument**
- **LEAYR – stelle das Urlaubsjahr in das variable Argument**
- **MCOMP – Angabe des Verarbeitungsstatus im Nachteilsausgleich**
  Die Operation wird zur Berechnung des Nachteilsausgleichs verwendet.
- **MEANV – Durchschnittsberechnung**
  Ruft die Durchschnittsberechnung mit der »alten« Durchschnittsberechnung auf (siehe Abschnitt 3.11, »Durchschnitte«).
- **MODIF – setze Mitarbeitergruppierung**
  Setzt Modifikatoren, die für das Lesen verschiedener Tabellen verwendet werden.
- **MULTI – multipliziere**
  Multipliziert die angegebenen Felder einer Lohnart.
- **NEXTR – bearbeite eine Fortsetzungsregel**
  Ruft eine Folgezeile auf.
- **NUM – Berechnungen für das aktuelle Anzahl-Feld (Number Field)**
  Verarbeitet den Inhalt des Felds **Anzahl** analog zur Funktion AMT.
- **OPIND – werte das Operationskennzeichen**
  Prüft das Kennzeichen Abzug »A« für Abzugslohnarten aus dem Infotyp.
- **OUTWP – stelle Arbeitsplatz- und Basisbezugsdaten bereit**
  Wird zur Abfrage z. B. von Personalbereich, Mitarbeiterkreis etc. verwendet für Verarbeitungen, die nicht für jeden Mitarbeiter durchgeführt werden sollen. Das Ergebnis wird ins variable Argument gestellt.
- **OUTZL – Bereitstellung von Informationen aus den Zeitlohnarten**
  Stellt Informationen der ZL in das variable Argument. Ist nur bei der Verarbeitung der Tabelle ZL sinnvoll.
- **PAYTP – setze die Mitarbeiterkreisgruppierung-Personalrechenregel**
- **PCY – führe die Personalrechenregel aus (perform cycle)**
  Springt in eine Regel ab, nach deren Verarbeitung mit der nächsten Operation in der Zeile fortgefahren wird.
- **PPPAR – Teilmonatsparameter beistellen**
  Die Operation ist eine Entscheidungsoperation, mit der bestimmte Kennungen für die Aliquotierung abgefragt werden können.
- **PRINT – Ausdrucken der aktuellen Tabellen-Arbeitseinträge**
  Gibt den aktuellen Inhalt der Lohnartenverarbeitung im Protokoll der Verarbeitung aus.

- **RE510 – lies in der Tariftabelle**
  Stellt den Inhalt der Tariftabelle zur Verarbeitung bereit.
- **RESET – setze ursprüngliches Zeitraum-Kennzeichen**
  Setzt Split-Kennzeichen auf den ursprünglichen Wert der Input-Tabelle zurück.
- **RETRO – Rückrechnung bzw. Aufrollung**
  Prüft, ob die abzurechnende Periode eine Rückrechnung oder Originalabrechnung ist.
- **ROUND – Rundung innerhalb der aktuellen Lohnart**
  Rundet den Inhalt einer Lohnart.
- **RTE – Berechnungen in das aktuelle Betrag-pro-Einheiten-Feld (RATE)**
  Bearbeitet das Feld **Betrag pro Einheit** analog zur Operation AMT.
- **SCOND – Gültigkeit der Bedingung setzen**
  Setzt Bedingungen für Funktionen in der Abrechnung.
- **SETIN – Setze Split-Kennzeichen**
  Setzt Split-Kennzeichen mit angegebenem Wert.
- **SPLIT – Abfrage der Split-Kennzeichen**
  Fragt die Split-Kennzeichen ab, die gerade verarbeitet werden.
- **SUBWT – Subtrahieren der Lohnart in Folgelohnart**
  Funktioniert analog zur Operation ADDWT, nur mit umgekehrten Vorzeichen.
- **TABLE – Zugriff auf Tabellenfelder vorbereiten**
  Stellt eine Tabelle bereit, deren Felder im Folgenden verarbeitet werden.
- **TWPEQ – teste Gleichheit der Arbeitsplatzdaten**
  Vergleicht den Inhalt der Tabelle WPBP mit den Werten des Vormonats.
- **VAKEY – stelle ins variable Argument**
  Füllt das variable Argument mit verschiedenen Inhalten.
- **VALBS – Bewertungsgrundlagen**
  Prüft Bewertungsgrundlagen oder verarbeitet die Bewertungsgrundlagen.
- **VALEN – setzt Länge des variablen Arguments**
  Soll nicht der komplette Inhalt, sondern nur ein Teil ins variable Argument gestellt werden, kann dieser mit VAOFF und VALEN begrenzt werden.
- **VAOFF – setzt den Offset des variablen Arguments**
- **VARGB – setzt Feld aus Tabelle in das variable Argument**
  Füllt das variable Argument mit dem Feld einer Tabelle.

- **VWTCL – setze Wert der Verarbeitungsklasse**
  Setzt die Ausprägung einer Verarbeitungsklasse ins variable Argument.
- **WGTYP – setze Lohnart ein**
  Die Operation stellt die aktuelle Lohnart ins variable Argument oder verändert die Lohnart.
- **WPALL – prüfe/setze den Arbeitsplatz/Basisbezugs-Split**
  Die Operation prüft und setzt den WPBP-Split einer Lohnart.
- **WPBPC – pauschale Lohnanteile auf WPBP-Zeiträume aufteilen**
  Teilt eine Lohnart auf mehrere Teilzeiträume der WPBP auf.
- **XMES – Ausgabe von Nachrichten ins Abrechnungsprotokoll**
  Mit der Operation können Nachrichten im Abrechnungsprotokoll ausgegeben werden.
- **XVO – Erzeugung von Einträgen in der Tabelle VO**
  Mit der Operation können Einträge in der Tabelle VO (Variable Zuordnung) erzeugt werden. Die Tabelle enthält Zusatzinformationen, die über die variable Zuordnung der Lohnarten zugeordnet werden.
- **ZERO= – Initialisieren der aktuellen Tabelle oder Variablen**
  Initialisiert Felder des aktuellen Kopfeintrags einer Tabelle oder Variablen.

Anhang C
Wichtige Merkmale

Dieser Anhang enthält eine Aufstellung der wichtigsten Merkmale der Personalabrechnung.

- **ABKRS – Vorschlagswert für Abrechnungskreis**
  Ermittelt den Vorschlagswert für den Abrechnungskreis im Infotyp 0001 (Organisatorische Zuordnung).
- **ALOAN – Vorschlagswerte für Arbeitgeberdarlehen**
  Das Merkmal ermittelt Vorschlagswerte für den Infotyp 0045 (Darlehen).
- **ANSAL – Lohnart für Jahresgehalt**
  Das Merkmal dient der Errechnung des Jahresgehalts oder der Verprobung des Jahresgehalts im Infotyp 0008 (Basisbezüge).
- **DAT01 – Vorschlagswerte für Infotyp 0521 (Altersteilzeit D)**
  Ermittelt Vorschlagswerte für den Infotyp 0521 (Altersteilzeit D).
- **DAT02 ATZ – Setzen der Grenzwerte für Aufstockungsprozentsatz**
  Legt die Eingabemöglichkeiten für die Aufstockungsprozentsätze fest, die die Vorgaben aus dem ATZ-Modell übersteuern.
- **DAVMV AVmG – Vorschlag Vertragsmodell**
  Ermittelt die Vorschlagswerte für den Infotyp 0699 (Altersvermögensgesetz).
- **DBGVW – Vorschlag für Berufsgenossenschaft und Gefahrtarif**
  Ermittelt Vorschlagswerte für den Infotyp 0029 (Berufsgenossenschaft).
- **DDU01 – Plausibilitätsprüfung im Infotyp 0020 (DEÜV)**
  Überprüft den Inhalt der Infotypen 0013 (Sozialversicherung) und 0020 (DEÜV) auf Plausibilität.
- **DDU02 – Plausibilitätsprüfung im Infotyp 0020 (DEÜV)**
  Überprüft den Inhalt der Infotypen 0013 (Sozialversicherung) und 0020 (DEÜV) auf Plausibilität.
- **DDU03 – Ermittlung des DEÜV-Personengruppenschlüssels**
  Ermittelt den Vorschlagswert für den Personengruppenschlüssel.
- **DDU04 – Plausibilitätsprüfung im Infotyp 0020 (DEÜV)**
  Überprüft den Inhalt der Infotypen 0013 (Sozialversicherung) und 0020 (DEÜV) auf Plausibilität.

- **DJUPR Juristische Person**
  Hiermit können Sie Personalbereiche zu juristischen Personen zusammenfassen.
- **DSBAG – Zuordnung von Betrieben zu Arbeitgebern**
  Zusammenfassung von Betrieben zu Arbeitgebern für die Schwerbehindertenstatistik.
- **DSBZU – Zusammenfassung von Betriebsstätten zu einem Betrieb**
  Zusammenfassung von Personalteilbereichen zu Betrieben für die Schwerbehindertenstatistik.
- **DST12 – Vorschlagswerte für Steuer (D)**
- **DSTBZ – DST: Steuerung der Erhöhung des Bescheinigungszeitraums nach Austritt**
  Das Merkmal DSTBZ steuert die Ablauflogik im Infotyp 0012 (Steuerdaten Deutschland) dahingehend, dass die automatische Erhöhung des Bescheinigungszeitraums nach Austritt mit Wechsel der Steuerklasse auf 6 für ausgewählte Mitarbeiterkreise deaktiviert wird.
- **DSTLB – Ausgabemonat Lohnsteuerbescheinigung**
  Legt den Ausgabemonat der Lohnsteuerbescheinigung fest, der im Infotyp 0012 (Steuerdaten D) übersteuert werden kann.
- **DSVBL - Zusammenfassung zum Lohnbüro für Beitragsnachweis**
  Zusammenfassung auf die Hauptbetriebsnummer Ost / West, dieses Merkmal muss für die Verwendung des Reports RPCBNVDO_OUT gepflegt werden.
- **DSV01 – Fehlerbehandlung DSV Meldung 533**
  Prüfung der eingegebenen Werte im Infotyp 0013 (Sozialversicherung).
- **DSV02 – Fehlerbehandlung DSV Meldung 534**
  Prüfung der eingegebenen Werte im Infotyp 0013 (Sozialversicherung).
- **DSV03 – Fehlerbehandlung DSV Meldung 535**
  Prüfung der eingegebenen Werte im Infotyp 0013 (Sozialversicherung).
- **DSV04 – Fehlerbehandlung DSV Meldung 536**
  Prüfung der eingegebenen Werte im Infotyp 0013 (Sozialversicherung).
- **DSV05 – Fehlerbehandlung DSV Meldung 537**
  Prüfung der eingegebenen Werte im Infotyp 0013 (Sozialversicherung).
- **DSV06 – Fehlerbehandlung DSV Meldung 538**
  Prüfung der eingegebenen Werte im Infotyp 0013 (Sozialversicherung).
- **DSV07 – Fehlerbehandlung DSV Meldung 542**
  Prüfung der eingegebenen Werte im Infotyp 0013 (Sozialversicherung).

- **DSV08 – Fehlerbehandlung DSV Meldung 543**
  Prüfung der eingegebenen Werte im Infotyp 0013 (Sozialversicherung).
- **DSV09 – Fehlerbehandlung DSV Meldung 544, 545**
  Prüfung der eingegebenen Werte im Infotyp 0013 (Sozialversicherung).
- **DSV10 – Fehlerbehandlung DSV Meldung 546**
  Prüfung der eingegebenen Werte im Infotyp 0013 (Sozialversicherung).
- **DSV11 – Fehlerbehandlung DSV Meldung 542**
  Prüfung der eingegebenen Werte im Infotyp 0013 (Sozialversicherung).
- **DSV12 – Fehlerbehandlung DSV Meldung 575, 572**
  Prüfung der eingegebenen Werte im Infotyp 0013 (Sozialversicherung).
- **DSV13 – Fehlerbehandlung DSV Meldung 603**
  Prüfung der eingegebenen Werte im Infotyp 0013 (Sozialversicherung).
- **DSV14 – Fehlermeldung DSV Meldung 452, 454**
  Prüfung der eingegebenen Werte im Infotyp 0013 (Sozialversicherung).
- **DSV3A – Untermerkmal zu DSV03**
  Prüfung der eingegebenen Werte im Infotyp 0013 (Sozialversicherung).
- **DSV3B – Untermerkmal zu DSV03 und DSV3A**
  Prüfung der eingegebenen Werte im Infotyp 0013 (Sozialversicherung).
- **DSV4A – Untermerkmal zu DSV04**
  Prüfung der eingegebenen Werte im Infotyp 0013 (Sozialversicherung).
- **DSV8A – Untermerkmal zu DSV08**
  Prüfung der eingegebenen Werte im Infotyp 0013 (Sozialversicherung).
- **DSV8B – Untermerkmal zu DSV08 und DSV8A**
  Prüfung der eingegebenen Werte im Infotyp 0013 (Sozialversicherung).
- **DSV8C – Untermerkmal zu DSV08 und DSV8A**
  Prüfung der eingegebenen Werte im Infotyp 0013 (Sozialversicherung).
- **DTAKT – Kontoverbindung des Absenders bei Datenträger**
  Ermittelt den zahlenden Buchungskreis, die Hausbank und das Konto für die Zahlung von Gehältern, Sozialversicherung und weiteren Zahlungsträgern.
- **DTAZL – Bestimmung des Zahlwegs für Bankeinzug bei Gehalt**
  Ermittlung des Zahlwegs für den Bankeinzug für negative Auszahlungsbeträge, wenn der Bankeinzug verwendet wird.
- **DTXAM – Lohnsteuerbescheinigung nach Austrittsmonat**
  Hält die Lohnsteuerbescheinigung nach dem Austritt für eine festgelegte Anzahl von Monaten zurück.
- **DTXAP – Anmeldungszeitraum Lohnsteueranmeldung**
  Normalerweise entspricht der Anmeldezeitraum der Abrechnungsperi-

ode. Bei vorgezogener Abrechnung, z. B. bei Beamten, kann dies abweichen.

- **DTXED – Zuordnung externe Daten zum Abrechnungskreis**
  Zuordnung von externen Daten der Lohnsteueranmeldung zu einem Abrechnungskreis.
- **DTXVB – Steuer D Versorgungsgrundlagen**
  Zuordnung von Lohnarten, die Versorgungsbezüge enthalten, zu Versorgungsgrundlagen (IT0012 Steuer).
- **DVB10 – Vorschlagswerte für Vermögensbildung (D)**
  Ermittlung von Vorschlagswerten für den Infotyp 0010 (Vermögensbildung).
- **DVETR – MaKrGrpg-Tarifregelung für Entgeltstatistiken zusammenfassen**
  Fasst die Tarifinformationen für Entgeltstatistiken zusammen (Report RPLEHBD0).
- **DVEZU – Zusammenfassung von Betriebsstätten für Statistik**
  Definition von Betrieben für die Verdiensterhebung (Report RPLEHBD0).
- **DZSVN – Zusatzversorgung**
  Fasst Personalteilbereiche für die Zusatzversorgung zusammen.
- **DZUBT – Zusammenfassung von Personalbereichen**
  Zusammenfassung von Personalteilbereichen für die Lohnsteuer oder andere Auswertungen.
- **DZUD3 – Absender für DEÜV-Meldungen**
  Festlegen der Absender von DEÜV-Meldung und Kennzeichnen für E-Mail-Versand.
- **DZULA – Zusammenfassung von Lohnbüros zu E-Mail-Absendern**
  Definiert den Absender der E-Mails. Hier reicht ein Absender für verschiedene Firmen aus.
- **DZULB – Zusammenfassung zum Lohnbüro und Kennzeichnung E-Mail ersetzt durch Merkmal DSVBL**
  Fasst Personalteilbereiche zur Erstellung des Beitragsnachweises zusammen und kennzeichnet diese für das E-Mail-Verfahren.
- **JUPER – Bestimmung von der Juristischen Person**
  Mit diesem Merkmal kann der Wert aus der Tabelle T001P übersteuert werden.
- **LGMST – Sollbezahlungsvorgabe**
  Ermittelt Lohnartenmuster (T539A), das die vorbelegten Lohnarten beim Anlegen des Infotyps 0008 (Basisbezüge) bestimmt.

- **RETRO – Abweichender Rückrechnungsanstoß**
  Dieses Merkmal dient zur Steuerung des Rückrechnungsanstoßes. Hier ist es möglich, das Datum, auf das die Rückrechnung angestoßen wird, zu ändern.
- **ZLSCH – Vorschlagswert für Zahlweg**
  Vorbelegung des Zahlwegs für Überweisungen.

Das Autorenteam

Angelika Beck arbeitet als Senior Consultant SAP HCM mit dem Schwerpunkt Entgeltabrechnung bei der HR-Com GmbH und betreut als Payroll-Specialist zahlreiche nationale und internationale Kunden unterschiedlicher Größe im Bereich der Personalabrechnung.

Richard Haßmann ist als Head of Trends and Innovations bei der HR-Com GmbH tätig, einem auf SAP ERP HCM und SAP SuccessFactors spezialisierten Beratungsunternehmen. Er verfügt über mehr als 30 Jahre Erfahrung im Bereich Personalabrechnung mit SAP ERP HCM. Er hat Projekterfahrung in SAP ERP HCM und SAP SuccessFactors in nationalen und internationalen Projekten.

Manuela Ittner arbeitet als Senior Consultant SAP HCM mit dem Schwerpunkt Entgeltabrechnung bei der HR-Com GmbH und verfügt über mehr als 20 Jahre Berufserfahrung im Bereich der Personalabrechnung mit SAP HCM in verschiedenen beruflichen Stationen.

Markus Renner ist seit dem Jahr 2008 als Senior Consultant im Bereich SAP ERP HCM bei der iProCon GmbH (*http://www.iprocon.de*) tätig. Er beschäftigt sich seit über 30 Jahren mit den Themen Entgeltabrechnung, Zeitwirtschaft, Personaladministration, Reisekostenabrechnung und betriebliche Altersversorgung. Er betreut Kunden in der Privatwirtschaft und dem öffentlichen Dienst sowie europäische Institutionen. Er war bereits bei verschiedenen anderen Buchprojekten rund um die Personalwirtschaft als Co-Autor für den Rheinwerk Verlag tätig.

Index

C

D

E

F

G

H

M

R

S

W

X

Z